KARL BARTH

VORTRÄGE UND KLEINERE ARBEITEN

1914–1921

KARL BARTH · GESAMTAUSGABE [48]

Im Auftrag der Karl Barth-Stiftung
herausgegeben von Hans-Anton Drewes

III. Vorträge und kleinere Arbeiten

VORTRÄGE UND KLEINERE ARBEITEN
1914–1921

T V Z

THEOLOGISCHER VERLAG ZÜRICH

KARL BARTH

VORTRÄGE UND KLEINERE ARBEITEN
1914 – 1921

In Verbindung mit
Friedrich-Wilhelm Marquardt (†)
herausgegeben von Hans-Anton Drewes

T V Z

THEOLOGISCHER VERLAG ZÜRICH

Gedruckt mit Unterstützung der Evangelischen Kirche in Deutschland
und der Karl Barth-Stiftung.

Die Betreuung des Bandes durch das
Karl Barth-Archiv wurde ermöglicht
vom Schweizerischen Nationalfonds zur Förderung
der wissenschaftlichen Forschung.

Bibliografische Informationen der Deutschen Nationalbibliothek

Die Deutsche Nationalbibliothek verzeichnet diese Publikation
in der Deutschen Nationalbibliografie; detaillierte bibliografische Daten
sind im Internet über http://dnb.d-nb.de abrufbar.

ISBN 978-3-290-17630-3

INHALT

VORWORT

Als Hinrich Stoevesandt und ich im Oktober 1992 die Arbeit an den «Vorträgen und kleineren Arbeiten 1909–1914» abschlossen und als sie 1993 erschienen, war unsere Meinung selbstverständlich, dass der Band mit den weiteren Texten aus der Safenwiler Zeit, für den Friedrich-Wilhelm Marquardt einerseits und ich andererseits die editorischen Vorbereitungen getroffen hatten[1], sich in absehbarer Zeit anschließen werde. Dass es nun doch anders gekommen ist, dass dieser Band erst nach mehr als der doppelten von Horaz empfohlenen Warte- und Reifefrist erscheinen kann, hat neben den selten genau vorauszusehenden Schwierigkeiten, die bei der Edition solcher Texte immer zu bewältigen sind, vor allem einen Grund: Als ich 1997 von Hinrich Stoevesandt die Leitung des Karl Barth-Archivs und der Karl Barth-Gesamtausgabe übernommen hatte, stellte sich bald heraus, dass diese beiden Funktionen – und dabei vor allem die Verantwortung des Gesamtherausgebers – kaum Zeit ließen, daneben noch eine eigene Edition vorzubereiten und zum Erscheinen zu bringen. So konnte ich die Arbeiten an dem vorliegenden Band mit einiger Mühe erst im Übergang in den Ruhestand beenden.

[1] Fr.-W. Marquardt hatte für folgende Texte die Verantwortung übernommen: Das neue Fabrikgesetz, 1914; Politik, Idealismus und Christentum bei Friedrich Naumann, 1914; Unsre Stellung als Schweizer zum Weltkrieg, 1914; Krieg, Sozialismus und Christentum [I], 1914; Weihnachtsfeier des Arbeitervereins Rothrist, 1914; Krieg, Sozialismus und Christentum [II], 1915; Krapotkin, 1915; Christus und die Sozialdemokraten, 1915; Eindrücke aus Deutschland, 1915; Die innere Zukunft der Sozialdemokratie, 1915; Was heißt: Sozialist sein?, 1915; Religion und Sozialismus, 1915; Sozialismus und Kirche, 1916 [?]; Unsre Stellung zur Kirche, 1916; Das Gewissen, 1916; Der Wille Gottes und der Krieg, 1916; Die Gewerkschaftsbewegung, 1916; Die Friedensaussichten, 1917; Politische Lage, 1917; Das höchste Recht, 1917; Sozialdemokratie und Militärwesen, 1917; Die Zukunft des Christentums und der Sozialismus, 1917; Schweizerischer Parteitag und internationale Konferenz, 1919; Der Generalstreik im November 1918, 1919; Der internationale Sozialistenkongress in Bern, 1919; Die russische Revolution 1917, 1919; Bolschewismus, 1919; Demokratie oder Diktatur?, 1919; Christliches Leben, 1919; Ein Wort an das aargauische Bürgertum!, 1919; Das, was nicht geschehen soll, 1919; Vom Rechthaben und Unrechthaben, 1919. Für die übrigen Texte lag die Verantwortung bei mir.

Einerseits hatte ich nämlich auch an den von mir übernommenen Texten, die ich zum Teil bereits vor Jahren abgeschlossen zu haben meinte, doch noch weiter zu verbessern, seufzend und fröhlich dem keine Ausnahme zulassenden «dies diem docet» Tribut zahlend, das Lust und Last der Arbeit mit historischen Dokumenten ist. Fand ich aber, mit den jeweils zum Erscheinen drängenden anderen Bänden der Gesamtausgabe einigermaßen beschäftigt, schon zur Verbesserung meines Teils der vorgesehenen Texte nur ungenügend Zeit, so war es erst recht unmöglich, die Bearbeitung der von Marquardt vorbereiteten sogenannten «Sozialistischen Reden» nebenbei zu erledigen. Marquardt konnte und wollte sich in den 1990er Jahren, inzwischen mit dem großen wichtigen Projekt seiner siebenbändigen Dogmatik beschäftigt, die sich ganz im lernenden Gespräch mit dem Judentum entwickelt und so einen wichtigen Anstoß Karl Barths entfaltet, nicht mehr der Aufgabe unterziehen, das von ihm mit großem Einsatz vorbereitete Material noch weiter nach den Grundsätzen der Karl Barth-Gesamtausgabe zu überarbeiten und zu ergänzen. So überließ er die Aufgabe einer Schlussredaktion in gutem freundschaftlichen Vertrauen dem damaligen Gesamtherausgeber H. Stoevesandt und mir als dem Herausgeber des anderen Teils des Bandes. Doch stellte diese Aufgabe vor sehr viel größere Probleme, als wir miteinander gedacht hatten, zumal die Editionsgrundsätze im Laufe der Jahre gerade im Blick auf Texte, in denen viele historische Bezüge nach Erläuterung rufen, eine wichtige Präzisierung erfahren hatten, die den Aufwand für die editorische Arbeit jedenfalls nicht verminderte. Es war nämlich klar geworden, dass viele Anspielungen und Bezugnahmen in den Texten Barths, dass aber vor allem die tagespolitisch-zeitgeschichtlichen Ereignisse, die Barth ja in einer Reihe von Referaten und Artikeln beschäftigen, sachgemäß, d.h. sachlich aufschlussreich nur unter ständiger Berücksichtigung *seiner* (vermutlichen) Quellen kommentiert werden können, während Belege aus anderen, *allgemeinen* Quellen oft nur ein vages, in manchen Fällen auch täuschendes Licht auf Barths Referat werfen können. In der konkreten Arbeit stellte sich übrigens heraus, dass bestimmte Einzelheiten in Barths Notizen überhaupt nur im Rückgang nicht auf *eine,* sondern auf *die* exakte Quelle erhellt, manchmal auch erst an Hand dieser Quelle vollständig und verlässlich entziffert werden konnten.

Wäre es möglich gewesen, für die Überarbeitung der «Sozialistischen Reden» in dieser Richtung eine entsprechend qualifizierte Kraft zu gewinnen, so wäre es wohl zum Schluss auf eine durchgehende Umarbeitung hinausgekommen. Vielleicht ist es nun aber in einer Hinsicht auch ein Gewinn, dass statt dessen die Aufgabe schließlich sehr ungewollt mir zufiel und dass ich mir nun freilich nicht mehr als eine Überarbeitung vornehmen konnte, bei der ich – insbesondere in den Einleitungen – soweit möglich Informationen und Formulierungen unverändert ließ, die Marquardt und seine Mitarbeiter gefunden hatten. So bleiben der Ansatz und die Richtung seiner Lektüre dieser Texte trotz aller hinzugekommenen Ergänzungen und Präzisierungen noch erkennbar. Marquardt war es ja, der früh die Aufmerksamkeit auf diese Dokumente aus Barths Safenwiler Zeit gelenkt, der für sie unter Mithilfe seiner Frau Dorothee eine Transkription und einen erläuternden Apparat erarbeitet und in vielen Fällen auch Einleitungen entworfen hatte und der sie in einer bestimmten Auffassung zum Fußpunkt eines mit seinem Namen verbundenen neuen Barth-Verständnisses gemacht hatte[2]. So schien es mir richtig, dass der Bearbeitung, zu der Marquardt uns grundsätzlich freie Hand gegeben hatte, faktisch bestimmte Grenzen gezogen waren.

Dennoch musste z.B. im Falle des Referates über den Schweizer Generalstreik 1918[3] fast der gesamte erläuternde Apparat neu erarbeitet werden, weil die in der Tat grundlegende Monographie von W. Gautschi[4], auf die sich Marquardt vor allem bezogen hatte, die Ereignisse, auf die Barth eingeht, teilweise gar nicht, teilweise auf Grund anderer Primärquellen mit anderen Akzenten und Gewichtungen als Barth behandelt. Es ist zu hoffen, dass aus der Kommentierung aus Barths Quelle, den von ihm täglich gelesenen «Basler Nachrichten», der Gewinn für das Verständnis der Vorgänge und der Wahrnehmung und Urteilsbildung Barths deutlich wird, der sich ergibt, wenn man die Erläuterung – in einem formelhaften Ausdruck – nicht auf eine mögliche Quelle der berührten Fakten, sondern auf Barths faktische Quelle zu stützen versucht.

[2] Fr.-W. Marquardt, *Theologie und Sozialismus. Das Beispiel Karl Barths,* (1972) 3., um ein Nachwort erweiterte Auflage München 1985.
[3] Siehe unten S. 444–463.
[4] W. Gautschi, *Der Landesstreik 1918,* Zürich 1988³.

Etwas anders verhält es sich bei einem zweiten Beispiel: bei Barths Referat über die Sozialistenkonferenz vom Februar 1919 in Bern[5], bei dessen Kommentierung Marquardt sich ganz auf die Protokolle und Resolutionen des Kongresses stützte, die Barth jedoch wahrscheinlich nicht im Wortlaut kannte. Die außerordentlich sorgfältige und inhaltsreiche Edition der Protokolle, Memoranden, Berichte und Korrespondenzen zu dieser Konferenz[6] macht deutlich, wie vielfältig und kompliziert die Quellenlage nur schon hinsichtlich dieser Primärdokumente ist. Trotzdem konnte es in vielen Fällen genügen, den Verweisen auf diese Quellen Hinweise auf die spezifische Quelle Barths – wieder die «Basler Nachrichten» – hinzuzufügen, in vielen anderen aber waren Zitate aus dieser direkten Quelle einzufügen, weil anders die Notizen Barths nicht verständlich werden können.

Ähnlich wäre von dem Bericht, den Barth über «Die russische Revolution 1917» gegeben hat[7], zu sagen, dass natürlich viele der berührten Ereignisse in Gesamtdarstellungen der russischen Geschichte erwähnt werden, dass aber Barths besondere Auswahl und Beurteilung des über die Ereignisse vom Juli 1917 bis zum Januar 1918 Berichteten nur aus dem Bezug auf die von Barth benutzte Darstellung Trotzkis «Von der Oktober-Revolution bis zum Brester Friedensvertrag»[8] deutlich wird.

Ein weiteres Beispiel mag die Richtung der geforderten Arbeit abschließend erläutern: Wenn Barth in einem Vortrag vom Oktober 1914[9] im Zusammenhang mit Ausführungen zu den Implikationen der Neutralität den Namen Wilson erwähnt, liegt es natürlich nahe, an die Erklärungen des amerikanischen Präsidenten vom 4. und 19. August zu denken, die in den Gesamtdarstellungen des 1. Weltkrieges immer erwähnt werden. Jedoch: diese Erklärungen wurden in der Presse in der Schweiz nicht besprochen. Wohl aber wurden die Telegramme im Wortlaut wiedergegeben, die Wilhelm II. und Wilson im

[5] Siehe unten S. 464–480.
[6] *Die II. Internationale 1918/1919. Protokolle, Memoranden, Berichte und Korrespondenzen*, hrsg. von Gerhard A. Ritter, 2 Bde., Berlin/Bonn 1980.
[7] Siehe unten S. 481–493.
[8] Vgl. L. Trotzki, *Von der Oktober-Revolution bis zum Brester Friedensvertrag*, Belp-Bern 1918.
[9] Siehe unten S. 80–85.

September und Oktober 1914 wechselten. Diese werden wiederum in den Handbüchern nicht erwähnt. Es ist aber mit Händen zu greifen, dass Barth ausdrücklich auf die Ausführungen in Wilsons Telegramm anspielt.[10]

So werden die Stichworte, die Barth sich für seine Referate im Arbeiterverein Safenwil notiert hat, meist nur vor dem Hintergrund und in der Beleuchtung der von ihm zugrunde gelegten Berichte wirklich aussagekräftig. Ohne diesen Bezug bleiben die Notizen oft – nichtssagend. Wenn sie dagegen von Barths präziser Kenntnisnahme spezifischer Meldungen und Berichte sprechen, werfen sie ein überraschendes Licht auf die unerhört eindringliche Weise, in der Barth sich mit den Ereignissen seiner Zeit auseinandergesetzt und die Rolle der Gemeinde wie der sozialen und der sozialistischen Bewegung in ihr zu verstehen und zu bestimmen gesucht hat. Das bekannte dictum von der Zeitung und dem Neuen Testament, über denen «man abwechselnd» «brütet» – «und sieht eigentlich furchtbar wenig von dem organischen Zusammenhang beider Welten, von dem man jetzt deutlich und kräftig sollte Zeugnis geben können», wie Barth in den Tagen des Schweizer Generalstreiks an Thurneysen schreibt[11] –, gewinnt auf diese Weise verpflichtende Anschaulichkeit. So ist das ganz allgemein gesteckte Ziel, die spezifischen Anspielungen eines Textes aus den spezifischen Quellen des Autors zu erhellen, im Blick auf solche aktuellen Bezüge gewiss besonders sorgfältig im Auge zu behalten. Auf die damit intendierte «Historisierung» auf der elementaren Ebene mag sich, wenn man es darauf absieht, eine weitere Historisierung in komplexere Zusammenhänge stützen – sie kann aber auch dazu dienen, den Vorgang des je einmaligen theologischen und politischen Urteils schärfer zu begreifen, auf das es Barth ankam. Indem ich in diesem Sinne den von Marquardt begonnenen Weg fortzusetzen versuchte, hoffe ich, seinen Intentionen entsprochen und für eine erneute, fruchtbare Auseinandersetzung mit seinem Interpretationsansatz eine Hilfe gegeben zu haben, auch wenn die Frage nach Barths Quellen in manchen Fällen – z.B. für die Februar-Revolution 1917 – noch nicht in der wünschbaren Genauigkeit beantwortet werden kann.

[10] Vgl. unten S. 83, Anm. 22.
[11] Bw. Th. I, S. 300.

Neben den vielen bisher unveröffentlichten Texten, die Barths Auseinandersetzung mit den Zeitereignissen in einer Breite und Tiefe dokumentieren, die für das Verständnis seines Denkweges neue Aufschlüsse verspricht, stehen die Beiträge, die Barth selber zu politischen Fragen im «Freien Schweizer Arbeiter» und im «Neuen Freien Aargauer» erscheinen ließ[12]. Obwohl sie ja gedruckt vorlagen und so grundsätzlich zugänglich waren, sind diese von Barth selber als pointierte Meinungsäußerungen veröffentlichten Texte weniger beachtet worden, als sie es in der Diskussion um den Safenwiler Pfarrer und Sozialisten[13] grundsätzlich verdient hätten und als es zur Klarheit dienlich gewesen wäre. Dass sie hier nun mit historischen Erläuterungen versehen vorliegen, wird der Diskussion hoffentlich zusätzlich Richtung und Gewicht geben.

Unter Barths Zeitungsartikeln finden sich auch Stellungnahmen zu einem zweiten politischen Komplex, der Barth in diesen Jahren lebhaft beschäftigte: das Thema des Glücksspiels und der Spielbanken.[14] Die Frage berührt sich grundsätzlich und praktisch mit dem Problem des rechten Verständnisses der menschlichen Arbeit und damit des Kapitalismus und des Sozialismus, und so sah Barth sich veranlasst, auch hier deutlich Position zu beziehen.

Zwei weitere Zeitungsbeiträge betreffen die aargauische Kirchensynode und die Auseinandersetzung mit der kirchlichen Richtung der «Freisinnigen», die Barth in diesen Artikeln weiterführte[15], bevor er 1915 mit dem «Antrag betr. Abschaffung des Synodalgottesdienstes» noch direkter eine Entscheidung suchte, indem er konstatierte: «Der Geist des Evangeliums ist die Richtung auf Gott hin, unsre Synode aber ist nicht in der Richtung auf Gott, sondern auf die Götzen hin.»[16] Unmittelbar auf diesen Vorstoß in der Kirche folgte mit dem Vortrag «Kriegszeit und Gottesreich» ein Angriff auf Paul Wernle als einen Vertreter des theologischen Liberalismus.[17]

---

[12] Siehe unten S. 303–309, S. 514–520 und S. 521–527.
[13] Siehe unten S. 224.
[14] Siehe unten S. 42–47 und S. 303–309.
[15] Siehe unten S. 3–8 und S. 33–35.
[16] Siehe unten S. 164–176, Zitat S. 172.
[17] Siehe unten S. 177–210.

Es scheint, als habe der doppelte Misserfolg, den Barth sich im Rückblick auf diese beiden Interventionsversuche eingestehen zu müssen meinte, ihn erst recht in eine prägnante Zuspitzung seiner Position und in eine ruhige Konzentration bei der Darlegung seiner Einsichten geführt. So mutet die Reihe der großen, genau zielenden und anschaulich ausführenden Texte an, die von «Die Gerechtigkeit Gottes» (Januar 1916) und «Auf das Reich Gottes warten» (Sommer 1916) über «Die neue Welt in der Bibel» (Februar 1917) nach einer Unterbrechung im Römerbriefjahr 1918 zu «Der Christ in der Gesellschaft» (September 1919), zu den «Unerledigten Anfragen an die heutige Theologie» (Frühjahr 1920) und zu den «Biblischen Fragen, Einsichten und Ausblicken» (April 1920) führte.

In die chronologische Reihe dieser weithin bekannten 6 Texte treten nun 15 verstreut gedruckte, vor allem aber 42 bisher ungedruckte Texte. Wenn man sie in ihrem historischen Zusammenhang studiert, überrascht die Breite der Themen, mit denen Barth sich neben- und nacheinander beschäftigte und in die er die Gemeinde und seine Parteigenossen einzuführen versuchte, insbesondere aber erstaunen die Beziehungen, die er zwischen den Themenbereichen sichtbar macht: nicht nur zwischen dem Evangelium und dem Sozialismus, sondern z.B. auch zwischen der «Befreiung speziell der Frau aus unwürdigem Verhältnis dem Mann gegenüber» und der «Militärdienst-Frage»[18].

Zu den bisher unveröffentlichten Texten zählen zum einen größere, ausgearbeitete Stücke wie der bedeutsame Vortrag über «Die Zukunft des Christentums und der Sozialismus» (Juli 1917), zum anderen Vortragsskizzen wie die «Alltagskraft» (April 1917) und zum dritten Stichworte und Thesen für Referate wie etwa die Unterlagen für die «Sozialistischen Reden». Zusammen mit den schon gedruckten ergeben die bisher ungedruckten Texte ein sehr viel reicheres Bild von Barths intellektueller Biographie, als es die eben genannten, sozusagen klassischen sechs Texte vermittelten, die durch den Abdruck in den ersten beiden Aufsatzsammlungen und in der zweiten Auflage der Predigtsammlung «Suchet Gott, so werdet Ihr leben!» allgemein bekannt sind. Doch auch bei diesen Stücken geben die historischen Erläuterungen in den Einleitungen und die Erklärungen in den Fuß-

---

[18] Siehe unten S. 352f.

noten hoffentlich wie bei den übrigen Texten Hilfen zum genaueren Verständnis.

Zu den Leitlinien der Edition ist im Anschluss an das dazu im Vorwort zu den «Vorträgen und kleineren Arbeiten 1905–1909» im Einzelnen Ausgeführte zu bemerken:

1. Die von Barth selber *publizierten Texte* sind nach den Grundsätzen der Gesamtausgabe in Orthographie und Zeichensetzung an die heute gültigen Regeln angepasst worden – behutsam und unter Respektierung der Barthschen Eigenheiten. So blieben etwa auch gewisse Uneinheitlichkeiten in der Groß- und Kleinschreibung unverändert, weil sie doch, obgleich nicht regelmäßig, Bedeutungsnuancen anzuzeigen scheinen – so z.b. das «neue Testament» neben dem «Neuen Testament»[19]. Lange Passagen werden gelegentlich durch Herausgeber-Absätze untergliedert. Diese sind erkennbar an einem senkrechten Strich | nach dem Punkt.

Bei den in den Aufsatzsammlungen «Das Wort Gottes und die Theologie» und «Die Theologie und die Kirche» und in der zweiten Auflage der Predigtsammlung «Suchet Gott, so werdet Ihr leben!» erschienenen Stücken wie auch bei dem in der Zeitschrift «Evangelische Theologie» publizierten Vortrag «Religion und Leben» sind die Seitenzahlen dieser Abdrucke zwischen senkrechten Strichen || im Text mitgeführt, so dass in der Sekundärliteratur zitierte Stellen leicht gefunden werden können.

2. Die *bisher ungedruckten Texte* sind in der in den Handschriften vorliegenden Form wiedergegeben. Nicht durchgängig, aber doch dort, wo es zum Verständnis hilfreich oder notwendig schien, sind in eckigen Klammern fehlende Satzzeichen ergänzt und abgekürzte Worte – in der Regel beim ersten Vorkommen in einem Text – vervollständigt worden. Beim Inhalt der eckigen Klammern handelt es sich also um Zusätze der Herausgeber, zu denen auch das Fragezeichen in eckigen Klammern gehört, das eine unsichere Entzifferung kennzeichnet. Die verschiedenen Stufen der Hervorhebungen in den Handschriften durch feinere und stärkere Unterstreichung und Wellenlinie werden durch Kursivierung, Unterstreichung und Fettdruck wiedergegeben. Zu beachten ist Barths je nach der Schrift wechselnde

---

[19] Siehe z.B. unten S. 688f. und S. 692.

Schreibweise: in den in der alten deutschen Schrift vorliegenden Texten gebraucht Barth das ß (natürlich nach den am Anfang des 20. Jahrhunderts gültigen Regeln), während dafür in den in lateinischen Lettern geschriebenen Texten ss steht.

3. In den ungedruckten Texten wie im textkritischen Apparat zu den gedruckten Stücken sind die Unterstreichungen, die Barth manchmal zur Verdeutlichung der Stelle im Gedankengang nachträglich mit Bleistift oder Farbstift im Manuskript eingetragen hat, durch die Helvetica-Schrift kenntlich gemacht, die dort *kursiviert* erscheint, wo eine gedankliche Hervorhebung aus der Phase der Niederschrift und eine rhetorische Markierung aus der Phase der Vorbereitung des mündlichen Vortrags zusammentreffen.

4. In den textkritischen Anmerkungen im ersten, mit Buchstaben bezeichneten Apparat sind die Varianten der vorliegenden Drucke aufgeführt. Wenn die dem Druck vorangehenden Vortragsmanuskripte vorliegen, folgen wir der Druckfassung, weisen aber die Abweichungen vom Manuskript nach, um so, wie es in entsprechenden Fällen auch in den Predigten geschehen ist, Barths stetig weitergehende Arbeit am Gedanken und an der Sprache zu dokumentieren. Reine Erweiterungen der Druckfassung gegenüber dem Manuskript sind in ⌐ ⌐ gesetzt, sonstige Veränderungen sind im ersten Apparat festgehalten, soweit es sich nicht nur um orthographische Varianten, um Abweichungen im Lautbestand eines Wortes und andere rein formale Unterschiede handelt. Entsprechend sind, wo sie vorliegen, die Fragmente des dem Druck zugrunde liegenden Druckmanuskripts berücksichtigt. Der veränderte Ausdruck ist mit einem hochgestellten Buchstaben gekennzeichnet, wo der gemeinte Verweis damit deutlich ist. Sonst ist die von der Veränderung betroffene Sequenz mit hochgestellten Buchstaben vor dem ersten und nach dem letzten Wort markiert.

5. In den erläuternden Anmerkungen des zweiten Apparates wird, wie schon angedeutet, das Maß an Informationen zu geben versucht, das zum genaueren Verständnis der Intention und des spezifischen Gewichts eines Hinweises oder einer Anspielung im Text hoffentlich hilfreich ist. Ein besonderes Problem stellen die Zitate dar, die Barth nicht immer so wort- und buchstabengetreu bietet, wie es die Anführungszeichen heute fordern, sondern in der Blumhardt- und in der

Overbeckbesprechung[20] öfter dem Duktus seines Referates anpasst. Da dabei die Substanz des Referierten nicht berührt wird, schien es jedoch unangebracht, diese Abweichungen z.B. in der Schreibweise oder in der Wortstellung im einzelnen in Anmerkungen zu notieren.[21]

Zum Schluss ist zu danken: Der erste Dank gilt in aufrichtigem Andenken *Friedrich-Wilhelm Marquardt* (2.12.1928–25.5.2002), der mit hohem Engagement die Grundlage für einen gewichtigen Teil dieses Bandes geschaffen hat. In gleichem Atem ist dankbar *Hinrich Stoevesandt* zu nennen, der in vielen Jahren die Probleme der nun endlich insgesamt vorliegenden drei Bände der «Vorträge und kleineren Arbeiten 1905–1921» mit mir erörtert und nach der entscheidenden Mitwirkung an den ersten beiden Bänden damit auch dem vorliegenden Band den Weg geebnet hat.

Sodann möchte ich mit freudigem Dank *Reinhard Breymayer* erwähnen. Der vielerfahrene Pietismusforscher und Fachmann der Geschichte der Rhetorik hat mich in der letzten Phase der Arbeit an diesem Band mit einem Vorausexemplar einer Veröffentlichung überrascht, in der zwei Fragen, die ich einmal den Kennern der württembergischen Kirchengeschichte ans Herz gelegt hatte[22], pünktlich bearbeitet und beantwortet werden: das Problem des teilweise übereinstimmenden Textes der Römerbriefauslegungen von Steinhofer und Rieger und das Rätsel der durch Barths gelegentliche Verweise weiter verbreiteten Aussage über die Evangelien: «spirant resurrectionem». Bei Bengel, dem Barth sie zuschreibt, ist sie nicht zu finden. Ich bin froh, dass nun in der betreffenden Anmerkung eine präzise Angabe gemacht und auf Breymayers anregend-aufschlußreiche Abhandlung verwiesen werden kann.[23] In Württemberg, einem von Barth «schon wegen seiner chthonischen Eigentümlichkeiten geschätzten Landstrich»[24], ist auch *Jörg-Michael Bohnet* verwurzelt, der schon als Stu-

---

[20] Siehe unten S. 275–302 und S. 622–661.
[21] Vgl. unten S. 288.
[22] H.-A. Drewes, *Karl Barth und die württembergische Theologie,* in: Blätter für württembergische Kirchengeschichte, Jg. 105 (2005), S. 51–63, dort S. 54 und S. 56.
[23] Siehe unten S. 567, Anm. 75.
[24] Brief Karl Barths an Helmut Goes vom 16.11.1935 (KBA 9235.344).

dent seinen Spürsinn und seinen Scharfblick in den Dienst der Edition der vorangehenden Bände der «Vorträge und kleineren Arbeiten» gestellt und sich nun bei diesem Band noch einmal in treuer kluger Mitsorge bei den Korrekturen bewährt hat.

Dankbar sind auch die Zivildienstleistenden zu erwähnen, die sich nacheinander an den Vorbereitungen zur Drucklegung beteiligt und in verschiedenen Hinsichten Wichtiges zur formalen Vereinheitlichung der Texte und der Anmerkungen, zur Genauigkeit der Textwiedergabe und zur möglichst klaren und übersichtlichen Information in den Anmerkungen beigetragen haben: *Bastian Thurneysen, Andreas Betschart, Michael Stephan Pfenninger* und *Lars Cleary*.

Besonders ist erneut *Marcel Wittwer* zu danken, der die Grundlagen für die Register gelegt und sich darüber hinaus in vielen Einzelheiten kundig und tatkräftig um den Band verdient gemacht hat. Nicht weniger erwähnenswert sind die Verdienste, die sich *Jan Arni* um das Auffinden und um die Kontrolle von Zeitungsmeldungen und Kirchenordnungen, vor allem aber um die Aufklärung wichtiger Details der kirchlichen und politischen Auseinandersetzungen im Aargau – so z.B. um den Bolschewismus in Apachengestalt![25] – erworben hat. Aber auch die freundschaftliche Hilfe von *Christophe Chalamet,* der in Neuchâtel die seltenen «Nouvelles de l'Association chrétienne d'etudiants» besorgte, bleibt unvergessen. Schließlich ist auch hier noch einmal sehr dankbar *Margrit Müller* zu nennen, die bei der Kontroll-Lektüre vieler der hier vorgelegten Texte eine ermutigende Hilfe war. Ihr wie den übrigen Helfern sage ich von Herzen Dank.

Im Rückblick auf den langen Weg wie nun im Blick auf die künftigen Leserinnen und Leser mag es nicht unangemessen und jedenfalls nicht unangebracht sein, sich zum Schluss unter das Wort, unter die Bitte zu stellen: Denen zu wenig oder zu viel getan scheint – sie mögen verzeihen. Denen es genug ist – die mögen Gott mit uns danken.

Basel, 9.7.2012   Hans-Anton Drewes

---

[25] Siehe unten S. 617.

ABKÜRZUNGEN

BN	Basler Nachrichten
BSLK	*Die Bekenntnisschriften der evangelisch-lutherischen Kirche,* hrsg. vom Deutschen evangelischen Kirchenausschuß, Göttingen 1930 (2010[13])
Büchmann	G. Büchmann, *Geflügelte Worte. Der klassische Zitatenschatz,* unveränd. Taschenbuchausgabe der 43., neu bearb. und aktualisierten Ausgabe von W. Hofmann, München 2007
Busch	E. Busch, *Karl Barths Lebenslauf. Nach seinen Briefen und autobiographischen Texten,* München 1975; Unveränderte Neuauflage Zürich 2005
Bw. Th. I + II	Karl Barth / Eduard Thurneysen, *Briefwechsel,* hrsg. von E. Thurneysen (Gesamtausgabe, Abt. V), Bd. 1, 1913–1921, Zürich 1973; Bd. 2, 1921–1930, Zürich 1987[2]
Bw. R.	Karl Barth / Martin Rade, *Ein Briefwechsel,* hrsg. von Chr. Schwöbel, Gütersloh 1981
ChW	Die Christliche Welt. Evangelisches Gemeindeblatt für Gebildete aller Stände [1920/21: Wochenschrift für Gegenwartschristentum]
CR	*Corpus Reformatorum,* Halle/Braunschweig/Berlin; Leipzig; Zürich 1834ff.
CSEL	*Corpus scriptorum ecclesiasticorum Latinorum,* Wien 1866ff.
EG	[Deutsches] *Evangelisches Gesangbuch* (eingeführt ab 1993)
EKG	[Deutsches] *Evangelisches Kirchengesangbuch* (eingeführt 1950)
Gautschi	W. Gautschi, *Der Landesstreik 1918,* Zürich 1988[3]
Gautschi, Dokumente	*Dokumente zum Landesstreik 1918,* hrsg. von W. Gautschi, Zürich 1988[2]
GERS (1891)	*Gesangbuch für die Evangelisch-reformierte Kirche der deutschen Schweiz* (eingeführt 1891)
KBA	Karl Barth-Archiv Basel

KBRS	Kirchenblatt für die reformierte Schweiz
KD	K. Barth, *Die Kirchliche Dogmatik*, 12 Bde., München 1932; Zollikon 1938; Zollikon-Zürich 1942–1959; Zürich 1967
Mattmüller II	M. Mattmüller, *Leonhard Ragaz und der religiöse Sozialismus. Eine Biographie*, Bd. II, Zürich 1968
NW	Neue Wege. Blätter für religiöse Arbeit
OWN	Fr. Overbeck, *Werke und Nachlaß*,
	Bd. 1: *Schriften bis 1873*, in Zusammenarbeit mit M. Stauffacher-Schaub hrsg. von E. W. Stegemann und N. Peter, Stuttgart/Weimar 1994
	Bd. 6/1: *Christentum und Kultur. Gedanken und Anmerkungen zur modernen Theologie*, Kritische Neuausgabe, hrsg. von B. von Reibnitz, Stuttgart/Weimar 1996
Pap.	*Søren Kierkegaards papirer*, udgivne af P.A. Heiberg og V. Kuhr, Kopenhagen 1909–1938
PL	*Patrologiae cursus completus, Series Latina*, 221 Bde., Paris 1841–1855; 1862–1864
Predigten 1914	K. Barth, *Predigten 1914*, hrsg. von U. und J. Fähler (Gesamtausgabe, Abt. I), Zürich 1974
RG (1998)	*Gesangbuch der Evangelisch-reformierten Kirchen der deutschsprachigen Schweiz* (eingeführt 1998)
RGG[1–4]	*Die Religion in Geschichte und Gegenwart. Handwörterbuch für Theologie und Religionswissenschaft*, Tübingen 1909–1913[1]; 1927–1932[2]; 1956–1965[3]; 1998–2007[4]
Römerbrief 1	K. Barth, *Der Römerbrief (Erste Fassung) 1919*, hrsg. von H. Schmidt (Gesamtausgabe, Abt. II), Zürich 1985
Römerbrief 2	K. Barth, *Der Römerbrief (Zweite Fassung) 1922*, hrsg. von C. van der Kooi und K. Tolstaja (Gesamtausgabe, Abt. II), Zürich 2010
SchmP	H. Schmid, *Die Dogmatik der evangelisch-lutherischen Kirche, dargestellt und aus den Quellen belegt*, neu hrsg. und durchgesehen von H.G. Pöhlmann, Gütersloh 1979[9]

Vorträge und kleinere Arbeiten
1914–1921

AARGAUISCHE REFORMIERTE KIRCHENSYNODE [III]
1914

Der dritte, wieder nur mit K.B. gezeichnete Bericht Barths für die Basler Nachrichten über die aargauische Synode hält und verschärft die Linie der vorangegangenen «Kriegserklärungen»[1]*. Hatte der erste Artikel, soweit zu sehen, kein gedrucktes Echo gefunden und der zweite nur die Apostrophierung als ein «etwas temperamentvoller Bericht»*[2]*, erfuhr der dritte nun deutlichen Widerspruch. Das Zofinger Tagblatt*[3] *zitierte mit der Spitzmarke «Die Spielbankinitiative in der Synode» den entsprechenden Passus aus Barths Artikel und kommentierte: Die Synode «hatte aber vollkommen recht». Sie «hat wichtigeres zu tun, als sich mit diesem Hornberger Schießen zu befassen». Mit der Spitzmarke «Die reformierte Kirchensynode auf der Anklagebank» druckten die Aargauer Nachrichten*[4] *Barths Synoden-Bericht ab und schlossen die Vermutung an: «Es ist kaum zu erwarten, daß die Synode diese scharfen Hiebe auf sich sitzen läßt.» Das Aargauer Tagblatt*[5] *gibt «einem außerkantonalen Aargauer» Gelegenheit, «nachdrücklich gegen diese Art der Berichterstattung zu reklamieren». Barths Artikel verdiene, «energisch zurückgewiesen zu werden. Schon frühere Berichte aus derselben Feder waren in einem nörgelnden Ton geschrieben, der letzte übersteigt alles bisher Dagewesene.» In den Basler Nachrichten erschien am 22. April 1914*[6] *eine mit F. gezeichnete «kurze Entgegnung», die unterstrich, «wie viele Fortschritte» im Aargau «in den letzten 15 Jahren erzielt worden sind auf kirchlichem Gebiet», und Barths «übertriebenen Pessimismus» kritisierte. Ebenfalls in den Basler Nachrichten replizierte am 24. April 1914*[7] *Pfarrer Richard Preiswerk aus Umiken im Aargau: Barths Bericht sei «so obenhin und einseitig, daß eine Richtigstellung nicht kann vermieden*

---

[1] Siehe V. u. kl. A. 1909–1914, S. 704 und S. 716f.

[2] Monatsblatt für das reformierte Volk des Aargaus, Jg. 24 (1914), Nr. 1, Januar 1914, S. 7.

[3] Zofinger Tagblatt, Jg. 42, Nr. 91 vom 21.4.1914, S. [2].

[4] Aargauer Nachrichten, Jg. 60, Nr. 107 vom 21.4.1914, S. [2].

[5] Aargauer Tagblatt, Jg. 68, Nr. 110 vom 24.4.1914, S. 2f.

[6] BN, Jg. 70, Nr. 183 vom 22.4.1914 (1. Blatt), S. [1].

[7] BN, Jg. 70, Nr. 187 vom 24.4.1914 (1. Blatt, 1. Beilage), S. [3].

werden». Eine «Behandlung der Spielbank-Angelegenheit» sei nur aus zeitlichen Gründen nicht möglich gewesen. «Die betreffende Synodalsitzung war eben eine sogenannte konstituierende Sitzung, das heißt für die vorzunehmenden Wahlen bestimmt». Preiswerk rügte insbesondere, dass Barth keine der Möglichkeiten wahrgenommen habe, im Vorfeld auf die Wahlen Einfluss zu nehmen, und erwähnt ausdrücklich, dass Barth in der «Vorversammlung» des «Synodalvereins der Rechten und der Mitte» «willkommen gewesen» wäre. «Aber leider, ‹null, null›, nichts von alledem; er ist nicht gekommen, er hat nichts getan, er hat nicht geredet, er hat dann nur seinen ungezügelten Bericht geschrieben.» «Herr K.B. sei versichert, für das Hohe und Gute und Rechte, das in ihm ist, und das er will, ist viel Sympathie und Verständnis und Empfänglichkeit vorhanden. Aber so lange er meint, ‹Händel› sei ‹Leben› und ‹Händelsucht› ‹Eifer für das Reich Gottes› und ein so jugendlich, fast studentenhaft vergnüglich ersehnter ‹großer grundsätzlicher Krach› bringe ‹Erlösung›, so lange wird er nicht ‹wirken›, sondern ‹rumoren› und nicht Erfolg, sondern Enttäuschung erleben, denn ‹Es wird niemand gekrönt, er kämpfe denn recht› [2.Tim. 2,5], und: ‹Ohne Mich könnt ihr nichts tun› [Joh. 15,5].» Die Aargauer Nachrichten[8] verbuchten die von ihnen vorausgesehene «Antwort auf die Ausfälle eines K.B. in den ‹Basl. Nachr.›», indem sie einen größeren Teil der Replik Preiswerks, der «dem Heißsporn kaltes Wasser auf den Kopf» geschüttet habe, abdruckten und abschließend kommentierten: «Das nennt man eine sanfte biblische Abfuhr. In der Tat ist es schwer begreiflich, wie man sich über die reformierte Synode aufregen kann, welche nicht dazu angetan ist, den Zorn Jehovas auf sich herabzubeschwören, ist sie doch die personifizierte Harmlosigkeit. Des Eifers aber, den gewisse junge Elemente in sie hineintragen möchten, kann sie füglich entbehren. Darin hat Herr Pfarrer Preiswerk recht.»

Barths Mutter Anna Barth kommentierte auf einer Postkarte an ihren Sohn vom 24. April 1914[9]: «Der KB hat überall kräftige Antworten erhalten. Ich kann nicht sagen dies sei unverdient. KB muß den Ton ändern, sonst wird er nicht mehr Ernst genommen u. das wäre

[8] *Reformierte Kirchensynode*, in: Aargauer Nachrichten, Jg. 60, Nr. 111 vom 25.4.1914, S. [2].
[9] KBA 9314.58.

4

schade.» *Und sie fügte besorgt an: «Gelt, aber in jedem Fall antwortest du in keiner Zeitung.» Eine Duplik in den Basler Nachrichten hielt Karl Barth jedoch für unerlässlich. Sie erschien am 28. April 1914*[10]*: «Nochmals die letzte Sitzung der aargauischen Synode» (s. unten S. 33–35) und gab wiederum Anlass zu einer Zuschrift im Zofinger Tagblatt*[11]*: «Es muss gehetzt werden». Ein Gegner der «Glücksspiel-Initiative gegen die harmlosen Vergnügungen an den schweizerischen Fremdenorten» polemisiert gegen deren Verfechter, den «sozialistischen Pfarrherrn im Bezirk Zofingen»: «Da der betr. Nörgler, der auch in seiner Gemeinde wenig zum Frieden wirkt, in der Synode eine Abfuhr erlitten, fällt er in unberechtigten Kritiken in den frommen Basler Blättern über diese selbst her. Es ist merkwürdig, wie gering die Synode auf einmal im Ansehen dieses ‹bart›-losen Herrn steht. Er weist ihr nun ‹neue Wege›, welche dazu angetan sind, das ‹schöne Verhältnis in seiner Pfarrei› auch auf andere auszudehnen, welche bis jetzt sehr gut mit ihrem geistlichen Hirten ausgekommen.» «Also Krach an allen Enden wäre des Dieners Gottes liebste Unterhaltung.» Mit der Spitzmarke «Glücksspiel-Initiative u. Kirchensynode» erschien am 4. Mai 1914 im gleichen Blatt*[12]* eine Entgegnung, die hervorhebt, dass es bei der Initiative «nicht um einen Polizeiparagraphen» gehe, «sondern um die Respektierung der Verfassung»*[13]*. «Wenn nun ein Pfarrer unseres Bezirks, gleichviel, ob er rötlich angehaucht sei, sich dieser Sache annimmt, so ist es durchaus nicht am Platz, ihn deshalb öffentlich herunterzuputzen.» Für und Wider abwägend, schrieb Barths Schulfreund Willy Spoendlin am 5. Mai 1914 an Barth*[14]*: «Deine Polemik betr. Synode habe ich mit Interesse verfolgt. Ich begreife Deinen Ärger über Deine Aargauischen Amtsbrüder sehr gut. Es war nur schade, daß Du in Deinem letzten Artikel gegen Pfr. Preiswerk auf den Schluß hin zu persönlich geworden bist. Man hat die persönliche Verstimmung zu gut herausgemerkt und das hat, wenigstens hatte ich den Eindruck, der Wirkung der Ausführungen am Anfang, die gewiß sehr gut waren, geschadet. Daß es zum aus der Haut fahren ist, bezweifle ich keinen Augenblick.»*

[10] BN, Jg. 70, Nr. 193 vom 28.4.1914 (1. Blatt, 2. Beilage), S. [3].
[11] Zofinger Tagblatt, Jg. 42, Nr. 99 vom 30.4.1914, S. [2].
[12] Zofinger Tagblatt, Jg. 42, Nr. 102 vom 4.5.1914, S. [2].
[13] Vgl. V. u. kl. A. 1909–1914, S. 313, Anm. 9, und unten S. 21.
[14] KBA 9314.61.

Aargauische reformierte Kirchensynode

Auf den 16. April ist sie zusammenberufen worden, die neugewählte aargauische Synode, nachdem die alte, wie der freundliche Leser sich vielleicht erinnert, im Dezember ein unrühmliches Ende genommen hat[15]. Wird es nun anders gehen? Wird es auch in der aargauischen Kirche einmal Frühling werden, neues Leben blühn aus den Ruinen[16]? Solches zweifelhaft und doch hoffnungsvoll bedenkend, zogen wir in den Aarauer Großratssaal ein, in dem noch vor wenig Wochen der Geist Lhotzkys geweht hatte[17]. Sagen wir's nur gleich: es war wieder nichts, gar nichts, Null! Noch fliegen die Raben um den Berg.[18] Wie lange noch? Es ist mir wie ein böser Traum, wenn ich an diesen verlorenen Nachmittag in Aarau zurückdenke.

Zuerst *Wahlen*[19]: ins Bureau[20], in den Kirchenrat, in die Geschäftsprüfungskommission. Dauer: über zwei Stunden! Resultat: Die Bisherigen, fast bis auf den letzten Sessel die Bisherigen! Die beiden dominierenden Coterien[21], die «freisinnige» und die «der Rechten und der Mitte» hatten wieder alles vorher abgemacht, und die beiden Listen lauteten wörtlich gleich. So herrlich, friedlich und interessant sind die kirchlichen Verhältnisse im Aargau! Man schimpft zwar ein wenig aufeinander, wenn jeder Teil unter sich ist – ein «Druckfehler»[22]

---

[15] Vgl. V. u. kl. A. 1909–1914, S. 716–722.

[16] Fr. Schiller, *Wilhelm Tell,* 4. Aufzug, 2. Szene, V. 2427.

[17] Der religiöse Schriftsteller Heinrich Lhotzky (1859–1930) hielt am 10. März 1914 im Großratssaal, der Versammlungsstätte des Aargauer Kantonalparlaments, in dem auch die Kirchensynode tagte, einen Paulus-Vortrag: H. Lhotzky, *Der Apostel Paulus,* in: *Die XVIII. Christl. Studenten-Konferenz. Aarau 1914. Den 9. bis 11. März,* Bern 1914, S. 43–64.

[18] Vgl. Fr. Rückert, «Barbarossa», Str. 7 und 8.

[19] Vgl. das Protokoll der reformierten Synode des Kantons Aargau. 1894–1919 (im Archiv der Evangelisch-reformierten Landeskirche des Kantons Aargau, Aarau), S. 399f.

[20] Präsident, Vicepräsident, Sekretäre und Stimmzähler der Synode.

[21] = Cliquen, Seilschaften. Im 19. Jahrhundert meist in pejorativem Sinn für eine weniger auf gemeinsame Grundsätze als auf persönliche Beziehungen gegründete Richtung oder Gruppe in der Politik, der Kunst oder der Publizistik verwendet.

[22] Der «Druckfehler» auf dem «Vorschlag des freisinnig-kirchlichen Vereins» bestand darin, dass die Stelle des Namens eines der wieder vorzuschla-

der freisinnigen Liste warf auf diese Tatsache ein heiteres Schlag-
licht –, aber keine der beiden Parteien findet den moralischen Mut, zu
tun, was sie im Herzensgrund eigentlich tun möchte, nämlich gewisse
Kandidaten der Gegenpartei zu streichen. Und die rechten Leute, an
denen es durchaus nicht fehlt, zeigen keine Lust, sich als Kampfkan-
didaten aufstellen zu lassen. Also nur immer weiter, ohne Fahne und
ohne Grundsatz, hüben und drüben! Quieta non movere![23] über alles.
Die Bisherigen, ach die kirchliche Eintracht! Die Bisherigen – Null,
Null!

Dann der *Antrag Epprecht*[24]: Die Synode soll für die *Spielbankinitiative* ein Votum abgeben und der Kirchenrat ein ermunterndes
Schreiben an die Pfarrämter und Kirchenpflegen ergehen lassen.
Selbstverständlichkeiten im Grunde: in der Spielbankfrage können
doch alle auch nur einigermaßen erfreulichen Leute nur *einer* Meinung sein. Vollends wird doch eine Versammlung von Pfarrern und
anderer «kirchlich Interessierter», wie man so nett sagt, sich nicht
lange fragen, was sie zu tun hat. Selbstverständlich in Neuenburg, in
Zürich, im Berner Synodalrat[25], *nicht* selbstverständlich im Aargau.
Pfr. *Widmer* (freis.[26]): Der Kirchenrat hat die Sache noch nicht ge-
prüft, ohne das können wir heute (die nächste Sitzung findet im
Herbst statt!) noch keinen Beschluss fassen. Pfr. *Buhofer* (freis.): Das
letzte Mal haben bei Behandlung dieser Frage viele den Saal verlassen,
so dass die Synode beschlussunfähig wurde.[27] Das war eine Blamage.
Eine solche wollen wir diesmal vermeiden. Also wollen wir lieber auf
den Antrag nicht eintreten. Pfr. *Hassler* (freis.): Ähnliches. Abstimmung[28]: 31 Stimmen für Eintreten, 65 dagegen. Schluss der Sitzung um
½ 5 Uhr. – Null, Null, Null!

genden «Bisherigen» leer geblieben war und der Name handschriftlich nachgetragen werden musste.
   [23] Zu den Wurzeln des von Otto von Bismarck am 14. April 1891 in einer
Rede zitierten «alten, guten politischen Sprichworts» vgl. Büchmann, S. 469.
   [24] Protokoll, S. 400f.
   [25] Über diese und andere kirchliche Stellungnahmen berichtet mit Verweis
auf weitere Berichte und Aufsätze R. Schwarz, *Das kirchliche Leben der
Schweiz vom Bettag 1913 bis Pfingsten 1914*, in: KBRS, Jg. 29 (1914),
S. 101–103.105–107.109–111.113–115, dort S. 101f.
   [26] = freisinnig.
   [27] Vgl. V. u. kl. A. 1909–1914, S. 721.
   [28] Den «Antrag auf Eintreten» hatte Karl Barth gestellt.

Wann wird es anders werden? Wann werde ich keine solchen betrüblichen Berichte mehr nach Basel schicken müssen? Wenn wir einmal einen Krach bekommen, ich meine *einen großen erlösenden grundsätzlichen Krach,* mitten hinein in unsere Schlafmützigkeit, die alles Sensorium für wichtig und unwichtig verloren zu haben scheint. Dann wird's anders, vorher nicht.

DAS NEUE FABRIKGESETZ
1914

Die Gemeinde Suhr liegt 10 km nordöstlich von Safenwil in der nächsten Umgebung von Aarau. 1914 zählte sie etwa 2300 Einwohner. Nach dem Jahrbuch der Sozialdemokratischen Partei[1] *hatte der 1907 gegründete Grütliverein Suhr, in dem Barth seinen Vortrag hielt, Anfang 1914 42 Mitglieder. Der Grütliverein, eine schon 1838 gegründete, nicht internationalistisch ausgerichtete Handwerksgesellen- und Arbeiterorganisation, fusionierte 1901 «mit der Sozialdemokratischen Partei (SP), behielt jedoch die selbstständige Organisation bei und wehrte sich gegen die vollständige Integration in die Partei mit dem Austritt 1916».*[2]

«Mit dem eidgenössischen Fabrikgesetz *von 1877 stellte sich die* Schweiz an die Spitze *der Kulturländer auf dem Gebiete des* Arbeiterschutzes»[3], *schrieb der Nationalrat Fritz Studer, der als Präsident der Sozialdemokratischen Partei der Schweiz an dessen Revision mitwirkte. Das Gesetz regelte zum einen die besonderen Arbeitsbedingungen für Kinder und Frauen und zum anderen die allgemeinen Arbeitsbedingungen für männliche Erwachsene (Maximal-Arbeitstag 11 Stunden pro Tag). Ergänzungen und Erweiterungen kamen im Laufe der Jahre hinzu, u.a. die gesetzlichen Regelungen der unternehmerischen Haftpflicht (1881 und 1887), der Lohnzahlung (1902) und der Arbeitszeit am Samstag (1905). Die Fülle der Zusätze und vor allem die gewaltige technische Veränderung, die im Fabrikbetrieb im Lauf weniger Jahrzehnte eintrat, legten nach der Jahrhundertwende eine Revision des Fabrikgesetzes nahe. Diese Revision zog sich aber in die Länge. 1904 erschien ein erster Entwurf für ein neues Fabrikgesetz, ausgearbeitet von den drei schweizerischen Fabrikinspektoren. Dieser*

---

[1] *Jahrbuch der Sozialdemokratischen Partei der Schweiz und des Schweizerischen Grütlivereins (Jahresbericht und Parteitagsprotokoll) 1914. Zusammengestellt und bearbeitet vom Partei- und Vereinssekretariat in Zürich*, Zürich 1915, S. 122.

[2] F. Müller, Art. «Grütliverein», in: *Historisches Lexikon der Schweiz*, Bd. 5, Basel 2006, S. 773f.

[3] Fr. Studer, *Bundesgesetz betreffend die Arbeit in den Fabriken. Textausgabe mit Einleitung und Sachregister*, Zürich 1915, S. 8. Studer bietet in seiner Einleitung einen Überblick über die Entstehung des Gesetzes.

9

wurde nach ausgiebiger öffentlicher Diskussion unter Kantonsregie-
rungen, Handelskammern und Arbeiterbund revidiert und so 1907/08
Grundlage für die Beratungen einer größeren Expertenkommission,
zusammengesetzt aus Unternehmern, Gewerbetreibenden und Ar-
beitern. 1910 erschien innerhalb einer Botschaft des Bundesrates ein
redaktionell völlig umgearbeiteter Entwurf, der einer Kommission des
Nationalrates zugeleitet wurde. Diese Kommission einigte sich nach
anfänglich großen internen Differenzen mit dem Bundesrat auf eine
Parlamentsvorlage, den sog. Verständigungsentwurf *von 1913.*[4] *In*
den beiden Räten selber wurden nur noch wenige Abänderungen und
einige Erweiterungen des Entwurfs vorgenommen, und schließlich
stimmten Nationalrat und Ständerat am 17. bzw. am 18. Juni 1914
einstimmig der Gesetzesvorlage zu. «Das Volk *ergriff das Referendum*
nicht und erteilte damit stillschweigend seine Sanktion.*»*[5] *Das Gesetz*
trat wegen des Ersten Weltkrieges jedoch erst am 1.1.1920 in Kraft.

Barth behandelt in seinem Vortrag den Verständigungsentwurf *von*
1913 nach Abschluss von dessen erster Lesung, die im Nationalrat
zwischen dem 25. September und 4. Dezember 1913 und im Ständerat
zwischen dem 24. März und 2. April 1914 stattgefunden hatte. Para-
graphenzählung und Wortlaut stimmen nicht *mit der endgültigen*
Gesetzesfassung von 1914 überein. – Barths Unterlagen bestanden
erstens aus einer offiziellen Broschüre mit dem Text der Gesetzesvor-
lage: «Fabrikgesetz. Revision. Gemeinsame Anträge der Kommission
des Nationalrates und des Bundesrates. 3. Juli 1913.» (ohne Hrsg. und
Verlagsort). Diese Broschüre ist, mit zahlreichen Bemerkungen Barths
versehen, im Karl Barth-Archiv erhalten.[6] *Sie ist inhaltlich nicht iden-*
tisch mit dem S. 13, Anm. 19, genannten amtlichen Bulletin, das das
Ergebnis der Beratungen im Nationalrat wiedergibt. Zweitens hatte
Barth sich über den Wortlaut der Verhandlungen ein ebenfalls im Bas-
ler Archiv erhaltenes Dossier von fünfzig Zeitungsseiten aus den BN,
der NZZ, dem Aargauer Tagblatt und dem Gewerkschaftsblatt «Der
Textilarbeiter» angelegt.

---

[4] A.a.O., S. 14.
[5] A.a.O., S. 15.
[6] KBA 12083.

Aus einem Brief Barths an seine Mutter vom 20. April 1914[7]:
Ich hielt gestern in Suhr meinen Vortrag über das Fabrikgesetz vor etwa 40 Arbeitern. Nachher weibelte[8] ich auch für die Initiative [gegen die Spielbanken]. Und da war eben eine so *ganz* andere Stimmung [scil. als in der aargauischen Synode], die begriffen sofort, worauf es ankam und versprachen mir, sich tüchtig ins Zeug zu legen dafür. Ein Redner, der zaghaft ungefähr die Argumente vorbrachte, die man auch in der Synode *dagegen* hörte, wurde einfach ausgelacht.

Das neue Fabrikgesetz

Vortrag im Grütliverein Suhr 19. IV 14

Ein, bei uns bis jetzt das einzige, aber das wichtigste Stück *Arb[eiter]--Schutz*. A[rbeiter]schutz ist ein Eingriff des Staates in die Vertragsfreiheit zwischen Unternehmer u. Arbeiter zum Wohl des letztern. *Unternehmertum* ist interessiert an möglichster Bewegungsfreiheit (Volle Ausnutzung d. Materials ohne Rücksicht auf die Menschen) England, K[an]t[on] Zürich früher.[9] *Humanität* stellt Menschen über Geld u. fordert darum Beschränkung der Freiheit. Schon daraus ergiebt sich, daß jedes Gesetz auf diesem Gebiet das Resultat eines Kampfes resp. *Kompromisses*[10] sein muß, kein himmelstürmender Erfolg. Die Betrachtung eines solchen kann zeigen[,] wie weit wir heute sind in diesem Kampfe zwischen Sozialismus u. Selbstsucht (Der Vorwurf gilt natürlich dem System, die einzelnen Vertreter sind vielfach gebunden) – Gut, daß neben A.schutz *Selbsthilfe d. Arbeiterschaft*.

[7] KBA 9214.10.

[8] weibeln = für einen politischen Vorschlag werbend eifrig herumgehen.

[9] Vgl. V. u. kl. A. 1909–1914, S. 665.

[10] «[...] der Industrielle *Robert* aus dem neuenburgischen Jura und der einzige eigentliche Vertreter der sozialdemokratischen Arbeiterschaft im Ständerat, Reg[ierungs]-Rat Heinrich *Scherrer* von St. Gallen, erklärten übereinstimmend, daß sie auf dem Boden des sog. *Kompromißvorschlages* stehen [...]. Nachdem nun die Beratungen ihren Abschluß gefunden haben, wird man sich auf beiden Seiten sagen müssen, daß ohne Verständigung, ohne Kompromiß das Gesetz niemals in einer für beide Parteien annehmbaren Form zustande gekommen wäre.» (BN, Jg. 70, 1. Beilage zu Nr. 159 vom 5.4.1914, S. [1]).

I Allg[emeine] Bestim[mun]g[en][11]

§ 11 *Bußen*[12] In 85 % aller, in 50 % aller großen Betriebe nicht gebräuchlich.[13] *Dafür:* Junge, bequem, Unordentliche[.] *Dagegen*: Partei Richter u. Vollstrecker[14], worum gehts sonst?, am Meisten Bußen da, wo Löhne am Geringsten.[15] Moral[isches] Unrecht.[16] Darum alle Kompetenten dagegen.[17] *Andre Mittel*: Warn[un]g[18], Kündig[ung]sdroh[ung], Kündig[un]g, Entlass[un]g, Lohnentzug für versäumte Zeit, Stundenlohn, 1 Tag Ferien-Abzug, Reinig[ung]sarbeiten, Prämier[un]g d. Guten. *Das Erreichte*

[11] Barth übernimmt im folgenden die Gliederung und Zwischenüberschriften des Gesetzes. Den Abschnitt VII daraus über Strafen für Fabrikinhaber, der erst in der endgültigen Gesetzesfassung erscheint, behandelt er hier nicht.

[12] «Die Verhängung von Bußen gegen die Arbeiter ist bloß zulässig zum Zwecke der Aufrechterhaltung der Arbeitsordnung und der Fabrikpolizei und nur dann, wenn sie in der Fabrikordnung vorgesehen ist. Die Buße ist dem Arbeiter bei Ausfällung mitzuteilen. Gegen jede Buße kann sich der Betroffene beim Fabrikinhaber oder bei dessen verantwortlichem Stellvertreter beschweren. Bußen über 25 Rp. sind vom Fabrikinhaber oder seinem verantwortlichen Stellvertreter unterschriftlich zu bestätigen und unter Angabe des Grundes schriftlich mitzuteilen. Bußen dürfen ein Viertel des Taglohnes des Gebüßten nicht übersteigen und sind im Interesse der Arbeiter, namentlich für Unterstützungskassen, zu verwenden. Die Bekanntgabe der Bußen durch Anschlag oder auf ähnliche Weise ist verboten.» (BN, Jg. 70, 1. Beilage zu Nr. 141 vom 26.3.1914, S. [2]).

[13] Vgl. BN, Jg. 69, 1. Beilage zu Nr. 460 vom 3.10.1913, S. [1], und Aargauer Tagblatt, Jg. 67, Nr. 268, 1. Blatt, vom 3.10.1913, S. [1].

[14] Zu den Gründen «dafür» und «dagegen» vgl. V. u. kl. A. 1909–1914, S. 594f.

[15] «Gerade wo die Löhne die kleinsten sind, werden die meisten Bußen verhängt.» (BN, Jg. 69, 1. Beilage zu Nr. 460 vom 3.10.1913, S. [1]).

[16] «*Pflüger* (Soz.) hatte den Auftrag, namens der sozialdemokratischen Gruppe den Antrag auf Abschaffung der Bußen zu stellen. Die Arbeiterschaft empfindet das Bußensystem als etwas Entwürdigendes. Kommt es doch vor, daß Bußtafeln mit den Namen der Gebüßten öffentlich ausgehängt werden.» (BN, Jg. 69, 1. Beilage zu Nr. 460 vom 3.10.1913, S. [1]).

[17] «Die Fabrikinspektoren, die am meisten in die Praxis hinein sehen, waren schon seit Jahren einmütig für die Abschaffung der Bußen» (BN, Jg. 69, 1. Beilage zu Nr. 460 vom 3.10.1913, S. [1]).

[18] Äußerung von Bundesrat Schultheß: «Ist denn die Buße etwas so entwürdigendes? Durchaus nicht. Eine in Ruhe verhängte Buße ist weit weniger entwürdigend, als eine in scharfem und verletzendem Tone erfolgte Verwarnung» (Aargauer Tagblatt, Jg. 67, Nr. 268, 1. Blatt, vom 3.10.1913, S. 2).

§ 12f *Fabrikordnung*[19]

§ 18 *Vereinsrecht*. Wichtigkeit der Organisation.[20] Fahr-wangen.[21] Bundesrat Deucher 1910[,] anders Schultheß 1913[.][22] Juristische Bedenken[23], aber § 20 b. «Forder[un]g d. Rechtsbewußtseins»[.][24] Formel dafür müßte sich finden, wenn Wille vorhanden[25]

[19] «Art. 12. Die Fabrikordnung unterliegt der Genehmigung der Kantonsregierung. Die Kantonsregierung wird der Entscheidung vorgängig das Gutachten des eidgenössischen Fabrikinspektors einholen. Sie wird die Fabrikordnung genehmigen, wenn sie nichts enthält, das vorschriftswidrig ist oder offenbar gegen die Billigkeit verstösst.» (Amtliches stenographisches Bulletin der schweizerischen Bundesversammlung/Nationalrat, Jg. XXIII [1913], Bd. III, Bern 1913, S. 558, Sp. 1).

«Art. 13. Bevor der Entwurf einer neuen oder abgeänderten Fabrikordnung vom Fabrikinhaber zur Genehmigung vorgelegt wird, muss er in den Arbeitsräumen angeschlagen oder den Arbeitern ausgeteilt werden, mit Ansetzung einer Frist von wenigstens zwei, höchstens vier Wochen, innert welcher sich die Arbeiter, sei es selbst, sei es durch eine von ihnen aus ihrer Mitte gewählte Kommission, schriftlich darüber zu äussern haben. [...] Aeussern sich die Arbeiter innert der ihnen angesetzten Frist nicht, so entscheidet die Kantonsregierung ohne weiteres über die Genehmigung der Fabrikordnung.» (a.a.O., S. 559, Sp. 1 f.).

[20] Vgl. das Votum des sozialdemokratischen Abgeordneten H. Eugster-Züst vor dem Nationalrat: «*Warum legt der Arbeiter,* warum legen eine große Zahl von Proletariern *ein so großes Gewicht auf das Vereinsrecht?* Sie sehen, wie ihre Unternehmer, die Prinzipale vereinigt sind in Vereinigungen wirtschaftlicher Art [...]. Sie sehen, [...] wie ihre Prinzipale nach jeder Richtung hin Gebrauch machen können von dem in der Verfassung gewährleisteten Vereinsrecht, und sie selber sehen sich ausgeschlossen von der Ausübung desselben. Sie wissen ganz gut, daß es heute für den Arbeiter kein anderes Mittel gibt, *um bessere Arbeitsbedingungen zu erreichen, als das gemeinsame Vorgehen.* [...] Man weiß, daß nur wo Organisationen bestehen, es möglich ist, einen Tarifvertrag [...] mit den Unternehmern abzuschließen, und man weiß, daß an manchem Orte, wenigstens für einige Jahre, der Friede eingekehrt ist gestützt auf einen Tarifvertrag.» (TA, Jg. 12, Nr. 41 vom 9.10.1913, S. [1f.]).

[21] Vgl. V. u. kl. A. 1909–1914, S. 439f. und 596f.

[22] Vgl. V. u. kl. A. 1909–1914, S. 597f.

[23] Vgl. V. u. kl. A. 1909–1914, S. 597f., Anm. j und Anm. 72.

[24] Vgl. in V. u. kl. A. 1909–1914, S. 597f., bes. die in Anm. 72 zitierte Botschaft des Bundesrates von 1910.

[25] Vgl. die Ausführungen des sozialdemokratischen Nationalrats Studer aus Winterthur: «Ich sage Ihnen, dass dieser Punkt des Schutzes des Vereinsrechtes ein Kardinalpunkt ist, dass die Arbeiterschaft es nicht verstehen würde, wenn

§ 22,3 _Décompte_[26], sachlich geringfügig, zeigt aber wieder Ungleichheit der Situation

§ 26f _Einigungsstelle_ (§ 30, bis!)[27]

II § 34f **Arbeitszeit**.[28] Interesse der Fabrikanten: möglichst lange Nutzungszeit für d. Maschinen.[29] Mißbräuche in früherer Zeit.

der Rat erklärte: ‹Es ist recht und gut, wir wollen gerne, aber wir finden keine Formel, keinen Ausdruck, um diesen Schutz zu geben›. Die Arbeiterschaft würde dies nicht verstehen, sondern darin ein Nichtwollen erblicken.» (Amtliches stenographisches Bulletin der schweizerischen Bundesversammlung/Nationalrat, Jg. XXIII [1913], Bd. III, Bern 1913, S. 568, Sp. 1).

[26] Barth bezieht sich auf den dritten Absatz des Artikels 22: «Am Zahltag darf nicht mehr als der Lohn für die letzten sechs Arbeitstage, bei Akkordarbeit nicht mehr als ein dem Lohn der letzten sechs Arbeitstage ungefähr entsprechender Betrag ausstehen bleiben», von dem die liberal-konservativen Basler Nachrichten urteilten, dass diese «Decompte-Klausel» sich «unbestreitbar» «als eine Begünstigung der Arbeit*geber* charakterisiert» (BN, Jg. 70, 1. Beilage zu Nr. 159 vom 5.4.1914, S. [1]).

[27] «Art. 26. Behufs Vermittlung von Gesamtstreitigkeiten zwischen Fabrikinhabern und Arbeitern über das Arbeitsverhältnis, sowie über die Auslegung und Ausführung von Gesamtarbeits- oder Normalarbeitsverträgen werden von den Kantonen, unter Berücksichtigung der in den Industrien bestehenden Bedürfnisse, ständige Einigungsstellen errichtet. Die Organisation der kantonalen Einigungsstellen unterliegt der Genehmigung des Bundesrates. Art. 27. Die Einigungsstelle lässt ihre Vermittlung von sich aus oder auf das Begehren einer Behörde oder von Beteiligten eintreten. Alle von der Einigungsstelle vorgeladenen Personen und Organe sind bei Busse verpflichtet, zur Verhandlung zu erscheinen. Das Verfahren ist für die Parteien unentgeltlich.» (Fabrikgesetz. Revision, S. 7).

«Art. 30 bis. Die Kantone können den Einigungsstellen weitere als die in diesem Gesetze vorgesehenen Befugnisse übertragen.» (Aargauer Tagblatt, Jg. 67 [1913], Nr. 332, 2. Blatt, vom 6.12.1913, S. [1]).

[28] «Art. 34. Die Arbeit eines Tages darf nicht mehr als 10, an den Tagen vor Sonntagen nicht mehr als 9 Stunden dauern. Als Sonntage im Sinne dieses Gesetzes gelten auch die gemäß Art. 52 von den Kantonen bestimmten Feiertage. [...]

Art. 35. Wenn die Arbeit an Samstagen regelmäßig 6 ½ Stunden nicht übersteigt und spätestens um 1 Uhr aufhört, so darf sie an den übrigen Tagen 10 ½ Stunden dauern. Diese Bestimmung gilt für eine Frist von zehn Jahren, vom Inkrafttreten des Art. 34 an gerechnet.» (BN, Jg. 69, Nr. 470 vom 9.10.1913 [1. Blatt], S. [1]).

[29] Vgl. Votum von Bundesrat Schultheß: «Wo der Arbeiter an Maschinen tätig ist, leidet die Produktionsfähigkeit der Industrie unter der Verkürzung der Arbeitszeit» (BN, Jg. 69, 1. Beilage zu Nr. 472 vom 10.10.1913, S. [1]).

Gründe für *Verkürzung*: a) Maximum an Arbeitskraft n[icht] zu über-schreiten b) Maschinenarbeit anstrengend c) freie Zeit nötig d) größte Unfallgefahr in letzten zwei St[un]d[en] e) nicht vergleichen mit an-dern Berufen f) Arbeitsleistung wird größer bei Verkürz[un]g u. gleichzeitigen industr[iellen] Verbesserungen (Abbe, engl[ische] u. schweiz[erische] Baumwollspinnereien, cf. österr[eichische] Tabak-regie, cf. Mundella![30]) g) freie Zeit wird *nicht* versoffen.[31] Freilich: langsames Tempo mit Rücksicht auf Industrie *und* Arbeiter![32]

1877: 12[-]Std.[-]Tag unter Protest![33] jetzt 10[-]Std.[-]Tag, 65 % haben ihn schon[34], in der Text[il]ind[ustrie] erst 47,6 %[.][35] «Der hin-kende Bote»[36]

§ 35   *Freier Samstag*[37]
§ 39   *Nicht Arbeit nach Hause*[38]
§ 41, 47   *Zweischichtensystem:* 8 Std., höchstens 10[39]

[30] Vgl. V. u. kl. A. 1909–1914, S. 672f.

[31] Vgl. V. u. kl. A. 1909–1914, S. 674.

[32] Vgl. V. u. kl. A. 1909–1914, S. 671f.

[33] «Die Textilindustrie, welche noch 1877 eine heftige Opposition der Re-duktion der Arbeitszeit von 12 auf 11 Stunden entgegenstellte, ist nun schon längst zur Einsicht gekommen, daß eine Reduktion auf 11 Stunden ihr keinen Nachteil bringt» (Aargauer Tagblatt, Jg. 76, Nr. 274, 1. Blatt, vom 9.10.1913, S. 2).

[34] «Die 65 % Betriebe, die bereits die 10stündige Arbeitszeit haben» (BN, Jg. 69 [1913], 1. Beilage zu Nr. 470 vom 9.10.1913, S. [1]).

[35] Vgl. V. u. kl. A. 1909–1914, S. 592.

[36] Vgl. die Äußerung des sozialdemokratischen Abgeordneten J. Sigg: «Die radikale Partei ist der ‹hinkende Bote› in der Arbeiterschutzgesetzgebung» (BN, Jg. 69 [1913], 1. Beilage zu Nr. 458 vom 2.10.1913). Barth überträgt die Wendung auf die in der Frage der Arbeitszeit «nachhinkende» Textilindustrie.

[37] Vgl. V. u. kl. A. 1909–1914, S. 675–680.

[38] «Art. 39. Es ist untersagt, die Vorschriften über die Arbeitszeit dadurch zu umgehen, daß den Arbeitern Arbeit nach Hause mitgegeben wird.» (Fabrik-gesetz. Revision, S. 9).

[39] Aus Art. 41: «Beim zweischichtigen Tagesbetriebe [...] darf die Arbeits-dauer des einzelnen Arbeiters nicht mehr als 8 Stunden betragen». – Aus Art. 47: «Die Arbeitsdauer des einzelnen Arbeiters darf innert 24 Stunden nicht mehr als 8 Stunden betragen. Der Bundesrat wird jedoch eine Arbeitsdauer von mehr als 8 bis höchstens 10 Stunden bewilligen, wenn dies in den wirt-schaftlichen Betriebsbedingungen einer Fabrik oder einer Industrie begründet ist und wenn es der Schutz von Gesundheit und Leben der Arbeiter erlaubt.» (Fabrikgesetz. Revision, S. 10.12).

§ 42, 43 *Überzeit* 70 x 2 höchstens[40]

§ 46 *Nacht- u. Sonntagsarbeit*[41]

§ 42 *Feiertage*[42]

III Beschäftigung von weibl[ichen] Personen

Gründe für bes[onderen] Schutz: die phys[ische] Konstitution der Frau, die Tatsache, daß ihr Verdienst meist nur Zuschußverdienst ist, die geringe Organisationsfähigkeit u. Widerstandskraft. *Gründe dagegen* seitens der Frauenrechtlerinnen nicht stichhaltig, wohl aber die Forderung allgem[einer] Arbeitszeitverkürz[un]g. Besondern Schutz

[40] Art. 42: «Die Dauer der normalen Tagesarbeit [...] kann, bei nachgewiesenem Bedürfnis und mit Bewilligung der nach Art. 43 zuständigen Behörden, ausnahmsweise und vorübergehend um bestimmte Stunden und für eine bestimmte Zahl von Arbeitern verlängert werden. Die Verlängerung darf nur in Notfällen mehr als zwei Stunden im Tag betragen.» Aus Art. 43: «Die Zahl der Arbeitstage, für die einer Fabrik oder einer Fabrikabteilung Bewilligungen erteilt werden, darf in der Regel zusammen achtzig in einem Jahre nicht überschreiten.» (Amtliches stenographisches Bulletin der schweizerischen Bundesversammlung/Nationalrat, Jg. XXIII [1913], Bd. III, Bern 1913, S. 699, Sp. 1f.). Die Zahl 70 ist anscheinend ein – vielleicht durch die Erinnerung an Art. 46 (s. unten Anm. 41) verursachtes – Versehen Barths.

[41] «Art. 46. Die Bewilligung vorübergehender Ausnahmen in Notfällen oder sonst aus zwingenden Gründen steht zu

a) für höchstens 6 Nächte oder einen Sonntag der Bezirksbehörde, oder, wo eine solche nicht besteht, der Ortsbehörde;

b) für höchstens 70 Nächte oder 2–4 Sonntage der Kantonsregierung;

c) für eine längere Dauer dem Bundesrat.

Die Bewilligung darf nur für bestimmte Stunden und Tage und für eine bestimmte Zahl von Arbeitern erteilt werden.

Die Arbeitsdauer des einzelnen Arbeiters darf innert 24 Stunden nicht mehr als 10 Stunden betragen.

Während der Nacht soll die Arbeit durch eine wenigstens halbstündige Pause unterbrochen werden.» (Aargauer Tagblatt, Jg. 76, Nr. 276, 1. Blatt, vom 11.10.1913).

[42] «§ 42» ist ein offensichtlicher Schreibfehler Barths, es muss sich um «Art. 52» handeln: «Art. 52. Die Kantone können acht Feiertage im Jahre bestimmen, die im Sinne dieses Gesetzes als Sonntage zu gelten haben [...]. Die konfessionellen Feiertage dürfen nur für die Angehörigen der betreffenden Konfession verbindlich erklärt werden. Wer an andern als den vom Kanton bestimmten konfessionellen Feiertagen nicht arbeiten will, hat dies dem Fabrikinhaber oder seinem Stellvertreter spätestens bei Beginn der Arbeit am Vortage anzuzeigen.» (BN, Jg. 69, Nr. 562, 2. Blatt, vom 2.12.1913, S. [1]).

haben nötig die eheweibl. Arbeiter, aber *auch* die Mädchen als die Mütter der Zukunft. Höhere Männerlöhne![43]

36% der schweiz[erischen] Arbeiterschaft, im Aargau 38 %, in Textilindustrie 59–76 %[44]

§ 59 *Nacht- u. Sonntagsarbeit verboten*[45]

§ 60 *Zweischichtensystem*[46]

§ 61–62 *Erleichterungen für Hausfrauen u. Mütter*[47]

IV Beschäftigung von jugendl[ichen] Personen

Düsterstes Kapitel d. Sozialpolitik: England, Kt. Zürich (5–8, 12–6 Uhr! 6–12 Jährige!) Gesundheitl. Folgen. Bildung?![48]

---

[43] Zum ganzen Abschnitt vgl. V. u. kl. A. 1909–1914, S. 604f.667f.

[44] Vgl. V. u. kl. A. 1909–1914, S. 604f.

[45] «Art. 59. Weibliche Personen dürfen zur Nacht- und Sonntagsarbeit nicht verwendet werden. Der Bundesrat bezeichnet diejenigen Fabrikationszweige und Verrichtungen, zu denen weibliche Personen überhaupt nicht beigezogen werden dürfen.» (Aargauer Tagblatt, Jg. 67, Nr. 329, 1. Blatt, vom 3.12.1913, S. [1]).

[46] «Art. 60. Die Nachtruhe für weibliche Personen muß wenigstens 11 aufeinanderfolgende Stunden betragen und in allen Fällen, namentlich auch, wenn der Beginn oder der Schluß der Tagesarbeit verschoben oder der zweischichtige Tagesbetrieb eingeführt ist [...], die Zeit von 10 Uhr abends bis 5 Uhr morgens in sich schließen.» (Amtliches stenographisches Bulletin der schweizerischen Bundesversammlung/Nationalrat, Jg. XXIV [1914], Bd. II, Bern 1914, S. 29, Sp. 1).

[47] «Art. 61. Arbeiterinnen, die ein Hauswesen zu besorgen haben, dürfen zu den Hilfsarbeiten [...] nicht verwendet werden, soweit diese die Dauer der normalen Tagesarbeit überschreiten. Beträgt die Mittagspause nicht wenigstens anderthalb Stunden, so dürfen sie die Arbeit eine halbe Stunde früher verlassen. Nach Ablauf von fünf Jahren, vom Inkrafttreten dieses Artikels an gerechnet, soll diesen Arbeiterinnen auf ihren Wunsch der Samstagnachmittag freigegeben werden.» (BN, Jg. 69, 1. Beilage zu Nr. 563 vom 3.12.1913, S. [1]).

«Art. 62. Wöchnerinnen dürfen nach ihrer Niederkunft während sechs Wochen nicht in der Fabrik beschäftigt werden. Es darf ihnen während dieser Zeit oder auf einen Termin, der in diese Zeit fällt, nicht gekündigt werden. Der Zivilstandsbeamte, dem die Geburt angezeigt wird, hat ihnen zu Handen des Fabrikinhabers das Datum der Niederkunft unentgeltlich zu bescheinigen. Der Fabrikinhaber soll über die Wöchnerinnen ein Verzeichnis führen. Schwangere dürfen auf bloße Anzeige hin vorübergehend die Arbeit verlassen.» (ebd.).

[48] Vgl. V. u. kl. A. 1909–1914, S. 601f.

Es vereinigten sich kapitalistische Ausbeutung u. Not u. Unverstand der Eltern – noch heute teilweise[49]

15,6 % der schweiz. Arbeiterschaft 14–18jähr., im Aargau 20,4 %[,] Stickerei 27 %[50]

In den meisten Ländern 13, bei uns 14 J[ahre][51]

§ 63   *Altersgrenze*[52] 15 für Mädchen wäre gut[53], das non possumus der Unternehmer ist nicht so ernst zu nehmen[54]. Mißbräuche u. Notlügen werden vorkommen, kein Grund gegen einen solchen Fortschritt. Bessere Männerlöhne![55]

§ 64   *Nacht- u. Sonntagsarbeit verboten*[56]

§ 64b   *Keine Überstunden unter 16 J.*[57]

§ 65   *Zweischichtensystem*[58]

§ 66–68   *Unterricht*[59]

[49] Vgl. V. u. kl. A. 1909–1914, S. 603.

[50] Vgl. ebd.

[51] Vgl. ebd.

[52] «Art. 63. Kinder, die das vierzehnte Altersjahr noch nicht zurückgelegt haben oder über dieses Alter hinaus zum täglichen Schulbesuch gesetzlich verpflichtet sind, dürfen zur Arbeit in Fabriken nicht verwendet werden. Der Aufenthalt solcher Kinder in den Arbeitsräumen von Fabriken ist nicht gestattet.» (BN, Jg. 69, 1. Beilage zu Nr. 563 vom 3.12.1913, S. [1]).

[53] Das Mindestalter für die Arbeit in Fabriken wollte der Nationalrat im Dezember 1913 für Mädchen auf 15 Jahre festlegen; der Ständerat sprach sich im April 1914, wie der Entwurf und die spätere endgültige Regelung, für 14 Jahre aus. Vgl. BN, Jg. 70, 1. Beilage zu Nr. 153 vom 2.4.1914, S. [1].

[54] Vgl. V. u. kl. A. 1909–1914, S. 669.

[55] Vgl. ebd.

[56] Aus Art. 64: «Personen unter dem vollendeten achtzehnten Altersjahre dürfen zur Nacht- und zur Sonntagsarbeit nicht verwendet werden.» (Amtliches stenographisches Bulletin der schweizerischen Bundesversammlung/Nationalrat, Jg. XXIV [1914], Bd. II, Bern 1914, S. 30, Sp. 1).

[57] Aus Art. 64: «Personen unter dem vollendeten sechzehnten Altersjahre dürfen außerdem nicht zu den die Dauer der normalen Tagesarbeit überschreitenden Arbeiten [...] verwendet werden.» (ebd.).

[58] «Art. 65. Ist der Beginn oder der Schluß der Tagesarbeit verschoben oder der zweischichtige Tagesbetrieb eingeführt [...], so muß die Nachtruhe für Personen unter achtzehn Jahren wenigstens 11 aufeinanderfolgende Stunden betragen und die Zeit von 10 Uhr abends bis 5 Uhr morgens in sich schließen.» (ebd.).

[59] «Art. 66 bis. Die kantonalen, öffentlich-rechtlichen Vorschriften über Schul- und Religionsunterricht bleiben vorbehalten.

Hier bes[ondere] Ergänzung nötig durch ein Hausindustriegesetz wie in Deutschland[.] S 53 vorlesen![60]

V Mit Fabriken verbundene Anstalten

§ 70   *Alkoholartikel.*[61] Freiheitsbeschränkung? Ja[,] wie das ganze Gesetz, zum Wohl d. Arbeiter. Parteitag in Aarau[.][62] Geringere Leistungsfähigkeit. Erhöhte Unfallgefahr.[63] Untauglichkeit für Gewerkschaft u. Partei.

VI Vollzugsbestim[mun]g[en]

§ 75   *Inspektion*[64]
§ 76   *Fabrikkommission*[65]

Art. 67. Für Personen unter dem vollendeten 16. Altersjahre, die nicht Lehrlinge sind, sollen der Schul- und Religionsunterricht und die Arbeit in der Fabrik zusammen die Dauer der normalen Tagesarbeit nicht übersteigen. Dieser Unterricht darf durch die Fabrikarbeit nicht beeinträchtigt werden. Art. 68. Der Fabrikinhaber soll den Personen, die im 17. und 18. Altersjahre stehen und nicht Lehrlinge sind, für den Besuch beruflichen Unterrichts, der in die Zeit der Fabrikarbeit fällt, wöchentlich bis auf fünf Stunden freigeben.» (Aargauer Tagblatt, Jg. 67, Nr. 330 vom 4.12.1913, S. [1]).

[60] Bezieht sich offensichtlich auf S. 53 des Manuskripts der «Arbeiterfrage»; vgl. V. u. kl. A. 1909–1914, S. 670, dort das Zitat aus dem Deutschen Reichsgesetz vom 30.3.1903.

[61] «Art. 70. Anstalten, die der Fabrikinhaber für die Unterkunft und Verpflegung seiner Arbeiter unterhält, sollen den Forderungen des Gesundheitsschutzes entsprechen. Solche Anstalten sollen alkoholische Getränke nur zu den Mahlzeiten und nur an Volljährige abgeben dürfen. Es ist untersagt, den Arbeitern während der Arbeitszeit alkoholische Getränke abzugeben.» (Aargauer Tagblatt, Jg. 67, Nr. 330 vom 4.12.1913, S. [1]).

[62] Der Parteitag der sozialdemokratischen Partei im Aargau hatte am 8.2.1914 die Vorlage eines «Gesetzes gegen Trunksucht» zu erarbeiten.

[63] Vgl. V. u. kl. A. 1909–1914, S. 599.

[64] «Art. 75. Die Oberaufsicht über den Vollzug des Gesetzes liegt dem Bundesrate ob. Als Kontrollorgane werden eidgenössische Fabrikinspektoren bestellt.» (Amtliches stenographisches Bulletin der schweizerischen Bundesversammlung/Nationalrat, Jg. XXIII [1913], Bd. IV, Bern 1913, S. 820, Sp. 2).

[65] «Art. 76. Der Bundesrat bestellt eine Fabrikkommission, in der die Wissenschaft und unter sich zu gleichen Teilen die Fabrikinhaber und die Arbeiter vertreten sein sollen. Es kommt ihr insbesondere die Begutachtung der Fragen zu, die zum Erlass von Verordnungen oder von Bundesratsbeschlüssen grundsätzlicher Natur führen.» (a.a.O., S. 823, Sp. 1).

Unter Achselzucken annehmbar! Aber

1. Bild[ung] u. moral[ische] Lebenshalt[un]g d. Arbeiterschaft muß steigen, damit sie bald mit Recht mehr fordern kann.

2. Achtung auf den Vollzug des Gesetzes!

3. Ausbau   der gewerkschaftl[ichen] Organisation zur weiteren Selbsthilfe

der polit[ischen] Organisation zur Vorbereitung späterer kräftiger Staatshilfe.

AUFRUF AN DIE AARGAUISCHEN BLAUKREUZVEREINE
1914

Das Problem der Glücksspiele beschäftigte Barth seit den Genfer Ereignissen von 1911. Die in V. u. kl. A. 1909–1914, S. 310–328, abgedruckten Texte Barths geben mit den historischen Anmerkungen einen Einblick in die Vorgeschichte der Initiative gegen die Spielhäuser, zu deren Unterstützung Barth 1914 drei Aufrufe und drei Zeitungsartikel verfasste. Der Bundesrat hatte zwar zunächst mit Beschluss vom 21. April 1911 die Schließung des unter dem Namen «Cercle des étrangers» im Genfer Kursaalgebäude unterhaltenen Spielhauses, «das mit Art. 35 der Bundesverfassung in Widerspruch steht», verfügt.[1] Am 1. März 1912 hatte er dann aber «grundsätzlich beschlossen, von einem Verbote des Betriebes der Glücksspiele in den Kursälen der Schweiz abzusehen»[2], und am 12. September 1913 erklärt: «Der Bundesrat erachtet die in den Kursälen betriebenen Hasardspiele als nicht unter das Verbot des Art. 35 der Bundesverfassung fallend», wenn bestimmte in 15 Punkten aufgeführte Grundsätze (Spielgeschwindigkeit, Maximaleinsatz, Spielzeiten, Zugangskontrolle usw.) beachtet würden.[3] Daraufhin bildete sich am 22. Dezember 1913 in Bern ein Schweizerisches Aktionskomitee gegen die Spielhäuser und lud vorsorglich ein, «sich in den Kantonen, in denen noch keine Komitees bestehen, zum bevorstehenden Kampfe zu organisieren»[4]. Am 21. Februar 1914 wurde in Olten eine eidgenössische Initiative für ein Volksbegehren zur Revision der Bundesverfassung von 1874 beschlossen[5], durch die die, wie sich gezeigt hatte, nicht hinreichend wirksamen Bestimmungen des Art. 35 («Die Errichtung von Spielbanken ist untersagt. Die zur Zeit bestehenden Spielhäuser müssen am 31. Christmonat 1877 geschlossen werden.») «aufgehoben und durch folgende Bestimmungen ersetzt» werden sollten:

[1] Schweizerisches Bundesblatt, Jg. 63 (1911), Bd. 2, S. 1047.
[2] Schweizerisches Bundesblatt, Jg. 64 (1912), Bd. 1, S. 476.
[3] Schweizerisches Bundesblatt, Jg. 65 (1913), Bd. 1, S. 198–201.
[4] Vgl. J. Matthieu, *Initiative gegen die Spielhäuser*, in: NW, Jg. 8 (1914), S. 94.
[5] Vgl. N. Huber, *Unsere Stellung zur Volksinitiative gegen die Spielsäle*, in: KBRS, Jg. 29 (1914), S. 51–53.56f., dort S. 53.

Die Errichtung von Spielbanken ist untersagt.

Als Spielbank ist jede Unternehmung anzusehen, welche Glücksspiele betreibt.

Die jetzt bestehenden Spielbankbetriebe sind binnen fünf Jahren nach Annahme dieser Bestimmung zu schliessen.[6]

Barth engagierte sich bald in dieser Sache. Von einem Basler Gönner finanziell unterstützt[7], bildete er zusammen mit seiner Frau das «Aargauische Aktionskomitee gegen die Spielbanken», für dessen Anliegen er besonders die Sozialdemokraten und die Blaukreuzler zu gewinnen versuchte. Am 20. April 1914 schreibt er an seine Mutter[8]: «Im übrigen lebe ich besonders der Initiative» und am gleichen Tag an Otto Lauterburg[9]: «Gegenwärtig bin ich sehr mit der Initiative gegen das Glücksspiel beschäftigt, die im Aargau bezeichnenderweise nur vom Blauen Kreuz u. der Sozialdemokr. unterstützt wird.» Am 7. Mai 1914 schildert er seinem in Zürich ebenfalls in der Initiative engagierten Freund Willy Spoendlin die Situation[10]: «Wir haben kein so schönes Komitee. Es besteht eigentlich nur dem Namen nach, in Wirklichkeit aus mir und Nelly, die gemeinsam das nötige Schreiben, Kleben und Falten besorgen. Ich hauptsächlich das Schreiben. Ich sende dir hier zur Erheiterung und Anspornung zwei ‹reife Früchte› meiner Feder. Die Unterschriftenbogen sind nun bereits in Umlauf, so ziemlich im ganzen Kanton, wenn nämlich die roten und blauen Vereine ihre Pflicht tun. Hier in Safenwil gehts sehr gut damit. Es sind 6 Leute am Werk. Ich allein habe schon 50 Unterschriften ziemlich rasch bekommen. Nur ganz Wenige weigern sich, natürlich gerade die freisinnige Intelligenz». So konnte Barth am 13. Juli 1914 Leonhard Ragaz berichten[11]: «Das Resultat der Unterschriftensammlung für die Spielbankinitiative war bei uns für unsere kulturkantönlichen[12] Verhältnisse

---

[6] Schweizerisches Bundesblatt, Jg. 66 (1914), Bd. 3, S. 712.

[7] Vgl. E. Busch, *Meine Zeit mit Karl Barth. Tagebuch 1965–1968*, Göttingen 2011, S. 270f.

[8] KBA 9214.10.

[9] KBA 9214.11.

[10] KBA 9214.14.

[11] KBA 9214.19.

[12] Anspielung auf die bis heute gängige Bezeichnung des Kantons Aargau als «Kulturkanton», vgl. V. u. kl. A. 1909–1914, S. 717f., Anm. 1.

22

*recht gut: 5700 Unterschriften; wir hatten nie soviel erwartet. Aber
fast Alles ‹gewöhnliche› Leute. Arbeiter, Handwerker u. Bauern,
während die obere Schicht fast ganz wegblieb.» Insgesamt waren in
der ganzen Schweiz während der kurzen Zeit von vier Monaten mehr
als 100 000 Unterschriften zusammengekommen, mehr als doppelt so
viele, wie für das Zustandekommen einer Volksabstimmung erforderlich waren.*

    *Die beiden Räte der Bundesversammlung beschlossen am 15. April
1915 bzw. am 15. Juni 1915, das Volksbegehren dem Bundesrat, d.h.
der Regierung, zu überweisen und sie einzuladen, «über den Gegenstand materiell Bericht zu erstatten».*[13] *Der Bundesrat kam dieser Aufforderung mit dem Bericht «betr. das Initiativbegehren um Abänderung des Art. 35 der Bundesverfassung (Verbot der Errichtung von
Spielbanken)» vom 27. Mai 1916 nach.*[14] *Er kommt in diesem 73-sei-
tigen Bericht nach einer Darlegung der Vorgeschichte und der Geschichte des Verfassungsartikels und nach ausführlichen «rechtlichen
Erörterungen» zu dem Antrag, die Bundesversammlung möge «beschliessen, das Initiativbegehren sei abzulehnen und mit dem Antrag
auf Verwerfung ohne einen Gegenentwurf der Bundesversammlung
der Abstimmung des Volks und der Stände zu unterbreiten»*[15]. *Barth
reagierte auf Veranlassung der Redaktion mit einem Artikel im
«Freien Schweizer Arbeiter», der am 1. September 1916 unter dem
Titel «Der schweizerische Bundesrat und die Glücksspielunternehmer» (s. unten S. 303–309) erschien, nachdem der Redaktor Pfarrer
Fr. Sutermeister ihn am 17. August 1916 gedrängt hatte: «Können Sie
den Artikel zur Spielbankfrage bald liefern?»*[16]

    *Gemäß dem Antrag der Mehrheit der zuständigen Kommission
vom 17. November 1917 beschloss der Nationalrat am 3. Juni 1919
«der Abstimmung des Volks und der Stände» erstens den Verfassungsrevisionsentwurf der Initianten und zweitens einen Verfassungsrevi-*

[13] Schweizerisches Bundesblatt, Jg. 68 (1916), Bd. 3, S. 1.
[14] A.a.O., S. 1–73.
[15] A.a.O., S. 73.
[16] KBA 9316.99 – Barths Artikel erfuhr scharfe Kritik durch P. Wernle,
Gegen den Hetzblattstil, in: Der freie Schweizer Arbeiter, Jg. 9, Nr. 48 vom
8.9.1916, S. [2], gegen die wiederum M. Gerber, *Vom freisinnigen Staat*, a.a.O.,
Nr. 51 vom 29.9.1916, S. [2f.], Stellung bezog.

sionsentwurf der Bundesversammlung zu unterbreiten. Nach diesem Vorschlag sollte die Errichtung und der Betrieb von Spielbanken zwar ebenfalls untersagt werden – jedoch mit der Klausel: «Glücksspiele, welche der Unterhaltung oder gemeinnützigen Zwecken dienen und nicht das öffentliche Wohl gefährden, fallen nicht unter das Verbot».[17] *Offensichtlich in dem Bemühen, die Chancen der Ablehnung des Initiativ-Entwurfs und der Annahme des Entwurfs der Bundesversammlung noch zu erhöhen, beschloss der Ständerat am 13. November 1919 diesen Gegenentwurf folgendermaßen zu präzisieren und zu verschärfen: «Glücksspielunternehmungen, die der Unterhaltung oder gemeinnützigen Zwecken dienen, fallen nicht unter das Verbot, wenn sie unter den vom öffentlichen Wohl gebotenen Beschränkungen betrieben werden. Die Kantone können jedoch Glücksspielunternehmungen» auch dieser Art «ganz verbieten.»*[18] *Der National- und der Ständerat nahmen diesen Text am 21. bzw. 22. November 1919 als Gegenentwurf der Bundesversammlung an und beschlossen: «Es wird Volk und Ständen beantragt, den Revisionsentwurf der Initianten [...] zu verwerfen, dagegen den Gegenentwurf der Bundesversammlung [...] anzunehmen.»*[19] *Im Blick auf die damit endlich in Aussicht stehende Abstimmung versuchte Barth, die sozialdemokratische Zeitung «Neuer Freier Aargauer» zu mobilisieren. Die Antwort des Redaktors Otto Schmaßmann vom 16. Januar 1920*[20] *lässt etwas von Barths Argumenten und dem Vokabular seines nicht erhaltenen Schreibens ahnen: «Lieber Genosse Barth! Ich halte natürlich das Glücksspiel für verwerflich, aber jedes, auch das Schweizer Nationalkrankheitsspiel, das Jassen. Für die Spielbankinitiative habe ich mich nie stark erwärmt und wüßte daher im Augenblick auch wenig oder nichts darüber zu schreiben. Das ‹Gefährlichere› scheint in den größeren Summen zu liegen, oder? Ich muß Sie jedenfalls schon bitten, selber loszulegen, wenn das ‹Gefecht› eröffnet werden soll.» «Ich hatte bis jetzt den Eindruck, es handle sich zur Hauptsache um einen Kampf zwischen Ho-*

---

[17] Stenographisches Bülletin der Bundesversammlung/Nationalrat, Juni 1919, S. 439, Sp. 2, und S. 484, Sp. 2.

[18] Stenographisches Bülletin der Bundesversammlung/Ständerat, November 1919, S. 527, Sp. 2, und S. 551f.

[19] Schweizerisches Bundesblatt, Jg. 71 (1919), Bd. 5, S. 740.

[20] KBA 9320.17

teliers und Pfarrern. Vielleicht heilen Sie mich von meiner Ahnungs-
losigkeit.» Dazu kam es jedoch nicht mehr, wohl deshalb, weil Barth
inzwischen stark mit den durch den Tambacher Vortrag[21] eröffneten
Kontakten und Diskussionen, mit der Rezeption Overbecks[22] und
bald auch mit den Vorbereitungen zum Aarauer Vortrag[23] beschäftigt
war.

Am 6. Dezember 1920 setzte der Bundesrat den 8. Februar 1921 als
Termin für die Volksabstimmung fest. Wegen der in mehreren Kan-
tonen herrschenden Maul- und Klauenseuche wurde sie am 2. Februar
jedoch auf den 21. März 1921 verschoben. Bei dieser Abstimmung
wurde der Initiativentwurf mit 269'740 Ja-Stimmen gegenüber
221'996 Nein-Stimmen angenommen und der Gegenentwurf mit
344'915 Nein-Stimmen gegen 107'230 Ja-Stimmen verworfen.

In der Vereinsstunde vorzulesen und zu besprechen!

Aufruf an die aargauischen Blaukreuzvereine

Liebe Freunde!

Durch unser ganzes Vaterland geht gegenwärtig die Bewegung zur Abschaffung der bestehenden *öffentlichen Spielhäuser*. Der Artikel 35 unserer Bundesverfassung, der schon jetzt solche verbietet, soll auf dem Wege der Initiative eine klarere Fassung erhalten, sodass in Zukunft die bisherigen Umgehungen unmöglich sein werden. Es ist eine Forderung des *Gewissens*, dass in dieser Beziehung einmal Ordnung geschaffen werde im Schweizerland. Andrerseits verbinden sich aber große *Geldinteressen* und die *veralteten Lebensanschauungen* weiter Kreise zu einem zähen Widerstand. Wer wird es gewinnen, die Macht

[21] Siehe unten S. 546–598.
[22] Siehe unten S. 622–661.
[23] Siehe unten S. 662–701.

des Gewissens oder die Macht des Geldes und der Trägheit? Das ist die Frage, die wir auch Euch heute ans Herz legen möchten. Bereits sind unsere Brüder, die Blaukreuzler in der französischen Schweiz, in Bern und Zürich, in diesen Kampf eingetreten. Wir Aargauer dürfen und wollen nicht zurückbleiben.

Worum handelt es sich bei dieser Spielbank-Initiative?

In neun schweizerischen Städten, nämlich in Genf, Montreux, Interlaken, Thun, Baden, Luzern, Bern, Locarno, Lugano, bestehen in Verbindung mit den Kursälen öffentliche Betriebe, in denen mit Hilfe besonderer Apparate («Rösslispiele»[24] u. a.) um Geld *gespielt* wird. *Die Einsätze* bewegen sich, wenn man den Spielordnungen glauben will, was aber nicht rätlich ist, von 1–5 Fr. Der neunte Teil aller Einsätze ist von vornherein Eigentum des Kursaals. Entscheidend für den Gewinn ist nur der Zufall, der allfällige Gewinn eines Spielers beträgt das Siebenfache seines Einsatzes, er wird aber durchschnittlich in 8 von 9 Fällen seinen Einsatz *verlieren*. Und bei der großen Geschwindigkeit jener Apparate ist es möglich, in 2 Minuten 25 Fr., in einer Stunde 750 Fr. zu verlieren! – Manche von Euch haben gewiss schon von der Spielhölle in *Monte Carlo* in Südfrankreich gehört, wo die möglichen Verluste in die Tausende gehen und wo schon Unzählige ruiniert und in den Selbstmord getrieben worden sind. Die Freunde der Spiele bei uns berufen sich darauf, dass es in der Schweiz noch nicht so schlimm stehe, und dass darum die bei uns bestehenden Spielbetriebe gar keine «Spielbanken» seien, wie sie in der Bundesverfassung verboten sind. Auch unsere Behörden sind meistens dieser Ansicht und haben die Spielbetriebe *geduldet.* Im letzten Herbst hat der Bundesrat sogar ein förmliches Reglement erlassen über die Bedingungen, unter denen sie eingerichtet und ausgebeutet werden dürfen.

Eins ist klar, wenn jetzt das Schweizervolk nicht selbst Ordnung macht, dann sind durch diesen Erlass des Bundesrates die Spielbetriebe dauernd anerkannt und werden sich immer mehr ausbreiten. *Wollen wir das,* wir Schweizer, wir Blaukreuzler insbesondere?

[24] Zur Erklärung des Rösslispiels vgl. V. u. kl. A. 1909–1914, S. 313, Anm. 11.

Nein, *das wollen wir nicht.* Wir sehen den *Gelderwerb durch Zufall,* der das Wesen dieser Spiele ausmacht, und die *Spielleidenschaft,* die durch sie gezüchtet wird, als verwerflich an so gut wie den Alkoholismus, der damit meist in engem Zusammenhang steht. Durch Gottvertrauen und Arbeit ist das Schweizervolk stark; die Jagd nach dem «Glück» am Spieltisch hat mit diesen bewährten Grundsätzen nichts zu schaffen. Sie ist ein fremdes Gift, das wir wie unsere deutschen Nachbarn[25] je eher je lieber aus unserm Haus entfernen sollten.

Es ist nicht wahr, dass es sich um eine «kleine» Gefahr handelt. Die Tatsache liegt vor, dass schon eine ganze Anzahl Minderbemittelte durch diese «kleine» Gefahr in Schaden und Schande geraten sind. Wollen wir warten, bis es auch bei uns zu den schlimmsten Früchten einer schlimmen Saat kommt wie in Monte Carlo?

Es ist nicht wahr, dass gerade so gut der «Jass» verboten werden müsste. Wir missbilligen selbstverständlich die Spielleidenschaft auch in dieser Form aufs Schärfste, aber wir denken nicht daran, ihr gesetzlich zu Leibe zu gehen. Der «Jass» und ähnliche Spiele sind nicht öffentliche Betriebe, sondern «Privatvergnügungen», die mit den gewerbsmäßigen Glücksspielanstalten unserer Kursäle nichts zu tun haben.

Es ist nicht wahr, dass es uns gleichgültig sein kann, wenn die Fremden, die zu uns kommen, gerupft werden und sich rupfen lassen, während die Einheimischen durch die bundesrätliche Spielordnung einigermassen geschützt werden.[26] Diese doppelte Moral für Fremde und Schweizer ist eine Schande, die wir nicht dulden wollen.

Es ist nicht wahr, dass man die Spielbetriebe dulden muss, weil einiges aus ihrem Ertrag auch gemeinnützigen und sogar kirchlichen Unternehmungen zu Gute kommt. Der Schuhmacher, der Leder stahl, um den Armen daraus Schuhe zu machen, war doch ein Dieb.[27]

---

[25] Vgl. unten S. 43.

[26] Die Ausweiskarte, die zum Eintritt in Spielsäle mit höherem Einsatz erforderlich war, durfte nach den vom Bundesrat erlassenen Grundsätzen «an Einheimische» «nur auf ihr Verlangen und nur dann abgegeben werden, wenn sie gut beleumdet sind und keine Gefahr besteht, dass sie durch das Spiel ihre ökonomische Existenz gefährden könnten» (Schweizerisches Bundesblatt, Jg. 65 [1913], Bd. 4, S. 199).

[27] Vielleicht in Anlehnung an das Sprichwort «Man darf dem Gerber das

Es ist nicht wahr, dass die schweizerische Fremdenindustrie nicht bestehen könne ohne die Spielhäuser. Deutschland hat ein blühendes Fremden- und Bäderwesen ohne sie. In der Schweiz haben Zermatt und Ragaz die Errichtung von solchen Betrieben von sich aus abgelehnt. Die Fremden kommen wegen unserer von Gott uns geschenkten Naturschönheiten zu uns und es werden sich auch andere Einnahmequellen ausfindig machen lassen.

Das sind die Gründe, die eine große Anzahl von Vaterlandsfreunden bewogen haben, die Initiative zu einer wirksamen Verschärfung des Art. 35 der Bundesverfassung zu ergreifen. Auch wir aargauischen Blaukreuzler wollen uns in ihre Reihen stellen. Mehr als bei manchen andern politischen Angelegenheiten handelt es sich hier um eine *Reichsgottessache,* für die wir einstehen müssen.

Hier gilt es Treue zu zeigen,
Laßt uns die Eifrigsten sein!
Nicht als die Trägen und Feigen
Flieh'n aus der Kämpfenden Reihn![28]

So bitten wir Euch denn herzlich, diese Bewegung nach Kräften zu unterstützen. Demnächst werden Euch die Unterschriftenbogen samt genauerer Anleitung zugesandt werden. Es ist unser Wunsch, es möchten in jedem Verein zwei bis drei oder mehr eifrige Mitglieder die Aufgabe übernehmen, den Häusern in ihrer Gemeinde nachzugehen und die Stimmfähigen aufzuklären und zum Unterschreiben aufzumuntern.

Wir wünschen Euch zu dieser Arbeit für das Wohl vom Volk und Vaterland den rechten Eifer und Gottes Segen, der auch hier nicht ausbleiben wird, wenn wir versuchen, mit seinem Willen Ernst zu machen.

Leder nicht stehlen, um den Armen Schuhe daraus zu machen» formuliert (vgl. *Deutsches Sprichwörter-Lexikon. Ein Hausschatz für das deutsche Volk,* hrsg. von K. Fr. W. Wander, 1. Bd., Leipzig 1867, Sp. 1563).

[28] 3. Strophe des Liedes «Brüder, noch gilt es, zu retten!» von W. Hoyle, deutsch von Johanna Meyer: *Lieder zur Ehre des Erretters! Vereinslieder des Blauen Kreuzes* (Schweizerausgabe), Bern 1911[10], Nr. 16 (S. 18f.); *Reichs-Lieder. Deutsches Gemeinschafts-Liederbuch,* 2679.–2681. Tausend Neumünster i. Holst. 1999, Nr. 525 (S. 214f.).

Safenwil, den 20. April 1914.

Für das aargauische Aktionskomitee gegen die Spielbanken:
Karl Barth, Pfr.

Der Kantonalvorstand hat beschlossen, Euch die Unterstützung der Initiative gegen die Spielbanken zu empfehlen und ersucht Euch dringend, in der oben vorgeschlagenen Weise kräftig dafür zu arbeiten.

Kölliken und *Rothrist*, den 20. April 1914.

Der Präsident: *T. Haller*, Pfr.

Der Aktuar: *G. Witzemann*, Pfr.

AUFRUF AN DIE SOZIALDEMOKRATISCHEN ORGANISATIONEN 1914

Einleitung s. oben S. 21–25.

Werte Freunde!

Wie Ihr wisst, ist gegenwärtig in der ganzen Schweiz eine Bewegung im Gang mit dem Zweck, dem *Spielbankartikel* (§ 35) unserer Bundesverfassung eine klarere Form zu geben, sodass er in Zukunft nicht mehr soll umgangen werden können. Es haben sich nämlich trotz des Verbots der Bundesverfassung im Schatten der sogenannten *Kursäle* in Genf, Montreux, Interlaken, Thun, Baden, Luzern, Bern, Locarno, Lugano *Glücksspielbetriebe* eingenistet, die sich nur durch die niedrigeren Einsätze von der berüchtigten Spielhölle in Monte Carlo und ähnlichen Orten unterscheiden. Der schweizerische *Bundesrat* hat diese Betriebe durch ein in jeder Hinsicht sehr anfechtbares Reglement förmlich *anerkannt*. Wenn das Schweizervolk nicht will, dass diese eigenartige Form des Kapitalismus endgültig bei uns Boden fasse und noch ganz andern Umfang annehme als bisher, so ist es höchste Zeit, sich dagegen zur Wehr zu setzen.

Wir brauchen Euch wohl kaum erst darüber aufzuklären, warum wir als sozial Gesinnte dabei sein müssen, wenn da Ordnung geschaffen wird. Wer auch nur einen Augenblick *nachdenkt* über die Sache, muss sich sagen, dass die Spekulation auf die Spielleidenschaft und Dummheit des Publikums und der Gelderwerb durch Zufall, die das Wesen dieser Spiele ausmachen, gerade *vom sozialen Standpunkt aus unbedingt bekämpft werden müssen* und dass darum alle, die ernsthaft auf diesem Standpunkt stehen, energisch dafür eintreten müssen, dass die betreffende Verfassungsbestimmung eine solche Form erhalte, dass ihr in Zukunft nachgelebt werden *muss*.

Ihr werdet Euch nicht irre machen lassen durch das *Geschwätz* von gewisser Seite, es handle sich bei dieser Initiative um eine Polizeimaßregel *gegen die sittliche (!) Freiheit des Einzelnen* («Muckerinitiative»)[1], und die Glücksspiele seien nötig im *Interesse unserer Frem-*

---

[1] Der Schweizer Abstinent. Wochenzeitung für die Volkswohlfahrt, Jg. 9,

denindustrie. Es ist interessant genug, dass fast *die gleichen Einwände von der gleichen Seite* auch bei den Debatten über das neue Fabrikgesetz immer wieder erhoben worden sind. Sie sind *hier so hinfällig wie dort.* Freiheit zu Spekulationen auf die Schwachheit oder Torheit der Andern verdient die schöne Bezeichnung «Freiheit» nicht, sie ist Ausbeutung und Willkür, gegen die wir im Namen der *wahren* Freiheit protestieren. Und die Behauptung, dass unsere Fremdenindustrie ohne diese Glücksspiele zu Grunde gehen müsse, ist gerade so unwahr wie die andere, dass unsere schweizerische Fabrikindustrie zu Grunde gehen werde an den Fortschritten der Sozialpolitik. Das Beispiel Deutschlands, das bei einem blühenden Fremden- und Bäderwesen *keine* Glücksspiele duldet, das Beispiel von Zermatt und Ragaz in der Schweiz beweisen es. Es ist ferner nicht wahr, es könne uns gleichgültig sein, wenn die reichen Fremden sich in unsern Spielsälen rupfen lassen. Das kann uns *nicht* gleichgültig sein: Erstens, weil es bei uns nur *ein Recht* geben soll, für Arme und Reiche, für Schweizer und Fremde; zweitens weil nachgewiesenermaßen auch unbemittelte Einheimische oft genug diesen Spielen frönen und dadurch in Schaden und Schande geraten. Und auch das ist nicht richtig, wenn man sagt, gerade so gut müsse der *«Jass»* und ähnliche Spiele unterdrückt werden. Ein aufgeklärter Arbeiter wird zwar sicher kein Gewohnheitsjasser sein, er hat Zeit und Geld besser zu verwenden; aber wir denken nicht daran, Besserungen auf diesem Gebiete persönlicher Moral auf gesetzgeberischem Wege zu erzielen, sie müssen auf andere Weise kommen. Die Glücksspiele in unsern Kursälen aber sind *ein öffentliches soziales Übel* und darum können und müssen wir politisch gegen sie vorgehen.

Es ist hocherfreulich, dass sich der *Parteivorstand der schweizerischen Sozialdemokratie* und die *Geschäftsleitung der aargauischen sozialdemokratischen Partei* bereits *für die Initiative* ausgesprochen haben.[2] Im Einverständnis mit der Geschäftsleitung treten wir darum an

Nr. 11 vom 12.3.1914, S. 47, berichtet in der Rubrik «Wochenschau» vom Versuch, die Volksinitiative «als ein Werk von Stündelern und Muckern hinzustellen», d. h. von Teilnehmern an pietistischen «Stunden» und Anhängern der Erweckungsbewegung.

[2] Vgl. *Jahrbuch der Sozialdemokratischen Partei 1914* (s. oben S. 9, Anm. 1), S. 21 und S. 95

die aarg. sozialdemokratischen Organisationen heran mit dem Ersuchen, sie möchten kräftig für diese Initiative einstehen. Von den *herrschenden Kreisen* in unserm Kanton ist auch in diesem Fall wenig oder nichts zu erwarten. Die Haltung unserer tonangebenden Presse und die Zweidrittelsmehrheit gegen die Initiative in der reformierten Kirchensynode[3] beweisen es. Umsomehr müssen *die wahrhaft lebendigen und fortschrittlichen Elemente* in unserem Volk, vor allem die organisierte Arbeiterschaft und die Abstinenten aller Richtungen zusammenstehen, um dafür zu sorgen, dass der Aargau in dieser Sache nicht mit Unehren dastehe. Es werden demnächst allen sozialdemokratischen Organisationen die *Initiativbogen* samt genauen Anleitungen zugehen, und wir bitten Euch, die Unterschriftensammlung sofort und mit Energie in Angriff zu nehmen. Sie muss bis zum 31. Mai *beendigt* sein.

Wir grüßen die Gesinnungsgenossen und Mitarbeiter!

Safenwil, 20. April 1914.

Für das aargauische Aktionskomitee gegen die Spielbanken:
Karl Barth, Pfr.

[3] Siehe oben S. 7.

NOCHMALS DIE LETZTE SITZUNG DER AARGAUISCHEN REFORMIERTEN SYNODE 1914

Einleitung s. oben S. 3–5.

Die Herren F. und Pfarrer Rich. Preiswerk sind mit meinem Bericht nicht einverstanden gewesen. Er sei «einseitig», die Sache sei nicht so schlimm und ich hätte lieber vorher selber etwas tun als nachher schimpfen sollen. Das letztere Argument klingt wirkungsvoll, aber damit könnte man noch manche Kritik zum Schweigen bringen. Ob es in diesem Fall mit Recht angewandt wurde, das dürfte davon abhängen, ob eine praktische Möglichkeit vorlag, selber etwas zu tun resp. zu erreichen in der von meinem Antikritiker gewünschten Weise. Ich bestreite das. Ganz abgesehen davon, dass die bewusste Sitzung der «Rechten und der Mitte» unbegreiflicherweise auf einen Tag der Karwoche angesetzt war, weiß Herr Pfr. Preiswerk doch wohl so genau als ich, dass weder in der Vorversammlung noch im Plenum mit der Aufstellung einer Kampfkandidatur ein Erfolg zu erzielen gewesen wäre. Folgt daraus, dass ich mich auch nachher schweigend in das Unabänderliche hätte fügen sollen? Darf man nur dann kritisieren, wenn man selber der starke Mann ist, die Sache besser zu machen? Es wundert mich überhaupt, was das für einen Wert haben soll, statt von der *Sache* soviel von K.B. und von dem, was er hätte tun und lassen sollen, zu reden. Die Sache, auf die es ankommt, die *Frage*, die ich einmal so deutlich als möglich aufwerfen wollte, ist die, was das eigentlich für ein *Geist* sei, der in der aargauischen Synode regiert, der Geist, der aus den Reden der Herren X. Y. Z. (ich will ihre Namen nicht noch einmal preisgeben) spricht, die Gesinnung, die sich in der zweimaligen Verunmöglichung des Eintretens auf die Spielbanksache, in der gedankenlosen Parole: «Die Bisherigen» äußerte. Diese Art wollte ich an den Pranger stellen in einer Weise, dass man im Aargau einmal unmissverständlich merken solle, sie sei nicht für jedermann so herrlich und selbstverständlich. Die bewussten *Vorgänge,* in denen sie sich in der letzten Zeit äußerte, habe ich wirklich weniger an sich, als eben als Äußerungen und Symbole jenes Geistes zum Gegenstand meiner Kritik gemacht. Das werden doch wohl eine Anzahl Leser instinktiv oder sonst so aufgefasst haben. Das Unerfreuliche, das hinter diesen Vorgängen steht, *bleibt dasselbe,* gleichviel, ob man für sie selber ein bisschen mehr oder weniger historisches Verständnis aufbringt, sie ein bisschen schärfer oder milder beurteilt. Zwar muss ich besonders der harmlosen Beleuchtung, in die Herr Pfr. Preiswerk die Behandlung der Spielbanksache jetzt rückt, energisch widersprechen. Wenn der Wille da gewesen wäre, sich gegen die Spielsäle und für die Initiative auszusprechen, so hätte sich auch ein Weg dazu gefunden, trotzdem die Sitzung eine sogenannte konstituierende war. So etwas ist doch nicht ein ernsthaftes Hindernis, wenn man *will.* Aber man *wollte* einfach nicht: wenn man gewollt hätte, so hätte über diese selbstverständliche Sache weder eine lange, noch eine kurze, sondern überhaupt keine Verhandlung stattgefunden, man hätte einfach beschlossen und wäre rechtzeitig nach Hause gekommen und vor allem mit ruhigem Gewissen. Aber man wollte nicht, *das* ist's, und da war jenes formale Gründlein gut genug. Ist es wirklich auch für Herrn Pfr. Preiswerk gut genug? Doch wie gesagt: Das mag auf sich beruhen. Die Initiative wird ihren Weg gehen auch ohne den Segen der aargauischen Synode. Nicht um diese Dinge handelt es sich für mich, sondern um den sonderbaren herrschenden Geist in unserer Kirchenversammlung. Schade, sehr schade, dass meine Antikritiker auf diese Hauptfrage nicht eingetreten sind!

Aber, bedeutet man mir, man könne diesem Geist auch anders begegnen als auf meine Weise. Zugegeben, man kann auch anders, und ich übe mich gelegentlich auch in andern Tonarten. Aber dass die sanfte, diplomatisch gemessene, alles psychologisch und historisch verstehende oder verzeihende Art die *allein* rechte sei, das kann ich wieder nicht zugeben. Es gibt Zeiten in der Kirchengeschichte, in denen eine ruhige, alle Gegensätze in sich verwischende und vereinigende Entwicklung normal war, und wieder andere, in denen um der innern Wahrhaftigkeit willen *das* nötig wurde, was ich vielleicht mehr onomatopoetisch als streng sachlich mit dem Worte «Krach» bezeichnet habe. Auf Grund meiner Eindrücke bin ich der Überzeugung, dass gegenwärtig im Aargau das offene ehrliche Hervortreten gewisser *unversöhnlicher* Gegensätze heilsamer wäre als das ewige Ausgleichen und Vereinigenwollen um jeden Preis. Was ich mit dieser meiner Ansicht kirchenpolitisch anfangen soll, das weiß ich freilich vorläufig nicht – und es kümmert mich nicht einmal. Aber das weiß ich: Gegenüber dem hohlen, gefühls- und redeseligen religionsähnlichen Optimismus, den ich meine, ist der *Frontalangriff* besser am Platz als alles Andere. Mag sein: «Der Alte ist milder» [Lk. 5,39] – aber dass gerade Herr Pfarrer Rich. Preiswerk für diese *meine* Methode diesem Feind gegenüber so wenig Verständnis zeigt, sie als Rumor und Händelsucht absucht[1], das wundert mich eigentlich. Die Aargauer werden es ihm Dank wissen, dass er mich so kräftig abgeschüttelt hat, aber ob er damit der Sache, in der ich mich trotz allem mit ihm eins weiß, einen Dienst erwiesen hat, das wird nun abzuwarten sein.

[1] Versehentlich statt: «abtut».

*Schöftland ist etwa 7 km südöstlich von Safenwil gelegen. Dort war
Robert Epprecht (1889–1976) Pfarrer, mit dem Barth u.a. in der In-
itiative gegen die Glücksspielhäuser verbunden war. Zum Bibel- und
Missionsfest am Himmelfahrtstag, 21. Mai 1914, trugen laut Barths
Eintrag in seinem Pfarrerkalender bei: «Epprecht, ich über Bibel, Le-
onhardt über Mission, Haller».*

*Aus einem Bericht im «Monatsblatt für das reformierte Volk des
Aargaus»[1] erfahren wir, dass – nach dem Begrüßungswort des Orts-
pfarrers – Barth «in anschaulichem Gleichnis» vorführte, «wie die Bibel uns die nie versiegende Quelle des Lebens wird», wobei sich die
«heilsame Wirkung des Wortes Gottes [...] erst im gehorsamen Tun,
nicht in Gemütsbewegungen und Gefühlswallungen» vollende. «Ein
Basler Missionar [Karl Leonhardt], im Dienst an den Heiden ergraut,
aber noch in voller Rüstigkeit auf seinem Posten als Missionsprediger
des Aargau, erzählte hierauf, wie gegenwärtig in China eine Erntezeit
für unsere Arbeit anbricht, die es [...] zu benützen gilt.» Der Schluss-
redner, Pfarrer Traugott Haller aus Kölliken, zeigte die «Missionsarbeit der Christenheit» als «die erfreulichste Erscheinung der Gegenwart und ihre großartigste Unternehmung»: «Auch hier sehen wir eine
Lebensquelle in Bewegung und wenn wir hineinsteigen, erfahren wir
ihre belebende Kraft.»*

Was uns die Bibel ist

(Bibel[-] u[nd] Missionsfest in Schöftland 21. V 14)

Ohne Bibel wir hier nicht beieinander; nicht *Kirche*, nicht *Mission*,
nicht so manche Stunde der *Erbauung*. Aber ich will nicht von dem
Buch reden auf das K[irche], M[ission] u. E[rbauung] sich gründen, so
wichtig das ist

[1] Jg. 24, Nr. 6 (Juni 1914), S. 42f.

36

Darf ich ein Gleichnis brauchen: *Teich Bethesda,* Wasser bewegt, der erste der hineinsteigt [vgl. Joh. 5,2–9]. Das ist die Bibel[.] *Eine Quelle:* der spitzfindig zu erstudierenden Lehren? Nein, darüber streiten sich die Pharis[äer] u. Schriftgelehrten u. versäumen die Hauptsache. Sondern der tiefsten Gotteskräfte, die die M[enschen] immer wieder gesund u. stark u. froh machen. Erzählt uns von Helden, und von ihrem König[,] groß nicht durch Macht u. Reichtum, aber durch ihre Gemeinschaft mit Gott. So werden sie uns selbst zu einer Offenb[arun]g Gottes

Das Wasser regt sich: es giebt Zeiten, wo diese Quelle bes[onders] lebhaft fließt. Die Helden der Bibel werden wieder lebendig u. mit ihnen die Gotteskräfte. Paulus in Luther, Mose in Calvin. Der Gekreuzigte in unzähligen Duldern. Die Bibel ist die lebendigste Macht, die die Welt immer wieder revolutioniert. Denn mit dem Allen erwacht immer auch etwas Neues: Bibel leitet an zum tiefern Erfassen der Wahrheit, zum Protest gegen das Unrecht, zum Stellen neuer Aufgaben, zum Tragen u. Überwinden alles Leides. So auch im persönl[ichen] Leben.

Sind wir bereit dazu? Vielleicht ist uns die B[ibel] nur ein altes Buch oder ein erbaulicher Schmuckgegenstand, vielleicht lesen wir darin, ohne Erfolg zu spüren. Dann hilft sie uns nicht, und wenn wir in der größten Zeit lebten.

Es braucht nicht viel: einen aufrichtigen Sinn, den Willen sich helfen zu lassen, die Fähigkeit die gebotene Hand zu ergreifen

Wo Beides ist[,] das Quellen unter dem Einfluß des Gottesgeistes und die Bereitschaft[,] erleben wir die Offenbarung, da fließen die Gotteskräfte aus der alten Zeit herüber in unsre Lage[,] unser Leben[,] unsre Verhältnisse.

Was sind das für *Gotteskräfte*

Die *Liebe zu Gott,* zum Höchsten, der sich stufenweise kundgetan als der Allmächtige, als der König Israels, als der liebende Vater aller Menschen.

Das ist das Beste für uns: Richtung, Licht, Kraft

Die *Liebe zu den Brüdern.* Auch sie enthüllt sich allmählich als das Wesentliche des Lebens: Familie, Volk, Glaubensgenossen, alle Menschen. Innerlich u. äußerlich. Teilweise Hilfe. Alles neu. Und das Alles aus Gott [vgl. 2.Kor. 5,17f.]

Der *Führer* durch Enttäuschung u. Schwachheit: Jesus

Gotteskräfte in der Natur. Hinein in unser Leben u. in unsre Verhältnisse! Die Bibel giebt sie.

Was braucht es dazu: neue Regungen des Gottesgeistes, der die Bibel *reden* macht. O daß das Feuer...[2]

Und bereit sein ist Alles...[3]

[2] Vgl. den Anfang der 2. Strophe des Chorals: «Wach auf, du Geist der ersten Zeugen» von Karl Heinrich von Bogatzky: «O dass dein Feuer bald entbrennte...» (GERS [1891] 162; EG 241; vgl. RG [1998] 797).

[3] Anspielung auf Hamlets «The readiness is all»: W. Shakespeare, *The Tragedy of Hamlet, Prince of Denmark*, 5. Akt, 2. Szene.

INITIATIVE GEGEN DIE SPIELHÄUSER!
1914

Einleitung s. oben S. 21–25.

Safenwil, den 31. Mai 1914.

Liebe Freunde!

Die Zahl der im Kanton Aargau gesammelten Unterschriften für die Initiative gegen die Spielhäuser beträgt augenblicklich schon über 4000. Das ist in Anbetracht der Verhältnisse ein *schöner Erfolg,* und wir danken allen denen, die dazu beigetragen haben.

Es könnte aber noch mehr geleistet werden. Der Termin der Ablieferung ist mit Rücksicht auf andere Kantone auf den *30. Juni* verschoben worden. Das gibt uns Zeit, mit neuem Mut noch einmal an die Arbeit zu gehen. *Zahlreiche Vereine, denen wir Unterschriftenbogen zustellten, haben noch gar nichts von sich hören lassen;* andere haben im Verhältnis zu der Größe der von ihnen vertretenen Ortschaften etwas bescheidene Resultate geliefert. Wir ersuchen alle, die es angeht, freundlichst, sich nunmehr kräftigst der Sache anzunehmen und ihr Bestes dafür zu tun. *Die Erfahrung hat gezeigt, dass überall da, wo man sich energisch mit der Aufklärung und Unterschriftensammlung befasste, die Bevölkerung sehr wohl zur Unterstützung der Initiative zu gewinnen ist,* trotz des Geschreis der gegnerischen Zeitungen! Niemand sage: es geht uns nichts an! und niemand: wir können nicht! – *Es geht uns etwas an,* und *wir können wenn wir wollen!*

Frische Unterschriftenbogen mit Aufklärungsbroschüren[1] sind immer noch zu beziehen beim Unterzeichneten, dem auch die ausgefüllten Bogen unfehlbar auf den 30. Juni einzusenden sind.

Das Vaterland erwartet von uns, dass jedermann seine Pflicht tue![2]

Mit freundlichem Gruss!
Das aargauische Aktionskomitee
Karl Barth, Pfr.

---

[1] O. de Dardel, *Die Initiative gegen die Spielhäuser.* Deutsche Übersetzung von Fr. Maibach, Neuenburg 1914.

[2] Anspielung auf den Befehl Nelsons in der Schlacht bei Trafalgar: «England expects that every man will do his duty» (vgl. Büchmann, S. 414f.).

CREDO BEI DER TAUFE VON FRANZISKA BARTH
1914

Am 13. April 1914 war das erste Kind von Karl und Nelly Barth geboren worden: Franziska Nelly Barth. Die Taufe wurde am 7. Juni 1914 gehalten. Am 14. Juni schreibt Anna Barth an ihre Schwiegertochter Nelly[1]: «Die Taufe habe ich in sehr freundlicher Erinnerung.» «Auch Onkel Ernst [Sartorius] war sehr befriedigt von der ganzen Festlichkeit. Ganz besonders hat ihm Karlis Ansprache gefallen.» Wenn damit Barths Worte zur Taufe gemeint sind, so betrachtete der Verfasser selber sie später doch mit Verwunderung: Auf dem auf Vorder- und Rückseite mit Tinte beschriebenem Oktavblatt steht am Schluss in eckigen Klammern mit Bleistift von Barth – der Schrift nach zu urteilen vielleicht in den 1940-er oder 1950-er Jahren – notiert: «Credo gesprochen bei der Taufe von Fränzeli 7. Juni 1914». Die Angabe ist rechts mit einem großen Ausrufungszeichen markiert.

[Credo bei der Taufe von Franziska Barth]

L[iebe] Fr[eunde,] Gott hat uns dieses Kindlein geschenkt und ihm möchten wir es heute in der heiligen Taufe weihen u[nd] zu eigen geben.

Wir glauben an ihn als an den ewigen Vater unser Aller. Er ist die Quelle des Lichts u. des Lebens. Er ist das Ziel unsrer Seele u. unser Herz ist unruhig in uns bis daß es ruht in ihm.[2] Er wacht über uns und läßt uns nichts geschehen als was uns selig ist[3]. Er schenkt uns immer wieder gute Gedanken[,] wenn es dunkel ist um uns, Kraft[,] wenn wir schwach sind, Freudigkeit[,] wenn wir traurig sind. Er will[,] daß allen Menschen geholfen werde [1.Tim. 2,4] in der Gemeinschaft mit ihm. Das ist seine unaussprechliche Gnade, daß er es so gut mit uns meint.

---

[1] KBA 9314.83.

[2] Vgl. A. Augustinus, *Confessiones* I,1, CSEL 33,1,8f.: «fecisti nos ad te, et inquietum est cor nostrum, donec requiescat in te.»

[3] Vgl. den Anfang der 3. Strophe des Chorals «In allen meinen Taten» von Paul Flemming: «Es kann mir nichts geschehen, / als was er hat ersehen / und was mir selig ist» (GERS [1891] 263; RG [1998] 676; EG 368).

So bringen wir ihm denn auch dieses unser Kindlein mit dem herzlichen Anliegen, er möchte auch an ihm wahr machen Alles, was er uns verheißen hat. Wir wissen, daß wir ihm nichts Besseres wünschen können, als daß es in ihm sein Heil erkenne u. seinen Frieden finde. Wenn es ihn kennt[,] dann wird es das, was wir aus ihm machen möchten: ein rechter Mensch, dem die Wahrheit u. die Liebe über alles gehn. Wenn es ihn lieb hat, dann müssen ihm alle Dinge zum Besten dienen [vgl. Röm. 8,28]. Wenn es ihn findet, dann ist es geborgen für Zeit u. Ewigkeit. Wir Eltern versprechen heute vor dem Angesichte Gottes, unser Kindlein in diesem Glauben zu erziehen nach bestem Wissen u. Können. Und wir bitten auch euch l. Taufzeugen und euch Andern Alle, die ihr uns nahe steht, uns beizustehn in der großen Aufgabe, dieses Kindlein Gott zuzuführen. Aber wir wissen auch, daß Gott selber dabei das Beste thun muß.

Wir glauben an Jesus Christus, der unser rechter Erlöser ist, weil er uns aus unsrer Unvollkommenheit heraus u. zu Gott hinführt. Er weckt uns durch sein Wort u. Vorbild immer wieder auf aus dem Schlaf der Gleichgültigkeit und der Sünde. Er zeigt uns den rechten Weg Gottes, den wir aus uns selber nicht finden könnten. Er hat uns durch sein Sterben offenbart[,] daß wir durch Leiden zur Herrlichkeit eingehen müssen [vgl. Lk. 24,26] und daß der Tod keine Macht über uns haben soll. Wir möchten, daß dieser Jesus auch unsres Kindleins Führer und Heiland werde. Wir möchten, daß es bei ihm alles das finde[,] was Gott uns Menschen zu schenken hat: klare Erkenntnis über das[,] was vor Gott recht ist, Vergebung der Sünde und Mut zur Umkehr[,] wenn es gefallen ist, Freudigkeit mitzuarbeiten am Kommen des Reiches Gottes und schließlich ein ewiges seliges vollkommenes Leben.

Und wir glauben an den heiligen Geist, den Gott in die Herzen seiner Kinder giebt. Er macht uns immer wieder gewiß, daß Gott uns nahe ist. Er tröstet uns in der Trübsal. Er stärkt uns in der Versuchung. Er lehrt uns beten und leitet uns in alle Wahrheit [vgl. Joh. 16,13]. Wir bitten heute Gott[,] er wolle auch unserm Kindlein einmal etwas zuteil werden lassen von diesem seinem guten u. h[ei]l[igen] Geist, daß es nie allein u. leer sein müsse, und daß das seines Lebens Freude werde, sich im rechten Glauben und in einem gehorsamen tapferen Leben zu ihm zu halten [vgl. Ps. 73,28].

Amen.

Einleitung s. oben S. 21–25.

Die Leser des «Aargauer Tagblattes» wissen, dass wir uns wiederholt in Korrespondenzen und auch redaktionell gegen die Unterstützung der Spielbankinitiative ausgesprochen haben. Unsere persönliche Auffassung in dieser Frage soll uns jedoch nicht hindern, auch den Freunden der Initiative die Spalten unseres Blattes zu öffnen.

Wir geben deshalb im Nachfolgenden unsern Lesern Kenntnis von der Entgegnung des Präsidenten des kantonalen Aktionskomitees auf eine Korrespondenz in unserer Dienstagsnummer.

Der Artikel ihres -ns-Korrespondenten in der Dienstagsnummer[1] dürfte in verschiedener Hinsicht der Ergänzung bedürftig sein. Er behauptet, Artikel 35 der Bundesverfassung sei auf «das harmlose Rössli- oder Kugelspiel der schweizerischen Kursäle» nicht anwendbar, und beweist das mit der weitern Behauptung, die Bundesversammlung von 1874 habe «einzig und allein der Spielbank von Saxon im Wallis ein Ende bereiten wollen». Diese Behauptung ist nachweisbar *falsch*. Das bundesrätliche Schreiben von 1888[2], das -ns zitiert, *hat als Dokument für die Absichten des Gesetzgebers von 1874 absolut keinen Wert*, es beweist vielmehr, soweit das abgerissene Zitat seinen Inhalt erkennen lässt, gerade die Behauptung von uns Spielbank*gegnern*, dass der Bundesrat seit Ende der achtziger Jahre nicht die Energie hatte, dem einreißenden Unfug grundsätzlich zu wehren, sondern

---

[1] -ns, *Bundesrat und Kursaal-Initiative*, in: Aargauer Tagblatt, Jg. 68, Nr. 153 vom 9. Juni 1914, S. 2.

[2] Gemeint ist die Mitteilung des Bundesrates an die Regierung von Luzern zu Baraque-, Rössli- und Baccarat-Spielen im dortigen Kursaal, die am 28. Oktober 1887 erging und feststellte, es frage sich im Blick auf Art. 35 der Bundesverfassung «jeweilen vor Allem, wie hoch und in welchem Umfang gespielt werde» (Schweizerisches Bundesblatt, Jg. 39 [1887], Bd. 4, S. 233f.; vgl. Jg. 40 [1888], Bd. 2, S. 825f.). Barth übernimmt die irrtümliche Datierung des Schreibens durch den -ns-Korrespondenten auf 1888.

sich damit begnügte, von Zeit zu Zeit den ärgsten Übelständen der durch seine Nachgiebigkeit geschaffenen Lage entgegenzutreten. – Artikel 35 der B. V. verdankt, was nicht allgemein bekannt ist, sein Dasein einem Antrag von *Jakob Stämpfli* (gestellt in der nationalrätlichen Kommission für die neue Verfassung am 27. Februar 1871).[3] Die Motive, die Stämpfli dazu führten, werden klar aus folgenden Ausführungen, die er in einem Referat über die Revision am 25. Juni 1871 in Biel[4] machte. Da unterschied er verschiedene Gruppen von Bestimmungen, unter anderm auch solche über «die Stellung des Bundes zu den sogenannten gemeingefährlichen oder gemeinschädlichen Fragen».[5] In diese Kategorie rechnet er die Jesuitenfrage, die Klosterfrage und das Verbot der Spielbanken. «Die bisherige Bundesverfassung», sagt Stämpfli, «enthielt hierüber keine Bestimmung, es haben aber einige Vorgänge die Kommission veranlasst, eine solche vorzuschlagen. Wie Sie wissen, hat der Norddeutsche Bund alle Spielbanken auf Ende 1872 aufgehoben. Durch die Ausdehnung der Reichsgesetzgebung auf Süddeutschland wird auch die Spielbank in Baden-Baden wegfallen. Wenn wir nun in der Schweiz kein Verbot haben, so werden die Spielbanken versuchen, sich bei uns einzunisten, und es könnte der Fall eintreten, dass ein Kanton sich durch die Zusicherung einer schönen Konzessionsgebühr verleiten ließe, eine Spielbank aufzunehmen. Dann haben wir das Übel und die Schande in unserem Lande. Daher der Vorschlag, die Gründung der Spielbanken in der Schweiz zu untersagen und die bestehenden aufzuheben. Letztere Bestimmung bezieht sich auf die Spielbank von Saxon, deren Konzession 1877 ausläuft.»[6]

---

[3] Vgl. K. Laely, *Der Spielbanken-Artikel der Bundesverfassung*, Davos 1914[2], S. 34 f. – Der radikaldemokratische (linksfreisinnige) Politiker J. Stämpfli (1820–1879) gilt als einer der bedeutenden Gestalten der Schweiz im 19. Jahrhundert und als einer der Väter des modernen Schweizer Bundesstaats.

[4] J. Stämpfli, *Referat über die Revision der Bundesverfassung, gehalten an der Jahresversammlung der bernischen gemeinnützigen Gesellschaft in Biel, den 25. Juni 1871*, Biel 1871.

[5] A.a.O., S. 15.

[6] A.a.O., S. 16. Die Ausführungen Stämpflis werden auch erwähnt in dem Artikel *Jakob Stämpfli und das Verbot der Glückspiele*, in: Der freie Schweizer Arbeiter, Jg. 7, Nr. 28 vom 10.4.1914, S. [2 f.].

Daraus geht denn doch wohl deutlich hervor, dass der Gesetzgeber von 1874 (und auf diesen kommt es hier an!) keineswegs bloß die Unterdrückung von Saxon bezweckte (das war nur eine selbstverständliche Folge!), sondern die Verhinderung einer Einwanderung des durch und durch unschweizerischen Spielbankwesens überhaupt. Die weitere Frage, ob Artikel 35 auf «das harmlose Rössli- oder Kugelspiel» anwendbar sei oder nicht, hing nun bis jetzt ab von der Beurteilung dieser neuen Erscheinungen seitens der Exekutivbehörden. Denn für den Gesetzgeber von 1874 bestand diese Frage nicht, aus dem einfachen Grunde, weil diese Spiele erst Ende der achtziger Jahre da und dort, zuerst im geheimen, dann öffentlich auftraten, von den Lokalbehörden aus durchsichtigen Gründen geduldet und schließlich vom Bundesrat mit gewissen Einschränkungen unter *schlapper Interpretation* des Artikels 35 anerkannt wurden. Es geschah trotz des Verbotes der B. V. gerade das, was Stämpfli 1871 befürchtet hatte, wir bekamen «die Schande und das Übel» (das sagt Stämpfli, nicht ein Mucker von heute!) ins Land, nur dass sich die verantwortliche Exekutive angesichts der neuen «Unterhaltungsspiele»[7] auf die Unbestimmtheit des Begriffs «Spielbank» in jenem Verbot berufen zu können meinte. Unsre Initiative geht von dem Standpunkt aus, diese schlappe Interpretation widerlaufe dem Sinn und Geist des Artikels 35, und diesem Sinn und Geist möchte sie durch eine unzweideutige Definition des Begriffes «Spielbank» zu seinem Recht verhelfen. Aber vielleicht irren wir uns gerade darin, dass wir «das harmlose Rössli- oder Kugelspiel» mit den Spielen des ehemaligen Baden-Baden und Saxon oder des heutigen Monte Carlo auf eine Stufe stellen? Nein, wir irren uns nicht. Denn erstens handelt es sich hier wie dort um dieselbe Sache, nur in etwas verschiedenem Gewande. Dass der Umfang der Einsätze und nicht *der Charakter des Spiels als gewerbsmäßige Ausbeutung der Spielsucht* für den Begriff der «Spielbank» maßgebend sein soll, das ist doch offenkundig eine Notausrede, die in Artikel 35 und in seiner Vorgeschichte keinen Grund hat. Zweitens bestreiten wir aber auch ganz energisch die «Harmlosigkeit», den angeblich blo-

---

[7] -ns argumentiert, «stichhaltige Gründe», «gegen die Spiele in den schweizerischen Kursälen vorzugehen», seien nicht gegeben, u.a., «weil das Spiel den Spielern mehr zur Unterhaltung, denn als Mittel zum Geldgewinn dient».

ßen «Unterhaltungs»-Charakter dieser Spiele. Ist das ein Unterhaltungsspiel, müssen wir immer wieder fragen, bei dem es (nach der bundesrätlichen Verordnung, die Wirklichkeit kann sich aber noch ganz anders gestalten!) möglich ist, in zwei Minuten 25 Franken, in einer Stunde 750 Franken zu setzen und zu verlieren? Sind das Unterhaltungsspiele, deren Jahresumsatz, wie wir von kompetenter Seite wissen, in die Millionen geht? Wer lachte da nicht? Warum würden sich wohl die Kursaalinteressenten so für die Fortsetzung dieser Spiele wehren, wenn sie nicht eben im schönsten Sinne des Wortes «Gewinnspiele» wären?! Und warum haben die Herrschaften es nicht gewagt, diese «harmlose» und doch für die Fremdenindustrie angeblich so unentbehrliche Einrichtung an die schweizerische Landesausstellung[8] zu bringen, wie es alle andern ehrlichen Erwerbszweige mit ihrer Sache getan haben, damit einmal alles Volk hätte sehen können, wie's gemacht wird?! Warum nicht? Die Unterscheidung zwischen «Unterhaltungsspiel» und «Gewinnspiel» scheint ihnen doch allerlei Schwierigkeiten zu machen. Und darum ist die Unterstützung der Initiative «sehr»[9] am Platze.

[8] Zur Schweizerischen Landesausstellung 1914 in Bern vgl. V. u. kl. A. 1909–1914, S. 457–468, und Predigten 1914, S. 287–314.
[9] Der Artikel von -ns schließt mit der Konklusion: «Die Unterstützung der Initiative ist daher nicht am Platze.»

DIE GEWINNCHANCEN BEIM RÖSSLISPIEL. ANTWORT
1914

Einleitung s. oben S. 21–25.

Der M.-Korrespondent in der Dienstagsnummer[1] hat sich scharfsinnig darum bemüht, die berühmte «Harmlosigkeit» der – na? «Unterhaltungsspiele» in den schweizerischen Kursälen[2] aufs neue nachzuweisen. Zum Schlusse aber warnt er mit gewichtigen Worten vor dem durch die Initiative der schweizerischen Volkswirtschaft drohenden Schaden, «der hoch in die Millionen geht».[3] Pardon, aber eine von diesen beiden Behauptungen muss nach allen Regeln der Logik falsch sein. *Entweder* die Verluste der Spieler resp. die Gewinne der Spielhalter sind so harmlos, wie M. uns vorrechnet, dann kann es mit der befürchteten Schädigung der schweizerischen Geschäftswelt bei Abschaffung der Spiele nicht so weit her sein. *Oder* diese Abschaffung ist ein solches Landesunglück, wie M. behauptet, dann sehen aber die Umsätze etwas anders aus, als seine Berechnungen uns glauben machen wollen. *Entweder – oder,* aber nicht beides! Wir sind nun durch den Artikel von M. bestärkt worden in der Ansicht, dass es mit der «Harmlosigkeit» dieser Spiele nicht weit her ist. Man sehe sich doch die von M. selbst ausgerechneten Zahlen ruhig an! Verlustmöglichkeit in einer Stunde ununterbrochenen Spiels bei Minimaleinsatz und normaler Gewinnchance = 30 Franken![4] Ist denn das eine Kleinigkeit, selbst wenn immer so wenig gesetzt und immer so günstig gespielt würde? Lässt sich denn eine normale Spielstunde «Jass» auch nur entfernt an die Seite stellen? Und wenn nach M.s Berechnung nur im

---

[1] -M-Korr., *Die Gewinnchancen beim Rößlispiel,* in: Aargauer Tagblatt, Jg. 68, Nr. 167 vom 23. Juni 1914, S. 1f.

[2] A.a.O., S. 2: «Es handelt sich auch nicht, wie die Initianten uns glauben machen wollen, um eine moralische oder finanzielle Schädigung des Volkes, sondern lediglich um ein Unterhaltungsspiel, das unseren beliebten Nationalspielen an Harmlosigkeit nicht nachsteht.»

[3] Ebd.: «Man will – ich gebe zu, in bester Absicht – ein vermeintliches Übel, einen vermeintlichen Schaden beseitigen, und schafft dafür einen tatsächlichen, der hoch in die Millionen geht.»

[4] A.a.O., S. 1.

Kursaal Genf jährlich 50'000 Personen je neun Franken netto abgenommen werden[5], ist das ein harmloses Unterhaltungsspiel, dem die Öffentlichkeit herzlich erfreut zusehen müsste? Doch es könnte ja sein, dass Herr M. und wir uns da ganz unnütz mit theoretischen Zahlen bemühen. Darum *eine Bitte an die hohen Kursaalverwaltungen,* deren Advokaten jetzt einer nach dem andern auf den Kampfplatz treten! Es müsste ihnen doch ein Leichtes sein, die behauptete Harmlosigkeit ihrer Sache durch *eine öffentliche Abrechnung über den Ertrag der Spiele* zu beweisen, womöglich mit genauen, amtlich festgestellten Angaben über den Verlauf einiger Spieltage (Spielerzahl, Spielgänge, Einsätze und Nettoverlust der Spieler!) anfangs, Mitte und ausgehends einer Saison, schließlich eine Anzahl Jahresgewinne aus der letzten Zeit! Ist das schon zu viel verlangt? Warum ist das alles so ins Dunkel gehüllt? Warum hat man uns nicht gleich zu Beginn der Initiativkampagne durch eine solche Abrechnung zum Schweigen gebracht? Warum wartet man jetzt so lange damit? Und, ich wiederhole die Anfrage meines ersten Abwehrartikels: warum kein einziges Rössli, keine einzige «Boule»[6] an der Landesausstellung, wo sonst alle ehrlichen Erwerbszweige zeigen, was sie sind?[7] Darauf einmal eine Antwort, das wäre uns lieber und der Sache dienlicher als das ewige Aufwärmen der gleichen längst beantworteten Einwürfe, dass doch das erspielte Geld so moralisch verwendet werde, dass es nichts ausmache, die paar Fremden zu ihrem eigenen Vergnügen zu rupfen, und dass unsere Fremdenindustrie absolut gerade auf diese Einnahmequelle angewiesen sei. Wir verzichten für diesmal darauf, auf diese alten Geschichten noch einmal einzutreten.

---

[5] A.a.O., S. 1f. -M. bezieht sich auf die Berechnung von K. Laely, *Der Spielbanken-Artikel der Bundesverfassung,* Davos 1914², S. 73.

[6] Das Boulespiel ist eine Variante des heute bekannteren Roulettespiels mit neun Vertiefungen auf der Spielscheibe, auf die gesetzt werden kann.

[7] Vgl. oben S. 45.

POLITIK, IDEALISMUS UND CHRISTENTUM
BEI FRIEDRICH NAUMANN
1914

Zur Vorbereitung einer Rezension hatte Barth im Juni/Juli 1914 den Jahrgang 1913 von Naumanns «Hilfe» durchgearbeitet (s. unten S. 61–76). Kurze Zeit darauf hatte er Gelegenheit, den für den «Hilfe»-Artikel erarbeiteten Stoff auch mündlich vorzutragen. Am 21. Juli 1914 tagte in Safenwil das «Religiös-soziale Kränzchen» (so die Notiz in Barths Taschenkalender). Damit ist ein Freundeskreis religiös-sozialer Pfarrer gemeint, dem Guido Ammann (Mönthal, Kt. Aargau), Lukas Christ (Pratteln, Kt. Basel-Land), Max Dietschi (Seon, Kt. Aargau), Adolf Kistler (Langnau, Kt. Bern), Paul Schild (Uerkheim, Kt. Aargau), Ernst Staehelin (Basel, kein Pfarrstelleninhaber), Eduard Thurneysen (Leutwil, Kt. Aargau) und Gottlob Wieser (Pfarrhelfer in Binningen, Kt. Basel-Land) angehörten. Eingeladen – anscheinend als Referent – war auch Hermann Kutter. Dieser sagte aber am Vorabend ab, worauf Barth mit einem Referat über «Politik, Idealismus und Christentum bei Friedrich Naumann» einsprang, das er «als Lückenbüßer ziemlich in Eile» «zusammenschusterte», wie er in einem Brief vom 27. Juli 1914 an seinen Freund Wilhelm Loew, den Schwiegersohn Naumanns, berichtete.

Was den Text betrifft, so liegt eine leicht überarbeitete Abschrift innerhalb dieses Briefes vor. Im folgenden ist diese zweite Fassung abgedruckt – mit einem textkritischen Apparat, der die Erstfassung berücksichtigt.

Barths Beschäftigung mit Naumann im Sommer 1914 hatte einen bestimmten Grund. Wesentlich unter dem Eindruck des am 24./25. November 1912 in Basel abgehaltenen Sozialistischen Friedenskongresses war, wahrscheinlich auf besonderes Antreiben von Leonhard Ragaz, für den 27. bis 30. September 1914 ein Internationaler Kongress für soziales Christentum zum Thema «Christentum und Weltfriede nach Basel einberufen worden»[1]. Wegen des Kriegsausbruchs konnte der Kongress nicht mehr stattfinden, an dem Barth nach ei-

---

[1] Vgl. M. Mattmüller, *Leonhard Ragaz und der religiöse Sozialismus. Eine Biographie*, Bd. II, Zürich 1968, S. 17–23 (im folgenden zitiert: Mattmüller II).

genen Worten in seinem Brief an Loew teilnehmen wollte: «Und wenn
du mich auf die Lücken meines Verständnisses aufmerksam machen
willst, so bin ich dir sehr dankbar, und darum schreibe ich dir überhaupt. Es ist mir ernstlich daran gelegen, mit einer gründlichen Ansicht
an den Basler Kongreß zu gehen.» In einer «Vorbemerkung des Herausgebers» zu Barths «Hilfe»-Rezension schrieb Martin Rade: Der
Kongress «würde uns als Schwerstes und Wichtigstes eine Auseinandersetzung zwischen den deutschen Evangelisch-Sozialen und den
Schweizer Religiös-Sozialen gebracht haben» (s. unten S. 64). Barth
suchte in der Beschäftigung mit Naumann offensichtlich seinen Standpunkt in dieser Auseinandersetzung, in der es wesentlich um das Verhältnis der jeweiligen christlichen Gruppen zur Sozialdemokratie
ging.[2]

Politik, Idealismus und Christentum bei Friedr. Naumann

21. VII 14

[a]Problem des Verhältnisses von Christentum und Kultur, Idee und
Wirklichkeit, Gott und Welt. Bei Naumann die spezielle Frage der
Politik.[a]

I *Naumanns polit. Weltanschauung.*[4] (Nicht ihr Werden, sondern
ihr Resultat.) [b]Ziel: Entfaltung von deutscher Industrie, Demokratie
und Weltmacht.[b]

[a-a] Mskr.: «Hilfe 1913. Weltkongreß.[3] Problem des Verhältnisses von Chrt. u.
Kultur, Idee u. Wirklichkeit. Wie stellen wir uns zu N[aumann]s Lösung?»
[b-b] Mskr.: «3 Worte: Industrie, Demokratie, Macht. Diese 3 zur Entfaltung zu
bringen, ist N.'s politisches Ziel.»

[2] Vgl. Mattmüller II, S. 20f.; Der freie Schweizer Arbeiter, Jg. 7, Nr. 27 vom
3.4.1914, S. [3]: *Internationaler Kongreß für soziales Christentum.*
[3] Siehe oben die Einleitung.
[4] Barth referiert Naumanns politische Weltanschauung offensichtlich vor
allem nach Fr. Naumann, *Demokratie und Kaisertum* (1900), in: ders., *Werke,*
Bd. 2: *Schriften zur Verfassungspolitik,* hrsg. von Th. Schieder, Köln und Opladen 1964, S. 1–351; Fr. Naumann, *Neudeutsche Wirtschaftspolitik* (1906), in:
ders., *Werke,* Bd. 3: *Schriften zur Wirtschafts- und Gesellschaftspolitik,* hrsg.
von Th. Schieder, Köln und Opladen 1964, S. 71–534.

a) Das moderne Deutschland ist *Industrieland.*[5] Die Veranlagung des deutschen Genius und die starke Bevölkerungsvermehrung machen ᶜden technisch-wirtschaftlichen Aufstiegᶜ zur ersten polit. Aufgabe. Das Gedeihen der Industrie ist nicht nur Vorbedingung ᵈdes ökonomischen Wohls der Massen, sondern auch ihrer persönlich-geistigen Hebung. Entstehungᵈ einer neuen spezifisch maschinenzeit-alterlichen Persönlichkeit, dargestellt im Unternehmer und im bessern Arbeiter. Daher Unterstützung aller liberal-wirtschaftlichen Tendenzen: Freihandel, ᵉbleibende Bedeutung des Unternehmertums, andrerseits Postulate: Demokratisierung des wirtschaftl. Lebens und deutsche Weltmachtstellung (cf. b u. c)ᵉ

b) *Demokratie.*[6] Hier die deutlichsten Residuen des frühern christlich-idealistischen Standpunktes. Persönlichkeitsideal des Klassizismus. ᶠDito Staatsgedanke (aber national umgebogen!) Freiheit gefordert – auchᶠ vom Standpunkt der Industrie aus: der ganze Wirtschaftskörper muß sich heben, daher lebhaftes Interesse an Gewerkschafts- u. Genossenschaftsbewegung – und vom Standpunkt der Weltmacht aus: keine Macht ohne Freiheit und Fortschritt im Innern, daher Eintreten für Ausdehnung des Wahlrechts.

c) ᵍWeltmacht, von industr[iellem] und demokrat[ischem] Ideal aus gefordert.ᵍ Germanismus, Glaubeʰ an die besondre Mission Deutschlands, jedenfalls: ⁱwir brauchen Machtⁱ. Daher Kaisertum, Militär, Marine, Expansionspolitikʲ.[7]

ᶜ⁻ᶜ Mskr.: «die Forderung des techn. Aufstieges».
ᵈ⁻ᵈ Mskr.: «des wirtschaftl. u. persönl. geistigen Aufstiegs, sondern auch der Entstehung».
ᵉ⁻ᵉ Mskr.: «Demokratisierung des wirtschaftl. Lebens, – andrerseits aber auch Anerkennung d. bleibenden Bedeutung des Unternehmertums – deutsche Weltmachtstellung».
ᶠ⁻ᶠ Mskr.: «Dito Staatsgedanke. Gefordert auch».
ᵍ⁻ᵍ Mskr.: «Industr. und demokr. Entwicklung postulieren *Macht*stellung Deutschlands in der Welt.»
ʰ Mskr.: «starker Glaube».
ⁱ⁻ⁱ Mskr.: «wir müssen stark sein».
ʲ Mskr.: «Kolonialpolitik».

[5] Vgl. *Demokratie und Kaisertum,* a.a.O., S. 36–60; *Neudeutsche Wirtschaftspolitik,* a.a.O., S. 86–107.314–323.354–403.
[6] Vgl. *Demokratie und Kaisertum,* a.a.O., S. 55–137; *Neudeutsche Wirtschaftspolitik,* a.a.O., S. 102–107.403–445.
[7] Zu dem Abschnitt I c vgl. *Demokratie und Kaisertum,* a.a.O., S. 235–351: «Das Kaisertum»; *Neudeutsche Wirtschaftspolitik,* a.a.O., S. 457–469.

II *Der religiös-ethische Hintergrund*[8]

^k*a)* negativ: Trennung^k des Religiös-christlichen von der Politik, die ihre Eigengesetzlichkeit hat. Die «Kindschaft Gottes in Galiläa»[9] ^leignet sich nicht zur Grundlage neudeutscher Wirtschaftspolitik (Bruderliebe, Reinheit[10], Sorglosigkeit[11] contra Bismarck[12], Kaufmannsgeist, gepanzerte Faust[13] u.s.f.) Die Begründung dieser Schei-

---

^{k-k} Mskr.: «a) *Trennung*».

[8] Den religiös-ethischen Hintergrund Naumanns entnimmt Barth vor allem dessen Schrift *Briefe über Religion* (1903), in: Fr. Naumann, *Werke*, Bd. 1: *Religiöse Schriften*, hrsg. von W. Uhsadel, Köln und Opladen 1964, S. 566–632.

[9] A.a.O., S. 605: «Das was Jesus bietet, ist die Kindschaft Gottes in Galiläa.» «Eine Kindschaft Gottes in Paris oder London oder Berlin ist nicht genau dasselbe.»

[10] Vgl. a.a.O., S. 613.

[11] In *Die sittlichen Ideale des Evangeliums (Verhandlungen des zweiundzwanzigsten Evangelisch-sozialen Kongresses)* (1911), in: *Werke*, Bd. 1, a.a.O., S. 825–831, sagt Naumann im Hinblick auf die Sorglosigkeit der christlichen Urgemeinde: «Wie konnten wir durchführen, daß wir gar nicht sorgen, was kommt? Um Essen und Trinken sorgen die Heiden, und wir versammeln uns und verkündigen miteinander, daß wir die Arbeiterversicherung trotz aller ihrer Schäden begrüßen. Auch ich tue das. Deshalb, weil sie vier Millionen neue Menschen in eine Versorgungsanstalt hineinbringt. Kurz, wir begrüßen als christlichen Fortschritt miteinander die Systematisierung des Sorgens, die Systematisierung des Sorgens für die Zukunft und für das Alter» (S. 828f.).

[12] Naumann ehrte Bismarck besonders als den Begründer der «staats-sozialistischen Versicherungsgesetzgebung» für den Arbeiter (*Die Politik der Gegenwart. Wissenschaftliche Vorträge* [1905], in: Fr. Naumann, *Werke*, Bd. 4: *Schriften zum Parteiwesen und zum Mitteleuropaproblem*, hrsg. von Th. Schieder, Köln und Opladen 1964, S. 32–99, dort S. 40f.).

[13] Vgl. die Ausführungen Naumanns über Franz von Assisi in *Seelenfragen und Kapitalismus* (1906), in: *Werke*, Bd. 1, a.a.O., S. 689–694, dort S. 691f.693f.: «Der heilige Franziskus ist ein Gegenstück des sich verbreitenden Mammongeistes [...]. Nur durch den Gegensatz ist die besondere Glut von Assisi zu erklären. Die alte Welt wird sich ihrer feinsten Geheimnisse in dem Augenblicke bewußt, wo diese Geheimnisse entschleiert und zur Historie gemacht werden sollen. In diesem Augenblick taucht in ihr, und zwar aus der Umgebung der Geldmenschen, ein Mann auf, der mit einem Male versteht, daß Jesus ein Gegner des griechisch-römischen Mammonismus gewesen ist. In dem Augenblick, wo die neue Welt versucht, sich mit dem Reichtum zu verloben, verheiratet er sich mit der Armut. Während die neue Welt das Ideal des neuen Genusses vor sich aufsteigen sieht, verbindet er sich mit der Keuschheit, und

dung vollzieht sich nicht prinziell, sondern praktisch-impressionistisch: Naumann in Jerusalem[14], an Ausstellungen[15] etc.[1]

[1] Mskr.: « (Bruderliebe, Reinheit, Sorglosigkeit etc.) eignet sich nicht zur Grundlage neudeutscher Wirtschaftspolitik. Begründung nicht prinzipiell, sondern praktisch (Besuch in Jerusalem, Kenntnis des polit.[-]wirtschaftl. Lebens)».

während alles Menschenwerk anfängt, zur berechenbaren Ware zu werden, flüchtet er in die Tiefe der unformulierbaren, geldlosen, nicht mathematisch greifbaren Bruderempfindungen. Es ist, als hätte die alte Zeit einen Schrei ausgestoßen, daß man sie nicht töten solle, und als sei dieser krampfhafte, angstvolle Schrei eine Einzelperson geworden.» «Immer, wenn seither inmitten der christlichen Konfessionen das Bedürfnis nach Abgrenzung gegenüber der kapitalistischen Entwicklung hervortrat, wurde der heilige Franziskus zu Hilfe gerufen, und er kam und sagte seine Predigt von der Entäußerung und Keuschheit und seligen Armut, vom Glück einer Welt, in der der Kampf ums Dasein durch die Macht des Gemütes ertötet wird. Und immer war diese Predigt wie Balsam auf die Wunden einer Zeit, die vom Profit regiert wird, aber immer auch verklang sie wie Orgelton in den Gewölben der Kirche von Assisi, denn immer war das Leben stärker als die Verkündigung seines Gegenteils. Die neue Welt ist nicht auf franziskanischer Grundlage aufgebaut worden, und alle ihre Fortschritte entstanden durch den Geist, der hier verneint wird. [...] Der Bettelmann ist der unkapitalistischste Mensch, den es geben kann. Er hat nichts, ist nichts, sorgt nur für den heutigen Tag. Wenn man ihn idealisiert, so hat man den Gegenmenschen zum Ideal des erwerbenden Bürgers und Arbeiters.» Weiter in: *Briefe über Religion*, a.a.O. (s. oben S. 51, Anm. 8), S. 618f.: «Entweder wir sind Wölfe oder wir sind Lämmer. Entweder wir wollen herrschen oder wir wollen liebend leiden. Entweder wir gehen mit Bismarck, oder mit Tolstoi. Entweder das Evangelium von der gepanzerten Faust, oder das Evangelium der Brüder vom gemeinsamen Leben! Es scheint mir, dass niemand das Christentum in seiner ganzen schweren Kraft verstanden hat, der nicht in diesem Gegensatz seine eigene Seele hat fast zerbrechen gefühlt.» «Das Leben braucht beides, die gepanzerte Faust und die Hand Jesu, beides je nach Zeit und Ort. Und zu wissen und zu fühlen, wann das eine und wann das andere nötig ist, das ist die Kunst, an der wir alle lernen.» Der Ausdruck «gepanzerte Faust» geht zurück auf einen Ausspruch Kaiser Wilhelms II. gegenüber seinem Bruder Heinrich am 15. Dezember 1897 (O. Ladendorf, *Historisches Schlagwörterbuch. Ein Versuch*, Straßburg 1906, S. 102).

[14] Naumann berichtete über seine Eindrücke von einer Palästinareise in «*Asia*». *Athen, Konstantinopel, Baalbek, Damaskus, Nazaret, Jerusalem, Kairo, Neapel*, Berlin-Schöneberg 1899, Abdruck des vorletzten Teils in: ders., *Werke*, Bd. 1, a.a.O., S. 535–553. Sein Erleben angesichts der unterentwickelten Zustände in Palästina resümiert er S. 547f.548f.: «Bisher sah ich in aller helfen-

b) *positiv*[m] Gott in der «Wirklichkeit»[n] mit ihrer Schönheit und ihren Notwendigkeiten. [o]Gelegentliche Anwendungen des klassischen Idealismus (vgl. I b) aber nie anders als kombiniert mit Nützlichkeitserwägungen.[o]

[m] Mskr.: «*Was bleibt?*»
[n-n] Mskr: «‹Gegenwart›[,] in der ‹Wirklichkeit›».
[o-o] Mskr.: «Dazu nur[,] wenigstens der Behauptung nach, der polit. Idealismus Kants u. Fichtes etc[.] Vgl. Demokratie[16], aber stark getrübt durch Nützlichkeitserwägungen.»

den, organisierenden, sozialen Tätigkeit ein Fortwirken des Lebens Jesu. An dieser Auffassung bleibt immer viel richtig, aber sie hat in Palästina an Sicherheit verloren. Ich habe vor der Palästinareise das Neue Testament mit dem Auge eines Deutschen für Deutschland gelesen, es gehört aber nach Galiläa. Nicht das Herz Jesu wird kleiner, wenn man sich ihn in Palästina denkt. Sein Herz ist die Liebe zu den Armen, der Kampf gegen die Bedrücker, die Freude am Erwachen der Unmündigen. Nur die Art, wie er seinem Herzen folgte, ist dem menschenfreundlichen Tun unseres Zeitalters ferner als wir dachten.»
«Die protestantische Theologie steht vor einer Zwangslage: sie muß vorwärts zum historischen Jesus, und doch hat sie nicht Kraft genug, so an die Berge Palästinas zu schlagen, daß sie Wasser geben. Gibt es einen geschichtlichen orientalischen Christus, der uns soviel für unsere Seele werden kann, wie es der deutsch gedachte Jesus bietet?»

[15] Vgl. die in Fr. Naumann, *Werke*, Bd. 6: *Ästhetische Schriften*, hrsg. von H. Ladendorf, Köln und Opladen 1969, S. 351–451, abgedruckten Berichte Naumanns über seine Besuche von Ausstellungen im technischen, industriellen und künstlerischen Bereich, vor allem die *Pariser Briefe* (1900), a.a.O., S. 352–411.

[16] Vgl. Naumanns Vortrag zum Thema «Religiöser und politischer Liberalismus», gehalten auf dem 24. Deutschen Protestantentag in Bremen am 22.9.1909, jetzt unter dem Titel *Liberalismus und Protestantismus* in: *Werke*, Bd. 1, a.a.O. (s. oben S. 51, Anm. 8), S. 773–801, dort S. 797f.799: «Während der Regentschaft von Friedrich Wilhelm II. [...] entsteht aus dem freien Protestantismus heraus wie ein Vulkan Kant in Königsberg, und hinter ihm eine Reihe von Leuten, die nun überhaupt erst die Ideen des freien religiösen Geistes auf ihre wirklich erreichbare begriffliche Höhe emporgehoben haben. Diese Leute, die nicht wie Cromwell mit dem Schwerte das Recht geändert, sondern mit dem Gedanken aus der Tiefe des Geistes für die neue Weltanschauung die einzelnen Grundformen herausgeholt haben, sie sind das, was wir Deutschen besitzen. Ich brauche hier nicht [...] genau zu beschreiben, was die Philosophen von Kant bis Hegel, zu denen vor allem auch Fichte und Schleiermacher gehörten, was diese dem religiösen Leben geboten haben. Ich will nur mit aller Festigkeit unterstreichen, daß es religiöse Erscheinungen

III *Krisis*[P]

a) [q]*Stärke dieser Weltanschauung*[q] α) praktisch: hochgradige[r] Durchsichtigkeit und[s] Anwendbarkeit. β) prinzipiell: die realistische Anerkennung der «Welt» und ihrer Unvollkommenheit. Gut [t]als Sicherung gegen[t] Träumereien. Das Reich Gottes, die Idee steht[u] in hartem Kampf mit der «Wirklichkeit», daher Kompromisse nötig.

b) [v]Schwäche α) positiv[v]: Steht [w]die Idee hier[w] wirklich noch im Kampf? Gilt eigentlich ⌐für N.⌐ das Seiende oder das Seinsollende? Sind die Kompromisse ⌐mit der Welt⌐ als etwas Vorläufiges aufgefaßt und behandelt? Ist die Unruhe, die Sehnsucht nach der absoluten Zukunft größer oder das (ästhetische!) Behagen an den Relativitäten der Gegenwart? [x]Ist die Idee Wahrheit oder die Wirklichkeit. Die Antwort ist nicht aus gelegentlichen theologisch-philosoph. Dikta zu entnehmen[,] sondern aus dem Gesamteindruck der in N.'s Schriften herrschenden *Stimmung* (Asia, Br. über Rel., Ausstellungsbriefe![17])[x] *Die Freude an der ästhetisch verklärten «Wirklichkeit» ist schließlich größer als die Freude an der Idee.* Als Wirklichkeiten wer-

---

[P] Mskr.: «*Kritik dieses Hintergrunds*».

[q-q] Mskr.: «*Die Stärke der Position N's.*»

[r] Mskr.: «ihre».

[s] Mskr.: «u.».

[t-t] Mskr.: «gegenüber allen».

[u] Mskr.: «Ideen stehen».

[v-v] Mskr.: «Ihre Schwäche».

[w-w] Mskr.: «hier die Idee».

[x-x] Mskr.: «Ist die Idee die Wirklichkeit oder umgekehrt? – Alles Fragen, die sich bei N. nicht theolog[isch-]philos[ophisch] beantworten lassen, wohl aber aus dem Gesamteindruck der in seinen Schriften vorherrschenden Stimmung.»

---

sind, die hier vor uns stehen.» «Die Wiedergeburt des deutschen Volkes begann nicht an den Altären, sondern an den Kathedern; dort saß der wahre Protestantismus. Es wird aber für den organisierten Protestantismus nötig, daß er nun bald die Größten, die auf seinem Boden gewesen sind, daß er unsere großen Idealisten hineinträgt in den Glauben des Volkes. Der religiöse Liberalismus muß ihre Werke verarbeiten und umsetzen. Dabei wird auch das Soziale nicht zu kurz kommen, denn diejenigen, die eine Ahnung von Fichte haben, werden wissen, mit welcher Ur- und Sturmgewalt der soziale Klang des Evangeliums in der schweren wuchtigen Sprache Fichtes wieder herauskommt.» Vgl. *Demokratie und Kaisertum*, a.a.O. (s. oben S. 49, Anm. 4), S. 56.246.248.

[17] Siehe oben S. 52, Anm. 14; S. 51, Anm. 8; S. 53, Anm. 15.

den unbesehen ⌐d.h. empirisch⌐ hingenommen 1.[y] die bürgerlich-kapitalistische Wirtschaftsentwicklung 2.[z] der nationale Staat 3.[aa] der Krieg. [ab]Selbstverständlich sind das Alles Wirklichkeiten dieses Äons, mit denen zu rechnen ist[ab], aber das ist bedauerlich, daß N. [ac]schließlich nur noch mit ihnen rechnet, daß er den Protest dagegen nahezu völlig aus seiner Politik ausschaltet, ja daß eigentlich das *stärkste* Gewicht in seinen Schriften (seit Verlassen des christl. soz. Gedankens) auf die Unterstreichung und Verteidigung dieser relativen Wirklichkeiten gegenüber «Schwärmern»[18] etc. fällt[ac]. Es fehlt [ad]dieser Politik aller[ad] Enthusiasmus, aller[ae] Glaube an eine Weltüberwindung [af]– zurückgedrängt in das persönliche relig. Gefühl [tritt aber auch hier nur noch schwächlich auf im Vergleich zu der Kraft des Jenseitsgedankens des konservativen und katholischen Christentums – diese Glosse von Thurneysen beigebracht][19] [af] Die Idee [ag]ist in der Politik *ein* Faktor *neben* andern, nicht das Alles beherrschende Element[ag]. Daher [ah]völliges Versagen an gewissen Punkten (Krieg, Kapitalismus) – der Politiker nach dem Herzen Troeltschs![ah][20] Der «neudeut-

---

[y] Mskr.: «a)».

[z] Mskr.: «b)».

[aa] Mskr.: «c)».

[ab-ab] Mskr.: «Daß das ‹Wirklichkeiten› dieses Äons sind, bezweifelt niemand».

[ac-ac] Mskr.: «den Protest dagegen nahezu völlig aufgibt, ja daß eigentlich das stärkste Gewicht bei ihm (seit Aufgabe des christl. soz. Gedankens) auf der Unterstreichung u. Verteidigung der relativen Wirklichkeiten liegt».

[ad-ad] Mskr.: «dem heutigen N. der».

[ae] Mskr.: «der».

[af-af] Mskr.: «resp. er ist zurückgedrängt in das persönliche religiöse Gefühl.»

[ag-ag] Mskr.: «gilt auch – aber *nur auch[,]* und N. legt alles Gewicht darauf, daß sie *nur auch* gilt, nicht absolut».

[ah-ah] Mskr.: «sein Versagen vor gewissen Punkten. Vgl. Troeltsch.»

[18] Als «Schwärmerei» galt Naumann in seiner Zeit vor allem die idealistische Sozialdemokratie; vgl. seine Schrift *Was tun wir gegen die glaubenslose Sozialdemokratie?* (1889), in: *Werke*, Bd. 1, a.a.O. (s. oben S. 51, Anm. 8), S. 112–141, dort S. 129f.

[19] Eckige Klammern von Barth.

[20] Vgl. unten S. 186–188.

sche Wirtschaftsbürger»[21] ist [ai]Idealist neben dem norddeutschen Agrarier[22], dem Großindustriellen älterer Sorte[23], dem kleinbürgerlichen Handwerker[24] u.s.f.[,] im Grund seiner Seele ist ers trotz Kant und Fichte nicht, dazu ists ihm viel zu wohl in dieser Welt. Das zeigt sich[ai]

[aj]β) *negativ* in der Behandlung, die sich aller *wirkliche* politische Idealismus von N. muß angedeihen lassen.

Paradigma: Franz von Assisi (Asia![26] Sonnenfahrten![27]) Was für ein Vergnügen über die närrische Unmöglichkeit des franziskanischen Ideals![aj]

[ai-ai] Mskr.: «besser als der Agrarier, der Großindustrielle, der kleinbürgerl. Handwerker, aber er ist im Grund auch ein Philister, nur nicht so ausgeprägt wie jene. [Dazu Randbemerkung Barths:] Adrianopel S. 98, Befreiungskr[iege] S. 663, Taylor S. 438»[25].

[aj-aj] Mskr.: «c) Folge: Verständnislosigkeit gegenüber kräftigem Idealismus[.] Franz von Assisi – N. der zufriedene Bürger, der sich über die Unmöglichkeit dieser Ideale freut. – Franzosen[28]».

[21] Vgl. bes. *Neudeutsche Wirtschaftspolitik*, a.a.O. (s. oben S. 49, Anm. 4), S. 418–429.

[22] Vgl. *Demokratie und Kaisertum*, a.a.O. (s. oben S. 49, Anm. 4), S. 147–174.

[23] Vgl. a.a.O., S. 174–190.

[24] Vgl. *Neudeutsche Wirtschaftspolitik*, a.a.O., S. 337–354.

[25] Es handelt sich um folgende Aufsätze Naumanns aus dem Jahrgang 1913 der «Hilfe»: «Die Sterbenden von Adrianopel» (Nr. 7, S. 98f.); «Die Bedeutung der Leipziger Schlacht» (Nr. 42, S. 661–664); «Die menschliche Maschine» (Nr. 28, S. 438f.). Der erste Aufsatz stellt die türkischen Soldaten in den Balkankriegen als Sterbende innerhalb eines sterbenden Staates dar; der zweite Aufsatz steht innerhalb einer Reihe von Aufsätzen, die zum hundertsten Jahrestag der Leipziger Völkerschlacht von 1813 geschrieben sind und den Aufstieg Deutschlands zur Großmacht in Europa als den Aufstieg eines neuen Bürgertums im Industriezeitalter darstellen; der dritte Aufsatz zeichnet das Gegenbild zur Vision des modernen deutschen Wirtschaftsbürgers: den Menschen, der auf seinem nach dem Taylor-System völlig durchrationalisierten Arbeitsplatz in der industriellen Maschinenwelt selbst zur Maschine wird.

[26] Siehe unten S. 535, Anm. 24.

[27] Fr. Naumann, *Sonnenfahrten*, Berlin-Schöneberg 1909. Der Band enthält die Betrachtungen *Seelenfragen und Kapitalismus* (hier abgedruckt unter dem Titel *Assisi, die Burg des Antikapitalismus*) und *Beim heiligen Franziskus*, S. 132–138 und S. 138–148, beide wieder abgedruckt in: Fr. Naumann, *Werke*, Bd. 1, a.a.O. (s. oben S. 51, Anm. 8), S. 689–694 und S. 695–704. Zur Frage, «an welcher Stelle unsere Wege von seiner [scil. des heiligen Franz] Straße

^{ak}Stellung zur Sozialdemokratie:^{ak} Billigung ihrer Bestrebungen *innerhalb*^{al} des ^{am}Bestehenden (Gewerkschaften u. Genossenschaften)[29] Versuch, sie zur Bildung einer «deutschen Linken»[30] heranzuziehen. Aber damit^{am} Schluß. Beurteilung des sozialist. «Endziels» als Phrase und Utopie.^{an 31 ao}Vergnügen am Revisionismus.[32] Bebel wird ge-

^{ak-ak} Mskr.: «Soz[ial]demokratie.»
 ^{al} Mskr.: «innerhalb».
^{am-am} Mskr.: «Bestehenden. Versuch sie heranzuziehen zu einer ‹deutschen Linken›[.] Damit».
 ^{an} Mskr.: «Utopie!»

abgebogen haben», sagt Naumann: «Wer helfen will, muß Rationalist werden, weil Helfen eine rationelle Tätigkeit ist. Das ist es, weshalb wir uns von der franziskanischen Geisteswelt zurückziehen mussten.» (*Sonnenfahrten,* S. 144f.; *Werke,* S. 700f.). Vgl. auch oben S. 51, Anm. 13.
 [28] Wahrscheinlich wollte Barth hier einen Seitenblick auf Naumanns Urteil über die Franzosen werfen – vielleicht anhand der *Pariser Briefe* (1900), a.a.O. (s. oben S. 53, Anm. 15), z.B. S. 389: «Man muß dieses Volk lieben. Es ist so nett, edel, sittig. Aber die Macht des Hammers hat es nicht in Händen. Es trank zu stark aus Brunnen der Ethik.»
 [29] Vgl. *Demokratie und Kaisertum,* a.a.O. (s. oben S. 49, Anm. 4) S. 6–19.
 [30] In seinem Artikel *Die deutsche Linke* (1912), in: Fr. Naumann, *Werke,* Bd. 5: *Schriften zur Tagespolitik,* hrsg. von Th. Schieder, Köln und Opladen 1964, S. 465–469, resümiert Naumann die Ergebnisse der Reichstagswahl vom 12.1.1912, die eine «Mehrheit der Linken» (200 Sitze von 397 Sitzen: SPD als stärkste Fraktion im Reichstag 110, Nationalliberale 48, Fortschrittliche Volkspartei 42 Mandate) gebracht habe. «Die positive Kraft der Linken hängt davon ab, wie es gelingen wird, die äußerste Linke mit dem rechten Flügel der Nationalliberalen zu gemeinsamen Handlungen zu vereinigen.» «Bei dieser Sachlage kann die Sozialdemokratie zeigen, ob sie inzwischen taktisch etwas gelernt hat. Sie braucht kein einziges Prinzip zu opfern, aber sie soll lernen, lieber kleinere Schritte zu machen als gar keine.»
 [31] Siehe unten S. 74, Anm. 71.
 [32] «Revisionismus» war eine den Marxismus kritisch behandelnde Richtung innerhalb der Sozialdemokratie. E. Bernstein (1850–1932), sozialdemokratischer Abgeordneter im deutschen Reichstag, Verfasser des praktischen Teils des Erfurter Programms von 1891, Theoretiker des «Revisionismus» gegen den sozialistischen «Endziel»-Gedanken und die Dogmatisierung der Lehren von Karl Marx, forderte in seiner Schrift *Die Voraussetzungen des Sozialismus und die Aufgaben der Sozialdemokratie,* Stuttgart 1899, die Sozialdemokratie auf, sich nicht auf die Revolution vorzubereiten, sondern auf parlamentarischem Weg politische und soziale Reformen anzustreben und dabei mit an-

lobt – als Auch-Nationalist und -Militarist![33] Völliges[ao] Unverständnis gegenüber dem religiösen Sinn des sozialdemokratischen Radikalismus.

IV *Motive.* a) *Ästhetizismus*[ap]. Technik, Kapitalismus, Arbeiterbewegung, Rasseneigenarten, Konkurrenz u. Krieg [aq]etc. in *erster* Linie Objekte der ästhet. Anschauung, erst in *zweiter* des[aq] sittl. Willens, jedenfalls ein Zuviel [ar]des ersten gegenüber dem zweiten[ar] Moment.

b) *Moralistisches Mißverständnis des Ev[an]g[elium]s*[as]. Diskussion der ethischen [at]Einzelforderungen oder des historischen «Geistes» Jesu[34] – statt auf die von Jesus aufgeworfene[at] Gottesfrage einzutreten. Parallele: Troeltschs Intellektualismus.

c) *Luthertum*, wenigstens negative Anlehnung: doppelte Wirklichkeit, Freude am Seienden, ⌐Kapitulation vor seinen unbegreiflichen «Notwendigkeiten» (Luthers Landsknechtgebet[35] = Naumanns Brief

ao-ao Mskr.: «Lob Bebels des Militaristen!»
  ap Mskr.: «N.s *Ästhetizismus*».
aq-aq Mskr.: «als Phänomene, statt als Objekte».
ar-ar Mskr.: «gegenüber letzterm».
  as Mskr.: «*Chr[isten]t[um]s*».
at-at Mskr.: «Einzelforderungen, statt auf die».

deren Parteien zusammenzuarbeiten. Trotz seiner Verurteilung auf dem Dresdner Parteitag 1903 beeinflußte der Revisionismus die politische Entwicklung der SPD in der Folgezeit immer stärker. Zu Naumanns Stellung zu dieser «demokratische[n] Linke[n] auf dem Boden der Reichsverfassung» vgl. z.B. *Demokratie und Kaisertum*, a.a.O. (s. oben S. 49, Anm. 4), S. 17–23.31–36.

[33] Vgl. Fr. Naumann, *Erinnerungen an Bebel* (1913), in: *Werke*, Bd. 5, a.a.O. (s. oben S. 57, Anm. 30), S. 495–501, dort S. 500; vgl. unten S. 75.

[34] Vgl. Fr. Naumann, *Briefe über Religion*, a.a.O. (s. oben S. 51, Anm. 8), S. 601–610.

[35] Vgl. in M. Luthers Schrift *Ob Kriegsleute auch in seligem Stande sein können* (1526), WA 19, 616–662, das Gebet, das vor der Schlacht nach der allgemeinen Vermahnung («[...] So sey ein iglicher frisch und unverzagt und lasse sich nicht anders duncken, denn seine faust sey Gotts faust, sein spies sey Gotts spies, und schrey mit hertzen und munde: ‹Hie Gott und Keyser›! [...]» [658,28–30]) «ein iglicher bey sich» sagen soll: «‹Hymlischer Vater, hie bin ich nach deinem Göttlichen willen ynn diesem eusserlichen werck und dienst meines oberherrn [...]. Und dancke deiner gnaden und barmhertzickeit, das du

mich ynn solch werck gestellt hast, da ich gewis bin, das es nicht sünde ist
sonder recht, und deinem willen ein gefelliger gehorsam ist. [...]› Und befelh
damit leib und seele ynn seine hende. Und zeuch denn von ledder und schlahe
drein ynn Gotts namen.» (661,9–14.24–26).

[36] Zur Niederschlagung des nationalchinesischen Boxeraufstandes waren
deutsche Truppen im Sommer 1900 nach China gesandt worden. Diese Aktion
wurde in Deutschland als Ausdruck des neugewonnenen Weltmachtstatus
empfunden. Naumann schrieb dazu in einem Brief «An einen Soldaten», dem
Röm. 14,8 vorangestellt war (Die Hilfe, Jg. 6, Nr. 31 vom 5.8.1900, S. 9): «Du
hast den Krieg nicht angefangen, Du bist für die schweren Verwicklungen der
Weltpolitik nicht verantwortlich, darum laß Dich draußen im Felde in der
Ferne alle die Fragen nicht quälen, ob es so kommen mußte, wie es kam. Das
kann heute noch Niemand überschauen. Du hast Dich entschlossen, dem Vaterland zu dienen. Das ist die Grundlage Deiner Gesinnung auf dem gefährlichen Wege. Nicht die Diplomatie ist Dein Fach, sondern der Dienst an der
Kanone. Du wirst drüben auf einem der Stangenpferde sitzen und wenn Jemand von der Kanone weggeschossen wird, dann trittst Du an seine Stelle,
dann schießt Du nach bestem Wissen und Können auf chinesische Menschen
und Mauern. Das ist Dein Beruf, den Dir jetzt Gott gegeben hat, und in dem
Du ein völlig gutes Gewissen haben sollst. Geh mit Gott! Das heißt: nimm
Dein Gottvertrauen mit in den Krieg! Gott garantiert Dir nicht, daß Du nicht
getroffen wirst, aber er garantiert Dir, daß Du mit Dir selbst im Frieden bist,
wenn Du ihn als Schützer hast. Er kann Dich fröhlich heimführen, er kann
Dich drüben im heißen Klima schwer leiden und sterben lassen, er wird doch
bei allem und trotz allem Dein Hort und Hirt sein, wenn Du zu ihm rufst! Geh
hinaus mit Deinem schlichten Glauben Deiner Kindheit an den Weltregenten,
dem die Erde gehört und alles was auf ihr lebt und webt. Du gehst in die Ferne,
Gott ist überall! [...] Gott ist überall, wo Jemand sich für etwas Großes opfert.
Opfer für ein hohes Ziel sind nie vergeblich. Darum verliere die Zuversicht zur
Nützlichkeit Deines Opfers auch dann nicht, wenn Du selbst darunter leidest.
Du glaubst an Deutschlands Zukunft, ich auch! Du glaubst, daß Gott sie will,
ich auch! In diesem Glauben gehe hin und sei ein tapferer wackerer Kriegs-
mann».

[37] Zu Naumann s. oben S. 55, Anm. 18. Zu Luthers Auseinandersetzung mit
den «Schwärmern» vgl. besonders *Wider die himmlischen Propheten, von den
Bildern und Sacrament* (1525), WA 18,37–214, gegen den «schwerm geyst»
Karlstadt (119,5; 122,28), und *Ermahnung zum Frieden auf die zwölf Artikel
der Bauerschaft in Schwaben* (1525), WA 18,279–334, mit Luthers Warnungen
vor den «falschen Lehrern», «falschen Propheten», «Mordgeistern», «Mord-
propheten», «Rottengeistern» (294,11f.; 296,7; 301,6; 308,2.14; 310,4; 316,16f.;
328,15).

[au]*Kern des Problems* für uns: Sich Naumann gegenüber nicht auf die praktischen Fragen einlassen. Es handelt sich *nicht* um diese. Entscheidend ist die Gottesfrage. Wir möchten von Gott mehr erwarten, – stellen uns *darum* kritischer zum Bestehenden, positiver zum Seinsollenden in der Politik.[au]

[au-au] Mskr.: «Kern: Nicht die prakt. Fragen, sondern die Gottesfrage. Wir erwarten mehr von Gott, stellen uns darum kritischer zum Bestehenden u. machen das Ideal darum lebhafter geltend.»

«DIE HILFE» 1913
1914

Barths Besprechung des Jahrgangs 1913 der «Hilfe»[1] *geht auf eine
Anfrage von Martin Rade zurück. Der Herausgeber der «Christlichen
Welt» richtet am 4. April 1914 an Barth «eine große Bitte. Ich habe da
einen ganzen Band ‹Hilfe› (Jahrgang 1913) gebunden als Rezensions-
exemplar liegen. Habe schon immer gedacht, es wäre Ihnen bei Ihren
jetzigen Studien vielleicht nicht unwillkommen, den Band durchzu-
prüfen und in der CW ein paar Worte darüber zu sagen. Darf ich ihn
an Sie schicken?»*[2] *Barth antwortet am 7. April 1914: «Die Besprechung der Hilfe 1913 übernehme ich sehr gerne. Ich habe nur das eine
Bedenken, daß ich die Hilfe in den letzten Jahren nicht mehr gelesen
habe und somit nicht in der Lage bin, zu vergleichen. An sich aber
wäre mir der Auftrag sehr willkommen.»*[3] *Rade meldet am 10. April
1914: «‹Hilfe› geht in diesen Tagen an Sie ab. Es genügt, daß Sie den
Band ordentlich durchsehen und über seine geistige Leistung nach
allen Seiten hin ein Werturteil abgeben.»*[4] *Als Barth den Jahrgang
erhalten hatte – ein von Fr. Naumann «Prof. Rade», seinem Schwager,
mit den Worten «Die Hilfe grüßt die Xliche [Christliche] Welt und
bittet, nach wie vor ihrer helfend zu gedenken. 13.1.1914 Euer Fr.
Naumann» gewidmeter Band*[5] *–, schreibt er am 7. Mai 1914 an Wilhelm Loew*[6], *der ihm gerade seine Verlobung mit Liese Naumann angezeigt hatte: «Rade schickte mir einen ganzen dicken Band ‹Hilfe›
1913 [...]. Was werde ich armer Wurm damit anfangen, da» ich «gerade für das, was deinen verehrten Schwiegervater von der Sozialdemokratie trennt, gar kein (aber auch gar kein) Verständnis habe?!» Im*

---

[1] «Die Hilfe» ist eine von Naumann begründete, im Dezember 1894 zum
ersten Mal erschienene Zeitschrift, die von 1895 bis 1901 den Untertitel trug:
«Gotteshilfe. Selbsthilfe. Staatshilfe. Bruderhilfe.» Sie repräsentierte zu dieser
Zeit noch den Kreis der jüngeren Christlich-Sozialen (vgl. Th. Heuss, *Friedrich Naumann. Der Mann, das Werk, die Zeit* [Siebenstern-Taschenbuch
121/123], München und Hamburg 1968[3], S. 111–114).

[2] Bw. R., S. 90f.

[3] A.a.O., S. 91.

[4] A.a.O., S. 93.

[5] KBA H 1155.

[6] KBA 9214.13.

Juni ging Barth ernstlich an die Arbeit und bat seinen Bruder Peter:
«Bitte schicke mir doch Onkel Fritzens Gotteshilfe[7] für einige Zeit. Ich
muß meine Hilferezension durch einiges Naumannstudium unter-
bauen. Ein ganzer Turm von Thurneysens Bibliothek steht schon da,
aber die Gotteshilfe fehlt noch.»[8] Thurneysen beschreibt diesen Turm
in seinem Brief vom 18. Juni 1914[9]. Im Juli hatte Barth die Arbeit
abgeschlossen und den Artikel nach Marburg gesendet. Er schreibt am
13. Juli an Leonhard Ragaz[10]: «Ich hatte letzte Woche den Jahrgang
1913 der ‹Hilfe› für die Christliche Welt zu rezensieren und habe ver-
sucht, unsre Stellung gegen Naumann wieder einmal abzugrenzen.
Nun bin ich also gespannt, ob Rade die Sache auch bringen wird.» Am
16. Juli scheint Barth eine erneute captatio benevolentiae bei Wilhelm
Loew angebracht: Er werde Loews Nachsicht «noch nötig haben,
wenn Rade eine Rezension der ‹Hilfe› Jahrg. 1913 abdrucken wird, die
er kurioser Weise mir übertragen hatte. Da mußt du dann wahrschein-
lich auch bei deinem verehrten Schwiegervater ein gutes Wort für mich
einlegen, denn ich habe dort versucht, wieder einmal zu sagen, was wir
gegen ihn auf dem Herzen haben. Ich kann nichts dafür. Rade wollte
keine Freundschaftsrezension, hat sie darum in die Schweiz vergeben
u. nun ists wirklich keine geworden.»[11]

In der «Christlichen Welt», Nr. 33 vom 15.8.1914, trat Barths Re-
zension in eine durch den 1. August, den Ausbruch des Ersten Welt-
kriegs, völlig veränderte Öffentlichkeit. Barth wollte dem durch ein
«kleines Nachwort» zu dem Artikel Rechnung tragen, «das mir nötig
schien, weil er sonst unter den jetzigen Umständen völlig in die Luft zu
gehen scheint». Er sendet es am 13. August 1914 an Rade und bittet:
«Sie drucken es vielleicht durch * * * vom Übrigen getrennt oder als
Fußnote.»[12] Doch war es dazu zwei Tage vor dem Erscheinen des Hef-
tes der «Christlichen Welt» schon zu spät. Im Nachlass Rades ist Barths
Reinschrift dieses Nachworts anscheinend nicht erhalten. So ist die

---

[7] Fr. Naumann, *Gotteshilfe. Gesamtausgabe der Andachten aus den Jahren 1895–1902 sachlich geordnet*, Göttingen 1911⁴.

[8] Brief vom 22.6.1914 (KBA 9214.18).

[9] Bw. Th. I, S. 5f.

[10] KBA 9214.19.

[11] KBA 9214.21.

[12] Bw. R., S. 94.

Vorlage für den Abdruck das Konzept, ein einseitig mit Tinte be-
schriebenes Quartblatt.

Die doppelte Enttäuschung, die Barth in diesem «Nachwort» ganz
unmittelbar zum Ausdruck bringt, klingt in einem Rückblick auf sein
Erleben des Jahres 1914 nach, den er am 4. Januar 1915 seinem
Freunde Willy Spoendlin gibt: «Was für ein Zusammenbruch der
christlichen Ideale nicht nur in der Praxis, sondern auch in der Gesin-
nung, in der ruhigen Theorie! Und der Sozialismus? Die Haltung der
Reichstagsfraktion u. des ‹Vorwärts›, der sich das Thema ‹Klassen-
kampf› verbieten läßt[13] u. dafür mitschimpft über die infamen Eng-
länder etc. Wie haben jetzt Naumann u. seine Freunde recht behalten
in der Beurteilung der Sozialdemokratie!»[14]

Das Problem oder das Rätsel, das ihm Naumanns Haltung dar-
stellte, hörte nicht auf, Barth zu beschäftigen. In einem Brief an Wil-
helm Herrmann vom 4. November 1914 spitzt er die Frage zu: «Soll
der ethische Monismus Calvins gelten oder der ethische Dualismus
Luthers, Naumanns und Troeltschs?»[15] An Helene Rade, die im Be-
griff stand, sich mit Peter Barth zu verheiraten und Schweizerin zu
werden, schreibt Barth am 20. Dezember 1914: «Wir hatten wohl alle
vor dem Kriege nicht gedacht, daß die Meinungen und Empfindungen
der beiden Familien so weit auseinandergehen könnten, wie es jetzt
der Fall war und ist. Ich könnte mir wohl denken, daß besonders deine
liebe Mutter [scil. Dora Rade, geb. Naumann] tiefer enttäuscht ist über
uns. Denn zwischen der Welt, in der dein Onkel Naumann jetzt lebt
(ich sehe auch die ‹Hilfe› öfters) und der unsrigen ist eine Versöhnung
vollends unmöglich.»[16] Am 9. April 1915 nahm Barth an der Hochzeit
von Peter Barth und Helene Rade in Marburg teil und begegnete
dabei auch Friedrich Naumann. Auf dem Rückweg besuchte er in Bad
Boll Christoph Blumhardt. Im Rückblick schreibt er am 21. April 1915
an Wilhelm Herrmann: «Wir sind mit starken Eindrücken aus
Deutschland zurückgekommen. Meine stärksten waren die, die ich
hatte von der Frömmigkeit Friedrich Naumanns und Christoph
Blumhardts in Boll. Ich glaube, daß die feine Linie, die von dem Einen

---

[13] Vgl. Neuer Freier Aargauer, Jg. 9, Nr. 228 vom 3.10.1914, S. [2].
[14] KBA 9215.2.
[15] Bw. R., S. 115.
[16] A.a.O., S. 127.

zu dem Andern führt, die Linie sein wird, auf der Sie und wir uns
später wieder einmal treffen können. Aber die Wege dahin sind weit
und dunkel.» [17]

«Die Hilfe» 1913

Vorbemerkung des Herausgebers [Martin Rade]. Es war unsre Absicht, den
Internationalen Kongress für soziales Christentum, der Ende September d. J.
stattfinden sollte[18], durch einige Artikel vorzubereiten. Der Kongress wird
nun nicht stattfinden.[19] Er würde uns als Schwerstes und Wichtigstes eine
Auseinandersetzung zwischen den deutschen Evangelisch-Sozialen und den
Schweizer Religiös-Sozialen gebracht haben. Wir hofften für diese Auseinandersetzung durch Artikel von beiden Seiten Vorarbeit tun zu können.

Obiger[20] Artikel ist das Votum eines Schweizer Religiös-Sozialen über einen Jahrgang der *Naumann*schen «Hilfe».[21] Der Verfasser, von unsern redaktionellen Plänen nicht unterrichtet, hatte keine weitere Aufgabe, als von seinem Standpunkte aus über diese uns so nahe stehende deutsche Wochenschrift
seine Meinung zu sagen.

Ich würde unter andern Umständen dem Artikel sofort einige Worte über
den Unterschied der deutschen von der schweizerischen Sozialdemokratie beigefügt haben, desgleichen über die Entwickelung von Naumanns Stellung zu
unsrer Sozialdemokratie. Ich verzichte darauf unter dem unmittelbaren Eindruck der Reichstagssitzung vom 4. August.[22]

---

[17] A.a.O., S. 131.

[18] Vgl. R. Liechtenhan, *Der Internationale Kongreß für soziales Christentum in Basel, 27. – 30. September 1914*, in: ChW, Jg. 28 (1914), Sp. 723f. Neben
der Frage *«Warum fordern wir als Christen eine soziale Umgestaltung?»* und
«der Frage der Stellungnahme zu den politischen Organisationen, die mit oder
ohne unsere Zustimmung schon an der Arbeit sozialer Umgestaltung stehen»,
sollte «das dritte Hauptthema des Kongresses: *Christentum und Weltfriede*»
sein (Sp. 724).

[19] Zur Absage des Kongresses vgl. L. Ragaz, *Der internationale Kongress für soziales Christentum*, in: NW, Jg. 8 (1914), S. 343f.

[20] Die als Vorspann abgedruckte Vorbemerkung war offensichtlich zunächst
als Fußnote gedacht.

[21] *Die Hilfe. Wochenschrift für Politik, Literatur und Kunst*, Jg. 19 (1913),
Berlin-Schöneberg 1913.

[22] Zu der Reichstagssitzung und der einstimmigen Bewilligung der Kriegskredite – auch die Sozialdemokratische Partei gab geschlossen ihre Zustimmung – vgl. W.J. Mommsen, *Bürgerstolz und Weltmachtstreben, Deutschland*

«Wochenschrift für Politik, Literatur und Kunst» sagt der Untertitel des Blattes. Aber die Politik überwiegt, sie gibt der «Hilfe» Physiognomie und Charakter. Der Wert der zahlreichen Beiträge über Religion, Philosophie, Theater, Musik, Malerei, Literatur usw., der Erzählungen und Gedichte soll damit nicht missachtet sein. Es ist viel Anregendes und Ernstes darunter. Ich nenne Traubs «Andachten»[23], Schmalenbachs Aufsatz über Bergson (Nr. 3–5)[24], J. Haeckers und Gertrud Bäumers Auseinandersetzung mit Maurenbrechers Buch über das Leid (Nr. 10)[25], Gertrud Bäumers[26] literarische und Zschorlichs[27] musikalische Besprechungen, Helene Voigt-Diederichs' Erzählung «Luise»[28] als mir besonders wertvoll. Aber zu dem, was die «Hilfe» eigentlich will, verhalten sich die Beiträge dieses Inhalts peripherisch, sie könnten meistens auch anderswo stehen. Das öffentliche Leben, die äußere und innere, die wirtschaftliche und soziale *Politik* des Deutschen Reiches und seiner Einzelstaaten, auch des Auslandes, soweit es vom deutschen Standpunkt aus von Interesse ist, das ist der eigentliche Gegenstand der Hilfe, das Gebiet, über das sie berichten und auf dem sie an ihrem Teil mitarbeiten will. Der Standpunkt, von dem aus die Dinge gesehen und in Angriff genommen sind, ist der des entschiedenen Liberalismus, der in der Fortschrittlichen Volkspartei seinen äußern Zusammenschluss gefunden hat, speziell derjenigen radikalsten Gruppe dieses Liberalismus, die aus dem ehemaligen Nationalsozialen Verein hervorgegangen ist.[29] Deutsch-

unter Wilhelm II. *1890–1918*, Propyläen Geschichte Deutschlands, 7. Bd., 2. Teil, Berlin 1995, S. 566–570; vgl. unten S. 77, Anm. 4 und 5.

[23] Zu G. Traubs Andachten s. *Die Hilfe*, a.a.O., S. XII (Inhaltsverzeichnis, Sach-Register, Literarischer Teil).

[24] H. Schmalenbach, *Henri Bergson*, a.a.O., S. 40f.58–60.71–73.

[25] J. Haecker/G. Bäumer, *Die Religion und das Leid. Eine Auseinandersetzung mit Max Maurenbrecher*, a.a.O., S. 153f. und S. 154f. (zu M. Maurenbrecher, *Das Leid. Eine Auseinandersetzung mit der Religion*, Jena 1912).

[26] Zu G. Bäumer s. a.a.O., S. XIIf. (Inhaltsverzeichnis, Sach-Register, Literarischer Teil, Spalte Literatur und Theater).

[27] Zu P. Zschorlich s. a.a.O., S. XIII (Spalte Musik).

[28] H. Voigt-Diederichs, *Luise. Eine Erzählung aus dem schleswig-holsteinischen Volksleben*, a.a.O., Nr. 6–25 (S. 92f.109f.124f.140f.157.171f.187f.202f. 219f.235f.252f.266f.283f.298f.315–317.332f.349.363f.380.396f.).

[29] Bei der Auflösung des National-Sozialen Vereins 1903 sprach sich eine

land soll ein modernes Industrieland werden, verfasst und regiert nach dem freiheitlichen Staatsgedanken des Idealismus der Fichte, Arndt, Stein, Scharnhorst u.s.f. – denn die Industrie bedarf der freiheitlichen demokratischen Entwicklung, des geistigen Aufstiegs der Masse ebenso sehr, wie dieser auf den technischen und wirtschaftlichen Fortschritt angewiesen ist. Dieser letztere aber hat zur Voraussetzung eine weltwirtschaftliche Stellung Deutschlands, die nur durch höchste Machtentfaltung zu Wasser und zu Lande garantiert werden kann. Daher die notwendige Verbindung von Industrie und Demokratie mit Militarismus und Kaisertum.

Dies in ein paar Worten die eng miteinander verketteten Grundgedanken der «Hilfe»politik. Von diesem Standort aus beleuchtet, ziehen, indem wir in der Hilfe blättern, die Ereignisse des Jahres 1913 noch einmal in bunter Folge an uns vorüber: Die Einführung der Arbeitslosenversicherung in England (hierzu eine übersichtliche Darstellung von Paul Helbeck in der Beilage zu Nr. 42[30]), die große Militär- und Deckungsvorlage in Deutschland (Gothein in Nr. 11 und 12[31], Naumann in Nr. 12, 14, 16[32], Schulze-Gaevernitz in Nr. 21 und 22[33], Müller-Meiningen in Nr. 24[34] u. A.), die Zentenarfeier der Befreiungskriege (Naumann in Nr. 11, 18, 41, 42, 43[35], Gertrud Bäumer

Mehrheit für den Anschluss an den Wahlverein der Liberalen aus, zu dem politisch die Abgeordneten der Fortschrittlichen Vereinigung gehörten, die sich 1910 mit der Freisinnigen Volkspartei und der (süddeutschen) Volkspartei zur Fortschrittlichen Volkspartei vereinigte; vgl. Fr. Naumann, *Die Zukunft unseres Vereins* (1903), in: ders., *Werke*, Bd. 5: *Schriften zur Tagespolitik*, hrsg. von Th. Schieder, Köln und Opladen 1964, S. 306–320; ders., *Fortschrittliche Volkspartei!* (1910), a.a.O., S. 448–451.

[30] P. Helbeck, *Die englische Arbeitslosenversicherung*, a.a.O., Für die Parteiarbeit. Beilage der Hilfe, Oktober 1913, S. I–IV.

[31] G. Gothein, *Auswärtige Lage, Rüstung und Deckung*, a.a.O., S. 164–167. 179–182.

[32] Fr. Naumann, *Die Besitzenden und das Heer*, a.a.O., S. 178f.; ders., *Die volkswirtschaftlichen Folgen der Milliarde*, a.a.O., S. 210f.; ders., *Die Linke vor der Deckungsvorlage*, a.a.O., S. 242–244.

[33] G. v. Schulze-Gaevernitz, *Weltlage, Wehrvorlage, Deckungsfrage*, a.a.O., S. 322–324.339–342.

[34] E. Müller-Meiningen, *Der Stand der Wehr- und Deckungsvorlage*, a.a.O., S. 373f.

[35] Fr. Naumann, *Das Wagnis von 1813*, a.a.O., S. 162f.; ders., *Der Liberalis-*

66

in Nr. 8 und 43[36] u. A.), die vorläufige Lösung der Welfenfrage (Heile in Nr. 8[37]), die Balkankriege (Naumann in Nr. 7 und 15[38]), die Krupp-prozesse[39], der Tod des liberalen Führers Karl Schrader (dem Nr. 20 ganz gewidmet ist[40]), die preußischen Landtagswahlen[41], die Wahl Naumanns in Waldeck (Naumann und Heile in Nr. 26[42]), das 25-jährige Regierungsjubiläum Kaiser Wilhelms II. (Naumann, Rohrbach, Gothein, Wenck in Nr. 25[43]; es ist lehrreich den Artikel Naumanns mit dem Rades in der Christlichen Welt Nr. 24 1913 zu vergleichen[44]) und das Gedächtnis Kaiser Friedrichs (Philippson in Nr. 24[45]), der Tod August Bebels (Naumann in Nr. 34[46]), das 10-jährige Gedächtnis der Auflösung des Nationalsozialen Vereins (Naumann, Hohmann, Wenck, Maurenbrecher in Nr. 35[47], dazu Naumann, Antwort an Mau-

mus von 1813, a.a.O., S. 274f.; ders., *Die geistige Überwindung Napoleons*, a.a.O., S. 647–649; ders., *Die Bedeutung der Leipziger Schlacht*, a.a.O., S. 661–664; ders., *Der Monarchenhügel*, a.a.O., S. 675–677.

[36] G. Bäumer, *Liberale Jahrhundertfeier*, a.a.O., S. 120f.; dies., *Die Erben von 1813*, a.a.O., S. 677f.

[37] W. Heile, *Die Welfen*, a.a.O., S. 118–120.

[38] Fr. Naumann, *Die Sterbenden von Adrianopel*, a.a.O., S. 98f.; ders., *Europa vor Montenegro*, a.a.O., S. 226–228.

[39] Vgl. a.a.O., S. VIII (Inhaltsverzeichnis, Sach-Register, Politischer Teil, Recht und Rechtsprechung).

[40] *Zum Gedächtnis von Karl Schrader†*, a.a.O., S. 306–313. Das Heft enthält außerdem nur noch literarische Beiträge und aktuelle Notizen.

[41] Vgl. a.a.O., S. IX (Inhaltsverzeichnis, Sach-Register, Politischer Teil, Wahlen).

[42] Fr. Naumann, *Vom Wahlkampf*, a.a.O., S. 403f.; W. Heile, *Unser Wahlsieg in Waldeck*, a.a.O., S. 404f.

[43] Fr. Naumann, *Am Ehrentage des Kaisers!*, a.a.O., S. 386f.; P. Rohrbach, *Deutschlands Weltstellung unter Wilhelm II.*, a.a.O., S. 387–389; G. Gothein, *Die deutsche Handelspolitik unter der Regierung Wilhelms II.*, a.a.O., S. 389–391; M. Wenck, *Kaiser Wilhelm II. Sozialpolitik*, a.a.O., S. 392–394.

[44] M. Rade, *Der Kaiser unsrer Generation. Zum 16. Juni*, in: ChW, Jg. 27 (1913), Sp. 560f.

[45] M. Philippson, *Kaiser Friedrich III. Zum 15. Juni 1913*, in: Die Hilfe, a.a.O., S. 370–373.

[46] Fr. Naumann, *Erinnerungen an Bebel*, a.a.O., S. 530–532, wieder abgedruckt in: ders., *Werke*, Bd. 5, a.a.O. (s. oben S. 65, Anm. 29), S. 495–501.

[47] Fr. Naumann, *An die alten Nationalsozialen*, a.a.O., S. 547f.; G. Hohmann, *Von den jungen Nationalsozialen*, a.a.O., S. 548; M. Wenck, *Nach 10 Jahren*, a.a.O., S. 549–551; M. Maurenbrecher, *Das nationalsoziale Experiment*, a.a.O., S. 551–555.

renbrecher in Nr. 37[48]), als unerfreulicher Schluss die Zaberner Affäre[49]. Das sind einige von den aktuellen Stoffen, um die sich die «Hilfe» 1913 gemüht hat.

Die «Hilfe» ist *Parteiblatt*. Ihre größern Artikel atmen zwar durchweg einen nobleren philosophischeren Geist als die der politischen Tagespresse. Andrerseits predigt sie in Gegensatz zu verwandten und befreundeten Zeitschriften wie Türmer, Kunstwart, Christliche Welt*[50] sehr energisch das: «Partei, Partei, wer wollte sie nicht nehmen!»[52] (Naumann gegen Maurenbrecher Nr. 37[53]) und tut danach. In der kleingedruckten Rubrik «Aus unserer Bewegung» kann sie auch gelegentlich ziemlich tief in die Regionen des Täglichen allzu Täglichen hinuntersteigen. Man würde Verschiedenes von diesen Plänke-

---

* Ich darf mich nicht besser machen lassen, als ich bin: in meiner Schrift «Unsre Pflicht zur Politik»[51] fordre ich auch, dass jeder Staatsbürger sich einer Partei anschließen soll. D[er] H[erausgeber Martin Rade].

[48] Fr. Naumann, *Partei und Problem*, a.a.O., S. 578–580.

[49] Fr. Naumann, *Der verantwortliche Kanzler*, a.a.O., S. 786f., wieder abgedruckt in: ders., *Werke*, Bd. 5, a.a.O. (s. oben S. 65, Anm. 29), S. 501–503; A. Wolf, *Was wird in Elsaß-Lothringen?*, a.a.O., S. 787f.; vgl. auch S. 738.769.817.

[50] *Der Türmer. Monatsschrift für Gemüt und Geist*, von J.E. Frhr. v. Grotthuß, Stuttgart 1899ff.; *Der Kunstwart. Rundschau über alle Gebiete des Schönen*, hrsg. von F. Avenarius, München 1887ff.; *Die Christliche Welt. Evangelisches Gemeindeblatt für Gebildete aller Stände*, hrsg. von M. Rade, Leipzig, Tübingen, Marburg 1886ff.

[51] M. Rade, *Unsere Pflicht zur Politik*, in: ChW, Jg. 27 (1913), Sp. 967–975. 997–1002. Ein im Text und «obendrein durch einen Bogen voll Anmerkungen» erweiterter Abdruck der Rede erschien als «Sonderdruck» (vgl. a.a.O., Sp. 1002, Anm. *) Marburg 1913, wieder abgedruckt in: M. Rade, *Ausgewählte Schriften*, hrsg. von Chr. Schwöbel, Bd. 2, Gütersloh 1986, S. 144–180. Die Aufforderung zur Parteiarbeit findet sich ausdrücklich in Sp. 970f. (= Sonderdruck S. 7–9, Wiederabdruck S. 150–152).

[52] G. Herwegh, «Die Partei. An Ferdinand Freiligrath», Strophe 2, in: *Herweghs Werke in drei Teilen. Erster Teil: Gedichte eines Lebendigen*, hrsg. von H. Tardel, Berlin, Leipzig, Wien, Stuttgart o.J., S. 121; vgl. *Freiligraths Werke in sechs Teilen, Erster Teil: Gedichte 1838 – Zwischen den Garben*, hrsg. und mit einem Lebensbild versehen von J. Schwering, Berlin, Leipzig, Wien, Stuttgart o.J., S. LVIIIf.

[53] Fr. Naumann, *Partei und Problem*, a.a.O., S. 578–580.

leien an dieser Stelle gerne missen. *Das* können die Andern auch! Aber sie bleibt ein im Ganzen vornehmes Parteiblatt, ein Parteiblatt, das den ernstlichen Willen und auch die Kräfte hat, den tiefsten Gehalt dieser bestimmten politischen Richtung zum Ausdruck zu bringen. In der Vertiefung des politischen Lebens, zunächst einmal dieser einen Partei, in sittlicher, intellektueller und ästhetischer Hinsicht, liegt ein großes Verdienst der Hilfe und auch eine ihrer wichtigsten Aufgaben für die Zukunft. Sie wird ihr in dem Maß gerecht zu werden vermögen, als ihr das *Wie* ebenso wichtig als das *Was* und der *Geist* wichtiger als die *Macht* sein und bleiben wird, also je weniger sie Parteiblatt im engern gewöhnlichen Sinn werden wird. Aber wir stehen hier vor Problemen, die eng zusammenhängen mit der sachlichen Haltung der Hilfe, mit ihrer und ihres Herausgebers eigentümlicher und vielerörterter Geschichte.

Die Hilfe ist *Naumann*. Auch heute noch, trotz des großen und sehr gemischten Mitarbeiterstabes. Man kann an der Hilfe studieren, was die Macht der Persönlichkeit ist. Einige von Naumanns Beiträgen sind bereits erwähnt. Ich nenne ferner seine Anreden an die Adresse der Nationalliberalen (Nr. 1[54]) und der Sozialdemokraten (Nr. 5 und 6[55]) behufs Bildung einer großen «deutschen Linken», seinen Aufsatz über das Taylor-System (wesentlich ablehnend, Nr. 28[56]), seine Rezensionen über die Bücher von Sombart (Nr. 3, 13, 49, 50[57]), über Huës «Bergarbeiter» (Nr. 39[58]). Naumann wird nie langweilig, immer

---

[54] Fr. Naumann, *Die nationalliberale Lebensfrage,* a.a.O., S. 2–4.

[55] Fr. Naumann, *Die Linke kommt!,* a.a.O., S. 66f.; ders., *Wer ist der Träumer?,* a.a.O., S. 82f.

[56] Fr. Naumann, *Die menschliche Maschine* [zu: F.W. Taylor, *Die Grundsätze wissenschaftlicher Betriebsführung,* München und Berlin 1913], a.a.O., S. 438f.

[57] Fr. Naumann, *Luxus und Kapitalismus* [zu: W. Sombart, *Studien zur Entwicklungsgeschichte des modernen Kapitalismus,* Bd. 1: *Luxus und Kapitalismus,* Bd. 2: *Krieg und Kapitalismus,* München und Leipzig 1913], a.a.O., S. 41–43; ders., *Kriegswesen und Kapitalismus* [zu: W. Sombart, *Krieg und Kapitalismus,* München und Leipzig 1913], a.a.O., S. 198f.; ders., *Sombarts neues Buch* [zu: W. Sombart, *Der Bourgeois. Zur Geistesgeschichte des modernen Wirtschaftsmenschen,* München und Leipzig 1913], a.a.O., S. 770–772.790–792.

[58] Fr. Naumann, *Bergarbeiterschicksale* [zu: O. Huë, *Die Bergarbeiter. Hi-*

hat er einem etwas zu sagen, und immer sagt er es geistreich. Es hält
schwer, sich dem Bann seiner Art zu entziehen, je mehr man von ihm
liest. Auch die regelmäßigen Mitarbeiter der Hilfe, die dem Blatt das
Gepräge geben, die Erkelenz, Heile, Jäckh, Wenck, Rohrbach, Gertrud Bäumer, Traub, Schairer[59] u. A. sind im Grunde Alle mehr oder
weniger Naumann; ich möchte damit keiner Originalität zu nahe treten, aber wir begegnen ihnen tatsächlich beständig auf irgend einer
von den unverkennbaren Spuren des Meisters. Wie seine Gedanken
von all diesen so verschiedenartigen und ihrerseits hervorragenden
Köpfen aufgenommen und selbständig verarbeitet werden, das kann
auch als ein Beweis gelten für ihre außerordentliche Wucht und praktische Bedeutung.

Für uns ist die dringendste Frage die, inwiefern in der Hilfepolitik
noch heute neben oder über dem Evangelium der Technik, der Macht
und des allgemeinen Stimmrechts das Evangelium des absoluten und
lebendigen Gottes spürbar ist. Naumann hat sich von der Vorstellung
einer praktischen «christlichen» Politik abgewandt. Die praktische
Politik gehört in die Sphäre des Relativen, der Konzessionen und
Kompromisse, der Opportunitätsrücksichten. Ihre einzelnen Ent-
schließungen gehen aus andern Rücksichten hervor als aus der Rücksicht auf das christliche Ideal. Das sind eigentlich Selbstverständlichkeiten. Damit ist im Grunde nichts Anderes beschrieben als, etwas
allgemeiner gesprochen, die Vorläufigkeit und Unvollkommenheit
des Lebens überhaupt. Aber etwas Anderes ist eine Politik, die die
notwendigen Konzessionen und Kompromisse zur Würde von allgemeingültigen letzten Ideen erhebt – etwas Anderes eine solche, die
zwar auch Konzessionen macht und Kompromisse schließt um der
nächsten Zwecke willen («ich tue nicht, das ich will, sondern das ich
hasse, das tue ich» [Röm. 7,15]), aber dabei beständig zu erkennen
gibt: dies sind eben Vorläufigkeiten und Unvollkommenheiten, für
die wir uns keinen Augenblick begeistern und auf die wir uns nicht
festlegen lassen, weil wir an Größeres glauben. Ein Anderes ist es sich
in die Welt der Relativitäten einleben, schließlich ganz befriedigt und

storische Darstellung der Bergarbeiter-Verhältnisse von der ältesten bis in die
neueste Zeit, Bd. 1, Stuttgart 1910, Bd. 2, Stuttgart 1913], a.a.O., S. 612f.
[59] Vgl. das «Mitarbeiter-Verzeichnis», a.a.O., S. Vf.

mit ästhetischem Wohlgefallen an ihren Wunderlichkeiten in ihr heimisch werden, als solche, die keine Hoffnung haben [vgl. 1.Thess. 4,13] – ein Anderes mitten in dieser Welt der Relativitäten anhaltend unruhig und sehnsüchtig sein, grundsätzlich revolutionär gegenüber dem Bestehenden, sehnsüchtig nach dem Bessern, das kommen soll, nach den absoluten Zielen eines menschlichen Gemeinschaftslebens jenseits aller zeitlichen Notwendigkeiten. Nach diesem Glauben, nach dieser Unruhe und Sehnsucht habe ich gesucht in der Hilfe. Bei einem Blatt mit so viel feierlichen Anrufungen Kants und Fichtes[60] dürfte das kein Unrecht sein, ganz abgesehen von seiner «christlichen» Vergangenheit.

Es gibt nun zweifellos politische Gesinnungen, denen gegenüber die Gesinnung der Hilfe außerordentlich kräftig am Absoluten orientiert erscheint, denen gegenüber sie tatsächlich den Idealismus vertritt. In den Augen eines nationalliberalen[61] Geheimrats oder Pfarrers, eines freikonservativen[62] Großindustriellen oder gar eines «ostelbischen» Agrariers[63] muss die Politik der Hilfe als Gipfel von Glaubens-, ja von Schwärmerpolitik erscheinen. Von dort aus gesehen – und in der Selbstbeurteilung des Hilfekreises, der nur für seinen Ge-

---

[60] Vgl. a.a.O. z.B. S. 8f.135–137.156.482.698f.709f.

[61] Die Nationalliberalen vertraten als «Partei des status quo» im Gegensatz zu den Linksliberalen das Ziel der «Erhaltung der politischen und gesellschaftlichen Verhältnisse» (Mommsen, a.a.O. [s. oben S. 64, Anm. 22], S. 122–125).

[62] Die «Freikonservative Partei» oder «Reichspartei», wie sich ihre Reichstagsfraktion nannte, bemühte sich als, wie man sagte, «oberste Mehrheitsbeschafferin der Regierung» «um Vermittlung zwischen Hochkonservativen auf der einen, Nationalliberalen und von Fall zu Fall Linksliberalen oder Zentrum auf der anderen Seite» (M. Alexander, *Die Freikonservative Partei 1890–1918. Gemäßigter Konservatismus in der konstitutionellen Monarchie* [Beiträge zur Geschichte des Parlamentarismus und der politischen Parteien, Bd. 123], Düsseldorf 2000, S. 15f.).

[63] «Die ostelbischen großen Güter sind keineswegs nur Wirthschaftseinheiten, sondern lokale politische *Herrschaftszentren*. Sie waren nach der Tradition Preußens bestimmt, die materielle Unterlage für die Existenz einer Bevölkerungsschicht zu bilden, in deren Hände der Staat die Handhabung der politischen Herrschaft [...] zu legen gewohnt war.» (M. Weber, *Entwickelungstendenzen in der Lage der ostelbischen Landarbeiter* [1894], Max Weber Gesamtausgabe, Abt. I, Bd. 4, 1. Halbbd., Tübingen 1993, S. 425–462, dort S. 426).

gensatz gegen rechts ethisch-religiöses Interesse hat – muss sich das Streben Naumanns wirklich darstellen als «eine gewisse Zuversicht dessen, das man hoffet, und nicht zweifeln an dem, das man nicht siehet» [Hebr. 11,1]. Oder wie soll man sein idealistisches Vertrauen und Wagen auf die geistige Beweglichkeit und Willigkeit der Masse und besonders auch ihrer industriellen Führer, auf die Möglichkeit des Sieges über jahrhundertealte Vorurteile und Mächte, wie soll man seinen ganzen Glauben an ein freies und doch starkes, starkes und doch freies Deutschland sonst nennen? Ich sehe dann das ganz besondere Verdienst der Hilfe darin, dass sie so konsequent und tapfer für den praktischen sozialen Fortschritt eintritt, für Versicherung, Arbeiterschutz, Boden- und Wohnungsreform, Gewerkschafts- und Genossenschaftswesen. Die wöchentlichen Referate über das Wissenswerteste aus der sozialen Bewegung[64] gehören zum Wertvollsten, was sie bietet. Und die Energie sei ihr hoch angerechnet, mit der sie innerhalb des Liberalismus immer wieder und trotz allerlei Enttäuschungen (Haltung des Hansabundes in der Frage des Arbeitswilligenschutzes, Erkelenz in Nr. 48[65]) für den sozialen Gedanken wirbt, mit der sie allen rückläufigen Stimmungen und Versuchen entgegentritt (Gerhard Keßler gegen Ludwig Bernhard in Nr. 16[66]). Den Politikern und Volkswirtschaftern zur Rechten gegenüber darf man auf die «Hilfe» das stolze Sprüchlein anwenden:

> Der Eine fragt: was kommt danach?
> Der Andre: was ist recht?
> Und darin unterscheidet sich
> Der Freie von dem Knecht.[67]

Nach rechts vertritt die Hilfe den Idealismus.

Aber man kann auch ein wenig weiter «links» stehen als die Hilfe. Man kann noch ein wenig mehr erglauben und erhoffen als bloß ein

---

[64] In der Rubrik «Soziale Bewegung».

[65] A. Erkelenz, *Eine schwache Stunde des Bürgertums*, a.a.O., S. 756f.

[66] G. Keßler, *Unerwünschte Folgen der deutschen Sozialpolitik?* [zu: L. Bernhard, *Unerwünschte Folgen der deutschen Sozialpolitik*, Berlin 1912], a.a.O., S. 244–247.

[67] Th. Storm, *Sprüche*, 1, in: *Sämtliche Werke in vier Bänden*, Bd. 1, hrsg. von D. Lohmeier (Bibliothek deutscher Klassiker, Bd. 19), Frankfurt am Main 1987, S. 82. Der Spruch wird zitiert in der «Hilfe», a.a.O., S. 308.

starkes industrielles demokratisches Deutschland. Der Idealismus der Hilfe kommt an ganz bestimmten Punkten ins Stocken, und ganz bestimmte Relativitäten verdichten sich ihr zu Wirklichkeiten. Man lese Naumanns Aufsatz: «Die Sterbenden von Adrianopel» in Nr. 7[68]. Resultat: die Türken in Adrianopel sterben und müssen sterben, ohne die geringste patriotische Genugtuung sogar; das stumpfe Los eines niedergehenden Volkes, der Balkankrieg musste sein, weil die Türkei schwach war, weder durch Moral, noch durch Intervention, noch durch Schiedsgericht konnte Europa ihn hindern. Das mag nun praktisch betrachtet tausendmal richtig sein – Naumanns Welterfahrung in allen Ehren –, aber eine politische Weltanschauung, die über solche trostlosen Wahrheiten hinaus nichts, kein Wort mehr zu sagen hat, kann trotz all ihrer idealistischen Bestandteile nur bestehen unter der Voraussetzung, dass es – keinen Gott gibt. Ebenso ratlos, um noch ein Beispiel zu nennen, steht Naumann der drohenden Einführung des Taylorsystems gegenüber[69], ratlos, weil auch seine Sozialpolitik trotz ihres Eifers für allerlei Reformen nichts weiß und nichts wissen will von einer Überwindung der tieferen Ursache des Übels. Man sucht in der Hilfe vergeblich nach dem Glauben an ein «Jenseits» von Krieg und Kapitalismus. Höher als bis zum starken industriellen demokratischen Deutschland langt es nicht in dieser Politik; Panzerschiffe, Eisenbeton, Stimmrecht[70] sind ihre letzten Worte.

Es gibt nun eine Richtung, die hat einen höheren politischen Glauben, die will sich grundsätzlich bei keiner von den politischen und wirtschaftlichen Relativitäten beruhigen, die arbeitet zwar auch mit an den Aufgaben des Tages, aber über Alles, was der Tag erfordert, sieht sie hinweg auf das Ziel einer völligen Menschengemeinschaft der Klassen und der Völker; die muss auch zwar Konzessionen machen und Kompromisse abschließen, aber sie tut es von vornherein widerwillig, in apriorischem innerm Gegensatz zu allen Vorläufigkeiten, eben weil sie Vorläufigkeiten sind. Diese Richtung ist die internatio-

---

[68] A.a.O., S. 98f.

[69] Vgl. Fr. Naumann, *Die menschliche Maschine,* a.a.O., S. 438f.

[70] Vgl. die Artikel zu «Heer, Flotte, Kolonien» bzw. «Wahlrecht, Verfassung» im «Inhaltsverzeichnis» (a.a.O., S. VIII) und daneben R. Breuer, *Die Breslauer Ausstellung,* a.a.O., S. 347–349, dort S. 348: «Eisenbeton und Demokratie» gehören zusammen.

nale Sozialdemokratie. Das sozialdemokratische Wollen zeichnet sich dadurch vor allen andern Arten von Politik aus, dass da mit dem Absoluten, mit Gott politisch Ernst gemacht wird. Die Gerechtigkeit ist hier die einzige, die revolutionäre Wirklichkeit. Für dieses innerste Wesen der Sozialdemokratie, für ihre revolutionäre Unruhe, für ihren Radikalismus, für ihren Enthusiasmus, hat die Hilfe kein, ich betone es: *kein* Verständnis. Sie hat hohes Verständnis für das industriell-demokratische Element, für den ganzen Reformapparat im sozialdemokratischen Programm; aber gerade gegenüber dem, was der Sozialdemokratie ihre unheimliche Größe gegeben hat, weiß sie nichts zu tun als sich in die Reihen der Siebenmalweisen zu stellen und über ihre «wirklichkeitsfremden Ideale» den Kopf zu schütteln. «Utopie», «Phantasie», «überlebtes marxistisches Dogma» oder gar «Agitationsphrase»[71] – das ist das Repertoire ihrer Polemik gegen links. Und darum läuft ihre ganze Stellung gegen links hinaus auf die immer wiederkehrende Einladung, diese Utopien und Phrasen in die Rumpelkammer zu stellen und Arm in Arm mit dem entschiedenen Liberalismus «Gegenwartsarbeit»[72] zu machen. Vielleicht ist dieser Gedanke praktisch ausführbar, vielleicht auch nicht, das mögen intimere Kenner der deutschen politischen Verhältnisse entscheiden. Es handelt sich für uns nicht darum. Jedenfalls übersieht Naumann, dass es der Sozialdemokratie sachlich unmöglich sein muss, mit den Wirklichkeiten des gegenwärtigen Äon [vgl. Gal. 1,4], mit Kapitalismus,

[71] Barth charakterisiert die Stellung Naumanns und der «Hilfe» zur Sozialdemokratie mit Stichworten, die allgemein – über den rezensierten Jahrgang der «Hilfe» hinaus – das Verhältnis kennzeichnen; vgl. Die Hilfe, a.a.O., S. 7.611; Für die Parteiarbeit. Beilage der Hilfe, Februar 1913, S. II; außerdem z.B. Fr. Naumann, *Was will die Sozialdemokratie?* (1899), in: ders., *Werke*, Bd. 4: *Politische Schriften*, hrsg. von Th. Schieder, Köln und Opladen 1964, S. 321–325, dort S. 321f.325; ders., *Die psychologischen Naturbedingungen des Sozialismus* (1902), a.a.O., S. 326–335, dort S. 335; ders., *Die revolutionäre Phrase* (1902), a.a.O., S. 336–339, dort S. 337f.; ders., *Die inneren Wandlungen der Sozialdemokratie* (1906), a.a.O., S. 339–348, dort S. 345.
[72] Vgl. W. Heile, *Der sozialdemokratische Parteitag,* in: Die Hilfe, a.a.O., S. 610–612, dort S. 611f.: Der Parteitag stelle «einen kräftigen Fortschritt zur praktischen Gegenwartspolitik dar» und (von Barth angestrichen) «der Gedanke des Blockes der Linken» habe «in einer Weise an Lebenskraft und Hoffnungen gewonnen, wie es noch vor Jahresfrist niemand für möglich gehalten hätte».

Nationalismus und Militarismus den innern Frieden zu schließen, den er als Politiker mit ihnen geschlossen hat. Und diese Unmöglichkeit scheidet die Sozialdemokratie gründlicher von der Hilfepolitik, als diese selbst wieder von der der Konservativen usw. geschieden ist. Es ist ein religiöser Unterschied, der die Hoffnungen des Proletariats von den Hoffnungen des Hilfekreises scheidet. Diesen religiösen Unterschied versteht Naumann nicht, er verflacht ihn zu einem bloß politischen. Die Hilfe registriert mit einer Art von Behagen, dass die Betonung der «Gegenwartsarbeit» mit relativer Anerkennung des Militarismus u.s.f. auch innerhalb der Sozialdemokratie ziemlich kräftig ist, dass «die neue Armee» von Jaurès den Scharnhorstschen Reformvorschlägen ganz nahe kommt (Nr. 38[73]), dass sozialdemokratische Rekruten ganz harmlos Vaterlands- und Kriegslieder mitsingen (Nr. 13[74]), dass Bebel doch auch eine nationalistische Ader hatte, Bewunderung für artilleristische Leistungen empfand und dass seine letzte Abstimmung die Bewilligung einer militärischen Dekkungsvorlage war (Naumann in Nr. 34[75]). Und dann soll das Letztere sogar «eine Art von Testament»[76] dieses Mannes gewesen sein! Kann man die Sozialdemokratie gründlicher missverstehen als mit solchen Konstatierungen und mit solchen Schlüssen daraus? Ist das nicht, mutatis mutandis, ebenso sinnvoll, wie wenn Jemand aus der Tatsache, dass Plato ein gutes Glas Wein zu schätzen wusste[77] und gelegentlich auch getrunken zu haben scheint, «eine Art von Testament» zu Gunsten der Hedoniker machen wollte?

Aber selbst wenn Naumann historisch und praktisch recht behalten, wenn die Sozialdemokratie sich zu einer radikalen Reformpartei auf dem Boden des Kapitalismus und Nationalismus verwandeln sollte, wie die Hilfe es so sehr erhofft – wir glauben nicht daran –, so wäre das für uns höchstens eine neue Enttäuschung, wie uns die Po-

<hr />

[73] [Anonym] Die «Neue Armee» der französischen Sozialdemokratie [zu: J. Jaurès, Die neue Armee, Erstes und zweites Tausend Jena 1913], a.a.O., S. 597–601, bes. S. 601.

[74] K. Huber, Musterung, a.a.O., S. 204.

[75] Fr. Naumann, Erinnerungen an Bebel, a.a.O., S. 530–532, bes. S. 531f.; vgl. oben S. 58, Anm. 33.

[76] A.a.O., S. 532.

[77] Vgl. Platon, Leges II, 672 d 7–9.

litik der Hilfe schließlich eine Enttäuschung ist, nicht aber ein Beweis dafür, dass eine Politik, die vor gewissen angeblichen Wirklichkeiten einfach kapituliert, die einzig mögliche, die richtige Politik sei. Wir möchten von Gott mehr erwarten.

NACHWORT ZU: «DIE HILFE» 1913
1914

Einleitung s. oben S. 61–63.

Seitdem diese Zeilen geschrieben wurden, ist über Nacht der *europäische Krieg* über uns gekommen. Was sollen jetzt diese Betrachtungen? Was jetzt gilt, sind die Wirklichkeiten, denen N[aumann] so oft gegenüber den Ideologen das Wort geredet hat: die Rosse[1], die Macht[2], das Kapital[3]. Am 4. August hat der deutsche Reichstag einstimmig den Kriegskredit von 5 Milliarden bewilligt.[4] Auch der üblichen Ovation für den Kaiser haben sich die 112 Sozialdemokraten diesmal nicht entzogen.[5] Nach einer Wolffdepesche sollen die Sozi-

[1] Naumanns militärische Vorstellungen und Forderungen finden sich zusammengefasst in: *Demokratie und Kaisertum*, a.a.O. (s. oben S. 49, Anm. 4), vgl. bes. S. 296–332. Dass Barth hier zur Zusammenfassung das Stichwort «Rosse» wählt, scheint nicht auf entsprechende Formulierungen bei Naumann zurückzugehen, sondern außer auf die alttestamentlichen Warnungen davor, sich auf Rosse zu verlassen (Jes. 31,1; vgl. Ps. 20,8; 33,17; Hos. 1,7; Mi. 5,9), auf die Wendung in dem Aufruf Wilhelms II. «An das deutsche Volk» vom 6. August 1914: «Um Sein oder Nichtsein unseres Reiches handelt es sich, das unsere Väter sich neu gründeten, um Sein oder Nichtsein deutscher Macht, deutschen Wesens. Wir werden uns wehren bis zum letzten Hauch von Mann und Roß.» (BN, Jg. 70, Nr. 367 vom 8.8.1914 [1. Blatt], S. [2]).
[2] Schon früh hatte Naumann betont: «Es gibt Machtfragen, darum brauchen wir Macht» (*Wochenschau*, in: Die Hilfe, Jg. 1, Nr. 10 vom 10.3.1895, S. 1f., dort S. 1). Die in Naumanns «Briefen über Religion» (1903) dokumentierte Wende in seinem Verständnis des Christentums hängt eng mit dieser Frage zusammen; vgl. oben S. 51, Anm. 13.
[3] Zu den Wandlungen in Naumanns Verhältnis zum «Kapitalismus» – schließlich bis zur Anerkenntnis: «Nach aller menschlichen Voraussicht ist die Uhr des Kapitalismus noch nicht abgelaufen» (*Neudeutsche Wirtschaftspolitik* [1911³], *Werke*, Bd. 2: *Schriften zur Wirtschafts- und Gesellschaftspolitik*, hrsg. von Th. Schieder, Köln und Opladen 1964, S. 443) – vgl. die Einleitung zu dem angeführten Band, bes. S. XV–XVII.
[4] Die BN, Jg. 70, Nr. 362 vom 5.8.1914 (2. Blatt), S. [1], meldeten: Der Reichstag nahm «einstimmig die kriegsgesetzlichen Entwürfe ohne Beratung an und genehmigte unter stürmischem Beifall des Hauses die Vorlagen». Vgl. Mommsen, a.a.O. (s. oben S. 64, Anm. 22), S. 566–570.
[5] BN, ebd.: «Der Präsident brachte darauf, während sich auch die *sozialistischen* Abgeordneten *erhoben*, das *Kaiserhoch* aus, worin alle bürgerlichen Parteien und die Tribünen des Hauses begeistert einstimmten.»

77

aldemokraten in Gelsenkirchen ihre roten Fahnen vor dem Bismarck-denkmal verbrannt haben.[6] Si non è vero....[7] Ist die deutsche Sozial-demokratie eine andre geworden seit 1870/71, wo sie zwei und nach-her ein Mann hoch im norddeutschen Reichstag der ganzen nationalistisch-militaristischen Welle Trotz bot[8]? Oder ist der Druck der Lage diesmal so ungeheuer[,] daß die idealistische Politik darüber zusammenbrechen *mußte?* Wir können aus der Ferne nicht darüber urteilen. Wie man diese Vorgänge auch deuten mag, N[aumann] kann u[nd] wird sie als Bestätigung seiner gesunden und nüchternen Auf-fassung buchen.[9] Und der Protest gegen seine wirklichkeitsfrohe Stimmung in diesem Augenblick mag sehr kindlich erscheinen. Sei es also. Die Realpolitik, die jetzt in so fürchterlicher Weise Recht behält, trägt doch die Keime der Auflösung in sich selbst. Das Erwachen aus

---

[6] BN, Jg. 70, Nr. 371 vom 10.8.1914 (2. Blatt), S. [2]. In der Meldung, die von der deutschen Nachrichtenagentur «Wolffs Telegraphisches Bureau» verbrei-tet wurde, heißt es abschließend: «Dann entfalteten sie *Nationalfahnen* und zogen jubelnd wieder ab.»

[7] Anspielung auf die italienische Redewendung «Se non è vero, è molto ben trovato» (vgl. Büchmann, S. 290).

[8] Bei der Abstimmung über die Anleihen für den Krieg gegen Frankreich im Reichstag am 19. Juli 1870 stimmten allein August Bebel und Wilhelm Liebknecht nicht zu, sondern enthielten sich der Stimme und führten dazu in einer von Bebel aufgesetzten Erklärung aus: «Als prinzipielle Gegner jedes dynastischen Krieges, als Sozialrepublikaner und Mitglieder der Internatio-nalen Arbeiterassoziation, die ohne Unterschied der Nationalität alle Unter-drücker bekämpft, alle Unterdrückten zu einem großen Bruderbund zu ver-einigen sucht, können wir uns weder direkt noch indirekt für den gegenwärtigen Krieg erklären» (A. Bebel, *Aus meinem Leben*, 2. Teil, Stuttgart 1911, S. 179). Als es am 26. November 1870 um weitere Gelder für den Krieg ging, stellten Liebknecht und Bebel den Antrag, die Bewilligung abzulehnen, weil der Krieg «nicht ein Krieg gegen die kaiserliche Regierung und die kai-serliche Armee, welche nicht mehr existieren, sondern ein Krieg gegen das französische Volk ist, nicht ein Verteidigungskrieg, sondern ein Eroberungs-krieg, nicht ein Krieg für die Unabhängigkeit Deutschlands, sondern ein Krieg für die Unterdrückung der edlen französischen Nation» (a.a.O., S. 194). In den Wahlen vom 3. März 1871 unterlag Liebknecht in seinem Wahlkreis, so dass Bebel allein am 24. April 1871 im Reichstag gegen weitere Kriegsanleihen votierte (a.a.O., S. 219–221).

[9] Vgl. unten S. 88, Anm. 5.

diesem bösen Traum muß einmal kommen. Für den Augenblick freilich können die Kinder, die daran glauben, nichts anderes tun, als
schweigen und warten.

*Die zum Dorf Walterswil gehörende Siedlung Rothacker, in der Barth
diesen Vortrag hielt, liegt etwa 2 Kilometer nordwestlich von Safenwil,
gehört aber schon zum Kanton Solothurn. Die Einladung zu dem Anlass im «Lokal-Anzeiger»[1] lautet etwas unbestimmt:*

> Oeffentliche Versammlung
> Sonntag, den 25. Okt. 1914, abends
> punkt *8 Uhr im Schulhaus.*
> Referenten:
> Herr Pfarrer Barth, Safenwil
> Herr Student Schenker, Rothacker.
> Jedermann, auch Frauen und
> Töchter sind freundlichst eingeladen.

*Barth notierte in seinem Taschenkalender lediglich: «Versammlung
auf d. Rothacker. Schenker, ich, Grolimund».[2] Dass Barth Arnold
Grolimund – wohl als einen der Redner – erwähnt, deutet vermutlich
darauf hin, dass die Initiative zu der Veranstaltung von Grolimund als
dem römisch-katholischen Pfarrer des Ortes ausging. Es wiese auch in
diese Richtung, wenn es sich bei dem Studenten Schenker um den aus
Walterswil stammenden Studenten der katholischen Theologie und
späteren Domherrn Jakob Schenker (1894–1974) handelte. Barth
wäre demnach als Seelsorger der Diaspora-Reformierten in Walterswil
(s. unten S. 711) um einen Beitrag gebeten worden.*

*Der Vortrag weist viele inhaltliche Parallelen mit gleichzeitigen
Predigten Barths auf: In den Anmerkungen werden entsprechende
Predigtstellen herangezogen, um die Stichworte des Vortragskonzepts
anschaulicher zu machen.*

---

[1] Lokal-Anzeiger, erscheint je Donnerstags für die Gemeinden Schönenwerd, [...] Safenwil, Walterswil-Rothacker, Jg. 16, Nr. 41 vom 15.10.1914
(2. Blatt), S. [4].
[2] Zu A. Grolimund vgl. Gespräche 1964–1968, S. 186.

Unsre Stellung als Schweizer zum Weltkrieg.

Unser persön[liches] Schicksal: Teurer Winter, unsichere Arbeit,
Männer fort.[3] Aber in dieser Zeit ziemt sichs nicht, nur ans Nächst-
liegendste zu denken. Große Gedanken, große Pflichten.[4]
   1. *Uns ein eignes freies Urteil bilden.* Wer nicht nachdenken will,
der erlebt umsonst eine der größten Perioden der Geschichte. Aber
selbst nachdenken. Nicht Zeitungs- u. Wirtshausbehauptungen, sondern ruhiges Erwägen aller bekannten Umstände.
   [Wir Deutschschweizer und *Deutschland.* Steht uns am Nächsten[5],
verdanken ihm viel[6]. Aber Achtung, es ist jetzt Partei u. wir sind
Schweizer.[7] Urteile über das Verhalten Rußlands[8], über die Absichten

---

   [3] Vgl. K. Barth, *Predigten 1914,* hrsg. von U. und J. Fähler (Gesamtausgabe,
Abt. I), Zürich 1974 (im folgenden: Predigten 1914), S. 502 (20.9.1914): «wir
fürchten uns vor einem teuren Winter mit wenig Verdienst.» – Vgl. *Schweizerische Arbeiterbewegung. Dokumente zu Lage, Organisation und Kämpfen
der Arbeiter von der Frühindustrialisierung bis zur Gegenwart,* hrsg. von der
Arbeitsgruppe für Geschichte der Arbeiterbewegung Zürich, Zürich 1975,
S. 161: «Viele Familien von Wehrmännern hatten aber unter den Auswirkungen des Militärdienstes schwer zu leiden. Der Sold war klein und der Arbeitsplatz ungeschützt. Eine Entschädigung für Verdienstausfall gab es nicht und
Wehrmannsunterstützung erhielten nur die Bedürftigsten.»
   [4] Vgl. Predigten 1914, S. 486f. (20.9.1914): «es ist eine große Zeit [...]. Vor
allem eine Zeit, die uns wieder einmal große Gedanken gebracht hat. Wir
haben oft gebetet: Gib uns große Gedanken in den kleinen Sorgen des Tages.
Das ist nun ganz ungesucht und ohne daß wir Verdienst daran hätten, so gekommen. [...] Und es ist ja nicht bei den großen Gedanken geblieben. Große
Aufgaben stellt diese Zeit an uns alle, auch an unser Schweizervolk».
   [5] Vgl. Predigten 1914, S. 446 (30.8.1914): «Wir hier sind zwar auch deutschen, alemannischen Stammes, und insofern stehen uns selbstverständlich
unsere deutschen Nachbarn von den kämpfenden Parteien am nächsten.»
   [6] Vgl. Predigten 1914, S. 447 (30.8.1914): «ich denke an die Männer, die
Deutschland uns geschenkt hat: Goethe, Schiller, Kant und so manche andere,
und an alles das, was die Menschheit diesen Männern verdankt.»
   [7] Vgl. Predigten 1914, S. 447 (30.8.1914): «Sind nicht die Waadtländer, die
Genfer, die Tessiner unsere schweizerischen Brüder? Und es sind doch Franzosen, Italiener, fremde Völker, wenn man so will. Aber wir anerkennen das
nun einmal nicht, wir Schweizer, daß zwischen fremden Völkern Haß und
Krieg sein müsse, wir haben uns zusammengetan, drei ‹fremde› Völker, und
zueinander gesagt: wir wollen sein ein einig Volk von Brüdern.» Vgl. auch
S. 458 (6.9.1914): «Unter uns erwachsenen Schweizern und Christen sollte
Keiner sein, der so nach Bubenart Partei ergreift.»
   [8] Vgl. Predigten 1914, S. 520f. (18.10.1914): «Und Rußland? Es kann keine

Englands[9], über das Recht des belg[ischen] Neutral[itäts]bruchs[10], über die tadellose Haltung der deutschen Truppen, über ihre Siege[11] – Zurückhaltung, nicht einfach einstimmen][12]

Probleme: Das Recht Serbiens[13], die deutsch-russische Kriegserklärung[14], das Eingreifen Englands[15], wer hat den Krieg gewollt, Drei-

Rede davon sein, daß dieses große geheimnisvolle Volk ein einziger Haufe von Mördern und Barbaren sei. Wir kennen es wenig, es fällt uns schwer, es zu verstehen, umso mehr sollten wir uns hüten, in Urteile des Hasses ohne Weiteres einzustimmen. Auch Rußland hat Ideale, hat die Überzeugung des Rechts in diesem Krieg. Es wahrt durch den Schutz der Serben seine Ansprüche, wie Deutschland die seinen wahrt durch das Bündnis mit Österreich.»

[9] Vgl. Predigten 1914, S. 520 (18.10.1914): «An seine [scil. Frankreichs] Seite tritt England mit derselben Absicht: die Menschheit soll los werden von der Furcht vor der deutschen Gefahr, die kleinen Völker geschützt werden vor der Willkür großer Nachbarn.»

[10] Vgl. Predigten 1914, S. 532–543. Diese Predigt von Sonntag, dem 25. Oktober 1914, dem Tag, an dem auch dieser Vortrag in Rothacker gehalten wurde, ist eine theologische Auseinandersetzung mit einem Wort des deutschen Reichskanzlers von Bethmann Hollweg (1856–1921), der am 4. August 1914 vor dem deutschen Reichstag den deutschen Einmarsch in Belgien und den damit verbundenen Neutralitätsbruch gerechtfertigt und entschuldigt hatte unter der Devise «Not kennt kein Gebot».

[11] Vgl. Predigten 1914, S. 524 (18.10.1914): «Nehmen wir gegenwärtig eine Zeitung aus Deutschland in die Hand, dann sehen wir, wie da die guten Eigenschaften der deutschen Soldaten, des deutschen Volkes zwar kräftig herausgestrichen und verteidigt werden gegen jeden Vorwurf, von den Feinden Deutschlands aber hören wir, das seien eben die ‹Welt voll Teufel›, von der Luther in seinem Lied ‹Ein feste Burg› gesungen hat. Das hat ein Marburger Professor geschrieben, einer der gebildetsten Menschen in ganz Deutschland! Nichts als Hinterlist, Feigheit und Gemeinheit ringsum!, so sehen sie jetzt dort die Anderen an.» Der Marburger Professor ist Paul Natorp (1854–1924); Barth bezieht sich auf P. Natorp, *Löwen. Brief an einen holländischen Theologen,* in: ChW, Jg. 28 (1914), Sp. 861f.

[12] Eckige Klammern von Barth.

[13] Vgl. Predigten 1914, S. 521 (18.10.1914): «Ich könnte sogar in die allgemeine Verdammung der Serben nicht einfach einstimmen, obwohl sie den äußeren Anlaß zum Krieg gegeben haben. Ein starker einheitlicher Wille lebt in diesem Volk, den gerade wir Schweizer verstehen müssen. In schweren Kämpfen sind sie unabhängiger Staat geworden und wollen sich als solcher behaupten.»

[14] Am 1. August 1914.

[15] Am 4. August 1914.

bund oder Dreiverband[16]. Löwen.[17] Burzweiler.[18] Rheims.[19] Paris.[20]
Dum[-]Dumgeschosse.[21]

Als Neutrale haben wir das Recht u. die Pflicht, in dem Allem
selber zu denken, resp. unser Urteil aufzuschieben, bis Klarheit käme
(Wilson)[22]

[16] Der «Dreibund» war ein 1882 durch Otto von Bismarck bewirkter militärischer Pakt zwischen Deutschland, Österreich-Ungarn und Italien. – Der
«Dreiverband» war eine Erweiterung der 1904 zwischen England und Frankreich abgeschlossenen Entente cordiale durch Rußland zur «Triple Entente»
im Jahre 1906.

[17] Am 14. August 1914 wurde die belgische Stadt Löwen, von der deutschen
Führung fälschlich der Teilnahme an Franctireur-Überfällen beschuldigt, be-
schossen und teilweise eingeäschert.

[18] Vgl. St. Fisch, *Das Elsass im deutschen Kaiserreich (1870/71–1918)*, in: M.
Erbe (Hrsg.), *Das Elsass. Historische Landschaft im Wandel der Zeiten*, Stuttgart 2002, S. 123–146, dort S. 145: «Die Repression der deutschen Truppen
gegen die eigene elsässische Bevölkerung ging gleich zu Beginn des Krieges so
weit, dass wegen des Vorwurfs, aus einem Haus sei auf sie geschossen worden,
in Burzweiler sechs Männer standrechtlich erschossen, fast achtzig weitere
wegen ‹Meuchelmords› verhaftet und sechzig Wohnhäuser, Fabriken und Zie-
geleien durch Feuer zerstört wurden. Wenig später ergab die kriegsgerichtliche
Untersuchung, dass in der Dunkelheit zwei deutsche Trupps aufeinander geschossen hatten.» Barth wusste von den umstrittenen Vorgängen in Burzweiler
(heute Mulhouse-Bourtzwiller), auf die auch in Bw.R., S. 101 (dort irrtümlich
als «Burgweiler» wiedergegeben), angespielt wird, wahrscheinlich aus den Berichten der BN, Jg. 70, Nr. 383 vom 16.8.1914 (2. Blatt), S. [2]; Nr. 392 vom
21.8.1914 (2. Blatt), S. [1]; Nr. 401 vom 26.8.1914 (2. Blatt), S. [1]; Nr. 414 vom
2.9.1914 (2. Blatt), S. [1]; Nr. 456 vom 24.9.1914 (2. Blatt), S. [1].

[19] Vom 18. bis 28. September 1914 stand die Stadt Reims unter deutschem
Beschuss, in dem insbesondere Brandbomben eingesetzt wurden. Eines der
Hauptangriffsziele war die Kathedrale, in der ein Lazarett eingerichtet worden
war. Vgl. Predigten 1914, S. 535 (25.10.1914).

[20] Wahrscheinlich bezieht sich Barth auf deutsche Meldungen über Ausschreitungen gegen die in Paris ansässigen Deutschen, die schon längere Zeit
vor der Mobilmachung begonnen haben sollten. Entsprechende Meldungen
erschienen in den BN, Jg. 70, Nr. 370 vom 9.8.1914 (2. Blatt), S. [1f.].

[21] Dumdumgeschosse (nach der indischen Stadt Dumdum als erstem Her-
stellungsort) waren seit 1868 wegen ihrer sprenggeschossartigen Wirkung, die
schwerste Verwundungen hervorruft, völkerrechtlich verboten. In den ersten
Kriegsmonaten 1914 beschuldigten sich die kriegführenden Staaten gegenseitig, Dumdum-Munition zu verwenden.

[22] Woodrow Wilson (1858–1924), von 1913–1921 der 28. Präsident der

2. *Unsre Einheit mit den welschen Schweizern zu pflegen*
Unsre Grenze ist geschützt, aber wir sind in Gefahr, geistig auseinanderzufallen, einander nicht mehr zu verstehen. Dann müßte der polit[ische] Zerfall bald folgen wie 1798[23][.] Nicht abschrecken lassen durch ihre Sympathie für Frankreich. Das Zutrauen haben, daß sie doch vor Allem Schweizer sind.[24] An die hohe Aufgabe der Schweiz glauben: Zusammengehörigkeit der Rassen[25]

3. *Uns auf den Standpunkt höherer Ideale stellen*
Der Krieg wird geführt zwischen den Rassen, den Militärmächten[,] den widerstreitenden Geldinteressen.[26]

USA, erklärte in der Antwort auf ein Telegramm Wilhelms II. zu dessen Klage über in der französischen Festung Longwy gefundene Dumdum-Geschosse (BN, Jg. 70, Nr. 427 vom 9.9.1914 [2. Blatt], S. [2]) u.a.: «In all solchen Angelegenheiten ergänzend einzugreifen, wäre unklug und wäre verfrüht. *Für eine einzelne, selbst eine dem gegenwärtigen Kampf glücklicherweise fernstehende Regierung, wäre es sogar unvereinbar mit der neutralen Haltung einer Nation, die wie diese an dem Kampfe nicht beteiligt ist, sich ein endgültig[es] Urteil zu bilden oder zum Ausdruck zu bringen.* Ich spreche mich *so frei* aus, [...] weil ich sicher bin, daß eine *Zurückhaltung des Urteils bis zur Beendigung des Krieges,* wo alle Ereignisse und Umstände in ihrer Gesamtheit und in ihrem wahren Zusammenhang übersehen werden können, sich Ihnen als *wahrer Ausdruck aufrichtiger Neutralität* von selbst empfehlen wird.» (BN, Jg. 70, Nr. 480 vom 8.10.1914 [2. Blatt], S. [3]). Die Neutralitäts-Erklärungen Wilsons vom 4.8. und 19.8.1914 wurden in den BN nicht behandelt.
[23] 1798 bereiteten französische Revolutionstruppen der alten Eidgenossenschaft ein rasches Ende; den Zerfall beschleunigten damals Gegensätze zwischen den reformunfähigen Oberschichten der 13 herrschenden Orte und den Bewohnern der ländlichen Territorien und Untertanengebiete. Die neue Helvetische Republik war ein demokratischer Einheitsstaat von Frankreichs Gnaden.
[24] Vgl. unten S. 105, Anm. 3.
[25] Vgl. Predigten 1914, S. 447f. (30.8.1914): «Es ist das hohe Vorrecht unserer schweizerischen Freiheit und Unabhängigkeit, daß wir das Gute und Edle an allen Völkern ruhig und unparteiisch sehen und anerkennen, daß wir jetzt in dieser Zeit der Leidenschaft die Brüderlichkeit aller Völker hochhalten dürfen. Wir wollen dieses Vorrecht nicht verscherzen durch törichte Parteinahme.»
[26] Vgl. Predigten 1914, S. 446.448 (30.8.1914): «Der gegenwärtige Krieg ist zu einem guten Teil ein *Rassen*kampf.» «Und der gegenwärtige Krieg ist zum anderen Teil ein *Macht*kampf. [...] Wirtschaftliche Gründe spielen dabei mit.»

Wir haben keinen Anlaß an diesen Gegensätzen teilzunehmen

Wir glauben a) daran[,] daß die Menschen aller Rassen Brüder sind
    b) daß sie einander nicht bekämpfen müssen
    c) daß der Kapitalismus, der die Menschen im Frie-
    den aussaugt u. diesen Krieg mitverschuldet hat,
    überwunden werden kann.

Wir *glauben* das, d.h. wir müssen als Schweizer Christen sein, die das U[nser] V[ater] [Mt. 6,9–13 par.] ernsthaft beten, denen die Welt *Gottes* Wirklichkeit ist.

Wenn wir das glauben, dann ist die Schweiz im gegenwärtigen Sturm nicht nur Insel, sondern Kraftcentrum, ein Licht der Völker! [vgl. Jes. 42,6]

              Rothacker, 25. X 14

Die zerstreute Gemeinde Oftringen mit dem bei Zofingen gelegenen Ortsteil Küngoldingen ist der westliche Nachbarort von Safenwil. Das Jahrbuch der Sozialdemokratischen Partei verzeichnete für die «Sozialdemokratische Partei (Grütliverein)» Oftringen 1914 39 Mitglieder.[1] Der Ortsverein wurde 1885 gegründet; zur Zeit von Barths Vortrag waren 13 Mitglieder im Militärdienst, sieben waren durch den Krieg arbeitslos.[2]

Mit dem Manuskript hat Barth einen Zeitungsbericht über seinen Vortrag aufbewahrt, der als Anhang abgedruckt wird (s. unten S. 94–96). Es handelt sich um einen Artikel aus dem sozialdemokratischen «Neuen Freien Aargauer», der eine Vorstellung über das Verhältnis zwischen dem Stichwortkonzept und Barths mündlichem Vortrag vermittelt. Vgl. auch Barths resümierende Bemerkungen zu seinem Vortrag in Bw.Th.I, S.21.

Krieg, Sozialismus und Christentum

Vortrag in der soz[ial]dem[okratischen] Partei Oftringen 6. XII 14
(Schulhaus Küngoldingen)

R. Rolland: Das Verhalten der beiden Geistesmächte: Chr[isten]t[um] u[nd] Soz[ialismus] ist das schwerste Problem dieses Krieges.[3]

In der Tat: hier ist *die Frage,* die unser *Interesse* verdient. Nicht die polit[ischen] Schuld- und die militär[ischen] Erfolgsfragen. Von Nationalismus, Kapitalismus, Militarismus war nichts Besseres zu

---

[1] *Jahrbuch der Sozialdemokratischen Partei der Schweiz 1914* (s. oben S. 9, Anm. 1), S.61.

[2] A.a.O., S. 122.

[3] Nach dem Artikel «Au-dessus de la mêlée» von Romain Rolland (1866–1944) im Journal de Genève vom 22./23. September 1914, in deutscher Übersetzung auszugsweise abgedruckt in: *Stimmen von der Höhe. 3. Aus Frankreich,* in: NW, Jg. 8 (1914), S.426–429; dort S.427: «Aber die zwei sittlichen Mächte, deren Schwäche durch diese Kriegsseuche am meisten offenbar geworden ist, sind das *Christentum* und der *Sozialismus.*»

erwarten. Aber das ist schwierig u. wichtig, daß u. warum diese Geistesmächte versagten u. was in Zukunft werden soll.[*]

I

War denn von Chrt. und Soz. *Anderes zu erwarten?* Ja, das zeigen *instinktive* Äußerungen u. Empfindungen bei Kriegsausbruch u. jetzt. Das zeigt uns aber auch die *Überlegung* über das Wesen der beiden geist[igen] Mächte.

Chr[istentum]: Was Jesus in die Welt gebracht, der Geist seines Ev[an]g[eliums]: Gott dienen u. nicht dem Mammon [Mt. 6,24], daher Aufhebung der kapitalistischen Interessen, die zum Kr[ieg] führten. Gott *unser aller Vater* [vgl. Mt. 20,26 par.; 23,11 par.], daher kein Völkerhaß. *Dienen* u. nicht herrschen [vgl. Mt. 20,25 par.], daher kein Machtkampf. Lieber *Unrecht leiden* als Unrecht tun [vgl. Mt. 5,28–42 par.], daher kein Militarismus. Wo diese Ordnungen gelten, da ist das R[eich] G[ottes], um das das der Jünger Jesu betet [vgl. Mt. 6,10 par.], da ist also kein Krieg möglich. Für Jesus so selbstverständlich, daß er kein Wort gegen d[en] Krieg sagte!!

Soz[ialismus] Eine Gesellschaftsordnung, die aufgebaut ist auf die Wertschätzung des *Menschen* gegenüber dem toten Kapital, auf die *solidarische Verpflichtung* der Menschen gegeneinander, auf die *Gerechtigkeit* in ihren gegenseitigen Beziehungen. In alle diese Gedanken ist die Beseitigung des Krieges mit eingeschlossen

II

Nun stehen wir beiden *enttäuscht* gegenüber. In doppeltem Sinn: Sie waren *nicht stark* genug, um den Krieg zu verhindern, immer noch nicht! Das kann uns schließlich nicht wundern[.] Die Durchdringung der Welt mit einem andern Geist ist eine langsame Sache. Schwieriger

[*] Viel dazu gelernt seit dem letzten Vortrag! Wir wollen Lernende sein![4]

[4] Damit bezieht Barth sich auf den Vortrag vom 1. Februar 1914 im Schulhaus Küngoldingen (Gemeinde Oftringen), vgl. V. u. kl. A. 1909–1914, S. 729–733.

ist, daß Chrt. und Soz. nicht nur *nicht* gesiegt haben, sondern *selbst erlegen* sind.

a) Christen u[nd] Soz[ialisten] *«müssen» mitwirken* beim Kr. durch Militärdienst, Abstimmungen u. Steuernzahlen. Eine ungeheure Tatsache: Millionen haben ihre innersten Überzeugungen verleugnen «müssen» u. haben es getan, (In diesem Stande [?] sind übrigens die große Mehrzahl aller Beteiligten «Christen» u. «Soz.»!) nicht nur in den Parlamenten. Darin liegt zweifellos eine Schuld, wenngleich sie sich auf Viele verteilt.

b) Christen u[nd] Soz[ialisten] halten aber auch *innerlich* den Kr. für eine *Notwendigkeit.* Sie halten die Ideale des Gottesreichs u. der neuen Gesellschaft für nicht anders realisierbar als innerhalb der bestehenden Nationen, mit Begleiterscheinung der nationalen Gegensätze. Nationaler Sozialismus bes[onders] in Deutschland u. Frankreich, aber auch bei uns. Nationales Chrt. bes. ausgesprochen in Deutschland. – Enttäuschung: diese innere Verbindung mit der bestehenden Welt ist viel stärker, als wir dachten. Leute wie Naumann[5], Briand[6], G. Müller[7] haben Recht behalten – in relig[iöser] Beziehung

[5] Friedrich Naumann (1860–1919) hatte den sozialdemokratischen Gedanken immer dem Gedanken national-staatlicher Macht und Souveränität untergeordnet. In seiner Zeitschrift «Die Hilfe», Jg. 20, Nr. 32 vom 6. August 1914, S. 510, notierte Naumann unter der Überschrift «Deutsche Sozialdemokratie»: «Die Sozialdemokratie stellt sich mit beiden Füßen auf den Boden der Tatsachen und wird vaterländische Arbeiterbewegung. Sie bewilligt die Kriegsausgaben und arbeitet ohne allen Unterschied mit uns allen. Das haben wir von ihr immer erwartet, aber wir wurden deshalb Träumer genannt. Jetzt im Gewitter des europäischen Krieges erfüllen sich die nationalen Hoffnungen der deutschen Idealisten.» Vgl. oben S. 48–79.

[6] Aristide Briand (1862–1932), sozialistischer Abgeordneter, seit 1906 wiederholt Minister und französischer Ministerpräsident, gehörte in seiner Jugend dem linken Flügel der sozialistischen Partei an. Als Premierminister betonte er später jedoch die nationale Einheit und Größe Frankreichs gegenüber allem Parteigeist. Im Jahr 1910 kam es zum Bruch mit der Sozialdemokratie, als er einen Eisenbahnerstreik aus Gründen der nationalen Sicherheit unterdrückte. In einem parlamentarischen Rededuell mit Jaurès, das weltweit Aufsehen erregte, wies Briand auf die Gefahr einer entwaffneten Ostgrenze zu Deutschland hin. In grundsätzlichem Gegensatz zur französischen Sozialdemokratie dachte Briand auf den Krieg mit Deutschland hin. Vgl. z.B. A. Kolb, *Versuch über Briand,* Berlin, 1929, S. 157–160.

[7] Wahrscheinlich denkt Barth an Gustav Müller (1860–1921), sozialdemo-

das Luthertum, das der Welt ihren Gang läßt u. dem Christen seine
Aufgabe *in* dieser Welt zuweist unter Trost auf das Jenseits. – Vom
Standpunkt der reinen Ideale aus auch das eine (u. zw.) schwere
Schuld, an der wir gleichfalls fast alle teilnehmen.

c) Chr[isten] und Soz[ialisten] sind aber auch voll *Kriegsbegeisterung[.]* Der «heilige Krieg», Gott will es, Kriegsgebete[8], Beurteilung
der Feinde als Gottesfeinde. Haltung der christl[ichen] Blätter, Behörden, Persönlichkeiten. Kirche. Gemeinschaften. Missionsleute.[9]

kratischer Nationalrat aus Bern. Dieser war zunächst Sekretär der Radikalen
Partei des Kantons Bern. 1890 trat er zur Sozialdemokratie über und vertrat
diese Partei von 1911 bis 1921 im Nationalrat. Müller, der in der schweizerischen Armee zuletzt den Rang eines Artillerie-Oberstleutnants innehatte, hielt
den internationalen Pazifismus für noch nicht tragfähig und setzte sich für die
Beibehaltung des Konzeptes der militärischen Landesverteidigung ein (vgl.
unten S. 379, Anm. 124). Er unterschrieb nach dem Parteitag vom 9./10.6.1917
(vgl. unten S. 372–381), an welchem ein antimilitaristischer Kurs beschlossen
wurde, die gegen dessen Ergebnis gerichtete «Erklärung der Neun». 1919
wurde er Parteipräsident der SPS. Nach dem Parteitag vom 2.2.1919 (vgl. unten
S. 437–443), an welchem gegen Müllers Willen beschlossen wurde, nicht an der
Internationalen Sozialistischen Konferenz in Bern teilzunehmen, trat Müller
zurück.

[8] BN, Jg. 70, Nr. 396 vom 23.8.1914 (2. Blatt), S. [1]: «Der Kaiser hat laut
‹Deutsch. Kur.› den Evang. Oberkirchenrat ermächtigt, anzuordnen, daß in
allen öffentlichen Gottesdiensten während der Dauer des Krieges bei der Li-
turgie in das allgemeine Kirchengebet folgendes *Kriegsgebet* eingeführt werde:
‹Allmächtiger, barmherziger Gott! Herr der Heerscharen! Wir bitten Dich in
Demut um Deinen allmächtigen Beistand für unser deutsches Vaterland. Segne
die gesamte deutsche Kriegsmacht, führe uns zum Sieg, und gib uns Gnade,
daß wir auch gegen unsere Feinde uns als Christen erweisen. Laß uns bald zu
einem die Ehre und die Unabhängigkeit dauernd verbürgenden Frieden gelangen!›». Vgl. auch Bw.R., S. 97, Anm. 9.

[9] Barth denkt wahrscheinlich an den Aufruf *An die evangelischen Christen
im Auslande*, der, unterzeichnet von 29 Freunden und Mitarbeitern der Mission, darunter A. von Harnack und W. Herrmann, Anfang September 1914
von der Deutschen Evangelischen Missionshilfe verbreitet wurde (abgedruckt
in der Allgemeinen Evangelisch-Lutherischen Kirchenzeitung, Jg. 47 [1914],
Nr. 36 vom 4.9.1914, Sp. 842–844). Dort heißt es u.a. Sp. 842: «Gerade weil
dieser Krieg unserem Volke freventlich aufgezwungen ist, trifft er uns als ein
einiges Volk [...]. In heiliger Begeisterung, Kampf und Tod nicht scheuend,
sind wir alle im Aufblick zu Gott einmütig und freudig bereit, auch unser
Letztes für unser Land und unsere Freiheit einzusetzen.»

Erzbischof Amette.[10] Dryander.[11] Philippi[12] – Soz. nicht besser! Haltung der deutschen u. französ[ischen] Parlamentsvertreter.[13] Parteinahme des internationalen Bureaus.[14] Stolz auf ihre Teilnahme und Belobigung nationalerseits. Haltung der soz[ial]dem[okratischen] Presse. – Hier schwerste Schuld!

[10] Léon-Adolphe Kardinal Amette (1850–1920) hielt am 13. September 1914 eine Predigt, auf die sich Barth in seiner Predigt vom 18. Oktober 1914 bezieht: «Nun steht der Kardinal Erzbischof Amette vor der Kathedrale Notre-Dame in Paris, hält eine feurige Ansprache an das Volk, in der er zum Kampf gegen die Deutschen auffordert, und schließt mit den Worten: ‹Es lebe Gott, es lebe die Kirche, es lebe Frankreich!›» (Predigten 1914, hrsg. von U. und J. Fähler [Gesamtausgabe, Abt. I], Zürich 1974, S. 527). Vgl. dazu BN, Jg. 70, Nr. 450 vom 22.9.1914 (2. Blatt), S. [1].

[11] Ernst von Dryander (1843–1922), Oberhofprediger in Berlin. Vgl. Predigten 1914, S. 527f.: «An den Oberhofprediger des Kaisers richtete ein bedeutender französischer Geistlicher die Bitte, sie möchten, gemeinsam unterzeichnet, eine Aufforderung zu menschlicher Kriegführung an die kämpfenden Heere richten. Der Hofprediger weigerte sich, seine Unterschrift zu geben, mit der Begründung, er wolle auch nicht im Entferntesten den Anschein erwecken, als ob die deutschen Soldaten eine solche Aufforderung nötig hätten [...]. Wohl aber solle man den Franzosen, den Belgiern, den Russen gehörig zusprechen.» Die Initiative war von Pastor Charles-Edouard Babut aus Nîmes gekommen; vgl. Der freie Schweizer Arbeiter, Jg. 8, Nr. 2 vom 23.10.1914, S. [1f.]; Nr. 3 vom 6.11.1914, S. [2]; Nr. 6 vom 11.12.1914, S. [1f.]; Nr. 7 vom 24.12.1914, S. [2f.]; ferner Mattmüller II, S. 208.

[12] Barth denkt hier an den hessischen Pfarrer und Dichter Fritz Philippi (1869–1933); s. unten S. 95, Anm. 20.

[13] Am 4. August 1914 stimmten sowohl die deutschen wie die französischen sozialistischen Abgeordneten dem Verlangen ihrer Regierungen nach Kriegskrediten zu. Zum Verhalten der sozialistischen Parlamentarier zu Kriegsbeginn insgesamt vgl. J. Humbert-Droz, *Der Krieg und die Internationale. Die Konferenzen von Zimmerwald und Kienthal,* Wien/Köln/Stuttgart/Zürich 1964, S. 38.48.

[14] Angesichts der Kriegsgefahr fand am 29. und 30. Juli 1914 eine dringende Sitzung des Internationalen Sozialistischen Büros, der Zentrale der 2. Internationale, in Brüssel mit Vertretern aller betroffenen Länder statt. Als Ergebnis wurden lediglich Arbeiterdemonstrationen gegen den Krieg und für eine schiedsgerichtliche Entscheidung des österreichisch-serbischen Konfliktes, ferner ein Einwirken der einzelnen Parteien auf ihre jeweiligen Regierungen empfohlen. Damit wurden die vom sozialistischen Friedenskongress 1912 in Basel ins Auge gefassten Pläne gemeinsamer internationaler Aktionen der Arbeiterschaft im Falle eines Krieges hinfällig.

Hüten wir uns

a) *vor gedankenlosen Anklagen* – gegen «die Christen», gegen z.B.
die deutschen So[zial]dem[okraten], auch gegen unsere Parlamentsvertreter!! Was hätten denn wir an ihrer Stelle getan? Was würden wir
tun? *Wir* sind die Chr. u. die Soz.!! *Wir* haben versagt gegenüber dem
Kr.![15]

b) *vor gedankenlosem Weitermachen*. Wir haben gesehen, daß die
bisherige Art Chrt. und Soz. nicht nur nicht stark genug, sondern
nicht die rechten waren (zeigt bes. II c!) Der Krieg muß uns ein Lehrmeister sein. Gott hat es dahin kommen lassen, nicht damit wir weiter
wursteln, sondern damit wir umkehren u. etwas lernen sollen.

c) *vor unnützen Phantasien*, die uns nur Zeit u. Ernst verlieren
lassen. Gedanke an ein plötzliches Wunder Gottes für den Frieden –
falsche Vorstellung mancher Beter. Gedanke an Revolution oder
plötzliches Waffenniederlegen. – Gewiß das Wunder etc.[,] sie müssen
kommen, aber nicht wie in der laterna magica, sondern dadurch, daß
wir mit unsern innersten besten Überzeugungen ernst machen.

IV

Wo fehlts denn u. was brauchen wir?
Wir brauchen einen *radikalen Sozialismus*, gründlich, vollständig
und ernsthaft!

a) einen Soz., der an das *Gerechtigkeitsgefühl*, an das Göttl[iche] im
Menschen appelliert, nicht an seine niedern Instinkte (Klassenhaß,
Hunger, Vergnügungssucht)[.] Wir brauchen Menschen, die an eine
zukünftige bessere Welt glauben rein aus Einsicht u. aus gutem Willen.
Der rechte Sozialist lebt «allein durch den Glauben» [Röm. 3,28].
Andrer selbstsüchtiger Soz. bringt uns – wie Figura zeigt – nicht einen

---

[15] Auch die schweizerische Sozialdemokratie gab nach Kriegsausbruch zu-
nächst ihre oppositionelle Rolle auf. Die sozialdemokratische Fraktion
stimmte am 3. August 1914 im Nationalrat geschlossen für die militärische
Landesverteidigung und für ein Notverordnungsrecht des Bundesrates. Diese
Haltung führte innerhalb der Partei schnell zu Spaltungstendenzen (vgl. H.
Egger, *Die Entstehung der Kommunistischen Partei und des Kommunistischen
Jugendverbandes der Schweiz*, Zürich 1972, S. 49f.)

Schritt weiter, sondern nur von Neuem in Inkonsequenz, Feigheit, Konzessionmacherei.

b) einen Soz., der einfach durch seine *Wahrheit* siegen will, u. nichts von der Gewinnung der Macht erwartet. Der bisherige Soz. war viel zu sehr politischer Soz.: man wollte innerhalb der bestehenden Welt Einfluß u. Macht gewinnen, man wollte wieder durch unsozialist. Mittel (Presse zur «Massenaufklärung», Mehrheitsprinzip, Mitsprache in der Regierung, Pressierung gewisser Führer etc.) sozialistische Ziele erreichen. Dadurch beging man Unrecht, damit Recht daraus werde! Und damit komplizierte man sich mit der bürgerlichen Welt. Kein Wunder, daß dieser Soz. zusammenbrechen mußte. Glaubet an die Wahrheit u. wartet!

c) einen Soz. der nichts will, als *Gesinnungen* pflegen u. *Persönlichkeiten* erziehen.[**] Der Geist macht lebendig [2.Kor. 3,6]. Klarheit von innen heraus ist nötig, volle Übereinstimmung von Gedanken u. Taten. Alles sozialist. Stimmvieh u. alle soz. Großräte[16] werden die neue Welt nicht bringen. Sie wird aber einfach *da sein*, wenn die sozialist. Gesinnung in uns stark genug ist. Erziehen wir uns selbst dazu *und* die Andern.

V

Aber dann ist ein Soz. sein etwas *sehr Andres*, als wir bisher gedacht? Gewiß:

Unzufriedenheit, Begehrlichkeit < selbstlose Gerechtigkeitsliebe
Ungeduld[iges] Verlangen nach sichtbaren Erfolgen <
      kindliches Vertrauen auf die Güte der Sache
Macht u. Kampfpolitik < Wehrlosigkeit und Warten können
Politik innerhalb der bisherigen Gesellschaft <
      Pflege der neuen Gesinnung im Einzelnen
Radikaler Sozialismus = *radikales Christentum*.

[**] Selbst erlöst sein, bevor man andere erlösen will u. kann!

[16] So heißen die Abgeordneten der Parlamente in einigen Kantonen der Schweiz, u.a. im Aargau.

Nicht das kirchliche, offizielle oder bloß gefühlsmäßige Chrt., sondern das ernste gründliche Chrt. der Urzeit: Völliges Vertrauen auf Gott, völliges Ernstmachen mit dem Evg. der Liebe, völlige Scheidung von den Grundsätzen der Welt, darum Willigkeit zu leiden u. zu warten. Stark allein in der Hoffnung. – Im Evg. ist die Kraft zu einem solchen Leben, das als bloßes Programm undurchführbar ist. Ein wirklicher Sozialist *muß* Christ sein u. ein wirklicher Christ *muß* Sozialist sein.

VI

Was sollen wir thun? Keine Politik mehr? Austritt aus der Partei? Das war die Konsequenz der Anarchisten u. gewisser christl. Sekten. (Stimmen in Zürich!)[17]

a) Es ist nötig u. gut, daß es immer wieder Menschen giebt, die schon jetzt diese Konsequenz ziehen. (Antimilitaristen, unpolitische Idealisten[,] Sektierer) Unruhe in der Uhr, durch Hochhaltung des reinen Ideals, dem gegenüber alle Politik Mumpitz ist. Weissagung!

b) Ebenso nötig ist es aber, daß es andre giebt, die sich in die Welt hineinstellen, nicht um ihr gleich zu werden, sondern im Glauben an ihre Wandelbarkeit u. im Willen sie zu verwandeln. Sie werden Parteimenschen sein, aber nur im Äußersten ihres Wesens. Sie werden für die Partei arbeiten, aber nicht für ihre äußere Macht[,] sondern für ihren Inhalt.

Zu Beidem ist notwendig ein unüberwindlicher Glaube an die Sache (an Gott)

c) Jedenfalls u. *vor* Allem Andern: Pflege u. Erhaltung einer klaren u. ernsthaften christlich-sozialistischen Gesinnung zuerst bei sich, dann bei den Seinen u. im nächsten Kreise. Dann bekommt das Leben einen Wert. Dann rücken die höchsten fernen Ziele nahe.

Matth. 5,3–8 vorlesen.

---

[17] Besonders in Zürich kam es zu einer linken Radikalisierung vor allem der «Jungburschen» W. Münzenbergs (1889–1940) und zur Stärkung anarchistischer Kräfte um den Arbeiterarzt Fr. Brupbacher (1874–1944) herum; vgl. Mattmüller II, S. 89–164; H.U. Jost, *Linksradikalismus in der deutschen Schweiz 1914–1918*, Bern 1973, bes. S. 66–120.

Anhang: Pressebericht zum Vortrag

Neuer Freier Aargauer, Jg. 9, Beilage zu Nr. 287 vom 11.12.1914, S. [1]

Oftringen. (....y) Der Vortrag des Herrn Pfarrer Barth aus Safenwil über «Krieg, Sozialismus und Christentum», vom letzten Sonntag im Schulhaus Küngoldingen war recht gut besucht. Auch ca. 30 Frauen und Töchter folgten der Einladung. Herr Pfarrer Barth entledigte sich seiner Aufgabe in fast zweistündigem fließenden Vortrage. Redner erklärt, die brennendste Frage sei wohl: Warum konnten Christentum und Sozialdemokratie den Krieg nicht verhindern? Christentum und Sozialdemokratie sind in den gefahrenvollen Tagen, da sie ihre Stimme gegen den furchtbaren Krieg hätten erheben sollen, in ihren Fundamenten zusammengestürzt. Beide haben eine große Schuld auf sich geladen. Weshalb Sozialdemokratie und Christentum den Krieg nicht verhindern konnten, findet Redner den einzigen Grund darin, daß beide nicht auf realem Boden standen. Wir müssen mehr innerliche als äußerliche Sozialisten sein. Ein Wahlsieg nützt der Sozialdemokratie oft rein gar nichts, unser Kampf gegen das Bürgertum, ja selbst die Eroberung der politischen Macht im Staate führt uns nicht zum Ziele, zur Erreichung des wahren Sozialismus. Dieser muß unbedingt in der Familie aufgebaut werden und immer größere Volkskreise erfassen. Mit der zunehmenden Durchdringung des sozialistischen Geistes in der Volksseele werden sich die wirtschaftlichen Gegensätze mildern und schließlich wird an Stelle des Unrechts und der Ausbeutung, Wahrheit, Gerechtigkeit und Volkssolidarität treten. Ein Krieg wird zur Unmöglichkeit. Viele Sozialdemokraten halten viel zu viel auf ihre Partei- und Gewerkschaftskassen, sie beten sie auch in gewissem Sinne an und doch sind diese Kassen nur ein Teil des Mammons. Viele agitieren unermüdlich bei Wahlen und Abstimmungen, für die Parteipresse, für Mitgliederzuwachs in der Partei und doch sind sie innerlich nicht wahre Sozialisten. An Stelle des heutigen unsozialistischen Sozialismus, der noch viel Selbstsucht und Egoismus in sich birgt, muß ein radikaler Sozialismus treten, der nur Nächstenliebe und Volkssolidarität kennt. Durch die Erfahrungen ist Redner den Anschauungen der Herren Naine und Graber[18] näher getreten.

---

[18] Charles Naine (1874–1926), einflussreicher sozialdemokratischer Nationalrat aus Neuchâtel, Mitbegründer der Schweizerischen Antimilitaristischen Liga, Mitorganisator der Zimmerwalder Konferenz, die zur direkten Vorgeschichte der Spaltung der sozialistischen Bewegung in Sozialdemokraten und Kommunisten gehört. – Ernest-Paul Graber (1875–1956), sozialdemokratischer Antimilitarist, ebenfalls für den Kanton Neuchâtel in den Nationalrat gewählt (vgl. unten S. 375, Anm. 110). – Naine und Graber enthielten sich am 3. August 1914 bei der Abstimmung über Kriegsvollmachten für den Bundesrat der Stimme und leiteten damit eine tiefgreifende Diskussion der Militärfrage in der SPS ein. Vgl. unten *Sozialdemokratie und Militärwesen*, S. 354–381.

Aus Briefen von hervorragenden Theologen in Deutschland, mit denen Herr Pfarrer Barth auch während des Krieges in schriftlichem Verkehr steht, verliest Redner interessante Abschnitte, aus denen hervorgeht, daß selbst die Kirche den Krieg billigt und wie bekannt den Massenmord mit der Notwendigkeit der Abwehr entschuldigt.[19] Aus deutsch-religiösen Zeitschriften verliest der Vortragende ferner gereimte Verse, die nur so von Blut und Leben, für Gott, Kaiser und Vaterland triefen.[20] Aus der ganzen Lehre Christi geht klar hervor, daß der Krieg nichts von Gott Gewolltes ist. Die Worte des Vortragenden klangen daher aus, daß sich die Menschheit immer aufrichten muß zu höherem edlerem Triebe und dadurch zum wahren Sozialismus und wahren Christentum gelangen.

In der Diskussion meldeten sich die Genossen Hofer (Rothrist), Burri (Aarburg) und Heß (Oftringen) zum Wort. Aus ihren Voten geht hervor, daß der Zusammenschluß der Proletarier in Parteivereinen, Gewerkschaften und Genossenschaften notwendig sei. Diese werden sich mit dem Zeitlaufe veredeln, sie winden sich spindelartig höher und höher bis zu dem vom Vortragenden gezeichneten Punkte.

[19] Laut Barths Brief an Helene Rade vom 20.12.1914 (Bw.R., S.128) teilte Barth Ausschnitte aus Wilhelm Herrmanns Brief an ihn vom 14.11.1914 (KBA 9314.147) mit, in dem es u.a. heißt: Wir sind «durch englische Lüge und russische Barbarei gezwungen», «das Blut unserer Söhne zum Kampf gegen diese schlimmsten Feinde der Menschheit herzugeben».
[20] Laut Barths Brief an Helene Rade vom 20.12.1914 (Bw.R., S.128) las Barth zwei Gedichte von Fr. Philippi vor (ChW, Jg.28 [1914], Sp.869 und Sp.823):

Der Kaiser

Du bist *der* Kaiser! ..
Von Gottes Gnaden bist dus ganz,
da dich dein kämpfend Volk gesegnet:
Heil dir im Siegerkranz!

Der Köpfe Haupt! ..
Du bist der Herzog des Weltenbrands.
Dich grüßt der sterbende Blick der Krieger:
Herrscher des Vaterlands!

Du bist so deutsch! ..
Die Schlachten brüllen vor dir sich heiser.
Wir beten, wie wir noch nie gebetet:
Gott, schütz uns den Kaiser!

Der Vortrag war sehr lehrreich, er sei Herrn Pfarrer Barth auch an dieser Stelle bestens verdankt. Von einem tüchtigen Parteigenossen ist ein zweiter Vortrag in Aussicht genommen und wird dieser dann im Schulhaus *Dorf* stattfinden.

Kriegslieder
6

Wir sind das Volk des Zorns geworden.
Wir denken nur noch an Krieg.
Wir beten als grimmiger Männerorden,
bluteingeschworen, um Sieg!

Wir üben Gottes allmächtigen Willen,
und seiner Gerechtigkeit Schrei
wolln wir an den Frevlern rächend erfüllen
voll heiliger Raserei.

Uns rufet Gott in mordende Schlachten.
Und stürzen drob Welten ein,
wir müßten selber uns gottlos achten,
soll Deutschland verloren sein.

Als Kriegs-Zuchtrute sind wir gebunden;
blitzflammend wir zucken empor ...
Als Rosengarten blühn unsere Wunden
fromm an dem himmlischen Tor.

Hab Dank, Herrgott! Dein zornig Wecken
tilgt unsere sündige Art.
Nun schlagen wir als dein eiserner Stecken
allen Feinden in den Bart!

Am Sonntag, dem 27. Dezember 1914, stand außer dem Gottesdienst, der Kinderlehre und der Weihnachtsfeier des Blauen Kreuzes noch die Weihnachtsfeier des Arbeitervereins in Rothrist in Barths Kalender. In Rothrist – einer etwa 8 km südwestlich von Safenwil gelegenen Gemeinde mit damals ca. 3000 Einwohnern – hatte Barth schon 1913 die Ansprache zur Weihnachtsfeier des Arbeitervereins gehalten (s. V. u. kl. A. 1909–1914, S. 723–725). Näheres über die Umstände der erneuten Einladung und den Verlauf der Feier ist nicht bekannt.

Weihnachtsfeier des Arbeitervereins

Rothrist, 27. XII 14

Lc 2,1–20 vorlesen. Ein Ton von Freude durch die Geschichte. Lukas ein fröhlicher Mensch, kennt d. Elend u. sein Bedürfnis nach Freude. Diesen Ton spüren, dann rechte Weihnacht. Da die Kinder spüren ihn, wir wollen werden wie sie [vgl. Mt. 18,3].

Warum Freude? Wegen des Menschen, der dort geboren wurde. Ein wundervoller Mensch: glaubt nicht an das Böse[,] sondern nur an das Gute. Sieht seinen Beruf darin, den Andern aufzudecken, daß sie Gottes Kinder sind, sie Alle. Und gerade die Gefehltesten[1] verstehen ihn, den Unglücklichsten wird geholfen, die Verachtetsten fassen Hoffnung. Löst alle Lebensnot durch die Botschaft: Gott ist euer Vater u. ihr seid Brüder. Das Reich Gottes ist da, sowie das entdeckt ist. Das Leben Jesu zeigte, wie ernst es ihm damit war: von ihm ging Kraft aus, die heilte jedermann [vgl. Lk. 5,17], er starb als Unterlegner u. doch als Sieger[.] Sollte es nicht eine Freude sein, von diesem Menschen zu wissen? Fällt nicht ein heller Schein auch in unser Leben? Fühlen wir nicht: der Grund der Welt ist Liebe, Freundlichkeit u. Friede?

Aber heute? Muß uns das[,] was jetzt vorgeht, nicht endgültig enttäuschen? Wo bleibt das Reich der Liebe? Wo die Menschen[,] die vom Leben Jesu erfaßt, von seinem Geiste gelehrt sind? – Wir fragen die

---

[1] = Verdorbensten, Sündigsten.

Christen. Sie antworten uns mit der Ausrede, daß die Welt unter andern Gesetzen steht als das Leben der Seele, daß die Botschaft der Liebe nur dem Einzelnen gelte, nicht den Völkern. Sie verschieben den Glauben an den überwindenden Frieden Gottes auf später oder aufs Jenseits. Da bleibt wenig von der Weihnachtsfreude, wenn wir dabei an all die sinnlose Zerstörung denken, an all die verwüsteten u. vernichteten Menschenleben, vor Allem an das Meer von Haß u. Rohheit[,] das jetzt die Erde bedeckt. Wie soll das anders werden, wenn wir nicht an ein Anderswerden glauben?

Wir fragen die *Sozialisten.* Auch sie sind Erben des zuversichtlichen Glaubens Jesu an das Gute. Auch sie verkündigten etwas von seiner Erlösungsbotschaft u. schon schien es überall zu tagen. Was sagen sie zum Krieg? Sie haben sich von der «Notwendigkeit» überzeugen, von der «Begeisterung» mitreißen lassen. Der Nationalismus siegt auch über ihre Überzeugung[,] und [nun] müssen sie, die nur die Selbstsucht u. das Unrecht bekämpfen wollten, einander gegenseitig zerfleischen. Sie erwarten vom Sieg ihrer «Vaterländer» die Herbeiführung ihrer Hoffnungen – als ob aus Bösem Gutes entstehen könnte. Sie verschieben die Bruderschaft aller Völker auf die Zeit nach dem Sieg, als ob aus einem kriegerischen Sieg Brudersinn u. Gerechtigkeit hervorwachsen könnte!

———

Wollen wir die Zuversicht auf die Macht des Guten u. damit die Weihnachtsfreude aufgeben? Eine *Prüfungsstunde* ist angebrochen für Alle, die auf ein Besseres hoffen. Für den Augenblick hat diese Hoffnung versagt. Lebendiges Christentum u. lebendiger Sozialismus hätten den Krieg schon jetzt unmöglich machen müssen. Zahllose Christen u. Sozialisten gehen jetzt mit dem Strom, finden sich damit ab, daß ihr Glaube ins Gegenteil umgebogen wird[,] u. begeistern sich für das Gegenteil. Wollen wir auch mit ihnen gehen?

Nein, wir gehorchen einer *höhern Notwendigkeit,* wenn wir auch jetzt daran festhalten: Alles das[,] was die Menschen auseinander reißt: Kapitalismus, Nationalismus, Militarismus soll nicht sein, muß durch die Ordnung u. den Frieden überwunden werden. Wir sind nicht allein, wenn wir die Hoffnung wach u. lebendig erhalten. Unter den Millionen[,] die jetzt kämpfen u. eifern[,] ist kaum Einer, der nicht weiß, daß das Alles *eigentlich* nicht sein sollte. Unter Allen, die das Vorgehen von Liebknecht[2], Grimm[3] u.s.f. verurteilen, ist kaum Einer, der nicht gestehen müßte: die haben *eigentlich* recht – wenn sie nur die Mehrheit hätten in allen Parlamenten u. unter ihren Wählern. Stellen wir uns resolut auf den Boden dessen[,] was *eigentlich* gilt! Unsre innere Treue u. Begeisterung dem wahren höchsten Ziel, nicht einer niederen Notwendigkeit! Die Andern werden einmal erwachen u. werden es uns danken, wenn wir jetzt durchhalten in der Zuversicht auf das *Eigentliche!*

Aber dazu *braucht es etwas:* Menschen, die so fest auf sich selbst stehen, daß sie es nicht fürchten, einsam zu sein – deren Glaube so groß und stark ist, daß sie lange warten können – die soviel Frieden in sich haben, daß sie davon wahrhaft Andern geben können. Sind wir solche Menschen? Dann sind wir die Christen, die Sozialisten, die es jetzt braucht.

Das Weihnachtsfest weist uns hin auf die Quelle[,] aus der ein solches inneres Leben kommt. Wenn wir das nehmen, was Gott uns anbietet, dann ist unser Hoffen ein *gewisses* Hoffen u. eines[,] das *Kraft* hat.

[2] Die Fraktionsdisziplin durchbrechend, hatte der sozialdemokratische Abgeordnete Karl Liebknecht (1871–1919) am 2. Dezember 1914 einen zweiten Antrag der deutschen Reichsregierung auf Bewilligung von Kriegskrediten als einziges Reichstagsmitglied verweigert; seine dazu abgegebene Erklärung wurde nicht in das Protokoll dieser Parlamentssitzung aufgenommen (vgl. J. Humbert-Droz, *Der Krieg und die Internationale. Die Konferenzen von Zimmerwald und Kienthal,* Wien/Köln/ Stuttgart/Zürich 1964, S. 59f.).

[3] Robert Grimm (1881–1958), sozialdemokratischer Nationalrat, stellte sich, wie Liebknecht in Deutschland, gegen die Mehrheit der SP-Fraktion im schweizerischen Nationalrat und stimmte gegen das zur Debatte stehende Militärbudget. Das *Jahrbuch der Sozialdem. Partei der Schweiz 1914* (s. oben S. 9, Anm. 1), S. 10–16, berichtet über die Dezembersession des Nationalrats, die am 17.12.1914 begann. Grimm gab namens der sozialdemokratischen Fraktion in der Budgetberatung eine Erklärung über die gegensätzlichen Meinungen zum Militäretat innerhalb der Fraktion ab. Er erklärte, gegen das Gesamtbudget, das auch das Militärbudget enthielt, stimmen zu wollen. Mit ihm stimmte schließlich fast die ganze Fraktion gegen das Budget (S. 15f.). Das Protokoll des Parteitages vom 31.10. und 1.11.1914 in Bern, im Anhang des Jahrbuches S. 43–54, schildert die großen Auseinandersetzungen innerhalb der Partei zu diesem Thema.

THOMAS MANN. BUDDENBROOKS.
VERFALL EINER FAMILIE
1914/1915

Entstehungszeit und Anlass des kleinen Referats über Thomas Manns «Buddenbrooks» sind nicht überliefert. Doch weisen die Schrift der auf Vorder- und Rückseite eines Blattes im Oktavformat mit Tinte notierten Bemerkungen ebenso wie deren Stil und Inhalt auf die Zeit um 1914/1915.

Unübersehbar ist jedenfalls der Abstand von den Eindrücken der ersten Lektüre, über die Karl Barth am 22. November 1908 aus Marburg an den Vater geschrieben hatte[1]: Nach der Lektüre von Selma Lagerlöfs «Gösta Berling» («mörkwürdig [sic!] aber doch fein») sei er nun «an den Buddenbrooks von Mann und entsetze» sich «über diesen Realismus, der nicht versäumt, seine Helden nach dem Essen das Gilet öffnen zu lassen – genau so wie ich es gelegentlich zu Kästlis [Peter Barths] ästhet. Verdruß thue». Die kritische Einordnung des Romans hatte in einem Brief an seinen Studienfreund Otto Lauterburg vom 24.11.1908 ebenso gelautet[2]: «Ich las gestern die ‹Buddenbrooks› von Mann, einen Roman von einem abscheulich ins Detail gehenden Realismus mit Schopenhauer'scher Tendenz, den Frau Prof. Rade außerordentlich schätzt.» «Als Gegengift habe ich soeben Schleiermachers Monologen eingenommen und befinde mich infolgedessen so wohl, daß ich ohne die geringste Besorgnis der Nachtruhe entgegengehen kann».

Während Barth in diesen Äußerungen den Roman noch mit dem im Allgemeinsinn gebrauchten Stichwort «Realismus» kennzeichnet, ordnet er ihn in den vorliegenden Notizen richtiger dem literarischen «Naturalismus» zu – um freilich sofort klarzustellen, dass die wirkliche Bedeutung des Werkes, möglicherweise «ohne die Absicht des Verfassers», nicht in der «Durchführung einer naturalist. These» liegt. Die beiden Begriffe, mit denen Barth die Erkenntnis beschreibt, die nach seiner Meinung aus den «Buddenbrooks» eigentlich zu gewinnen ist, zeigen ihn auf einem Weg, der an anderen Safenwiler Texten deutlicher wird.

[1] KBA 9208.60.
[2] KBA 9208.61.

Zum einen handelt es sich um den Begriff des Bourgeois: *es ist die
«Klasse» der «Bourgeoisie», deren Problematik Barth in Manns Roman dargestellt findet. Dass Barth nicht einfach den Bürger, sondern –
Gegenstand und Aussage der «Buddenbrooks» vielleicht nicht ganz
genau treffend – ausdrücklich den* Bourgeois *behandelt sieht, mag mit
dem Studium der sozialen Frage zusammenhängen, auf die Barth näher durch die Lektüre der Schriften Werner Sombarts aufmerksam
geworden war, mit denen er sich in Genf und dann vor allem in Safenwil beschäftigte. Doch gebraucht Barth den Begriff hier nicht in der
scharfen Prägung, in der er sich bei Sombart findet, der unter der
Bourgeoisie diejenige Klasse versteht, die die Interessen des kapitalistischen Wirtschaftssystems vertritt. Barth hingegen verwendet das
Wort hier eher in einem sozialanthropologischen als in politisch-öko-
nomischem Sinn. Darin könnte sich zeigen, daß er zur Zeit der Abfassung dieser Notizen näher bei einer allgemeinen Analyse steht, noch
nicht bei den politisch-wirtschaftlichen Folgerungen, die er später zog.*

*Der andere für Barths Entwicklung aufschlussreiche Begriff aus
diesem Referat wird erst in späteren Safenwiler Texten – dann freilich
fast als ein Leitwort – entfaltet: Es ist das Wort «Leben», genauer: «das
Leben» im Unterschied von «diesem Leben». Nicht in der Beschreibung des Götzen- und Idolcharakters der Firma ist das Besondere an
Barths Blick auf die «Buddenbrooks» zu finden – H. Meyer-Benfey
etwa hatte schon 1904 in diesem Zusammenhang die Worte «religiöse
Pietät», «Glaube», «Glaubensgegenstand» und «Kult» gebraucht.[3]
Das Besondere liegt in der Weise, wie Barth die Wirkung dieses «blos
formalen Ideals» als Verfehlen des Lebens im Leben zu fassen versucht.*

*So gewinnt man den Eindruck, der Text gehöre in die ersten Jahre
der erneuten Besinnung auf die Grundlagen, zwei Themen anschla-
gend, die zu wichtigen Motiven der theologisch-pastoralen Arbeit
Barths in den folgenden Jahren wurden. Vermutlich war er für einen
Abend im Blauen Kreuz bestimmt, an dessen Versammlungen Barth
zu sehr verschiedenen Themen vorgetragen hat.[4] Barth trat der christ-*

---

[3] H. Meyer-Benfey, *Thomas Mann* (1904), in: Kl. Schröter (Hrsg.), *Thomas
Mann im Urteil seiner Zeit. Dokumente 1891–1955* (Thomas-Mann-Studien,
22. Bd.), Frankfurt am Main 2000², S. 30–37, dort S. 32.
[4] Vgl. V. u. kl. A. 1909–1914, S. 572.690–703.734–738, und unten S. 118. 119.
121.127.140.408.

lichen Abstinenzbewegung im Oktober 1911 bei, im Januar 1912 wurde er Präsident des Safenwiler Vereins. Über die Blaukreuzversammlungen schreibt Barth am 7.8.1912 an Wilhelm Loew[5]:

Recht munter gehts fortwährend im Blauen Kreuz, das mir vorläufig die andern üblichen christlichen Vereine ersetzt. [...] Hier ist es fast überall das sehr erwünschte Mittelstück zwischen Landeskirche und Gemeinschaftskreisen und zugleich eine Gelegenheit, wo man im populär-kultischen Rahmen einer «Stunde» praktisch über Alles reden kann, gewöhnlich mehr oder weniger aus dem Stegreif, resp. in der Art einer Konfirmandenstunde. Dazu singt man schmetternde Lieder englischen Charakters, die aber dem Volk sehr lieb sind. Die Pfarrer machen darum meistens mit, wenigstens «wir Positiven», nur die immer seltener werdenden Reformer (im Aargau fast lauter würdige Greise!) halten sich mißtrauisch fern.

Thomas Mann. Buddenbrooks. Verfall einer Familie[6]

Geschichte von 4 Generationen einer norddeutschen Kaufmannsfamilie, 1835 beginnend ca. 1880 endend. Diese Familie ist der Typus der *Bourgeoisie* überhaupt und der Roman ist die Darstellung der Problematik dieser das 19. Jahrhundert charakterisierenden Klasse. Ihrem raschen Emporkommen entspricht ein ebenso rascher Zerfall. Beides entwickelt sich rasch und unaufhaltsam, weil ihrem Leben eigentlich *der Inhalt fehlt.* Der Verf. weiß aber *nur den Zerfall* zu schildern, das beste Zeichen dafür, daß auch er über s[eine] Zeit nicht hinaussieht, aber er kennt ihre Schwäche. Gustav Freytags «Soll u. Haben»[7] steht noch diesseits, die Buddenbrooks bereits jenseits des fruchtbaren kritischen Punktes, von dem aus das 19. Jahrhundert aus den Angeln zu heben wäre. Der Optimist u. der Pessimist verfehlen diesen Punkt gleicherweise.

[5] KBA 9212.56. Zu den «Positiven» und den «Reformern» vgl. V. u. kl. A. 1909–1914, S. 26.

[6] Th. Mann, *Buddenbrooks. Verfall einer Familie.* Roman, 2 Bde., Berlin 1901; Seiten-Angaben im folgenden nach: *Buddenbrooks. Verfall einer Familie,* Große kommentierte Frankfurter Ausgabe, Bd. 1.1, Frankfurt a.M. 2002².

[7] G. Freytag, *Soll und Haben.* Roman in sechs Büchern, 3 Bde., Leipzig 1855¹⁻⁴.

Ein Leben, das auf blos formale Ideale gegründet ist, ist dem Tode geweiht, das ist die Erkenntnis, die aus dem Roman hervorspringt. Möglicherweise ohne die Absicht des Verf[asser]s, dem es vielleicht mehr auf die Durchführung einer naturalist. These als auf die spezielle Kritik des Kaufmannsideals ankam. Jedenfalls ergiebt sich aus dem Roman diese *absolute* Kritik der Gesellschaft. Das Thema wäre durchaus auch z.b. an einer Pfarrersfamilie durchzuführen gewesen.

Ein formales Ideal drückt schon der Leitspruch der Familie Buddenbrooks aus: dominus providebit [Gen. 22,8][8], dem der Grundsatz des Gr[oß]vaters betr. der geschäftl[ichen] Ehrlichkeit entspricht[9]. Alles vortrefflich, aber der *Inhalt* ist ja doch nur das Geld. Das wird verhüllt unter dem sakrosankten Begriff «Firma», dem bes. auch die weibl. Familienglieder religiöse Verehrung entgegenbringen. Mit diesem fatalen Inhalt, über dessen Art man sich fortwährend täuscht[,] steht und fällt nun Alles Andre: Religion, Moral, Lebensglück, Liebe, Arbeit, Kunst, Politik. Geht es dem einen Götzen wohl, so florieren auch alle andern, fällt der eine, so erlöschen alle Lichter. Dieses System von gegenseitigen Bedingtheiten[,] das sich im Falle Buddenbrooks um das Idol «Geschäft» gruppiert, das aber auch anders gruppiert sein könnte, ist die fürchterliche Einsicht, die man aus diesem Buch gewinnt. Wie abhängig ist der Mensch von den Göttern, die er sich nach seinem Bilde gemacht hat! [vgl. Hos. 13,2]

Um der «Firma» willen widmen sich diese Menschen von früh auf einem Leben, das ihnen weder Zeit noch Interesse läßt für Dinge, an denen sie innerlich sich nähren könnten

Um der Firma willen stürzen sie sich [in] den Gegensatz von wirklicher u. repräsentativer Moral

Um der Firma willen sind sie verhindert, sich auf ein ganzes Chr[isten]t[um] einzulassen (wobei ihnen die Pfarrer freundlich Dienst leisten!!)

Um der Firma willen ruinieren sie sich gesundheitlich in einem kontrastreichen Lebenswandel

Um der Firma willen verheiraten sie sich alle ohne Liebe u.s.f.

[8] Th. Mann, *Buddenbrooks,* a.a.O., S. 47.
[9] A.a.O., S. 62: «Mein Sohn, sey mit Lust bey den Geschäften am Tage, aber mache nur solche, daß wir bey Nacht ruhig schlafen können.»

Das kann als Ganzes nicht gut endigen. Senator Thomas B. ist der ausgezeichnete Typus dieses Verfalls u. s[eines] Grundes – sein in Allem entgegengesetzter Gegenspieler Christian B., dieser Schwächling u. Lüstling ist doch nur s. andres Ich, s. notwendige Ergänzung, bei dem offen zum Ausbruch kommt, was dort mühsam verhüllt ist. Darum der gegenseitige Haß der Brüder. In der einzigen guten Stunde s. Lebens (bei der Lektüre von Schopenhauer!!)[10] wird auch Thomas kritisch gegen sein eigenes Ideal, zu einer Erneuerung kommt es nicht mehr, das Schicksal nimmt s. Lauf, aber im Verzicht auf *dieses* Leben hat er wenigstens einmal *das* Leben berührt u. erkannt.

Das große Verdienst dieses Buches liegt in der Vollständigkeit[,] mit der alle Linien durchgeführt werden. So entsteht ein Bild von haarscharfer Notwendigkeit. Die Impotenz des Buddenbrooks-Ideals wird rechnerisch bewiesen. Von den ersten Zeilen an ist das Gericht da u. keinen Moment kann der Leser zögern in der Erkenntnis, daß es so nicht geht.

Der Schritt vom Ernst des *Todes* zum Ernst der *Ewigkeit* freilich wird nicht getan.

[10] A.a.O., S. 720–727. Thomas Buddenbrook liest das Kapitel «‹Über den Tod und sein Verhältnis zur Unzerstörbarkeit unseres Wesens an sich›» (a.a.O., S. 722) aus Schopenhauers Werk *Die Welt als Wille und Vorstellung* (Kapitel 41 der «Ergänzungen zum ersten Buche» im 1844 erschienenen 2. Band des Werkes).

Der Vortrag am 14. Februar 1915 war der erste, den Barth, nachdem er am 26. Januar 1915 der Sozialdemokratischen Partei der Schweiz beigetreten war[1], als SPS-Mitglied hielt. – Das nahe bei Safenwil gelegene Zofingen ist einer der größeren Orte im Kanton Aargau; 1914 zählte der Bezirkshauptort etwa 6000 Einwohner. Der 1851 gegründete Grütliverein Zofingen zählte Ende 1914 20 Mitglieder, neun davon waren damals im Militärdienst und einer durch den Krieg arbeitslos.[2]

Krieg, Sozialismus und Christentum

Vortrag im Grütliverein Zofingen am 14. Februar 1915

Wie war das möglich, daß die Völker Europas dahin kommen konnten? Für den Einsichtigen hatte das Eintreten dieser Katastrophe durchaus nichts Befremdendes. *So mußte es kommen.* Zu groß waren u. sind die Rätsel u. Widersprüche unsrer sog. Kultur. Der Krieg war nur die fürchterliche[,] aber natürliche Auslösung einer längst vorhandenen Spannung. Spannungsmomente:

Nationalismus: Die falsche Betonung: zuerst das «Vaterland», dann die Menschheit. «Vor allem Schweizer».[3] Daraus notwendig Gegensatz der Völker u. Vaterländer.

---

[1] Vgl. Busch, S. 94f.

[2] *Jahrbuch der Sozialdemokratischen Partei der Schweiz 1914* (s. oben S. 9, Anm. 1), S. 122.

[3] «Im Aufruf an das Schweizervolk» (BN, Jg. 70, Nr. 470 vom 3.10.1914 [1. Blatt], S. [1f.]), den der Bundesrat am 1.10.1914 erließ, heißt es: «Zuerst und *allem weit voraus sind wir Schweizer;* erst in zweiter Linie Romanen und Germanen.» «Vor allem Schweizer» ist auch der Tenor eines Vortrags von Carl Spitteler zur Einstellung der Schweizer gegenüber dem Weltkrieg, gehalten am 14.12.1914: *Unser Schweizer Standpunkt,* erschienen als Heft 2 der «Schriften für Schweizer Art und Kunst», Zürich 1915. Dort heißt es u.a. (S. 5): «Vor allem müssen wir uns klar machen, was wir wollen. Wollen wir oder wollen wir nicht ein schweizerischer Staat bleiben, der dem Auslande gegenüber eine politische Einheit darstellt?» Die Neue Helvetische Gesellschaft, in deren Zürcher Gruppe der Vortrag gehalten wurde, war Ausdruck eines schweizerischen Nationalismus, der vor und mit Beginn des Weltkrieges hervortrat; vgl. unten S. 113, Anm. 30.

Militarismus: Das «Vaterland» ist das gegen die «Feinde» mit Geschützen u. Gewehren bewaffnete u. zu verteidigende Vaterland. Trugschluß: si vis pacem[4][.] Einflußreiche Rüstungsindustrieen und Militärkasten

Kapitalismus: Unser Wirtschaftssystem des ungeordneten (auf dem Privatbesitz der Produktionsmittel beruhenden) Gewinnstrebens. Zoll- u. Kolonialprobleme. Verhängnisvolle Gegensätze der nationalen Interessengruppen. An Stelle der alten Kabinettskriege trat der moderne Wirtschaftskrieg

Gouvernementalismus: Die Regelung der internationalen Beziehungen liegt in den Händen weniger unkontrollierbarer u. nicht sehr vertrauenswürdiger Persönlichkeiten, Fürsten u. Diplomaten

Alle diese Tatsachen mußten zum Kriege treiben. In verschiedenem Verhältnis waren sie ja überall vorhanden. Sie waren ein Stück Krieg schon mitten im Frieden.

Aber das ist *problematisch*, daß die geistigen Mächte *Christentum, Sozialismus* u. *Wissenschaft* versagten u. sich so mitreißen ließen, daß jetzt außer schwachen Lebenszeichen andrer Art nur noch der Krieg das Leben der Menschheit beherrscht. Darüber nachzudenken, dazu Stellung zu nehmen, lohnt sich mehr als zu schwadronieren über die einzelnen politischen u. militärischen Ursachen u. Folgen der gegenwärtigen Ereignisse.

I

Von diesen *Geistesmächten* war zu *hoffen* – wenn auch kaum zu erwarten! – daß sie als Schutzwälle gegen die lange schon drohende Flut wirken würden. Instinktive Äußerungen dieser Hoffnung bei Kriegsausbruch.

a) **Das Christentum:** Von Jesus her ist ein Geist in der Welt wirksam, dessen Grundzüge die folgenden: Voller rücksichtsloser *Gehorsam* gegen den Gott, der die *Liebe* ist [1. Joh. 4,8.16]. Erkenntnis: er ist unser aller *Vater*, also können keine feindseligen Gegensätze unter uns

---

[4] «... para bellum», nach P. Fl. Vegetius Renatus, *Epitome institutorium rei militaris*, 3. Buch, Prolog: «Qui desiderat pacem, praeparet bellum» (vgl. Büchmann, S. 366f.). Kritisch dazu auch O. Lauterburg in: Der freie Schweizer Arbeiter, Jg. 7, Nr. 45 vom 7.8.1914, S. [1].

sein. Das Leben ist eine *Bruderschaft* der Menschen durch *Dienen* bis zum *Kreuz*. Man denke an die tausende von Kirchen, in denen diese göttliche Welt den Menschen nahegebracht wurde. Man denke an ihre ungewollten u. unbewußten Wirkungen. Sollten sie den Krieg u. seine Ursachen nicht unmöglich machen?

b) *Der Sozialismus*: Die Bestrebung eine *neue Gesellschaft* zu begründen, aufgebaut auf die *Wertschätzung des Menschen* gegenüber dem Geld, auf die *solidarische Verpflichtung* der M[enschen] gegenüber dem Alleinrecht des Einzelnen, auf die *Gerechtigkeit* gegenüber der Willkür der Stärkern. – Ungeheure *Ausbreitung* der sozialistischen Ideen u. Kräfte. Beginnende *Anerkennung* seitens des Staates u. der bürgerlichen Kreise. Erfolgreiche Tätigkeit der Gewerkschaften u. Konsumvereine. Bedeutsamkeit der sozialistischen *Internationale*. Versammlung im Basler Münster 1912. Eine neue Ära des Friedens schien anzubrechen.[5]

c) *Die Wissenschaft*. Unsre Zeit war eine Zeit objektiver ruhiger Forschung wie keine andre. Und diese stille Arbeit war gemeinsame Tat aller Kulturvölker. Viel internationales Gemeingut, zum Ausdruck gebracht in Kongressen, Zeitschriften etc. Die führenden feinsten Köpfe der Menschheit schienen verbunden zu unauflöslicher Arbeitsgemeinschaft.

II

Die *Enttäuschung*, die wir erlebt haben: die Schutzwälle hielten nicht stand, ja sie gingen mit dem Strom u. halfen seine zerstörende Kraft vermehren.

a) **Die äußere Mitwirkung beim Krieg** durch Militärdienst, Steuerzahlen, Abstimmungen. Wir Alle! Eine Ausnahme machten die rus-

---

[5] Am 24./25.11.1912 hatte in Basel ein Internationaler Sozialistenkongress getagt unter dem Thema «Die internationale Lage und die einheitliche Aktion gegen den Krieg». Die Wirkung insbesondere der öffentlichen Kundgebung im Basler Münster am 24.11. war stark, doch konnte die Erinnerung an den Kongress die Entscheidungen vieler sozialistischer Parteien Europas zur Bewilligung von Kriegskrediten im Jahre 1914 nicht verhindern, vgl. Mattmüller II, S.6–11; J. Humbert-Droz, *Der Krieg und die Internationale. Die Konferenzen von Zimmerwald und Kienthal*, Wien/Köln/Stuttgart/Zürich 1964, S.7–16.

sischen u. serbischen Sozialisten!!⁶ Ein Vorgang von grandioser Tragik: Millionen u. Abermillionen haben auf einen Schlag u. durch die Tat ihre teuersten Überzeugungen verleugnet.

b) **Innerliche Anerkennung des Krieges**: nicht Zwang, sondern vermeintliche klare sittliche[,] ja religiöse Erkenntnis. Nicht trotz, sondern weil … Man sagt: Die Ideale des Gottesreiches, der neuen Gesellschaft, der Kulturgemeinschaft sollen zwar gelten[,] aber zu ihrer Durchführung ist der Krieg notwendig. Das Neue soll in den Formen des Alten, auch der nationalen Gegensätze realisiert werden. Darum nationales Chr[isten]t[um], nat[ionaler] Soz[ialismus], nat[ionale] Wiss[enschaft]. – Die Geistesmächte mußten den -ismen des Teufels folgen. So haben *Luther* und *Naumann* Recht behalten[,] die dem Geist keine Überwindungskraft gegenüber den Mächten dieser Welt zutrauen, sondern den wahren Dienst Gottes in der Unterwerfung unter diese Mächte fordern.⁷

c) **Kriegsbegeisterung und Kriegswut**: Der Krieg wird nicht nur als Notwendigkeit, sondern als Gotteserlebnis, als Freiheitsbewegung, als Kulturtat empfunden.

α) *bei den Christen*: «Groß ist der Gott der russischen Erde»[.]⁸ Kreuzzugsstimmung. Heiliger Krieg. Kriegsgebete.⁹ Die Feinde sind Gottesfeinde. Abstreitung aller eigenen Schuld am Kriege. Amette.¹⁰

---

⁶ Die russischen Sozialisten verweigerten am 8.8.1914 in der Reichsduma, dem russischen Parlament, der Regierung durch Stimmenthaltung die Kriegskredite. Die serbischen Sozialisten stimmten gegen die Kriegskredite, obwohl Serbien, neben Belgien, das einzige Land war, das einen legitimen Verteidigungsgrund gegen eine Aggression von außen geltend machen konnte, vgl. J. Humbert-Droz, a.a.O., S. 49.54; J. Braunthal, *Geschichte der Internationale,* Bd. 2 (Internationale Bibliothek, Bd. 109), Hannover 1978³, S. 47f.

⁷ Vgl. oben S. 58f.

⁸ Vgl. das russische Sprichwort «Русский бог велик. Русским богом да русским царем святорусская земля стоит» («Der russische Gott ist groß. Die heilige russische Erde gründet auf dem russischen Gott und auf dem russischen Zaren»): Vl. I. Dal', *Poslovicy russkogo naroda,* Moskva 1957, S. 327, Übersetzung nach E. Vyslonzil, *Samobytnost' – Russlands nationales Selbstverständnis zwischen Vaterlandsliebe und nationalem Pragmatismus,* in: M. Wakounig u.a. (Hrsg.), *Nation, Nationalitäten und Nationalismus im östlichen Europa. Festschrift für Arnold Suppan zum 65. Geburtstag,* Wien 2010, S. 109–128, dort S. 120, Anm. 49.

⁹ Vgl. oben S. 89, Anm. 8.

¹⁰ Vgl. oben, S. 90, Anm. 10.

Dryander.[11] Traub.[12] Philippi.[13] Monod u. Gounelle.[14] Die deutschen Kandidaten.[15] Hurra u. Hallelujah.[16]

β) *bei den Sozialisten*: symptomatische Bedeutung der Ermordung von Jaurès: Der Sozialist erschossen durch den Nationalisten.[17] Immerhin verschieden in den verschiedenen Ländern: in Deutschland erliegt er dem Militarismus (Reichstag, Presse, Führer) in Frankreich dem Nationalismus, in England dem Kapitalismus (Trade Unions) Erfolgreiche Einschwärzung[18] unsozialistischer Schlagworte: gegen den Zarismus, gegen den Militarismus etc.[19] Die Vorgänge in Württemberg.[20]

[11] Vgl. oben S. 90, Anm. 11.

[12] Die BN zitieren im 2. Blatt vom 21.11.1914 (Jg. 70, Nr. 562, S. [1]) neben entsprechenden Äußerungen des Berliner Oberhofpredigers Ernst von Dryander und Adolf von Harnacks auch Sätze Gottfried Traubs: «Wir hoffen, daß uns Deutschen eine große Aufgabe zuteil wird; wir sagen absichtlich: Aufgabe; denn zunächst wäre es eine Gabe, die wir jubelnd begrüßen. Wir meinen den Sieg deutschen Geistes über die Mächte, deren Haß erst jetzt klar zutage getreten ist. Aber diese Gabe wandelt sich uns sofort in Aufgabe; diese Aufgabe heißt: *Deutschland hat zu sorgen für die Welt.*» Vgl. auch unten S. 192, Anm. 36.

[13] Siehe oben S. 95, Anm. 20.

[14] Wilfred Monod (1867–1943) und Élie-Joël Gounelle (1865–1950), Pariser evangelische Theologen und religiöse Sozialisten, waren Mitarbeiter an der Zeitschrift «Christianisme social». Gounelle nahm Anfang 1915 an einem Treffen Martin Rades mit Schweizer Theologen, u.a. Karl Barth, teil (vgl. Bw.R., S. 123–126, bes. S. 125, Anm. 8). Auf diesen Austausch gehen wohl diese und die folgende und vielleicht noch weitere Bemerkungen in diesem Text zurück.

[15] Vgl. ChW, Jg. 28 (1914), Sp. 909f.

[16] «Hurra und Halleluja. Kriegslieder» ist der Titel einer Gedichtsammlung des Pfarrers Dietrich Vorwerk (Schwerin 1914); vgl. ChW, Jg. 28 (1914), Sp. 1068f. («Kleine Mitteilungen»).

[17] Der französische Sozialistenführer Jean Jaurès (vgl. V. u. kl. A. 1909–1914, S. 388, Anm. 12) wurde am 31.7.1914 von einem jungen Nationalisten ermordet. Der Neue Freie Aargauer brachte verschiedene Artikel zu seinem Tode: Jg. 9, Nr. 176 vom 3.8.1914, S. [2]: «Genosse Jaures [sic] ermordet»; Nr. 181 vom 8.8.1914, S. [1f.]: zur Biographie von Jaurès; Nr. 186, 2. Blatt vom 13.8.1914, S. [1f.]: «Erinnerungen an Jaures»; S. [3]: «Jaures – ein Opfer der Kriegstreiber?»

[18] Von «einschwärzen», d.h. einschmuggeln.

[19] Gemeint ist vielleicht: Die Sozialisten der Mittelmächte wurden unter dem Schlagwort «gegen den Zarismus» (vgl. unten S. 467, Anm. 22) für die nationale Linie gewonnen wie die Sozialisten der Ententemächte unter dem Schlagwort «gegen den (deutschen) Militarismus» (vgl. unten S. 316, Anm. 27).

[20] Der Neue Freie Aargauer, Jg. 9, Nr. 267 vom 18.11.1914, S. [3], berichtete

γ) *bei den Kulturträgern* etc.: verschwunden die Anerkennung des Wertes u. des Rechtes fremder Nationen, verschwunden die Selbstkritik, verschwunden die ruhige Sachlichkeit. Bergson.[21] Häckel.[22] Französische Irrenärzte.[23] Harnack.[24] Zweifel an Shakespeare.[25]

unter der Überschrift «Der Anfang der Spaltung?» von Vorgängen innerhalb der württembergischen Sozialdemokratie. Die Partei wurde von einem zum rechten Flügel gehörenden Vorstand geführt, während es eine Reihe davon abweichender örtlicher Parteivorstände gab. In Stuttgart drohte eine Spaltung der Partei.

[21] Vgl. die Meldung des Neuen Freien Aargauer, Jg.9, Nr.185 vom 13.8.1914, S.[1]: «*Rückkehr zum Zustande der Wildheit.* In der letzten Sitzung der Akademie der moralischen Wissenschaften in Paris führte der Philosoph Bergson aus: Unsere Akademie, die sich psychologischen Studien widmet, erfüllt einfach eine wissenschaftliche Pflicht, indem sie in der deutschen Brutalität und im Zynismus dieser Nation, sowie in ihrer Geringschätzung für jede Gerechtigkeit und Wahrheit eine Rückkehr zum Zustande der Wildheit feststellt.»

[22] Ernst Haeckel (1834–1919), darwinistischer Zoologe und monistischer Naturphilosoph, schrieb 1914 einen Aufsatz *Weltkrieg und Naturgeschichte*, in dem er sich an die Mitglieder ausländischer Universitäten wandte und den Vorwurf deutscher Barbarei zurückwies. Außerdem veröffentlichte Haeckel im Namen einer größeren Zahl deutscher Gelehrter eine Erklärung, dass sie öffentlich auf alle ihnen von englischen Universitäten, Akademien und gelehrten Gesellschaften erwiesenen Ehrungen und die damit verbundenen Rechte verzichteten. Vgl. BN, Jg.70, Nr.414 vom 2.9.1914 (2. Blatt), S.[2].

[23] Nicht ermittelt.

[24] Zu A. von Harnacks Haltung im Kulturkrieg der ersten Kriegsjahre vgl. A. von Zahn-Harnack, *Adolf von Harnack*, Berlin 1951², S.352–365. – Zum von Harnack mitunterzeichneten Aufruf *An die evangelischen Christen im Auslande* vgl. oben S.89, Anm. 9. Das von Harnack ebenfalls mitunterzeichnete «Manifest der Intellektuellen» enthielt folgenden Kommentar, den Max Planck verfasst hatte: Das Manifest sei «ein ausdrückliches Bekenntnis, daß die deutschen Gelehrten und Künstler ihre Sache nicht trennen wollen von der Sache des deutschen Heeres. Denn das deutsche Heer ist nichts anderes als das deutsche Volk in Waffen, und wie alle Berufsstände, so sind auch die Gelehrten und Künstler untrennbar mit ihm verbunden» (zit. a.a.O., S.358).

[25] Die Notiz bezieht sich möglicherweise auf Meldungen über angebliche herabsetzende Urteile Arthur Schnitzlers u.a. über Shakespeare, gegen die Schnitzler sich in einem in der NZZ, Jg.135, Nr.1700 vom 22.12.1914 (2. Mittagsblatt), S.[2], veröffentlichten Brief zur Wehr setzte. Zu dem vor allem die ersten Jahre des Krieges begleitenden Phänomen eines die militärischen Auseinandersetzungen verschärfenden Kulturkrieges, hauptsächlich geführt von

Hetze gegen Hodler, Rolland, Spitteler in Deutschland[26], Zweifel an Beethoven u. Mozart in England[27]. Aufruf deutscher Gelehrter.[28]

England und Deutschland, vgl. für die deutsche Seite: E. Troeltsch, *Der Geist der deutschen Kultur,* in: *Deutschland und der Weltkrieg,* hrsg. von O. Hintze, Fr. Meinecke, H. Oncken und H. Schumacher, Bd. I, Leipzig/Berlin 1916², S. 53–99.

[26] Die Zerstörung Löwens durch deutsche Truppen hatte vor allem in der Schweiz Proteste von Künstlern und Wissenschaftlern hervorgerufen, die u.a. auch der Maler Ferdinand Hodler (1853–1918) und der in der Schweiz lebende französische Dichter Romain Rolland (1866–1944) unterzeichnet hatten. Das oben genannte «Manifest der Intellektuellen» war u.a. auch eine deutsche Reaktion auf diesen Protest und enthielt den Versuch, den Bruch der belgischen Neutralität durch das Deutsche Reich zu rechtfertigen; vgl. neben A. von Zahn-Harnack, a.a.O., S. 357f., vor allem Mattmüller II, S. 76. In der Jenaer Universität mußte Hodlers berühmtes Bild «Aufbruch der Jenaer Studenten» (zu ihrer Beteiligung an den deutschen Freiheitskriegen) mit Beginn des Wintersemesters 1914/15 aus dem Treppenhaus entfernt werden, um es der Beschmutzung durch die Studenten zu entziehen. – Besondere Bedeutung gewann in diesem Zusammenhang die oben S. 105, Anm. 3, genannte Rede C. Spittelers (1845–1924) mit vorsichtiger Ablehnung eines germanophilen Standpunktes in der Schweiz und entschiedener Verurteilung der Verletzung der belgischen Neutralität durch die Deutschen (vgl. Mattmüller II, S. 70–74). Die BN, Jg. 71, Nr. 17 vom 10.1.1915 (2. Blatt), S. [1], berichteten unter der Überschrift «Zur Spittelerhetze» (wie sie auch schon einige Zeit zuvor unter dem Titel «Zur Hodlerhetze» berichtet hatten) von Reaktionen aus der deutschen Presse: Das «Stuttgarter Neue Tagblatt» schrieb, dass Spitteler mit Rücksicht auf den Fremdenverkehr vor englischem Golde krieche, und erklärte, Spitteler sei für Deutschland «abgetan». Der «Schwäbische Merkur» veröffentlichte ein Gedicht *An Spitteler,* dessen Schlussstrophen lauten:

Oder sollen wir stehen für unser Gut
Und bis zum letzten Arm uns erwehren
Gegen Englands gleißnerisch geworbene Brut,
Vielleicht wollen Sie uns darüber einmal belehren.

Vielleicht reden Sie darüber noch einmal ein Wort
Im «Kunstwart», sofern Sie sich dort noch ergehen,
Als «lachende Wahrheit», als Gleichnis und so fort,
Soferne Sie überhaupt noch deutsch verstehen.

[27] Vgl. grundsätzlich hierzu: C. Dietz, *Die deutsche Kultur im Spiegel englischer Urteile,* in: Preußische Jahrbücher, Bd. 160, April 1915, S. 100–124. – Die BN brachten am 3.9.1914 (Jg. 70, Nr. 416, 2. Blatt, S. [1]) einen eingesandten Bericht, in dem es heißt: «Ich habe seit dem Kriegsausbruch Zeitungen aus beiden Lagern gelesen und beiderorts Dinge gefunden, die für neutrale Be-

Lissauer.[*]

An ehrenvollen *Ausnahmen* fehlt es nicht. In den Schützengräben u. überhaupt in der Masse lebt ein anderer Geist u. seine Wirkungen werden spürbar. Aber das Gesamtbild ist das eines *Bankerottes* der geistigen Mächte. Der Strom des Gotteslebens, der durch die Menschheit fließt, ist versandet in der «Wirklichkeit». Die Tatsache dieses Bankerottes ist furchtbarer als alle Schrecken u. Greuel des militärischen Krieges. Hier müssen wir einsetzen mit unserm Nachdenken.

III

Irrtümer, die jetzt zu unterlassen sind:

a) *allgemeine Anklagen*, als ob das Chrt. u. der Soz. nichts wert seien. Verleugnung der Ideale, als ob wir bessere nötig hätten (oder gar atavistischer Rücksprung in Tieferes z.B. die Vaterlandsidee – helvetische Gesellschaft![30]) Nicht die Ideale haben versagt, aber ihre Bekenner! Sie müssen tiefer erfaßt, ja nicht etwa aufgegeben werden.

[*] [Bleistiftzusatz:] Basl.N. 21.XI14[29].

griffe entsetzlich albern sind; erstklassige Blätter scheinen oft plötzlich zwei Stufen tiefer gesunken zu sein. In einer englischen Zeitung sieht sich ein Einsender genötigt, Beethoven und Wagner in Schutz zu nehmen, er schreibt: ‹Sind Beethoven und Wagner verantwortlich für den Krieg? Derjenige, der deutsche Musik boykottiert, mag ein Vaterlandsfreund sein, ein Musikfreund ist er gewiß nicht.› In welcher Weise ungefähr diese Antwort des Einsenders herausgefordert wurde, kann man sich leicht vorstellen.»

[28] Siehe oben S. 110, Anm. 24, und S. 111, Anm. 26.

[29] Die BN berichteten am 21.11.1914 (Jg. 70, Nr. 561, 1. Blatt, S. [1]) von einem deutschen Korpsbefehl, einen «Haßgesang gegen England» von Ernst Lissauer unter den Truppen zu verbreiten. Nach diesem Bericht meldete die Kreuzzeitung in Berlin am 13.11.1914, der Chemnitzer Kirchenmusikdirektor Prof. Mayerhoff habe diesen Gesang für eine Männerstimme und Klavier in Musik gesetzt, das Werk habe bei seiner Uraufführung in Leipzig brausende Zustimmung erhalten. Die BN fügten hinzu, inzwischen sei es in ganz Deutschland verbreitet, und teilten den vollen Wortlaut des Gesanges mit. Als Beispiel sei die erste Strophe zitiert:

> Was schiert uns Russe und Franzos',
> Schuß wider Schuß und Stoß um Stoß,
> Wir lieben sie nicht,
> Wir hassen sie nicht,
> Wir schützen Weichsel und Wasgaupaß, –

b) *persönliche Anklagen*: gegen «die Christen» «die Soz[ialisten]».
Tua res agitur.[31] Wir haben Alle versagt gegenüber dem Krieg. Auch
über die Haltung z.b. der deutschen soz[ial]dem[okratischen] Parlamentsvertreter können wir uns wohl ein Urteil bilden, sollen uns aber
vor Anklagen hüten: was hätten wir an ihrer Stelle getan? Wir müssen
uns durchdringen lassen vom Gefühl einer Gesamtschuld.

> Wir haben nur einen einzigen Haß,
> Wir lieben vereint, wir hassen vereint,
> Wir haben nur einen einzigen Feind:
> Denn ihr alle wißt, denn ihr alle wißt,
> Er sitzt geduckt hinter der grauen Flut,
> Voll Neid, voll Wut, voll Schläue, voll List,
> Durch Wasser getrennt, die sind dicker als Blut.
> Wir wollen treten in ein Gericht,
> Einen Schwur zu schwören, Gesicht in Gesicht,
> Einen Schwur von Erz, den verbläst kein Wind,
> Einen Schwur für Kind und für Kindeskind,
> Vernehmt das Wort, sagt nach das Wort,
> Es wälze sich durch ganz Deutschland fort:
> Wir wollen nicht lassen von unserm Haß,
> Wir haben alle nur einen Haß,
> Wir lieben vereint, wir hassen vereint,
> Wir haben alle nur einen Feind:
> *England.*

[30] Die Helvetische Gesellschaft (vgl. H. Nabholz, *Die Helvetische Gesellschaft 1761–1848,* Zürich 1961) war ein 1761 gegründeter patriotischer Verein.
Ziel des Vereins war die nationale Erneuerung der alten Schweiz aus dem Geist
der Aufklärung, d.h. Überwindung des konfessionellen Gegensatzes und des
Söldnerwesens und Förderung pädagogischer und ökonomischer Bestrebungen, nach 1819 die Entwicklung eines neuzeitlichen schweizerischen Bundes-
staates. Mit der Annahme der Bundesverfassung im Jahr 1848 sah die Gesellschaft ihre Ziele erreicht, 1858 fand ihre letzte Versammlung statt. Am 1.2.1914
wurde eine Neue Helvetische Gesellschaft gegründet unter dem alten Wahlspruch: «Pro Helvetica dignitate et securitate». Die Gesellschaft richtete sich
gegen die Überfremdung aller Teile des Landes, gegen das Nachlassen eines
eidgenössischen Selbstbewusstseins und gegen wachsenden Materialismus.
C. Spittelers oben S. 105, Anm. 3, genannte Rede spielte in diesem Zusammenhang eine bedeutende Rolle. Peter Barth war Anfang 1915 der Neuen Helvetischen Gesellschaft beigetreten und hatte damit Anlass zu lebhaften Auseinandersetzungen zwischen den Brüdern gegeben (vgl. Busch, S. 95).

[31] Horaz, *Epistulae* 1, 18, 84: «Tua res agitur paries cum proximus ardet».
Vgl. Büchmann, S. 546.

c) *Gedankenloses Weitermachen*, als ob unsere bisherige Art, unsern Idealen zu leben, genügen könnte. Hinter der Geschichte waltet ein ewiger Wille[,] der uns nicht zufällig u. umsonst diese Ereignisse erleben läßt, sondern damit wir zu neuen bessern Erkenntnissen u. Einstellungen kommen. Es gilt jetzt, zu lernen u. sich nicht zu fürchten vor entscheidenden Wendungen u. Opfern.

IV

Was brauchen wir, damit solche Katastrophen nicht wieder kommen? Nichts Neues, aber *das Alte in ursprünglicher Reinheit u. Kraft*

1. **Ein radikales Christentum,** wie das des neuen Testamentes war: Es komme dein Reich, es vergehe diese Welt![32] Die Liebe Gottes läßt die Welt nicht bestehen, sondern erlöst sie. Ein Christ sein heißt Anteil haben an jenem ewigen Willen, der hinter der Geschichte verborgen [,] u. darum ein Salz der Erde sein [Mt. 5,13], so ungeheuer schwer das ist u. so sehr dieser Weg ein Weg des Leidens werden muß.

a) *mein Reich ist nicht von dieser Welt* [Joh. 18,36]. Die Christen haben sich viel zu sehr gewöhnt, die bestehenden Ordnungen u. Verhältnisse bestehen zu lassen, ja sie gutzuheißen, auch wo sie dem Ev[an]g[elium] ins Gesicht schlagen. Sie haben den bestehenden Staat u. sein Recht, den Kapitalismus, das Militär anerkannt u. mit einem Schein von Göttlichkeit umgeben. Kein Wunder[,] daß sie aufhörten ein Salz der Erde [Mt. 5,13] zu sein. Sie müssen es wagen, das Evg. wieder als einen Protest u. als eine Aufgabe zu empfinden u. leuchten zu lassen vor den Leuten [vgl. Mt. 5,16]. Innerliche Trennung von Kirche und Staat! Mag die Schule nützliche Bürger, Arbeiter u. Soldaten für die Bedürfnisse der Gegenwart erziehen. In der Kirche sammeln wir uns in der Nachfolge Jesu nicht als solche[,] sondern als Verschworene einer bessern Zukunft[33], als solche, die eines neuen Himmels und einer neuen Erde warten [2. Petr. 3,13].

[32] Vgl. Mt. 6,10 par. und Did. 10,6: «Es komme die Gnade und es vergehe diese Welt».

[33] Diese bei Barth öfter vorkommende Wendung scheint zurückzugehen auf Fr. Schleiermacher, *Monologen. Eine Neujahrsgabe*, Berlin 1800, S. 90f. (Kritische Gesamtausgabe, I. Abt., Bd. 3, hrsg. von G. Meckenstock, Berlin / New York 1988, S. 36, Z. 8–14): «Es nahet sich in Liebe und Hoffnung jeder, der wie ich der Zukunft angehört, und durch jegliche That und Rede eines Jeden schließt sich enger und erweitert sich das schöne freie Bündniß der Ver-

b) *Dein Reich komme!* [Mt. 6,10] Wir haben als Christen unser Bestes verloren: die Hoffnung und damit den Glaubensgehorsam, der einer neuen Welt entgegensieht u. entgegengeht. Unsre Kirchen u. Gemeinschaften lebten im Frieden mit der Welt, ohne sie doch wirklich zu lieben u. ihr zu helfen durch den Glauben an die Kraft Gottes, der ihr Übel beseitigen will. Wir haben dem Ewigen gedient mit Worten u. Gefühlen, statt es ernst zu nehmen u. ihm entscheidenden Einfluß zu geben auf unsre Stellung zur Welt. Kirchen und Gemeinschaften müssen wieder zu Sammelpunkten u. Organen wirklichen Gottesglaubens werden. Als solche haben sie eine ungeheure Bedeutung, ohne das könnten sie noch heute aufhören ohne Schaden. Der Geist Jesu würde schon andre Formen finden. Als Organisationen des Glaubens können sie Größtes leisten.

In diesem weltfreien und weltüberwindenden Christentum liegen die Kräfte, die auch den Krieg unmöglich machen. Möchten die Christen wieder glauben lernen an diese Kräfte u. statt Urteile u. Anklagen gegen die böse Welt zu schleudern, selber Freie und Sieger werden.

2. Ein radikaler Sozialismus. Auch hier muß nur mit dem Alten, Eigentlichen, Selbstverständlichen Ernst gemacht werden. Ich habe weder Ergänzungen noch Abstriche am Parteiprogramm vorzubringen[34], aber die selbstverständl. Voraussetzungen des Programms in den einzelnen Menschen müssen ganz anders leuchten u. wirken als bisher. Denn daran hats gefehlt.

a) *Das Ideal der Gerechtigkeit* ist der Inhalt des Sozialismus und nicht die Verbesserung der Lebenslage der Arbeiterklasse. Wer für

---

schworen für die beßere Zeit. Doch auch dies erschwert so viel sie kann die Welt, und hindert jedes Erkennen der befreundeten Gemüther, und trachtet die Saat der beßern Zukunft zu verderben.»

[34] Im Zuge des Zusammenschlusses mit der Sozialdemokratischen Partei der Schweiz kam es innerhalb des Grütlivereins zu Auseinandersetzungen. Viele lokale Sektionen des Grütlivereins, der ursprünglich keiner parteipolitischen Richtung angehörte, weigerten sich, durch einfache Übernahme des Parteiprogramms mit der SPS zu fusionieren. Der Zofinger Grütliverein gehörte zu den 96 (von 235) Grütlivereinen, die während der Auseinandersetzungen um die Parteieinheit und das Parteiprogramm der SPS vom Juni 1916 bis Juni 1917 aus der SPS austraten (vgl. *Jahrbuch der Sozialdemokratischen Partei der Schweiz. Zusammengestellt und bearbeitet vom Parteisekretariat, pro 1916,* Zürich 1917, S. 52).

jenes kämpft, arbeitet auch für diese[,] aber nicht um dieser willen kämpfen wir[.] An die Stelle des Appells an die niedrigen egoistischen Instinkte muß wieder deutlich u. machtvoll der Appell an das Gerechtigkeitsgefühl Aller treten. Ein egoistischer Sozialismus ist ein Widerspruch in sich selbst und bringt es praktisch nicht weit, sondern bleibt[,] wenn er gesättigt ist, in inkonsequenten Konzessionen an die bestehende Welt stecken. Wir brauchen Menschen, die für eine bessere Ordnung arbeiten rein aus Einsicht u. gutem Willen. Auch der rechte Sozialist lebt «allein durch den Glauben» [Röm. 3,28]. Lassen wir den idealen Inhalt des Sozialismus wieder leuchten, dann werden wir in uns selbst stark sein und auch diejenigen sozialgesinnten Teile des Bürger- u. Bauerntums mitreißen, die uns bis jetzt noch nicht verstanden haben.

b) *Die Kraft der Wahrheit* ist das eigentliche Kampfmittel des Sozialismus und nicht die Gewinnung der politischen u. wirtschaftlichen Macht. Die andern Kampfmittel (Lohnkämpfe, Wahlen, Presse, Konsumgenossenschaften) sind in der Anwendung selten frei von Ungerechtigkeiten, wie bei andern Parteien u. Bestrebungen auch. Darum entsteht das seltsame Bild, daß das Recht durch das Unrecht herbeigeführt werden soll[,] u. die Soz[ial]dem[okratie] wird aus der Vertreterin der absoluten Gerechtigkeit zu einer Partei unter andern. Ferner haben es diese Kampfmittel an sich, daß sie die Soz.dem. stark mit der bestehenden bürgerlichen Welt komplizieren (Versicherungen, Gewerkschaftskassen, Sozialisten in den Parlamenten u. in den Regierungen!) Diese Kampfmittel sind nun zwar unvermeidlich, aber ihre Unvollkommenheiten werden zur schweren tötlichen Gefahr, wenn nicht hinter und über ihnen das Zutrauen zu der sozialistischen Wahrheit als solcher steht, die sich durch ihre eigene Kraft durchsetzen muß. Dieses Vertrauen hebt jene Kämpfe u. Kampfmittel auf ein höheres Niveau, reinigt sie u. macht solche Zusammenbrüche unmöglich, wie wir sie jetzt erlebt haben.

c) *Die sozialistische Persönlichkeit* ist das nächste Arbeitsziel und nicht das soz.dem. Partei- oder Kassenmitglied, nicht der soz. Wähler. Der Geist ists, der lebendig macht [Joh. 6,63]. Selber müssen wir erlöst sein, bevor wir andre erlösen können. Klar überzeugte Sozialisten sind nötig, mit dem ungestümen Drang, Gedanken u. Taten in Übereinstimmung zu bringen. Dazu heißt es sich selber, seine Kameraden, seine Familie erziehen. Eine Handvoll wirklicher Sozialisten würde die Welt durch ihre innere Kraft aus den Angeln heben.

Das ist die *Reformation des Chrts. u. des Soz.* (+ Reform[ation] der Wissenschaft!) auf die die gegenwärtige Katastrophe hinzudrängen scheint. Ihre innere Wahrheit zwingt sie unter den heutigen Umständen zu einer Vertiefung in dieser Richtung. Der erste u. wesentlichste Schritt dieser Reformation wird darin bestehen, daß die beiden Geistesmächte endlich u. endgiltig ihre *innere Verwandtschaft* erkennen, [um] ihren *innern Anschluß* zu vollziehen: Ein wirklicher Christ muß Sozialist werden (wenn er mit der Ref. des Chrts. Ernst machen will!)

Ein wirklicher Sozialist muß Christ sein (wenn ihm an der Ref. des Soz. gelegen ist!) muß im Evg. das Allein Notwendige, die umfassende Lebenskraft erkannt u. empfangen haben.

Haben wir genug vom Krieg? Sehnen wir uns nach dem Frieden auf Erden, der durch jenes Wurzelübel nicht mehr gestört wird? Dann muß jetzt eine Generation aufwachsen, die aus Christen und Sozialisten besteht im Geist u. in der Wahrheit [Joh. 4,24]. Daß diese Generation komme, das ist *unsre* Sache!

———————

Zu Barths Vorträgen im Blauen Kreuz s. oben S. 101f.

Bl† [Blaukreuz] 24. I 15

Abwege auf dem Weg zum Lebensziel.

1. Zu einem rechten Leben gehören zwei: die Erkenntnis des rechten
Ziels und die völlige Bereitschaft des Menschen, ihm zuzustreben
   Das *Ziel* ist uns gegeben in der Erkenntnis Gottes: ein Mensch
werden, der andern dient in der Gerechtigkeit, in der Seligkeit, in der
Wahrheit, in der Kraft – in Beruf, Familienleben, freier Tätigkeit
   2. Weniger sicher ist die Bereitschaft d. Menschen. Unser Weg ist
nicht direkt, denn unser *Lebensdrang* verirrt sich, indem er allerlei
Scheingestalten für Wirklichkeit nimmt u. sich darein stürzt: (Lesen –
Bleisoldaten u. Schlachtenbilder – Schriftstellerei – Theaterspielen –
Vereinsleben – so bei mir) Strolchen der Buben – Plaudern der Mädchen – Kleider – Vereinsmeierei – Wirtshaushocken – Liebschaften
   3. Zur Beruhigung für Väter u. Mütter: kein Anlaß zum Erschrek-
ken. Gutes Beispiel geben (bei mir Papa![)] Das ist das sicherste Leit-
seil, nicht Moralen u. Strafen
   Wie erkennt man den Abweg? Am Gefühl des Ungenügens. Ein
guter Mensch in seinem ...[1] Rat annehmen u. sich orientieren an Bessern als wir, das sind die Kräfte die zum Ziel führen.

---

[1] Vgl. J.W. von Goethe, *Faust I,* V. 328f. (Prolog im Himmel).

ZWEI GEDICHTE
1915

Zu Barths Vorträgen im Blauen Kreuz s. oben S. 101f.

Bl† [Blaukreuz] 7. II 15

Zwei Gedichte

1. Philippi, Belagerungsschlacht[1]
Zulauf, Bekenntnis[2]

[1] Fr. Philippi, *Die Belagerungsschlacht*, in: ChW, Jg. 29 (1915), Sp. 100:

Da wurden die Gräben im Felde heilige Stätten.
Und Höhlen der Verlassenheit
zu Gottesherbergen wurden geweiht
unter Donner und Blitz: Wir wollen das Vaterland retten!

Da hob das eiserne Beten Priesterhände
aus Gräben und Gruben bei Tag und Nacht;
schlaflos es Auge in Auge wacht
dem Sterben ... Ein Rieseln rieselt ohne Ende

von Wasser und Blut und Schweiß in den Gruben zur Seite,
wie dem Heiland es floß zum Weltenheil –
Da schreitet hernieder nächtlicher Weil
vom Himmel der Menschensohn im Sternengeleite.

Einst hatte auch er nicht, wo er sein Haupt hinlegte,
nur einen Stein und ruhete gut.
Von Haupt und Händen ihm rieselte Blut,
als ihm der Stachelkranz die Stirn umhegte.

Drum steigt zu den Gräben und Höhlen der Heiland nieder.
Er wandelt über dem Drahtverhau,
barfuß durch den höllischen Morgentau
und lächelt und grüßt am äußersten Ort seine Brüder.

[2] Fritz Zulauf (1885–1965) war ein Studienkollege und Freund Barths. Beide gehörten zur Studentenverbindung Zofingia. Zulauf war von 1912 bis 1952 Pfarrer in Delsberg (Delémont). Das in der posthumen Sammlung Fr.

119

Christus als Bruder im Schützengraben
Christus als Meister über der Welt des Krieges
2. Die Anrufung Xọ'i [Christi] ist nötig, ehrlich u. wahr. Es *ist* ja
viel Christusgeist im Leben der Kriegführenden (Soldaten u. daheim!)
3. Aber wenn wir dem Xọ Geist folgen[,] kommen wir in merkwürdigen Widerspruch zu der Wirklichkeit.

Xọ ficht [?] nicht als Feind sondern
  als Freund der Menschen
für die Wahrheit u. nicht für ein Vaterland } Überwindung
für Gott u. nicht im Gehorsam der Welt

4. So fühlen wir uns innerlich gewisser, urteilen dürfen wir nicht,
aber uns innerlich zu Xọ dem *Meister* stellen in Hoffnung u. Glauben

Zulauf, *Du hast uns reich gemacht. Gedichte,* Privatdruck 1966, S. 33, unter
dem Titel «Das Ziel» veröffentlichte, mit Delsberg, den 17. August 1914 da-
tierte Gedicht war unter dem Titel «Bekenntnis» zunächst im «Freien Schweizer Arbeiter», Jg. 8 (1914/15), Nr. 6 vom 11.12.1914, S. [2], – dort aber mit
einem Druckfehler in der letzten Strophe: «Gott» statt richtig «Gold» – erschienen und dann vom «Monatsblatt für das reformierte Volk des Aargaus»,
Jg. 25 (1915), Nr. 2, S. [1], nachgedruckt worden:

Ich glaube nicht an den Krieg!
Und ob die Soldaten marschieren
Und die Mächtigen kommandieren:
  Ich glaube an den Sieg,
  Den die Lieb' erringt,
  Die mein Herz bezwingt.

Ich lieb' ihn nimmer, den Krieg!
Und ob auch die Fahnen stolz flattern,
Und viel tausend Gewehre knattern:
  Ich liebe still den Sieg,
  Den die Arbeit hat
  Und die Geistestat.

Ich hoff' auf Frieden, nicht Krieg!
Und ob noch die Zaren sich brüsten,
Und um Gold die Seelen verwüsten:
  Ich hoffe auf den Sieg,
  Der da Geld und Welt
  Unter Christus stellt.

Zu Weihnachten 1914 hatte Barth die zwei Bände «Memoiren eines Revolutionärs» von Pjotr Krapotkin[1] von seiner Mutter zum Geschenk erhalten. Die Erinnerungen des russischen Anarchisten und Revolutionärs Pjotr Fürst Krapotkin (andere Schreibweise: Kropotkin) (1842–1921) waren zunächst 1899 in englischer Sprache, 1900 auch in deutscher Übersetzung erschienen. Bei Barths Vortrag handelt es sich um eine Zusammenfassung ausgewählter Kapitel aus diesem Buch. Die Stichworte gehen der Reihenfolge der Autobiographie nach. Zu Barths Vorträgen im Blauen Kreuz vgl. oben S. 101f.

Krapotkin

Bl† [Blaukreuz] Rothrist 21. II 15

Fürstenfamilie.[2] Marschallviertel in Moskau.[3] Viele Bediente.[4] Tod d. Mutter.[5] Monsieur Poulain[.][6] Landgutsleben.[7] Tanzen mit den Dienstboten.[8] Theaterspiel mit Bruder u. Hölle[9]
Zukunft: Kostümball: persischer Prinz.[10] Großfürst Michael.[11] Kappe voll Biskuit.[12] Bestimmt fürs Pagenkorps, ohne zu fragen.[13] Ältere Brüder ohnehin[14]

---

[1] P. Krapotkin, *Memoiren eines Revolutionärs*, übersetzt von M. Pannwitz, 6. Auflage Stuttgart o.J. [1910].
[2] A.a.O., Bd. 1, S. 9.
[3] A.a.O., Bd. 1, S. 2–6.
[4] A.a.O., Bd. 1, S. 7.
[5] A.a.O., Bd. 1, S. 7f.
[6] A.a.O., Bd. 1, S. 18–22 u.ö.
[7] A.a.O., Bd. 1, S. 49–61.
[8] A.a.O., Bd. 1, S. 23.
[9] A.a.O., Bd. 1, S. 25–28.
[10] A.a.O., Bd. 1, S. 28–32.
[11] A.a.O., Bd. 1, S. 11 (in Barths Exemplar angestrichen) u.ö.
[12] A.a.O., Bd. 1, S. 32.
[13] A.a.O., Bd. 1, S. 32.
[14] A.a.O., Bd. 1, S. 32–34.

Leibeigene:[15] «Eigene» Bediente, in Moskau 50, auf d. Land 75.[16] Stolz auf ihre Leistungen[17] (Frol!).[18] Musikkapelle.[19] Knorzerei u. Verschwendung.[20] Bestellungen.[21] Rührende Seelen (Lampe zerbrochen!)[22] Abgeholt im Frühling.[23] Tyrannei des Vaters: Auspeitschen[24], Zwangsheiraten[25], Kriegsdienst[26], Sehnsucht nach Freiheit[27].

———

Pagenkorps[28] 5 J[ahre][29]. Geist der russ[ischen] Armee.[30] Tyrannei der ältern Pagen: Schläge[31], Schildwachstehen beim Rauchklub.[32] Übung der Vorstellung beim Kaiser.[33] – Guter Unterricht[34]

Andre Interessen: Religion? Leidensgeschichte.[35] Gebet gegen Herrschsucht.[36] Philosophie?[37] Volkswirtschaft?[38] Bekanntschaft mit den russischen Bauern[39]

Aufhebung der Leibeigenschaft.[40] Revolut[ionäre] Zeitschrift.[41] Begeisterung 1860[42]

[15] A.a.O., Bd. 1, S. 34.
[16] A.a.O., Bd. 1, S. 34f.
[17] A.a.O., Bd. 1, S. 35.
[18] A.a.O., Bd. 1, S. 12 u.ö.
[19] A.a.O., Bd. 1, S. 36f.
[20] A.a.O., Bd. 1, S. 39.
[21] A.a.O., Bd. 1, S. 45f.
[22] A.a.O., Bd. 1, S. 47–49.
[23] A.a.O., Bd. 1, S. 49f.
[24] A.a.O., Bd. 1, S. 51.65f.
[25] A.a.O., Bd. 1, S. 66–69.
[26] A.a.O., Bd. 1, S. 69–72.
[27] A.a.O., Bd. 1, S. 78.
[28] A.a.O., Bd. 1, S. 91–96.
[29] A.a.O., Bd. 1, S. 92.
[30] A.a.O., Bd. 1, S. 94.
[31] A.a.O., Bd. 1, S. 97f.
[32] A.a.O., Bd. 1, S. 100–102.
[33] A.a.O., Bd. 1, S. 105f.
[34] A.a.O., Bd. 1, S. 107–117.
[35] A.a.O., Bd. 1, S. 124f.
[36] A.a.O., Bd. 1, S. 124.
[37] A.a.O., Bd. 1, S. 125f.
[38] A.a.O., Bd. 1, S. 127f.
[39] A.a.O., Bd. 1, S. 132–140.
[40] A.a.O., Bd. 1, S. 167–181.
[41] A.a.O., Bd. 1, S. 165–167.
[42] A.a.O., Bd. 1, S. 175f.

Am Hof.[43] Förmlichkeit.[44] Erkenntnis des Unwerts.[45] Servilität.[46] Pflichten.[47] Spionage.[48] Szenen bei der Wasserweihe.[49] Rückfall Alex[anders] II[50]

Ins Kosakenregiment.[51] Auswahl.[52] Sibirien.[53] Brand in der Nähe.[54] Einweihung: ohne das geringste Erbarmen[55]

Sibirien.[56] Besserungsversuche.[57] General Kukel[.][58] In der Amur-provinz: Kosaken u. Sträflinge.[59] Abenteuer auf dem Amur.[60] Ver-kleidet durch die Mandschurei[.][61] Aufstand der Polen.[62]

Universität[63] 1867 Wissenschaft etwas Herrliches![64] Aber das Volk.[65] Finnische Bauern.[66] Nicht Sekretär.[67]

Reaktion.[68] Allgemeine Furcht.[69] Einkerkerungen[.][70] Reformbe-wegung unter den Frauen.[71]

[43] A.a.O., Bd. 1, S. 183–194.
[44] A.a.O., Bd. 1, S. 183.
[45] A.a.O., Bd. 1, S. 184.
[46] A.a.O., Bd. 1, S. 185.
[47] A.a.O., Bd. 1, S. 186f.
[48] A.a.O., Bd. 1, S. 188f.
[49] A.a.O., Bd. 1, S. 192–194.
[50] A.a.O., Bd. 1, S. 194–196.
[51] A.a.O., Bd. 1, S. 200–204.
[52] A.a.O., Bd. 1, S. 201.
[53] A.a.O., Bd. 1, S. 201–204.
[54] A.a.O., Bd. 1, S. 204–210.
[55] A.a.O., Bd. 1, S. 215f.
[56] A.a.O., Bd. 1, S. 218–220.
[57] A.a.O., Bd. 1, S. 220.
[58] A.a.O., Bd. 1, S. 220–223 u.ö.
[59] A.a.O., Bd. 1, S. 240–242.
[60] A.a.O., Bd. 1, S. 243–253.
[61] A.a.O., Bd. 1, S. 259–270.
[62] A.a.O., Bd. 1, S. 225–228.
[63] A.a.O., Bd. 2, S. 9f.
[64] A.a.O., Bd. 2, S. 29f.
[65] A.a.O., Bd. 2, S. 30.
[66] A.a.O., Bd. 2, S. 27–28.
[67] A.a.O., Bd. 2, S. 32.
[68] A.a.O., Bd. 2, S. 32–36.
[69] A.a.O., Bd. 2, S. 45f.
[70] A.a.O., Bd. 2, S. 46.
[71] A.a.O., Bd. 2, S. 52–58.

Reise in die Schweiz.[72] Zürich.[73] Sozialisten.[74] Genf.[75] Einsicht in ihre Fehler.[76] Unter den Uhrmachern im Jura.[77] Kommunisten: Friedlichkeit.[78] Unbedingtheit.[79] Glaube an den Geist.[80] Heim.[81] Schmuggel.[82]

Jugendbewegung in Rußland.[83] Gegen Konvention[.][84] Unterricht der Masse.[85] «Zum Volk».[86] Freundesverkehr ohne Falschheit.[87] Propaganda im Land u. unter den Arbeitern.[88] Geheimkorrespondenz.[89] Mädchen in Fabriken.[90] Kein Präsident.[91] Keine schöne Rede.[92] Verkleidungen.[93] Anders als die vornehmen Aufgeklärten![94] Viele Verhaftungen.[95]

Gefängnis.[96] Vortrag.[97] Borodin-Krapotkin.[98] Verhaftet.[99] Peterpaulsfestung.[100] Die Zelle.[101] Übungen.[102] Bruder Alexander.[103] Darf

[72] A.a.O., Bd. 2, S. 65f.
[73] A.a.O., Bd. 2, S. 66f.
[74] A.a.O., Bd. 2, S. 67–76.
[75] A.a.O., Bd. 2, S. 76–79.
[76] A.a.O., Bd. 2, S. 79–82.
[77] A.a.O., Bd. 2, S. 85–89.
[78] A.a.O., Bd. 2, S. 89–91.
[79] A.a.O., Bd. 2, S. 97.
[80] A.a.O., Bd. 2, S. 97.
[81] A.a.O., Bd. 2, S. 98.
[82] A.a.O., Bd. 2, S. 98–102.
[83] A.a.O., Bd. 2, S. 102.
[84] A.a.O., Bd. 2, S. 104f.
[85] A.a.O., Bd. 2, S. 111.
[86] A.a.O., Bd. 2, S. 110.
[87] A.a.O., Bd. 2, S. 112–114.
[88] A.a.O., Bd. 2, S. 115f.
[89] A.a.O., Bd. 2, S. 136f.
[90] A.a.O., Bd. 2, S. 140.
[91] A.a.O., Bd. 2, S. 141.
[92] A.a.O., Bd. 2, S. 142.
[93] A.a.O., Bd. 2, S. 145.
[94] A.a.O., Bd. 2, S. 146.
[95] A.a.O., Bd. 2, S. 148–150.
[96] A.a.O., Bd. 2, S. 155–194.
[97] A.a.O., Bd. 2, S. S. 152f.
[98] A.a.O., Bd. 2, S. 154f.
[99] A.a.O., Bd. 2, S. 155.
[100] A.a.O., Bd. 2, S. 163.166–168.
[101] A.a.O., Bd. 2, S. 165.168f.

Schreiben u. Lesen.[104] Verkehr mit den Andern.[105] Gefängnisuhr[106]
Flucht.[107] Erkrankt.[108] Ins Untersuchungsgefängnis[.][109] Ins Spital.[110] Spaziergänge im Hof.[111] Ballonzeichen.[112] Freimachung des Weges.[113] Geige.[114] Mantel ab[.][115] Mann mit Dienstmütze.[116] Entrinnt![117] Ins Café.[118] Über Finnland, Schweden nach England[119]
London[120] Zeitungen[121]
Chaux de Fonds.[122] Anarchist.[123]
Belgien[124]
Frankreich[125]
Aus der Schweiz ausgewiesen[126] wegen Attentat in Rußland[127]
Explosion in Lyon.[128] Im Gefängnis von Clermont[.][129] Geheimpolizisten[130]

[102] A.a.O., Bd. 2, S. 170f.
[103] A.a.O., Bd. 2, S. 172–174 u.ö.
[104] A.a.O., Bd. 2, S. 174–177.
[105] A.a.O., Bd. 2, S. 177f.
[106] A.a.O., Bd. 2, S. 178f.
[107] A.a.O., Bd. 2, S. 195–207.
[108] A.a.O., Bd. 2, S. 191f.
[109] A.a.O., Bd. 2, S. 192.
[110] A.a.O., Bd. 2, S. 194f.
[111] A.a.O., Bd. 2, S. 196f.
[112] A.a.O., Bd. 2, S. 200f.
[113] A.a.O., Bd. 2, S. 201f.
[114] A.a.O., Bd. 2, S. 203.
[115] A.a.O., Bd. 2, S. 203f.
[116] A.a.O., Bd. 2, S. 205.
[117] A.a.O., Bd. 2, S. 207.
[118] A.a.O., Bd. 2, S. 209.
[119] A.a.O., Bd. 2, S. 210–212.
[120] A.a.O., Bd. 2, S. 217.
[121] A.a.O., Bd. 2, S. 217–219.
[122] A.a.O., Bd. 2, S. 235f.
[123] A.a.O., Bd. 2, S. 239–246.
[124] A.a.O., Bd. 2, S. 247–249.
[125] A.a.O., Bd. 2, S. 250f.
[126] A.a.O., Bd. 2, S. 289f.
[127] A.a.O., Bd. 2, S. 284f.
[128] A.a.O., Bd. 2, S. 303f.
[129] Irrtum Barths. Krapotkin war im März 1883 in das Zentralgefängnis von Clairvaux eingeliefert worden. Vgl. P. Krapotkin, a.a.O., Bd. 2, S. 317–333.
[130] A.a.O., Bd. 2, S. 333f.

Ein Vorbild:

d. Bekehrung
d. Bruderliebe
d. Energie
d. Opferbereitschaft[131]

---

[131] Die letzten vier Zeilen sind in eiliger Schrift mit Bleistift nachgetragen.

FRANZ VON ASSISI
1915

Zu Barths Vorträgen im Blauen Kreuz s. oben S. 101f. Vgl. auch V. u.
kl. A. 1905–1909, S. 8–45.

Franz von Assisi[1]

Oftringen, Bl† [Blaukreuz] 2. III 15

Unsere Zeit öffnet uns die Augen für die Welt[,] in der wir leben. Jetzt
siehts jeder: sie ist eine Welt voll Leid, Unrecht, Haß, Zerstörung.
Aber das darum, weil sie ruht auf der Selbstsucht, dem Geld, der
Gewalt. *Was sollen wir thun?* [Lk. 3,10; Act. 2,37] Vereine gründen zur
Verbesserung u[nd] Verhinderung der Übelstände? Alles gut. Aber
eins ist Not [Lk. 10,42]: *Glaube an die andere bessere Welt Gottes,* die
Jesus uns eröffnet hat. Von einem seiner Jünger wollen wir heute hö-
ren.

Assisi in Umbrien 1182. Vater Pietro Bernardone Tuchhändler.
Sein Sohn Francesco[2], lebenslustig, aufs Ganze gehend, flottes Leben.[3]
Gefangen im Krieg mit Perusia.[4] Krank. Als Rekonvaleszent Spaziergang u. Lebensabscheu. Rückfall.[5] Soll als Begleiter eines Ritters ausziehen. Vom Fieber erfaßt, muß umkehren.[6]

Immer [?] in den Wäldern. Fest. Ankündigung seiner Verlobung
mit – der Armut.[7] Ruhe in der Natur. Verkleidung in St. Peter in Rom.

---

[1] Barth hat die biographischen Stichworte für seinen Vortrag an Hand von
P. Sabatier, *Vie de S. François d'Assise*, Paris 1894[10], erarbeitet. Das Exemplar –
aus dem ursprünglichen Besitz seines Vaters – ist im Karl Barth-Archiv erhalten. Im folgenden werden zu den Seitenzahlen dieser französischen Ausgabe
auch die entsprechenden Seiten der deutschen Übersetzung angeführt, obwohl
nicht sicher ist, dass Barth sie ebenfalls benutzt hat: P. Sabatier, *Leben des
Heiligen Franz von Assisi.* Deutsch von M. Lisco, Neue Ausgabe, Berlin 1897.
[2] A.a.O., S. 1–4 (dt. S. 3–5).
[3] A.a.O., S. 9–11 (dt. S. 8f.).
[4] A.a.O., S. 11f. (dt. S. 14f.).
[5] A.a.O., S. 16–19 (dt. S. 12–14).
[6] A.a.O., S. 19–22 (dt. S. 14–16).
[7] A.a.O., S. 22–25.145f. (dt. S. 16f.95f.).

Messe mit Ev[an]g[elium]: Folge mir nach! [Mt 19,21 par.][8] Aussätzigem Hand geküßt.[9]

Kirchlein von San Damiano. Kruzifix. Reparierbedürftig.[10] Verkauft Alles in Foligno u. bringts dem Priester.[11] Versteckt sich dort, wird gesucht, geht selbst zum Vater: Pazzo! Geschlagen u. gefangen, von d[er] Mutter befreit.[12] Vor dem Bischof.[13] Gesang in den Wäldern. Der Herold Gottes u. die Räuber.[14] In S. Damian[.] Bettelt um Öl[15]

Predigt in Assisi.[16] Die ersten Anhänger: Bernhard. Egidius.[17] Zug über Land als Jocul[atores] Dom[ini]. Helfen den Bauern. Großes Aufsehen.[18] Einspruch des Bischofs: hartes Leben. Antwort: Eigentum verursacht Krieg.[19] Mißachtung in Florenz: Übernachten im Freien, Kot angeworfen, Kleider zerrissen, an die Kapuzen gehängt[20]

Guter Katholik. Darum nach Rom zu Innozenz III. Wollen nach dem Ev[an]g[elium] leben.[21] Sollen in einen Orden eintreten. «Zu schwer».[22] Anerkannt.[23] Verlassen Rom aufs Freudigste. In Orte Versuchung zum Klosterleben.[24]

Rivo Torto. Leben in Hüttlein.[25] Darf in Assisi predigen.[26] Die Minores. Stiftet Frieden in der Stadt.[27]

[8] A.a.O., S. 27f. (dt. S. 19f.).
[9] A.a.O., S. 29 (dt. S. 21).
[10] A.a.O., S. 62f. (dt. S. 41–43).
[11] A.a.O., S. 63–66 (dt. S. 43f.).
[12] A.a.O., S. 66–68 (dt. S. 44–46).
[13] A.a.O., S. 69f. (dt. S. 46f.).
[14] A.a.O., S. 72 (dt. S. 48f.).
[15] A.a.O., S. 73–75 (dt. S. 49–51).
[16] A.a.O., S. 80 (dt. S. 54).
[17] A.a.O., S. 83–86.87f. (dt. S. 56–58.59).
[18] A.a.O., S. 88–90 (dt. S. 59–61).
[19] A.a.O., S. 91 (dt. S. 61).
[20] A.a.O., S. 96–98 (dt. S. 65f.).
[21] A.a.O., S. 100f.109f. (dt. S. 67f.73).
[22] A.a.O., S. 109f. (dt. S. 72f.); vgl. *Legenda Sancti Francisci Assisiensis a tribus ipsius sociis scripta,* IV, 49, *Acta Sanctorum* Octobris Tomus II, Antwerpen 1768, S. 736 E.
[23] A.a.O., S. 113–115 (dt. S. 75f.).
[24] A.a.O., S. 117–120 (dt. S. 77–79).
[25] A.a.O., S. 123–126 (dt. S. 81–83).
[26] A.a.O., S. 128 (dt. S. 84).
[27] A.a.O., S. 133–135 (dt. S. 87f.).

Portiuncula.[28] Arbeitsames Leben. Wenn ungenügender Ertrag, dann mensa Domini. Brodarbeit [?], Wassertragen, Körbe flechten, Tote begraben, Holz machen, Nüsse herabschlagen[.] Als Lohn nur das Nötigste.[29] Das Geld wird ihm Teufelsinstrument![30] Armut u. Arbeit. Ritterschaft, freudige Askese! Regel.[31] Behandlung der Räuber.[32] Juniperus in Rom. Säulein![33] Die vollkommene Freude (Heiligkeit, Heilungen, Engelsprache, Predigt – Leiden!)[34] Aussätzige.[35] Il Poverello.[36] Asche[37]

Clara Sciffi in St. Damian.[38]

Missionsarbeit.[39] Bischof in Imola («durchs Fenster»)[40] Leben eine Predigt.[41] Predigt an die Vögel.[42] Tauben. Fisch. Freude an der Natur. An den Blumen.[43] Kleiner M[an]n mit schwarzen Augen.[44] Generalkapitel unter freiem Himmel.[45] Nach Deutschland u. Afrika[46] *

* Bruder Elias.[47] Kardinal Ugolino.[48] Teilnahme am Kreuzzug. Unter dessen Verwirrung.[49] Angst vor Besitz[50], Statuten[51]

[28] A.a.O., S. 136f. (dt. S. 89f.).
[29] A.a.O., S. 138–141 (dt. S. 90–92).
[30] A.a.O., S. 142 (dt. S. 93).
[31] A.a.O., S. 143–147 (dt. S. 94–96).
[32] A.a.O., S. 151f. (dt. S. 98f.).
[33] A.a.O., S. 154f. (dt. S. 101f.).
[34] A.a.O., S. 157–159 (dt. S. 103f.).
[35] A.a.O., S. 162–165 (dt. S. 106–109).
[36] A.a.O., S. 187 u.ö. (dt. S. 121 u.ö.).
[37] A.a.O., S. 190 (dt. S. 123).
[38] A.a.O., S. 168.173f.176–181 (dt. S. 110.113f.115–118).
[39] A.a.O., S. 191–193 u.ö. (dt. S. 124f. u.ö.).
[40] A.a.O., S. 196 (dt. S. 127).
[41] A.a.O., S. 192.232 (dt. S. 124.148).
[42] A.a.O., S. 200–202.205f. (dt. S. 130f.133).
[43] A.a.O., S. 204f. (dt. S. 132f.).
[44] A.a.O., S. 207 (dt. S. 134).
[45] A.a.O., S. 228f. (dt. S. 146).
[46] A.a.O., S. 235.253f.255–258 (dt. S. 150.161.162–164).
[47] A.a.O., S. 233f. u.ö. (dt. S. 149 u.ö.).
[48] A.a.O., S. 237f. u.ö. (dt. S. 151f. u.ö.).
[49] A.a.O., S. 258–283 (dt. S. 164–181).
[50] A.a.O., S. 273f.284f. (dt. S. 174.181f.).
[51] A.a.O., S. 288–308 (dt. S. 184–197).

Franz u. die Kirche. Freiheit von Regeln: der Sünder kann Alles, nicht Gott treu sein.[52] Rede vor dem Papst.[53]

Tod. Krankheit u. Halberblindung.[54] Mitten darin das Sonnenlied.[55] Testament[56] u. Briefe. Assisi.[57] Portiunkula[.][58] Heiligsprechung – Kirche[59]

Bedeutung[60]: Nachahmen? Geht nicht.

Also unbegreifl[iche] Offenbarung einer höhr[en] Welt.

Sie ist wahr.

Diese Welt wieder anerkennen: Glaube

Dann auch Kinder des Friedens

Dann kommt der Friede u[nd] wir haben ihn

Zeige uns den Vater ... [Joh. 14,8f.]

Jetzt schon Taten wie die des Poverello?

Es könnte dazu kommen

Abstinenz als eine Freude?

Blaukreuzler Joculatores?

7	Demut 3		5	Schwein 1
1	Vollk[ommene] Freude 8		4	Arme 4,5
9	Aussätzige 25		3	Schaukel 9
8	Prediger Nackt 30			
2	Räuber 26[61]			

---

[52] A.a.O., S. 222 (dt. S. 143f.).

[53] A.a.O., S. 242f. (dt. S. 155).

[54] A.a.O., S. 345–348 (dt. S. 221–223).

[55] A.a.O., S. 349–352 (dt. S. 223–225).

[56] A.a.O., S. 384–394 (dt. S. 246–252).

[57] A.a.O., S. 363–382 (dt. S. 232–245).

[58] A.a.O., S. 382–399 (dt. S. 245–255).

[59] A.a.O., S. 399 (dt. S. 255).

[60] Der hier beginnende Abschnitt, die Tabelle am Ende des Vortragsmanuskripts und der spätere Zusatz mit * zum Abschnitt «Missionsarbeit» sind, deutlich in Eile, mit Bleistift geschrieben.

[61] Die beiden Kolumnen bieten Stichworte zu einigen Kapiteln aus den *Fioretti di San Francesco* und aus der *Vita di Frate Ginepro*, die Barth offenbar vorlesen oder – z.T. noch einmal: einiges wurde schon im Vorangehenden, dem Bericht Sabatiers folgend, berührt – erzählen wollte. Die linke Kolumne bezieht sich auf den *Blütenkranz des Heiligen Franciscus*, die rechte auf *Das Leben Bruder Ginepros*. Die Kapitelnummern stehen hinter den Stichworten, die Zahlen davor geben wohl – mit einer kleinen Ungenauigkeit – die Reihen-

CHRISTUS UND DIE SOZIALDEMOKRATEN
1915

Seon liegt ungefähr 12 km östlich von Safenwil. 1915 hatte der Ort über 2000 Einwohner. Die lokale Organisation der Sozialdemokratischen Partei, der Grütliverein des Bezirks Lenzburg, zählte nach dem Jahrbuch der Sozialdemokratischen Partei[1] 19 Mitglieder. Die Veranstaltung mit der Rede Karl Barths wurde auch in der Presse wahrgenommen. Mit dem Manuskript hat Barth drei Zeitungsberichte über seinen Vortrag aufbewahrt, die als Anhang abgedruckt werden (s. unten, S. 137–139). Vor allem verdient der Artikel des freisinnig-demokratischen «Zofinger Tagblatts» Aufmerksamkeit: Es brachte einen als Korrespondenz aus Seon eingesandten Bericht, der als durchaus beeindrucktes Echo aus bürgerlichen Kreisen von besonderem Interesse ist. Bemerkenswert ist auch, dass Barth, wie diesem Artikel zu entnehmen ist, seine in Schriftdeutsch vorbereiteten Ausführungen im Dialekt vorgetragen hat. Demgegenüber erscheint der Artikel im sozialdemokratischen «Neuen Freien Aargauer» konventionell. Doch konnte die Zeitung in einem Nachtrag zu ihrem Bericht melden, dass die freisinnige-demokratische «Lenzburger Zeitung» ebenfalls einen positiven Bericht gebracht habe: Barths Vortrag habe also «auch bei unseren Gegnern volle Anerkennung» gefunden.

folge an, in der Barth die Legenden vortragen wollte. Barth benutzte vielleicht – das Buch ist im Karl Barth-Archiv erhalten –: *Blütenkranz des Heiligen Franciscus von Assisi*, aus dem Italienischen übersetzt von O. Freiherrn von Taube, 3. Tausend Jena 1908; vgl. dort S. 6–9.21–24.65–68.85–87.68–76 (*Fioretti*, c. 3.8.25.30.26) und S. 200–203.208–212.214f. (*Vita*, c. 1.4.5.9).

[1] *Jahrbuch der Sozialdemokratischen Partei der Schweiz 1914* (s. oben S. 9, Anm. 1), S. 61.

Christus und die Sozialdemokraten.

Vortrag am Bezirkstag der soz[ial]dem[okratischen] Partei des
Bez[irks] Lenzburg in der Turnhalle in Seon

Sonntag 25. April 1915

Jesus v. Naz[areth] am Kreuz gestorben. Handwerker. Wanderer, redet von Gott, Krankenheilungen. Umgeben von d. Masse, darin einsam. *Wer war Jesus?* Was bedeutet er *für uns Soz[ial]dem[okraten]?* XQ
[Christus] ist Antwort auf die Welträtsel, so auch Quelle u. Kraft
unsrer Bewegung.

I

XQ, was er war u. wollte.

Mißverständnisse, die zu vermeiden:

Jesus war *nicht Politiker.* Versuchung [Mt. 4,8–11]. «Keine Schuld»
[Joh. 18,38]. Tut es uns leid? Aber höher als der Politiker steht der
Mensch, die lebend[ige] Seele. Hier ist d. Gebiet, wo Jesus uns begeg-
net als der Schöpfer neuer Mensch[en].

Jesus war *nicht sozialer Reformator.* Soz[iale] Not damals, sah sie,
«tat nichts» dagegen. Wünschen wirs anders? Oder verstehen wir
ihn[,] gerade als Soz.dem.? Er war nicht Reformer, sondern Revolutionär. Hier müssen wir ihn suchen.

Jesus war *nicht Moralprediger.* Die wenigsten seiner sittl[ichen]
Forderungen sind originell. Gleichsam spielend erhebt er alle Gebote
ins Unermeßliche[,] Unmögliche. Nicht leichten Unterrichtsstoff
bietet er, sondern Gedanken, die in uns die Sehnsucht erwecken nach
einem Leben ohne Moral[,] weil es Leben in d. Wahrheit ist. Wer
d[iese] Sehnsucht kennt, versteht Jesus.

Und Jesus ist *kein Religionsstifter.* Er fordert nicht Zustimmung zu
einer Lehre od. Teilnahme an einem Kultus (ein Chr[isten]t[um,] dem
das wesentlich wäre, ist ihm fremd!!)[,] sondern mit Allem[,] was er
sagt und tut, will er die Menschen durch den Schein hindurch zur
Wirklichkeit d. Lebens führen. So kommen ihm Alle die nahe, die
bewegt sind von der Frage: was soll d. Leben? was soll d. Welt? Das

Chrt. die «Religion» der ernsthaften Menschen. Wer aus der Wahrheit ist.... [Joh. 18,37]

Jesus ist der Mensch, der dem Leben in einzigartiger Weise auf den Grund gegangen ist. Der Schein, die Vorläufigkeiten u. Unvollkommenheiten des Daseins verschwinden, werden bedeutungslos, *die eigentliche Welt, die Wirklichkeit* tritt hervor.

Die eigentliche Welt, der Grund aller Dinge, ist eine Welt *unendlicher siegreicher Güte*

Darum ist Not u. Elend u. Tod etwas Vorübergehendes, Angst u. Schrecken davor eine Einbildung, die rechte Haltung ein *stilles festes Vertrauen.*

Darum ist Selbstsucht u. Unrecht etwas in sich Unmögliches, Sündigen ein Atmenwollen in luftleerem Raum, die *Überwindung des Bösen* der selbstverständliche Weg

Darum ist die Schwachheit u. Thorheit d. Menschen eine Blindheit, unter der sie selbst am Meisten leiden, die *Sünde ist ihnen vergeben,* neues Leben wartet ihrer, sobald ihnen die Augen aufgehen

Darum ist eine Gerechtigkeit, die sich mit Beten, Almosen u. Moral zufrieden geben könnte, eine Heuchelei, an ihre Stelle tritt die *Sehnsucht nach dem Sieg* völliger Bruderschaft u. Barmherzigkeit unter den Menschen.

Darum treibt d. Mensch aus freier Einsicht das Werk, das er tun muß[,] u. alles: du sollst! u. du sollst nicht! ist aufgehoben u. beschlossen in dem *einen Gebot d. Gehorsams*

Darum giebt es unter den Menschen keine Gleichgültigkeit, keine Feindschaft, keine Anerkennung von Hindernissen mehr, über Alles triumphiert die *Liebe,* die so stark ist, weil sie auf der Wahrheit beruht.

Diese ewige Güte der andern Welt nennt Jesus den **Vater im Himmel.** Sein Dasein verbindet uns untereinander u. ordnet unser Leben.

Und wo er erkannt wird, wo die Menschen aus seinen Kräften leben u. ihr Leben u. die Welt gestalten[,] da ist das **Himmelreich.**

Und das Himmelreich kommt, wo wir **glauben[.]** Gl[auben] heißt auftun. Die Erkenntnis Gottes (Buße u. Gebet) schafft eine neue innere Stellung zum Leben, die mit Notwendigkeit (Samenkorn [Mk. 4,26–29]) Alles (Berge versetzen ... [1. Kor. 13,2; vgl. Mt. 17,20]) verwandelt.

Diese andre Welt ist der Inhalt des Lebens Jesu[.] Weil er sie erkannt hat u. in ihr steht, nennt er sich den Sohn des Vaters u. will mit uns nichts Anderes, als uns in sein Verhältnis zum Leben hineinziehen. Sein Leben u. Sterben[2] ist Revolution im tiefsten Sinn. Eben darum kann er nicht Politiker etc. sein. Daß es Rev[olution] ist, daß unsre Welt in ihren tiefsten Kräften sich gegen die hereinbrechende Gotteswelt wehrt u. darum überwunden werden muß, das zeigt sich im Kreuze Xϱ'i. Eben da aber auch die überlegene Wahrheit der erstern

II

Was hat Xϱ mit der *Sozialdemokratie* zu thun?

Warum sind wir Soz.dem.? Weil wir in Sorge u. Not gemerkt haben, wie der Arbeiterklasse geholfen werden kann? Weil wir schlimme Erfahrungen gemacht mit den herrschenden Gesellschaftszuständen? Weil wir aufgeklärt worden sind über ihre Ursachen u. Wirkungen? Ja, das Alles auch, aber nicht nur das! Denn bei Vielen bestehen diese Gründe u. sie sind nicht Soz.dem. oder sie bleiben es nicht.

Warum bleiben wir Soz.dem.? Trotz aller leichtern Wege, die sich öffnen? Trotz aller raschen Vorteile[,] die anderswo zu gewinnen wären? Trotz dem Krieg, der uns wenigstens dem Anschein nach in unsern Hoffnungen weit zurück gebracht hat. – Weil uns in der soz[ialen] Bewegung *ein Glaube entgegentritt, der das Tiefste in uns in Anspruch nimmt u. uns in seinen Dienst zwingt.* Und sofort fühlen wir uns bei diesem Glauben an Xϱ erinnert u. empfangen von ihm neue Kraft zum Glauben.

Denn was will der Sozialismus? Die *Freiheit des Menschen vom Gelde.* Nicht die Sachen sollen den Menschen beherrschen, sondern der Mensch soll leben. Seine Würde, die er in der Jagd nach Besitz verloren, soll ihm in gemeinsamer Arbeit zurückgegeben werden. Zweitens eine Neuordnung der Gesellschaft auf Grund der *Gerechtigkeit.* Durch Ersetzung der Macht durch das Recht und der Klassen- u. Völkergegensätze durch den Frieden[.] Weg dazu: der Glaube

[2] Das Wort ist nicht sicher zu entziffern. Es könnte allenfalls auch «Streben» heißen.

Diesen Glauben an Freiheit u. Gerechtigkeit unter den Menschen vertritt die Soz.dem. gegenüber einer Welt, die auf das Geld u. die Macht aufgebaut ist, vertritt ihn als revolutionäre Partei[,] die nicht flicken, sondern neuschaffen will. Ist denn das etwas Anderes, als was Jesus wollte? Ja, Jesus wollte u. brachte noch unendlich viel mehr. Das soz[ialistische] Programm ist nur ein kleiner Ausschnitt aus Jesu Programm: dein Reich komme! [Mt. 6,10 par.] Aber im Sozialismus bricht, obgleich seine Bekenner es z.T. nicht wissen u. leugnen u. trotz all ihrer Fehler etwas auf vom Himmelreich, etwas von den Kräften Gottes. Hier ist Glaube an die andre Welt u. Arbeit dafür. Und darum ist uns der Soz[ialismus] lange nicht nur eine polit[ische] od. wirtschaftl[iche] Frage, sondern zuerst u. im tiefsten eine Gewissens- u. Glaubenssache.

Weil wir an die andre Welt glauben, die Xọ uns eröffnet[,] müssen wir trotz Allem uns am Soz. freuen u. dafür arbeiten.

Und weil wir ernsthafte Soz.dem. sein möchten, können wir nicht anders, als in der Botschaft u. im Leben Xọ'i den eigentl[ichen] Kern u. Richtpunkt unsrer Hoffnung u. Arbeit sehen.

III

Was bedeutet dieser Zusammenhang für uns Soz.dem.?

Klarheit u. inneren Halt. Wer das weiß: ich stehe als Sozialist auf der Linie Jesu, der muß mit innerster Seele Soz[ialist] sein, er *muß*, er lebt im Soz. mit tiefstem Pflichtgefühl. Und mit ruhigem Gewissen u. Vertrauen gegenüber Anfechtungen u. Schwierigkeiten. Und mit einer Klarheit, die ihm nicht erlaubt, wegen Launen u. Vorteilen seinen Soz. aufzugeben. Er gehört zu ihm als eine göttl[iche] Aufgabe. Hat nicht der Krieg gezeigt, daß es zuviel oberflächliche, ängstliche, scheinbare Soz. gab? Die Erk[enntnis] Xọ'i wird uns Soz.dem. die Klarheit u. Sicherheit geben, die uns jetzt noch fehlen.

Kritik u. Wegweisung, die die Soz.dem. als eine menschl[iche] Sache trotz aller Programme etc. nötig hat. Der Krieg hat gezeigt, wie mitten auf dem «Wege z[ur] Macht» alles schief gehen kann, wenn nicht beständige Selbstbesinnung neben dem polit[ischen] Kampf.

Unser Ideal muß rein bleiben: nicht Wohlsein, sondern Gerechtigkeit auf Erden. Dann sind wir unsrer Sache sicher, dann begeistern wir nach außen.

Unser Kampfmittel ist die Wahrheit unsrer Sache. Auch polit., gewerkschaftl. Arb[eit] gewiß, aber Achtung, daß dabei der Soz. nicht verloren geht! Er bleibt uns, wenn wir einfach darauf abstellen, damit zu siegen, daß wir recht haben.

Unsere nächsten Ziele sind nicht Wahlerfolge[,] sondern sozialist. Persönlichkeiten. Zuerst wir selbst[,] dann die andern. Zuerst erlöste Menschen, durch diese dann erlöste Verhältnisse. Lieber Wenige[,] aber Echte!

Bürgschaft u. Hoffnung. Wird unsre Partei ihr Ziel erreichen? Unbedingt, denn unser Ziel zeigt[,] wie uns der Blick auf X̱ beweist, einfach [den] Ausdruck der tiefsten Lebenswirklichkeit. Nur wer überhaupt unentschieden am Leben zweifelt, hin u. her zwischen Recht u. Unrecht etc., kann am Soz. zweifeln. So sicher die Welt Gottes triumphiert, so sicher setzt sich die Wahrheit d. Soz. durch über alle Hindernisse hinweg.

Aber vielleicht in sehr andrer Weise als wir denken. Wir können nur der Stimme unsres Gewissens gehorchen u. mit Leib u. Seele Soz. sein. Wohin führt der Weg? Wo ist das Ziel erreicht? Sicher ist, daß es ohne *Kreuz* nicht gehen wird. Wundert euch nicht, wenn das kommt. Wenn wirs tragen u. festbleiben[,] ringt sich in unserm Leid die wirkl[iche] Welt an den Tag, die auch die Welt des Sozialismus sein wird.

Laßt mich schließen mit *Goethes* Bekenntnis[3]:

> Die Zukunft decket
> Schmerzen u. Glücke[.]
> Schrittweis dem Blicke[,]
> Doch ungeschrecket
> Dringen wir vorwärts.

---

[3] J.W. von Goethe, «Symbolum». Barth lässt die erste und die vierte Strophe aus und folgt in der ersten Zeile der dritten dem Text des ersten Druckes («schwer und ferne» statt «schwer und schwerer»).

Und schwer u. ferne
Hängt eine Hülle
Mit Ehrfurcht. Stille
Ruhn oben die Sterne
Und unten die Gräber[.]

Doch rufen von drüben
Die Stimmen der Geister[,]
Die Stimmen der Meister[:]
Versäumt nicht[,] zu üben
Die Kräfte des Guten!

Hier flechten sich Kronen
In ewiger Stille,
Die sollen mit Fülle
Die Tätigen lohnen!
Wir heißen euch hoffen!

Anhang: Presseberichte zum Vortrag

Der Seethaler, Jg. 50, Nr. 34 vom 28.4.1915, S. [2]

Seon. (Korresp.) In einer vom hiesigen Arbeiterverein veranstalteten öffentlichen Versammlung in der Turnhalle sprach letzten Sonntag Herr Pfarrer Barth aus Safenwil vor zirka 100 Anwesenden über *«Christus und die Sozialdemokratie»*. Der Vortragende, als Anhänger der von Herrn Professor Ragaz in Zürich verfochtenen Richtung «Neue Wege» bekannt, wies an Hand von Beispielen aus dem Leben und Wirken des Jesus von Nazareth schlagend nach, daß dieser weder ein *Politiker,* noch ein *Sozialreformer,* noch ein *Moralprediger,* ja selbst im Grunde nicht einmal ein *Religionsstifter* gewesen ist. Das Wesen seiner Persönlichkeit lasse deutlich erkennen, daß Christus ein Gottesreich auf Erden stiften wollte, d.h. eine Welt der Gerechtigkeit, der Liebe und Güte, die alle Menschen als Brüder umfassen will. Wie stellt sich nun die Christenheit von heute dazu? Ist nicht der Weltkrieg ein eklatanter Beweis dafür, daß Selbstsucht, Macht und Gewalt triumphieren? Welchen Zweck verfolgt nun die sozialdemokratische Bewegung? Keinen andern als die Menschen, welche alle ob arm oder reich unter diesem Drucke leiden, von der Herrschaft des toten Geldes zu befreien, allerdings nicht in dem Sinne, wie es innerhalb der Partei von vielen gedacht und geplant wird. In sarkastischer Weise streifte der Vortragende mitunter die falschen Wege und Mittel und die irrtümlichen Auffassungen vieler Sozialdemokraten. Darauf komme es zum Beispiel gar nicht an, durch wie viele Mitglieder die Partei in den Behörden – vom Gemeinderat bis zum Nationalrat – vertreten seien etc. Jeder einzelne Mensch, der wirklich im Innersten vom Geist der Gerechtigkeit, Liebe und Güte nach dem Vorbild unseres Meisters erfaßt und durchdrungen sei, könne mehr für den Sozialismus wirken, als eine große Zahl derer, die nur dem Namen nach der Partei angehören und in der Verwirklichung der sozialistischen Ideen die Herbeiführung eines quasi sorgenfreien Lebens erhoffen. Nur durch Kampf und Leiden wird die Krone errungen. Hat doch Jesus auch leiden müssen und erst durch den Tod am Kreuz dem Christentum zum Siege verholfen! Daß die sozialdemokratische Bewegung früher oder später ihre Triumphe feiern wird, davon ist der Sprechende für sich völlig überzeugt. Mit sichtlichem Interesse folgten die Anwesenden dem in Dialekt gehaltenen fein logisch aufgebauten Vortrage. Manches Vorurteil, das der eint[4] und andere bis anhin gegen die sozialdemokratische Bewegung gehabt hat, wurde, wenn auch nicht ganz gehoben, so doch bedeutend geschwächt. Man musste sich sagen, einen Sozialismus in diesem Sinne lasse ich mir gefallen. Das klingt denn doch nicht à la «Naine» und «Graber»[5]!!

Neuer Freier Aargauer, Jg. 10, Nr. 96 vom 27.4.1915, S. [3]

Seon. Der öffentliche Vortrag vom letzten Sonntag war ganz ordentlich besucht. In prächtig-packenden Ausführungen behandelte Herr Pfarrer Barth aus Safenwil das Thema «Christentum und Sozialdemokratie». Er zeigte wie ein guter Christ Sozialdemokrat sein können, ja sein müsse. Er sparte auch nicht mit der Kritik an unserer heutigen Bewegung. Sie gehe zu viel in Oberflächlichkeiten und zu wenig in die Tiefe. Sein Vortrag klang in einem zukunftsfreudigen Hoffen und festem Glauben an den endlichen Sieg des Sozialismus aus und fand lebhaften Beifall.

Anschließend an den Vortrag wickelte die Bezirkspartei […] die ordentlichen Geschäfte ab. […]

---

[4] = eine.
[5] Vgl. oben S. 94, Anm. 18.

Neuer Freier Aargauer, Jg. 10, Nr. 98 vom 29.4.1915, S. [3]

Seon. Der Vortrag des Herrn Pfarrer Barth vom letzten Sonntag fand auch bei unseren Gegnern volle Anerkennung. So schreibt der hiesige Korrespondent der «Lenzburger Zeitung»[6] am Schluß seines Berichtes, was folgt: «Die mit Wärme und Ueberzeugung vorgebrachten Ideen fanden auch bei den relativ zahlreich anwesenden ‹Nichtgenossen› sympathische Aufnahme. Der Referent hat uns auf Wege geführt, die vertrauensvoll zu begehen sind. Ihm gebührt Dank und Anerkennung.»

[6] Lenzburger Zeitung, Jg. 67, Nr. 34 vom 28. April 1915, S. [2f.]. Dem im Neuen Freien Aargauer zitierten Schlussabschnitt steht ein längerer Bericht über Barths Referat voran, in dem es u.a. heißt (S. [2]): «Die rechten Sozialdemokraten suchen ihre Kraft eben im Glauben an eine bessere Welt, und sie finden in ihrer Bewegung etwas Verwandtes mit Jesus. [...] Wenn die Sozialisten sagen: ‹Mer wend's au guet ha!› [= ‹Wir wollen es auch gut haben!›], so werden sie darin nicht die wahre Kraft und das gute Gewissen für den Kampf finden. Allen muß es besser gehen, und alle müssen gehoben werden. Das sozialistische Programm ist ein Ausschnitt aus dem Programm Christi. Das Hauptgewicht in der Bewegung ist nicht in die Gewinnung beitragzahlender Mitglieder zu legen, die sich dann ums innere Leben und die Entwicklung der Parteisache nicht weiter kümmern; es sollen Leute gewonnen werden, die mit der Kraft der Bruderliebe erfüllt sind.»

EINDRÜCKE AUS DEUTSCHLAND
1915

Am 6. April 1915 fuhr Barth mit seinem Freund Eduard Thurneysen
für gut eine Woche in das im Krieg stehende Deutschland. Anlass der
Reise war die Hochzeit von Barths Bruder Peter mit Martin Rades
Tochter Helene in Marburg, welche am 9. April stattfand. Der zweite
Teil der Reise (10.–15. April) führte nach Bad Boll, wo Thurneysen,
von Jugend auf dort vertraut, Barth, der als Student schon dort ge-
wesen war, die nähere persönliche Bekanntschaft Christoph Blum-
hardts vermittelte[1]. *Zu Barths Vorträgen im Blauen Kreuz vgl. oben*
S. 101f.

Bl† [Blaukreuz] 26. IV 15

Eindrücke aus Deutschland

April 1915

Eindrücke! Nicht viel mehr als das. Aber ein Land im Kriegszustand
ist gerade Erlebnis genug. Was man gesehen hat, berührt einen ganz
anders!

Äußrer Verlauf. Hochzeit.[2] Reise an sich wichtiger. Zürich. Singen.
Stuttgart. – Frankfurt Marburg. – Boll Ulm Zürich. [Falscher Zug in
Singen, Pfarrer Keller[3], Frankfurter Dom. Schachspiel. Studenten-

---

[1] Vgl. Busch, S. 96f.

[2] Nämlich von Barths Bruder Peter, siehe oben die Einleitung.

[3] Adolf Keller (1872–1963), damals Pfarrer in Zürich, später (1920–1941)
Sekretär des Schweizerischen Evangelischen Kirchenbundes und (1937–1948)
Vizepräsident des Reformierten Weltbundes, einer der Initiatoren der öku-
menischen Bewegung in Europa. Im September 1909 war Barth als Vikar Kellers kommissarischer Nachfolger in der Pfarrstelle an der Deutschen reformierten Gemeinde in Genf geworden. Barth traf Keller (laut Eintragungen in
seinem Taschenkalender von 1915) am 6. April auf der Reise nach Marburg in
Singen und besuchte ihn nochmals auf der Rückreise am 16. April in Zürich.
Nach Briefen Kellers an Barth vom 21. und 23.4.1915 (KBA 9315.46 und KBA
9315.47) scheinen ihre Gespräche die theologische Beurteilung des Krieges
betroffen zu haben und recht kontrovers verlaufen zu sein.

stadt. Gute Gesellschaft]⁴

Ein Land im Krieg. «*Alles wie sonst*» Eisenbahnverkehr (Personen, ob Güter?!) Straßenleben (Flau, wenig Pferde u. Autos.) Stimmung ruhig u. gefaßt. Geschäfte.

Anzeichen. In der Bahn: Gespräche, Soldaten, Warnung vor Spionen, Mahnung zum Sparen. «Fenster geschlossen». Gott str[afe] England⁵

> *Haltung geg[en] Fremde:* Mißtrauen? Postvisitation an d. Grenze u. in Marburg. Sprache! Fähnlein. Im Ganzen freundlich
>
> *Nahrung.* K Brot. Brotkarten.⁶

Die Opfer. Ausziehende u. zurückkehrende Soldaten
Verwundete
Gefangene
Die Zurückgebliebenen
Die Trauernden
Die Internierten.

Dies die äußere Seite der Vorgänge! Schwieriger hineinzusehen.

Die geistigen Vorgänge

Wenig Begeisterung (Soldaten!) Dafür umso mehr zähe selbstverständl. Vaterlandsliebe u. Miterleben[?]. Wenig Rede vom Sieg, dafür vom «Durchhalten»⁷

---

⁴ Eckige Klammern von Barth.

⁵ Die Wendung kam als Schlachtruf 1914 in Deutschland in Umlauf und wurde auch zu einer Begrüßungsformel: «Gott strafe England!» – «Er strafe es!»

⁶ Eine als Reiseandenken mitgebrachte Brotkarte aus Marburg (seit Februar 1915 in Deutschland eingeführt) befindet sich im Karl Barth-Archiv (KBA 12022). «K Brot» konnte als «Kriegsbrot» und als «Kartoffelbrot» verstanden werden; vgl. Fr. Naumann, *Die Kriegsnahrungsrede*, in: Die Hilfe, Jg. 21 (1915), Nr. 9 vom 4.3.1915 und Nr. 10 vom 11.3.1915, S. 141f.159f., der dort S. 159 unter dem Stichwort «Speisekarte» an oberster Stelle einer Liste anführt: «Roggen-Kartoffelmehlsystem. Kriegsbrot.» Zur zweiten Möglichkeit vgl. noch die Meldung in «Die Hilfe», a.a.O., Nr. 10, S. 152, wo berichtet wird, der englische Minister Lloyd George habe vor dem «Kartoffelbrotgeist» der Deutschen gewarnt, den er mehr fürchte als die Strategie Hindenburgs.

⁷ Vgl. Fr. Naumann, *Durchhalten*, in: Die Hilfe, Jg. 21, Nr. 15 vom 15.4.1915, S. 232f.

Aussichten? Man redet nicht davon, jedenfalls nicht vom Frieden.
Man rechnet auf Ermüdung d. Feinde – und auf einen nächsten Krieg[8]
Nationalismus?! Auswüchse verschwinden, Sache bleibt.
Rades Schweigen!!⁹

Naumann.[10] Über *Belgien* (weiß nicht, alle Pläne sichern.[)] Keine
Neutral[itäts]vertr[äge] mehr!

       Österreich schlechte Verwalt[ung]. Zollunion
      Weltfriede: Mitteleuropa, Schweiz![11]

---

  [8] Vgl. zu diesem Stichwort die Schrift *Deutschland und der nächste Krieg*
des Generals Fr. von Bernhardi, Stuttgart 1912.1913⁶, die in England von 1912
bis 1914 14 Auflagen erlebte und dort große Empörung hervorrief (vgl. die
Kriegschronik in: Die Hilfe, Jg. 21, Nr. 15 vom 15.4.1915, S. 229).

  ⁹ Vgl. den Brief Barths an Martin Rade vom 31.8.1914 (Bw.R., S. 95–99, dort
S. 96f.): «Aber warum lassen Sie bei dieser ganzen weltlichen, sündigen Notwendigkeit [scil. der Kriegsführung Deutschlands] Gott nicht aus dem Spiele?
Meinetwegen durch völliges Schweigen, wenn der ‹harten Realitäten› wegen
das Protestieren nicht angeht; Schweigen mit ihren religiösen Beziehungen auf
das, was die Deutschen jetzt tun müssen, wäre auch ein Protest.» Rade antwortet in seinem Brief vom 5.9. bzw. 5.10.1914 (a.a.O., S. 105–113, dort S. 108):
«Zum Schweigen habe ich mich nun auch bekannt (Nr. 34). Aber freilich nicht
zu diesem. Alles Schreiben, alles Reden und Schwätzen kam mir in jenem
Momente so nichtig vor. Insbesondere dieses *reflektierende* Wesen, das sich in
der ‹Christlichen Welt›, das sich unter uns Theologen so breit macht.» Rade
bezieht sich hier auf seinen am 20.8.1914 erschienenen Artikel *Von der Lage
unsrer Zeitung*, in: ChW, Jg. 28 (1914), Sp. 785–787.

  [10] Friedrich Naumann war als Schwager Martin Rades bei der Marburger
Hochzeit anwesend; vgl. Busch, S. 96f.

  [11] Die Aussagen über Belgien, Österreich und den Weltfrieden sind Teile der
sofort nach Kriegsbeginn einsetzenden «Kriegszieldiskussion», zu der auch
das in seiner Bedeutung umstrittene sogenannte Septemberprogramm des
Reichskanzlers von Bethmann Hollweg gehört. Ein mitteleuropäischer Zoll-
verband, der die wirtschaftliche Vorrangstellung Deutschlands in Europa sichern und zu dem auch die Schweiz gehören sollte, wurde besonders vom
späteren Außenminister Walter Rathenau gefordert. Über deutsche Annexionen von belgischem Industriegebiet und die Erniedrigung Belgiens zu einem
deutschen Vasallenstaat waren sich in dieser Diskussion viele einig (vgl. zur
Kriegszieldebatte 1914–1915 Mommsen, a.a.O. [s. oben S. 64, Anm. 22],
S. 618–628). Th. Heuss (*Friedrich Naumann. Der Mann, das Werk, die Zeit*
[Siebenstern-Taschenbuch 121/123], München und Hamburg 1968³, S. 361)
berichtet: «Ein Gespräch im Januar 1915. Naumann lehnt es ab, in die Unterhaltung über Belgien einzugreifen.» Kurz danach beginnt Naumann die Arbeit

Marneschlacht[12] Niederlage, Füh[run]g schlecht

Jaurès = Juarez = Germanen!!!!![13]

Aussichten: die deutsche Marine[14][,] keine Kriegsentschä-dig[un]g.

Relig[iöse] Stell[un]g Eigentlich franziskanisch[15] – bin froh über patriot[ische] Relig[ion]. Türkei! – man «braucht» sie[16] – aber ich nicht!

Blumhardt Leben mit Jesus. Friede.[17] Sündenvergebung. – Welt d. Satans.

---

an seinem Buch *Mitteleuropa*, das noch 1915 erscheint. Hier wird eine Kriegs-zielkonzeption entwickelt, die Deutschland und Österreich-Ungarn mit ihren Nachbarn in einem «mitteleuropäischen Heeresstatut» und in einem Wirt-schaftsverband vereint; vgl. Heuss, a.a.O., S. 361–370.

[12] Nach dem sog. Schlieffenplan überrannten deutsche Truppen in wenigen Tagen Belgien und Nordfrankreich und standen Anfang September 1914 an der Marne, etwa 100 km vor Paris. In einer Schlacht zwischen dem 5. und 9. September wurde der deutsche Vorstoß zum Stillstand gebracht.

[13] Jean Jaurès (vgl. V. u. kl. A. 1909–1914, S. 388, Anm. 12) wurde unmit-telbar vor Ausbruch des Ersten Weltkrieges am 31.7.1914 von einem nationa-listischen Fanatiker ermordet. Naumann schrieb in einem Nachruf über ihn (Die Hilfe, Jg. 20, Nr. 32 vom 6.8.1914, S. 510): «Obwohl spanischer Herkunft (Juarez) war er mit Leib und Seele französischer Staatsmann, und zwar in Richtung auf deutsch-französische Annäherung.» – Zum Stichwort «Germa-nen» im Zusammenhang mit der politischen Sicht Naumanns vgl. unten S. 537 Barths Wiedergabe von Naumanns Vision «germanischer Weltbeherrschung».

[14] In «Die Hilfe» hat Naumann immer wieder große Hoffnungen auf die Möglichkeiten der deutschen Marine gesetzt, den englischen Handel empfind-lich zu treffen; vgl. Heuss, a.a.O. (s. oben Anm. 11), S. 370–379.

[15] Naumann hatte sich schon vorher mit Vorbild und Grenzen des Franz von Assisi auseinandergesetzt und eine besondere Bedeutung des franziska-nischen Geistes für das Verständnis des Menschen im Kapitalismus behauptet; vgl. oben S. 51, Anm. 13; S. 56, Anm. 27, und unten S. 535, Anm. 24.

[16] Vgl. unten S. 537 aus dem Bericht Barths über sein Marburger Ge-spräch mit Naumann: «‹Alle Religion ist uns jetzt recht›, sagte er uns damals wörtlich, ‹heiße sie Heilsarmee oder Islam, wenn sie nur dazu taugt, uns den Krieg durchhalten zu helfen›.»

[17] In Bad Boll hörte Barth (nach seinem Taschenkalender) am 10. und 11. April je eine Predigt Chr. Blumhardts: über «Leben und Sterben mit Christus» und über «Friede sei mit euch!» – Am 21.4.1915 schrieb er aus Safenwil an seinen Lehrer Wilhelm Herrmann in Marburg (Bw.R., S. 130f.; vgl. oben S. 61f.): «Es tat mir herzlich leid, Sie bei meinem Besuch in Marburg nicht zu

Wählen zwischen zwei Welten. Dort die andre übermächtig[,] aber es wird schon anders kommen. Graf v. Finkenstein.[18]

treffen. [...] Wir sind mit starken Eindrücken aus Deutschland zurückgekommen. Meine stärksten waren die, die ich hatte von der Frömmigkeit Friedrich Naumanns und Christoph Blumhardts in Boll.»

[18] Anscheinend traf Barth in Bad Boll Günther Graf Finck von Finckenstein (1852–1923), der zum Blumhardt-Kreis gehörte (vgl. J. Dyck, *Gottfried Benn. Einführung in Leben und Werk,* Berlin/New York 2009, S. 3).

FRIEDE
1915

Der Aufsatz in der «Glocke», dem «Monatlichen Organ des Christl.
Vereins junger Männer» in Zürich, in dem Barth bereits 1912 publi-
ziert hatte[1], geht zurück auf einen nicht erhaltenen Vortrag, den Barth
in Seon am 17. Februar 1915 zum Abschluss einer «Art Evangelisa-
tion»[2] hielt. Rudolf Pestalozzi lud Barth am 27. April 1915 ein, seine
Darlegungen «zu einem Leitartikel für die nächste ‹Glocke›» zu «ver-
arbeiten».[3] In Seon hatte am ersten Abend der Ortspfarrer Max Diet-
schi über «Unser Gottesglaube und der Krieg» gesprochen, am zweiten
Eduard Thurneysen über «Jesus und der Krieg»[4] und am dritten Pfar-
rer Fritz La Roche aus Kulm über «Weltkrieg und Weltmission». Nach
der Skizze seiner Ausführungen, die Dietschi am 6. Februar 1915 an
Barth schickte, war ihre Pointe: «auch der Krieg ist in seiner [scil.
Gottes] Hand, wie jedes Übel, ein Erziehungsmittel zu seinem Reich,
das über den Völkern und Nationen steht». Barths Gedanken, wie sie
dann im Druck erschienen, wurden offensichtlich als Ausdruck einer
genau entgegengesetzten Betrachtungsweise verstanden. So schreibt
ihm Paul Wernle am 2. Juni 1915: «Ich las soeben mit Bewegung Ihren
Artikel vom Unfrieden in der Glocke.» «In aller Freundschaft» dürfe
er sagen, «dass diese Art, wie Sie nun einfach Gott zum ganzen Welt-
geschehen in ausschliesslichen Gegensatz stellen & damit wieder die
Losung vertreten, man müsse Gott nur jenseits der Weltwirklichkeit
suchen, für mich sehr unbefriedigend ist.» «Die reine Entgegensetzung
Gottes zu diesem furchtbaren Krieg» scheine ihm immer auf «Aus-
schaltung» Gottes «hinauszulaufen». Ähnlich schreibt Fritz Zulauf am
15. Juni 1915, dass in Barths Betrachtung der Friede «etwas gar zu sehr
in den Wolken zu schweben» scheine. Wie ernst Barth den in dieser
Kritik zum Ausdruck kommenden Gegensatz nimmt, wird in seiner
Antwort an Wernle vom 9. Juni 1915 deutlich: «Darin sind wir einig,

---

[1] Vgl. V. u. kl. A. 1909–1914, S. 480–484.
[2] So Pfarrer Max Dietschi in seiner Einladung vom 20.1.1915 (KBA 9315.9).
Vgl. auch Bw. Th. I, S. 27, Anm. 3.
[3] Brief von R. Pestalozzi an K. Barth vom 27.4.1915 (KBA 9315.49).
[4] Auszüge aus diesem Vortrag in einer Zürcher Fassung wurden in der
gleichen Nummer der «Glocke» (Jg. 23 [1914/15], Nr. 9, S. 56f.) abgedruckt.

daß nun nichts hilft, als zu warten, und unterdessen jeder auf seine Weise fortzufahren. Nehmen Sie es mir darum bitte nicht übel, verehrter Herr Professor, wenn ich auf Ihre Bedenken gegen meinen Glocke-Artikel nicht eintrete, aber ich bin jetzt nach Allem zu fest überzeugt, daß nur neue und ärgere Missverständnisse u. Zerwürfnisse entstehen würden.»

Aus Deutschland schreibt Martin Rade am 8. Juni 1915, am wenigsten sei er einverstanden mit dem, «was Du über Gott schreibst». «Es ist wirklich um Gott nicht eine so einfache Sache.»[5] Und Wilhelm Heitmüller wirft Barth in einer langen «Epistel» vom 13. Juni 1915 vor, er habe in seiner Betrachtung einseitig das genannt, «was nach Ihrer Meinung unser Schuld-Conto belastet». «Diese neutrale Unparteilichkeit aber, – ja sie verfehlt ihres Eindrucks.»[6]

Außer den theologischen und politischen Diskussionen, die Barths Aufsatz auslöste, ist noch die Rolle bemerkenswert, die er in den Auseinandersetzungen zwischen den Brüdern Karl, Peter und Heinrich Barth über die Rolle der Schweiz in dieser Zeit spielte.[7] Nach dem Eintritt Karl Barths in die Sozialdemokratische Partei am 26. Januar 1915 und dem im Frühjahr 1915 erfolgten Eintritt Peter Barths in die 1914 zur Förderung der Eigenständigkeit der Schweiz und des innerschweizerischen Zusammenhalts gegründete «Neuen Helvetische Gesellschaft»[8] waren die Gegensätze deutlich geworden. In seinem Brief vom 8. Juni 1915[9] verweist Peter Barth seinen Bruder Karl auf seinen demnächst erscheinenden Artikel im Zofinger Centralblatt und bittet ihn, sich bei der Lektüre nicht zum Zorn hinreißen zu lassen: «Deinen und Thurneysens Artikel in der Glocke haben wir mit Beifall gelesen. Also rieche du auch nicht mehr Zornkraut als nötig.» Heinrich Barth markiert den Gegensatz zwischen den Brüdern, wenn er am 23. Juni 1915 an Karl Barth schreibt: «Heute ist bei mir der Centralblattartikel von Peter eingetroffen, kurz nachdem auch dein Glockenartikel in meine Hände gelangt war. Daß ich deine Haltung ablehne und derjenigen von Peter zustimme, weißt du.» Es sind wohl vor allem zwei

---

[5] Bw. R., S. 131.
[6] KBA 9315.79.
[7] Vgl. Busch, S. 94f.
[8] Vgl. oben S. 113, Anm. 30.
[9] KBA 9315.75.

Punkte, an denen die Meinungen auseinandergingen: Peter Barth
warnt wie vor dem Einfluss des Auslandes auf die Schweizer Politik
und Wirtschaft, so auch vor der «gegensätzliche[n] kurzsichtige[n]
Parteinahme für die entgegengesetzten Kriegsparteien»: «Endlich
wird aber auch durch den geschichtslosen Internationalismus, der den
Blick verloren hat für die wahrhaftig nicht gleichgültigen besondern
Werte unseres schweizerischen Staates, schließlich nur diesen impe-
rialistischen Tendenzen des Auslandes in unverantwortlicher Weise
Tür und Tor geöffnet.»[10] Auch eine zweite Forderung dürfte Wider-
spruch geweckt haben: «Die Aufgabe, unsere Demokratie als Verfas-
sung noch weiter auszubauen, muß uns klar in zweiter Linie stehen
hinter der Aufgabe, auf den bis dahin erreichten demokratischen Vor-
aussetzungen und mit ihren Mitteln gemeinsam eine sittlich hochste-
hende, gesunde Volkskultur zu schaffen.»[11] Am 5. Juli 1915 zieht Peter
Barth auf einer Briefkarte an Karl Barth[12] ironisch ein vorläufiges
Fazit: «Wernle hat meinen Aufsatz im C-Bl. ebenso von Grund aus
abgelehnt wie du und Thurneysen. Er schrieb mir einen sehr eifrigen
zornmütigen Brief [...]. Immerhin wäre diese Einigkeit in der Ableh-
nung vielleicht ein Grund neuer Annäherung zwischen dir und ihm.»

Friede

Friede? Der Friede ist weit weg! Der Frühling, den wir anzusingen
gewohnt waren: «Nun, armes Herz, vergiss der Qual, nun muss sich
Alles, Alles wenden!»[13], hat die «Operationen» im Osten und Westen
aufs neue in Fluss gebracht, hat dem furchtbaren «Durchhalten» hüben und drüben neuen Sinn und Schwung gegeben, hat Europa und
uns Schweizer damit in das unheimliche Hangen und Bangen wegen
der Haltung Italiens[14] versetzt. Friede? Wir können die militärische

---

[10] P. Barth, *Unsere vaterländische Aufgabe*, in: Centralblatt des Zofinger-
Vereins, Jg. 25 (1914/15), S. 671–687, dort S. 674.
[11] A.a.O., S. 682.
[12] KBA 9315.89.
[13] Schlusszeilen des Gedichts «Frühlingsglaube» von L. Uhland.
[14] Italien war sowohl den Mittelmächten als auch der Entente vertraglich
verpflichtet. Die darum zunächst aufrecht erhaltene Neutralität endete

und politische Seite der Frage ganz beiseite lassen: auch die innere Annäherung und Verständigung zwischen den Völkern scheint ferner als je. Das einzige Wort «Lusitania»[15] bedeutet eine Unzahl von endgültig zerrissenen Fäden von Vertrauen, Achtung und Sympathie, eine ganze Wolke von neuem Gift und Hass. Und in die immer tiefer und schwerer werdende Entzweiung der Geister sind wir alle hineingerissen, auch die von uns, die von Anfang an nicht mithassen, sondern mitlieben[16] wollten. O, unser Wollen! Fragt unsere reichsdeutschen Freunde, fragt unsere welschen Miteidgenossen, fragt die Andersdenkenden unter uns selbst, als was sie uns ansehen. Als Partei unter Parteien, als Streiter unter Streitern! Dass es noch etwas Anderes geben könne als Angreifer und Verteidiger, als Rechthaber und Unrechthaber, das scheint ihnen eine ganz fremde Möglichkeit, und wir werden wohl nicht unschuldig sein daran. Und nun schweigen wir, weil alles Andere zur Verlegenheit wird, und sagen damit deutlicher als durch irgend etwas Anderes, dass wir auch keinen Weg mehr wissen zu Gedankenaustausch und Verständnis und Gesinnungsgemeinschaft, und bekennen, dass wir in der Welt des Unfriedens selber mitten drin sind. Wir und ihr! Wir müssen alle Zornkraut riechen[17]. Erstaunlich viele Bande der Freundschaft, der Verehrung, der gemeinsamen Arbeit haben sich gelockert in dieser Zeit. Wir sind uns wohl alle unseres Eigenen bewusster geworden als früher und darum auch unserer Grenzen gegen die Andern, und so sind wir mit Manchem unter lauten Reden und Explosionen oder in aller Stille auseinander gegangen, von dem wir bis jetzt harmlos meinten, man verstehe sich und gehöre zusammen. Eine höhere Notwendigkeit scheint in dem allem zu walten, dem sich kein Einzelner entziehen kann. Wir müssen. Aber das ist klar, dass dies persönliche und geistige Auseinandergehen

schließlich mit der Entscheidung zur Kriegserklärung an Österreich-Ungarn am 23. Mai 1915 und an das Deutsche Reich am 28. August 1915.
[15] Die Versenkung des großen englischen Passagierdampfers «Lusitania» durch ein deutsches U-Boot am 7. Mai 1915 war «eine Katastrophe für die deutsche Sache»: sie «wurde in den neutralen Staaten, vor allem in den USA, als handgreiflicher Beweis für den barbarischen Charakter der deutschen Kriegführung angesehen» (Mommsen, a.a.O. [s. oben S. 64, Anm. 22], S. 651).
[16] Vgl. Sophokles, *Antigone,* V. 521 (vgl. Büchmann, S. 312).
[17] Im Austausch der Brüder Karl, Peter und Heinrich Barth kommt die Wendung im Sinne von «sich zum Zorn motivieren lassen» öfter vor.

Unfriede ist, so gut wie die Rassen- und Interessenkämpfe der Völker, die jetzt draußen mit den Waffen, mit spitzen, bösen Federn und zornigen Gedanken-, Gefühls- und Wortfluten ausgefochten werden. Nicht der Krieg ist der Unfriede. Er ist auch nicht des Unfriedens Ursache. Er hat es nur an den Tag gebracht, dass wir alle auf dem Boden des Unfriedens leben, dass wirkliche Gemeinschaft unter uns etwas Seltsames, Ausnahmsweises ist. Eines Hand war wider die andere [vgl. Gen. 16,12] und ein Jeglicher sah auf seinen Weg [Jes. 53,6; vgl. 56,11].

Auf dem Boden des Unfriedens kann es keinen Frieden geben. Der Krieg da draußen wird ja eines Tages mit einem «Frieden» endigen. Wir werden aufatmen. Die Menschheit hat Pause. Die Gegensätze äußern sich auf eine Weile in höflicherer Weise als durch Torpedos und Fliegerbomben. Aus dem Aufruhr der Kräfte wird wieder Gleichgewicht wie zuvor. Handel und Wandel kommen in Gang und auch die internationalen Komitees der Christen und der Heiden haben wieder das Wort. Alles bis zum «nächsten Krieg»[18], von dem auch die Friedfertigsten draußen jetzt schon reden als von etwas Selbstverständlichem! Auf dem Boden des Unfriedens gibt es keinen Frieden. – Auch die geistigen und persönlichen Spannungen werden nachlassen. Und wir werden unseren Welschen wieder in die Augen blicken, wir werden – du liebe Zeit, man kann ja nicht ewig grollen – vergessen, dass wir so uneinig als möglich waren, und der Weizen der jetzt so ängstlichen und eifrigen helvetischen Patrioten wird herrlich blühen. Und wir werden die Bücher und Zeitungen unserer ausländischen Freunde wieder getrost und mit Gewinn lesen, ihre Briefe und sie selber werden wieder zu uns kommen, wir werden über das Peinliche gerne schweigen und uns all des Gemeinsamen freuen, das uns früher mit ihnen verband und das uns dann auch wieder wichtiger sein wird als das, was uns jetzt trennt. Und aus der Verwirrung und Zersplitterung der Geister werden wieder Gruppen und Zusammenhänge und Verständigungen hervorgehen, und es wird überall nach Leim und Kleister riechen, mit dem die Ritzen und Spalten und Klüfte, die das Erdbeben verursacht, freundlich verstrichen werden. Bis das nächste Erdbeben es an den Tag bringt, dass wir noch immer ein jeglicher auf

[18] Vgl. oben S. 142, Anm. 8.

seinen Weg sehen. «Hüter, ist die Nacht schier hin?» – «Es kommt der Morgen, aber auch die Nacht. Wenn ihr schon fragt, so werdet ihr doch wieder kommen und wieder fragen!» [Jes. 21,11]. Auf dem Boden des Unfriedens gibt es keinen Frieden. Auf diesem Boden ist Eigenwille und Gegensatz, Protest und Diskussion und verlegenes Schweigen, Kopfschütteln und Auseinandergehen, Krieg und Kriegsgeschrei, Belgien[19] und Lusitania und die Politik der Italiener – höhere Notwendigkeit und alle Predigten, Überzeugungsausbrüche und fromme Wünsche werden daran nichts ändern.

Bis über die höhere eine höchste Notwendigkeit kommt. Gott ist der Friede [vgl. Eph. 2,14]. Gott ist keine Partei. Er sondert sich nicht ab und er diskutiert nicht. Er hat keinen Standpunkt, und er will nicht recht behalten. Obwohl er doch das alles auch hat, und in ganz anderer Fülle als wir Menschlein, das, dem wir unsern Unfrieden schuld geben: Eigenart, Einsicht, Willen, Kraft. Gott liebt nur. Gott ist nur Vater, «von altersher ist das sein Name» [vgl. Jes. 63,16]. Umsonst, dass wir uns auf seine Naturordnung berufen, wenn wir seine schönste Gabe, das «höchste Glück der Erdenkinder»[20]: dass ich ich sein darf und du du, der Deutsche Deutscher und der Engländer Engländer, Paulus Paulus und Petrus Petrus – zum Anlass des Zankens, Bellens und Schießens machen. Er ist nicht dabei, wir machen's ohne ihn. Denn in Gott ist die Harmonie aller seiner Geschöpfe und Kinder. Und die Harmonie unserer Verschiedenheiten ist die höchste Notwendigkeit über den Völkern und über den Köpfen und Herzen allzumal. Diese höchste Notwendigkeit wartet eigentlich in einem Jeden von uns, wartet seit 2000 Jahren im Evangelium Jesu auf unsere Anerkennung. Der Friede ist die Wahrheit des Lebens, weil Gott der Friede ist. Aber wir können doch von unsern Standpunkten und Gegensätzen nicht lassen, wir können doch nicht Frieden halten?! Ja, wir können es freilich nicht, und tun gut, es uns ganz klar einzugestehen: darum nicht, weil die Notwendigkeit des Vaters nicht so stark ist in

---

[19] Die Verletzung der Neutralität Belgiens und die Vorgänge nach dem Einmarsch der deutschen Truppen am 3. August 1914 «kompromittierten die deutsche Kriegführung in verhängnisvoller Weise» (Mommsen, a.a.O. [s. oben S. 64, Anm. 22], S. 587, vgl. S. 584–587).

[20] Vgl. J.W. von Goethe, *West-östlicher Divan*, Buch Suleika, «Volk und Knecht und Überwinder».

uns, dass wir zum Frieden einfach gezwungen sind, dass es uns so selbstverständlich ist, wie jetzt «der nächste Krieg». Gott wartet auf uns – und wir müssen wohl auch warten – nicht auf den «Frieden», nicht auf Verständigungen und Konferenzen zwischen uns, denn eine Schwalbe macht noch keinen Sommer – aber darauf, dass jene höchste Lebensnotwendigkeit in uns allen ganz anders drängend und klar werde, darauf, dass Gott wahrhaftig seinen Geist des Lebens und der Gemeinschaft ausgieße über alles Fleisch [vgl. Joel 3,1; Act. 2,17] und wir in ihm den Vater und in einander die Brüder erkennen, darauf, dass wir atmen lernen in der Luft Gottes. Der Boden des Friedens muss gelegt werden, auf dem der Friede wachsen kann: der Völkerfriede, der Friede zwischen den Rechthabern und Unrechthabern, der Friede zwischen dem Licht in dir und dem Licht in mir, der Friede im Schweizerhaus und über die Grenzen, der Friede in Safenwil und der Friede in Zürich. Durch was werden wir noch alles hindurch müssen, bis dieser Friede wachsen kann?

DIE INNERE ZUKUNFT DER SOZIALDEMOKRATIE
1915

*In seinem Pfarrerkalender hat Barth unter dem Datum des 12. August
1915 vor dem Titel dieses Referats notiert: «Sozialisten von Suhr». In
Suhr gab es einen 1907 gegründeten Grütliverein, der Ende 1914 27
Mitglieder hatte.[1] Vermutlich waren es Mitglieder dieses Vereins, die
Barth am 12. August 1915 in Safenwil besuchten. Am 6. August 1915
schreibt er an E. Thurneysen: «Ich für mich habe dann noch meine
Sonder‹pflichten› dieser Art gegenüber den ‹Genossen›. Am nächsten
Donnerstag sollen wieder vier aus Buchs und Suhr zu mir kommen zu
einem Gespräch unter dem Apfelbaum über die innerliche Zukunft
der Sozialdemokratie».[2] Und am 18. August: «Letzten Donnerstag
hatte ich eine ganz interessante Aussprache mit den Suhrer Sozialdemokraten, man kam wenigstens schon an den Punkt, wo es sich entscheidet, ob man ‹am Ersten trachten› will ... [Mt. 6,33]»[3] Bei dem
vorliegenden Manuskript scheint es sich also um eine Einführung zu
diesem Gespräch zu handeln.*

*Dem Manuskript liegen Exzerpte bei, die Barth aus verschiedenen
Publikationen ausgezogen hat. Er hat von ihnen offensichtlich in seinem Referat Gebrauch gemacht. Sie werden daher im Anschluss an
den Text wiedergegeben. Soweit die Anmerkungen sich auf diese Exzerpte beziehen, werden diese als «Exz.I», «Exz.II» etc. zitiert.*

Die innere Zukunft der Sozialdemokratie.

12. VIII 15

Die Soz[ial]dem[okratie] hat, weniger äußerlich als innerlich, versagt.
Naumann hat Recht behalten.[4] Im Augenblick, wo die bisherige Gesellschaftsordnung ihre schrecklichsten Konsequenzen zeitigte,

---

[1] *Jahrbuch der Sozialdemokratischen Partei der Schweiz 1914* (s. oben S. 9,
Anm. 1), S. 122.

[2] Bw.Th.I, S. 70.

[3] A.a.O, S. 72.

[4] Vgl. oben S. 88, Anm. 5.

152

wurde der Soz[ialismus] national-bürgerlich, aus einer revolutionären Partei zu einer neben andern in den Nationalstaaten. Kriegssozialismus u. Profitsozialismus.[5]

Ob äußere *Programmänderung* nötig sein wird im Sinn des Syndikalismus u. Anarchismus, sei dahingestellt.[6] Ebenso taktische Fragen!

Wir richten unsre Aufmerksamkeit auf die *innere Zukunft[,]* auf den sozialistischen Geist, der kommen muß, wenn es anders werden soll.

Ist es (im Sinn der Väter des Sozialismus) *bürgerliche Ideologie,* überhaupt vom Geist in den Menschen zu reden[?][7] *Kautsky* behauptet[,] Intelligenz, Disziplin u. Organisationstalent seien durch den Kapitalismus bereits großgezogen[,] mehr brauche es nicht. Die angebl[iche] Vorbedingung werde Ergebnis des Sozialismus sein.[8] – Aber diese Auffassung der Geschichte ist zu äußerlich-mechanisch.[9] Ist der Satz: zuerst bessere Menschen, dann ... falscher Idealismus, so ist der andre: zuerst bessere Verhältnisse[, dann ...] falscher Mater[ialismus]. Der *histor[ische] Materialismus* im Sinn von *Marx* hat nicht den Sinn eines rein ökonomischen Ablaufs, sondern gerade des Selbständig*werdens* der lebendigen Menschen gegenüber der Materie. Mit den Zuständen u[nd] aus den Zuständen heraus will der Mensch sich erheben. Das Verhältnis ist das einer Wechselwirkung. Die Ideale mögen Seifenblasen der ökonom[ischen] Entwicklung sein, der Mensch ist das Allerrealste u. steht als solcher über der Ökonomie. Das ist übersehen worden u. war ein Mangel an Tiefe in der soz[ial]-dem[okratischen] Praxis (nicht bei den Gründern des Soz[ialismus] cf. *Engels* b[ei] Kutter 239)[.][10] Man erwartete Alles vom mechan[ischen] Eintreffen der Katastrophe u. von der Gewinnung der polit[ischen] Macht. So konnte eine Katastrophe ganz andrer Art kommen. Sie traf soz.dem. Menschen, die nicht gerüstet waren, die von dem «Sprung

---

[5] Vgl. Exz. VI.
[6] Vgl. Exz. VI und VII.
[7] Fragezeichen vom Hrsg. ergänzt.
[8] Vgl. Exz. II.
[9] Vgl. Exz. VI (Punkt a und b).
[10] Vgl. Exz. III.

aus der Notwendigkeit in d. Freiheit»[11] gar nichts wußten. Konstantin N.W. 186.[12]

Die neue sozialistische Gesinnung

Die alten seelischen Voraussetzungen des Soz[ialismus] müssen von den Einzelnen ganz anders ernst genommen werden u. zum Leuchten kommen.

a) Der Inhalt des Sozialismus ist *Gerechtigkeit für die Menschheit,* nicht blos Verbesserung des Loses der Arb[eiter]klasse. Mit der ersten stellt sich die letzte ein. Ein egoistischer Sozialismus in[13] Widerspruch in sich selbst u. wird solche Konzessionen machen müssen wie jetzt in Deutschland. «Allein durch den Glauben» [Röm. 3,28]. Die Leidenschaft für die Gerechtigkeit ist unsre wirkl[iche] Stärke nach innen u. außen.

b) Der Weg des Sozialismus ist die *Siegeskraft seiner Wahrheit.*[14] Der Kampf um die polit. u. wirtschaftl[iche] Macht stellt ihn äußerlich dar, aber notwendig nur unvollkommen. Der Soz[ialismus] vertritt die absolute Gerechtigkeit, sein äußeres Thun wird immer nur relativ gut sein, seine Schlagkraft muß er aus andern Tiefen nehmen, sonst ist er zankende[,] übel riechende, kompromisselnde Partei unter andern. Das Vertrauen auf jene Tiefen macht den Kampf möglich u. veredelt ihn.

c) Das Ziel des Sozialismus ist *die freie[,] reine Persönlichkeit.* Der Zukunftsstaat ist dabei nur Mittel zum Zweck. Darum kommt es schon jetzt nicht darauf an[,] Mitglieder, sondern Sozialisten zu gewinnen u. zu werden, die solche P[ersönlichkeiten] sind u. werden möchten: Erlöst vom Egoismus des Bürgertums, erlöst von seinem

---

[11] Siehe unten S. 156, Anm. 22.

[12] J. Matthieu zitiert in seinem Aufsatz *Der Zusammenbruch der Internationale* (NW, Jg. 9 [1915], S. 161–187) den Satz eines deutschen Sozialdemokraten: «Die deutsche Sozialdemokratie hat nun die größte Ähnlichkeit mit der Kirche zur Zeit Konstantins. Sie ist zur großen, wunderbar organisierten, technisch tadellosen Form geworden. Aber es fehlt der Geist, die Seele. Sie wartet auf den Cäsar, der die Form so brauchen wird, wie er will.» (S. 186).

[13] Versehentlich statt: «ist».

[14] Vgl. Exz. I.

154

falschen Idealismus, erlöst von einem halbernsten Christentum, erfaßt von der transzendenten Kraft der sozialistischen Wahrheit. Nur Erlöste können erlösen. Der neue Mensch muß geschaffen werden[15] **Was thun?** Sektierer abseits von der Partei? Anarchist N.W. S. 235, auch Kötting)[.][16] Das ist der ideologische Irrtum des Anarchismus. Nun in der Partei bleiben, weil ihre Orientierung richtig[,] u. die Partei stärken, aber vor Allem ihren *Inhalt[.]*[17] Wir wissen[,] *warum* wir Soz.dem. sind[,] u. werden es *besser* zu sein wissen als die Andern.

Pflege des persönl[ichen] Lebens. Familie. Kleine freie Kreise, Bruderschaften zur Stärkung der Gesinnung u. des Geistes, der lebendig macht [Joh. 6,63; 2. Kor. 3,6]

Beilagen: Exzerpte

[Exzerpt I]

Bader[18] 29. IX 14 (Taschenbuch 14 S. 22f.)[19]
Zu wenig persönl. Sozialismus, zuviel polit. Machtstreben unter Aufpeitschung antisozialer Triebe. Sozialismus siegt durch sich selbst. Vertrauen in die Sache. Person in den Dienst der Idee
Persönlichkeit möglich *in* der Partei, weil richtige Orientierung des Ganzen trotz Verdorrung im Einzelnen[.] Partei stärken, aber nicht als Partei[,] sondern als Inhalt. Nicht Sektierer, sondern mittragen als «Salz der Erde» [Mt. 5,13]

[15] Vgl. Exz. IV 2.
[16] Vgl. Exz. VII und IV 2.
[17] Vgl. Exz. I.
[18] Pfarrer Hans Bader (1875–1935). In seinem Pfarrhaus in Degersheim im Kanton St. Gallen fand in den ersten Oktoberwochen 1906 die erste religiössoziale Zusammenkunft schweizerischer Pfarrer statt. Bader war 1919 schweizerischer Teilnehmer der Tambacher Konferenz (s. unten S. 552).
[19] In Barths Taschenkalender 1914 *(Taschenbuch für die Schweizer reformierten Geistlichen 1914)* finden sich auf den Seiten 23, 24 und 27 Notizen von einer religiös-sozialen Zusammenkunft am 29.9.1914 in Zürich, bei der H. Bader die Einleitung zu einer ebenfalls von Barth mitnotierten Diskussion übernommen hatte. Das Thema war das «Versagen der Internationale».

[Exzerpt II]

Kautsky Die soz[iale] Revolution II S 45f[20]
    Kein engelhafter Charakter vorausgesetzt:
    Nötig blos: Intelligenz, Disziplin, Organisationstalent[.] Diese
wurden von der kapitalist[ischen] Gesellschaft geschaffen!! Und vom
Kampf des Proletariats! Alles schon da[.] Proletarier brauchen sich
nicht zu ändern!!
    Die angebliche Vorbedingung ist *Ergebnis* des Sozialismus.

[Exzerpt III]

Kutter D[as] Unmittelbare S. 225f[21]
    Die *Anklagen:*   Der ökonom[ische] Faktor in d. Geschichte
                       Die Relativität des Rechtes
                       Die Inaktivität des Chr[isten]t[um]s
    Die *Besitzfrage:* soll aus d. Welt geschafft werden durch endgiltige
Lösung. Unbehilflichkeit beweist ihre Größe. *Engels* S 239!![22] Die
Forderung der Menschenwürde selbst. Beseitigt soll die Frage werden
nicht zum herrschenden Interesse gemacht.
    Der Reformismus bedeutet Preisgabe des Besten in der
Soz[ial]dem[okratie]!
    Der angebl[iche] Materialismus rückt gerade den lebendigen Men-
schen in den Mittelpunkt, gegenüber dem Egoismus des Einzelnen,
dem Privatinteresse

[20] K. Kautsky, *Die Soziale Revolution. II. Am Tage nach der sozialen Revolution,* Berlin 1904, S. 45–48.
[21] H. Kutter, *Das Unmittelbare. Eine Menschheitsfrage,* Berlin 1902; Jena
1911; Basel 1921. Barth exzerpiert aus der ersten Auflage von 1902 aus dem
Abschnitt «Die Sozialdemokratie» (S. 225–268).
[22] H. Kutter bringt S. 239f. aus Fr. Engels, *Herrn Eugen Dührings Umwälzung der Wissenschaft* (1876/78), eine Prognose für die Zukunft nach «der
Besitzergreifung der Produktionsmittel durch die Gesellschaft», in der es u. a.
heißt: «Erst von da an werden die Menschen ihre Geschichte mit vollem Bewußtsein selbst machen, erst von da an werden die von ihnen in Bewegung
gesetzten gesellschaftlichen Ursachen vorwiegend und in stets steigendem
Maße auch die von ihnen gewollten Wirkungen haben. Es ist der Sprung der
Menschheit aus dem Reich der Notwendigkeit in das Reich der Freiheit.»

Das Realste vom Realen sind wir selbst. Unser Menschentum muß zu Ehren kommen. Die Persönlichkeit ist das Prinzip des Kommunismus, der Komm[unismus] das Reich der Persönlichkeit. Individuelle u. soziale Besonderheit mag bleiben, aber der Besitz darf nicht mehr aller Werte Maßstab sein.

[Exzerpt IV/1]

Kötting N.W. Mai 1915[23]
Die innere Welt muß eine andre werden, von außen her *allein* kommt das Heil nicht.
Andre Menschen! S. 190!![24]

[Exzerpt IV/2]

N.W. Juli 1915[25]
Marxismus als Weltanschauung verschwunden [Selbstwirkendes ökonom. Gesetz, das den Klassenkampf erzeugt. Polit. Kampf kann nur die Katastrophe beschleunigen][26]
Bernstein[27] Keine Spekulation auf Katastrophe. Geschichte geht aufwärts. Darum Erringung von Partialfreiheiten, direkte Erfolge, polit. Reform.

[23] H. Kötting, *Neues Leben,* in: NW, Jg. 9 (1915), S. 188–191. Zur Person Köttings vgl. Mattmüller II, S. 141.

[24] Kötting, a.a.O., S. 190: «Niemals wird uns der Sozialismus erstehen als Produkt einer äußeren Entwicklung oder einer Katastrophe, sondern er setzt zuerst *andere Menschen* voraus, die ‹mit vollem Bewußtsein und klarer Erkenntnis ihre Geschichte selber machen› wie Friedr. Engels sagt, Menschen, in denen der Drang lebt, nach schöpferischer Tätigkeit und neuer Kultur. Mehr und mehr kommt es in unserer Zeitperiode darauf an, an Stelle des reinen Klassenbewußtseins das Menschheitsbewußtsein zu wecken, an Stelle des Nur-Klassenkämpfers den Kulturmenschen zu erziehen. – Es kommt darauf an, den Arbeiter innerlich umzuwandeln, ihn loszulösen und vollkommen unabhängig und frei zu machen von all den alten bürgerlichen Anschauungen und Vorurteilen; und nicht nur in seinem Denken, sondern vor allem in seinem Fühlen».

[25] H. Kötting, *Vergangenheit und Zukunft,* in: NW, Jg. 9 (1915), S. 282–298.

[26] Eckige Klammern von Barth.

[27] Barth resümiert das Zitat von Eduard Bernstein, das Kötting a.a.O., S. 286, bringt, und die Folgerung, die Kötting S. 287 anfügt.

Friedeberg, Brupbacher etc. Entwicklung der sittl[ichen] Persönlichkeit u. wirtschaftl[icher] Kampf.[28] Von den polit. Führern aus
Egoismus (?) abgelehnt.[29]
Der neue Mensch muß geschaffen werden. Sozialistische Lebens-
formen schon innerhalb d. bürgerl[ichen] Welt (Genossenschaften u.
Gewerkschaften mit syndikalist[ischer] Tendenz!)[30] Neues Mensch-
heitsbewusstsein[31], nicht Nur-Kämpfer: Kulturmenschen. *Durch
andre M[enschen] zu andern Verhältnissen[.]* Jetzt schon Sprung in
das R[eich] der Freiheit, heute noch![32]

[Exzerpt V]

Greulich, Materialist[ische] Gesch[ichts]auffassung[33]
Das gesellschaftl[iche] Sein bestimmt d. Bewußtsein. Die Produktion des unmittelbaren Lebens ist d. bestimmende Moment in d. Geschichte.
Verneint den Willen nicht, zeigt die Ursachen seiner Entstehung.

---

[28] Kötting nennt den «früheren Genossen Dr. Friedeberg in Berlin» und den
Schweizer Arbeiterarzt Fr. Brupbacher als Vertreter des Vorrangs der beiden
genannten Ziele, zu deren Gunsten die «politisch-parlamentarische Tätigkeit»
zurückgedrängt werden sollte, vgl. a.a.O., S. 290.

[29] A.a.O., S. 293.

[30] A.a.O., S. 294–296.

[31] A.a.O., S. 297.

[32] A.a.O., S. 298.

[33] H. Greulich, *Die materialistische Geschichtsauffassung*, Berlin 1907². Das
Exzerpt betrifft die Seiten 5–13. – Hermann Greulich (1842–1925), ein 1865
aus Schlesien in die Schweiz eingewanderter Handschuhmacher, wurde der
erste große Führer der schweizerischen Arbeiterbewegung. 1887 wurde er der
erste schweizerische Arbeitersekretär, 1890 Kantonsrat in Zürich und 1902
Nationalrat. 1914 vertrat Greulich in Einsicht der politischen Schwäche der
Arbeiterbewegung die Burgfriedenspolitik und war dann auch Gegner der
Zimmerwalder Bewegung und des Beitritts zur 3. Internationale. Gegen die
Ergebnisse des außerordentlichen Parteitags vom 11.2.1919 in Bern (s. unten
S. 437–443) unterzeichnete er eine «Erklärung der Neun». Vgl. Fr. Schmidt,
Hermann Greulich. Ein kleines Lebensbild, [Bern] 1935²; E. Nobs, *Hermann
Greulich*, Zürich / New York 1942; E. Weckerle, *Hermann Greulich. Ein Sohn
des Volkes*, Zürich 1947.

Wir machen unsre Geschichte selbst, aber (leider!) bis jetzt nicht mit Gesamtwillen nach Gesamtplan sondern in Unordnung. *Darum* herrscht die wirtschaftl[iche] Notwendigkeit

Darum gewerkschaftl[iche] Selbsttätigkeit

Nur Supposition od. Hypothese[,] nicht letztes Wort der Wissenschaft

[Exzerpt VI]

Matthieu N.W. Mai 1915[34]

Dieser Krieg ist Konsequenz d. Kapitalismus. In diesem Augenblick wird der Soz[ialismus] national! Z.T. zum Profitsozialismus. Warum?

Er konnte nicht anders

Gegen die Entfaltung des reinern Lebenswillens wirkt die Lähmung: Zielherabsetzung u. Vertretungssystem

Sozialismus: Histor[ische] Lage + Ideal

a) Die histor. Lage wird mechanisch gedeutet. Daher Optimismus u. Opportunismus

b) Das Proletariat verliert den Glauben, seine Aktion wird mechanisch

Entstell[un]g d. Marxismus: histor. Fatalismus u. enge Auffassung vom Klassenkampf (infolgedessen Nationalismus u. Pakt mit d. Industrialismus)

Revisionismus, Anarchismus, Syndikalismus als Gegengewichte.

Die Internationale als geistige Potenz war nur auf dem Papier, wie das Chrt. Vgl. *Konstantin* S. 186[35]

Also: nicht Reformarbeit

nicht «unechte» Revolution

Sondern: Kollektivangriff von neuem Geist beseelt

[34] J. Matthieu, *Der Zusammenbruch der Internationale* (s. oben S. 154, Anm. 12).

[35] S. oben S. 154, Anm. 12.

[Exzerpt VII]

G.M.Sch. N.W. Juni 1915[36]

Anarchismus hat praktisch versagt. –

Anarch[ismus] ist eine hohe menschl[iche] Ordnung. Inkonsequenz: Ungerechte Mittel zu ihrer Herbeiführung.

Sozialistisch leben ist d. Weg zur sozialist[ischen] Gesellschaftsordnung[.] Wir können nicht warten bis nach der Revol[ution]. Die Schuld ist nicht beim Staat u. der Kapit[alisten-]Klasse allein, sondern im Persönlichen.

Moral[isch-]relig[iöse] Aufrüttelung der Arb[eiter] ist die nächste Aufgabe.

Ist das möglich *in* der Soz[ial]dem[okratie]? Nein, das Vertretungssystem ist der Tod.

Jeder Einzelne gehe *seinen* Weg als Vollstrecker des Gotteswillens.

[36] G.M.W. Schulz, *Sozialdemokratie, Anarchismus und Krieg,* in: NW, Jg. 9 (1915), S. 230–236. Zu dem aus Deutschland emigrierten Buchbinder Gustav Martin Walter Schulz (1889–1918), der Ragaz sehr nahe stand, vgl. Mattmüller II, S. 140f.188f.345f.357f.

WAS HEISST: SOZIALIST SEIN?
1915

Barth berichtet am 18. August 1915 Thurneysen über seine Darle-
gungen im engeren Kreis der Mitglieder des Arbeitervereins Safenwil:
«Am Montag hielt ich im Arbeiterverein eine Rede über: ‹Wer ist So-
zialist?› (Antwort: wer es im Herzen ist) unter Seitenblicken auf den
Krieg und auf die Prügelei am 1. August. Ich fand ganz geduldige
freundliche Zuhörer. Sie wollen dich diesen Winter oder Herbst auch
einmal kommen lassen und werden wohl bald schreiben. Vielleicht
redest du auch lieber so in einer Mitgliederversammlung? Ich finde
wir können unsere Sache dabei besser sagen als bei den großen Betrie-
ben mit Männerchor, öffentlichen Inseraten etc.»[1]

Was heißt: Sozialist sein?

Arb[eiter-]Ver[ein] Safenwil 16. VIII 15

Die *Gegner* sagen: die Unzufriedenen, Nörgler, Schimpfer
Die *trägen Mitglieder* sagen: die Beiträge zahlen, Zeitung halten u. in
d. Versammlung gehen.
Der *Vorstand* sagt: die fleißig in die Vers[ammlung] gehen, u. bereit
sind zum Agitieren etc.
Die *eifrigen Sozialisten:* die von der Wahrheit u. Geltung des Programms überzeugt sind u. danach thun.
Das ist Alles wahr, aber das genügt nicht. Es gab am 1. VIII 1914
genug Sozialisten in diesem Sinn in allen Ländern. Aber wo blieb
das[,] was im ersten u. letzten Satz des Programms geschildert ist?[2]

---

[1] Bw.Th. I, S. 71. Die Bemerkung über den lokalen Zwischenfall einer Prügelei am Schweizer Nationalfeiertag ist dort weggelassen. Zum Arbeiterverein
Safenwil vgl. V. u. kl. A. 1909–1914, S. 361f.
[2] Programm der Sozialdemokratischen Partei der Schweiz (1904), abgedruckt als Anhang in: *Protokoll über die Verhandlungen des Parteitages der*
Schweizerischen sozialdemokratischen Partei, abgehalten in der Tonhalle in
Zürich am 20. und 21. November 1904, Zürich 1905. Der erste Satz der einleitenden «Prinzipienerklärung» lautet (S. 77): «Das Endziel der Sozialdemokratie bildet eine Gesellschaftsordnung, die durch die Beseitigung jeder Art

Die bisherige gesellschaftl. u. staatl. Ordnung konnte ihre schrecklichste Folge zeitigen: den Weltkrieg

Die Sozialisten konnten nichts dagegen thun! ⎫ *ganz wie*
Die Sozialisten mußten mitmachen! ⎬ *beim*
Die Sozialisten *wollten* mitmachen!! ⎭ *Christentum!*

Es zeigte sich auf einmal: sie sind gar nicht so gefährlich, sie lassen im Grunde schon mit sich markten.

Wir möchten aber diesen Ordnungen gefährlich werden, sonst wollen wir zusammenpacken.

Wo fehlts u. wie solls anders werden?

––––––––

Es braucht *innerliche Sozialisten,* einen Seelen-[,] Gemüts- u. Gewissenssozialismus, der *standhält*

3 Sterne müssen uns dazu leuchten:

1. Sozialismus bedeutet *Gerechtigkeit*

Der jetzige Weltzustand bedeutet Ungerechtigkeit, weil willkürliche Herrschaft der unpersönlichen Kapitalsmacht. Unter ihr leiden die «Armen»[,] aber auch die «Reichen». Von ihr muß der Mensch befreit werden, alle Menschen! Sozialismus ist also nicht blos Arbeitersache. Nicht eine Frage des Egoismus. Mit der Gerechtigkeit stellt sich das bessere Los von selbst ein. Am schlimmen Los der Arbeiterklasse mag uns die Not zum Bewußtsein kommen, aber der

von Ausbeutung das Volk von Elend und Sorge befreit, Wohlstand und Unabhängigkeit sichert, und damit die Grundlage schafft, auf der die Persönlichkeit sich frei und harmonisch entfalten und das ganze Volk zu höhern Kulturstufen aufsteigen kann.» – Der letzte Satz steht in einem durch Sperrdruck hervorgehobenen Schlussabschnitt über die «Weltgeschichtliche Bedeutung des Sozialismus» (S. 84; s. auch unten S. 357, Anm. 22): «Indem die schweizerische Sozialdemokratie in Gemeinschaft mit den sozialistischen Parteien aller Kulturländer durch das Mittel des Klassenkampfes für die Aufhebung der Klassen und der Klassengegensätze kämpft, um an deren Stelle die Solidarität aller Volksgenossen zu setzen, wird sie mit ihrem Siege auch die nationalen Gegensätze beseitigen und die Solidarität aller Völker herstellen. – Damit erlöst die internationale Sozialdemokratie die Nationen vom Fluche des Militarismus und des Krieges und bringt ihnen mit der Erlösung aus Elend und Sorge auch den Frieden und die Verbrüderung zu gemeinsamer Bebauung und Kultivierung des ganzen Erdballs.»

Stern[,] der uns führt im «Klassenkampf»[,] heißt Menschlichkeit u. nicht bessere Arbeiterverhältnisse.

2. Der Sozialismus siegt durch seine *Wahrheit.*
Und der politische etc. Kampf? Verhält sich zur soz[ialistischen] Wahrh[eit] wie der Körper zum Geist. «Die Soz[ial]dem[okratie] tritt aus dem Rahmen einer polit[ischen] Partei weit heraus.»[3] Die Macht zu gewinnen ist nicht das Wesentliche, nicht ihre Stärke. Sie darf nicht um jeden Preis Macht gewinnen wollen. Sie gewinnt auf die Dauer auch nur dann Macht, wenn sie von jenem tiefern Wollen getragen ist.

3. Der Sozialismus zielt auf den *freien Menschen[,]* die Persönlichkeit.[4] Die soll im «Zukunftsstaat» möglich werden. Dann muß sie aber schon jetzt Hauptsache werden. Menschen, die erlöst sind a) vom Egoismus, b) von den falschen Idealen[,] c) von der Genußsucht des Bürgertums. Nur Erlöste können erlösen.

––––––––––

Die polit.[,] wirtschaftl. etc. Bemühungen müssen damit Hand in Hand gehen.
Nicht: zuerst bessere Menschen, dann bessere Zustände
Nicht: zuerst bessere Zustände, dann bessere Menschen
Beides *mit[-]* u. *in*einander.

––––––––––

Was thun? Alles thun, was ein Parteimitglied thun muß um der Erfüll[un]g des Programms zuzustreben. Also nicht anarchistische Sektiererei!
Aber wissen[,] daß es darauf nicht ankommt. Der Inhalt des Sozialismus, der sozialist. Mensch muß stark werden, weniger wichtig ist die Macht.
Pflege des persönlichen Lebens durch Selbstbetrachtung! Lektüre! Natur! Kinder! Kirche! *Familienleben.* Grundsätze predigen u. *anwenden! Freundeskreise.* Ohne zu schimpfen u. zu politisieren, sich bestärken u. vertiefen in der Gemeinschaft des inneren Sozialismus.

[3] Aus dem Schlussabschnitt des SPS-Programms (a.a.O., S. 84): «Die sozialdemokratische Partei tritt also aus dem Rahmen einer reinpolitischen Partei weit heraus.»
[4] Vgl. oben S. 161, Anm. 2.

ANTRAG BETREFFEND ABSCHAFFUNG DES
SYNODALGOTTESDIENSTES
1915

Aus den Berichten Barths über die Sitzungen der aargauischen re-
formierten Synode[1] *geht deutlich hervor, wie unzufrieden Barth mit*
deren Verhandlungen und Beschlüssen war und wie sein Unbehagen
von Mal zu Mal stärker wurde. Seine wachsende Bekümmerung fand
schließlich in dem Antrag einen ungewöhnlichen Ausdruck, den er am
2. Oktober für die Synode am 11. November 1915 einreichte:

Die Synode beschliesst: Der übliche Synodalgottesdienst bedeutet
ein Bekenntnis zum Evangelium, das mit dem Geist der Synode als
einer blossen staatskirchlichen Verwaltungsbehörde in Widerspruch
steht. Er wird in Aufhebung von § 5 al. 2 des Reglements für die ref.
Synode des Kantons Aargau fallen gelassen.[2]

Schon vor der Synode stieß das Vorhaben Barths auf wenig Ver-
ständnis. Sein Kollege Robert Epprecht gibt ihm am 6. Oktober 1915
zu bedenken: Besser, «als die Predigt auch noch fallen zu lassen, um
dann die vollendete Wüste zu haben», wäre es, «man würde Dich zum
nächsten Synodalprediger bestimmen!!»[3] *Und am 11. Oktober be-*
kennt Epprecht: «ich verstehe Dich allerdings nicht recht in Deiner
Synoden-Drachen-Töter-Wut!»[4] *Ähnlich fragt Pfarrer Traugott Hal-*
ler am 6. November: «Wie kommst du dazu, die Abschaffung der Syn-
odalpredigt zu beantragen? Es ist mir, schon das Aufrollen dieser Frage
werde schädlich wirken.»[5] *Dagegen erklärt sich Pfarrer Guido Am-*
mann am 7. Oktober «mit Deinem Antrag sehr einverstanden»[6] *– aber*
er sei nicht Mitglied der Synode. Pfarrer Max Dietschi schreibt am 29.
Oktober[7]*: «Was du nun mit deinem Antrag über die Abschaffung des*

---

[1] Siehe V. u. kl. A. 1909–1914, S. 704–709.716–722, und oben S. 3–8 und
S. 33–35.

[2] Protokoll der reformierten Synode des Kantons Aargau. 1894–1919 (im
Archiv der Evangelisch-reformierten Landeskirche des Kantons Aargau,
Aarau), S. 418.

[3] KBA 9315.123.

[4] KBA 9315.137.

[5] KBA 9315.154.

[6] KBA 9315.131.

[7] KBA 9315.147.

Synodalgottesdienstes willst, begreife ich wohl.» «Aber ganz abgesehen von den mehr taktischen Fragen, liegt die Entscheidung in deiner Seele, ob Du das Recht hast, die Synode vor diese Frage zu stellen. Das ist alles. Was WIR dazu sagen, ist dir dann gleichgiltig, weil du eben die Frage stellen musst – wie Amos. Ich von mir aus kann es nicht, weil ich nicht das Recht dazu habe.»

Der Präsident der Synode Pfarrer Walter Müri erklärte Barth am 5. November, dass er, anders als Barth es offenbar erwartet hatte, nicht «in der Ankündigung schon die Begründung» mitbringen konnte.[8] So musste es in der auf den 1. November datierten Einladung zur Sitzung am 11. November unter Punkt 7 der Traktanden schlicht heißen: «Antrag des Herrn Pfarrer Barth in Safenwil auf Abschaffung des Synodalgottesdienstes, resp. Abänderung von § 5 des Synodalreglementes».[9]

In der Synode wurde Barths Antrag vorgezogen und an dritter Stelle behandelt. Pfarrer Karl Straub hatte sich mit dem Antrag einverstanden erklärt, «auf Grund der Erfahrungen, die er in der kurzen Zeit seiner Teilnahme an den Sitzungen gemacht hat».[10] In dieser Sitzung konnte jedoch noch kein Beschluss ergehen, da Anträge auf Abänderung des Reglementes der Synode «zur Einsicht auf dem Bureau aufgelegt werden» mussten und dann «erst in der folgenden Sitzungszeit in Beratung» kamen. Der Antrag konnte nur «vorgelegt» und «begründet werden».[11] Nach dem Protokoll zu urteilen, hat Barth seine auf Vorder- und Rückseite von sechs Blättern im Quartformat mit Tinte niedergeschriebene Antragsbegründung[12], für die er sich zunächst auf der Rückseite des Geschäftsberichts des Kirchenrates ausführliche Stichworte notiert hatte[13], vollständig vorgetragen. Am Schluss forderte er: «Heute schon soll abgestimmt werden über die Eintretensfrage; am besten wäre namentliche Abstimmung.»[14]

[8] KBA 9315.153.
[9] KBA 12046.
[10] Protokoll der reformierten Synode des Kantons Aargau. 1894–1919, S. 418.
[11] Ebd.
[12] KBA 12046.
[13] KBA 12046.
[14] Protokoll, a.a.O., S. 420.

Aus der Synode wurden zwei Anträge gestellt – der eine von Pfarrer
Richard Preiswerk, «jetzt in die Diskussion einzutreten», der andere
von Pfarrer Gottlieb Widmer, den Antrag «als Motion zu behandeln,
erheblich zu erklären & dem Kirchenrat zuzuweisen»[15]*: im Sinne eines*
Auftrags der Synode an den Kirchenrat, eine Änderung des Regle-
mentes auszuarbeiten. Nachdem der Antrag Preiswerk 51, der Antrag
Widmer 68 Stimmen erhalten und damit angenommen worden war,
zog Barth seinen Antrag zurück, «da sein Zweck erledigt sei»[16]*. Pfar-*
rer Johann Schüepp protestierte
gegen die Behandlung, welche die Synode & der Kirchenrat sich von
Pfr. Barth gefallen lassen mussten, indem sie als Heuchler dargestellt
wurden, die vor allem Angst haben. Der Präsident erklärt, er habe Pfr.
Barth sprechen lassen, weil er eine impulsive Natur sei & seine Sache
heraussagen müsse; er wollte die Korrektur seiner Gedanken & Ausdrücke der Diskussion überlassen. Pfr. Preiswerk bedauert den Ton
sowohl von Pfr. Schüepp als von Pfr. Barth. Aber es ist gut, wenn wir
vor solche Fragen gestellt werden.[17]

Der Antrag und seine Behandlung auf der Synode fanden in den
Zeitungen des Aargau einige Beachtung. Barths Sammlung von Zei-
tungsberichten umfasst sechs Artikel. Einer Ankündigung der Synode
und des Barthschen Antrags (ob der Synodalgottesdienst «der letzte
derartige Gottesdienst sein wird, hängt vom Schicksal eines Antrags
des Hrn. Pfr. Barth in Safenwil auf Abschaffung des Synodalgottes-
dienstes ab»[18]*) ließ das Aargauer Tagblatt mit dem Abdruck eines von*
Barths Kollegen Robert Epprecht eingesandten Textes[19] *noch Teile aus*
dessen Begründung folgen, nach der «der übliche Synodalgottesdienst
eine mit dem ganzen Geist und Gebaren der Synode, als einer bloß
staatskirchlichen Verwaltungsbehörde, unvereinbare christliche
Kundgebung sei. Der Antrag ist von prinzipieller Bedeutung, denn es

---

[15] Ebd.

[16] Ebd. Pfarrer Dr. Albert Schäfer, der zunächst Barths Antrag übernommen hatte, um eine eigentliche Behandlung bei der nächsten Versammlung der
Synode zu erreichen (Protokoll, S. 421), zog den Antrag zurück (a.a.O., S. 430
und S. 433), so dass Barths Vorstoß 1916 nicht mehr besprochen wurde.

[17] A.a.O., S. 421.

[18] Aargauer Tagblatt, Jg. 69, Nr. 258 vom 3.11.1915, S. 2.

[19] Bw.Th. I, S. 99.

handelt sich um die Entscheidung: ‹will das kirchliche Parlament nur eine Verwaltungsbehörde sein oder eine grundsätzlich für das religiöse Leben der Kirche wirkende Vertretung des kirchlichen Volkes.› Wenn die Synode sich für das letztere entscheiden sollte, so würde sicherlich der Antragsteller selbst über die Ablehnung seines Antrags die größte Genugtuung haben.»[20] Ein Bericht über den Verlauf der Synode spricht von dem «lebhaftem Interesse», mit dem die Synodalen Barth folgten; «wohl schoß der jugendliche, impulsive Motionär vielfach über das richtige Maß hinaus; seinen Auseinandersetzungen konnte man aber doch die Anerkennung nicht versagen, daß sie offenbar aus der aufrichtigen und ernsten Überzeugung eines Mannes hervorgingen, der unter dem Widerspruch zwischen Ideal und Wirklichkeit leidet».[21] Das «Aargauer Tagblatt» erklärt verständnisvoll, der Antrag auf Abschaffung des Synodalgottesdienstes sei «nur die Form, durch die der Antragsteller die Synode vor die Entscheidung stellen wollte: ‹Wollen wir die Behandlung unserer Synodalgeschäfte mit Gott tun, wie wir im Gottesdienste bekennen, oder ohne Gott, wie tatsächlich die Verhandlungen geschehen?›»[22] Die Berichterstattung des «Zofinger Tagblatts», nach der es «die meisten Synodalen» «fremdartig» angemutet habe, dass Barth «die Abschaffung des Synodalgottesdienstes beantragte und die Synode zu einem reinen Verwaltungsorgan degradieren wollte»[23], provozierte die Entgegnung:

Wer die Rede des Hrn. Pfr. Barth zur Begründung seines Antrages hörte, vernahm, daß er gerade das Gegenteil wollte, als was ihm der Korrespondent zuschiebt. Er wollte die Synode von dem materiellen Geschäftsgeist befreien und sie auf die Höhe des wahren Gottesdienstes erheben. Wenn aber die Synode nur materielle Geschäfte treiben soll, dann sei man auch so ehrlich und schaffe den Gottesdienst ab.

Man müsse auch bei möglicher Kritik am Stil zugestehen, dass Barth «ganz energisch die Hebung der Synode zu einem wahren, ehrfürchtigen Dienst vor dem lebendigen Gott anstrebte».[24]

[20] Aargauer Tagblatt, Jg. 69, Nr. 260 vom 5.11.1915, S. 2.
[21] Aargauer Tagblatt, Jg. 69, Nr. 269 vom 16.11.1915, S. 2.
[22] Aargauer Tagblatt, Jg. 69, Nr. 267 vom 13.11.1915, S. 2.
[23] Zofinger Tagblatt, Jg. 43, Nr. 266 vom 12.11.1915, S. [1].
[24] G. W. [Gotthilf Witzemann?], Reformierte Synode, in: Zofinger Tagblatt, Jg. 43, Nr. 270 vom 17.11.1915, S. [2].

Nach dem zwiespältigen Ergebnis seines Vorstoßes wird Barth das Echo besonders gefreut haben, das er in einem Brief vom 12. November von Pfarrer Albert Schädelin in Bern hörte[25]*, dem er anscheinend sofort Bericht gegeben hatte: «Wahrhaftig Deine Zeilen waren mir eine ‹Glaubensstärkung›. Ich freue mich maasslos über die Vorgänge in Eurer Synode und ich schreie zum Himmel er möge auch in unsern Karpfenteich einen Hecht senden.»*

Antrag betr. Abschaffung des Synodalgottesdienstes.

11. November 1915

G[eehrte] H[erren] S[ynodalen],

Ich darf nicht erwarten, dass Ihnen mein Antrag ohne weiteres verständlich sei. Ich wundere mich nicht über starke Missverständnisse meiner Absichten, die mir bereits zu Ohren gekommen sind. Aber vielleicht haben Sie so oder so das Gefühl, dass es um eine wichtige Sache geht[,] u. sind nun so freundlich, mir ein wenig zuzuhören.

Der Kern von dem, was ich Ihnen zu sagen habe, liegt nicht in dem was ich Ihnen heute beantrage: Abschaffung des ... , sondern in dem, was ich mit diesem Antrag meine. Ich möchte damit zunächst eine Frage an Ihr Gewissen richten, die mein eigenes Gewissen beunruhigt hat, seit ich dieser Versammlung angehöre. Die Frage lautet: was wollen wir eigentlich hier als Synode? Hinter dieser Frage steht die noch grössere umfassendere: Was wollen wir überhaupt mit unsrer ref. Landeskirche, was hat es für einen Sinn, wenn wir ausser den Kirchgemeinden eine Gesamtorganisation haben, als deren Vertreter wir hier beisammen sind? Aber ich will mich heute der Klarheit halber auf die Frage beschränken, was wir mit unsrer Synode im Grunde wollen. Ich denke nicht an eine blos akademische theoretische Erörterung dieser Frage, davon würde ich gar nichts erwarten, sondern es muss heute etwas geschehen. Ich habe sie darum in Form eines Antrags gestellt, über den Sie abstimmen müssen. Mit Ihrer Abstimmung sollen Sie hier auf dem Platze eine Entscheidung treffen über Ihre Antwort, und

[25] KBA 9315.156.

ich betrachte diese Entscheidung, wie sie auch ausfallen möge, als den ersten praktischen Schritt zu ihrer Lösung.

M[eine] H[erren]. Es sieht so aus, als ob die Synode auf die grundsätzliche Frage: was wollen wir? ihre Antwort längst gegeben habe u. immer wieder gebe. Diese scheinbare[26] Antwort lautet: es ist uns darum zu thun, durch das Mittel der Kirche, deren Aufgaben u. Sorgen, soweit sie nicht die Gemeinden angehen, uns hier obliegen, das Evangelium von Jesus Christus unter unserm Aargauer Volk leuchten zu lassen; wir wollen, indem wir diese menschliche Einrichtung der Kirche fördern u. ausbauen, der Ehre Gottes dienen. |

Ich finde diese scheinbare Antwort ausgesprochen in der Tatsache, dass wir Jahr für Jahr unsre Tagungen mit einem «Gottesdienst» in der Stadtkirche eröffnen. Dieser Gottesdienst ist ein Bekenntnis, die Anerkennung eines ganz bestimmten obersten Zieles, das wir unsren Verhandlungen hier nachher zu geben behaupten. Der Grosse Rat[27] lässt es mit Fug und Recht bleiben, zum Beginn seiner Tagungen in die Kirche zu gehen. Es fällt ihm gar nicht ein, behaupten zu wollen, dass das oberste Ziel seiner Beratungen das Evangelium Jesu und die Ehre Gottes sei. Wenn er das Bedürfnis zu einem Bekenntnis hätte, so müsste er vielleicht eine Wallfahrt zum Grabe von Aug. Keller[28] antreten. Aber er hat ein solches Bedürfnis nicht, es könnte sein, dass er überhaupt nicht stark an ein oberstes Ziel seiner Beratungen denkt; er ist eben der Grosse Rat, fertig! Wir aber, m[eine] H[erren], wir, die Synode, wir gehen in die Kirche. Werden Sie mir bestreiten wollen, dass wir uns damit zu einem ganz bestimmten obersten Ziel, Sinn und Zweck unsrer Verhandlungen und Beschlüsse bekennen, dass wir in scharfem Gegensatz zum Grossen Rat damit sagen: ich aber und mein Haus, wir wollen dem Herrn dienen [Jos. 24,15]?! Machen wir es uns doch ganz klar, wenn wir es noch nicht getan haben, was wir da tun,

---

[26] = sichtbare, augenscheinliche, offenkundige.
[27] = das Parlament des Kantons Aargau, in dessen Saal auch die reformierte Synode tagte.
[28] Augustin Keller (1805–1883) war liberaler aargauischer Politiker und Mitbegründer der Christkatholischen Kirche der Schweiz. Er prägte das Schul- und Kirchenwesen des Kantons Aargau entscheidend mit der Leitidee der allgemeinen Volksaufklärung. Vgl. Fr. Kurmann, Art. «Augustin Keller», in: *Historisches Lexikon der Schweiz*, Bd. 7, Basel 2008, S. 157.

wenn wir in der Kirche beten[,] miteinander Gott dafür danken, dass er uns u. unsrem Volke das Licht des Ev[an]g[eliums] bis hierher erhalten habe, wenn wir ihn um seinen Geist, den Geist Christi, bitten für unser menschliches Tun, wenn wir uns u. unsre Kirche seinem Segen anbefehlen. Nehmen wirs einen Augenblick ernst, was da über unsre Lippen geht, wenn wir drüben unter Orgelschall singen «Allein Gott in der Höh ...»[29] oder «Die Sach ist dein ...»[30]. Damit sprechen wir uns doch aufs Feierlichste für eine bestimmte Richtung aus, die wir unsrem Zusammensein geben wollen. Und zwar wohlverstanden, nicht nur in dem allg[emeinen] Sinn, in dem jede Gemeinde am Sonntag ihren Glauben bekennt, wobei dann das Ernstmachen damit schliesslich Sache jedes Einzelnen ist. Nein, wir wünschen uns da Gottes Geist u. Segen direkt u. unmittelbar für uns, für die geschlossene Gemeinschaft, die wir da bilden als Vertreter unsrer Kirche. Als Behörde, als Synode stellen wir uns da in der ausdrücklichsten Weise unter Gott. |

Oder denken Sie doch einen Moment darüber nach, was es bedeutet, wenn wir uns bei diesem «Gottesdienst» predigen lassen. Ich lasse es ganz dahingestellt, ob wir dabei eine gute oder schlechte Predigt zu hören bekommen. Im schlimmsten Fall lassen wir doch da ein Bibelwort zu uns reden u. wollen es so haben, ein Wort, das aus dem Propheten- u. Heldengeist, aus dem Geist der Liebe, der Freiheit u. der Kraft, aus dem Gottesgeist des A[lten] u. N[euen] T[estaments] stammt[,] u. sagen damit unsrerseits: dieser Geist der Bibel soll uns leiten, aus ihm heraus möchten wir beraten u. beschliessen, um sein Wesen ist es uns zu tun bei unserm Kirchenwesen.

Verstehen Sie mich recht: es ist ja ganz klar, dass wir dieses Glaubensbekenntnis ablegen in vollem Bewusstsein, dass wir alle höchst unvollkommene, schwache Menschen sind, u. dass wir in einer Welt leben, deren harte Wirklichkeiten dem Geiste Gottes einen entschiedenen Widerstand entgegensetzt[31]. Diese Tatsache wird sich selbstverständlich auch in der menschlichen Unvollkommenheit unsrer Beratungen u. Beschlüsse äussern. Ich weiss sehr wohl, dass das

[29] GERS (1891) 1; EG 179; RG (1998) 221.
[30] GERS (1891) 170; EG 593; RG (1998) 801.
[31] Versehentlich statt: «entgegensetzen».

Himmelreich ein Senfkorn u. Sauerteig ist [Mt. 13,31–33]. Wir sind äusserlich genau in der gleichen Lage wie der Grosse Rat oder irgend eine andre Behörde: in der Lage nämlich, dass wir mit den Menschen[,] wie sie sind, u. mit der Welt, wie sie ist, rechnen müssen.

Fertigen Sie mich nicht damit ab, m[eine] H[erren,] dass Sie mich zum Schwärmer stempeln, ich meine nichts Unmögliches. Ich meine einfach: durch unsern Syn[odal-]Gottesdienst bekunden wir, dass wir uns im Gegensatz zum Gr[ossen] Rat in einer andern innern Lage fühlen, in der Lage nämlich, dass wir über aller Unvollkommenheit der Menschen u. der Welt im Evangelium ein klares sicheres u. unbedingtes Ziel kennen, dass wir zwar ganz ruhig mit der Welt rechnen, wie sie ist, aber noch ruhiger u. fester mit Gott, der die Welt lieb hat u. erlösen will, dass uns das Evg. wirklich ein Senfkorn u. Sauerteig ist, u. d.h. nicht ein toter Stein, sondern etwas Lebendiges, etwas das wirken, wachsen u. gelten will in der Welt, unter den Menschen, in unserm Aargauer Volk. Das Christentum ist ja auch in unserm Privatleben nicht Vollkommenheit u. Heiligkeit, wohl aber eine lebendige Hoffnung auf das Vollkommene, auf Gott. In diesem nüchternen, aber ernsthaften Sinn bekennen wir uns zum Christentum, wenn wir unsre Tagungen mit Gebet, Gesang u. Hören des Bibelwortes eröffnen. Stellen Sie sich nur einen Augenblick vor, es wäre uns ernst mit diesem Bekenntnis, wir wären hier beieinander als ein Kreis, eine Gemeinschaft von Solchen, die eine lebendige Hoffnung auf den lebendigen Gott haben. Sehen Sie, dann wären wir nach aussen die gleiche Synode wie jetzt, u. doch etwas ganz Andres.[a] Organ einer gewissen aarg[auischen] Staatskirche wären wir – warum denn nicht? es kommt ja wenig darauf an – aber wir wären zugleich viel mehr als das, nämlich ein Ort, wo eine ganz besondere Arbeit für Gottes Reich getan wird. Die Synode könnte den Kirchgemeinden sein, was die Kirchgemeinde den einzelnen Christen sein will. Hier könnten die Vertreter der Gemeinden Fühlung miteinander gewinnen in ihren tiefsten u. wichtigsten Aufgaben u. Zielen. Hier könnte, was schwach ist u. sterben will, sich wieder stärken am Glauben der Andern [vgl. Apk. 3,2]. Hier

---

[a] Im Mskr. folgt der nachträglich gestrichene Satz: «Die Kirche könnte das gleiche Verhältnis zum Staat haben mit all seinen Unvollkommenheiten wie jetzt, aber nicht als Organ der Staatskirche wären wir hier beieinander, sondern als Werkzeug der Kirche Christi, auf die es allein ankommt.»

könnten wir einander fest machen in dem, was wir Alle wollen, fest in der Hoffnung auf das, was wir Alle erwarten. Es gibt nichts Segensreicheres auf der Welt als eine Gemeinschaft der Hoffnung, u. das könnte unsre Synode sein, *müsste* es sein nach dem Bekenntnis unsrer Lippen. Könnte es sein ohne alle äussere Veränderungen. Wir könnten die gleichen grossen u. kleinen Traktanden behandeln wie jetzt, aber wir würden sie auf eine neue, sachlichere Art behandeln, so nämlich, dass der ganze Aargau es einmal im Jahre merken würde, wie das ist, wenn Christen von Geld, von Verwaltungsgeschäften, von Fragen der Ordnung u. des Rechtes reden. Und neue, wichtigere Traktanden würden uns dann ganz von selbst kommen. Wir könnten den gleichen Kirchenrat haben wie jetzt, aber er wäre uns dann mehr als ein Curator u. Inspektor, wir könnten Vertrauen zu ihm haben als zu einem Führer u. Freund in der Hauptsache. M[eine] H[erren]. Wenn es uns ernst wäre mit unsrem Bekenntnis, dann wäre uns Kirchenpflegern u. Pfarrern auf dem Lande draussen dieser Tag etwas Wichtiges u. Nötiges, wir würden uns freuen auf die Synode, ich glaube, wir würden ganz von selbst das Verlangen haben, viel öfter Synode zu haben. Mit einem Wort: wir würden es zu spüren bekommen, dass Gott sich zu uns bekennt, wie wir uns zu ihm bekennen. Dass wir nicht nur von seiner Sache reden, sondern seinen Segen u. seine Kraft dabei haben. Ist es eine Schwärmerei oder ist es die schlichte Wahrheit, wenn ich sage: Gott würde uns u. unser Reden u. Tun ernst nehmen, wenn wir ihn ernst nehmen würden?

Nun aber muss ichs aussprechen, was die grosse Not ist, unter der diese Synode leidet: wir nehmen Gott nicht ernst. Unser Bekenntnis ist ein Schein. Der Geist, der in unsren Verhandlungen waltet, ist ein gänzlich anderer Geist als der Geist, zu dem wir uns mit unserm Beten, Singen u. Predigen bekennen. Verstehen Sie mich wohl: der Geist des Evgs u. der Geist der aarg. Synode unterscheiden sich nicht nur so, wie das Vollkommene sich vom Unvollkommenen unterscheidet, die niedere Stufe von der höheren, das Menschliche vom Göttlichen oder wie wir uns immer herausreden mögen. Es handelt sich hier u. dort um etwas gänzlich Verschiedenes: Der Geist des Evgs ist die Richtung auf Gott hin, unsre Synode aber ist nicht in der Richtung auf Gott, sondern auf die Götzen hin. Der Geist des Evgs. ist Hoffnung, wir aber sind hier beieinander als solche, die keine Hoffnung haben [vgl. 1. Thess. 4,13]. Der Geist des Evgs ist Leben, die Art aber wie wir hier miteinander beraten u. beschliessen, ist der Tod.

Das erscheint Ihnen jetzt als eine harte Rede, aber müssen Sie mir nicht Alle im Grunde Recht geben, wenigstens darin dass es sich hier u. dort um etwas ganz Andres handelt? Sollte nachher auch nur ein Einziger von Ihnen aufstehen u. sagen können, dass wir den Willen haben, hier zu verhandeln u. zu beschliessen in dem Sinn, in dem wir drüben beten u. singen? Ist nicht die grosse Mehrheit von uns ganz einig darin, dass wir das gerade nicht wollen, dass wir sagen: Gott die Ehre in der Kirche, hier aber gelten andre Rücksichten?[b]

Sehn Sie, wenn wir hieher kommen aus der Kirche, dann ist auf einmal die ganze Freudigkeit, mit der wir vom lieben Gott her an unsre Arbeit kommen müssten, dahin u. man spürt eigentlich in der ganzen Versammlung kein anderes Verlangen als das, möglichst rasch und glatt unsre Geschäfte abzuwickeln. Mit Hilfe eines gewandten H[errn] Präsid[enten] schlagen wir uns durch alle unsre Paragraphen, Rechnungen u. Berichte hindurch und sind froh, wenn alles gut, d.h. glatt u. friedlich vorübergegangen ist und Alles schön im Gleichgewicht geblieben ist. Ja, da möchte ich denn doch fragen: steht eigentlich die Sache Gottes in der Welt u. im Kt. Aarg. auch so im Gleichgewicht wie wir hier dergl[eichen] tun[32]? Oder geben wir uns da nicht einer grossen Selbsttäuschung hin, die darin besteht, dass wir hier der Sache Gottes damit zu dienen meinen, dass wir allen tieferen, ernsteren, schwereren Fragen einfach aus dem Wege gehen, am liebsten

---

[b] Hier folgt im Manuskript ein von K. Barth gestrichener Absatz, der auf die Spielbankinitiative Bezug nimmt:
«Ich möchte am Liebsten gar nicht weiter bei dieser Feststellung verweilen und es Ihnen überlassen, ob Sie den Mut haben, mir nachher zu antworten: es ist nicht so! Ich möchte gerne verzichten darauf, bestimmte Punkte zu nennen, wo sich das, was ich meine gezeigt hat und immer aufs Neue zeigt. Wenn ich es doch tue, um der Anschaulichkeit willen, so möchte ich Sie im voraus bitten, sich nachher in der Diskussion nicht in Einzelheiten zu verlieren. Es handelt sich nicht um Einzelheiten, sondern um das Ganze. Aber ich kann Ihnen das Ganze nicht anders zeigen, als indem ich Sie an einige Einzelheiten erinnere.
Wir haben Sie vor 1½ Jahren mit einer Resolution zugunsten der sog. Spielbankinitiative bemüht und sind damit zwei mal abgewiesen worden. Ich frage Sie heute einfach: woher kamen die Motive, die Sie damals zu Ihrer Haltung bewogen haben? Was für Rücksichten?»

[32] = wie es bei unserem Tun den Anschein hat.

damit, dass wir sie mit irgend einem formellen Manöver, wie uns der Parlamentarismus solche reichlich zur Verfügung stellt, zum Schweigen bringen. Und darum leben wir dann auch beständig in irgend einer Angst vor allerlei Mächten und Gewalten[,] vor denen wir keine Angst haben dürften, wenn es uns wirklich hier wirklich um Gottes Sache zu tun wäre: Angst vor der Majestät des Staates u. der Ungnade seiner Behörden, Angst vor dem Missfallen der Herren Schullehrer, Angst vor der sog. aarg. Volksseele, die nur an einem gedämpften, verdünnten Chrt. Freude hat u. die uns morgen in die Zeitung bringen könnte, Angst vor allerlei Geldinteressen im Lande draussen, die sich möglicherweise von uns bedroht fühlen könnten. Unser unchristliches Ruhe- und Friedensbedürfnis, wo doch kein Friede ist [vgl. Hes. 13,10.16], unser unchristlicher Formalismus u. unsre unchristliche Angst, das ists, was ich meine, wenn ich sage: wir nehmen hier Gott nicht ernst, und unser Gottesdienst drüben ist eine hohle Gebärde. M[eine] H[erren,] es fällt mir keinen Augenblick ein, auch nur einem einzigen von Ihnen das Christentum absprechen zu wollen, wohl aber möchte ich Sie bitten zu überlegen, ob das andre nicht wahr ist: wenn wir hieher kommen, lassen wir allesamt unser Chrt. draussen, um das es sich hier doch handeln müsste. Die Reden, die wir hier halten u. anhören, sind Reden von Oberrichtern, Feldpredigern, Schulinspektoren, von erfahrenen, vielgewandten Kirchen- u. Sozialpolitikern, bes[onders] auch von Pfarrern u. wieder vor Pfarrern, aber nicht Reden von Christen, denen es [sich] um ihre heiligste u. höchste Sache handelt u. die sich an ihrer Sache orientiert haben. Den Christen in uns lassen wir alle draussen, wenn wir hier hereinkommen. Und das heisst eben: wir nehmen hier – ich rede nur davon – Gott nicht ernst.

Sehen Sie, darum können wir an der Synode eigentlich doch allesamt keine Freude haben. Wir haben alle das Gefühl, dass das, was wir hier treiben u. wollen, eine halbe Sache ist. Es ginge dem R[eiche] G[ottes] im Kt. Aarg[.] nicht besser u. nicht schlechter, wenn es keine Synode gäbe. Irgend eine Grossratskommission könnte unsre Geschäfte ebenso gut u. mit ebensoviel Geist erledigen. Es erwartet niemand etwas Bes[onderes] von uns, u. wir tun hier auch nichts für Gott, denn dass wir von Zeit zu Zeit einen § [Paragraphen] revidieren, tun wir nicht für Gott, sondern dem Gesetz der Trägheit gehorchend. Wir sind alle froh, wenn die Synode jeweils wieder für ein Jahr erledigt ist. Mir sind die Aufenthalte hier in Aarau etwas vom Peinlichsten und Entmutigendsten im ganzen Jahr. Ein dumpfer Druck liegt hier über uns, wir spüren zu deutlich die Sinnlosigkeit und Nichtigkeit unsres ganzen Zusammenseins. Dieser Druck kommt her von der Unwahrheit, in der wir hier beieinander sind, u. diese Unwahrheit besteht darin, dass wir vorgeben, Gott ernst zu nehmen u. in Wirklichkeit andern Göttern dienen.

Und nun? Nun sagt man mir von wohlmeinender Seite, zu dieser grossen Unwahrheit müsse im Namen der christl[ichen] Liebe geschwiegen und immer wieder geschwiegen werden, denn wenn einmal offen davon geredet werde, so könne daraus nur Ärgernis u. Streit entstehen. M[eine] H[erren] S[ynodalen,] da frage ich Sie Alle nun einfach aufs Gewissen: ist das christl. Liebe, die zu solcher Grundunwahrheit auf die Länge schweigen kann aus Furcht vor der Unruhe, die das Reden mit sich bringen könnte? Ist das die christl. Liebe, wie sie in der Bibel zu uns redet, diese sog[enannte] Liebe, die unter immer neuen Vorwänden überall mit dem Strom geht, oder ist das nicht ein bequemes Ding, das wir uns selbst gemacht haben u. das eben auch zu unsrer Grundunwahrheit hier gehört?

Man hat mir ferner nahegelegt, ich möchte doch, statt meines Antrags, die Motion Jahn zu erneuern, es sollten in der Syn[ode] auch sog. «relig[iöse] Tagesfragen» besprochen werden.[33] Ich kann auch auf diese Anregung nicht eingehen, denn das, was wir nötig haben, ist nicht die Behandlung «relig.Tagesfragen», sondern die Behandlung unsrer gewöhnlichen Traktanden in einem andern Geist, als es jetzt geschieht.

Ich kann Ihnen auch nicht beantragen, die Unwahrheit, in der wir stecken, dadurch aufzuheben, dass wir einen neuen Geist in unsre Verhandlungen einführen. Das wäre das einzige Positive, das hier für den Augenblick geschehen könnte. Aber Sie lächeln, Sie wissen ganz gut, dass man den Geist Gottes nicht einführen u. beschliessen kann.[c]

---

[c] Im Mskr. folgt ein gestrichenes Fragment eines Absatzes: «Und darum stelle ich Ihnen den Antrag, dass wir der grossen Grundunwahrheit in der wir uns befinden, dadurch ein Ende machen».

[33] Vgl. V. u. kl. A. 1909–1914, S. 720.

Ich kann mich ferner doch mit dem guten Ratschlag [nicht] zufrieden geben, ich solle doch die Synode nicht so ernst nehmen, sie sei ja nur eine Formalität u. das religiöse Leben sei in den Gemeinden draussen.

Wer mir das sagt, der muss nachher für meinen Antrag stimmen, denn das meine ich gerade: was man nicht ernst nimmt, das soll man nicht mit einem Gottesdienst anfangen.

Ich meinerseits möchte die Synode ernst nehmen[d][,] aber weil ich kein Mittel weiss, ihr einen andern Geist zu geben, schlage ich ihr hiemit vor, unserer grossen Unwahrheit dadurch ein Ende zu machen, dass wir uns des Bekenntnisses zu Gott und zum Evg, das wir mit uns[erm] Gott[es]d[ienst] ablegen, entäussern und uns ehrlich selbst hinstellen als das, was wir sind, als eine Verwaltungsbehörde, die Geschäfte abwickelt. Der Sinn meines Antrags ist auch ein Bekenntnis, ein Bekenntnis der Synode zu ihrer eigenen Art, wie sie sich bis jetzt mit Unrecht zu Gott bekannt hat. Wir wollen uns von heute an ehrlich zeigen als das, was wir sind, und das falsche religiöse Mäntelein ablegen.

Mein Antrag tönt negativ und kritisch: er ist nicht so gemeint.

Ich bin überzeugt, wenn sie diesen Antrag jetzt annehmen, resp[ektive] heute darauf eintreten und damit bekunden, dass Sie einsehen, wo es uns fehlt, so wird das ein erster grundsätzl[icher] Schritt zur Besserung sein. Gott kann dann wieder Freude an uns haben, denn den Aufrichtigen lässt er es gelingen [Spr. 2,7]. Aber hindurch müssen wir durch dieses bittere Bekenntnis: wir haben so, wie wir's treiben, mit Gott nichts zu schaffen. Wieder einführen?

Ablehnung?

Frage gestellt. Entscheidung Ihre Sache.

---

[d] Nachträglich gestrichene Fortsetzung: «u.zw. so wie sie nun einmal ist, mit der geistlosen Art, die sie nun einmal hat. Ich möchte aber nicht dass wir ewig dabei bleiben.»

Der Vortrag über «Kriegszeit und Gottesreich» ist zum einen bio-graphisch eine vorläufige Rechenschaft und Summe Barths in der ihn seit dem August 1914 immer stärker beschäftigenden Suche nach neuen theologischen Grundlagen, als solche ein Zwilling des «Antrags betr. Abschaffung des Synodalgottesdienstes»[1], der eine ausdrückliche Vergewisserung über den inzwischen gewonnenen Standort in und gegenüber der Kirche darstellt. Der Vortrag hat jedoch zum andern auch einen wichtigen zeit- und theologiegeschichtlichen Kontext: Im Jahr 1915 hatte es die ersten beiden Militärdienstverweigerungen in der Schweiz gegeben.[2] In der Juni-Nummer der «Neuen Wege» hatte Robert Lejeune den ersten Fall[3] mit bitterer Ironie kommentiert:

Wie ein seltsames Kuriosum wird der Antimilitarist betrachtet; da seine Ansichten aber auch gar zu wunderlich sind, läßt man ihn erst von einem Psychiater auf seinen Geisteszustand untersuchen. [...] Doch – der Mensch ist geistig normal, trotz seiner wunderlichen An-sichten! Kein Anzeichen von Geistesstörung, keine Anklänge an Wahnideen, trotz seines wunderlichen Benehmens! Indessen lassen sich diese Wunderlichkeiten daraus erklären, daß er einer gar wun-derlichen Sekte angehört, die solch wunderliche Ansichten ihren wunderlichen heiligen Büchern entnimmt, in denen so wunderliche Sätze stehen, wie: ‹Du sollst nicht töten› und ‹Du sollst deinen Näch-sten lieben.› Wunderlich![4]

Für den zweiten Dienstverweigerer, den Lehrer John Baudraz, tra-ten in der September-Nummer der «Neuen Wege» unter Führung von Leonhard Ragaz 38 religiös-soziale Pfarrer und Laien mit einer Er-klärung ein, in der es u.a. hieß:

Wir lassen es dahingestellt, ob ernsthafte christliche Gesinnung in jedem Falle zur Verweigerung des Militärdienstes führen müsse, aber

---

[1] Siehe oben S. 164–176.
[2] Vgl. M. Mattmüller II, S. 274, und überhaupt S. 273–290.
[3] Der Name «des Bauern und Artilleriefahrers» (Mattmüller II, S. 274), der zur Sekte der «Antonianer» gehörte, wurde nicht publiziert.
[4] R. Lejeune, *«Christentum und Krieg» vor dem Militärgericht*, in: NW, Jg. 9 (1915), S. 254–256, dort S. 255f.

wir können nicht anders, als unserer Meinung Ausdruck zu geben, daß ein Mann, der seinem christlichen Gewissen gehorcht, ohne auf die Folgen zu achten, wie der Verurteilte, ein edler Mensch und ein echter Jünger Christi ist.[5]

Als Antwort auf diese und ähnliche Stimmen «in einer ganzen Reihe religiöser schweizerischer Blätter» ließ Paul Wernle im Herbst 1915 – das Vorwort ist datiert: «im Oktober 1915» – seine Schrift Antimilitarismus und Evangelium *erscheinen, damit «einmal die andere Seite zum Wort kommt».[6] Barth hat diese Broschüre, wie die zahlreichen Anstreichungen, Markierungen und Bemerkungen in seinem Exemplar[7] belegen, mit außerordentlicher Beteiligung gelesen und seinen Vortrag ganz aus der radikalen Ablehnung der ihm hier entgegentretenden Theologie und Ethik formuliert, obwohl er zunächst vorhatte, in seinen Darlegungen «alle religiösen Kriegsauffassungen positiv [zu] nehmen, aber bei keiner stehen [zu] bleiben, sondern in immer engern Kreisen das Entscheidende in (nicht neben oder gegen) den deutschen, wernleschen etc. Gedankengängen herauszuarbeiten [zu] suchen».[8]*

Die Einladung zu diesem Vortrag kam von Dr. Paul Burckhardt-Lüscher, dem Präsidenten einer von den herkömmlichen Richtungen der liberalen («freisinnigen») Reformer und der «positiven» Traditionalisten unabhängigen kirchlichen Vereinigung in Basel. Am 23. September 1915 wandte er sich mit der Bitte an Barth[9],

Sie möchten im kommenden Winter vor den Mitgliedern der «Vereinigung unabhängiger Kirchgenossen Basels» u. vor den dazu eingeladenen Freunden einen Vortrag halten. Vielleicht wissen Sie etwas von dieser Vereinigung, die früher «Freunde der Neuen Wege» hieß. Sie umfaßt ganz verschieden gerichtete Männer u. Frauen, Prof.

---

[5] *Erklärung*, in: NW, Jg. 9 (1915), S. 422f., dort S. 422; vgl. auch S. 424–427.

[6] P. Wernle, *Antimilitarismus und Evangelium*, Basel 1915 (im folgenden zitiert: Wernle, Antimilitarismus), S. 3f. Das Wort «einmal» ist in Barths Exemplar unterstrichen und mit einem Ausrufzeichen versehen.

[7] KBA R14T7B39a. Auf der letzten Seite hat Barth einen dreifach unterstrichenen Verweis auf «Hiob 29,21–23» angebracht.

[8] Brief an Thurneysen vom 5.10.1915, Bw. Th. I, S. 86; vgl. auch Bw. Th. I, S. 81f.84.87–90.

[9] KBA 9315.118.

Wernle, Eberh. Vischer, Jak. Wirz, Rud. Liechtenhan, Albert Barth, Ihr Vetter, Adolf Preiswerk u.a. gehören dazu: die einen kamen von der Reform, andere von den Positiven, viele von Ragaz. Es sind viel ausgesprochen Religiös-Soziale dabei; aber wir verpflichten niemand auf eine bestimmte Richtung; wir wollen nur auf parteilosem Boden Gelegenheit zur Aussprache über religiöse u. soziale Fragen schaffen, ohne daß der Redner von vornherein ein Parteiprogramm vertreten muß oder daß von den Zuhörern, bes. den Laien, ein solches erwartet wird. [...] Nun erwarten wir, wenn wir Sie bitten, uns die Freude zu machen, einen Vortrag zu halten, von Ihnen nichts anderes, als daß Sie Ihre religiös-soziale Überzeugung deutlich u. ohne Rücksicht auf Andersdenkende zum Ausdruck bringen; es werden Ihnen viele zustimmen, andere werden vielleicht opponieren. Was das Thema betrifft, so möchten wir Ihnen vorschlagen: Was kann uns der Krieg lehren? N.B. für unser religiöses Leben. Aber die Formulierung des Themas wäre Ihre Sache. Wir erwarten auch keine neuen oder unerhörten Gedanken, sondern glauben nur, daß Sie bestimmte Überzeugungen kraftvoll u. aufrüttelnd zum Ausdruck bringen können. Liegt Ihnen aber ein anderes, vielleicht verwandtes Thema näher, so bitte ich Sie uns nur ein solches vorzuschlagen. Die Hauptsache ist, daß wir Sie einmal bei uns hören dürfen. Entweder wird der Vortrag öffentlich im Bernoullianum gehalten, oder im Schmiedenhof, wobei nur die Mitglieder u. Gäste kommen. Die Diskussion ist im letztern Fall gewöhnlich belebter; aber der Zuhörerkreis ist kleiner, oft sogar recht bescheiden. Ich bitte Sie, selber sagen zu wollen, was Sie vorzögen.

Barth nahm die Einladung für einen Vortrag im Schmiedenhof an und formulierte wohl auch den seine besondere Intention pointierenden Titel. An Rade berichtet er am 9. November 1915: «Am Montag 15. soll ich in Basel einen Vortrag halten über ‹Kriegszeit u. Gottesreich›. Da wird mir wohl Wernle nachher einen Strich durch die Rechnung machen.»[10] *An Thurneysen meldet er am 12. November 1915: «Der Basler Vortrag ist fertig. Er enthält nun u.A. auch eine Generalabrechnung mit Wernle.»*[11] *Gerade diese Abrechnung war es, wie Barth im Rückblick urteilen musste, die seinen Vortrag nicht zum intendierten*

[10] KBA 9215.31 (nicht in Bw.R.).
[11] Bw.Th. I, S. 101.

Ziel gelangen ließ. In einem großen Rückblick auf den Abend in Basel
schreibt Barth am 18. November 1915 an Gottlob Wieser[12]*:*

Die ganze Sache ist mir als ein starker Schlag – ins Wasser in Erinnerung und ich bin selber schuld, dass es nichts Besseres geworden ist. Offenbar war eben doch die zerstörte «schöne Welt»[13] im ersten Teil der stärkste Eindruck, den man davontrug, und Alles, was ich sonst sagte, konnte das Gefühl nicht beseitigen, dass mir «Alles nichts» sei. Das geschieht mir nun ganz recht. Ich hatte ursprünglich eine viel gelungenere Konzeption, nach der Ethik, Vaterland, Sozialismus etc. mit lauter starken positiven Vorzeichen hätten aufrücken und die Minusklammer – (a + b + c . . .) viel bescheidener u. feiner hätte erscheinen sollen. Das wurde mir Alles durch die unglückliche Broschüre von Wernle mit ihrem wahrhaft albernen Moralismus über den Haufen geworfen u. ich liess mich hinreissen, vornehmlich von der Seite: das ists *nicht!* zu schreiben, wobei dann auch trotz gegenteiliger Versicherung reichlich Hochmut u. Kritiklust mitunterlief.

Wie stark Wernles Broschüre Barth erregt hatte, wie tief seine Ablehnung ins Grundsätzliche reichte, zeigt noch sechs Wochen später seine Antwort auf die Frage seines Freundes Willy Spoendlin nach seiner Stellung zu Wernles Publikation[14]*:*

Ich bedaure es, dass er nichts Tieferes und Sachlicheres zu sagen hat über diese wahrhaftig nicht so spiessbürgerlich simpeln Dinge. Mir erscheint der Gegensatz Militärfreudigkeit – Antimilitarismus, der ihn so schrecklich interessiert, herzlich unfruchtbar. Was er vorbringt, ist seit Luther unendlich oft gesagt worden, gerade wie die pazifistischen Reformideen der Gegenseite schon unendlich oft vorgebracht worden sind, beiderseits mit dem gleichen Resultat, dass rationalerweise Alles in Ordnung ist und dass es dann praktisch doch nicht geht, denn sowenig Ragaz u. sein Anhang die Tatsache des Vaterlandes hinwegrationalisieren kann, sowenig u. noch weniger wird dies Wernle gelingen mit der Tatsache des nun einmal unruhigen Gewissens. Diese glatten gescheiten Lösungen laufen notwendig auf Lügen und Selbsttäuschungen hinaus. Und statt immer aufs Neue solche Sprüche zu

[12] KBA 9215.32.
[13] Anspielung auf den Anfang von Fr. Schillers Gedicht «Die Götter Griechenlands».
[14] Brief an Spoendlin vom 7.1.1916 (KBA 9216.5).

thun, durch die nichts anders werden kann, würden wir besser thun, einmal gründlich anzufangen mit einer innern Neuorientierung an den primitiven Grundwahrheiten des Lebens, die uns allein aus dem Chaos der gescheiten konservativen oder revolutionären Meinungen u. Gegenmeinungen herausbringen kann. Es ist ja ganz klar, dass eine Nation sich ihres Lebens wehren muss, u. es ist ebenso klar, dass es eine Sauerei ist, wenn sie es tut. Was hilfts, darüber weiter zu diskutieren? Warum verhandeln wir nicht lieber eingehend darüber, warum dieser heillose Widerspruch zur Zeit offenbar eine Notwendigkeit ist? Etwa darum, weil dann offenbar die Zeit des Artikel- u. Broschürenschreibens zu Ende und die Zeit des Schweigens resp. der persönlichen innern Bemühung um eine neue u. diesmal einheitliche Lebensgrundlage angebrochen wäre? Etwa darum, weil dann offenbar das interessante Rede- u. Schreibeproblem Krieg oder Frieden etc.? abgelöst würde durch das radikale u. bitterernste Glaubensproblem: mit Gott oder wie bisher ohne ihn?

Ebenso deutlich sind die Ausführungen in einem Brief an Leonhard Ragaz, der Barth am 8. Dezember 1915 darum gebeten hatte, den Basler Vortrag für die «Neuen Wege» «ab[zu]treten, u. zwar schon für die Weihnachtsnummer». Barth antwortet am 10. Dezember[15]:

Ich musste bemerken, dass das Positive[,] was ich zu sagen meinte, nicht mit der innerlich u. notwendig überzeugenden Kraft wirkte, wie ich gedacht hatte. Man kam mir nachher doch wieder mit Fragen, Einwänden u. Missverständnissen, über die ich die Hörer gerade meinte hinausgeführt zu haben[,] und das sagt mir nun, dass ich einfach die Vollmacht noch nicht habe, mit solchen Generalabrechnungen vor weitere Kreise zu treten. Da heisst es nun für mich jedenfalls doch «warten» u. noch etwas älter zu werden u. mit vielem Predigen u. Unterweisen langsam auch zu dem Ausdruck zu gelangen, der nötig wäre, um so entscheidende Sachen zu sagen, wie ich sie in Basel sagen wollte. [...]
Vielleicht verstehen Sie mich noch besser, verehrter Herr Professor, wenn ich Ihnen sage, wie es mir mit *Wernle* gegangen ist. Der Vortrag wurde mir unter der Hand zu einer scharfen Auseinandersetzung bes. mit ihm. Ich meinte in kindlicher Freude, nun einmal in

[15] KBA 9215.33.

grösstem Zusammenhang und überlegen aufgeräumt zu haben mit allen seinen Verwirrungen. Und theoretisch war ja wohl alles in Ordnung. Aber gerade die innere siegreiche Überlegenheit, die Überlegenheit von Gott her war nun sichtlich doch nicht da, denn Wernle konnte nachher in der Diskussion aufstehen und fröhlich alle seine Halbwahrheiten, die Sie ja sattsam kennen, noch einmal vorbringen, wie wenn ich nichts gesagt hätte. Und das Publikum hatte offenbar von meiner ganzen Abrechnung mit ihm nur den Eindruck einer schneidigen Polemik nicht aber den von einer erlösenden Klärung der Wernle'schen Widersprüche, die ja jedes Kind als solche einsieht.

Ähnlich klagt Barth in dem schon angeführten Brief an G. Wieser von

dem bemühenden Schauspiel, dass Wernle einfach seine gesamten Sprüche vom Staatsapostel Paulus bis zur «stillen Ewigkeit» noch einmal aufsagen konnte, als wäre nichts geschehen. Es kam mir überhaupt zum Bewusstsein, […] wie ungeheuer schwer es ist – vielleicht überhaupt *unmöglich,* unsre Sache so in einem Vortrag dozierend u. rechtbehalten wollend vorzubringen. Da muss man dann so die letzten entscheidendsten Sachen in mehr oder weniger wohlabgewogenen Steigerungen u. Antithesen heraussagen, u. kann sie doch nicht so lebendig u. zwingend heraussagen, dass der Widerspruch einfach zum Schweigen kommt, sondern muss riskieren, gefragt zu werden, was denn nun eigentlich Glauben sei u. wie es im R[eich] Gottes aussehe, muss riskieren, schliesslich auch noch als Grosse Worte-Macher abgesägt zu werden. Was hätte ich antworten sollen? «Es tut mir leid, ich *habe* offenbar grosse Worte gemacht, da ihr sichtlich noch diskutieren u. widersprechen könnt.»[16]

Die Enttäuschung spiegelt sich auch in den Aufzeichnungen, die Barth sich in der Diskussion machte. Er hat die Bleistiftnotizen in deutscher Schrift nachträglich mit Tinte in lateinischen Buchstaben (hier in Helvetica *wiedergegeben) rubriziert:*

---

[16] Die Briefe, die Barth und Thurneysen nach dem Vortragsabend tauschten, werfen zusätzlich Licht auf das Urteil beider über ihren Standort und ihre Aufgabe: Bw. Th. I, S. 102–104 (der Brief Thurneysens ist freilich für den Druck stark bearbeitet).

Wo ist der Glaube?
Möglich so stark wie Glaube der ersten Christen?
Etwas Bestimmteres möchten wir hören?
Fortschritt? Geistig? meine [?] Not?

_____

Gottes Güte. – Theologen.

_____

Wernle!
Wernle: Verzicht auf alles Antworten
Klassisches Referat über das was ich nicht verstehe
Das sind mir große Worte.
Illusion; d. R. Gottes
Jesus, Reformation ganz anders

Wer ist Gott?	G. R. = Geltung Gottes	
Was gilt im N.T.?	Aber *Gottes!*	meine Antwort!!
Der Geist des alten Chrts?	Voraussetzung	

Dies die *Diskussionsnotizen!*

Barth schließt seinen Bericht an Wieser mit Eindrücken von einer an-
schließenden Begegnung mit Wernle:
Bei dem Gespräch mit W. am folgenden Tag kam auch nicht mehr
viel heraus. Ich mußte noch hören, mein Standpunkt sei durchaus
greisenhaft, gut für «totkranke alte Frauen», da wolle er noch lieber
Ragaz mit seinem Optimismus!! ich solle doch «wieder einmal» die
Evangelien lesen, freilich unter Außerachtlassung der ja doch ganz
zeitgeschichtlich bedingten Eschatologie u.s.w. Es war hohe Zeit,
wieder auf mein Dorf «in die Stille» zu gehen und ich werde nicht so
bald wieder solche Expeditionen unternehmen.
   Es waren natürlich sehr andere Eindrücke, die Wernle über den
gleichen Anlass am 26. November seinem Freund Martin Rade zu
berichten hatte. Hält man Barths Berichte an Wieser und Ragaz da-
neben, wird deutlich, welch einem Epochenbruch die Theologie ent-
gegenging. Wernle schreibt an Rade:
Ihrem Vortrag über die Kirche[17] ists neulich hier ziemlich schlecht
gegangen in einem Vortrag, den uns Karl Barth vor unsern Unabhän-

_____

[17] Siehe unten S. 193, Anm. 39.

gigen hielt. Er konnte nicht genug sein Erstaunen ausdrücken, wie man von noch engerer Verbindung der Kirche mit dem Staat & Ethisierung der Kirche irgend etwas hoffen könne & vermißte bei Ihnen alle Hauptsachen, die wir brauchen. Das wird er Ihnen wohl selbst geschrieben haben. Ich mußte mich nur wundern, wie ein Schweizer so ohne weiteres besser wissen kann, was für Deutschland nötig ist. Der Vortrag war aber auch sonst vom Unglücklichsten, was ich je gehört habe in meinem Leben. 3 Thesen. 1. die Welt bleibt Welt, vom Teufel regiert, alle Versuche in allen verschiedensten Richtungen, etwas zu bessern & helfen, sind wertlos & erfolglos, 2. Gott ist Gott, das Reich Gottes muß kommen, dann wird alles anders, 3. was haben wir zu thun, an Jesus Christus zu glauben & zu harren auf das Gottesreich. Das war ganz schön & verständlich für Leute, die von Boll her an solche Gedanken gewöhnt sind, aber direct ärgerlich & absolut unverständlich für andere einfache Seelen. Einzelne giengen mit wahrem Zorn davon. Ich schreibe Ihnen das nur, weil wir einig sind in der Hochschätzung seiner Gaben & im festen Glauben, daß etwas Rechtes & Tüchtiges aus ihm wird. Daran halte ich absolut fest. Aber ich würde ihn nicht zum zweitenmal für einen Vortrag vor einfachen Christenmenschen kommen lassen & halte diese Art Theologie für eine Versuchung & im Grund für ein Verzweiflungsprodukt, das nur verständlich ist als Gegengewicht zu einem sehr starken Drang zu wirken, zu bessern & zu handeln. Ich kann es psychologisch völlig verstehen, aber zuzuhören war grauenvoll & wenn Jesus dazu in der Welt gewesen wäre, würde ich ihn offen abdanken. Ich glaube doch, Sie überschätzen ihn gelegentlich. Ernst ist er ja kolossal, ich wollte, er hätte mehr Freude & Frische. Aus diesen Gedanken ist alles Sonnige & Kindliche vorläufig verbannt & dabei hat er eben sein zweites Kindlein bekommen. Wunderlich.

Ich mußte Ihnen das schreiben, weil es Sie interessiert & Sie es nicht falsch auffassen. Wir disputierten nachher ganz brav & friedlich zusammen, nachdem ich es am Abend selbst allerdings scharf abgelehnt hatte. Ich mußte wirklich den andern Seelen noch etwas Brauchbareres geben als diese Apokalyptik schroffster dualistischer Art. Daß er immer wieder zu mir kommt, ist mir eine große Freude, o wenn man nur das nicht verlernt & verliert, sich persönlich auszusprechen. Das ist mein Unglück mit Ragaz & daher ist dort solche

Bitterkeit. Mit Karl Barth hoffe ich immer in guter Freundschaft zu bleiben. Wie wird er selber einmal über diese Jugendstücklein sich wundern.[18]

In gewissem Sinn sollte Wernle mit der Schlussbemerkung recht behalten: Aus der weiteren Geschichte des Vortrags ist nämlich noch zu berichten, dass Barth ihn 1928 wieder hervorholte, als es darum ging, für den Wiederabdruck des ersten Predigtbandes von Barth und Thurneysen «Suchet Gott, so werdet ihr leben!» einen neuen Abschlusstext zu finden, da Barths Vortrag «Die neue Welt in der Bibel», der in der ersten Auflage am Ende stand, inzwischen im ersten Band seiner Gesammelten Vorträge «Das Wort Gottes und die Theologie» nachgedruckt worden war. Während Barth schwankte[19], war Thurneysen «mehr als einverstanden mit dem Abdruck jenes Basler Vortrages, den ich auch noch wie jenen ganzen Abend in schärfster Erinnerung habe. Laß ihn ungekürzt wieder ergehen!»[20] Aber Barth wollte inzwischen den Vortrag «doch lieber nicht wieder drucken, weil zu viel theologisch Ungeschütztes darin steht».[21] Weil Thurneysen insistierte – «Jener Vortrag hatte eine so schöne Rasanz und sagte unvergeßliche Dinge, die man so gerne wieder einmal hören würde, wenn auch ...»[22] –, machte sich Barth dann doch «nach Empfang deines Briefes sofort an das Abschreiben und Zurechtschreiben jenes Vortrages», «aber es geht einfach nicht, und nur damit du siehst, daß es wirklich keine Marotte von mir ist, schicke ich dir das Abgeschriebene und den Rest hier zur Einsicht. Sag selber, ob ich nicht recht habe, wenn es mich vor der weitern Beschäftigung mit diesem uralten Käse ekelt.»[23] Leider scheint Barths Weisung: «Fort damit, dein Matthias soll Papierpfeile daraus machen, und die schon beschriebenen Bogen eignen sich ausgezeichnet für den Lokus»[24] zur Hälfte befolgt worden zu sein. Jedenfalls sind die ersten

---

[18] Fr. W. Kantzenbach, *Zwischen Leonhard Ragaz und Karl Barth. Die Beurteilung des 1. Weltkrieges in den Briefen des Basler Theologen Paul Wernle an Martin Rade*, in: Zeitschrift für Schweizerische Kirchengeschichte, Jg. 71 (1977), S. 393–417, dort S. 405f.

[19] Bw. Th. II, S. 589.

[20] A.a.O., S. 594.

[21] A.a.O., S. 599.

[22] A.a.O., S. 603.

[23] A.a.O., S. 605f.

[24] A.a.O., S. 606.

zwölf Seiten, d.h. die von Barth wohl mit der Maschine abgeschriebenen bzw. zurechtgeschriebenen Seiten sowohl im Manuskript von 1915 als auch im Typoskript von 1928 verschollen.

Der Abdruck erfolgt nach den erhaltenen Seiten 13–31 des mit Tinte auf Quartbögen beschriebenen Manuskripts. Der Text setzt etwa in der Mitte des ersten von insgesamt drei Teilen ein.

[Kriegszeit und Gottesreich]

der französische, englische, italienische Idealismus, der in diesem Kriege gegen Deutschland geistig mitkämpft, so lauter «Cant» u. politische Mache sei.[25] Wir Neutralen werden etwas milder sagen: der wirkliche ehrliche Vierverbandsidealismus[26] mit allen seinen Begriffsapparaten u. Kunststücken ist eben bei Kriegsausbruch einfach mobilisiert worden wie der deutsche, wie der österreichische, wie der türkische Idealismus mit ihrem entsprechenden Material auch mobilisiert worden sind. Die Ethik hat sich überall in die Schützengräben begeben, um daselbst die Menschheit fernerhin ihrer Bestimmung entgegenzuführen. Das ist nun einmal das Los der Ethik, dass sie sich für allerlei muss brauchen lassen. Der gleiche Troeltsch hat sie ja vor einigen Jahren auch für die badische Staatslotterie mobil gemacht.[27]

---

[25] Barth bezieht sich offensichtlich auf E. Troeltsch, *Der Kulturkrieg. Rede am 1. Juli 1915* (Deutsche Reden in schwerer Zeit, H. 27), Berlin 1915, S. 22: «Es ist der bekannte englische Cant, jenes Zusammenfallen von Interesse und Selbstsucht mit Moral und Religion, jene ehrliche Heuchelei, in der Freiheit, Herrensinn, Reichtum und Weltherrschaft der Engländer ohne weiteres zusammenfällt mit dem moralischen Interesse der Welt und der Völker überhaupt. Dieser englische Cant ist zum Cant der angelsächsischen Demokratie überhaupt geworden [...]. Die Franzosen haben trotz wesentlich anderer Art ihrer Demokratie wenig Mühe, sich diese Sprache anzueignen [...]; sogar die italienischen Macchiavellisten und Skeptiker üben ihre hier etwas ungelenke Zunge in der Sprache des Cant [...].»

[26] Gemeint ist die Entente, die seit Mitte 1915 aus Großbritannien, Frankreich, Russland und Italien bestand.

[27] Barth bezieht sich auf die Beratungen über die Einführung einer staatlichen Lotterie in Baden in der badischen Ersten Kammer am 14. Dezember 1911 (vgl. *Verhandlungen der Ersten Kammer der Stände-Versammlung des Großherzogtums Baden vom 45. Landtag 1911/12. Protokollheft,* Karlsruhe

Und wie die Ethik, so steht auch unser Staats- u. Vaterlandsgedanke einfach im Dienste der von Gott gelösten Naturkraft. Der Staat ist ja

1912, S. 13–22, bes. S. 16f.19). Ernst Troeltsch gehörte zu den Abgeordneten der drei badischen Hochschulen in der Ersten Kammer. Nachdem die Zweite Kammer den Gesetzesentwurf am 7. Dezember beraten und unverändert angenommen hatte, wurde in der Ersten Kammer beantragt: «Das Hohe Haus wolle dem Entwurf eines Lotteriegesetzes seine Zustimmung geben, darüber in abgekürzter Form beraten und die Petition des Vorstandes der evangelisch-sozialen Vereinigung für Baden für erledigt erklären.» Die Evangelisch-soziale Vereinigung hatte «im moralischen und wirtschaftlichen Interesse unseres Volkes die ernstesten Bedenken gegen die geplante Einrichtung einer badischen Staatslotterie» geltend gemacht. Nach einem ersten, ablehnenden Votum des Präsidenten des Verwaltungsgerichtshofs Ferdinand Lewald nahm Troeltsch als zweiter Redner das Wort und führte aus: «Ich möchte nicht unterlassen, auch meinerseits nach der prinzipiellen Seite hin mich rundweg den Erwägungen anzuschließen, welche soeben Exzellenz Lewald ausgesprochen hat. [...] Ich bin aber anderseits doch nicht im Stande, aus der prinzipiellen Anerkennung der von Exzellenz Lewald geäußerten Bedenken die gleichen Konsequenzen zu ziehen. Die Schwierigkeit ist hier, wie so oft, der Zusammenstoß des Prinzips mit den praktischen Möglichkeiten und Zweckmäßigkeiten.» «Es ist [...] einer der vielen häufigen Fälle, wo sowohl die politisch-ethischen Prinzipien, als auch die einer rationellen Wirtschaft mit den aus der momentanen Konstellation sich ergebenden praktischen Möglichkeiten in schwierigen Konflikt kommen. In einem solchen Falle halte ich es für immerhin nicht unberechtigt, wenn die einmal schlechterdings für die Förderung der Finanzen verpflichtete Großh. Staatsfinanzverwaltung heute auf dem Standpunkt steht, eine doch nicht abzuändernde Lage, die nun einmal vorhanden ist, ähnlich wie die Nachbarn, zu benützen zur Förderung ihrer eigenen Finanzen. Es ist also im Grunde der Standpunkt – es wäre vielleicht nicht passend zu sagen: mit den Wölfen muß man heulen – aber es wird erlaubt sein, dem gleichen Gedanken die Form zu geben: wo alles liebt, kann Karl allein nicht hassen. Nur in dieser Rücksicht auf die uns umgebende Lage, wo ein kleiner Mittelstaat gegenüber einer großen Majorität ihn umgebender Staaten sich befindet, die ihrerseits jene ethisch-moralisch-nationalökonomische Bedenken nicht anerkennen, und wo er seinerseits sich den Luxus der strengen Durchführung der alleinberechtigten und möglichen politischen, moralischen und ökonomischen Prinzipien nicht gestatten kann, nur aus diesem Grunde ziehe ich nicht die Konsequenz wie Exzellenz Lewald, gegen das Gesetz zu stimmen, sondern ich stimme für ein Gesetz, das ich an und für sich nach rein nationalökonomischen, ethisch-politischen Prinzipien nicht für berechtigt, sondern für rückständig und unerfreulich halte.» Die BN, Jg. 67, 2. Beilage zu Nr. 344 vom 16. Dezember 1911, S. [1], berichteten unter der Überschrift *Hans Thoma gegen, Prof. Tröltsch für den Lotterieschwindel*, dass «der *Theologieprofessor Tröltsch* (Heidelberg) die ethischen mit den finanzwirtschaftlichen Gesichtspunkten

bei der günstigsten Deutung ein Gebilde unsrer Ethik. Er zähmt, er ordnet, er organisiert die Naturkraft, er setzt sie da u. dort provisorisch matt, wo es ihm passt, um sie an andern Stellen durch künstliche Teufeleien noch zu ergänzen u. zu bereichern. Jedenfalls anerkennt er sie als Wirklichkeit, korrigiert u. überbietet den Privategoismus durch den Kollektivegoismus, die Privatgewalt durch die Kollektivgewalt, den Privatmord durch den Kollektivmord usw. Er braucht die gottlose Naturkraft u. wird von ihr redlich wieder gebraucht in Krieg u. Frieden[,][28] u. es ist durchaus nicht abzusehen, wie es auf dem Boden des heute gangbaren u. notwendigen Staatsbegriffs anders sein oder wie sich aus dem heutigen Staat jemals etwas prinzipiell Anderes emporentwickeln sollte. Der Staat Friedrichs d. Gr. oder der Basler oder Aargauer Staat wird durch keine Liebesmühe zum Gottesstaat hinaufzuschrauben sein, sowenig wie aus einem Distelstrauch ein Feigenbaum werden kann [vgl. Mt. 7,16].

Grundsätzlich nicht anders wie mit der Ethik u. mit dem Staat steht es mit dem Sozialismus. Ich bin selber Sozialdemokrat u. rede in eigener Sache, gerade so wie ich auch von der Ethik u. vom Staat in eigener Sache, als Beteiligter u. Mitwirkender geredet habe. Aber ich sehe die Dinge auch beim Sozialismus nicht anders: er lebt von seinem Gegensatz. Wohl will er das im Ansatz eigentlich nicht, die Idee der vielberufenen Theorie vom Klassenkampf heisst ja paradoxer Weise u. in gründlicher Überholung der gangbaren idealistischen Ethik: Aufhebung aller Klassenherrschaft, Freiheit von der Selbstsucht, die die Welt regiert, durch Aufhebung der Selbstsucht überhaupt. Aber dass der Weg zu dieser Freiheit nun selber Freiheit heissen muss, das wagen kaum einige wenige sozialistisch-anarchistische Outsiders zu behaupten: die sozialistische Politik hat sich überall auf den «realen» Boden der Tatsachen gestellt u. als nächstes Ziel die Diktatur des Proletariats u. damit den Kampf der Entrechteten gegen die Besitzenden

---

abwog und aus letzteren opportunistisch seine Zustimmung zur Vorlage ableitete». Barth schickte die Meldung, in der er die Stellungnahme Troeltschs durch Unterstreichung und Ausrufezeichen markiert hatte, mit dem Kommentar «Matth 7,16 !!!» am 18.12.1911 an seinen Bruder Peter (KBA 9211.99).

[28] An dieser Stelle weist eine Markierung mit rotem Farbstift in Barths Manuskript vielleicht auf die Stelle hin, bis zu der er eine Abschrift angefertigt hatte (s. oben S. 185f.).

u. damit den Kampf der Selbstsucht gegen die Selbstsucht proklamiert. So steht die Himmelsleiter[29] auch hier auf der Grundlage einer
von Gott gelösten Wirklichkeit. Und das hat der Krieg auch hier offenbar gemacht. Das bekannte «Versagen» der Genossen in den kriegführenden Ländern bei Kriegsausbruch u. ihr Verhalten seither hat
seine Wurzeln tief in der Friedenszeit u. geht bis auf die Väter des
Sozialismus zurück. Es ist nicht zu erklären mit dem sog. «herzerhebenden Ereignis»[30], dass die bürgerliche vaterländische Ideologie
die Sozialdemokraten einfach angesteckt u. übermannt hätte, wohl
aber damit, dass sie selber sich durch ihren blos formalen Gegensatz
gegen den bürgerlichen Egoismus so stark an diesen gefesselt hatten,
dass sie im entscheidenden Augenblick einfach nicht mehr loskamen,
sondern mitmussten. Naumann hat einfach glänzend recht behalten
mit dem, was er als Verteidiger der deutschen Sozialdemokratie immer
gesagt hat[31]: sie war längst national geworden, nicht aus «herzerhebenden» Gründen, sondern einfach weil im wohlverstandenen Interesse der deutschen Arbeiterschaft die Eisenrüstung des Reiches u.
zuletzt auch deren Gebrauch ebenso nötig war wie im Interesse der
deutschen Kapitalistenschaft. Und ebenso war es den Standesegoisten
der Trade Unions jenseits des Kanals leicht klar zu machen, dass es nur
zu ihrem Vorteil sein könne, wenn der deutsche Konkurrent an die
Wand gedrückt werde. Die Einstellung des Sozialismus auf den Gegensatz der Klassenegoismen musste unweigerlich sein «Versagen»
nach sich ziehen im Moment, wo die Klassenegoismen sich im Natio-
nalegoismus die Hand reichten. Es ist kein Zufall, dass die Träger des
Nationalsozialismus[32] überall gerade die Gewerkschaften sind.

[29] Vermutlich spielt Barth hier auf eine Formulierung in Wernle, Antimilitarismus, S. 54f., an: «Willst du darum deinem Gott aufrichtig dienen, so diene
ihm, indem du dem Vaterland leistest, was es von dir verlangt. Es ist ein Teil-
gehorsam am grossen Ganzen, eine Staffel auf der Leiter zum Gottesreich, und
Gottes Segen und Kraft ist mit jedem Arbeiter, der treu ist in seiner Pflicht.»
[30] Vgl. a.a.O., S. 76: «An die Vaterlandsliebe der deutschen und französischen Sozialdemokraten glauben wir von Herzen [...]. Aber an die Vaterlandsliebe unsrer schweizerischen Antimilitaristen, die bei diesem herzerhebenden
Ereignis im Nachbarland kein anderes Wort fanden als die Parole vom ‹Versagen der Sozialdemokratie›, glauben wir nimmermehr.»
[31] Vgl. oben S. 88, Anm. 5.
[32] Vgl. die Verbindung des Nationalen und des Sozialen, die Friedrich Nau-

Und der Pazifismus? Ich gestehe vor Allem, dass ich ihn wenig kenne, so selbstverständlich ich mich auch dieser Bewegung grundsätzlich anschliesse; aber was ich davon kenne, macht mir den Eindruck, dass auch dieser Versuch, die Welt zu verbessern, nicht eigentlich etwas Neues Andres in unsern Lebenszusammenhang hineinbringt. Auch er kommt von der Ethik her mit starker Kritik u. wohlwollenden Vorschlägen zur Güte an die Naturkraft heran u. möchte an einem bestimmten Punkt reinen Tisch machen, den einen Hydrakopf des Krieges einmal abschlagen. Warum nicht? Nur müsste dann das erste Wort eines Pazifisten bei Kriegsausbruch ein anderes gewesen sein als die Frage Rades, auf welcher Seite nun wohl Recht, ultima ratio u. gutes Gewissen sei, die selbstverständlich jeder Pazifist mit allen seinen weniger gut gesinnten Mitbürgern zugunsten seines Vaterlandes beantwortet hat.[33] Und dann auch scheint mir der Pazifismus die Antwort schuldig zu bleiben auf die Frage, wie er sich die Abschaffung des Krieges vorstellt unter der blos negativen Parole: Krieg dem Kriege! der man immer wird entgegenhalten können, dass der Völkerfriede ein blos formales Gut sei u. dass der Krieg auch seine Ehre habe. Ich habe auch beim Pazifismus den Eindruck, dass auch er aus der Sackgasse, in der sich alle Ethik befindet, nicht herauskomme.

Und schliesslich das Christentum. Bleibts hier auch dabei: Welt ist Welt oder bricht hier eine neue Welt hervor auf den Trümmern der Welt der Naturkräfte? Die Antwort ist hier noch schwerer eindeutig zu geben als vorhin beim Sozialismus. Denn wir treten hier ein in das Heiligtum tausender u. tausender unsrer Zeitgenossen in der Front u. hinter der Front, die tatsächlich in diesem Jahr erlebt haben, wie etwas an sie herantrat, das war etwas total Anderes als die ganze Welt u. ihre «Wirklichkeit»[34] u. ihre «Tatsachen»[35], das war der erlösende Gott mit

mann bei der Gründung des National-Sozialen Vereins 1896 vorschwebte. In anderer Form ging es nach 1914 um die gleiche Verbindung von Nation und Sozialismus bei den «Sozialpatrioten», bei den sozialdemokratischen Vertretern der Idee des sogenannten Kriegssozialismus.

[33] Vgl. M. Rade, *Krieg,* in: ChW, Jg. 28 (1914), Nr. 32 vom 6.8.1914, Sp. 745–747, dort Sp. 746f.: «Daß es heute noch Fürsten und Völker gibt, die das Schwert ziehn, wundert ihn [scil. den Pazifisten von heute] nicht. Er fragt dann, ob ihre Sache recht sei. Er fragt, ob der Krieg wirklich ultima ratio sei in diesem Falle. Er fragt, ob sie ein gutes Gewissen haben.» Vgl. Bw. R., S. 112.

[34] Vgl. M. Rade, *Gottes Wille im Krieg,* in: ChW, Jg. 28 (1914), Nr. 33 vom

seiner Wirklichkeit u. *seinen* Tatsachen. Ich möchte sagen, das ist überall geschehen, wo immer daheim u. im Felde, in den Kriegsländern oder bei uns Neutralen aufrichtig ein Unservater gebetet worden ist, u. wäre es von einem Feldprediger, überall da, wo eine Seele in harter Arbeit u. schweren Gedanken oder in Todesnot still geworden ist u. das in sich hat reden lassen, was auch da ist in uns ausser dem Selbsterhaltungstrieb in allen seinen Formen, ausser der falschen Idealität der Moral, u. mit diesem Andern wortlose Zwiesprache gehalten hat. Wir können das jetzt noch gar nicht übersehen u. abschätzen, wieviel solch reale Gotteserkenntnis in dieser Zeit gemacht worden ist, vor Allem unter unsern Brüdern im Felde in allen Lagern, u. was für einen realen Segen sie uns aus dieser Quelle mit heimbringen werden. Wir können da nur ehrfürchtig warten, u. ich bin gerne bereit, aus ganzer Seele zu hoffen, dass wir gerade von den Heimkehrenden unendlich viel zu lernen u. zu empfangen haben werden. Aber das muss nun auch deutlich gesagt sein: wir warten auf etwas Reales, während die Pfarrer u. Theologieprofessoren u. auch manche Feldbriefschreiber, die uns immer wieder tröstlich auf die Herrlichkeit des Schützengraben-Christentums hinweisen, eigentlich immer nur das Formale zu sagen wissen: dass der Christenglaube doch auch in Schützengräben leuchte u. sich bewähre, ja, da erst recht, als ob es nun dabei bleiben könne. Dieser formalen Betrachtungsweise gegenüber

---

15.8.1914, Sp. 769f., dort Sp. 770: «Gottes Willen aus dem Wirklichen erkennen […], das kann man jetzt meisterlich üben.»

[35] Vgl. Wernle, Antimilitarismus, S. 49–51: «Wer sein Gottesreich in den nächsten Tagen und Monaten erwartet, der hat allerdings die Aufgabe und Pflicht, sein Herz von der Welt gründlich loszureissen und auch die sittlichen und politischen Aufgaben zu entwerten zugunsten des einen, was notwendig ist, der Einstellung alles Glaubens und aller Arbeit auf das grosse Wunderbare, das kommen soll. […] Wir verstehen diesen Standort und ehren seine Konsequenz. Aber wir meinen, so zu denken, sei Sache eigensinniger Träumer, die mit purer Eigenmächtigkeit sich Dinge vorspiegeln, die Gott uns durch die Sprache der Tatsachen vorläufig zu hoffen gerade verbietet. Wer auf die Sprache der Tatsachen achtet, der hört gegenwärtig kein Rauschen des Gottesreiches voraus, sondern sieht sich überall vor neue und ungeheure Verwicklungen des Weltlaufs gestellt, die die volle Arbeit des nächsten Jahrhunderts verlangen werden.» «[…] fromm sein heisst für mich *den Willen Gottes in all diesen Verwicklungen und Aufgaben erkennen und dem Ruf zur Arbeit, zur konkreten Arbeit folgen, der in all dem liegt.*»

muss denn doch bei aller Ehrfurcht vor den innern Erlebnissen, um die es sich handelt, gesagt sein, dass es zunächst eine offene Frage ist, ob nicht auch das Christentum vom Krieg einfach gebraucht wird, so gut wie die Ethik. Traubs «Eiserne Blätter» z.B. von den «betenden Eisenbahnzügen» bis zu seinem deutschen Kriegspsalm: Danket Gott aus ganzer Seele etc.[36] werden wenigstens bei uns schwerlich Vielen einen andern Eindruck gemacht haben als den, dass hier die «Religion» vollständig unter die Botmässigkeit der ganz rabiat gewordenen Naturkraft geraten ist. Oder wenn Naumann in seiner Weihnachts-betrachtung von 1914 mit dem ihm eigenen Behagen an solchen Kontrasten schreibt: «Wir feiern das Friedensfest mitten im Krieg nicht, um schwach zu werden, sondern im Gegenteil, um dann desto länger wieder stark bleiben zu können. Es wird in diesen Stunden Lebens-wärme gesammelt für viele kalte Kriegsnächte. Wer aus unsern Weih-nachtsliedern eine Art Bitte um Nachsicht heraushören möchte, hat keine Ahnung vom deutschen Gemüt, bei dem die Zartheit u. die Zähigkeit zusammengehören. Dieselbe Hand, die heute abend die Weihnachtskerze vorsichtig an den Rand des Grabens aufstellt, dass sie dort tröstlich glimme, schiesst morgen den Feind, sobald er sich zeigt»[37] – so werden wir vor dem so beschriebenen Christentum die Frage: ja was soll nun das? nicht zurückhalten können. Und wenn man denselben Naumann hat reden hören von der Religion, die der Staat jetzt einfach brauche, gleichgültig ob sie Katholizismus oder Heilsarmee heisse, u. die türkische Religion sei jetzt die beste, wenn sie nur die Leute fest mache zum Sterben[38] – ja dann wird man bei allem Zutrauen, das man haben möchte, den bangen Zweifel nicht los, ob nicht vieles, sehr vieles von dem oft gerühmten Kriegschristentum durchaus kein Durchbruch einer höhern Welt, sondern wiederum ein Himmelsleiterbau auf dem altbekannten Grunde bedeute. Sicher ist

[36] G. Traub, *Deutschland betet* (Eiserne Blätter, Nr. 2), Dortmund 1914; *Kriegspsalm* (Eiserne Blätter, Nr. 31), Dortmund 1915.
[37] Fr. Naumann, *Weihnachten 1914*, in: Die Hilfe, Jg. 20 (1914), S. 848f., dort S. 849 (wieder abgedruckt in: ders., *Werke*, Bd. 1: *Religiöse Schriften*, hrsg. von W. Uhsadel, Köln und Opladen 1964, S. 845–848, dort S. 848). Bei Naumann heißt es: «damit sie dort traulich glimme».
[38] Vgl. Barths Wiedergabe seines Gesprächs mit Naumann in Marburg unten S. 536f.

eins, dass als z.B. die Betätigung der Feindesliebe in den Schützengräben einige Dimensionen annehmen wollte, die Welt in Form von
Armeebefehlen auf beiden Seiten eingriff u. dem ins Kraut schiessen-
den Christentum ein Ende machte; u. das Christentum musste es sich
gefallen lassen. Und sicher ist das andre. Wenn alle Kirchen Europas
nachher dem Programm folgen werden, das Martin Rade für die deutsche Kirche nach dem Krieg aufstellt, nämlich: noch engerer Anschluss der Kirche an den Staatsgedanken u. noch mehr «Ethisierung»
der Kirche[39] – dann ist das Christentum dieser Kirchen, dann ist überhaupt der religiöse Ertrag des Krieges kein Neues, kein Anderes,
keine Überwindung der Welt der Naturkraft. Dann bleibt es auch in
Bezug auf das Christentum bei dem Sätzlein: Welt ist Welt.

Aber Gott ist Gott, u. bei ihm u. von ihm her giebt es ein Neues.
Das scheint mir die andre Erkenntnis, die die Kriegszeit uns nahelegen
will. Ich sage nicht, dass ich diese Erkenntnis habe u. besitze, aber ich
suche in dieser Richtung zu erkennen.

Gott so wie er im Leben u. Wort Jesu zu erkennen ist. Alles Andre,
was sich daneben Gott nennt, ist nicht Gott. Ich kann das nur von mir
sagen: wenn ich etwas Anderes auch noch Gott heissen wollte, so
weiss ich einfach nicht, was mein Glaube dann noch sollte. Ich möchte
dann z.B. um keinen Preis mehr Pfarrer sein, denn ich wüsste nicht,
was dann das Predigen u. Unterrichten für einen Sinn haben sollte. Ich
würde mich aber auch für mich selbst unendlich unsicher u. zwie-
spältig fühlen. Ich weiss nicht, ob die Hoffnung, die ich zu haben
meine, u. das bischen Mühe, die ich mir manchmal gebe, mir dann
möglich wären; ich glaube es nicht. Ich denke gar nicht daran, jeman-
den, dem es anders geht, der auch noch etwas Anderes Gott heisst
ausser dem, was uns in Jesus u. seinem Geist erkennbar ist, darum
einen schlechten Christen zu nennen, aber ich bin im Stillen der Überzeugung, dass er im Grunde auch von dem lebt, was er an Jesus hat, u.
nicht von dem, was ihm seine andern Götter sind. Auch die Propheten

[39] Vgl. M. Rade, *Die Kirche nach dem Kriege* (Sammlung gemeinverständ-
licher Vorträge und Schriften, H. 79), Tübingen 1915, 27: «Was folgt aus dem
Verhalten der Kirche während des Krieges für die Kirche nach dem Kriege?
*1. Keine Rede mehr von Trennung des Staates und der Kirche. 2. Im Gegenteil,
Neubefestigung der Landeskirche als Volks-, d. i. als Staatskirche. 3. Damit und
darum: Ethisierung der Kirche.*»

u. Psalmsänger des AT lebten im Wesen von dem, worin sie mit Jesus verwandt waren, u. nicht von dem andern Gottesglauben, der auch in ihnen war. Und ähnlich suche ich mir einen Cromwell oder einen G. Traub oder andre Menschen, deren religiöses Leben mich fremdartig berührt, zu erklären. – Ich glaube aber, dass die Kriegszeit uns Alle drängen müsste, mit dem was wir an Jesus haben, ganz anders Ernst zu machen, ganz anders in dem u. von dem zu leben, von dem wir ja in Wirklichkeit leben, u. mit den Göttern anderer Herkunft abzufahren. Gewiss redet Gott z.B. auch durch die Natur mit uns. Aber es macht einen Unterschied aus, ob wir Gott in der Naturkraft erkennen, so wie ihn ein alter Germane darin zu erkennen glaubte, oder ob wir ihn in der Natur wiederfinden, nachdem wir im Evangelium gemerkt haben, wer u. was er eigentlich ist. Das geht doch nicht, dass wir ihn auf die Länge mit beiderlei Augen ansehen[,] mit den Augen des Wotanverehrers *und* mit den Augen des Jesusjüngers. Eines von beiden Bildern muss das Bild eines falschen Gottes sein. Gewiss redet Gott mit uns z.B. auch durch die Aufgaben am Staat, die er uns «vor die Füsse wirft»[40]. Aber es ist zweierlei, ob wir den Staat nun ansehen mit den Augen des römischen Imperators oder sagen wir mit den Augen eines altschwyzerischen Landammanns[41] oder aber mit den Augen, mit denen uns Jesus diese Dinge anzuschauen gelehrt hat. Eines muss dann mit der Zeit weichen. Auf die Länge wird man nicht den Gott des Imperators oder Landammanns u. den Gott Jesu nebeneinander anrufen können. Einmal muss doch die Entdeckung in uns aufleuchten, dass es gilt Ernst zu machen u. von dem zu leben, wovon wir im Grunde leben – u. dann fallen eben die Nicht-Götter. Ich glaube, dass diese Zeit eine Zeit besonderer Bewegung von Gott her ist, darum, weil sie uns von den Bildern von allerlei Nicht-Göttern

---

[40] Wahrscheinlich eine Anspielung auf Wernle, Antimilitarismus, S. 87: Die «religiösen Antimilitaristen» «kommen mit dieser Gesinnung immer mehr ins Träumen statt ins Arbeiten, sie schwärmen für die höchsten und gewaltigsten Aufgaben, die Gott uns Christen stellt, aber haben kein Herz für die nächsten und gegenwärtig wichtigsten, die er uns, ohne uns um Erlaubnis zu fragen, zuwirft.»

[41] Bezeichnung für das gewählte politische Oberhaupt eines Landkantons, so z.B. des Kantons Schwyz. Bis ins 19. Jahrhundert hinein leitete der Landammann auch die «Landsgemeinde» und übte die hohe Gerichtsbarkeit aus.

mit Macht zu dem einen realen Gott hindrängt. Ich wollte vorhin zeigen, wie uns durch die Erfahrungen des Krieges eine Reihe von Idealen nicht zerstört, aber entwertet werden, dadurch dass sie sich jetzt als blos relativ u. formal herausgestellt haben. Was soll uns der Gott, der uns einst als die höchste Idee der Ethik vorgestellt worden ist? oder der sog. Gott unserer Väter, der Schutzpatron von Morgarten und Sempach[42] und die ausländischen Götter seinesgleichen? Oder der Gott des proletarischen Klassenkampfes, an den wir eine Zeitlang doch geglaubt haben? Oder der milde Gott der Pazifisten? Oder der Kirchen- u. Christentumsgott, wie er uns von denen, die am Meisten von ihm reden u. schreiben, gezeichnet wird, schlimmer als der römische Janus mit Gesichtern nach allen Seiten? Was sollen uns alle diese Götter, nachdem wir gesehen haben, wie sie alle «feldgrau» geworden sind? Ephraim, was sollen mir weiter die Götzen? [Hos. 14,9] Ja, die Welt wird jetzt entgöttert u. erweist sich als das, was sie ist, als Welt. Dafür erweist sich Gott umso kräftiger als Gott.

Als der Gott, den wir aus dem Leben u. Evangelium Jesu kennen. Ja, und was haben wir denn an Jesus? Gerade das, dass er uns Gott als Gott nahebringt u. als nichts Anderes. Der «Vater im Himmel» [vgl. Mt.5,16.45.48; 6,9 par. u.ö.], auf den er uns hinweist, ist keine Idealität, die von ihrem Gegensatz lebt, keine formale unreale Grösse, die schliesslich auch wieder in die Welt hineingehört, keine Idee der Gerechtigkeit oder der Liebe im Wetteifer mit den Ideen der Ethik, sondern die Wirklichkeit[,] aus der unsre ganze Welt herausgefallen ist, so dass sie nur noch Welt ist u. den Krieg u. alle Teufeleien haben muss, u. an die sie doch auch wieder mit tausend Fäden gebunden ist. Des Menschen Sohn ist gekommen, zu suchen u. selig zu machen, was verloren ist [Mt. 18,11 par.]. Gottes Leben ist das ursprüngliche Leben, in dem wir eigentlich unsre Heimat haben. Wollen wir etwas von Gott sagen, so wird «Unser Vater im Himmel»: Unser Schöpfer u. Ursprung in der andern für uns ganz neuen Welt! das einzige Positive sein, das wir sagen können. All unser sonstiges Reden von Gott ist ein Stammeln, oder es muss, wenn es Ernst gelten soll, in lauter Negationen bestehen. In Jesus haben wir die grosse Position des Schöpferi-

---

[42] Siegreiche Schlachten der Eidgenossen gegen österreichische Heere am Morgarten am 15.11.1315 bzw. bei Sempach am 9.7.1386.

schen, Wirklichen, Neuen gegenüber unserm ganzen Lebenszusammenhang. Jesus war kein Philosoph, kein Ethiker, kein staatsbürgerlicher Erzieher, kein Sozialist od. Pazifist, Gott sei Dank auch kein Kirchenmann. Er hat nur Gott als Gott erkannt u. gezeigt. Er orientierte sich in der Welt nicht von der Welt aus, um schliesslich auch wieder ein Stück Welt zu erzeugen. Sondern er orientierte sich an Gott von Gott aus, u. mit der neuen Orientierung brach eine neue Welt, die ursprüngliche Gotteswelt an in seinem Leben u. in dem Leben, das von ihm ausging.

Diese neue Welt war das Gottesreich, gegenwärtig in ihm selber u. in seinen Jüngern, aber durchaus nicht nur in den Seelen, sondern in Worten u. Taten, die die alte Weltordnung deutlich und offenkundig durchbrachen. Das Gottesreich, wie es Jesus verkündigt hat, war niemals das Endziel der natürlichen Weltentwicklung, sondern der Wiederanbruch der Geltung Gottes. Und niemals hat Jesus die Welt u. ihre relativen Pflichten, Tugenden u. Güter als Vorstufen zum Gottesreich betrachtet. Sondern diese Welt samt dem Kaiser, dem auch der Jünger giebt, was des Kaisers ist [vgl. Mt.22,21 par.], steht zum Gottesreich als die Sphäre oder Weltzeit, die zum Vergehen, zum radikalen Verwandeltwerden bestimmt ist. Und wenn Jesus damit gerechnet hat, dass seine Jünger zunächst in dieser vorläufigen Welt, die ihnen durch ihre Erkenntnis Gottes eigentlich fremd geworden, weiterleben müssten, so hat er ihnen trotz Hauptmann von Kapernaum [vgl. Mt. 8,5–13 par.] doch niemals gesagt, dass das nun der Sinn ihres Lebens oder gar noch das Charakteristische ihrer Jüngerschaft sein solle, dass sie sich äusserlich u. innerlich an die Bedingungen dieser Welt anpassten, sondern Wachende u. Betende [vgl. Mt. 26,41; Mk. 13,33; 14,38] – Leute, die in Bereitschaft stehen u. warten – sollten sie sein, warten mit ganzer innerer Spannung und Konzentration auf die Fortsetzung – nicht auf die Fortsetzung der alten Welt mit ihren Gütern u. Göttern, sondern auf die Fortsetzung u. Vollendung des Gottesreiches. Nicht das ist das Eine Notwendige [vgl. Lk. 10,42], dass der Mensch sich in der Welt zurechtfindet, sondern dass er wachend u. wartend dieser Fortsetzung u. Vollendung von Gott her begegne. Wenn er das tut, wird er sich auch in den Fragen u. Nöten u. Aufgaben der Gegenwart nicht verlassen sehen, im Gegenteil: von Gott her u. wo Gott gilt finden sich die Wege durchs Leben schon jetzt, auch in der vorläufigen Sphäre, in der wir uns bewegen, aber nicht das ist das Entscheidende, dass er jederzeit ein sauber gebahntes Strässlein durchs Leben vor sich sehe, das ist vielfach gar nicht möglich, weil jene Voraussetzung von Gott her zu solcher Klarheit noch gar nicht da ist. Der Jünger Jesu ist hundertfach verflochten in die Sünde u. Strafe der Welt, in die alte Gerechtigkeit u. ihre hoffnungslosen Konflikte, er kann u. darf an hundert Stellen nicht anders denken, reden u. handeln, als die Welt tut, er hat allen Anlass zu beten: Vergib *uns unsre* Schulden! [Mt. 6,12 par.]. Er muss diese Schuld der alten Welt selber in einem unruhigen zerrissenen Gewissen tragen. *Aber eben:* diese Verflochtenheit in die Gesetze der gegenwärtigen Welt ist ihm *nicht* eine göttliche Notwendigkeit, sondern eine Schuld, eine Gefangenschaft, etwas, was ihn u. seine Brüder noch von Gott trennt u. was von Gott her fallen muss. Auf welche Weise u. wie bald? das ist nicht die Frage, auf die es ankommt. Aber von Gott her *muss* sie fallen, Gott *will* vergeben, Gott *will* uns vom Bösen erlösen, Gott *will,* dass sein Wille geschehe auf Erden wie im Himmel [vgl. Mt. 6,10.12f. par.]. Von Gott her besteht die Notwendigkeit jener Verflochtenheit u. Gefangenschaft *nicht,* von Gott her giebt es eine *andre* Gerechtigkeit als jene alte. Sie wird einmal die Fesseln sprengen, in denen wir leben. Nach ihr sich ausstrecken in der Hoffnung, sich ausstrecken nach dem, was bei Gott, von Gott aus gilt, fest u. immer fester werden im Ernstnehmen der Welt Gottes, das ist das Wesen des Jüngers Jesu. Er steht fest in der Gegenwart u. lebt doch ganz in der Hoffnung; er lebt von dem, was von Gott her gilt, und weiss: von Gott her «wird euch solches Alles hinzugetan werden» [vgl. Mt. 6,33 par.]. Solches Alles – nämlich Alles das, was man uns jetzt mit aller Gewalt in den Mittelpunkt des Glaubens rücken will, die Antwort auf alle die Fragen, Nöte, Konflikte, Aufgaben, auf die sozialen u. politischen Probleme der Gegenwart, während das Gottesreich wiederum mit aller Gewalt aus der frohen Realität, als die es uns im NT entgegentritt, zu einem dürftigen Nebelein am Ende der Weltentwicklung verwandelt u. als eine Art Dessert für religiöse Feinschmecker an den fernen Rand hinausgeschoben wird, als eine verzwickte Geschichte, von der man eigentlich nur das Eine sicher weiss, dass es noch gute Weile hat bis dahin u. dass man sich, besonders jetzt, wo in der Welt scharf geschossen wird, besser nicht zuviel damit abgiebt.

Mit dieser Auffassung des Evangeliums weiss ich nun allerdings nichts anzufangen. Von allem Merkwürdigen, das uns im Verlauf dieses Kriegsjahres von Basel aus gesagt worden ist, ist mir die immer wiederkehrende Behauptung die merkwürdigste gewesen, das in der Bergpredigt beschriebene Leben des Jüngers Jesu sei nur so eine Art bessere Quäkermoral mit ein bisschen Sorglosigkeit u. Feindesliebe, die selbstverständlich so in der wirklichen Welt nicht allein bestehen könne, sondern von einer soliden Weltmoral eingerahmt u. eingepanzert sein müsse[43], wobei es dann schliesslich für den Christen doch das Dringendste u. Wichtigste ist, dass er doch ja dieser Weltmoral ihr Recht werden lasse. Nach meiner bescheidenen Kenntnis Jesu kommt es mir vor, da stehe nun einfach Alles auf dem Kopf: aus der Ankündigung des Neuen Ursprünglichen von Gott her in der Bergpredigt, in der doch wahrhaftig fast jeder Satz nicht eine Verbesserung, sondern ein prinzipieller Durchbruch unsrer Weltordnung ist, aus dieser Ankündigung, die einen ganzen Kosmos in seinen Grundfesten erschüttert, wird eine sanfte Anweisung zu einem Gott etwas wohlgefälligeren Leben in der Bruderliebe innerhalb unsrer Weltordnung, eine Anweisung, die wohl in einigen Punkten etwas scharf u. hoch ist, im Ganzen aber getrost als Handbüchlein streng christlicher Ethik sofort in Gebrauch genommen werden kann. Aus dem himmlischen Jerusalem, das sich nach dem Wort u. Sinn des ganzen NT auf die Erde

---

[43] Vgl. Wernle, Antimilitarismus, S. 55–59, bes. S. 57f.: Jesus ist mit den Weisungen der Bergpredigt «kein Reformator der Welt», sondern «der Vertreter des Vollkommenen und Absoluten, der Ewigkeitsforderung, nicht für die Welt, die als Ganzes schwerlich darauf eintreten wird, aber für die einzelnen, die seine Jünger sein wollen.» «Es ist *eine wunderbare Welt der Liebe, die hier im Innersten der Gesinnung aufbrechen soll*». «Folgt daraus nun, dass ein Christ seinem Vaterland den Militärdienst und Kriegsdienst verweigern wird im Namen Jesu? Wir denken, es folgt etwas ganz anderes, entgegengesetztes daraus. Freilich zunächst etwas viel Schwereres. *Er soll an jedem Platz, wo er steht, darnach trachten, den innern Frieden seiner Seele und die Bruderliebe zu bewähren.* Auch im Soldatenberuf [...].» Vgl. ders., *Gedanken über Krieg und Frieden*, in: KBRS, Jg. 29 (1914), S. 185–187.189–191.193–196.201–204, bes. S. 186: «läßt sich mit der Forderung Jesu die konkrete Wirklichkeit des Weltlebens restlos bemeistern, können die Leitlinien Jesu Gesetze werden für eine menschliche Gesellschaft? Das ist das eigentliche Entweder-Oder. Wer die Frage bejaht, der wird den Krieg unter allen Umständen verurteilen müssen, wie die Mehrzahl der Täufer, die Quäker, Tolstoi».

hierniedersenkt als die Neuordnung aller Verhältnisse von Gott her
[vgl. Apk. 21,10], ist hier umgekehrt der Aufbau des höhern innerlichen u. wahrhaft göttlichen Lebens auf der Grundlage des Rechts, des
Staates, der jetzigen bürgerlichen u. nationalen Gemeinschaft geworden.[44] Aus dem Gebet: Dein Name werde geheiligt! Dein Reich
komme! Dein Wille geschehe auf Erden wie im Himmel! [Mt. 6,9b–10
par.], aus dem doch wahrhaftig die ganze Kraft des *Glaubens* spricht,
des Glaubens an die Wahrheit u. den Sieg *des* Gottes, der anders ist als
die Welt, – aus diesem Gebet wird der mit naumannscher Begeisterung
vorgetragene Gedanke, dass es zweierlei Gotteswillen gebe, nämlich
den reinen Liebes- u. Friedenswillen Gottes, der in den höhern Par-
tien des Evangeliums zum Ausdruck u. in der feineren Moral feinerer
Christen, hauptsächlich aber in der als Leben nach dem Tode verstan-
denen «stillen Ewigkeit»[45] zu Ehren komme. Daneben aber – u. hier
setzt nun merkwürdigerweise eine geradezu religiöse Leidenschaft
ein – gebe es da einen härteren gröberen Gotteswillen, einen deus
absconditus, der aus der Weltwirklichkeit u. ihren Notwendigkeiten
erkennbar sei, u. nun wird der Respekt vor diesem härteren gröberen
Gotteswillen u. das entsprechende moralische Verhalten zum eigentlichen Kennzeichen des Christen.[46] Geht durch das ganze NT hin-

[44] Vgl. Wernle, Antimilitarismus, S. 47: «*Entweder* wir stellen Staat und Gottesreich in *sich ausschliessenden Gegensatz* […]. *Oder* wir sehen in Staat und
Gottesreich eine *Stufenordnung,* wir schätzen den Staat als ein geschichtliches
Mittel, durch das wir auch auf das Leben im Gottesreich vorbereitet werden
und das nicht übersprungen werden kann». Vgl. S. 54: Jesus verbindet *«weltliche Pflicht und Gottesreichspflicht»;* so ist «in der rechten Erfüllung der weltlichen Pflicht *kein Hemmnis, sondern eine Schule für das Hineinwachsen in die
Arbeit am Gottesreich»* zu sehen.
[45] Vgl. aus der 5. Strophe des Chorals «O Jesu Christ, mein Leben» von
M. Heußer (1797–1876) (GERS [1891] 256):
        Du bist mein ew'ges Leben […];
        Drum will ich dich erheben […]
        Schon hier im Erdenstreit
        Und bald in Friedensstätten
        Der stillen Ewigkeit.
Vgl. K. Barth, *Predigten 1913,* hrsg. von N. Barth und G. Sauter (Gesamtausgabe, Abt. I), Zürich 1976, S. 443.
[46] Vgl. Wernle, Gedanken, a.a.O. (s. oben Anm. 43), S. 189: Das Christentum
vermochte es, «sich zur Welt und ihren Einrichtungen in ein positives Verhält-

durch das Warten u. Sich-Bereiten auf die volle Wirklichkeit Gottes, bald tief verhalten, bald glühend ausbrechend, bald sich in der Stille läuternd u. verklärend, bald in unerhörten Worten u. Taten sich offenbarend, aber immer ein grundsätzliches Hinausschauen über die Tatsachen dieses Äons, ein Hinausschauen, bei dem das moralische Leben in dieser vorläufigen Welt wahrhaftig nicht zu kurz kommt, – so verlangt dieses moderne Christentum von uns, dass wir uns mit beiden Füssen auf den Boden der harten Tatsachen stellen, dass wir jetzt als Christen unser ganzes Herz vor Allem bei den Notwendigkeiten der schweizerischen Grenzbesetzung[47] u. womöglich auch noch bei der Sympathie für den deutschen Nachbarn haben müssten[48],

nis zu setzen» – «aber *nicht auf Grund der Bergpredigt, sondern des Naturrechts und des Alten Testaments.*» S. 190: Diese «drückten sozusagen den *harten und groben Gotteswillen aus, der, wenn auch unterevangelisch, dennoch Gottes Wille war,* ein Wille der Ordnung, der Zucht, der Rechtlichkeit und Ehrbarkeit, des Gemeinschaftssinns und der Ergänzung von Schutzempfang und Dienstleistungen, mit dem man mit gutem Gewissen leben und auf dem Boden der Erde dem Himmel zustreben konnte». Der Calvinismus lehrt: *«eine Ethik, welche die Welt vorwärts bringen will»,* muss *«auf die Normen der Bergpredigt, also auch auf die reine Friedlichkeit, grundsätzlich verzichten», «um ein gröberes und niederes Ideal auf Erden zu verwirklichen».* Ebenso weiß Luther «ganz klar, was Jesus in der Bergpredigt von jedem Christen verlangt […]. Er weiß aber ebenso gut, daß die Welt […] für dies evangelische Ideal einfach unfähig ist, und daß sie nach einem härteren und gröberen Gotteswillen geleitet werden muß, damit sie nicht ganz untergehe in der Anarchie des Bösen.» S. 191: Über Luthers «nüchternes Urteil: *die Welt kann nicht nach dem Evangelium geleitet werden»* kann man «nicht so fröhlich zur Tagesordnung gehen wie Karl Barth und seine Freunde».
[47] Wernle, Antimilitarismus, S. 86: «Wir […], denen immer noch der Friede vergönnt ist, und die lediglich für tüchtigen Schutz unsrer Grenzen zu sorgen haben, besitzen die gesunde Kraft, ein reiches Mass von Träumereien und von rein theoretischer Kritik zu ertragen. Deshalb bedeutet der Antimilitarismus für die Schweiz keine Landesgefahr. Aber gesund und in der Ordnung ist das immer üppigere Gedeihen dieser Luxuspflanze bei uns doch nicht.»
[48] P. Wernle, *Gedanken eines Deutsch-Schweizers,* Zürich 1915, S. 27: «Es ist uns eigen zu Mut, wenn wir erzählen hören, wie Luthers Trostlied ‹Ein feste Burg ist unser Gott› jetzt dort im Feld gesungen wird von Protestanten und Katholiken, dies Lied, in das wir das beste und höchste unseres eigenen Glaubens hineinzulegen gewohnt sind, und wir halten daran fest: ein Volk, das so singen, so beten, so kämpfen und so sterben kann, das ist nicht das Volk, das unsere Welschen jetzt aus den ausländischen Zeitungen sich schildern lassen,

dass uns mit einem Wort jetzt Alles das wichtig u. entscheidend sein müsse, was im NT grundsätzlich nicht wichtig ist, während umgekehrt das Entscheidende im NT: seine Gotteserkenntnis u. Hoffnung uns nur in Form einer dürftigen Privatmoral u. einer ebenso dürftigen Zukunftsträumerei erlaubt sein soll. Ich muss noch einmal sagen, dass ich diese Auffassung des Evangeliums nicht verstehen kann. Es liegt wohl daran, dass ich kein Historiker bin. Nein, da freue ich mich nun einfach darüber, dass ich im NT eine ganze Welt aufgehen u. leuchten sehe, die gerade eine total andre Welt ist als die Welt der berühmten «harten Tatsachen», die ich ja in mir u. um mich herum im Krieg u. Frieden deutlich genug sehe u. an die ich wahrhaftig auch genug gebunden bin auf Schritt u. Tritt. Da freue ich mich, wenn mir in der Bergpredigt ein Leben begegnet, mit dem ich zunächst weder für mich persönlich noch für die kleine u. grosse Welt- u. Sozialpolitik etwas anzufangen weiss. Da freue ich mich, wenn mir im Leben u. Sterben Jesu Gott entgegentritt in einer Art, die mir unmissverständlich deutlich zeigt, dass Gott etwas von Grund aus Anderes ist als Alles Andre, was mir sonst als wahr u. richtig vorkommt. Ist es denn so von vornherein ausgeschlossen, dass Gott uns als Einer entgegentritt, den wir zunächst gar nicht brauchen können? Wer heisst uns denn, an Gott sofort wieder heranzutreten mit der Frage: ja was soll denn u. kann denn nun gemacht werden? Ist es Gott gegenüber so wichtig, dass vor allen Dingen wieder etwas gemacht werden kann? Wer heisst uns denn von Gott erwarten, dass er uns sofort auf alle möglichen verzwickten Fragen unsrer verzwickten Welt, z.B. auf die Frage: Militärdienst oder nicht? eine Ja- oder Nein-Antwort, u. zwar noch eine solche aus vollem freudigem Herzen auf die Lippen legen u. ein ruhiges Gewissen zum sanften Schlummerkissen[49] obendrein geben müsse? Wie kommen wir eigentlich zu diesem anspruchsvollen Auftreten Gott gegenüber? Lässt es sich denn eigentlich gar nicht denken, dass wir Gott gegenüber einfach einmal in tiefster Freude u. Scham stille werden u. gar nichts, rein gar nichts mit ihm anzufangen wissen,

---

sondern ist das Volk, das wir ganz anders kennen und mit dem wir innerlich uns tief verbunden wissen.»

[49] Nach dem Sprichwort: «Ein gut Gewissen (ist) ein sanftes Ruhekissen» (vgl. *Deutsches Sprichwörter-Lexikon*, 1. Bd., a.a.O. [s. oben S. 27, Anm. 27], S. 1670).

als dass unser Gewissen tief beunruhigt u. unser Herz von einer grossen Sehnsucht nach ihm erfüllt wird? Warum eilen wir über diesen fruchtbarsten Augenblick in unserm Verhältnis zu ihm so schnell hinweg, weil es uns so entsetzlich pressiert, als Christen doch ja auch in ein durchaus positives oder vielleicht auch negativ-kritisches Verhältnis zu Staat, Recht, Kirche und allen möglichen schönen u. unschönen Dingen zu kommen? Warum ist uns so wenig daran gelegen, vor Allem einmal festzustellen, ob wir eigentlich zu Gott in ein positives oder negatives Verhältnis treten wollen? Ich meine, die Art, wie im NT Gott als Gott an uns herangebracht wird, am stärksten in der Bergpredigt u. im Kreuze Christi, stellt uns vor eine im Grunde einfache Frage. Es handelt sich darum, ob der Gotteswille, der sich da vor uns auftut, uns so in Anspruch nimmt, uns einen so bezwingenden Eindruck macht, dass wir erkennen u. bekennen müssen: dieser Gott *ist* Gott. Dann gilt das ein für alle mal, dann ist alles, was uns sonst im Leben auch noch als gross u. wahr u. stark erscheinen mag, eben *nicht* Gott; – so sehr es uns ängstigen u. drücken mag, es kann uns von Gott nicht scheiden; – so wichtig es uns sein mag, es hat nur sekundäre Wichtigkeit neben Gott; – so stark es uns beanspruchen mag, es kann unser Innerstes nicht in Beschlag nehmen, denn über das ist bereits verfügt. Dann giebt es ausser Gott keinen «härtern gröbern Gotteswillen», keinen deus absconditus, sondern nur die *Welt[,]* die Gott noch nicht oder nicht mehr kennt, die vorläufige Welt, die wir uns nach der kräftigen Anschauungsweise des NT als bevölkert u. beherrscht von den Dämonen, Mächten u. Gewalten denken mögen u. zu deren Charakterisierung wir auch ganz getrost den Teufel wieder beim Namen nennen wollen, dessen man sich allzu lange in ganz unnötiger Prüderie geschämt hat, die Welt, über die hinweg wir doch ganz getrost auf Gott hinblicken, weil wir wissen: sie vergeht u. Gottes Reich kommt[50]. Da ist nun wieder etwas Merkwürdiges: die gleichen Leute, die heute dem Glauben absolut das Götzenbild jenes «gröbern härtern Gotteswillens» u. alles dessen, was dazu gehört, zur Verehrung aufdrängen wollen, erheben andrerseits den Anspruch, die einzig echten Vertreter des sog. alten Christentums eines Luther u. Paul Gerhardt mit seinem kindlichen Gottvertrauen u. seiner treuen

[50] Vgl. Did. 10,6 und Mt. 6,10 par.

Pflichterfüllung mitten in der dunklen Welt zu sein. Ich weiss nicht, lese ich die Schriften u. Lieder dieser alten Christen mit ganz falschen Augen, aber mir kommt es vor, das Entscheidende an ihrem Christentum sei gerade die Art gewesen, wie sie Gott unbedingt ernst u. dafür die Wirklichkeit[,] an die sie von Gott aus herantraten[,] nicht mehr so ernst nahmen, während unser Talmi-Altes Christentum im Geiste Naumanns mit der ehernen Wirklichkeit anfängt u. schliesslich von Gott nur noch Weniges unsicher zu sagen weiss. Der Geist, aus dem heraus P. Gerhardt gesungen:

> So will ich zwar nun treiben
> Mein Leben durch die Welt,
> Doch denk ich nicht zu bleiben
> In diesem fremden Zelt[51]

ist doch wohl ein radikal anderer Geist als der Geist[,] aus dem heraus etwa die «Christliche Welt» jahraus jahrein ihre ethischen u. kirchlichen Probleme u. Problemlein wälzt, ein anderer Geist auch als der, aus dem heraus man Schutzschriften für die bedrohte schweizerische Militärfreudigkeit schreibt. Das muss einmal gesagt sein, damit man uns künftig mit Paul Gerhardt in Ruhe lässt. Das kindliche Gottvertrauen des wirklichen alten Christentums ruhte fest auf dem Grunde Römer 8: Erkenntnis Gottes im Geiste Christi, Klarheit, dass Gott Gott ist u. Welt Welt, Hoffnung auf Gottes unbedingten Sieg. Auf diesem Grunde hat es seinen wunderbar tiefen Sinn, dass wir wirklich mitten in der Weltwirklichkeit allem Bösen u. Traurigen trotzend uns sagen dürfen: Befiehl du deine Wege ...![52] Was das auf dem Grunde einer in sich gespaltenen Gotteserkenntnis für einen Sinn haben soll, kann ich wieder nicht einsehen. – |

Es könnte nun freilich auch das Andre sein, dass der Gotteswille, der sich uns im NT auftut, uns gar nicht so in Anspruch nimmt, uns gar keinen so hervorragenden Eindruck macht, wie wir eben vorausgesetzt haben, wie es Paulus Römer 8 als sein Erlebnis beschrieben hat. Es könnte sein, dass die Stimme der sog. «Wirklichkeit» einfach stärker wird in uns als die Stimme Jesu und uns ihren Gott als Gott

---

[51] Anfang der 4. bzw. 6. Strophe des Chorals «Ich bin ein Gast auf Erden» (GERS [1891] 321; EG 529; RG [1998] 753).
[52] GERS (1891) 266; EG 361; RG (1998) 680.

aufzwingt, während für das, was Jesus uns zu zeigen hat, nur eine gewisse Bewunderung und sanfte Neigung übrigbleibt, die ihm ja kaum jemand versagen wird. Das ist auch eine mögliche Entscheidung. Dann wird natürlich Verschiedenes anders. Dann ist es an der Zeit, darin die herrlichste Bewährung der Frömmigkeit zu finden, dass man die Wirklichkeit nimmt, wie sie ist. Dann freue man sich immer wieder darüber, dass es die Wirklichkeit z.B. über die «Utopien» der Sozialdemokratie gewonnen hat, dann ists Zeit, mit den Leuten von der «Hilfe» Wirklichkeitsorgien zu begehen; dann glaube u. predige man in Gottesnamen mit Baumgarten[53] u. Rade die Wirklichkeit u. ein «ethisiertes» Christentum in Anlehnung an den Staatsgedanken, ein Christentum, das sich von der Wirklichkeit brauchen lässt.

Erwählet euch heute, wem ihr dienen wollet [Jos. 24,15]! Aber es ist ja innerlich ganz unmöglich, dass uns u. diesen Männern im Ernst die Stimme der Wirklichkeit wichtiger u. wahrer sei als die Stimme Jesu. Sollte uns diese Zeit nicht dringend nahelegen, dort Ernst zu machen, wo es uns Ernst ist, u. nur dort!?

Mir ists, die Bewegung und Beunruhigung von Gott her, die wir in dieser Zeit erleben, müsse es uns Allen mit aller Eindringlichkeit sagen:

> Ihr, die ihr Christi Namen nennt,
> Gebt unserm Gott die *Ehre!*
> Ihr, die ihr Gottes Macht bekennt,
> Gebt unserm Gott die *Ehre!*
> Die *falschen* Götzen macht zu Spott,
> Der *Herr* ist Gott, der *Herr* ist Gott:
> Gebt unserm *Gott* die Ehre![54]

---

[53] Barth hat wohl neben der von Otto Baumgarten herausgegebenen, seit Kriegsbeginn in sogenannten «Kriegsheften» erscheinenden Zeitschrift «Evangelische Freiheit» den Aufsatz Baumgartens *Bismarcks Bedeutung für unser inneres Leben,* in: ChW, Jg. 29 (1915), Sp. 263–265.303–305.321–324.340–343.519–521.548–550, im Blick. In Barths Exemplar sind die letzten beiden Stücke, die die «Spannung zwischen *nationaler Ethik und Bergpredigt,* wie sie im Leben und Wesen Bismarcks verkörpert ist» (Sp. 519), behandeln, mit zahlreichen Anstreichungen markiert.

[54] 8. Strophe des Chorals «Sei Lob und Ehr dem höchsten Gut» von J. J. Schütz (GERS [1891] 9; EG 326; RG [1998] 240).

Und nun lassen Sie mich noch zum dritten Punkt kommen. Sie erinnern sich der Frage, die der Kerkermeister von Philippi an Paulus u. Silas richtet: Liebe Herren, was soll ich thun, dass ich selig werde? Er bekommt darauf die Antwort: Glaube an den Herrn Jesum Christum, so wirst du u. dein Haus selig! [Act. 16,30f.] Das ists schliesslich, was ich als meinen letzten entscheidenden Kriegszeiteindruck nennen möchte: wir haben einen ganz neuen tieferen ernsthafteren freudigeren Glauben nötig. Und wenn Sie mich fragen, was denn nun geschehen soll, was da zu thun u. zu machen ist, damit unsre Welt von unserm Gott her erneuert werden kann, so weiss ich nichts zu sagen als das: glauben!

Das ist mir jetzt auch etwas ganz Unverständliches, wie gleich bei Kriegsausbruch von allen Seiten dergleichen getan wurde, als ob unser Glaube, das sog. Religiöse eine selbstverständlich gegebene fertige Grösse sei, die jetzt nur in die gehörige Beziehung zu den Erlebnissen, die aus der Weltwirklichkeit über uns kamen, gesetzt werden müsse. Das Stillwerden vor Gott als Gott, das uns in jenem Moment doch gewaltig nahegelegt war, wurde erstaunlich rasch übergangen, u. mit erstaunlicher Sicherheit begannen wir flugs damit, aus dem reichen Schatz unsrer Gotteserkenntnis heraus Kriegsethik oder auch Pazifismus, christlichen Patriotismus oder auch Kritik an diesem Patriotismus zu produzieren, als ob das nun das Dringendste gewesen wäre. Ich habe dabei an meinem Teil durch meinen berüchtigten Brief an Rade[55] auch mitgewirkt. Aber wenn wir uns, wie ich glaube, so ziemlich alle, wenn auch in sehr verschiedener Weise, in dieser Richtung verrannt haben, muss es denn nun immer in dieser Richtung weitergehen, u. wollen wir jetzt nicht damit anfangen, uns zu sammeln um die Hauptsache? Ists denn so abwegs, wenn gerade jetzt, gerade in dieser Sturmzeit, die uns mit aller Gewalt zwingen will[,] uns an der Welt zu orientieren, und gerade bei uns in der Schweiz, die wir es verhältnismässig leichter haben, uns das Herz frei zu halten, die alte Losung des NT u. der Reformatoren wieder erneuert wird: das entscheidende Tun des Menschen Gott gegenüber, die wirksame Hauptsache in unserm Leben ist der Glaube! Die Hauptsache ist jetzt weder

---

[55] Vom 31.8.1914; vgl. K. Barth, *Offene Briefe 1909–1935,* hrsg. von D. Koch (Gesamtausgabe, Abt. V), Zürich 2001, S. 18–41.

Patriotismus noch Heimatschutz noch Militärfreudigkeit noch Staatsbewusstsein, die Hauptsache ist jetzt aber auch nicht Menschheitsglaube, Internationalismus, Antimilitarismus u. Pazifismus, sondern die Hauptsache ist, dass wir jetzt ganz anders anfangen, Gott als Gott zu anerkennen, uns vor ihm zu beugen, uns ganz durchdringen zu lassen von der Gewissheit, dass er recht hat u. nicht wir mit unsrer Welt u. unsrer Art. Ich sagte vorhin: wenn wir einmal soweit sind, dass uns Gott wirklich Gott *ist,* dann *gilt* das ein für allemal, ja dann sind wir über den Berg, dann hat das Neue angefangen, u. das Alte kommt nur noch als Vergehendes in Betracht. Ist jemand in Christus, so *ist* er neue Schöpfung. Das Alte *ist* vergangen, siehe[,] es *ist* Alles neu geworden [2.Kor. 5,17]. Aber das ist eine grosse heilige Sache, soweit zu sein, dass uns Gott wirklich Gott *ist[,]* und wer darf da eigentlich sagen, dass er schon soweit sei? Hat uns nicht die Tatsache des Krieges und die Art, wie wir alle hoffnungslos in die Welt des Krieges kompliziert sind, gezeigt, dass wir samt u. sonders noch nicht soweit sind? Ich habe den Eindruck, dass wir in einer grossen Selbsttäuschung befangen sind, wenn wir unsern Glauben an Gott einfach so voraussetzen, wie wir es bei Kriegsausbruch getan haben, und auf unserer vermeintlich religiösen Basis frisch u. fröhlich zur Tagesordnung übergehen, jeder zu der seinigen. Da muss es dann freilich zu so bizarren Erscheinungen kommen, wie das sog. «deutsche Christentum» eine ist, nicht weniger freilich unser «Pharisäismus der Idee»[56], mit dem wir dem deutschen Christentum geantwortet haben. Wir müssen dann einfach früher od. später entdecken, dass wir mit unsrer ganzen Tagesordnung ganz flott wieder in der alten Welt drin stehen. Wohl aber könnte etwas Neues unter uns werden, wenn wir es wieder lernen wollten, uns ganz anders vor Gott zu stellen, uns ihm entgegenzustrecken, von ihm her stark und reif zu werden, auf ihn zu warten.

Ein *von Gott* erleucht'ter Sinn
Kehrt zu seinem *Ursprung* hin![57]

---

[56] Vgl. H. Kutter, *Ich kann mir nicht helfen… Auch ein Wort an die deutschen Freunde der Religiös-Sozialen,* Zürich 1915, S. 4.7; vgl. Bw.Th. I, S. 47.

[57] Schluss der 2. Strophe des Chorals «Himmelan geht unsere Bahn!» von B. Schmolck (GERS [1891] 227).

Gott will doch nicht, dass unsre Welt, die Welt der von ihm gelösten Naturkraft, das Letzte, das Bleibende sei. Es ist doch seine Verheissung, die uns eines neuen Himmels u. einer neuen Erde warten lässt, in welchen Gerechtigkeit wohnt [2.Petr. 3,13]. Sie fragen mich, ob ich denn die Fortsetzung u. Vollendung der neuen Welt von Gott her in der nächsten Zeit erwarte? Ich weiss es nicht. Jesus hat es ja auch nicht wissen wollen [vgl. Mt. 24,36 par.]. Ich weiss nur das: wenn wir die Hoffnung auf Gottes Reich fortgesetzt aus der Hauptsache zur Nebensache machen, so kommt es überhaupt nicht, weder früher noch später. Dann bleibt Welt Welt. Damit Gottes Wille geschehen kann, dazu müssen wir wieder im Ernst darum beten. Damit seine Verheissung wahr werden kann, dazu müssen wir sie wieder ganz anders als wahr annehmen, müssen ganz anders um Erkenntnis G[ottes] ringen[,] müssen ganz anders uns von Gott für Gott erleuchten u. zubereiten lassen. Das Tun, auf das es jetzt ankommt, das jetzt entscheidend ist, führt uns in die Stille des Gebets, in die einsame oder gemeinsame Vertiefung in Gottes Wort u. Willen, in die innere Sammlung, Konzentrierung und Ladung, in das Fest- u. Klarwerden in der grossen Hoffnung, die wir als Christen haben. Alles Andere ist jetzt nicht entscheidend. Hier wird denn auch die Kirche ihre eigentliche Aufgabe begreifen und ergreifen müssen. Sie wird den Mut haben müssen, grundsätzlich ihren eigenen Weg zu gehen gegenüber allen Faktoren des menschlichen Fortschrittsprogramms. Sie wird in bewusstem Anschluss an die Predigt der Propheten u. Apostel wieder zu einer Kirche des Glaubens u. der Hoffnung werden müssen. –

Und die nächsten Nöte und Aufgaben, die uns das Leben «vor die Füsse wirft»[58]? Ich stehe stark unter dem Eindruck, dass wir nur zu viel uns immer mit den nächsten u. übernächsten Nöten und Aufgaben innerlich beschäftigt u. uns damit innerlich in jenes Fortschrittsprogramm innerhalb der Welt verwickelt haben, das sich jetzt im Kriege als so sinnlos u. machtlos erwiesen hat. Wir denken bei der Arbeit für Gottes Reich immer gleich an Mission und christliche Vereine, an Liebestätigkeit u. Staatsfürsorge, an die Schule u. ans Militär, an Gewerkschaften u. Konsumvereine u. Friedensvereine, wir schlagen womöglich den Atlas auf u. studieren unter sorgfältiger Berück-

[58] Vgl. oben S. 194, Anm. 40.

sichtigung der Bücher Naumanns[59] die Möglichkeit der vereinigten Staaten Europas. Wir kultivieren den Antimilitarismus, oder wir schreiben Broschüren dagegen. Ich glaube, damit verbauen wir uns den Weg zu den Gedanken Gottes. Es giebt eine letzte Not, *die* muss überwunden werden. Es giebt eine letzte Aufgabe, *die* will gelöst sein. Beides geschieht von Gott her. An Gott aber können wir nur glauben.

Aber es ist richtig, die nächsten Nöte und Aufgaben sind da und wollen auch innerhalb unsres jetzigen Lebenszusammenhangs bearbeitet sein. Zu lösen sind sie von der Welt aus grundsätzlich nicht, sondern nur von Gott her. Staffeln zum Gottesreich empor[60] sind auch die besten Lösungsversuche innerhalb dieses Zusammenhangs nicht, der Weg zum Gottesreich ist allein der Glaube. Denn im Glauben wachsen wir hinein in die ursprüngliche reale Gotteswelt, in das kommende Reich des Vaters. Aber der Glaube kann ja gar nicht anders als in der Liebe energisch sein [vgl. Gal. 5,6]. Der Glaube, gerade der Glaube an Gott als Gott macht eine sachliche Stellung zu den Lebensproblemen u. Konflikten möglich. Die neue Orientierung an Gott muss in einer neuen Gesamtrichtung des Lebens auch innerhalb der Welt zum Vorschein kommen. Nicht in eindeutigen Antworten auf die Lebensfragen. Ich kann mir z.B. denken, dass ein Mensch, dem es Ernst ist mit Gott, sich dem Militärdienst unterzieht, weil er sich der Solidarität der Schuld auch in diesem Punkt nicht entziehen zu dürfen glaubt, und das ganze Leid um diese Schuld betend und hoffend in sich hineinnimmt. Ich kann mir ebenso gut denken, dass derselbe Mensch, ohne ein Prophet zu sein, einfach in seinem Glauben sich von Gott her gezwungen fühlt, sein Licht gerade an diesem Punkte in der Weise leuchten zu lassen, dass er etwas Anderes tun muss, als alle Welt tut, u. den Militärdienst verweigert. Er tut dann eben das Eine *oder* das Andre im Glauben an Gottes Verheissung, u. Gott wird ihm auf dem einen *oder* auf dem andern Weg segnen u. zum Segen werden lassen [vgl. Gen. 12,2]. Er geht so oder so den Weg Abrahams u. des alten Simeon. Entscheidend ist nicht, ob er nun das Eine oder das Andre tue, sondern ob er es tut aus jener tiefen Bewegung u. Beunruhigung des Glaubens heraus, aus der Spannung heraus, in der ein Mensch

[59] Siehe unten S. 537.
[60] Vgl. oben S. 189, Anm. 29.

Gottes in dieser Welt leben muss. In den Menschen, die aus dieser Spannung heraus handeln, wächst die Macht des Gottesreiches, die einmal von innen heraus (nicht durch das, was von aussen gemacht werden kann) die Macht der blossen Naturkraft ablösen wird. Seien wir überzeugte Sozialdemokraten – ich bin es –, seien wir besorgte und eifrige Patrioten – ich lasse mir auch mein Schweizertum von niemand abdekretieren. Aber dass wir uns nur durch alles derartige das Eine, was nottut [Lk. 10,42], diese fruchtbare innere Spannung des Glaubens nicht nehmen oder abschwächen lassen. – |

Dass aus dem Glauben heraus überhaupt etwas geschieht, dafür braucht uns nicht bange zu sein: Aus dem Glauben heraus wird nie u. nimmer eine Haltung möglich sein, die mit untätigem Theoretisieren angesichts der Not der Brüder u. angesichts der eigenen Pflicht auch nur die geringste Verwandtschaft hat. Das ist die alte unfruchtbare Verwechslung. Das Ja oder Nein oder Sowohl-Als auch, das aus dem Glauben stammt, kann nicht Sünde sein [vgl. Röm. 14,23]. Ich denke mir freilich, je wirklicher unser Glaube wird, desto weniger *fragen* wir überhaupt, wie wir uns nun morgen u. übermorgen halten sollen und wie es im Aargau und in Basel u. in der Welt nun weitergehen soll. Wir denken u. reden u. handeln dann einfach von Schritt zu Schritt so, wie wir müssen. Solange uns die Probleme noch Probleme sind, haben wir daran das sichere Zeichen, dass es uns individuell u. kollektiv am Glauben fehlt, am Glauben an Gott, von dem keine Probleme kommen, sondern Erlösung. Wir dürften wohl auch im Bezug auf unsre ethischen Probleme ein wenig mehr daran denken, dass Jesus die Kinder des Reiches als solche beschrieben hat, die nicht auf den andern Tag sorgen [vgl. Mt. 6,31]. Und bei dieser Beobachtung wird sich unsre entscheidende Aufmerksamkeit eben doch immer wieder bei aller Treue im Kleinen u. Grossen von den Problemen zurückziehen und der uns mangelnden Orientierung an Gott zuwenden.

Das ist keine Lösung! werden Sie sagen. Nein, es ist keine Lösung u. soll auch keine sein. Man kann einander in der Frage, was nun zunächst getan werden soll, die Lösung nicht zeigen, man kann sie nur suchen u. finden u. haben u. wieder suchen u. finden. Aber es giebt eine Wahrheit, u. die zu erkennen und durch sie frei zu werden [vgl. Joh. 8,32] ist wichtiger, als die eine u. andre Lösung haben. Da stehen wir eben wieder vor Jesus mit seinem Trachtet am Ersten nach dem

Reiche Gottes! [Mt. 6,33] Dass wir dieses «am Ersten!» jetzt ein wenig besser verstehen können als vorher, das scheint mir die grosse Gottesreichsmöglichkeit dieser Kriegszeit zu sein.

RELIGION UND SOZIALISMUS
1915

Die 1915 etwa 8500 Einwohner zählende Stadt Baden liegt 30 km nordöstlich von Safenwil. Barth erwähnt als Besucher des Vortrags «etwa 100–120 Arbeiter, Arbeiterinnen, Angestellte und Lehrer».[1] *Diese für die «Sozialistischen Reden» Karl Barths wohl ungewöhnlich große Zuhörerschar wird sich aus den ortsansässigen Sozialdemokraten rekrutiert haben, die ebenfalls recht zahlreich sind: die Sozialdemokratische Partei und Grütliverein in Baden hatte 87, der Arbeiterinnenverein 34 Mitglieder.*[2] *Die große Teilnehmerzahl könnte aber auch damit zu tun haben, daß Barth seinen Vortrag im Rahmen eines besonderen Bildungsprogramms hielt. Vom kantonalen Parteiverband des Kantons Aargau heißt es:*

Die Geschäftsleitung hat für den Winter 1915/16 ein Bildungsprogramm herausgegeben, das 36 Vorträge mit 14 Referenten umfaßt. Es war das erste Mal, daß so vorgegangen wurde, es hat Anklang gefunden, wie aus verschiedenen Zuschriften zu entnehmen war.[3]

Auf dem Vortragsprogramm ist Barths Name sechsmal aufgeführt, und zwar bei den – dann freilich von ihm nur teilweise behandelten – Themen «Wir Sozialisten und die Andern». «Der Wille Gottes und der Krieg»[4]*, «Was heißt: Ein Christ sein?»*[5]*, «Jesus und die Sozialisten»*[6]*, «Was hat uns Jesu Bergpredigt zu sagen?», «Das Kreuz Christi und der Sozialismus». Der Vortrag über Religion und Sozialismus wurde angekündigt unter dem Titel «Ist Religion und Sozialismus vereinbar?» und sollte eigentlich von Pfarrer Sigmund Büchi, Ober-Erlinsbach, gehalten werden. Als Barth am 8. Dezember 1915 Thurneysen die öffentliche Einladung zu diesem Vortrag schickte, kommentierte er: «Aber ich kann sicher, sicher nichts dafür! Für dieses schreckliche Thema nämlich. Das hat der ‹Bildungsausschuß› getan.»*[7]

[1] Bw.Th.I, S. 113.
[2] *Jahrbuch der Sozialdemokratischen Partei der Schweiz. Zusammengestellt und bearbeitet vom Parteisekretariat, pro 1915*, Zürich 1916, S. 162.
[3] A.a.O., S. 162.
[4] Siehe unten S. 260–264.
[5] Vgl. oben S. 161–163.
[6] Vgl. oben S. 131–139.
[7] Bw.Th.I, S. 113. Vgl. den Abdruck der Einladung auf S. 112 und die Bemerkungen über den Verlauf der Veranstaltung auf S. 113.

Religion u[nd] Sozialismus

Vortrag in Baden, Dienstag 7. Dezember 1915

Vielleicht dient es am Besten zur Einführung in die grosse Sache, die uns heute beschäftigen soll, wenn ich es einfach versuche, Ihnen zu sagen, wie ich dazu komme[,] mich als Pfarrer zum Sozialismus u. zur Sozialdemokratie zu bekennen[,] u. wie ich es meine, wenn ich das thue. Ich lasse dabei alles blos Lokale u. Persönliche bei Seite u. rede nur von dem[,] was sachlich u. innerlich wichtig ist.

Ich bin mit Freuden Pfarrer. Es fällt mir zwar mit jedem Jahr schwerer[,] Pfarrer zu sein, weil ich immer deutlicher einsehe, wieviel Unvollkommenheiten u. wieviel Gefahren dem Pfarrer- u. Kirchenwesen als solchem[,] dem Pfarrer- u. Kirchenwesen aller Bekenntnisse anhaften. Und doch bin ich mit jedem Jahr lieber Pfarrer und wollte u. könnte mit keinem andern Berufe tauschen. Wenn mir das Pfarramt manchmal sauer fällt und wenn ich ihm in gewissen Stunden schon hätte entrinnen mögen, so war u. ist es nicht, weil mir die Sache[,] für die ich mich einsetzen darf, je verleiden oder nebensächlich werden könnte, sondern umgekehrt, weil diese Sache eigentlich viel zu gross u. zu heilig u. schön ist für einen Menschen u. ein menschlich begründetes u. geordnetes Amt, weil es mir eigentlich wie eine Art Anmassung vorkommt, Pfarrer sein zu wollen. Aber das Gleiche, was mir manchmal fast Angst macht vor meinem Beruf, giebt mir dann auch immer wieder Freude daran. Es ist eine grosse, die grösste Sache, für die ich leben darf. Und weil ich mit Freuden Pfarrer bin u. nicht etwa mit offenem od. geheimem Überdruss, bin ich Sozialist u. Sozialdemokrat geworden.[8] Ich bin Sozialist geworden aus der Notwendigkeit der grossen Sache heraus, für die ich leben möchte[,] u. nicht etwa, weil ich innerlich irgendwie von dieser Sache, die mir die Hauptsache ist u. bleibt, innerlich ab- u. auf ein Nebengeleise gekommen wäre.

Ich nenne diese Sache nicht gerne «Religion». Die Formulierung des Themas meines heutigen Vortrags: «Rel. u. Soz.» oder: Ist Rel. u. Soz. vereinbar? stammt nicht von mir. «Religion» ist ein sehr schwa-

---

[8] Parteieintritt Barths am 26.1.1915. Vgl. die Einleitung zu *Menschenrecht und Bürgerpflicht*, in V. u. kl. A. 1909–1914, S. 361f.

ches u. noch dazu sehr zweideutiges Wort. Religion ist das fromme Gefühl im einzelnen Menschen, samt der besondern Moral u. dem besondern Gottesdienst, die aus diesem Gefühl hervorgehen, das fromme Gefühl in der Reinheit u. Erhabenheit, die es da u. dort u. zu gewissen Zeiten in jedem von uns erreicht, aber auch in den Schwachheiten u. Träumereien u. offenen Verirrungen, denen es immer wieder u. denen es in uns Allen ausgesetzt ist. Die Sache, um die es sich mir handelt, u. auf die uns die Religion als Gefühl allerdings hinweist, ist etwas Grösseres u. Klareres. Sie ist nicht nur ein Gefühl, mit all den Schwankungen u. Unsicherheiten, denen alle Gefühle ausgesetzt sind, sie ist eine Tatsache. Sie ist *die* Tatsache, die eigentlich allein diesen Namen verdient, sie ist das einzig Sichere u. Haltbare, das es überhaupt giebt, der ruhende Pol in der Erscheinungen Flucht[9], sie ist *die* Tatsache, von der wir Alle im Grunde leben. Die ganze Menschheit lebt von ihr, trotz all der schmerzlichen Irrwege, die sie immer wieder u. immer noch geht. Es leben von ihr die Blumen[,] der Wald u. die Vögel und die fernen Gestirnswelten[,] die über uns ihre wunderbaren Bahnen gehen. Alles Leben *strömt* aus ihr.[10] Wir können sie anerkennen oder wir können sie verleugnen; wir können sie anbeten oder wir können sie in tollem Wahn mit Füssen treten; wir können ihr die Herrschaft über unser Leben einräumen oder wir können es längere oder kürzere Zeit probieren, es ohne sie zu machen. Sie ist u. bleibt, sie geht ihren ruhigen ewigen Gang mit uns oder ohne uns. Sie lebt nicht von uns, aber wir leben von ihr. Was wir Religion nennen, ist nur ein Symptom, ein Anzeichen dieser Tatsache, eine ihrer Spiegelungen in dem sehr unvollkommenen Spiegel der menschlichen Seele, menschlicher Einrichtungen u. Bräuche. Nur ein Symptom unter andern. Das Leben der Natur vor Allem ist überquellend reich an solchen Symptomen. Denken Sie an das Allereinfachste, das schon dem Urmenschen den tiefsten Eindruck machte, an die Sonne, die der hl. Franz v. Assisi seinen «Herrn Bruder» genannt hat[11]. Was ist alle menschliche

[9] Fr. Schiller, «Der Spaziergang», V. 134: «Sucht den ruhenden Pol in der Erscheinungen Flucht».
[10] Vgl. das Appenzeller Landsgemeindelied «Alles Leben strömt aus dir» von C. Rudolphi (RG [1998] 520).
[11] Franziskus von Assisi, *Der Sonnengesang,* in: *Die Schriften des hl. Franziskus von Assisi,* hrsg. von K. Eßer und L. Hardick, Werl 1972⁴, S. 164f.

Religion neben der Lebensoffenbarung, die uns im Sonnenlicht u. in der Sonnenwärme entgegentritt? Doch bleiben wir im Umkreis des Menschlichen: es fehlt uns ja auch da nicht an Symptomen, Anzeichen, Spiegelungen der grossen Tatsache[,] von der wir leben. Ich könnte den Staat nennen, die Wissenschaft u. die Kunst, oder in der Weltgeschichte Griechenland, die Kultur der Gothik, deren Überreste uns in den Kirchenbauten des Mittelalters grüssen, die Reformation u. die Renaissance, der Wahrheitsfanatismus[,] der im 18. Jahrh[un]d[er]t die Menschen überkam, die französische Revolution in dem[,] was sie eigentlich wollte, oder im persönl[ichen] menschl[ichen] Leben alle guten Tugenden, die in der Bibel die Früchte des Geistes genannt werden [Gal. 5,22]. Mir ist der Sozialismus zu einer der wichtigsten Spiegelungen der grossen Grund- u. Lebenstatsache geworden. Alles Symptome u. nur Symptome, gerade wie die Religion nur ein Symptom davon ist. Alles was ich genannt habe, die Religion u. der Sozialismus eingeschlossen, sind sehr umstrittene Erscheinungen. Ich wundere mich gar nicht darüber, wenn sich Ihnen beim Einen u. Andern[,] was ich genannt, sofort missliche Nebengedanken eingestellt haben, wenn Sie mir beim Einen od. Andern hätten dazwischen rufen mögen: halt, das nicht! Es giebt kein menschliches Tun, es giebt kein geschichtliches Ereignis, es giebt keine persönlichen Tugenden, die einfach frei wären von unreinen, thörichten, verwerflichen, ja teuflischen Nebenerscheinungen. Sogar die wunderbar reinen u. erhabenen Erscheinungen der Natur nehmen oft ein zweideutiges Gesicht an. Aber über allem Umstrittenen u. Zweifelhaften giebt es ein Unbestreitbares u. Unzweifelhaftes. Es giebt ein Vollkommenes, von dem alles Unvollkommene lebt u. nach dem sich Alles gleichsam ausstreckt. Wenn ich Ihnen heute Auskunft geben soll über das Verhältnis von Religion u. Sozialismus, so muss ich von dem reden, was grösser ist als diese Beiden.

Dieses Grössere ist das Reich Gottes – das R.G.[,] das ist u. kommt. Das ist die klare sichere u. unaustilgbare Tatsache. Für das Reich Gottes möchte ich Pfarrer sein, nicht für die Religion, und im Dienste des Reiches Gottes, nicht im Dienste der Gesellschaft, der Kirche u. des Staates, die die Pflege der Religion wünschen. Das Wort «Gott» giebt vielleicht dem einen oder Andern von Ihnen Anstoss. Aber wir wollen jetzt nicht um Worte streiten, auch um dieses höchste Wort nicht, gerade um dieses nicht. Gott wohnt nicht in Häusern, die von Händen gemacht sind [vgl. Act. 7,48; 17,24]. Die Frage nach Gott ist nicht kompliziert u. schwierig, sondern kindereinfach. Sollte mir jemand die Frage stellen: ja giebt es überhaupt einen Gott über uns Menschen u. über d. Welt? so würde ich ihm antworten mit der Gegenfrage: giebt es überhaupt eine Wahrheit über der Thorheit u. über der Lüge? giebt es überhaupt eine Gerechtigkeit über der Ungerechtigkeit? giebt es überhaupt eine Liebe über der Gleichgiltigkeit u. über dem Hass? giebt es überhaupt einen Frieden über dem Krieg u. über dem Kampf ums Dasein[12]? Giebt es überhaupt eine Freude über den Trostlosig-keiten des Lebens? Und da bin ich nun einfach sicher, dass kein Mensch hier im Saal ist, wie er immer im Übrigen denken u. sein mag, der auf diese Fragen nicht einfach mit Ja antworten muss. Das sind ja doch einfach die selbstverständlichen Tatsachen, ohne die wir gar nicht sein können, die wir so wenig bestreiten können, wie die Luft, in der wir leben. Das ist sehr die Frage, ob Wahrheit u. Gerechtigkeit *gelten* in der Welt. Das ist die Frage, ob wir Liebe u. Frieden *haben* in unsrer Seele u. in unsrem Leben, ob wir von wirklicher Freude etwas *wissen*, aber *das* fragt sich doch nicht, dass es alle diese Dinge tatsäch-lich giebt, dass sie sind. Und diese Dinge sind nicht nur, sondern sie leben: sie geben sich uns zu erkennen u. sie sind uns zugänglich, wir sind in Unruhe, wenn wir sie vermissen müssen[,] u. wir jauchzen, wenn wir die Hand danach ausstrecken dürfen, wir leiden[,] wenn wir sie nicht haben[,] und eine unsichtbare Macht geht von ihnen aus, die uns zwingt, sie zu suchen u. zu ergreifen, weil wir wissen[,] dass wir ohne sie nichts sind. Sie bilden ein heiliges sonniges majestätisches Wesen für sich. Dieses Wesen nimmt uns in Anspruch, schafft an uns, will von uns Besitz ergreifen, es stellt uns immer wieder vor die Ent-scheidung: für mich? oder gegen mich? Es geht Kraft u. Seligkeit von ihm aus u. es fragt sich, ob die Menschen u. die Menschheit sie von ihm annehmen wollen. Des Menschen Elend oder des Menschen Herrlich-

---

[12] Vgl. den Titel von Ch. Darwins Buch *On the Origin of Species by Means of Natural Selection, or the Preservation of Favoured Races in the Struggle of Life*, London 1859; in der deutschen Übersetzung, hrsg. von H. G. Bronn, Stuttgart 1860: *Über die Entstehung der Arten im Thier- und Pflanzen-Reich durch natürliche Züchtung oder Erhaltung der vervollkommneten Rassen im Kampfe um's Daseyn.*

keit hängen von ihm ab. Wir leben eben davon, dass wir mit diesem Wesen Gemeinschaft haben. Es lebt in uns selber: unser Innerstes u. Bestes giebt von ihm Zeugnis. Sehen Sie, das ist Gott. Streiten Sie nicht mit mir über den Namen, aber denken Sie an ihn selber, so wie Sie ihn Alle kennen. – Und nun habe ich von einem Reiche Gottes geredet, das ist u. das kommt. Ich meine damit einfach, dass Gott lebendig ist, dass Gott herrscht u. herrschen will. Es giebt ein Gebiet[,] in dem seine Herrschaft bereits aufgerichtet ist[,] u. es giebt ein anderes, in dem sie erst zu Ehren kommen muss. Ich meine damit einfach, dass alle Dinge das wieder werden dürfen, was sie eigentlich von sich aus sind, dass Alles Gemachte Künstliche Unwahre das Feld räumen müsse vor dem[,] was ursprünglich ist u. gilt. Jenes heilige sonnige majestätische Wesen über uns, das uns bald als Wahrheit, bald als Schönheit, bald als Liebe von Weitem grüsst, es ist ja selbst nichts Gemachtes u. Gekünsteltes, sondern das Allerursprünglichste, das Unmittelbare[,] nach dem wir gleichsam instinktiv Sehnsucht haben. Und so ist Gottes Reich einfach die Wiederherstellung des Ursprünglichen Unmittelbaren Lebens, das wir durch 1000 unaufrichtige Machenschaften verloren haben.[13] Der Mensch *ist* Gottes Kind. Der Mensch *ist* des Menschen Bruder. Das Leben *ist eine* wundervolle Gelegenheit[,] in der Liebe zu Gott u. den Brüdern reif u. rein u. reich zu werden. Die Welt *ist* das Ackerfeld[,] das Gott u. dem Menschen als seinem Kind gehört. Wo das Alles gilt, da ist Gottes Reich, wo das Alles anklopft u. durchbricht, da kommt Gottes Reich. Gott kann nicht ruhen, er greift nach der Herrschaft. Die Welt, die wir in unserm Herzen tragen[,] will u. muss u. wird zu Ehren kommen. Fragen Sie mich, woher ich vom Reiche Gottes so Bestimmtes wisse, so nenne ich Ihnen die 2 Quellen, die für uns Alle fliessen: Die Eine ist unser Gewissen, die unruhige Stimme in uns[,] die uns in aller Verwirrung[,] in die wir gestürzt sein mögen, in aller Ungerechtigkeit u. Lüge, von denen wir vielleicht umgeben sind, daran erinnert, dass es etwas Anderes giebt u. dass etwas anders werden muss, so daran erinnert, dass wir es nicht überhören können. Die andre Quelle, die unvergleichlich viel stärkere, ist

---

[13] «Verlorene Unmittelbarkeit», Rückkehr zur Unmittelbarkeit und zum «unmittelbaren Leben» sind Begriffe, die eine zentrale Rolle bei Hermann Kutter spielen. Vgl. z.B. H. Kutter, *Das Unmittelbare. Eine Menschheitsfrage*, Berlin 1902, S. 48.338.341.

Jesus Christus. Er hat dem Wort «Reich Gottes» den klaren siegreichen Sinn gegeben. Wer ihn kennt, der weiss, dass das Gute u. das Böse, das Licht u. die Finsternis in der Welt nicht im Gleichgewicht sind, der weiss, dass es Gott ernst ist u. dass von ihm auch etwas zu erwarten ist, der weiss[,] dass aber[?] das Andere, das[,] was wir so oft übersehen u. an dem wir so oft verzweifeln möchten, die Wahrheit ist, die es zuletzt gewinnen muss. Es giebt keinen stärkeren Beweis für die Wirklichkeit des R. Gottes als das Leben u. Sterben Jesu. Ein Menschenleben[,] das ganz in der Gewalt Gottes stand! Das Ursprüngliche u. Unmittelbare[,] nach dem wir Alle uns sehnen, menschliche Wahrheit geworden![14] Die Welt[,] die wir in unsrem Herzen tragen, offenbar geworden in der Menschenwelt. Sehen Sie, das ist die Weihnachtsbotschaft: Das Reich Gottes ist im Kommen, Gott ist lebendig u. ist an der Arbeit. Freut euch darüber, arbeitet daran mit! Werdet auch lebendig! Räumt aus dem Wege, was das Kommen dieses Reiches bei euch u. Andern hemmen will! Glaubet an Gott! – Ob Sie mich nun wohl verstehen, wenn ich sagte: das R[eich] Gottes ist etwas unendlich viel Grösseres als alle Religion. Es ist eine Tatsache, die grosse Lebenstatsache[,] ohne die unser ganzes Dasein eine sinnlose Narrheit wäre: Die Tatsache[,] von der wir leben? Und sehen Sie, nun habe ich als Pfarrer den wunderbaren schweren Beruf, für das Reich Gottes in ganz besondrer Weise zu arbeiten. Die Religion zu pflegen? Ach nein, Religion ist etwas so Kleines u. Unsicheres, dass es mir oft graut vor meiner eigenen Religion. Aber von Gott reden darf ich, den wir alle kennen u. doch alle lange nicht genug! Von Gott[,] nach dem sich unser Herz sehnt u. den wir doch lange nicht ernst genug nehmen! Von Gott, der uns segnen möchte u. von dem wir nur viel zu wenig erwarten. Ich darf mich selbst u. meine Gemeinde immer wieder daran erinnern, dass es etwas Anderes giebt über dem Gewöhnlichen,

<hr />

[14] Vgl. Kutter, a.a.O., S. 341: «Soll der Mensch wieder in das ursprüngliche, bleibende Verhältnis zur Unmittelbarkeit gelangen, so muß er zuerst sich selber finden. Denn es gibt überhaupt nichts Reales außer seiner eigenen Persönlichkeit und außer der sie tragenden Unmittelbarkeit. Dazu aber ist es nötig, daß ihm der Eindruck der ursprünglichen Welt wieder werde. Das geschah durch *Jesus Christus;* erst seit Jesus gibt es wieder eine wirkliche Rückkehr des Menschen zum unmittelbaren Leben. Das unmittelbare Leben ist *der lebendige Gott,* geoffenbart in Jesu Christo.»

etwas Zukünftiges über dem Gegenwärtigen, ein Leben in mehr Wahrheit u. Freude über dem jetzigen Leben, einen «neuen Himmel u. eine neue Erde» [2. Petr. 3,13], die unser jetziges Dasein in Thorheit u. Unrecht ersetzen soll. Ich darf immer wieder von Gott dem Lebendigen Zeugnis ablegen. Glauben Sie es mir, dass das ein wunderbarer[,] aber auch schwerer Beruf ist? Wunderbar schön, weil es sich da um das Tiefste u. Entscheidendste im Leben u. in der Welt handelt, schwer, sehr schwer, weil das, woran ich immer denken u. von dem ich reden muss, stracks gegen mein eigenes u. der Andern gewöhnliches Denken geht, weil ich immer an das in den Menschen appellieren muss, was, obwohl das Natürlichste u. Selbstverständlichste[,] tief in ihnen verborgen ist, versteckt u. verschüttet unter den 1000 unaufrichtigen Machenschaften[,] in denen wir Alle drinstecken. Glauben Sie es mir, dass ich keine Lust habe, diese meine Aufgabe irgendwie gegen die Aufgabe eines Politikers od. Wirtschaftspolitikers zu vertauschen, dass Sie sich schwer getäuscht haben, wenn Sie vielleicht erwartet haben, heute Abend einen «politischen Pfarrer» zu hören zu bekommen?

Und doch bin ich Sozialist u. Sozialdemokrat, gerade darum. Gerade darum, weil es mir nicht um die Religion in erster Linie, sondern um Gottes Reich zu thun ist. Ich bin auf eine sehr einfache Weise Sozialist geworden u. ich bin es auf eine sehr einfache Weise. Weil ich an Gott u. sein Reich glauben möchte, stelle ich mich dahin[,] wo ich etwas von Gottes Reich zum Durchbruch kommen sehe. Glauben Sie nicht, dass ich mir dabei vom Sozialismus ein Idealbild zurechtgemacht habe. Ich meine die Fehler des Sozialismus u. seiner Bekenner sehr deutlich zu sehen. Aber noch deutlicher sehe ich in den Grundgedanken, in den wesentlichen Bestrebungen des Sozialismus eine Offenbarung Gottes, die ich vor Allem anerkennen u. an der ich mich freuen muss. Die neue Gesellschaft, die auf den Grundlagen der Gemeinschaft u. der Gerechtigkeit ruht, statt auf den Grundlagen des Faustrechts u. der Willkür, die neue Ordnung der Arbeit im Sinne einer gemeinsamen Tätigkeit Aller u. für Alle statt im Sinne der Ausbeutung durch die Selbstsucht der Einzelnen, die neue Verbindung der Menschen als Menschen über die Schranken der Klassen u. Nationen hinweg statt der Gegensätze[,] die uns jetzt notwendig immer wieder auseinanderreissen – schliesslich der Weg zu diesen Zielen: die einfache Brüderlichkeit oder Solidarität zunächst einmal unter den Armen u. Entrechteten aller Länder – all dieses Neue, das der Sozialismus in das politische u. wirtschaftliche Leben hineinbringt, muss ich als ein Neues von Gott her anerkennen. Ich sehe in diesen Gedanken u. Bestrebungen etwas zum Vorschein kommen von dem Ursprünglichen, Unmittelbaren[,] das wir verloren haben u. nach dem wir uns sehnen, etwas von der eigentlichen Heimat des Menschen, etwas vom Reiche Gottes. Der Sozialismus ist mir trotz seiner Unvollkommenheiten, über die man ganz ruhig u. offen reden kann, eines der erfreulichsten Anzeichen dafür, dass Gottes Reich nicht stille steht, dass Gott an der Arbeit ist. Und darum darf u. kann ich ihm nicht gleichgiltig gegenüberstehen. Darum kann ich die Sozialisten nicht einfach ihrer Wege gehen lassen, sondern ich muss mich zu ihnen stellen, so gut wie ich mich z.B. auch zu den Abstinenten stellen muss aus dem Pflichtgefühl, das mir sagt: dahin gehörst du, wenn es dir mit Gott ernst ist. Durch meine Mitgliedschaft in der soz[ial]dem[okratischen] Partei meine ich mir selbst u. meiner Gemeinde gegenüber ganz schlicht an einem sehr wichtigen Punkte zu bekennen, dass Gott zu Ehren kommen muss, dass man ihm nicht ungehorsam sein darf. Religion kann man auch haben und sich einer andern Partei anschliessen oder parteilos bleiben. Wenn es mir nur um die Religion zu thun wäre, so würde ich wahrscheinlich bei den Parteilosen stehen od. vielleicht auch bei der liberal-konservativen Partei. Aber das Reich Gottes kann ich da nicht finden, wo man doch immer wieder das Geld wichtiger nimmt als die Menschen, wo der Besitz doch immer wieder der Massstab aller Werte ist, wo man ängstlich u. kleinlich das Vaterland über die Menschheit stellt, wo man immer wieder stärker an das Gegenwärtige glaubt, als an das Zukünftige. Ich meine die Bedeutung des politischen u. wirtschaftlichen Lebens für das Ganze des Menschenlebens nicht zu überschätzen, aber auf dem Gebiet der politischen u. wirtschaftlichen Verhältnisse weisen mich die beiden Quellen, an denen ich mich orientieren möchte, das Gewissen u. Jesus Christus auf den Sozialismus hin. Ich habe als Pfarrer meine besondere Aufgabe; Gottes Reich steht mir hoch über allen seinen Anzeichen, auch über dem Sozialismus; ich denke gar nicht daran, den Sozialismus etwa dem Reiche Gottes gleichzustellen u. den Sozialismus zu predigen statt des Evangeliums; ich halte darum den «politischen Pfarrer»

in jeder Form, auch in der sozialistischen[,] für eine Verirrung. Wohl
aber stelle ich mich als einfacher Soldat gleichsam dahin, wo ich Gottes Spuren zu sehen vermag[,] u. d.h. eben: ich stelle mich als Mensch
u. Bürger auf die sozialistische u. auch offen auf die sozialdemokratische Seite. – Und die Religionslosigkeit u. Religionsfeindschaft auf
dieser Seite? werden Sie mich fragen. Was kannst du dich als Genosse
an die Seite derer stellen, die die Religion für eine blosse Privatsache
erklären[15], wenn sie nicht gar den Glauben an Gott bekämpfen. Ich
antworte Ihnen darauf: dass ich in der Tat auch an der Rel[igions]lo-
sigkeit u. teilweisen Rel[igions]feindschaft der Soz[ial]dem[okraten]
für mich keinen Anstoss nehme, auch als Pfarrer nicht, ja gerade als
Pfarrer nicht. Zur Begründung kann ich nur immer wieder sagen, dass
mir eben Gottes Reich wichtiger ist, als die Religion. Ich sehe, wie
Jesus Christus selber sich als Mensch nicht zu den Religiösen gehalten
hat, sondern zu denen, die hungerten u. dürsteten nach der Gerechtigkeit [Mt. 5,6], u. das waren solche[,] die von den Frommen der
damaligen Zeit ebenso von der Seite angesehen wurden[,] wie es heute
teilweise u. nicht ohne eigene Schuld den Soz.Dem. geht. Ich möchte
es nicht anders halten, sowenig ich damit die tatsächl[iche] Rel.losig-
keit u. Rel.feindschaft der Soz.Dem entschuldigen u. unterstützen
möchte. Aber ich bin eben der Überzeugung, dass Gott noch auf ganz
andre Weise an der Arbeit ist in der Welt, als durch die Religion[,] u.
sehe gerade in den Gedanken u. Bestrebungen der Soz.Dem. soviele
Anzeichen von dieser Arbeit u. Herrschaft Gottes, dass ich mich ihr
trotz ihrer gelegentlichen relig[iösen] Irrtümer und Missverständnisse
nicht verschliessen kann, weil ich mich damit Gott selbst verschliessen
würde. Ich halte es für sicherer u. geratener[,] mich mit Gott zu den
Gottlosen u. neben sie zu stellen als ohne Gott gegen sie. Ich weiss[,]
was ich an einem persönlichen u. lebendigen Verhältnis zu Gott
habe[,] u. beklage Alle[,] die davon nichts wissen[,] u. wünsche allen
meinen Parteigenossen von Herzen, sie möchten auch zu einem lebendigen persönlichen bewussten Verhältnis zu Gott kommen u. dadurch erst ihre eigene Sache im Tiefsten verstehen lernen. Aber auch
wenn ich noch kein solches Verhältnis[,] noch keine Religion an ihnen

---

[15] Erklärung in einem Leitsatz des Gothaer Programms der deutschen Sozialdemokratie von 1875 (vgl. Büchmann, S. 462).

zu bemerken glaube, lasse ich mich nicht hindern, als ihr Genosse neben sie zu treten, weil ich sehe, dass sie tatsächlich Gottes Werk treiben u. etwas von den Zielen Gottes auf der Erde realisieren möchten. Ich möchte meine Parteigenossen nicht von meiner Religion aus ansehen, sondern von Gott aus. Und weil ich es so halte, kann ich freudig u. bewusst Sozialist u. Soz.dem. sein[,] wie ich freudig u. bewusst Pfarrer bin. Es fliesst mir Beides aus der gleichen Quelle[,] und ich meine mit beiden als Prediger des Evangeliums u. als simpler Parteisoldat u. Bekenner des Sozialismus dem gleichen Ziele zu dienen.

L[iebe] Fr[eunde] Nun habe ich Ihnen eigentlich nicht einen Vortrag gehalten, sondern ein persönliches Bekenntnis abgelegt. Vielleicht haben Sie gemerkt, warum das nicht anders zu machen war u. dass man gerade über diese Frage keine kühl objektiven Referate halten kann. Ich müsste es nun eigentlich Ihnen überlassen, ob Sie sich aus dem[,] was ich Ihnen von mir erzählt habe, einen Vers auf sich selber machen können. Aber vielleicht zürnen Sie mir nicht, wenn ich mich, nachdem ich nun offen von mir geredet, nun auch ebenso offen persönlich an Sie wende, obwohl ich fast niemand von Ihnen kenne. Ich nehme an, es werden unter meinen heutigen Zuhörern im Ganzen 2 Gruppen sein: *solche[,]* denen ihre Religion etwas wert ist, die aber geneigt sind[,] über den Sozialismus stärker oder schwächer den Kopf zu schütteln[,] u. *solche[,]* die mit mehr oder weniger Begeisterung im Sozialismus drin stehen[,] deren Kopfschütteln u. Misstrauen dafür der Religion gilt. Ich möchte mir erlauben, jeder dieser beiden Gruppen zum Schluss noch eine Frage mit auf den Weg zu geben.

Zuerst allen denen, denen die Religion, gleichviel in welcher Form[,] teuer ist u. die hieher gekommen sind mit der missbilligenden Verwunderung darüber, dass ein Pfarrer u. überhaupt ein relig[iöser] Mensch unter die Sozialisten gehen könne. Sie möchte ich fragen, wie Sie es nur aushalten können in einer Welt, in der die Herrschaft des Mammon, der Gegensatz der Klassen, der Hass der Nationen, das materielle u. geistige Elend von Millionen u. Abermillionen in Frieden u. Krieg so furchtbare Tatsachen sind? Seht ihr sie nicht oder wollt ihr sie nicht sehen? U[nd] wenn ihr sie seht, was gedenkt ihr dagegen zu thun mit eurer Religion? Ihr antwortet mir: dazu eben haben wir unsre Religion, dass wir den Glauben an Gott haben, der uns tröstet u. uns eine bessere Welt verheisst? Wohl[,] da habt ihr recht, aber nicht-

wahr, es ist euch ernst damit? nichtwahr[,] ihr versteckt euch nicht
hinter dem Glauben? nichtwahr, ihr traut es Gott zu[,] dass er nun
wirklich trösten will, dass durch seine Güte wirklich die finstern
Mächte[,] die jetzt noch das Leben regieren, gebrochen werden sollen,
dass die bessere Welt[,] auf die ihr hofft, nicht auf einem fernen Stern,
sondern hier auf der Erde anbrechen soll? Wenn es euch ernst ist mit
eurem Glauben, dann dürft ihr die Sozialisten nicht mehr von der
Seite ansehen. Dann müsst ihr den Sozialismus verstehen als einen
gewaltigen, wenn auch menschlich unvollkommenen Versuch[,] für
diese bessere Welt zu arbeiten, einen Versuch, den ihr vor Allem viel
mehr achten[,] für den ihr Gott viel mehr danken solltet. Fühlt ihr
nichts von der Notwendigkeit, die gerade von der Religion her, wenn
sie echt ist, zum Sozialismus hinführt. Warum treten nicht viel mehr
fromme Menschen, *mit* ihrem Glauben, *mit* ihrem Gebet, *mit* ihren
Hoffnungen hinein in die Reihen der Sozialdemokraten? Warum ist
unter uns Christen nicht wenigstens ein bischen mehr Verständnis u.
Liebe u. Achtung für das[,] was die Soz[ialisten] wollen, zu finden?
Oder sollte am Ende unsre Rel[igion] leiden an dem Mangel an wirk-
lichem Ernst, der Jesus einst zu dem bittern Wort veranlasst hat: Es
werden nicht Alle[,] die zu mir Herr, Herr! sagen[,] ins Himmelreich
kommen[,] sondern die den Willen tun meines Vaters im Himmel!
[Mt. 7,21]
Die andre Frage an meine sozialistischen Freunde, die für intellek-
tuelle Aufklärung, für sozialdemokr[atische] Politik in Gemeinde u.
Kanton, für gewerkschaftl[iche] u. genossenschaftl[iche] Arbeit von
Herzen u. mit Begeisterung zu haben sind, die aber das[,] was sie als
Religion zu kennen meinen, ignorieren oder gar verabscheuen. Sie
möchte ich fragen: Wie könnt ihr es nur aushalten in der ungeheuer
schweren Arbeit[,] die ihr als Sozialisten zu thun habt für eure Sache,
ohne euch um den tiefsten Grund, die tiefste Wahrheit, das tiefste
Recht eurer Arbeit u. eurer Sache überhaupt zu kümmern? Ein rechter Sozialist sein[,] das erfordert soviel Charakter, soviel Treue u. Aus-
dauer, soviel Geduld u. Aufopferungsfähigkeit, dass man es doch eigentlich gar nicht sein kann ohne bewussten innern Anschluss an die
grosse Lebenstatsache des Gottesreiches[,] an die ich euch heute erinnert habe. Ich sagte euch vorhin, dass ihr als Sozialisten ohne es zu
wissen ein Stück des Werkes Gottes treibt, dass ihr mit eurer Arbeit im

höchsten Dienste steht, den es überhaupt giebt. Aber solange ihr das nicht wisst u. nicht wissen *wollt,* solange raubt ihr euch selbst die beste Freude, die ihr an eurer Sache haben könntet[,] u. die beste Kraft, die ihr dazu so bitter nötig habt. Warum geht es mit dem Sozialismus nicht ganz anders vorwärts? Warum haben wir beim Kriegsausbruch diese offene schwere Niederlage des Soz. erleben müssen? Warum empfinden eure Gegner u. die Parteilosen so wenig von der befreienden herrlichen Wahrheit, die doch in eurem Programm liegt? Warum erscheint so vielen auch ernsthaften Menschen der Soz. nur als ein Gebilde der Selbstsucht u. des Hasses? Warum ist soviel öde Zänkerei u. Stänkerei in unsrer Partei wie in jeder andren? Warum ist das Familienleben u. die Kindererziehung so vieler vieler Sozialdem. genau so schlecht wie in den Häusern der Andern? Warum machen so viele Soz.Dem. die oberflächl[iche] Genussucht des Bürgertums einfach mit? Warum giebt es nicht mehr ernsthafte, innerlich überzeugte[,] energische[,] unbedingt zuverlässige Kämpfer für den Soz.? Wollt ihr die Schuld an alledem nur euren Gegnern u. den Verhältnissen zuschieben? Oder merkt ihr, dass hier ein Manko vorliegt, ein Manko nicht im Parteiprogramm, nicht in der Organisation, nicht in der Presse, nicht in der Taktik[16][,] aber ein Manko an innerem realem Leben, an einem haltbaren geistigen Grund und Boden bei unzähligen einzelnen Genossen, ein Manko[,] das auf die Länge weder bei uns noch bei den Andern ungestraft bleiben kann. Empfindet ihr dieses Manko? Das ists[,] was ich euch mit meinem Bekenntnis fragen wollte. Es war im Grunde nicht das Bekenntnis eines Pfarrers[,] sondern das Bekenntnis eines Menschen. Nicht als Pfarrer[,] sondern als Mensch sage ich auch zu euch, wie zu den Andern: es fehlt euch etwas!

Ich kann nur fragen nach beiden Seiten. Ich kann u. will nach keiner Seite zu Entscheidungen drängen. Man kann sich auf beiden Seiten die Antwort leicht machen. Ich wünsche Ihnen[,] dass Ihnen die Antwort auf beiden Seiten schwer falle. Sie fällt mir auch schwer.

[16] Das Wort ist nicht sicher zu entziffern. Es könnte auch «Politik» heißen.

SOZIALISMUS UND KIRCHE
1916[?]

Das Manuskript trägt weder Datum noch Ortsangabe. Das Textfragment auf der Rückseite ist ein verworfenes Stück aus Darlegungen, die an die Predigt über Mt. 18,10–14 vom 28.10.1919[1] erinnern. Danach war der Anlass dieser Notizen möglicherweise der «Diskussionsabend» im Arbeiterverein, den Barth in seinem Taschenkalender für den 18.11.1919 vermerkt hat. Doch spricht der thematische Bezug ebenso stark für einen Zusammenhang mit den Vorträgen von 1915 und 1916.

Sozialismus u. Kirche

Warum als Soz[ialist] Pfarrer?, *mehr* Pf[arrer] als Soz.!
  Leben im Soz[ialismus] a) wen klagen wir ein [?]? N[euer] Mensch
                       b) mit was kämpfen wir?   N[euer] Geist
                       c) was wollen wir?   N[eue] Welt
  Gerade das Unausgesprochene ist das Wesen d. Soz.: die große Not u. Sehnsucht d. M[enschen] dem Unendlichen gegenüber. Hinter u. über dem Programm[2] wäre von der Bibel zu reden

---

Warum als Pf[arrer] Soz[ialist]? *auch* Soz. wenigstens!
  Weil die Bibel entleert worden ist
                       a) zu einseitig geistig   Leiblichkeit
                       b) zu moralisch   Gerechtigkeit G[otte]s
                       c) zu wenig radikal   Jenseits
  Die Kirche hat da viel versäumt, auch die Ref[ormation]. Hier ist mehr als Soz[ialismus] [vgl. Mt. 12,42 par.]. Christen gesucht, die für den Leib [?] empfinden

---

[1] K. Barth, *Predigten 1919*, hrsg. von H. Schmidt (Gesamtausgabe, Abt. I), Zürich 2003, S. 368–377.
[2] Konkret ist außer an die «Prinzipienerklärung» an das bestimmte politische Forderungen erhebende «Arbeitsprogramm der Sozialdemokratischen Partei der Schweiz» von 1904 zu denken (in: *Protokoll*, a.a.O. [s. oben S. 161, Anm. 2], S. 77–84.85–88).

DIE GERECHTIGKEIT GOTTES
1916

Der Vortrag über «Die Gerechtigkeit Gottes» geht auf eine Einladung zurück, die Pfarrer Rudolf Wernly aus Aarau am 12. Dezember 1915 an Karl Barth richtete[1]: Die Aarauer Kirchgemeinde habe «seit Jahrzehnten den guten Brauch von je 4 Sonntagabendvorträgen während der Winterzeit: Nov., Dez., Jan. u. Febr.», zu denen «jeweilen» auch «2 auswärtige Sprecher» eingeladen würden. Für den Januar 1916 – «womöglich am 16.I.» – bat er Barth um «einen Vortrag in unsrer Stadtkirche über irgendein Ihnen passendes Thema aus dem Gebiet der Geschichte oder des christlichen, kirchlichen od. sozialen Lebens». Vermutlich spielte bei der Anfrage eine Rolle, dass Wernly am 17. Oktober 1915 die Predigt Barths im Berner Münster gehört hatte.[2] Barth war sich nach zwei Vorstößen, die er im nachhinein nicht als Durchbruch beurteilen konnte[3], zwar nicht sicher, wie die Anfrage zu beurteilen war: «Ist das nun eine feurige Kohle auf mein Haupt [vgl. Spr. 25,22; Röm. 12,20] oder ein ‹Sieg der guten Sache› oder Beides?» Doch sagte er – «natürlich» – Ausführungen über «Die Gerechtigkeit Gottes» zu[4], so dass Wernly ihm am 19. Dezember für «das ebenso interessante als sehr zeitgemäße Thema» danken und um «die Wahl des Chorals» bitten konnte[5] – denn «die Abendvorträge werden bei uns, genau 8 Uhr beginnend, mit Orgelspiel u. Gemeindegesang eingerahmt»[6].

Den Vortrag hatte Barth in starker Spannung wegen der «großen Sauferei» niederzuschreiben, die der Safenwiler Fabrikant Hochuli[7]

---

[1] KBA 9315.170.

[2] K. Barth, *Predigten 1915*, hrsg. von H. Schmidt (Gesamtausgabe, Abt. I), Zürich 1996, S. 399–410.

[3] Zum einen der Antrag auf Abschaffung des Synodalgottesdienstes am 11.11.1915 in Aarau (s. oben S. 164–176; vgl. Bw. Th. I, S. 100f.) und zum anderen der als «Generalabrechnung» gemeinte und dann doch nur wie «ein Schlag an die Wand» wirkende Vortrag «Kriegszeit und Gottesreich» am 15.11.1915 in Basel (s. oben S. 177–210; vgl. Bw. Th. I, S. 102).

[4] Brief von K. Barth an E. Thurneysen vom 20.12.1915 (Bw. Th. I, S. 118).

[5] KBA 9315.174.

[6] So die Mitteilung im Brief vom 12.12.1915.

[7] Fritz Hochuli (1860–1934) gründete 1897 die Feinstrickerei Hochuli in

«zur Feier der Verheiratung seiner Tochter [...] für seine 500 Angestellten und Arbeiter veranstaltet» hatte.[8] Barth reagierte am Sonntag,
dem 16. Januar 1916, mit einer strengen Predigt «gegen die herrschende Mammonsmacht, der Alles unterworfen ist».[9] In dem am
Abend gehaltenen Aarauer Vortrag kann man den gleichen Ernst
wahrnehmen.

An direkten Reaktionen auf den Vortrag ist neben den Zeilen eines
Hörers, der «noch nie in einer Landeskirche solche Worte gehört»
hatte, «welche so von Herzen kamen, aber auch zu Herzen gingen, die
nicht ganz verschlossen sind»[10], nur der Dank Wernlys vom 17. Januar
1916 «für die interessante, ernste u. tiefgehende Art» der Behandlung
des Themas erhalten:

«Für den packenden Weckruf an das Gewissen [...] u. die feine
Durchführung des Turmbaumotivs sowie den erhebenden Hinweis
am Schlusse auf Christus, dieses versöhnende Finale nach den voraus-
gegangenen Differenzen zwischen Menschenwillen u. Gotteswillen
drücke ich Ihnen doppelt dankbar im Geiste die Hand.»[11]

Beide Hörer fragten nach einem Abdruck des Vortrags; Wernly
schlug dafür u.a. die «Neuen Wege» vor.

In der Tat sandte Barth seinen Text im Februar 1916 an Ragaz, dem
er im Dezember 1915 versprochen hatte, «wieder einmal» eine Predigt
für die «Neuen Wege» zu schicken.[12] Ragaz dankte für den Vortrag,
«der im Grunde alle Merkmale der Predigt hat». Er erklärte sich «im
Hauptpunkt» «einverstanden», «ja eigentlich, da das Uebrige mit ihm
so genau verbunden ist, mit Allem». Der Vortrag werde «wohl im
Aprilheft erscheinen u. dann eine Art Antwort auf einen von Liechtenhan sein, der im Märzheft kommen wird».[13]

Safenwil, für die 1917 ein neues großes Fabrikgebäude errichtet wurde. Zu den
Auseinandersetzungen mit Hochuli vgl. auch unten S. 713f.

[8]   Brief von K. Barth an E. Thurneysen vom 10.1.1916 (Bw. Th. I, S. 123f.).

[9]   K. Barth, Predigten 1916, hrsg. von H. Schmidt (Gesamtausgabe, Abt. I),
Zürich 1998, S. 20–28, dort S. 23.

[10]   Brief von G. Wild an K. Barth vom 17.1.1916 (KBA 9316.10).

[11]   KBA 9316.9.

[12]   Brief von K. Barth an L. Ragaz vom 10.12.1915 (KBA 9215.33).

[13]   Brief von L. Ragaz an K. Barth vom 26.2.1916 (KBA 9316.30).

Und wirklich stellte Ragaz in einer Anmerkung zum Abdruck von Barths Vortrag einen Bezug her: «Vgl. in Nr. 3 den Aufsatz: ‹Können wir u.s.w.› von Liechtenhan.»[14] Barth, der ja die Intention dieser Verknüpfung kannte, scheint sich deswegen besorgt bei seinem Vetter Liechtenhan erkundigt zu haben. Der antwortete aber beruhigend, ihm sei «nicht eingefallen, in der betr. Fußnote irgend eine Spitze von deiner Seite gegen meinen Artikel zu suchen», wie er «überhaupt nicht einen Gegensatz der Position, sondern einen solchen des Temperamentes zwischen den beiden Aufsätzen» sehe.[15] Zunächst scheint es auch durchaus inhaltliche Übereinstimmungen zu geben: Barth nennt in seinem Vortrag die Gerechtigkeit Gottes «die tiefste innerste sicherste Tatsache unseres Lebens. Denn es gibt nichts Sichereres als das, was das Gewissen uns zu wissen gibt.»[16] Dem scheint die Aussage Liechtenhans verwandt, daß das Ja zum Sinn und zum Ziel des Daseins zwar nicht «ein[e] Erkenntnis aus der Erfahrung» ist: «Es ist eine Stimme aus dem tiefsten Grund unserer Seele, etwas Verwandtes in uns, das dem Ruf Jesu antwortet», der «zu unserm Gewissen redet». Aber «es ist deshalb nicht weniger sicher. Im Gegenteil, es ist viel sicherer.»[17] Methodisch jedoch unterscheidet sich Liechtenhans dialektisches Verfahren recht deutlich von Barths thetischer Darlegung. Liechtenhan führt im Versuch einer «Apologetik», wie er selber es in seinem Brief an Barth nennt, die Hörer zum Glauben: Denn «in seinem Glauben», so schließt Liechtenhan seinen Vortrag, hat der Gläubige «den Schlüssel dazu, daß ihn allenthalben aus Natur und Geschichte Offenbarungen des lebendigen Gottes grüßen, der durch seine sittliche Weltordnung die Welt zum Heil seiner Kinder leite».[18] Dieser Gedankengang konnte wohl, wie Liechtenhan voraussah[19], von einigen Lesern als der von Barth gerade abgelehnte Versuch verstanden werden, «mit der rechnenden Vernunft an diese Tatsache heran[zu]gehen».[20] Auch Ragaz' Bedenken gingen wohl in diese Richtung.

---

[14] NW, Jg. 10 (1916), S. 143–154, dort S. 143, Anm. 1. Gemeint war der Aufsatz von R. Liechtenhan, *Können wir an eine sittliche Weltordnung glauben?*, in: NW, Jg. 10 (1916), S. 93–109.

[15] Brief von R. Liechtenhan an K. Barth vom 10.5.1916 (KBA 9316.60).

[16] Siehe unten S. 228.

[17] *Können wir an eine sittliche Weltordnung glauben?*, a.a.O., S. 108.

[18] A.a.O., S. 109.

[19] Im Brief an K. Barth vom 10.5.1916.

[20] Siehe unten S. 228.

*Barth stellte den Text 1924 an die Spitze seiner ersten Vortrags-
sammlung: offenbar ein Zeichen dafür, dass er – ungeachtet der ausdrücklich an den Beginn der Ausführungen von 1916 erinnernden
kritischen Mahnung im Vorwort, die Sammlung «als Ganzes» zu lesen – hier wirklich den* Anfang *«einer* inneren *Linie» sah.*[21]

*Die Edition gibt den Text des dem Erstdruck in den «Neuen Wegen»
entsprechenden Abdrucks in «Das Wort Gottes und die Theologie»
wieder und notiert den abweichenden Wortlaut des Manuskripts.*

Die Gerechtigkeit Gottes

Es ist eine Stimme[a] eines Predigers in der Wüste: Bereitet dem Herrn
den Weg, macht auf dem Gefilde eine ebene Bahn unserm Gott! Alle
Tale sollen erhöhet werden und alle Berge und Hügel sollen erniedrigt
werden und was ungleich ist, soll eben, und was höckericht ist, soll
schlicht werden, denn die Herrlichkeit des Herrn soll offenbart werden! [Jes. 40,3–5]. – Diese Stimme ist die Stimme unseres Gewissens.
Sie sagt uns, dass Gott gerecht ist. Die Gerechtigkeit Gottes ist keine
Frage, kein Rätsel, kein Problem. Sie ist eine Tatsache. Die tiefste
innerste sicherste Tatsache unseres Lebens. Denn es gibt nichts Sichereres[b] als das, was das Gewissen uns zu wissen gibt. Aber das ist die
Frage, wie wir uns zu dieser Tatsache stellen.

Du musst nicht mit der rechnenden Vernunft[c] an diese Tatsache
herangehen wollen. Die Vernunft sieht, was klein und was größer[d] ist,
aber nicht das[e] Große. Sie sieht das Vorläufige, aber nicht das Endgültige[f], das Abgeleitete, aber nicht das Ursprüngliche, das Komplizierte, aber nicht das Einfache[1]. Sie sieht, was menschlich, nicht aber
was göttlich ist [vgl. Mt. 16,23 par.].

[a] Mskr.: «Stimme».
[b] Mskr. und 1. Abdruck (1916): «Sicheres».
[c] Mskr.: «Vernunft».
[d] Mskr.: «gross».
[e] Mskr.: «das ganz».

[21] K. Barth, *Vorwort,* in: *Das Wort Gottes und die Theologie,* Gesammelte
Vorträge [I], München 1924, S. 3; V. u. kl. A. 1922–1925, S. 685.

Du musst dich nicht durch ⌜die⌝ Menschen über diese Tatsache belehren lassen wollen. Es kann ein Mensch dem Andern wohl das Wort sagen von der Gerechtigkeit Gottes. Es kann ein Mensch den Andern vielleicht zum Nachdenken über dieses Wort veranlassen. Es kann es aber kein Mensch dem andern zur eigenen, unmittelbaren⌜, durchschlagenden⌝ Gewissheit machen, ᶠwas hinter dem Worte steht.ᶠ Wir Menschen müssen es erst wieder lernen, mit Vollmacht miteinander zu reden und nicht wie die Schriftgelehrten [vgl. Mt. 7,29 par.]. Vorläufig sind wir alle ⌜noch⌝ viel zu künstlich und unkindlichᵍ, als dass wir einander wirklich helfen könnten.

Du musst das Gewissenʰ reden lassen. Es redet dir schon von Gottes Gerechtigkeit und so, dass sie dir zurⁱ Gewissheit wird. Das Gewissen kann zwar bis zur fast völligen Lautlosigkeit beschwichtigt und zu Boden getreten, es kann bis zur Narrheit und bis zum |6| Verbrechen irregeführt werden, immer bleibt es die Stelle, die einzige Stelle zwischen Himmel und Erde, an der uns Gottes Gerechtigkeit offenbarʲ wird. Es unterbricht wie mit Posaunenschall aus einer andern Welt dein Nachdenken über dich selbst und über das Lebenᵏ, deine Pflichterfüllung in Familie, Beruf und Staat, auch die Pflege deiner religiösen Gedanken und Gefühle. Es kommt mit seiner Botschaft über dich jetzt als bittere drängende Anklage, jetzt als ruhige feste Behauptung, jetzt als gebieterische Aufgabe für deinen Willen, jetzt als ein Hindernis, das dir ein unerbittliches Nein entgegensetzt, jetzt als Fluch und Verdammnis, die dich zu Boden drücken, jetzt als selige Freude, die dich über dich selbst und Alles, was ist, hinaushebt – aber im tiefsten Grundˡ immer im gleichen Sinne dich weckend und beunruhigend, in der gleichen Richtung dir Wege weisend. In allem Wechsel und Wandel deiner Erfahrungen bezeugt es dir, dass all dein Leben und Erfahren ein Ziel hat. In allem Hin und Her freudiger und schmerzlicher Empfindungen redet es dir von einem Sinn deines Daseins, der höher ist als die Freude und tiefer als der Schmerz. In allem

---

ᶠ⁻ᶠ Mskr.: «was mit dem Worte gemeint ist.»
ᵍ Mskr.: «kompliziert».
ʰ Mskr.: «Gewissen».
ⁱ Mskr.: «zur unmittelbaren».
ʲ Mskr.: «offenbart».
ᵏ Mskr.: «über die Welt».
ˡ Mskr. und 1. Abdruck (1916): «Grunde».

Auf und Ab auch in der Wahrhaftigkeit, Stärke und Reinheit unseres Willens redet uns das Gewissen von einem Willen, der sich selbst treu bleibt. Und das ist die Gerechtigkeit Gottes.

Wir freuen uns über Gerechtigkeit, da wo wir einen Willen wahrzunehmen meinen, der in sich selber klar und beständig, frei von Willkür und Wankelmut ist, einen Willen, der in sich selber eine Ordnung hat[m], die gilt und nicht gebogen werden kann. Und nun sagt uns das Gewissen, dass das Letzte und Tiefste in Allem ein solcher Wille ist, dass Gott gerecht ist. Wir leben davon[n], dass wir das wissen. Wir vergessen es zwar sehr oft, wir gehen darüber hinweg, wir treten es mit Füßen. [o]Und wir könnten es doch gar[o] nicht aushalten im Leben, wenn wir das nicht wüssten im tiefsten Grund: Gott ist gerecht!

Denn wir leiden[p] unter der Ungerechtigkeit. Es graut uns vor ihr. Alles in uns empört sich gegen sie. Wir wissen zwar mehr von ihr als von der Gerechtigkeit[q]. Wir haben beständig, in den kleinen und großen Vorgängen des[r] Lebens, in unserm eigenen Verhalten und in dem der Anderen und je schärfer wir zusehen, umso deutlicher, eine andere Art Willen vor uns, einen Willen, der keine gültige und unbeugbare Ordnung kennt, sondern der auf Willkür, Laune und Selbstsucht gegründet ist, einen Willen ohne Treue, in sich selbst uneinig und zerrissen, einen Willen ohne Logik und |7| Zusammenhang. So sind wir, so ist das Leben, so ist die Welt. Und die rechnende Vernunft will kommen und uns beweisen, dass es immer so gewesen sei und immer so sein müsse. Aber wir haben auch die Folgen dieses ungerechten Willens vor Augen. Sie heißen Unruhe, Unordnung, Unheil in feinern und gröbern, verhüllten und offenen[s] Gestalten. Wir haben die Leidenschaft vor uns[t] und das Verbrechen, die Teufeleien der geschäftlichen Konkurrenz und den Völkerkrieg, den Klassengegensatz und die sittliche Verlotterung in allen Klassen, die ökonomische Zwingherrschaft [u]oben und den Sklavengeist unten.[u] Wir können

---

[m] Mskr.: «kennt».

[n] Mskr.: «leben davon».

[o-o] Mskr.: «Und doch könnten wir es gar».

[p] Mskr.: «wir leiden».

[q] Mskr.: «Gerechtigkeit Gottes».

[r] Mskr.: «unseres».

[s] Mskr.: «offenkundigen».

[t] Mskr.: «Augen».

[u-u] Mskr.: «hier und die Gedrücktheit und Abhängigkeit dort.»

über diese Dinge wohl räsonieren und schließlich uns selbst und Andern ganz gescheit beweisen, dass das alles seine notwendigen Gründe
habe. ⌐Wir können uns einbilden, wir könnten sie damit innerlich los
werden.⌐ Wir kommen ⌐aber⌐ doch nicht ᵛum die einfache Tatsache
herum, dass wir darunter leiden.ᵛ Wie eine schwere Last liegt das alles
auf uns und ⌐kann nicht ertragen werden. Es⌐ verteufelt uns das Leben, ob wir's gelten lassen oder nicht. Wir leben im Schatten. Das
Leben will uns zur Sinnlosigkeit werden durch den ungerechten Willen, der es erfüllt und beherrscht. Wir mögen uns zeitweilig darüber
hinwegtäuschen. Wir mögen uns zeitweilig damit abfinden. Natürlich
und selbstverständlich wird esʷ uns nie. ⌐Denn der ungerechte Welt-
wille ist das von Haus aus Unerträgliche, das Unmögliche.⌐ Wir leben
davon, dass wir wissen: es gibt eigentlich etwas Anderes als Ungerechtigkeit. – Und das ist die furchtbarste Angstˣ, die uns manchmal erfasst, es könnte am Ende doch die Ungerechtigkeit das letzte Wort
haben. Der entsetzliche Gedanke legt sich uns nahe, es könnte der
ungerechte Wille, der uns jetzt jagt und rädert, ʸder einzige, der tief-
steʸ Wille im Leben sein. Und der unmögliche Entschluss ⌐tut sich
auf⌐: mach deinen Frieden mit der Ungerechtigkeit! Ergib dich drein,
ᶻdaß die Weltᶻ eine Hölle ist und richte dich danach! Es ist einmal so.
   Und nun in dieseᵃᵃ Not und Angst mitten hineinᵃᵇ, unbeirrbar und
konsequent wie das Thema einer Bachschenᵃᶜ Fuge die Versiche-
rungᵃᵈ des Gewissens: nein, das ist nicht wahr!ᵃᵉ es gibt über deinem
und meinem krummen und lahmen Willen, über dem absurden wahn-
witzigen Weltwillen einen andern, der ist gerade und lauterᵃᶠ und der
muss, wenn *er* einmal zur Geltung kommt, auch andere, ganz andere
Folgen haben als das, was uns jetzt vor Augen steht. Aus diesem Willen, wenn *er* zur Anerkennung kommt, muss ein anderes Leben wach-

---

ᵛ⁻ᵛ Mskr.: «darum herum, dass wir tatsächlich unter diesen Dingen leiden.»
ʷ 1. Abdruck (1916): «er».
ˣ Mskr.: «furchtbarste Angst».
ʸ Mskr.: «der einzige, der einzig mögliche».
ᶻ⁻ᶻ Mskr.: «dass das Leben und die Welt nun einmal».
ᵃᵃ Mskr.: «dieser».
ᵃᵇ Mskr.: «drin».
ᵃᶜ Mskr. und 1. Abdruck (1916): «Bachischen».
ᵃᵈ Mskr.: «Versicherung».
ᵃᵉ Mskr.: «wahr! Das kann nicht wahr sein! Es giebt etwas Anderes!»
ᵃᶠ Mskr.: «lauter und sich selber getreu».

sen. Aus diesem Willen, wenn *er* durchbricht, aufer-|8|baut sich eine
neue Welt. Wo dieser Wille gilt, da ist unsere Heimat; wir haben sie
verloren, aber wir können sie wieder finden. Es gibt einen Gotteswillen, der gerecht ist. – Und wie ein Ertrinkender sich an einen Stroh-
halm klammert[ag], so streckt sich Alles in uns, was lebendig ist, aus
nach dieser Versicherung, die uns das Gewissen gibt. Wir möchten
doch diesem Andern, das da vor uns aufleuchtet, nicht unsicher gegenüberstehen, sondern mit Gewissheit. Wir möchten es nicht bloß
ahnen als Hoffende und Wünschende, wir möchten es ruhig sehen,
uns seiner freuen können. Wir möchten ihm nicht fern und fremd
bleiben, sondern wir möchten es zu eigen haben. Aus der tiefsten
[ah]Not in uns wird die[ah] tiefste Sehnsucht geboren: ach, dass du den
Himmel zerrissest und führest herab! [Jes. 64,1]. Das ist das Gewaltigste im Menschen, in jedem Menschen, wenn er bedrängt und bedrückt von eigener und fremder Ungerechtigkeit nach Gerechtigkeit,
nach der Gerechtigkeit Gottes schreit. Wer ihn *hier* versteht, der versteht ihn ganz. Wer ihm *hier* die Hand reichen kann, der kann ihm
helfen. Darum sind ein Mose, ein Jeremia, ein Johannes der Täufer
unvergessliche Gestalten in der Erinnerung der Menschheit. Sie haben
den Menschen ihre tiefste Not aufgedeckt, sie haben das Gewissen in
ihnen zum Reden gebracht, sie haben die Sehnsucht nach der Gerechtigkeit Gottes in ihnen geweckt und wach gehalten. Sie haben dem
Herrn den Weg bereitet [vgl. Jes. 40,3].

Aber nun kommt eine merkwürdige Wendung[ai] in unsern Erfahrungen mit der Gerechtigkeit Gottes. Die Posaune des Gewissens ist ertönt, wir fahren zusammen, wir fühlen uns heilig[aj] betroffen – aber
zunächst denken wir gar nicht daran, uns aus[ak] unserer Not und Angst
wirklich helfen zu lassen. Sondern nun geschieht etwas ganz Anderes.
Sie sprachen zu einander: wohlauf lasst uns Ziegel streichen und brennen! wohlauf lasst uns eine Stadt und einen Turm bauen, dessen Spitze

[ag] Mskr.: «klammert».
[ah-ah] Mskr.: «Not wird in uns die».
[ai] Mskr.: «Wendung».
[aj] Mskr.: «schmerzlich».
[ak] Mskr.: «in».

232

bis an den Himmel reiche, dass wir uns einen Namen machen! denn wir werden sonst zerstreut in alle Länder! [Gen. 11,3f.] – So helfen wir uns selber und bauen den Turm von Babel. O wir haben es sehr eilig, das stürmische Verlangen nach der Gerechtigkeit Gottes, das in uns ist, zu befriedigen. Und befriedigen heißt leider im Geheimen: zum Schweigen bringen. Es ist, als ob wir unser eigenes Schreien aus tiefster[al] Not nicht lange ertragen könnten. Es ist, als ob wir uns |9| fürchteten vor einer allzu realen und vollen Erfüllung unserer Sehnsucht. Das Gewissen redet; wir hören: es muss etwas gehen! aber wir lassen das Gewissen nicht zu Ende reden. Wir sind alarmiert worden, aber schlaftrunken stürmen wir davon, bevor wir gemerkt haben, um *was* es sich denn eigentlich handelt und *was* geschehen müsste⌐, damit *wirklich* etwas geschehe⌐. Wir stehen hier vor dem tiefsten[am], dem eigentlich tragischen Irrtum der Menschheit. Wir verlangen nach der Gerechtigkeit Gottes und wir lassen sie doch nicht herein[an] in unser Leben, in unsere Welt⌐, können sie nicht herein lassen, weil der Zugang längst verstopft ist⌐. Wir wissen, was uns eigentlich [ao]not täte [vgl. Lk. 10,42], und doch wird uns nicht geholfen, denn wir haben das Eine Notwendige längst auf die Seite geschoben oder auf spätere «bessere Zeiten»[22] vertagt, um uns unterdessen mit Ersatzmitteln krank und kränker zu machen[ao]. Wir gehen hin und erbauen den jämmerlichen Turm zu Babel unsrer Menschengerechtigkeiten⌐, Menschenwichtigkeiten, Menschenernsthaftigkeiten. Unsere Antwort auf den Ruf des Gewissens ist *ein* großes über das ganze Leben sich erstreckendes Surrogat, ein einziges gigantisches «Als ob»![23] Und weil und

[al] Mskr.: «tiefer».
[am] Mskr.: «schmerzlichsten».
[an] Mskr.: «hinein».
[ao-ao] Mskr.: «not tut und greifen doch zu Ersatzmitteln und Surrogaten, die uns nicht helfen können».

[22] Vgl. D. Lloyd George, *Better Times. Speeches,* London 1910; deutsch: Lloyd George, *Bessere Zeiten,* übersetzt von H. Simon, hrsg. von E. Bernstein (Politische Bibliothek), 1.–4. Tausend Jena 1911 (vgl. V. u. kl. A. 1909–1914, S. 734–738).
[23] Vgl. H. Vaihinger, *Die Philosophie des Als ob. System der theoretischen, praktischen und religiösen Fiktionen der Menschheit auf Grund eines idealistischen Positivismus. Mit einem Anhang über Kant und Nietzsche,* Berlin 1911.

solange wir denken, reden und tun wollen «als ob» – als ob es Ernst sei, als ob etwas geschehe, als ob wir etwas täten im Gehorsam gegen das Gewissen – darum und solange entgeht uns die Realität der Gerechtigkeit, nach der wir hungern und dürsten [vgl. Mt. 5,6]⌉.

Sollen wir's [ap]Hochmut nennen, dass wir's so machten[ap]? Es ist tatsächlich etwas von Hochmut dabei. Es widerstrebt uns innerlich, dass die Gerechtigkeit, nach der wir lechzen, Gottes Sache ist und nur von Gott her zu uns kommen kann. Wir würden ums Leben gern diese große Sache an die [aq]Hand und in Betrieb nehmen, wie wir so manches Andere in Betrieb haben[aq]. Es erscheint uns als höchst wünschenswert, dass die Gerechtigkeit, ohne die wir ja [ar]nicht sein können, einfach von unserm Willen ins Programm genommen werde, unbesehen, was das eigentlich für ein Wille sei. Wir nehmen uns ungefragt das Recht, die tumultuarische Frage: was sollen wir *tun?* [Act. 2,37] aufzuwerfen, als ob das so wie so die erste und dringendste wäre. Nur möglichst schnell Hand angelegt an Reformen, Sanierungen, Methoden, Kultur- und Religionsbestrebungen von allen Sorten! Nur möglichst schnell «positive Arbeit» geleistet! Und siehe da, der Trompetenstoß des Gewissens hat eigentlich recht bald nichts Beunruhigendes mehr an sich. Die Angst, in der wir uns befanden angesichts des übermächtigen Weltwillens, ver- |10|wandelt sich sachte in jenes beglückende Gefühl des Normalen, wenn wir wieder beim Reflektieren, Kritisieren, Konstruieren und Organisieren angelangt sind. Die Sehnsucht nach einer neuen Welt hat alle Bitterkeit, Schärfe und Unrast verloren, ist zur Fortschrittsfreude geworden und entladet sich sanft und sicher in[ar] Festreden, Donatorentafeln, ⌈Kommissionssitzungen, Rezensionen,⌉ Jahresberichten⌈, 25-jährigen Jubiläen⌉ und

[ap-ap] Mskr.: «Hochmut nennen, dass wir's so machen».
[aq-aq] Mskr.: «Hand nehmen und betreiben, wie wir allerlei anderes betreiben».
[ar-ar] Mskr.: «nicht leben können, einfach auf unseren im Übrigen ungerechten Willen aufgepfropft werde. Wir sind sehr gerne dafür zu haben, durch Verbesserungen, Reformen, Erziehungsmethoden, Kultur- und Religionsbestrebungen von allen Sorten, dabei Hand anzulegen. Der Trompetenstoss des Gewissens, der uns eben noch beunruhigte, hat nun auf einmal sehr angenehme Folgen für uns. Die Not und Angst in der wir uns befinden, verwandelt sich im Handkehrum in das wohltuende Gefühl, das wir immer haben, wenn wir glücklich wieder beim Reflektieren, Kritisieren, Konstruieren angelangt sind. Die Sehnsucht nach einer neuen Welt hat alle Bitterkeit u. Schärfe verloren u. ist im Nu zum sog. Fortschritt geworden mit».

unzähligen gegenseitigen Verbeugungen. Die Gerechtigkeit Gottes selber hat sich aus der sichersten Tatsache [as]gemächlich in das höchste von verschiedenen hohen Idealen verwandelt und ist nun allerdings ganz und gar unsre eigene Sache geworden. Das zeigt sich schon darin, wie wir dies Ideal jetzt fröhlich zum Fenster hinaushängen und jetzt wieder zusammenrollen können[as], etwa wie eine Schützenfahne. Eritis sicut Deus! [Gen. 3,5]. [at]Ihr könnt tun, «als ob» ihr Gott wäret[at], ihr könnt seine Gerechtigkeit ohne Mühe in eigenen Betrieb nehmen. Ja, das ist freilich Hochmut.

Man könnte es [au]aber ebenso gut Verzagtheit[au] nennen. Und es ist sonderbar, wie in unserm Verhältnis zu Gott diese beiden Gegensätze eigentlich immer beieinander sind. Wir haben eben im Grunde Angst vor dem Strom der Gerechtigkeit Gottes [vgl. Am. 5,24], der in unser Leben und unsre Welt herein[av] will. Der sichere Bürger fährt wohl zusammen, wenn er von [aw]Tuberkulose, Generalstreik[24] und Krieg[aw] hört, aber noch ganz anders peinlich ist es ihm, an die radikale Umkehrung des Lebens von Gott her zu denken, die kommen und solchen[ax] Folgen der Ungerechtigkeit mit der Ungerechtigkeit selbst ein Ende machen könnte. Der gleiche heitere Kulturmensch, der heute so mutig in seinem Fortschrittswägelein einherkutschiert und so fröhlich [ay]die Fähnlein seiner verschiedenen Ideale schwenkt, wird euch morgen, wenn's drauf ankäme, ängstlich daran erinnern[ay], dass die

---

[as-as] Mskr.: «gemächlich in ein schönes Ideal verwandelt, das man selber fröhlich zum Fenster hinaushängt u. jetzt wieder zusammenrollt».

[at-at] Mskr.: «Ihr werdet wie Gott sein».

[au-au] Mskr.: «auch geradeso gut Verzagtheit».

[av] Mskr.: «hinein».

[aw-aw] Mskr.: «Tuberkulose und Generalstreik und Völkerkrieg».

[ax] Mskr.: «diesen».

[ay-ay] Mskr.: «das Fähnlein seiner Ideale schwenkt, ist der Gleiche, der euch ängstlich daran erinnern wird».

---

[24] Der Zürcher Generalstreik vom 12. Juli 1912 mit der nachfolgenden zweitägigen Aussperrung der Streikenden und der militärischen Besetzung des sozialdemokratischen Volkshauses in Zürich-Außersihl am zweiten Aussperrungstag blieb als Zeichen für den schmerzlichen Klassengegensatz in der Schweizer Gesellschaft in Erinnerung: «Es stehen sich heute zwei Welten gegenüber. Sie befinden sich im Kriegszustand.» (L. Ragaz, *Der Zürcher Generalstreik*, in: NW, Jg. 6 [1912], S. 291–301, dort S. 300).

Menschen klein und unvollkommen sind und dass man ja nicht zu viel
von ihnen verlangen und erwarten, ja nicht zu «einseitig» sein darf,
sobald er einmal begriffen oder geahnt hat, dass es gegenüber der
Gerechtigkeit Gottes nichts zu reflektieren, zu reformieren, zu erzielen[az] gibt, dass da alle gescheiten Zeitungsartikel [ba]und gut besuchten
Delegiertenversammlungen vollkommen belanglos sind – dass es sich
da um ein sehr einseitiges Ja oder Nein gegenüber einer ganzen neuen
Lebenswelt[ba] handelt. Wir haben Angst vor der Gerechtigkeit Gottes,
weil wir uns für viel zu klein und zu menschlich halten, als [bb]dass
wirklich etwas Anderes[bb] und Neues in uns und unter uns anfangen
könnte. Das ist unsere Verzagtheit. |11|

Und weil wir so hochmütig und so verzagt sind, darum[bc] bauen wir
den Turm zu Babel. Darum wandelt[bd] sich die Gerechtigkeit Gottes,
die wir schon gesehen und berührt[be] hatten, unter unsern täppischen
Händen in allerhand Menschengerechtigkeiten.

Ich denke an die Gerechtigkeit unserer Moral[bf], an den guten Willen, den wir hoffentlich alle in gewissen tüchtigen Grundsätzen und
Tugenden entwickeln und betätigen. O die Welt ist voll Moral, [bg]aber
wohin sind wir eigentlich mit ihr gekommen? Unsre Moral[bg] ist immer ein Ausnahmezustand, fast hätte ich gesagt: eine künstliche Ver-
renkung unseres Willens, kein neuer Wille. [bh]Du erhebst dich durch
deine Moral, sagen wir einmal Sparsamkeit, Familiensinn, Berufs-
tüchtigkeit, Vaterlandsliebe –[bh] ab und zu oder in bestimmter Hinsicht
vielleicht anhaltend über dein eigenes Niveau und über das deiner
Mitmenschen. Du kannst dich[bi] von der allgemeinen Ungerechtigkeit
losreißen und dir ein freundliches Gartenhäuslein abseits ⌐– scheinbar
abseits! –⌐ errichten. Aber was ist eigentlich damit geschehen? Wird

---

[az] Mskr.: «erziehen».
[ba-ba] Mskr.: «und Jahresberichte vollkommen überflüssig sind, dass es sich da
um ein sehr einseitiges Ja oder Nein gegenüber einer ganzen neuen Welt».
[bb-bb] Mskr.: «dass etwas wirklich Anderes».
[bc] Mskr.: «darum».
[bd] Mskr.: «verwandelt».
[be] Mskr.: «ergriffen».
[bf] Mskr.: «Moral».
[bg-bg] Mskr.: «aber was hilft uns die Moral eigentlich? Moral».
[bh-bh] Mskr.: «Durch deine Moral, wir wollen einmal sagen durch deine Sparsamkeit oder durch deine Abstinenz, oder durch deine Geschäftstüchtigkeit
erhebst du dich».
[bi] Mskr.: «dich in bestimmten Punkten».

eigentlich der ungerechte, selbstsüchtige, willkürliche [bj]Weltwille damit getroffen, geschweige denn überwunden, dass du dich mit deiner Moral – scheinbar – ein wenig auf die Seite rettest?[bj] ⌜Hindert dich nicht gerade deine Moral an der Einsicht, dass du an hundert andern Punkten umso fester an ihn gefesselt bist? Macht sie dich nicht blind und verstockt gegen die wirklichen tiefen Nöte des Daseins?⌝ Ist es nicht merkwürdig, dass gerade die größten [bk]Scheußlichkeiten des Lebens, ich denke an die kapitalistische Gesellschaftsordnung und an den Krieg, sich mit lauter moralischen Grundsätzen rechtfertigen[bk] können? Der Teufel kann die Moral auch brauchen und lacht über den Turm von Babel, den wir ihm da errichten.

Die Gerechtigkeit des Staates[bl] und der Juristen. Ein wundervoller Turm! Ein höchst nötiges und nützliches Ersatzmittel[bm], um uns vor gewissen unangenehmen Folgen unseres ungerechten Willens einigermaßen zu schützen! [bn]Sehr geeignet zur Beruhigung des Gewissens![bn] Aber was leistet der Staat uns eigentlich? Er kann die Laune und Willkür und Selbstsucht des menschlichen Willens ordnen und organisieren. Er kann ihm [bo]durch seine Reglemente und Drohungen[bo] gewisse Hemmungen entgegensetzen. Er kann gewisse Einrichtungen, [bp]Schulen z.B. aufstellen zu seiner Verfeinerung und Veredlung. Eine Unsumme von respektabler Arbeit steckt in alledem, Millionen von wertvollen Existenzen wurden und werden einzig für diesen Turmbau des Staates innerlich verbraucht |12| und geopfert, wozu? Denn auch die Gerechtigkeit des Staates in allen ihren Formen rührt die innere Art des Weltwillens mit keinem Finger an. Ja sie wird vom Weltwillen beherrscht. Der Krieg ist da wieder das schlagende Beispiel dafür: weit entfernt, dass der Staat es auch nur versuchte, aus dem wilden Tier einen Menschen zu machen, muss er umgekehrt den

<hr>

[bj-bj] Mskr.: «Wille der Welt damit getroffen, geschweige denn überwunden, dass du dich mit deiner Moral scheinbar ein wenig auf die Seite retten kannst?»
[bk-bk] Mskr.: «Scheußlichkeiten unseres Lebens, ich denke an den Krieg und an die kapitalistische Gesellschaftsordnung, sich mit lauter moralischen Grundsätzen begründen und rechtfertigen».
[bl] Mskr.: «Staates».
[bm] Mskr.: «Instrument».
[bn-bn] Mskr.: «Ein sehr geeignetes Mittel, das Gewissen zu beruhigen!»
[bo-bo] Mskr.: «durch Paragaphen und Strafandrohungen».

Menschen mit tausend Künsten zwingen, zum wilden Tier zu werden.[bp] Der Teufel kann auch über diesen Turm von Babel lachen.

Die religiöse[bq] Gerechtigkeit! Es gibt leider Gottes kein sichereres Mittel, uns vor dem Alarmruf des Gewissens in Sicherheit zu bringen [br]als Religion und Christentum. Ein wundervolles Gefühl der Geborgenheit und Sicherheit stellt sich ein gegenüber der Ungerechtigkeit, deren Macht wir überall wittern, wenn die Religion uns die Möglichkeit gibt, neben und über den Widrigkeiten des Verkehrs mit uns selbst und den Mitmenschen, des[br] Geschäfts und der Politik auch noch weihevolle Stunden der Andacht zu feiern, uns zum Christentum zu flüchten, als auf die ewig grüne Insel im grauen Meere des Alltags. Es ist eine wundervolle Illusion, wenn wir uns damit trösten können, dass in unserm Europa neben [bs]Kapitalismus, Prostitution, Häuserspekulation, Alkoholismus, Steuerbetrug und Militarismus auch die kirchliche Verkündigung und Sitte, das «religiöse Leben» ihren unaufhaltsamen Gang gehen.[bs] Noch sind wir Christen! Noch ist unser Volk ein christliches Volk! Eine wundervolle Illusion, aber eine Illusion, ein Selbstbetrug! Wir sollten hier zu allererst ehrlich werden und uns noch [bt]ganz anders[bt] offen fragen: was haben wir eigentlich davon? ⌜Cui bono?⌝ Was soll [bu]all das Predigen, Taufen, Konfirmieren, Läuten und Orgeln? all die religiösen Stimmungen und Erbauungen, all die «sittlich-religiösen» Ratschläge «den Eheleuten

---

[bp-bp] Mskr.: «Schulen und Kirchen z.B. aufstellen zu seiner Verfeinerung und Veredelung. Alle Achtung! aber mit alldem schafft er sie nicht aus der Welt, ja er rührt sie mit keinem Finger an, ja er wird von ihnen beherrscht. Der Krieg ist da wieder das schlagende Beispiel dafür: weit entfernt, dass der Staat es vermöchte, aus dem wilden Tier einen Menschen zu machen, muss er umgekehrt den Menschen zwingen, zum wilden Tier zu werden, indem er ihn in die Uniform steckt und ihn zum Morden anhält.»

[bq] Mskr.: «religiöse».

[br-br] Mskr.: «als die Religion und das Christentum. Es gibt uns ein wundervolles Gefühl der Geborgenheit und Sicherheit gegenüber der Ungerechtigkeit deren Macht wir überall wittern, wenn die Religion uns die Möglichkeit gibt neben und über der Widrigkeit des».

[bs-bs] Mskr.: «Kapitalismus und Prostitution und Alkoholismus und Steuerbetrug und Krieg auch die kirchliche Sitte, religiöse Sitte und Verkündigung ihren unaufhaltsamen Gang geht.»

[bt-bt] Mskr.: «einmal».

zum Geleite»[25], die Gemeindehäuser mit und ohne Projektionsappa-
rat, die Anstrengungen zur Belebung des Kirchengesanges, unsere
unsäglich zahmen und nichtssagenden kirchlichen Monatsblättlein
und was sonst noch zu dem Apparat moderner Kirchlichkeit gehören
mag![bu] Wird denn dadurch etwas anders in unserm Verhältnis zur[bv]
Gerechtigkeit Gottes? *Erwarten* wir auch nur, dass dadurch etwas
anderes[bw] werde? ⌐*Wollen* wir, dass damit etwas geschehe, oder wollen
wir nicht vielmehr gerade damit aufs Raffinierteste verhüllen, dass das
Entscheidende, das geschehen müsste, noch *nicht* geschehen ist und
wahrscheinlich nie geschehen wird? Tun wir nicht auch mit unserer
religiösen Gerechtigkeit, *«als ob»* – um das Reale *nicht* tun |13| zu
müssen?⌐ Ist nicht auch unsere religiöse Gerechtigkeit ein[bx] Produkt
unseres Hochmuts und unserer Verzagtheit, ein Turm von Babel, über
den der Teufel lauter lacht als über alles Andere?! –[by] Wir stecken tief[bz],
sehr tief in den Menschengerechtigkeiten drin. Wir sind alarmiert
durch den Ruf des Gewissens, aber wir haben es nicht weiter gebracht
als bis zu einem schlaftrunkenen Spiel mit den Schattenbildern der
göttlichen Gerechtigkeit. Sie selber ist uns zu groß und zu hoch. Und
darum sind auch die Not und die Angst, die wir um der Ungerechtigkeit willen leiden müssen, noch da. Das Gewissen in uns schreit weiter.
Unsere tiefste Sehnsucht ist ungestillt.

Und das ist nun die innere Lage, in der wir auf die völlig sinnlose Frage[ca] kommen, ob Gott gerecht sei, in der uns die Gerechtigkeit Gottes

[bu-bu] Mskr.: «eigentlich all das Predigen, Taufen, Konfirmieren, Orgelspielen?
all die religiösen Stimmungen und Erbauungen und kirchlichen Liebestätig-
keiten?»
[bv] Mskr.: «zu der».
[bw] Mskr.: «anders».
[bx] Mskr.: «nur ein».
[by] Mskr.: Absatz.
[bz] Mskr.: «stecken tief».
[ca] Mskr.: «Frage».

[25] Vgl. *Mein Haus meine Burg! Den Eheleuten zum Geleite!* Hrsg. vom
evang.-reform. Synodalrat in Verbindung mit der Ärztegesellschaft des Kantons Bern, Bern 1914. Das «Ehebüchlein» enthält im I. Teil «Sittlich-religiöse
Ratschläge» und im II. Teil «Ärztliche Ratschläge für Eheleute».

gänzlich ungereimterweise zu einem Problem ⌐und Diskussionsgegenstand⌐ wird. Durch den Krieg ist ^{cb}ja diese sinnlose Frage wieder einmal «aktuell»^{cb} geworden. Es wird jetzt kaum eine Gemeinde geben im Land herum, in der ^{cc}nicht laut oder leise, grob oder fein diese Frage rumort^{cc}, und sie rumort im Grunde in uns allen, die Frage: wenn Gott gerecht wäre, könnte er dann alles das «zulassen», was jetzt in der Welt geschieht?

Eine sinnlose^{cd} Frage? Ja allerdings sinnlos, wenn dabei Gott, der lebendige Gott gemeint ist. Denn der lebendige Gott offenbart sich uns in unserm Gewissen keinen Augenblick anders denn als ein gerechter Gott. Und es ist sinnlos, ihn zu fragen: bist du gerecht? wo wir ihn sehen ⌐können⌐, wie er ist, und wo er *uns* fragt, ob wir ihn anerkennen und haben wollen, wie er ist.^{ce} Aber eine sehr sinnreiche^{cf} und richtige und gewichtige Frage ist das, wenn wir sie an den Gott richten, dem wir in unserm Hochmut und in unserer Verzagtheit den Turm von Babel errichtet haben, an den großen persönlichen oder unpersönlichen⌐, mystischen, philosophischen oder naiven⌐ Hintergrund und Schutzpatron unserer Menschengerechtigkeiten, unserer Moral, unseres Staates, unserer Kultur, unserer Religion. Ja, wenn wir *den*^{cg} meinen, dann haben wir sehr recht, zu fragen: ist Gott gerecht? dann ist die Antwort bald gegeben. Das^{ch} ist unser Elend, ein Elend ohne Ausweg und Erlösung, dass wir uns mit tausend Künsten einen Gott gemacht haben nach unserem Bilde [vgl. Gen. 1,26f.] und dass wir diesen Gott nun haben müssen, einen Gott, an den man so trostlose Fragen stellen kann ⌐und muss⌐, auf |14| die es nur ⌐so⌐ trostlose Antworten gibt. In dieser Frage: ist Gott gerecht? bricht unser ganzer Turm von Babel zusammen. In dieser Frage, die uns jetzt wieder einmal brennt, wird es offenkundig, dass wir eine Gerechtigkeit haben möchten ohne Gott, ja dass wir Gott haben möchten ohne Gott und gegen Gott ⌐–⌐ und dass das eben nicht geht. Es zeigt sich, dass *dieser*

---

^{cb-cb} Mskr.: «diese sinnlose Frage auf einmal aktuell».
^{cc-cc} Mskr.: «nicht da und dort laut oder leise, grob oder fein diese Frage aufgeworfen wird».
^{cd} Mskr.: «sinnlose».
^{ce} Mskr.: Absatz.
^{cf} Mskr.: «sinnreiche».
^{cg} Mskr.: «den».
^{ch} Mskr.: «Seht das».

Gott *kein*[ci] Gott ist. Er ist ja nicht einmal gerecht. Er kann es[cj] nicht einmal verhindern, dass seine Gläubigen, all die ausgezeichneten europäischen ⌐und amerikanischen⌐ Kultur- und Wohlfahrts- und Fortschrittsmenschen, all die wackern ⌐beflissenen⌐ Staatsbürger und frommen Christen mit Brand und Mord übereinander herfallen ⌐müssen⌐ zur Verwunderung und zum Spott der armen Heiden in Indien und Afrika. *Dieser*[ck] Gott ist wirklich ein ungerechter Gott und es ist hohe Zeit, *diesem*[cl] Gott gegenüber einmal gründlich Zweifler, Skeptiker, Spötter und schließlich Atheist zu werden. Es ist hohe Zeit, uns [cm]offen und fröhlich zu gestehen: *dieser* Gott, dem wir den Turm von Babel gebaut haben, ist kein Gott. Er ist ein Götze. Er ist tot.[cm]

[cn]Gott selber, der wirkliche, der lebendige Gott und seine Liebe, die zu Ehren kommt.[cn] Das ist die Lösung. Wir haben ja noch gar nicht angefangen, *ruhig*[co] auf das zu hören, was das Gewissen von uns will, wenn es uns in unserer Not und Angst an die Gerechtigkeit Gottes erinnert. Wir waren viel zu gierig darauf[cp], selber gleich etwas machen zu wollen. ⌐Wir machten es uns viel zu schnell behaglich in allerhand Notbauten. Wir verwechselten das Zelt mit der Heimat, das Moratorium mit dem normalen Lauf der Dinge. Wir beteten: dein Wille geschehe! [Mt. 6,10 par.] und meinten damit schließlich: dein Wille geschehe vorläufig *nicht!* Wir glaubten an ein ewiges Leben, aber das wirklich Ewige, in dem wir lebten und von dem wir uns sättigten, war das Provisorische.⌐ Und darüber blieben wir die Gleichen, die wir waren. Und die Ungerechtigkeit[cq] blieb. Und die Gerechtigkeit Gottes verschwand wieder vor unseren Augen. Und Gott selber wurde uns zweifelhaft, [cr]weil an seiner Stelle ja das fragwürdige Gemächte unserer Gedanken stand.[cr]

[ci] Mskr.: «dieser Gott kein».
[cj] Mskr.: «es ja».
[ck] Mskr.: «Dieser».
[cl] Mskr.: «diesem».
[cm-cm] Mskr.: «offen zu gestehen: dieser Gott, dem wir den Turm von Babel gebaut haben, ist tot. Er ist kein Gott. Er ist Götze.»
[cn-cn] Mskr.: «Gott selber, der wirkliche, der lebendige Gott muss zu Ehren kommen.»
[co] Mskr.: «ruhig».
[cp] Mskr.: «gierig darauf versessen».
[cq] 1. Abdruck (1916): «Gerechtigkeit».
[cr-cr] Mskr.: «weil wir ihn mit dem Gemächte unserer Gedanken verwechselten.» Im Mskr. und im 1. Abdruck (1916) folgt kein Absatz.

Es gibt einen grundsätzlich *andern* Weg, um zu der Gerechtigkeit Gottes in ein Verhältnis zu kommen.[cs] Diesen anderen Weg betreten wir damit, dass wir statt zu reden, zu reflektieren, zu räsonieren, stille werden[ct] und dafür das Gewissen nicht stillschweigen heißen, nachdem wir seine Stimme kaum erst gehört |15| haben. Wenn wir das Gewissen ⌜zu Ende⌝ reden lassen, dann sagt es uns nämlich nicht nur, dass es etwas Anderes gibt, eine Gerechtigkeit über der Ungerechtigkeit, sondern das noch viel Wichtigere, dass dies Andere, nach dem wir uns sehnen und das wir nötig haben, Gottes Sache ist. [cu]*Gott* hat recht und nicht *wir! Gottes* Gerechtigkeit ist eine *ewige* Gerechtigkeit![cu] Das ist's, was wir so leicht überhören. Es braucht etwas, bis wir so weit sind, das ⌜wieder⌝ zu hören. Wir machen gar ein Getöse mit unserer Moral und Kultur und Religion. Aber es kann dazu kommen, dass wir zum Schweigen gebracht werden und damit fängt dann unsere wirkliche Erlösung an.

Es wird sich dann vor [cv]allem darum handeln, dass wir Gott überhaupt wieder als Gott anerkennen. Das ist schnell gesagt[cv]: anerkennen. Aber das ist eine Sache, die nur in [cw]heißem persönlichem innerem Kampf erstritten und gewonnen wird.[cw] Das ist eine Aufgabe, neben der [cx]alle kulturellen, sozialen und patriotischen Aufgaben, alle «sittlich-religiösen» Bemühungen[cx] Kinderspiel sind. Denn es handelt sich dabei darum, dass wir uns selbst [cy]aufgeben, um uns Gott zu übergeben und seinen Willen zu tun. Gottes Willen tun heißt aber mit Gott neu anfangen. Gottes Wille ist keine bessere Fortsetzung *unseres* Willens. Er steht unserem Willen gegenüber als ein gänzlich anderer[26]. Ihm gegenüber gibt es für unseren Willen nur ein radikales Neu-

---

[cs] Mskr. und 1. Abdruck (1916): Absatz.

[ct] Mskr.: «stille werden».

[cu-cu] Mskr.: «Gott hat recht und nicht wir! Gottes Gerechtigkeit ist eine ewige Gerechtigkeit.»

[cv-cv] Mskr.: «Allem darum handeln müssen, dass wir Gott überhaupt wieder als Gott anerkennen. Das ist bald gesagt».

[cw-cw] Mskr.: «heissem Kampf in Geduld erstritten wird.»

[cx-cx] Mskr.: «alle Kulturaufgaben und moralisch-religiösen Bemühungen».

[26] Später wurde das «ganz Andere» als «Moment des Numinosen» bekannt durch R. Otto, *Das Heilige. Über das Irrationale in der Idee des Göttlichen und sein Verhältnis zum Rationalen* (1917), Nachdruck München 2004, S. 28–37.

werden. Kein Reformieren, ein Neuwachsen und[cy] Neuwerden. Denn der Wille, der uns im Gewissen offenbar wird, [cz]ist Reinheit, Güte, Wahrheit, Gemeinschaft als vollkommener Gotteswille.[cz] Es ist ein Wille, der keine Ausreden und Vorbehalte ⌜und vorläufige Kompromisse⌝ kennt. Es ist ein [da]durch und durch einseitiger Wille, ein von innen, von Grund aus heiliger und seliger[da] Wille. Das ist die Gerechtigkeit Gottes. Ihr gegenüber muss Demut das Erste sein. ⌜Haben wir in dieser Richtung etwa schon genug getan? Können wir diese Demut etwa als eine selbstverständliche Voraussetzung behandeln und über sie hinweg zu allerhand Turmbauten übergehen? Haben wir nur auch schon angefangen mit der Schaffung dieser Voraussetzung?⌝

Und dann das zweite: an Stelle aller Verzagtheit ⌜wird⌝ eine kindliche Freudigkeit[db] ⌜treten:⌝ Freude darüber, dass Gott so viel größer ist, als wir es uns dachten. Freude darüber, dass seine Gerechtigkeit eine ganz andere Tiefe und Bedeutung hat, als wir es uns träumen ließen. Freude darüber, dass von Gott für unser armes verworrenes belastetes Leben viel mehr zu erwarten ist, als |16| wir mit unseren Grundsätzen, mit unserm Idealismus, mit unserm [dc]Christentum es uns träumen ließen. Mehr zu *erwarten!* Wir sollten unsere Gefühle nicht so zerstreuen nach allen Seiten. Wir sollten uns das Herz nicht immer wieder so töricht in Verwirrung bringen lassen durch immer neue Turm von Babel-Bauten. Wir sollten unseren Glauben nicht daran verschwenden, uns und andere von unserem Unglauben zu überzeugen. Wir sollten nicht immer wieder die fruchtbarsten Augenblicke deshalb ungenützt verstreichen lassen, weil wir es jedesmal für frömmer und weiser halten, menschlich als göttlich zu denken. Wir sollten uns dafür mit aller Kraft darauf legen, mehr von Gott zu erwarten, wachsen zu lassen, was von ihm her tatsächlich in uns wachsen will, anzunehmen, was er uns ja beständig anbietet, wachend und

---

[cy-cy] Mskr.: «aufgeben und uns Gott übergeben und das will sagen: einem Willen der gänzlich anders ist als unser Wille und dem gegenüber es für unsern Willen nur ein radikales Neuwerden giebt. Kein Reformieren, kein Verbessern, ein».

[cz-cz] Mskr.: «heisst völlige Reinheit, völlige Güte, völlige Liebe und Gemeinschaft.»

[da-da] Mskr.: «von innen heraus heiliger seliger Wille, ein durch und durch einseitiger».

[db] Mskr.: «Freudigkeit.»

betend seinem Schaffen zu folgen. Wie die Kinder uns über den großen Gott und seine Gerechtigkeit zu freuen und ihm Alles zuzu-
trauen. Haben wir etwa in *dieser* Richtung schon genug getan? Fließen denn etwa die Quellen so reichlich, die da fließen könnten? Stehen
wir nicht auch in der rechten schöpferischen Freudigkeit Gott gegenüber noch ganz in den Anfängen?[dc]

In der Bibel heißt diese Demut und [dd]diese Freudigkeit – Glauben.[dd] Wenn wir glauben, so heißt das, dass wir statt alles Rumors still
werden und Gott mit uns reden lassen, den gerechten Gott, denn es
gibt keinen anderen. Und dann wirkt Gott in uns. Dann fängt in uns
das radikal Neue an, [de]keimhaft aber wahrhaft, das die Ungerechtigkeit überwindet.[de] Wo geglaubt wird, da fängt mitten in der alten
Kriegswelt und Geldwelt und Todeswelt[df] der neue Geist an, aus dem
eine neue Welt, die Welt der Gerechtigkeit Gottes wächst. Die Not
und Angst, in denen wir ⌜jetzt⌝ sind, sind gebrochen, wo dieser neue
Anfang ist. [dg]Die alten Fesseln wollen zerreißen, die falschen Götzen
beginnen zu wanken. Denn jetzt ist etwas Reales geschehen, das einzige Reale, das geschehen kann: Gott selbst hat nun seine Sache an die
Hand genommen. «Ich sah den Satan vom Himmel fallen wie einen
Blitz.» [Lk. 10,18]. Das Leben bekommt seinen Sinn wieder, das Leben des Einzelnen und das Leben im Ganzen. Lichter Gottes gehen
auf im Dunkeln und Kräfte Gottes werden wirksam in der Schwachheit [vgl. 2.Kor. 12,9]. Wirkliche Liebe, wirkliche Wahrhaftigkeit,
wirklicher Fortschritt werden möglich, ja Moral und Kultur, Staat
und Vaterland, sogar Religion und Kirche werden jetzt möglich, jetzt,
erst jetzt! Eine weite Aussicht[dg] tut sich auf für die Zukunft auf ein

[dc-dc] Mskr.: «Christentum uns einbildeten. Mehr zu erwarten! O wenn wir
doch statt unsre Gefühle so unnütz zu zerstreuen nach allen Seiten, statt unser
Herz immer wieder so töricht in Verwirrung bringen zu lassen bei allerhand
Turm von Babelbauten[,] mit aller Kraft uns darauf legen wollten mehr von
Gott zu erwarten, von dem Gott[,] der soviel gewisser ist[,] als alle unsre
Gedanken. Wie die Kinder uns über den grossen Gott und seine Gerechtigkeit
zu freuen und ihm Alles zu zutrauen.»
[dd-dd] Mskr.: «diese kindliche Freudigkeit Gott gegenüber Glauben.»
[de-de] Mskr.: «der neue Wille.»
[df] Mskr.: «Todeswelt der Ungerechtigkeit».
[dg-dg] Mskr.: «Das Leben bekommt seinen Sinn wieder, das Leben des Einzelnen und das Leben im Ganzen. Lichter Gottes gehen auf im Dunkel und Kräfte
Gottes werden wirksam in der Schwachheit. Wirkliche Liebe, wirkliche Wahrhaftigkeit, wirklicher Fortschritt werden möglich. Die falschen Götzen beginnen zu wanken, die alten Fesseln wollen zerreissen. Eine weite Perspektive».

Leben, ja auf eine Welt hier auf der Erde, in der |17| der gerechte Gotteswille[dh] hervorbricht und gilt und geschieht wie er im Himmel geschieht [vgl. Mt. 6,10 par.]. So wird die Gerechtigkeit Gottes, die ferne, fremde, hohe, unser Eigentum und unsere große Hoffnung.

[di]Dieser innere Weg, der Weg des einfachen Glaubens, ist der Weg Christi.[di] Hier ist[dj] mehr als Mose und mehr als Johannes der Täufer [vgl. Mt. 12,41f. par.]. ⌐Hier steht die Liebe Gottes ursprünglich und neu in Ehren.⌐ Man kann nicht sagen, dass die Menschheit die [dk]Möglichkeiten dieses Weges schon erschöpft[dk] hat. Wir haben aus Jesus [dl]schon vielerlei gemacht. Aber wir[dl] haben das Einfachste noch am wenigsten begriffen, dass er der Sohn Gottes war und dass wir mit ihm den Weg gehen dürfen, auf dem man nichts tut, als glaubt, dass des Vaters Wille die Wahrheit ist und geschehen muss. [dm]Man kann entgegenhalten, dass diese Auflösung der Quadratur des Zirkels kindlich und dürftig ist. Ich lasse es mir gefallen. [dn]Aber in dieser kindlichen und dürftigen Auflösung steckt auch ein Programm![dm] [dn]Es wird sich zeigen[do], ob die Erschütterung des Turmes von Babel, die wir jetzt durchmachen, stark genug ist, um [dp]uns dem Weg des *Glaubens*[dp] ein klein wenig näher zu bringen. Eine Gelegenheit dazu ist jetzt da. Es kann sein, dass es geschieht. Es kann aber auch sein, dass es nicht geschieht. Früher oder später wird es geschehen. [dq]Einen anderen Weg gibt es nicht.[dq]

[dh] Mskr.: «Wille Gottes».
[di-di] Mskr. und 1. Abdruck (1916): «Diesen inneren Weg, den Weg des einfachen Glaubens, ist Jesus gegangen.»
[dj] Mskr.: «Und war eben darum».
[dk-dk] Mskr.: «Möglichkeit, diesen Weg zu gehen, schon ausgenützt».
[dl-dl] Mskr.: «schon Alles mögliche gemacht: einen hohen Moralprediger, einen eifernden Politiker, einen tiefsinnigen Religionsstifter, einen feierlichen Kirchenbegründer. Wir».
[dm-dm] Mskr.: «Ich will nicht streiten mit denen, denen diese Auflösung der Quadratur des Zirkels vielleicht zu kindlich und dürftig ist. Ich kann darauf nur erwidern, dass in dieser kindlichen und dürftigen Auflösung ‹Gerechtigkeit durch den Glauben, alles durch den Glauben› ein Programm steckt, gross genug um ein Menschenleben reich und schön zu machen und mehr als das.»
[dn-dn] 1. Abdruck (1916): «Es wird doch in dieser kindlichen und dürftigen Auflösung ein Programm stecken, groß genug, um ein Menschenleben reich und schön zu machen und mehr als das.»
[do] Mskr.: «dann zeigen müssen».
[dp-dp] Mskr. und 1. Abdruck (1916): «uns diesen inneren Weg des Glaubens».
[dq-dq] Mskr.: «Es ist meine feste Überzeugung, dass es keinen anderen Weg giebt.»

UNSRE STELLUNG ZUR KIRCHE
1916

Laut Eintragung Barths in seinem Taschenkalender hielt er dieses Referat am 24. Januar 1916 nachmittags in Rümlingen bei Gelterkinden in einem kleinen Kreis von (religiös-sozialen) Pfarrern, überwiegend aus dem Kanton Basel-Land, in dem auch das Dorf Rümlingen liegt. Außer dem gastgebenden Pfarrer Hans Kober nahmen die Baselbieter Lukas Christ, Hans Nidecker, Karl Sandreuter und Gottlob Wieser sowie die Aargauer Guido Ammann und Paul Schild teil.

Unsre Stellung zur Kirche.

Rümlingen, 24 I 16

Es ist nicht entscheidend, dass wir zur Kirche «Stellung» nehmen, positiv od. negativ. Wohl aber, dass wir auch in Bez[ug] auf die Kirche lebendige Menschen sind, in innerer Arbeit[1] auf ein Ziel hin stehen. Das müsste ein Stärkerer als ich sagen! Von mir gesagt mag das klingen wie Auskneifen oder Prätension. Ich kann es nicht vermeiden u. muss doch, wenn denn geredet sein soll, diese Antwort geben.

I

Im Thema ist von *«uns»* die Rede. Dazu gehören Alle, denen Gott zur entscheidenden Realität ihres Lebens u. Denkens geworden ist u. zw. Gott[,] so wie er im N.T. uns entgegentritt, also der Gott[,] der nicht nur ruhende Macht, sondern wirkende Kraft ist, von dem wir etwas erwarten. Alle die in realer Weise von Gott beunruhigt u. getröstet werden. Ich denke dabei an uns Pfarrer insbesondre.

---

[1] Mit «innere Arbeit» nimmt Barth hier einen Begriff von Hermann Kutter auf; vgl. etwa dessen Schrift *Die Revolution des Christentums*, Leipzig 1908, S. 259: «Der Glaube ist eine innere Sache, die der Christ mit sich und seinem Gotte abzumachen hat. Das Christentum weiß das auch gut, wenn es vom ‹innern Leben› im Gegensatz zum äußern spricht. Es vergißt dabei nur das entscheidende Moment, daß das innere Leben innere *Arbeit*, nicht inneres *Genießen* bedeutet.»

Andrerseits die «*Kirche*». Die wirkende Kraft Gottes hat in den Menschen u.A. die Form der «Religion», des subjektiven Verhältnisses der Verehrung, Liebe ... zu Gott angenommen. Die Kirche ist – zweiter Schritt! – die Organisation dieser abgeleiteten Wirklichkeit zwecks Pflege u. Verbreitung. Sie ist – drittens – eine bestimmte durch eine geschichtliche Tradition charakterisierte Organisation. Und diese Organisation ist für uns speziell ein Amt, ein Beruf

Die *Frage* würde sich also in eine ganze Reihe auflösen:

1. Anerkennen wir unsern eigenen Beruf oder müssen wir ihn eigentlich als ein Unding betrachten?
2. Sollen wir die kirch[liche] Tradition fortsetzen oder abbrechen?
3. Ist die Organisation der «Religion» etwas Mögliches u. Wünschenswertes?
4. Ist «Religion» etwas Berechtigtes oder muss sie durch ein realeres Verhältnis zu Gott überwunden werden?

II

Sobald jene eigentümliche reale Beunruhigung u. Tröstung durch Gott eintritt, legt sich auch die *Negation* nahe u. tritt stark in den Vordergrund: Propheten gegen Priester, Urchristentum (Paulus!) gegen Synagoge, Franz v. Assisi gegen Klerus u. Klöster, Gottfried Arnold gegen protestantisches Kirchentum. So die Blumhardt'sche Bewegung gegen die moderne Kirchlichkeit. Kierkegaard. Kutter. Ragaz. In dieser Reihe u. Bewegung stehen «wir» drin.

«Unsre» *Kritik* an der Kirche ist bekannt: Das[,] worum es sich eigentlich handelt, wird veräusserlicht u. mechanisiert durch das Amt, wird verfälscht u. verweltlicht durch die Tradition u. Organisation, wird verinnerlicht u. verjenseitigt durch die Religion.

Ebenso «unsre» *Postulate:* statt Pfarrer freie Geistesträger, statt Tradition neue Formen (Sozialismus)[,] statt Organisation der Religion praktische Arbeit, statt Religion Erlebnis Gottes.

Wir kommen her von einer ganzen Woge von solchen Negationen. Ihre *Resultate,* von denen wir nicht weichen können, lauten:

a) Kirche u. Gottesreich ist zweierlei

b) Die Kirche ist $\left\{ \begin{array}{l} \text{absolut} \\ \text{sehr oft} \end{array} \right\}$ ein Hindernis des Gottesreiches.

Die *praktische Folge*, bei der wir ein weniger gutes Gewissen haben, ist die, dass wir nur noch widerstrebend u. wie an einem Faden mit der Kirche zusammenhängen, eigentlich nur insofern, als wir der Kirche (uns selbst, der Frömmigkeit u. Kirchlichkeit der Gemeinde, den andern Pfarrern) gegenüber sehr viel zu kritisieren u. zu postulieren haben. Wir sind die ewig Unzufriedenen u. die kühnen Schwärmer

III

Das naive *Ja* gegenüber jenen Fragen ist unmöglich. Es giebt zwar auch Beispiele; wir verstehen sie wohl. Aber es kann uns bei unserm *Nein* auch nicht lange wohl sein.

Wir machen die *Erfahrung,* dass wir mit unsern Kritiken u. Postulaten nicht erlösend wirken, wir müssen den Vorwurf der Ungerechtigkeit hören u. können nicht ganz widersprechen, wir machen den Eindruck einer neuen kirchlichen Partei oder Methode, wir kommen uns selber dürftig vor mit unsern Kritiken u. Idealismen.

Wir müssen uns aber auch sagen, dass die Negation der Kirche in der Geschichte immer aus einer *tiefern Position* hervorging, aus einer Indifferenz gegen Kirche-Nichtkirche. Ernst v. May[1]: wozu Nein? Kutter: wozu Ja?

Aus der Orientierung an Gott folgt zunächst weder Ja noch Nein, sondern ein stärkeres Leben mit Gott u. ein kräftigeres Leuchten seines Lichtes in uns

Von da aus dann mit gleicher Freiheit u. Kraft Position oder Negation.

IV

Die Haltung Jesu. Ihre unausgesprochenen Voraussetzungen: *Dankbarkeit od. Ehrfurcht[.]* Synagoge, Tempel, Schrift = die Stätte der Offenbarung. Gehts uns nicht auch so? (Äschbacher[2], Papa[3], Theologie, Pfarramt)

---

[1] Ernst von May, einst Schulkamerad Barths in Bern, hatte als Redner von Seiten der Heilsarmee an der von Barth Ende November 1915 in Safenwil initiierten Besinnungswoche teilgenommen (vgl. Bw.Th.I, S. 95.106f.)

[2] Robert Aeschbacher (1869–1910), Karl Barths Konfirmator, einst Schüler von dessen Vater Fritz Barth. – Vgl. Busch, S. 42f.

[3] Fritz (Johann Friedrich) Barth (1856–1912), seit 1891 Professor für Kir-

Nimmt Schuld auf sich bis zur stärksten Identifikation (Mt 5!) ohne
Grund, wir mit unserm viel schwächern Glauben an Gott dürfen es
um so mehr (Formalismus, Verweltlichung, Vergröberung etc.)
　　Beides unbeschadet hier «mehr ist als der Tempel» [Mt. 12,6]
　　Die Kirche wird ihm unwichtig[.] Brechet ab ... [Joh. 2,19] sie *kann*
durch andre Formen abgelöst werden. Das können auch wir durch
Beweglichkeit u. gewisse Gleichgiltigkeit nicht genug zeigen
　　Die Kirche[,] wo sie hindert[,] wird scharf angegriffen: Wehereden
[Mt. 23,13–36], Tempelreinigung [Mk. 11,15–19], Sabbat [Mk. 2,27],
Korban [Mk. 7,11]
　　Aber kein grundsätzl[icher] Gegensatz: sie sollen *euch* geisseln [Mt.
10,17] Gegensatz heisst: Gott – Welt　nicht　Gott – Kirche
　　Er wirkt in der Kirche als der[,] der er ist (auch ausserhalb!) *geht* in
die Synagoge, Tempel, zu d. Pharisäern
　　Heilungen: Wassersüchtiger [Lk. 14,2–6] – Besessener [Mt. 12,22;
Mk. 5,2–20 par.] [–] 18jähr[ige] Kranke [Lk. 13,11–17].
　　Reden: mit Erfolg: Entsetzen etc.
　　Simon ich habe dir etwas zu sagen. [Lk. 7,40] [*]

[*] [Bleistiftzusatz:] Position u. Negation möglich, müssen es sagen?
Kl[eine] Gem[einden] besser dran?

chengeschichte in Bern. M. Lauterburg schreibt über ihn (Fr. Barth, *Christus
unsere Hoffnung. Sammlung von religiösen Reden und Vorträgen*, Bern 1913,
S. IXf.): «Was ihn im Innersten ergriffen hatte, [...] das war nichts anderes als
der einfache, aber weltüberwindende Glaube an Jesus Christus, den Herrn der
neuen Menschheit, in dem und durch den Gott dem einzelnen und der Gesamtheit Heil und Frieden schafft. [...] sein Christentum war aktiver Art, le-
bengestaltend, von calvinischem Geist durchglüht und wußte von keiner göttlichen Erwählung, außer wo sich einer opferwillig und ohne falsche Schonung
in den Dienst der Militia Christi stellt.»

DAS GEWISSEN
1916

Über das selbstgewählte Thema «Das Gewissen» sprach Barth am 15. Februar 1916 auf einer Veranstaltung des reformierten Kirchgemeindevereins in Grenchen. Knapp 50 km westlich von Safenwil im Kanton Solothurn gelegen, hatte sich das Dorf Grenchen innerhalb von 60 Jahren zu einem bedeutenden Zentrum der Uhrenindustrie mit etwa 9'000 Einwohnern entwickelt. Die Einladung war von dem Pfarrer der dortigen Diasporagemeinde Ernst Hubacher ausgegangen.

Im ersten Teil des Vortrags referiert Barth das von Leo Tolstoi (1828–1910) unvollendet hinterlassene Drama Und das Licht scheinet in der Finsternis. *Er benutzte dabei die Ausgabe, die Eduard Thurneysen Nelly Barth zur Taufe seines Patensohns Karl Markus Barth am 7. November 1915 geschenkt hatte.*[1]

Das Gewissen.

Vortrag in Grenchen, Dienstag 15. Februar 1916

Und das Licht scheinet in der Finsternis [vgl. Joh. 1,5].

Nikolaj Iwanowitsch Sarynzew war der glückliche Besitzer eines ausgedehnten russischen Landgutes, gewesener Offizier, Gatte einer liebenswürdigen pflichtgetreuen Gemahlin, Vater von sieben Kindern. 20 Jahre seiner Ehe lagen hinter ihm. Er hatte das Leben eines vornehmen Mannes gelebt, gelebt von den Erträgnissen der Arbeit seiner Bauern, gelebt ohne besondere Tugenden u. ohne besondere Laster, in den Tag hineingelebt wohlzufrieden mit sich selbst u. seinen Mitmenschen.

Da starb seine Schwester, die ihm bes[onders] nahegestanden hatte[,] und ihn selbst brachte eine Typhuserkrankung an den Rand des Grabes. Von da an war eine merkwürdige Unruhe in ihm. Er schloss sich ganze Tage ein, um das Evangelium zu lesen, er erhob sich

---

[1] L. Tolstoj, *Und das Licht scheinet in der Finsternis,* in: *Nachlaß,* Bd. II, übers. von L. und D. Berndl, Jena 1912, S. 187–304.

des Nachts zu ruhelosem Nachdenken. Er suchte Bischöfe und Einsiedler auf, um mit ihnen über religiöse Fragen zu disputieren, er ging nach 25 Jahren zum ersten Mal wieder zum Abendmahl, er wurde ein fleissiger Kirchgänger. Aber nicht lange. Mit einem Male erklärte er Kirche u. kirchliche Übungen für entschieden unnötig u. ging nie mehr hin. Aber zum Entsetzen seiner Verwandtschaft u. Bekanntschaft geschieht nun etwas Anderes: er will die Bedienung durch die häuslichen Dienstboten nicht mehr annehmen[,] weil er weiss[,] dass er Gottes Kind ist u. alle Menschen Brüder u. dass darum Alle die gleichen Ansprüche auf das Leben haben.[2] Er fängt an, mit beiden Händen zu verschenken und scheint sich um das Leben seiner Bauern u. Tagelöhner unendlich viel mehr zu interessieren als um das seiner Familie. Er verweigert seinem Sohne die Mittel zum Eintritt in die Armee, denn der Militärdienst ist ihm jetzt eine rohe grausame Tätigkeit u. freiwilliger Militärdienst gar einfach eine Niederträchtigkeit. Es ereignet sich ein Holzdiebstahl in seinen Wäldern, er macht alle Anstrengungen zugunsten des Diebs u. ist trostlos, als er zu 3 Monaten Gefängnis verurteilt wird[,] denn «ich habe kein Recht auf den Wald. Die Erde gehört Allen. Ich habe keine Arbeit hineingelegt»![3] Er lässt unzweideutig durchblicken, dass er noch ganz andre Dinge im Sinn trägt, nämlich sozusagen sein ganzes Vermögen u. Land unter die Bauern zu verteilen, im Gutshaus eine Schule zu errichten u. sich mit seiner Familie als einfacher Arbeiter in die Gärtnerwohnung zurückzuziehen. –

Seine Verwandten u. Bekannten stehen völlig ratlos vor dieser Erscheinung. Schrecklich, schrecklich! jammert seine Frau, es ist Alles so unbestimmt![4] Ja es ist wirklich Alles sehr unbestimmt. Er handelt nicht nach einem Plan oder Programm oder System. Es ist für alle Andern zunächst völlig unerkennbar[,] woher u. wohin sein Weg führt. Er hat es sich wie zum Grundsatz gemacht, nicht mehr nach Grundsätzen zu leben. Er rät es auch Andern: [«]Du musst nicht handeln, nachdem du überlegt u. das Bestimmte zu thun für nötig befunden hast, sondern dann, wenn dich dein ganzes Herz, dein gan-

[2] Vgl. a.a.O., S. 238f.
[3] Vgl. a.a.O., S. 209.
[4] Vgl. a.a.O., S. 231.

zes Wesen dazu drängt, u. wenn du fühlst, dass es nicht anders sein kann[.]»[5] Aber sein Herz u. sein Wesen treiben ihn in eine ganz bestimmte Richtung. Seit er an Gott glaubt, sind ihm einfach die Augen geöffnet für das Leben, für die Grundlagen u. Voraussetzungen des Lebens u. er hat erkannt, dass der Wille Gottes ein anderer ist als der Wille des Menschen. Der Gedanke wird ihm furchtbar, dass er dem Schweiss u. der Not des Volkes sein Brot, seine Ruhe, seinen Genuss verdankt, unerträglich der offene Gegensatz zwischen der sauren Arbeit seiner Bauern und der geistreich-tändelnden Unterhaltung seiner Gäste u. Kinder, unerträglich die Ordnungen der Gesellschaft[,] des Staates u. der Kirche, die alle nur darauf angelegt scheinen[,] die grosse Ungerechtigkeit des Lebens zu verhüllen u. aufrechtzuerhalten. Was thun? Den Andern, den armen entrechteten Brüdern nützlich sein, solange diese Ordnungen noch gelten, das kann man im Grunde nicht. Das Übel sitzt zu tief. Aber ebensowenig kann man warten auf die Lösung durch allgemeine Massnahmen, jedenfalls nicht ohne zu leiden unter dem innern Zwiespalt.[6] So giebt es im Grunde nur eines: sehen, sehen muss es der Einzelne, wie es um ihn steht, bis es ihm ganz klar wird: ich kann dieses Leben nicht mehr fortsetzen, bis die Erkenntnis u. der Wille in ihm durchbricht: ich für mich kann nicht mehr mitmachen, nicht mehr teilnehmen, nicht mehr dabei sein, um Gottes Willen nicht mehr dabei sein. Auf diesem Punkt steht Nikolaj, von da aus handelt er. «Mein Leben ist nicht mehr meines, ich bin da für Gottes Werk.»[7] «Ist es denn nicht wahr, dass wir in jeder Minute sterben können und entweder ins Nichts oder zu Gott eingehen, der ein Leben nach seinem Gebot von uns verlangt? Was kann ich denn in diesem Leben anderes tun, als nur das allein, was der höchste Richter in meiner Seele, Gott, von mir verlangt? Und das Gewissen, Gott, verlangt, dass ich alle Wesen gleich achten, alle lieben, allen dienen soll.»[8] So ist Nikolaj mit seiner Erkenntnis u. seinem Willen kraft seines Gewissens durchgebrochen in die herrliche Freiheit der Kinder Gottes [vgl. Röm. 8,21].

[5] Vgl. a.a.O., S. 281.
[6] Vgl. a.a.O., S. 244.
[7] Vgl. a.a.O., S. 224.
[8] Vgl. a.a.O., S. 219.

An der Wahrheit u. Wucht dieses inneren Durchbruchs scheitert zunächst aller Widerspruch der Welt. Die wohlfeilen Argumente der Gesellschaftsmenschen um ihn her, die leidenschaftlichen Proteste seiner Frau zerknicken wie Strohhalme an seiner Gewissheit: man kann so nicht leben. Der Vertreter der Religion, der Vater Gerassim erinnert ihn im Namen u. mit der Autorität der Kirche an seine Christenpflichten u. bezichtigt ihn des Hochmuts u. des Eigendünkels. Was ist Nikolaj leichter, als der Autorität der Kirche die Autorität Christi entgegenzustellen?

Er will zwar niemanden überreden dazu, seinen Weg mit ihm zu gehen. Er weiss zu gut: von der Wahrheit kann man niemand überzeugen, mit Worten ist da nichts auszurichten. Er weist die Aufmerksamkeit der Andern ausdrücklich zurück, soweit sie ihm selbst gilt: du musst nicht mich verstehen, du musst dich selbst, musst das Leben verstehen. Du musst dich selber fragen: ist das ein Leben, dieses Dasein auf Kosten Anderer, als Schmarotzer, im Grunde freudlos u. unglücklich? Aber er ist auch dessen vollkommen sicher: die Wahrheit selbst muss eigentlich alle Menschen überzeugen, es giebt da keinen Widerstand. Er steht seiner verängsteten nur auf ihren Haushalt u. ihre Kinder bedachten Frau gegenüber in der ruhigen Gewissheit: unbedingt wird sie einmal verstehen. Er sagt es seiner hoffnungslos weltlichen u. oberflächlichen Schwägerin ins Gesicht: auch für dich wird der Tag einmal kommen, wo du verstehen wirst. Er ist im Innersten vollkommen ruhig darin, dass er in der Wahrheit lebt, die sich selbst beweist.

Und sie beweist sich, nicht nur darin, dass keine Einrede gegen sie aufkommen kann. Sie wirbt u. gewinnt tatsächlich Anhänger und Bekenner. Sie droht eine Macht zu werden. «Diese Kraft der Überzeugung muss man aber doch bewundern»[9][,] stottert die Schwägerin, u. man spürt ein heimliches Zittern des Bodens[,] auf dem die ganze scheinbar so kluge u. sichere Gesellschaft steht. Sie hat ihren Feind u. Erlöser erkannt, das selbständige Gewissen[,] das reden muss u. reden darf. Ein junger Priester kann eines Tages nicht mehr widerstehen, muss einsehen, dass er betrogen wurde u. betrogen hat[,] u. verlässt seinen Beruf u. die Kirche. Ein junger Fürst, Boris Tscheremschanow,

[9] A.a.O., S. 287.

der um Nikolajs Tochter wirbt[,] öffnet die Augen u. sieht[,] dass es nicht geht mit diesem Leben, dass er nicht mehr mitmachen kann. Mit jugendlicher Kraft tritt er den neuen Weg an. Nur nicht die Entscheidung hinausschieben, die doch einmal fallen muss! Nur nicht länger zaudern damit, den Andern zu dienen. Er verweigert den Militärdienst. Wiederum dieselbe Ratlosigkeit auch um ihn herum. Was versteht der General, der nur gehorsame Soldaten oder Arrestanten kennen will, was versteht der Gerichtsbeamte, der nach revolutionären Umtrieben wittert, was versteht der Feldprediger[,] der die Soldaten Johannes d[es] T[äufers] geltend macht [Lk. 3,14] u. es Gott überlassen will, die Welt zu ändern, was versteht der Arzt, der ihn auf Geisteskrankheit untersucht, was verstehen alle diese Menschen von den Tatsachen des Gewissens? Sie können schliesslich Alle nur staunen, den Kopf schütteln, sich entrüsten über diesen offenkundigen bösen Willen. Und der fürstliche Rekrut weiss sich u. sein Recht nicht anders zu erklären als damit, dass er nicht anders könne, dass der Wille eines Menschen, der sich am Bösen nicht beteiligen will, keine Gefahr sein könne für das Ganze. Er leidet wohl in der furchtbaren Einsamkeit, in der er sich sieht: Wie schwer, wie schwer, Herr hilf mir![10] Aber er weiss auch, mitten unter der furchtbaren Last, die von allen Seiten auf ihn gehäuft wird: es muss so sein u. es ist gut so, wie es ist[,] und geht seinen Weg zu Ende.

Aber wohin soll der Weg solcher Menschen führen? Er kann nicht anders endigen als mit der äussern Niederlage, mit der Lächerlichkeit u. dem Misserfolg, mit dem Leiden u. mit dem Kreuz. Der Mensch[,] der sich gegen die Götter dieser Welt erhebt im Namen des lebendigen Gottes[,] muss schliesslich wie Prometheus ihrer Rache gewärtig sein. Auch der Weg des Nikolaj Iwanowitsch u. seiner Freunde endigt mit der Niederlage. Nikolaj muss einsehen, dass er eigentlich nichts erreicht[,] als sich u. die Seinen zu quälen. Er gibt ihrem Drängen nach u. verzichtet zu ihren Gunsten auf alle seine Güter, weil er den Jammer seiner Frau: du bist ein Christ u. richtest deine Frau zu Grunde![11] nicht mehr mit anhören kann. Er lernt das Tischlerhandwerk u. möchte als einfacher Arbeiter frei sein von der Schuld der Gesellschaft. Aber

[10] Vgl. a.a.O., S. 285.
[11] Vgl. a.a.O., S. 294.

sieht nun dieses Thun nicht einer Laune u. Marotte zum Verzweifeln ähnlich? Wer glaubt ihm seinen Grund? Was erreicht er damit? Er muss zusehen, wie seine Kinder gerade zu dem Leben erzogen werden, das ihm zum Abscheu u. Schrecken geworden ist. Er muss zusehen, wie seine Tochter die Braut eines Andern, eines thörichten Lebemannes wird. Er muss die ganze Last des Hasses tragen, den man auf ihn wirft, wegen des Unglücks des jungen Boris, der um seiner Ideen willen nun schon jahrelang im Irrenhaus des Militärspitales schmachtet. Er muss es erleben, dass jener Priester, dem Zwang der Verhältnisse sich fügend, wieder in den Schoss der Kirche zurückkehrt. Er möchte wohl entfliehen, weit weg in den Kaukasus[,] um irgendwo ein wirklich neues Leben anzufangen, aber er kann u. will das schliesslich seiner Frau nicht zu leide tun. Er bleibt[,] wo er ist, der Träumer, der Narr, in[12] Inkonsequente, der Mann[,] der wohl glauben denken u. reden aber schliesslich nicht entscheidend handeln kann. Die Welt geht mit ihren Ordnungen u. Verhältnissen über ihn hinweg zur Tagesordnung über. Nichts[,] gar nichts ist schliesslich durch ihn in der Welt anders geworden. Er hat nur den einzigen in den Augen aller Fernstehenden unendlich magern nichtigen Trost: *Wertvoll ist nicht das, was in der Welt geschieht, sondern nur das, was in der Seele geschieht, denn was in der Seele geschieht, das wird auch die Welt umwälzen.*[13]

In seiner Seele u. in der Seele seiner mit ihm erlegenen Freunde ist allerdings etwas geschehen. Das ist das Ende dieser Geschichte[,] die doch kein Ende hat u. keines haben kann.

Und das Licht scheinet in der Finsternis [vgl. Joh. 1,5].

Nun hat uns *Leo Tolstoj* gesagt, was das Gewissen ist, wie das Gewissen erwacht, triumphiert, unterliegt und doch Recht hat. Ich habe dem eigentlich nichts hinzuzufügen, ich kann nur zusammenfassen u. unterstreichen.

Das Gewissen steht in unsrer Welt drin als erster schlichtester aber auch sicherster Zeuge einer andern Welt. Handel und Wandel, Menschenfreude u. Menschenleid, Krieg u. Friede, Pflicht, Beruf, Familie,

[12] Versehentlich statt: «der».
[13] Vgl. a.a.O., S. 282.

Moral, Kirche u. Vaterland. Das Alles steht auf der einen Seite, das Gewissen auf der andern. Es hat seine eigenen Gründe u. Notwendigkeiten, es hat seine Wahrheit in sich selbst. Was es will u. meint, kann von der Vernunft nicht errechnet u. von keinem Menschen einem Andern gelehrt werden. Klein u. schwach u. ungewiss scheinbar steht es da gegenüber unsrer ganzen grossen selbstverständlichen und konsequenten Welt und hat uns eigentlich nichts zu sagen als wie Johannes der Täufer das Eine: Tut Busse, kehrt um, denn das Himmelreich ist nahe herbeigekommen [Mt. 3,2].

Das ist seine Stärke, das[,] was nach ihm kommt, das[,] was hinter ihm steht. Darin liegt seine Macht, dass es nur ein Vorposten ist, dem das gewaltigste Heer folgen [muss], dass wir spüren, es zeugt von der Welt[,] die die wahre Welt ist. Im Gewissen redet eben Gott. Das Gewissen ist geradezu Gott in uns. So sicher wir nicht im Stande sind, uns von Gott loszureissen, so sicher können wir auch das Gewissen nicht verleugnen. Und so sicher wir das Gewissen walten lassen, so sicher treibt Gott sein Werk in uns. Du kannst an Allem irregeworden sein, an Gott u. an den Menschen u. an dir selbst, solange das Gewissen in dir redet, solange bist du kein Ungläubiger, sondern ein Gläubiger. Du kannst tief gesunken sein[,] weit abgekommen von deiner Bestimmung auf thörichte Nebenweglein, schwer dich verwickelt haben in die allgemeine Schuld, die auf uns lastet, du bist nicht verloren, solange das Gewissen auf seinem Posten steht. Und die Menschheit ist nicht verloren, trotz all ihrer Irrgänge ins Niedrige Tierische hinein, trotz ihrer Verleugnung ihres Besten, trotz all dem Blut u. all den Thränen, die Tag für Tag zum Himmel schreien; sie bleibt doch der Ort, wo Gott seine Hütte bauen will [vgl. Apk. 21,3], solange ihr Gewissen leben u. sich regen wird. Die alte Welt zittert u. bebt in ihren Grundlagen, wenn das Gewissen redet. Denn sie ahnt, dass hier die Einfallspforte ist, durch die eine höhere Welt, die Welt Gottes einbricht in die Welt der Sünde u. des Todes. Und darum können wir das Gewissen wohl mit Vernunftgründen zum Schweigen bringen u. tun es beständig, eins können wir nicht: wir können ihm nicht unrecht geben, wir können nicht bestreiten, dass schliesslich nur das gross ist, was vor dem Gewissen gross ist. Das ist seine Stärke.

Was ist das Gewissen? Keine Erkenntnis, kein Entschluss, keine Lebensregel, kein Reformprogramm. Nur ein ungeheurer einheitlicher

Trieb in uns, das Tiefste[,] was im Menschen ist, das Gewaltigste[,] was über ihn kommen kann[.] Was dann an den Tag kommt von Worten u. Taten aus der Kraft des Gewissens, das sind nur die Lavamassen, die von dem unterirdischen Vulkan an die Oberfläche geschleudert werden. Das Gewissen erschöpft sich nie in dem[,] was die Menschen[,] die von ihm bewegt sind, sagen u. tun können. Das Gewissen kann auch daraus allein nie verstanden werden. Dieser Trieb selber ist immer grösser, klarer, heiliger als das[,] was er hervorzutreiben vermag. Wie sollen wir ihn schildern? Er ist das Heimweh nach dem verlorenen Paradies, nach dem Leben mit Gott u. in der Liebe[,] in dem wir eigentlich zu Hause sind. Er deckt uns auf, wie wir eigentlich alle mit allen unsern Kräften die Gewichte vermehren helfen, die uns aus diesem wahren Leben[,] für das wir bestimmt sind, hinweg u. in die Tiefe ziehen. Er stellt vor uns hin als Ziel u. als Notwendigkeit die Herrschaft, das Reich Gottes, die Wiederaufrichtung jenes Lebens nach seinem Willen[.] Er macht uns selber persönlich verantwortlich: *du* bist der Mensch[,] der es bisher ohne Gott gemacht hat! *du* hast dieses Leben gelebt! *du* hast diese falsche Welt gebaut! *du* hast keinen Rückweg noch Ausweg als den, dich für die ganze Welt Gott wieder in die Arme zu werfen! *Du* musst die Augen öffnen! *Du* musst merken! *Du* musst handeln! *Du* musst es wagen[,] den zerrissenen Faden des wahren Lebens wieder aufzunehmen. *Du* kannst nicht anders! Dieser Trieb[,] der von Gott her kommt u. zu Gott hin leitet, ist das Gewissen.

Wie schafft es? Es schafft in uns, wie eben ein Trieb schaffen muss, hinter dem die Ewigkeit steht. «Ist es denn nicht wahr, dass wir in jeder Minute sterben können und entweder ins Nichts oder zu Gott eingehen?»[14] Rücksichtslos ergreift u. führt es das Wort. Es fragt nicht nach unsrer Zufriedenheit oder Traurigkeit, nicht nach guten u. bösen Folgen, nicht nach persönlicher Würdigkeit oder Unwürdigkeit. Es weiss nichts Anderes u. will auch nicht[,] dass du etwas Anderes wissest, als dass Gott recht haben will. Strafendes, mahnendes, gutes Gewissen: es ist im Grunde nur eins u. will nur eins von dir: hin zu Gott u. dem wahrhaftigen Leben! Und lässt sich nie einschüchtern durch Alles was man gegen es vorbringen mag. Es lässt sich immer viel einwenden gegen die Meinungen des Gewissens. Du liebe Zeit, wie trotzig u.

[14] Vgl. a.a.O., S. 219.

unvermittelt stellt es das so hin: das ist nicht recht! so kann man nicht leben! das muss anders werden! Da kommen wir gelaufen mit der Vernunft u. spinnen wichtige Ansichten u. Theorien, mit einerseits – andrerseits etc.[,] um das Gewissen einzuspinnen. Da kommen wir mit der Notwendigkeit der Tatsachen u. Verhältnisse u. bauen hohe Mauern: es muss so sein! man kann nicht anders! Da kommen wir u. schleppen die ganze Geschichte daher u. beweisen sonnenklar, das Gewissen müsse Unrecht haben, denn seit Anbeginn der Welt sei es nicht anders gewesen[,] u. hängen ihm Bleiklumpen an den Hals: es war! es war! es war! Und das Gewissen kann dagegen so wenig machen u. hält auch wirklich ganz still u. wehrlos hin u. lässt alles über sich ergehen wie der schlafende Simson unter den Händen seiner bösen Frau, die ihn mit starken Seilen fesseln wollte. Bis es auf einmal den Ruf hört: Philister über dir! [Ri. 16,4–21] u. schon ist es aufgefahren u. schon liegen alle Fesseln am Boden u. schon trotzt es weiter, trotzt der Notwendigkeit, trotzt der Vernunft, trotzt der ganzen Vergangenheit: Unrecht bleibt Unrecht! u. es muss doch ein Neues werden! Es fürchtet eben gar nichts u. achtet alle Bedenken u. Hindernisse für gar nichts u. kann sie nicht einmal ernst nehmen, es hat eben nur die Klarheit des Himmelreichs[,] von der es in der Menschenwelt Zeugnis abzulegen hat. Gerade seine Wehrlosigkeit ist seine Kraft. Es lässt sich nicht aufs Disputieren u. Unterhandeln ein. Es kennt die Schwierigkeiten gar nicht, die ihm gegenüberstehen[,] u. hat gar kein Interesse daran, sie näher zu sondieren. Es weiss nur: in dieser Richtung steht Gott u. sein Reich u. in dieser andern Richtung sicher nicht[,] u. danach redet es unentwegt sein Ja u. sein Nein. So schafft das Gewissen. Aber was erreicht es u. wirkt es? fragen wir u. denken an das Ende der Geschichte von Nikolaj Iwanowitsch[,] das kein Ende ist? Nichts erreicht es! sagen die[,] die es nur von aussen betrachten[,] die es nicht kennen. Alles! sagen die[,] die von innen von ihm bewegt sind. Und es haben beide recht, wenn man will. Das Gewissen wirkt zunächst einfach als eine grosse Beunruhigung: es geht nicht mehr so weiter u. es möchte etwas Neues werden. Aber das Neue ist noch nicht da. Das Himmelreich ist nahe herbeigekommen [Mt. 3,2], aber es ist noch verborgen. Die Menschen möchten Worte reden u. Taten tun aus den Kräften Gottes heraus, aber diese Kräfte sind noch nicht da. Das Andere ist noch da, gross, weit u. mächtig, das Gewöhnliche, Menschliche, Widergöttliche. die vom Gewissen bewegt sind, sind in dieser Welt zunächst die Stammelnden u. Strauchelnden. Man kann ihnen mit vollem Recht alle Augenblicke von allen Seiten zurufen: wie thöricht, wie unmöglich, wie unchristlich! Sie müssen aus einer sinnlosen u. demütigenden Lage in die andre kommen! Sie selber leiden am Meisten darunter[,] dass sie es nicht sagen u. nicht so handeln können[,] wie sie es eigentlich meinen. Das Gewissen hat sie in einen Kampf hineingeführt, der sie über u. über mit Schrammen u. Wunden, mit Niederlagen u. Misserfolgen, mit Irrtümern u. «gerechten» Zurückweisungen bedecken muss. Sie können es nicht anders erwarten u. sie erwarten es nicht anders. Und so wirkt das Gewissen nichts, wenn man so will. Und doch Alles. Denn in dieser grossen Beunruhigung bereitet sich eben Alles das vor, was Gott an den Menschen tun will. Mit ihr hebt Gottes Werk an. «Was in der Seele geschieht, das wird auch die Welt umwälzen.»[15]

Was thun? Hören! Aufreissen lassen! Parole vernehmen, Verwirrung sehen[,] in der wir sind, Botschaft hören. Alles erleben u. durchmachen. In Alles hinein. Aufrichtig werden, damit Thüren weit, Thore hoch werden, der König der Ehren einziehen kann [vgl. Ps. 24,7]. Erst muss mehr Gewissen da sein; dann kann man ihm gehorchen.

Das Licht scheinet in der *Finsternis* [Joh. 1,5], ist ihm genug, dass es das *Licht* ist.

---

[15] Vgl. a.a.O., S. 282.

Barths Vortrag in Rohr gehörte zum Bildungsprogramm, das die So-
zialdemokratische Partei des Kantons Aargau im Winter 1915/16
durchführte.[1] *Die Gemeinde Rohr ist etwa 12 km nordöstlich von*
Safenwil gelegen. 1916 zählt das eher arme bäuerliche Dorf an die 900
Einwohner, von welchen viele in Industriebetrieben des benachbarten
Aarau arbeiteten. Der bereits 1916 angestrebte Zusammenschluss mit
der Kantonshauptstadt wurde erst 2010 verwirklicht. Der Arbeiter-
verein von Rohr, die lokale Basisorganisation der Sozialdemokrati-
schen Partei der Schweiz, hatte 1916 20 Mitglieder.[2]

Am Tag nach seinem Vortrag schrieb Barth an Eduard Thurneysen,
er sei im Anschluss daran von Zuhörern «in rührender Weise» in ihr
Haus eingeladen worden. «Ich sah da in eine mir ganz neue Welt
hinein, allerlei Chaotisches, aber viel unmittelbares Leben und Kraft
und vor allem ein erstaunliches Begreifen- und Ergreifenwollen der
innern Voraussetzungen im Gegensatz zur offiziellen Partei-Art.»[3]

Der Wille Gottes und der Krieg.

Vortrag im Arbeiterverein Rohr

5. III 16

I

Ist es nicht zu kühn[,] vom *Willen Gottes* reden zu wollen? Ist der
nicht verborgen? Dann möchte ich nicht leben, bes. in dieser Zeit
nicht, am Allerwenigsten als Pf[arre]r. Warum beten wir denn: Dein
Wille geschehe? [Mt. 6,10 par.] An was sollen wir uns denn halten?
Der Wille Gottes ist kein dunkles Schicksal, hat einen klaren Inhalt.

---

[1] Vgl. oben S. 211.

[2] *Jahrbuch der Sozialdemokratischen Partei der Schweiz, pro 1915* (s. oben
S. 211, Anm. 2), S. 100.

[3] Bw.Th.I, S. 126.

Woher *wissen wir von ihm*? Das Gewissen protestiert gegen Un-reinheit, Gewaltherrschaft, Mammonswesen, Krieg, weiß von etwas Anderem u. ruft danach, wie ein Kind nach seiner Mutter. Jesus giebt dem Gewissen recht u. giebt seinen Forderungen Kraft. Seit Jesus ist der Wille Gottes hell in der Welt, ja er lebt in den Menschen als Kraft, wenn auch erst als Samenkorn. Von einem dunklen Willen Gottes reden, heißt Jesus verleugnen.

[Warum *gerade Jesus*? geh hin u. vergleiche sein Leben u. Reden u. Sterben mit den Heidenreligionen, Buddha, Mohammed – oder mit der Lehre moderner Propheten – du mußt mit deinem Gewissen ausmachen, daß gerade Jesus den W[illen] G[ottes] in Klarheit u. Kraft zeigt.][4]

Was zeigt uns denn Jesus?

Die rechte Religion? Lehre u. Gottesdienst u. Gefühl? Viel mehr als das! Nicht Regenbogen[,] sondern Sonne: das was eigentlich ernst u. eigentlich Freude macht, das wirkliche Leben, die Wahrheit, das Kindliche.

Die rechte Moral? Das hieße seine «Gebote» leichtsinnig nehmen, sie fordern das Unermeßliche, wecken die Sehnsucht und den Glau-ben an ein anderes göttliches Leben der Menschen.

Die rechte Politik? Jesus hat sich nicht damit abgegeben. Er bildet keine Partei u. schlägt keine Verbesserungen vor. Aber er ruft nach lebendigen Menschen u. bildet sie als Keimzelle einer zukünftigen Welt

Jesus geht dem Leben auf den Grund u. findet als das eigentlich Wahre u. Siegreiche eine *ewige Güte*. Von da aus sieht er das Leben an.

Was sind Not, Schmerz u. Tod? Sie können nicht bestehen vor dem[,] was eigentlich wahr ist. Als Sieger tritt er ihnen entgegen. Angst davor ist Unglaube. Die rechte Haltung heißt Vertrauen auf ihre Überwindung (nicht Ergebung!)

Was ists mit dem Bösen in der Welt? Selbstsucht, Gewalt, Mammon. Jesus anerkennt sie nicht als notwendig. Das ist die Herrschaft des Satans auf der Erde. Aber sie ist gebrochen. Gott ist Meister u. will es zeigen.

---

[4] Eckige Klammern von Barth.

Was ists mit der menschl[ichen] Schwachheit? Sie wissen nicht, was
sie tun [Lk. 23,34]. Wir sind blind. Wir wollen ohne Luft atmen. Die
Sünde ist das Unmögliche. Nicht der Trost: wir sind alle Sünder.
Nicht: es macht nichts! Sondern: dir sind deine Sünden vergeben! [Mt.
9,2 par.; Lk. 7,48] wenn ein Mensch stürmisch vordringt zur Wahrheit. Aus dem «schwachen» Menschen wird ein Kämpfer für Gott.

Was sollen wir tun? Keine äußerliche Gerechtigkeit erfüllen, nicht
sich trösten mit Beten u. Liebeswerken u. Moral, hungern u. dürsten
nach der Gerechtigkeit Gottes [vgl. Mt. 5,6], uns darauf bereit machen, daß völlige Bruderschaft u. Barmherzigkeit unter den Menschen
sein kann.

Wie wird es kommen? Hindernisse sind da. Die Gewalt des Satans
wird noch viel größer werden. Aber fürchtet euch nicht. Zuletzt triumphiert die Liebe. Wachet u. betet [Mt. 26,41 par.], übt Liebe[,] wo
ihr könnt, dann triumphiert ihr schon jetzt und auch wenn ihr leiden
müßt.

*Der Wille Gottes ist die Überwindung des Bösen u. das Kommen des
Himmelreichs auf die Erde durch neue Menschen.*

Für den W[illen] G[ottes] hat Jesus gelebt in so einzigartiger
Weise[,] daß er sich den Sohn (> Kraft!) Gottes nennen konnte.

In seinem Kreuz siegt scheinbar der Tod, das Böse, die Sünde, die
falsche Gerechtigkeit, der Satan

In Wirklichkeit bricht gerade hier der W.G. siegreich hervor

Und unser *Gewissen* muß bekennen: hier ist der W.G. offenbar

II

Was hat der Krieg mit dem W.G. zu thun?

Drei oberflächliche Antworten:

Der Krieg ein unerforschlicher Ratschluß Gottes, ein Schicksal, eine
Naturnotwendigkeit. Wenn das wahr wäre, wäre es besser jetzt
Atheist zu werden. Nehmen wir Jesus ernst, so können wir nicht so
reden. Die Religion Elis [vgl. 1. Sam. 1–4].

Der Krieg Gottes Absicht, Gott wollte die Nationen, für diese Krieg
unvermeidlich, also Gott im Kriege für das Vaterland. Rückfall in die
Vielgötterei u. begreifliche Meinung: jetzt hat der Teufel das Wort.
Jesus am Maschinengewehr?

Der Krieg eine göttl. Strafe für die Sünden der Völker. Hieran etwas Richtiges. Aber es spukt noch immer der falsche Gedanke, daß Gott uns Klötze in den Weg werfe, wo er uns doch gerade frei machen will.

Gegen diese Antworten [*] wehrt sich das Gewissen und das christl. Bewußtsein. Es ist nicht Glaube[,] sondern Unglaube, der daraus spricht. Der Groll gegen eine solche Religion ist begreiflich, denn bei dieser Gesinnung muß es immer wieder Krieg geben.[**]

So müssen wir als Christen gegen den Krieg *protestieren?* Pazifisten werden? Vielleicht den Weg eines Baudraz[5] gehen? Wehret ihnen nicht [vgl. Mt. 19,14 par.].

Aber eine ruhige Vertiefung in die W.G. wird auf einen andern Weg führen.

Der Krieg ist nur *ein Stück* der vom W.G. noch nicht beherrschten Welt überhaupt. Kapitalismus! Machttrieb! Gewalt! Diese Welt- u. Menschheitstatsachen wieder [?] kann man nicht durch Reform beseitigen, weil sie im Menschen wurzeln, ihre Überwindung setzt neue M[enschen] voraus[.] Haben wir die?

Andrerseits sind *wertvolle Güter* der Menschheit vielfach nur durch Krieg zu retten (Russen! Italiener! Asien!) Ohne ihn rechtfertigen zu wollen, in tiefem Leid müssen wir vorsichtigerweise in gewissen Fällen bekennen: er ist unentbehrlich, solange nicht hüben u. drüben neue M. sind. Wo sind die?

Der *Ausbruch des Krieges* hat gezeigt, daß die Völker noch nicht reif waren, ihn zu vermeiden, die internationale Einigkeit nicht stark genug, ihn zu verhindern

So ist der *Protest* gegen den Krieg zunächst zwecklos, ebenso die vielen Proteste gegen den Militarismus. Es muß also geschehen u. jetzt hat der Teufel das Wort. Wir müssen Alle mit.

[*] [Bleistiftzusatz:] Kraftvergeudung!
[**] [Bleistiftzusatz:] Es ist aber auch *nicht wahr,* daß Gott wegen des K[rieges] angeklagt werden kann.

5 Zur Kriegsdienstverweigerung von J. Baudraz vgl. oben S. 177f.

Warum müssen wir? Weil es der Wille Gottes ist? Nein, aber weil der Wille Gottes noch nicht geschieht. Weil die neuen Menschen[,] die neue Menschheit noch nicht da ist. Im Krieg rächt sich der Ungehorsam gegen den W.G. Es zeigt sich, daß unser Weg falsch war. Pazifismus u. Antimilitarismus kommen zu spät, sind nicht radikal genug. Insofern ist der Krieg eine Strafe, eine göttl. Führung, aber nie sehr klar.

Und nun? Nun nicht die Nebenfragen (Vaterlandsverteidigung u. Antimilitarismus) wichtig nehmen,[***] nun Eingehen auf den W.G.[,] der nicht Reform, sondern Revolution[.] Als Sozialisten uns vertiefen in unsern Idealen, in unsern Kampfmitteln, in unsern nächsten Zielen. Das Samenkorn des W.G. reifen lassen.

[***] [Bleistiftzusatz:] Nun nicht die Menschheit anklagen, sondern sich selbst verantwortlich fühlen.

DIE GEWERKSCHAFTSBEWEGUNG
1916

Barth hielt diesen Vortrag innerhalb einer Veranstaltungsreihe «Nationalerziehung auf Grund der Geschichte. Vorträge für Frauen», die von den progressiven «Berner Frauen-Konferenzen», die 1897 als «Symphonische Gesellschaft» von Helene von Mülinen und Emma Pieczýnska gegründet worden waren, im Winterhalbjahr 1915/16 abgehalten wurde. Laut Programm fanden sämtliche Vorträge an Samstagen von 16 bis 18 Uhr im Palmensaal des Evangelischen Vereinshauses an der Zeughausgasse in Bern statt. Den Titel der «Frauen-Konferenzen» ergänzte Barth auf seinem Programm der Vortragsreihe folgendermaßen:

Daniel in der Löwengrube oder: Nationalerziehung auf Grund der Geschichte. Vorträge für Frauen. Szenerie: Heimatboden. Motto: Das ists jetzt![1]

Der Titel von Barths Vortrag lautete im Programm: «Arbeiterverbände einst und jetzt. Die Zünfte. Die Berufsgenossenschaften.» Informationen zur Arbeiterfrage hatte sich Barth im Winterhalbjahr 1913/14 in einer umfangreichen Sammlung zusammengestellt.[2] Die Überschrift, die Barth selber dem Vortrag gab, und den Gedankenaufbau hat er einem Kapitel von P. Pflügers Schrift «Einführung in die soziale Frage» entnommen.[3] Barth bemerkte im Rückblick auf seine Beschäftigung mit der Gewerkschaftsbewegung:

In Safenwil hat mich am Sozialismus vor allem das Problem der Gewerkschaftsbewegung interessiert. Ich habe es jahrelang studiert und habe auch mitgeholfen, daß in Safenwil (wo es solches vorher nicht gegeben hatte) drei blühende Gewerkschaften auf dem Plan blieben, als ich von dort wegging. Das war meine bescheidene Beschäftigung mit der Arbeiterfrage und mein sehr beschränktes, nämlich in der Hauptsache nur praktisches Interesse am Sozialismus.[4]

---

[1] KBA 12080.

[2] Vgl. *Die Arbeiterfrage*, V. u. kl. A. 1909–1914, S. 573–682.

[3] P. Pflüger, *Einführung in die soziale Frage*, Zürich 1910, S. 144–156 (Kapitel «Die Gewerkschaftsbewegung»).

[4] K. Barth, *Letzte Zeugnisse*, Zürich 1969, S. 44f.; Gespräche 1964–1968, S. 550.

Die Gewerkschaftsbewegung

Vortrag an der Berner Frauenkonferenz 18. März 1916

Ein sehr andres Bild als die Zünfte des Mittelalters.

An Stelle der Spezial- u. Qualitätsarbeit ist der *Maschinenbetrieb* und die *Arbeitsteilung* getreten, die den Arbeiter mehr oder weniger zum Handlanger od. Maschinenteil macht.

Aus dem Gesellen von einst, dem Berufsgenossen des Meisters, der das Meistertum vor sich hatte, ist der lebenslängliche um Lohn schaffende *Fabrikarbeiter* geworden

Aus dem Meister einer Kunst der *Industrielle,* der «Herr» scil. des Geldes und der Arbeitsmittel

Aus dem persönlichen u. sachlichen Dienstverhältnis von Meister u. Geselle ein reines *Marktverhältnis:* Arbeitsangebot u. Nachfrage

Dieses neue Verhältnis ist die Folge der «Errungenschaften» der Neuzeit: Kapitalismus, Technik, Gewerbefreiheit.

Der Industrialisierungsprocess ist noch nicht abgeschlossen. Von 1890–1911 hat sich in der Schweiz die Zahl der Fabr[ik-]Arb[eiter] um ca. 80 % vermehrt.[5] 1911 wurden 328841 F.A. gezählt, die ca. eine Million unsres Volkes repräsentieren.[6] In Deutschland ca. ¼ der Gesamtbevölkerung.[7] Der neue Menschentypus des *Proletariers.*[*]

Die Regelung der *Arbeitsbedingungen* in diesem neuen Verhältnis ist zunächst eine Frage der Macht. Diese ist auf Seiten der Unternehmer: Der Arbeiter ist darauf angewiesen, unter allen Umständen seine Arbeit anzubieten. Und dabei kommt er sofort in Nachteil, indem er dabei sich selber (Zeit, Gesundheit, Seele) engagiert. Es entsteht aus diesem ungleichen Machtverhältnis der Gegensatz der *Klassen* u. bleibt bestehen, auch wenn persönl. Wohlwollen, staatl. Gesetzge-

[*] [Bleistiftzusatz:] besitzloser zukunftsloser Handarbeiter

[5] Vgl. Pflüger, a.a.O., S. 19.
[6] Vgl. V. u. kl. A. 1909–1914, S. 580.
[7] Vgl. a.a.O., S. 580.

266

bung und Selbsthilfe ihn einigermassen mildern kann. Die «Freiheit» der Neuzeit hat eine wachsende Zahl von Menschen in die stärkste Unfreiheit versetzt.

Diese schwächere Stellung des Arb[eiters] bedingt eine Reihe von Nachteilen für ihn: Der Unternehmer kann sich mit der Ausrichtung eines Minimums von *Lohn* begnügen, kann die *Arbeitszeit* nach seinem Ermessen verlängern, kann die *Fabrikordnung* (Bussen!) zu seinem Vorteil aufstellen [**], kann aus geschäftlichen Gründen die *Arbeitsgelegenheit* ganz oder teilweise aufheben, kann ältere Arbeiter ausschalten, kann durch Heranziehung *billiger* Arbeitskräfte (Frauen, Kinder, Italiener!) event. Ansprüchen entgegentreten. Er kann das Alles als «Herr im Hause»[8] und tut es tatsächlich.

Es geht nicht an, dem gegenüber sich auf löbliche Ausnahmen zu berufen, in denen das Gute des alten Zunftverhältnisses noch fortlebt. Das Arbeitssystem als solches bedeutet: *Ausbeutung der Arbeitskraft unter völliger Rücksichtslosigkeit gegen den Menschen.* Das beweist die erste ungehemmte Phase der Industrialisierung und die prinzipielle Haltung des Unternehmertums bis heute.

———————

Eine Gewerkschaft[9] ist *eine Vereinigung solcher moderner Arbeiter mit dem Zweck, der Macht des Geldes die Macht eines gemeinsamen guten Willens entgegenzustellen*

Es ist nicht blos das Interesse, sondern der gute Wille, der im Proletarier wieder erwacht. Er möchte dem System zum Trotz ein Mensch sein.

Darum vereinigt er sich mit seinesgleichen zur Vorbringung von Wünschen beim Unternehmer u. sammelt gleichzeitig Kräfte, um als verhandlungsfähige Macht aufzutreten.

Es vereinigen sich die Arbeiter des gleichen Berufes.

———————

[**] *Gesundheitsverhältnisse*

[8] Vgl. V. u. kl. A. 1909–1914, S. 629f.
[9] Zum folgenden Abschnitt vgl. Pflüger, a.a.O., S. 144.

Die Anfänge der G[ewerkschafts-]Bewegung fanden in *England* statt. Anfänglich als Verschwörungen unterdrückt, fanden die Trade Unions hier eine klassische Form: Streng berufsweise Organisation, sorgfältiger Ausbau des Unterstützungswesens, politische Neutralität[.] Ganz anders in *Frankreich:* hier ist der Syndikalismus eigentlich die Fortsetzung der Revolution: grosse Industrieverbände, Gleichgiltigkeit gegen die Gegenwartsaufgaben, beständige Massenstreiks, extremer Sozialismus. In *Deutschland* langezeit gehemmt durch den Doktrinarismus Lassalle's und durch die Zersplitterung in liberale, katholische u. sozialdemokratische G[ewerkschaften,] umso mehr gefördert durch den deutschen Organisationsgeist. Bei uns in der *Schweiz* der deutsche u. der französische Typus vertreten.

Organisation[10]*:* Nationale Verbände (mit Zentralisierungstendenz!) Zentralvorstand, der die Hauptkasse verwaltet. Lokalsektionen. Besoldete (schlecht!) Sekretäre zu Agitation, Verwaltung, Verhandlung mit Unternehmer. Nationale und Internationale Kongresse. Internat[ionales] Sekretariat (Legien in Berlin)[11] Schweizer[ischer] Gewerkschaftsbund. Arbeiter-Unionen.

Aufnahme: In England Ausweis über eine Lehrzeit, in Deutschland über eine bestimmte Gesinnung

Pflichten: Wirken für Verband, Disziplin, Beiträge (oft in Klassen geordnet)

---

[10] Der folgende Absatz nach Pflüger, a.a.O., S. 144f.

[11] Carl Legien (1861–1920) war Vorsitzender der «Generalkommission der Gewerkschaften Deutschlands» mit Sitz in Berlin. Ihm wurde auch das «Internationale Sekretariat der Gewerkschaftsbewegung» übertragen.

Statistisches	1910	Deutschland:	2,7 Mill.	
		England:	2,3 Mill.	
		U.S.A.:	1,7 Mill.	Total 10
		Frankreich:	977 000	Mill.[12]
		Italien:	783 000	
		Schweiz:	93 000	
	1912	Schweiz	Metallarbeiter	15 238	
		(freie	Uhrenarbeiter	14 518	Total
		Gew.)	Transportarbeiter	13 918	86 313[13]
			Holzarbeiter	7 870	
			Textilarbeiter	5 963	

Unterstützungswesen[14]

Die Verbände hatten im Jahre 1912 insgesamt eine *Gesamtein-nahme* von 2,049,071 Fr., der eine *Gesamtausgabe* von 1,614,899 Fr. gegenübersteht. Die Hauptposten der Einnahmen bewegten sich in den letzten drei Jahren wie folgt:

	Eintritts-Gelder	Statutarische Beiträge	Freiwillige und Extrabeiträge
1912	16,260	1,847,823	43,654
1911	6,435	1,599,419	46,677
1910	10,385	1,465,411	72,455

[12] Diese Zahlen entnimmt Barth dem TA, Jg. 11, Nr. 20 vom 16.5.1912, S. [1], der unter der Überschrift *Die gewerkschaftliche Internationale im Jahr 1910* aus einem Bericht des internationalen Gewerkschaftssekretariats zitiert.

[13] Diese Zahlen entstammen dem Bericht *Die Schweizerischen Gewerk-schaften im Jahr 1912*, der in annähernd gleichem Wortlaut in dem TA, Jg. 12, Nr. 32 vom 7.8.1913, S. [1], und im «Freien Schweizer Arbeiter», Jg. 6, Nr. 45 vom 8.8.1913, S. [1f.], erschien.

[14] Der folgende Absatz mit Einschluß der ganzen Statistik besteht im Mskr. aus einem dort eingehefteten Zeitungsausschnitt: ein Teil des in der vorange-henden Anmerkung genannten Artikels aus dem «Freien Schweizer Arbeiter».

Die Ausgaben verteilen sich folgendermassen:

Arbeitslosenunterstützung	88,945 Fr.
Reiseunterstützung	42,712 Fr.
Umzugsunterstützung	10,453 Fr.
Krankenunterstützung	390,178 Fr.
Invaliden- und Sterbegeld	110,105 Fr.
Unterstützung in Notfällen	9,484 Fr.
Gemassregeltenunterstützung	14,714 Fr.
Rechtsschutz	13,446 Fr.
Agitation und Bildung	80,630 Fr.

Die Gewerkschaften sind hier eine moralisch u. materiell immer mehr anerkannte Ergänzung der Armenpflege. Speziell die staatl. Arbeitslosenfürsorge lehnt sich meist an diese Einrichtungen an (Genter System, England, Basel)[15]

Die entscheidende Tätigkeit der Gew. ist der *Kampf um die Erringung besserer Arbeitsbedingungen* gegenüber dem Unternehmertum.

«Streikvereine» sind die G. nicht, denn die Arbeiter wollen arbeiten, aber zu bessern Bedingungen: Lohnerhöhung, Arbeitsverkürzung, Werkstättenordnung etc. Es herrscht gerade in den gut ausgebildeten Organisationen die Tendenz, Streiks zu vermeiden. Aber ohne die Möglichkeit zu[m] Streiken hat die Koalition keinen Sinn. Die Einstellung der Arbeit ist die einzige Waffe des Proletariers. Um den Frieden, der damit gestört wird, ist es oft nicht schade. (Es sind darum die sog. «gelben» Gewerkschaften[16], die allem Kampf ausweichen, eine bedauerliche Erscheinung, da sie *nur* dazu dienen, die Arbeiterschaft zu zersplittern) Zu verlangen ist nur, dass nicht mutwillig gestreikt werde. Dafür ist aber gesorgt:

Die deutschen G. haben von 1900–1910 ihre Mitgliederzahl verdreifacht, ihre Einnahmen versiebenfacht[17], die Zahl der Streiks nur verdoppelt. 1905 sind 56,0 %, 1911 69,9 % aller Lohnbewegungen

[15] Das «Genter System» in der Arbeitslosenversicherung bestand darin, dass die Zuwendungen der öffentlichen Hand als Zuschüsse zu gewerkschaftlichen Zahlungen gegeben wurden. Dieses System aus der belgischen Stadt Gent wurde 1910 im Kanton Basel-Stadt auf freiwilliger Basis und in England 1911 als staatliche Zwangsversicherung eingeführt.

[16] Vgl V. u. kl. A. 1909–1914, S. 640.

[17] Vgl. W. Sombart, *Die gewerbliche Arbeiterfrage* (Sammlung Göschen 209), Berlin 1912², S. 63.

«trocken» verlaufen.[18] [***] Dies das Verdienst der Organisationen.
Häufig u. mutwillig sind die Streiks[,] wo die O[rganisation] schlecht
ausgebaut ist.
Der Zentralvorstand entscheidet[,] ob der Kampf ausbrechen darf.
Disziplinlosigkeit würde Entziehung der Streikunterstützung nach
sich ziehen. (Hamburg 1913)[20]
Er wird sich dabei zu fragen haben[,]
a) ob das Verlangen der betr. Arbeiter gerechtfertigt ist
b) ob Mittel genug vorhanden sind, moralisch u. materiell[,] den
Kampf aufzunehmen
c) ob Aussicht ist[,] die Unternehmer wirksam zu bedrängen
Hilfsmittel im Kampf sind:
a) Förderung der Abreise von Arbeitern
b) Boykottierung der Waren der betr. Firma
c) Abhaltung von Zuzug
Hier entsteht das Problem der «*Arbeitswilligen*», die von den Strei-
kern informiert resp. abgewehrt werden. Wer sind sie? Einzelne Egoi-
sten? Berufsstreikbrecher? Ruhige Mehrheit der Arbeiter? Abhängige
ältere Leute?

[***] [Bleistiftzusatz:][19]

Schweiz	1860	64,5 [%]	Beweg[ungen] mit Streik
	1909	21,5 [%]	Beweg[ungen] mit Streik

[18] Vgl. W. Zimmermann, *Das organisierte Ringen um die Arbeitsbedingungen in der deutschen Industrie*, in: Soziale Praxis und Archiv für Volkswohlfahrt, Jg. 22 (1912/1913), Sp. 160–164.192–197, dort Sp. 195.
[19] TA, Jg. 13, Nr. 16 vom 16.4.1914, S. [1]: *Die Lohnbewegungen und Streiks
seit 1860*. Die Angaben beziehen sich auf den Zeitraum von
1860 bis 1879 einerseits und von 1905 bis 1909 andererseits.
[20] Im Sommer 1913 gab es einen wilden Werftarbeiterstreik von etwa 15000
Arbeitern in der norddeutschen Schiffbauindustrie, der von der Gewerkschaftsführung nicht unterstützt wurde. Wegen der Disziplinlosigkeit des wilden Streikens und der damit drohenden Gefährdung der Einigkeit zwischen
Arbeitern und Gewerkschaftsführung wurde keine Streikunterstützung ge-
zahlt (H. Wachenheim, *Die deutsche Arbeiterbewegung 1844–1914*, Köln und
Opladen 1967, S. 569).

Prinzipiell verdient der Kampf der G. um Besserstellung die tiefere Sympathie. Der Staat wird wohl seine Rechtsordnung aufrecht erhalten müssen, soll sich aber hüten, durch Extragesetze den Schein zu erwecken, als diene seine Macht dem Kapital.

Direkte Aktion (Frankreich 1906)[21] u. *Sabotage* werden bei uns u. in Deutschland mit Recht verschmäht, *Generalstreik* hat sich bis jetzt nicht als solides Mittel erwiesen.

Zur Abwehr der Streikbewegungen dienen die *Arbeitgeberverbände[,]* 1912 5,5 Mill. Arbeiter umfassend, gegen 3,03 in den Gewerkschaften (Deutschland)[22] Unterstützen sich durch Arbeitsnachweise, schwarze Listen, Übernahme von Streikarbeit, Kundenschutz, Streikversicherung, Aussperrungen, Organisierung von gelben Gewerkschaften.

Das Risiko eines Streiks für beide Teile bringt das Verlangen mit sich nach Verständigungen: *Tarifgemeinschaften.*[23] Wird möglich bei guter geschlossener Organisation beiderseits

Deutsche[24] Buchdrucker hatten 1890 letzten grossen Streik[.][25] Seit 1896 Tarife: T[arif-]Ausschuss u. T.Amt, Kreisämter, Vertrauensleute,

---

[21] Vgl. H. Herkner, *Die Arbeiterfrage. Eine Einführung,* Berlin 1908[5], S. 182: «[...] die Anhänger der ‹direkten Aktion›, d.h. diejenigen Gruppen, welche sich, die politische und gewerkschaftliche Betätigung verwerfend, die Verbesserung direkt [...] aneignen wollen. Der Achtstundentag wird einfach dadurch gewonnen, daß die Losung ausgegeben und befolgt wird, von einem bestimmten Tage [an] eben nicht mehr länger als acht Stunden zu arbeiten.» Auf diese Weise sollte nach dem Beschluss der französischen Gewerkschaften von 1904 am 1. Mai 1906 für ganz Frankreich der Achtstundentag eingeführt werden.

[22] Vgl. V. u. kl. A. 1909–1914, S. 637.

[23] Dazu vgl. Pflüger, a.a.O. (s. oben S. 265, Anm. 3), S. 148–150.

[24] Der folgende Abschnitt nach Herkner, a.a.O., S. 241–243.

[25] Der 2. Internationale Arbeiterkongress, der vom 16. bis 22.8.1891 in Brüssel tagte, empfahl den Arbeitern Streiks zur Verbesserung ihrer wirtschaftlichen und politischen Lage. Die unter besonders widrigen Bedingungen arbeitenden Buchdrucker streikten daraufhin in Deutschland vom 8.11.1891 bis zum 14.1.1892 in einer 10000 Personen umfassenden Aktion für Gehaltsaufbesserungen und den Neunstunden-Arbeitstag. Die Streikkosten von 2,5 Millionen Mark wurden durch Spenden aufgebracht, da die Polizei die Streikkasse beschlagnahmt hatte. Das Misslingen des Streiks wirkte sich für einige Jahre dämpfend aus auf den Ausbau der Gewerkschaften und die Durchführung von Streiks in Deutschland (vgl. Fr. Osterroth/D. Schuster, *Chronik der deutschen*

52 Schiedsgerichte. Verbandsverkehr. 9 St[unden-]Tag, Löhne nach Alter[s]skala mit Lokalzuschlägen. Lehrlingsordnung

In Deutschland   1908   111 650 Firmen mit   974 564 Arb.

Im K[an]t[on] Zürich 1908   1 793 Firmen mit   11 150 Arb.[26]

Ob der Krieg im Sinne einer Verschärfung oder Milderung dieses Kampfes dienen wird, ist schwer zu sagen. Sicher bleibt dieser Kampf, solange die kapitalistische Ordnung bleibt. Moral Predigen nach unten u. oben hilft nicht viel, wohl aber ist ein neuer Geist nötig, der die neue Ordnung bringt.

In den Gew. betätigt sich jetzt schon etwas davon. Versuchen Sie, es zu würdigen: Die Demokratie soll einziehen in das Erwerbsleben. Je stärker die Gew. werden, desto würdiger treten sie auf dabei. Die Leistungsfähigkeit der Industrie nimmt nicht ab sondern zu. Der dumpfe Hass der Besitzlosen wird in fruchtbares vorwärtsführendes Klassenbewusstsein verwandelt. Das Gew.[–]Leben verlangt u. fördert persönl. Erziehung: Überwindung des Privategoismus durch Solidarität.

Probleme der G[ewerkschafts-]B[ewegung]

a) Grössere Ausdehnung   (in der Schweiz: ¼, Deutschland ⅛, England ⅕ der Gesamtarbeiterschaft)[27]

b) Teilnahme der Frauen, der Hausindustriellen, der Ungelernten

c) Überwindung der polit[ischen] und konfess[ionellen] Spaltungen

Grenzen der G.B.[28]

a) Vermehrung blos des Lohn- nicht aber des Realeinkommens der Arbeiter

b) Unzugänglichkeit des Kapitalzinses, der Bodenrente, des Handelsprofits

---

Sozialdemokratie, Bd. 1, Berlin/Bonn 1975², S. 82.84). Insgesamt aber wurden die neunziger Jahre zum Jahrzehnt des Aufstiegs der Gewerkschaften (vgl. H. Wachenheim, a.a.O. [s. oben Anm. 20], S. 277ff.). Barths irrtümliche Datierung nach Herkner, a.a.O., S. 241.

[26] Vgl. Pflüger, a.a.O., S. 150.

[27] Vgl. W. Sombart, *Die gewerbliche Arbeiterfrage* (Sammlung Göschen 209), Berlin 1912², S. 69.

[28] Dieser Abschnitt nach Pflüger, a.a.O., S. 152–154.

c) Politische Hindernisse[29]
d) Gefahr der berufl. Engherzigkeit (England)[30]
So ruft die G.B. nach Ergänzung durch das *Genossenschaftswesen*
u. durch die *politische Sozialdemokratie*

Literatur: Herkner, Arbeiterfrage[31]
Sombart, Gewerbl. Arb.frage[32]
Pflüger, Soziale Frage[33]
Gewerkschaftl. Rundschau[34]

---

[29] Pflüger, S. 153: «Da die herrschenden Klassen die Staatsmacht zur Verfügung haben, kann – ohne politische Kämpfe und Erfolge – die Gewerkschaftsbewegung jederzeit durch die Staatsgewalt unterdrückt werden.»

[30] Pflüger berichtet S. 153 von der aristokratischen, exklusiven Haltung in den englischen Gewerkschaften gegenüber ungelernten Arbeitern.

[31] H. Herkner, *Die Arbeiterfrage. Eine Einführung,* Berlin 1908⁵.

[32] W. Sombart, *Die gewerbliche Arbeiterfrage* (Sammlung Göschen 209), Berlin 1912².

[33] P. Pflüger, *Einführung in die soziale Frage,* Zürich 1910.

[34] Die *Gewerkschaftliche Rundschau für die Schweiz. Publikationsorgan des Schweizerischen Gewerkschaftsbundes* erschien ab 1909.

AUF DAS REICH GOTTES WARTEN
1916

Die Besprechung der Haus-Andachten nach Losungen und Lehrtexten der Brüdergemeine *von Christoph Blumhardt*[1] *hat eine längere bemerkenswerte Vorgeschichte und eine kürzere ebenso bedeutsame Nachgeschichte. Vom 5. Juni bis zum 8. Juni 1916 war Barth zu Gast bei Thurneysens in Leutwil. In den Gesprächen, die offenbar Grundlegendes für die Suche einer neuen Orientierung der theologischen Arbeit berührten, spielten die beiden Blumhardt offensichtlich eine besondere Rolle*[2], *insbesondere wohl die eben erschienenen* Haus-Andachten. *Barth schreibt am 10.6. an Thurneysen: «Die Andachten des ‹jungen› Blumhardt sind doch ein schönes und wichtiges Buch. Er wird mir sehr lebendig und ich lese mit sich mehrender Aufmerksamkeit darin herum.»*[3] *Am 19. Juni fand in Schöftland das «Kränzli», ein Treffen befreundeter aargauischer Pfarrer statt, bei dem u.a. Barth «über Blumhardt»*[4], *d.h. wohl über die* Haus-Andachten *sprach. Thurneysen ermuntert ihn am 21. Juni: «Vergiß nicht, deine Einführung in Blumhardt schriftlich zu fixieren und sie Ragaz» für die «Neuen Wege» «zu schicken. Ich glaube, sie kann sehr hilfreich sein.»*[5] *Am 26. Juni bestätigt Barth: «Ich habe Ragazen die Besprechung von Blumhardt angekündigt, und er heißt sie willkommen. So werde ich mich also dran machen, aber nur als Cicerone, nicht als Rezensent.» Freilich fügt er die Frage an den Freund bei, der ja früher und zunächst auch nachdrücklicher als er mit Blumhardt und seinem Kreis in Kontakt gekommen war: «Warum machst dus eigentlich nicht? [...] Ich schäme mich bald, wie ich rastlos und ruchlos drucken lasse, und du, der mir das Meiste vorgesagt hat, stehst so bescheiden im Gebüsch und lässest nichts von dir hören. Das ist ein offenkundiges Mißverhältnis.»*[6] *Am 29. Juni konnte Barth die Besprechung an Ragaz senden:*

---

[1] Chr. Blumhardt, *Haus-Andachten nach Losungen und Lehrtexten der Brüdergemeine*, Stuttgart/Basel 1916.
[2] Vgl. Bw. Th. I, S. 141f.
[3] Bw. Th. I, S. 142.
[4] Eintrag Barths in seinem Taschenkalender.
[5] Bw. Th. I, S. 142.
[6] Bw. Th. I, S. 144.

Es ist etwas länger geworden als ich meinte und als Ihnen vielleicht lieb ist. Aber das Buch ist mir bei nochmaliger Durchsicht immer wichtiger geworden und ich glaube […,] dass Blumhardt uns im *Centralsten* etwas dringendes zu sagen hat. Die zahlreichen Citate sind die Hauptsache von dem was ich bieten wollte; alle blossen Zusammenfassungen hätten der Art Blumhardts nicht ihr Recht zukommen lassen. Nun redet er hoffentlich selber, nur mit einer Einleitung und ein paar Randglossen von mir. So wage ichs (trotz des starken Umfangs) um Obdach anzuklopfen für meinen Gast.[7]

Um diesen «Gast» entspann sich nun jedoch eine Auseinandersetzung, in der sich verschiedene Themen und Motive unlöslich verbanden. Ragaz dankt am 18. Juli:

Ich habe Ihre Anzeige mit dem Gefühl gelesen, daß Sie Blumhardt besser verstanden haben, als die Meisten. Doch meldeten sich beim Lesen gewisse Untergefühle, die mich etwas beunruhigten. Es ist nicht leicht, von Blumhardt zu reden. Ob und wie es getan werden solle, ist mir seit vielen Jahren ein Problem. Wir wollen ihn nicht in den Streit des Tages ziehen, ihn nicht zum Zeugen für und gegen dieses und jenes oder gar diese und jene machen; auch wollen wir ihn nicht zu einer «religiösen Persönlichkeit» neben andern stempeln oder gar zum Heiligen einer theologischen Schule. Er soll auf seiner einsamen, jesusnahen Höhe bleiben, es sollen zu ihm alle möglichen vom Kampf des Tages verwundeten Leute kommen dürfen und nicht neue Wunden empfangen. Es schien mir nun doch, daß Ihre Darstellung diesem Wunsche nicht ganz gerecht werde. Vielleicht haben Sie Blumhardt doch ein wenig zu sehr mit Seitenblicken gelesen, zu wenig naiv und direkt. Sie werden den Theologen eben auch nicht so leicht los, er sitzt bei uns allen leider zu tief. […]

Um mich zu überzeugen, ob mein Gefühl richtig sei oder nicht, habe ich mir erlaubt, Ihren Aufsatz einer Frau mitzuteilen, die Blumhardt sehr nahe steht und ihn versteht, wie Wenige, und sie zu bitten, mir ihr Urteil zu sagen. Es bedeutet eine ganz merkwürdige Bestätigung meines eigenen. Ich lege es Ihnen bei, im festen Vertrauen, daß Sie dadurch nicht verletzt werden.[8]

[7] KBA 9216.12.
[8] *Leonhard Ragaz in seinen Briefen*, Bd. 2: 1914–1932, hrsg. von Chr. Ra-

Im folgenden nennt Ragaz die beiden entscheidenden Gründe sei-
ner Ablehnung: zum einen die Erfahrungen, wie Ragaz sie mit Kutter
und seinen Anhängern gemacht hatte, zum andern seine Sorge um die
rechte Art eines ersten Hinweises auf Blumhardt, von dem bisher in
den «Neuen Wegen» aus einer bestimmten Scheu heraus noch nicht
gesprochen worden war[9]:

Und nun lassen Sie mich noch eines aussprechen, das mich in den
letzten Jahren oft beschäftigt und verdrossen hat. Blumhardts Botschaft und Haltung ist eine reife und milde Frucht gewaltigsten
Kämpfens und Erlebens, auch ist er nun ein Greis. Wenn nun diese
Haltung nachgeahmt wird, besonders von ganz jungen Menschen,
und seine Lösungen Theologumena werden, dann geht mit allem eine
Verwandlung vor. Sie verlieren etwas von Leben und Wahrheit, sie
werden zu Ruhepolstern, wohl auch Anlaß zu einer leisen geistlichen
Selbstüberhebung. Zudem wird das αὐτὸς ἔφα [er selbst hat es gesagt]
gelegentlich lästig.

Dem allem gilt es zu wehren, sonst geht wieder einmal ein wunderbarer Gottessegen verloren. Die erste Einführung Blumhardts in
die Neuen Wege sollte dieser Gefahr begegnen und ja nichts zu ihrer
Mehrung beitragen.

Nicht wahr, Sie verstehen diese Bedenken so, wie sie gemeint sind?
Ich stelle Ihnen nun Ihr Manuskript wieder zu und frage Sie, ob Sie es
wohl übernehmen können, es umzuarbeiten, ob dies Ihrem eigenen
Gefühl entspricht?[10]

Barth antwortete am 19. Juli «vier Seiten lang, höflich wie ein Chi-
nese, freundlich wie ein Genfer, unter Nellys Assistenz und Rat»[11]:

Hochgeehrter lieber Herr Professor!

Ihre Ausführungen zu meinem Blumhardt-Artikel und auch die
der verehrlichen unbekannten Dame habe ich mit lebhaftem Interesse
gelesen und spreche mich gerne mit Ihnen darüber aus. Sie haben die

gaz, M. Mattmüller, A. Rich, bearbeitet von G. Kreis, Zürich 1982, S. 85 (Transkription an Hand des Originalbriefes korrigiert). Ragaz hatte die Rezension
Bertha Imhoff unterbreitet (a.a.O., S. 86, Anm. 4).

[9] Vgl. Mattmüller II, S. 221.
[10] *Leonhard Ragaz in seinen Briefen,* Bd. 2, a.a.O., S. 85 (Transkription an
Hand des Originalbriefes korrigiert).
[11] Bw. Th. I, S. 146f.

Auffassung, dass Bl's Person und Anschauungsweise gleichsam hors concours, grundsätzlich ausserhalb unsrer Gegensätze und Auseinandersetzungen bleiben müsse. Ich meinerseits stelle ihn ja auch deutlich und ausdrücklich abseits von uns Andern, möchte ihn aber doch, wo er sich durch seine Gedanken selbst in – negative oder positive – Beziehung zu dem was uns bewegt, bringt, reden lassen u.zw. zu uns, so wie wir sind. Sein Buch und sein ganzes Lebenswerk, soweit ich es kenne, ist mir ein entscheidend wichtiger Beitrag zu unsrer innern und äussern Arbeit, nicht nur ein Ruhepunkt in der Erscheinungen Flucht. Darum meinte ich etwas davon schreiben zu sollen. In der Tat wollte ich auf seine Meinung hinweisen als auf eine von vielen andern, auf die im Chor der übrigen Stimmen auch zu hören sei. Meinen Sie nicht auch, dass er in diesem Sinn geredet hat und dass er in diesem Sinn, nämlich indem man ihn ganz *sachlich* nimmt, eigentlich *noch ernster* genommen wird als auf die andere, mehr mystisch-persönliche Weise, sich an ihm zu freuen. Sie und ich wollen ihn ja doch vor Allem ernst nehmen. Ich fürchte aber für die Sache, wenn seine Person so hoch erhoben und so gänzlich von unsereins abgerückt wird.

Darf ich es aussprechen, dass es mich ein wenig verwundert hat, in Ihrem Brief und in dem kritischen Manuskript der Anonyma soviel Taktisches zu finden? Und dass mir einige sachliche Äusserungen von Ihnen selbst eigentlich wertvoller gewesen wären als die Aussetzungen der verehrten Dame, die eigentlich doch nur als Beitrag zur Psychologie der echten Boller Interesse haben?

Ich möchte sie aber doch nicht ohne Antwort lassen. Sie möchte also Bl's Anschauung von den kosmischen und metakosmischen Zusammenhängen des Weltgeschehens (und nach den Streichungen zu schliessen, noch andre Punkte bei ihm) zu esoterischen Geheimlehren nur für die engern Freunde bestimmt, machen. «Die Welt braucht davon nichts zu wissen.» Darf ich Wünschen dieser Art durch Vornahme der gewünschten Streichungen nachgeben? Auch dann, wenn es mir scheint, es handle sich da um Dinge von centraler Wichtigkeit, deren Unterdrückung Bl's Gedanken völlig entstellen würde? Ein so unsachliches und so seltsam motiviertes Begehren kann doch nicht gutgeheissen werden! Ist es Ihnen überhaupt nicht aufgefallen, dass die von der Dame proponierten Streichungen in ihrer Gesamtheit eine merkwürdige Tendenz zur Annäherung an das übliche Christentum verraten? Das ist ja nun ihre Sache, aber darf man mit dieser Tendenz, auch wenn sie sich aus der Besorgnis um Blumhardt erklärt, Kompromisse machen?

Und nun muss ich etwas fragen, was ich nicht recht verstanden habe. Die Dame redet davon, man dürfe aus Bl's Art keine Dogmen und Schablonen machen. Und Sie sprechen im gleichen Sinn von Theologumena und sogar Ruhepolstern. Wer kann damit gemeint sein? Ich habe doch nur den Versuch gemacht, dem Buch gegenüber fest zuzugreifen und zu konstatieren: was sagt er? und: was sagt er nicht? unter Andeutung der Grenzen. Ist das wirklich schon Theologie im üblen Sinn, Identifikation Bl's mit einer (welcher?) Theologenschule? Habe ich etwas Anderes gesagt und gedacht als: Lest und denkt nach darüber?

Mein Artikel sollte meinen Eindruck von Bl's Buch wiedergeben. Die Herstellung eines «reinen lichten Bl. Bildes» ist eine ganz andre Aufgabe; es wäre viel darüber zu sagen! Aber das geht nun doch auch nicht, dass ich mir meinen Eindruck censurieren lasse durch die Eindrücke andrer Bl. Freunde, und wenn es die kompetentesten wären. Es wäre mir sehr wichtig, dass Sie, verehrter Herr Professor, mich da nun auch verstehen. Ich denke mir das Publikum der N.W. immer als einen Freundeskreis, vereinigt durch unsre gemeinsame Hoffnung, durch unsre *Sache*. In dieser Supposition irre [ich] mich doch sicher nicht. Nun wollte ich den Freunden sagen, was ich bei Bl. gesehen und erläutern, was manchen vielleicht anstössig ist – so gut ichs konnte. Ich *gab* eben, was *ich* hatte, nicht mehr und nicht weniger. Man kann anders besser sehen und erklären als ich, warum nicht? Aber wenn ich das Wort haben sollte, dann müsste ich es *ganz* haben und könnte mir vor Allem nicht aus mir fremden taktischen Erwägungen heraus dreinreden und das Wort beschneiden lassen.

Ich würde so gerne Ihrem Wunsche entsprechen und auch der freundlichen Meinung, die meine Censorin von mir hat, entgegenkommen. Aber es geht wirklich nicht mit einer Umarbeitung. Über 2–3 der angefochtenen Stellen liesse sich ja reden. Die paar kritischen Spitzlein gehören für mich als Abgrenzungen zur Sache; das gegen *Wernle* könnte ich schliesslich fallen lassen, das gegen die *Basler Boller* dagegen «unbedingt» nicht. Aber das Wesentliche an den Wünschen der Censorin sind ja nicht solche Einzelheiten, sondern ihre ganze

Tendenz und diese muss ich in aller Hochachtung vor der Unbekannten als *sach*schädigend bestimmt ablehnen. Und wenn Sie auch nach diesen Erklärungen den Aufsatz so wie er *mein* Aufsatz ist, lieber nicht bringen, so wird es wohl so das Rechte sein und verdriessen soll mich die Sache auch nicht, wenigstens wenn Sie mir versichern, dass Sie mich nicht zu den «jungen Menschen» rechnen, die sich auf Ruhepolstern ergehen wollen. (Das wäre doch traurig!) Die Arbeit an diesem Artikel hat mir selber soviel Anregung u. Freude gebracht, dass es mich nicht weiter betrübt, wenn sie nun nur für mich getan ist. Und gerne will ich dann gelegentlich wieder eine Predigt einsenden.

Mit freundlichem Gruss

Ihr ergebener Karl Barth[12]

Am 23. Juli kündigt Ragaz eine Antwort «in den nächsten Tagen» an und bittet, «mir doch das Manuskript möglichst rasch noch einmal zustellen zu wollen».[13] Barth antwortet am 24. Juli in einem «unter Nellys Überwachung fast übertrieben liebenswürdig gehaltenen Brief (sachlich streng abweisend freilich)»[14] und erklärt sich mit zwei Weglassungen, zu denen ihm am 20. Juli auch Thurneysen geraten hatte[15], und mit zwei «Einschaltungen» als «4 Konzessionen» gegenüber der «werten Korrespondentin» von Ragaz einverstanden: «Alle andern vorgeschlagenen Streichungen kommen aus einer sachlich andern Orientierung und könnten von mir aus nicht stattfinden.»[16]

Am 28. Juli sendet Ragaz seine ausführliche Erklärung und Entgegnung:

Lassen Sie mich Ihnen denn zuerst sagen, daß es mir selbstverständlich nicht eingefallen ist, Sie verletzen, Ihnen zu nahe treten zu wollen. Wie können Sie gar auf den Gedanken kommen, ich rechne *Sie* zu den «ganz jungen Leuten, die auf Polstern ausruhen wollen»? So dumm und ungerecht dazu bin ich selbst denn doch auch nicht. Aber wenn *Sie* auch nicht dazu gehören, so gibt es solcher Leute genug, und sie sind mir beinahe die widerwärtigsten von allen. Schwer erkämpfte Weisheit Gottes von unreifen Leutchen als frommer Tiefsinn *zur*

---

[12] KBA 9216.16.
[13] KBA 9316.82.
[14] Bw.Th. I, S. 148.
[15] Nicht abgedruckt in Bw. Th. I (KBA 9370.153).
[16] KBA 9216.18.

Schau getragen — gibt es etwas Abstoßenderes? Da möchte ich doch fast sagen: Reformerphrasen her!

Auch daß ich mir die Freiheit genommen habe, Ihren Aufsatz jemandem zu zeigen, so wie ichs getan habe, dürfen Sie nicht als eine Art Beleidigung empfinden. Denn Sie müssen wissen, daß es sich nicht um die erste Beste handelt, sondern um einen Menschen, der uns allen – in diesen höchsten Dingen – zum mindesten ebenbürtig ist und von Blumhardt als jemand betrachtet wird, der ihn versteht wie wenige. [...]

Dabei handelte es sich ja durchaus nicht um eine Zensurierung Ihres Aufsatzes, sondern bloß um eine Frage des Taktes. Sie und ich standen in diesem Falle nicht in dem Verhältnis des Redaktors zu einem Mitarbeiter. Sie wissen, daß ich Ihnen noch nie zugemutet habe, an einem Beitrag irgend etwas zu ändern. Aber diesmal stehen wir eben in einem andern Verhältnis. Wir gehören beide zu den Freunden Blumhardts und sind verpflichtet, den Schatz von Gotteswahrheit, die in ihm und mit ihm ist, richtig verwalten zu helfen. Mir ist das stets eine sehr ernste und heilige Aufgabe gewesen, und da habe ich gemeint, mit Ihnen wohl darüber reden zu dürfen. Ich weiß, daß dieses Unternehmen recht Folgen haben kann. Weil ich nun aber nicht wußte, ob ich mich auf mein Empfinden verlassen dürfe, so habe ich mir erlaubt, noch jemand anders aus diesem Kreis herbeizuziehen, einen ganz verschwiegenen, vertrauten Menschen von größter Feinheit des Gefühls und Lauterkeit des Herzens. Ich hoffe, daß Sie nun das alles im rechten Lichte sehen. Wenn ich Ihnen denn eine allfällige Umgestaltung des Aufsatzes zugemutet habe, so wars nur aus diesem Zusammenhang zu erklären. Es fällt mir nicht ein, Ihnen die Freiheit der Äußerung *Ihrer* Meinungen beschneiden zu wollen. Aber es war diesmal sozusagen eine *gemeinsame* Angelegenheit. [...]

Jetzt erst ist der «Streitpunkt» klargestellt. Was ists denn, was mir an Ihrer Lösung der Aufgabe einige Bedenken erregt? Daß Sie Blumhardt nach meinem Gefühl außerordentlich richtig verstanden und das Gold in dem schlichten Gefäß dieses Andachtsbuches meisterhaft herausgeholt haben, will ich nicht versäumen, nochmals zu sagen. Hier kann ich nur zustimmen. Meine Einwände beziehen sich also wirklich bloß auf die *Form* der Einführung. Und da ist es beim abermaligen Durchlesen des Aufsatzes wieder der gleiche Punkt wie das erste Mal gewesen, der mir zu schaffen gemacht hat: Sie stellen Blumhardt zu sehr dar als einen, durch den andere gerichtet werden. Auf der einen Seite steht er, der Rechte, auf der andern wir, die Verkehrten. So besonders in der Einleitung. Das mag nun ja zum Teil richtig sein, aber es liegt nicht im Geiste Blumhardts und besonders nicht im Geiste dieses Andachtsbuches, daß dies so hervorgekehrt wird. Es kommt friedlicher, positiver zu uns. [...]

Damit ist aber die zweite Gefahr genannt, die sich auch an Ihre Methode knüpft: Blumhardt wird als Muster hingestellt und wird damit für viele sofort zur Schablone. Daraus entsteht dann jenes Bollertum, das uns so gut von Blumhardt trennen könnte, wie die Christen von Christus. Darum aber wünschte ich eine Einführung Blumhardts, die dieser Gefahr noch etwas besser begegnete, als mir die Ihrige in der jetzigen Form zu tun scheint. Ich möchte Blumhardt auch in die *Höhe* rücken, wie Sie, aber auf eine positive Weise. Er sollte sozusagen in einem Element der Stille und Ferne, auch, bis zu einem gewissen Grade, des Geheimnisses bleiben, unbeschienen, nicht dem Theologengift und Parteilärm zugänglich. Ich meine, auch sein Richtamt vollzöge sich so am besten und wirksamsten.

Will ich Blumhardt damit ganz von uns und den andern abrücken? In *einem* Sinn ja! Er ist etwas Besonderes, Einzigartiges, über alles, was als vergleichbar in Betracht käme, Erhabenes. Aber indem ich dies sage, muss ich zugleich jede Unterwürfigkeit gegen ihn ablehnen. Ich habe oft mit ihm zu rechten; habe gegen manches Bedenken. Jedenfalls will ich ihn nicht zum Modell für andere machen. Wir wollen in seinem Namen in großer Freiheit bleiben, zu immer größerer durchdringen.

Wie bitter dies nötig ist, zeigt gerade *der* Einzelpunkt, über den wir nicht ganz gleicher Meinung sind: Blumhardts Auffassung von der Beziehung zwischen den irdischen und den überirdischen Entwicklungen. [...]

Wenn ich zum Schluß noch einen positiven Vorschlag machen sollte, so wärs wohl der: statt des *Buches* Boll und Blumhardt einzuführen und das Buch nur als Ausgangspunkt zu brauchen. Alles im Sinne der nun angebrachten Bedenken.

Aber nun möchte ich Ihnen nochmals sagen, daß mir ganz ferne liegt, Ihnen etwas aufdrängen oder beschneiden zu wollen. Trotz aller

Verleumdung, die ich in dieser Beziehung erfahren habe, darf ich doch mit ruhigem Gewissen sagen, daß nichts meiner Natur ferner liegt, als die Antastung der innern Freiheit eines Menschen. Ich meinte bloß das Recht zu haben, Ihnen einen Freundesrat zu geben, als einer, von dem Sie eigentlich wissen können, wie hoch er Sie stellt und wie viel er von Ihnen hofft.

Darf ich Sie bitten, mir Ihre endgültige Meinung zu sagen?[17]

Barths «endgültige Meinung» folgte am 5. August, nachdem Thurneysen ihn am 3. August bestärkt hatte, «bei der ersten Entschliessung»[18] zu bleiben:

Lieber Herr Professor!

Ich danke Ihnen herzlich, dass Sie soviel Mühe u. Zeit geopfert haben, um mir Alles zu erklären und ich glaube nun auch in der Tat zu verstehen. [...]

Das Praktische vielleicht zuerst: Ich bin nun überzeugt, dass es das Beste ist, wenn ich den Artikel einfach zurückziehe. Ganz gewiss fühle ich mich nicht beleidigt, sondern ich sehe offenbar in den nun aufgeklärten strittigen Punkten etwas anders als Sie und da ist es selbstverständlich meine Sache zurückzutreten, da ich sachlich Ihrer Ansicht nicht beitreten kann. [...]

Dass es auch im Reiche Gottes Taktfragen giebt, das will ich natürlich nicht bestreiten, aber in der Anwendung auf unsern Fall kann ich doch Ihrem Urteil nicht beistimmen. Habe ich wirklich Bl. als *Richter* in unsre Streitigkeiten hineingestellt in meiner Einleitung? Habe ich nicht ausdrücklich gesagt: er sagt nicht Ja u. nicht Nein, er ist eben *nicht* von der Partie – das musste doch gesagt sein, gerade jetzt, wo man an alle Erscheinungen mit den bekannten fertigen Fragestellungen herantritt. Bin ich jemand anderem *zu nahe getreten?* Ich habe ja nur festgestellt: So denkt, so redet Blumhardt. Da brauchte sich doch niemand zu rechtfertigen, weil *ers* anders hält, *ich* denke u. rede u. handle auch anders u. gedenke es fernerhin zu thun. Habe ich wirklich Bl. als *Muster,* als Dogma, als Freiheitshindernis aufgerichtet in der Weise, dass die Bollerei sich dadurch bestärkt fühlen könnte. Ich

---

[17] *Leonhard Ragaz in seinen Briefen,* a.a.O. (s. oben S. 276, Anm. 8), S. 87–90 (Transkription an Hand des Originalbriefes korrigiert).
[18] Nicht abgedruckt in Bw. Th. I (KBA 9370.155).

habe allerdings so geschrieben, dass man merken konnte, ich sei der Ansicht, Bl's prinzipielle Orientierungen seien gründlicherer Erwägung wert, als ihnen bis jetzt unter uns zu Teil geworden ist. Aber war mein Ton oder meine Tendenz dogmatisch in dem Sinn wie Sie offenbar den Aufsatz empfunden haben? Endlich die Bl'sche *Metaphysik*. Ist sie in dem Buche u. in Bl's Denken überhaupt wichtig oder nicht? Wenn ja, durfte sie dann bei einer solchen Darstellung, wie sie mir vorschwebte, einfach unterdrückt werden? Darf die «Taktik» soweit gehen? Oder hätte ich diese kräftigen Sprüche (an denen ich einfach Freude habe, ob sie in meinem System restlos Platz haben oder nicht) mit ein paar einschränkenden Glossen begleiten sollen? Für mich war u. ist da kein Ausweg: Ich gab eben wieder, was Bl. sagt, ohne die Verantwortung dafür zu übernehmen aber auch ohne Kautelen, in der Zuversicht auf «freundliche» Leser [...].

In diesem Allem urteilen Sie nun anders. Ihr Auge sieht den ganzen Aufsatz in etwas andern Umrissen u. Farben als ich selbst; und nun entscheidet eben Ihr Auge. Es ist mir ganz klar, dass Sie, wenn Sie diese Bedenken haben, den Aufsatz nicht mit Freuden in den N.W. könnten stehen sehen – und ich auch nicht, nun ich Ihre Bedenken kenne.

Auf Ihren Vorschlag, über Bl. überhaupt zu schreiben, trete ich lieber nicht ein. Dazu bin ich nun der Mann *nicht* und es könnten sich auch leicht die *gleichen* Schwierigkeiten wieder einstellen. Es scheint mir geradezu nötig, dass Sie diese grosse Aufgabe selber lösen.

Ich bitte Sie also freundlichst und mit der nochmaligen Versicherung, dass von Beleidigtsein keine Rede ist, um Rücksendung des Mss [Manuskripts].

Mit herzlichem Gruss
Ihr
Karl Barth[19]

[...]

Ragaz dankte am 7. August, mochte die Frage aber doch noch nicht als damit entschieden ansehen: «Ihnen das Manuskript zu senden, kann ich mich noch nicht recht entschließen. Denn es tut mir doch leid, zu denken, daß der Aufsatz, der ja in seiner Art ausgezeichnet ist,

---

[19] KBA 9216.20.

unverwertet bleiben soll.»[20] *Barth begann sich jedoch nach einer anderen Publikationsmöglichkeit umzusehen. Als er dem Redaktor des «Freien Schweizer Arbeiters» Pfarrer Fr. Sutermeister den Artikel «Der schweizerische Bundesrat und die Glücksspielunternehmer» (s. unten S. 303–309) übersandte, verband er damit die Frage, ob die Blumhardt-Besprechung in diesem «populären religiös-sozialen Blatt»*[21]*, sozusagen einem weniger strengen Zwilling der «Neuen Wege», erscheinen könnte. Nachdem ihn Sutermeister schon am 23. August gebeten hatte, die Besprechung «so rasch als möglich» an den zweiten Redaktor Pfarrer Otto Lauterburg (Siders VS) zu senden, schrieb ihm dieser am 25. August 1916: «Ich wäre sehr dafür eingenommen und der Umfang von 20 Ihrer Seiten wäre kein Hindernis, wenigstens wenn Sie einer Verteilung auf 2 Nummern zustimmen können. Es ist höchstens ein Hindernis vorhanden: Eigentlich bin ich nämlich entschlossen, den F.S.A. auf Ende des Jahrgangs, also Ende Sept. nun doch endgültig eingehen zu lassen.»*[22] *Die Bemühungen, das Manuskript nun also rasch von Ragaz zurückzubekommen, gestalteten sich zu einer «Komoedie der Irrungen»*[23]*. Schließlich konnte der Aufsatz aber doch am 15. und am 22. September in der dritt- und der vorletzten Nummer des «Freien Schweizer Arbeiters» erscheinen.*

Das Echo auf den Abdruck war so verständnisvoll, dass Barth im Postscriptum seines Briefes an Ragaz vom 25. Oktober 1916 schreiben konnte: «Die Boller und vor allem Blumhardt selbst haben sich über die Rezension sehr erfreut ausgesprochen, und mein Zweck ist erreicht: es sind doch Viele, Fernerstehende auf das Buch und die Sache aufmerksam geworden. So bin ich doch froh, es riskiert zu haben.»[24] *In*

[20] Leonhard Ragaz in seinen Briefen, a.a.O. (s. oben S. 276, Anm. 8), S. 91.
[21] So kennzeichnet es der andere Redaktor des Blatts Pfarrer O. Lauterburg in seinem Schreiben an Barth vom 25. August 1918 (KBA 9316.101).
[22] Ebd.
[23] So Ragaz in einem Telegramm an Barth vom 29.8.1916 (KBA 9316.102); dazu seine weitere Erklärung im Brief an Barth vom 31.8.1916 (KBA 9316.103), in dem er fragt, «ob Sie den Aufsatz nun anderweitig drucken lassen wollen? Ich habe die Frage seiner Veröffentlichung in den Neuen Wegen nicht für erledigt gehalten.»
[24] KBA 9216.27. Die Auseinandersetzung zwischen Barth und Ragaz spielte auch noch in der ersten Fassung des Römerbriefs eine Rolle; vgl. Römerbrief 1, S. 126, Anm. 20.

der Tat hatte Eugen Jäckh, der Blumhardt seit 1911 «helfend zur Seite stehen» durfte[25], Barth am 20. Oktober berichtet: «Wir haben uns Ihres vorzüglichen Artikels sehr gefreut. Ob Herr Pf. Blumh. Ihnen selbst geschrieben hat, weiß ich nicht[26], aber ich kann Ihnen sagen, daß er auch eine gr. Freude hatte, ebenso Schw. Anna. Sie haben ihn u. das Buch ausgezeichnet verstanden u. beurteilt u. ich freue mich der geistigen Gemeinschaft mit Ihnen im Warten aufs Reich Gottes.»[27] Wie schon in diesem Brief erkundigte Jäckh sich am 25. Oktober erneut nach weiteren Exemplaren von Barths Aufsatz: «Immer wieder wird nach Ihrem Artikel gefragt. Schade, daß er nicht mehr zu haben ist! Aber ließe sich nicht noch ein Nachdruck herstellen? Hoffentlich sind die Platten noch da. Ich würde für Bad Boll sofort 100 – 200 Exemplare bestellen. Ich wende mich mit der Bitte an Sie statt an den Verlag, mit dem gewiß Sie selbst am besten verhandeln. Versuchen Sie, was zu machen ist.»[28] Auf den Vorschlag eines Neudrucks, den Barth in einem nicht erhaltenen Schreiben vom 1. November ins Spiel brachte, konnte Jäckh erst am 14. November antworten,

da ich zuerst mit H. Pf. Blumhardt persönlich sprechen wollte, was erst jetzt möglich war. Wie Sie richtig vermuten, ist H. Pf. natürlich nicht für den Druck einer Broschüre d.h. für den *Neu*druck des Artikels zu haben. Etwas anderes wäre es gewesen, wenn man noch Abzüge hätte machen konnen. Nun aber wollen wir lieber verzichten u. ich bitte Sie, dies der Druckerei Fischer-Lehmann mitzuteilen.

Übrigens verstehe ich auch *Ihre* Bedenken sehr gut; die Leute sollen Bl. selbst hören u. nicht, was man über ihn schreibt. Andererseits ist mir der Grund, warum so oft nach Ihrem Artikel gefragt wird, sehr verständlich. Freunde von Bad Boll werden so oft von Bekannten gefragt, was denn Bl. eigentlich sage; auf derartige Fragen, also nicht für unsere Freunde sondern für Fernstehende gibt Ihre Besprechung des Andachtsbuches vortrefflich Antwort. Und in diesem Sinn hätte ich mich gefreut, wenn man noch einige Exemplare hätte haben können. Ich danke Ihnen bestens für das eine Exemplar, das Sie mir sandten, und das ich gut brauchen kann.[29]

---

[25] E. Jäckh, *Blumhardt Vater und Sohn und ihre Botschaft*, Berlin 1925², S. 7.
[26] Ein Brief Christoph Blumhardts selber liegt nicht vor.
[27] KBA 9316.131.
[28] KBA 9316.134.
[29] KBA 9316.142.

286

Einem weiteren Leserkreis wurde die Blumhardt-Besprechung da-
durch bekannt, dass sie 1928 in der zweiten Auflage des Predigtbandes
von Barth und Thurneysen «Suchet Gott, so werdet Ihr leben!» wieder
abgedruckt wurde.[30] *In der ersten Auflage war den Predigten der Vor-*
trag Barths «Die neue Welt in der Bibel» beigegeben, der inzwischen in
den ersten Band seiner Gesammelten Vorträge «Das Wort Gottes und
die Theologie» aufgenommen worden war.[31] *Als sich der Plan, an sei-*
ner Stelle in der neuen Auflage des Predigtbandes Barths Vortrag
«Kriegszeit und Gottesreich» abzudrucken, erledigt hatte[32]*, wurde auf*
Vorschlag Thurneysens die Blumhardt-Besprechung Barths (und zu-
sätzlich Thurneysens Vortrag «Unsere Hoffnung und die Kirche»)
aufgenommen[33]*, und Thurneysen hielt im Vorwort fest:*

Diese Besprechung deckt die enge Beziehung unseres Anfangs mit
Person und Werk des jüngeren *Blumhardt* auf. Unser weiterer Weg
hat auch Blumhardt gegenüber die Kontinuität nicht unterbrochen, so
daß wir auch diese Buchbesprechung nicht nur aus historischem Interesse abdrucken. Wir wissen überdies, daß Blumhardt selber, dem
sie noch zu Gesichte kam, die in ihr niedergelegte Auffassung seiner
Botschaft ausdrücklich gebilligt und sich daran gefreut hat.[34]

Die Edition des Textes folgt im allgemeinen dem Erstdruck im
«Freien Schweizer Arbeiter». Abweichungen des Abdrucks in der Pre-
digtsammlung sind in den textkritischen Anmerkungen notiert, soweit
es sich nicht um die Vervollständigung verkürzter Wortendungen (z. B.
«unserem» statt «unserm») oder um offensichtliche Druckfehler han-
delt. Viele dieser Abweichungen scheinen auf den Verlagslektor oder
den Setzer zurückzugehen. Thurneysen und Barth haben den Ab-
druck anscheinend nicht oder nur flüchtig kontrolliert. Insbesondere
sind die Zitate aus den Haus-Andachten nicht überprüft worden, so

[30] K. Barth / E. Thurneysen, *Suchet Gott, so werdet ihr leben!*, München
1928², S. 175–191.
[31] *Das Wort Gottes und die Theologie*, Gesammelte Vorträge [I], München
1924, S. 18–32.
[32] Siehe oben S. 185f. und unten S. 317f.
[33] Vgl. Bw.Th.II, S. 609.614.
[34] *Suchet Gott, so werdet ihr leben!*, a.a.O., S. 4. Das Vorwort ist wieder
abgedruckt in: K. Barth, *Predigten 1917*, hrsg. von H. Schmidt (Gesamtausgabe, Abt. I), Zürich 1999, S. 469f., Zitat dort S. 470.

dass einige Textabweichungen im ersten Druck, die wohl auf Schwie-
rigkeiten bei der Entzifferung von Barths Handschrift zurückgehen,
im Abdruck stehen geblieben sind.

Es ist hier noch einmal zu unterstreichen, dass Barth in seinen Ver-
öffentlichungen aus dieser Zeit die Zitate nicht immer, wie es später
allgemein üblich geworden ist, buchstabengetreu bringt. So nimmt er
auch hier gelegentlich in den von ihm angeführten Sätzen Blumhardts
ohne Vermerk beispielsweise Umstellungen vor, ersetzt Substantive
durch Pronomina und Pronomina durch das gemeinte Substantiv,
übergeht Hervorhebungen, trägt eigene Hervorhebungen ein und
passt die Interpunktion an. Solche Veränderungen sind nur dort no-
tiert, wo sie den Sinn berühren. Sie scheinen gerade an diesen Stellen
übrigens eher auf den Setzer als auf Barth zurückzugehen. Die Ab-
weichungen vollständig in einer Vielzahl von Anmerkungen nach-
zuweisen erschien als ein unverhältnismäßiger, zudem die Übersicht
bei der Lektüre behindernder Aufwand. In keinem Fall geschieht
diese Anpassung oder Einbettung der Zitate, wo Barth sie vornimmt,
gegen die Intention des angeführten Textes.

Auf das Reich Gottes warten

Als «einen Gruß für alle, die mit uns auf das Reich Gottes warten
wollen»[35], hat *Christoph Blumhardt* in *Bad Boll* einen Band *Hausan-*
dachten erscheinen lassen. Es freut mich, an dieser Stelle für seine
Gabe danken und die Freunde, die sie noch nicht kennen, auf das
wichtige und schöne Buch aufmerksam machen zu dürfen. Es ist für
mich das unmittelbarste und eindringlichste Wort von Gott und in die
Not der Welt hinein, das die Kriegszeit bis jetzt hervorgebracht hat.
Ich habe den Eindruck: *das* möchten wir eigentlich jetzt sagen – wenn
wir's könnten! Und vielleicht, wenn es die rechten Leser findet, wird
dieses Buch zu einem Zeichen, um das sich, wenn nicht alle, so doch
viele, von denen, die Blumhardts «Gruß» angeht, innerlich ein wenig
sammeln und einigen.

[35] Chr. Blumhardt, *Haus-Andachten nach Losungen und Lehrtexten der*
Brüdergemeine, Stuttgart/Basel 1916, S. V.

288

Ich muss eine *Warnungstafel* aufrichten. Für die Freunde, die von der Theologie – und für die andern Freunde, die von der Demokratie und Sozialdemokratie herkommen. Es könnte ihnen – nicht Blumhardt – der Unfall passieren, dass sie sein Buch nach einiger Durchsicht missmutig und enttäuscht auf die Seite legen. Wir können es nicht lesen, wie wir unsere Bücher und Artikel zu lesen gewohnt sind. Blumhardt stellt keine Thesen auf. Er produziert keine historischen und psychologischen Ab-|176|leitungen. Er räsoniert und diskutiert und politisiert und philosophiert nicht. Es werden keine Probleme angebohrt und keine Linien gezogen und es wird kein System aufgebaut. Er bleibt stumm auf unsere pressanten Fragen: idealistisch oder realistisch? national oder international? Parole: Durchhalten! oder Parole: Opposition machen!? Er spricht sich wiederholt, vielleicht zu unserm Missfallen, als Deutscher aus, der sein Vaterland lieb hat und ihm den Sieg wünscht, er weiß aber, wahrscheinlich zum Befremden seiner meisten Landsleute, nichts, aber auch gar nichts von Kriegstheologie. Er geht freundlich, aber ganz unbeteiligt vorbei an den dogmatischen und an den liberalen, an den «religiös-sittlichen» und an uns sozialistischen Theologen. Er widerlegt niemanden und niemand braucht sich durch ihn widerlegt zu fühlen, aber er gibt auch niemandem Recht. Er legt weder sich selbst noch Andere auf eindeutige Formeln fest. Er hat ein ganz inkonsequentes indifferentes Buch geschrieben. Blumhardt hat überhaupt kein «Buch» geschrieben, sondern einen Jahrgang «Andachten», in kleinstem[a] Kreise gehalten, drucken lassen. Er hat nicht seinen «Standpunkt» dargelegt, sondern er lässt uns den Widerhall miterleben, den die biblischen Losungsworte der Brüdergemeinde täglich in ihm erweckt haben. Er will nichts Geistreiches sagen, kein Feuerwerk abbrennen, keinen Schlag führen, sondern er sagt uns einfach die göttlich-weltliche Wahrheit[b], so wie sie ihm begegnet ist. Ich vermute, er hätte auch allerlei zu sagen über die Gegensätze und Probleme, die uns jetzt bewegen. Aber er will es nicht sagen, es ist ihm nicht wichtig genug, weil ihm anderes wichtiger ist. Er erwartet wohl die Lösungen auf einem andern Boden und er arbeitet daran, diesen Boden zu legen. Wollen wir uns an dieser

[a] 2. Abdruck (1928): «im kleinsten».
[b] 2. Abdruck (1928): *«göttlich-weltliche Wahrheit»*.

Voraussetzung stoßen, dass Blumhardt |177| uns kein Problembuch, sondern ein Andachtsbuch gegeben hat? Ich freue mich darüber. Schon deshalb, weil wir viel Problemliteratur, aber kaum ein Buch wie dieses haben, das wir rückhaltlos freudig auch allerlei unkomplizierten Leuten, die auch mit uns hoffen möchten, in die Hand geben können. Wir Andern machen bei unserm Reden und Schreiben noch gar viele Umwege. Aber auch deshalb, weil ich der Überzeugung bin, dass unserer Sache – unserer Hoffnung – gegenwärtig besser gedient ist mit Hausandachten, als mit Abhandlungen. Unsere Dialektik ist auf einem toten Punkt angelangt, und wenn wir gesund und stark sein wollen^c, müssen wir von vorn anfangen und werden wie die Kinder [vgl. Mt. 18,3]. Da kann Blumhardt allem Volk große Dienste tun.

Einer meiner tiefsten Eindrücke von dem Buch ist der, dass hier ein *priesterlicher* Mensch steht. Ich will gerade darüber nicht viel sagen, denn das ist etwas Feines. Ich sehe nur, dass Blumhardt etwas kann, was wir meistens nicht können: Gottes Sache in der Welt vertreten und doch nicht gegen die Welt Krieg führen, ^ddie Welt lieb haben und doch Gott ganz treu sein^d – mit der Welt leiden und für ihre Not das offene Wort haben, aber darüber hinaus gleichzeitig das erlösende Wort von der Hilfe, auf das sie wartet – die Welt emportragen zu Gott und Gott hinein in die Welt – ein Anwalt der Menschen sein bei Gott und ein Bote Gottes, der Frieden bringt an die Menschen – vor Gott und zu Gott unablässig und unverwirrt flehen: dein Reich komme! [Mt 6,10 par.] und mit den Menschen «warten und eilen» [vgl. 2. Petr. 3,12] diesem Kommen entgegen. Ist das nicht das Höchste und Aussichtsreichste, was ein Mensch jetzt tun kann – wenn er's *kann?*

Ein anderer starker und durchgehender Eindruck – mit jenem erstern im Grunde identisch – ist der, wie or-|178|*ganisch* die Wahrheit vor den Augen dieses Mannes steht. Er konstruiert nicht oder nur wie spielend. Er zerhackt nicht. Er demonstriert nicht und er polemisiert nicht. Er sieht die Tragik des Lebens sehr wohl, aber er nimmt sie sozusagen nicht tragisch, sie wird keinen Augenblick zu einem selbständigen Gegenstand seines Interesses, sie ruht von vornherein wie gebettet im Frieden Gottes. Er leimt aber auch nichts zusammen, reiht

---

^c 2. Abdruck (1928): «sollen».
^d 2. Abdruck (1928): *«die Welt lieb haben und doch Gott ganz treu sein».*

nicht nebeneinander, verherrlicht nicht das Chaos als Schöpfung Gottes. Sondern er sieht eben Gott schaffen, aus Finsternis Licht, eins aus dem andern werden und wachsen im Frieden Gottes. Das Buch ist ein einziger fröhlicher Triumph über unsere Thesen und Antithesen. Und wieder frage ich mich und die Freunde: gibt es etwas Stärkeres und Aussichtsreicheres in dieser Zeit, als wenn ein Mensch organisch denken und reden kann – und[e] *darf?*

Blumhardt setzt immer mit Gottes Dasein, Macht und Absicht schon ein, er[f] *geht von Gott aus,* steigt nicht erst in Betrachtungen und Erwägungen zu ihm empor. Gott ist das Ende, auf dessen vollendendes Tun wir warten dürfen, weil wir ihn schon als den Anfang kennen. Blumhardt glaubt an Gottes Offenbarung als an das Höchste[g], Fernliegendste, Herrlichste, weil er sie beständig schon im Naheliegendsten und Gewöhnlichsten sieht. Er glaubt an den Sieg des Guten, weil er auch das Böse nie ganz außerhalb des Kreises Gottes sieht. Darum kann er mit einer Art Vollmacht von Gott reden. «Wenn man recht aufpaßt, so weiß man immer etwas von den Werken Gottes zu erzählen. Sie geschehen um uns herum, in unsern Herzen, bei den Nebenmenschen. Wenn man aber nicht aufpaßt, so merkt man nichts.» (S. 133)

Durch das ganze Buch geht ein merkwürdig inniges, unmittelbares, fröhliches Verhältnis[h] zur *Natur.* Über |179| Jes. 40,26–27 heißt es: «Der Prophet setzt sich hinein in die großen Weltbewegungen in Himmel und Erde, alles in der gleichen Herrlichkeit Gottes. Und in diesen großen Zügen liegen auch die kleinen Dinge, selbst der kleinsten Mücke, der Sperlinge und der Blumen. Alles steht in derselben großen Kraft.» (S. 143) «Es ist immer eine große Gewalt da; die Sonne geht ihren Lauf, die Erde, die Sterne, alles geht immer seine gewaltige Bahn. Diese gewaltige Bahn soll auch in die Herzen kommen, damit das Gute ebenso sicher kommt wie die Sonne und der Regen.» (S. 221) Schon aus dieser ursprünglichen Anerkennung Gottes im Naturlauf wachsen einerseits die Einsicht in die menschliche Not, andererseits die frohe Hoffnung auf[i] ihre Überwindung einfach und stark heraus.

[e] 2. Abdruck (1928): «kann und».
[f] 2. Abdruck (1928): «*er*».
[g] 2. Abdruck (1928): «an Höchste».
[h] 2. Abdruck (1928): «Verständnis».
[i] 2. Abdruck (1928): «an».

«Die Erde ist schön[j], die Erde ist lieblich[k] und voller Freude, jedes Mückchen freut sich, jeder Baum freut sich; alles ist lieblich und freundlich eingerichtet von Gott, damit die Menschen darunter leben und weben können, auch in Freude und lieblichem Wesen. Aber wir sind sonderliche Menschen; wir wollen lieber Schwermut haben, wie auch die Volkslieder meist schwermütig sind.» (S. 245) «Wir meinen oft, unser menschliches Elend ist das Einzige, was den lieben Gott beschäftigen müsse. Aber neben unserm Schwachheitswesen ist die Kraft Gottes immer in der Schöpfung. Er[l] ist immer der lebenbringende herrliche Gott, der auch uns berührt, daß wir immer Hoffnung haben können für unser Leben. … Wie Gott auffährt mit Jauchzen, so stehe auch du auf, du Mensch, und laß dich finden als den Starken, in dem Gott, der dir Vater geworden ist.» (S. 255)

Aber auch den *Menschen* und die *Menschheit* sieht Blumhardt gar nicht außer, sondern in dem großen Kreise Gottes. «Jedes[m] Einzelne soll es empfinden: ich |180| habe auch einen Odem von Gott in mir und dem muß ich recht geben.» (S. 200) «Jeder Mensch hat in seinem Inwendigen ein gewisses Recht vor Gott». (S. 39) «Jeder Mensch muß denken: in mir ist ein Same des Guten und Schönen, und es kommt nur darauf an, daß der Segen drüber kommt und der Same aufgehen kann.» (S. 71) «Manchmal gefällt es dem Menschen nicht, wie er ist; aber man muß immer daran denken: mit meinem Wesen, mit meiner Art, mit meinem ganzen Menschen ist etwas Wundersames geschaffen, und das bleibt und vollendet sich und wird endlich so wundersam, daß man es irdisch nicht verstehen kann.» (S. 89) «Für Alles ist jemand da; und jedermann soll sich wichtig nehmen in dem, was er hat, und nicht klagen in dem, was er nicht hat.» (S. 127) «Das Große, Lebendige, Mächtige auf Erden, das uns in allen Ländern entgegenkommt, überall wieder anders, dieses Herrliche und Heilige müssen wir schauen lernen, damit wir gebildete Menschen werden. Die groben Menschen sind keine rechten Menschen; die feinen Menschen sehen im kleinsten Leben, das auf Erden ist, das Herrliche und Heilige Gottes.» (S. 297) «In den Menschen allen liegt ein Same, der aufgehen

---

[j] 2. Abdruck (1928), abweichend von Blumhardts Text: «so schön».
[k] 2. Abdruck (1928), abweichend von Blumhardts Text: «so lieblich».
[l] 2. Abdruck (1928), abweichend von Blumhardts Text: «Es».
[m] 2. Abdruck (1928), abweichend von Blumhardts Text: «Jeder».

und wachsen soll, und daraus soll das Lob Gottes kommen in unserm Geiste. Und dann dringt es auch in den Leib und dringt in die Seele, so daß die Menschen gerecht werden und daß sie verstehen, was das Gute Gottes ist, das sie vertreten sollen auf Erden. Woher das Böse kommt, wissen wir nicht.» (S. 330) So wird auch das menschliche Wesen zum vornherein für Gott in Beschlag genommen. In sehr weitgehender Weise: «Der liebe Gott hat schon das in die Menschen hineingelegt, was er selber ist und was er in die Menschen legen wollte, damit sie seine Ebenbilder werden sollten.» (S. 85) «Jeder Mensch hat eine gewisse Rich-|181|tung[n], in der muß er gehen, er kann nichts ändern, er muß es so machen, wie es ihm bestimmt ist. Und wenn jemand das tut, macht er sich einig mit dem lieben Gott und dann ist es recht. Nur so fortmachen im Vertrauen auf den lieben Gott, nicht tadeln und anders machen wollen.» (S. 74) Das tiefe Leid, das Blumhardt um die tatsächliche Lage der Menschheit trägt, *und*[o] seine sichere Erwartung für ihre Zukunft ruhen zum vornherein in diesem frohen Vertrauen zu ihr, das doch nur schlichtes Gottvertrauen ist.

Die Sünde und der Jammer der Welt, wie sie sich jetzt im Kriege offenbaren, geben ihm das ganze Jahr hindurch fast beständig zu denken, zu verarbeiten, vor Allem zu beten. Er steht beständig in Kontakt mit diesem Weltgeschehen, freilich sehr auf seine Weise. Sein Besonderes liegt nicht nur darin, wie er vom Kriegsgeist so völlig frei bleibt, sondern noch mehr darin, wie er es auch zu vermeiden weiß, den Krieg und die Sünde überhaupt als Protest oder Anklage gegen die Menschen zu wenden. Er verliert den großen Zusammenhang, durch den sich auch das Böse in den Willen Gottes einordnen *muss,* von Anfang an nicht aus den Augen. «Gott lässt uns nicht laufen.» (S. 9) «Gott hat das innerste Wesen der Dinge[36] in der Hand.» (S. 21) «In allem steckt doch der liebe Gott und regiert.» (S. 4) «Wir können den Menschen nicht Vorwürfe machen, man kann nicht sagen: der und der ist schuld; sondern: das ist Gott in unserer Zeit.» (S. 2) «Die menschliche Geschichte scheint immer ohne Gott zu sein, und doch läuft Gottes Wille und Walten durch Alles hindurch, so daß schließlich

---

[n] 2. Abdruck (1928), abweichend von Blumhardts Text: «eine Richtung».
[o] 2. Abdruck (1928): «und».

[36] Bei Blumhardt: «Welt».

geschieht, was er will.» (S. 38) «Der Glaube dringt über alles, alles weg und sieht die rechte Ursache in der Leitung Gottes.» (S. 47) Aber Blumhardts Vorsehungsglaube ist nun gerade nicht das grobe mechanische Dreinschlagen mit |182| dem sogenannten Vatergott, sondern er ist, wie im neuen Testament überall, ein natürliches Ergebnis seiner Hoffnung. «Wenn es auch oft für die Menschen unerklärlich ist, wie es zugeht und wie die Geschichte verläuft, – oft grausam und abscheulich, – so läuft doch der Ratschluß Gottes dazwischen», der aber ist «auf einen neuen Himmel und eine neue Erde [vgl. 2. Petr. 3,13] gerichtet, und es soll Wahrheit in die Herzen der Menschen hineinkommen.» (S. 214) «Wenn wir die Tatsache des Neuen verstehen lernen …, *dann* haben wir einen festen Felsen unter den Füßen und können getrost sein auch in einer Zeit wie der heutigen, da man so recht sieht, was die alte Erde unter dem alten Himmel alles leistet.» (S. 311[f.]) In dieser, von aller Aufgeregtheit freien Zuversicht, liegt von selbst: die Finsternis der Welt ist nicht von Gott, sondern in uns, aber es hat einen Sinn von Gott her, wenn jetzt noch Finsternis ist. «Wenn es an Gott allein hinge, dann wäre alles gut; aber der Wille, sein Volk zu sein, ist wenig vorhanden bei den Menschen.» (S. 170) «Gottes Geschichte auf Erden ist immer wie versteckt unter der Geschichte der Menschen.» (S. 7) «Wir haben es nicht verstanden, das Gotteslicht aufrecht zu erhalten in uns. Und die Finsternis hat einziehen können und kann nun auch in unsere Zeit eindringen und Kriege bringen.» (S. 155) Und dann höher hinauf in der[p] Ursachenreihe: «Der heutige Krieg ist angestiftet durch solche, Gott und Menschen feindselige Kräfte; in der Bibel heißt alles zusammen: *Satan.* Und da sind nun Kämpfe. … ein Kampf, den Gott mit den Feinden hat. Und das drückt sich aus in Kämpfen, die auf Erden zwischen Menschen geschehen. Aber endlich kommt der große Sieg im Himmel und dann kommt der Sieg auf Erden.» (S. 77) Auch Blumhardt versteht den Krieg in seiner direkten Bedeutung für die Menschen als|183|ein Gericht, nur dass für ihn dieser Begriff nicht einen düsteren tragischen, sondern vorwiegend einen freudigen hoffnungsvollen Sinn hat. «Wenn die Völker nur noch sich leben, dann kommt der Ernst Gottes hervor.» (S. 2) «So habt ihr es verdient, so schaffe ich es.» (S. 312) «Das Gericht ist nicht per-

---

p 2. Abdruck (1928): «die».

sönlich böse, sondern es ist nur Gerechtigkeit. ... Wenn ein Volk sündigt und wenn Menschen in unrechter Weise leben, so bildet das eine Krankheit aus. Und das ist das Gericht und soll zum Guten führen. ... Endlich hört das Gericht auf, wenn die Bedingungen des Lebens recht werden und die Menschen das Gute verstehen und nicht immer Dinge tun, die notwendig zum Übel führen müssen!» (S. 123) So bleibt es doch dabei: «Der Sinn auch dieser heutigen Zeit ist verborgen durch Christus in Gott und wir dürfen nur seiner Verheißung harren, so setzt sich die Geduld Gottes mit uns in Verbindung und läßt das verstehen, daß er mit uns ist. ... Das ist auch so etwas, was in unsere Herzen hineinfallen kann als Kraft.» (S. 286[f.])

Denn – und hier liegt die Lösung der Lösungen – mit[q] *Jesus* hat ja das Gute tatsächlich schon angefangen, für das die Menschheit wie die Natur bestimmt ist, und ragt auch in unsere Zeit hinein und geht einer Offenbarung und Vollendung entgegen. Blumhardt ist unermüdlich, sich immer wieder an diesem Punkte zu orientieren, immer auf neue Weise von hier auszugehen. «Tief innerlich in der Welt ist jetzt ein Licht, ein Gotteslicht, in Jesus Christus, dem Heiland der Welt. Und wenn sie es nicht wissen, – er ist da! Und wenn sie es nicht verstehen, – er ist dennoch der Heiland der Welt!» (S. 238) «Gott hat ein Gedächtnis gestiftet seiner Wunder, das stärker ist, als alle Gewalt der Sünde, stärker als alle Gewalt der Hölle und des Todes.» (S. 210) «Er|184|muß herrschen, das ist ein Muß in Jesus Christus, von Gott ihm gegeben, vom Allmächtigen ihm beschert.» (S. 19) «Das sagt der allmächtige Gott zum Heiland: *Du* sollst siegen, *du* mit *meinem* Willen, mit *meiner* Barmherzigkeit, mit *meiner* Liebe, du sollst siegen auf Erden.» (S. 28) «Es ist jetzt, wie wenn er alle Welt an sich ziehen wolle in ihrem schrecklichen Jammer, damit er ihn überwinde.» (S. 92) «In der Hingabe des Herrn Jesus ist unser Tod, unser Elend und unsere Sünde überwunden, und hat es wie ein Loch gegeben, durch das nun viele Menschen hindurchschlüpfen können, auch heraus kommen aus Sünde, Tod und Hölle» (S. 108). «Der Herr Jesus sieht über die ganze Welt hin: sie sind alle in Ställe eingeteilt, – die Schwarzen, die Weißen, die Gelben, die Gebildeten und die Ungebildeten; sie machen sich ihre Stallungen, und dort werden sie von dem Geist beherrscht, der da

[q] 1. Abdruck (1916): «Lösungen. – Mit».

waltet. Und da muß der Heiland nun überall hineindringen, denn er ist der Herr, der Hirt. Man kann sich nicht weiden lassen von einem Teufel, und die falschen Herrschaften können nicht ewiglich währen. So hat der Heiland große Arbeit vom Himmel her. Vom Thron des Vaters holt er seine Kraft und geht dahin und dorthin, und macht die Stallungen auf; und dann hören sie ihn und werden geweidet von ihm. So soll *eine* Herde werden unter *einem* Hirten. Und das ist eine große Arbeit, die Jahrhunderte dauert, nach unserer Zeitrechnung; aber es wird endlich erfüllt werden.» (S. 130)

Wie soll das alles *wirklich werden*[r]? Blumhardt hat zwei Antworten, die eine gibt er Gott: «Nur du Gott, kannst helfen, sonst niemand!» (S. 51), die andere den Menschen: «Bittet, bittet! so wird euch gegeben. Gott läßt sich erbitten. Und mit dem Bitten tun wir mit, |185| helfen wir mit an der neuen Schöpfung.» (S. 146) Wir stehen hier vor dem Innersten seiner Gedanken. Ich müsste nun von den Gebeten reden, die den Andachten beigegeben sind, von dem Beten, das durch Alles hindurchgeht, von diesem ganzen lebendigen[s] Harren auf Gott für die Welt, das den Nerv dieses Buches bildet. Ich will das nicht ausführen; es ist besser, die Freunde suchen und finden selber. Es soll nur nachdrücklich gesagt sein, dass hier, in diesem *Rufen* zu *Gott* die Hauptsache zu suchen ist. Wer das nicht als die Hauptsache[t] versteht, wird wahrscheinlich Alles irgendwie missverstehen.

Blumhardt sieht die Vollendung sich anbahnen in einer doppelten *Bewegung im Himmel und*[u] *auf der Erde* und die eigentliche Entscheidung liegt eben nicht in der sichtbaren, sondern in der unsichtbaren Welt. «Wir sind in zwei Kriege verwickelt. Auf Erden geht es irdisch und mit äußerlicher Kraft, im Himmel geht es göttlich, und das bringt zuletzt den Sieg des Heilandes über alle Welt» (S. 23). «Jedenfalls muß etwas brennen im Himmel, wenn es auf Erden helle werden soll. Es wird im Himmel etwas vorbereitet, und dann kommt es auch auf die Erde, damit wir Freude haben» (S. 69). «Das wird ein Jubel sein durch die ganze Schöpfung! Denn es geht nicht nur die Menschen an, sondern auch alle Engel, die darauf gespannt sind, daß Gottes Wille

[r] 2. Abdruck (1928): «werden».
[s] 2. Abdruck (1928): «diesem lebendigen».
[t] 2. Abdruck (1928): «als Hauptsache».
[u] 2. Abdruck (1928): «im *Himmel* und».

vollendet werde und sich offenbare, ganz besonders auf Erden, wo die Sünde herrscht und der Tod» (S. 309). «Auch der Himmel hat sein Unklares, er muss neu werden» (S. 311).ᵛ Aber es gibt doch eine gleichsam uns zugewandte Seite dieses Kampfes. «Gottes Wort, das wird der letzte Kampf sein auf Erden, wenn es wie Feuer – der Heiland sagt: wie ein Blitz – durch die Welt geht, und |186| wie ein starker Hammer auf alles gottloseʷ Wesen fällt» (S. 25). Und doch ist das wieder ein ganz feiner stiller Vorgang: «Wir dürfen nicht stürmisch sein, nicht auf Wunder aus sein, denn solche bringen eine Unruhe in die Sphäre Gottes. Es muß still und leise kommen» (S. 57). «Wo irgend ein Mensch ist, der wirklich im Namen Christi steht, da redet Gott ... Das ist jetzt auch unsere Freude, neben dem vielen Gebrause und Kanonendonner» (S. 283). «Es ist ein wunderbares Ding von dem³⁷ Glauben. Das ist wie eine Macht, in welcher wir den lieben Gott vertreten auf Erden» (S. 260). «Die Erde soll auch zur Ewigkeit gehören; aber wir müssen schreien gegen Sünde, Tod und Hölle, gegen alles Böse müssen wir schreien und bitten, wie der Heiland von der Witwe sagt» (S. 313). «Gott sucht gleichsam nach denen, die auf ihn bauen³⁸» (S. 57). «Der liebe Gott muß es machen, wenn ein Neues werden soll auf Erden, wir aber können Gerechtigkeit säen» (S. 56). «Die Gnade Jesu Christi ist Gerechtigkeit und Wahrheit und ist einfach, nicht kompliziert und schlau; sondern ganz einfach geht sie durch die Welt und ergreift einige Menschen; und die bleiben dann treu und helfen dem lieben Gott, daß sein Reich komme. ... Endlich aber wird die Macht Gottes zur Gerechtigkeit kommen, und das Böse muß ins Mausloch schlupfen und darf sich nicht mehr zeigen» (S. 273).

So kommt Blumhardt ganz natürlich auf den ihm sehr wichtigen biblischen Gedanken der *kleinen Herde,* des erwählten Gottesvolkes, das, nicht um seiner eigenen Seligkeit, sondern zum Heil der Welt – dem deuterojesaianischen* Gottesknecht vergleichbar – sich um

---

* Jesaia Kap. 40–55.ˣ

ᵛ 2. Abdruck (1928): Absatz.
ʷ 2. Abdruck (1928), abweichend von Blumhardts Text: «alle gottlosen».
ˣ Im 2. Abdruck (1928) ist diese redaktionelle Anmerkung weggefallen.

³⁷ Bei Blumhardt: «um den».
³⁸ Bei Blumhardt: «harren».

Christus schart, in besonderer Weise Gottes Sache zu vertreten hat und daran auch in besonderer Weise in der Liebe Gottes steht. «Durch Zion wird der Sieg kommen» |187| (S. 20). «Es gibt eine himmlische Verbindung mit der Erde, allerdings nur mit wenigen Menschen, aber die sind wichtiger als alles andre» (S. 319). «Wenn ich nur wüßte, wo die Tochter Zion ist; die hat sich arg versteckt» (S. 95). Vielleicht in der Kirche? Aber «da ist es nicht recht lebendig, in den Gemeinschaften und Sekten auch nicht. Das ist alles nicht das Volk Gottes. Das muß erhaben sein, voller Geist und Kraft, und da braucht es eine Aufer-weckung» (S. 30). «Man hat arg viel aufgebracht, um der Christenheit zu helfen, in Kirchen, Versammlungen; aber was die Menschen ma-chen, ist zuletzt doch keine Hilfe, es geht wieder aus» (S. 112). «Wo ist Zion? Das muß man heute fragen; es ist nicht so einfach, doch sagen wir: es sind die Leuteʸ, die auf den Herrn Jesus warten» (S. 136). Über 5. Mose 14,1: «Warum sind die jetzt Kinder? Nicht, weil sie besonders brav gewesen sind und diese oder jene Tugend aufweisen konnten. Im Gegenteil, sie waren untugendhaft, sie hatten keine Moral und keine Gesetze, es war ein zusammengewürfelter Haufe. Aber Gott hat sie nun einmal erwählt» (S. 189). «Es braucht ein Volk des Glaubens, an das sich sozusagen Gott anlehnen kann, dem er den Sieg geben kann» (S. 121). «Kann Gott sagen: die Leute da sind meine Kinder – dann kommt der Segen; und der Segen kommt ringsum zu allen, die mit denen verkehren, an die Gott denkt» (S. 66). «Es kommt immer nur auf das an, daß die Leute, die der liebe Gott erwählt hat, ganz fest bleiben können. ... Dann darf man keine Angst mehr haben für sich und für die Geschichte des Reiches Gottes auf Erden» (S. 106). «Gott will ein Gott des Heils sein und will Lob haben unter den Menschen. Dazu ist zuerst sein Volk berufen, und dann soll es die ganze Erde umfassen und die Menschheit neu bilden» (S. 156). «So |188| müssen viele miteinander sagen: wir wollen ein Völkchen Gottes sein» (S. 329).

Was werden solche Menschen *zuᶻ tun haben?* Vor allem eines: zu wissen und darin tief und fest zu werden: «das eigentliche Tun muß von der Stärke Gottes kommen» (S. 33[f.]). Und darum läßt sich ihre

---

ʸ 2. Abdruck (1928), abweichend von Blumhardts Text: «es sind Leute».
ᶻ 2. Abdruck (1928): «zu».

Art am besten beschreiben in dem, was sie *nicht* tun. Die inhalt-
schwere Forderung, unter der sie stehen, liegt in *einem* Wort: nicht ihr
eigenes suchen! «Den lieben Gott müssen wir in uns wachsen lassen,
nicht selbst wachsen wollen» (S. 115). «Die Versöhnung ist jetzt vollendet, aber die Menschen verstehen sie noch nicht[aa]. Sie wollen sich
immer noch selber erlösen durch ihre eigenen Werke, aber das genügt
eben nicht» (S. 304). Da[ab] gilt's zu begreifen, dass wir nicht dürfen
große «gescheite Leute»[ac][39] sein wollen. Sehr gefährlich ist das Reden
und «Schwätzen»![ad][40] «Wenn wir reden[»] – sogar beim Beten –
[«]dann sprechen wir oft nicht den Willen Gottes aus, sondern unsern
eigenen Willen. Darum ist es gut, wenn wir stille sind» (S. 186). Besonders [«]muß[ae] man sich sehr in acht nehmen, daß man nicht über
ungewöhnliche[af] Dinge so viel redet; sonst vergeht die Freude»
(S. 245). Ein anderer Punkt ist das Zanken: «Das Gerede der Leute
untereinander[ag]: den kann ich nicht leiden! ist nicht Licht, sondern
Finsternis» (S. 114 – bemerkenswert!), ferner das «Draufschlagen»[41]
und Grobwerden und vor allem: «Wer sich überall hineinmischt, in
allen Dingen mittut, der wird schließlich gefangen und zieht fremde
Kräfte an sich, die Unheil bringen» (S. 380).

Diese stille, gespannte, auf Gott gerichtete Art nennt Blumhardt
«Warten». Es wäre sehr zu wünschen, dass wir an der fruchtbaren[ah]
Tiefe dessen, was er damit meint, nicht vorübergehen, weil da und
dort mit diesem |189| Begriff ein bequemer Unfug getrieben wird. Im
Sinne Blumhardts, soweit ich ihn aus diesen Andachten verstehen
kann, ist dieses Warten ein freilich zunächst nach innen gewandtes,
aber in seinem Wesen revolutionäres («Herr[ai] Gott, mache neu! ma-

---

[aa] 2. Abdruck (1928), abweichend von Blumhardts Text: «verstehen sich
nicht».
[ab] 2. Abdruck (1928): «Das».
[ac] 2. Abdruck (1928): «‹gescheite› Leute».
[ad] 1. Abdruck (1916) «Schwätzen!»». Das öffnende Anführungszeichen fehlt.
[ae] 2. Abdruck (1928): «‹Besonders muß». Bei Blumhardt beginnt der Satz:
«Und man muß sich sehr in acht nehmen».
[af] 2. Abdruck (1928): «gewöhnliche». Bei Blumhardt: «ungemütliche».
[ag] 2. Abdruck (1928), abweichend von Blumhardts Text: «miteinander».
[ah] 2. Abdruck (1928): «furchtbaren».
[ai] 2. Abdruck (1928): «revolutionäres: ‹Herr».

[39] Vgl. a.a.O., S. 1.
[40] Vgl. a.a.O., S. 334.
[41] Vgl. a.a.O., S. 16.

che uns neu, mache alle neu, die zu dir rufen, denn sonst nutzt alles nichts!» S. 18)[aj]. Warten[ak] ist gerade nicht ein heimeliges konservatives Sitzen[al] und Mitmachen in den alten Ordnungen. «Wir müssen uns bereiten, wie wenn der liebe Gott immerfort an unsrer Tür stünde[am] und sagte: mach auf! mach auf!» (S. 181). «Es soll ein Unterschied sein zwischen denen, die dem Teufel dienen»[42] (S. 96). «Man kann nicht bloß wachen, man muß selbst handeln, man muß die Hände stramm machen und tun, was man kann» (S. 23). «Wer einen Sinn hat auf Gott, bei dem schlägt es zurück auch aufs Irdische» (S. 6). «Alles wirklich Gute, das wir tun, ist wie eine Bombe in Satans Reich hinein» (S. 36). «Der Trost Gottes ist immer eine Ermahnung – nicht Schmeichelei: ach du mein liebes Herzle, du sollst auch alles Gute haben! Sondern er gibt dem Herzen einen Puff: sei getrost in deinem Gott! Dann läuft das Herz den Weg der Gebote» (S. 169). «Man muß sich zwingen: heraus mit dir! heraus! alles muß ans Licht und offenbar werden. Dann ist der liebe Gott wieder da und unsre Sünden dürfen uns nicht schrecken» (S. 183). «Steh auf! tue etwas! greife irgend etwas an im Namen des Herrn deines Gottes, und danke Gott, daß du noch kannst» (S. 206). Wir haben den Beruf, die Aufgabe im gewöhnlichen Leben, «daß man immer gleichsam den Heiland an uns sieht, der Gutes bringt und Liebes austeilen will, jetzt durch uns, so lange er gehindert ist, auf die Erde zu kommen» (S. 50). «In allem, was wir tun und treiben, muß herausgucken: die Leute ehren Gott»[an] (S. 75). |190|

In diesem unserm «Eilen und Warten» [2. Petr. 3,12] Gott entgegen bereitet sich dann die *Vollendung von Gott selbst her* vor. Das göttliche und das menschliche Tun greifen für Blumhardt eng ineinander,

---

[aj] 2. Abdruck (1928): «nichts!› (S. 18)».

[ak] 1. und 2. Abdruck: «Handeln», verbessert entsprechend der Korrektur in Barths Handexemplar des 2. Abdrucks. Möglicherweise ist der Fehler entstanden, weil der Setzer des 1. Abdrucks in den Text, der in Barths Druckmanuskript wohl lautete: «[...] ist dieses Warten ein [...] revolutionäres ([...]) Handeln, ist gerade nicht [...]», einen Punkt einfügte: «S. 18). Handeln».

[al] 2. Abdruck (1928): «heimeliges Sitzen».

[am] 2. Abdruck (1928), abweichend von Blumhardts Text: «stände».

[an] 1. Abdruck (1916), abweichend von Blumhardts Text: «Gott!›».

[42] Bei Blumhardt: «Es soll ein Unterschied sein zwischen denen, die Gott gehören und dienen, und denen, die dem Teufel dienen.»

wieder nicht mechanisch, aber organisch, nicht dialektisch, aber sachlich. Wer es nicht lassen kann, mit den bekannten Einwändlein[ao] und Bedenken gegen diese Position anzurennen, der wird es eben auch fernerhin tun müssen, bis er's einmal merkt, dass er immer daneben rennt. «Wenn wir nicht glauben, sondern Gott den Rücken kehren, so ist Gottes Macht gehemmt und er kann nicht so stark bei uns sein, wie er will» (S. 52). «Vielleicht sind die vielen Menschen, die nicht auf Gott bauen[43], ein Hindernis für den Heiland» (S. 116). Aber eigentlich stören und aufhalten läßt sich ja Gott nicht, er «arbeitet auf die neue Kreatur hin gleichsam wie ein treuer Arbeiter, daß das fertig wird, was er sich in den Sinn genommen hat. So ist vor Gottes Augen der Mensch eine neue Kreatur, trotz der Schwachheit seines Fleisches. Gott bleibt sicher im Hinblick auf die Menschen; sie sollen eine neue Schöpfung werden und damit soll alles neu werden» (S. 166). «Und wenn die ganze Welt böse ist und überall nur Widergöttliches herrschen will – in einzelnen Menschen herrscht doch Gott, in vielen Menschen» (S. 125). Und aus dem Gegenwärtigen heraus baut sich dann leise und unvermerkt das Zukünftige auf. Wann erscheint es? Was braucht es äußerlich dazu? Das sind keine Fragen. «Er ist schon bei uns im Unsichtbaren. Aber es braucht noch einen Ruck über die Mauer hinüber in unsre arme Welt» (S. 389). «Hinter allem steht eine große Ankunft[ap] Gottes» (S. 5). «Dein Geist kann die Zeit herbeiführen, da Dein Geist regieren wird» (S. 4). «Die Freundlichkeit Gottes dringt ein, mitten ins böse Leben hinein» (S. 14), |191| und «wird der Welt einen andern Stil geben» (S. 288). «Das Reich Gottes will gerade die tieferen Bande der Menschen auflösen» (S. 27). «Dann wird der Mensch selber wieder eine Fundgrube» (S. 362) und «nicht nur *ich* werde einmal selig, sondern es kommt über die ganze *Erde* ein gnädiges Jahr des Herrn» (S. 185). «Dem lieben Gott ist alles andre Nebensache, auch was die Menschen vielleicht fehlen. Er will die Traurigkeit auf Erden beseitigen» (S. 195). «Dann wird nicht mehr der eigene Sinn und der Geiz und alle Wüsteneien siegen, sondern nur noch das Leben» (S. 135). Und «das soll geschehen, daß den Menschen

---

[ao] 2. Abdruck (1928): «Einwänden».
[ap] 2. Abdruck (1928), abweichend von Blumhardts Text: «Zukunft».

[43] Bei Blumhardt: «harren».

Friede werde auf Erden in ihren Herzen und in ihren Verhältnissen»
(S. 204). «Es ist noch viel, was hervorgebracht werden kann durch
Gottes Kraft ... Es soll anders werden bei den Menschen und dann
wird auch die Natur anders werden. Ja bauen[44] wir darauf, bis es hell
wird auf Erden bis in den Tod hinein, und dann kann Gott Ehre haben
bei den Menschen. Und wir dürfen ihm helfen, indem wir Glauben
halten und immer in der Hoffnung stehen» (S. 251).

*«Der Tag Gottes strahlt Glauben aus, der Tag Gottes strahlt Hoff-
nung aus, der Tag Gottes strahlt in Jesus Christus die Liebe aus, in der
können wir uns beweisen, und wir können im Tage Gottes fröhlich sein
und getrost»*[aq] (S. 398).

«Erlöste sind wir und Wartende, in der Erlösung Wartende» (S. 365).

Das sind einige Mitteilungen aus dem Buche, lange keine Inhalts-
angabe. Es ist ein Buch voll Bergwerke und Meerestiefen. Hoffentlich
habe ich nichts systematisiert oder sonst verdorben. Es wäre gut,
wenn viele die Freudigkeit fänden, es ohne schwarze oder rote Brillen
selbst zu lesen und seinen[ar] Gedanken nachzudenken.

[aq] 2. Abdruck (1928): Absatz nicht hervorgehoben.
[ar] 2. Abdruck (1928): «seine».

[44] Bei Blumhardt: «So harren».

DER SCHWEIZERISCHE BUNDESRAT UND DIE
GLÜCKSSPIELUNTERNEHMER
1916

Einleitung s. oben S. 21–25.

Wir haben gegenwärtig alle zentralere oder doch dringendere Dinge zu überdenken als die Frage, ob wir auch in Zukunft im Schweizerland Spielbankbetriebe haben werden oder nicht. Aber in den kleinen Fragen treten manchmal die Entscheidungen, um die es sich in den großen handelt, unzweideutiger und fassbarer zu Tage als in diesen selbst. Darum wollte ich die Aufforderung der Redaktion, mich über die bundesrätliche Botschaft zur Spielbankinitiative[1] zu äußern, nicht ablehnen. Sie bietet ein mehr als gegenständliches Interesse als Illustration zu allgemeinen viel tieferen Fragen: nach den Grundsätzen, die sich hier im Kleinen ausleben, werden wir im Großen regiert; das ist in specie die Wahrheit unserer herrschenden Partei[2] und – wir haben die Regierung und die Mehrheit, die wir verdienen – das wäre also die Politik, wie sie das Schweizervolk nach zwei Jahren europäischen Krieges haben und treiben will?!

Die Geschichte der Spielbankfrage in der Schweiz ist nur äußerlich kompliziert und vieldeutig, in ihrem Kern aber durchaus einfach. Es stehen sich da von jeher zwei Faktoren gegenüber: hier die Interessen gewisser Unternehmer- und Aktionärkreise der Fremdenindustrie samt der von ihnen ökonomisch abhängigen Volksteile – dort der gute Wille des Volksganzen zu saubern Erwerbsverhältnissen, der sich sei-

---

[1] *Bericht des Bundesrates an die Bundesversammlung betreffend das Initiativbegehren um Abänderung des Art. 35 der Bundesverfassung (Verbot der Errichtung von Spielbanken) (Vom 27. Mai 1916.),* in: Schweizerisches Bundesblatt, Jg. 68 (1916), Bd. 3, S. 1–73.
[2] Die Freisinnig-demokratische Partei prägte den 1848 geschaffenen schweizerischen Bundesstaat bis ins 20. Jahrhundert hinein. Von 1848 bis 1891 stellte sie alle sieben Mitglieder der Regierung (des Bundesrates), von 1891 bis 1917 sechs, ab 1917 fünf Mitglieder. Von 1891 an kam ein Mitglied des Bundesrates aus der Katholisch-Konservativen Partei. Von 1917 bis 1919 hielt ein Mitglied aus der Liberalen Partei der Schweiz einen Sitz in der Regierung, der danach an die Katholisch-Konservative Partei ging.

nerzeit im Art. 35 der Verfassung einen, wenn auch ungenügenden Ausdruck verschafft hat. Und nun ist die Frage die: Wird dieser gute Wille des Volksganzen sich ernsthaft und stark durchsetzen oder nicht? Er hatte es damals mit einem relativ harmlosen Gegner zu tun. Seit 1874 haben sich jene gewissen kapitalistischen Interessen verzehnfacht. Wird er sich auch verzehnfachen und bei seinem ehrlichen Nein bleiben? Die Haltung der eidgenössischen und kantonalen Behörden hat darauf zunächst die Antwort zu geben. Für die Vergangenheit ist die Frage entschieden: Recht ist in der Schweiz, wie es der Bundesrat auf S. 11–46 seiner Botschaft ausführlich zeigt, nicht Recht geblieben, sondern von Seiten der Verantwortlichen (aber auch ohne dass das souveräne Volk sie darüber zur Rechenschaft gezogen hätte!) systematisch verdreht und gebrochen worden unter dem konstanten Druck der interessierten Kreise. Dass dieser Vorgang sich in der korrekten und sachlichen Form der «Auslegung» und entsprechenden Anwendung eines nicht ganz klaren Buchstabens vollzogen hat, ändert nichts an seinem unsittlichen Charakter. 1874³ will das Schweizervolk von einer gewerbsmäßigen Ausnützung der Spielleidenschaft nichts wissen und nennt sie Unrecht. 1913⁴ aber hat es gemerkt, dass die verbotenen Früchte doch süß sind, und aus Unrecht muss nun Recht geworden sein. Der Bundesrat und die Glücksspielunternehmer haben in dieser ganzen Zeit mit dem Recht selber ein Glücksspiel getrieben, ein wahres Rösslispiel von Anfragen und Antworten vom hohen Ross, von Entschuldigungen und Aufklärungen, von halben Verboten und dreiviertels Konzessionen – «weles ender?»⁵ – bis zu dem famosen Reglement von 1913, wen's interessiert, der lese es selbst nach! Welches Kriterium soll den rechtmäßigen vom unrechtmäßigen Spielbetrieb unterscheiden? Wo fängt die «gefährliche»⁶ Spielleiden-

³ D.h.: bei der Totalrevision der Bundesverfassung von 1848, die 1874 in Kraft trat und die in Art. 35 das Spielbankenverbot enthielt.

⁴ D.h.: bei dem Beschluss des Bundesrates vom 12. September 1913: «Der Bundesrat erachtet die in den Kursälen betriebenen *Hasardspiele* als nicht unter das Verbot des Art. 35 der Bundesverfassung fallend, wenn die nachstehenden» in 15 Punkten dargelegten «*Grundsätze* beobachtet sind» (Schweizerisches Bundesblatt, Jg. 65 [1913], Bd. 4, S. 198–200).

⁵ = «welches eher?», d.h. welche von den beiden genannten Möglichkeiten trifft denn eher zu? – mit dem Unterton: in gewisser Hinsicht ist wohl beides zutreffend.

⁶ Vgl. *Bericht des Bundesrates an die Bundesversammlung*, a.a.O. (s. oben S. 303, Anm. 1), S. 63.

schaft an a) für Ausländer, b) für Schweizer – a) im öffentlichen Spiel b) im «geschlossenen»[7] Kreis etc.? Welche Spielarten sind überhaupt «gefährlich»? Und wie ist's, wenn nun der Ertrag der gefährlichen Spiele z.T. Kirchen und Spitälern zufließt? In der Tat: die Welt wird kompliziert und die Polizei muss geistreich werden, wenn Unrecht Recht sein und doch der Schein, die moralische Fiktion gewahrt bleiben soll! Man nennt dieses feierliche Spiel Opportunitätspolitik. Alles in Allem haben sich eben, etwas gemäßigt (S. 70)[8], die Unternehmer- und Aktionärsinteressen durchgesetzt und der Staat hat sich nicht als Träger des guten Willens, sondern als Schirmer und Mehrer des Profits erwiesen. Und das nennt man Klassenpolitik.

Mit der Initiative haben nun im Jahre 1914, kurz vor Ausbruch des Krieges 100'000 Schweizer Protest eingelegt gegen diese Entwicklung. Der Bundesrat hat sehr wohl erkannt (S. 67)[9], dass es der gute, der moralische Wille ist, der sich hier wieder zum Worte meldet und dass der Sinn dieser Bewegung kein anderer war, als der, dem Recht wieder zum Recht zu verhelfen. Dem jetzigen Bundesrat war damit die Gelegenheit geboten, die Geschichte geschehen sein zu lassen, um an diesem kleinen bescheidenen Punkte ein Neues zu pflügen [vgl. Jer. 4,3; Hos. 10,12]. Die Ereignisse konnten unterdessen auch ihm zeigen, wohin die alte Opportunitäts- und Klassenpolitik führen muss. Die Gelegenheit war da, mitten in der Katastrophe einen kleinen, materiell sehr nebensächlichen, aber darum nicht unbedeutsamen Schritt zu einer moralischen Politik zu tun. Unser Bundesrat hat leider diese Gelegenheit wie vielleicht noch andere, wichtigere, verpasst. Der systematische Teil der Botschaft[10] zeigt, dass es im gleichen Geiste weitergehen soll wie bisher. Der Bundesrat lehnt die Initiative ab[11], und es

<hr>

[7] Vgl. a.a.O., S. 60.
[8] Vgl. a.a.O., S. 70: «Freilich ist auch der geltende Art. 35 nichts weniger als eine vollkommene, ideale Bestimmung [...]. Allein soviel ist doch mit ihm erreicht worden, dass seinerzeit die berüchtigte ‹Spielhölle› von Saxon verschwand, dass später einzelne gefährliche Spielgesellschaften aufgehoben werden konnten, und dass endlich die Hasardspiele in den Kursälen einen Charakter angenommen haben, der als ungefährlich bezeichnet werden darf.»
[9] Vgl. a.a.O., S. 67: «Wir glauben nicht fehlzugehen, wenn wir das Prinzip, von dem die Initianten ausgehen, in der ethischen Anfechtbarkeit der Spielbanken im weitesten Sinne erblicken.»
[10] A.a.O., S. 49–73: «E. Rechtliche Erörterungen.»
[11] Vgl. a.a.O., S. 73: Der Bundesrat beantragt, die Bundesversammlung möge

ist kein Zweifel, dass auch die Bundesversammlung, die diesen Bundesrat gewählt hat, sie ablehnen wird[12]. Und was wird das Volk tun, respektive die Mehrheit, die «Philister über uns» [Ri. 16,9.12.14.20], die diese Bundesversammlung gewählt haben?

Niemand kann aus seiner Haut heraus. Aber jedermann kann wenigstens aufrichtig sein. Dieser zweite Teil der Botschaft aber ist eine große bewusste Unaufrichtigkeit. Und das ist das Peinlichste daran. Wollte denn der Bundesrat die Initiative ablehnen und in den Spuren seiner Vorgänger weitergehen, so hätte er uns das eigentliche Motiv seines Vorgehens nennen und entwickeln dürfen. Dann könnte man mit ihm reden; so kann man's eigentlich nicht. Warum sagt man uns nicht klipp und klar: Wir wollen die Initiative nicht: aus Rücksicht auf die Fremdenindustrie? Warum zeigt man uns nicht mit zahlenmäßigen Belegen und Berechnungen die im Spiel stehenden wirtschaftlichen Momente? Warum stellt man uns nicht vor die entscheidende Wahl: Recht oder Interesse? Warum hüllt sich der Bundesrat statt dessen in den Mantel formaler Erwägungen, die an sich samt und sonders sinnlose Juristenfündlein sind, etwa wie die Argumente der Kriegserklärungen, die wir ja nun sattsam kennen?! Der Bundesrat wird doch z.B. nicht glauben, auch nur ein Mensch in der Schweiz nehme das ernst, wenn er (S. 53–54) jede bestimmtere Fassung des Spielbankbegriffs ablehnt mit der Begründung: «Es können später Spielbetriebe in einer heute noch unbekannten Form auftauchen, die

«beschliessen, das Initiativbegehren sei abzulehnen und mit dem Antrag auf Verwerfung ohne einen Gegenentwurf der Bundesversammlung der Abstimmung des Volks und der Stände zu unterbreiten».

[12] Im 21. November 1919 beschloss der Nationalrat und am 22. November 1919 der Ständerat, «der Abstimmung des Volkes und der Stände» erstens den Verfassungsrevisionsentwurf der Initianten und zweitens einen Gegenentwurf der Bundesversammlung zu unterbreiten, der die Errichtung und den Betrieb von Spielbanken zwar ebenfalls untersagen sollte, dazu aber erklärte: «Glücksspielunternehmungen, die der Unterhaltung oder gemeinnützigen Zwecken dienen, fallen nicht unter das Verbot, wenn sie unter den vom öffentlichen Wohl gebotenen Beschränkungen betrieben werden. Die Kantone können jedoch Glücksspielunternehmungen auch dieser Art verbieten.» (*Bundesbeschluss über das Initiativbegehren um Abänderung des Art. 35 der Bundesverfassung (Verbot der Errichtung von Spielbanken)*, in: Schweizerisches Bundesblatt, Jg. 71 (1919), Bd. 5, S. 739f.).

vielleicht an sich bedenklicher sind als die heutigen Kursaalspiele, aber nicht unter die Definition des Entwurfs passen.»[13] Ist es dem Bundesrat wirklich um den ökonomischen und moralischen Schutz des Volkes zu tun, wenn er so eifrig erklärt, das «Volkswohl»[14], das mehr oder weniger gefährdete, müsse Kriterium des Spielbankbegriffes sein und nicht die Gewerbsmäßigkeit des Spielunternehmers? Die Moral fürs Volk, die Dividenden für die Aktionäre, ist's nicht so? Oder was soll man davon denken, wenn er (S. 64) selbst feststellt, dass es theoretisch unmöglich ist, die Grenzen zwischen Gewinn- und Unterhaltungsspiel, zwischen ökonomisch gefährlichem und ungefährlichem Spiel zu ziehen, um sich dann doch auf die juristische Regel zu berufen, die Schwierigkeit der Unterscheidung sei kein Beweis gegen ihre Richtigkeit? Als ob nicht die ganze Vergangenheit gezeigt hätte, dass sie gerade auch praktisch nicht möglich ist! Solche Begründungen beweisen doch *nur,* dass man begründen *will!!* Weil man *muss!!* Und dann (S. 69) natürlich die Berufung auf die «Freiheit des Bürgers» etc., die der Staat schonen müsse.[15] Dies im Zeitalter General Willes[16]!

---

[13] Vgl. *Bericht des Bundesrates an die Bundesversammlung,* a.a.O. (s. oben S. 303, Anm. 1), S. 54.

[14] A.a.O., S. 56.60.

[15] A.a.O., S. 69: «Niemand wird aber die Richtigkeit des Prinzips bestreiten wollen, dass die individuelle Freiheit der Bürger und die Freiheit des Gewerbes durch den Staat nicht mehr beschränkt werden soll, als das Interesse der Allgemeinheit es erheischt.»

[16] Ulrich Wille (1848–1925) war am 3. August 1914 für die Kriegszeit zum General der Schweizer Armee gewählt worden. Wegen seiner Sympathie für das Deutsche Kaiserreich, seiner Strenge in Disziplinfragen und seiner Neigung zum Konzept eines Obrigkeitsstaats war er nicht unumstritten. In der ersten Jahreshälfte 1916 führte das eigenmächtige Verhalten des Generals gegenüber dem Bundesrat zu einer Krise, die zu einer ausdrücklichen Bestätigung des Vorrangs der Zivilgewalt vor der Militärgewalt Veranlassung gab (vgl. von Greyerz, a.a.O. [s. unten S. 460, Anm. 75], S. 1131f.). Im Rückblick schreibt Wille: «Weder Bundesrat noch die Regierung irgendeines Kantons wagten, während dem Weltkrieg als ihre oberste Pflicht anzusehen, zu verhindern oder vorzubeugen, daß das souveräne Volk etwas wollte oder etwas tat, das in dieser gefährlichen Zeit die innere Ruhe des Staates, das ist seine Kraft, gefährdete. Wohl dachten viele sorgenvoll an die möglichen Folgen staatsfeindlichen Gebarens, aber sie glaubten nicht das Recht zu haben, vorzubeugen, sondern nur das Recht einzuschreiten, wenn das Wollen zur Tat geworden war…. So lag ganz allein auf meinen Schultern, die mir durch das Gesetz und durch mein

Und schließlich als Krone: die Gefahr der Umgebung[17] des Verbotes: «Das Glücksspiel wird sich, wenn es schlechtweg und in jeder Form verboten wird, hinter geschlossene Türen flüchten und dort gefährlicher werden als in der Öffentlichkeit, weil es der staatlichen Aufsicht entgeht. ... Es ist kaum denkbar, dass die staatlichen Organe allen in privaten Gesellschaften betriebenen Glücksspielunternehmen beikommen könnten.»[18] Dies in einem Augenblick, wo der Staat wahrhaftig zeigt, dass er, wenn es sich z.B. um seine militärischen Interessen handelt, so ziemlich Alles kann und darf – wenn er will. Ja, wenn er *will* und zum Schutz des allmächtigen Kapitals *muss*, da liegt's! Und wenn er *nicht* will, d.h. um des Kapitals willen nicht *darf*, hat er kluge Kronjuristen. Wir kennen sie nun wieder einmal.

Die Spielbankfrage ist an sich nicht wichtig. Aber sie wirft Licht auf Wichtigeres. Das ist unser freisinniger Staat! Der Staat, dessen Stärkung jetzt angeblich unsere heiligste Aufgabe sein soll! Der Staat, dem wir z.B. jetzt durch Einführung des staatsbürgerlichen Unterrichts[19] eine neue Waffe für seine dunklen Zwecke anvertrauen sollen! Das Volk ist's, das einmal zum Rechten wird sehen müssen. Vielleicht *wird*

Pflichtenheft auferlegte Pflicht, ‹Ruhe und Ordnung im Innern aufrecht zu erhalten›» (General Ulrich Wille, *Gesammelte Schriften,* hrsg. von E. Schumacher, Zürich 1941, S. 20).

[17] Versehentlich statt: «Umgehung».

[18] *Bericht des Bundesrates an die Bundesversammlung,* a.a.O. (s. oben S. 303, Anm. 1), S. 69 (von Barth leicht gekürzt).

[19] In dem Bericht über seine Geschäftsführung im Jahre 1915 teilte der Bundesrat unter dem Stichwort «Massnahmen zur Hebung der allgemeinen Bildung und der nationalen Erziehung» mit: «Auf Veranlassung des Schweizerischen Departements des Innern ist dem Rektorat [scil. der Eidgenössischen Technischen Hochschule Zürich] der Auftrag erteilt worden, zu prüfen und zu berichten, ob und welche Massnahmen zu treffen seien zur Erzielung besserer allgemeiner Bildung und besserer nationaler Erziehung in den schweizerischen Mittelschulen, deren Abiturienten in die E.T.H. eintreten, und ob und welche Änderungen und Ergänzungen am Lehrprogramm der entsprechenden Abteilungen der E.T.H. zu treffen seien zum Zwecke der Förderung der nationalen Erziehung (staatsbürgerlicher Unterricht).» (Schweizerisches Bundesblatt, Jg. 68 [1916], Bd. 1, S. 475). Für die weitere Diskussion vgl. z.B. H. Mousson, *Zum Thema der staatsbürgerlichen Erziehung,* in: Wissen und Leben. Schweizerische Halbmonatsschrift, Bd. 17 (1916/17), S. 19–35.

es in der Spielbankfrage zum Rechten sehen. Ob auch in wichtigeren Dingen? Dazu müsste es selbst erst ein anderes Volk sein. Und *diese* Frage wird nicht in der politischen Arena ausgefochten.

DIE FRIEDENSAUSSICHTEN
1917

Zum Jahreswechsel 1916/17 gab es begründete Hoffnung auf ein baldiges Ende des Weltkrieges. Im Dezember 1916 hatten die Mittelmächte in einer gemeinsamen Note ihren Willen zum Frieden erklärt. Gleichzeitig brachte der amerikanische Präsident Wilson die Friedensdiskussion in Gang, indem er die kriegführenden Nationengruppen aufforderte, ihre Kriegsziele bekanntzugeben. Es zeigte sich jedoch, dass die Zeit für einen Frieden noch nicht reif war; der Krieg nahm im Januar sogar deutlich schärfere Formen an. In dieser Situation hielt Barth vor dem Arbeiterverein Safenwil seine Vorträge über «Die Friedensaussichten» und «Die politische Lage» (s. unten S. 344–348). – Aus einem Brief Barths an seine Mutter vom 25.2.1917[1]:

Alle Dienstage habe ich Arbeitervereins-Sitzung, wo ich den Mannen wunderbare politische Reden halte, Bethmann-Hollweg und Lloyd George samt Wilson weit überblickend. Alle Mittwoche ist jetzt wieder Bibelstunde über Gleichnisse Jesu, die Thurneysen und ich neu ‹verstanden› haben!! Dafür habe ich nur noch alle 14 Tage Blaues Kreuz, und *diese* Sache droht, mit der Zeit ganz einzuschlafen. Die Leute haben einfach kein rechtes Interesse dafür u. *ich* im Grunde auch nicht.

Die Friedensaussichten

A[rbeiter-]V[erein] 30. I 17

a) **Die Friedensangebote**
Das deutsche. Guter Wille. Notwendigkeit. Politik. Böse Form[2]

---

[1] KBA 9217.6.

[2] Gemeint ist das Friedensangebot der Mittelmächte vom 12.12.1916. Es wurde in der Presse der neutralen Länder, z.B. der Schweiz, allgemein als Zeichen des guten Willens gewertet, auch wenn es inhaltlich zum Teil scharf kritisiert wurde. Die «böse Form» beruhte auf General Ludendorffs Forderung, in der Note jeden Eindruck einer Schwäche auszuschließen. So enthält die Note Sätze wie: «Österreich-Ungarn und seine Verbündeten: Deutschland,

*Das amerikanische[.]*³ Interesse. Humanität. Böse Verbindung
Das schweizerische gut, aber zu sehr politisch klug in der Wahl des
Moments u. in Anlehnung an Amerika⁴
b) **Friedensaussichten.** Volksstimmung in Österreich⁵ und Italien⁶!

Bulgarien und die Türkei, haben in diesem Kampfe ihre unüberwindliche
Kraft erwiesen. Sie haben über ihre an Zahl und Kriegsmaterial überlegenen
Gegner gewaltige Erfolge errungen. Unerschütterlich halten ihre Linien den
immer wiederholten Angriffen der Heere ihrer Feinde stand» (BN, Jg. 72,
Nr. 634 vom 13.12.1916 [2. Blatt], S. [1]). Gleichzeitig mit dieser Note erließ
Kaiser Wilhelm II. einen Tagesbefehl an die deutsche Armee, in dem er er-
klärte, dass das Friedensangebot «im Gefühle des Sieges» der deutschen Truppen und ihrer Verbündeten unterbreitet worden sei (ebd.); kurz zuvor war
Rumänien unterworfen worden (vgl. unten S. 313, Anm. 11).
    ³ Gemeint sind die Friedensbemühungen des amerikanischen Präsidenten
Wilson vom 21.12.1916. Zu den folgenden Stichworten Barths vgl. unten *Politische Lage*, S. 344–348.
    ⁴ Gemeint ist eine Note des Schweizerischen Bundesrates vom 22.12.1916,
die mit dem Satz schließt: «*Der schweizerische Bundesrat ergreift daher freudig die Gelegenheit, die Bestrebungen des Präsidenten der Vereinigten Staaten
von Amerika zu unterstützen;* er würde sich glücklich schätzen, wenn er in
irgend einer auch noch so bescheidenen Weise für die Annäherung der im
Kampfe stehenden Völker und die Errichtung eines dauerhaften Friedens tätig
sein könnte» (BN, Jg. 72, Nr. 655 vom 24.12.1916 [2. Blatt], S. [2]).
    ⁵ In der österreichischen Bevölkerung machte sich seit dem Winter 1916/17
eine vor allem von ungenügender Lebensmittelversorgung bedingte Kriegsmüdigkeit bemerkbar. Sogar die Armee an der Isonzofront gegen Italien litt
unter Hunger. In Wien fand am 30.12.1916 eine große sozialdemokratische
Friedensversammlung statt, der im Lauf des Januar 1917 mehrere andere, auch
bürgerliche Friedensdemonstrationen in der österreichischen Hauptstadt folgten. Auf der Versammlung am 30.12.1916 hielt der Sozialdemokrat Victor Adler eine Rede, in der er u.a. sagte (Basler Vorwärts, Jg. 20, Nr. 3 vom 4.1.1917,
S. 2): «Europa ist ausgeblutet und es ist beinahe wie bei einem Brand, der
ausgetobt hat und kein Objekt mehr findet, um weiter zu wüten. Europa ist zu
Rande, der Krieg brennt ab, erlischt, weil nichts Brennbares mehr da ist. [...]
Die Sehnsucht nach dem Frieden war ja immer da, aber etwas anderes ist es, aus
der Sehnsucht einen Willen zu machen, aus dem Wunsche eine bewegende
Kraft.»
    ⁶ Italien war 1915 von Großbritannien zum Kriegseintritt bewegt worden
und hegte große Erwartungen hinsichtlich Gebietsgewinnen gegenüber Österreich. Der Kriegsverlauf hatte diese Erwartungen eher enttäuscht. Im Dezember 1916 / Januar 1917 kam es zur Rationierung von Kohlen, Brot und Fleisch.
Die Volksstimmung gab vielleicht am treffendsten der sozialistische Abge-

Sozialisten in Frankreich.[7] Stellung der deutschen Presse zur schweiz[erischen] Note.[8] Langes Schweigen der Ententeregierungen

ordnete Lucci wieder, der in einer parlamentarischen Rede gegen Außenminister Sonnino u.a. sagte (Basler Vorwärts, Jg. 19, Nr. 296 vom 17.12.1916, S. 3): «Die Menge Ihrer diplomatischen Mißerfolge, die den militärischen Mißerfolgen die Hand reichen, lassen das Volk über die Gründe unseres Kriegseintritts nachdenken. [...] Mit welch trügerischen Worten haben Sie Italien in den Krieg hineingelockt. Wie falsch stellten Sie die Lage Österreichs dar, das nach Ihnen bereits dem Untergange geweiht war. Wissen Sie, was Italien heute droht? Daß es zwischen die beiden Kolosse Deutschland und Rußland gerät und zerrieben wird. Wie dachte sich die Regierung eigentlich die Folgen unseres Kriegseintrittes? Wehe, wenn die Soldaten in den Schützengräben draußen die Dinge erfahren werden. Für uns reihte sich Enttäuschung an Enttäuschung. So kann es nicht fortgehen.»

[7] Ende Dezember 1916 hatte ein fünftägiger Kongress der französischen Sozialisten stattgefunden. Wichtigstes Ergebnis neben dem Beschluss, die internationalen Beziehungen zu den sozialistischen Parteien der feindlichen Staaten nicht wiederaufzunehmen, war eine Stellungnahme zum Friedensangebot der Zentralmächte, in der es hieß (Basler Vorwärts, Jg. 19, Nr. 305 vom 29.12.1916, S. 1): «Die Partei stellt fest, daß die Note der Zentralmächte keinen wahrhaften Friedensvorschlag darstellt. Sie enthält keine genauen Angaben für einen Gesamtfrieden, die allein erlauben würden, über die Bedeutung zu urteilen, die der feindlichen Initiative beigemessen werden muß. [...] Die Alliierten müssen für ihre eigenen Friedensbedingungen eine einheitliche Auffassung festlegen, die nicht weniger unerläßlich ist, als die Einheit in der militärischen Aktion. Diese einheitliche Auffassung können sie in ihren Antworten auf die Noten der Schweiz und der Vereinigten Staaten [...] bekunden. [...] Als Antwort müssen die Alliierten den eklatanten Beweis erbringen, daß sie im Jahre 1914 die Katastrophe vermeiden wollten, indem sie Vermittlungs- und Schiedsgerichts-Verhandlungen vorschlugen, die aber abgewiesen wurden, [und] nun bereit sind, den Krieg unter der Bedingung zu beenden, daß von den Zentralmächten richtige Entschädigungen gewährt werden und daß Garantien für einen organisierten und dauerhaften Frieden geschaffen werden.» Und in einer anderen Stellungnahme hieß es (Basler Vorwärts, Jg. 19, Nr. 306 vom 30.12.1916, S. 2): «Der Kongreß verlangt [...] von der Regierung eine energischere Politik in militärischer und wirtschaftlicher Hinsicht, damit bei Aufbietung aller nationalen Kräfte das Ende des Krieges so nahe als möglich herangerückt werde.» – Der Basler Vorwärts kommentierte in seiner Ausgabe vom 29.12. (Jg. 19, Nr. 305, S. 1) die Voten des Kongresses mit dem Satz: «Die französischen Sozialisten [...] haben vor der öffentlichen Meinung Frankreichs kapituliert.»

(3 Wochen an Deutschland, 3 Wochen an Wilson).[9] Opposition 352:41
in Italien[10]

c) **Symptome der Verschärfung**

Der siegreiche *Feldzug* in Rumänien.[11] Königreich Polen.[12]
Haltung der *Ententepresse* u. Regierungen (in Deutschland nur die
rechtsstehende Opposition)[13]
Innere Vorkehren (Lloyd George u. s[ein] Kriegsrat[14], Ermordung

[8] Die Note wurde begrüßt. So schrieb z.B. die Vossische Zeitung am
27.12.1916: «Wenn die weiter zu erwartenden neutralen Noten in einer ähnlichen Tonart abgefaßt sind wie die schweizerische, so werden sie bei uns einem
sympathischen Verständnis begegnen. Die Schweizernote atmet die Ehrlichkeit jener wahren Neutralität, die die Schweiz während des ganzen Krieges
ausgezeichnet hat» (BN, Jg. 72, Nr. 659 vom 28.12.1916 [1. Blatt], S. [2]).
[9] Auf die Friedensnote der Zentralmächte vom 12.12.1916 hatte die Entente
erst am 30.12.1916 geantwortet (BN, Jg. 72, Nr. 666 vom 31.12.1916 [2. Blatt],
S. [1]). Auf das Wilsonsche Vermittlungsangebot vom 21.12.1916 antworteten
die Mächte der Entente gemeinsam am 10.1.1917.
[10] Das italienische Parlament billigte am 19.12.1916 mit 352 zu 41 Stimmen
den Vorschlag von Außenminister Sonnino, das Friedensangebot der Zentralmächte nicht zu akzeptieren. Sonnino hatte zuvor in einer Rede vor dem Parlament den «prahlerische[n] Ton» und den «Mangel an Ernst» in der Note
gerügt (Basler Vorwärts, Jg. 19, Nr. 298 vom 20.12.1916, S. 2).
[11] Rumänien war am 23.8.1916 in den Krieg gegen Deutschland und Österreich-Ungarn eingetreten und wurde bereits im Spätherbst von der deutschen
Armee besetzt; am 6.12.1916 fiel Bukarest.
[12] Die Mittelmächte dachten Polen für die Zukunft die Rolle eines Puffer-
staates zwischen sich und Russland zu. Am 5.11.1916 wurde von Deutschland
und Österreich, ohne polnische Mitwirkung, ein «Königreich Polen» proklamiert (BN, Jg. 72, Nr. 564 vom 5.11.1916 [2. Blatt], S. [1]; Nr. 565 vom
6.11.1916 [1. Blatt], S. [1]).
[13] Die Wilson-Initiative hatte die Kriegszieldiskussion in Gang gesetzt.
Durch das Scheitern der Friedensbemühungen im Januar 1917 verhärtete sie
sich bei allen kriegführenden Parteien; überall setzten sich die Kräfte durch, die
den militärischen Sieg über den Gegner forderten.
[14] Lloyd George hatte am 7.12.1916 die englische Regierung übernommen.
Er baute das von seinem Vorgänger Lord Asquith übernommene Doppelsy-
stem, dem zufolge innerhalb des Kabinetts ein besonderes War Council tätig
wurde, zu einem fünfköpfigen War Cabinet aus, das unter den erhöhten Anforderungen der letzten beiden Kriegsjahre zum entscheidenden Instrument
der britischen Regierung wurde.

Rasputins[15], Konferenz in Rom[16], Anleihen, Zivildienstpflicht in D[eutschland][17])

Äußere Maßnahmen[.] General Nivelle[18], Angriff auf Griechenland[19], Verdunoffensive 15.XII.[20], Schweizerneutralität[21], Mobilisation[22]

[15] Grigorij Rasputin (1871–1916), ein aus dem sibirischen Bauerntum stammender, als Mönch auftretender Wundertäter, war seit 1907 Berater der Zarin und erhielt so einen bedeutenden politischen Einfluß. Er galt als Gegner der herrschenden Militärpartei. Seinem Einfluss wurde es zugeschrieben, dass Russland im Balkankonflikt Österreich nicht den Krieg erklärt hatte. Bei Ausbruch des ersten Weltkrieges war er ausgeschaltet gewesen, weil er sich in Sibirien von den Folgen eines Attentates erholte. Seine Ermordung am 17.(30.) 12.1916 galt als Hinweis darauf, dass sich Russland den einsetzenden Friedensbemühungen der Zentralmächte und der Neutralen verweigern würde.

[16] Vom 4. bis 7. Januar 1917 trafen die Regierungschefs Italiens, Englands und Frankreichs in Rom zusammen, um einen gemeinsamen Oberbefehl für ihre Streitkräfte einzurichten, ihre Versorgungsprobleme zu diskutieren, auch um eine gemeinsame Antwort auf die Wilson-Botschaft zu formulieren.

[17] Am 7.4.1916 war in Deutschland eine vierte, am 8.10.1916 eine fünfte Kriegsanleihe aufgenommen worden. Am 2.12.1916 wurde im Reichstag ein Dienstpflichtgesetz verabschiedet, dem zufolge alle männlichen Personen vom 15. bis zum 60. Lebensjahr zum öffentlichen Dienst und zu jeder Organisation der Kriegswirtschaft herangezogen werden konnten. Gleichzeitig sollten alle Fünfzehnjährigen zu einer vormilitärischen Ausbildung eingezogen werden können.

[18] Am 12.12.1916 wurde General R. Nivelle zum Oberkommandanten der französischen Nord- und Nordostarmee ernannt (BN, Jg. 72, Nr. 634 vom 13.12.1916 [2. Blatt], S. [3]; Nr. 638 vom 15.12.1916 [2. Blatt], S. [3]).

[19] Griechenland war offiziell neutral, neigte aber den Zentralmächten zu. Am 1.12.1916 kam es zu Übergriffen griechischer Armeeeinheiten gegenüber Marineeinheiten der Entente, die in Athen stationiert waren. England verhängte darauf eine Seeblockade über Griechenland, und Frankreich setzte Marineeinheiten zu Land in Bewegung. Griechenland wurde gezwungen, seine Armee auf die Peloponnes zurückzuziehen, um auf dem Balkan nicht in den Krieg auf Seiten Bulgariens eingreifen zu können (BN, Jg. 72, Nr. 640 vom 16.12.1919 [2. Blatt], S. [3]; Jg. 73, Nr. 16 vom 10.1.1917 [2. Blatt], S. [2f.]).

[20] Die große Schlacht um die Festung Verdun tobte vom 21.2. bis zum 11.7.1916. Am 24.10. wurde ein erster lokaler französischer Gegenangriff bei Verdun geführt, bei dem die Forts von Douaumont und Vaux zurückerobert werden konnten. Am 15.12.1916 wurde ein zweiter Gegenangriff begonnen.

[21] In der Presse der Entente wurde im Januar 1917 über Wochen hinweg die

Haltung d. Neutralen (Schweiz – Spanien, Holland)[23]
Moralisches. Sozialisten in engl. Minist[erium][24], Empfindungen d.
Entente gegenüber Wilson[25], franzos. u. deutsche Sozialisten[26], Lloyd

Möglichkeit eines deutschen Neutralitätsbruchs der Schweiz gegenüber diskutiert.

[22] Am 16.1.1917 hatte der Schweizerische Bundesrat für den 24.1. eine Teil-
mobilisation der Armee angeordnet.

[23] Die Schweiz, Spanien und die Niederlande besaßen besonderes Ansehen
als neutrale Staaten. Ein Teil der Friedensnoten, die im Dezember 1916 und
Januar 1917 ausgetauscht wurden, wurden nicht nur über die diplomatischen
Vertretungen der USA, sondern auch über die der drei genannten Länder gewechselt. Die Friedensinitiative Wilsons traf in der Schweiz auf freudige Zustimmung (s. oben S. 311, Anm. 4); Spanien und die Niederlande verhielten
sich demgegenüber ablehnend, sie konnten eine aktive Vermittlerrolle nicht
mit ihrer strikten Neutralität vereinbaren.

[24] Der Führer der gemäßigten Labour Party, Arthur Henderson, wurde ins
engere Kriegskabinett berufen, als Lloyd George 1916 Premierminister wurde.
Am 11.12.1916 erklärte er in einer Rede in London, daß er wünsche, «der
ganzen Welt die *Gefahr eines verfrühten Friedens* darlegen zu können. [...]
Mögen die Amerikaner und andern Neutralen alle ihre Anstrengungen vereinigen um eine Liga für das Schiedsgerichtsprinzip zu schaffen: ich unterstütze
sie gerne, aber nicht jetzt. Wir sind im Kriege. Vergebliche Diskussionen über
den Frieden bei einem wenig skrupellosen Feinde geraten in Gefahr, eine
Erneuerung des ganzen Kampfes hervorzurufen. Wir wollen keinen Frieden
mit dem Zustande in dem sich gegenwärtig Belgien, Frankreich, Serbien und
Rumänien befinden. Wir wollen keinen unehrenhaften Frieden, aber einen
dauerhaften, starken Frieden, der gegründet ist auf das Recht und die Ehre der
Nationen» (BN, Jg. 72, Nr. 634 vom 13.12.1916 [2. Blatt], S. [3]).

[25] Erste Reaktionen in der Entente-Presse wiesen die moralische Gleichstellung mit den Zentralmächten, die in den Peace-without-Victory-Vorstel-
lungen des Präsidenten lag, energisch zurück (BN, Jg. 72, Nr. 655 vom
24.12.1916 [2. Blatt], S. [1f.]).

[26] Die deutschen und französischen Sozialisten waren mit Ausbruch des
Krieges mehrheitlich von Kriegsgegnern zu Kriegsbefürwortern geworden.
Die Kriegszieldiskussion der Jahreswende 1916/17 zeigte die Größe der Kluft,
die zwischen den beiden Schwesterparteien entstanden war. Während die fran-
zösischen Sozialisten sich auf einem Kongress für die energische Fortsetzung
des Krieges einsetzten (s. oben S. 312, Anm. 7) und die Wiederaufnahme der
Beziehungen zur SPD ablehnten, bis die Haltung der deutschen Sozialisten bei
Kriegsausbruch geklärt sei, sagte der deutsche Sozialistenführer Philipp Scheidemann in einer Rede am 4.1.1917 (Basler Vorwärts, Jg. 20, Nr. 4 vom 5.1.1917,
S. 2f.): «Die Entente fordert in ihrer Antwort [auf die Friedensnote der Zen-

George. B.N. 649²⁷

   d) **Ergebnis[.]** Nur guter Wille u. Demut, nur der Wille der Völker
könnte retten!

tralmächte] die Räumung der besetzten Länder, erst dann könnten Verhandlungen stattfinden. Wir könnten demgegenüber auch erst die Räumung unserer Kolonien fordern und die freie Bahn für unsere Schiffe im Weltverkehr. Die
Antwort der Entente ist daher so deutlich ablehnend wie nur möglich. Die
deutschen Sozialisten haben es daran nicht fehlen lassen, ihre Regierung in der
Bereitschaft, Frieden zu schließen, vorwärts zu treiben. Mögen nun die französischen und anderen Sozialisten auch ihre Schuldigkeit tun. Wir wollen uns
gewiß nicht unter preußisch-junkerliche Vormundschaft stellen, aber noch
weniger unter englisch-russische Knechtschaft. Wenn die anderen den Kampf
durchaus wollen, so müssen wir ihn durchkämpfen bis zum äußersten. Nur so
kommen wir vom Weltkrieg zum Weltfrieden.»

   ²⁷ Die BN druckten am 21.12.1916 (Jg. 72, Nr. 648, 1. Blatt, [S. 1–3]; Nr. 649,
2. Blatt, S. [2f.]) eine Rede Lloyd Georges vor dem Unterhaus ab, in welcher
dieser die «moralischen» Motive seiner Politik ansprach: «Dieser Krieg ist ein
Kampf für das Völkerrecht, für die Ehre, für die internationale bona fides.» Ein
Triumph Preußens wäre ein Triumph der Gier und eine Zerstörung des internationalen Gewissens und der Gerechtigkeit in der Welt. «Deshalb habe ich
seit Beginn des Krieges ein einziges politisches Ideal gekannt [...]: Die Rettung
der Menschheit von der fürchterlichsten Katastrophe, die sie jemals in ihrem
Wohlergehen bedroht hat» (a.a.O., Nr. 649, S. [3]).

DIE NEUE WELT IN DER BIBEL
1917

Die Vor- und Nachgeschichte des Vortrages «Die neue Welt in der Bibel» sind leider nur spärlich dokumentiert. Er war Barths Beitrag zu einer Reihe, die E. Thurneysen vom 4. bis 6. Februar 1917 in seiner Kirchgemeinde in Leutwil veranstaltete. Vor Barth sprachen Emil Brunner und Gottlob Wieser: Brunner am 4.2. über «Das Erwachen der Bibel» – Thurneysen erläuterte das Thema in seinem Brief an Barth vom 17.1.1917 so: «Gottes Wort in der Bibel, das darauf wartet, verstanden zu werden». Wiesers Thema am 5.2. war «Die Hoffnung in der Bibel». Diese Verteilung war zustande gekommen, nachdem die Themen zwischen Barth und Brunner getauscht worden waren. Brunner lag das ihm zunächst zugedachte «rein thetische Thema nicht ganz. Er würde lieber irgend eine Analyse oder einen Aufstieg machen.»[1] So wurde statt seiner Barth «zum Angriff angesetzt am 6.II. über ‹Die neue Welt in der Bibel›.»[2]

Der «Widerhall» der «Bibelwoche beim Volke» war, wie Thurneysen am 20.2.1917 an Barth schrieb, «sehr erfreulich». Insbesondere Barth sei «wirklich gehört und verstanden worden. [...] Es zeigt, daß das, was wir zu sagen haben, nicht ins Leere geht. Auch die innere Nähe, in der wir zwei zueinander stehen, ist von den Urteilsfähigen durchaus erkannt worden.»[3] Als diese innere Nähe auch durch die gemeinsame Herausgabe eines Predigtbandes zum Ausdruck gebracht werden sollte, beantragte Barth, dass den Predigten «zum Schluß auch dein Safenwiler Vortrag über die Kirche und mein Leutwiler über die Bibel beigefügt werden, zur prinzipiellen Ins-Licht-Stellung dieser für uns so wichtigen Punkte»[4]. Thurneysens Vortrag fiel dann in der ersten Auflage von «Suchet Gott, so werdet ihr leben!» zwar weg.[5] Doch Barths Leutwiler Vortrag bildet den markanten Schluss.[6] Da er 1924

---

[1] Brief von E. Thurneysen an K. Barth vom 17.1.1917 (KBA 9370.174). In Bw. Th. I in anderen Formulierungen von Thurneysen zusammengefasst.

[2] Brief von E. Thurneysen an K. Barth vom 26.1.1917 (Bw. Th. I, S. 173).

[3] Bw. Th. I, S. 175.

[4] Brief von K. Barth an E. Thurneysen vom 25.6.1917 (Bw. Th. I, S. 207; vgl. S. 228 und 230).

[5] Vgl. Bw. Th. I, S. 240.

[6] K. Barth / E. Thurneysen, *Suchet Gott, so werdet ihr leben!*, Bern 1917, S. 154–174.

wiederum in die ersten «Gesammelten Vorträge» Barths aufgenom-
men wurde[7], musste er in der zweiten Auflage von «Suchet Gott, so
werdet ihr leben!» durch Barths Rezension der Blumhardtschen
Hausandachten von 1916 ersetzt werden (s. oben S. 275). Entspre-
chend dem ursprünglichen Plan fand aber nun Thurneysens Safen-
wiler Vortrag unter dem Titel «Unsere Hoffnung und die Kirche»
Aufnahme.[8]

Die neue Welt in der Bibel

[a]Wir sollen versuchen[a], uns eine Antwort zu geben auf die Frage:
[b]Was steht in der Bibel? Was ist das für ein Haus, zu dem die Bibel die
Türe ist? Was tut sich uns da für ein Land auf, wenn sich uns die Bibel
auftut?[b]

Wir sind mit [c]Abraham in Haran[c] und hören einen[d] gebieterischen
Ruf, der an ihn ergeht: Zieh'[e] aus aus deinem Vaterland und von deiner
Freundschaft in ein Land, das ich dir zeigen [h]will! [Gen. 12,1] Hören[f]
eine Verheißung: Ich[h] [g] will dich zu einem großen Volke [i]machen!
[Gen. 12,2]. Und «Abraham glaubte dem Herrn und das rechnete er
ihm zur Gerechtigkeit.» [Gen. 15,6]. Was hat das alles zu bedeuten?
Wir spüren beim Hören von diesen Worten und Ereignissen, dass da
etwas dahinter steckt. Aber was? Das möchten wir jetzt also wissen.[i]

[a-a] Mskr.: «Heute sollen wir versuchen».
[b-b] Mskr.: «was steht in der Bibel? was tut sich uns da auf, wenn sich uns die
Bibel auftut? was ist das Reich zu dem die Bibel Pforte ist?»
[c] Mskr.: «Abraham in Ur in Chaldäa».
[d] Mskr.: «den».
[e] Mskr. und 1. Abdruck (1917): «zieh».
[f] 1. Abdruck (1917): «hören».
[g] 1. Abdruck (1917): «ich».
[h-h] Mskr.: «will und die Verheißung: ich».
[i-i] Mskr.: «machen. Und Abraham glaubte dem Herrn und das rechnete er
ihm zur Gerechtigkeit! Ja, was hat das Alles zu bedeuten? wir spüren, wenn
wir von diesen Worten und Ereignissen hören, dass dahinter etwas steckt; aber
was? das möchten wir heute wissen. –».

[7] K. Barth, *Das Wort Gottes und die Theologie*, Gesammelte Vorträge [I],
München 1924, S. 18–32.
[8] K. Barth / E. Thurneysen, *Suchet Gott, so werdet ihr leben!*, München
1928², S. 160–174.

Wir sind bei Mose[j] in der Wüste. Vierzig[k] Jahre lang büßt er eine [l]Voreiligkeit und ist unter den Tieren [vgl. Ex. 2,11–15]. Was geht in ihm vor?[l] Es wird uns nichts darüber [m]gesagt; es soll uns das[m] offenbar nichts angehen. Dann[n] auf einmal auch an ihn ein[o] Ruf: Mose, Mose! [Ex. 3,4] und ein großer[p] Befehl: Gehe hin, ich will dich zu Pharao senden, dass du mein Volk, die Kinder Israel, aus Ägypten führest! [Ex. 3,10] und [q]eine einfache Zusicherung: Ich[q] [r] will mit dir sein! [Ex. 3,12]. Wiederum Worte, Ereignisse, die uns zunächst wie lauter Rätsel anschauen[s]. Dergleichen lesen wir weder in der Zeitung noch in andern[t] Büchern. Was ist da dahinter? ⌜möchten wir erfahren.⌝

Unter der Eiche zu Ophra im Lande Kanaan in der Zeit schwerer Feindesnot der Bauernsohn [u]Gideon. Der «Engel des Herrn»[u] erscheint ihm und redet ihn an: Der[v] Herr mit dir du streitbarer Held! Er[w] weiß nicht übel zu widerreden: Ist[x] der Herr mit uns, warum ist uns denn solches alles widerfahren? [y]Aber, «der Herr»[y] weiß ihn noch besser zum Schweigen zu bringen: Gehe hin in dieser deiner Kraft, *du* sollst Israel erlösen aus der Midianiter Händen. Siehe, *ich* habe dich gesandt! [vgl. Ri. 6,11–14].

In[z] der Stiftshütte zu Silo der junge Samuel[aa], und wieder so ein[ab] Ruf: Samuel, Samuel! und der alte fromme ⌜Kirchenmann⌝ Eli|19|gibt ihm den klugen Rat: Gehe[ac] wieder hin und lege dich [ad]schlafen: und er

---

[j] Mskr.: «Mose».

[k] Mskr.: «40».

[l-l] Mskr.: «Missetat in der Einsamkeit. Was geht in ihm vor? Wir wissen es nicht.»

[m-m] Mskr.: «gesagt. Es soll uns ganz».

[n] Mskr.: «Aber».

[o] Mskr.: «der».

[p] Mskr.: «der grosse».

[q] Mskr.: «die einfache Zusicherung Gottes: ich».

[r] 1. Abdruck (1917): «ich».

[s] Mskr.: «erscheinen».

[t] Mskr.: «anderen».

[u] Mskr.: «Gideon. Ein Engel».

[v] Mskr.: «der».

[w] Mskr.: «Gideon».

[x] Mskr.: «ist».

[y-y] Mskr.: «Aber die himmlische Stimme».

[z] Mskr.: «gesandt. – In».

[aa] Mskr.: «Samuel».

[ab] Mskr.: «der».

[ac] Mskr. und 1. Abdruck (1917): «gehe».

gehorcht[ad] und schläft ⌜noch lange,⌝ bis er nicht mehr ⌜schlafen⌝ kann, weil der Ruf wieder und wieder kommt, [ae]weil sogar dem frommen Eli jetzt der Gedanke kommt, es könnte …! [vgl. 1.Sam. 3,4–9]. Auch Samuel muss hören und gehorchen. – Wir lesen das alles, aber was lesen wir da eigentlich?[ae] Es ist uns, wir spürten etwas ⌜wie Erdbeben,⌝ wie Meereswellen, die unablässig donnernd gegen ihre Dämme schlagen, aber was ist's eigentlich, [af]das da anklopft und offenbar herein will?[af]

Soll ich[ag] weiter daran erinnern, wie Elia[ah] im Namen [ai]des «Herrn» der ganzen Macht seines Königs[ai] Trotz bieten und dann [aj]doch selber diesen «Herrn» erst kennen lernen musste: nicht im Sturm und Gewitter, sondern in einem «stillen sanften Sausen» [vgl. 1.Kön. 19,12]! Wie Jesaja und Jeremia[aj] nicht reden wollten und dann doch reden mussten von den [ak]Geheimnissen göttlichen Gerichts und göttlichen Segens über einem sündigen Volke! Wie dann mitten in der tiefsten Erniedrigung dieses Volkes[ak] heißer und heißer das Ringen einzelner unbegreiflicher «Knechte Gottes»[al] wurde um die Frage: Wo[am] ist nun dein Gott? [vgl. Ps. 42,4.11] und um die Antwort: Israel hat dennoch Gott zum [an]Trost! [Ps. 73,1]. Wie sie es nicht lassen konnten, in alles Elend und Unrecht der Menschen gleichsam hinauszuschmettern[an] die Verkündigung: Mache dich auf, werde Licht! denn dein Licht kommt und die Herrlichkeit des Herrn gehet auf über dir! [Jes. 60,1]. Was ist das? Warum[ao] reden diese Menschen so? Aus[ap] was heraus brennt[aq] all

---

[ad-ad] Mskr.: «schlafen, und er gehorcht dem Rat».

[ae-ae] Mskr.: «bis auch er hören und gehorchen muss. Wir hören das Alles, aber was hören wir da eigentlich?»

[af-af] Mskr.: «was da offenbar anklopft und hereinbrechen will? –». Kein Absatz.

[ag] Mskr.: «ich euch».

[ah] Mskr.: «Elia».

[ai-ai] Mskr.: «Gottes der grossen Macht eines Königs».

[aj-aj] Mskr.: «doch erst selber diesen Gott kennen lernen musste, nicht im Sturm und Erdbeben sondern im stillen sanften Sausen, wie Jesaja und Jeremia».

[ak-ak] Mskr.: «Geheimnissen des göttlichen Gerichtes und des göttlichen Segens über der sündigen Menschheit wie dann mitten in der tiefsten Erniedrigung des jüdischen Volks».

[al] Mskr.: «unbegreiflicher Menschen».

[am] Mskr.: «wo».

[an-an] Mskr.: «Trost, wie sie nicht lassen konnten, in alles Elend ihres Volks gleichsam hineinzuschmettern».

[ao] Mskr.: «warum».

[ap] Mskr.: «aus».

[aq] Mskr.: «kommt».

der Zorn, all das Erbarmen, all die Freudigkeit, all die Hoffnung, all die unbedingte Zuversicht, die wir noch heute [ar]auf allen Seiten der Prophetenbücher und der Psalmen lodern sehen wie Feuer?[ar] Und dann die unfassbaren, unvergleichlichen[as] Tage, [at]wo die Zeit, die Geschichte, alle bisherige Erfahrung stillzustehen scheinen wie die Sonne zu Gibea[9] [vgl. Jos. 10,12f.] –[at] um einen Mann herum, der kein Prophet war, kein Dichter, kein Held, ⌐kein Denker,¬ und doch [au]das alles zugleich und mehr als das![au] Entsetzen erregen seine Worte⌐, denn er redet gewaltig und nicht wie wir Theologen [vgl. Mt. 7,29 par.]¬. Mit zwingender [av]Macht ruft er den Einen: Folget mir nach! [Mt. 4,19 par.]. Einen unwiderstehlichen Eindruck von «ewigem Leben» macht er auch den Misstrauischen und Widersachern.[av] «Die Blinden sehen, die Lahmen gehen, die Aussätzigen werden rein, die Tauben hören, die Teufel werden ausgetrieben, die Toten stehen auf und den Armen wird die frohe Botschaft verkündigt.» [Mt. 11,5] [aw]«Selig ist der Leib, der dich getragen» [Lk. 11,27] meint die Stimme des Volkes. Und je stiller und einsamer |20| er wird, je weniger er bei der Welt um ihn her wirklich «Glauben» findet [vgl. Lk. 18,8], um so stärker durch sein ganzes Dasein hindurch *ein* triumphierender Ton: Ich bin die Auferstehung und das Leben![aw] [Joh. 11,25]. ⌐Ich lebe – und ihr sollt auch leben! [Joh. 14,19].¬[ax]

[ar-ar] Mskr.: «in den Schriften der Propheten und Psalmsänger lodern sehen? –». Kein Absatz.

[as] Mskr.: «unvergleichlichen kurzen»; 1.Abdruck (1917): «unfaßbaren unvergleichlichen».

[at-at] Mskr.: «wo in Galiläa».

[au-au] Mskr.: «Alles das zugleich und mehr als das Alles, die Zeit, die Geschichte, alle bisherige Erfahrung gleichsam stillstanden.»

[av-av] Mskr.: «Gewalt konnte er den Einen rufen: Folge mir nach! Und sie gehorchten und einen Eindruck vom ewigen Leben machte er selbst auf die Misstrauischen und Widersacher und Selig der Leib, der dich getragen hat! war die Stimme des Volkes über ihn.»

[aw-aw] Mskr.: «Und durch das ganze Dasein dieses Mannes hindurch ein Ton der stärker und immer stärker wird je stiller und einsamer er wird, je weniger er von der Welt um ihn her verstanden und angenommen wird, zuletzt Alles übertönend, Kreuz und Grab zunichte machend: ich bin die Auferstehung und das Leben, wer an mich glaubet, der wird leben!»

[ax] Mskr.: Kein Absatz.

[9] Versehentlich statt: «Gibeon».

Und dann nur noch das Echo[ay], schwach genug, wenn wir es mit jenem Tone vom Ostermorgen vergleichen[az] – und doch stark[az], viel zu stark für unsere an lauter schwache⌐, erbärmlich schwache⌐ Töne gewöhnten Ohren:[ba] das Echo, das die Erscheinung dieses Mannes gefunden hat bei einer kleinen Schar von ⌐Aufmerkenden, Wachsamen,⌐ Wartenden[bb]. Hier das Echo der ersten mutigen Sendboten, die hinausgehen mussten in alle Welt um das Evangelium aller Kreatur zu verkündigen [vgl. Mk. 16,15]. Hier das Echo des Paulus: [bc]Nun ist die Gerechtigkeit Gottes offenbart![bc] [vgl. Röm. 3,21] Ist jemand in Christo, so ist er eine neue Kreatur[bd]! [2.Kor. 5,17]. Und der in euch angefangen hat das gute Werk, der wird es auch vollenden! [Phil. 1,6]. Hier das stille tiefe Echo des Johannes: Das Leben ist erschienen [1.Joh. 1,2]. Wir sahen seine Herrlichkeit [Joh. 1,14]. Wir sind ⌐nun⌐ Gottes Kinder [1.Joh. 3,2]. Und unser Glaube ist der Sieg, der die Welt überwindet. [1.Joh. 5,4] ⌐– Dann wird auch dieses Echo still, die Bibel ist aus. –⌐ Wer ist der Mann, der so geredet und gehandelt, der dieses Echo gefunden hat?[be] Und noch einmal fragen wir: [bf]Was steht in der Bibel? Was[bf] bedeutet dieser merkwürdige Gang von Abraham zu Christus? [bg]Was will er und ruft er[bg], der Chor der Propheten und Apostel [vgl. Eph. 2,20; 3,5]? [bh]Was ist *das Eine*[bh], das diese Stimmen offenbar alle sagen wollen, jede [bi]in ihrem Ton[bi] und in ihrer Lage? Was geschieht da zwischen dem seltsamen Bericht: Im[bj] Anfang schuf Gott Himmel und Erde! [Gen. 1,1] und dem ebenso seltsamen Ruf der Sehnsucht[bk]: Amen, ja komm Herr Jesu! [Apk. 22,20]. Was ist da dahinter und was[bl] will da zum Vorschein kommen?

[ay] Mskr.: «das Echo».
[az-az] Mskr.: «und doch auch stark genug».
[ba] Mskr.: «Ohren,».
[bb] Mskr.: «Getreuen».
[bc-bc] Mskr.: «Nun aber ist die Gerechtigkeit, die vor Gott gilt, offenbart.»
[bd] Mskr.: «Schöpfung.»
[be] Mskr.: «hat? –».
[bf-bf] Mskr.: «was steht in der Bibel? was».
[bg-bg] Mskr.: «was will er von uns».
[bh-bh] Mskr.: «was ist das Eine».
[bi-bi] Mskr.: «auf ihre Weise».
[bj] Mskr.: «im».
[bk] Mskr.: «Sehnsuchtsruf».
[bl] Mskr.: «dahinter? was».

Es ist ^bmnicht ganz ungefährlich^bm, sich diese Frage zu stellen. Wir könnten es uns wohl überlegen, ob wir nicht besser^bn täten, diesem brennenden Busch^bo [vgl. Ex. 3,2f.] nicht zu nahe zu kommen. ⌐Denn wir verraten dabei, was – hinter *uns* steckt!⌐ Die^bp Bibel antwortet auf diese Frage jedem Menschen und auch jeder Zeit, so wie sie es verdienen. ^bqWir werden in ihr immer gerade so viel finden, als wir suchen:^bq Großes und Göttliches, wenn wir Großes und Göttliches suchen, ^brNichtiges und «Historisches», wenn wir Nichtiges und «Historisches» suchen – überhaupt^br nichts, wenn wir ⌐überhaupt⌐ nichts suchen. ⌐Die Hungernden werden an ihr satt und den Satten ist sie verleidet, bevor sie sie aufgeschlagen haben.⌐ Die Frage: was steht in der Bibel? kehrt sich gerne in beschämender und be-|21|drückender Weise um in die andre Frage: ja was willst denn du? und wer^bs bist denn du, der sich erlaubt^bt, so zu fragen?

Aber wir ^bu*müssen* es uns getrauen^bu, so zu fragen: auf die Gefahr hin, dass wir dabei sehr beschämende Entdeckungen über uns selbst machen. Ja, noch mehr: wir müssen es uns getrauen, ^bvgleich kühn nach einer Antwort zu greifen^bv, die für uns eigentlich viel zu groß ist, für die wir eigentlich noch gar nicht reif sind; ^bwauch wenn wir uns sehr^bw unwürdig vorkommen, eine Frucht zu pflücken, die wahrhaftig nicht etwa *wir* gepflanzt haben mit unserm Sehnen, ^bxStreben, Ringen und innern Arbeiten^bx. Diese Frucht ist die Antwort, die im Thema meines Vortrags gegeben ist: in der Bibel steht ^by*eine neue Welt*^by, die Welt Gottes. ^bzDiese gewaltige Antwort sagt das gleiche^bz, wie das Wort des ersten Märtyrers Stephanus: Siehe, ich sehe den

---

^bm Mskr.: «*nicht ganz ungefährlich*».
^bn Mskr.: «wir besser».
^bo Mskr.: «Feuer».
^bp Mskr.: «Denn die».
^bq-bq Mskr.: «Wir werden in der Bibel immer gerade das finden was wir darin suchen, Kleines und Menschliches wenn wir Kleines und Menschliches suchen,».
^br-br Mskr.: «Alles, wenn wir Alles suchen,».
^bs Mskr.: «du, wer».
^bt Mskr.: «getraut».
^bu-bu Mskr.: «müssen es uns getrauen».
^bv-bv Mskr.: «gleich höher nach einer Antwort zu greifen».
^bw-bw Mskr.: «auf die Gefahr hin, dass wir uns höchst».
^bx-bx Mskr.: «Streben und Ringen, in innerem Arbeiten».
^by-by Mskr.: «eine neue Welt».
^bz-bz Mskr.: «Wir haben diese gewaltige Antwort, die ja das Gleiche bedeutet».

Himmel offen und des Menschen Sohn zur Rechten Gottes stehen! [Act. 7,56]. ^{ca}Weder durch den Ernst unsres Glaubens, noch durch die Tiefe und den Reichtum unsrer Erfahrungen haben wir uns das Recht verdient, diese Antwort zu geben. Ich werde darum auch nur Weniges und Ungenügendes darüber sagen und auch ihr werdet nur Weniges und Ungenügendes davon fassen und verstehen können. Wir müssen uns offen eingestehen^{ca}, dass wir mit dieser Antwort weit über uns selbst hinausgreifen. Aber das ist's gerade: wenn wir überhaupt dem Inhalt der Bibel näher treten wollen^{cb}, müssen wir es wagen, weit über uns selbst hinauszugreifen. ^{cc}Der Inhalt der Bibel selber^{cc} lässt das nicht anders zu. Denn die Bibel hat nicht nur das an sich, dass sie zunächst jedem das gibt, was er verdient, ^{cd}was ihm entspricht^{cd}: dem Einen viel, dem Andern etwas, dem Dritten nichts – sondern^{ce} auch das Andre, dass sie uns, wenn wir nur *aufrichtig*^{cf} sind, gar keine Ruhe lässt, wenn wir mit unsern kurzsichtigen Augen und plumpen Fingern so eine Antwort aus ihr herausgeholt haben, wie sie *uns* entspricht. Wir merken^{cg} dann bald: das ist etwas, aber das ist nicht alles – ^{ch}das konnte mir für ein paar Jahre genügen, aber dabei kann ich nun eben nicht bleiben. Die Bibel sagt uns bei gewissen «Auffassungen», die wir uns von ihr machen, bald sehr deutlich und sehr freundlich: So, das bist *du*, aber nicht *ich!* Das ist nun das, was dir vielleicht in der Tat sehr gut passt: zu deinen Gemütsbedürfnissen und Ansichten, in deine Zeit und in eure «Kreise», zu euren religiösen oder philosophischen Theorien! Sieh, nun hast du dich spiegeln wollen in mir und hast wirklich dein eigenes Bild in mir wiedergefunden! Nun |22| aber geh und suche auch noch *mich!* Suche, was dasteht! Die Bibel selbst ist's, eine gewisse unerbittliche Logik ihres Zusammenhangs, die uns über uns selber hinaustreibt, uns einlädt, ohne Rücksicht auf unsre Würdig-

---

^{ca-ca} Mskr.: «wirklich nicht verdient, weder durch den Ernst unsres Glaubens noch durch die Tiefe unsrer Erfahrungen. Wir werden uns auch zum vornherein damit abfinden müssen, dass ich nur Weniges und Ungenügendes über diese Antwort werde sagen und dass auch ihr nur Weniges und Ungenügendes davon werdet fassen und verstehen können. Wir werden uns gestehen müssen».

^{cb} Mskr.: «sollen».

^{cc-cc} Mskr.: «Der Inhalt der Bibel selber».

^{cd-cd} Mskr.: «was dem entspricht, was er ist».

^{ce} Mskr.: «Nichts! Sondern».

^{cf} Mskr.: «aufrichtig».

^{cg} Mskr.: «spüren».

keit oder Unwürdigkeit[ch] nach der letzten höchsten Antwort zu greifen, mit der alles gesagt ist, was gesagt werden kann, auch wenn wir es kaum zu fassen und nur stammelnd auszudrücken wissen, eben nach der Antwort: Eine neue Welt, die Welt Gottes ist in der Bibel. Es ist ein Geist in der Bibel, der lässt es wohl zu, dass wir uns eine Weile bei den Nebensachen aufhalten und damit spielen können, wie es unsre Art ist – dann[ci] aber fängt er an, zu drängen, und was wir auch einwenden mögen: wir seien ⌈ja⌉ nur schwache, unvollkommene⌉, höchst durchschnittliche⌉ Menschen! er drängt uns auf die Hauptsache hin, ob wir wollen oder nicht. Es ist ein Strom in der Bibel, der trägt uns, wenn wir uns ihm nur einmal anvertraut haben, von selber dem Meere zu. Die heilige Schrift legt sich selbst aus[10], aller unserer menschlichen Beschränktheit zum Trotz. Wir müssen es nur wagen, diesem Trieb, diesem Geist, diesem Strom, der in der Bibel selbst ist, zu folgen, über uns selbst hinauszuwachsen und nach der höchsten Antwort zu greifen. Dieses Wagnis ist der *Glaube*[cj], und nicht mit einer falschen Bescheidenheit, ⌈Zurückhaltung und angeblichen Nüchternheit,⌉ sondern im Glauben⌈, als die da mitgehen wollen, wohin sie geführt werden,⌉ lesen wir die Bibel recht. Und jene Einladung: wag's nur und greif' nach dem Höchsten, obwohl du's [ck]nicht verdienst! ist eben die *Gnade*[ck] in der Bibel, und da geht uns[cl] die Bibel recht auf, wo uns in ihr die Gnade Gottes begegnet, leitet, zieht und wachsen lässt.

Was steht in der Bibel? ⌈*Geschichte!*⌉ Die Geschichte[cm] eines merkwürdigen, ja einzigartigen Volkes, die Geschichte gewaltiger, geistes-

---

<ch-ch> Mskr.: «das genügt nicht, dabei können wir nicht bleiben. Die Bibel sagt uns dann immer sehr deutlich: Das bist du, aber nicht ich! Das ist das, was dir vielleicht passt, dein Gemüt, deine Ansichten oder die deiner Zeit und Umgebung, deine religiöse oder philosophische Theorie! Sieh nun hast du dich wundervoll gespiegelt in mir und hast dich selber gefunden! Nun geh und suche mich! Suche was da steht! So treibt uns die Bibel selber über uns selbst hinaus, ladet uns ein, ohne Rücksicht darauf, ob wir dazu würdig seien,».

[ci] Mskr.: «ist, dann».

[cj] Mskr.: «Glaube».

<ck-ck> Mskr.: «nicht verdient hast! ist die Gnade Gottes».

[cl] Mskr.: «uns erst».

[cm] Mskr.: «Geschichte».

[10] Vgl. Luthers «scriptura sui ipsius interpres» (*Assertio omnium articulorum* [1520], WA 7,97,23; vgl. Predigt am Jakobstage 25.7.1522, WA 10/III, 238, 10f.).

mächtiger Persönlichkeiten, die Geschichte des Christentums in seinen ^{cn}Anfängen. Ein Stück Geschichte von großen Männern und Ideen, für das man sich «als gebildeter Mensch» interessieren muss, schon wegen seiner Wirkungen auf die Folgezeit und Jetztzeit.^{cn} Man kann sich eine Zeitlang bei dieser Antwort beruhigen und viel Schönes und Wahres daran finden. Es ist ja so: die Bibel ist voll Geschichte: Religionsgeschichte, ⌐Literaturgeschichte,⌐ Kulturgeschichte, Weltgeschichte, ⌐dazu⌐ Menschengeschichten aller Art. Ein Bild von ^{co}größter Lebendigkeit und Farbe entrollt sich, sowie man ihr aufmerksam nahetritt. – Aber^{co} die Freude wird nicht lange dauern: ^{cp}das Bild ist bei genauerem^{cp} Zusehen völlig unverständlich |23| und ungenießbar, wenn *das*^{cq} wirklich sein tiefster Sinn ist: ein Stück Geschichte. Wer auf Geschichte und auf Geschichten aus ist, der wird sich nach kurzem Verweilen gerne wieder von der Bibel ab- und der Zeitung oder andern Büchern zuwenden. Denn wenn wir Geschichte^{cr} studieren oder uns mit Geschichten^{cs} unterhalten ⌐wollen⌐, dann möchten wir ⌐doch⌐ immer gerne wissen: wie ist ⌐das⌐ alles so gekommen? ⌐Wie folgt das eins^{ct} aufs andre?⌐ Was sind die natürlichen, begreiflichen Ursachen der Dinge? *Warum*^{cu} haben die Menschen so und nicht anders geredet und gehandelt? Die Bibel aber gibt uns gerade an den entscheidendsten Stellen ihrer Geschichte keine Antwort auf unser: Warum? ⌐So verhält es sich übrigens nicht nur mit der Bibel, sondern eigentlich mit allen wirklich großen entscheidenden Menschen und Ereignissen der Geschichte. Je größer eine Wendung, um so weniger Antwort bekommen wir auf unser neugieriges: Warum? Und umgekehrt: je kleiner eine Zeit oder ein Mensch, um so mehr finden die «Historiker» zu erklären und zu begründen. Aber die Bibel stellt da dem Geschichtsliebhaber doch ganz unvergleichliche

---

^{cn-cn} Mskr.: «Anfängen, ein Stück Geschichte von grossen Menschen und Ideen, für die man sich als gebildeter Mensch interessieren muss schon wegen seiner gewaltigen Wirkungen bis auf die Jetztzeit.»
^{co-co} Mskr.: «rechtem Interesse in jeder Hinsicht entrollt sich, sowie man ihr näher tritt. Aber».
^{cp-cp} Mskr.: «dieses Bild ist bei genauem».
^{cq} Mskr.: «das».
^{cr} Mskr.: «wir Menschen Geschichte».
^{cs} Mskr.: «uns doch damit».
^{ct} So im 1. und 2. Abdruck. Vermutlich statt: «da eins» oder «das eine».
^{cu} Mskr.: «Warum».

Schwierigkeiten entgegen.⌐ Warum ist das israelitische Volk in der ägyptischen Knechtschaft nicht untergegangen, sondern ein Volk geblieben, ja vielmehr gerade aus tiefster Not heraus^cv geworden? Warum? Darum!! Warum hat Mose ein Gesetz schaffen können, das durch die Reinheit und^cw Menschlichkeit ^cx seiner Bestimmungen noch^cx uns heutige Menschen nur beschämen kann? Darum!! Warum steht ein Jeremia während der Belagerung Jerusalems mit seiner ^cy Unheilsbotschaft da als ein Volksfeind und vaterlandsloser Geselle[11]? Warum die Krankenheilungen, das Messiasbewusstsein, die Auferstehung Jesu?^cy Warum wird aus einem Saulus ein Paulus? ⌐Warum dieses überirdische Christusbild des vierten Evangeliums?⌐ Warum sieht Johannes auf der Insel Patmos^cz das neue Jerusalem, die Stadt Gottes, vom Himmel auf die Erde fahren als eine geschmückte Braut ihrem Manne [Apk. 21,2] ⌐– mitten in der Glanzzeit des Römerreichs, als ob das alles nichts wäre? Darum!! Arme, arme Geschichtsforscher, was für Mühe macht ihnen die Bibel!⌐ ^db Darum!! ist doch gar keine^da rechte Antwort in einer Geschichte, und wenn man bei der biblischen Geschichte alle Augenblicke nur Darum!! sagen kann, mit zwei «!!»^db, dann ist diese Geschichte ja lauter Unsinn. ⌐Oder aber sie sind gezwungen, Gründe und Erklärungen zu suchen, wo keine sind, und was dabei schon alles herausgekommen ist, das ist eine Geschichte für sich und zwar eine schreckliche Geschichte, auf die ich jetzt nicht |24|

^cv Mskr.: «heraus eines».

^cw Mskr.: «und wahre».

^cx-cx Mskr.: «seiner Forderungen auch».

^cy-cy Mskr.: «Unheilsbotschaft unter seinem Volk wie ein Volksfeind und vaterlandsloser Geselle? Darum!! Warum kann Jesus Kranke heilen, Teufel austreiben, schliesslich selber von den Toten auferstehen?»

^cz Mskr.: «Patmos mitten in der Glanzzeit des Römerreiches».

^da 1. Abdruck (1917): «doch keine».

^db-db Mskr.: «Darum!! ‹Darum› ist keine Antwort in einer rechten Geschichte, wirklich! Und wenn man bei der Geschichte die in der Bibel ist, beharrlich [?] immer nur Darum sagen kann».

[11] Mit dem Ausdruck «vaterlandslose Gesellen» hatte der deutsche Kaiser Wilhelm II. 1897 seinem Unmut über die Ablehnung einer Gesetzesvorlage zur Vergrößerung der Kriegsflotte durch die Mehrheit des Reichstages Luft gemacht (s. E. Eyck, *Das persönliche Regiment Wilhelms II.*, Erlenbach-Zürich 1948, S. 161). Der Ausdruck wurde dann allgemein auf die Gegner der nationalistischen Großmachtpolitik des Kaisers angewendet.

eintreten will.⌝ Die Bibel ⌜selbst allerdings⌝ antwortet [dc]auf alle unsre wissbegierigen «Warum?» weder wie eine Sphinx mit Darum!! noch wie ein Advokat mit tausend Begründungen, Ableitungen und Parallelen[dc], sondern sie sagt uns: *Gott* ist die entscheidende Ursache. Weil *Gott* lebt, redet, handelt, darum ...⌜!⌝ Aber ⌜freilich,⌝ wenn wir hören [dd]«Gott», so kann das zunächst dasselbe für uns sein,[dd] wie wenn wir hören würden: Darum!⌜!⌝ Da hört ⌜eben⌝ die Geschichte ⌜vorläufig⌝ auf, da gibt's nichts mehr zu fragen, da fängt etwas völlig Anderes, Neues an⌜, eine Geschichte mit ganz eigentümlichen Gründen, Möglichkeiten und Voraussetzungen⌝ – [de]in den Leitartikeln unsrer Blätter oder in den Geschichtlein der aargauischen Schullesebücher[de] heißt es mit gutem Grund nie: Gott schuf, Gott sprach! [df]Da fragt es sich eben vor allem, ob wir für dieses Andre, Neue, Verständnis haben oder doch guten Willen, darüber nachzudenken und innerlich darauf einzugehen. Wollen wir uns auf «Gott» einlassen?[df] Wagen wir es, dahin[dg] zu stehen, wohin[dh] wir da ⌜offenbar⌝ geführt werden? ⌜Das wäre also «Glauben»!⌝ Eine neue[di] Welt ragt da in unsre gewöhnliche, alte Welt hinein. Wir können das[dj] ablehnen, wir können sagen: das ist nichts, das ist [dk]Einbildung, Wahnsinn: «Gott» – [dk] aber wir können nicht ⌜leugnen und⌝ verhindern, dass wir durch die ⌜biblische⌝ «Geschichte»[dl] weit über das hinausgeführt werden, was wir sonst ⌜«⌝Geschichte⌜»⌝ heißen: in eine *neue* Welt, ⌜in⌝ die Welt Gottes[dm] ⌜hinein⌝.

Wir könnten auch damit anfangen, dass wir sagen: [dn]*Moral* steht in der Bibel! Sie[dn] ist eine Sammlung von Beispielen und Lehren der Tugend[do] und der menschlichen Größe. Auch das ist wahr. Es ist noch

[dc-dc] Mskr.: «nun allerdings auf diese unsre Fragen nicht mit ‹Darum›».

[dd-dd] Mskr.: «*Gott!* dann ist das zunächst dasselbe».

[de-de] Mskr.: «in der N.Z.Z. oder in den Geschichten des aargauischen Schullesebuches».

[df-df] Mskr.: «Verstehen wir dieses Andere, Neue, das hinter den Geschichten der Bibel steckt und sollen wir darauf und auf Gott eingehen?»

[dg] Mskr.: «zu dem».

[dh] Mskr.: «zu dem».

[di] Mskr.: «*neue*».

[dj] Mskr.: «sie».

[dk-dk] Mskr.: «Einbildung, das ist Wahnsinn *Gott,*».

[dl] Mskr.: «Geschichte in der Bibel selbst».

[dm] Mskr.: «*Gottes*».

[dn-dn] Mskr.: «in der Bibel».

[do] Mskr.: «Tugend».

nie im Ernst bestritten worden, dass die Menschen der Bibel in ihrer Art ^{dp}gute vorbildliche Menschen^{dp} gewesen sind, von denen wir unendlich viel zu lernen haben. Ob es uns nun^{dq} um praktische Lebensweisheit zu tun ist, oder um begeisternde Vorbilder ^{dr}eines gewissen Heldentums^{dr}, wir finden zunächst, was wir suchen. ⌐¬ Und dann doch auf die Länge auch wieder nicht. Große Partien der Bibel sind z.B. für die Schule ⌐und ihre im besten Fall moralischen Ziele¬ fast unbrauchbar, weil sie an solchen Weisheitslehren und «guten Vorbildern» recht arm sind. Die Helden der Bibel – ja, sie sind wohl alle in einer gewissen Richtung ⌐ganz¬ respektabel^{ds}, aber gerade ^{dt}als Vorbilder des lieben, tüchtigen, arbeitsamen und sogar noch staatsbürgerlich unterrichteten schweizerischen^{dt} Normalmenschen eignen sich ein Simson, ein David, ein Amos, ein Petrus eigentlich recht wenig; da sind denn doch Rosa |25| von Tannenburg[12] oder die Figuren von Amicis «Herz»[13] ⌐oder die herrlichen Gestalten der neueren Schweizergeschichte¬ ganz andere ^{du}Leute! Die Bibel ist für die Schule und in der Schule eine Verlegenheit, ein Fremdkörper. Wie soll denn aus dem Vorbild und aus der Lehre Jesu etwas zu «machen» sein für das «praktische Leben»? Ist es uns nicht, als wolle er uns auf Schritt und Tritt zurufen: was geht mich das an, euer «praktisches Leben»? Ich^{du} habe nichts damit zu tun, folget ihr *mir* nach [vgl. Mt.

$^{dp-dp}$ Mskr.: «grosse Männer».
^{dq} Mskr.: «mehr».
$^{dr-dr}$ Mskr.: «wahren Heldentums».
^{ds} Mskr.: «gross».
$^{dt-dt}$ Mskr.: «als Vorbilder eines tüchtigen lieben».
$^{du-du}$ Mskr.: «Leute. Jeder Lehrer weiss von den Schwierigkeiten, aus dem Vorbild und der Lehre Jesu etwas zu machen für das praktische Leben. Ist es uns nicht auf Schritt und Tritt, als wolle er uns zurufen: was geht mich das an, euer praktisches Leben, ich».

[12] Titel einer erstmals 1823 in Augsburg erschienenen Erzählung aus der Ritterzeit mit dem Untertitel «Geschichte des Alterthums für Ältern und Kinder» von Christoph [von] Schmid (1768–1854). Der katholische Priester war einer der populärsten Autoren seiner Zeit. Seine mehrbändige *Biblische Geschichte für Kinder*, zuerst: München 1801, wurde durch das ganze 19. Jahrhundert hindurch rezipiert.
[13] *Cuore. Libro per i ragazzi*, Milano 1886, von Edmondo De Amicis (1846–1908), in deutscher Übersetzung *Herz. Ein Buch für die Knaben* (zuerst Basel 1889), erzählt Erlebnisse und Geschichten eines italienischen Grundschülers im Rahmen eines Schuljahres.

4,19 par.] ⌜oder lasst mich meiner Wege gehen⌝! Ja⌜,⌝ gerade auf gewissen Höhepunkten bereitet uns die Bibel die Überraschung, dass sie gegen unsere Begriffe von Gut und Böse eine merkwürdige Gleichgültigkeit zeigt: Abraham, der als höchste Probe seines Glaubens Gott seinen Sohn opfern will [vgl. Gen. 22,1–19], Jakob, der das Recht der Erstgeburt erwirkt durch einen raffinierten Betrug an seinem blinden Vater [Gen. 27,1–40], Elia, der die 450 Baalspfaffen schlachtet am Bache Kison [vgl. 1.Kön. 18,19.40], das sind alles nicht gerade sehr löbliche Vorbilder. Und wieviel[dv] moralischen Stoff lässt uns die Bibel schmerzlich vermissen, wie wenig Belehrung bietet sie[dw] im Grunde über die großen schwierigen Fragen des Geschäftslebens, der Ehe, der Kultur, des Staatslebens, mit denen wir zu ringen haben. ⌜Man denke nur an das eine, uns heute besonders Fatale: wie ungeniert in der Bibel beständig Krieg geführt wird!⌝ Immer wieder ist der Lehrer oder Pfarrer, wenn er im Unterricht an diese Fragen[dx] kommt, genötigt, zu allerhand außerbiblischem Stoff zu greifen, weil das Neue[dy] sowohl wie das Alte Testament[dz] da einfach ⌜nahezu völlig⌝ versagen. Immer wieder machen auch ernste christliche Menschen, die etwa in persönlichen Schwierigkeiten ihres Lebens [ea]«Trost» und «Anregung»[ea] suchen, in aller Stille ihre Bibel zu [eb]und greifen nach der biederen Leier eines Christian Fürchtegott Gellert[14], nach den Büchern von Hilty[15], wenn nicht gar nach der Psychoanalyse[16], wo alles so viel praktischer,

---

[dv] Mskr.: «wie vielen».
[dw] Mskr.: «sie uns».
[dx] Mskr.: «Dinge».
[dy] Mskr.: «N».
[dz] Mskr.: «AT».
[ea-ea] Mskr.: «Trost und Hilfe».

[14] Das *Gesangbuch für die Evangelisch-reformierte Kirche der deutschen Schweiz* (1891) enthielt 19 Choräle von Chr. F. Gellert (1715–1769).
[15] Carl Hilty (1833–1909), Schweizer Jurist, Professor an der Universität Bern, historischer, politischer und religiöser Schriftsteller, der viele Suchende mit seinen Büchern erreichte, insbesondere mit seiner christlich-laientheologischen Anleitung zum Glücklichsein: *Glück,* 3 Bde, Frauenfeld 1890–1899.
[16] Barth erhielt persönliche Eindrücke von der noch jungen Psychoanalyse durch die Begegnung mit Dr. Ewald Jung (1879–1943), einem Vetter von Carl Gustav Jung (s. Bw.Th. I, S. 26f. und S. 38f.).

deutlicher und fassbarer wird.^{eb} Immer wieder macht uns eben die Bibel ⌐ganz mit Recht⌐ den Eindruck, ^{ec}es werden da gar keine Weisungen, Ratschläge und Vorbilder gegeben zu einem guten rechten Leben, weder für die einzelnen Menschen, noch gar für die Völker und Regierungen, sie biete uns also gar nicht das, was wir zunächst bei ihr suchen!^{ec} Ja, da stehen wir eben wieder vor diesem «Andern»⌐, dem Neuen, das in der Bibel anhebt. Es ist so⌐: ^{ed}ihr ist nicht das Tun der Menschen die Hauptsache^{ed}, sondern das Tun Gottes – nicht^{ee} die verschiedenen Wege, die wir einschlagen können, wenn wir guten Willen haben, ^{ef}sondern die Kräfte, aus denen ein guter Wille erst geschaffen |26| werden soll – nicht wie das, was wir unter Liebe verstehen mögen, sich entfaltet und bewährt^{ef}, sondern dass eine ewige^{eg} Liebe⌐, die Liebe, wie Gott sie versteht,⌐ da ist und hervorbricht – nicht^{eh} wie wir in unsrer alten ⌐gewohnten⌐ Welt ⌐und unter ihren Ordnungen⌐ fleißig, ehrlich^{ei} und hilfreich sein können, sondern dass eine neue Welt gegründet ist und wächst: die^{ej} Welt, in der Gott herrscht ⌐und *seine* Moral⌐. ^{ek}Im Lichte dieser kommenden Welt ist ein David ein großer Mann trotz seinem Ehebruch [vgl. 2.Sam. 11,2–5] und seinem bluttriefenden Schwert: Selig ist der Mann, welchem Gott die Sünde nicht anrechnet! [Röm. 4,8]. In diese Welt werden die Zöllner und Huren eher eingehen als ihr zehnmal Feinen und Gerechten der guten Gesellschaft! [vgl. Mt. 21,31f.]. In dieser Welt ist der wahre Held der verlorene Sohn, der eben nichts als verloren ist und mitten unter den Säuen – und nicht sein moralischer älterer Bruder! [vgl. Lk. 15,11–32]. Seht, *das*^{ek} steckt hinter Abraham und Mose, hinter Chri-

---

^{eb-eb} Mskr.: «und öffnen etwa ein Buch von Hilty, wo alles so viel praktischer und deutlicher gesagt scheint.»

^{ec-ec} Mskr.: «sie wolle tatsächlich etwas ganz Anderes, als uns Vorschriften und Vorbilder geben zu einem guten tüchtigen Leben, weder dem einzelnen Menschen, noch gar den Völkern und Regierungen.»

^{ed-ed} Mskr.: «nicht das Reden der Menschen ist der Bibel die Hauptsache».

^{ee} Mskr.: «Gottes, nicht».

^{ef-ef} Mskr.: «sondern die Kraft, aus der ein guter Wille erst hervorgehen soll, nicht eine Beschreibung und Ausmalung der Liebe».

^{eg} Mskr.: «eine grosse ewige».

^{eh} Mskr.: «hervorbricht, nicht».

^{ei} Mskr.: «fleissig und ehrlich».

^{ej} Mskr.: «eine».

^{ek-ek} Mskr.: «Es ist dann immer noch die Frage, was wir damit machen, wenn wir einmal gemerkt haben: Aber also das».

stus und seinen [em]Aposteln: die Welt des Vaters[17], in der das Moralische erledigt ist, weil es selbstverständlich ist[18]. Und das ist das Blut des Neuen[el] Testaments [vgl. Mt. 26,28 par.], das in unsre Adern übergehen möchte: der Wille des Vaters, der geschehen will auf Erden wie im Himmel! [vgl. Mt. 6,10]. Haben wir das einmal begriffen als den Sinn der Bibel, als *ihre* Antwort auf unsre großen und kleinen Fragen, so können wir[em] dann immer noch sagen: ich brauche, ich begehre das nicht![en] das sagt mir nichts![eo] damit kann ich nichts anfangen![ep] Es kann ja sehr wohl sein, dass wir wirklich vorläufig nichts damit anzufangen wissen auf unsern Wegen und Weglein[⌐], z.B. auf unsern bisherigen Kirchen- und Schulweglein, und für so manches Einzelne auf dem persönlichen Lebensweglein, das es bis jetzt so beharrlich gerannt ist. Es gibt eben tausenderlei Sackgassen, aus denen der Weg ins Himmelreich zunächst nur rückwärts führen könnte[⌐]. Aber das ist sicher, dass uns die Bibel, wenn[eq] wir sie aufmerksam lesen, gerade auf diesen Punkt losführt, wo es zu[er] dieser Entscheidung kommen muss: Annahme oder Verwerfung der Königsherrschaft Gottes. Das ist eben die *neue*[es] Welt in der Bibel. Was sie uns bietet, ist das herrliche, treibende hoffnungsvolle Leben des Samenkorns, ein neuer Anfang, aus dem [et]heraus alles neu werden soll.[et] Die neue Welt, das Leben des göttlichen Samenkorns [vgl. Mt. 13,24–30; Mk. 4,26–29; Lk. 8,5–8] kann man nicht lernen, nicht nachahmen. Da kann man nur mitleben, mitwachsen, mitreif werden. Da kann man nur glauben[⌐]: hinstehen, wohin man geführt worden ist[⌐]. Oder eben nicht glauben. Aber kein drittes[eu].

[el] 1 Abdruck (1917): «neuen».

[em-em] Mskr.: «Aposteln, *das* ist das neue Blut, das von diesen Männern übergehen will in unsre Adern: Gottes Wille, der geschehen will. Wir können».

[en] Mskr.: «nicht,».

[eo] Mskr.: «nichts,».

[ep] Mskr.: «anfangen:».

[eq] Mskr.: «Bibel unvermeidlich wenn».

[er] Mskr.: «es gerade zu».

[es] Mskr.: «neue».

[et-et] Mskr.: «erst alles Gute hervorgehen soll.»

[eu] Mskr.: «Drittes».

[17] Vgl. H. Kutter, *Die Welt des Vaters. Predigten über Lukastexte*, Zürich 1901.

[18] «Das Moralische versteht sich immer von selbst» ist ein Leitsatz in Fr. Th. Vischers Roman *Auch einer* (zuerst Stuttgart 1879); vgl. Büchmann, S. 204.

^{ev}Lasst uns noch von einer andern Seite aus suchen:^{ev} Wir könnten auch davon ausgehen, dass uns in der Bibel die wahre *Religion*^{ew} |27| offenbart ^{ey}ist: was wir von Gott denken, wie wir den rechten Weg zu ihm finden^{ex} ^{ey} ⌜und wie wir uns in der Gemeinschaft mit ihm zu halten haben, also etwa das, was man jetzt gerne «Frömmigkeit» nennt. Die Bibel, eine «Urkunde der Frömmigkeit», wieviel ist darüber gesagt und geschrieben worden in den letzten 20 Jahren.$^{19⌝}$ Und auch das ist ⌜ja ganz⌝ wahr. Wie sollte ^{ez}darüber der Bibel nicht allerlei zu entnehmen^{ez} sein: ⌜über⌝ das rechte Verhältnis der^{fa} Menschen zum Ewigen, ⌜zum⌝ Göttlichen? – aber^{fb} auch da ist's nicht anders: ^{fc}Wir müssen nur aufrichtig suchen in der Bibel, dann finden wir ganz sicher etwas Größeres in ihr als Religion und «Frömmigkeit».^{fc} ⌜Das ist wiederum nur so eine Kruste, in der wir nicht stecken bleiben wollen.⌝ Es hat uns ⌜doch⌝ gewiss auch schon Gedanken gemacht, dass es so ⌜schrecklich⌝ viele Arten von Christentum gibt:^{fd} katholisches und protestantisches und solches von allerlei Gemeinschaften ⌜und «Richtungen»⌝ altmodisches und modernes – und^{fe} alle, alle diese Christentümer berufen sich mit gleichem ^{ff}Ernst und Eifer^{ff} auf die Bibel, alle behaupten: ^{fg}*wir* haben die rechte Frömmigkeit, wie sie^{fg} in der Bibel offenbart ist⌜, oder doch ihre legitimste Fortsetzung⌝. Was sollen wir dazu sagen? Es braucht schon ein starkes Stück Unverfrorenheit, um

$^{ev-ev}$ Mskr.: «Lasst mich noch eins nennen.»
^{ew} Mskr.: «Religion.»
^{ex} 1 Abdruck (1917): «zu finden».
$^{ey-ey}$ Mskr.: «ist, also was wir von Gott zu denken und wie wir den rechten Weg zu ihm und zum ewigen Leben zu finden haben.»
$^{ez-ez}$ Mskr.: «es nicht in der Bibel zu finden».
^{fa} Mskr.: «des».
^{fb} Mskr.: «Göttlichen? Aber».
$^{fc-fc}$ Mskr.: «je ernster und aufrichtiger wir suchen, desto sicherer finden wir etwas was grösser ist als alle Religion.»
^{fd} Mskr.: «giebt,».
^{fe} Mskr.: «modernes und».
$^{ff-ff}$ Mskr.: «Eifer und Ernst».
$^{fg-fg}$ Mskr.: «wir haben die Religion die».

[19] So korrigiert z.B. Fr. Niebergall, *Praktische Auslegung des Neuen Testaments für Prediger und Religionslehrer*, Tübingen 1914², den «beliebten Ausdruck: ‹Die Schrift ist die *Urkunde* der göttlichen Offenbarung›» durch die These der religionsgeschichtlichen Schule: «Wir finden in ihr eine Reihe von *Schichten* religiösen Lebens» (S. 11.14).

darauf einfach zu antworten: nur^fh wir ^fiProtestanten oder wir Ange-
hörigen^fi der und der Gemeinschaft ⌐oder Gruppe, wir⌐ haben eben
⌐aus den und den Gründen⌐ Recht und alle andern Unrecht. ⌐Wenn
man einmal weiß, wie leicht diese «Gründe» zu haben sind, macht
man dieses ewige Spiel nicht mehr gerne mit.⌐ Aber dann kämen wir ja
darauf, dass am Ende alle^fj das Recht hätten, sich ⌐mit ihrer Fröm-
migkeit⌐ auf die Bibel zu berufen!?^fk ⌐Da ist es uns denn doch, es sei
mit Händen zu greifen, wie sich der Geist der Bibel stumm abwendet
von dem allgemeinen Toleranzsüpplein, das besonders in unsrer Landeskirche nachgerade als höchstes Gut ausgerufen wird!⌐ Oder sollten
gar ⌐wir⌐ alle ⌐mit allen unsern «Frömmigkeiten» samt und sonders –⌐
Unrecht haben? Ja, irgendwie in dieser Richtung werden wir die Antwort schon suchen müssen: ⌐«Es bleibe vielmehr also, dass Gott sei
wahrhaftig und alle Menschen Lügner.» [Röm. 3,4]⌐ Es sind eben –
alle^fl Religionen in der Bibel, wenn man so will, aber wenn man dann
genau zusieht, auch wieder keine einzige, ^fmsondern – ja eben wieder
das «Andere», Neue, Größere!^fm Wenn wir zu der Bibel kommen mit
unsern Fragen^fn: wie soll ich denken von Gott ⌐und der Welt? Wie an
das Göttliche herankommen⌐? ^foWie mich einstellen?,^fo dann antwor-
tet sie uns gleichsam: Ja^fp, lieber Mensch, das ist *deine*^fq Sache, |28| da
musst du nicht *mich* fragen! Ob es besser sei, die Messe zu hören oder
die Predigt, ob die Heilsarmee das rechte Christentum hat oder die
⌐«⌐christliche Wissenschaft⌐»⌐, ^frob der alte Herr Pfarrer Müller den
rechten Glauben hat oder der junge Herr Pfarrer Meyer^fr, ob deine
Religion mehr eine Religion des Verstandes, des^fs Willens oder des

---

^fh 1. Abdruck und 2. Abdruck: «nun». Korrektur nach Mskr.

^fi-fi Mskr.: «Protestanten, wir Angehörige».

^fj Mskr.: «*Alle*».

^fk 1. Abdruck (1917): «berufen?!». Mskr.: «berufen und zu behaupten: was
wir lehren und glauben und thun ist der wahre Inhalt der Bibel.»

^fl Mskr.: «eben alle».

^fm-fm Mskr.: «sondern, ja eben wieder etwas ganz Anderes, Neues, etwas Grösseres als alle Religionen.»

^fn Mskr.: «mit der Frage».

^fo-fo Mskr.: «wie soll ich mich zu ihm stellen? wie ihm dienen?»

^fp Mskr.: «ja».

^fq Mskr.: «deine».

^fr-fr Mskr.: «ob der Herr Pfarrer Meyer oder der Herr Pfarrer Müller den
rechten Glauben hat».

^fs Mskr.: «Verstandes oder des».

Gefühls sein soll, das ⌜kannst und⌝ musst du ⌜alles⌝ mit dir selbst ᶠᵗausmachen! Wenn du nicht eingehen willst auf *meine* Fragenᶠᵗ, dann kannst du bei mir wohl allerhand Gründe und Gründlein finden für den einen oder andern Standpunkt, aber was eigentlich dastehtᶠᵘ, das bekommst du auf diese Weise nicht heraus. Dasᶠᵛ Ende wird immer nur eine große menschliche Rechthaberei sein, weit weit weg von dem, was eigentlich ᶠʷwahr ist und was wahr werden möchte in unserm Leben!ᶠʷ Merkst du, was kommt? ᶠˣDen Inhalt der Bibel bildenᶠˣ eben gar nicht die rechten Menschengedanken über Gott, sondern die rechten Gottesgedanken ᶠʸüber den Menschen. Nicht wieᶠʸ wir mit Gott reden sollen, ⌜steht in der Bibel,⌝ sondern was er zu uns sagt, nicht wie wir den Weg zu ihm finden, sondern wie er den Weg zu uns gesucht und gefunden hat, nicht das rechte Verhältnis, in das wir uns zu ihm stellen müssen, sondern der Bund, den er mit allen, die im Glauben Abrahams Kinder sind [vgl. Röm. 4,11], geschlossen und in Jesus Christus ein für allemal besiegelt hat. *Das*ᶠᶻ steht in der Bibel. ᵍᵃDas Wort Gottesᵍᵃ steht in der Bibel. ⌜Unsre Großväter hatten doch recht, wenn sie sich so hitzig dafür wehrten, Offenbarung sei in der Bibel und nicht nur Religion und wenn sie sich sogar von einem so frommen und scharfsinnigen Mann wie Schleiermacher die Sache nicht auf den Kopf stellen ließen.[20] Und unsre Väter hatten recht, wenn sie sich misstrauisch davor hüteten, sich auf den schwankenden Boden der religiösen Persönlichkeitskultur zu begeben.[21]⌝ ᵍᵇJe aufrichtiger wir

---

ᶠᵗ⁻ᶠᵗ Mskr.: «ausmachen. Wenn du nur mit solchen Fragen zu mir kommst».

ᶠᵘ Mskr.: «in der Bibel steht».

ᶠᵛ Mskr.: «heraus! und das».

ᶠʷ⁻ᶠʷ Mskr.: «in diesem Buche steht und daraus hervorbrechen will in unser Leben.»

ᶠˣ⁻ᶠˣ Mskr.: «Der Inhalt der Bibel sind».

ᶠʸ⁻ᶠʸ Mskr.: «über die Menschen, nicht was».

ᶠᶻ Mskr.: «Das».

ᵍᵃ⁻ᵍᵃ Mskr.: «Gottes Wort».

[20] Vermutlich denkt Barth besonders an den Lehrer seines Vaters, J. T. Beck, der von Schleiermachers Glaubenslehre sagt, «daß zwar eine gewisse christliche Innerlichkeit das Ganze beseelt», aber «der biblische Realismus löst sich auf in einen rationalen Idealismus und einen idealen Sozialismus» (*Vorlesungen über Christliche Glaubenslehre,* hrsg. von J. Lindenmeyer, 1. Teil, Gütersloh 1886, S. 110).

[21] Barth hatte das Thema, wie viele Anstreichungen in seinem Exemplar

suchen in der Schrift – nach Frömmigkeit[gb], umso sicherer bekommen wir [gc]früher oder später[gc] die Antwort: ⌐Was da Frömmigkeit? – «⌐sie ist's, die von *mir* zeugt⌐»¬ [vgl. Joh. 5,39]! Uns selbst suchen wir – Gott[gd] finden wir und stehen dann mit unsern Religionen, Christentümern[ge] und Standpunkten allesamt da als ABC-Schüler und Stümper und können nicht einmal traurig darüber sein[gf], sondern freuen uns, haben wir doch statt aller Nebensachen die Hauptsache gefunden, ohne die ja alle [gg]Frömmigkeit, auch die tiefste, nur Schein und Betrug ist. In dieser Hauptsache ist dann wiederum[gg] das lebendige Samenkorn ⌐enthalten¬, aus dem ein rechtes Verhältnis zu Gott, ein Dienst Gottes ⌐«⌐im Geist und in der Wahrheit⌐»¬ [Joh. 4,24] notwendig von selbst hervorgehen muss, gleichviel, ob |29| wir nun mehr auf [gh]das oder mehr auf jenes Gewicht legen. Das Wort Gottes! Der Standpunkt Gottes! Auch da haben wir ja wieder alle Freiheit zu wählen. Wir können sehr wohl erklären: Damit kann ich nichts anfangen, der Begriff «Wort Gottes» kommt in meiner Weltanschauung nicht vor, ich bleibe eben doch lieber bei meinem gewohnten alten «frommen» Christentum und Standpünktlein dieser oder jener Farbe. Oder aber wir können hören wollen, was «höher ist als alle Vernunft» [Phil. 4,7], können begehren danach, in den Kräften Gottes und des Heilandes mitzuwachsen und mitzureifen in dem großen Lebensprozess, der den Inhalt der Bibel bildet, können dem Geist dieses Buches gehorchen und einmal Gott Recht geben, statt selber Recht haben zu wollen, können es wagen zu – glauben. Ja, da stehen wir eben wieder vor der Glaubensfrage. Aber darüber sollten wir uns, ohne dieser Ent-

[gb] Mskr.: «Je ernster wir suchen in der Schrift nach der rechten Religion».
[gc-gc] Mskr.: «zuletzt».
[gd] Mskr.: «wir, Gott».
[ge] Mskr.: «Christentümern, Meinungen».
[gf] Mskr.: «traurig sein darüber».
[gg-gg] Mskr.: «Religion auch die Beste, nur Täuschung und Betrug ist und mit dieser Hauptsache wieder».

zeigen, eingehend an Hand von W. Köhler, *Idee und Persönlichkeit in der Kirchengeschichte,* Tübingen 1910, studiert. Köhler breitet in ausführlichen Anmerkungen (S. 60–103) das Material aus. Eine kritische Darstellung bietet auch G. Koch, *Zur Beurteilung der modernen Persönlichkeitskultur,* in: ChW, Jg. 22 (1908), Sp. 554–562.578–581.602–608; vgl. auch a.a.O., Sp. 399f. sowie Sp. 656–659 und Sp. 722–728.

scheidung vorgreifen zu wollen, verständigen können, dass jedenfalls in der Bibel alten und neuen Testamentes die Frömmigkeit Gottes – um es so zu sagen – das Thema ist und nie und nirgends die Frömmigkeit der Juden oder Christen oder Heiden, dass uns die Bibel eben auch in dieser Beziehung aus der alten Menschenatmosphäre heraus und an die offenen Tore einer *neuen* Welt, der Welt Gottes geleitet.[gh]

Aber wir sind noch nicht ganz zu Ende. [gi]Also *das* steht in der Bibel: eine neue Welt![gi] Gott! Gottes Herrschaft! Gottes Ehre! Gottes unbegreifliche Liebe! Nicht Menschengeschichte, sondern Gottesgeschichte. Nicht Menschentugenden, sondern die Tugenden dessen, der uns berufen hat aus der Finsternis zu seinem wunderbaren Lichte [vgl. 1.Petr. 2,9]! Nicht menschliche Standpunkte, sondern der Standpunkt Gottes! – Aber nun könnte ja von einer Seite die Frage[gj] kommen: Wer ist denn Gott? Was ist sein Wille? Was sind seine Gedanken? Was ist das geheimnisvolle ⌜«Andere», Neue,⌝ Größere, das da in der Bibel hinter und über allem Menschenwesen auftaucht und uns auffordert zu der Entscheidung: Glauben oder Unglauben? [gk]An wen hat Abraham geglaubt? Für wen haben die Helden gekämpft und gesiegt? Wen haben die Propheten geweissagt? In wessen Kräften ist Christus gestorben und auferstanden? Wessen Namen haben die Apostel verkündigt?[gk] ⌜«⌝Gott⌜»⌝ sei der Inhalt der Bibel! Aber was ist der Inhalt des Inhalts? Ein ⌜«⌝Neues⌜»⌝ breche da hervor! Aber was ist das Neue? [gl]– Und auf diese Fragen kommen nun von anderen Seiten eine Reihe von raschen, fix und fertigen Antworten, die wir nur gleich anhören wollen; denn es sind alles ernste, wohlbegründete und der

[gh-gh] Mskr.: «diesem oder jenem menschlichen Weg suchen. Auch da können wir ja dann wieder wählen, ob wir uns lieber an unser gewohntes altes Christentum und Standpünktlein anklammern oder das Wort Gottes das höher ist [als] alle Vernunft hören, ins Reich Gottes hinein stehen, in der Kraft Gottes und des Heilandes wachsen und reifen wollen. Aber das können wir nicht hindern, dass wir, wenn wir die Bibel aufmerksam lesen, über alle Religionen hinaus zu Gott selbst geleitet werden und d.h. eben aus unsrer alten Welt an die Pforte einer neuen.»
[gi-gi] Mskr.: «Also das steht in der Bibel. *Das* ist die neue Welt in der Bibel:».
[gj] Mskr.: «die Frage».
[gk-gk] Mskr.: «Wofür hat Abraham geglaubt, haben die Helden gekämpft und gesiegt, haben die Propheten geweissagt, ist Christus gestorben und auferstanden, haben die Apostel das Evangelium verkündigt? Wofür? Für Gott! Aber wer ist Gott?»

337

Bibel selbst entnommene |30| Antworten: –[gl] Gott ist der Herr und Erlöser, der Heiland und Tröster all der Seelen, die sich zu ihm kehren, und die neue Welt ist das Reich der Seligkeit, das der kleinen Herde [vgl. Lk. 12,32], die dem Verderben entrinnt, bereitet ist. Steht's nicht so in der Bibel? ⌜– Oder:⌝ Gott ist die Lebensquelle, die zu rauschen beginnt, wenn wir uns von den Äußerlichkeiten der Welt abwenden und einmal still werden vor ihm, und die neue Welt ist eben der unvergleichliche Friede dieses verborgenen Lebens mit Christo in Gott [vgl. Kol. 3,3]. Steht nicht auch das in der [gm]Bibel? – Oder: Gott[gm] ist der Herr des Himmels, der unser wartet ⌜und⌝ in dem wir ⌜unser⌝ Bürgerrecht haben [vgl. Phil. 3,20] und genießen werden nach wohlvollbrachter[gn] Wanderung durch die Leiden und Unvollkommenheiten dieser Zeit, und die neue Welt ist eben dieses selige Jenseits, ⌜die «stille Ewigkeit»[22],⌝ die[go] die Gläubigen ⌜einst⌝ aufnehmen wird. Ja, auch das sind lauter aus der Bibel [gp]genommene Wahrheiten.

Wie[gp] sollten sie nicht wahr sein. Aber sind sie [gq]*die* Wahrheit? Ist das nun alles?[gq] Können wir die Bibel oder auch nur ein paar Kapitel daraus lesen oder hören und dann mit gutem Gewissen sagen: Dafür ist Gottes Wort an die Menschheit ergangen, dazu hat er diesen wunderbaren Weg gemacht durch ihre Geschichte von Abraham zu Christus, dazu musste der heilige Geist am Pfingstfest niederfallen auf die Apostel in feurigen Zungen [vgl. Act. 2,2–4], ⌜dazu musste ein Saulus zum Paulus werden und Länder und Meere bereisen – –⌝ damit[gr] da und dort oder auch an vielen[gs] Orten so ein Menschlein wie du und ich sich[gt] ⌜«⌝bekehre⌜»⌝, innern ⌜«⌝Frieden⌜»⌝ finde und nach einem er-

---

[gl-gl] Mskr.: «Und darauf könnten nun wieder von der andern Seite eine Reihe von raschen Antworten kommen. Alles ernste Antworten, alle wohlbegründet, alle aus der Bibel selbst gewonnen.»

[gm-gm] Mskr.: «Bibel? Und Gott».

[gn] Mskr.: «wohlverbrachter».

[go] Mskr.: «das».

[gp-gp] Mskr.: «genommene Gedanken. Und wie».

[gq-gq] Mskr.: «die Wahrheit selbst, ist das nun Alles?»

[gr] Mskr.: «dass».

[gs] Mskr.: «manchen».

[gt] Mskr.: «ich selig sich».

[22] Vgl. oben S. 199, Anm. 45. Der Ausdruck war Barth 1915 durch Paul Wernle besonders suspekt geworden; vgl. Bw. Th. I, S. 46 (Brief Barths vom 25.5.1915), und oben S. 182.

lösenden Tod einst ᵍᵘ«in den Himmel» komme! Ist *das* alles?ᵍᵘ Ist *das*ᵍᵛ
⌜nun⌝ wirklich Gott und seine neue Welt⌝, der Sinn der Bibel, der
Inhalt des Inhalts⌝? Stehen die gewaltigen Mittel, die in der Bibel zur
Entfaltung kommen, die ⌜Völkerbewegungen,⌝ Kämpfe und Erschüt-
terungen, ᵍʷdie sich da vor uns abspielenᵍʷ, die Wunder und Offenbarungen, die sich da ᵍˣbeständig ereignenᵍˣ, die unermesslichen Zu-
kunftsverheißungen, die uns da immer aufs neue gemacht werden –
stehtᵍʸ das alles nicht in ᵍᶻeinem gar zu seltsamenᵍᶻ Verhältnis zu dem
Wenigen, was dabei ʰᵃherauskommt – wenn dieses Wenige eben alles
ist? Ist nicht Gott – größer als so?!ʰᵃ Haben wir nicht auch bei diesen
Antworten, so ernst und fromm sie sein mögen, Gott gemessen mit
*unserem*ʰᵇ Maß, Gott begriffen mit ʰᶜ*unsern* Begriffen, uns einen Gott
gewünscht nach *unsern* Wünschen? Müssenʰᶜ wir nicht, wenn wir die
Bibel ⌜anfangen⌝ aufmerksam ⌜zu⌝ lesen, auch über diese Antworten
ʰᵈhinauswachsen? – |31| Ja, und eben damit dann auch hinauswachsen
über die seltsame Frage: Werʰᵈ ist Gott? Als ob wir überhaupt noch so
fragen könnten, wenn wir uns aufrichtig und willig an die Pforte der
neuen Welt, auf die Schwelle des Reiches Gottes haben führen lassen.
Da fragt man ⌜doch⌝ nicht mehr. ⌜Da sieht man. Da hört man. Da hat
man. Da weiß man.⌝ Da gibt man doch keine zu kleinen, zu kurzen, zu
engen Antworten ʰᵉmehr. Dieʰᵉ Frage: wer ist Gott? und unsere zu
kleinen Antworten darauf kommen ⌜doch⌝ nur davon her, dass wir
irgendwoʰᶠ stecken geblieben sind auf dem Weg ʰᵍdurch die offene
Pforte in die neue Welt hineinʰᵍ ⌜, dass wir die Bibel irgendwo nicht

---

ᵍᵘ⁻ᵍᵘ Mskr.: «den Himmel ererbe? Kann das Alles sein?»

ᵍᵛ Mskr.: «das».

ᵍʷ⁻ᵍʷ Mskr.: «von denen wir da hören».

ᵍˣ⁻ᵍˣ Mskr.: «vor unsern Augen entfalten».

ᵍʸ Mskr.: «werden, steht».

ᵍᶻ⁻ᵍᶻ Mskr.: «keinem».

ʰᵃ⁻ʰᵃ Mskr.: «herauskommt, wenn das eben Alles ist? Ist nicht Gott selber grösser als so?»

ʰᵇ Mskr.: «unserm».

ʰᶜ⁻ʰᶜ Mskr.: «unsern Begriffen, müssen».

ʰᵈ⁻ʰᵈ Mskr.: «hinauswachsen? Ja, und auch hinauswachsen über die seltsame
Frage: wer».

ʰᵉ⁻ʰᵉ Mskr.: «mehr. Da sieht man. Da hört man. Da hat man Gott. Da weiss
man wer Gott ist und was das Neue das da kommt. Die».

ʰᶠ Mskr.: «wahrscheinlich noch».

ʰᵍ⁻ʰᵍ Mskr.: «zur Pforte der neuen Welt.»

unbefangen mit uns reden lassen, dass wir irgendwo nicht recht –
glauben wollen. Da wird dann die Wahrheit eben sofort wieder unklar, verworren, problematisch – oder aber eng, dumpf, kirchlich,
kapellenmäßig[23], langweilig, unbedeutend. «⌐Wer mich *siehet, der siehet*[hh] den Vater⌐!»⌐ [Joh. 14,9]. Das ist's ja eben: [hi]Wenn wir uns treiben lassen [vgl. Röm. 8,14] bis zu der höchsten Antwort[hi], wenn wir
in der Bibel Gott gefunden, wenn wir es mit[hj] Paulus gewagt haben,
der himmlischen [hk]Stimme nicht ungehorsam zu sein [vgl. Act. 26,19],
dann steht Gott vor uns, als der, der er *ist.*[hk] ⌐«Glaubst du, so *hast*
du!»[24] Gott ist *Gott.*

Aber wer darf sagen: ich glaube!? «Ich glaube, lieber Herr, hilf
meinem Unglauben!» [Mk. 9,24]. Darum sind wir alle noch so verlegen bei der Frage: Wer ist Gott?, so klein und beschämt neben der
Fülle der Gottheit [vgl. Kol. 2,9], die die Männer und Frauen der Bibel
geschaut und verkündigt haben. Darum kann auch ich jetzt nur in ein
paar Worten etwas stottern, andeuten, verheißen von dem, was sich
uns auftun würde, wenn die Bibel ungehindert, in vollem Strom ihrer
Offenbarungen mit uns reden könnte.

Wer ist Gott? Der himmlische Vater! Ja, recht. Aber der himmlische
Vater auch auf der *Erde,* und auf der Erde wirklich der *himmlische*
Vater! Der das Leben nicht will spalten lassen in «Diesseits» und «Jen-
seits»! Der es nicht dem Tod überlassen will, uns von Sünde und Leid

---

[hh] Mskr.: «siehet».

[hi-hi] Mskr.: «wenn wir einmal nach dieser höchsten Antwort gegriffen».

[hj] Mskr.: «wie».

[hk-hk] Mskr.: «Stimme, die da jenseits von allem blos Geschichtlichen, Morali-
schen, Religiösen ertönt, nicht ungehorsam, sondern gehorsam zu sein, dann
sehen wir Gott als den der er ist. Wer ist Gott? Der Vater im Himmel. Ja, aber
auch der Vater u. Herr auf der Erde der das Leben nicht will spalten lassen in
Diesseits u. ein Jenseits, der es nicht dem Tod überlassen will, uns von Sünde u.
Leid frei zu machen u. uns zu segnen mit seinen Kräften, der in Christus sein
Wort hat Fleisch werden lassen, der die Ewigkeit schon für die Zeit u. in der
Zeit hat anbrechen lassen, dami[t] schon hier eine neue Welt werde.»

[23] Der Begriff «Kapelle» wurde im Schweizerdeutschen auch spezifisch zur
Bezeichnung von Versammlungsstätten freikirchlich-pietistischer Vereinigungen verwendet.

[24] Vgl. M. Luther, *Von der Freiheit eines Christenmenschen* (1520), WA 7, 24,
13: «glaubstu, so hastu».

frei zu machen! Der uns segnen will, nicht mit Kirchenkräften, sondern mit Lebenskräften! Der in Christus sein Wort hat Fleisch werden lassen! Der die Ewigkeit für die *Zeit* und wahrhaftig schon *in* der Zeit hat anbrechen lassen – denn was wäre das für eine Ewigkeit, die erst «nachher» käme! Der nicht irgend *etwas* im Sinn hat, sondern die Aufrichtung einer neuen *Welt!*⌐

[hl]Wer ist Gott? Der Sohn, der «der Mittler meiner Seele»[25] geworden ist. Ja, recht. Aber mehr als das: der Mittler der *ganzen* |32| Welt, das erlösende Wort, das im Anfang aller Dinge war [vgl. Joh. 1,1] und auf das alle Dinge ängstlich harren [vgl. Röm. 8,19]. Also[hl] auch der Erlöser meiner Brüder und [hm]Schwestern. Also auch der[hm] Erlöser der verirrten, von bösen Geistern ⌐und Mächten [vgl. Eph. 6,12]⌐ beherrschten Menschheit, also[hn] auch der Erlöser der seufzenden Kreatur [vgl. Röm. 8,22] um uns[ho]. Machtvoll verkündet uns[hp] die ganze [hq]Bibel, dass Gott werden muss *alles in allem* [1.Kor. 15,28], und was in der Bibel geschieht,[hq] das ist schon[hr] der glorreiche Anfang davon,[hs] der Anfang einer neuen [ht]*Welt!*

Wer ist Gott! Der Geist[ht] in seinen Gläubigen, der ⌐«⌐Geist, der ⌐uns⌐ vom Sohne eröffnet und kristallenrein von Gottes und des Lam-

[hl-hl] Mskr.: «Wer ist Gott? wir fragen noch einmal nach Menschenweise. Der Erlöser meiner Seele. Ihm sei Lob u. Dank, ja, aber».
[hm-hm] Mskr.: «Schwestern, der».
[hn] Mskr.: «ja».
[ho] Mskr.: «uns, der Erlöser der ganzen Welt».
[hp] Mskr.: «das».
[hq-hq] Mskr.: «Bibel: Gott muss einmal werden Alles in Allem u.».
[hr] Mskr.: «eben».
[hs] Mskr.: «Anfang, den wir in der Bibel vor uns haben:».
[ht-ht] Mskr.: «Welt. Wer ist Gott? Der hl. Geist».

[25] Anscheinend kein wörtliches Zitat, sondern Barths Formulierung zur Kennzeichnung eines von ihm im Römerbrief (1919) dann so genannten «Seelenchristentums» (Römerbrief 1, S. 109.117). Barth mag hier an die *Lieder zur Ehre des Erretters! Vereinslieder des Blauen Kreuzes* (Schweizerausgabe), Bern 1911[10], Nr. 80 (S. 89–91) (vgl. *Reichs-Lieder. Deutsches Gemeinschafts-Liederbuch*, 2679.–2681. Tausend Neumünster i. Holst. 1999, Nr. 587 [S. 238f.]), gedacht haben: «Wo findet die Seele die Heimat, die Ruh?» von Fr. L. Jörgens, Schluß von Strophe 3:
Ruh', Ruh', Ruh', Ruh', himmlische Ruh'
Im Schoße des Mittlers; ich eile ihr zu.

mes Throne in stille Herzen fließt hinein⌐»⌐[126]. [hu]Ja, ja! Aber auch der, der als Geist und das heißt als Liebe und guter Wille[hu] aus den stillen Herzen *hervorbrechen*[hv] will und muss auch ins Äußere, dass es offenbar, sichtbar⌐, greifbar⌐ wird: Siehe da, eine Hütte Gottes bei den Menschen! [vgl. Apk. 21,3]. Der heilige Geist, der ⌐einen neuen Himmel und eine neue Erde [vgl. Jes. 65,17; Apk. 21,1] schafft und darum⌐ neue Menschen[hw] , neue Familien, neue Verhältnisse, ⌐eine neue Politik,⌐ der keinen Respekt hat vor alten Gewohnheiten, nur weil [hx]sie Gewohnheiten sind, vor alten Feierlichkeiten, nur weil sie feierlich sind,[hx] vor alten Mächten, nur weil sie mächtig[hy] sind! ⌐Der *heilige* Geist, der nur vor der Wahrheit, nur vor sich selber Respekt hat!⌐ Der heilige Geist, der mitten in der Ungerechtigkeit der Erde die Gerechtigkeit des Himmels aufrichtet und der nicht ruhen noch rasten wird[hz], bis alles Tote lebendig geworden, eine neue *Welt* [ia]ins Dasein getreten ist.[ia]

Seht, *das* steht in der Bibel. Das steht auch für *uns* in der Bibel⌐. Darauf sind wir ja getauft worden. O⌐ wenn wir's im Glauben wagen ⌐würden,⌐ zu nehmen, was Gnade uns anbietet!

Brauche ich euch erst zu sagen, dass wir alle gerade *das*[ib] nötig haben? [ic]Wir leben in der alten, kranken Welt, deren Seele[ic] schreit aus tiefster Not: Heile du mich, Herr, so werde ich heil! [Jer. 17,14]. [id]In allen Menschen[id], mögen sie sein, wer und ⌐wo und⌐ was und wie sie

---

[hu-hu] Mskr.: «Ja aber auch der Geist der Liebe u. des guten Willens, der».

[hv] Mskr.: «hervorbrechen».

[hw] Mskr.: «neue Menschen schafft».

[hx-hx] Mskr.: «sie alt sind und keine Furcht».

[hy] Mskr.: «Mächte».

[hz] Mskr.: «kann».

[ia-ia] Mskr.: «geschaffen ist.»

[ib] Mskr.: «das».

[ic-ic] Mskr.: «Dass wir alle in einer alten kranken Welt leben, in der etwas».

[id-id] Mskr.: «Dass in den Menschen Allen».

---

[26] Aus Strophe 6 des Chorals «O Gott, o Geist, o Licht des Lebens» von G. Terstegen (GERS [1891] 151; vgl. EKG 425; RG [1998] 510):

> O Geist, o Strom, der uns vom Sohne
> eröffnet und kristallenrein
> aus Gottes und des Lammes Throne
> in stille Herzen fließt hinein

⌜sein⌝ wollen, ᶦᵉᵢst eine Sehnsucht ᶦᵉ gerade nach dem, was da steht in der Bibel.ᶦᶠ Ihr wisst es so gut wie ich.ᶦᵍ

Und nun hört: ⌜«⌝Es war ein Mannᶦʰ, der machte ein großes Abendmahl und lud viele dazu und sandte seinen Knecht aus zur Stunde des Gastmahls, zu sagen den Geladenen: ‹Kommt, denn es ist alles ᶦᶦbereit!› – –»ᶦᶦ [Lk. 14,16f.].

ᶦᵉ⁻ᶦᵉ Mskr.: «eine Sehnsucht ist».

ᶦᶠ Mskr.: «Bibel?»

ᶦᵍ Mskr.: Kein Absatz.

ᶦʰ Mskr.: «Mensch»

ᶦᶦ Mskr.: «bereit! Wir sind die Geladenen. Sehen wir zu, dass wir uns nicht entschuldigen u. schliesslich wie jene zu kurz kommen.»

343

Der Bericht zählt zu den Referaten, von denen Barth im Blick auf seine Beteiligung im Arbeiterverein am 25. März 1917 an Thurneysen schreibt[1]*: «Bei allem Mangel an Umsicht und Klugheit, der bei diesen Leuten herrscht, ist da doch, nicht durch ihr Verdienst, aber sachlich ein ‹Geruch des Lebens zum Leben› [vgl. 2. Kor. 2, 16], sodaß ich immer wieder gern meine Beiträglein bringe, so gut das unsereins kann.» Ein besonderes Echo zu diesem einzelnen Vortrag liegt nicht vor.*

A[rbeiter-]V[erein] 13. II 17

Politische Lage

23. I – 13. II 17

Botschaft Wilsons an den Senat 23. I[2]

Bericht über den Erfolg der Aktion vom Dezember.[3] – Die Menschheit muß beim kommenden Frieden mitzureden haben, vor Allem Amerika!

---

[1] Bw.Th.I, S. 186.

[2] Es handelt sich um die berühmte Peace-without-Victory-Rede vom 22.1.1917 vor dem Senat der USA. Sie erschien am 23.1.1917 im Wortlaut in den BN, Jg. 73, Nr. 40 vom 23.1.1917 (2. Blatt), S. [2]. Barth fasst im folgenden einige der wichtigsten Überlegungen Wilsons für eine Welt-Friedensordnung zusammen.

[3] Am 12.12.1916 hatten die Zentralmächte ihre Verhandlungsbereitschaft zur Herstellung eines Friedens erklärt, die Note aber ohne nähere Vorschläge gelassen, so dass sie bei den Ententemächten ohne Widerhall blieb. Am 18.12.1916 bot sich Präsident Wilson als «ehrlicher Makler» zwischen den Kriegsgegnern an. Er forderte die kriegführenden Staaten auf, ihre jeweiligen Kriegsziele öffentlich bekanntzugeben, um so eine zwischen allen Parteien zu führende Diskussion zu eröffnen. Die alliierten Mächte nahmen in ihrer Antwort vom 10.1.1917 Wilsons Vorschlag vom 18.12. hinsichtlich der Erklärung der Kriegsziele auf, lehnten allerdings die Konzeption eines Friedens ohne Sieg und die darin enthaltene moralische Gleichstellung von Entente- und Zentralmächten ab. In der Antwortnote der Zentralmächte wurde der Vorschlag Wilsons vom 18.12., als Vermittler zu wirken, begrüßt, Kriegsziele wurden

Der Friede muß dauernd werden. Nicht Gleichgewicht, sondern Gemeinsamkeit, nicht Rivalität sondern Friede.

Garantien für die Rechte kleiner Staaten. Selbstbestimmungsrecht der Völker. Freier Zugang zum offenen Meer. Beschränkung der maritimen Rüstung. Jedem Volk seine Politik, aber nicht mehr! Keine Bündnispolitik mehr

Darum Friede ohne Sieg

Glaubt im Namen von Amerika u. d. ganzen Menschheit zu sprechen!

Das Echo darauf a) italien. u. französ. Sozialisten im Parlament![4]

b) So meinen wirs auch und der Gegner soll sich betroffen fühlen

c) Aber Friede ohne Sieg? nein Züchtigung des Feindes im Namen der Gerechtigkeit. Überwindung des Militarismus auf dem Schlachtfeld. – Wunderschön[,] aber was thun die Andern, bis dahin das Schwert!

---

aber nicht genannt. In seiner Rede vom 22.1.1917 entwickelte Wilson dann Gedanken für eine künftige Friedensordnung und kündigte zugleich die Absicht des Volkes der USA an, «daß es seine Autorität und seine Macht der Autorität und der Macht der andern Nationen beifügt, um einen Frieden der Gerechtigkeit in der Welt zu gewährleisten» (BN, ebd.)

[4] Am 27.1.1917 berichteten die BN über die französischen Sozialisten (Jg. 73, Nr. 48 [2. Blatt], S. [3]): «Die Kammergruppe der geeinigten Sozialisten, die 89 Mitglieder zählt, nahm vormittags eine Tagesordnung an, die die Botschaft Wilsons freudig begrüßt und erklärt, daß die Auffassung von einem nicht auf die Macht der Waffen, sondern auf den freien Willen der Völker, dem Erbe der französischen Revolution, gegründeten Frieden das Grundgesetz der zivilisierten Welt werden müsse. Die Tagesordnung protestiert gegen die imperialistischen Bestrebungen und fordert die französische Regierung auf, ihr Einverständnis mit den Worten Wilsons klar auszusprechen. Sie fordert zum Schlusse die Vertreter aller kriegführenden Nationen auf, zur Sicherung der Zukunft einer friedlichen Zivilisation einen Druck auf die führenden Persönlichkeiten auszuüben, damit versucht werde, den edlen Vorschlag Wilsons in gutem Glauben zu verwirklichen.» – Am 2.2.1917 meldeten die BN, Jg. 73, Nr. 58 (1. Blatt), S. [3], über «eine *neue Friedensmotion* der *parlamentarischen Sozialisten*» Italiens: «Die Motion erblickt in *Wilsons Botschaft* an den Senat die Grundlagen, auf denen der Friede angeknüpft werden sollte.»

d) Idealismus für Europa, Realismus für Amerika. Amerikas Haltung in eigenen [?] Kriegen! Warum bei Belgien stumm? Lösung nicht durch transatlantische Philosophie zu erwarten. Wir verbitten uns die Einmischung. Amerika sucht seinen Vorteil u. will Europa bevormunden.[5]

Der verschärfte deutsche U-bootkrieg

Neutrale sollen sich englische Blockade gefallen lassen.[6] Deutschland baute Gegenmittel nicht aus, mußte mit stärkerm Widerstand rechnen, eventuell mit der Feindschaft der Neutralen. Deshalb Zurückhaltung der Reichsleitung bis jetzt.[7]

Frage: Hielt die Reichsleitung zurück, um den Frieden nicht zu verunmöglichen u. gab jetzt widerwillig nach? Oder waren die Friedensangebote berechnet zur Rechtfertigung dieses Schrittes?

---

[5] Die Punkte b und c geben das Echo der kriegführenden Parteien auf die Rede Wilsons vom 23.1. wieder, soweit es sich um ein positives Echo handelte, und zwar b und c1 die Reaktion der Ententemächte, b und c2 die Reaktion der Zentralmächte. Der Punkt d) gibt das negative Echo der kriegführenden Parteien wieder; bis zu den Worten «Warum bei Belgien stumm?» dürfte es sich um das negative Echo von Seiten der Ententemächte handeln; das Folgende lässt sich aus deutschen Tageszeitungen belegen, die der Basler Vorwärts am 25.1.1917, Jg. 20, Nr. 21, S. 1f., zitiert: «Die Frage der Rüstungsbeschränkungen kann nicht durch philosophische Ideen gelöst werden, sie wird immer eine rechnerische Frage bleiben» (Berliner Tageblatt); «Das Philosophieren in diesem Augenblicke überlassen wir dem Präsidenten der Vereinigten Staaten, der nicht in einem Kampf auf Leben und Tod steht, und wir hoffen, daß der deutsche Siegeswillen sich nirgends von der Blässe transatlantischer Gedanken ankränkeln läßt» (Deutsche Tageszeitung); «wir müssen es entschieden zurückweisen, den amerikanischen Präsidenten als Gestalter der europäischen Karte anzuerkennen und uns vorschreiben zu lassen, daß wir diesen Krieg ohne Sieg zu beendigen haben» (Vossische Zeitung).

[6] England hatte bei Kriegsausbruch 1914 die Nordsee zum Kriegsgebiet erklärt und damit über Deutschland die Blockade verhängt. Seit 1916 wurden auch neutrale Schiffe von England kontrolliert, für die Mittelmächte bestimmte Waren wurden beschlagnahmt, ohne Widerspruch der neutralen Mächte.

[7] Die deutsche Marine war in den ersten Kriegsjahren eher zögernd eingesetzt worden. 1915 hatte schon einmal ein U-Bootkrieg begonnen; dieser wurde aber nach der Versenkung des englischen Passagierdampfers «Lusitania» am 7.5.1915, der sowohl Munition als auch etwa 1200 Passagiere, darunter 139 Amerikaner, an Bord hatte, auf den Einspruch der USA hin eingestellt.

Ein Zusammenhang besteht sicher. Im Übrigen: Mittel jetzt bereit[8],
wirtschaftl. Lage im Ausland kritisch[9], die Front steht

Der Bruch zwischen Deutschland u. Amerika

Das *Vorspiel* Im April 16 der Sussexfall. Drohende amerik. Note
vom 20. IV 16[.] Deutsche Konzessionen u. Gegenbedingung vom 4.
V 16[.] Ablehnung der letztern am 10. V 16
Die *Tatsachen* Die deutsche Erklärung vom 1. II 17[.] Abbruch von
Seiten Amerikas 4. II 17[10]

---

[8] Der fortgesetzte deutsche U-Bootbau erweckte bei der Marineführung
große Hoffnungen auf eine deutsche militärische Überlegenheit. Schon im
Winter 1916 sprach die Marineleitung gegenüber der politischen Führung des
Deutschen Reiches die Garantie aus, dass England innerhalb von sechs Monaten friedenswillig gemacht werden könne, wenn die politische Führung einen unbeschränkten U-Booteinsatz gestatte. Reichskanzler Th. von Bethmann
Hollweg zögerte jedoch, um seinen Versuch, einen Verständigungsfrieden zwischen den Mächten zu erreichen, fortführen zu können. Vgl. auch zum folgenden Mommsen, a.a.O. (s. oben S. 64, Anm. 22), S. 646–664.
[9] Der U-Boot-Handelskrieg hatte wirtschaftliche Folgen außer für die
Neutralen auch für England und Frankreich gezeitigt. In Russland war die
wirtschaftliche Situation aufs äußerste angespannt: eine der Voraussetzungen
für die Februarrevolution 1917. Aber auch Deutschland erlebte den «Steck-
rübenwinter» 1916/17.
[10] Am 24.3.1916 wurde das französische Handelsschiff «Sussex» mit Privat-
passagieren verschiedener Nationalität von einem deutschen U-Boot versenkt.
Präsident Wilson stellte daraufhin ein Ultimatum an die deutsche Regierung.
Am 20.4.1916 erklärte er vor dem Kongress, der von Deutschland geführte
U-Boot-Krieg missachte alle internationalen Grundsätze in Bezug auf unbe-
waffnete Handelsschiffe; versenkt wurde ohne Warnung und ohne Möglichkeit der Rettung von Passagieren. Damit würden auch alle Grundsätze der
Menschlichkeit verletzt. Die deutsche Reichsregierung erklärte daraufhin ihre
Bereitschaft, die U-Bootfrage dem Schiedsspruch des Königs von Spanien, als
Instanz einer neutralen Macht, zu unterbreiten und künftig die völkerrechtli-
chen Normen einzuhalten, sofern die USA auch England zur Einhaltung der
Regeln veranlassten. Am 10.5.1916 wies Wilson diese deutschen Vorschläge
zurück und erklärte, das Deutsche Reich künftig haftbar machen zu wollen für
ähnliche Vorkommnisse. Am 23.1.1917 hatte er in seiner Peace-without-Victory-Rede darauf hingewiesen, dass die Freiheit der Meere der Grundstein des
Friedens werden müsse. Als am 1.2.1917 Deutschland und Österreich-Ungarn
gegenüber den USA und den neutralen Staaten die Verschärfung des U-Boot-
Krieges verkündeten, brachen am 3.2.1917 die USA ihre diplomatischen Beziehungen zu Deutschland ab.

Amerikanische Aktion bei den Neutralen 5. II

Aufforderung zum Bruch mit Deutschland im Interesse des Friedens.[11] Seltsame Fortsetzung der transatlantischen Philosophie – u.
wiederum bequeme Politik

Zustimmung nur bei Brasilien u. Bolivien! Protesterklärung von
Spanien, Holland, Schweiz, Schweden, Norwegen.[12] Aber überall
schweigende od. ausdrückl. Ablehnung des Mitgehens.

B[undes-]R[at]:   Neutralitätsvertrag von 1815
«Überzeugung»
Geograph. Lage[13]

War Wilsons Vorgehen ein mißlungener Versuch, Andre die Ka-
stanien aus dem Feuer holen zu lassen?

Oder eine Abtastung der Möglichkeiten, die der Krieg verhindern
wird?

---

[11] Am 4.2.1917 lud Präsident Wilson die Regierungen aller neutralen Staaten
ein, sich dem Schritt der USA anzuschließen und die diplomatischen Beziehungen mit Deutschland abzubrechen. Dem schweizerischen Bundesrat ging
die amerikanische Note ebenfalls zu (BN, Jg. 73, Nr. 65 vom 6.2.1917 [1.
Blatt], S. [3]).

[12] Die Ablehnung der amerikanischen Note durch die genannten Staaten
schloss den Protest gegen die von Deutschland erklärte Verschärfung des
U-Boot-Krieges ein; vgl. BN, Jg. 73, Nr. 70 vom 8.2.1917 (2. Blatt), S. [2f.];
Nr. 71 vom 9.2.1917 (1. Blatt), S. [2]; Nr. 72 vom 9.2.1917 (2. Blatt), S. [2];
Nr. 75 vom 11.2.1917 (1. Blatt), S. [3].

[13] Mit Verweis auf das auf dem Wiener Kongress am 20.3.1815 deklarierte
Prinzip immerwährender schweizerischer Neutralität antwortete der Bundesrat: «Die Ereignisse während des gegenwärtigen Krieges haben den Bundesrat
in seiner Überzeugung von der Notwendigkeit der Einhaltung einer strikten
und loyalen Neutralität bestärkt und den Beweis geleistet, daß heute wie im
Jahre 1815 die Unverletzlichkeit und Unabhängigkeit der Schweiz im wahren
Interesse der Politik Europas liegen. [...] Der Bundesrat darf auch die Aufmerksamkeit von Präsident Wilson auf die einzigartige geographische Lage der
Schweiz lenken, die von allen Seiten von kriegführenden Staaten eingeschlossen ist und mit Sicherheit zum allgemeinen Kriegsschauplatz werden müßte,
sobald sie aus ihrer Neutralität heraustreten würde» (BN, Jg. 73, Nr. 75 vom
11.2.1917 [1. Blatt], S. [3]).

DAS HÖCHSTE RECHT
1917

Bei diesem stichwortartig skizzierten Vortrag über «Das höchste Recht» handelt es sich um eine Besinnung über eine Kurzgeschichte gleichen Titels von dem dänischen Schriftsteller Harald Kidde (1878–1918), die im Neuen Freien Aargauer einige Tage vor dem Vortrag abgedruckt war.[1] Sie wird der Wiedergabe von Barths Vortragsnotizen vorangestellt. Die Erzählung stammt aus dem Sammelband «Sindbilleder» («Sinnbilder», Symbole).[2] Von wem der Text übersetzt wurde und wie es zum Abdruck im «Neuen Freien Aargauer» kam, ist nicht bekannt. Ebenso ist unklar, auf Grund welcher Informationen Barth in seinen Ausführungen Kidde einen «Sozialisten» nennt. Zwar kann man bei Kidde die «zentrale Idee und Tendenz» des «kommunionistischen Expressionismus» finden: auch Kidde zielte auf die Ablösung der «bürgerliche[n], egoistische[n] Kultur».[3] Es muss jedoch offen bleiben, ob Barth darüber genauer orientiert war – von Kidde war bis 1917 nur ein Buch in deutscher Übersetzung erschienen[4] – oder ob er die sozialistische Richtung eines Autors der Zeitung mit dem Untertitel «Sozialdemokratischen Tagblatt» voraussetzen zu können meinte.

Das höchste Recht

Von Harald Kidde

Unbeweglich lag er ausgestreckt in dem schmalen grauen Feldbett mit der roten Decke über den lahmen Beinen und der leise atmenden Brust. Seine dunklen Augen waren nach der niedrigen Balkendecke gerichtet und die Hände lagen in seinem Nacken.

---

[1] Neuer Freier Aargauer, Jg. 12, Nr. 39 vom 15.2.1917, S. [1f.].

[2] H. Kidde, *Sindbilleder*, København 1900, S. 23–27.

[3] A. Höger, *Form und Gehalt der Romane und kleineren Erzählungen Harald Kiddes*, Diss. phil. München 1969, S. 79.

[4] H. Kidde, *Luftschlösser*, Minden 1906.

Sie saß in dem Korbstuhl am Bette, die Hand auf dessen Kante gestützt und die Augen unverwandt auf sein mageres Gesicht geheftet. Ihr schweres, schwarzes Haar umwogte frei die niedrige Stirn, der Federhut lag auf der Decke des ovalen Tisches.

Es war nur ein kleiner Raum mit einem niedrigen Fenster, dessen dunkelrote Gardinen dicht herniederhingen.

Draußen vor dem einsamen Gehöft lag das große, schneebedeckte Heideland. In der beginnenden Dämmerung schaute es herein zu den beiden wie ein weißes kummervolles Gesicht; die Stube war erfüllt von einem gespenstischen schneeblauen Schein.

Das Feuer in dem rostigen Ofen war erloschen. Eine Weckuhr tickte und tickte in den lautlosen Novemberabend hinein.

Ein langes Schweigen war zwischen den beiden gewesen; doch kein Schweigen in Eintracht und Friede – ein drohendes, beängstigendes Schweigen.

Jetzt strich sie mit den starken Händen das Haar aus der Stirn und sagte auf einmal und die Stimme klang so scharf in der schlafenden Stille:

«Mogens!»

Er sah hastig nach ihr hin und blickte dann wieder zu den Balken der Decke hinauf.

«Mogens, nein, jetzt müssen wir darüber reden... Ich habe darauf gewartet, daß du es tun würdest; aber du tust es nicht, so muß denn ich...»

Wieder wurde es still und die Uhr tickte weiter.

Dann fuhr sie fort mit ihrer tiefen, festen Stimme:

«Der Arzt hat uns ja gesagt, daß du nie wieder gesund werden kannst, daß du zeitlebens ein Krüppel bleiben wirst. Ja, ich sage es, wie es ist, Mogens, damit du mich verstehen sollst. Aber nicht wahr ... dann ist doch alles anders als damals, als ich dir Treue versprach?»

Sie wartete auf Antwort; doch er regte sich nicht.

«Damals waren wir beide jung und stark. Aber jetzt, Mogens ... ja, jetzt hast du die Macht zum Leben verloren. Willst du, daß auch ich sie darum einbüßen soll? Das tu ich nicht!» Eisig kamen die Worte aus ihrem Munde.

Verwirrt blickte er sie an, blickte auf ihr bleiches Gesicht inmitten des schwarzen Haares und auf das Dunkel des Winters da draußen.

Sie wendete den Blick nicht von ihm ab.

«Du meinst, ich habe unrecht?»

«Nein, nein», flüsterte er hastig und leise.

«Ich habe auch nicht unrecht», erwiderte sie ruhig; «ich habe alles genau überdacht, und ich weiß, daß ich nur mein volles Recht im Auge habe – ja, das höchste Recht, Mogens: das Recht des Lebens ...»

Sie schwieg. Die Uhr tickte und tickte. Die Landschaft starrte durch Fenster herein. Über all die leeren Räumlichkeiten des Gehöftes und über die niedrige Kammer dehnte sich die Stille des Winterabends.

«Rut, willst du mir nicht sagen ... bist du ... liebst du Jörgen da drüben?» Er wies mit einer vagen Bewegung über die Heide, wo in weiter Entfernung eine verschneite Baumgruppe im Abend stand.

Sie blickte ihn fest an:

«Das kommt nicht in Betracht, Mogens ... Du weißt, daß ich dir mein Treuwort gab, weil du mir teuer warst, und ich würde es auch nie gebrochen haben. Du weißt ja, daß ich dich wählte, als ihr beide um mich warbt.»

«Ja ... aber jetzt ...»

«Jetzt ...», sie erhob sich und ihre Stimme klang sehr hart, «ich sagte dir ja, daß jetzt alles anders sei.»

«Ja, Rut», flüsterte er.

Der bläuliche Kälteschein des Schnees umschwebte die beiden. Sie hatte den Ring vom Finger gezogen, jetzt legte sie ihn in das rote Dunkel der Decke; da lag er wie eine kleine goldene Glut.

«Gib mir nun den meinen, Mogens.»

«Ja, Rut.»

Er tastete an seinen Hemdsaum und zog den Ring hervor, indem er leise erklärte:

«Ja ... als meine Finger zu mager wurden, da hab' ich ihn hier verwahrt ... Da ist er, Rut.»

«Danke.» Sie nahm ihn an sich.

Und sie blieb stehen und sah ihn an, dann fügte sie hinzu – mit einmal ganz mild und traurig:

«Was kann es nützen, Mogens? Glück würde uns ja doch nicht blühen.»

«Nein, Rut, nein.»

Sie beugte sich sanft über ihn und küßte ihn:

«Leb' wohl! Ich danke dir für die Zeit, die uns beiden gehörte.»

Hastig blickte er in ihre dunklen Augen auf und schlug dann die seinen nieder.

«Lebe wohl, Rut!»

Er tastete nach ihrer Hand, doch sie sah es nicht.

Vor dem kleinen, fleckigen Wandspiegel ordnete sie ihr schweres Haar unterm Hut.

«Lebe wohl, Mogens!»

Das blasse, ernste Gesicht unter dem Dunkel des Hutes und des Haares wendete sich ihm zu. Hinter ihr schaute die Landschaft ins Zimmer.

Sie kam ein paar Schritte näher.

«Ich bitte dich nicht um Vergebung; das brauch' ich nicht zu tun. Und einst wirst du es einsehen.»

«Lebe wohl, Mogens!»

«Lebe wohl, Rut!»

Ihr Kleid raschelte leise, die Tür ging auf und zu. Ihre Tritte klangen hin durch den leeren Saal nebenan. Die Flurtür fiel zu und dann war es aus. Sie hatte das Haus verlassen.

351

Stöhnend und mühsam erhob er sich auf den Ellbogen und beugte sich über den Tisch, die zitternde Hand auf die Tischdecke gestützt.

Er sah sie über den Hof gehen in die Heide hinaus, doch der weiße Eisblumenflor bedeckte die ganze Scheibe und es war sehr dunkel. Er konnte ihrer schlanken, schwarzgekleideten Gestalt bald nicht mehr folgen, die dahinwanderte in dem blassen Licht der schneefeuchten Erikahügel. Aber er sah, daß sie nach Westen ging, wo die Baumgruppe stand. Dann entschwand sie ihm ganz, und nur der Winterabend breitete sich aus vor seinen spähenden Augen. Die Landschaft verschwand hinter der Maske der Eisblumen.

Dann glitt er wieder auf sein Lager zurück und hob den Blick zu den Balken der Decke.

Die Uhr tickte im Dunkel, das ihn immer dichter und dichter umschloß.

Er lag da, die Hände im Nacken, und murmelte leise:

«Das höchste Recht ...»

Das höchste Recht

A[rbeiter-]V[erein] 20. II 17

Der erste Eindruck ist ein abstoßender: die Verleugnung der früheren Liebe, das Verlassen des Gatten in der Not, der Übergang zum Nebenbuhler. Pfui Teufel!

Und doch *wollte* der Verf. offenbar etwas Rechtes sagen: die *Befreiung speziell der Frau* aus unwürdigem Verhältnis dem Mann gegenüber. (Mann immer der Werbende, Frau lebenslänglich die Abhängige, Mann der[,] dem die Sitte Untreue erlaubt – hier die Frau die selbständig Handelnde, sie ist auch ein Mensch u. braucht ihr Recht![)]

Allgemein: *die konventionelle Abneigung gegen die Ehescheidung bekämpft.* Es giebt Fälle, wo sie sittlich höher steht, als fortzufahren, gebt dem Menschen Freiheit, einen eingetretenen «Irrtum» gut zu machen, statt lebenslänglich unglücklich zu sein!

Aber: ist es Zufall, daß die Sache in praxi so abscheulich wirkt? Die Umstände könnten besser sein: Ursprüngl. Abneigung, ernster Grund, keine Untreue[.] Der Vorgang selber bliebe immer häßlich.

Die *Frage* die sich erhebt, ob der *Einzelne* das Recht hat, «das höchste Recht» für sich in Anspruch zu nehmen. Offenbar meint das dieser Sozialist u. schlägt dem Sozialismus ins Gesicht. Dieses Recht des Einzelnen, selbst wenn es «Recht» ist, hat die kapitalistische Gesellschaft erzeugt.

Also Reform der Stellung der Frau? Ja, aber durch Reform der Frauen!

Reform der Ehe? Ja, aber durch Reform des Heiratens u. der heiratenden Menschen und der sie umgebenden Verhältnisse

Daraufhin arbeiten u.U. *unter* einem Joch ist tapferer u. erfolgreicher, als das Joch persönlich abwerfen, wodurch die allgemeine Regel nur bestätigt wird.

Anwendung auf die *Militärdienst-Frage!*

*Am 9./10. Juni 1917 fand in Bern ein außerordentlicher Parteitag der
Sozialdemokratischen Partei der Schweiz statt, an dem Barth als Delegierter teilnahm.[1] Der wichtigste Tagesordnungspunkt war die Frage
nach der Haltung der Sozialdemokratie zum Militärwesen. Barth
nahm den bevorstehenden Parteitag zum Anlass, dessen Thematik im
Safenwiler Arbeiterverein zwischen Ende Februar und Anfang April
1917 in einer fünfteiligen Referatserie zu behandeln, die er im Juli mit
einem Bericht über den Parteitag als sechstem Stück abschloss. Die
Stichwortkonzepte der Referate IV und V sind beide auf den 3. April
datiert. Ob das auf einem Versehen beruht, läßt sich nicht feststellen,
da sich in Barths Taschenkalender von 1917 nur für Referat I–III und
dann wieder für Referat VI entsprechende Einträge finden. Den Referaten I–V dürfte eine zur Vorbereitung des Parteitags veröffentlichte
Broschüre mit dem Titel «Anträge, Beschlüsse und Gutachten zur Militärfrage» zugrundeliegen.[2]*

*Von den Abenden im Arbeiterverein berichtete Barth am 25.3.1917
seiner Mutter[3]:*

Aber auch bei den Revoluzzern im Arbeiterverein gehe ich immer
noch aus und ein, dort befreunden wir uns alle Dienstage mit Grimm,
Naine und Graber und rennen in der sozialistischen Dialektik, so gut
wir sie verstehen, auf und ab zu unsrer Stärkung und Belehrung. Es
könnte sein, daß ich im Sommer als Delegierter an den Parteitag in
Bern komme, aber es ist noch nichts Sicheres u. ihr dürftet euch dann
meiner nicht schämen.

Am gleichen Tag schrieb er an Thurneysen[4]:

Im Arbeiterverein pflügen wir Woche für Woche die Gutachten
und Resolutionen über die Militärfrage durch, die jetzt die Partei be-

---

[1] Vgl. Bw.Th.I, S. 207; Busch, S. 116. Barths Notizen vom Parteitag: KBA
12163.

[2] *Anträge, Beschlüsse und Gutachten zur Militärfrage*, hrsg. von der Sozialdemokratischen Partei der Schweiz, Bern 1917 (im folgenden zitiert: Anträge).

[3] KBA 9217.9.

[4] Bw.Th.I, S. 186.

schäftigt. Die Dialektik, in der sich die Genossen [...] ergehen, ergibt sich in immer neuen Beleuchtungen, sodaß die Ausblicke auf «Allertiefstes» sich immer wieder von selbst einstellen, allerdings in anderer Weise als bei Ragaz.

Und er fügte an:
Die Hiesigen wollen mich als Delegierten an den Schweiz. Parteitag in Bern schicken, der in der Sache einen großen Hornstoß tun soll!! Oh!

Sozialdemokratie u. Militärwesen

A[rbeiter-]V[erein] 27. II 17

I Bis zum Kriege

A. Internationales[5]
Stuttgart 1907   Klassenkampf[6] Ursache d. Krieges[7]
Ende: Ende des Kapitalismus *oder* Opfer u. Empörung treiben die Völker zur Beseitigung d. Systems.[8]
Mittel: Verweigerung d. Militärkredite[9]

[5] Vgl. «Die Resolutionen der internationalen Kongresse in Stuttgart, Kopenhagen und Basel betr. den Krieg und die Internationale», in: Anträge, S. 61–77.
[6] Anträge, S. 61: «Der Kongreß [...] stellt aufs neue fest, daß der Kampf gegen den Militarismus nicht getrennt werden kann von dem sozialistischen Klassenkampf im ganzen.»
[7] Als Ursachen des Krieges benannte die 2. Internationale auf dem Stuttgarter Kongress 1907: Konkurrenzkampf auf dem Weltmarkt, d.h. Kampf um Absatzgebiete, Länderraub, Wettrüsten (Anträge, S. 61), ferner die durch die herrschenden Klassen systematisch genährten nationalen Vorurteile, durch die das Proletariat von Klassenkampf und internationaler Klassensolidarität abgehalten werden solle (Anträge, S. 62).
[8] Anträge, S. 62: «Kriege liegen also im Wesen des Kapitalismus; sie werden erst aufhören, wenn die kapitalistische Wirtschaftsordnung beseitigt ist oder wenn die Größe der durch die militärische Entwicklung erforderlichen Opfer an Menschen und Geld und die durch die Rüstungen hervorgerufene Empörung die Völker zur Beseitigung dieses Systems treibt.»
[9] Es ist die Aufgabe, «mit allen Kräften die Rüstungen zu Wasser und zu Lande zu bekämpfen und die Mittel hierfür zu verweigern» (Anträge, S. 62f.).

Demokratisierung d. Wehrwesens[10]

Aber nicht uniforme Aktion[11]

Kriegsausbruch droht Alles aufbieten, die wirksamsten Mittel[12]

Kriegsausbruch erfolgt rasche Beendigung, Aufrüttelung d. Volkes[13]

Kopenhagen 1910 Arbeiter haben K[rieg] n[icht] nötig, sind die Schwerstbetroffenen. «Bürge für Frieden»[14]

Mittel[:] Schiedsgerichte, Abrüstung, geheime Dipl[omatie], Selbstbest[immungsrecht.][15] Droht d. Krieg ... Falls ... (Wie oben!)[16]

---

[10] Anträge, S. 63: «Der Kongreß sieht in der demokratischen Organisation des Wehrwesens, der Volkswehr an Stelle der stehenden Heere eine wesentliche Garantie dafür, daß Angriffskriege unmöglich werden».

[11] Ebd.: «Die Internationale ist außerstande, die in den verschiedenen Ländern naturgemäß verschiedene, der Zeit und dem Ort entsprechende Aktion der Arbeiterklasse gegen den Militarismus in starre Formen zu bannen.»

[12] Anträge, S. 65: «Droht der Ausbruch eines Krieges, so sind die arbeitenden Klassen und deren parlamentarische Vertreter in den beteiligten Ländern verpflichtet, unterstützt durch die zusammenfassende Tätigkeit des Internationalen Sozialistischen Bureaus alles aufzubieten, um durch die Anwendung der ihnen am wirksamsten erscheinenden Mittel den Ausbruch des Krieges zu verhindern, die sich je nach der Verschärfung des Klassenkampfes und der allgemeinen politischen Situation naturgemäß ändern.»

[13] Ebd.: «Falls der Krieg dennoch ausbrechen sollte, sind sie verpflichtet, für dessen rasche Beendigung einzutreten, und mit allen Kräften dahin zu streben, die durch den Krieg herbeigeführte wirtschaftliche und politische Krise zur Aufrüttelung des Volkes auszunutzen und dadurch die Beseitigung der kapitalistischen Klassenherrschaft zu beschleunigen.»

[14] Im «Lagebericht zur Aufrüstung», der auf dem Kopenhagener Kongress der Internationale 1910 abgegeben wurde, hieß es: «Die Arbeiter aller Länder haben keine Zwistigkeiten oder Mißhelligkeiten unter einander, die zu einem Kriege führen könnten. Kriege sind heute die Folge des Kapitalismus [...]. Die Arbeiterklasse, welche die Hauptlast der Kriege trägt und von deren Folgen am schwersten betroffen wird, hat das größte Interesse an der Beseitigung des Krieges. Das organisierte sozialistische Proletariat aller Länder ist darum der einzige zuverlässige Bürge für den Frieden der Welt.» (Anträge, S. 66).

[15] Von den parlamentarischen Vertretern wird erwartet «a) die beständige Wiederholung der Forderung, daß internationale Schiedsgerichte obligatorisch in allen zwischenstaatlichen Streitfällen entscheiden; – b) immer erneuerte Anträge, die auf die allgemeine Abrüstung hinzielen [...]; – c) das Verlangen auf Abschaffung der geheimen Diplomatie und die Veröffentlichung aller bestehenden und künftigen Verträge und Abmachungen zwischen den Regie-

Basel 1912 idem[17] Programm für einzelne![18] Verbrechen[19] Träger d.
Zukunft[20], mit voller Wucht![21]

B. **Schweiz**   Schluß d. Prinzipienerklär[un]g[22]

rungen; – d) das Eintreten für das Selbstbestimmungsrecht aller Völker und
deren Verteidigung gegen kriegerischen Angriff und gewaltsame Unterdrük-
kung.» (Anträge, S. 67).

[16] Der internationale Kongress von Kopenhagen 1910 bestätigte und wie-
derholte die in Anm. 12 und 13 genannten Forderungen des Stuttgarter Kongresses 1907 im Blick auf den drohenden Ausbruch eines Krieges oder die Zeit
nach seinem Ausbruch (Anträge, S. 65–69).

[17] Auf dem Friedenskongress der Internationale in Basel wurden 1912 die
Beschlüsse der vorangegangenen Kongresse noch einmal bekräftigt (Anträge,
S. 69–77).

[18] Bezieht sich wohl auf die am Basler Kongress abgegebenen Berichte über
den Kampf für Frieden und Völkerverständigung in den einzelnen Ländern,
besonders mit Blick auf die Balkankriege, auf die Spannungen zwischen Italien
und Österreich wegen der Albanienfrage, zwischen Russland und Polen und
die Beziehung zwischen Deutschland, Frankreich und England (Anträge,
S. 70–76).

[19] Anträge, S. 76: «Die Proletarier empfinden es als ein Verbrechen, aufeinander zu schießen, zum Vorteile des Profits der Kapitalisten, des Ehrgeizes der
Dynastien oder zu höherer Ehre diplomatischer Geheimverträge.»

[20] Anträge, S. 77: «Das Proletariat ist sich bewußt, in diesem Augenblicke
der Träger der ganzen Zukunft der Menschheit zu sein.»

[21] Ebd.: «Verkündet euren Willen in allen Formen und in allen Orten, erhebt
euren Protest mit voller Wucht in den Parlamenten, vereinigt euch in Massen
zu großen Kundgebungen, nützt alle Mittel aus, die euch die Organisation und
die Stärke des Proletariats in die Hand geben!»

[22] Das Programm der Sozialdemokratischen Partei der Schweiz von 1904
bestand aus einer «Prinzipienerklärung» und einem «Arbeitsprogramm». Der
durch Sperrdruck hervorgehobene Schluss der Prinzipienerklärung war Barth
besonders wichtig (vgl. oben S. 161, Anm. 2). Er lautet: «Die sozialdemokratische Partei tritt also aus dem Rahmen einer reinpolitischen Partei weit heraus.
Sie ist die Fahnenträgerin eines großen Kulturkampfes der arbeitenden Klasse
für Erringung der vollen Menschenrechte und für die Anteilnahme an den
Errungenschaften der menschlichen Kultur. – Indem die schweizerische Sozialdemokratie in Gemeinschaft mit den sozialistischen Parteien aller Kulturländer durch das Mittel des Klassenkampfes für die Aufhebung der Klassen
und der Klassengegensätze kämpft, um an deren Stelle die Solidarität aller
Volksgenossen zu setzen, wird sie mit ihrem Siege auch die nationalen Gegensätze beseitigen und die Solidarität aller Völker herstellen. – Damit erlöst die
internationale Sozialdemokratie die Nationen vom Fluche des Militarismus

Arbeitsprogramm 4[23]

Olten 1903[24]   Notwendigkeit d. Organisation d. Wehrkraft[25]
Zürich 1904   Streiks[26]
Lausanne 1905   ein für allemal[27]

und des Krieges und bringt ihnen mit der Erlösung aus Elend und Sorge auch
den Frieden und die Verbrüderung zu gemeinsamer Bebauung und Kultivierung des ganzen Erdballs» (*Protokoll über die Verhandlungen des Parteitages
der Schweizerischen sozialdemokratischen Partei, abgehalten in der Tonhalle
in Zürich am 20. und 21. November 1904*, Zürich 1905, S. 84).

[23] Der vierte Satz im «Arbeitsprogramm der Sozialdemokratischen Partei
der Schweiz» von 1904 lautet (a. a.O., S. 85f.): «*4. Demokratisierung des Wehrwesens*. Vereinfachung der Bekleidung und Ausrüstung. Wahl der Offiziere
durch die Mannschaft. Bekleidung und Ausrüstung der Offiziere durch den
Staat. Gleiche Verpflegung für Offiziere und Mannschaft. Abschaffung des
Militärstrafrechtes und der Militärgerichtsbarkeit in Friedenszeiten. – Unterstützung der Familie während des Dienstes des Ernährers. Schutz des Wehr-
mannes gegen die ökonomischen Folgen der Entlassung wegen des Militärdienstes. Abschaffung des Schuldverhaftes wegen Nichtbezahlung des
Militärpflichtersatzes.»

[24] Es handelt sich hier und im folgenden um Orte, an denen jeweils Parteitage der SPS stattgefunden haben.

[25] Anträge, S. 7: «Solange diese Grundsätze [internationaler Friede, internationale Schiedsgerichte, allgemeine Abrüstung] nicht verwirklicht sind, und
unter dem Zwange der gegenwärtigen Zustände anerkennt die sozialdemokratische Partei die Notwendigkeit der Organisation der Wehrkraft des Landes.»

[26] Anträge, S. 8f.: «Der Parteitag spricht die bestimmte Erwartung aus, daß,
wenn je wieder ein Militäraufgebot aus Anlaß eines Streiks erfolgt, sowohl das
Bundeskomitee des Gewerkschaftsbundes als auch das Parteikomitee an Ort
und Stelle die Verhältnisse genau untersuchen und feststellen, und alle Anord-
nungen zum sofortigen Proteste und zur Aufklärung des Schweizervolkes, wie
auch zur Wahrung der Rechte und Interessen der streikenden Arbeiterschaft
treffen. – Die sozialdemokratische Partei fordert die Soldaten auf, bei Militär-
aufgeboten anläßlich von Streiks sich ihrer Solidarität mit den streikenden
Arbeitern bewußt zu sein und sich nicht zu Handlungen verwenden zu lassen,
durch welche das Streik- und Versammlungsrecht ihrer Klassengenossen ver-
kümmert würde. – Sollte wieder ein Aufgebot bei Anlaß von Streik erfolgen, so
sind sofort in der ganzen Schweiz Protestversammlungen einzuberufen, um
dem Volk die Parteinahme der Regierungen zugunsten der Unternehmer klar
zu machen und eine lebhafte Propaganda gegen den Militarismus zu entfalten;
ebenso sind die Arbeiter dann aufzufordern, sich vom freiwilligen Schießwe-
sen (Schießvereine, Unteroffiziersvereine, Vorunterricht) fernzuhalten.»

[27] Anträge, S. 9: «Der Parteitag beschließt, eine besondere Tagung der Un-

Olten 1906[28]
Zug 1907 Militärorganisation[29]
Neuenburg 1912 Generalstreik[30]
Fragen: Wie steht die Partei jetzt da?
Wie bei Kriegsausbruch?
Ist die Situation B von Stuttgart 1907 da[31]?
Sind die Basel 1912 geschilderten Kräfte vorhanden?[32]

tersuchung der Beziehungen zwischen Sozialismus, Militarismus und Armee zu widmen, um ein für allemal die Sache zu präzisieren.»

[28] Barth setzt zu der Bezugnahme auf Olten 1906 ein Zeichen, das an ein Integralzeichen erinnert – vielleicht um anzudeuten, dass der außerordentliche Parteitag in Olten 1906 noch einmal alle schon bisher gefassten Beschlüsse zur Einrichtung von Schiedsgerichten, zur Anerkennung eines Volksheeres für den Verteidigungsfall und zum Protest gegen den Einsatz von Militär gegen Streikende zusammenfasste. Vgl. Anträge, S. 9–11.

[29] Ein Ende 1907 tagender außerordentlicher Parteitag in Zug verwarf ein neu eingebrachtes schweizerisches Militärgesetz wegen des Planes einer vollständigen Zentralisation des Heerwesens, wegen tiefgreifender Erweiterungen und Veränderungen der Heeresorganisation, wegen der geplanten Unterstellung von Angestellten und Arbeitern staatlicher und öffentlicher Betriebe unter die militärische Gewalt, wodurch man das Vereins- und Streikrecht der Arbeiter in Gefahr sah, wegen einer Begünstigung der Kluft zwischen Offizieren und Soldaten durch die neue Organisation, wegen der voraussehbaren Belastung des Militärbudgets, durch die jede wirksame Sozialpolitik verhindert werde, und wegen der geplanten Verlängerung der Dienstzeit mit ihren einschneidenden ökonomischen Folgen für die Arbeiter. Vgl. Anträge, S. 11f.

[30] Auf dem Parteitag in Neuenburg 1912 wurde die Frage des Generalstreiks im Kriegsfall diskutiert und beschlossen, darüber auf dem nächsten Parteitag weiter zu beraten. Vgl. Anträge, S. 12.

[31] In den Schlussabsätzen der Resolution von Stuttgart heißt es (s. oben Anm. 12 und 13):
«Droht der Ausbruch eines Krieges, so sind die arbeitenden Klassen und deren parlamentarische Vertreter in den beteiligten Ländern verpflichtet, […] alles aufzubieten, um […] den Ausbruch des Krieges zu verhindern […].
Falls der Krieg dennoch ausbrechen sollte, sind sie verpflichtet, für dessen rasche Beendigung einzutreten […].»

[32] Wahrscheinlich spielt Barth auf folgende Sätze in der Resolution von Basel an (Anträge, S. 76): «Die Regierungen müssen nicht vergessen, daß sie bei dem gegenwärtigen Zustand Europas und der Stimmung der Arbeiterklasse nicht ohne Gefahr für sie selbst den Krieg entfesseln können, sie mögen sich daran erinnern, daß der deutsch-französische Krieg den revolutionären Ausbruch der Kommune im Gefolge hatte, daß der russisch-japanische Krieg die

Sozialdemokratie u. Militärwesen

A[rbeiter-]V[erein] 6. III 17

II Die 2 Anträge[33]

1. **Mehrheit**[34] Militarismus als Folge des Kapitalismus[35], verschleiert[36], gefährliche Selbstschädigung d. Prol[etariats][37], Waffe für d. Gegner[38] – auch gegen Kapitalismus![39]

revolutionären Kräfte der Völker des russischen Reiches in Bewegung gesetzt hat [...].»

[33] Zur Vorbereitung des nach Bern zu berufenden außerordentlichen Parteitags war am 27.11.1916 vom Parteivorstand in Olten eine Militärkommission gegründet worden. Bereits diese vorbereitende Kommission schied sich in zwei nach ihren Überzeugungen divergierende Gruppen. Jede stellte eine Anzahl Thesen auf, die zu zwei Vorlagen an den Parteitag ausgearbeitet wurden. Vgl. *Jahrbuch der Sozialdemokratischen Partei der Schweiz, pro 1916* (s. oben S. 115, Anm. 34), S. 18f.

[34] «Anträge der Militärkommission zuhanden des Parteitages. Antrag der Mehrheit» (Anträge, S. 1–3).

[35] Anträge, S. 1: «Die heutige Epoche des Kapitalismus hat zum Imperialismus geführt und erzeugt mit Notwendigkeit imperialistische Kriege.»

[36] «Zur Betörung des Volkes gibt die herrschende Klasse jeden Krieg als einen Krieg zur Verteidigung des Vaterlandes aus. Unter dieser Phrase verbirgt sich aber stets die mit den Mitteln der Gewalt betriebene imperialistische Politik» (ebd.).

[37] Anträge, S. 1f.: «Die Beteiligung des Proletariats an einem imperialistischen Kriege bedeutet die freiwillige Unterordnung des Proletariats unter die Interessen und Ziele seiner Ausbeuter und damit Aufhebung des Klassenkampfes, Anerkennung des Burgfriedens und verhängnisvolles Zerreißen seiner internationalen Beziehungen.»

[38] Anträge, S. 2: «Der Militarismus ist aber auch die stärkste Waffe der besitzenden Klasse zur Erhaltung einer ungerechten Wirtschafts- und Rechtsordnung. Seine Volksfeindlichkeit offenbart sich in der Anwendung gegenüber der um die Verbesserung ihres Loses kämpfenden arbeitenden Klasse. Jede aktive Unterstützung der militaristischen Bestrebungen [...] bedeutet daher eine Befestigung der Machtstellung des Gegners.»

[39] «Der Kampf des Proletariats gegen Krieg und Militarismus ist deshalb in erster Linie ein Kampf gegen die kapitalistische Gesellschaftsordnung, deren Beseitigung angestrebt wird durch die soziale Revolution» (ebd.).

Aufgabe: Aufklär[un]g, Bekämpf[un]g, Ablehn[un]g, Widerstand.[40]

Kritik: Gut, weil *ehrlich* antimilitaristisch, gesagt[,] was man will. Aber die *Logik* stimmt nicht. Militarismus ist als Folge u. Mittel erkannt, was sollen dann *diese* Aufgaben?

Papierene *Phrasen;* entweder ist das ernst gemeint, dann müßte es deutlicher gesagt sein – oder es soll nur tönen, damit blamieren wir uns Wenn radikale *Absicht* im Ernst dahinter[,] *ist* die Zeit reif zur offenen Empör[un]g – ist die *Kraft* dazu da?

2. **Minderheit**[41] Emanzipation, Hand in Hand damit Antimilitarismus. Vorläufige Vorbedingungen. Kreditverweigerung? Keine grundsätzl. Ablehnung[42]

[40] Anträge, S. 3: «1. Planmäßige Aufklärung der Arbeiterschaft über Wesen und Zweck des Militarismus. – 2. Bekämpfung der militärischen Institutionen und Ablehnung aller militärischen Pflichten des bürgerlichen Klassenstaates durch die Partei. [...] – 3. Verpflichtung der Parteivertreter im Parlament, unter grundsätzlicher Motivierung alle Militärforderungen und -kredite abzulehnen. – 4. Organisierung entschlossenen, äußersten Widerstandes der Arbeiterschaft gegen die Beteiligung unseres Landes an jedem Krieg (Versammlungen, Demonstrationen, Streiks usw.).»

[41] «Antrag der Minderheit» (Anträge, S. 4–6).

[42] Anträge, S. 4f.: Erwägungen: «1. Die volle Emanzipation der Arbeiterklasse kann nur mit der Überwindung des Kapitalismus erreicht werden; wirtschaftlich durch die Sozialisierung, politisch durch die Demokratisierung der Gesellschaft. – 2. Der Kampf muß auf der historisch gegebenen Grundlage der einzelnen Nationen und Staaten geführt, aber international organisiert und orientiert werden. – 3. Der Militarismus als Hauptmittel der herrschenden Gewalten kann erst mit Aufhebung der Klassengegensätze verschwinden. Die Methoden des Kampfes gegen diesen größten Kulturfeind der Menschheit richten sich nach dem Stande der ökonomischen Entwicklung, können diese weder ignorieren noch aufheben. – 4. Die Entwicklung der Demokratie und die gleichzeitige Schwächung der Offensivkraft der Heere auf nationalem Boden und die Stärkung des Rechtsgedankens auf internationalem Boden sind gegenwärtig die einzig möglichen Vorbedingungen zur Herbeiführung des dauernden Friedens. – 5. In *den* Staaten, deren Regierungen oder Parlamente die obligatorische Verpflichtung zur Anrufung der internationalen Schiedsgerichte in allen internationalen Streitigkeiten verweigern und die nicht vom stehenden Heere zum Milizsystem übergehen, oder welche die mißbräuchliche Verwendung der Wehrkraft im Innern bei Arbeitskonflikten zulassen, wird die Verweigerung der Militärkredite für das Proletariat zum politischen Kampfmittel von einigender und zwingender Kraft. – 6. Eine grundsätzliche

Aufgabe: Landesverteidigung, nicht Arbeitskonflikt, Schiedsgerichte, event. Kreditverweigerung[43]

Kritik: Gut, weil *sachlicher,* politischer gedacht.

Leider stimmt *Logik* nicht: Die Bejahung der Landesverteidigung läßt keine Klausel zu[.] 4.![44]

Nicht recht ehrlich. Gegenwartsfrage, es wird verschleiert, daß die
Frage spruchreif ist und nun bietet der Antrag Elemente zu Ja (E 6 A
1) und Nein[(] E 5 u. A 2–4)[45]

Die Frage[,] ob *Zeit* u. *Kraft* da ist, bleibt auch hier offen.

Problem: Verhältnis von Endziel u. vorläufigen Lösungen?

Letztere sind *möglich,* wenn nicht die Mittel untauglich

So sind sie *nötig* u. *aussichtsvoll[:]* muß eine sorgfältige politische
Überlegung zeigen, nicht Gefühle!

Verbind[un]g der antimilitarist. Ehrlichkeit der Mehrheit mit der polit.
Klugheit der Minderheit, auf Grund gründlicher Prüfung der Zeit u. der
eigenen Kraft.

Verneinung der Landesverteidigung und unterschiedslose Ablehnung aller
Militärkredite widerspricht der materialistischen Auffassung des Entwick-
lungsgedankens, schädigt politisch die Partei und hemmt damit die demokratische Entwicklung.»

[43] Anträge, S. 5f.: Beschlussantrag: «1. Die sozialdemokratische Partei anerkennt den Grenzschutz unseres neutralen Landes durch unsere Milizarmee
und bejaht grundsätzlich die Frage der Landesverteidigung im Falle eines äußeren Angriffs. – 2. Sie bekämpft aber die Verwendung des Heeres bei Arbeitskonflikten und macht es den ihr angehörenden Wehrmännern zur Pflicht, gegen streikende Arbeiter in keinem Fall von der Waffe Gebrauch zu machen. –
3. Die Nationalratsfraktion wird beauftragt, dahin zu wirken, daß sich die
Schweiz bereit erklärt, mit allen Staaten Verträge zur obligatorischen Schlich-
tung aller internationalen Streitigkeiten durch Schiedsgerichte abzuschließen. – 4. Eine Verweigerung der obligatorischen Verpflichtung zur Anrufung
internationaler Schiedsgerichte oder eine Verwendung des Heeres gegen Streikende wird von der Partei mit der Ablehnung der Militärkredite beantwortet.»
[44] Die Ziffer «4» dürfte auf den 4. Satz des im Minderheitsvotum formulierten Beschlussantrags zu beziehen sein.
[45] Die Buchstaben sind zu deuten als: E = Erwägungen (s. oben Anm. 42), A =
Antrag (s. oben Anm. 43); die Zahlen bezeichnen den entsprechenden Punkt in
den «Erwägungen» und dem «Antrag» des Minderheitsvotums. Barth kritisiert an dem Minderheitsvotum, dass es sowohl Elemente der Bejahung als
auch der Verneinung des Militärwesens enthält.

Sozialdemokratie u. Militärwesen

A[rbeiter-]V[erein] 20. III 17

III Die Thesen Grimm u. Müller[46]

1. **Grimm**[47] Aus der imperialist. Entwicklung des Kapitalismus[48] folgt einerseits die Charakterisierung des Kriegs als *kapitalist. Raubkrieg*[49][,] andrerseits die *Aufhebung der nat[ionalen] Selbständigkeit* der kleinen Staaten.[50] Nur militärisch ist die Landesverteidigung unmöglich[51] u. liefert uns den Nachbarn aus[52]. Milizcharakter u. Demokratie bedeuten nichts[53].

[46] Diese Thesen eröffnen den dritten Teil der «Anträge, Beschlüsse und Gutachten zur Militärfrage» (Anträge, S. 17–31).

[47] Robert Grimm (1881–1958), dem linken Flügel der schweizerischen Sozialdemokratie zuzurechnender Politiker und von 1909 bis 1918 Chefredaktor der in Bern erscheinenden sozialistischen Zeitung «Tagwacht». Nationalrat 1911–1955, 1918/19 Präsident der Sozialdemokratischen Partei der Schweiz.

[48] Anträge, S. 17: «Der Kapitalismus hat mit der imperialistischen Form seiner Entwicklung die Nationalstaaten über ihren bisherigen Rahmen hinausgetrieben», ökonomisch durch die Abhängigkeit vom Weltmarkt, politisch durch Versuche, den Einfluss auf dem Weltmarkt durch Bündnisse und Allianzen zu sichern.

[49] «Unter dem Einfluß dieser Entwicklung hat sich der Charakter des sogenannten Verteidigungskrieges geändert. Von kapitalistischen Staaten geführt, ist der Krieg nur eine besondere Form der kapitalistischen Raubpolitik» (ebd.).

[50] Die kleinen Staaten sind «zu keiner selbständigen imperialistischen Politik fähig». Im Kriegsfall können sie eine Neutralitätspolitik nur soweit betreiben, wie sie nicht in Widerspruch zu dem Interesse der einen oder anderen Mächtegruppe gerät. «Damit hört aber die nationale Selbständigkeit der kleinen Länder auf» (Anträge, S. 18).

[51] «Im Lichte der neuzeitlichen Entwicklung und der Erfahrungen des Weltkrieges erweist sich die Landesverteidigung der kleinen Staaten auch rein militärisch als unmöglich.» (ebd.).

[52] Anträge, S. 19: «Auch wenn die nationale Selbständigkeit der kleinen Staaten mehr als eine bloße Fiktion wäre, vermöchten ihre Heere sie nicht aus eigener Kraft zu schützen. Im Falle eines gegen ihr Land gerichteten Angriffes wären sie gezwungen, sich an die eine oder die andere Großmacht oder an Koalitionen von imperialistischen Staaten anzulehnen und deren Hilfe in Anspruch zu nehmen.»

[53] «An diesen Tatsachen ändern auch der besondere Milizcharakter der Ar-

Schutz der kleinen Länder: internat. Verständigung der Arbeiter im revolut. Massenkampf[54]

Aufgaben: Internationale![55]

Ablehnung aller Kredite[56]

Dienstverweigerung – wenn![57]

2. **Müller**[58] Kapitalismus Ursache des Weltkriegs, darum *er* zu *bekämpfen*[59], national verschiedene Taktik[60][,] aber immer *Demokratie,* dazu *Friede* nötig[.][61] Zur Abwehr äußerer Gewalt *Verteidigungs-*

mee und die demokratische Staatsform des betreffenden Landes nichts.» (ebd.).

[54] Anträge, S. 20f.: «Das einzige Mittel, um die kleinen Nationen vor diesen Gefahren zu schützen, liegt in einer dauernden internationalen Verständigung der Völker. [...] Nur eine auf der sozialistischen Überzeugung beruhende [...] Arbeiterinternationale vermag die Grundlagen dauernder und friedlicher Verständigung zwischen den Völkern herzustellen. [...] Soll indes die sozialistische Internationale ihre geschichtliche Aufgabe erfüllen, so muß das Proletariat, im Frieden wie im Kriege, die internationale Solidarität der Arbeiter über die nationale Solidarität mit ihren Ausbeutern stellen und im revolutionären Massenkampf für die Verwirklichung des Sozialismus alle Kräfte zusammenführen».

[55] Anträge, S. 21: «Aufgaben: a) International: Förderung aller Bestrebungen, die der Schaffung einer lebenskräftigen, aktionsfähigen proletarischen Internationale dienen.»

[56] Anträge, S. 22: «b) National: [...] Grundsätzliche Ablehnung aller militärischen Forderungen und Kreditbegehren im Frieden wie im Kriege.»

[57] «Sollte dieser Kampf, als ein Teil des allgemeinen proletarischen Klassenkampfes, nicht ausreichen, um die Gefahr der kriegerischen Verwicklung der Schweiz zu bannen, so ist die sozialdemokratische Partei [...] entschlossen, eine umfassende Aktion gegen die Mobilisation und für eine allgemeine Dienstverweigerung einzuleiten, unterstützt durch einen Massenstreik der Militär- und Kriegswerkstättenarbeiter und des Verkehrspersonals.» (ebd.).

[58] Guido Müller (1875–1963), Dr.rer.pol., späterer sozialdemokratischer Nationalrat (1925–1943) und Stadtpräsident von Biel.

[59] Anträge, S. 23: «Die kapitalistische Politik aller Großstaaten ist imperialistisch geworden und hat zu der Katastrophe des jetzigen Weltkrieges geführt. [...] Wer deshalb den Krieg bekämpfen will, muß den Kapitalismus bekämpfen.»

[60] Dieser Kampf ist entsprechend der «Internationalität des Kapitals» grundsätzlich international zu organisieren. «Der Kampf um die Entwicklung in diesem Rahmen muß sich auf nationalem Boden vollziehen», denn «der kulturelle, wirtschaftliche und politische Stand der einzelnen Nationen und Staaten» verlangt «verschiedene taktische Mittel» (Anträge, S. 24).

[61] «Der Weg hiezu muß politisch überall ohne Ausnahme durch die De-

krieg[.][62] Nicht äußere Demokratisier[un]g d. Heers, aber Milizsystem[.][63] Nicht Ablehnung der Kredite[64]

Prüfung des Kräfteverhältnisses.[65] Wenn keine selbständige Existenz möglich: Anschluß oder Scheinexistenz u. deren Konsequenzen![66]

Grimm u. Müller sind einig darin, daß Kapitalismus Ursache u. Aktion des internationalen Proletariats Rettung. Ersterer denkt über diese Aktion optimistisch, letzterer pessimistisch

Ist letzteres nicht Unglaube?

Ist ersteres begründet?

mokratie führen [...]. Dieser Werdegang bedarf zu seiner ungestörten Entwicklung des dauernden Friedens» (ebd.).

[62] Anträge, S. 24f.: «Wird der innerstaatliche Entwicklungsprozeß von außen durch das Mittel kriegerischer Gewalt bedroht, so folgt aus dem Selbstbestimmungsrecht des Volkes nicht nur das Recht, sondern im Interesse seiner eigenen, freien, politischen Entwicklung auch die Pflicht zur Abwehr. In diesem Falle ist der Verteidigungskrieg keine bloße Angelegenheit der kapitalistischen Klasse mehr, sondern eine solche der ganzen Volksgemeinschaft und als solche gerechtfertigt.»

[63] Anträge, S. 26: «Ausschlaggebend für die Milizorganisation sind deshalb nicht Vorstellungen über eine Demokratisierung des Heerwesens, die nach dem Stande der allgemeinen politischen Entwicklung nur Illusionen sein können, sondern die Erwägung, daß ein Milizheer, das in der Verteidigung außerordentlich stark sein kann, sich für offensiv geplante und geführte Kriege weder politisch noch militärisch mehr eignet.»

[64] Solange es keine internationale Rechtssicherheit gibt, «ist die Forderung der *grundsätzlichen* Ablehnung aller Militärkredite grundsätzlich falsch» (Anträge, S. 27).

[65] Zu prüfen ist jede Wehrorganisation hinsichtlich ihrer wirtschaftlichen und finanziellen Natur wie hinsichtlich ihres Kräfteverhältnisses im internationalen Maßstab (ebd.).

[66] Anträge, S. 28: «Ergibt die Prüfung die wirtschaftliche und finanzielle Unmöglichkeit einer der Kraft des Landes entsprechenden Verteidigung und führt dieses Resultat zum Verzicht auf die dazu nötigen Maßnahmen, so liegt in einem solchen Verzicht die Selbsterkenntnis, daß die Voraussetzungen zur selbständigen Existenzberechtigung wirtschaftlich und politisch nicht mehr vorhanden sind. Eine solche Erkenntnis kann logischerweise entweder nur zum wirtschaftlichen Anschluß, mit späterer politischer Angliederung, an einen größern Nachbarstaat oder an eine Mächtegruppe mit allen daraus folgenden Konsequenzen, oder zur bloßen Fristung einer Scheinexistenz führen, die bei der nächsten kriegerischen Entwicklung rettungslos zusammenbrechen wird.»

Sozialdemokratie u. Militärwesen

A[rbeiter-]V[erein] 3. IV 17

IV Die Thesen Naine u. Pflüger
Schenkel u. Scherrer[67]

Naine[68]: Katastrophe des Sozialismus durch die Annahme des Verteidigungskrieges.[69] Einen solchen giebt es gar nicht.[70] Darum Verzicht auf den Krieg od. auf die Internationale.[71] Verantwortlichkeit muß übernommen werden, besser die der Revolution als die des Kriegs.[72] Verwerfung d. Budgets. Illegale Mittel[73]

[67] Das Folgende entspricht den Ausführungen in Anträge, S. 31–61.

[68] Charles Naine (vgl. oben S. 94, Anm. 18) unterwarf sich 1914 in der Frage der Mobilisierungskredite der Parteidisziplin, bekämpfte diese Entscheidung jedoch schon im August 1914 in der sozialistischen Zeitung «Sentinelle».

[69] Die fast ausnahmslose Zustimmung der sozialistischen Parteien Europas zu den von den Regierungen verlangten Kriegskrediten ist «seltsames Ergebnis eines halbjahrhundertlangen Bestrebens, die Einigung des Weltproletariats herbeizuführen! Der Hauptirrtum, dem wir dieses Ergebnis verdanken, besteht in der Annahme der Führer, die sozialistische Partei könne und dürfe die Freiheit der Völker durch die Unterstützung einer kapitalistischen und militaristischen Regierung verteidigen, ebenso wie in der Annahme, daß sogar im Falle eines Verteidigungskrieges eine kapitalistische Regierung sich in der Lage eines unschuldig Angegriffenen befinden könne» (Anträge, S. 31f.).

[70] Anträge, S. 32: «Alle kapitalistischen Regierungen, ohne jede Ausnahme, waren und sind Plünderer oder werden bei der ersten besten Gelegenheit zu solchen; dementsprechend kann von keiner von ihnen, wenn sie von einer anderen angegriffen wird, behauptet werden, sie sei unschuldig; im Gegenteil, stets ist eine angegriffene Regierung an einem Angriffe mitschuldig, sei es durch die Raubpolitik, die sie in der Vergangenheit oder Gegenwart getrieben, sei es durch die Absichten, die sie für die Zukunft hegt.»

[71] «Eine Wahl *muß* getroffen werden: entweder verzichtet man auf den Krieg oder aber man verzichtet auf die Internationale und auf den Sozialismus. Es ist unmöglich, zwei Tätigkeiten zu entfalten, die einander absolut ausschließen.» (Anträge, S. 33).

[72] Bejaht man die Landesverteidigung, dann mit allen Konsequenzen, z.B. mit Bewilligung des Militärbudgets, Beteiligung am «Rüstungswahnsinn» und schließlich auch mit Übernahme der Verantwortung für die Katastrophe des Krieges. Umgekehrt enthält das Nein zur Landesverteidigung ebenfalls eine Verantwortlichkeit, denn auch die Abrüstung kann «Opfer und Zerstörung

Pflüger.[74] Friede Kulturziel.[75] Überwind[un]g d. Kapitalismus.[76] Militarist[ische] Symptome abzuwehren![77] Abrüstung macht die kleinen Staaten wehrlos! Schweiz Kriegsschauplatz![78] Landesverteidi-

kosten». «Seit wann aber haben die Parteien des Fortschritts und der Revolution ihr Programm ausführen können, ohne sich Gefahren auszusetzen?» Wenn «es sich darum handelt, die Art der Gefahr und Opfer zu wählen, dürfen wir keinen Augenblick in unserer Wahl zögern. Wenn einem Teil des Proletariats beschieden ist, sich aufzuopfern, so muß und soll es sich nur für sein Ideal, für die Befreiung der Arbeiterklasse, für den Frieden, für das Proletariat aufopfern.» (vgl. Anträge, S. 35f.).

[73] Anträge, S. 37: Es ist «notwendig», «uns vor allem der uns zur Verfügung stehenden legalen Mittel zu bedienen, zum Beispiel Verwerfung des Militärbudgets im Parlament, ebenso wie aller anderer ähnlicher Kreditvorlagen. [...] Was die illegalen Mittel betrifft, so glaube ich, daß man sie nicht verwerfen soll, aber angesichts der Stellung, die unsere Partei in der Schweiz und die sozialistischen Parteien der anderen Länder in der Frage einnehmen, ist es momentan sehr schwer, die Anwendung einzelner illegaler Mittel, die auf Erfolg rechnen könnten, anzuraten.»

[74] Paul Pflüger (1864–1947), religiös-sozialer Pfarrer, seit 1898 in Zürich-Aussersihl, gründete 1900 dort die «Jungburschen», eine proletarische Jugendorganisation. 1906 begründete er die «Zentralstelle für soziale Literatur der Schweiz» in Zürich, in deren Leseraum Lenin während seines Zürcher Aufenthaltes arbeitete. 1910 gab Pflüger sein Pfarramt auf, als er zum Nationalrat gewählt wurde; dieses Mandat hatte er von 1911 bis 1918 inne. Als Präsident des Grütlivereins zählte er zum reformistischen Flügel der Sozialdemokratie. 1917 wurde er Mitglied und Vizepräsident der Geschäftsleitung der SPS. 1914 votierte er für die Landesverteidigung, aber gegen das Militärbudget. Er blieb auch dann bei der Position eines nur politischen Nein zum Militärbudget, als es die Partei 1917 obligatorisch machte.

[75] Anträge, S. 38: «Die Erlösung vom Kriege muß [...] eines der höchsten Kulturziele der Menschheit bilden.»

[76] «Trägt, worüber ziemliche Übereinstimmung der Ansichten herrscht, die Hauptschuld am Krieg der [...] Kapitalismus, so kann – materialistischer Geschichtsauffassung zufolge – der Krieg nicht aus der Welt geschafft werden, so lange das kapitalistische Wirtschaftssystem nicht beseitigt ist» (ebd.).

[77] Anträge, S. 38f.: Während «der fortschreitenden Sozialisierung des Wirtschaftslebens» sind «auch die Symptome des Kapitalismus, wie Krieg, Rüstungsfieber, Chauvinismus usw., abzuwehren».

[78] Anträge, S. 39: «Die einseitige Abrüstung bzw. Entwaffnung eines Staates, ohne entsprechende Abrüstung der andern, brächte demselben unter den heutigen Verhältnissen das größte Risiko. Die sozial fortgeschrittenen Staaten würden bei gänzlicher Wehrlosigkeit eine Beute der sozial und kultu-

gung vorzubereiten. Miliz.[79] Nicht Dienstverweigerung! Entwickl[un]g über den Staat.[80]

Schenkel.[81]   *1.* Militärkredite ablehnen! Minderheit ...[82]

   2. Landesverteidig[un]g.[83] Armee ist Gefahr. Das Nötigste[84]

rell rückständigen Staaten [...]. Dadurch, daß die Schweiz bei einem Kriege von Nachbarstaaten ihre Grenzen militärisch besetzt, kann sie verhüten, daß das Schweizerland zum Kriegsschauplatz fremder Völker gemacht werde, wie dies auch schon dagewesen ist.»

[79] Anträge, S. 40: «Kann man dem bewaffneten Grenzschutz einen Wert nicht völlig absprechen, so erwächst dem schweizerischen Gemeinwesen die Aufgabe, die Landesverteidigung beizeiten vorzubereiten, also das Wehrwesen zu pflegen. [...] Die sozialdemokratische Partei der Schweiz [...] anerkennt die Volkswehr (Miliz)».

[80] Anträge, S. 41: «Die Verweigerung des Militärdienstes, selbst wenn sie zu gleicher Zeit in allen Staaten von den Sozialisten durchgeführt werden könnte, würde weder die Heere noch die Kriegsmöglichkeiten beseitigen [...]. Die Entwicklung zum Sozialismus geht nicht gegen den Staat, sondern über den Staat».

[81] Hans Schenkel (1869–1926), Professor für Mathematik und Physik am Technikum in Winterthur, sozialdemokratischer Nationalrat 1913–1917 und 1919–1926.

[82] Anträge, S. 42f.: «Die Militärkredite sind von unserer Partei durchweg abzulehnen.» «Der Einwand, daß wir durch Ablehnung der Militärkredite unser Land wehrlos machen, ist nicht stichhaltig. Das wäre erst dann der Fall, wenn unsere Partei die Mehrheit hätte. [...] Lehnen wir als Minderheitspartei die Militärkredite ab, so ist das nichts anderes als ein fortwährender scharfer Protest gegen mißbräuchliche Verwendung der Truppen.»

[83] Anträge, S. 42: «Wir haben das größte Interesse daran, den Krieg von unserem Lande fernzuhalten. Wir billigen daher die militärischen Maßregeln, soweit sie zum Schutze der Grenzen unbedingt notwendig sind».

[84] Anträge, S. 45: «Eine aufs äußerste ausgebildete und ausgerüstete Armee bildet für unser Land im allgemeinen und für das Proletariat im speziellen [...] eine große Gefahr. [...] Unsere militärischen Rüstungen und die Mobilisierung der Truppen sollten daher in den Grenzen gehalten werden, die sich ergeben, wenn man einerseits das für strikte Aufrechterhaltung der Neutralität Nötige vorkehrt, anderseits auf die beschränkte Finanzkraft des Landes Rücksicht nimmt.»

[85] Anträge, S. 46: «Das Verlangen nach vollständiger Entwaffnung kann unter den gegebenen Verhältnissen meines Erachtens nicht gestellt werden.»

3. Nicht Entwaffnung[85]

4. Nicht Dienstverweigerung[86]

Scherrer[87] Armee und internationales Recht[.]
[88] Staaten sind Organismen, gehen ungeschützt unter[.] Kampf ums Dasein = Klassenkampf.[89] Friedl. Entwicklung in der Natur der Dinge.[90] Nicht Revolution.[91] Waffenhandwerk![92] Reformen![93] Demokratie heißt

---

[86] Anträge, S. 46f.: Ein Einzelner mag, «durch seine Überzeugung [...] gezwungen», den Militärdienst verweigern. Die Partei aber hat die Pflicht, «ihre Mitglieder nicht zur Dienstverweigerung aufzufordern».

[87] Heinrich Scherrer (1847–1919), 1882 Zentralpräsident des Grütlivereins, 1902 Nationalrat und St. Galler Regierungsrat, seit 1911 Ständerat.

[88] Anträge, S. 47f.: «Ich beziehe sofort Stellung und erkläre: *Die Schweiz muß für die Zwecke ihrer Verteidigung, so wie die Verhältnisse heute sind, eine Armee unterhalten. Sie muß aber auch alle Kraft einsetzen für die Entwicklung des internationalen Rechtes, um die Möglichkeiten und Notwendigkeiten der Gewaltanwendung und so die allgemeinen Rüstungskosten sukzessive zu vermindern.*»

[89] Anträge, S. 49f.: «Der Staat ist mit der Gesellschaft ein *natürlicher, lebendiger Organismus* [...]. Sicher ist, daß im *Kampf ums Dasein in der Natur* diejenigen Lebewesen untergehen, die zu schwach, die nicht bewehrt sind. Die Geschichte der Pflanzen- und Tierwelt erzählt uns das. Aber auch die Geschichte der Völker. *Der Klassenkampf erfordert Waffen und Rüstung.*» – Vorher (S. 49) hatte Scherrer die «*fortschreitende wissenschaftliche Geschicht*serkenntnis» als «die Naturlehre der Menschheit» bezeichnet.

[90] Anträge, S. 50f.: «Der Kampf ums Dasein nimmt freilich in seinem Aufstiege *sukzessive andere Formen an*. Aus dem materiellen wird langsam ein geistiger Kampf. [...] Wir Sozialisten müssen nun diese fortschreitende Entwicklung in der Richtung des Friedens und der Kultur unterstützen und fördern.»

[91] Anträge, S. 51: «Aber wir dürfen nicht ungeduldig werden: Wir dürfen nicht meinen, daß wir diese bessere Zukunft sofort, mechanisch, ex abrupto, durch irgend eine Art der Revolution herbeiführen und zum Beispiel durch Abschaffung der Armeen auf einen Wurf den Krieg ausschalten könnten. Damit ist es nichts; das ist ja gut gemeint, aber in Wirklichkeit komisches Zeug.»

[92] Anträge, S. 52: «Das Waffenhandwerk ist dem Schweizer durch seine Geschichte so anerzogen, wie den meisten mit der Natur hart kämpfenden Gebirgsvölkern».

[93] Scherrer schlägt als Reformen vor: Kampf um eine völkerrechtliche Friedensentwicklung, gegen Wirtschaftsallianzen unter Ausschluss der Kriegsgegner, für weiteren Ausbau des Internationalen Haager Gerichtshofs (Anträge, S. 52f.).

Friede.[94] Volksheere[.][95] Tolstoj ein gescheiter Mann.[96] Verhältnisse =
Pflicht.[97] Nichts Menschliches vollkommen.[98]

[94] Anträge, S. 55: «*Arbeiten wir darum mit aller Macht für die Ausbreitung
des demokratischen Gedankens;* denn Demokratie heißt Friede, Monarchie
heißt Krieg.»

[95] Anträge, S. 57: «*Die großen Volksheere der Gegenwart werden im Gegensatz zu den Erfahrungen, die wir noch in diesem Kriege machen, in Zukunft
immer mehr eine Gefahr für den Kapitalismus und seine Dienstmänner werden.*»

[96] Anträge, S. 59: «Gewiß war der Antimilitarist *Tolstoi* ein gescheidter
Mann, aber er war Individualist, Anarchist. Wir stehen als Sozialisten im Ge-
gensatze zu ihm wie zum gesamten Liberalismus wirtschaftlicher und politischer Art; wir wollen das Individuum der Gesamtheit und ihren Interessen ein-
und unterordnen.»

[97] Anträge, S. 60: «So, wie heute die Verhältnisse noch sind, kann die
Schweiz eines Volksheeres für die Verteidigung des Landes nicht entbehren. Es
ist die Pflicht jedes Schweizers, das Land [...] zu schützen.»

[98] Anträge, S. 61: «Daß *nichts Menschliches je vollkommen war* oder sein
wird, und daß auch ein sozialistischer Staat seine Mängel haben wird, daß auch
er veränderlich und entwicklungsfähig sein muß, dessen wollen wir stets eingedenk bleiben.»

Sozialdemokratie u. Militärwesen

A[rbeiter-]V[erein] 3[.] IV 17

V Ergebnisse

A. **Erwägungen** *1.* Der Krieg ist Folge des Kapitalismus und des kapitalist. Geistes der heut[igen] Gesellschaft, daher von uns zu bekämpfen.

2. Die Bekämpfung mißlang 1914[,] weil dieser Kampf weder innerlich noch äußerlich weit genug gediehen war.

3. Wir sind überzeugt, daß die *Völker* heute die Reife erlangt haben, mit dem Kap[italismus] auch den Krieg auszuschalten.

4. Wir nehmen daher die Bekämpfung des Krieges ausdrücklich in unser Aktionsprogramm auf und übernehmen dafür die volle historische Verantwortung

Beschlüsse *1.* Ablehnung d. Militärkredite

2. Aufforderung zur Entwaffnung

3. Unterstützung d. Dienstverweigerung

4. Aufruf zur passiven Revolution an das ganze unorg[anisierte] Proletariat

5. Aber Ablehnung aller Gewaltakte.

B **Erwägungen** *1.* wie oben

2. wie oben

3. wir sind dazu noch nicht reif

4. wir streichen die Bekämpfung d. Militarismus als solche vom Aktionsprogramm und unterstützen unsre Demokratie u. die Landesverteidigung

Beschlüsse Fortsetz[un]g der polit.[,] gewerksch[aftlichen], genossensch[aftlichen] Organisationsarbeit

Sozialdemokratie u. Militärwesen

A[rbeiter-]V[erein] 11. VII 17[99]

VI Der Berner Parteitag[100]

Wir kamen im Winter zum Ergebnis, daß vom grundsätzlichen sozialist. Standpunkt *zwei* Stellungnahmen zur Militärfrage *möglich* sind: die *radikale*, die die sozialist. Theorie sofort in Praxis umsetzen will[,] u. die *«opportunistische»*, die mit der Praktizierung noch warten will.

Die Entscheidung liegt in der Frage, ob das Proletariat sich den Willen u. die Kraft zutraut, Ernst zu machen mit der Ablehnung der Landesverteidigung oder nicht.

---

1. Tag.[101] Die Beurteilung der «Sozialpatrioten»[102]

Beschickung der 3 Stockholmer Konferenzen: Russische, Zimmerwalder, I[nternationales] S[ozialistisches] B[ureau][103]

[99] Versehen in der Datierung. Wie aus Barths Taschenkalender von 1917 hervorgeht, fand die Versammlung des Arbeitervereins am 10. Juli, einem Dienstag, statt.

[100] Über die internationalen Hintergründe dieses am 9. und 10. Juni 1917 im Berner Volkshaus abgehaltenen außerordentlichen Parteitages der Sozialdemokratischen Partei der Schweiz berichtet ausführlich: H. Egger, *Die Entstehung der Kommunistischen Partei und des kommunistischen Jugendverbandes der Schweiz*, Zürich 1972, S. 46–109. – Über die nationalen Hintergründe vgl. Mattmüller II, S. 164–199.

[101] Samstag, 9. Juni 1917.

[102] Der Vorwurf des «Sozialpatriotismus» wurde gegen diejenigen Sozialisten erhoben, die in ihren Ländern für die Landesverteidigung eintraten (vgl. *Lenin und Trotzky. Krieg und Revolution. Schriften und Aufsätze aus der Kriegszeit*, hrsg. von E. Lewin-Dorsch, Zürich 1918, S. 107). Die Diskussion über dieses Thema war auf dem Parteitag in Bern unter dem Tagesordnungspunkt «Stellungnahme zu den Beschlüssen von Kienthal» gefordert. Vom 24. bis 30.4.1916 hatte unter offizieller Beteiligung der SPS eine zweite sog. Zimmerwalder Konferenz internationaler Sozialisten in Kienthal getagt, die nicht

Parteivorstand: Ja Zürcher Antrag: I.S.B. nur in Übereinstimmung mit Zimmerwald[104] (*Schneider*[105], *Klöti*[106])

nur mit einem Manifest gegen den Krieg, sondern auch mit einer Resolution für revolutionäre Aktionen und gegen die Haltung des «Sozialpatriotismus» geendet hatte (vgl. J. Humbert-Droz, *Der Krieg und die Internationale. Die Konferenzen von Zimmerwald und Kienthal*, Wien/Köln/Stuttgart/Zürich 1964, S. 204–209). Starke Kräfte drängten die schweizerische Sozialdemokratie, sich die Kienthaler Forderungen zu eigen zu machen. Darüber hatte der Berner Parteitag zu befinden (vgl. Egger, a.a.O., S. 96–100).

[103] Vgl. *Protokoll über die Verhandlungen des ausserordentlichen Parteitages der Sozialdemokratischen Partei der Schweiz vom 9. und 10. Juni 1917, im Volkshaus in Bern*, Bern 1917, S. 8of. Danach erklärte der Vizepräsident der SPS, Paul Pflüger: «Was die Frage der Beschickung der Stockholmer Konferenz anlangt, so ist zu bemerken, dass in Stockholm im Laufe dieses Monats drei Konferenzen stattfinden sollen: Einmal die der Zimmerwalder Gesinnungsgenossen unter dem Präsidium von Grimm, der gegenwärtig in Stockholm weilt. [...] Zu einer weitern Konferenz ladet auf Anregung der holländischen und schwedischen Genossen das Internationale Sozialistische Bureau ein, und eine dritte Konferenz, auch in Stockholm, wird einberufen vom russischen Arbeiter- und Soldatenrat. Es herrscht nun darüber unter uns wohl keine Meinungsverschiedenheit, ob wir einen oder mehrere Delegierte abordnen wollen an die Konferenz der Zimmerwalder Genossen. Die Frage ist nur, ob wir auch die andern Konferenzen beschicken wollen, beziehungsweise ob unsere Abgeordneten auch daran teilnehmen dürfen.»

[104] Vgl. a.a.O., S. 72–82. Die Auseinandersetzung ging vor allem um die Frage der Beschickung der vom Internationalen Sozialistischen Bureau, dem Leitungsorgan der 2. Internationale, nach Stockholm einberufenen Konferenz. Der Parteivorstand schlug die Teilnahme im Sinne der Beschlüsse der zweiten Zimmerwalder Konferenz in Kienthal vor. Dort war schärfste Kritik an der «nationalistischen und imperialistischen Einflüssen» unterliegenden Politik des Internationalen Sozialistischen Bureaus seit 1914 geübt worden verbunden mit der Empfehlung, für den Fall einer Plenarsitzung des I.S.B. Delegierte zu entsenden mit der Aufgabe, «die Prinzipien der Zimmerwalder Internationalisten zu vertreten und womöglich zum Durchbruch zu bringen» (a.a.O., S. 76f.). Dieser Antrag des Parteivorstandes wurde von dem Delegierten Schneider aus Basel eingebracht (a.a.O., S. 72–77; vgl. unten Anm. 105). – Der Antrag der radikalen Zürcher Gruppe berief sich weniger formal auf den Teilnahmebeschluss, dafür stärker auf die Aufgabenstellung, die in Kienthal für den Fall einer Tagung der 2. Internationale beschlossen wurde: «Um eine sozialistische Arbeiterinternationale wiederherzustellen, muss mit der Politik der Duldung gegenüber denen, die den Boden des Klassenkampfes und damit die Beschlüsse der zweiten Internationalen aufgegeben haben, gebrochen und die Politik der Sozialimperialisten und Sozialpatrioten entschieden verurteilt

373

Nobs: erst wieder internat[ionales] Vertrauen schaffen[107]
Greulich   Kein Sektengeist u. Ketzergericht. Grimm![108]

werden, unter energischer Proklamierung der Prinzipien des Klassenkampfes. Die zukünftige Internationale muss sich auf der Gemeinschaft dieser Prinzipien und auf dem Willen zur gemeinsamen Aktion aufbauen. – Der Parteitag beschliesst in Konsequenz dieser Erklärung, einer Einladung des Internationalen sozialistischen Bureaus zur Friedenskonferenz nur Folge zu geben, wenn die III. Zimmerwalder Konferenz die Teilnahme an ihr beschliesst» (a.a.O., S. 78). Der Präsident der Partei, E. Klöti (vgl. unten Anm. 106), schlug daraufhin vor, dem Parteivorstand die Entscheidung zu überlassen für den Zeitpunkt, an dem die Einladung der 2. Internationale ergehen werde (a.a.O., S. 81f.).

[105] Friedrich Schneider (1886–1966), 1917–1920 Redaktor des «Basler Vorwärts», seit 1920 Regierungsrat in Basel und Nationalrat, war 1918 Mitglied des «Aktionsausschusses der Oltener Konferenz», des Führungsgremiums im schweizerischen Landesstreik und Verfasser der «Instruktion zur Durchführung des allgemeinen Landesstreiks vom 5. August 1918». Vgl. W. Gautschi, *Der Landesstreik 1918*, Zürich 1988³, S. 140f. (im folgenden zitiert: Gautschi).

[106] Emil Klöti (1877–1963), war seit 1907 sozialdemokratischer Stadtrat in Zürich. Von 1919 bis 1930 Mitglied des Nationalrates, war er 1922 für ein Jahr dessen erster sozialdemokratischer Präsident. Nach dem Landesstreik 1918, gegen den er als Präsident des SPS gearbeitet hatte, gehörte er, u.a. mit K. Barth, dem «Schweizerischen Bund für Reformen der Übergangszeit» an, der sich die Versöhnung der Volksklassen zum Ziel gesetzt hatte; vgl. Gautschi, S. 372f.

[107] Ernst Nobs (1886–1957), seit 1915 Redaktor der sozialistischen Zeitung «Volksrecht», war 1916 bis 1919 sozialdemokratischer Stadtrat in Zürich und ab 1919 Nationalrat, 1943 erster sozialdemokratischer Bundesrat. 1917 stand Nobs der «Zimmerwalder Linken» nahe und war später auch vorübergehend Verfechter der 3. Internationale. Auf dem Berner Kongress votierte er gegen jede Beteiligung am Stockholmer Treffen der 2. Internationale. Den Satz des Zürcher Antrags, der ein Ende der «Politik der Duldung» der «Sozialpatrioten» forderte, interpretierte er: «Wir halten es [...] für notwendig zu betonen, dass die politische Richtlinie, die in diesem Satze ausgedrückt ist, die Voraussetzung für ein gedeihliches Wirken und für die Schaffung eines neuen Vertrauens zwischen den Arbeiterklassen der verschiedenen Länder ist» (a.a.O., S. 84).

[108] Zu Greulich s. oben S. 158, Anm. 33. – «Da ist in der Resolution der Zürcher Versammlung nun schon die Rede von Abtrünnigen, von Ketzern. Wir sind also schon so weit, dass wir sagen: Mit Ketzern dürfen wir gar nicht mehr reden, keinen Verkehr mehr haben; wir müssen ihnen Wasser und Obdach versagen. Dahinter steckt die ganze Kleinmütigkeit einer Sekte, die für ihren teuren Glauben fürchtet, wenn sie mit einem Andersgläubigen auch nur redet. [...] Was verlieren wir denn, wenn wir Delegierte nach Stockholm sen-

Schmid Nicht Lehrmeister der Internationale sein. *Wollen wir*
etwas tun? Antrag wegen Munitionsfab[rik][109]
Graber Möglichkeit von Meinungsänderungen. Gegen Antrag
Schmid[110]

den, etwa die Genossen Grimm und Graber und Naine? Glauben Sie denn, sie
werden uns etwa gestohlen mit unserm guten Glauben?» (Protokoll, a.a.O.,
S. 88).

[109] Jacques Schmid (1882–1960) aus Olten war Redaktor des in Solothurn
erscheinenden sozialistischen Blattes «Neue Freie Zeitung»; 1917 wurde er für
die Sozialdemokraten in den Nationalrat gewählt. Schmid erklärte: «Jetzt, wo
wir daran sind, Delegationen nach Stockholm zu bestimmen, möchte ich Sie
einmal fragen: Geht es an und kann die schweizerische Partei es mit ihrem
Gewissen vereinbaren, dass sie sich immer nur zur Lehrmeisterin der Internationalen aufschwingen will und den andern gute Lehren gibt, was sie zu tun
hätten, dass sie revolutionäre Phrasen schwingt bis zum äussersten, ohne auch
nur einmal sich zu einer eigenen Tat aufzuraffen? Ich möchte Sie daran erinnern, dass die schweizerische Arbeiterschaft zu Zehntausenden gegenwärtig
freiwillige Kriegsdienste leistet bei der Herstellung von Munition, von Kriegs-
maschinen, Werkzeugen, Chemikalien usw. [...] Da möchte ich nun einmal, um
den Ruf der schweizerischen Genossen in der ganzen Welt etwas zu heben und
den andern zu zeigen, dass wir nicht nur dazu da sind, andern Ratschläge zu
erteilen, den Antrag stellen: Wir berufen im Einverständnis mit dem Gewerkschaftsbund in Massen jene Arbeiter der Kriegsindustrie zusammen und fragen sie: Seid ihr bereit, in dem Moment, wo in Stockholm beschlossen wird, für
den Frieden in Aktion zu treten, den Generalstreik für alle Arbeiter der
Kriegsindustrie zu erklären? [...] Wenn wir das erreichen, dass der einzelne
Arbeiter dieses Opfer auf sich nehmen will, [...] dann dürfen wir die Sprache
führen, die wir heute bei einem Nobs und vorher bei andern in der Presse
gehört haben» (Protokoll, a.a.O., S. 89). Hinsichtlich der Beschickung der
Konferenz der «Russen» durch die SPS stellte Schmid folgenden Antrag: «Die
schweizerische Partei begrüsst die Einladung des Petersburger Arbeiter- und
Soldatenrats zu einer Konferenz zur Einleitung der Erhebung der Arbeiterschaft aller Länder gegen den Krieg. Sie erklärt ihre Teilnahme an derselben
und organisiert im Einverständnis mit dem Gewerkschaftsbund sofort überall
Massenversammlungen aller in der Kriegsindustrie beschäftigten Arbeiter und
Arbeiterinnen, um sie darauf vorzubereiten, auf den Ruf der Konferenz hin
den Kampf gegen den Krieg mit der Niederlegung aller Kriegsarbeit aktiv zu
beginnen» (a.a.O., S. 89f.).

[110] Ernest-Paul Graber (1875–1956) aus La Chaux-de-Fonds, seit 1912 sozialdemokratischer Nationalrat für den Kanton Neuchâtel, enthielt sich 1914
mit Charles Naine zusammen der Stimme, als die sozialdemokratische Fraktion erweiterten Kriegsvollmachten für den Bundesrat zustimmte, und for-

Platten Arbeiter geg. Sozialpatrioten. Nicht Lavieren, neuer Betrug! Desavouierung Adlers. Blutige Hände![111]

derte den ersten Kriegsparteitag der SPS am 31.10.1914 auf, künftig das Militärbudget abzulehnen. Der Redaktor der sozialistischen Zeitung «Sentinelle» und prinzipielle Pazifist war offizieller Delegierter seiner Partei bei der 2. Zimmerwalder Konferenz in Kienthal. Kurz vor Beginn des Berner Parteitags war Graber in La Chaux-de-Fonds wegen Verleumdung von Offizieren zu einwöchiger Gefängnishaft verurteilt, aber von einer Protestversammlung gewaltsam aus dem Gefängnis befreit worden. – «[...] je ne suis pas d'accord avec Nobs pour la résolution qu'il présente. Il prononce des jugements un peu trop durs; à ce moment les opinions peuvent encore évoluer [...]. Nous ne voulons pas empêcher les autres d'accepter encore une nouvelle orientation [...]. Le camarade Schmid a une fausse idée. Venez à La Chaux-de-Fonds – puisque chez nous on fait tant de munition – et vous verrez combien sur le millier d'ouvriers et d'ouvrières sont des socialistes, et vous verrez ce qu'il y a à faire. [...] Avant de prendre à ce sujet une décision, avant de fixer maintenant une attitude, disons ceci: Le jour où les décisions prises dans une troisième conférence de Zimmerwald et peut-être dans une conférence convoquée par les camarades russes, le jour où on rompera définitivement avec la politique de guerre, les camarades suisses devront entrer en lutte pratiquement. Et ce n'est pas nous qui reculerons. Mais avant de prendre une telle décision comme vient la proposer le camarade Schmid, il faut bien réfléchir et savoir ce qu'on va faire» (a.a.O., S. 90f.).

[111] Fritz Platten (1883–1942) repräsentierte die äusserste Linke in der SPS, deren Geschäftsleitung er seit 1912 angehörte. 1912 wurde er Sekretär der Arbeiterunion Zürich und geriet im Zusammenhang mit dem Zürcher Generalstreik 1912 in Haft. 1917 wurde er in den Grossen Stadtrat von Zürich gewählt und im gleichen Jahr in den Nationalrat. Vor den Konferenzen von Zimmerwald und Kienthal, an denen er teilnahm, war Platten Verbindungsmann zu Lenin und den russischen Teilnehmern. Er gehörte zu den Mitbegründern der Kommunistischen Partei der Schweiz, wanderte 1924 in die Sowjetunion aus und wurde 1942 Opfer der Stalinschen Säuberungen. Vgl. H.U. Jost, *Linksradikalismus in der deutschen Schweiz 1914–1918*, Bern 1973, S. 37–46. – «Wenn wir heute die Arbeiter selber vor den Entscheid stellten: Wollt ihr je wieder mit den Sozialpatrioten, die sich mit den Verbrechern auf den Thronen solidarisiert und das Proletariat mit in den Krieg hineingetrieben haben, verhandeln? so würden sie noch heute antworten: Nein! Aus dieser Erwägung heraus sind seinerzeit die Massen dazu gekommen, Zimmerwald zuzustimmen, trotzdem die damalige Geschäftsleitung in ihrer Mehrheit für Ablehnung war. Nun sind wir in der zweiten Phase angelangt. Man will versuchen, auf beiden Seiten ein bisschen nachzugeben. Dieser erste Schritt zur Vertuschung der Gegensätze und zum neuen Betrug des Proletariats wird jetzt vollzogen, wenn wir zusammengehen mit Scheidemann und Renaudel und alles das, was

Huber   Zimmerwald darf sich nicht spalten. Auf alle Fälle für den Frieden wirken[112]

Rosa Bloch!   Liebknecht[113]

Graber   Hören! unter Teilnahme d. Minderheit.[114]

Liebknecht, Adler, Rosa Luxemburg usw. an Kampf geleistet haben, desavouiert wird. [...] Das dritte Stadium würde dann auch kommen; denn wenn man einem die Hand gibt, der mit Blut beschmutzt ist, wird man selber blutig» (Protokoll, a.a.O., S. 92f.).

[112] Johannes Huber (1879–1948), ein Grütlianer (vgl. oben S. 9), war 1905 Mitbegründer und erster Präsident der Sozialdemokratischen Partei des Kantons St. Gallen. Von 1907 bis 1947 sass er im Nationalrat. Vgl. H. Roschewski (Hg.), *Johannes Huber 1879–1948*, St. Gallen 1949. – Huber sagte in Bern, «dass wir die Aufgabe haben, die Massen und ihre Führer zu belehren, und dass nur in dem Masse, als der Einfluss der Zimmerwalder Richtung gestärkt wird und die Leute überzeugt werden können, die neue Internationale wieder handlungs- und schlagfähig werden wird. Um das zu erreichen, müssen wir aber miteinander reden können, sonst können wir uns nicht überzeugen. [...] Der heutige Parteitag sollte sagen: Wir lassen uns keine Gelegenheit entgehen, welche uns die leiseste Hoffnung gibt, dem Frieden eine Brücke gebaut zu haben» (Protokoll, a.a.O., S. 98–100).

[113] Rosa Bloch-Bollag (1880–1922), Mitglied im Vorstand der SPS in Zürich und Präsidentin des schweizerischen Arbeiterinnenverbandes, gehörte der Zürcher Linken an. Mit E. Nobs vertrat sie die SPS an der 3. Zimmerwalder Konferenz in Stockholm. Sie wandte sich scharf gegen die Teilnahme an der vom Internationalen Sozialistischen Bureau einberufenen Konferenz: «Wir müssten uns doch schämen mit den Scheidemann, Ebert usw. zusammen an einem Tisch zu sitzen und zu dem Verrat, den man im August 1914 am Proletariat begangen hat, einen neuen Verrat hinzuzufügen.» (a.a.O., S. 100). Nach Barths Erinnerung erwähnte sie dabei Karl Liebknecht, der seit Januar 1916 aus der SPD-Reichstagsfraktion ausgeschlossen und seit Mai 1916 inhaftiert war. Er war der prominenteste Vertreter der seit April 1917 in der Unabhängigen Sozialdemokratischen Partei Deutschlands (USPD) organisierten Gegner der erwähnten Führer der Mehrheitssozialdemokratischen Partei Deutschlands (MSPD).

[114] «[...] je vous propose de tracer le troisième alinéa de la proposition de Zurich et d'autoriser nos délégués à assister à la conférence, à rôle purement passif, pas pour prononcer des jugements et des condamnations, mais pour l'œuvre de la paix rapprochée. Je ne comprends pas pourquoi nous socialistes suisses ne voudrions pas même écouter les autres gens. [...] Je n'ai pas demandé de faire des relations avec ces gens, de discuter et d'agir avec eux; mais si les minoritaires de leurs pays même acceptent de participer, nous devrions aussi le faire» (a.a.O., S. 101f.).

Antrag Schmid mit 113:86 verworfen
Antrag Zürich mit 151:89[115]

2. Tag[116] Die Landesverteidigung[117]

Thurnherr-Luzern   Ab Traktanden. Praktische Frage: Einwirken!
Nicht spruchreif.[118]
(Aussprache beschlossen.)[119]

Platten[120] }
Naine[121] }   Nur einfach: Ja oder Nein!

[115] Vgl. Protokoll, a.a.O., S. 106f.

[116] Sonntag, 10. Juni 1917.

[117] Diese Diskussion (a.a.O., S. 108–184) entsprach dem Punkt 5 der «Definitiven Traktandenliste» des Parteitages: «Militärfrage» (a.a.O., S. 3).

[118] Der Delegierte Thurnherr-Luzern stellte den Antrag, eine Beschlussfassung über die Militärfrage zu verschieben – sie also von der Traktandenliste zu nehmen –, bis eine internationale Konferenz darüber beschlossen habe. «Wir können wohl heute die Frage diskutieren. [...] Ich bin nun kein Anhänger der Vaterlandsverteidigung. Aber die Tragweite der ganzen Ablehnung ist so gross, dass nicht wir allein in einem kleinen Lande einen derartigen Beschluss fassen können, der sich dann nicht in die Tat umsetzen lässt; sonst bedeutet das nichts anderes als Schindluderei.» Für die Aufschiebung der Beschlussfassung spreche auch, dass die Arbeiterschaft in der Schweiz in der Sache geteilter Meinung sei. In den ländlichen Kantonen könne man Beschlüsse gegen das Militärwesen nicht durchsetzen (a.a.O., S. 108f.).

[119] «Auf eine direkte Anfrage von Genossen *Huggler*, Übersetzer, erwidert Thurnherr, dass sich die Luzerner und St. Galler der Diskussion nicht widersetzen, aber von einer Beschlussfassung nichts wissen wollen; letztere Frage wird also erst am Schluss der Diskussion zu entscheiden sein» (a.a.O., S. 109).

[120] Fr. Platten referierte über das Votum der Mehrheit der zur Vorbereitung dieses Parteitags gebildeten «Militärkommission» (a.a.O., S. 109–127). «In dem Bestreben, zu einer möglichst einfachen Entschliessung des Parteitages zu kommen, hat man sich gesagt: Erstens sind die vorgelegten Thesen zu lang und zweitens wäre es notwendig, dass sich der Parteitag zuerst über die Frage äussert: Militarismus – ja oder nein? Vaterlandsverteidigung – ja oder nein? Auf diese kurze Formel wollte man die ganze Frage zurückführen, um Klarheit zu schaffen» (S. 109f.).

[121] Vgl. a.a.O., S. 128–137.

378

$$
\left.\begin{array}{l} \textit{Müller}^{122} \\ \textit{Brüstlein}^{123} \end{array}\right\}
\qquad
\begin{array}{ll}
\textit{Hüni}^{124} & \textit{Nobs}^{128} \\
\textit{Graber}^{125} & \textit{Greulich}^{129} \\
\textit{R. Grimm}^{126} & \textit{Schmid}^{130} \\
\textit{Ilg}^{127} &
\end{array}
$$

[122] G. Müller (s. oben S. 88, Anm. 7) referierte für die Minderheit der Militärkommission: «Wenn wir heute den gesunden Instinkt und die ruhige Überlegung der Vernunft einzig reden lassen könnten, so würde sich hier für die Ansichten von Platten und Naine nur eine verschwindend kleine Minderheit der Delegierten aussprechen. [...] Inzwischen sind nun drei Jahre Krieg vorbeigegangen; die wirtschaftlichen Bedingungen haben sich seither unaufhaltsam verschlechtert; wir haben gegen Not und Elend in nie dagewesenem Masse zu kämpfen; wir haben die lange Mobilisationszeit, die an die Soldaten unerhörte Anforderungen stellt, von ihnen schwere Opfer an Zeit und Geld verlangt; eine ganze Reihe von Missständen hat zu schärfster Kritik herausgefordert; unnötige Überanstrengung der Soldaten ist vorgekommen; [...] zwischen Offizieren und Soldaten tut sich eine immer grössere Kluft auf, immer mehr greift ein Klassen- und Kastengeist Platz in der Armee. Da versteht man, dass eine tiefe Missstimmung nach radikalen Lösungen sucht.» Der «Versuch, jetzt, mitten im Krieg, die Ablehnung der Vaterlandsverteidigung zu proklamieren, [ist] nicht nur unzweckmässig, sondern im höchsten Grade gefährlich. Alle Voraussetzungen, um solche Beschlüsse in die Tat umzusetzen, fehlen, schon deshalb, weil wir uns ja gar kein Bild davon machen können, wie sich die Verhältnisse gestalten werden, wenn einmal die Proletarier aus den Schützengräben heimkehren, wenn sie die Verwüstung an Volkskraft und materiellen Gütern einmal übersehen können und von ihren Regierungen die Rechnung präsentiert bekommen und soundso viele Milliarden Schulden wieder verzinst und amortisiert werden sollen. Dann erst können die revolutionären Energien in gewaltiger Zusammenfassung zu wirklichen Erfolgen führen. Deshalb halte ich den gegenwärtigen Zeitpunkt für die Ablehnung der Landesverteidigung für unzweckmässig und verderblich» (a.a.O., S. 137–143).

[123] Zu der Rede von Alfred Brüstlein (1853–1924), einem dem rechten Flügel der SPS zugehörigen Berner Anwalt, vgl. a.a.O., S. 152–157.

[124] Marie Hüni (1872–1949) war in der Arbeiterinnenbildung der Zürcher Parteisektion tätig. Zu ihrer Rede vgl. a.a.O., S. 163–165.

[125] Vgl. a.a.O., S. 165–167.

[126] Rosa Grimm (1874–1955), die Ehefrau von Robert Grimm, gehörte dem linken Flügel der Partei an. Sie stammte aus Russland und war mit Rosa Luxemburg wie mit den russischen Emigranten um Lenin in der Schweiz befreundet. Sie wurde Mitglied der Kommunistischen Partei, zog sich aber in der Stalinära aus ihr zurück. – «Die Vaterlandsverteidiger, die vor den Konsequenzen unserer Stellungnahme nicht nur Angst haben, sondern sie überhaupt gar nicht wollen, sagen nun, es sei jetzt nicht die Zeit, nicht der gegebene Moment;

Meine Abstimmung[131]

Resultat[132]

Keine Landesvert[eidigung] – im Ernst?

wir müssen erst das Austoben des Krieges abwarten, und dann wollen wir über die Militärfrage verhandeln. Sagen wir denn, wenn wir zufällig in die Gesellschaft irgendeiner gewissenlosen Bande geraten sind: Jetzt machen wir mit ... und morgen werden wir wieder ehrliche Menschen sein?» (a.a.O., S. 169).

[127] Konrad Ilg (1877–1954), Berner Nationalrat 1918–1947, Sekretär des schweizerischen Metallarbeiterverbandes, Präsident des Schweizerischen Gewerkschaftsbundes und Sekretär des Internationalen Metallarbeiterverbandes. Als Vertreter der Gewerkschaften saß er im Oltener Aktionskomitee von 1918. – «Wollen wir denn wirklich unsern Einfluss soweit geltend machen, dass die umliegenden Staaten die Überzeugung bekommen: die Schweiz kann einfach überrannt werden? Von dem Moment an, wo sie diese Überzeugung haben, werden sie selbstverständlich die Grenze nicht mehr respektieren, und dann werden wir eben den Krieg im Lande haben. Das hat aber mit dem Protest gar nichts zu tun, den wir gegen die Armee, den Militarismus und die Regierungen erheben, hier steht ein ganz anderes Problem auf dem Spiel. Es handelt sich um Sein oder Nichtsein, darum, all das Elend, das der Krieg mit sich bringt, von uns fernzuhalten» (a.a.O., S. 171).

[128] «Die Zustimmung zur Landesverteidigung ist für das Proletariat ein Abhang, den man hinuntergleitet, auf dem es kein Halten, kein Stillstehen mehr gibt, auf dem man rettungslos hinuntersinkt in die Ideologie der Bourgeoisie und der Verleugnung der proletarischen Grundsätze» (a.a.O., S. 175).

[129] Greulich wandte sich an die Vertreter des Mehrheitsantrages mit dem Vorschlag, ein Volksreferendum anzustreben: «Was hindert denn Sie daran, eine Verfassungsrevision in Ihrem Sinn zu verlangen? [...] Sie verlangen einfach Streichung der Artikel, die von der Wehrhaftigkeit des Landes handeln: den Art. 18, wonach jeder Schweizer wehrpflichtig ist, Art. 19, der über den Bestand des Bundesheeres sich ausspricht, Art. 20 betreffend Gesetzgebung über das Heerwesen, und dann noch Abänderung der Art. 2, 8, 11, 15, 16 und 17, statt dessen setzen Sie einen neuen Artikel hin, der etwa lauten könnte: Die Aushebung, Ausrüstung und Ausbildung von Personen zu militärischen Zwecken ist verboten. Dann sammeln Sie noch 50,000 Unterschriften und können dann sehen, wie revolutionär die Massen sind» (a.a.O., S. 177).

[130] «*Schmid*-Olten reicht folgenden Vermittlungsantrag ein: Die Sozialdemokratische Partei der Schweiz erklärt sich bereit, gemeinsam mit den Sozialisten aller Länder die Verteidigung des bürgerlichen Vaterlandes aufzugeben und in den Kampf zu treten für den Frieden und die Völkervereinigung auf demokratischer Grundlage. Sie versucht, diesen gemeinsamen Kampf durchzuführen mit der ganzen Wucht einer einigen und starken Partei» (a.a.O., S. 179).

[131] Über Barths Verhalten bei der Abstimmung ist keine Nachricht erhalten. Es kann wohl aus dem Schlusssatz des Referates erschlossen werden; vgl. auch unten S. 522.

[132] «Die *definitive Abstimmung* ergibt für den bereinigten *Mehrheitsantrag 222 Stimmen*, für den bereinigten *Minderheitsantrag 77;* ersterer ist also angenommen. [...] Der Antrag *Schmid* wird hierauf mit 180 gegen 96 Stimmen als Zusatz zu diesem Mehrheitsantrag angenommen» (a.a.O., S. 182).

«ALLTAGSKRAFT»
1917

*Der Vortrag für die Tagung der christlichen Gymnasiastengruppen aus
Basel, Bern, Schaffhausen und Zürich vom 19. bis zum 21. April 1917
in Safenwil geht zurück auf eine Einladung, die der Theologie-Student
Emanuel Kellerhals als deutsch-schweizerischer Centralpräsident der
christlichen Studentenbewegung am 15. März 1917 an Barth richtete[1].
Er skizzierte dabei den «Gedankengang der Zusammenkunft» so: 1.
«Das christliche Lebensideal»: «die gewaltigen, unerreichbaren Forderungen des Evangeliums», 2. «Volle Lebensfreude», d.h. «die Freude
und das Glück eines solchen Lebens», 3. «Alltagskraft»: «Hier wäre
nun der Weg zur Verwirklichung jener sittlichen u. religiösen Ideale zu
zeigen, d.h. die Art u. Weise, wie im Alltag, im gewöhnlichen Leben
wirklich mehr u. mehr jener Vollkommenheit nahe zu kommen ist.»
Über das erste Thema sollte Pfarrer Max Frick, über das zweite Pfarrer Heinrich Gelzer, über das dritte Barth vortragen, der sich dann mit
seiner Frau auch noch entscheidend um die äußere Organisation der
Tagung verdient machte. Die Einladung ging zwar von den bestehenden Schüler- und Studentenvereinigungen aus, deren «höchster
Wunsch» es jedoch war, «Safenwil zum Stelldichein aller ernst gesinnten Gymnasiasten zu machen». «Die furchtbare Wirklichkeit des Krieges» drücke «immer schwerer auf unser äusseres und inneres Leben
und hat in uns einen Zustand der Müdigkeit und der Erschlaffung
hervorgerufen». «Aber aus diesem Zustand sehnen wir uns hinaus –
und deshalb laden wir Sie nach Safenwil ein; weil wir die Überzeugung haben, dass vor allem der Idealismus des Evangeliums Jesu uns
den frohen Lebensmut und die Kraft zum freudigen Vorwärtsschreiten geben kann. Gemeinsam mit gleichgesinnten Freunden möchten
wir in Safenwil diese Kräfte in uns einziehen lassen und davon ein
neues Leben nähren.»*

*In seinem Brief an Barth vom 23. Juni 1917[2] hält Kellerhals dank-
baren Rückblick: «Ihr heimeliges Unterrichtszimmer wird jedem von
uns eine liebliche Erinnerung sein; wenn auch die Stunden, die er dort*

[1] KBA 9317.27.
[2] KBA 9317.97.

erlebt, dem einen oder andern der Anfang eines schmerzlichen Ue-
bergangs vom Kinderglauben zu etwas Neuem, ihm noch Unbekann-
ten u. darum Gefürchteten waren, so waren ihm doch die Persönlich-
keiten der Referenten wertvoll u. sind ihm zum Erlebnis geworden.»
Damit ist wohl auch die kritische Wirkung der Ausführungen Barths
angedeutet, die so gar nicht auf den Ton der Einladung gestimmt wa-
ren und die auch für Barth selber, der hier an wichtiger Stelle mit
Bezug auf Rade Motive der lutherschen Theologie umformend auf-
nimmt, ein Erproben neuer Einsichten bedeuteten. Kellerhals hat das
wohl besser erfasst als Gottlob Spörri, der in der Zeitschrift der christ-
lichen Studentenvereinigung über die Zusammenkunft in Safenwil
berichtete³ und Barths Ausführungen in einem Satz zusammenfasste:
Barth habe gezeigt, «wie auch nach dem schönsten Sonntag der Alltag
uns immer neuen Kampf bringt, wie aber gerade in diesem Kampf
Gott erfahren werden kann»⁴, und vielleicht auch besser als M. Frick,
der am zweiten Tag referiert hatte und der sich «aus zwei Gründen»
«besonders erfreut» über Barths Referat zeigte: «erstens weil ich dar-
aus ersah, daß man in religiös-sozialen Kreisen doch noch Sinn für das
spezifisch Religiöse hat.» Es habe ihm «so wohlgetan, zu sehen, daß Sie
nicht gewillt sind, den lieben Gott zum Gehilfen u. Faktotum mensch-
licher Fortschrittspläne zu machen, sondern daß diese auch bei Ihnen
aus Gottes Aufgaben fließen.» Zweitens habe ihn die Einsicht beson-
ders gefreut, die Barth vermittelt habe: «Da kann allein Gott noch
helfen, er muß uns ein Neues bringen!»⁵

³ G. Spörri, *Die Gymnasiasten der deutschen Schweiz in Safenwil,* in: Nouvelles de l'Association chrétienne d'etudiants, Jg. 7, Nr. 4 (Mai 1917), S. 113–
115.
⁴ A.a.O., S. 115.
⁵ Brief vom 27.4.1917 (KBA 9317.67).

«Alltagskraft»

Vortrag am Gymnasiastentag in Safenwil

21. April 1917

I.

Der rechte Gymnasiast *weiß[,]* was er von einem Pfarrer über dieses Thema zu erwarten hat. Er wird von Gott reden: daß *Gott* unsre Alltagskraft werden muß und daß er es werden will und daß es dazu allerlei Wege für uns giebt. Der Gymnasiast zweifelt vielleicht an Gott, aber, angenommen daß Gott ist, weiß er[,] wer Alltagskraft ist u[nd] wie man dazu gelangt. Ich ermahne nicht zur Bescheidenheit, sondern ich gebe euch recht: *ihr wißt[,]* was kommt, aus Konfirmandenunterricht[,] Predigten, Lektüre könnt ihr es wissen, u. habt es sicher schon besser gehört als von mir.

Wir rekapitulieren zunächst dieses Wissen.

1. Wir wissen Alle von der *Sonntagskraft* großer Ideen, Eindrücke u. Erfahrungen. In den Feierstunden unsers Lebens (Natur, Kunst, Literatur, Philosophie, Bibel) begeistert uns die Wahrheit, erhebt uns das Schöne, bewegt uns das Gute, bezwingt uns das Göttliche. Ein Glanz u. eine Verheißung leuchtet auf über unserm Leben. In diesem Vorgang erfahren wir u. haben wir: Kraft – als Sonntagskraft. Wir wissen, auch wenn wir gelegentlich zweifeln u. in der Namengebung schwanken: das ist Gott.

2. Wir wissen aber auch Alle, daß diese Sonntagskraft *Alltagskraft* werden sollte. Einerseits setzt sich unser Leben nicht nur aus Feierstunden zusammen, sondern da sind Aufgaben, Pflichten, Sorgen, Fragen, die nach begeisternder bewegender Kraft gleichsam schreien. Andrerseits will Gott nicht ein Sonntagsgott bleiben, nicht mit sich spielen, sich genießen lassen. Wir erwachen nach einem schönen inhaltsreichen Sonntag an einem grauen leeren Montag. Wir kommen von dem Lager[6] in die Stadt zurück. Wir kommen von Schillers «Jungfrau»[7] in die Physikstunde mit ihren Formeln oder auch umgekehrt,

---

[6] = Klassenfahrt, Landaufenthalt einer Jugendgruppe.

[7] Fr. Schiller, *Die Jungfrau von Orleans. Eine romantische Tragödie* (1801).

von einer begeisternden sozialen Lektüre zu konkreten armen Leuten, aus dem Konfirmandenunterricht auf die Gasse, von der Bibel zur Zeitung. Was dann? Wir wissen: hic Rhodos, hic salta[8]: Wir brauchen Kraft für das Leben, für die Welt u. Gott will hier Kraft sein.

3. Wir wissen schließlich auch *den Weg* dazu: Es gilt, mit Gott in Gemeinschaft zu treten. Er giebt dem Müden Kraft [Jes. 40,29]. Am Sonntag Kraft sammeln für den Werktag u. am Werktag leben von den Kräften des Sonntags. Pflege der Verbindungen durch persönliche Heiligung, Bibellesen, Gebet, Vertrautwerden mit Jesus, «Erleben Gottes», eine in Gott gegründete Persönlichkeit werden.

II.

Nun ist das, was man wissen kann, wieder einmal gesagt u. gehört. Aber genügt es, das zu *wissen?* Oder wird nicht diese Linie unsers Wissens gekreuzt durch eine ganz andersartige Linie unsers *Erfahrens?*

1. Wer ist der Mensch, der vom Sonntag «ins volle Leben»[9] hineingeht, wie es in einem Konfirm[anden-]Büchlein heißt? Etwa du? Stehen wir nicht Alle in den Peripetieen der Stimmungen u. Erlebnisse u. wer soll da heraus?

Wer sind die Menschen, die wirklich aus den Kräften Gottes *leben,* die sich nicht in immer neuen Feierstunden verleugnen, daß sie keine Alltagskraft haben?

Wo ist die Menschheit, der Gott Alltagskraft, nicht nur Sonntagskraft wäre?!

Wir Christen *kommen daher* mit unserm Glauben, Leben, Bibellesen, mit unserm «relig[iösen] Leben» – und stehen wie vor einer unübersteiglichen Mauer. Es giebt Alltagskräfte[,] die sich *der* Alltagskraft einfach nicht fügen wollen: unsre Individualität, das Geld, der Machttrieb, gewisse Übel des «natürl[ichen]» Lebens, der Tod. Das sind Mächte u. Gewalten, die uns vielleicht den Besitz einer relig. Gedanken- und Gefühlswelt unter ihrer Herrschaft gestatten, nicht aber den Sieg über die Welt [vgl. 1.Joh. 5,4][,] der uns eigentlich verheißen ist, nicht Gott als Alltagskraft!

[8] Zur Geschichte der auf eine Fabel Aesops zurückgehenden Wendung vgl. Büchmann, S. 306.
[9] J. Keller, *Ins volle Leben. Konfirmandenbuch,* Bern 1913[3].

Unendlich nahe legt sich bei dieser Situation der *Verzicht*. Das Göttliche, Geistige wird für sich gepflegt (ästhetisch, wissenschaftlich, religiös) – vielleicht unter dem Vorbehalt: vorläufig! – der Alltag wird sich selbst überlassen als ein Gebiet, das eben seine eigene (traurige!) Wahrheit hat. Umso intensiver kann daneben die Kirche auf Sonntagskraft warten[.] Aber allmählich wendet sich die Situation dahin, daß wir mit religiöser Leidenschaft behaupten, daß Gott nicht oder noch nicht Alltagskraft sein will u. kann. Wichtig ist nicht mehr, daß wir Alle Gottes sein sollen, sondern daß jeder seinen eignen Sinn u. Kopf haben darf. Wichtig ist nicht mehr, daß Gott herrschen soll u. nicht der Mammon, sondern daß auch unter der Herrschaft des Mammons Gottesdienst möglich ist, ja sogar mit seinen Mitteln. Nicht mehr der neue Himmel u. die neue Erde [vgl. 2. Petr. 3,13], sondern die Möglichkeit auch im alten Wesen drin auf Gott zu vertrauen. Nicht mehr die Erlösung vom Bösen u. die Überwindung des Todes, sondern der Trost[,] den wir *im* Bösen u. *im* Tod immerhin haben können. Gott selber bekommt schließlich ein doppeltes Gesicht, eins für den Sonntag u. eins für den Alltag. Unter seinem Segen spaltet sich die Welt in 2 Hälften u. je mehr wir diese Spaltung innerlich bejahen, um so deutlicher scheint sie von der Erfahrung bestätigt zu werden. – Müssen wir nicht endigen bei diesem Verzicht?

2. Wir können aber auch *von Gott her* zu dieser Erfahrung kommen.

Je aufrichtiger unser relig. Leben wird, je mehr wir wirklich *Gott* suchen u. finden, nicht uns selbst, desto schärfer erhebt sich die Frage: was hat Gott mit unserm Alltag zu thun? Mit dem Alltag eines *Pfarrers,* der es sich erlaubt, zu seinem Bruder zu sagen: vertraue dem Herrn! ein Sünder[,] der es wagt zu sagen, was nur Gott selbst sagen dürfte, der aus der Gottseligkeit einen bes[onderen] Beruf macht, der durch sein ganzes Dasein hofft, den Schein zu erhalten, als ob es eine bes. Sonntagswelt gäbe?!

Mit dem Alltag eines *Kaufmanns,* der mit seinem ganzen Eifer dem Herrn *dieser* Welt dienen muß.

Mit dem Alltag des *Soldaten,* der das Gewehr in der Hand, sein «Vaterland» verteidigt gegen seinen Bruder.

Mit dem Alltag des *Gymnasiasten,* dem es um Examen u. Noten zu thun ist, im besten Fall um Kenntnisse, die zum Guten oder zum Bösen verwendet werden können.

Läßt Gott sich so einfach vor unsern Wagen spannen oder stehen wir nicht samt u. sonders unter dem Gericht der Tatsache, daß Gott die Situation gar nicht will, die unsern Alltag bestimmt? Geht er nicht einen ganz anderen Weg, und ist nicht die «Ehrlichkeit» vieler Atheisten begreiflich – von Gott aus begreiflich – die finden: Gott hilft mir ja in meiner Lage nicht u. von einem blosen Sonntagsgott nichts begreifen? Ist unser ganzes relig. Leben mehr, als ein feiner Wider-schein der Realität Gottes, dessen was eigentlich sein u. geschehen könnte u. sollte? Was Wunder wenn Gott uns zweifelhaft wird, er macht sich uns selbst zweifelhaft! – Auch hier das Ende ein Verzicht!

III.

So stehen wir wie geklemmt zwischen unserm *Wissen* und unsrer Er-fahrung. Wir wissen, daß es eine Alltagskraft giebt[,] u. erfahren, daß wir sie nicht haben, nicht haben können!

1. Was thun? Das Eine oder das Andre *preisgeben?*
Der Weg Naumanns oder der Weg des Pietismus?[10]
Rade: sich *hineinstellen* in diesen Kontrast.[11] Hier ist der fruchtbare Punkt, auf den wir uns stellen müssen: das Christentum ist wahr, aber die Welt widersteht u. Gott auch!

2. Also eine *Bankrotterklärung?* Ja, die Luthers![12]

[10] Zu Barths Auseinandersetzung mit Naumanns Orientierung an der er-fahrenen Wirklichkeit und ihren Notwendigkeiten s. oben S. 48–79 und unten S. 528–538; zu Barths Kritik des Pietismus als einer «religiöse[n] Methode, de-ren […] Inhalt […] das Thema ‹Gott und die Seele› bildet», vgl. in Römerbrief 1 besonders S. 276–294: «Das Gesetz und der Pietismus», Zitat dort S. 277.

[11] Barth denkt wohl vor allem an Rades Haltung zum 1. Weltkrieg, die durch das Standhalten in der Spannung zwischen dem Deus absconditus und dem Deus revelatus (vgl. Bw.R., S. 111) gekennzeichnet ist. In der Betrachtung Ra-des vom 17.9.1914 *Der Bankerott der Christenheit*, auf die Barth vielleicht mit dem Stichwort «Bankrotterklärung» unter 2. anspielt, heißt es: «Wenn ich die Furchtbarkeit dieses Krieges auf mich wirken lasse – dann zweifle ich nicht an Gott: im Gegenteil, ich spüre ihn. Und ich zweifle nicht an Jesus Christus: durch ihn kann ich diesen Gott erst ertragen.» (ChW, Jg. 28 [1914], Sp. 849f., dort Sp. 848).

[12] Barth spielt an auf die auch bei Rade im Hintergrund stehende unaufheb-bare Spannung bei Luther zwischen dem verborgenen und dem offenbaren Willen Gottes und in seinem offenbarten Wollen und Regieren zwischen dem geistlichen und dem weltlichen Reich und zwischen Gesetz und Evangelium.

a) Wir *sollen* gar nicht durchdringen mit unserm Glauben in diese Welt, sondern eine neue soll erscheinen. [*]

b) Gott *soll* gar nicht *uns* helfen, sondern wir *ihm*.

An die Menschen[,] die hier stehen, richtet sich *Jesus* mit seinem Wort vom *Gottesreich* (dem Alltag Gottes!) und vom *Glauben* (Gottes Treue mit Treue begegnen) Selig sind, die hungert u. dürstet .... [Mt. 5,6].

Das *Gewissen* u. seine Forderungen: Gebote für den Alltag?

Mehr als das, Erinnerungen an die kommende Welt Gottes!

Das Gebet: Hilfe für jetzt u. für uns, ja aber noch mehr: *dein* Name, *dein* Reich, *dein* Wille .. [vgl. Mt. 6,9f. par.]

Die Bibel Geschichte, Moral, Religion für uns, ja aber unendlich viel mehr: die Wahrheit Gottes, die erscheinen will.

3. Und die Alltagskraft, die wir brauchen u. die da sein sollte?

Wir wissen jetzt nur Eines sicher: *sie ist Gottes, nicht unsre Kraft*[.]

[*] [Bleistiftzusatz:] o [nicht] erleben, o [nicht] glauben, auch durch die Nacht – Jes. Chr.[13]

[13] Die Stichworte, die sich Barth nachträglich zwischen den Zeilen notierte, sind nicht eindeutig zu entziffern – die von Barth gelegentlich als Zeichen für die Verneinung gebrauchte Null könnte auch als O gelesen werden – und nicht leicht zu deuten. Doch wollte Barth wohl darlegen, dass es nicht um Erleben, um Glauben als frommes Gefühl gehen kann – ähnlich wie er in Römerbrief 1, S. 469f., mit Bezug auf die hier ja auch anklingende Strophe von J. Hausmann (3. Strophe des Chorals «So nimm denn meine Hände», EG 376; RG [1998] 695) ausführt: «Ihr braucht auf keine besondern ‹Erlebnisse›, ihr braucht nicht auf das Geschenk einer reicheren, intensiveren ‹Frömmigkeit›, ihr braucht auf keinen Eifer und auf kein Pathos für Gott zu warten –

Wenn ich auch gar nichts fühle
Von deiner Macht,
Du bringst mich doch zum Ziele
Auch durch die Nacht!»

In seiner Predigt vom 5. April 1914 erklärt Barth mit Bezug auf Jesus Christus: «nie war ihm ja Gott näher, als da er sich so allein fühlte. So wird mir Gott wohl auch nahe sein, wenn ich mich verlassen, von ihm verlassen fühle» und schließt den Gedanken mit dem Zitat der gleichen Lied-Strophe ab (Predigten 1914, S. 156).

Wir sind jetzt in der Höhle[14], finsteres Zimmer. Wundern wir uns nicht über das mangelnde Licht! Freuen wir uns im Blick auf Jesus, daß ein größeres Licht kommt. Freuen wir uns, daß es schon jetzt Lichtstrahlen giebt für die[,] die auf Gott trauen. Sie sind Verheißungen auf mehr. I Cor 13,4–12

[14] Möglicherweise Anspielung auf das Höhlengleichnis Platons (*Politeia* VII, 514a–517a).

DIE ZUKUNFT DES CHRISTENTUMS UND DER SOZIALISMUS
1917

*Karl Barth hielt diesen Vortrag auf einem Ferienlager für Jugendliche,
das vom Christlichen Verein junger Männer und anderen christlichen
Jugendorganisationen ca. 25 km nördlich von Safenwil auf der Rot-
matt ob Buus (Kanton Basel-Landschaft) vom 29.7. bis 5.8.1917 veranstaltet wurde. Barth war einer von insgesamt zwölf Gastrednern,
fast alle Pfarrer aus Basel. Ziel des Ferienlagers war es, «durch gemeinsame Arbeit (Vorträge & Diskussionen) das religiöse Leben zu erwek-
ken und anzuregen» (so in der Einladung an Barth vom 15.5.1917[1]).
Die Themenkreise lauteten: «Biblische und religiöse Fragen», «Fragen
des persönlichen Lebens», «Religionsgeschichtliches», «Arbeit unter
jungen Männern», «Soziale Frage». Als Thema seines Vortrages, der
als einziger dem letzten Gebiet angehörte, war Barth «Soziale Zu-
kunftsfragen» vorgeschlagen worden.[2]*

Die Zukunft des Christentums und der Sozialismus.

Vortrag im Ferienlager des C.V.J.M. etc. in Buus am 31. Juli 1917

Das Christentum des 19. und des beginnenden 20. Jahrh[un]d[e]rts
hat mit dem Sozialismus das Erlebnis machen müssen, das Jesus Matth.
21,28f. beschrieben hat: «Es hatte ein Mann zwei Söhne .... Wahrlich
ich sage euch: Die Zöllner u. Huren mögen wohl eher ins Himmelreich kommen denn ihr!» Dieses Gleichnis ist vielleicht seit der Begegnung der alttestamentlichen Frommen mit den «Armen im Geist»,
die Jesus dort charakterisierte[,] in grossem Massstab noch gar nie so
voll u. so deutlich in Erfüllung gegangen wie in der heutigen Begegnung des geschichtlichen Christentums mit dem Sozialismus u. der
Sozialdemokratie. Der weltgeschichtliche oder vielmehr gottesge-
schichtliche Sinn beider Begegnungen ist eine starke Überholung und
Überbietung der Söhne u. Erben des Hauses durch zu spät gekom-

---

[1] KBA 9317.79.
[2] Ebd.

mene Fremdlinge, die sich aber eben dadurch als die wahren Söhne des Vaters erweisen, eine Überbietung nicht in Nebensachen, sondern in der Hauptsache: in der tatsächlichen Stellung zu den Verheissungen u. zum Willen Gottes. So sicher Jesus dort die Pharisäer und mit den Pharisäern ganz Israel zum letzten Mal vor die Entscheidungsfrage auf Leben u. Tod gestellt hat – und wir wissen[,] wie diese Frage damals beantwortet worden ist – so sicher wird das moderne Christentum aller Kirchen, Gemeinschaften u. Richtungen früher oder später, wahrscheinlich aber in der nächsten Zeit über seine Zukunft zu entscheiden haben in seiner innern Auseinandersetzung mit dem Erlebnis des ungeratenen aber gehorsameren Bruders, des Sozialismus u. der Sozialdemokratie.

I

Wir verweilen zunächst ein wenig bei diesem Erlebnis. Was ist denn geschehen? Die Lage ist nicht ganz einfach.

Vergleichen wir zunächst hüben u. drüben die Menschen. Erinnern wir uns aus unsrer Lektüre oder persönlichen Bekanntschaft an die geistige Silhouette einer Anzahl der hervorragendsten ernst zu nehmenden Vertreter hier des modernen Christentums, dort des Sozialismus. Halten wir uns auf beiden Seiten das Menschliche, das Persönliche, das Seelische vor Augen, das uns einerseits in den reichen Äusserungen des christlichen Lebens in Kirche, Theologie, Vereinsarbeit, Mission u. Liebestätigkeit entgegentritt, andrerseits in den Lebensäusserungen der sozialdemokrat[ischen] Partei- u. Presstätigkeit[,] der Gewerkschafts- u. Genossenschaftsbewegung. Vergleichen wir dieses Menschliche hüben u. drüben und ich denke[,] wir werden keinen Augenblick im Zweifel sein können, auf welcher Seite wir uns in der «bessern Gesellschaft» befinden: selbstverständlich[,] wenn es *darauf* ankommt, im Grossen Ganzen auf der christlichen Seite, mit ihrem durch den beständigen engen oder losen Kontakt mit der Bibel geschärften Gewissen, mit ihrer verinnerlichten «vergeistigten» Lebensauffassung, mit ihrer sorgfältigen an den höchsten Vorbildern orientierten Charakterbildung, mit ihrer auf den Geist gegründeten und in der Liebe sich tausendfach bewährenden Sittlichkeit – und wahrhaftig, wenn es *darauf* ankommt, nicht auf der Seite der Sozialisten mit ihrem Materialismus, mit ihrer ganzen höchst diesseitigen Lebensrichtung, mit ihrer Vernachlässigung oft der einfachsten persönlichen sittlichen Grundsätze, mit ihrer sehr zweifelhaften Klassenkampfmoral. Wenn es auf den einzelnen Menschen, seinen Charakter u. seine Haltung ankommt[,] so wird uns ohne Zaudern ein christlicher «Junger Mann» durchschnittlich erheblich viel sympathischer sein als ein durchschnittlicher soziald[emokratischer] Jungbursche[3]. Wieviel feiner[,] gerechter der Ton sagen wir im «Appenzeller Sonntagsblatt» als im «Volksrecht»[4]! Wieviel nobler die Figur eines basler oder genfer Liberalkonservativen im Nationalrat als etwa die der Barrikadengestalten von Zürich[,] Lausanne u. Neuenburg[5]! Wieviel schöner das Familienleben etwa eines unsrer guten Blaukreuzler als das eines roten Berufskämpfers! Ich denke, ich brauche das Alles nicht zu beweisen. Es handelt sich ja da um eine Beobachtung, die von christlicher Seite schon oft gemacht u. darum bekannt genug ist. Man kann ihre Richtigkeit nur zugeben. Die Wilden sind im Grossen Ganzen wirklich nicht die bessern Menschen.[6]

Wir vergleichen zweitens die Ideen. Hier die christliche Anschauung von der Sünde, durch die die Schöpfung Gottes verdorben ist[,] u.

---

[3] Name für die Mitglieder der sozialistischen Jugendbewegung, die in der Schweiz von dem sozialdemokratischen Pfarrer Paul Pflüger 1900 in Zürich gegründet worden war (s. oben S. 367, Anm. 4) und sich unter der Führung von Willi Münzenberg zu einer linksradikalen Gruppe entwickelt hatte. Vgl. Mattmüller II, S. 99f.153–164; H.U. Jost, *Linksradikalismus in der deutschen Schweiz 1914–1918*, Bern 1973, S. 14–17.

[4] Sozialdemokratisches Tagblatt, offizielles Organ der Sozialdemokratischen Partei der Schweiz und des Kantons Zürich.

[5] In Zürich, Lausanne und Neuenburg hatten sich in Reaktion auf die Zimmerwalder Konferenz vom September 1915 linkskommunistische und anarchistische Strömungen mit antimilitaristischen und revolutionären Tendenzen durchgesetzt. Sie übten starke Einflüsse auf die jeweiligen sozialistischen Parteien aus. Vgl. Mattmüller II, S. 164–199; H.U. Jost, a.a.O., S. 66–95.

[6] Vgl. die Schlusszeilen des Gedichtes «Der Wilde» von Johann Gottfried Seume (1763–1810) (*Werke*, hrsg. von J. Drews u.a., Bd. 2 [Bibliothek deutscher Klassiker, Bd. 86], Frankfurt a.M. 1993, S. 478–481, dort S. 481):
Ruhig ernsthaft sagte der Hurone:
Seht, ihr fremden, klugen, weisen, Leute,
Seht, wir Wilden sind doch beßre Menschen;
Und er schlug sich seitwärts ins Gebüsche.

von der Erlösung in Christus[,] durch die sie wiederhergestellt werden soll. Dort die sozialistische Theorie von den Klassengegensätzen u. ihrer Überwindung in einer durch die Geschichte sich hinziehenden Reihe von Klassenkämpfen, vom Kapitalismus u. seiner Ablösung durch den kollektivistischen Zukunftsstaat. Hier d. Wort v[om] Kreuz – hier die Lehre von der Macht des Proletariats[.] Hier P[au]l[us], Augustin, Luther u. Schl[eiermacher] – hier Marx u. Engels. Auch da kann bei unbefangener Beobachtung keine Rede davon sein, dass sich der Christ mit seinem Ideenschatz u. seinen Meistern vor den Sozialisten zu schämen hätte. Im Gegenteil: es wird ihm nicht schwer fallen zu zeigen, dass seine Wahrheit, die Wahrheit von der in Christus vollzogenen Versöhnung der Menschheit durch die Liebe Gottes[,] die Wahrheit des Sozialismus in sich begreift, dass der Sozialismus im besten Fall ein kleines Teilstück der christlichen Ideen vertritt u. auf die Ergänzung durch das Christentum angewiesen ist, für sich selber aber ein Gedankengebilde darstellt, dessen geistige Armut durch seine prachtvollen Schlagworte nur mühsam verhüllt wird. Auch wenn es auf die Ideen ankommt, kann sich der Christ gegenüber dem Sozialisten ruhig rühmen: Wir haben die tiefere, die umfassendere Erkenntnis. Nicht wir haben von euch, sondern ihr habt von uns zu lernen.

Wir vergleichen drittens die auf beiden Seiten bis jetzt erreichten Erfolge. Beide Seiten vertreten ja eine Heilslehre, beide verkündigen ein Arkanum gegen die Leiden einer gefallenen Menschheit. Auch der Sozialismus hatte wenigstens seit 30 Jahren Gelegenheit genug, sich wenigstens im Kleinen auch praktisch zu bewähren. Hat er es getan? Was hat er z.B. der Kranken- u. Unfalls- u. Altersversicherung des christlich-konservativen Deutschland[7] an positiven Leistungen entgegenzustellen? Wo sind die sozialistischen Gegenbilder der Menschenliebe u. Aufopferung eines Wichern, eines Gustav Werner, eines Bodelschwingh, eines Arnold Bovet?[8] Was hat er getan, um von den

[7] Gesetze der Bismarckschen Sozialpolitik: 1883 Krankenversicherungs-, 1884 Unfallschutz-, 1889 Alters- und Invalidenversicherungsgesetze.

[8] Johann Hinrich Wichern (1808–1881), Pfarrer und Pädagoge, Begründer der Inneren Mission, des «Rauhen Hauses» in Hamburg und des Evangelischen Johannesstifts in Berlin-Spandau. – Gustav Werner (1809–1887), schwäbischer Theologe, Begründer landwirtschaftlicher, handwerklicher und industrieller Werke bei Reutlingen im Geiste eines «christlichen Sozialis-

Heiden nicht zu reden, für die Ärmsten der Armen: die geistig u.
körperlich Benachteiligten, für die Trinkerwelt, für den 5ten Stand?
Geht er nicht gerade an den am heftigsten blutenden Wunden der
Menschheit seltsam starr vorüber? Ich steige noch eine Stufe tiefer
hinab in den Jargon einer nicht ganz seltenen christlichen Argumen-
tation u. frage: wieviel Menschen sind durch den Sozialismus glücklich geworden? wieviel junge Leute vor schlechten Einflüssen be-
wahrt? wieviel Versunkene wieder zurechtgebracht? Wo, wo sind
seine positiven Leistungen? Was bedeutet gerade jetzt im Krieg die
rote Fahne? Aber das rote Kreuz, *das* triumphiert jetzt auf den
Schlachtfeldern!! Und wenn die Sozialdemokraten etwas aufzuweisen haben an positiven Leistungen der Solidarität u. Bruderliebe, bes.
auf dem Gebiet des Gewerkschafts- u. Genossenschaftswesens, verdanken sie es ihrem Sozialismus u. nicht vielmehr den «fossilen Über-
resten des Christentums ihrer Väter»[,] wie es ihnen *Bismarck* einst
entgegengeschleudert hat![9] Und nun all diesen Fragen gegenüber die
unwiderleglichen Tatsachen der innern u. äussern Mission, der christlichen Vereins-Liebestätigkeit im weitesten Sinn von den Kinderkrip-
pen unsrer Städte bis zu der Kriegsgefangenenfürsorge des C.V.J.M.
in den fernsten Ländern, von den Magdalenenvereinen[10] bis zu den

mus». – Friedrich von Bodelschwingh (1831–1910), «Vater» der Bodel-
schwinghschen Anstalten für Epileptiker und Gemütskranke in Bethel bei
Bielefeld, Gründer von Arbeiterkolonien in der Nähe Berlins. – Arnold Bovet
(1843–1903), Vorkämpfer der Abstinentenbewegung und Mitbegründer des
Vereins vom «Blauen Kreuz» in der Schweiz.

[9] In einer Rede im deutschen Reichstag am 9.1.1882 sagte Otto von Bismarck (*Bismarck. Parlamentarische Reden.* Vollständige Ausgabe. Sachlich
und chronologisch geordnet mit Einleitungen und Erläuterungen versehen
von W. Böhm und A. Dove, Zwölfter Band: *Kämpfe und Bekenntnisse 1881
und 1882,* Stuttgart/Berlin/Leipzig [1898], S. 202f.): «Aber auch diejenigen, die
an die Offenbarungen des Christentums nicht mehr glauben, möchte ich daran
erinnern, daß doch die ganzen Begriffe von Moral, Ehre und Pflichtgefühl,
nach denen sie ihre andern Handlungen in dieser Welt einrichten, wesentlich
nur die fossilen Überreste des Christentums ihrer Väter sind ([Zwischenruf:]
sehr gut!), die unsre sittliche Richtung, unser Rechts- und Ehrgefühl noch
heute, manchem Ungläubigen unbewußt, bestimmen, wenn er auch die Quelle
selbst vergessen hat, aus der unsre heutigen Begriffe von Zivilisation und
Pflicht geflossen sind.»

[10] Organe der kirchlichen Gefährdetenfürsorge an jungen Mädchen und

Blaukreuzvereinen. Hat nicht Jesus gesagt, dass man sie an ihren Früchten erkennen soll [Mt. 7,16]? Ja wirklich, wenn solche «positiven Leistungen» die Früchte sind, die Jesus gemeint hat, wenn es *darauf* ankommt – wie unvergleichlich viel grösser u. fruchtbarer steht dann das moderne Christentum da neben seinem Konkurrenten u. Gegner!

Aber kommt es denn darauf an? müssen wir nun weiter fragen. Vor Gott nämlich, in der Geschichte seines Reiches? Ist es da so wichtig, wo die feineren Menschen, die grösseren Ideen, die schöneren Erfolge zu finden sind? Muss es uns nicht stutzig machen, wenn wir uns sagen, dass gerade so wie wir jetzt gegen die Sozialdemokraten einst die Pharisäer mit vollem Recht gegen die «Zöllner u. Huren» haben argumentieren können. Und trotz ihrem vollen Recht war Jesus – nicht auf ihrer Seite. Sind wir mit dem Sozialismus fertig, wenn wirs gemerkt haben, was ja so leicht zu merken ist: eine ziemlich schlechte Gesellschaft mit ungenügenden Ansichten u. ärmlichen Leistungen. Gott sei Dank, dass ich kein Sozialdemokrat bin! Oder sind wir nicht gerade im Urteil Gottes in der allerverhängnisvollsten Selbsttäuschung[,] wenn wir bei diesen billigen Entdeckungen stehen bleiben?

Wir fragen noch einmal: Was geschah denn da, als neben das Christentum der Sozialismus trat mit *seinen* Propheten u. Aposteln, mit *seiner* Heilslehre, mit *seinen* praktischen Lösungsversuchen des grossen Welträtsels. Ich kann die Antwort[,] auf die wir stossen, wenn wir von der Erscheinung zum Wesen vordringen, nicht anders formulieren, als mit dem *einen* Worte: Kräfte –, Kräfte brachen auf u. wurden wirksam, die das moderne Christentum aller Schattierungen nicht hat. In allem Andern mag das moderne Christentum dem ungeschlachten Bruder weit voraus sein, aber in den Kräften ist er ihm voraus! Und nun sind die Kräfte, wie wir aus dem NT wissen [vgl. 1. Kor. 4,20] [,] gerade das Wesentliche im Reiche Gottes. Nicht gute oder böse Menschen, nicht wahre oder falsche Ideen, nicht gelungene oder misslungene, positive od. negative Leistungen bewegen die Welt u. die Geschichte, sondern die himmlischen od. höllischen Kräfte[,] die hinter dem Allem an der Arbeit sind. Das Evangelium ist nicht der Weg ein

Frauen, die mit ihrem Namen auf die mittelalterlichen «Magdalerinnen» zurückgehen.

guter Mensch zu werden, sondern wie Paulus sagt, «Kraft Gottes zum Heil» [Röm. 1,16], ein Stoss aus der Tiefe gleichsam, zur Erneuerung u. Errettung der Kreatur, geführt von dem Gott[,] der sich selber u. darum auch seiner Welt treu bleibt. Im Leben u. Wirken Jesu sind nicht neue Ideen an den Tag gekommen – die Rabbinen wussten fast Alles auch[,] was er sagte, – wohl aber die neuen oder vielmehr die uralten Schöpfungskräfte des Himmelreichs. Die Ausgiessung des hl. Geistes an Pfingsten – wie bescheiden waren die «positiven Leistungen»[,] die diesem Ereignis gefolgt sind. Ja, aber es war ein Ausbruch von göttlichen Kräften, die dazu bestimmt waren[,] in einer Weise aufs Ganze u. in die Tiefe des Lebens zu wirken, die das Chr[isten]t[um] der Kirche, das dann bald einsetzte, einfach nicht mehr ertragen konnte, deren Art u. Richtung uns aber aus den Schriften des NT noch durchaus erkennbar ist. Es ist hier nicht der Ort, zu schildern, wie diese göttlichen Kräfte dann bald genug versiegen mussten, weil die Christen den Sinn verloren für das Handeln u. Schaffen Gottes, das in Christus hervorgebrochen war, weil sie zuviel mit sich selbst, mit ihren Seelen, mit ihren Ideen, mit allerlei menschlichen relig[iösen] Unternehmungen beschäftigt waren. Wir können jetzt auch nicht beschreiben, wie die Christenheit es doch nie ganz vergessen konnte, dass es sich eigentlich um Kräfte, um Gotteskräfte handle im Chrt., wie es dann doch auch immer wieder zu einem gewissen Aufflackern dieser ursprünglichen Flamme kam, etwa in der Reformation oder in der Erweckungszeit[,] wie es aber doch im Grossen Ganzen immer wieder still blieb von diesem Wesentlichen im Reiche Gottes, weil die Christen gar so unaufmerksam waren u. immer wieder die Person u. die Gedanken u. Taten Gottes vergessen konnten über ihren eigenen Personen, Gedanken u. Taten. Das moderne Chrt. insbesondere, das doch vor hundert Jahren eine Zeit erlebt hat, in der das Himmelreich mit seinen Kräften wieder nahe war, ist gekennzeichnet durch eine allgemeine Kraftlosigkeit. Es hat unzählige herrliche fromme Menschen hervorgebracht, es hat die Tiefen der Gottheit erforscht [vgl. 1. Kor. 2,10], es hat sich ausgebreitet in einer Fülle von glaubenseifrigen Unternehmungen. Aber es hat auch das Gefühl verloren für das Dynamische, Schöpferische, Tätige, Kräftige in Gott und für das Seufzen u. Harren der Kreatur, die sich mit uns nach Erlösung sehnt [Röm. 8,22f.]. Es erwartet so wenig. Es ist so schnell zufrieden mit ein wenig

Seligkeit, ein wenig Erkenntnis, ein wenig christlicher Tätigkeit. Es empfindet nicht, wie wenig u. mager das Alles ist, gemessen am Willen u. an den Verheissungen Gottes. Es singt so merkwürdig leichthin: Mir ist so wohl![11] mitten in einer Welt, der es ...[12] Die Not des Lebens ist unendlich viel grösser als es denkt[,] u. Gottes Hilfe könnte unendlich viel grösser sein als es meint, aber es merkt weder das Eine noch das Andre. Es stellt sich so schnell bereit auf den Boden des Bestehenden, Gegenwärtigen[.] Es ist so gar nicht arm im Geist [Mt. 5,3], hungernd u. dürstend nach Gerechtigkeit [Mt. 5,6]. Es hat den Sinn für Gott nicht, nicht mehr oder noch nicht, wie wir es auffassen wollen. Und wo kein Sinn ist für Gott, da müssen die himmlischen Kräfte ruhen, da kann u. will Gott nicht helfen. Und während die himmlischen Kräfte ruhen müssen, sind die höllischen Mächte um so tätiger gewesen, haben sich entfalten dürfen im 19. Jahrh[un]d[e]rt wie noch in keinem andern, haben ihre Babelstürme von Kapitalismus, Nationalismus, Militarismus aufbauen können[,] und die Christen, die Christen des 19. Jahrhdrts[,] die von der Erweckung herkamen, merkten gar nicht was vorging, liessen die Welt gehen, wie sie ging, halfen wohl noch in ihrer Ahnungslosigkeit den dunklen Gewalten, jammerten über besonders wüste Erscheinungen, über die vielen Seelen, die sie verloren gehen sahen, über die zunehmende Gottlosigkeit der Zeit und verstanden ihre Zeit doch so gar nicht, verstanden nicht[,] dass gegen Kräfte nur Kräfte etwas ausrichten. Wussten ja gar nicht mehr[,] dass bei Gott Kräfte *sind* noch heute auch gegen den Mam-

---

[11] Vermutlich Anspielung auf den Refrain des Liedes «Wenn Friede mit Gott meine Seele durchdringt» von Th. Kübler (*Reichs-Lieder. Deutsches Gemeinschafts-Liederbuch*, 2679.–2681. Tausend Neumünster i. Holst. 1999, Nr. 242 [S. 99]): «Mir ist wohl, mir ist wohl in dem Herrn! Mir ist wohl in dem Herrn, mir ist wohl, mir ist wohl in dem Herrn!» Vielleicht denkt Barth auch an das Schlagwort aus der Abstinentenbewegung: «So wohl – ohne Alkohol»; vgl. z.B. die Liedstrophe (*Liederbuch der «Helvetia»*. Abstinentenverbindung an den schweizerischen Mittelschulen, Zürich 1908, S. 18):
  Der Abstinent lebt herrlich in der Welt,
  Und herrlich ist's um ihn bestellt.
  Er lebt zufrieden, allzeit wohl
  Und dieses ohne Alkohol!
[12] Die Auslassungspunkte am Ende des mit Bleistift zwischen den Zeilen eingefügten Satzes stehen für den Satzschluss: «der es gar nicht wohl ist».

mon, auch gegen den Unfrieden der Nationen, auch gegen das Elend des Proletariats, auch gegen die Krankheit so gut wie gegen die persönliche Sünde des Einzelnen, mit der sie sich ebenso endlos wie machtlos abmühten. Sie redeten begeistert davon, Jesus zum König zu machen[13], und vergassen, dass alles Glauben u. Beten umsonst sein muss, dass die Regierungsgewalt Jesu vom Himmel her gleichsam stillgestellt ist, solange auf der Erde so wenig Sinn und Verlangen ist für die königlichen Siegeskräfte, die uns in seinem Namen erschlossen sind. Sie entfalteten glänzende Gaben u. Fähigkeiten auf einzelnen, vom Strome des Lebens abseits liegenden Gebieten: für die Mission, für die persönliche Seelsorge, für die theolog. Wissenschaften, aber sie merkten nicht, wie das Alles ein «Gehen am Ort» bedeutet, wenn es allein bleibt, wenn jener göttliche Stoss aus der Tiefe, der auf das Ganze u. in die Tiefe geht, versagt u. ausbleibt. Und er ist ausgeblieben, man sollte sich heute darüber nicht mehr täuschen. Dutzende von christlichen Biographieen aus der ersten Hälfte des 19. Jahrhdrts zeigen immer wieder das gleiche tragische Schauspiel, wie die Begeisterung der Jugend überging in die Selbstzufriedenheit u. Resignation des Alters, wie der Strom des Glaubens[,] der einst Alles in Christus erneuern[14] wollte, versandete u. zu einem trüben schmalen Bächlein von Kirchen- oder Gemeinschaftschristentum wurde, wie die Kräfte des Gottesreiches anklopften[,] um der Christenheit die grössten Aufgaben anzuweisen[,] u. wie sie schnell genug wieder zum Schweigen kamen[,] weil die Christenheit sie einfach nicht verstand, sondern sich schleunigst allerhand selbstgestellten Privat- u. Spezialproblemen zuwandte, die an sich wohl wichtig u. nötig wären[,] aber nicht für sich[,] sondern nur im Zusammenhang der Gesamterneuerung des Lebens u. der Welt aus den Kräften Gottes, die der Sinn des Evangeliums ist.[15]

---

[13] Vgl. das auf John Mott zurückgehende «watchword» des «Christlichen Studentenweltbundes» «Make Jesus King!»; s. V. u. kl. A. 1909–1914, S. 281, Anm. 40.

[14] Vgl. a.a.O., S. 281, Anm. 39, und unten S. 563, Anm. 70.

[15] Zu Barths Lektüre seit 1915 gehörten auch Biographien von Theologen und Kirchenmännern des 19. Jahrhunderts. In seinen Briefen erwähnt er die Biographien von J.Chr. Blumhardt, J.T. Beck, D.Fr. Strauß, L. Hofacker, D. Spleiß, G. Menken, Fr.A.G. Tholuck (Bw.Th.I., S. 51.138.179.199f.215). «Ich sehe aus allen meinen Pietistenbiographien, was für ein *tragischer* Moment es

Das moderne Chrt. hat erreicht, was es konnte u. wollte: es hat eine Reihe von hochbedeutenden religiösen Persönlichkeiten u. Heroen hervorgebracht, es hat eine glänzende Theologie entfaltet, die auf alle Fragen mit der Zeit eine gescheite tiefe Antwort fand, es hat auf praktischem Gebiet betrieben[,] was man nur betreiben kann, es kann ihm der Ruhm vor den Menschen unmöglich abgestritten werden, es hat mit vollem Recht den Namen, dass es lebe, aber – [vgl. Apk. 3,1]

Und nun kam der Sozialismus – und hatte von dem Allem nichts. Da ist wirklich Armut im Geist [vgl. Mt. 5,3], da ist Erkenntnisdürre, da ist Anfechtbarkeit. Was weiss der Sozialismus von der Bibel, von Luther und P[au]l Gerhardt? Er hat überhaupt keine Vergangenheit. «Ohne Vater, ohne Mutter, ohne Geschlecht» wie Melchisedek nach Hebr. 7,3 tritt er auf in der Geschichte des Reiches Gottes. Was weiss er von der Macht des Gebets, von der persönlichen Heiligung, vom Segen brüderlicher Gemeinschaft? Alle diese feineren tieferen Quellen des Lebens sind ihm verschlossen, er begehrt gar nicht danach. Was ist ihm Gott u. Christus? Seltsame, verdächtige oder verhasste Namen, von denen er sich mit aufrichtiger Gleichgiltigkeit abwendet. Er steht ganz u. gar ausserhalb des heiligen Kreises. Aber er hat Kräfte, gerade die Kräfte, die dem modernen Christentum im Grossen Ganzen fehlen. Da ist eine unbedingte Sachlichkeit trotz aller scheinbaren Äusserlichkeit[,] die auf das Centrale geht. Da ist ein radikaler Ernst, der die Mächte des Bösen begreift als wirkliche Mächte dieser Welt[,] u. ein radikaler Glaube an das Gute, dass es auf der Erde möglich werden muss. Da ist Geist, der seufzt u. schreit nach einer einheitlichen Welt, der das Materielle begreifen u. durchdringen, beherrschen will, der das Innere u. das Äussere des Lebens zusammen fassen möchte zu einem gesunden Organismus. Ja, nur ein Seufzen u. Schreien ist eigentlich das Wesen des Sozialismus, ein hilfloses Ringen des Menschen mit den unpersönlichen Mächten dieser Welt, weil er ein Mensch sein[,] weil er leben möchte der tötlichen Umklammerung des Mammon u. einer mammonistischen Gesellschaftsordnung zum Trotz, ein unpraktisches, ratloses, phantastisches Hungern u. Dürsten

war vor 100 Jahren, als sie anfingen, begehrt und gehört zu werden und die Wüste verlassen konnten, um Antistes etc. zu werden. Werden wir ihre Irrtümer zu vermeiden wissen, wenn wir nun auch anfangen, uns in solchen Reichsgottesheerlagern hören zu lassen?» (Bw.Th.I., S. 200).

nach Gerechtigkeit [vgl. Mt. 5,6], ein Stürmen u. Wüten gegen tau-
sendjährig verschlossene Thüren, ein Prometheustrotz gegen Zeus,
den Herrn u. Gott dieser Welt. Das ist der Sozialismus – nicht mehr als
das – aber *das* ist er. Lesen Sie die sozialdemokratische Presse, wenn
Sie genug Demut u. Geduld haben, das ruhig zu tun – lesen Sie die
Biographien eines August Bebel[16], eines Krapotkin[17] – versuchen Sie
es, Ihre «roten Brüder»[18][,] die sozialist. Jungburschen, von innen u.
nicht nur von aussen kennen zu lernen, versuchen Sie es[,] einen Einblick zu gewinnen etwa in die Geschichte u. Praxis einer Gewerkschaft, versuchen Sie es, mit offenen Augen u. Ohren u. Herzen u.
ohne sich gleich wieder wohlfeil zu entrüsten, den innern Verhandlungen der Partei, etwa wie sie im letzten Jahr über die Militärfrage
geführt worden sind[19], zu folgen – und es wird Ihnen immer wieder als
Wesen des Sozialismus dieses Eine entgegentreten: der ursprüngliche
Trotz gegen die höllischen Mächte[,] die die Welt beherrschen[,] u. das
Seufzen u. Schreien nach einer aufs Ganze gehenden Erneuerung. In
diesem Trotz aber u. in diesem Schreien ist Glauben u. solchen Glauben hat Jesus in Israel nicht gefunden [Mt. 8,10]. Und dann fragen Sie
sich, ob das moderne Christentum irgend etwas Ähnliches aufzuweisen
hat. Sehen Sie, wie im Leben etwa Bebels die Sache u. immer wieder
die grosse Befreiungssache[,] an der er steht, eins u. Alles ist[,] u. nun
vergleichen Sie damit[,] wie in den christlichen Biographieen, nehmen
Sie z.B. das berühmte Leben L. Hofackers von Knapp[20] zur Hand od.
Wittes 2 b[ändiges] Werk über A. Tholuck[21][,] wie da fast überall der
Mensch u. immer wieder der Mensch mit seinen kleinen persönlichen
Gefühlen u. Erfahrungen im Mittelpunkt[,] in der strahlenden Wichtigkeit steht! Sehen Sie, wie die Sozialisten auf ihren Parteitagen etwa

[16] A. Bebel, *Aus meinem Leben*, Teil 1–3, Stuttgart 1910–1914.

[17] P. Krapotkin, *Memoiren eines Revolutionärs*, übersetzt von M. Pannwitz,
6. Auflage Stuttgart [1910]. – Vgl. Barths Vortrag über diese Memoiren (*Krapotkin*, s. oben S. 121–126).

[18] Anspielung auf einen Aufsatz von E. Thurneysen, *Unsere roten Brüder*,
in: Die Glocke. Monatliches Organ des Christl. Vereins junger Männer Zürich
I [u.a.], Jg. 22 (1914), Nr. 8.

[19] Vgl. oben S. 372–381.

[20] A. Knapp, *Leben von Ludwig Hofacker*, Stuttgart 1895⁶.

[21] L. Witte, *Das Leben D. Friedrich August Gotttreu Tholuck's*, 2 Bde., Bie-
lefeld/Leipzig 1884/1886.

zusammenkommen in der bestimmten Erwartung, dass es sich jedesmal um Entscheidungen handelt[,] u. vergleichen Sie damit, was wir von unsern christlichen Zusammenkünften erwarten: etwas Anregung, etwas Begeisterung, etwas Bekanntschaft mit interessanten Persönlichkeiten[,] ein Erlebnis, wie es seit 10 Jahren Mode ist zu sagen – ja aber Anregung wozu? Begeisterung für was? Erlebnis wessen? wenn man fragen darf! Sehen sie diese Jungburschen z.B.[:] ihre Sprache u. ihr Auftreten ist nicht immer lieblich, aber die wissen[,] was sie wollen, besser als mancher Pfarrer, der am Samstag über der Frage brütet, was er denn eigentlich noch predigen solle, wo doch schon Alles so schön gesagt ist, besser auch als mancher christliche Verein, der sich mühsam immer wieder über seinen Zweck u. auf immer neue Unterhaltung für seine Mitglieder besinnen muss, weil er in der Hauptsache längst nicht mehr weiss, was er will. Sehen Sie, dieses Unmittelbare im Sozialismus, so roh u. kindlich es uns oft entgegentreten mag, das ist seine Kraft. Das ist das Geheimnis seiner ungeheuren Wirkungen auf die Seele der heutigen Menschheit. Das ist auch das Geheimnis der unheimlichen Erschütterung, die er einfach durch sein Dasein auch auf das moderne Christentum, das ihm doch so weit überlegen ist, hervorgebracht hat. Ja, warum ist der Sozialismus auf einmal auch zu einer brennenden Frage des modernen Christentums geworden? Warum hat auf einmal auch das Chrt. des 19. Jahrhdrts sein soziales Gewissen entdeckt u. sich in 1000 soziale Tätigkeiten gestürzt? Warum macht auf einmal auch auf christl. Seite Alles in sozialer Frage? Warum alle die Parolen: christl.-sozial, ev[an]g[elisch]-sozial, rel[igiös]-soz[ial]?[22] Warum haben auch Sie das Bedürfnis

[22] Die «christlich-soziale» Bewegung gehört ins Europa des 19. Jahrhunderts. Sie versuchte, von einem christlichen Hintergrund her die Probleme des dritten und vierten Standes zu lösen, die infolge der sozialen Umschichtung feudaler und bürgerlicher Gesellschaftsverhältnisse durch die technisierte Wirtschaft des kapitalistischen Zeitalters aufgetreten waren. Nach einigen Anstößen, die bis auf J.H. Wichern (s. oben S. 393, Anm. 8) zurückgingen, gründete Adolf Stoecker (1835–1909) 1878 eine «Christlich-soziale Arbeiterpartei», die das Christentum als ein allgemein ethisch-soziales Gesinnungsprinzip propagierte. Diese betont konservative Arbeiterpartei konnte sich aber gegenüber der Sozialdemokratie nicht durchsetzen. 1890 wurde, wieder unter Mitwirkung Stoeckers, der «Evangelisch-soziale Kongreß» gegründet. In ihm haben der erste Sekretär, Paul Göhre (1864–1928), und Friedrich Naumann der

empfunden, sich heute wenigstens eine Stunde mit dieser soz[ialen] Frage zu beschäftigen? Glauben Sie doch ja nicht, dass die ganze innere Erschütterung, die wir Christen von der Seite des Sozialismus her erfahren, von den paar feinen Menschen herrührt, die ja auch auf jener Seite stehen[,] oder von der überzeugenden Macht des sog. wissenschaftl. Marxismus oder gar von den gewissen äussern Erfolgen der Partei, die ja heute in einem recht fragwürdigen Licht dastehen. Nein, das was dieser Bewegung das Reissende[,] Bezwingende giebt, das auch uns Christen[,] ja uns vor Allem Angst macht u. Respekt einflösst, Freude bereitet oder auch Widerwillen verursacht, das was uns nötigt uns mit ihm auseinander zu setzen, das ist das Unmittelbare, das wir darin spüren, der göttliche Stoss, der da wieder einmal aus der Tiefe gekommen ist ganz abseits von allem religiösen Wesen freilich, aber aus der Tiefe, wo Licht u. Finsternis miteinander ringen. Vor dieser Tatsache stehen wir erstaunt u. entsetzt u. fragen uns verlegen, was wir als Christen damit anfangen sollen, weil sie uns so ungeheuer fremd ist u. weil wir doch nicht anders können, wenn uns die Bibel auch nur noch ein wenig lebendig ist, als in dieser Bewegung Geist von unserm Geist, Fleisch von unserm Fleisch erkennen [vgl. Gen. 2,23], weil wir vor diesem jüngern Bruder stehen mit dem halb niederdrückenden[,] halb doch auch wieder beschämt erfreuten Gefühl: dort geschieht, was bei uns geschehen sollte! Dort ist mehr denn Salomo [vgl. Mt. 12,42]. Dort sehen sie etwas von dem[,] was alle Propheten u. Könige gelüstete zu sehen u. haben es nicht gesehen [vgl. Mt. 13,17]. Dort sind Kräfte des Himmelreichs, wie sie eben denen verheissen sind[,] die, arm im Geist, hungern u. dürsten wollen [vgl. Mt. 5,3.6]. Wie kommt der Sozialismus zu diesen Kräften? Woher kommt der seltsame Geselle? Ja woher kommt Melchisedek, der König von Sa-

Behandlung der sozialen Fragen «von oben» den Versuch einer Lösung «von unten», aus der Lage und Sicht des Arbeiters, entgegengestellt. Ziel blieb die Ablösung der Sozialdemokratie durch die christlich-soziale Bewegung, aber die Problematik wurde wissenschaftlich diskutiert und die theologische Sicht der Dinge verschob sich vom Konservativen zum Liberalen. Die «religiössoziale» Bewegung, die ihren Ausgang von Hermann Kutter und Leonhard Ragaz nahm, verstand sich entschieden sozialdemokratisch. Sie bemühte sich um eine religiöse Begründung des Marxismus und ein positives Verhältnis von Christentum und Sozialismus, wobei sie den Sozialismus als einen Ausdruck des Gotteswillens in der Gegenwart verstand.

lem[,] u. kreuzt den Weg des Abraham u. «trug Brot u. Wein hervor u. war ein Priester Gottes des Höchsten» [Gen. 14,18]? Und woher kommt Abraham selber gegangen seinen seltsamen Glaubensweg mitten heraus aus der Nacht des Heidentums, kein Frommer, kein Weiser, kein Gerechter, allein durch den Glauben «als er noch in der Vorhaut war» ein Vater Aller[,] die glauben wollen [Röm. 4,11]? Woher?

II

Wir können uns kürzer fassen über die innere Auseinandersetzung des Chrts. mit seinem ungeratenen Bruder, der es nun entgegengeht.

Diese Zukunftsfrage, von der es abhängen könnte, ob das Christentum den Weg des nachexilischen Judentums gehen muss, ist schwierig u. kompliziert, solange jenes Einfachste u. Wesentliche im Sozialismus von uns Christen nicht verstanden ist. Solange wir uns an den Bildern der Propheten u. Apostel erbauen u. begeistern in der alten unfruchtbaren subjektiven Weise, statt uns die Bibel neu erklären zu lassen durch das Wort, das Gott in unsrer Zeit durch den ungeratenen Bruder mit uns redet. Solange wir fortfahren die Bibel als Werkzeug unsrer albernen Persönlichkeitskultur, unsrer Weltanschauungsspielereien, unsres religiösen Beschäftigungstriebs zu missbrauchen. Wir sollten – aufmerksam gemacht durch die göttlichen Kräfte, die im Sozialismus[,] abseits von Bibel u. Religion, sich regen – hingehen u. nun *auch* einmal nach einer grösseren tieferen weitergehenden Erlösung als der[,] an die wir bis jetzt geglaubt haben, seufzen u. schreien. Die Bibel, die uns *kein* verschlossenes Buch ist, ruft u. lockt uns ja auf allen ihren Blättern, gerade *das* zu tun. O wie sollten wir die Bibel verstehen von innen heraus, wenn wir einmal die Sozialisten mit ihrem Trotz u. ihrer Hoffnung auch nur ein wenig verstanden haben! Wie sollten uns Abraham[,] Isaak u. Jakob vertraut werden mit ihren Sünden u. Thorheiten, mit ihrem Leid u. ihrer Sehnsucht, mit ihrem Glauben auf Hoffnung[,] da nichts zu hoffen war [vgl. Röm. 4,18], wenn wir bei den gottlosen Sozialdemokraten einmal eine Ahnung bekommen haben, um was für Ziele es Gott eigentlich zu tun ist mit seinen Leuten! Wie müsste die alte biblische Parole, an der schon so viele christliche Generationen gedeutet haben: Kein

Ruhm vor Gott! [vgl. Röm. 4,2] Gerecht allein durch den Glauben! [Röm. 3,28][,] wie müsste die uns zu einer unmittelbar packenden Lebenswahrheit werden, wenn wir uns einmal demütig u. nicht christlich-hochmütig neben unsre roten Brüder mitsamt ihren Fehlern u. Gebrechen gestellt haben! Wie müsste uns vor Allem Christus ganz neu u. lebendig vor Augen gemalt sein [vgl. Gal. 3,1] in seiner Niedrigkeit, in seinem seltsamen Wichtignehmen des Irdischen Leiblichen Äussern, in seiner Vaterlandslosigkeit, in seiner absoluten Kälte gegen das ganze Reich des Mammon, in seiner unerbittlichen göttlichen Sachlichkeit[,] der gegenüber die geliebte Persönlichkeit des Einzelnen so ganz zu kurz kommt, in seiner Neutralität gegen Tempel u. Religion, in seiner ganzen radikal nur auf die Zukunft gerichteten Denk- u. Redeweise, in seinem Kreuz, das ihm gerade die Besten u. Frömmsten dieser Welt bereitet haben – ja in allen diesen Zügen, die unserm modernen Chrt. so fremd sind, weil es auf die eigentlichen göttlichen Gedanken nicht einzugehen vermag vor lauter eigenen Gedanken – wie müssten wir ihn verstehen u. lieb gewinnen gerade in diesen Zügen, in denen doch seine eigentliche Herrlichkeit ist als des Sohnes vom Vater voller Gnade u. Wahrheit [Joh. 1,14]. Und wie müssten wir Christen in dieser Zeit[,] was wir ererbt von unsern Vätern[,] dann neu erwerben, um es zu besitzen![23] Wie müssten wir jetzt die Welle von göttlichen Kräften, die uns vom Sozialismus her entgegenkommt[,] in uns aufnehmen, sie weitertragen u. vertiefen, sie aus der Bibel heraus erst recht zu einem Strome werden lassen. Wie müssten wir den Sozialisten zeigen, dass wir mit unserm geistlichen Reichtum uns gerne von ihnen haben beschämen lassen[,] dass wir aber in Zukunft nicht die Letzten[,] sondern die Ersten sein wollen[,] wenn es gilt zu glauben u. zu hoffen auf den neuen Himmel u. die neue Erde[,] die Gott verheissen hat [2. Petr. 3,13]! Wie müsste sie jetzt wahr werden[,] unsre Losung: Macht Jesus zum König! aber nicht mit christlicher Blechmusik, nicht in begeisterten Zusammenkünften u. berauschenden Erlebnissen, nicht in grossartigen u. ganz grossartigen Konferenzen à la Mott[24] und Edinburgh[25][,] sondern einmal in den

---

[23] Vgl. J.W. von Goethe, *Faust I*, V. 682f. (Nacht).
[24] Vgl. V. u. kl. A. 1909–1914, S. 266–287.
[25] Die Weltmissionskonferenz in Edinburgh 1910 stand am Beginn der öku-

realen Verhältnissen auf der Gasse u. in den Fabriken[,] wo Jesus auch König sein will u. zw. nicht nur über die Seelen[,] sondern auch über die Dinge! Dass es nicht mehr wahr wäre, was mir jüngst ein bernischer Sozialdemokrat klagte: Wenn einer einmal in einem christl. Verein ist, so ist er verloren für die Arbeitersache! Wie müsste es unter uns, die wir uns einer bewussten Gemeinschaft mit Gott rühmen, zu einem ganz neuen Suchen dieses grossen u. lebendigen Gottes kommen, dem jene unbewusst so viel näher sind! Dann aber eben auch zu einem ganz neuen Begreifen u. Anfassen des wirklichen Lebens von Gott aus, während wir es bis jetzt aus lauter Gottseligkeit haben laufen lassen wie es wollte! Wie müssten wir es wagen, mit den Sozialdemokraten in jene Unruhe um die Welt u. ihre Lage hineinzugehen, vor der wir uns bis jetzt als glückliche Besitzende so peinlich gehütet haben u. die doch der einzige Ort ist, wo wir uns hinstellen können, wenn es uns mit der Nachfolge Jesu ernst ist.

O die Antwort auf die Zukunftsfrage des Chrts. ist so einfach, wenn wir die *Kräfte* im Sozialismus einmal aufrichtig gesehen u. anerkannt haben. Sie lautet dann ganz einfach: Ja sagen zu diesen Kräften, bitten suchen anklopfen [vgl. Mt. 7,7 par.], in Demut darum ringen, dass wir sie auch bekommen, grössere[,] unendlich viel grössere noch als unsre roten Brüder sie haben. Denn der Sozialismus ist sicher nicht das letzte Wort Gottes. – Wie wir uns darum äusserlich zu der Bewegung stellen wollen, das ist nicht so wichtig. Da muss ein jeder tun, was *er* eben muss. Vielleicht wird es uns so gehen, dass wir uns eines Tages auch äusserlich dazu bekennen müssen, aus Dankbarkeit gegen das[,] was wir von ihr empfangen, aus dem Gefühl der Mitverantwortlichkeit auch für ihre Fehler u. Schwächen, aus dem Bedürfnis[,] auch Andern zu zeigen, dass wir uns nicht mehr abseits stellen können in dieser Sache. Vielleicht erlaubt uns unser Gewissen, äusserlich neutral zu bleiben. Es liegt *daran* nicht so viel. Wohl aber daran, dass wir innerlich aus der Neutralität u. Verständnislosigkeit herauskommen u. die Zeichen unsrer Zeit verstehen lernen.

menischen Bewegung und der Bewegung für Glauben und Kirchenverfassung. John Mott war Vorsitzender des Fortsetzungsausschusses und seiner Untergruppen.

Vor Nebenwegen wird gewarnt!

I. Nebenweg. Es handelt sich nicht darum, dass unser ohnehin in allen Farben schillerndes Christentum jetzt auch noch mit einem Tropfen sozialen Öles gesalbt werde, dass neben all unserm Betrieb jetzt auch noch eine soziale Ecke od. Gruppe eröffnet wird für allerlei Dilettanten[,] deren es gerade unter uns bewussten Christen immer bes. Viele gegeben hat. Dazu ist die Sache zu ernst u. zu gross. Es handelt sich darum, Gott die Ehre zu geben, also das wohlbekannte, nur *zu* bekannte *Alte* neu zu treiben auf der breiteren Basis[,] auf die uns der Sozialismus, nein auf die uns das NT hinweist!

II. Nebenweg. Es handelt sich nicht darum[,] zwischen dem bisherigen Chrt. u. dem Sozialismus irgendwelche Vermittlungen u. Brükken zu suchen. Die Richtung des modernen Christentums auf den Einzelnen, auf die Kirche, auf einen religiösen Extra-Betrieb lässt sich nun einmal gerade mit dem Wesen des Sozialismus nicht vereinigen. Und wenn wir nicht Selbstbewusstsein genug haben, um alle Kompromissversuche bleiben zu lassen u. zum Sozialismus entweder ganz oder gar nicht Ja zu sagen, so können wir es von der andern Seite hören, was man dort von den zahlreichen Halbheiten denkt, die von christlicher Seite unternommen worden sind. Christlich-sozial ist wirklich ein Unsinn.[26] Sondern es handelt sich darum, ob wir den Sozialismus, oder ich will jetzt schärfer sagen: die sozialdemokrat. Partei als Ganzes begreifen oder nicht begreifen. Mit halben Lösungen ist nichts getan, wenn es sich um die Kräfte Gottes handelt. Da heisst es kalt bleiben oder warm werden [vgl. Apk. 3,15].

III. Nebenweg. Es handelt sich selbstverständlich auch darum nicht, das Christentum aufzugeben u. mit fliegenden Fahnen in das rote Lager überzugehen. «In Christo Jesu gilt weder Beschneidung noch Vorhaut etwas, sondern der Glaube[,] der in der Liebe tätig ist» [Gal. 5,6]. Ja im Gegenteil: im Reiche Gottes kommt der Fortschritt

---

[26] Telegramm Kaiser Wilhelm II. an seinen ehemaligen Lehrer G.E. Hinzpeter vom 28.2.1896, bei der Nachricht vom Ausscheiden Stoeckers aus der Konservativen Partei: «Stoecker hat geendigt, wie ich es vor Jahren vorausgesagt habe. Politische Pastoren sind ein Unding. Wer Christ ist, der ist auch sozial; christlich-sozial ist Unsinn und führt zur Selbstüberhebung [...]», zitiert bei K. Kupisch, *Adolf Stoecker, Hofprediger und Volkstribun. Ein historisches Porträt,* Berlin [1970], S. 79.

niemals dadurch, dass man einen andern Rock anzieht. Wir sollen gar nicht Sozialisten werden, möchte ich jetzt sagen, sondern wir sollen erst recht Christen werden, aber neue Christen, Christen[,] die sich nicht ihrer Beschneidung rühmen[,] sondern dessen[,] der auch unter der Vorhaut sein Werk treibt. Wir sollen unsre christliche Vergangenheit nicht preisgeben, sondern wir sollen sie zu Ehren bringen, sollen weitergehen – aber eben *weiter*gehen! – auf den – um nur einige von den ehrwürdigen Namen des 19. J[ahrhunderts] zu nennen [–] von einem G. Menken, einem J.Chr. Blumhardt, einem J.T. Beck[27] betretenen Wegen in die Schriftwahrheit hinein. Wir sollen erst recht die Bibel lesen. Wir sollen erst recht beten lernen. Wir sind im Besitz der herrlicheren Brünnlein Gottes [vgl. Ps. 65,10] als unsre roten Brüder. Aber es ist Zeit[,] dass wir sie zum Fliessen bringen, sonst wird Gott endgiltig andre Brunnen graben lassen, denn er ist nicht an uns gebunden, wohl aber wir an ihn.

Das sind die Nebenwege, die wir nicht gehen sollen. Der Hauptweg liegt offen vor uns. Kein «neuer Weg»[28]. Es ist der alte, aber er ist gerade von uns Christen noch nicht begangen worden.

Christus spricht: Ich bin gekommen ein Feuer anzuzünden auf Erden u. was wollte ich lieber, denn es brennete schon [Lk. 12,49].

Und Paulus: Wir aber warten im Geist durch den Glauben der Gerechtigkeit, der man hoffen muss [Gal. 5,5].

[27] Gottfried Menken (1768–1831), Bremer Pastor und biblizistisch-heilsgeschichtlicher Theologe. – Johann Christoph Blumhardt (1805–1880), Theologe der Reichs-Gottes-Verkündigung und Gründer des Erweckungszentrums Bad Boll. – Johann Tobias Beck (1804–1878), Theologieprofessor biblizistisch-heilsgeschichtlicher Provenienz in Basel und Tübingen.
[28] Anspielung auf die von Paul Wernle und Leonhard Ragaz 1906 gegründete Zeitschrift der schweizerischen Religiös-Sozialen: «Neue Wege».

VOM RECHTEN BIBELLESEN
1917

Zu Barths Vorträgen im Blauen Kreuz vgl. oben S. 101f.

Vom rechten Bibellesen

Bl† [Blaukreuz] 5. VIII 17

Daß wir eine «stille» Zeit haben im Ver[hältnis] zu Gott, zeigt sich in unserm matten Verhältnis zur Bibel. Die Bibel der Vergangenheit. Die Bibel des Pfarrers. Die geglaubte [?] Bibel. Die Zauberbibel [?]. Die ungebrauchte Bibel. Was haben wir daran.

«*Schwer* zu verstehen!» Ein guter Seufzer, wenn er ernst gemeint ist. Wenn er doch allgemein würde, die vielen zerstreuten Leser u. Nicht-Leser sich sammeln würden zum Eindringen in eine *große* Sache.

[Schwer ist nicht die Sprache, nicht das Alter, nicht das Historische[,] das hat man zu allen Zeiten leicht verstanden, aber die Hauptsache! Wir dürfen nicht mit falschen Voraussetzungen an die Bibel heran! *Wir* machen die Bibel schwer!][1]

Das Buch von *Gott*. Also nicht von den Menschen. Such Menschliches darin, so entrinnt sie dir! (Moral, Persönliches) Suche Gott, was *er* denkt u. tut, dann redet sie. Hast du den Sinn für Gott?

Die Bibel *ein Ganzes*. Alles hat einen Sinn, aber eben keine Einzelheiten. Sprüche. Lehren. Geschichten. Christus.

Der Inhalt *eine Geschichte* – Gottes mit d. Menschen. Wie er Glauben sucht u. s[eine] Gerechtigkeit aufrichtet

Wozu die Bibel lesen? Um in diese Geschichte Gottes hinein zu wachsen.

Wollen wir das? Wirklich?

---

[1] Eckige Klammern von Barth.

408

Im Sommer 1917 hatte Barth besonders der weitere Weg der reli-
giös-sozialen Konferenz[1] *beschäftigt, im Blick auf die er jetzt «das*
Beste gerade vom Nicht-Zusammenkommen, *d.h. von der intensive-*
ren tieferen Arbeit der Einzelnen» erwartete.[2] *Als ein Beispiel inten-*
siverer Arbeit erschien Barth und Thurneysen die Gelegenheit, vor
einem Kreis von Lehrerinnen von «unserer Sache» Rechenschaft zu
geben.[3] *Die Bitte um «einen eintägigen ‹Kurs› über Religionsunter-*
richt» ging von Valerie Baumann aus, einer Lehrerin aus Thurneysens
Gemeinde Leutwil. Barth schreibt am 30.8.1917 an Thurneysen: «So
etwas ließe sich schon denken, nicht? Nur daß wir die Sache wohl
prinzipieller anfassen würden, als die Töchter es vielleicht meinen, und
daß man von mir *keine sogen. ‹Lehrproben› verlangen müßte, wohl*
aber von dir. *Im Übrigen Besprechungen über den Stoff, weniger oder*
gar nicht über die Methode, nicht: ‹wie reden wir von …?›, sondern,
‹worum handelt es sich?› Ich möchte eigentlich mehr nur als Zuhörer
dabei sein, eingedenk meiner Blöße auf diesem Feld.»[4] *Barth hielt*
dann aber doch am 9. Oktober 1917 den vorliegenden Vortrag und
Thurneysen referierte «über den Sinn der Bibel»[5]. *Aus dem Echo von*
V. Baumann («Unaussprechlichen Dank sind wir Ihnen und Herrn
Pfarrer Thurneysen schuldig») erfahren wir, dass die letzte Stunde des
Kurstages noch Ausführungen Barths «über den Sozialismus» bein-
haltete. V. Baumann sagt dafür ihren «ganz besonderen Dank»: «Es
war Ihnen nicht ganz recht über ein so wichtiges Thema unvorbereitet

---

[1] Vgl. Busch, S. 104.

[2] Brief an Thurneysen vom 30.8.1917, Bw.Th. I, S. 224.

[3] Brief von Thurneysen an Barth vom 2.9.1917, Bw.Th. I, S. 226. Vgl. die Äußerungen Barths in einem Brief vom 5.9.1917 an seine Schwester Gertrud Lindt (KBA 9217.24): «Die rel. soz. Konferenz macht sich auf einmal unbeliebig bemerkbar u. ich muß allerlei diplomatische Briefe schreiben. Hoffentlich gelingt es, sie zu erwürgen [= sie unter Mühsal zustande zu bringen]. Dagegen ists fein, daß Thurneysen und ich von einem Kreis von aargauischen Lehrerinnen zu einem ganztägigen Religionsgespräch aufgefordert wurden.»

[4] Bw.Th. I, S. 225.

[5] Bw.Th. I, S. 226, Anm. 4. Der Vortrag Thurneysens ist nicht publiziert worden und anscheinend auch nicht erhalten.

reden zu müssen», doch hoffe sie, im Blick auf «unsere Freude über das Gehörte» werde es ihm nicht leid tun.[6]

Als die Zeitschrift «Evangelische Theologie» zum 70. Geburtstag Günther Dehns am 18. April 1952 ein Heft mit Beiträgen u.a. von Hermann Diem, Wilhelm Niesel, Heinrich Vogel und Ernst Wolf vorbereitete, die «ein kleines Zeichen des Dankes dafür sein» sollten, dass Dehn «zu den ersten gehörte, die der theologischen Neubesinnung unter uns die Bahn gebrochen haben»[7], entschloss sich Barth, dazu den Vortrag von 1917 beizusteuern[8]. Als ein Motiv nennt er in der Bemerkung, die er den Ausführungen beifügte, die Erwartung, der Text könnte für Günther Dehn «eine freundliche Erinnerung an die Zeit unseres ziemlich dynamischen Aufbruchs zu noch größeren Taten sein»[9]. Dehn knüpfte hier an, als er Barth am 1. Juni 1952 dankte:

Ich finde den Vortrag ja ganz ausgezeichnet, und man kann ihn jetzt noch mit dem Gewinn lesen, dass man etwas von der mächtigen Welt der Hl. Schrift spürt. So etwas zu vernehmen, tut einem immer wieder gut. In seiner Schlichtheit erinnert er an die ersten Predigten («Suchet Gott, so werdet ihr leben»). Sucht man nach einem geistigen Vater, so stößt man auf Kutter. Hin und wieder leuchtet ein leichter Humor auf und die Weltfreudigkeit, die aus dem Ganzen spricht, ist nun wieder bei dir eingekehrt, sofern sie dich überhaupt jemals in deinem Leben verlassen haben sollte. Damals im Jahre 1917 hatte ich je und dann Umgang mit Heinrich Lhotzky, der Aehnliches sagte (aus der gemeinsamen Boller Urquelle schöpfend), nur war bei ihm alles unernster, mehr an der Oberfläche haftend. Damals 1917 hätte dieser Vortrag mir viel Erleuchtung geben können, und ich wäre für Tambach besser vorbereitet gewesen.[10]

Der Vortrag über «Religion und Leben» ist der letzte vor einer längeren Unterbrechung in der Reihe der Vorträge, die neben den angedeuteten inneren auch äußere Gründe hatte: Barth hatte sich nun auf die Drucklegung der mit Eduard Thurneysen gemeinsam heraus-

---

[6] Brief an Barth vom 13.10.1917 (KBA 9317.178).
[7] So die Formulierung in dem den Beiträgen vorangestellten Grußwort: Evangelische Theologie, Jg. 11 (1951/52), S. 437.
[8] Evangelische Theologie, Jg. 11 (1951/52), S. 437–451.
[9] A.a.O., S. 437f., Anm. *, dort S. 438; s. unten S. 411.
[10] KBA 9352.357.

zugebenden Predigten und Vorträge, die zu Weihnachten 1917 unter
dem Titel «Suchet Gott, so werdet ihr leben!» in Bern herauskamen,
und auf die Erarbeitung der Auslegung des Römerbriefs, die zu Weih-
nachten 1918 erscheinen sollte, zu konzentrieren.[11]

Der Abdruck folgt der Publikation von 1952. Der erste Apparat teilt
die Varianten des Manuskripts mit.

[Vorbemerkung Karl Barths zum Abdruck 1952]

Zu einem Beitrag zu unseres Freundes *Günther Dehn* Ehrung auf-
gerufen, meinte ich es mit jenem Schriftgelehrten halten zu sollen, der
einem Hausherrn verglichen, aus seinem Schatz auch einmal *Altes*
hervorbringen darf [vgl. Mt. 13,52]. Das hier zum erstenmal Abgedruckte ist ein Vortrag, den ich Dienstag, den 9. Oktober 1917, im
Konfirmandensaal des Pfarrhauses zu Safenwil vor einer kleinen
Konferenz von eifrigen jungen Lehrerinnen – sie werden unterdessen
ihrerseits würdige ältere Damen geworden sein – gehalten habe. Das
letzte Jahr des ersten großen Krieges war der weltgeschichtliche Hintergrund dieser Rede. Für Günther Dehn – wir sind uns erst zwei
Jahre später an der unvergesslichen Konferenz von Tambach begegnet[12] – mag dieser Text mit allen seinen Voraussetzungen eine freundliche Erinnerung an die Zeit unseres ziemlich dynamischen Aufbruchs zu noch größeren Taten sein. Weiteren Lesern mag er eine
hübsche theologiegeschichtliche Belehrung bieten: so rumorte es damals jedenfalls (der am Anfang erwähnte andere Pfarrer war Eduard
Thurneysen!) auch in mir. 1918 konnte dann der hier schon mehrfach
anklingende «Römerbrief» in seiner ersten Fassung ans Licht kommen. Man kann sich von heute her verschiedene Reime auf das damals
Gesagte machen. Das zu tun sei nun aber dem Scharfsinn und der
Nachsicht unseres Jubilars und der anderen Leser überlassen!

[11] Vgl. Bw.Th. I, S. 227–235.254.
[12] Über eine frühere Begegnung in Barths Elternhaus in Bern (1907) berichtet G. Dehn, *Die alte Zeit, die vorigen Jahre. Lebenserinnerungen*, München
1962, S. 153; über die Tambacher Konferenz a.a.O., S. 217–222.

Religion und Leben

Es ist eine gemeinsame Verlegenheit, die uns hier zusammengeführt hat. Sie haben an uns zwei Pfarrer die Frage gerichtet: Was sollen wir mit unseren Religionsstunden anfangen? Und nun muss ich Sie als erste Antwort auf diese Frage darauf aufmerksam machen, dass Sie in uns keine sogenannten «Fachleute» vor sich haben, die Ihnen aus einem überlegenen Wissen heraus etwas darüber zu sagen vermöchten, was Sie sich nicht auch selbst sagen könnten. Glauben[a] Sie uns vor allem, dass wir der gleichen Sache in[b] der gleichen Verlegenheit gegenüberstehen wie Sie. In der religiösen Frage gibt es keine «Fachleute», sondern nur lauter Erstklässler, Stümper und Laien. Und als solche möchten wir uns heute neben |438| Sie und ja nicht etwa als gottesgelehrte Referenten über Sie stellen. Der Unterschied zwischen Ihnen und uns könnte höchstens darin bestehen, dass uns diese Verlegenheit wahrscheinlich noch ganz anders auf den Fingern[c] brennt als Ihnen. Denn was für Sie das Rätsel und die Not von ein bis[d] zwei wöchentlichen Unterrichtsstunden ist, ist für uns das Problem unseres ganzen Berufes. Während Sie jedenfalls die äußere Möglichkeit haben, sich das Gewicht der Frage [e]dadurch auf 0,01 Prozent zu verringern[e], dass Sie in dieser einen Unterrichtsstunde unter der Flagge «Religion» unter der Hand ganz ruhig Sprache, Moral und Anstandskunde treiben, sind[f] uns nur schon durch den Zwang, uns allwöchentlich mindestens einmal mit der Bibel zu beschäftigen, solche Verwandlungskünste innerlich verboten, sind wir genötigt, dem Problem der Religion von vorne ins Gesicht zu sehen. Und während Sie sich über die Unruhe, die Ihnen der fatale Religionsunterricht vielleicht trotzdem bereitet, hinwegtäuschen können, indem Sie sich mit umso mehr Eifer und Liebe den anderen sogenannten Fächern und Gebieten zuwenden, die ja ohnehin vom Schulstandpunkt aus, d.h. unter dem Gesichtspunkt von Lehrplan, Inspektion und Examen so

[a] Mskr.: «Sondern glauben».
[b] Mskr.: «mit».
[c] Mskr.: «die Finger».
[d] Mskr.: «oder».
[e] Mskr.: «auf 0,01 Prozent dadurch zu verringern».
[f] Mskr.: «treiben mit Ihren Kindern, sind».

unendlich viel wichtiger sind, sind wir, zwar durch keine Kirchen-
behörde und Kirchenordnung, wohl aber wiederum innerlich und
durch den Felsblock der Bibel, der unausweichbar auf unserem Wege
liegt, gezwungen, die «Religion» unser einziges Fach und Gebiet sein
zu lassen – und hätten den Rückzug z.B. in die Moral, in die Gemein-
nützigkeit, in die Politik oder auf Ihr Feld: in das Schulwesen hinein
unerbittlich mit der Strafe eines schlechten Gewissens und schließlich
eines verfehlten Lebens zu bezahlen. So sind wir Pfarrer – glauben Sie
uns das und legen Sie alle falschen Bilder, die Sie sich von unserem
Beruf[g] vielleicht bis dahin gemacht haben, zu den Akten! – mit der
Religion nicht besser, sondern böser dran als Sie, nur schon darum,
weil wir gezwungen sind, die Frage der Religion *ganz* sachlich und
ernst zu nehmen. Und wenn Sie nun von uns erwartet haben, dass wir
Ihnen in dieser Frage weiterhelfen, so möchte ich jetzt die Sache vor
allem umkehren und Ihnen sagen: wir sind Ihnen dankbar, dass *Sie*
offenbar *uns* helfen wollen. Wir freuen uns, dass Sie durch die eine
Unterrichtsstunde offenbar in die gleiche Verlegenheit gekommen
sind wie wir durch unseren ganzen Beruf. Wir freuen uns, dass Sie die
Verwandlungskünste, die dem Lehrer an sich möglich sind, und die
Rückzugs-|439|linien, die ihm an sich offen stehen, offenbar auch satt
bekommen haben und der religiösen Frage von vorne ins Gesicht
sehen wollen. Sonst wären Sie nicht hieher gekommen. Wir freuen uns
darüber, weil gerade wir zwei uns mit unserer Verlegenheit ⌐unter
unseren Kollegen⌐ im Großen Ganzen ein wenig allein auf weiter Flur
fühlen.

Sehen Sie sich doch um in unserem Volk und unter unseren Gebildeten: Wie viele Menschen [h]gibt es denn[h], denen die religiöse Frage
ehrlich und ernstlich eine Frage ist? Da sind überall ruhige, sichere
Leute, die nur den einen Wunsch haben, sich in ihrer Ruhe nicht mehr
stören zu lassen, ⌐überall⌐ gemachte Standpunkte, bezogene Positio-
nen, fix und fertige Weisheiten positiver oder negativer Art. Überall
weiß man sich so wundervoll aus der Verlegenheit herauszuhelfen.
Und nirgends erlauben sich die Leute so sicher und bestimmt mitzureden und zu urteilen wie gerade in der religiösen Frage. Dass wir

[g] Mskr.: «Amt».
[h] Mskr.: «finden Sie».

eine Unzahl verschiedener religiöser Standpunkte und Meinungen haben, ist wohl wahr, aber [i]wie verwunderlich ist es doch, dass[i] die Leute, wo und wie sie auch stehen mögen, von den Freidenkern bis zu den Methodisten, im großen Ganzen alle einig sind in dieser unheimlichen Fertigkeit, die eigentlich gar kein Fragen und Suchen mehr kennt, die alle Verlegenheit scheinbar längst hinter sich hat. Verwundert es Sie nicht auch, dass es nicht mehr Menschen gibt, denen die religiöse Frage in so erschütternder Weise zu einer wirklichen Frage geworden ist, dass sie bekennen müssten: Ich stehe am Berg, [j]ich weiß in dieser Sache nicht mehr aus noch ein?[j]

Ich wollte, ich könnte Ihnen sagen: wenigstens die Kirche, wo die Frage doch wahrhaftig brennend ist, ist der Ort, wo mit der Verlegenheit, die sie uns bereitet, ernsthaft und ehrlich gerungen wird. Leider steht es aber umgekehrt, so, dass die Kirche – die gleiche Kirche, die in einigen Wochen mit großem Pomp das Jubiläum Luthers feiern wird[k] [13] – der Ort ist, wo von diesem Ringen mit der großen Verlegenheit am wenigsten zu spüren ist, wo sie am erfolgreichsten mit einem Schwall von altmodischen und neumodischen, erbaulichen und unerbaulichen Betrachtungen und Erwägungen zugedeckt wird. Es gibt denn doch zu denken, dass Eine von Ihnen[l] mir einmal sagen musste, es sei ihr etwas völlig Neues und wie eine Entdeckung, dass auch ein Pfarrer ein nach der Wahrheit *suchender* Mensch sein könne! Und wenn man nun gerade das und eigentlich nur das sein möchte – wenn man Pfarrer ist und Pfarrer bleibt aus dem einzigen Grunde, weil man spürt: die religiöse Frage wird dich nicht mehr loslassen, sie wird dir als ernste, wirkliche Frage nachgehen, du magst machen, was du willst, du musst nun die ganze Verlegenheit, die sie dir bereitet, tragen und durchmachen – sehen Sie, da freut man sich eben, wenn Menschen zu einem kommen wie Sie jetzt zu uns und einem sagen: uns hat diese Frage *auch* angepackt und wir sind *mit* euch in Verle-

---

[i] Mskr.: «verwundert es Sie nicht auch, wie».

[j] Mskr.: «ich weiß nicht mehr aus noch ein in dieser Sache?».

[k] Mskr.: «will».

[l] Mskr.: «eine, die hier auch anwesend ist,».

[13] Zu Barths und Thurneysens distanzierter Haltung zur Vierhundertjahrfeier der Reformation vgl. Bw.Th. I, S. 237–241.

genheit! Denn sehen Sie, wir sind nicht gerne Einsiedler: nicht nur darum, weil niemand gerne allein steht, wenn er nicht muss, sondern auch darum, weil wir wissen, dass es zu eigentlichen, wirklichen Antworten auf diese Frage nicht kommen kann, bevor *viele* Menschen sich von ihr eigentlich und wirklich haben verlegen machen[m] lassen. Da ist es wie ein Stücklein Morgenrot, ein Anzeichen von kommenden|440|Antworten und Lösungen, dass wir in Ihnen – worin wir uns hoffentlich nicht irren – Menschen vor uns haben, die fertig sind mit dem Fertigsein, denen die religiöse Frage eben mit uns zu einer Frage geworden ist. Sie werden nun wissen, wie Sie mit uns dran sind. Sie werden von uns nicht erwarten, dass wir Ihnen eine Sache leicht machen, die uns selbst sehr schwer fällt. Wir werden Ihnen vielmehr als solche, die es noch böser haben als Sie, sagen: sie *ist* wirklich sehr schwer. Aber wir sagen Ihnen auch: es lohnt sich, es hat eine Verheißung, wenn ein Mensch es wagt, sie schwer und nicht leicht zu nehmen.

––––––––––

Also Religionsstunde! Wir wollen annehmen, Sie haben mit Ihren Kindern soeben die schöne und leicht zu erzählende Geschichte vom *verlorenen Sohn* [Lk. 15,11–32], eines der zentralsten Stücke des Neuen Testamentes, behandelt. Es war Alles in Ordnung. Sie haben sich alle Mühe gegeben, «es» den Kindern nahe zu bringen, und es ist Ihnen gelungen. Sie haben eine Reihe von farbigen, anschaulichen Bildern zustande gebracht: der verlorene Sohn zu Hause, in der Fremde, unter den Säuen, auf der Heimkehr, [n]schließlich wiederum zu Hause[n]. Sie haben mit Psychologie und Liebe die Gestalten des Vaters, des älteren, des jüngeren Bruders herausgearbeitet und jede für sich reden lassen. Sie haben schließlich dem Ganzen – je nach Ihrem Geschmack und Ihrer Richtung – einen «religiösen Gehalt» gegeben, eben jenes «Es», auf das es ja in der Religionsstunde eigentlich abgesehen ist. Sie haben davon geredet, wie ein Mensch seine Fehler einsieht, bereut, gutmacht und wieder ein braver Mensch wird. Oder davon, wie ein Ungläubiger irre wird an der Welt, sich bekehrt und

[m] Mskr.: «verlegen haben machen».
[n] Mskr.: «wieder zu Hause schliesslich».

415

seinen Gott wieder findet. Oder, fein modern-psychologisch-mystisch: wie der Mensch sich verlieren muss an die Reize der Außenwelt, um dann nach schwerem Leid sich selbst innerlich wieder zu finden. So etwa, nicht wahr, nur natürlich viel schöner und kindlicher gesagt als so. Sie werden ja schon gemerkt haben, dass das «Es», das gerade in dieser Geschichte steckt, «Stoff» für viele Stunden bietet. Aber wir wollen annehmen, Sie seien für einmal fertig damit und blicken auf Ihre Arbeit zurück. Die Kinder waren aufmerksam und willig; vielleicht sind sie bei gewissen Partien Ihrer Erzählung vor Spannung auf die Bänke gestanden, vielleicht wurden sie bei anderen bis zu Tränen gerührt, und auch während Sie jenes «Es», auf das es eigentlich ankommt, zu entwickeln versuchten, hingen alle die aufrichtigen, gescheiten, schlauen, hungrigen, sehnsüchtigen, vorsichtigen, unergründlichen Kinderaugen mit einer merkwürdigen Erwartung an Ihrem Munde. Sie hörten[o] vielleicht, wie nachher eins zum anderen sagte[p]: Oh, das is[q] schön gsi![14] Sie vernehmen vielleicht von einer Mutter, wie das und das Büblein oder Mägdlein nach Hause gekommen sei, ganz voll von den Leiden und Erfahrungen des verlorenen Sohnes. Sie meinen vielleicht selber einen guten Einfluss dieser Stunde zu verspüren auf die übrigen Unterrichtsstunden. Sind Sie zufrieden mit Ihrer Leistung? Warum sollten Sie nicht zufrieden sein? Es war wirklich Alles in Ordnung: innerlich und |441| äußerlich, pädagogisch und religiös; Verstand, Wille und Gemüt wurden gleichmäßig angeregt, und der Erfolg, soweit Sie ihn wahrzunehmen vermögen, bestätigt Ihnen, dass Sie gute Arbeit getan haben. Es war eine Religionsstunde, wie sie sein sollte. Sind Sie zufrieden?

Wie merkwürdig: Sie sind *nicht* zufrieden! Ja, ja, Sie verstehen mich: natürlich sind Sie zufrieden, wie man immer zufrieden ist, [r]wenn man gute Arbeit[r] hinter sich, wenn man sein Rösslein wacker geritten hat. Wie sollten Sie sich das nicht gönnen? Ich pflege mir das in solchem Glücksfall auch zu gönnen. Ich meine jetzt auch nicht das,

---

[o] Mskr.: «hören».

[p] Mskr.: «sagt».

[q] Mskr.: «isch».

[r] Mskr.: «wenn man ‹du bon ouvrage› wie die Welschen sagen».

[14] = Oh, das ist schön gewesen!

dass Sie sich nachher natürlich sagen werden: da und da wird es das nächste Mal noch besser zu machen, wird eine missverständliche Wendung zu unterlassen, ein nötiges Licht noch aufzusetzen sein. Selbstverständlich! Aber nicht wahr, Sie kennen ein Gefühl der Unbefriedigung gerade nach solchen ganz gelungenen Stunden, das mit dieser selbstverständlichen Unvollkommenheit alles Irdischen nichts zu tun hat. Es ist Ihnen nicht wohl mit Ihrem verlorenen Sohn, und zwar nicht nur auf der Oberfläche[s], sondern ganz in der Tiefe Ihres Wesens, wo Sie sich über die Gründe kaum noch Rechenschaft zu geben vermögen. Alle Farbe und alle Wärme, die Ihr Unterricht hatte, und aller Eindruck, den Sie damit erzielt haben, vermag Sie nicht zu täuschen darüber, dass [t]es da etwas geben möchte[t], dem Sie vielleicht noch nicht im Geringsten gerecht geworden sind. Sie bleiben allein zurück im leeren Schulzimmer, den Schall Ihrer eigenen Worte noch in den Ohren, und eine Ahnung durchzuckt Sie, dass da irgendwo in der Mitte zwischen der soeben so eindrucksvoll erzählten Geschichte im Buche da auf dem Tisch und der draußen nach allen Seiten davonstürmenden Kinderschar – dass da irgendwo in der Mitte zwischen diesen zwei bekannten Größen eine Unbekannte steht, die Sie mit Ihrer ganzen vorzüglichen Religionsstunde nicht gefunden, ein Geheimnis, das Sie nicht entschleiert haben, an das Sie nicht einmal von weitem herangekommen sind. Sie konnten nicht davon reden, weil Sie nicht daran denken. Sie denken nicht daran, weil Sie nichts davon wissen. Sie wissen nichts davon, weil wir alle eigentlich noch nichts davon wissen. Aber es ist da und macht sich geltend, indem es uns die Zufriedenheit mit der von uns vermeintlich geleisteten «religiösen Arbeit» irgendwo an der Wurzel abschneidet. Es war so wahr, alles, was wir gesagt haben, aber eben nur allzu wahr, um ganz[u] wahr zu sein. Es war so schön, aber eben nur allzu schön, um ganz[v] schön zu sein. Es war so lebendig, aber eben nur allzu lebendig, um ganz[w] lebendig zu sein.

---

[s] Mskr.: «Oberfläche nicht wohl».
[t] Mskr.: «da etwas sein könnte».
[u] Mskr.: *«ganz»*.
[v] Mskr.: *«ganz»*.
[w] Mskr.: *«ganz»*.

Da sind noch einmal alle die fragenden, durchbohrenden Kinder-
augen mit all dem, was diese Kinder hinter sich und vor sich haben in
ihrem Leben; du hast uns eine Religionsstunde gegeben, ja, es war
wahr und schön und lebendig, und wir sind dir dankbar dafür – aber
was soll das eigentlich: Religionsstunde? Was willst du damit, wenn
du uns solche Stunden[x] gibst? Und was sollen wir, wir mit unserer
Vergangenheit und Zukunft, wir mit unserem väterlichen und müt-
terlichen Blut in den Adern, wir in unserer Umgebung in unseren
sozialen Verhältnissen, in unserer heutigen Zeit[y] mitten im Weltkrieg –
was sollen wir mit deinem «verlorenen Sohn» anfangen? |442|

Und da ist noch Jemand, der dich auch etwas zu fragen hat, nämlich
der «verlorene Sohn» selber dort im Buch auf dem Tisch oder das, was
im Buch von ihm übrig geblieben ist: Du hast eine Religionsstunde aus
mir gemacht. Ja, ich bin eben unendlich geduldig. Es sind schon Tausende und aber Tausende von Religionsstunden über mich gehalten
worden von Tausenden und aber Tausenden von Lehrern und Pfarrern, und nun hast du es auch wieder getan, und ich lasse es mir ja
gefallen, wie ja alle meinesgleichen – Abraham und Mose und der
König David, die Hirten von Bethlehem, der barmherzige Samariter
und der Zöllner im Tempel, der verleugnende Petrus und Saulus, der
ein Paulus wurde – es sich beständig gefallen lassen müssen, dass man
Religionsstunden, Predigten, Kinderlehren, Unterweisungen, Bibel-
stunden und Vorträge über sie hält. Es geht an mir und an uns allen
immer wieder in Erfüllung, was geschrieben steht: «Da er gestraft und
gemartert ward, tat er seinen Mund nicht auf wie ein Lamm, das zur
Schlachtbank geführt wird, und wie ein Schaf, das verstummt vor
seinem Scherer und seinen Mund nicht auftut» [Jes. 53,7]. Ich lasse
mich ja immer wieder von euch brauchen: als «Text», wie ihr Herren
Pfarrer so schön, oder als «Stoff», wie ihr Herren und Fräulein Päd-
agogen noch schöner sagt, als weißes Papier für eure religiösen, psychologischen und mystischen Schnörkel[z], als Stemmbalken für eure
moralischen Turn- und Kletterübungen, als Leinwand für eure ästhetischen Malereien. Ihr könnt es ja auch fernerhin so halten mit mir,
aber was wollt ihr eigentlich damit? Nicht wahr, ihr meint doch nicht

[x] Mskr.: «Stunde».
[y] Mskr.: «unsrer gegenwärtigen geschichtlichen Lage».
[z] Mskr.: «Weisheiten».

etwa: *dazu* sei ich ein Lump geworden und unter die Säue geraten, *dazu* habe ich mich zur Umkehr entschlossen, *dazu* habe mich mein Vater in die Arme genommen und *dazu* das gemästete Kalb für mich geschlachtet, damit ihr nach zweitausend Jahren im Kanton Aargau eure Künste an mir beweisen könnt? Was hat eure Religion und Psychologie und Moral, was haben eure rührenden und niedlichen Bilder mit dem zu tun, was *ich* eigentlich zu sagen hätte? So der Spruch und die Frage des «verlorenen Sohnes» von seiner Seite!

Ich[aa] hoffe, Sie merken, ich rede bei dem allem nicht aus Büchern und nicht aus kritischer Beobachtung Anderer, sondern aus meiner eigenen Erfahrung. Ich hoffe aber auch, dass Sie in *meiner* Erfahrung irgendwie *Ihre* Erfahrung wiedererkennen: sonst wären Sie eben in mir an den Falschen[ab] geraten. Diese zwei Stimmen *höre* ich jedes Mal, wenn ich eine «gute» Predigt oder eine «gute» Unterweisung (was man so nennt) gehalten ⌐habe⌐. Und ich hoffe von Ihnen, dass Sie diese zwei Stimmen *auch* hören, wenn Sie eine «gute» Religionsstunde gehalten haben: denn von den schlechten wollen wir ⌐hier⌐ gar nicht reden. Es ist die Stimme des *Lebens*[ac], die aus unseren *Kindern* und *Zuhörern* stumm mit uns redet. Und es ist die Stimme des *Lebens*[ad], die sich ebenso stumm aus der *Bibel* gegen uns erhebt. Das Leben ist es, [ae]das uns von beiden Seiten *interpelliert*[ae]: was wir da eigentlich treiben mit unserer «Religion». Und wenn wir deutlich hören, so *reklamiert* es wegen unseres Religionsbetriebes. Und wenn wir noch deutlicher hören wollen, so *protestiert*[af] es sogar dagegen und erklärt ⌐uns⌐, dass es, das Leben, nichts damit zu tun habe. Das Leben ist die große Unbekannte |443| in der Mitte, das Geheimnis, an das wir nicht herankommen. Sehen Sie, da haben wir unser heutiges Problem: «Religion und Leben». Was wir getrieben haben und treiben in Kirche und Schule, das ist im[ag] besten Fall irgend eine Sorte Religion. In Kirche und Schule! Ich kehre die Hand nicht um. Ich habe den Lehrern keine besonderen Vorwürfe zu machen wegen ihres Religionsunterrichts,

[aa] Mskr.: «V[erehrte] A[nwesende]. Ich».
[ab] Mskr.: «Lätzen».
[ac] Mskr.: «Lebens».
[ad] Mskr.: «Lebens».
[ae] Mskr.: «das von beiden Seiten uns interpelliert».
[af] Mskr.: «protestiert».
[ag] Mskr.: «ist Religion, im».

und ich glaube nicht, dass der kirchliche Unterricht, mein eigener inbegriffen, vor dem der Schule grundsätzlich im Vorsprung sei. «Wir sind allzumal Sünder und ermangeln der Herrlichkeit Gottes» [Röm. 3,23]. Denn wir sind allzumal Religionsleute. Das Leben aber will von Religion nichts wissen. Weder das Leben in der Welt, noch das Leben in der Bibel. Die Ablehnung ist von beiden Seiten noch viel entschiedener und unerbittlicher, als ich es Ihnen soeben angedeutet habe. Das Leben verachtet die Religion, denn die Religion hilft dem Leben nicht, sondern hindert es. Das Leben stößt uns von beiden Seiten zurück, wenn wir ihm mit Religion kommen. Das Leben braucht keine Religion und keine Religionsleute. Viele Menschen merken das nicht; ich weiß nicht, soll man sie glückliche oder unglückliche Menschen nennen. Es hat auch ganze lange Zeiten gegeben in der Geschichte, in denen fast niemand das^{ah} merkte oder merken wollte. Aber einzelne Menschen haben doch immer gelebt, die es gemerkt *haben:* dass Religion uns nichts hilft, dass wir etwas Anderes brauchen und eigentlich suchen, die in aller Stille daran gelitten und ⌐darum⌐ gekämpft haben. Und dann ⌐gab es⌐ ein paarmal auch ganze Zeiten^{ai}: Pauluszeiten, Franziskuszeiten, Lutherzeiten, wo es wie der Schimmer von einem großen, allgemeinen Merken durch ganze Völker lief. Und es ist mir, gerade die heutige Zeit müsste nun eigentlich *viele* aufrichtige Menschen förmlich zwingen zum Merken und Merkenwollen. Und das ist hoffentlich die gemeinsame Gelegenheit^{aj}, die uns hier zusammengeführt hat und aus der wir Sie nicht *heraus*führen können und wollen, sondern in die wir Sie und^{ak} uns erst recht und ganz tief *hinein*führen möchten. Wir tun das mit gutem^{al} Gewissen, weil es für Sie und für uns und für alle Menschen nur die enge Pforte und den schmalen Weg dieser großen Verlegenheit gibt, der ins Leben^{am} führt [vgl. Mt. 7,13f.]. Aber seien Sie ganz getrost: dieser Weg *führt* ins Leben.

---

^{ah} Mskr.: «etwas».
^{ai} Mskr.: «*Zeiten*».
^{aj} Mskr.: «Verlegenheit».
^{ak} Mskr.: «*und*».
^{al} Mskr.: «*gutem*».
^{am} Mskr.: «*Leben*».

420

Der Weg der Religion aber führt am Leben vorbei. Das muss nun zur Klarstellung der Lage ehrlich überdacht und ausgesprochen werden. Religion ist *Privatsache*[an].[15] Oder, mit Friedrich dem Großen zu reden: Es soll ein Jeder nach seiner Façon selig werden dürfen.[16] Oder, vom Standpunkt der Religion selber aus geredet: [ao]im Glauben geht es um[ao] die Frage der Rettung und des Heils der einzelnen Seele. Oder noch schöner, moderner: Frömmigkeit ist ein persönliches Erleben Gottes. Wir sagen tatsächlich immer das Gleiche mit allen diesen Sätzen, die heutzutage in religiösen und nichtreligiösen Kreisen sozusagen selbstverständliche Glaubensartikel geworden sind. Die Unzähligen, die diese Sätze nachsprechen, und zwar weithin[ap] mit Wärme und Überzeugung nachsprechen, sind sich nicht bewusst, was für ein vernichtendes Urteil sie damit |444| über die Religion fällen. Aber es ist doch so. So geht die Religion am Leben vorbei. Denn das Leben ist eben keine Privatsache. Wo es im Leben Privatsachen gibt wie etwa den umzäunten Garten einer Villa, da handelt es sich um Krankheitserscheinungen[aq]: das empfinden schon unsere Buben und klettern mit einem gewissen höheren Recht gelegentlich hinüber! Das Leben ist das Allgemeinste, das Umfassende, das Wahre. Die Sonne scheint. Der Himmel ist blau. Der Wald ist grün. Man hat Augen, Ohren und Füße und braucht sie. Man ist ⌈eben⌉ ein Mensch. Alle sind Menschen. Man lebt eben. Alle leben. Das ist das Leben. Und nun schlagen wir die Bibel auf und hören von Gott. Wer ist Gott? Jedenfalls kein Gott der Privatsachen. «Im Anfang schuf Gott Himmel und Erde» [Gen. 1,1]. «Ist Gott nur der Juden Gott? Nicht auch der Heiden Gott? Wahrlich, auch der Heiden Gott!» [Röm. 3,29]. «Er lässt seine Sonne scheinen über Gute und Böse und lässt regnen über Gerechte und Ungerechte» [Mt. 5,45]. Wir hören, wie er seine Hand legt zuerst auf Einen, Abraham, aber durch diesen Einen sofort auf ein ganzes Volk und durch

---

[an] Mskr.: «Privatsache».
[ao] Mskr.: «der Glaube ist».
[ap] Mskr.: «z.T.».
[aq] Mskr.: «um eine Krankheitserscheinung».

[15] Ein Leitsatz des Gothaer Programms der deutschen Sozialdemokratie von 1875; vgl. Büchmann, S. 462.
[16] Über den historischen Ort der Anweisung Friedrichs II. «hier mus ein jeder nach Seiner Fasson Selich werden» vgl. Büchmann, S. 430f.

dieses eine Volk sofort auf die ganze Menschheit. Wir hören von einer großen, allgemeingültigen Doppeltatsache: In Adam *alle* Menschen Sünder, in Christus *alle* Menschen Gerechte [vgl. Röm. 5,19]! Sehen Sie da: das passt zur Sonne, zum Himmel, zur Luft oder, wenn man will, auch zum Weltkrieg, zum Milchpreis, zur Brotkarte – das ist eben Leben. Das Leben hat wohl auch seine persönliche, «individuelle» Seite, nämlich die, dass wir alle als Einzelne drinstehen oder vielmehr drinstehen sollten. Das Leben selber aber ist keine Privatsache, kein persönliches Erlebnis, sondern die herrlichste, naheliegendste Allgemeinheit. Wie lebensfremd im tiefsten Grunde daneben eine Angelegenheit, die nur eine persönliche[ar] ist: eine Sache besonderer Erfahrungen besonderer Menschen, ein Privatbedürfnis und Privatunternehmen und Privatvergnügen schöner Seelen[17] und solcher, die es werden wollen! Das können uns eben unsere Zuhörer, kleine und große, im Grunde einfach nicht abnehmen, auch wenn sie sich gelegentlich daran erbauen und begeistern. Sie können das nicht wichtig nehmen, weil sie im Grunde zu gut wissen, dass Privatsachen, persönliche Angelegenheiten eben nicht[as] wichtig sind. Daran können wir selber im Grunde nicht glauben; das kommt uns selber im Grunde eher wie ein Traum vor. Daher unsere Unsicherheit bei aller unserer «religiösen Arbeit». Die[at] besteht ja doch nur darin, dass wir, statt die Fenster zu öffnen und die Sonne ⌈herein⌉scheinen zu lassen, im künstlich verdunkelten Raum mit Taschenlaternen hantieren. Und dann fällt uns eben noch die Bibel in den Rücken und sagt uns: Meint nur ja nicht, *ich* sei etwa auf eurer Seite – ⌈denn⌉ was *ich* meine, ist eben auch Leben und nicht Erlebnisse schöner Seelen, Privaterfahrungen und persönliche Angelegenheiten! – [au]Eine solche Lage ist schon zum Verlegenwerden![au]

[ar] Mskr.: «persönliche Angelegenheit».
[as] Mskr.: «*nicht*».
[at] Mskr.: «Die Arbeit».
[au] Mskr.: «Das ist schon zum Verlegenwerden, eine solche Lage.».

[17] Formulierung nach der Überschrift des 6. Buches von J. W. von Goethes Roman *Wilhelm Meisters Lehrjahre* «Bekenntnisse einer schönen Seele»; vgl. Büchmann, S. 128.

Religion ist *Innerlichkeit*[av]. Man kann[aw] auch sagen: Religion ist ein Seelenzustand. Oder: Religion ist Idealismus. Oder: Religion ist Geistesleben. Oder man kann[ax] mit Schleiermacher gelehrt sagen: Religion ist das Gefühl schlechthiniger Abhängigkeit.[18] Oder mit anderen Modernen: Gefühl des Unendlichen.[19] Ganz wie Sie wollen, orthodox oder freisinnig ausgedrückt, Sie verstehen schon, was gemeint ist: ein innerer Zu-|445|stand des Menschen, das ist Religion. Sie sprechen damit ein zweites, ebenso vernichtendes Urteil über sie aus[ay]. So geht die Religion am Leben vorbei. Innerlichkeit, Seele, Idealismus, Geist, Gefühl – was ist das? Jedenfalls nicht Leben! Ja, das Leben hat freilich auch eine innerliche, seelische, geistige Seite. Alles Äußerliche ist hervorgegangen und geht beständig hervor aus dem Innerlichen. Es ist die Seele und ihre Gesetze – denken Sie an die wunderbare Erfüllung der Mathematik in der Natur! –, die sich den Körper schafft.[20] Es ist die Idee, der Geist, der das Sein in Millionen von Erscheinungen aus sich entlässt und der sich selber immer wieder in ihnen findet. Und wunderbar: es ist in der Tat unsere eigene Innerlichkeit, die Seele, der Geist des Menschen, in welchem[az] der ganze Kosmos des Lebens sich spiegelt, der ihn in sich enthält und begreift, ohne den nichts ist, was ist. Aber wohlverstanden: Begriffe[ba] ohne Anschauungen sind leer (Kant)[bb].[21] Das Leben ist lauter äußerlich gewordene Innerlichkeit,

[av] Mskr.: «Innerlichkeit».
[aw] Mskr.: «Sie können».
[ax] Mskr.: «Sie können».
[ay] Mskr.: «aus über sie».
[az] Mskr.: «dem».
[ba] Mskr.: «Ideen».
[bb] Mskr.: «leer, wie *Kant* gesagt hat».

[18] Fr. Schleiermacher, *Der christliche Glaube nach den Grundsätzen der evangelischen Kirche im Zusammenhange dargestellt. Zweite Auflage (1830/31),* § 4,2–4, Kritische Gesamtausgabe, I. Abt., Bd. 13, Teilbd. 1, hrsg. von R. Schäfer, Berlin / New York 2003, S. 34–40.
[19] Vgl. z.B. P. Natorp, *Religion innerhalb der Grenzen der Humanität. Ein Kapitel zur Grundlegung der Humanität,* Tübingen 1908², S. 38: «das Gefühl der Religion ist Gefühl des Unendlichen» (in Barths Exemplar unterstrichen).
[20] Vgl. die Sentenz «Es ist der Geist, der sich den Körper baut»: Fr. Schiller, *Wallensteins Tod,* 3. Aufzug, 13. Auftritt, V. 1813.
[21] Verkürzung des Grundsatzes der Erkenntnistheorie Kants: «Gedanken

schöpferischer Geist, erzeugende Seele, Tat und Ereignis gewordenes und werdendes Gefühl, oder nach dem gewaltigen Zeugnis der Bibel von Christus: Wort, das Fleisch geworden ist [vgl. Joh. 1,14]. Leben ist das Wandeln der Gestirne, der Aufbau des Jura und der Alpen, das Werden der Bergkristalle – das ist *reines* Leben aus dem Schöpfergeiste Gottes. Leben ist das Schleichen und Nagen und Zehren der Krankheiten und der Kampf, den der Arzt dagegen führt, ⌐ist⌐ der Klassenkampf von oben, den die Bourgeoisie seit Jahrhunderten erfolgreich geführt hat, und der Klassenkampf von unten, den das Proletariat nun ernstlich und immer ernstlicher anzutreten beginnt, ⌐ist⌐ der Taktschritt der Soldaten und das Rollen der Haubitzen und Munitionskolonnen und der ganze Weltkrieg – das ist *gestörtes* und *zerstörtes*[bc] und mit sich selber ringendes Leben aus dem vom Geiste Gottes abgefallenen Geiste des Menschen. Aber auch es ist Leben. Und Leben ist, wenn wir nun wieder die Bibel aufschlagen wollen, Christus, dem Abraham verheißen und von den Propheten erhofft, Christus und Alles, was mit Ihm und um Ihn her geschehen ist, die ganze sichtbare und greifbare Offenbarung der Urheimat und der Urwahrheit des Menschendaseins, das Aufstehen der Lahmen, das Sehendwerden der Blinden, die Austreibung der bösen Geister, seine eigene Auferstehung von den Toten. Das ist das *neue*[bd] Leben aus dem Geiste der Gnade Gottes, der sich selber mit dem Menschengeiste wieder versöhnt hat. Sehen Sie: das ist Leben. Charakteristisch für das Leben ist eben immer das Hervorbrechen der Innerlichkeit ins Äußerliche, das Körperwerden der Seele, das Gestaltannehmen des Geistes. Darin sind die Welt und die Bibel wiederum ganz einig. Aber wiederum sind beide nicht[be] einig mit der Religion. Wie lebensfremd: ein bloß geistiges Leben, eine reine Innerlichkeit, ein Gefühl, das nichts als Gefühl ist, ein Idealismus, der in sich selber schwingen will, und das ist doch eben die Religion! Wundert es Sie, dass unsere schönsten Religionspredigten und Religionsstunden, mögen sie so wir-

---

[bc] Mskr.: «zerstörtes».

[bd] Mskr.: «neue».

[be] Mskr.: «*nicht*».

---

ohne Inhalt sind leer, Anschauungen ohne Begriffe sind blind» (I. Kant, *Kritik der reinen Vernunft*, B 75).

424

kungsvoll verlaufen wie^{bf} sie wollen, zum vornherein und ⌈als solche⌉ Totgeburten, Fehlschläge, Lufthiebe sind? Oh, unsere Zuhörer haben eben feine Ohren und einen feinen Verstand, feiner, als sie selber wissen! Es ist ihnen zu selbstverständlich, dass bloße Innerlichkeiten und Seelenzustände etwas genau so Unwichtiges sind wie bloße Privatange-|446|legenheiten. Darum können sie unser Reden im Grunde nicht wichtig nehmen. Das Volk liebt seine Idealisten, sagt man. Ja, aber es glaubt ihnen mit Recht kein Wort. Darum sind auch wir selber unserer Sache so unsicher. Darum suchen wir diesem Gespenst der Religion zu entrinnen, wenn wir nur könnten! Darum sehnt sich so mancher tüchtige Lehrer ganz mit Recht von den luftigen Idealitäten der Religionsstunde ⌈weg⌉ nach den Versteinerungen und ausgestopften Vögeln der Naturkunde oder auch nur nach dem beruhigenden Rhythmus ⌈des Stundenplans⌉: «Sprache – Rechnen – Sprache». Darum konnten Ihnen, wie ich hörte, sogar die großen Gelehrten in Aarau[22], die sonst Alles wissen, in Bezug auf den fatalen Religionsunterricht so wenig nützliche Ratschläge mit auf den Weg geben. Es ist da wirklich wenig zu raten. Die Welt bedankt sich für bloße Innerlichkeiten, und die Bibel bedankt sich erst recht dafür. Wir stehen in einem Kreuzfeuer. Wir sind in keiner beneidenswerten Lage.

Religion ist *Gesinnung*^{bg}. Nehmen Sie sich bitte wiederum die Freiheit, mehr an eine moralische oder verstandesmäßige oder mehr an eine gläubige oder doch allgemein andächtige Gesinnung zu denken; ganz wie es Ihrer Art entspricht. Sie dürfen statt ^{bh}Gesinnung, wenn es Sie freut, auch Stimmung sagen^{bh}. Und Sie dürfen dieser Gesinnung oder Stimmung wiederum jeden beliebigen Inhalt geben, der irgendwie als Religion angesprochen werden kann. Sagen Sie stolz mit Goethe: Religion sei «Ehrfurcht vor dem, was über uns ist»[23], oder sagen Sie, wie es die glatte Theologie unserer Tage herausgefunden hat: Frömmigkeit sei Ergebung[24], denken Sie an die biedere «Hochach-

^{bf} Mskr.: «erscheinen als».
^{bg} Mskr.: «Gesinnung».
^{bh} Mskr.: «Gesinnung auch Stimmung sagen, wenn es Sie freut».

[22] Hauptstadt des Kantons Aargau und Sitz des aargauischen Lehrerseminars.
[23] J. W. von Goethe, *Wilhelm Meisters Wanderjahre*, 2. Buch, 1. Kapitel.
[24] Vgl. W. Herrmann, *Die Türken, die Engländer und wir deutschen Chri-*

tung vor dem Höchsten», die vermutlich Ihre Groß- und Urgroßeltern aus Zschokkes «Stunden der Andacht» schöpften[25], oder steigen Sie, wenn es Ihnen besser zusagt, mit Carlyle auf das hohe Ross des «Arbeiten und nicht Verzweifeln»![bi][26] Es bleibt immer irgendwie dabei, dass der Mensch zu allerlei Tatsachen außer ihm, zu Gott, Welt und Mitmenschen von sich aus eine Stellung beziehen möchte. Sie sprechen damit zum dritten Mal das Urteil über die Religion. So geht eben die Religion am Leben vorbei: Denn im Leben spielen die Gesinnungen und Stimmungen an sich gar keine Rolle. Der Kosmos des Lebens wird gebildet von Kräften, Mächten und Gewalten. Leben ist die Kraft des Wassers, des Feuers, der Elektrizität und der chemischen Substanzen. Leben ist der Kampf ums Dasein, der durch die ganze Natur hindurchgeht mit all den dunkeln Greueln und mit all den Lebenswundern in seinem Gefolge[bj]. Leben sind die Anlagen und Fähigkeiten und Leidenschaften, die wir durch Vererbung in unserem

---

[bi] Mskr.: «Verzweifeln›.».
[bj] Mskr.: «Lebenswundern, die in seinem Gefolge sind».

sten. Ein Vortrag, Marburg 1915, S. 8f.: «Diesen Sinn der Religion hat Mohammed eben in dem Wort *Islam* ausgesprochen. Den wirklich frommen Menschen nennt er *Moslim;* das Wort bedeutet einen Menschen, der den Islam vollzieht. Islam aber ist Ergebung, Hingabe, völlige Unterwerfung der Seele unter das, dem sie ganz angehören will. Für uns ist es nun von besonderer Bedeutung, daß Muhammed der Religion, für die er kämpft, diesen Namen gibt. Denn das Wort Islam ist ja offenbar die Uebersetzung des Hauptworts der biblischen Frömmigkeit, des Wortes *Glaube.*» (Der letzte Satz ist in Barths Exemplar angestrichen und mit einem Ausrufzeichen markiert.) Vgl. auch a.a.O., S. 10: «die stille Ergebung in das Unerforschliche», «die Ergebung in die unerforschliche Macht des Wirklichen».
[25] Der Schriftsteller, Erzieher und Politiker Johann Heinrich Daniel Zschokke (1771–1848) war maßgeblich am Aufbau des Kantons Aargau beteiligt. Von den zunächst anonym erschienenen *Stunden der Andacht* kamen von 1816 bis 1902 37 Auflagen heraus. Zu dem von Barth formulierten zusammenfassenden Ausdruck vgl. z.B. [H. Zschokke,] *Stunden der Andacht zur Beförderung wahren Christentums und häuslicher Gottesverehrung,* 2 Bde., Aarau 1824⁹, Bd. 1, S. 88 («stille Verehrung des Höchsten»); Bd. 2, S. 171 («Verehrung des Allerhöchsten»).
[26] Zu Thomas Carlyles (1795–1881) «Work and despair not» – einer freien Übersetzung der Schlusszeile von Goethes «Symbolum» «Wir heißen Euch hoffen» – vgl. Büchmann, S. 283.

Blut mit auf die Welt gebracht haben. Leben ist das unheimliche Wimmeln[bk] der Infusorien im Wassertropfen. Und Leben ist das ebenso
unheimliche Wimmeln[bl] in unserem eigenen Unterbewusstsein. Leben sind die ungeheuerlichen Mächte des Imperialismus, Kapitalismus und Militarismus, von deren Rasen jetzt das Weltgebäude erzit-
tert, ⌐und⌐ Leben ist die Gewalt aus der Tiefe im Sozialismus, die sich
jenen[bm] entgegenzuwerfen versucht. Leben[bn] ist ⌐aber⌐ zweifellos auch
die geheimnisvoll abseits stehende, mit dem Prunk der Jahrhunderte
bekleidete Macht der römischen Papstkirche. Verworrenes, verwirr-
tes, ⌐vielleicht⌐ toll und fürchterlich gewordenes Leben das[bo] alles,
aber Leben, weil es Kraft ist. Leben[bp] ist Dynamik. Und noch einmal
schla-|447|gen wir die Bibel auf und sind, indem wir sie unter diesem
Gesichtspunkt zu lesen versuchen, ganz betroffen, ⌐zu finden,⌐ was
das doch für ein Lebensbuch, beinahe hätte ich gesagt: Naturbuch
sondergleichen ist. «Liebe ist stark wie der Tod, und ihr Eifer ist fest
wie die Hölle. Ihre Glut feurig und eine Flamme des Herrn, dass auch
viele Wasser nicht mögen die Liebe auslöschen, noch die Ströme sie
ertränken»[Hld. 8,6f.]. Von solcher Dynamik ist die Bibel ganz voll.
Wir müssen[bq] es nur wieder besser merken lernen, wir armen mitteleuropäischen Gesinnungsmenschen, die wir sind! Es ist geradezu
wunderbar, wie es da beständig von Realität zu Realität geht. Und
wahrhaftig, wenn wir es wieder lernen würden, aus diesem realen,
dynamischen Sinn der Bibel heraus zu ⌐reden, so würden wir⌐[br] am
Leben nicht mehr vorbeireden. Denn der große Kampf, der durch
dieses ganze Buch hindurchgeht, ist doch wirklich nicht der Gegensatz zweier Gesinnungen oder Stimmungen. Sondern da sind es[bs] eben
auch Kräfte, Gewalten, Herrschaften, die miteinander ringen, und
zuletzt das Reich – hören Sie es? das *Reich!*[bt] – Gottes, das siegreich

bk Mskr.: «Gewimmel».
bl Mskr.: «Gewimmel».
bm Mskr.: «jenen Mächten».
bn Mskr.: «Und Leben».
bo Mskr.: «Leben vielleicht das».
bp Mskr.: «Das Leben».
bq Mskr: «müssten».
br Mskr.: «reden, wir würden».
bs Mskr.: «sinds».
bt Mskr.: «Reich!».

durch Alles hindurchbricht. Ein Reich wird nicht mit Gesinnungen und Stimmungen aufgerichtet, wohl aber mit Kräften. Lesen Sie dazu^{bu} einmal die klassische Stelle im fünften Kapitel des Römerbriefs [V. 14]. «Es herrschte der Tod von Adam her auch über die, welche nicht gesündigt haben nach dem Vorbild der Übertretung Adams.» Verstehen Sie: «herrschte» – herrschte, entfesselt durch die ebenso mächtige, ein für allemal und für alle gültige Gewalt der Sünde. Das heißt^{bv} real gedacht. Und dann auf der anderen Seite das Evangelium, die Freudenbotschaft. Sein Inhalt eine neue Gesinnung? Nein, antwortet Paulus Röm. 1 [V. 16], aber die Dynamis, die Kraft Gottes zur Errettung. «Wo die Sünde mächtig geworden ist, da ist die Gnade übermächtig geworden» [Röm. 5,20]. Jesus, der Bringer einer neuen Lebensstimmung à la Goethe oder Carlyle oder Johannes Müller[27]? Nein, vor einer neuen Stimmung ist noch niemand erschrocken; von Jesus aber heißt es: sie entsetzten sich, denn er predigte gewaltig und nicht wie die Schriftgelehrten [Mt. 7,28f.]. Neue Stimmungen machen nichts anders in der Welt, von Jesus aber heißt es: es ging Kraft von ihm aus, die heilte Jedermann [Lk. 5,17]. Und der Sinn des in Christus erschienenen Gottesreiches? Die Stiftung und Verbreitung einer neuen Sorte von Andacht oder Ansicht? Nein, sondern (Luk. 1 [V. 51–54]) «er übet Gewalt mit seinem Arm und zerstreuet, die hoffärtig sind in ihres Herzens Sinn. Er stößt die Gewaltigen vom Stuhl und erhebt die Niedrigen. Die Hungrigen füllet er mit Gütern und lässt die Reichen leer. Er denket der Barmherzigkeit und hilft seinem Diener

---

^{bu} Mskr.: «darüber».
^{bv} Mskr.: «ist».

[27] Johannes Müller (1864–1949) gab die «Blätter zur Pflege persönlichen Lebens», seit 1914 «Grüne Blätter», heraus. Seine Auffassung Jesu entspricht seiner Grundeinsicht «Leben entzündet sich nur an Leben» (J. Müller, *Von den Quellen des Lebens. Sieben Aufsätze*, München 1905, S. 288): «An Jesus kamen die Menschen zum Bewußtsein ihrer selbst. Sie wußten [...] nicht recht, was mit ihnen geschah. Aber sie wachten auf. Ihre Seele regte sich und wurde lebendig. Sie merkten, daß in ihnen etwas geschlummert hatte, das jetzt leben wollte. [...] Der ewige Keim ihres Wesens lebte in ihnen auf und stimmte ihren Sinn auf ewige Höhen und Ziele. [...] Die Lebensschwingungen, die von der Person Jesu ausgingen, zitterten durch alle Kreise und Schichten, und allenthalben wachten Menschen auf.» (a.a.O., S. 287).

Israel auf». Sehen Sie, das heißt[bw] eben wiederum real gedacht. Jawohl, Paulus sagt: Kraft Gottes zum Heil Allen, die da *glauben!*[bx] [Röm. 1,16], und das Nämliche steht auf allen Seiten der Bibel zu lesen. Es ist selbstverständlich: das Leben hat auch eine Gesinnungsseite, wie es eine Privatseite, eine innerliche Seite hat. Die Kräfte, von denen die Bibel redet, sind lauter[by] geglaubte, d.h. vom Menschen bejahte und ergriffene Kräfte, wie ja auch die psychischen und geschichtlichen Kräfte, die die Welt regieren – denken Sie noch einmal an Imperialismus[bz], Krieg, Sozialismus, Alkoholismus –, offenkundig den Stempel menschlicher Zustimmung und Willensbejahung tragen. Es geschieht etwas mit dem |448| Menschen, und – wie man sich auch seine Freiheit denken mag – er lässt es geschehen, er sagt Ja dazu. Er glaubt entweder an Gott oder an den Teufel, zu seinem Heil oder zu seinem Verderben. Was soll ich sagen vom Glauben? Glauben ist eben das viel Tiefere und Radikalere, das entscheidend hinter den Stellungnahmen des einzelnen Menschen steht. Glaube ist selbst schon Kraft, göttliche oder dämonische Kraft. Glaube ist das Ja oder Nein des Menschen, das jenseits aller Gesinnungen und Stimmungen steht[ca], durch das er sich den Mächten, die über ihm sind, zu eigen gibt oder verweigert. Gerade weil der Glaube selber das zentrale Element[cb] in der Dynamik des Lebens ist, ist er der Bibel so wichtig. Aber nicht das ist ihr[cc] wichtig, was für eine Gesinnung der Mensch schließlich hat – sie kennt schlechte Menschen, die unter der Herrschaft Gottes, und sie[cd] kennt auch gute Menschen, die unter der Herrschaft des Bösen stehen –, sondern eben das Ringen der Mächte und Gewalten über ihnen[ce]. Und nicht das ist ihre Verkündigung, dass es ideale, tüchtige, ernste, ehrfürchtige Menschen geben wird – das soll und wird es auch geben –, sondern:[cf] dass *Gott* siegt und *sein* Reich kommt. Die Bibel und

[bw] Mskr.: «ist».
[bx] Mskr.: «glauben!».
[by] Mskr.: «immer».
[bz] Mskr.: «an Ihre persönlichen Charaktereigenschaften, an Imperialismus».
[ca] Mskr.: «ist».
[cb] Mskr.: «Stück».
[cc] Mskr.: «der Bibel».
[cd] Mskr.: «die Bibel».
[ce] Mskr.: «ihm».
[cf] Mskr.: «aber das ist die Verkündigung der Bibel:».

die Welt verstehen sich wiederum ausgezeichnet. Aber zwischen ihnen und der Religion wird es auch hier zu keiner Verständigung kommen. Die Religion geht als^{cg} Gesinnung und Stimmung am Leben, in dem es auf Kräfte und Gewalten ankommt, vorbei. Religion ist etwas Lebensfremdes. Etwas von der Last dieser schiefen Lage haben wir in Kirche und Schule zu tragen. Wir predigen Gesinnung, wir machen Stimmung. Vielleicht gelingt es uns, aber was soll das eigentlich? Ja, wenn wir gewaltig reden würden und nicht wie die Schriftgelehrten [vgl. Mt. 7,29], ja, wenn Kraft von uns ausginge – aber «Ehrfurcht vor dem, was über uns ist», «Ergebung», «Arbeiten und nicht Verzweifeln», das kommt doch im Leben nicht in Betracht, das kann doch, auch wenn wir noch so tiefen Eindruck ⌐damit¬ machten, niemand ernst nehmen. Es *ist* eben auch nichts Ernstes. Ernst sind nur Kräfte. Darum hat doch z.B. der Kapitalismus die Religion nie ernst genommen, sondern ganz ruhig Kirchen und Schulen gebaut ohne die geringste Furcht, dass von daher jemals eine ⌐ihm¬ gefährliche Gegenkraft sich erheben könnte. Darum nimmt der Militarismus die Religion so wenig ernst, dass er ganz ruhig Feldprediger anstellt, die auf Feldkanzeln zwischen zwei Geschützen ihre Gesinnungssprüchlein sagen dürfen, wie die Spatzen, die zwischen den Zähnen eines Krokodils herumhüpfen. Das militärische Ungeheuer weiß eben ganz genau, dass es von den wackeren Feldpredigern nichts Böses zu befürchten hat. Es wird keine Kraft von ihnen ausgehen. Darum sagt der Sozialismus ganz freundlich: Religion ist Privatsache!, nimmt auch ganz duldsam Notiz von uns paar sozialdemokratischen Pfarrern ohne eine Spur von Furcht vor den Kräften, die von daher ins Spiel kommen und die *seinen* Kräften eines Tages ernstliche Konkurrenz machen könnten. Religion nimmt man doch nicht ernst! Die Vorstellung, dass sie^{ch} etwas Reales sei, etwas mit wirklichen Kräften zu tun haben könnte – diese Vorstellung gibt es einfach nicht in der Welt, und wenn wir uns auf den Kopf stellen^{ci}. Glauben Sie, das wissen im Grunde schon Ihre Büblein und Mägdlein, geschweige denn alle die Gemeinderäte, Bauern, Fabrikarbeiter und Dra-|449|goner, die unsere Zuhörerschaft (oder auch Nicht-Zuhörerschaft) bilden. Die sind alle

^{cg} Mskr.: «eben als».
^{ch} Mskr.: «Religion».
^{ci} Mskr.: «stellten».

viel zu schlau, um es nicht zu merken, dass das nichts ist: Gesinnung und Stimmung. Und wir selber merken es eben auch. Und vor allem die Bibel hat es gemerkt, und der «verlorene^{cj} Sohn», den wir zu einem Gesinnungsstücklein und Stimmungsbild gemacht haben, lacht uns aus und erklärt uns den Krieg. Und so stehen wir noch einmal im Kreuzfeuer, und unsere Lage wird äußerst kritisch.

––––––––

Und nun? Ja, und nun! Nun wissen^{ck} wir alle hoffentlich zweierlei: was der Fluch ist, unter dem wir zu seufzen haben, Sie in Ihrer Religionsstunde und wir in unserem ganzen Beruf – und was die Freiheit ist und die Erlösung, zu der wir einmal durchbrechen sollten. Der *Fluch* ist die völlige Lebensfremdheit dessen, was man *Religion*^{cl} heisst. Die *Erlösung*^{cm} ist das *Leben*^{cn} selbst, das uns bei unseren Betrachtungen immer wieder von weitem gegrüßt hat. Ich hoffe, es sei Ihnen allen recht *wohl*^{co} geworden dabei, von Einem, den der Schuh ebenso drückt wie Sie oder noch mehr, gehört zu haben, wo es uns fehlt. Ich könnte mir zwar denken, dass ^{cp}man mir nun antworten^{cp} möchte: Nein, nicht wohl^{cq} ist es mir bei alledem geworden, sondern nun fühle ich mich erst recht und ganz tief unbefriedigt^{cr} und beunruhigt. Sie dürfen mir das nachher ganz ruhig sagen, denn ich bin es gewöhnt, das zu hören. Ich wiederhole aber mit vollem Bedacht: ich hoffe, es sei Ihnen ^{cs}bei all dem *wohl* geworden!^{cs} Denn sehen Sie, es *ist* nun einmal so: in der religiösen Frage kann es uns erst dann wohl werden, wenn wir einmal wirklich und in der Tiefe unbefriedigte Menschen geworden sind. Vom Zöllner im Tempel heißt es auch nicht, dass ^{ct}er befriedigt in sein Haus hinabging^{ct}, sondern gerechtfertigt [Lk. 18,14] – von Gott gerechtfertigt! Was könnte ich Ihnen da Bes-

^{cj} Mskr.: «unser ‹verlorener›».
^{ck} Mskr.: «Nun v[erehrte] A[nwesende] wissen».
^{cl} Mskr.: «Religion».
^{cm} Mskr.: «Erlösung».
^{cn} Mskr.: «Leben».
^{co} Mskr.: «wohl».
^{cp} Mskr.: «mir nun die Eine oder Andre antworten».
^{cq} Mskr.: «*wohl*».
^{cr} Mskr.: «*un*befriedigt».
^{cs} Mskr.: «*wohl* geworden bei all dem.».
^{ct} Mskr.: «er in sein Haus hinabging befriedigt».

seres wünschen, als dass Ihnen etwas von der großen Unbefriedigung: «Gott sei mir Sünder gnädig!» [Lk. 18,13] auch in dieser Stunde wirklich aufgegangen sein möchte?[cu] Glauben Sie es mir: die von Gott Gerechtfertigten sind nicht die ruhigen, sondern die unruhigen Menschen. Wir wissen nun, woher wir kommen, wo wir stehen und wo es mit uns hinaus will, wenn wir nämlich *hinaus* wollen![cv] Wir stehen in einem Tunnel. Der Eingang ist hinter uns zugefallen, und wenn wir nicht ersticken und verhungern wollen, werden wir wohl die Wanderung durch das lange, schwarze Loch, das vor uns liegt und das ins Leben führt, unter die Füße nehmen müssen. Ich verspreche Ihnen[cw]: der andere Eingang ist nicht zugefallen. Ich sehe von weitem ein großes Licht. Wir brauchen uns nicht zu fürchten.

Aber glauben Sie nur ja nicht, das sei nun eine leichte, quasi methodische Frage, auf unseren Kanzeln und Kathedern die Religion durch das Leben zu ersetzen. Sie wissen es ja jetzt: was man Religion nennt, ist eine verlorene Position, auf die wir uns *nie mehr* mit Sicherheit und gutem Gewissen werden stellen können. Sie haben gewiss alle mit mir die Absicht und den guten Willen, diese Position zu räumen. Und nun möchten wir wohl alle gerne vom Leben reden können auf unseren Posten: |450| von der gesunden Allgemeinheit und Körperlichkeit und Kräftigkeit des Lebens – vom Leben, wie es war in den Armen Gottes und wie es ⌐nun⌐ ist unter den plumpen, brutalen Fingern von uns Menschen, und wie es wieder werden darf in Christus. Dieses Leben, seine gewaltige Tatsache und Geschichte meinten und suchten wir ja doch eigentlich schon bisher bei all unserem herzlich ungeschickten Predigen und Unterrichten und brachten es doch nicht weiter, als bis zu einem merkwürdigen Stottern und Phantasieren und vielleicht Schelten, weil[cx] uns gerade dieses Größte dunkel vorschwebte. Und wenn wir in unserer ganzen Tätigkeit ein paar wirklich gute Momente hatten, dann waren es solche, in denen aus unserem Religionspredigen und Religionsunterrichten heraus – uns selbst vielleicht kaum bewusst – etwas vom Leben hervorblitzte und hinüberblitzte zu unseren großen oder kleinen Zuhörern, wie der

cu Mskr.: «möchte!».
cv Mskr.: «hinaus *wollen*.».
cw Mskr.: «Ihnen noch einmal».
cx Mskr.: «wenn».

Weihnachtsbaum durch eine Türspalte in das dunkle Zimmer. Aber nun fragen Sie mich ja nicht: Wie macht[cy] man es, um mehr solcher[cz] Momente zu haben? Wie erzählt[da] man die Geschichte vom verlorenen Sohn so, dass das Leben, jenes Geheimnis in der leeren Schulstube, in der Mitte zwischen den Kindern und der Bibel, dabei zu seinem Rechte kommt? Was wollen[db] wir mit unserer Religionsstunde anfangen? Fragen Sie mich das *nicht!* Ich müsste sonst denken, dass Sie mich nicht verstanden haben. Was wollte ich Ihnen auch darauf antworten? Ich könnte ja nur sagen: Das weiß ich auch nicht. Das ist meine ⌜eigene⌝ innere Not und Arbeit von einer Woche zur anderen. Ich weiß nur das, dass ich immer aufs neue und immer stärker darum ringen muss, das Leben (das Leben in der Welt und das Leben in der Bibel!) selber erst zu sehen, zu verstehen, zu begreifen. Die Not der Welt so[dc] anzuschauen, dass ich davon reden kann als von meiner eigenen Not, und den Sieg und die Freude in der Bibel so[dd], dass ich davon zeugen kann als Einer, der nicht nur davon gelesen, sondern der sie[de] als Wahrheit gehört und gesehen hat. Das ist die Antwort, die ich mir gebe. Und das Suchen nach dieser Antwort nimmt mich so in Anspruch, dass ich daneben für die Fräglein: Wie soll ich predigen und unterrichten? wirklich keine Zeit habe. Ist diese Antwort nicht inhaltsreich genug? Aber Sie müssen sie sich selber[df] geben, wie ich sie eben nur mir selber[dg] geben kann. Ich bitte Sie: Suchen Sie nach dieser[dh] Antwort – suchen Sie selber[di] danach! Alles andere, was ich Ihnen dazu[dj] sagen könnte, wären Flausen. Wenn wir das Leben selber schon *gesehen*[dk] hätten, würde es uns leichter fallen, davon zu *reden*[dl].

[cy] Mskr.: «*macht*».
[cz] Mskr.: «solche».
[da] Mskr.: «*erzählt*».
[db] Mskr.: «sollen».
[dc] Mskr.: «*so*».
[dd] Mskr.: «*so*».
[de] Mskr.: «es».
[df] Mskr.: «*selber*».
[dg] Mskr.: «*selber*».
[dh] Mskr.: «*dieser*».
[di] Mskr.: «*selber*».
[dj] Mskr.: «darüber».
[dk] Mskr.: «gesehen».
[dl] Mskr.: «reden».

Aber ich habe noch[dm] wenige Menschen getroffen[dn], die es von weitem gesehen haben. Wir alle und unsere großen und kleinen Zuhörer stekken noch wie in einem dicken Panzerturm, und immer wieder treiben wir und sie Religion, Religion, Religion und wollen nicht merken, dass es sich um Leben, Leben, Leben handelt. Denn Religion ist dem Menschen, allen Menschen, etwas gar Natürliches, Naheliegendes, Leichtes und Bequemes. Und das Leben erscheint uns als etwas gar Hohes, Fernes, Fremdes und Schwieriges, obwohl es [do]doch das uns allen Natürlichste[do] ist. Denken Sie nicht, die falsche Einstellung, in der wir alle uns noch[dp] befinden, werde so schnell abgetan sein, geschweige denn, dass wir so schnell davon Gebrauch machen werden können. Eine neue Grundlage des Religionsunterrichts eignet man sich nicht an |451| wie eine neue Rechnungsmethode. Es wird noch ganz anderer Schüsse bedürfen, bis jener Panzerturm einmal zerbrochen ist.

Aber wenn Sie die innere Arbeit, durch die es u.a. auch jener neuen Grundlage entgegengeht, aufnehmen wollen – dann seien Sie ganz mutig und freudig: wir werden das Leben sehen[dq], und wir werden dann auch einmal vom Leben zeugen[dr] dürfen. Und nun wollen wir noch einmal den verlorenen Sohn für uns alle reden lassen: «Ich will mich aufmachen und zu meinem Vater gehen» [Lk. 15,18].

[dm] Mskr.: «erst».
[dn] Mskr.: «angetroffen».
[do] Mskr.: «ja das Allernatürlichste».
[dp] Mskr.: «uns noch alle».
[dq] Mskr.: *sehen*.
[dr] Mskr.: *zeugen*.

DIE DREIEINIGKEIT
1917

Zeit und Anlass dieses Textes sind nicht überliefert. Er ist auf der Rückseite eines Textfragments notiert, das ein verworfenes Stück aus einer Predigt zu sein scheint. Eine inhaltliche Berührung dieses Fragments mit der Predigt Barths über Ps. 51,8 vom 21. Oktober 1917[1] lässt vermuten, dass der Text über «Die Dreieinigkeit» nach dieser Predigt bzw. nach dem kassierten Anlauf zu dieser Predigt entstanden ist. Dann wäre daran zu denken, dass der Text als eine Besinnung auf den Glauben an den dreieinigen Gott für die Taufe Christoph Barths (geboren am 29. September 1917) bestimmt war, die eben am 21. Oktober 1917 im Rahmen der Kinderlehre gefeiert wurde. Das würde auch zu dem betont einfachen Stil der Sätze passen.

Die Dreieinigkeit

Wie merkwürdig, das Laufen der Menschen. Alle wollen etwas, im Grunde das Gleiche. Jeder möchte glücklich sein, meint es gut, glaubt an eine Wahrheit. Wie wenn alle eine Erinnerung in sich trügen. Freilich irren sie alle u. sind doch alle gehalten vom Gleichen

---

Einer war da, in dem war Alles erfüllt, so sehr daß die Menschen erschraken, das Licht war ihnen zu hell, da töteten sie ihn. Aber der Tod konnte ihn nicht halten. Er war doch da. Wir alle müssen an ihn denken. Ein andre Luft, die der Heimat [?] weht.[2]

Von ihm aus ist ein Ruf ergangen. Da und dort brach er durch. Nur Eines gilt, hilft, siegt. Da verlor das Böse s[eine] Kraft, der Tod seinen

---

[1] K. Barth, *Predigten 1917*, hrsg. von H. Schmidt (Gesamtausgabe, Abt. I), Zürich 1999, S. 370–379.

[2] Die Entzifferung des Satzes ist unsicher. Sie wird jedoch dadurch gestützt, dass in der Predigt vom 21.10.1917 auch die Metaphern «helles Licht» und «gesunde Luft» gebraucht werden (a.a.O., S. 375).

Stachel [vgl. 1.Kor. 15,55]. Da tat sich der Himmel auf mitten auf der
Erde.

———————

Das ist der Gott dem wir gehören u. der uns lieb hat.

*Gegenstand dieses Referats im Safenwiler Arbeiterverein sind die Ver-
handlungen des außerordentlichen Parteitags der SPS, der am 2. Februar 1919 im Volkshaus zu Bern stattfand. Hauptpunkt der Tagesordnung war die Frage der Beschickung der Internationalen
Sozialistischen Konferenz in Bern vom 3. bis 10. Februar 1919 (s. unten*
Der Internationale Sozialistenkongreß in Bern, S. 463–480).

*Im Unterschied zum Berner Parteitag vom 9./10. Juni 1917 hat
Barth an diesem Parteitag nicht teilgenommen. Materialien über diese
Tagung finden sich im Karl Barth-Archiv nicht. Eine der Quellen, aus
denen Barth referiert, ist der Bericht der «Basler Nachrichten» vom 3.
Februar 1919.*[1] *Das geht daraus hervor, dass er die Zahl der Sektionen,
die die BN unrichtig angeben – 565 statt 556 –, übernimmt. Auch die
Zahl der Delegierten hat Barth, so scheint es, zunächst den BN entnommen (362) und dann – vermutlich nach dem Protokoll – auf 363
korrigiert. Überhaupt hat Barth anscheinend den Bericht der BN
durch die Mitteilungen des Protokolls präzisiert. Das betrifft besonders die Einordnung des Antrags Platten, der in den BN als «Zusatz-
antrag» zum Antrag Schneider bezeichnet wird, obwohl er auf dem
Parteitag zunächst als selbständiger Antrag behandelt wurde. Barth
trägt dem genauer Rechnung, obwohl er – wohl im Bemühen, den
Antrag Schneider als «bedauerlich» vom Antrag Platten als «Verirrung» abzuheben – nicht deutlich macht, dass der Parteitag zuerst in
einer Eventualabstimmung über die Anträge Platten (198 Stimmen)
und Schneider (154 Stimmen) entschied und dann in einer definitiven
Abstimmung über den nun zu einem Antrag verbundenen Antrag
Schneider-Platten (238 Stimmen) und den Antrag des Parteivorstandes (147 Stimmen). Bei seinem Zitat aus dem Antrag Platten folgt
Barth wieder den BN, in denen die Absätze nummeriert sind und das
ungeschickte «indem» durch «wenn» ersetzt ist.*

---

[1] BN, Jg. 75, Nr. 56 vom 3.2.1919 (Mittagsausgabe), S. [1]; vgl. auch BN,
Jg. 75, Nr. 57 vom 4.2.1919 (1. Blatt), S. [2f.].

Die Entscheidung des Parteitags, keine Vertreter an den vom Internationalen Sozialistischen Büro einberufenen Kongress zu entsenden, bedeutete «praktisch, daß man aus der alten Internationale», «die man jetzt meist ‹die zweite› nannte», «austrat».[2] Dies konnte als «Stellungnahme für die III. Internationale ausgelegt werden», «bevor diese auch nur gegründet wurde».[3] Bedenkt man diesen größeren Zusammenhang, wird die kritische Bedeutung der komprimierten Darstellung der wesentlichen Vorgänge und Entscheidungen des Parteitags mit Barths eigener das Dafür und Dagegen abwägenden Kommentierung deutlich. Soweit die Stichworte es erlauben, werden sie belegt mit Nachweisen aus dem Protokoll des Parteitags.[4]

Schweizer[ischer] Parteitag u. internation[ale] Konferenz

11. II 19

1. 363 Deleg[ierte] von 180 Sekt[ionen]. Partei zählt 565 Sekt. 385 sind also *nicht* vertreten![5]

140 Deleg. von Zürich[,] 90 von Bern[,] 133 übrige Schweiz!![6]

Landsektionen müssen sich reger *betätigen* u. die Parteitage unter allen Umständen *beschicken*. Es handelt sich dort immer auch um unsre Sache.

[2] Mattmüller II, S. 504f.

[3] A.a.O., S. 505. Zum historischen Zusammenhang und zur politischen Bedeutung des Parteitags vgl. auch H. Egger, *Die Entstehung der Kommunistischen Partei und des Kommunistischen Jugendverbandes der Schweiz*, Zürich 1972, S. 188–192.

[4] Sozialdemokratische Partei der Schweiz, *Protokoll über die Verhandlungen des ausserordentlichen Parteitages vom 2. Februar 1919 im Volkshaus in Bern*, Bern 1919 (im folgenden zitiert: Protokoll).

[5] Die Nachmittagssitzung des Parteitags begann mit dem Bericht einer Mandatprüfungskommission. Danach zählte die Partei nicht 565, sondern 556 Sektionen. Entsprechend wurden als nicht vertreten 376, nicht 385 Sektionen gemeldet (Protokoll, S. 35f.).

[6] Vgl. Protokoll, S. 35f. und 95: Zürich 90, Bern 142, übrige Schweiz 131 Delegierte.

2. Antrag Schneider[7]

Antrag d. Parteivorstandes betont Einigkeit d. Arbeiterklasse[,] fordert Vertretung unsrer abweichenden Grundsätze an d. Konferenz[,] Vorlegung ihrer Beschlüsse an einem weitern Parteitag[8]

Antrag Schneider Auch wir wollten die internat. Einigkeit, die Sozialpatrioten[9] haben sie unmöglich gemacht. Konferenz ist Fortsetz[un]g ihrer Politik[10]

Diskussion a) *Die internat. Solidarität.* Die Arbeiter sind Brüder. Bleiben wir in der Familie.[11] Fernbleiben ist ein polit. Fehler u. eine Blamage.[12] – Dagegen: Die *wahre* Internationale, vertreten durch

---

[7] Barths Gliederung folgt nicht der Reihenfolge der Wortmeldungen und der Tagesordnung. Die Überschriften sind als systematische Gliederungspunkte zu verstehen.

[8] Den Antrag des Parteivorstandes hatte Charles Naine (s. oben S. 94, Anm. 18) gestellt und begründet. Der Antrag empfahl «die Beteiligung an der internationalen sozialistischen Konferenz in Bern» und den Auftrag an die «Delegierten an dieser Konferenz, die Grundsätze zu vertreten, die das Programm der schweizerischen sozialdemokratischen Partei enthält. Die Beschlüsse dieser Konferenz sollen einem schweizerischen Parteitag zur definitiven Stellungnahme unterbreitet werden» (Protokoll, S. 77).

[9] Vgl. oben *Sozialdemokratie und Militärwesen* VI, S. 372, Anm. 102.

[10] Der Antrag Schneider (s. oben S. 374, Anm. 105) lehnte die Beschickung des vom Internationalen Sozialistischen Büro, dem Organ der 2. Internationale, nach Bern einberufenen Sozialistenkongresses durch die SPS ab und argumentierte, die SPS stehe auf dem Boden des Klassenkampfes gegen die Bourgeoisie; sie haben sich während des Krieges immer wieder um Wiederherstellung internationaler proletarischer Beziehungen und den Aufbau einer aktionsfähigen Arbeiter-Internationale auch beim Internationalen Sozialistischen Büro bemüht. Dies alles sei an den sozialistischen Mehrheitsparteien der kriegführenden Länder gescheitert. Die jetzt nach Bern einberufene Konferenz sei ein Werk dieser Parteien, die im Widerspruch zu den proletarischen Interessen stünden. Statt Teilnahme an dieser Konferenz sei eine Fortsetzung der in Zimmerwald und Kienthal begonnenen Arbeit zu beschließen (Protokoll, S. 22f.).

[11] Vgl. das Votum von Ch. Naine (Protokoll, S. 15): «Et à ce moment vous voulez la division? Non! Tout ce qui est ouvrier, est frère, malgré tout ce que vous pourrez dire des camarades qui se sont trompés, qui vont à gauche ou à droite. Combattons-nous, si vous voulez; discutons avec tout le tempérament que nous possédons, pourquoi pas? Nous avons déjà eu des discussions à faire crouler les murs. Mais restons en famille, restons unis, restons ensemble! C'est là notre force. La division, c'est la faiblesse, c'est la réaction, c'est la mort».

[12] Nach der Entscheidung des Parteitags, sich nicht am internationalen Kon-

Zimmerwald. Gesundungsprozeß nicht aufhalten durch unwürdige Friedensschlüsse.[13] Das Prolet[ariat] muß denken lernen.

   b) *Das Urteil über die Sozialpatrioten.* Protestieren wir gegen sie. Aber keine Selbstgerechtigkeit, nicht die Heiligen spielen wollen[.][14] Adler, Kautsky![15] Haben wir den Mut, mit ihnen zu diskutieren. – Dagegen: Nicht Urteil über andre Parteien, aber keine Gemeinschaft mit ihnen, da wir im Frieden international sein wollen. Was sagen die Bürgerlichen? Wir würden die Politik des B[undes-]R[ates] rechtfertigen!!

   c) *Kompetente Richter?* Haltung der schweiz. Partei von 1914– 1917![16] – Ja, aber Fehler erkannt u. eingesehen[17]

gress zu beteiligen, erklärte der Parteitagspräsident Gustav Müller (s. oben S. 88, Anm. 7): «Ich betrachte diesen Beschluss, trotzdem er mit so starker Mehrheit gefasst worden ist, persönlich als einen schweren politischen Fehler und als eine internationale Blamage» (Protokoll, S. 79). Gleichzeitig erklärte er seinen Rücktritt als Parteipräsident.

[13] Friedrich Schneider erklärte (Protokoll, S. 21): «[...] es ist eine absolute Notwendigkeit, dass wir den Gesundungsprozess, der sich überall geltend macht, unterstützen [...]. Wir sollen diesen Gesundungsprozess, der im vollen Gang ist, nicht durch Verwedelungskünste sabotieren und verwischen, sondern wir müssen durch eine klare Stellungnahme diesen Gesundungsprozess unterstützen.» Dies sei nur durch Fortsetzung des Klassenkampfes möglich und also durch Ablehnen der Einladung des Internationalen Sozialistischen Büros.

[14] Aus dem Votum von Ch. Naine (Protokoll, S. 12): Es sei wahr, daß zwischen Mehrheitssozialisten wie z.B. Albert Thomas aus Frankreich, Philipp Scheidemann aus Deutschland und «uns» eine enorme Differenz bestehe. «Mais est-ce que vous croyez que nous autres Suisses, nous sommes tellement bien placés pour faire les puritains?»

[15] Der österreichische Sozialdemokrat Victor Adler (1852–1918) und der deutsche Karl Kautsky (1854–1938) zählten zur sog. «zentristischen» Bewegung in der Internationale. Sie waren strikte Gegner des Burgfriedens während des Krieges, waren aber zugleich auch Gegner der politischen Revolution; vgl. J. Braunthal, *Geschichte der Internationale*, Bd. 2 (Internationale Bibliothek, Bd. 109), Hannover 1978³, S. 50–77.

[16] Aus dem Votum von Ch. Naine (Protokoll, S. 12f.): «Est-ce qu'au début de la guerre en dépit des objurgations de Graber et moi, de notre opposition, les socialistes suisses aux Chambres n'ont pas admis l'union sacrée le 3 août 1914? alors que nous n'étions pas menacés comme les autres pays entrés en guerre, qu'il n'y avait pas en suspens au-dessus de nos têtes les dangers effrayants suspendus sur tous les autres pays? Camarades, est-ce que nous n'avons pas

Abstimmung: Antrag Schneider angenommen mit 238:147[18]
Fazit: Die Konferenz ist ein Sünderbänklein. Leute, die gefehlt haben, kommen da zusammen. Ohne diese Einsicht keine Möglichkeit sich zu finden. Die reform[ierten] Kirchen haben diese Möglichkeit noch nicht. Das sozialist. Proletariat *hat* sie als *erste* Instanz! Sich darum fernhalten von Pharisäertum. Zugegeben: wir wissens besser als die Soz[ial]patrioten. Aber wenn trotz größerer Einsicht nicht größere Kraft des Wollens da war, was soll dann unsre Abstinenz? Oder aber die größere Kraft war da, dann müßten wir erst recht gehen, um unser Licht leuchten zu lassen [vgl. Mt. 5,16]. Die Lust an unsrer radikalen Theorie hat uns zu einem Sektenstandpunkt geführt, wie 1917 zu einem Dogma.[19] Beides ist unfruchtbar. Der Beschluß ist *bedauerlich.*

3. Antrag **Platten** (Verschärfungen: Komödie, Mörder, unüberbrückbare Gegensätze)

5. Wir begrüßen die russ[ische] Revol[ution] u. anerkennen den Schlachtruf der russ. u. deutschen Revolutionäre, wenn sie d. Prolet[arier] zur Weltrevolution aufrufen[20]

---

fait, le 3 août 1914, ce qu'on a fait dans les autres pays? Est-ce que nous pouvons nous mettre à côté du Serbes et Russes ou de l'Italiens à ce point de vue, nous comme parti? Quelques individus, oui, mais comme parti, nous avons fait ce que les autres ont fait. »

[17] Aus dem Votum Fr. Schneider (Protokoll, S. 16): «Gewiss hat auch die schweizerische Sozialdemokratie damals eine Haltung eingenommen, die manchem von uns nicht gepasst hat. Aber es ist doch ein Unterschied, ob man diese Politik des Burgfriedens, der Solidarität mit der Bourgeoisie durch alle Böden hindurch 4½ Jahre aufrechterhält oder ob man in einem Moment der Überraschung fehlt und sobald als möglich diesen Fehler wieder gutzumachen bestrebt ist. Die schweizerische Sozialdemokratie hat in diesem letztern Sinne gehandelt.»

[18] Protokoll, S. 78.

[19] Vgl. unten Anm. 22.

[20] Der Antrag von Fritz Platten lautete (Protokoll, S. 33): «Die sozialdemokratische Partei der Schweiz erklärt: Die vom Internationalen sozialistischen Bureau in Brüssel einberufene Konferenz ist zu betrachten als ein Versuch der Sozialpatrioten und Durchhalte-Politiker, nach vierjähriger Verleugnung des Klassenkampfes wiederum die Führung des internationalen Proletariats an sich zu reissen. – Die Konferenzteilnehmer werden eine Komödie internationaler Verständigung aufspielen, in Wirklichkeit aber weiter-

Konferenz ist Machwerk d. Annexionspolitik d. Entente.[21] Darum Fortsetzung des Kriegs durch den Bürgerkrieg, nicht sofort, aber sobald sich die Gelegenheit dazu bietet

Dagegen: Nicht wieder sich auf Linien festlegen, die man nicht einhalten wird![22] Diktatur d. Prol[etariats] ist gegen die Demokratie u. führt zur Reaktion.[23] Russ. Verhältnisse nicht zu übertragen. Keine

hin getreue Diener ihrer Landesbourgeoisie bleiben. – Wir stellen fest, dass das Bureau des Sozialpatriotenkongresses darauf ausgeht, die Zimmerwald-Anhänger zu spalten, um, mit fremden Lorbeeren sich schmückend, etwas blutverjüngt vor das europäische Proletariat treten zu können. – Wir lehnen es ab, auf einer Konferenz vertreten zu sein, wo die für den Mord Liebknechts und der Rosa Luxemburg moralisch Verantwortlichen neben Genossen sich setzen wollen, die vielleicht schon in den nächsten Wochen als neue Opfer von Regierungssozialisten fallen werden. – Wir begrüssen die russische Revolution und anerkennen den Schlachtruf der russischen und deutschen Revolutionäre, indem sie das Proletariat zur Weltrevolution aufrufen. Mit ihnen sind wir der Auffassung, dass unüberbrückbare Gegensätze zwischen den Sozialisten der ersten Internationale und denen von Zimmerwald bestehen.»

[21] Mehrere Votanten sahen in der geplanten Konferenz Interessen der Ententemächte im Spiel, die die europäischen Sozialisten für die Absichten der Pariser Friedenskonferenz gewinnen wollten (vgl. z.B. Protokoll, S. 20.41.51).

[22] Aus dem Votum von Robert Grimm (Protokoll, S. 64): «Wir wollen nicht in jene Situation hineingeraten [irrtümlich: «hineingetragen»], in die wir in der Stellungnahme zur Frage des Militarismus geraten sind. Damals hat man sich in diesem Saal mit einer Resolution auch auf den extremsten Flügel gestellt, nachher hat kein Mensch mehr nach dieser Resolution gefragt; nicht deswegen, weil man ihr nicht nachfragen wollte, sondern weil man sich hinterher zugestehen musste, dass es Bedingungen und Verhältnisse gibt, die stärker sind als Resolutionen, und über die wir nicht hinwegkommen» (vgl. oben *Sozialdemokratie und Militärwesen* VI, S. 378–381).

[23] Aus dem Votum von Ch. Naine (Protokoll, S. 14): «Pour vous, la question se pose ainsi: C'est en réalité la lutte entre les partisans de la dictature et les partisans de la démocratie, c'est le fond du débat. Et je comprends bien les adversaires de la participation: On n'a pas besoin de la majorité des socialistes, pas même des Zimmerwaldiens – il suffit de quelques jacobins (maintenant c'est les bolchévistes), pourvu qu'ils aient des armes, qu'ils aient suffisamment de munitions – et vous voilà dans votre antimilitarisme superficiel! Après avoir lâché le militarisme bourgeois, vous vous retrouvez dans un militarisme prolétarien! Vous ne vous êtes pas encore convertis à l'antimilitarisme, vous êtes encore partisans de la force brutale, de l'autocratie, pour satisfaire les ambitions de quelques-uns d'entre vous. »

Täuschung über die Machtverhältnisse bei uns.[24] Die Arbeiterschaft wird die Zeche zu bezahlen haben.[25]

Abstimmung: Antrag Platten angenommen mit 198:154[26]

Fazit. Es handelt sich um eine Veränderung d. Programms in dem Sinn, daß der Bürgerkrieg zum nächsthin zu verwendenden Mittel des soz[ialistischen] Kampfs erklärt wird[27]

Auf der Gewalt beruht das bisherige gesellschaftl. System. Grundsätzlich kann der Soz[ialismus] nicht daran denken, dieses alte Mittel zu verwenden. Freilich: es giebt keine reine Politik, auch die soz. kann es nicht sein. Es lassen sich Notlagen denken

a) Fälle von Defensive gegen illegale Gegner

b) Entscheidender Augenblick des Sieges

c) Völlig verdorbene Situationen, wos zur Eruption kommt.

Aber das sind Notlagen. Wer sie *rechtfertigt[,]* ist nicht mehr Sozialist. Man kann nur Alles tun zu ihrer Überwindung. Darum ist dieser Beschluß eine typische *Verirrung* als Verkennung der Lage und des Sozialismus selbst.

[24] Aus dem Votum von Hermann Greulich (Protokoll, S. 47.49): «Wir müssen uns klar sein, wie die Machtverhältnisse stehen, was Wirklichkeit und was Täuschung ist. Die Machtverhältnisse in einer so verwickelten Gesellschaft wie der kapitalistischen liegen nicht so klar am Tag». Unter Berufung auf Karl Liebknecht und Rosa Luxemburg stellte Greulich fest: «Es ist eine heillose Täuschung, wenn wir glauben, wir dürfen unter dem Vorwand, nur die Gewalt könne helfen, uns von der sozialistischen Konferenz fernhalten.»

[25] Aus dem Votum von H. Greulich (Protokoll, S. 48f.): «Ich habe mich, gewitzigt durch die Vorgänge beim Generalstreik, von neuem gefragt, ob wirklich eine Aussicht vorhanden ist, auf dem Weg der Gewalt eine für uns günstige Wendung herbeizuführen. Je mehr ich untersuche, desto mehr muss ich sagen, dass es gewissenlos und unverantwortlich ist, in der Schweiz von uns aus an die Gewalt zu appellieren. Wir wissen, dass die Arbeiterschaft die Zeche bezahlen muss, während sich andere Leute zur rechten Zeit aus dem Staube machen.»

[26] Protokoll, S. 78.

[27] Aus dem Votum des Delegierten Jacques Schmid (Protokoll, S. 59): «im Grunde genommen streiten wir um ein neues Parteiprogramm, und dieses Programm ist hier von Genosse Platten klipp und klar ausgesprochen worden; es ist das Programm, nach welchem wir uns [...] von der Basis der Entwicklung auf dem Boden der Demokratie entfernen und ein Programm annehmen sollen, das klipp und klar dem blutigen Bürgerkrieg entgegeneilt.»

Der schweizerische Landes- oder Generalstreik im November 1918
war eine der schwersten politischen Krisen des Schweizer Bundesstaa-
tes. Er bestand aus drei Phasen: Einmal aus einem 24-stündigen Pro-
teststreik in 19 Städten am 9. November, der gegen die Anwesenheit
von Militär in Zürich gerichtet war, dann aus einem zürcherischen
Generalstreik vom 10. bis 11. November und schließlich aus dem
schweizerischen Landesstreik vom 11./12. bis 14. November 1918. In
der grundlegenden Darstellung der Ereignisse von W. Gautschi[1] findet
sich zum geschichtlichen Hintergrund folgende Zusammenfassung:

Zürich galt bei den Bürgerlichen ganz allgemein als der Ort, der am
stärksten gefährdet war, sollte eine revolutionäre Bewegung im Ausland auf die Schweiz übergreifen. [...] Der Radikalismus der Zürcher
Arbeiter war weitgehend bedingt durch die industriellen Verhältnisse
und die sozialen Spannungen in dieser größten Schweizerstadt. Auch
der Einfluß der vielen in Zürich lebenden ausländischen Deserteure
und Refraktäre, vor allem der russischen Bolschewiki, darf nicht
übersehen werden. [...]
Die schwelende Unzufriedenheit bei den sonst eher kleinbürger-
lich gesinnten Angestellten hatte am 30. September und 1. Oktober
1918 zu einem Arbeitsausstand des Zürcher Bankpersonals geführt.
[...] Die Zürcher Arbeiterunion hatte aus Solidarität – wohl auch um
die Bankangestellten politisch zu gewinnen – zur Unterstützung [von
deren] Forderungen einen städtischen Generalstreik ausgelöst und
stellte für die Bankangestellten Streikposten. [...] Eine Verständigung
kam erst durch Vermittlung des Zürcher Regierungsrates zustande.
[...] Am Abend des 1. Oktober konnte die Staatskanzlei mitteilen, eine
Einigung sei zustande gekommen und das Banken-Syndikat habe die
Forderungen des Personals erfüllt. Die Arbeiterunion beschloß darauf, den städtischen Generalstreik abzubrechen.
Die Vorfälle, die sich im Zusammenhang mit dem Beamtenstreik
ereignet hatten, steigerten die Beunruhigung der bürgerlich gesinnten

---

[1] W. Gautschi, *Der Landesstreik 1918*, Zürich 1988[3] (im folgenden zitiert:
Gautschi).

Kreise. Manchen erschien dieser städtische Generalstreik als Haupt-
probe eines umfassenden Generalstreiks mit weiter gesteckten Zielen.
Die unmittelbare Gefahr schätzte man zwar vorderhand eher gering
ein, doch hatten Mitglieder der zürcherischen Regierung durch «vertrauliche Rücksprache» mit einzelnen Führern der Sozialdemokratie
erfahren, daß im Falle «größerer revolutionärer Bewegungen» im
Auslande, die auf das nahende Kriegsende zu erwarten waren, die
Möglichkeit bestehe, daß «der Funke von jenseits der Grenzen dann
zu uns herüberspringe».
Als in den ersten Novembertagen der Zusammenbruch der Zentralmächte zur Tatsache wurde und die ersten Nachrichten vom Auf-
stande der Kieler Matrosen in die Schweiz gelangten, schien die Voraussetzung zur Auslösung einer putschartigen Aktion gegeben zu
sein, dies um so mehr, als die auf den 7. November 1918 angesetzten
Feiern zum Jahrestag der russischen Revolution einen Ausbruch revolutionärer Gefühle erwarten ließen.[2]

Selbstverständlich hatte Barth im November 1918 die Ereignisse
«in diesen außerordentlichen Zeiten»[3] mit großer Anteilnahme ver-
folgt. Die detailgenauen Ausführungen in seinem Referat vor dem
Arbeiterverein in Safenwil lassen vermuten, dass er Zeitungsartikel zu
den Geschehnissen in einem Dossier gesammelt hatte, nach denen er
an Hand der Stichwortnotizen die Abläufe referieren konnte. Leider
hat er diese Sammlung – anders als die entsprechende Zusammenstel-
lung zum Fabrikgesetz[4] – nicht aufbewahrt. Doch zeigt die Recherche
deutlich, dass seine Hauptquelle die Nachrichten und Berichte der von
ihm im Abonnement bezogenen «Basler Nachrichten» waren, aus de-
nen sich nahezu alle Stichworte konkretisieren und an Hand deren
sich auch zunächst unlesbare Stellen schließlich doch entziffern ließen.
Ein auf den ersten Blick unerklärliches Detail – die veränderte Rei-
henfolge, in der Barth die Forderungen des Oltener Komitees wie-
dergibt[5] – erhärtet die Annahme, dass die Quelle seiner Ausführungen
ganz überwiegend in den «Basler Nachrichten» zu sehen ist.

---

[2] Gautschi, S. 225–227.
[3] Bw.Th. I, S. 299.
[4] Siehe oben S. 10.
[5] Siehe unten S. 463, Anm. 96.

Barths Bedürfnis, im Februar 1919 über die Vorgänge vor und während des Landesstreiks zur Klarheit zu kommen und, wie er eingangs sagt, «daraus zu lernen», hatte wohl vor allem zwei Gründe: Zum einen stand die juristische Würdigung der Ereignisse im Landesstreikprozess bevor.[6] Zum anderen hatte Barths Haltung zum Landesstreik in seiner Gemeinde und in der «Kirchenpflege» (dem Kirchgemeinderat bzw. dem Presbyterium) lebhafte Auseinandersetzungen provoziert, die schließlich zum Rücktritt des Präsidenten und dreier weiterer Mitglieder der Kirchenpflege führten.[7] Am 20. Februar 1919 stand die letzte Sitzung der Kirchenpflege in der alten Zusammensetzung bevor. Auch im Blick darauf mag es Barth wichtig gewesen sein, die Ereignisse noch einmal zu reflektieren.

Fr.-W. Marquardt hat die Diskussionen in der Kirchenpflege an Hand der zu jener Zeit von Barth selber als «Aktuar» (Schriftführer) geschriebenen Protokolle der Sitzungen dargestellt.[8] In der Sitzung vom 15. November 1918 kündigte der Präsident der Kirchenpflege für die folgende Woche eine Sondersitzung an, in der es um Äußerungen des Pfarrers zum Landesstreik gehen solle. Er bezog sich dabei auf die «Enthüllungen», wie Barth ironisch protokolliert, die Ernst Hüssy-Senn bei einer freisinnigen Versammlung gemacht habe: «Einer der schlimmsten Anhänger des Sozialismus sei der Pfarrer. Er habe nämlich in einem Privatgespräch in einer Familie den Generalstreik verherrlicht, indem er geäußert habe, der Bundesrat lasse die armen Kinder verhungern und der Streik sei notwendig wegen der von der S.B.B. bezahlten Hungerlöhne. Er habe ferner bedauert, gegenwärtig infolge der Grippe nicht predigen zu können, ansonst er auch noch etwas zu sagen hätte.»[9] In der Sondersitzung vom 20. November 1918 teilte der Präsident einleitend mit: «dass das beanstandete Gespräch in der Familie des Herrn Hüssy-Kunz geführt worden sei». Die Wiedergabe

---

[6] Gautschi, S. 350–359.

[7] Vgl. Busch, S. 119.

[8] Fr.-W. Marquardt, *Der Aktuar. Aus Barths Pfarramt*, in: *Einwürfe*, hrsg. von Fr.-W. Marquardt, D. Schellong, M. Weinrich und dem Chr. Kaiser Verlag, [Bd.] 3: *Karl Barth: Der Störenfried?*, München 1986, S. 93–139.

[9] A.a.O., S. 128, nach der Vorlage korrigiert. Vom 20. Oktober bis zum 17. November 1918 fanden in Safenwil wegen der Grippe-Pandemie keine Gottesdienste statt.

durch Herrn Hüssy-Senn «hat sich nach den Mitteilungen von Hrn.
Hüssy-Kunz als gänzlich entstellt herausgestellt. Die namhaft ge-
machten Äusserungen sind nicht gefallen. Der Pfarrer hat den Gene-
ralstreik nicht ‹verherrlicht›, wohl aber die Ansicht vertreten, er sei
eine notwendige Folge der allgemeinen Lage und der herrschenden
Politik.»[10] *In der Diskussion stellte Barth klar: «Zur Sache selbst ist zu*
sagen, daß es sich nicht um eine Verherrlichung, aber um ein ruhiges
Begreifen des Generalstreiks handelt. Der Gebrauch von Gewalt ist
selbstverständlich vom Bösen. Aber mit dieser Feststellung ist die ab-
solute Verurteilung einer solchen Erscheinung noch nicht gerechtfer-
tigt. Es ist übrigens mindestens die Frage, von welcher Seite mit der
Drohung oder mit dem Gebrauch von Gewalt der Anfang gemacht
worden ist. Die Freiheit, solche Erwägungen auszusprechen, wo es sei,
kann sich der Pfarrer nicht beschneiden lassen.»[11]

Der Generalstreik im Nov[ember] 1918

18. II 19

1. Ein in viel Dunkel gehülltes Ereignis. Einer der merkwürdigsten
Punkte d. Geschichte, speziell auch des schweiz[erischen] Sozialis-
mus. Alle unbedingten Urteile zu verwerfen. Große Möglichkeiten u.
Gefahren taten sich auf, 2 Welten traten sich gegenüber. Zu einer
Entscheidung kams nicht. Die Spannung besteht weiter. Umso mehr
daraus zu lernen.

2. Die allgem. Lage Anfang Nov.: Deutscher u. österr. Rückzug.[12]

[10] Vgl. a.a.O., S. 129.
[11] A.a.O., S. 130.
[12] Am 29.9.1918 war es den Armeen der Entente an der Westfront gelungen,
die deutschen Linien zu durchbrechen. Am selben Tag forderte die Oberste
Heeresleitung die deutsche Regierung auf, den Gegnern innert 24 Stunden
einen Waffenstillstand und den Frieden anzubieten, was jedoch erst am 4.10.
geschah (BN, Jg. 74, Nr. 468 vom 7.10.1918 [Mittagsausgabe], S. [1]). Anfang
November häuften sich die Berichte über den Rückzug der Truppen der Mittelmächte: BN, Jg. 74, Nr. 513 vom 2.11.1918 (1. Blatt), S. [3]; Nr. 514 vom
2.11.1918 (2. Blatt), S. [1f.]; Nr. 516 vom 4.11.1918 (Mittagsausgabe), S. [1],

Abfall von Türkei u. Bulgarien[13] 3.[14] Österr. Waffenstillstand.[15] «Neuer Kurs» in Deutschland[16] 4. Kundgebungen in Stuttgart u.

usw. – Am 28.10.1918 hatten alliierte Truppen die österreichisch-ungarische Front am Piave durchbrochen (BN, Jg. 74, Nr. 507 vom 30.10.1918 [1. Blatt], S. [2]; Nr. 509 vom 31.10.1918 [1. Blatt], S. [2]), woraufhin die Wiener Regierung um Waffenstillstand bitten musste und den Rückzug ankündigte (BN, Jg. 74, Nr. 510 vom 31.10.1918 [2. Blatt], S. [1]).

[13] Bulgarien hatte bereits am 27.9.1918 um einen Waffenstillstand ersucht, nachdem seine Armee an der mazedonischen Front in ernste Schwierigkeiten geraten war (BN, Jg. 74, Nr. 453 vom 28.9.1918 [1. Blatt], S. [3]; Nr. 454 vom 28.9.1918 [2. Blatt], S. [1f.]). – Nach schweren Niederlagen in Palästina musste am 31.10.1918 auch die Türkei einen Waffenstillstand mit der Entente schließen (BN, Jg. 74, Nr. 505 vom 29.10.1918 [1. Blatt], S. [2]; Nr. 512 vom 1.11.1918 [2. Blatt], S. [1f.]).

[14] Die Ziffern bezeichnen das jeweilige Tagesdatum im November 1918: 3.11.1918 usw.

[15] Die BN, Jg. 74, Nr. 511 vom 1.11.1918 (1. Blatt), S. [1], meldeten bereits: «Der *Auflösungsprozeß Österreich-Ungarns* vollzieht sich ungemein rasch.» Am 3.11. trat der Waffenstillstand zwischen Österreich-Ungarn und der Entente in Kraft (BN, Jg. 74, Nr. 516 vom 4.11.1918 [Mittagsgabe], S. [1]).

[16] Am 30.9. demissionierte der deutsche Reichskanzler Graf Hertling. In dem Erlass, mit dem er den Rücktritt annahm, erklärte Kaiser Wilhelm II.: «Ich *wünsche, daß das deutsche Volk wirksamer als bisher an der Bestimmung* der Geschicke des Vaterlandes *mitarbeite*» (BN, Jg. 74, Nr. 458 vom 1.10.1918 [2. Blatt], S. [2]). Am 3.10. wurde Prinz Max von Baden zum Reichskanzler ernannt. Er bildete eine Regierung aus den Führern der großen parlamentarischen Parteien (u.a. Philipp Scheidemann von der SPD und Matthias Erzberger vom Zentrum) und strebte innenpolitisch eine Änderung der Verfassung im Sinne einer «politischen Mündigkeit des deutschen Volkes» an (so in einer Rede vor dem Reichstag am 22.10: BN, Jg. 74, Nr. 496 vom 23.10.1918 [2. Blatt], S. [1]). Über den Demokratisierungsprozess in Deutschland berichteten die BN in den folgenden Wochen jeweils unter dem Titel *Der neue Kurs* (BN, Nr. 468 vom 7.10.1918 [Mittagsgabe], S. [6], bis BN, Nr. 523 vom 8.11.1918 [1. Blatt], S. [2]). Das wichtigste Ergebnis der Verfassungsreformen, die zwischen dem 24. und 28. Oktober vom Reichstag, vom Bundesrat und vom Kaiser angenommen wurden, war die Einführung des allgemeinen, gleichen Wahlrechts in Preußen und die Bestimmung, nach der der Reichskanzler gegenüber dem Parlament verantwortlich gemacht wurde (s. auch unten Anm. 18).

[17] Die BN, Jg. 74, Nr. 518 vom 5.11.1918 (2. Blatt), S. [3], berichteten über «*Friedenskundgebungen*» der «*Unabhängigen Sozialisten*» am 3.11. in München und über «*größere Kundgebungen* der *Unabhängigen Sozialdemokraten*» am 4.11. in Stuttgart.

München.[17] Aufruf der Reichsregierung[18] 6. Ausweisung d. Sovjet-
gesandtschaft aus Berlin[19] 7. Aufstand in Kiel.[20] Waffenstillstandsver-

[18] Am 4.11. erließ die Regierung unter Reichskanzler Prinz Max von Baden
einen *Aufruf an das deutsche Volk*, in dem es u.a. heißt: «Die *Not der Zeit* lastet
auf der Welt und auf dem deutschen Volke. Wir müssen diese schweren Tage
und ihre Folgen überwinden. Heute schon müssen wir arbeiten für die glück-
licheren Zeiten, auf die das deutsche Volk ein Anrecht hat. Die neue Regierung
ist am Werke, diese Arbeit zu leisten.» «Wir brauchen in allen Teilen des Staates
und des Reiches die *Aufrechterhaltung* der *öffentlichen Sicherheit durch das
Volk selbst*. Wir haben *Vertrauen* zu dem Volk. Es hat sich in vier furchtbaren
Kriegsjahren glänzend bewährt. Es wird sich nicht von Phantasten sinnlos und
nutzlos in neues Elend und Verderben hineintreiben lassen. *Selbstzucht* und
Ordnung tun not.» «Die *gesicherte Zukunft Deutschlands* ist unser Leitsatz»
(BN, Jg. 74, Nr. 519 vom 6.11.1918 [1. Blatt], S. [2]).
[19] Zum Abbruch der diplomatischen Beziehungen zur Sowjetregierung
durch die deutsche Regierung am 5.11.1918 meldeten die BN, Jg. 74, Nr. 520
vom 6.11.1918 (2. Blatt), S. [2f.]: «Am 4. November traf von *Moskau* kommend
ein *Kurier* der hiesigen diplomatischen Vertretung der *Sowjetregierung* auf
dem Bahnhof Friedrichstraße ein. Beim Hinuntertragen des Gepäcks vom
Bahnsteig wurde eine der Kisten durch Anstoßen beschädigt, so daß die darin
befindlichen Papiere auf den Boden fielen. Diese Papiere waren, wie sich her-
ausstellte, in *deutscher* Sprache gedruckte *Flugblätter*, die die deutschen Arbeiter und Soldaten zum *sofortigen Umsturz* aufforderten. Eines der Flugblätter, das von der internationalen Spartacus-Gruppe unterzeichnet war,
enthält einen Aufruf zum *revolutionären Kampf*, während ein anderes Flugblatt die näheren Anweisungen für diesen Kampf gibt, welche zum *Meuchel-
mord* und zum *Terror* auffordern. [...] Die deutsche Regierung hat von der
russischen Regierung *Bürgschaften* dafür verlangt, daß in Zukunft von ihren
Organen keinerlei *revolutionäre Agitation* und *Propaganda* gegen die staatlichen Einrichtungen in Deutschland geduldet werden [...]. Die russische Regierung wurde ersucht, *bis zur Erfüllung* dieser Forderung ihre gesamten *amtlichen* Vertreter aus Deutschland *zurückzuziehen*, ebenso wurden alle
amtlichen Vertreter in Rußland *abberufen*.» Vgl. Nr. 523 vom 8.11.1918 (1.
Blatt), S. [2]).
[20] Die BN, Jg. 74, Nr. 519 vom 6.11.1918 (Beilage zum 1. Blatt), S. [3], berichteten von Unruhen in Kiel, «an denen sich *Marinemannschaften* und *Arbeiter* beteiligten, nachdem ein Führer der *Unabhängigen Sozialisten* in einer
Versammlung gesprochen hatte. Die Demonstranten beabsichtigten, zahlreiche wegen schwerer Gehorsamsverweigerung in den *Militär*-Arrestanstalten
sitzende Mannschaften des dritten Geschwaders *gewaltsam zu befreien*. Dabei
kam es zu *Zusammenstößen*, wobei acht Personen *getötet* und *29 verwundet*
wurden. [...] Der *Gouverneur* hat später eine Abordnung der Mannschaften
empfangen, um neues Blutvergießen zu vermeiden. Am Nachmittag unter-

handl[un]g[21] 8. Ultimatum d. Soz[ial]dem[okraten] an den Kaiser.[22] Republik in Bayern[23] 9. Abdankung Wilhelms II.[24] Revol[ution] in Berlin[25] 10. Waffenstillstandsbedingungen.[26] Regierung Ebert.[27] Wil-

nahm man mit den *freigelassenen Arrestanten* des dritten Geschwaders einen *großen Umzug* durch die Stadt. Im Zuge wurden *rote Fahnen* getragen.» Vgl. BN, Jg. 74, Nr. 523 vom 8.11.1918 (1. Blatt), S. [2]; Nr. 526 vom 10.11.1918, S. [1].

[21] Staatssekretär M. Erzberger und weitere Bevollmächtigte führten vom 8. bis 11.11.1918 in Compiègne Waffenstillstandsverhandlungen mit dem Oberkommando der Ententemächte und dessen Sprecher Marschall Foch (BN, Jg. 74, Nr. 523 vom 8.11.1918 [1. Blatt], S. [1]; Nr. 526 vom 10.11.1918 [Beilage zum Sonntagsblatt], S. [1]).

[22] Die BN, Jg. 74, Nr. 525 vom 9.11.18 (1. Blatt), S. [1], meldeten über das *«Ultimatum der Sozialdemokraten an den Kaiser»* vom 7.11.1918: «Die *Sozialdemokratie* fordert, daß 1. die *Versammlungsverbote* für heute aufgehoben; 2. *Polizei* und *Militär* zur äußersten Zurückhaltung angehalten werden; 3. die preußische Regierung sofort im Sinne der Reichtagsmehrheit *umgewandelt* werde; 4. der sozialdemokratische Einfluß in der Reichtagsmehrheit verstärkt wird; 5. *die Abdankung des Kaisers und der Thronverzicht des Kronprinzen bis Freitag [8.11.] mittag verwirklicht wird.* Bei *Nichterfüllung* der Forderungen *treten* die *Sozialdemokraten* aus der Regierung *aus.*»

[23] Am 8.11. proklamierte Kurt Eisner in München die bayerische Republik: «Volksgenossen! Nach jahrelanger Knechtung hat das Volk die Machthaber gestürzt und die Regierung selbst in die Hand genommen. Die *bayrische Republik* wird hierdurch *proklamiert.* [...] Die *Dynastie Wittelsbach* ist *abgesetzt.* Hoch die Republik!» (BN, Jg. 74, Nr. 526 vom 10.11.1918, S. [1]).

[24] Prinz Max von Baden gab am Mittag des 9.11. die Abdankung Wilhelms II. bekannt: *«Der Kaiser und König hat sich entschlossen, dem Throne zu entsagen. Der Reichskanzler [...] beabsichtigt, [...] die Ernennung des Abgeordneten Ebert zum Reichskanzler und die Vorlage eines Gesetzentwurfes wegen der sofortigen Ausschreibung allgemeiner Wahlen für eine verfassunggebende deutsche Nationalversammlung vorzuschlagen, der es obliegen würde, die künftige Staatsform des deutschen Volkes [...] endgültig festzusetzen»* (BN, Jg. 74, Nr. 526 vom 10.11.1918, S. [1f.]).

[25] BN, Jg. 74, Nr. 527 vom 11.11.1918 (Mittagsausgabe), S. [1]: *«Die Revolution in Deutschland.* Reichskanzler *Ebert* hat eine *neue sozialistische Regierung* gebildet. Scheidemann proklamierte den Sturz der Monarchie. Der Arbeiter- und Soldatenrat *(A.S.R.)* hielt am Samstag [9.11.] im Reichstagsgebäude seine erste Sitzung ab und übernahm die innere militärische Leitung».

[26] Das vom Obersten Kriegsrat der Alliierten der deutschen Delegation in ultimativer Form auferlegte Waffenstillstandsabkommen enthielt 34 Artikel, in denen wichtige Bestimmungen des Versailler Friedensvertrages vorwegge-

helm II. nach Holland.[28] Karl I. abgedankt.[29] Republik in Österreich[30] – Proklamation des schweiz. Generalstreiks.[31]

Dieser Zus[ammen]hang zeigt a) den Zus[ammen]bruch der stärksten Stützen des bisherigen Systems b) die sich meldende neue Zeit, ihrer selbst noch ungewiß[.] Die Frage wird für ganz Europa akut: ist das Alte vergangen, ein Neues im Kommen [vgl. 2. Kor. 5,17]. Irgendwie mußten wir dazu Stellung nahmen

3. Bericht über d. Tatsächliche. 1.[32] Aufruf d. Geschäftsleitung zur Feier der russ. Revol. (7. XI 17)[33] Zeigt, daß die Lage begriffen war.

nommen wurden. In den BN, Jg. 74, Nr. 527 vom 11.11.1918 (Mittagsausgabe), S. [1], wurden unter der Schlagzeile «Die Waffenstillstandsbedingungen» 18 dieser Bedingungen abgedruckt.

[27] In ihrem Ultimatum vom 7.11. hatte die SPD-Fraktion im Reichstag praktisch die Regierungsgewalt beansprucht. Fr. Ebert wurde daraufhin am 9.11. Reichskanzler, und zwar durch einfache Amtsübergabe von seinem Vorgänger Prinz Max von Baden. Er konnte bereits am 10.11. eine Regierung bilden, die sich «Rat der Volksbeauftragten» nannte und an der neben Vertretern der gemäßigten Mehrheitssozialisten auch Vertreter der radikalen USPD beteiligt waren (BN, Jg. 74, Nr. 527 vom 11.11.1918 [Mittagsausgabe], S. [1]).

[28] BN, Jg. 74, Nr. 527 vom 11.11.1918 (Mittagsausgabe), S. [3]: «*Der deutsche Kaiser in Holland.* Berlin, 10. Nov. Der *Kaiser* ist heute vormittag in *Arnheim* in Holland *eingetroffen*».

[29] Der österreichische Kaiser Karl I. erklärte in seinem letzten Manifest vom 11.11.1918 zwar nicht seinen Verzicht auf den Thron, verzichtete jedoch auf jeglichen Anteil an den Staatsgeschäften: «Nach wie vor von unwandelbarer Liebe für alle meine Völker erfüllt, will ich ihrer freien Entfaltung meine Person nicht als Hindernis entgegenstellen» (BN, Jg. 74, Nr. 529 vom 12.11.1918 [2. Blatt], S. [1]).

[30] Nach dem Regierungsverzicht Karls I. unterbreitete der deutsch-österreichische Staatsrat der provisorischen Nationalversammlung am 12.11. ein Gesetz über die Staatsform, nach dem *«Deutsch-Österreich»* eine demokratische Republik und als solche Bestandteil der Deutschen Republik sein sollte (BN, Jg. 74, Nr. 529 vom 12.11.1918 [2. Blatt], S. [1]).

[31] Der schweizerische Landesstreik wurde in der Nacht vom 10. auf den 11.11.1918 proklamiert, s. unten S. 456, Anm. 55.

[32] Die Ziffern bezeichnen das jeweilige Tagesdatum im November 1918: 1.11.1918 usw.

[33] Die Geschäftsleitung der Sozialdemokratischen Partei der Schweiz veröffentlichte ihren «Aufruf zur Revolutionsfeier», der sich auf die russische Oktoberrevolution vom 7.11.1917 bezog, am 31.10.1918 in der Zürcher Parteizeitung «Volksrecht». Der Text ist vollständig abgedruckt in Gautschi, Do-

Obs mit den Folgerungen ernst werden sollte, ernst gemeint war? 2. Meldungen von «Umtrieben». 10 Mill. «D. Schweizervolk wittert»[34] 6. Zürcher Regierung verlangt Militär a) psycholog. Moment[35] b) Abreise des Bat[aillons] 18[36] c) Mitteilung einer Amtsperson über Bomben[37] d) Hetzartikel[.][38] 2 Inf[anterie] Reg[imenter] 2 Kav[allerie]

kumente, S. 155–157, zur Vorgeschichte vgl. Gautschi, S. 154f. Barth zitiert die Schlusspassage daraus in der ersten «Beilage» (s. unten S. 462f.). Der 1.11.1918, den er dabei als Datum nennt, erklärt sich daraus, dass die von ihm gelesenen BN den Aufruf gekürzt am 2.11.1918 (Jg. 74, Nr. 513, 1. Blatt, S. [3]) unter Meldungen vom 1.11.1918 ohne Hinweis auf die zuvor erfolgte Veröffentlichung im «Volksrecht» brachten.

[34] BN, Jg. 74, 1. Beilage zu Nr. 515 vom 3.11.1918, S. [5]: «Es unterliegt für uns keinem Zweifel, daß die große Mehrheit des Schweizervolkes die Anwendung von Gewalt in jeder Form verpönt. Deshalb ist es erklärlich, daß es mit Argusaugen darüber wacht, was Unruhen zu bringen geeignet wäre. In neuester Zeit wittert es, wohl nicht mit Unrecht, eine Gefahr in den *bolschewistischen Umtrieben*, die sich in verschiedenen Formen geltend machen. Man hat davon gehört, […] daß viele Millionen für Rechnung der Bolschewiki bei schweizerischen Banken deponiert sein sollen usw.» In diesem Zusammenhang waren «10 Millionen Rubel» in den BN, Nr. 512 vom 1.11.1918 (2. Blatt), S. [3], genannt worden; vgl. dazu auch P. Schmid-Ammann, *Die Wahrheit über den Generalstreik von 1918. Seine Ursachen. Sein Verlauf. Seine Folgen*, Zürich 1968, S. 204.

[35] BN, Jg. 74, Nr. 521 vom 7.11.1918 (1. Blatt), S. [3]: «*Bern*, 6. Nov. […] Die Zürcher Regierung verlangte das Truppenaufgebot im Hinblick darauf, daß *gewisse Anzeichen* vorhanden sind, wonach *in Zürich* im Zusammenhang mit dem *Jahrestag der russischen Revolution Unruhen zu erwarten* sind. Der Bundesrat leistete diesem Verlangen Folge in der Meinung, daß das Truppenaufgebot *rein vorbeugenden* Charakter trage und in der Hoffnung, daß es dazu beitragen werde, jegliche Ruhestörung zu vermeiden.» Vgl. auch Gautschi, S. 227–232.

[36] Die Armeeführung hatte am 4.11.1918 den Abzug des in Zürich stationierten Neuenburger Bataillons 18 angeordnet; vgl. BN, Jg. 74, Nr. 526 vom 10.11.1918, S. [3]; vgl. unten Anm. 38; vgl. auch Gautschi, S. 206.

[37] BN, a.a.O. S. [2]: Zur «Begründung des Militäraufgebots» wird «in der Mitteilung der Zürcher Staatskanzlei» «auf den Rapport einer Amtsperson an das Platzkommando Zürich Bezug genommen, aus dem hervorgehen soll, daß in Zürich neue Bombenfunde gemacht worden sind, daß eine anarchistische Gruppe sich im Besitze von Sprengstoffen befindet und daß für die Tage vom 7. bis 10. November auf dem Platze Zürich ein terroristischer Putsch geplant war»; vgl. auch Gautschi, S. 227f.; Mattmüller II, S. 404f., Anm. 26.

[38] BN, a.a.O., S. [3]: In einer Erklärung des Zürcher Regierungspräsidenten

Brig[aden][39] 7. Nochmals 2 Inf. Reg[.] 2 Kav. Brig.[40][,] «steht außer Zweifel[»,] bestimmter Plan, Anschlag auf Staatsgewalt.[41] Regierung in Kaserne. Sonderegger.[42] Manifest von Herzog[,] «Führer d. Jung-

nach einer Konferenz des Regierungsrates am 8.11.1918 mit Vertretern des Kantonsrates über die derzeitige Lage heißt es: «*Für das Truppenaufgebot* waren *folgende Punkte* für den Regierungsrat *maßgebend:* 1. die Unruhen in den Nachbarstaaten; 2. der Umstand, daß am Dienstag morgen [scil. 5.11.1918] das Bataillon 18, das bisher in Zürich stationiert war, nach der Grenze übergeführt wurde; 3. am Dienstag morgen machte ein Amtsperson dem Platzkommando Mitteilung über geplante Unruhen und Attentate; 4. mehrere Hetzartikel des ‹Volksrecht›.»

[39] BN, Jg. 74, Nr. 521 vom 7.11.1918 (1. Blatt), S. [3]: «Der Bundesrat hat auf kürzesten Termin (Mittwoch, 6. November, nachmittags 3 Uhr) ein größeres Truppenaufgebot erlassen. Unter anderm müssen zwei Infanterie-Regimenter und zwei Kavallerie-Brigaden einschließlich Landwehrmitrailleur-Schwadronen Hals über Kopf einrücken.» Vgl. auch Gautschi, S. 238; Mattmüller II, S. 405.

[40] BN, Jg. 74, Nr. 522 vom 7.11.1918 (2. Blatt), S. [3]: «*Neue Truppenaufgebote. Bern, 6. Nov.* Der Bundesrat hat beschlossen, die Intanterieregimenter 7 (Freiburg) und 16 (Bern) sowie die Kavalleriebrigaden 1 und 2 auf Freitag den 8. November, morgens 9 Uhr, aufzubieten.»

[41] Die BN, ebd., zitieren aus einem Artikel der NZZ (Jg. 139, Nr. 1483 vom 6.11.1918 [Abendblatt], S. [1]) zum Truppenaufgebot: «Es handelt sich um Maßnahmen zum Schutze unserer staatlichen Ordnung und aller derer, die sich ihr anvertraut haben. Denn daß die auf Verfassung und Gesetz begründete Ordnung bedroht ist, steht heute außer Zweifel. Die ausländischen und inländischen Verfechter des Umsturzes, wie er von den Bolschewiki in Rußland durchgeführt worden ist, sind von der Agitation, die in zielbewußter Verhetzung der Volksmassen bestand, dazu übergegangen, einen bestimmten Plan für einen revolutionären Anschlag auf unsere Staatsgewalt, ihre Träger und ihre Schutzmittel, aufzustellen – einen Anschlag, der in den nächsten Tagen oder Wochen in der Stadt Zürich, dem Herd der ausländischen terroristischen Propaganda, ausgeführt werden soll.» Vgl. dazu Gautschi, S. 234: «Die Annahme, es hätte 1918 in Zürich ein zielbewußt handelndes, aber raffiniert getarntes Revolutionskomitee bestanden, in der Art wie jenes, das in Rußland unter Führung Lenins und Trotzkis vom 10. Oktober 1917 an systematisch den bewaffneten Umsturz organisierte und den Beginn des Aufstandes datummäßig festlegte, ist zweifellos unrichtig.»

[42] Weiter zitieren die BN, ebd., aus dem erwähnten NZZ-Artikel: «Heute sind Infanterie- und Kavallerieabteilungen in Zürich eingerückt [...]. Die Mannschaften werden dem Befehl von Oberstdivisionär *Sonderegger* unterstellt. Das Kommando befindet sich in der Kaserne, wo auch, zum Zwecke der

burschen».[43] Arbeiterunion wehrt ab: n[icht] veranlaßt, beweisen.
Aktion wie bisher.[44] Aber Platten u. Jugend beschließen Kundgebung

zur Beherrschung der Lage erforderlichen Fühlung zwischen der Staatsver-
waltung und der für die Wahrung ihrer Autorität eintretenden militärischen
Gewalt, der Regierungsrat Sitzung hält.» Vgl. auch Gautschi, S. 228–239; Mattmüller II, S. 405.408.

[43] BN, Jg. 74, Nr. 523 vom 8.11.1918 (1. Blatt), S. [3]: «Von *revolutionär-
sozialdemokratischer* Seite wurde ein *Flugblatt* verteilt, welches dem Jahrestag
der Zürcher Novemberkrawalle gewidmet ist und folgende *Postulate* aufstellt:
Befreiung aller politischen Gefangenen, Sistierung der militärischen und zivi-
len Prozesse [...]. Im Namen der November-Toten, der Verwundeten und
Eingekerkerten verlangt das Manifest die sofortige Erfüllung dieser Postulate.
Es trägt die Unterschrift der *kommunistischen Partei Zürich*, also wohl der
Leute der *Gruppe Herzog*, welche seinerzeit aus der offiziellen sozialdemokratischen Partei ausgeschlossen worden waren. Auf der Rückseite des Flug-
blattes wendet sich die *sozialdemokratische Soldatenorganisation* Zürich an die
Soldaten und *fordert sie zur Gehorsamsverweigerung auf*, falls es zu Konflik-
ten komme.» Vgl. H.U. Jost, *Linksradikalismus in der deutschen Schweiz 1914–
1918*, Bern 1973, S. 170f.; zu den «Novemberkrawallen» 1917 vgl. a.a.O.,
S. 148–152; Gautschi, S. 68f.; Mattmüller II, S. 350–375. Die BN, Jg. 74, Nr. 524
vom 8.11.1918 (2. Blatt), S. [3], meldeten, dass das Flugblatt Herzog «zum
Verfasser» habe, und zugleich, dass der «Führer der Jungburschen, *Herzog*»,
am 7.11.1918 verhaftet worden sei. Die sozialdemokratische Jungburschen-
Gruppe, die sich nun «Kommunistische Partei» nannte (vgl. Jost, a.a.O.,
S. 171), konnte in den Landesstreik nicht mehr eingreifen.
[44] In den Arbeiterunionen hatten sich Gewerkschaften und sozialdemokratische Organisationen zusammengeschlossen. Die BN, Jg. 74, Nr. 523 vom
8.11.1918 (1. Blatt), S. [3], meldeten: «*Zürich*, 7. Nov. Die Vorstände der Arbeiterunion Zürich, der sozialistischen Partei und des Gewerkschaftskartells
veröffentlichen im heutigen ‹Volksrecht› folgenden Aufruf:
Arbeiter, Genossen!
Die Arbeiterschaft Zürichs, verkörpert durch die Arbeiterunion Zürich, die
ihre Beschlüsse offen faßt und für alle ihre Aktionen die Verantwortung trägt,
hat durch keine Maßnahmen auch nur im entferntesten ein Massenmilitär-
Aufgebot veranlaßt. [...] Die Arbeiterschaft Zürichs, in ihrem Bestreben nach
Eroberung der politischen Macht, wird nicht zu terroristischen und konspi-
rativen Mitteln ihre Zuflucht nehmen, sondern das Mittel der Massenaktion
auf politischem und wirtschaftlichem Gebiet zur Anwendung bringen. Die
Tatsache, daß weder der Arbeiterunion noch den städtischen Behörden auch
nicht das geringste von dem Schritte der Regierung bekannt war, beweist, daß
die Maßnahmen der Regierung eine Provokation sind, auf die hereinzufallen
wir die Arbeiterschaft warnen. [...] Wir protestieren gegen die Militärdiktatur.
Wir fordern die Arbeiter auf, sich strikte an die Losungen des Unionsverban-

auf 10.XI[45] *8. Aufruf des B[undes]R[ates]: Ordnung[,] daher Militär. Wir haben Alles getan![46] Aufruf d. O[ltener] K[omitees[47]:] Vermutungen! 24stünd. Proteststreik[48] 9. Zürcher Regierung: das Ausland![49]*

des zu halten, der sich durch keine Maßnahmen von seinem Wege abbringen läßt. Wir fordern den Regierungsrat des Kantons Zürich auf, seine Beweise zu veröffentlichen und damit der gesamten Öffentlichkeit für jene Behauptungen den Beweis zu erbringen, mit denen er sein Vorgehen rechtfertigt.»
[45] BN, Jg. 74, Nr. 524 vom 8.11.1918 (2. Blatt), S. [3]: *«Zürich, 7. Nov. Die Arbeiterunion Zürich und die sozialdemokratische Jugendorganisation Zürichs* veröffentlichen im ‹Volksrecht› eine Einladung zu einer nächsten *Sonntag,* 10. November, nachmittags 3 Uhr, auf dem Fraumünsterplatz stattfindenden *großen öffentlichen Kundgebung* zur Feier des Jahrestages des Sieges der sozialistischen Revolution in Russland. Referenten sind die Genossen Fritz Platten und Paul Rüegg.» Platten war Sekretär der Sozialdemokratischen Partei der Schweiz, Rüegg gehörte zu der sozialdemokratischen Jugendorganisation. Vgl. auch Gautschi, S. 262.
[46] Die BN, Jg. 74, Nr. 525 vom 9.11.1918 (1. Blatt), S. [2], druckten den «Aufruf des Bundesrates an das Schweizervolk» vom 7.11.1918 ab, in dem es u.a. heißt: «Wir sind fest entschlossen, die vornehmste aller unserer Pflichten zu erfüllen: Ordnung im Lande zu halten und die öffentliche Sicherheit zu schützen. Daher haben wir beschlossen, vier Infanterieregimenter und vier Kavalleriebrigaden aufzubieten.» «In diesen 4 Kriegsjahren haben wir alles getan, und wir werden fernerhin alles tun, um dem Schweizervolke und insbesondere unsern Mitbürgern mit bescheidenem Einkommen die Lebensbedingungen zu erleichtern.» Vgl. Gautschi, Dokumente, S. 196–198; Gautschi, S. 250f.
[47] Das «Oltener Komitee» geht auf den «Aktionsausschuß der Oltener Konferenz» zurück, zu der sich am 4. Februar 1918 Vertreter der Sozialdemokratischen Partei und des Schweizerischen Gewerkschaftsbundes getroffen hatten, um über den Widerstand der Arbeiterschaft gegen die geplante Einführung einer Zivildienstpflicht zu beraten; vgl. Gautschi, S. 86–94.
[48] In der Meldung über den Aufruf des Oltener Komitees vom 7.11.1918 zu einem 24-stündigen Proteststreik in den BN, Jg. 74, Nr. 525 vom 9.11.1918 (1. Blatt), S. [2], heißt es: Das Komitee «konnte feststellen, daß sich die *bundesrätlichen Maßnahmen auf bloße Vermutungen und haltlose Konstruktionen* stützen». Vgl. Gautschi, Dokumente, S. 204–206; Gautschi, S. 247–257.
[49] BN, Jg. 74, Nr. 526 vom 10.11.1918, S. [3]: In der Erklärung des Zürcher Regierungspräsidenten vom 8.11.1918 (s. oben S. 452, Anm. 38) heißt es: *«Mit den sozialdemokratischen Führern* trat der Regierungsrat in Fühlung und fragte sie an, ob sie Garantien bieten könnten, daß für den Fall, daß die revolutionären Bewegungen in den Nachbarstaaten auf die Schweiz übergreifen würden, sie die Massen in den Händen hätten, um zu verhindern, daß diese

Nicht gegen d. Arbeiter! Ordnung![50] – Grimm in Bern: polit. Macht[,] aber unblutig![51] «Entdeckungen» der Freisinnigen in Zürich.[52] Auflauf am Paradeplatz[53] *10*. Verhandlungen scheitern.[54] Generalstreik.[55]

Funken auf unser Land übersprängen. *Diese Garantie konnten die sozialdemokratischen Führer nicht geben.*»

[50] BN, ebd.: «Der Regierungsrat erklärt, daß er nicht die Rechte der organisierten Arbeiter antasten wolle. Er habe diesen Schritt getan, um im Kanton Zürich und in der Eidgenossenschaft in diesen Tagen die allgemeine Ordnung und die öffentliche Sicherheit aufrecht zu erhalten.»

[51] BN, ebd.: Auf einer Kundgebung in Bern am 9.11.1918 erklärte Robert Grimm, einer der führenden Sozialdemokraten: «Wir sind keine Anarchisten und Putschisten, aber wir wollen die politische Macht erobern, und zwar auf unblutigem Wege.» Vgl. Gautschi, S. 280.

[52] Wahrscheinlich sind die von Barth ironisch so genannten «Entdeckungen» gemeint, von denen in einer Meldung vom 9.11.1918 über einen Aufruf der freisinnigen Partei (vgl. oben S. 303, Anm. 2) die Rede ist; vgl. BN, ebd.: «In einem Aufruf der freisinnigen Partei der Stadt Zürich heißt es unter anderem: ‹Die Regierung weiß bestimmt, daß eine kleine Minderheit beabsichtigte, *die Militärstallungen in Brand zu setzen,* unter Benützung der Verwirrung sich des Zeughauses zu bemächtigen und sich mit *Maschinengewehren und Munition* zu versehen, sich der *Telephon- und Telegraphenzentrale* zu bemächtigen und die *bolschewistische Gewaltherrschaft* bei uns aufzurichten.[›] Der Aufruf fordert die Bürger auf, unsere demokratischen Einrichtungen zu schützen, die andere Völker erst erkämpfen müssen.»

[53] BN, ebd.: «Nachdem die auf dem Paradeplatz versammelte Menschenmenge sich gegen 10 Uhr auf eine *nach Tausenden zählende Menge* angewachsen hatte, [...] gab die Infanterie *mehrere Salven von blinden Schreckschüssen* ab, die von der Menge mit Gejohle und Gepfeife begrüßt wurden. Schließlich wurde der *ganze Platz geräumt* und die Zugänge zu demselben abgesperrt.» Vgl. auch Gautschi, S. 252f.

[54] BN, Jg. 74, Nr. 527 vom 11.11.1918 (1. Blatt), S. [3]: Entgegen der durch die Nationalräte Grimm und Ilg überbrachten Forderung des Oltener Komitees, «daß die *Truppen aus Zürich zurückzuziehen* seien, da deren Verbleiben als Provokation der Arbeiterschaft betrachtet werden müßte», beschloss der Bundesrat am 10.11.1918, «daß das Truppenaufgebot und die bisher getroffenen Maßnahmen *in vollem Umfange aufrecht zu erhalten* seien». Vgl. Gautschi, S. 272–276.

[55] BN, ebd.: Nach der Entscheidung des Bundesrates, die Truppen nicht zurückzuziehen, beschloss eine Versammlung des Oltener Aktionskomitees, des Bundeskomitees des schweizerischen Gewerkschaftsbundes und der Geschäftsleitung der sozialdemokratischen Partei in der Nacht von Sonntag, 10.11., auf Montag, 11.11.1918, «nach einläßlicher Besprechung der gravieren-

Aufforderungen an SBB etc.[56] Neue Aufgebote.[57] Zusammenstoß in Zürich.[58] Olten[er] Programm[59] *11*. Neue Aufgebote u. Strafdrohungen.[60] Konzessionen in Zürich (3 Demissionen, 8[-]St[un]d[en-]Tag[,] Truppen weg)[61] u. Basel (2 Demissionen, Truppen weg)[62] *12*. B[un-

den Lage, unter Würdigung der nationalen und internationalen Situation, [...] einstimmig [...] auf Montag nachts 12 Uhr den *allgemeinen Landesstreik* zu verhängen». Die BN druckten nach dieser Meldung zunächst eine Zusammenfassung des Aufrufs und die neun Programmpunkte des Oltener Komitees und dann unter der Überschrift «Ein Aufruf der Sozialdemokraten» den vollständigen Wortlaut der Proklamation ab; vgl. Gautschi, Dokumente, S. 237–240; Gautschi, S. 276–302, dort S. 281f. eine Abbildung des Aufrufs «An das arbeitende Volk der Schweiz!»

[56] In der Proklamation des Landesstreiks werden «Eisenbahner, Staatsangestellte» im besonderen aufgefordert, «Streikarbeit» zu verweigern: «Eure Entschlossenheit vermag den Kampf abzukürzen» (BN, ebd.; Gautschi, Dokumente, S. 239). Außerdem erließen die Eisenbahnpersonal-Verbände eine besondere Weisung zur Durchführung des Streiks; vgl. Gautschi, Dokumente, S. 240–243; Gautschi, S. 286–288.

[57] Die BN, a.a.O., S. [2], berichteten über «Neue Truppenaufgebote»; vgl. auch Gautschi, S. 297f.

[58] Die BN, a.a.O., S. [3], berichteten über die Ereignisse auf dem Fraumünsterplatz am 10.11.1918, auf dem sich trotz des Verbotes der Versammlung zum Jahrestag der russischen Revolution mehrere tausend Personen eingefunden hatten. Als die Menge der Aufforderung, auseinanderzugehen, nicht folgte, schoss das Militär in die Luft oder auf den Boden. Dabei wurden vier Personen verletzt. Vgl. auch Gautschi, S. 263f.

[59] Vgl. unten S. 463 die zweite «Beilage».

[60] Die BN, Jg. 74, Nr. 528 vom 12.11.1918 (1. Blatt), S. [2f.], berichteten über «Neue Truppenaufgebote» und über den Aufruf des Bundesrates an die Staatsbediensteten, der das «Treueverhältnis» dem Staate gegenüber einschärfte und den Streikenden wie denen, die zum Streik aufriefen, Strafe androhte; vgl. auch Gautschi, S. 300.

[61] BN, a.a.O., S. [3]: «*Zürich, 10. Nov.* Heute Nachmittag haben Besprechungen zwischen dem *Regierungsrat* des Kantons *Zürich* und dem *Stadtrat* von Zürich stattgefunden. Zur Beilegung des Konfliktes erklärte sich die Regierung zu folgenden *Zugeständnissen an die Arbeiterschaft* bereit:

1. Es werden *sofort drei Mitglieder* des Regierungsrates *demissionieren*, um der *Arbeiterschaft* eine *Vertretung* einzuräumen.

2. Der Regierungsrat ist bereit, sofort eine Gesetzesvorlage einzubringen, die den *Achtstundentag* für das gesamte kantonale Personal enthält, und in ähnlichem Sinne für das ganze Gebiet der Eidgenossenschaft beim Bundesrat vorstellig zu werden.

des-]Vers[ammlung]![63] (Sonderegger: unsre Truppen sind mit Handgranaten ...)[64] Calonder: Vertret[un]g der Soz[ialisten] im B[undes-]
R[at]. Sozialpol[itische] Vereinbarungen.[65] Grimm fragt nach Gründen![66] *13*. Militär Aktion gegen Komitee[67] u. Zeitungen[68]. Zus.stoß in

3. Der Regierungsrat ist bereit, die *sofortige Zurückziehung* der *Truppen* zu
verlangen, wenn der Streik als beendet erklärt wird.»
    Zur weiteren Entwicklung vgl. den Bericht in den BN, Jg. 74, Nr. 529 vom
12.11.1918 (2. Blatt), S. [2].

    [62] Die BN, Jg. 74, Nr. 528 vom 12.11.1918 (1. Blatt), S. [3], berichteten unter
der Überschrift «Rücktritt von Regierungsräten» über den geforderten bzw.
erwarteten Rücktritt zweier Basler Regierungsräte, die nicht mit der Linie der
bürgerlichen Regierungsräte übereinstimmten. Ebd. wurde berichtet, dass
«eine *sozialdemokratische* Delegation» gegenüber dem Regierungsrat «Garantien für einen unblutigen Verlauf der Bewegung in Basel übernehmen» wollte
«unter der Bedingung, daß kein Militär einschreite». Zwar ging die Regierung
darauf nicht ein, doch hielten sich die Truppen im Hintergrund, so dass die
BN, Jg. 74, Nr. 530 vom 13.11.1918 (1. Blatt), S. [3], über das «Aussehen der
Stadt» am ersten Tag des Generalstreiks berichten konnten: «Militär sah man
nur sehr wenig, häufig dagegen die weißen Binden der Bürgerwehr», die sich
«zur Aufrechterhaltung der Ruhe und Ordnung» gebildet hatte.

    [63] Die BN, Jg. 74, Nr. 530 vom 13.11.1918 (1. Blatt), S. [2], berichteten über
den Beginn der außerordentlichen Sitzung der Bundesversammlung am
12.11.1918; vgl. Gautschi, S. 302–318.

    [64] BN, ebd.: «*Zürich*, 12. Nov. Oberstdivisionär Sonderegger erläßt fol-
gende Kundgebung an die Bevölkerung der Stadt Zürich: Unsere Truppen sind
mit Handgranaten ausgerüstet. Sie haben Befehl, sie zu gebrauchen, wenn aus
Fenstern und Kellerlöchern geschossen wird.» In einer Erklärung an das Präsidium der Arbeiterunion Zürich schreibt Sonderegger: «Die Truppen werden
[...] von ihrem Rechte Gebrauch machen und nach vorangegangener Warnung
auf diejenigen feuern, die sich ihnen widersetzen.» Vgl. auch Gautschi, S. 264f.

    [65] Die BN, ebd., referierten aus der Rede des Bundespräsidenten Calonder:
«Was die Forderungen des Oltener Komites anbetrifft, so ist der *Bundesrat
einer Vertretung der Sozialdemokratie in seiner Behörde nicht abgeneigt,* wenn
möglich auf dem Wege einer Vermehrung der Mitgliederzahl.» «Der Bundesrat
hat entschieden die *Notwendigkeit der Aufnahme sozialpolitischer Vereinbarungen* in die grundlegenden Bestimmungen des *Völkerbundes* betont. Alle
Reformen können nur auf dem gesetzlichen Wege und unter Rücksichtnahme
auf das ganze Volk vor sich gehen in unserer Demokratie.» Vgl. auch Gautschi,
S. 303f.

    [66] Die BN, Jg. 74, Nr. 531 vom 13.11.1918 (2. Blatt), S. [2], berichteten über
die Erklärung Robert Grimms im Namen seiner Fraktion: «Ursache des Landesstreiks ist das Truppenaufgebot. Bis zur heutigen Stunde ist niemand dar-

Grenchen.[69] Streikabbruch (Eisenbahner, Versprechungen, nicht vor Masch[inen]gewehren[,] d. Kampf geht weiter)[70]

über unterrichtet, welche Erwägungen diese Maßnahmen begründet haben. Die heutigen Erklärungen des Bundespräsidenten können der Arbeiterschaft nicht genügen». Vgl. auch das Referat der entsprechenden Passage bei Schmid-Ammann, a.a.O. (s. oben S. 452, Anm. 34), S. 282.

[67] Die BN, Jg. 74, Nr. 533 vom 16.11.1918 (2. Blatt), S. [3], brachten eine «*Anmerkung*» «von sozialdemokratischer Seite» über die am 13.11. erfolgte Festsetzung des Oltener Komitees, das «militärisch überwacht und festgehalten wurde», bis «abends 6 Uhr» «das improvisierte Gefängnis» aufgehoben wurde. In einer angefügten «Anmerkung der Redaktion» dazu heißt es: «Diese schnoddrige ‹Anmerkung› echt Grimmschen Kalibers wird niemand täuschen.» «Die Bundesbehörden hatten allen Anlaß, sich einige Persönlichkeiten des Oltener Sowjets etwas genauer anzusehen. Bekanntlich gibt es Verbrechen, die Anstiftung zum Aufruhr, Anstiftung zur Widersetzlichkeit usw. heißen.»

[68] Das «Bulletin der nationalen Presse», das während der Streikmaßnahmen gegen die Buchdruckerei der BN erschien, brachte in Nr. 1 vom 13.11.1918, S. [2], die Meldung: «*Bern, 13*. Das *Gebäude der ‹Tagwacht›* ist heute früh militärisch *besetzt* und *Druckerei geschlossen* worden. Der telephonische Verkehr mit der Streikleitung und der Redaktion der ‹Tagwacht› ist unterbunden.» Die BN, Jg. 74, Nr. 532 vom 15.11.1918 (Mittagsausgabe), S. [1], berichteten aus Zürich: «Am Nachmittag [scil. des 14.11.] wurde das Gebäude des ‹Volksrecht› militärisch besetzt und die Druckerei geschlossen.» Vgl. Gautschi, S. 294.

[69] Die BN, Jg. 74, Nr. 532 vom 15.11.1918 (Mittagsausgabe), S. [2], berichteten über «ernsthafte *Ausschreitungen*» in Grenchen am 13./14.11.1918. Am 14.11.1918 «kam es zu *Zusammenstößen*, wobei die Truppen *Feuer* gaben. Drei der Demonstranten blieben *tot* auf dem Platze.» Vgl. auch Gautschi, S. 328.

[70] Die BN, Jg. 74, Nr. 533 vom 16.11.1918 (1. Blatt), S. [2], brachten die Erklärung des Oltener Komitees zum Streikabbruch vom 14.11.1918, in der es heißt: «Die Frage der Weiterführung des Streiks war eine Frage des Verhaltens der Eisenbahner und der mobilisierten Truppen. Eine *Mehrheit der Leitung des Verbandes schweizerischer Eisenbahn- und Dampfschiffangestellter schoß unserer Bewegung* und den Vertrauensleuten *in den Rücken*. Der Bundesrat und die Bundesversammlung haben […] hinsichtlich der wirtschaftlichen und sozialen Forderungen allgemeine Versprechungen gemacht. Diese *Zugeständnisse können nicht befriedigen*. Um aber im Augenblick *mehr* zu erreichen, wäre die Umwandlung des Landesstreiks in einen *revolutionären Generalstreik* nötig gewesen. Die Arbeiterschaft hätte über gleichwertige Waffen verfügen müssen, wie das verbrecherisch auf sie gehetzte Heer. Diese Gleichheit bestand nicht. Die Massen wehrlos den Maschinengewehren der Gegner ausliefern, das konnten und durften wir nicht.» «Der Landesstreik ist beendigt, der Kampf der Arbeiterklasse geht weiter.» Vgl. Gautschi, Dokumente, S. 320f.; Gautschi, S. 318–331.

4. Die Ursachen[:] Bolschewist[ische] Agitation. Vorhanden* [72], genügt aber nicht zur Erklärung. Große Teile d. Arbeiterschaft wollten.[73] Über Geld nichts bewiesen[74] (Parteikassenbücher!) *Gründe[:]* Tiefgreifende Unzufriedenheit mit den Bundesbehörden, die sich mit Deutschland kompromittiert hatten.[75] Mangelnde Fürsorge[76] (der Staat ohnmächtig gegen Schieber u. Wucherer)[77] Preispolitik (cf. Steiger in B[asler] N[achrichten])[78] Kein Entgegenkommen (SBB)[79] Militarismus. Anarchie von oben.[80] Zum Rechten sehen! Darum: Festbe-

---

* Und die deutsche Propaganda u. Gelder?[71]

[71] Vgl. Gautschi, S. 157f.

[72] Vgl. Gautschi, S. 156–171.380. Barth teilt hier die Einschätzung beispielsweise von L. Ragaz, vgl. Mattmüller II, S. 423f.

[73] Vgl. Gautschi, S. 295f.

[74] Vgl. Gautschi, S. 161f.354f.

[75] Vgl. z.B. die Affäre des sog. «Obersten-Handels» im Jahre 1916, in dem zwei Schweizer Oberste mit den deutschen und österreichischen Militärattachés neutralitätswidrigen Nachrichtenaustausch betrieben (dazu E. Bonjour, *Geschichte der schweizerischen Neutralität*, Bd. II, Basel 1970[5], S. 159–168; H. von Greyerz, *Der Bundesstaat seit 1848*, in: *Handbuch der Schweizer Geschichte*, Bd. 2, Zürich 1977, S. 1019–1246, dort S. 1132), und den Vorwurf des Verstoßes gegen die Neutralität zugunsten Deutschlands, der 1917 zum Rücktritt des Bundesrates Arthur Hoffmann führte (Bonjour, a.a.O., S. 186–207; von Greyerz, a.a.O., S. 1132f.).

[76] Vgl. Gautschi, S. 36–39.

[77] Vgl. Gautschi, S. 39.

[78] Vgl. unten S. 463 die dritte «Beilage».

[79] Die BN, Jg. 74, Nr. 532 vom 15.11.1918 (Mittagsausgabe), S. [2], berichteten: «Nach in Bern eingetroffenen Meldungen scheinen die *Eisenbahner* entschlossen, [...] die Arbeit unverzüglich wieder auf der ganzen Linie aufzunehmen, allerdings hegen sie dabei die Hoffnung, daß der Bundesrat für das Bundespersonal eine *allgemeine Amnestie* eintreten lasse. Wie verlautet, ist aber der *Bundesrat nicht in der Lage,* eine solche allgemeine Amnestie in Aussicht stellen zu können.»

[80] Eine ähnliche Einschätzung der Haltung von Regierung und Parlament findet sich bei L. Ragaz, der rückblickend von einem «Bolschewismus von oben» sprach; vgl. Mattmüller II, S. 421–423.

soldete[81], Helvet[ische] Gesellschaft[82], Zofingia Zürich[83][.] *Demokratie[.]* Ja wo war sie? Proporz![84]

5. Der Anlaß: Komplott oder Angstschwindel? Hier auf einmal starke Hand, größte Vorsorge. Und die Tatsachen? Nichts bewiesen (Interpell[ation] Müller!)[85] Wille u. das Zürcheraufgebot.[86] Gertsch in Bern.[87] Sprecher gegen Wildbolz.[88] Warum die Konzessionen[,] wenn gutes Gewissen? Eher der Preußengeist d. Armeeleitung schuld. Dis-

---

[81] Die BN, Jg. 74, Nr. 529 vom 12.11.1918 (2. Blatt), S. [2], meldeten das Eintreten des Zentralvorstands des «Schweizerischen Bundes der Festbesoldeten» «für die *sofortige Umbildung* der *Landesregierung*» und für «die *9 Postulate* des Oltener Aktionskomitees».

[82] Die BN, Jg. 74, Nr. 530 vom 13.11.1918 (1. Blatt), S. [2], brachten den Text eines Schreibens der «Neuen Helvetischen Gesellschaft», Ortsgruppe Zürich, an den Bundesrat mit der «dringlichen Anregung», «es möchte unverzüglich die *Neuwahl* des *Nationalrates* in die Wege geleitet werden». Vgl. Schmid-Ammann, a.a.O. (s. oben S. 452, Anm. 34), S. 274–277; Gautschi, S. 301.

[83] «Die überwiegende Mehrheit der Zofingia, Zürich», erklärte in einem Aufruf vom 14.11.1918 *An die Studenten der Universität Zürich* u.a.: «Wir halten dafür, dass *die Fragen der Zeit nicht durch Militärgewalt* wirklich gelöst werden können.» «Wir bekennen uns zu den sämtlichen 9 Forderungen des Oltener Aktionskomites». «Auch wir halten den *Boden der Verfassung* für den einzig gangbaren Weg.» (Centralblatt des Zofinger-Vereins, Jg. 59 [1918–1919], S. 43–45, dort S. 44; s. auch Schmid-Ammann, a.a.O., S. 276f.; zur Auseinandersetzung über diesen Aufruf innerhalb der Studentenverbindung Zofingia vgl. Centralblatt, a.a.O., S. 46–52.192–200).

[84] Das Gesetz über die Einführung des Proporzes bei Nationalratswahlen vom 14.2.1919, für die die Entscheidung in der Volksabstimmung vom 13.10.1918 gefallen war, antizipierte den Zusammenbruch der Vormachtstellung des bürgerlichen Freisinns, der von 1848 bis 1919 dominierende Mehrheitspartei war; vgl. von Greyerz, a.a.O. (s. oben Anm. 75), S. 1140–1142.

[85] Die BN, Jg. 74, Nr. 563 vom 4.12.1918 (1. Blatt), S. [1], berichteten über die Interpellation: «*Müller* (Bern) und Mitunterzeichner wünschen vom Bundesrat über die Ursachen und Motive der vor dem Streik beschlossenen und vollzogenen Truppenaufgebote akten- und wahrheitsgemäß Aufschluß.»

[86] Vgl. Gautschi, S. 199–211.

[87] Vgl. Gautschi, S. 240–242.

[88] Vgl. Gautschi, S. 244.

lozierungen![89] Bürgerwehren![90] Wie Deutschland 1914 «angegriffen».
Wehrlosigkeit d. Arbeiterschaft. Ausland![91]

Das Olte[ne]r Komitee hat immerhin entscheidende Beschlüsse gefaßt: Die gewöhnl. Mittel genügen nicht mehr. Streik ist nicht Gewalt,
aber auf d. Weg dazu. Zweifellos Gedanke an Umsturz. Lag in dieser
Richtung nicht ein böser Irrtum über die Lage? Weltgeschichtl. Be-
trunkenheit? Eine Folge der vielen Phrasen? Gefangen im eigenen
Netz?[92] Siegen oder Sterben![93]

6. Folgen Dem *Bürgertum* ist die Gefahr d. Lage klar geworden.
Was wird es tun? Reaktion? Dann kommts erst recht. Ernster Wille?
Aber dann bald

Und *wir*? Haben das Halsbrecherische d. Systems Platten[94] erkannt, andrerseits die große Arbeit, die zu tun ist.

Beilagen

1. Aufruf d. Parteileitung am 1. XI 18[95]

Schon rötet die nahende Revol[ution] den Himmel über Zentraleu-
ropa. Der erlösende Brand wird d. ganze morsche blutdurchtränkte
Gebäude der kapitalist. Welt erfassen. Eine neue Ära öffnet sich, die
Ära d. Kampfes um die Befreiung der Volksmassen von Druck u.
Ausbeutung, Hunger u. Krieg, die Ära d. Sozialismus. Indem das
Prol[etariat] aller Länder das Banner der soz[ialen] Revol. erhebt,
wird es nicht nur die russ. Arbeiterrevol. von den ihr drohenden Gefahren erretten, es wird s[eine] eigenen Fesseln abstreifen. Unsre Aufgabe ist es, das Prol. für diese nahenden Kämpfe zu wappnen. Arbeiter

---

[89] Vgl. Gautschi, S. 206f.

[90] Vgl. Gautschi, S. 297.316.

[91] Vgl. Gautschi, S. 211–214.

[92] Vgl. Gautschi, S. 345f.

[93] Aus der Proklamation des Landesstreiks durch das Oltener Komitee (s.
oben S. 456, Anm. 55), die mit den Sätzen endet: «Der Anarchie, dem Putschis-
mus und verhängnisvollen Sonderaktionen setzen wir die organisierte Massenaktion entgegen. In ihrem Zeichen wollen wir kämpfend siegen oder ster-
bend untergehen! Hoch die Solidarität! Es lebe die neue Zeit!»

[94] Gemeint ist die von Fr. Platten und der Zimmerwalder Linken verfolgte
Taktik des gewaltsamen revolutionären Umsturzes.

[95] Vgl. oben S. 451, Anm. 33.

d. Schweiz, zeigt, daß ihr gewillt seid, in der neuen Internationale den euch gebührenden Platz zu beanspruchen!

2. *Olten[er] Programm*[96]

    Wir fordern: *1.* Neuwahl des N[ational-]R[ates]

                     2. Frauenstimmrecht

                     3. Reorganis[ation] der Armee

                     4. Lebensmittelversorgung

                     5. 48[-]St[unden-]Woche

                     6. Allgem. Arbeitspflicht

                     7. Staatsmonopole f. Export u. Import

                     8. Alters- u. Invalidenversicherung

                     9. Schuldentilgung durch die Besitzenden

Siegen oder Sterben![97]

3. Steiger in den Bas[.] Nachr. 2. XII 18

Die Ursachen der enormen Teuerung sind heute zu einem beträchtl. Teil im eigenen Lande zu suchen u. die Preissteigerung vieler Artikel wäre nicht in dem Umfang eingetreten, wenn die Bundesbehörden bei Zeiten einem künstl. Hinauftreiben d. Riegel gestoßen hätten.[98]

---

[96] Das «Minimalprogramm» aus der Proklamation des Landesgeneralstreiks durch das Oltener Komitee (s. oben S. 456, Anm. 55). Barth nennt die Punkte in der von der Proklamation abweichenden Reihenfolge, in der sie in der zusammenfassenden Meldung der BN, Jg. 74, Nr. 527 vom 11.11.1918 (1. Blatt), S. [3], aufgeführt sind.

[97] Vgl. oben Anm. 93.

[98] In den BN, Jg. 74, Nr. 560 vom 2.12.1918 (Mittagsausgabe), S. [1], berichtete der Redaktor für den wirtschaftlichen Teil, Prof. Dr. J. Steiger, unter dem Namenskürzel «st.» über «Wirtschaftliches aus der Bundesstadt». U.a. wurde an Hand einer Tabelle über die *«Kaufkraft des Geldes im Kleinhandel»* das Absinken der Kaufkraft von Juni 1913 bis Juni 1918 auf 40% dargestellt. Im Anschluss an diese Tabelle findet sich die von Barth fast wörtlich zitierte Passage.

DER INTERNATIONALE SOZIALISTENKONGRESS IN BERN
1919

Das Internationale Sozialistische Büro, Sekretariat der 2. Internationale in London, bemühte sich nach Kriegsende um eine neue Sammlung der sozialistischen Parteien. Der internationale Sozialistenkongress, der vom 3. bis 10. Februar 1919 in Bern tagte, versuchte eine doppelte Standortbestimmung. Zum einen ging es um eine Stellungnahme zu den Pariser Friedensverhandlungen, die am 15. Februar begannen und auf eine neue politische und wirtschaftliche Völkerordnung und einen «Völkerbund» zielten. Zum anderen wollte man Stellung nehmen zur radikalen Kommunistischen Bewegung, die sich am 2. März zu einer internationalen Konferenz in Moskau traf. Im Blick auf Paris sollte eine Abgrenzung gegenüber den bürgerlichen Vorstellungen einer neuen Weltordnung stattfinden, im Blick auf Moskau eine Abgrenzung gegenüber den revolutionären Vorstellungen des russischen Bolschewismus. Für das Referat im Safenwiler Arbeiterverein, das zu einem Urteil gegenüber «Paris», «Moskau» und «Bern» beitragen sollte, bilden die ausführlichen Berichte, die unter der Überschrift «Die internationale Sozialistenkonferenz in Bern» in den «Basler Nachrichten» erschienen, die direkte Quelle. Das belegt eine Reihe von Stichworten, die sich so in dem «Bulletin der Internationalen Arbeiter- und Sozialistenkonferenz» nicht finden, auf das wir als offizielles Konferenzdokument parallel verweisen.

Der internationale Sozialistenkongreß

in Bern 3.–10. II 19

26. II 19

1. Einberufen von den soz[ialistischen] Führern der Entente-Länder[1] (Henderson[2], Alb. Thomas[3], Vandervelde[4], Gompers[5]) unter Assi-

---

[1] Zum Vorbereitungsausschuss gehörten keine Mitglieder aus dem Bereich der Mittelmächte; vgl. J. Braunthal, *Geschichte der Internationale*, Bd. 2 (Internationale Bibliothek, Bd. 109), Hannover 1978³, S. 167f.

stenz des soz. Bureaus (Huysmans[6]) Vertreten sind 26 Staaten mit ca. 90 Deleg[ierten]. – Nicht vertreten wegen Radikalismus: Schweiz[7] u. die off[izielle] italien. Partei[8], wegen Nationalismus: Belgien[9]. Außerdem: Serbien[10], Amerika[11]! Japan[12], das bolschew. Rußland[13]. Branting

[2] Arthur Henderson (1863–1955), britischer Labour-Politiker, 1915 Arbeitsminister im nationalen Kriegskabinett, aus dem er 1917 wegen seiner Sympathie zur sozialistischen Friedensbewegung von Stockholm zurücktreten musste.

[3] Albert Thomas (1878–1932) vertrat die Sozialisten in Frankreichs «Regierung der nationalen Verteidigung» im Weltkrieg, 1916/17 Kriegsminister.

[4] Emile Vandervelde (1866–1938), belgischer Sozialist, Publizist und Minister, 1900 Vorsitzender des Büros der Sozialistischen Internationale.

[5] Samuel Gompers (1850–1924), amerikanischer Gewerkschaftsführer.

[6] Camille Huysmans (1871–1968), belgischer Sozialist, Generalsekretär der 2. Internationale.

[7] Am 2. Februar 1919 hatte ein außerordentlicher Parteitag der SPS eine Beteiligung an dem Kongress der 2. Internationale und damit eine Gemeinschaft mit den an ihm teilnehmenden sozialistischen Parteien abgelehnt (vgl. oben *Schweizerischer Parteitag und internationale Konferenz*, S. 437–443).

[8] Die italienischen gehörten mit den schweizerischen Sozialisten zu den Initiatoren der Zimmerwalder Konferenz vom 5. bis 8. September 1915, die faktisch zum Vorläufer der kommunistischen Internationale werden sollte (vgl. J. Humbert-Droz, *Der Krieg und die Internationale. Die Konferenzen von Zimmerwald und Kienthal*, Wien/Köln/Stuttgart/Zürich 1964, S. 81–98). An der Restauration einer «sozialpatriotischen» Internationale wollten sie 1919 nicht mehr beteiligt sein (Braunthal, a.a.O. [s. oben Anm. 1], S. 168).

[9] Die belgischen Sozialisten weigerten sich, «sich mit Vertretern der deutschen Mehrheitssozialisten, die es unterlassen hatten, gegen die Besetzung Belgiens zu protestieren, an den Beratungstisch zu setzen» (Braunthal, ebd.).

[10] Anders als andere sozialistische Parteien auf dem Balkan gehörte die Serbische Sozialistische Partei zum linken, marxistischen Flügel der Internationale. Sie zählte zu den wenigen Parteien, die 1914 den Kriegskredit verweigert hatten (Braunthal, a.a.O., S. 47f.), und bewegte sich seither konsequent auf der revolutionären Linie weiter. Schon im März 1919 gehörte sie zu den Initianten der Kommunistischen Internationale (vgl. Humbert-Droz, a.a.O., S. 54).

[11] Aus den USA war der amerikanische Gewerkschaftsbund eingeladen, er weigerte sich aber, an einer von «Arbeiterorganisationen feindlicher Länder» beschickten Zusammenkunft teilzunehmen (Braunthal, a.a.O., S. 168f.).

[12] Die Notiz scheint darauf zurückzugehen, dass der Meldung der BN, Nr. 54 vom 1.2.1919 (2. Blatt), S. [3], «daß eine Delegation der japanischen Sozialisten sich unterwegs befindet» (vgl. Nr. 58 vom 4.2.1919 [2. Blatt], S. [2]), keine Nachricht über deren Eintreffen folgte.

[13] Die russischen Bolschewisten fehlten aus ähnlichen Gründen wie die ita-

als neutrales Präsidium.[14]

2. Die Schuld am Kriege. Branting will keine Diskussion darüber[15], sie kommt aber doch, u. zw. als erstes Thema

3.II. Thomas. Die schuldigen Regierungen müssen bestraft, die schuldigen Sozialisten aus d. Internationale ausgestoßen werden[16]

Renaudel. Die direkte Schuld Deutschl[an]ds am Kriege. *Wir* übten nur Landesverteidigung[17]

---

lienischen und serbischen Sozialisten, so dass in Bern nur Menschewiki und rechte «Sozialrevolutionäre» vertreten waren (J. Braunthal, a.a.O., S. 170).

[14] Hjalmar Branting (1860–1925), Vorsitzender der Sozialdemokratischen Partei Schwedens.

[15] H. Branting hatte in seiner Eröffnungsrede gesagt: «Die Urteile über frühere Kameraden fielen um so bitterer aus, je weniger man von der anderen [d.h. der deutschen] Seite des eisernen Vorhangs es verstand, [...] daß man hier an einem weltgeschichtlichen Verbrechen teilnahm, worauf wieder eine weltgeschichtliche Vergeltung folgen mußte. Ich werde mich von diesem Platze aus in dieses Thema nicht vertiefen. Ich wollte es aber in diesen ersten Worten der Konferenz nicht beiseite lassen. Wir müssen uns nämlich alle sagen, daß klare Aussprachen in diesen Dingen in der Fortsetzung unserer Debatten unausbleiblich werden wird. Es ist außerdem meine tiefe Überzeugung, daß nur durch eine offene Aussprache in diesen Dingen die Atmosphäre geschaffen werden kann, in welcher der Aufbau eines neuen Vertrauens zwischen denen, die doch alle zum selben Ideal emporstreben, möglich sein wird [...]. Indem wir folglich keinen Fragen von Verantwortung aus dem Wege gehen, ist es jedoch selbstverständlich, daß wir alle deswegen hier versammelt sind, weil uns in erster Linie der Zukunft gegenüber Pflichten obliegen» (*Offizielles Bulletin der Internationalen Arbeiter- und Sozialistenkonferenz.* Publiziert vom Preßkomitee der Konferenz, Bd. I, Bern, den 4. Februar 1919, Nr. 1, S. 2 [im folgenden zitiert: Bulletin der I.A.S.]).

[16] Vgl. *Die internationale Sozialistenkonferenz in Bern,* in: BN, Jg. 75, Nr. 60 vom 5.2.1919 (2. Blatt), S. [2]. – Antrag von A. Thomas: Die Konferenz «beschließt, auf ihre Tagesordnung zunächst die Frage der Verantwortlichkeiten der Regierungen in bezug auf die Ursachen des Krieges, auf den Bruch der unter der Garantie Europas gewährleisteten Neutralität einzelner Staaten, sowie die Verantwortlichkeit der Sozialisten, die darin verwickelt sind, zu setzen» (Bulletin der I.A.S., Nr. 1, S. 4).

[17] Pierre Renaudel (1871–1935), zum rechten Flügel seiner Partei gehörender französischer Sozialist. Redakteur bei der «Humanité», zuerst unter J. Jaurès, nach dessen Ermordung 1914 sein Nachfolger. BN, Jg. 75, Nr. 58 vom 4.2.1919 (2. Blatt), S. [2]: Renaudel und Thomas erklärten, «die allgemeine Ursache des Krieges» sei «die gegenwärtige Gesellschaftsordnung samt ihrer Politik», «aber die unmittelbare Schuld treffe den Angreifer, in diesem Falle die

Mistral Stellung z. Frieden u. z. Revolution[18]
Wels[19] Schuldfrage schon entschieden, Fürsten abgesetzt.[20] *Wir* übten nur Landesverteidigung.[21] Russische Drohung.[22] Verzweiflungskampf.[23] Verurteilung gewisser Methoden.[24] Aber die Hungerblok-

Zentralmächte». «Die französischen Sozialisten mußten als Mitglieder eines angegriffenen Landes die Landesverteidigung auf sich nehmen.»

[18] Paul Mistral (1872–1932), französischer Journalist und sozialistischer Abgeordneter, Gründer der Zeitschrift «Le Droit du Peuple». Mistral erklärte auf der Konferenz, dass es vor allem darum gehe, die Frage der Verantwortlichkeit in Richtung auf die Zukunft und nicht nur in Richtung auf die Vergangenheit zu stellen (Bulletin der I.A.S., Nr. 2, S. 1): «Die Hauptsache dieser Konferenz muß die Untersuchung dessen sein, was der neue Friede enthalten soll [...]. Die Internationale muß versuchen, auf die Gestaltung dieses Friedens möglichst viel Einfluß zu gewinnen, und es muß auch die Frage der Zustände diskutiert werden, die geschaffen wurden durch den Ausbruch der Revolutionen in Rußland, Österreich und Deutschland. Wir wollen das gesamte Bild, das die letzten Revolutionen bieten, untersuchen, und ich glaube, daß die internationale Konferenz ihre Pflicht nicht erfüllen würde, wenn sie nicht von vornherein der Revolution in Rußland, Österreich und Deutschland ihren Gruß entbieten würde.» Vgl. BN, Jg. 75, Nr. 58 vom 4.2.1919 (2. Blatt), S. [2].

[19] Otto Wels (1873–1939), deutscher sozialdemokratischer Reichstagsabgeordneter seit 1912.

[20] BN, Jg. 75, Nr. 58 vom 4.2.1919 (2. Blatt), S. [2]: Die deutsche Sozialdemokratie hat die Schuldfrage «bereits entschieden, indem sie die Landesväter zum Teufel schickte».

[21] Bulletin der I.A.S., Nr. 2, S. 2: «Wir wissen, daß Deutschlands Kriegsführung Haß und Empörung in der ganzen Welt gegen Deutschland gesät hat. Wir deutschen Sozialdemokraten haben die Verteidigung unseres Landes als unsere Pflicht betrachtet».

[22] Ebd.: «Während der ganzen Debatte des heutigen Tages lag es mir schwer auf der Seele, daß hier noch niemand das Wort gesprochen hat, das uns deutsche Sozialdemokraten in jenen Augusttagen gefangen nahm, der Name ‹Rußland›. Wir deutschen Sozialdemokraten lebten von dem Tage an, an dem der Sozialdemokratie organisatorisches Leben begann und wir unsere Kämpfe führten, unter dem Alpdruck des zaristischen Rußland. [...] Um so mehr wunderte es mich, daß Thomas uns heute nur frug, wie kamt ihr dazu, so zu handeln, welche Erklärung habt ihr für Euer Vorgehen? Wir haben die Erklärung darin, daß die russischen Heere in Ostpreußen einfielen und an die 400 000 aus Ostpreußen in furchtbarem Elend vertriebener Landsleute uns die Gefahr der feindlichen Invasion grell vor Augen stellten.»

[23] BN, Jg. 75, Nr. 58 vom 4.2.1919 (2. Blatt), S. [2]: «Die deutsche Sozialdemokratie mußte in dem Kampfe, den das ganze deutsche Volk als einen

467

kade.[25] Und die Reise Thomas nach Rußland.[26] Wir sind dieselben geblieben![27]

Renaudel Aber 1914 haben die d[eutschen] Soz[ialisten] die Verantwortlichkeit nicht festgestellt. Sie sind politisch unfähig[28]

4.II. *Eisner*[29] Klarheit u. Wahrheit![30] D. Recht der Schuldfrage. Heraus aus dem Wahnsinn! Keine Steine werfen [,] auf das was tot

Verzweiflungskampf gegenüber einer Welt von Feinden betrachtete, als größte Volkspartei zum Volke stehen.»

[24] Ebd.: «Wenn die deutschen Sozialdemokraten die Verteidigung des Landes als ihre Pflicht erachteten, so haben sie darum nicht weniger die Methoden der deutschen Kriegführung verurteilt.»

[25] Bulletin der I.A.S., Nr. 2, S. 2: «Ein Blick in Deutschlands Städte, ein Gang durch die Arbeiterviertel der Industriestädte und -Bezirke des deutschen Reiches, würde unsern englischen Freunden die Augen öffnen und das Gewissen der Welt wachrufen, und ihnen sagen, daß der Krieg in der Weise, wie er gegen unsere Nichtkombattanten, gegen Frauen, Kinder und Greise geführt wurde, durch die Absperrblockade und die Aushungerungspolitik eine Anklage gegen die Entente bedeutet, und daß diese Kriegsführung uns deutschen Sozialdemokraten die Waffen zum Teil aus der Hand gewunden hat, die wir gegen den Unterseebootkrieg ins Feld führen konnten.»

[26] A. Thomas war als Minister 1917 im Auftrag der französischen Regierung bei der Regierung Kerensky in Russland, um Druck zur Weiterführung des Krieges gegen Deutschland auszuüben. BN, Jg. 75, Nr. 58 vom 4.2.1919 (2. Blatt), S. [2]: «Die Erfolge von Thomas in Rußland sind bekannt. Sie führten letzten Endes zum Bolschewismus, wofür Thomas mit die Verantwortung trägt.»

[27] Ebd.: «Der Redner schließt mit der Versicherung, daß die deutschen Sozialdemokraten dieselben geblieben sind, und er fordert die Entente-Sozialisten auf, den Beweis zu geben, daß sie ebenfalls dieselben geblieben sind.»

[28] Ebd.: «Die deutsche Partei hätte am ersten Tage schon die Verantwortung ihrer Regierung feststellen sollen und nicht erst heute nach dem verlorenen Kriege.» «Der Redner geißelte sodann den *untertänigen Geist* der deutschen Sozialdemokraten». «Diese *politische Unfähigkeit* der *Deutschen* ist eine Tatsache, mit der die Internationale rechnen muß».

[29] Kurt Eisner (1867–1919), sozialistischer Politiker, seit 1917 in der USPD, 1918 Ministerpräsident der von ihm am 8.11.1918 ausgerufenen Bayerischen Republik, ermordet am 21.2.1919 durch den Grafen Arco-Valley. Die BN berichteten über die Rede Eisners in Jg. 75, Nr. 59 vom 5.2.1919 (1. Blatt), S. [3], und Nr. 60 vom 5.2.1919 (2. Blatt), S. [2f.].

[30] Bulletin der I.A.S., Nr. 2, S. 3: «Es muß aber Klarheit und Wahrheit zwischen uns sein. Die Internationale ist ein wesenloses Werkzeug, wenn sie nicht auf sicherem gegenseitigem Vertrauen beruht.»

ist[31][,] eine neue Zeit hat begonnen[32][,] 1914 *ein* großer Betrug[33], ein Taumel der Irrungen. Das ist zuzugeben.[34] Warum haben die M[ehrheits-]S[ozialisten] nicht nachher opponiert?[35] Jetzt hilft nur öffentl. Bekenntnis.[36] Aber die Revolution war längst geistig vorbereitet u. sühnt die Schuld.[37] Darum keine unwürdigen Zumutungen. «Wir le-

[31] BN, Jg. 75, Nr. 59 vom 5.2.1919 (1. Blatt), S. [3]: «Das Ziel der Aussprache muß sein, uns herauszuheben aus dem Wahnsinn dieser Zeit.» – Bulletin, ebd.: «So sehr ich vor einem Jahre bereit gewesen wäre, die schärfsten und schroffsten Anklagen zu erheben, so sehr widerstrebt es mir heute, nach dem Zusammenbruch, die billige Arbeit zu leisten und Steine zu werfen auf das, was bereits tot ist.»

[32] Ebd.: «Sie haben im Ausland die Umwälzung in Deutschland nicht richtig erkannt. Die Massen sind hier aufs tiefste auf- und umgewühlt. Nirgends ist der Hang zur Demokratie so stark wie bei uns, nirgends die Sehnsucht so tief, die neue Volksherrschaft in sozialistischem Sinn zu leiten.»

[33] Ebd.: «Wir haben uns im August 1914 alle geirrt. Seit 1912 verkündete uns die Regierung Bayerns den drohenden Überfall durch Rußland in vertraulichen Besprechungen. So war auch ich im Sommer 1914 ganz von dem Gedanken überzeugt, daß uns ein Überfall durch den imperialistischen Zarismus drohe [...]. Als ich dann das erste deutsche Weißbuch las, da war mir nun beinahe klar, daß wir getäuscht worden waren».

[34] BN, Jg. 75, Nr. 59 vom 5.2.1919 (1. Blatt), S. [3]: «Die deutsche Mehrheitspartei und ihre Vertreter hier müssen endlich klar zugeben, daß sie 4 1/2 Jahre in einem *Taumel* der *Irrungen* befangen gewesen sind.»

[35] Bulletin der I.A.S., Nr. 2, S. 3.: «Unsere Parteigenossen von der Mehrheit waren nicht gut beraten, als sie sich entschlossen, diejenigen alten Reden zu wiederholen, die wir im zweiten oder dritten Kriegsjahre gehört haben. Daß sie 12 Millionen Wähler hinter sich haben, beweist nichts für ihre Politik. Sie sollten sich überlegen, ob sie nicht viereinhalb Jahre in einem Taumel des Irrtums befangen gewesen waren. Und nun haben auch sie erkannt, daß man keine Welteroberungspolitik auf einer Lüge aufbauen kann.»

[36] BN, Jg. 75, Nr. 60 vom 5.2.1919 (2. Blatt), S. [2f.], dort S. [2]: «Die Mehrheitspartei muß diesen schweren Irrtum *öffentlich bekennen*.»

[37] Bulletin der I.A.S., Nr. 2, S. 4: «Das deutsche Volk hat im Aufstand gegen den Krieg mehr geopfert als vielleicht irgend ein anderes Volk. Diese Auflehnungen begannen schon im Herbst 1914 trotz Kerker, Zensur und Standrecht. Vor einem Jahre, als Deutschland auf der Höhe seiner Macht stand, erhoben sich wie ein Mann seine Arbeitermassen. Die revolutionäre Gesinnung Deutschlands ist nicht das feige Werk des Zusammenbruchs, sondern das Ergebnis einer unermüdlich vorwärts drängenden Arbeit, die gerade da einsetzte, als Deutschland scheinbar auf der Höhe der Macht stand. Wir sind heute das radikalste Volk der Welt. Wir wollen unsere Schuld sühnen, indem wir auf dem Wege zum Sozialismus vorwärtsschreiten.»

ben heute u. heute wollen wir handeln»[38]

Müller[39] Die Militaristen in ganz Europa schuld.[40] Öffnung aller Archive![41] Unser Einfluß![42]

Kautsky[43] Ein Glück, daß Deutschland nicht siegte. Die Opposition der U[nabhängigen] S[ozialisten][44]

Stuart-Bunning[45] Genug davon! Kein Krieg zwischen den Völkern. Die Schuldfrage führt uns nicht weiter. Eisner [,] Kautsky gut! Appell an Thomas und die M.S.[46]

---

[38] BN, Jg. 75, Nr. 60 vom 5.2.1919 (2. Blatt), S. [2f.], dort S. [2]: «Wenn man dem deutschen Volke *Unwürdiges* zumuten wird, wird es lieber untergehen als diese Zumutungen annehmen.» «Wir leben heute, und heute wollen wir handeln.»

[39] Hermann Müller (1876–1931) hatte sich als führender SPD-Politiker am 1.8.1914 in Paris um eine gemeinsame Haltung von französischen und deutschen Sozialisten zur Kriegsfrage bemüht.

[40] BN, Jg. 75, Nr. 60 vom 5.2.1919 (2. Blatt), S. [2f.], dort S. [2]: «nicht nur die deutschen Militaristen, sondern die Militaristen von ganz Europa tragen die Schuld am Kriege.»

[41] Ebd.: «Wir wollen die volle Wahrheit und wollen, daß alle Archive der Welt geöffnet werden, um die wirkliche Schuld festzustellen.»

[42] Ebd.: «Der Redner betont, daß die deutschen Mehrheitssozialisten ihren Einfluß im Volke auf ewig verloren hätten, wenn sie während des Kampfes nicht zum Kriege gestanden wären.»

[43] Karl Kautsky (1854–1938), Publizist, Verfasser des theoretischen Teils des Erfurter Programms der deutschen Sozialdemokratie (vgl. auch oben S. 440, Anm. 11).

[44] Ebd.: «Der Redner erörterte dann die Stellungnahme der Unabhängigen Sozialisten, die während des Krieges rasch die Schuld der Regierung erkannten [...]. Er bezeichnet es als Glück, daß Deutschland nicht gesiegt hat, da sonst das deutsche Volk in die Knechtschaft des deutschen Militarismus gefallen wäre.»

[45] George Harold Stuart-Bunning (1870–1949), Führer der britischen Postgewerkschaft.

[46] Bulletin der I.A.S., Nr. 3, S. 1: «Wir können mit der Diskussion der Schuldfrage während Wochen weiterfahren, ohne zu einem Resultat zu kommen. [...] Die britische Delegation appelliert durch den Redner an Albert Thomas und ersucht ihn, diesen Krieg der Regierungen nicht zu einem Krieg zwischen den Arbeitern zu machen.» – BN, Jg. 75, Nr. 60 vom 5.2.1919 (2. Blatt), S. [2f.], dort S. [2]: «Der Appell an Albert Thomas ist zugleich ein Appell an die deutschen Mehrheitssozialisten, daß sie aufrichtig mitwirken sollen, die Arbeiter der ganzen Welt zu vereinigen.»

Grumbach[47] Einigung auf d. Basis Eisner. M.S. sollen sich erklären über Deutschlands Schuld, keine Verteidigungen mehr[48]

Troelstra[49] Guter Wille bei den M.S.! Paris nicht Waffen geben[,] sondern unsre Meinung kundgeben[50]

Longuet[51] M.S. protestierten nicht wegen Belgien, nicht gegen Brest, gingen zuerst zurück. Französ. M.S. verhinderten Stockholm. Nun ists nötig, das ganze Prol[etariat] (Bolsch[ewisten] inbegr[iffen]) zu sammeln gegen den gemeinsamen Feind[52]

---

[47] Salomon Grumbach (1884–1952), elsässischer Sozialist.

[48] Vgl. BN, ebd. – Bulletin der I.A.S., Nr. 3, S. 2: «Wenn die deutschen Mehrheitsgenossen eine Erklärung abgeben im Sinne der Erklärung Eisners und Kautskys, so ist die Basis gegeben für die Internationale. Ohne Unterschied der Tendenzen ist die französische Delegation überzeugt, daß auf der Basis dessen, was Eisner und Kautsky erklärt haben, die große Kluft überbrückt ist, die zwischen den Sozialisten der verschiedenen Länder besteht.»

[49] Pieter Jelles Troelstra (1860–1930), friesischer Dichter, niederländischer Staatsmann und sozialdemokratischer Parteiführer.

[50] BN, Jg. 75, Nr. 60 vom 5.2.1919 (2. Blatt), S. [2f.], dort S. [2]: «es ist zu hoffen, daß die Mehrheitssozialisten ihren ganzen Willen aufbieten, um die Wiederherstellung der Internationale zu ermöglichen.» «Die Pariser Konferenz muß unsere Meinung über die Revolution wissen. Aber nicht um dem Gegner des Sozialismus Waffen in die Hand zu geben. Wenn wir auch die Methoden der Bolschewisten verurteilen, so müssen wir doch anerkennen, daß auch sie für den Sozialismus kämpfen.»

[51] Jean Longuet (1876–1938) gehörte 1914 zur Gruppe der «Minoritaires» in Frankreich, die die sozialistische Unterstützung des Krieges bekämpften.

[52] BN, a.a.O., S. [3]. – Bulletin der I.A.S., Nr. 3, S. 2.: «Daß kein Protest gegen die Verletzung der Neutralität Belgiens, gegen den U-Bootkrieg, gegen die barbarische Kriegführung überhaupt erhoben worden ist, daß man sich gegen den Frieden von Brest-Litowsk und den Bukarester Vertrag nicht aufgelehnt hat, das alles bedauern wir aufs tiefste. Aber es ist auch bedauerlich, daß die Mehrheit in Frankreich sich gegen die Beteiligung an der Stockholmer Konferenz», der internationalen sozialistischen Friedenskonferenz im September 1917, «ausgesprochen hat, die für die Sache des Sozialismus von größtem Interesse gewesen wäre. [...] Ob die Methoden der Bolschewisten richtig sind, weiß ich nicht, aber es wird unmöglich sein, sie auszuschließen [...]. Wir haben uns gegen den Haß und die Verhetzungen der Völker zu wenden, wir haben die internationale Brüderlichkeit wieder aufzurichten [...], wir haben uns über den Blutstrom, der nicht von den Proletariern, sondern vom Bürgertum und vom Kapitalismus vergossen wurde, die Hand zum Bunde zu reichen.»

Adler[53] Österr. u. Deutschl. wollten u. entzündeten d. Krieg. Doch wo blieb Selbstkritik[54]

5.II. *Resolution*
Deutsche Erklärung: Die Rev[olution] hat das für den Krieg verantwortliche alte System gestürzt

Die Frage d. unmittelb[aren] Schuld ist geklärt, das Geschichtliche bleibt der Zukunft vorbehalten[55]

3. **Der Völkerbund**
Thomas (Engl.)[56] Verantwortung für d. Zukunft wichtiger als die für die Vergangenheit. Die Arb[eiter] sind nicht schuld. Von Paris kommt die Gefahr. Überall Abrüstung! Schluß mit d. Kriegspsychose. Alle Völker sollen sich verbinden.[57]

---

[53] Friedrich Adler (1879–1960), Sohn des Gründers und Leiters der österreichischen Sozialdemokratischen Partei Viktor Adler. Er ermordete 1916 den österreichischen Ministerpräsidenten Graf Stürgkh.

[54] BN, Jg. 75, Nr. 60 vom 5.2.1919 (2. Blatt), S. [2f.], dort S. [3]: Auch «die *Imperialisten* in *Paris* und *Petersburg* haben auf den Krieg hingearbeitet. Aber die *Schuld der Entzündung* fällt auf die *Zentralmächte*.» Zur «Wiederaufrichtung einer wirklichen Internationale» seien «größere Vorarbeiten und mehr Selbstkritik in den einzelnen Parteien nötig».

[55] «Die Genossen der deutschen Mehrheit haben [...] die folgende Erklärung abgegeben: ‹Durch die Revolution hat das deutsche Proletariat das alte für den Krieg verantwortliche System gestürzt und zerstört. [...]›» – «Die Kommission schlägt Ihnen einstimmig folgende Resolution zur Annahme vor: ‹Die Konferenz von Bern erkennt an, daß für sie die Frage der unmittelbaren Verantwortlichkeit des Krieges geklärt ist sowohl durch die Aussprache als auch durch die Erklärung der deutschen Mehrheit. [...] Die Konferenz sieht in den auf ihr geführten Debatten eine fruchtbare Vorarbeit und überläßt es einem künftigen internationalen Kongreß [...], über die weltgeschichtliche Frage der Verantwortlichkeiten das Urteil der Internationale zu fällen›» (*Die Resolutionen der Internationalen Arbeiter- und Sozialistenkonferenz in Bern vom 3.–10. Februar 1919*, hrsg. vom Preßkomitee der Konferenz, Basel o.J., S. 3; auch in: Bulletin der I.A.S., Nr. 5, S. 3).

[56] James Henry Thomas (1874–1949), britischer Eisenbahngewerkschaftler.

[57] BN, Jg. 75, Nr. 61 vom 6.2.1919 (1. Blatt), S. [3]: «die englischen Arbeiter interessiere mehr die Verantwortung für die Zukunft als die Verantwortung für die Vergangenheit. Die Arbeiter aller Länder sind am Kriege nicht schuld. Die Hauptaufgabe sei, die Gefahr, die von Paris drohe, zu beschwichtigen. Der Völkerbund meine alle Völker ohne Ausnahme. Sonst sei die Gefahr der Rüstungen [...] wiederum groß. Die englischen Arbeiter seien für die Abrüstung [...]. Die ganze Rede Thomas war [...] vom Willen, endlich einmal mit der Kriegspsychose Schluß zu machen und die neue Welt zu bauen, getragen.»

Müller Rüstungsindustrie unter internat. Kontrolle[58]
R. Macdonald[59] Kein Friede von 1871. Nicht Friede d. Regierungen
sondern d. Völker[60]
Cachin[61] Fort mit dem Haß! Kein Ausschluß![62]
6.III. *Henderson* Genug des Kriegs. Gegen Paris![63]
Eisner Die Presse! Strafgesetz geg. Weltverrat. Abschaffung der
Wehrpflicht überhaupt[64]
Henderson Kein Gleichgewicht, keine Geheimdiplomatie, keine
Kriegsentschädigungen[65]

[58] Ebd.: «die Rüstungsindustrie solle unter internationale Kontrolle gestellt werden».

[59] Ramsay Macdonald (1866–1937), britischer Labour-Politiker, überzeugter Pazifist, der 1914 gegen Englands Teilnahme am Krieg votierte und deswegen 1918 sein Mandat verlor; 1924 Premierminister der ersten Labour-Regierung nach dem Krieg.

[60] Bulletin der I.A.S., Nr. 5, S. 2: «Der zweite Punkt ist der, daß die Möglichkeiten des Völkerbundes von dem Charakter des Friedens abhängen. Ist der Friede wieder nur ein solcher, wie er 1871 in Frankfurt zustande kam, dann ist der Völkerbund vollständig zwecklos.» – BN, Nr. 62 vom 6.2.1919 (2. Blatt), S. [1f.], dort S. [1]: «Wir wollen keine Liga der Regierungen, sondern eine Liga der durch die Parlamente vertretenen Völker selbst.»

[61] Marcel Cachin (1869–1958), französischer Sozialist, wurde 1920 nach einer Moskaureise Kommunist. Wichtigster Wortführer der Kommunisten im französischen Parlament, seit 1920 Direktor der «Humanité».

[62] BN, Jg. 75, Nr. 62 vom 6.2.1919 (2. Blatt), S. [1f.], dort S. [2]: Cachin «erklärt, es sei die größte Reserve gegen Paris am Platze und der Ausschluß irgend eines Volkes aus dem Völkerbund absolut unzulässig. Es muß mit dem Haß, schrie er in den Saal hinaus, ein für alle Mal Schluß gemacht werden, sobald Belgien entschädigt ist.»

[63] BN, Jg. 75, Nr. 63 vom 7.2.1919 (1. Blatt), S. [3]: «Die Konferenz muß nach Paris den Ruf erlassen, daß die Welt genug habe nicht nur vom Waffenkrieg, sondern auch vom wirtschaftlichen Krieg und vom Kriege des Hasses.»

[64] BN, Jg. 75, Nr. 64 vom 7.2.1919 (2. Blatt), S. [1]: «Eisner richtet einen Appell an die Vertreter der Presse, daß sie sich ihrer Verantwortung bewußt werden und aufhören, durch Lügen und Entstellungen die Völker zu verhetzen.» Es «muß in allen Ländern dahin gewirkt werden, daß die Grundsätze des Völkerbundes in das nationale Recht aufgenommen werden und daß jeder Staatsmann, der entgegen diesen Rechtsätzen zum Kriege aufruft, des Weltverrates schuldig erklärt und entsprechend bestraft wird.» «In Deutschland [...] ist keine Forderung volkstümlicher als die *gänzliche Abschaffung der Wehrpflicht*.»

[65] BN, Jg. 75, Nr. 64 vom 7.2.1919 (2. Blatt), S. [1f.], dort S. [2]: «Das Prinzip

Renaudel Nicht Zerstörung Deutschlands. Gleichheit der Nationen. Es geht ums deutsche Volk. Paris muß mit d. Willen von Bern
rechnen[66]

4. Territorialfragen

Mistral Kein Gewaltfriede![67] Böhmen gegen Deutsch-Öster-
r[eich].[68] Elsäßer gegen Deutsche[69]

des *Gleichgewichtes der Kräfte* hat im Weltkriege eine *völligen Schiffbruch*
erlitten. Es hat die Völker nur auf die Schlachtbank geführt. Der Redner kritisiert in scharfen Worten die *Geheimdiplomatie*, die *sofort beseitigt* werden
soll.» «Wir wollen auch *keinerlei Kriegsentschädigungen*».

[66] Bulletin der I.A.S., Nr. 6, S. 2: «Von der Gesellschaft der Völker darf keine
Nation ausgenommen werden, auch nicht Deutschland [...]. Die französischen
Sozialdemokraten wünschen die Zurückstellung Deutschlands in keiner
Weise, weder politisch noch wirtschaftlich». – BN, Jg. 75, Nr. 64 vom 7.2.1919
(2. Blatt), S. [1f.], dort S. [2]: «Wir machen einen *Unterschied* zwischen der
deutschen Regierung und dem deutschen Volke.» «Die Internationale [...]
muß heute [...] *Paris zwingen, mit dem Willen von Bern zu rechnen.*»

[67] BN, ebd.: «Wenn der Frieden durch die brutale Gewalt geschlossen
würde, dann entständen bald neue Konflikte und ein neuer Krieg.»

[68] Vgl. BN, ebd. – Zu einer Resolutionsvorlage des Kongresses «betreffend
die territorialen Fragen», in der es hieß: «Die Konferenz fordert [...]: In umstrittenen Gebieten Entscheidung über die Zugehörigkeit durch *Volksabstimmung* unter Kontrolle des Völkerbundes, der in letzter Instanz entscheidet»
(*Die Resolutionen der Internationalen Arbeiter- und Sozialistenkonferenz*,
a.a.O. [s. oben S. 472, Anm. 55], S. 6; auch in: Bulletin der I.A.S., Nr. 6, S. 4),
bemerkte der tschechische Sozialistenführer A. Nemec (ebd.): «Wenn Sie den
ersten Teil annehmen, so bedeutet dies für uns die Vernichtung unseres Staates,
da uns die Lebensmöglichkeiten durch die Wegnahme der gemischtsprachigen
Bezirke, die sich an unserer Landesgrenze auf allen Seiten herumziehen, ge-
raubt würden. Bei den Volkszählungen entscheidet man bei uns nicht nach der
Nationalität, sondern nach der Umgangssprache. So kommt es, daß unabhän-
gige Arbeiter als Deutsche eingeschrieben werden, weil sie die deutsch-unga-
rische Sprache sprechen. Dann erklärt man einfach: Dieses Gebiet ist deutsch,
und weil es deutsch ist, muß es eben zu Deutsch-Österreich kommen. Österreich hat die Balkanvölker immer verhetzt, eines gegen das andere».

[69] Vgl. BN, ebd. – S. Grumbach erhob schwere Vorwürfe gegen die deutschen Mehrheitssozialisten, die es seit 1914 abgelehnt hätten, die Selbstbestim-
mungsforderung für Elsass-Lothringen zu unterstützen, sie aber jetzt auf der
Berner Konferenz selber in einer besonderen Resolution stellten: «deshalb ist
heute unter den elsässischen Arbeitern ein geradezu maßloser Haß gegen Euch
[scil. die deutschen Mehrheitssozialistenführer] vorhanden» (Bulletin der
I.A.S., Nr. 7, S. 2–4).

474

7.II. *Troelstra* Erhebung zum Sozialismus![70]
Dann gegen Deutsche[71]
Kautsky Abstimmungen auf alle Fälle[72]
Molkenbuhr Keine Abst[immung] im Elsaß
Mistral Doch![73]
Renaudel Ja, wegen Alldeutschen, keine Annexion am l[inken] Rheinufer[,] auch deutsche Kolonien[74]
Armenier geg. Türken
Ungarn geg. Tschechen
Georgien

[70] BN, Jg. 75, Nr. 65 vom 8.2.1919 (1. Blatt), S. [2f.], dort S. [2]: «Troelstra appelliert zum Schluß an die Konferenz, sie möge sich zu den höheren Gesichtspunkten des Sozialismus erheben und dann werde die Lösung leichter werden.»

[71] Das Stichwort bezieht sich auf die im folgenden berührten Auseinandersetzungen um die zunächst von den deutschen Vertretern in einer eigenen Resolution geforderte Abstimmung in Elsass (und in Lothringen).

[72] Kautsky erklärte, dass Grumbach gegen die Mehrheitssozialisten zwar recht habe; dennoch müsse es auch zu einer Abstimmung im Elsass kommen; die allgemeine Resolution der Konferenz gelte «für alle strittigen Gebiete» (Bulletin der I.A.S., Nr. 8, S. 3f., und Nr. 9, S. 1).

[73] Wilhelm Molkenbuhr (1851–1927), sozialdemokratischer Reichstagsabgeordneter, zog angesichts des Wortlauts der Gesamtresolution die Sonderresolution der deutschen Mehrheitssozialisten zurück, während der französische Delegierte Mistral mit Bezug auf die Gesamtresolution ausdrücklich auf einer Abstimmung auch im Elsass bestand (BN, Jg. 75, Nr. 66 vom 8.2.1919 [2. Blatt], S. [1f.]; Bulletin der I.A.S., Nr. 9, S. 2f.).

[74] BN, Jg. 75, Nr. 66 vom 8.2.1919 (2. Blatt), S. [1f.]. – Bulletin der I.A.S., Nr. 10, S. 3: «Die Pangermanisten verlangen heute das Plebiszit in Elsaß-Lothringen, weil sie hoffen, daß Frankreich sich weigern würde und daß es damit den Pangermanisten einen prächtigen Agitationsgrund in die Hände spielen würde. [...] In der Frage des linken Rheinufers kann es unter den französischen Sozialisten gar keine Meinungsverschiedenheit geben. Abgesehen von Elsaß-Lothringen selbst, widersetzen sich die französischen Sozialisten jeder Annexion, ob sie nun politischen oder ökonomischen Charakter hat.» – BN, Jg. 75, Nr. 68 vom 10.2.1919 (Mittagsausgabe), S. [1–3], dort S. [2]: Renaudel erklärte, «nach der Auffassung der französischen Genossen» wäre es «verhängnisvoll für den Frieden», «wenn die *deutschen Kolonien* weggenommen würden».

Juden[75]

Longuet Nicht Nationen, M[ensch]heit[76]

8.II. *Macdonald* Auskunft über Irland, engl. Kolonien, Stütz-
punkte

    Estländer

    Belgier

    Finnländer

    Baltenländer[77]

---

[75] BN, Jg. 75, Nr. 66 vom 8.2.1919 (2. Blatt), S. [1f.]. – Der armenische Delegierte Ohandjanian trug eine Resolution zur armenischen Frage vor, die aber
vom Kongress nicht angenommen wurde. Der ungarische Delegierte Buchin-
ger wandte sich in der Slowakei-Frage gegen die Ausführungen des tschechi-
schen Delegierten Nemec (Bulletin der I.A.S., Nr. 9, S. 3f.). Der georgische
Delegierte Tschenkeli brachte eine Resolution ein für die vollständige Unabhängigkeit Georgiens, die die Internationale vom Völkerbund verlangen sollte;
der Antrag wurde abgelehnt. Tschenkeli wollte von nun an nicht mehr als
Menschewik auftreten, sondern «als Vertreter der selbständigen sozialdemokratischen Partei Georgiens». Der palästinensisch-jüdische Delegierte Locker
brachte eine dreiteilige «Resolution zur Judenfrage» gegen Antijudaismus und
für jüdische Autonomie «in den Ländern jüdischer Massensiedlung» ein, die
abgelehnt wurde (Bulletin der I.A.S., N. 10, S. 1f.).

[76] BN, Jg. 75, Nr. 66 vom 8.2.1919 (2. Blatt), S. [2f.]. – Bulletin der I.A.S.,
Nr. 10, S. 4: «Gegenüber einem chauvinistischen Sturm, der durch die Länder
geht und sich vielenorts erhebt, müssen wir proklamieren, daß sich die Internationale nicht auf irgendeinen nationalen Standpunkt stellt, sondern auf den
Standpunkt der ganzen Menschheit.»

[77] BN, Jg. 75, Nr. 68 vom 10.2.1919 (Mittagsausgabe), S. [1–3], dort S. [1]. –
Bulletin der I.A.S., Nr. 11, S. 1f.: «Was die Hauptfragen unter den für das britische Weltreich in Betracht kommenden Nationalitäten betrifft, die Frage von
Irland, hat die Arbeiterpartei in einer jeden Zweifel ausschließenden Weise sich
für die Selbstverwaltung Irlands ausgesprochen. [...] Was die Frage der Kolonien anlangt, sowohl die indischen als derjenigen, die Deutschland im Kriege
abgenommen worden sind, verweise ich auf das Memorandum über die
Kriegsziele, welche die Konferenz der Arbeiter- und Sozialistenparteien der
Ententeländer im Februar 1918 angenommen haben. [...] Was die dritte Frage
anlangt, die Frage jener Punkte, welche das britische Reich aus strategischen
Gründen besetzt hat, gehe ich nur auf die Frage von Zypern ein». – Der estnische Delegierte Martna brachte eine Resolution für die estnische Unabhängigkeit, Neutralität und die Beseitigung des Feudalismus in seinem Land ein,
die nicht beschlossen wurde. Der belgische Delegierte Huysmans erklärte, daß
es zwischen Belgien und Holland keinen Nationalitätenkonflikt gebe. Der

Zwischenfall wegen der Rede *Davids* in der Nat[ional-]Vers[ammlung]

Grumbach. Müller. Kautsky[78]
Resol[ution]
Abstimm[un]g. Nicht Beute[,] nicht strateg.[,] ökonom.[,] histor. Gründe[,] nicht Schaff[un]g von Tatsachen[79]

9.II. 5. Arbeitsgesetzgebung[80]

finnische Delegierte Wuolijoki verlangte die Anerkennung der Selbständigkeit Finnlands, erhob Anspruch auf einen eisfreien Hafen an der Murmanskküste, auf Selbstbestimmung der finnischen Gemeinden in Russisch-Karelien und verlangte eine Volksabstimmung auf den Alands-Inseln (Bulletin der I.A.S., Nr. 11, S. 2f.).

[78] BN, Jg. 75, Nr. 68 vom 10.2.1919 (Mittagsausgabe), S. [1–3], dort S. [2]. Der «Zwischenfall» entstand, als der elsässische Delegierte Grumbach aus einem Telegramm Äußerungen des Präsidenten der deutschen Nationalversammlung in Weimar, Eduard David (1863–1930, zu den Mehrheitssozialisten gehörend) zitierte, nach denen das Recht auf Selbstbestimmung für die Elsass-Lothringer nur «im Rahmen des deutschen Reiches» zur Diskussion stehe. Der deutsche Delegierte H. Müller trug einen anderen Text derselben Rede vor. K. Kautsky qualifizierte die Rede Davids als «unnötige Provokation», wenn der Grumbach vorliegende Text stimme. Der Franzose Renaudel hielt diese Erklärung Kautskys für befriedigend, der Konferenzvorsitzende Branting erklärte daraufhin den Zwischenfall für erledigt (Bulletin der I.A.S., Nr. 12, S. 4).

[79] Einstimmige Annahme der Resolution: BN, Jg. 75, Nr. 68 vom 10.2.1919 (Mittagsausgabe), S. [1–3], dort S. [2]. – «Die Konferenz [...] verwirft [...]: 1. Das Recht des Siegers auf *Beute*, und alle Bündnisverträge, die einem Staate für seinen Eintritt in den Krieg einen Gebietszuwachs auf Kosten fremder Nationen zusichern; 2. die Festsetzung von Grenzen nach *strategischen* Gesichtspunkten; 3. gewaltsame oder verschleierte Annexionen auf Grund sogenannter historischer Ansprüche oder angeblicher ökonomischer Notwendigkeiten; 4. die Schaffung von vollzogenen Tatsachen durch vorgreifende militärische Besetzung strittiger Gebiete; 5. Schaffung jeder ökonomischen oder politischen Einflußsphäre» (*Die Resolutionen der Internationalen Arbeiter- und Sozialistenkonferenz*, a.a.O. [s. oben S. 472, Anm. 55], S. 6f.; BN, Jg. 75, Nr. 64 vom 7.2.1919 [2. Blatt], S. [1f.], dort S. [2]).

[80] BN, Jg. 75, Nr. 68 vom 10.2.1919 (Mittagsausgabe), S. [1–3], dort S. [1f.]; Nr. 69 vom 11.2.1919 (1. Blatt), S. [1f.]. – In drei Sitzungen am 8. und 9. Februar befasste sich die Konferenz mit der Erstellung einer Arbeitercharta. Am 9. Februar wurde dann einstimmig ein «Programm für eine internationale Arbeiterschutzgesetzgebung» in 15 Punkten angenommen. Die Konferenz verlangte, dass die Durchführung dieses Programms, das u.a. allgemeine Schul-

6. Kriegsgefangene

Wels

Eisner «D[eutschland] hat kein Recht». Freiwillige f. Frankreich[81]

7. Diktatur u. Demokratie

Branting Es giebt Verhältnisse wo ...[,] aber Aufbau nur durch Demokratie. Warnung an die Imperialisten[82]

> *Macdonald* Dikt[atur] kann nur Phase sein. Ziel ist Freiheit[83]
>
> *Zwischenfall* zw. Renaudel, Loriot, Longuet[.][84] Nachts 1 h![85]

pflicht, Achtstundentag und freies Koalitionsrecht der Arbeiter vorsah, von der im Entstehen begriffenen «Gesellschaft der Nationen» als eine ihrer «unerläßlichen Aufgaben» angesehen werde (vgl. Bulletin der I.A.S., Nr. 12, S. 1–3).

[81] BN, Jg. 75, Nr. 68 vom 10.2.1919 (Mittagsausgabe), S. [1–3], dort S. [2]. – Bulletin der I.A.S., Nr. 12, S. 4f.: «Wels begründet die Resolution der deutschen Mehrheit, indem er die Konferenz auffordert, sich gegen die Behandlung der 800,000 deutschen und österreichischen Gefangenen als Sklaven auszusprechen.» «Eisner sagt, daß die Deutschen kein Recht hätten, gegen die Behandlung der Gefangenen zu protestieren, nachdem sie selbst jahrelang in der Gefangenenbehandlung die größten Mißstände duldeten. Aber es sei ein Gebot der Menschlichkeit, daß alle Gefangenen so rasch wie möglich ihrem Volk zurückgegeben würden. Der Wiederaufbau Nordfrankreichs soll nicht durch Zwangsarbeit vollbracht werden, sondern durch die freiwillige Mitarbeit der deutschen Arbeiter, Techniker und Architekten».

[82] BN, Nr. 68 vom 10.2.1919 (Mittagsausgabe), S. [1–3], dort S. [2]: Branting erklärte als Präsident der Kommission, die Resolution über «Demokratie und Diktatur» trage «einesteils der Tatsache Rechnung», «daß es Verhältnisse geben könne, die eine revolutionäre Aktion der unterdrückten Arbeiterklasse durchaus rechtfertigen», sie stelle «aber andernteils» fest, «daß die Errungenschaften einer Revolution nur dann von bleibender Bedeutung sind, wenn die großen Massen des arbeitenden Volkes hinter der Revolution stehen. Die sozialistische Welt muß aufgebaut werden auf die Demokratie, sie kann niemals dauernd erhalten werden durch eine Diktatur.» Dabei ergehe «allerdings an die Imperialisten und Gegenrevolutionäre die Warnung», «die sozialistische Entwicklung nicht durch Gewaltmaßnahmen hemmen zu wollen».

[83] BN, ebd. – Bulletin der I.A.S., Nr. 12, S. 5f.: «Wenn die Herrschaft einer Minderheit unter Umständen politisch förderlich sein kann, so darf diese Herrschaft nur als Phase einer Revolution, niemals aber als Grundlage für die dauernde Errichtung einer Regierung als berechtigt anerkannt werden. Der Zweck jeder Revolution muß Freiheit und Demokratie sein.»

10.II. *Gawronski* gegen Bolsch[ewisten]
Faure für sie
Kautsky Unterstütz[un]g d. echten russ. Sozialisten. Bolsch[ewismus] ist neuer Militarismus
Henderson Bolsch. ist Gewalt
Bernstein Tod der Revolution![86]
Mehrheit scheint gegen Bolschewismus

---

[84] BN, Nr. 68 vom 10.2.1919 (Mittagsausgabe), S. [1–3], dort S. [3]: Renaudel «verurteilt scharf den bolschewistischen Terror, worauf der Zuruf von Loriot […] erfolgt: ‹Bekämpfen wir doch vorerst den bürgerlichen Terror, bevor wir über den Terror der Bolschewisten sprechen.› (Allgemeine Unruhe.)». «Longuet protestiert gegen die Fassung der Resolution, die geeignet ist, Clemenceau und Lloyd George Waffen für den Kampf gegen die Sowjet-Regierung in die Hand zu geben.»

[85] Ebd.: Die Sitzung wurde «um 1 Uhr nachts» «abgebrochen».

[86] BN, Nr. 70 vom 11.2.1919 (Mittagsausgabe), S. [1f.], dort S. [1]. – Der der Partei der Sozialrevolutionäre angehörende russische Delegierte Gawronski erklärte: «Die russische Revolution rollt dem Abgrund zu, da sie vom Zarismus nicht nur die wirtschaftliche Zerrüttung erbte, sondern auch die vollkommene Unkultur und Unkenntnis des Volkes. Den sozialistischen Tendenzen standen von Anfang an stark partikularistische und anarchistische Tendenzen gegenüber. Wir kämpften dagegen, die Bolschewisten schützten sie, und so gelang es einer relativ geringen Zahl, das ganze Reich in die Luft zu sprengen. Vom russischen Proletariat ist kaum noch etwas übrig geblieben.» «Paul Faure (Frankreich) fragt sich, ob mit der begonnenen Debatte eine Offensive des Revisionismus oder des Ministerialismus gemeint sei. Ihr verlangt von uns, eine soziale Revolution zu richten im Augenblick, wo sich alle reaktionären Mächte gegen diese Revolution zusammenballen». K. Kautsky wandte sich dagegen, «den Bolschewismus mit der russischen Revolution, mit dem russischen Proletariat» zu identifizieren. «Die Bolschewiki haben die großen Industrien zerstört. Was sie Positives geschaffen haben, ist eine starke Armee, eine neue Form des Militarismus». «Henderson hat die Bolschewisten in Rußland selbst an der Arbeit gesehen. Ihre Methode ist eine direkte Negierung des konstruktiven Sozialismus. Sie läuft auf eine gewalttätige Unterdrückung des Proletariats selbst hinaus.» Eduard Bernstein (s. oben S. 57, Anm. 33): «Das System des Bolschewismus ist der Tod der Errungenschaften der Revolution, es ist die Desorganisation, der Ruin des Landes» (Bulletin der I.A.S., Nr. 12, S. 7).

1. Über den Wert von *Kongressen* überhaupt. Worte haben ihren Wert durch das[,] aus dem sie kommen u. was daraus wird. Also Abschluß u. Neuanfang. Wir können zunächst nur nach dem fragen, was dabei zu Tage tritt.

2. Hier der Wille zu einer *Verständigung unter d. arbeitenden Völkern[.]* Nur Bruchteil vertreten, aber wichtiger. Dieser Wille ist da, mehr als zu erwarten war. Wertvolle Zugeständnisse von beiden Seiten. Noch ist die Kriegspsychose nicht überwunden, aber sie wird es. Die Internationale marschiert wieder, nicht in der Richtung der Soz[ial-]Patrioten, sondern in d. Richtung Eisner. Das wird man sich in Paris merken!

3. Haben die *Befürchtungen unsrer Radikalen* Recht bekommen? Nein, es ist Schluß erklärt worden. Der Kampf d. Arb[eiter-]Klasse geht auf neuer Grundlage weiter.

4. Die Frage des *Bolschewismus* ist mit Recht offen gelassen worden unter deutlichen Erklärungen der Sache gegenüber. Hier stehen wichtige Entscheidungen bevor.

Der Erste Weltkrieg hatte die Arbeiterbewegung gespalten. In den meisten kriegführenden Staaten hatten die Sozialisten für die Dauer des Krieges einen sog. Burgfrieden mit den bürgerlichen Parteien geschlossen und damit der nationalen Einbindung den Vorrang gegeben gegenüber der internationalen Verbundenheit in der Arbeiterbewegung. Der Berner Sozialdemokrat R. Grimm begann auf der Konferenz von Zimmerwald 1915 die radikalen Sozialisten Europas zu sammeln, die gegen die Politik des Burgfriedens auf Kosten der internationalen Solidarität waren. Aus den Konferenzen von Zimmerwald und Kienthal erwuchs die kommunistische Bewegung, deren treibende Kraft die bis 1917 in der Schweiz lebenden russischen Bolschewisten unter Lenin wurden. Nachdem die 2. Internationale sich nach dem Krieg auf der Konferenz in Bern vom 3. bis 10. Februar 1919 (s. oben S. 464–480) neu konstituiert hatte, besiegelte die Gründung der 3. (Kommunistischen) Internationale auf dem Kongress in Moskau vom 2. bis 6. März 1919 die Spaltung in der Arbeiterbewegung. Nach ihrer Absage an die 2. Internationale (s. oben S. 437) stellte sich für die SPS die Frage, ob sie der 3. Internationale beitreten wollte.[1] In dieser Situation hielt Barth an einer Reihe von Abenden im Safenwiler Arbeiterverein die Vorträge «Die russische Revolution» (20. und 26. März), «Bolschewismus» (2. und 9. April, wobei er unter dem 9. April in seinem Kalender notierte: «Diskussionsabend (Bolschewismus)»), «Demokratie oder Diktatur?» (16. April, wobei unter diesem Datum im Kalender steht: «Letzter Diskussionsabend»). An E. Thurneysen berichtet er darüber am 13. April 1919: «Wir hatten unterdessen sehr ausgefüllte Zeiten. Wo soll ich anfangen? Also: viel Apostelgeschichte: Ananias und Saphira, Gamaliel, Stephanus. Dazu eine Serie von Bolschewiki-Abenden mit Betrachtungen über die Lenin'schen Vorder- und Hintergründe (der Dostojewskische russische Christus, das Elias-Calvin-Cromwell-Problem des Reiches Gottes!).»[2] Für die Ausführungen über die Revolution in Russland ist eine wichtige Quelle

---

[1] Vgl. H. Egger, *Die Entstehung der Kommunistischen Partei und des Kommunistischen Jugendverbandes der Schweiz*, Zürich 1972, S. 193–220.

[2] Bw.Th.I, S. 324.

Barths die Darstellung von L. Trotzki «Von der Oktober-Revolution bis zum Brester Friedensvertrag», die 1918 im Promachos-Verlag Belp-Bern («Herausgeber Fritz Platten, Nationalrat, Zürich») erschienen war. Barth war auf sie vielleicht durch den Vorabdruck eines Kapitels im «Neuen Freien Aargauer», Jg. 13, Nr. 185–190 vom 13.–20.8.1918, aufmerksam geworden.

Die russische Revolution 1917

20. III 19

26. III 19

Eine vorläufige Orientierung zur Stellungnahme zur Frage: Demokratie oder Diktatur?[3] Schwierig, weil mehrere Unbekannte in der Rechnung für uns a) Rußland b) die Bolschewiki c) die Tatsachen seit Nov. 1917 (Abwartende Stellung des internat. Soz[ialisten]kongresses[4][,] Haltung von Naine in s[einer] Broschüre[5]) Also alles Mitteilungen, die der Ergänzung bedürfen.

1. Rußland, mit den übl. Mitteln nicht zu begreifen, auch nicht durch Reisen, am Besten wohl durch Lektüre s[einer] besten Schriftsteller. Das Land der erwachenden M[enschen], roher, unkultivierter aber auch frischer u. lebendiger als wir (Litwin[6])

---

[3] Die Kommunistische Internationale hatte auf ihrem Gründungskongress in Moskau die «Diktatur des Proletariats» ausgerufen (vgl. W.I. Lenin, *Die Dritte Internationale und ihr Platz in der Geschichte,* in: ders., *Ausgewählte Werke in sechs Bänden,* Bd. V, Berlin 1987[12], S. 73–82) und die scharfe Trennung von der Sozialdemokratie vollzogen. Die Diskussion innerhalb der SPS um die Frage, ob man der Kommunistischen Internationale beitreten solle, wurde von seiten der Gegner des Beitritts unter dem Motto geführt: Demokratie oder Diktatur? Vgl. Egger, a.a.O., S. 207f.; Mattmüller II, S. 510–535.

[4] Gemeint ist der Internationale Sozialistenkongress vom 3.–10.2.1919 in Bern. Zur Haltung des Kongresses gegenüber der russischen Revolution vgl. oben S. 478f.

[5] Ch. Naine, *Dictature du prolétariat ou démocratie.* Avec Préface de l'éditeur P. Swesditch, Lausanne 1918. Die Broschüre enthält eine scharfe Absage an den Bolschewismus.

[6] Wenn der Name so zu entziffern ist, möglicherweise eine Aussage Paul

Manuskript des Textes von S. 41
(Originalgröße 14 × 22 cm)

Die neue Welt u. die Bibel

Vortrag in Reutin, 6. Feb. 1917

Manuskript des Textes von S. 482–484
(Originalgröße 11,3 × 18,2 cm)

Tutscheff: Man versteht R[ußland] nicht mit d. Verstand, an R. kann man nur glauben![7]

Gorki: R. hat noch gar nicht gelebt, noch nicht Zeit gehabt, der Welt s[eine] verborgenen Kräfte zu zeigen[8]

X: Der Ozean den man Rußland heißt[9]

a) *Erkenntnis des Leidens u. d. Bösen.* Die Russen haben etwas Erschreckendes für uns. Sie blicken in den Abgrund. Sache nie blos des Einzelnen, sondern der Zusammenhänge u. Notwendigkeiten. Mit Schwermut[,] mit Verzweiflung, mit Hohn, mit ruhiger Klarheit. Wie anders als etwa G. Keller.[10] «Gott sei mir Sünder gnädig» [Lk. 18,13].

b) *Glaube an das Gute.* Da wird zu viel von uns verlangt. Ein selbstverständlicher Blick in die Ewigkeit. Tiefste Religiosität ohne Kirche. Rücksichtsloser Glaube an die Möglichkeit u. Wille in den Kampf zu treten. Es geht immer ums Ganze. Daneben Jer. Gotthelf.[11]

Litwins. Der Wirtschaftsführer deutsch-russischer Abstammung war in der deutschen Delegation an den Verhandlungen mit Russland im August 1918 beteiligt.

[7] Das Zitat findet sich als Motto des Aufsatzes von J. Matthieu, *Russische Geisteskämpfe,* in: NW, Jg. 10 (1916), S. 450–465.489–506. – F.I. Tutscheff (1803–1873), bedeutender russischer Lyriker panslawistischer Gesinnung.

[8] M. Gorkij, *Ein Jahr russische Revolution,* in: Süddeutsche Monatshefte, Jg. 16 (1918/1919), S. 6–62, dort S. 17: «das träumerische, knochenlose Russland, das Land, das noch gar nicht gelebt hat, das noch nicht Zeit gehabt hat, der Welt seine verborgenen Kräfte zu zeigen»; vgl. ders., *Unzeitgemäße Gedanken über Kultur und Revolution,* hrsg. von B. Scholz, Frankfurt am Main 1972, S. 80.

[9] Motto ohne Verfasserangabe über dem dritten Abschnitts des genannten Aufsatzes von J. Matthieu, a.a.O., S. 455:

> Der Schriftsteller, wenn er eine Woge ist
> Des Ozeans, den man Rußland heißt,
> Kann nicht sich nicht empören,
> Wenn sich die Elemente empören. [...]

[10] Vgl. unten Anm. 11. Vielleicht denkt Barth im besonderen an G. Kellers Gedicht «Revolution», auf das auch in dem redaktionellen Artikel *Zur russischen Revolution,* in: NW, Jg. 11 (1917), S. 153–156, dort S. 153, angespielt wird.

[11] Bei der Schilderung des russischen Menschen dürften Barth – neben dem genannten Aufsatz von J. Matthieu – die Romane F. Dostojewskis vor Augen gestanden haben. Zur Gegenüberstellung mit G. Keller und J. Gotthelf vgl. E. Thurneysen, *Dostojewski,* München 1921, S. 33f.

c) *Beweglichkeit.* Keine starren Grenzen der Moral. Die Ergriffenheit ist Alles. Schlechte M[enschen] als Heilige. Umgekehrt Gute[,]
denen das Böse durch äußere od. innere Notwendigkeit Schicksal
wird. Scharfe Witterung für das Augenblickliche, Lebendige. Uns
flimmerts vor den Augen

   Aus den russ. M. muß die russ. Revol[ution] verstanden werden,
nicht nach den Schlagworten od. einzelnen Erscheinungen, sondern
aus dem tiefen Rhythmus dieses Lebens.

   2. Die Lage 1917 Zu ⁹⁄₁₀ Bauernvolk, erst seit 1867 Leibeigenschaft aufgehoben.[12] Dazwischen Städte mit mod[ernen] kapitalist.
Verhältnissen[,] über dem Ganzen die zarische Autokratie. Bildung
auch in den bessern Ständen oberflächlich. Der Staat ist entweder
Ausbeutungsobjekt oder der natürliche Feind. Funktioniert oder
auch nicht. (Bestechlichkeit, Skandale) Selbstverständl. Anarchismus
von oben od. von unten. Da hilft nur die Gewalt, ausgeübt durch die
Polizei, gegen die Revolten! Ochrana[13] (Fall Azeff 1905[14]). Liberale
Partei: Kadetten.[15] Brüderl. Sozialisten auf nat[ionaler] Basis:
Trudowiki (mit Zemstvo-Einrichtungen)[16] Revolut[ionäre] Sozialisten:

---

[12] Die Bauernbefreiung wurde in Russland von Zar Alexander II. durch ein
Manifest vom 3.3. (bzw. nach altem russischen Kalender 19.2.) 1861 (nicht
1867) gegen heftige Widerstände eingeleitet. Vgl. *Handbuch der Geschichte
Russlands,* hrsg. von M. Hellmann u.a., Bd. III: *Von den autokratischen Reformen zum Sowjetstaat (1856–1945),* Stuttgart 1981, S. 36–47. – Siehe auch
unten S. 487, Anm. 33.

[13] Die zaristische Geheimpolizei.

[14] Barth spielt anscheinend auf Jewno F. Asef an – der Name wurde auch als
Azef oder Azeff transkribiert –, der einer der Köpfe des terroristischen Arms
der Sozialrevolutionären Partei und zugleich Agent der Ochrana war. Er war,
wenngleich nicht so entscheidend, wie er selber später behauptete, an den Vorbereitungen zum Attentat auf den Großfürsten Sergei A. Romanow am 4.
Februar 1905 beteiligt. Vgl. A. Geifman, *Entangled in terror. The Azef Affair
and the Russian Revolution,* Wilmington, DE 2000, bes. S. 70–73.

[15] Die im Oktober 1905 gegründete «Partei der Volksfreiheit» oder «*Kon-
stitutionell-D*emokratische Partei» (daher Abkürzung «*Kad*etten») unter Führung von Pawel N. Miljukow.

[16] Die Trudowiki waren eine kleinere Arbeiterpartei, die vorwiegend aus
ländlichen Vertretern bestand. In der ersten Reichsduma bildete sie eine Koalition mit Sozialdemokraten und Sozialrevolutionären. Ihr gehörte Alexander
Kerensky an. – Die Zemstvo-Verbände waren von Alexander II. gegründete

Narodniki und Menschewiki. Extreme Sozialisten: Bolschewiki[17] (alle im Ausland)[18] Revolution von 1905 niedergeschlagen[19]
Der Krieg von 1914 greift tiefer ein. Das Land, das die Armeen stellt[,] wird ernstlich vom Unglück berührt, die Stellung der Oppositionsparteien gestärkt.

3. Die Märzrevolution.[20] Anlaß: neben den allgemeinen die kompromittierten Gestalten eines Stürmer[21], Suchomlinow[22], Raspu-

ländliche Selbstverwaltungseinrichtungen mit Zuständigkeiten für Verkehr, Krankenversorgung, Ernährungssicherung, Volksbildung und Medizinalwesen.

[17] Vgl. J. Braunthal, *Geschichte der Internationale,* Bd. 1 (Internationale Bibliothek, Bd. 108), Hannover 1978³, S. 237: «Der russische Sozialismus kristallisierte sich in zwei Hauptströmungen: in der agrarsozialistischen Schule der Narodniki, aus der die Partei der Sozialrevolutionäre hervorging, und in einer marxistischen Schule, aus der sich die Russische Sozialdemokratische Arbeiterpartei entwickelte; sie spaltete sich 1903 in die Parteien der Menschewiki und Bolschewiki.» Die letzten beiden unterschieden sich darin, dass die Menschewiki die Massen der Arbeiter und Bauern selbst für revolutionär hielten, während die Bolschewiki «eine kleine Partei von ‹Berufsrevolutionären›, die als Hebel die Massen in Bewegung setzen und sie leiten», für erforderlich hielten; vgl. J. Braunthal, *Geschichte der Internationale,* Bd. 2 (Internationale Bibliothek, Bd. 109), Hannover 1978³, S. 89.

[18] Die führenden Bolschewiki wie Lenin, Trotzki (dieser gehörte allerdings bis zum Sommer 1917 den Menschewiki an) und Sinowjew waren alle kurz nach der Jahrhundertwende ins Ausland geflüchtet und lebten dort im Exil.

[19] Das Jahr 1905 brachte Russland die erste bürgerlich-demokratische Revolution, die im Dezember militärisch niedergeschlagen wurde.

[20] Gemeint ist die nach dem neuen Kalender am 8.3.1917, nach dem alten russischen Kalender am 23.2.1917 ausgebrochene und heute meist «Februarrevolution» genannte Erhebung. Zum Verlauf der Februar- und der Oktoberrevolution vgl. die betr. Kapitel im *Handbuch der Geschichte Russlands,* Bd. III (s. oben Anm. 12); *Die russische Revolution. Von der Abdankung des Zaren bis zum Staatsstreich der Bolschewiki,* hrsg. von M. Hellmann, München 1977³.

[21] Boris Stürmer (1848–1917), unter dem Einfluss Rasputins (s. oben S. 314, Anm. 15) und der Zarin 1916 zum Ministerpräsidenten ernannt, vertrat das autokratische Zarentum gegen jede konstitutionelle Weiterentwicklung in Russland.

[22] Wladimir A. Suchomlinow (1848–1926), seit 1909 Kriegsminister, wurde verantwortlich gemacht für die Niederlagen der russischen Armee 1915 und im selben Jahr abgesetzt. Am 23. Juli 1917 wurde gegen ihn in Petersburg ein Prozess eröffnet, weil ihm vorgeworfen wurde, «die Anordnung des Zaren

485

tin[23]. Die Entente begrüßt die Revolution![24] Ans Ruder kommen zunächst die Kadetten[25], mit denen sich die Soz[ial-]Revol[utionäre] verbinden[26]. Fürst Lwow.[27] Miljukov.[28] Rodzanko.[29] Frühlingstage in

vom 30. Juli 1914 vormittags auf Aufschiebung der russischen Gesamtmobilmachung sabotiert zu haben. Tatsächlich hatten die russischen Militärs eine Teilmobilmachung, wie sie Wilhelm II. dem Zaren in letzter Minute als Ausweg vorgeschlagen hatte, für technisch undurchführbar erklärt und sich damit schließlich auch durchgesetzt»; vgl. Fr. Naumann, *Der Kaiser im Volksstaat* (1917), in: ders., *Werke*, Bd. 2: *Schriften zur Verfassungspolitik*, hrsg. von Th. Schieder, Köln und Opladen 1964, S. 638, Anm. 55.

[23] S. oben S. 314, Anm. 15.

[24] Die USA erkannten als erster Staat die durch die Februarrevolution an die Macht gekommene Regierung an. Der englische Premier Lloyd George schrieb an den vom Zaren noch vor seiner Abdankung mit der Bildung einer neuen Regierung beauftragten Fürsten G. J. Lwow: «Mit dem Gefühl der größten Befriedigung haben die Völker Großbritanniens und der britischen Dominien über See erfahren, daß ihr großer Verbündeter Rußland jetzt mit Nationen, welche ihre staatliche Ordnung auf eine verantwortliche Regierung stützen, in einer Reihe steht» (*Die russische Revolution*, a.a.O. [s. oben S. 485, Anm. 20], S. 165f.).

[25] Die unter Leitung des Fürsten Lwow stehende Provisorische Regierung wurde aus Mitgliedern der Konstitutionell-Demokratischen Partei und anderer kleiner liberaler Gruppierungen, wie den Oktobristen, gebildet. Der Gründer der Kadettenpartei, P. Miljukow, wurde Außenminister.

[26] Am 2.3.1917 beschloss die Konferenz der Petrograder Sozialrevolutionäre die Unterstützung der Provisorischen Regierung.

[27] Fürst Georgij J. Lwow (1861–1925) war zunächst Hauptbevollmächtigter des Allrussischen Zemstvo-Verbandes (s. oben Anm. 16). Am 2.3.1917 ernannte ihn der Zar im Zusammenhang mit seinem Thronverzicht zum Ministerpräsidenten. Da die Regierung Lwow kein soziales Programm hatte und die Fortsetzung des Krieges für selbstverständlich hielt, geriet sie als Regierung mit «kapitalistischem Charakter» sofort unter die Angriffe Lenins. Im Juli 1917 trat Fürst Lwow vom Amt zurück und übergab es an Alexander Kerensky.

[28] Pawel N. Miljukow (1859–1943), Führer der Konstitutionell-Demokratischen Partei seit 1905, Abgeordneter in der Reichsduma und Mitglied des die Provisorische Regierung vorbereitenden Duma-Komitees, Außenminister der Provisorischen Regierung. Er befürwortete die Fortsetzung des Krieges und trat sowohl für einen Siegfrieden über Deutschland als auch für annexionistische Kriegsziele Russlands ein. Damit geriet er in scharfen Gegensatz zu den Arbeiter- und Soldatenräten und den sozialistischen Parteien, besonders den Bolschewiki, die für einen «Frieden ohne Annexionen und Reparationen»

Moskau!³⁰ Rückkehr der Exilierten.³¹ Aber die Zersetzung geht weiter. In der Masse grollt trotz der Demokratisierung das Mißtrauen gegen die Intelligenz. Großer Fehler: der demokratische Feldzug gegen Deutschland soll fortgesetzt werden. Auch die Soz.Rev. wollen jetzt (trotz ihrer frühern Haltung) den Krieg.³² Kerensky mit der Knute Peters d. Gr. u. mit der Rede Alex[anders] II.³³ Damit ist jetzt

kämpften. Bereits bei der ersten Kabinettsumbildung der Regierung Lwow im Mai 1917 demissionierte er.

²⁹ Michail W. Rodsjanko (1859–1924) war Mitglied der Oktobristen-Partei und Präsident der Reichsduma. Er hatte den Zaren mehrmals mündlich und schriftlich vor dem Umsturz gewarnt für den Fall, dass nicht sofort eine andere Regierung und ein der Duma verantwortlicher Ministerpräsident zugelassen werde. Rodsjanko wurde Mitglied und Präsident des Duma-Komitees, das nach dem Sturz des Zaren bis zur Einsetzung der Provisorischen Regierung die Macht innehatte.

³⁰ Nach der Abdankung des Zaren kam es in Moskau zu großangelegten Truppenparaden und sozialistischen Kundgebungen, die in voller Disziplin durchgeführt wurden. Die sofort proklamierte Freiheit des gesprochenen und geschriebenen Wortes, der Versammlung, der Religion und des Atheismus wurde begeistert gefeiert. Innerhalb von drei Tagen nach dem Sturz des Zaren erschienen in Moskau drei neue Zeitungen: der «Vorwärts» als Blatt der Menschewiki, «Trud» (Arbeit) als Blatt der Sozialrevolutionäre und der «Sozialdemokrat».

³¹ Rückkehr der Gruppe um Lenin aus dem Schweizer Exil mit Hilfe der deutschen Regierung am 16.4.1917. Trotzki traf am 17.5. in Petrograd ein.

³² Der hauptsächlich von Sozialrevolutionären gestellte Petrograder Sowjet der Arbeiter- und Bauerndeputierten rechtfertigte am 14.3.1917 in einem Appell an die Völker der ganzen Welt die Fortsetzung des Krieges von russischer Seite als Verteidigungskrieg.

³³ Alexander F. Kerensky (1881–1970), seit 1912 Führer der Trudowiki, war als einziger Sozialist in der bürgerlich-liberalen Provisorischen Regierung zunächst Justizminister, dann Kriegsminister. Am 20.7.1917 wurde er Ministerpräsident als Nachfolger des Fürsten Lwow. Während der Oktoberrevolution wurde er von den Bolschewiki gestürzt. Kerensky galt als hervorragender Redner. Seine Überredungskunst trieb die russischen Soldaten im Juli 1917 zu einem letzten großen Angriff. – Im Zentrum der politischen Biographie des russischen Zaren Peter der Große (1672–1725) steht der große Nordische Krieg (1700–1721) gegen Schweden: «An seinem Ende war R[ussland] nach gewaltigem Aufwand an menschlichem Leid, wirtschaftlicher Kraft, politischer Unterdrückung und Innovation ein anderes geworden. Der persönliche Anteil P[eter]s an dem Krieg ist selbst dann noch ungewöhnlich, wenn man den besonders großen Spielraum, den die Autokratie dem Zaren eröffnete, in

nichts mehr zu machen. Der Sturm gegen das Bestehende ist erwacht. Die misslungene Brussilow-Offensive im Juni 1917[34]

4. Die Bolschewiki. Das klassenbewußte Arbeitervolk selbst, vereinigt in den Sowjets, eine Minorität, aber infolge ihrer Lage, Disziplin u. Führung die stärkste.

Persönliches über Lenin u. Trotzky   Sadoul[35]: Willens[-] u. Vernunftmenschen, ohne Ruhetrieb[36] u. Aufregung. Unmittelbare Intel-

---

Rechnung stellt. In seinen militärischen, administrativen und diplomatischen Aktivitäten zeigte der Zar eine reiche politische Begabung, gepaart mit fast übermenschlichen Willenskräften» (*Lexikon der Geschichte Russlands. Von den Anfängen bis zur Oktober-Revolution.* Hrsg. von H.-J. Torke, München 1985, S. 297). – Die Regierungszeit des Zaren Alexander II. (1818–1881) von 1855 bis 1881 war geprägt von den «Große[n] Reformen [...], mit denen das auf der Leibeigenschaft beruhende politische, soziale und wirtschaftliche System modernisiert wurde. [...] Die wichtigsten Elemente der G[roße]n R[eformen] waren die *Bauernbefreiung,* die Einführung der ersten echten Selbstverwaltungen, nämlich der *Zemstvo* auf dem Lande und der *städtischen Selbstverwaltung,* ferner die *Justizreform,* die *Heeresreform* und die *Bildungsreform.* Den Auftakt für die Bemühungen um die Bauernbefreiung [...] bildete die berühmte Rede Alexanders II. vor dem Moskauer Adel am 30.3.1856, in der er [...] zu einer Besserung der Lage der Bauern aufrief. Die Rede, die noch keinerlei Konzept aufwies, blieb bei dem widerstrebenden Adel ohne Resonanz» (a.a.O., S. 139). Mehr noch als Alexander II. stieß A. Kerensky in seiner Tätigkeit als Ministerpräsident vom Juli bis Oktober 1917 auf den Widerstand des Großbürger- und Großbauerntums.

[34] Alexej Brussilow (1853–1926) leitete gemeinsam mit General Kornilow die von Kerensky initiierte Offensive an der österreichischen Front vom 1. bis 5. Juli 1917. Diese Aktion scheiterte nicht nur an der Stärke des gegnerischen Widerstandes, sondern vor allem auch an der von Kriegsmüdigkeit unterminierten Disziplin der Masse der russischen Soldaten.

[35] Barth bezieht sich auf Jacques Sadoul (1881–1956), der als Mitglied der französischen Militärmission in Petrograd Augenzeuge und später Anhänger der russischen Revolution wurde. Sadouls *Notes sur la Révolution Bolchévique (Octobre 1917 – Juillet 1918),* édité par Fr. Platten, Belp-Berne 1918, enthalten entsprechende Aussagen (vgl. z.B. S. 73f.85.100.143.157f.244.254), doch scheinen sie Barth nicht im Original, sondern in einer zusammenfassenden Bearbeitung vorgelegen zu haben – etwa einem Zeitungsbericht, in dem vielleicht auch Sadouls *Briefe aus der Sowjet-Republik. Moskau 1918* (Der Rote Hahn, Bd. 51/52), Berlin-Wilmersdorf 1919, und *Es lebe die Räte-Republik! Aufzeichnungen von Kapitän Jacques Sadoul,* Bern-Belp und Biel 1919, berücksichtigt worden waren.

[36] Das Wort ist nur vermutungsweise zu entziffern.

488

lektualisten, moralisch kaum zu verdächtigen, nicht machtgierig. Fehler u. Tugend der Rel[igions-]Stifter. Glaube d. Berge versetzt [vgl. Mt. 17,20; 1. Kor. 13,2]. Spartan. Einfachheit. Aufrichtigkeit
Gorki[:] Lebensfremde Charaktere ohne Liebe u. Erbarmen, Sklaven ihres Dogmas[37]
Die Sache Offenbar etwas echt Russisches. Das Bisherige soll durch die Umkehrung d. bisherigen Methode gestürzt werden. Die Arbeiterschaft wird Zar. Das Bürgertum kommt zwischen die Räder. Teufel durch Beelzebub [Mt. 12,27]. Nicht ohne Bewußtsein der Tragik der Lage. Die Möglichkeit weist auf eine gewisse histor. Notwendigkeit hin.

5. Die Novemberrevolution.[38] Vorbereitet durch Versuch im Juli.[39] Repressalien.[40] Kornilow-Putsch.[41] Desorganisation der Armee durch

[37] Vgl. Gorkij, a.a.O. (s. oben S. 483, Anm. 8), S. 26f. (vgl. *Unzeitgemäße Gedanken*, S. 97f.): «Lenin selbst ist natürlich ein Mann von ausschließlicher Kraft; fünfundzwanzig Jahre stand er in den ersten Reihen der Kämpfer für den Endsieg des Sozialismus; er ist eine der bedeutendsten und originellsten Erscheinungen innerhalb der internationalen Sozialdemokratie; er ist ein Mann von großer Begabung und hat alle für den ‹Führer› notwendigen Eigenschaften; zugleich zeichnet ihn auch der für diese Rolle notwendige Mangel an Moral und ein selbstherrliches, erbarmungsloses Verhältnis gegen das Leben der Volksmassen aus. – Lenin ist ‹Führer›, zugleich aber auch russischer Grandseigneur, und gewisse seelische Eigenschaften dieses ins Nichtsein versunkenen Standes sind ihm nicht fremd; daher hält er sich für berechtigt, mit dem russischen Volke ein grausames Experiment, dem schon im vorhinein ein Mißerfolg beschieden ist, anzustellen.» «Diese unausbleibliche Tragödie berührt Lenin, den Sklaven des Dogmas, und seine Genossen, die seine Sklaven sind, in keiner Weise. Ihm ist das Leben in seiner ganzen Kompliziertheit fremd; er kennt die Volksmassen nicht, er hat niemals im Volke gelebt».
[38] Gemeint ist die nach dem alten russischem Kalender am 25.10.1917, nach dem neuen Kalender am 7.11.1917 ausgebrochene und heute meist «Oktoberrevolution» genannte Erhebung (vgl. oben S. 485).
[39] Vgl. L. Trotzki, *Von der Oktober-Revolution bis zum Brester Friedensvertrag*, Belp-Bern 1918, S. 19–24: Die «Bewegung vom 3. bis 5. Juli», bei der «die Offensive [...] bald von einem tragischen Rückzug abgelöst» wurde (S. 24). Lenin konnte fliehen. Trotzki wurde verhaftet (S. 25).
[40] Trotzki, a.a.O., S. 25: «Die neue Koalitionsregierung mit Kerenski an der Spitze betrat nun offen den Weg der Repressalien.»
[41] Trotzki, a.a.O., S. 26–28. – Der Höchstkommandierende der Armee, Lawr G. Kornilow (1870–1918) putschte am 27.8. gegen die Regierung Ke-

die Sowjets.[42] Das Agrarprogramm.[43] Konstit[uierende] Versammlung?[44] Entfernung der revolut. Petersburger Armee?[45] 22. Okt.–7. Nov. der Aufstand.[46] 25. Okt. Trotzkys Erklärung.[47] Flucht Kerens-

rensky, die ihm immer mehr unter bolschewistischen Einfluss zu geraten schien. Die Bolschewisten erklärten den Putsch als gegenrevolutionäre Aktion und riefen Soldaten und Arbeiter zu sofortigem Widerstand auf.

[42] Trotzki, a.a.O., S. 36f.38.50–54.

[43] Trotzki, a.a.O., S. 37f.: «Die Situation auf dem Lande war aufs äusserste verworren und kompliziert. Die Revolution hatte den Bauern Land versprochen, zugleich aber verlangten die leitenden Parteien, dass die Bauern bis zum Zusammentritt der Konstituante dieses Land nicht anrührten.» «Aus den Dörfern strömten Deputationen nach dem Petrograder Sowjet. Sie klagten darüber, dass die Bauern verhaftet würden, wenn sie entsprechend dem Programm des Petrograder Sowjets das Land der Gutsbesitzer in die Hände der Bauernkomitees übergäben. Die Bauern erwarteten unsern Schutz. Wir gaben ihnen zur Antwort, dass wir sie nur dann beschützen könnten, wenn wir die Regierungsgewalt besässen. Daraus ergab sich die Folgerung, dass, wenn die Sowjets sich nicht in einfache Redeanstalten verwandeln wollten, sie die Regierungsgewalt an sich reissen müssten.» Nach der Oktoberrevolution versuchten die Bolschewiki, die errungene militärisch-politische Macht zu halten, indem «sie bereits am ersten Tage des neuen Regimes die Forderungen der Bauern nach einer vorläufigen Bodenverteilung wortwörtlich, wie sie von deren Vertretern formuliert worden waren, zum Gesetz erhoben» (vgl. *Handbuch der Geschichte Russlands,* Bd. III, a.a.O. [s. oben S. 484, Anm. 12], S. 589f.).

[44] Trotzki, a.a.O., S. 38f.: «Die Konstituierende Versammlung wurde unterdessen immer weiter hinausgeschoben. Die Bourgeoisie bestand darauf, dass die Konstituante erst nach Friedensschluss einberufen würde.» «Aber wir waren keineswegs von» dem «Fetischismus der Konstituante angesteckt. Vor allem hatten wir ja keine Garantien dafür, dass sie in der Tat einberufen würde. Der Zerfall der Armee, die Massendesertionen, die Verpflegungskalamitäten, die Agrarrevolten – all das hatte eine Lage geschaffen, die für die Wahlen für die Konstituante wenig günstig war. [...] Und dann – wäre selbst die Konstituierende Versammlung unter Leitung der alten Parteien, nach den alten Listen zusammengetreten, so wäre sie nur ein Deckmantel und ein Heiligungsmittel für die Koalitionsmacht geworden.»

[45] Trotzki, a.a.O., S. 40–42.51.55f.

[46] Barth gibt den ersten Tag nach dem alten, den letzten Tag nach dem neuen Kalender an (25. Oktober = 7. November). Trotzki, a.a.O., S. 57f.: Der 22. Oktober, der «Tag des Petrograder Sowjets», «wurde zum Paradetag der Kräfte der proletarischen Armee. Er verlief vortrefflich in jeder Hinsicht. [...] In der Luft herrschte jene elektrische Spannung, die alle kritischsten Momente

kys.⁴⁸ Auftreten von Lenin u. Sinowjew[.]⁴⁹ Sabotage⁵⁰ u. Fähnrichs-
aufstand.⁵¹ Kerensky-Putsch.⁵² Gewaltmaßregeln u. Auflösung der

der Revolution auszeichnet, ‹Nieder mit der Regierung Kerenskis!› – ‹Nieder
mit dem Krieg!› – ‹Die ganze Regierungsgewalt den Sowjets!› Vor diesen ungeheuren Menschenmengen wagte sich aus der Mitte der ehemaligen Sowjetparteien kein Mensch mit einem Wort des Widerspruchs hervor. Der Petrograder Sowjet dominierte absolut. Eigentlich war die Kampagne bereits
gewonnen. Es blieb nur noch übrig, der illusorischen Regierung den letzten
militärischen Stoss zu versetzen.»

⁴⁷ Trotzki, a.a.O., S. 65: «Im Laufe des 25. Oktober wurde das Winterpalais
nach und nach von allen Seiten von unsern Truppen umzingelt. Um ein Uhr
mittags gab ich in der Sitzung des Petrograder Sowjets im Namen des Militär-
Revolutionären Komitees die Erklärung ab, dass die Regierung Kerenskis
nicht mehr existierte und dass bis zu weiterem Beschluss des Allrussischen
Sowjet-Kongresses die Regierungsgewalt in die Hände des Militär-Revolutio-
nären Komitees überginge.»

⁴⁸ Trotzki, a.a.O., S. 67: «Das Winterpalais – genommen, Kerenski – geflüchtet, die übrigen Minister verhaftet und nach der Peter-Pauls-Festung ver-
bracht! Das erste Kapitel der Oktober-Revolution war damit zu Ende.»

⁴⁹ Trotzki, a.a.O., S. 69: «Am 26. fand tags die Sitzung des Petrograder Sowjets […] statt. Hier traten zum ersten Mal, nach fast viermonatlicher Unterbrechung, Lenin und Sinowjew auf, empfangen von stürmischen Ovationen.»

⁵⁰ Trotzki, a.a.O., S. 70: «Der Sowjet der Volkskommissare eroberte eine
Regierungsinstitution nach der andern, stiess aber überall auf die passive Re-
sistenz der obern und mittlern Beamtenschaft. Die frühern Sowjetparteien
verwandten alle ihre Kräfte, um in diesen Schichten eine Stütze zu finden und
die Sabotage der neuen Regierung zu organisieren.»

⁵¹ Trotzki, a.a.O., S. 72–74: Beim «Fähnrichsaufstand vom 29. Oktober»
dienten «als Stützpunkt für die Organisation der Gegenrevolution» «die Fähn-
richschulen und das ‹Ingenieur-Schloss›, in denen eine ziemlich grosse Anzahl
Waffen und Kriegsvorräte konzentriert waren und von denen die Anschläge
gegen die revolutionäre Regierung ausgingen.» «Die Säuberung Petrograds
von contre-revolutionären Herden vollzog sich mit grosser Intensität. Die
Fähnriche wurden fast durchwegs entwaffnet und die Teilnehmer am Komplott verhaftet […]. Der militärische Widerstand der Hauptstadt war endgültig
gebrochen.»

⁵² Trotzki, a.a.O., S. 75–84; S. 81f., Anm. 1: Aus dem «Radiotelegramm über
unsern Sieg über die Truppen Kerenskis» vom 31.10.1917: «Die Nacht vom 30.
auf 31. Oktober wird der Geschichte angehören. Der Versuch Kerenskis, gegen die Hauptstadt contre-revolutionäre Truppen zu führen, erhielt einen entscheidenden Schlag. Kerenski weicht zurück, wir schreiten vorwärts.» «Die
grosse Idee der Diktatur der Arbeiter- und Bauerndemokratie hat die Reihen
der Armee fest gefügt und ihren Willen gestärkt. Das ganze Land wird von

konstit. Versammlung[53]
Friedensverhandlung in Brest-Litowsk.[54] Redner-Tribüne.[55] Die

heute an überzeugt sein müssen, dass die Sowjetregierung keine vorübergehende Erscheinung, sondern die unvergängliche Tatsache der Herrschaft der
Arbeiter, Soldaten und Bauern bedeute.»

[53] Trotzki, a.a.O., S. 94–96. – Die noch von der gestürzten Regierung Kerensky geplante Konstituierende Versammlung trat am 5./6.1.1918 zusammen.
Die Wahlen dazu, die vom 12.11.1917 an stattgefunden hatten, waren die erste
und vorläufig letzte allgemeine gleiche, geheime und direkte Stimmabgabe, zu
der es in Russland kam, und brachten den Bolschewiki nur zwischen 20 und 30
Prozent der Stimmen (vgl. *Handbuch der Geschichte Russlands,* Bd. III, a.a.O.
[s. oben S. 484, Anm. 12], S. 588). Trotzki, a.a.O., S. 93 f.: «Die Majorität erhielten in der Konstituierenden Versammlung die rechtsstehenden Sozialisten-
Revolutionäre. Der parlamentarischen Mechanik entsprechend hätte ihnen die
Regierungsgewalt gehören müssen.» Diese Regierung hätte aber «in das politische Leben des Landes lediglich eine zeitweilige Verwirrung hineingetragen,
um dann wenige Wochen später durch einen neuen Aufstand gestürzt zu werden. Die Sowjets beschlossen, dieses verspätete historische Experiment auf ein
Minimum zu reduzieren, und sie lösten die Konstituierende Versammlung
noch an demselben Tage auf, an dem sie zusammengetreten war.» «Das Aus-
einanderjagen der Konstituierenden Versammlung machte unzweifelhaft auch
auf die führenden Kreise der sozialistischen Parteien Westeuropas einen un-
günstigen Eindruck. Dort erblickte man in diesem politisch unvermeidlichen
und notwendigen Akt eine Parteiwillkür, eine Art Tyrannei.»

[54] Trotzki, a.a.O., S. 97–117. – Am 15.12.1917 war es zur Unterzeichnung
eines Waffenstillstands für die gesamte russische Front gekommen. Schon eine
Woche darauf begannen in Brest-Litowsk zwischen den Mittelmächten und
Sowjetrussland Friedensverhandlungen, die auf russischer Seite zeitweise von
Trotzki geleitet wurden. Nachdem die Ententemächte eine Einladung zur Teilnahme an den Friedensgesprächen abgelehnt hatten, setzten die Deutschen
einen Diktatfrieden durch, der am 3.3.1918 unterzeichnet wurde.

[55] Trotzki, a.a.O., S. 98: «alle Völker lauschten mit gieriger Aufmerksamkeit
dem Dialog in Brest-Litowsk». In den BN wurde freilich auch von «wachsen-
der Ungeduld» (Jg. 74, Nr. 30 vom 18.1.1918 [2. Blatt], S. [3]) über «die in den
letzten Tagen sehr unangenehm aufgefallenen *langen Reden Trozkis* über allgemeine Themen» (Jg. 74, Nr. 33 vom 20.1.1918, S. [2]) berichtet. Trotzki
hoffte auf eine revolutionäre Erhebung in Deutschland und Österreich-Ungarn und benutzte die Verhandlungen immer wieder zu Propagandaerklärun-
gen etwa im Sinne der Resolution einer Versammlung am 3.1.1918 in Petrograd, an der u.a. Trotzki mit dem zentralen Exekutivkomitee der Sowjets
teilnahm: «Wir sagen zu den Völkern Deutschlands, Österreich-Ungarns, der
Türkei und Bulgariens: Eure Regierungen wurden unter Eurem Druck genötigt, unseren Grundsatz über einen annexions- und kontributionslosen Frie-

Stiefel des Generals Hoffmann.[56] Rolle der Kiewer Rada.[57] Refus u. endliche Unterzeichnung[58]

den anzunehmen. Sie versuchen indessen, ihre alte Annexionspolitik zu betreiben. Vergegenwärtigt Euch, daß der Abschluß eines demokratischen Friedens vor allem von Euch abhängt. Die Völker Europas glauben, daß Ihr durch den Kampf erschöpft seid. Ihr werdet dem deutschen und österreichischen Imperialismus nicht gestatten, gegen das revolutionäre Rußland Krieg zu führen und Polen, Litauen, Kurland und Armenien zu unterjochen» (BN, Jg. 74, Nr. 8 vom 5.1.1918 [2. Blatt], S. [1]).

[56] Generalmajor Max Hoffmann (1869–1927) war als Stabschef des deutschen Oberbefehlshabers Ost an den Friedensverhandlungen von Brest-Litowsk beteiligt und besaß das Recht, Wünsche und Bedenken der Obersten Heeresleitung auch gegen den politischen Verhandlungsleiter Staatssekretär v. Kühlmann geltend zu machen. Trotzki, a.a.O., S. 102: «Der General Hoffmann trug in die Verhandlungen eine erfrischende Note hinein. Ohne eine grosse Sympathie zu den diplomatischen Instruktionen Kühlmanns zu zeigen, legte der General mehrmals seinen Soldatenstiefel auf den Tisch, um den sich komplizierte juristische Debatten drehten. Wir unsererseits, wir zweifelten keinen Augenblick, dass gerade dieser Stiefel des Generals Hoffmann als die einzige ernsthafte Realität bei diesen ganzen Verhandlungen zu betrachten sei.»

[57] Vgl. Trotzki, a.a.O., S. 102f.109–111.114f. – Eine von den Mittelmächten abhängige ukrainische Vertretung schloss am 9.2.1918 in Brest-Litowsk einen Separatfrieden mit den Mittelmächten und bildete seither einen dem übrigen Russland gegenüber selbständigen und gegen die Sowjetregierung mit deutscher Unterstützung Krieg führenden Staat. Die ukrainische Zentralrada, eine aus Vertretern der ukrainischen politischen Parteien und gesellschaftlichen Organisationen im Juni 1917 gegründete Nationalvertretung, hatte am 22.1.1918 die völlige Selbständigkeit der Ukraine erklärt.

[58] Trotzki, a.a.O., S. 115f. – Die Verhandlungen der Friedenskonferenz waren dreimal durch die Abreise der sowjetischen Delegation unterbrochen worden. Schließlich setzte Lenin sich mit seinem Willen durch, den Krieg unter allen Umständen zu beenden, so dass der Vertrag am 3.3.1928 unterzeichnet wurde.

BOLSCHEWISMUS
1919

Einleitung s. oben S. 481f.

Bolschewismus
2. IV 19
9. IV 19

1. Wie kam *gerade diese Partei* ans Ruder? Sie ist die Partei des
städt[ischen] Industrieproletariats. Diese neue Klasse erfuhr *den
Druck* der alten (nicht nur russischen!) Verhältnisse am Stärksten, war
innerlich gelöst von den tradit[ionellen] Gütern (Familie, Vaterland,
Religion, Bildung) Daher durch ihre Lage prädestiniert zu *geschlos-
senem Vorgehen.* Hier entstanden die radikalsten Reformgedanken,
die ihrerseits wieder zur Macht wurden. Die allgem[einen] russ. Zustände u. das Exil der Führer drängten für das allgemeine soziale Problem zu einer raschen, konsequenten Lösung. Eine Minorität, der die
Kleinbauern halb willig halb widerwillig Gefolgschaft leisten. Je mehr
der Krieg auch in andern Ländern russ. Zustände (Plutokratie, Militarismus, Anti-Demokratie) erzeugt, desto mehr werden auch sie reif
für Ausbrüche an dieser wundesten Stelle.

2. Die Führung. Lenin u. Trotzky. Bes. begeisternd der erstere. Mit
Vorwürfen der Selbstsucht jedenfalls nicht zu erklären. Ihre Integrität
mindestens etwas besser als die der meisten ihrer Ankläger. Aber auch
die Anklage auf Herrschsucht, Freude an der Gewalt u. am Zerstören
trifft die Sache nicht. Wenn ihr Verhalten ihnen oft recht giebt, so ist
das ihre Tragik, nicht eine bes. Charaktereigenschaft. Zeugnis von
Sadoul[1] über ihre Aufrichtigkeit, Einfachheit, Familienleben. Am Besten zu vergleichen mit den Persönlichkeiten der *Relig[ions-]Ge-
sch[ichte],* in denen der Gedanke des R[eiches] G[ottes] aus der Innerlichkeit u. Individualität zur gesellschaftl. Gestaltung drängte, also
Mohammed, Innozenz III., Zwingli, Calvin, Cromwell. Auch an die
Idee Dostojewskys von der Erlösung der Welt durch den russ. Gott u.

---

[1] Vgl. oben S. 488, Anm. 35.

X [Christus] ist zu denken.[2] Einerseits eine absolute *Notwendigkeit:* Der Welt muß u. kann geholfen werden. Dieses Müssen u. Können ist allerdings erst Theorie, aber konsequent mit dem Lineal durchgeführte Theorie! Andrerseits der *energische Wille,* die Gedanken in die Tat umzusetzen. Im Zus[ammen]stoß mit der Wirklichkeit kommt es nun zu den grotesken *Konzessionen* an das[,] was man überwinden will (Klassenherrschaft, Staatsomnipotenz, Militarismus) die uns als das Wesen des B[olschewismus] erscheinen. *Von außen* gesehen: Lebensfremder Charakter ohne Liebe u. Erbarmen, Sklaven ihres Dogmas (Gorki)[3] *Von innen:* Der schmerzliche u. schuldvolle Konflikt einer Welt[,] die kommt[,] mit der Welt[,] die ist. Ein Versuch, der an s[einer] eigenen Unmöglichkeit zus[ammen]brechen wird, aber nicht ohne Verheißung.

3. Die *Russ[ische] Sozialist[ische] Föderal[istische] Sowjet-Republik*[4]
I *Erklärung d. Rechte des werktätigen u. ausgebeuteten Volkes*[5]
(Also Kampfmaßregel zugunsten der bisher Benachteiligten)

---

[2] Vgl. z.B. die Rede des Fürsten im 7. Kapitel des Vierten Teils von Dostojewskis *Der Idiot* (F. Dostojewski, *Sämtliche Werke,* 1. Abt., 4. Bd., übertragen von E. K. Rahsin, München 1918[6–8], S. 1044): «zeigen Sie dem Russen die russische ‹Welt› [...]! Zeigen Sie ihm in der Zukunft die Erneuerung und Auferstehung der ganzen Menschheit vielleicht einzig durch den russischen Gedanken, den russischen Gott und Christus, und Sie werden sehen, welch ein mächtiger und treuer, weiser und frommer Riese vor der verwunderten Welt emporwachsen wird, vor den verwunderten und erschrockenen Völkern Europas, denn was sie von uns erwarten, ist doch nur das Schwert und die Gewalt, weil sie sich uns, da sie uns nach sich beurteilen, gar nicht ohne Barbarei vorstellen können.»
[3] Siehe oben S. 489, Anm. 37.
[4] Grundlage des folgenden Referates ist *Die Verfassung der Russischen Sozialistischen Föderativen Sowjetrepublik. Bestimmung des fünften Allrussischen Sowjetkongresses, angenommen in der Tagung vom 10. Juli 1918,* Belp / Bern 1918. Barth gliedert in römischen Zahlen nach den «Abschnitten», in die die Verfassung selbst eingeteilt ist. Die von Barth in Klammern gesetzten arabischen Zahlen geben die im Verfassungstext selbst enthaltene ohne Rücksicht auf die «Artikel» der Verfassung durchgehende Nummerierung der einzelnen Verfassungssätze (Paragraphen) wieder. Dieser Zählung folgen auch die Barths Angaben ergänzenden Nachweise in den Anmerkungen.
[5] Überschrift von «Abschnitt I» der Verfassung.

Grundlagen: Die «Räte»[6][:] pyramidenförmiger Aufbau von Vertretungen auf der Grundlage der natürl. Arbeitsgemeinschaft (Fabrik, Dorf, Regiment etc.) unter Ausschluß der Arbeitgeber u. der Rentiers (1,10)

Ziele Beseitig[un]g d.[7] Aufheb[un]g d. Ausbeutung d[es] M[enschen] durch d[en] M[enschen]

      Aufhebung der Klasseneinteilungen

      Schonungslose Niederhaltung der Ausbeuter

      Einrichtung der sozialist. Organisation d. Gesellschaft

      Sieg d. Sozialismus in allen Ländern[8]

Mittel Aufhebung d. privaten Grundbesitzes[9]

      Arbeiterkontrolle[10]

      Annullierung der Staatsanleihen[11]

      Verstaatlichung der Banken[12]

      Allgemeine Arbeitspflicht[13] (Wer nicht arbeitet ... [vgl. 2. Thess. 3,10]) (18)[14]

      Bewaffnung der Werktätigen, Entwaffnung der Besitzenden (3)

      Demokrat. Friede der Werktätigen aller Völker durch Revol[ution] (4)

---

[6] § 1 der Verfassung: «Russland wird als Republik der Sowjets (der Räte) der Arbeiter-, Soldaten- und Bauerndeputierten erklärt. Die ganze zentrale und lokale Gewalt steht diesen Sowjets (Räten) zu.»

[7] Irrtümlich statt «u.».

[8] Von diesen Zielen handelt § 3 der Verfassung.

[9] § 3a.

[10] § 3c: «Als erster Schritt zum völligen Übergang der Fabriken, Werke, Gruben, Eisenbahnen und sonstiger Produktions- und Beförderungsmittel in den Besitz der Arbeiter- und Bauernsowjetrepublik wird das Sowjetgesetz betreffend Arbeiterkontrolle [...] zum Zweck der Machtsicherung der Werktätigen gegenüber den Ausbeutern bestätigt.»

[11] § 3d.

[12] § 3e.

[13] § 3f.

[14] § 18: «Die Russische Sozialistische Föderative Sowjetrepublik erachtet die Arbeit als Pflicht sämtlicher Bürger der Republik und verkündet die Losung: ‹Wer nicht arbeitet, soll auch nicht essen!›»

Abschaffung der Kolonieen (5–6)

Regierungsmacht gegenwärtig «im Augenblick d. Entschei-
dungskampfs» ganz u. ausschließlich den Werktätigen
(7/9)

Keine auswärtigen Eroberungen, sondern freie Bündnisse
(8)[15]

II *Allgemeine Bestimmungen*

Trennung von Kirche u. Staat, Kirche u. Schule. Freiheit der
relig. u. antirelig. Propaganda (13)

Freie Meinungsäußerung durch die Presse, die verstaatlicht
wird (14)

Versammlungsfreiheit für die Werktätigen (15)

Vereinsfreiheit für die Werktätigen (16)

Schulbildung für die Werktätigen (17)

Allgem. Wehrpflicht für die Werktätigen, Dienstpflicht für
die Andern (19)

Bürgerrecht für auswärtige Werktätige (20)

Gleiche Rechte für Alle (22)

Aber Entziehung für Einzelne u. Gruppen im Interesse d.
Arbeiterklasse (23)

III *Die Sowjetregierung*

a) **Die Zentralgewalt**

Höchste Instanz der *allruss. Sowjetkongress:* 1 Deput[ierter] auf
25000 städt. u. 125000 ländl. Wähler, mindestens 2mal jährlich[,]
wählt das allruss. *Zentralexekutivkomitee* (200 Personen)[16] Dieses
bildet den *Sowjet der Volkskommissare* (24–52)

---

[15] Mit § 8 «beschränkt sich der III. Sowjetkongress im Bestreben, ein wirklich freies und freiwilliges und somit ein um so vollständigeres und festeres
Bündnis der arbeitenden Klassen aller Nationen Russlands zu schaffen, auf die
Festlegung der grundlegenden Leitsätze einer Föderation der Sowjetrepubli-
ken Russlands und überlässt es den Arbeitern und Bauern jeder Nation, auf
ihrem eigenen bevollmächtigten Sowjetkongress selbständig die Entscheidung
zu treffen, ob und auf welchen Grundlagen sie gewillt sind, an der föderalen
Regierung und den sonstigen föderalen Sowjetinstitutionen teilzunehmen».

[16] § 26: «Der Allrussische Sowjetkongress wird vom Allrussischen Zentralexekutivkomitee mindestens zweimal im Jahre einberufen.» § 28: «Der Allrussische Sowjetkongress wählt das Allrussische Zentralexekutivkomitee in
einem Bestand von nicht mehr als 200 Personen.»

b) **Die Lokalgewalten** *Provinzkongresse* (500 Abg[eordnete,] 1 auf 25000 ländl. u. 5000 städt. Wähler) *Gouvernementsk[ongresse]* 300 A[bgeordnete,] 1 auf 10000 ländl. u. 2000 städt. W. *Kreiskongr.* (300 A.[,] 1 auf 1000)[17] *Amtsbezirksk.* auf 10 Mitgl. 1 Abg. Alle mit den entspr. Exekutivkomitees, Häufigkeit d. Einberuf[un]g vermehrt sich nach unten[.] *Deputiertensowjets* (Stadt 1:1000, Land 1:100) für die Gemeindeangelegenheiten mit Exekutivkomitee, 1mal wöchentlich in der Stadt, 2mal auf d. Lande[.] Kontrollrecht der höhern über die niedern Sowjets (53–63)

IV *Wahlrecht* mit 18 J[ahren] (lokal herabzusetzen!) für M[änner] u. Frauen

a) produktive u. gesellschaftlich nützliche Arbeit Haushalt[18]

b) Soldaten

c) a u. b ohne Arbeitsfähigkeit (64)[19]

Nicht Wähler u. nicht wählbar: Arbeitgeber, Rentiers, Kaufleute, Geistliche[,] Angestellte der frühern Polizei, Angehörige d. Zarenfamilie, Irrsinnige, Vorbestrafte nach Gerichtsbeschluß (65).

V. *Budgetrecht* Finanzpolitik soll im gegenwärt. Übergangsmoment d. Diktatur d. Prol. das Grundziel fördern, die Bourgeoisie zu expropriieren u. die Vorbedingung zur allg. Gleichheit zu schaffen (79–88)

VI *Wappen u. Flagge* Rot (purpurrot!), Gold. Sichel u. Hammer gekreuzt in Sonnenstrahlen mit Ährenkranz. «Russ. Soz. ...» «Prolet. ...»[20]

---

[17] § 53c der Verfassung bestimmt, dass die Kreis-Kongresse nicht mehr als 300 Delegierte umfassen sollen, wobei 1 Delegierter auf 1000 Einwohner kommen soll.

[18] § 64a erklärt für wahlberechtigt und wählbar «Alle diejenigen, die ihren Lebensunterhalt aus produktiver und gesellschaftlich nützlicher Arbeit bestreiten, ebenso Personen, die im Haushalt tätig sind, wodurch den ersteren das produktive Arbeiten ermöglicht wird».

[19] Nach § 64c besitzen auch diejenigen gesellschaftlich produktiv Arbeitenden, im Haushalt Tätigen und Soldaten volles Wahlrecht, «die in irgend einem Masse ihre Arbeitsfähigkeit eingebüsst haben».

[20] § 89 setzt fest, dass das Wappen mit Aufschriften versehen ist – § 89 a: «Russische Sozialistische Föderative Sowjetrepublik»; § 89 b: «Proletarier aller Länder, vereinigt euch!». § 90 legt Farbe und Aufschrift der Flagge fest.

4. Wirkungen ?

Die bürgerl. Anklagen (cf. Rußlandschweizer S. 54f.)[21] Lähmung d. Handels u. Verkehrs, Vermehrung d. Papiergelds[22], Streiks[23], Preissteigerungen[24], Häuser- u. Wohnungsrequisitionen[25], Lebensmittel-* u. Kleidernot[26], Massenhinrichtungen[27]

* Arbeiter tägl. 200 g Brot
Lehrer   tägl. 100 g Brot
Ärzte   2 tägl. 50 g Brot
Bürger 2 tägl. 25 g Brot

[21] *Unter der Herrschaft des Bolschewismus. Erlebnisse von Russland-Schweizern zum Besten der aus Russland heimgekehrten, notleidenden Landsleute und zur Aufklärung des Schweizervolkes herausgegeben vom Komite der Russland-Schweizer,* Zürich 1918, S. 54f. (fehlerhafte Zählung in der Vorlage!): «Wenn man zum Schlusse sich vergegenwärtigt, was der *Bolschewismus* Russland gebracht hat, so kann dies in folgendem *zusammengefasst* werden:
1. Vorübergehende höhere Bezahlung der Arbeiter;
2. Vermehrter Landbesitz der Bauern, die aber in den meisten Fällen bis zu dieser Zeit nicht imstande waren, das ihnen gehörende Land rationell zu bebauen;
3. Vollständiges *Versagen der Lebensmittelversorgung;*
4. Vollständiges *Versagen der Rohstoffzufuhr;*
5. Enorme *Verteuerung* der Lebensmittel, der Heizmaterialien und der Lebenshaltung überhaupt;
6. Enorme Verteuerung und teilweise Mangel aller Bedarfsartikel;
7. *Terror und allgemeine Unsicherheit* für Gut und Leben nicht nur der Bourgeoisie, sondern auch der Arbeiter, die sich nicht offen zum Bolschewismus bekennen;
9. Vollständige *Arbeitslosigkeit* der Industriearbeiter;
10. *Verelendung* und Verarmung des ganzen unglücklichen Landes; in Folge dessen vollständiger Stillstand in der Entwicklung des Landes und der Bevölkerung;
11. Zugrunderichtung enormer Werte des Volks- und Nationalvermögens;
12. Zerstörung wertvoller und unersetzlicher Kunstschätze und wissenschaftlicher Güter;
13. Vollständige Demoralisierung der Bevölkerung;
14. Untergrabung des sozialen Staatsgedankens.»
[22] Vgl. a.a.O., S. 8.
[23] Vgl. a.a.O., S. 9f.
[24] Vgl. a.a.O., S. 9.
[25] Vgl. a.a.O., S. 10.
[26] Vgl. a.a.O., S. 10f.
[27] Vgl. a.a.O., S. 11.

Dagegen: wer sind die Ankläger? was ist wahr? Wer ist Schuld an diesen Erscheinungen? Was ist unvermeidl. Erscheinung in Übergangszeit?

Wesentlich ist das falsche Prinzip[,] von dem keine guten Wirkungen zu erwarten sind.

DEMOKRATIE ODER DIKTATUR?
1919

Einleitung s. oben S. 481f.

Demokratie oder Diktatur?[1]   16. IV 19

Nicht Urteil über die russ. Partei. Grundsätzliche Wichtigkeit ihres Versuches, ganz abgesehen von s[einer] histor. Begreiflichkeit. Ein anderes ist die Nachahmung. *Wie stellen wir uns zur Verschiebung unsers Programms im russ. Sinn?*

Die *Sowjetverfassung* ist eine Sache für sich, die ernstlich zu erwägen ist. Unsre Dem[okratie] muss dem Leben besser angepasst werden. Es handelt sich um die *Diktatur,* um die Merkmale der Minoritätsherrschaft, der Exklusivität, der gewaltsamen Umwälzung. Wollen wir das oder nicht?

Kommt es ohne uns, dann ists eine nicht ungerechte Vergeltung, ich rede als Mit-Leidtragender: Bürgertum hat s. Stellung missbraucht, Demokratie u. Kirche haben sich nicht bewährt. Gewalt ruft Gewalt. Aber die Frage ist, ob wir wollen[,] dass das komme?

Der Grundsatz d. Vergeltung muss ausschalten. Knabenhaft. Unfruchtbar. Die Welt umkehren, nicht nur *in* der Welt dies u. das, sonst bleibts beim Alten. Sonst sind unsre bisherigen Proteste u. Bemühungen unaufrichtig. Die Kraft des Soz[ialismus] beruhte darauf, dass es den Soz[ialisten] Ernst war mit ihren Forderungen. Die Methoden d. Gegner berauben uns dieser Kraft

a) **Die gewaltsame Umwälzung.** Dann wird die neue Gesellschaft auf d. *alten Grundlagen* errichtet. Denn der Erfolg heiligt die Mittel nicht. Selbst die Luft von Treibhauskultur. Die Geschichte ruft solchen Gewaltsprüngen. – Das Ziel *wird nicht erreicht.* Der Sozialismus braucht freie Produktion, nicht neue Hörigkeiten. Freie Gesinnung, nicht Preßknebelung etc. Freie M[enschen], nicht soz[ialistische] Etikettenleute. – Die *Konzession* an d. menschl. Schwachheit darf nicht z. Prinzip gemacht werden u. die Feststellung eines Ausnahmefalls ist eine verantwortl. Sache. – *Möglichkeit* bei uns?!

[1] Siehe oben S. 482, Anm. 3.

b) Die **Minoritätsherrschaft.** Die anerkannten Fehler der *Demo-kratie* werden nicht besser durch ihre Aufhebung. Wer schützt uns vor den Fehlern der Arbeiterführer u. vor d. Stumpfsinn d. unaufge-klärten Arbeiter? Verteidigen wir sie, bauen wir sie aus! Die *Minder-heit* soll durch ihre Intelligenz herrschen d.h. zur Mehrheit werden

c) Die **Exklusivität** d. Arbeiterklasse. Der Widerstand der Bauern würde s[ich] äußern durch Produkt[ions]verminderung, der der bür-gerl. Klasse durch Verlegung [?] d. Industrie. Und das Ziel d. Aufhe-bung der Klassen? Und die geistigen Werte?

Also: Nein, sondern Ausnützung der jetzigen Lage durch polit. Arbeit[.] Mehr Genossenschaftswesen, mehr soz. Bildung!

*Zu diesem Vortrag am Vormittag des Pfingstmontags, 9. Juni 1919, bei
einer Versammlung der Christlichen Studenten-Vereinigung (CSV) in
Aarburg, 5 Kilometer westlich von Safenwil, war Barth erst am Abend
des 6. Juni telegraphisch aufgefordert worden, nachdem der vorgese-
hene Redner Friedrich Wilhelm Foerster abgesagt hatte. Zur Vorbereitung hatte er nur die dem Vortrag vorausgehende Nacht. In dem
Brief vom 10. Juni 1919, in dem er Eduard Thurneysen dies mitteilt,
findet sich auch eine Schilderung der Aarburger Diskussion.[1] Als Barth
Anfang September 1919 die Einladung zu dem Vortrag «Der Christ in
der Gesellschaft» in Tambach (s. unten S. 546–598) annahm,
griff er zu dessen Vorbereitung auf den Aarburger Vortrag zurück.[2]*

Christliches Leben

Aarburg CSV 9. VI 19

Thema: Das Verhältnis des in J[esus] nahe herbeigekommenen R[ei-
ches] G[ottes] zu den Gebilden des natürl. Gem[einschafts-]Lebens:
Ehe, Familie, Beruf, Wirtschaftsleben, Staat, Bezieh[ung] d. Völker
untereinander. Es steckt darin die Frage nach dem göttl. Sinn des Lebens überhaupt. Wir können sie selber [?] nicht lösen. Gott hat sie
gelöst, löst sie u. wird sie lösen. Wir können sie nur wieder einmal in
uns bewegen, uns von ihr bewegen lassen, in d. Hoffn[ung] u. mit d.
Vorsatz, uns weiter von ihr bewegen zu lassen. Und ich möchte nicht
mehr tun, als die Grundlagen andeuten, auf denen eine nützliche Bewegung dieser Frage m.E. stattfinden muß.

————

Jesus lebt. Das ist der Standort[,] von dem aus wir an diese Frage
herantreten. Nicht darum, weil wir Christen sind. Nicht wegen unsres

[1] Bw.Th. I, S. 333.
[2] Bw.Th. I, S. 343.

Gl[auben]s[,] unsr[er] Liebe, unsr[er] Hoffnung. Nicht weil wir etwas mit J[esus] erlebt haben. Ich kenne Sie nicht u. Sie mich nicht. Wir wollen uns nicht den Kopf zerbrechen über unsre persönl. Christlichkeit. Aber J. ist auferstanden von den Toten. Wenn es anders wäre, wir wären hier nicht beisammen. Wir könnten u. würden diese Frage gar nicht aufwerfen. Es wäre nicht möglich, daß sie die ganze M[ensch]heit so erschütterte, wie es immer deutlicher sichtbar wird. Das Dogmatische u. Historische an d. Auf[erstehung] ist sehr gleichgiltig u. unser persönl. Erlebnis davon gleichfalls. Aber wir atmen tatsächlich Auf[erstehungs-]Luft. Das Vorhandensein dieser Frage: «Gott u. die natürl. Weltverhältnisse» weist uns hin auf die Voraussetzung, mit der wir an diese Frage herantreten. Die natürl. Weltverhältnisse, so gewaltig kompliziert u. undurchsichtig sie uns entgegentreten mögen, stehen zum Vornherein im Lichte Gottes. Sagen wir aber «Gottes»[,] so sagen wir sofort «des göttl. Sieges»[,] der größern überlegenen M[acht] G[otte]s. Der Erweis dieser M[acht] mag uns problematisch sein. Die Tatsache selbst, daß G[ott] eben G[ott] ist u. als solcher das letzte Wort behält[,] ist uns nicht problematisch. Wir gehen von ihr aus, wir kommen von ihr her. Das ist keine spezif. religiöse Position. Das ist die Voraussetzung jeder ernsthaften Bewegung unsrer Frage. Auch Präs[ident] Wilson[3] geht von da aus, nicht weil er ein Christ sein soll, sondern weil er nicht anders kann. Auch die Jungburschen[4] gehen von da aus. Sie können gar nicht anders, wenn es ihnen ernst ist. Gott ist zum vornherein der überlegene Faktor in dieser Rechnung. Das R[eich] G[ottes] triumphiert über die Weltreiche. Es begreift sie in sich, es erklärt u. erleuchtet sie, es richtet sie auf u. stürzt sie, es ist ihr letzter Sinn u. ihr oberstes Ziel. Gott der Schöpfer, der Erlöser, der Vollender, von ihm u. durch ihn u. zu ihm alle Dinge [Röm. 11,36], das ist das neue Licht, in dem die Weltverhältnisse stehen. Sie stehen darin nicht zufällig, auch nicht notwendig, denn es könnte auch anders sein. Auch nicht kraft einer Theorie[,] die wir über sie ausbreiten, denn wir könnten auch anders denken. Aber kraft der Auferstehung J[esu] von den

[3] Zur Zeit von Barths Vortrag in Aarburg wartete die Welt auf den Abschluss der Pariser Friedensverhandlungen (15.2.–28.6.1919). Der amerikanische Präsident Wilson galt dabei mit seiner Idee des Völkerbunds als Exponent idealistischen Friedenswillens.

[4] Siehe oben S. 367, Anm. 74, und S. 400f.

Toten, die als das Bewegende hinter unsrer Frage steht. Das meine ich, wenn ich als Erstes das ausspreche: Jesus lebt!

———

Von da aus eröffnet sich uns zunächst der Blick auf das, was jene natürlich gegebenen Gemeinschaftsverhältnisse in ihrem Wesen, von Haus aus sind: Sie sind göttliche *Schöpfungsordnungen*. Sie haben eine ursprüngliche unmittelbare Beziehung zu G[otte]s Reich. «Der im Anfang d. M[enschen] geschaffen ...» [Mt. 19,4] G. segnete sie u. sprach z. ihnen: «seid fruchtbar ...» [Gen. 1,28] «Es ist keine Obrigkeit ohne Gott, wo aber O[brigkeit] ist, die ist ...» [Röm. 13,1] Wir dürfen uns den Blick auf diese göttl. Schöpfungsordn. nie ganz nehmen lassen. J[esus] hebt sie nicht auf, er bringt sie in ihrem ursprüngl. Sinne z. Vorschein[.] Er ist d. Ebenbild ... Col 1,15–17[.] Darum ging Sokrates nicht in eine weltabgesch[iedene] Klause, sondern auf den Markt, um daselbst aus dem schlichten Tun des Handwerkers, des Arztes, d. Steuermanns, die ewigen Gesetze der Sittlichkeit abzulesen. Darum faßte der Prediger Salomo alle s[eine] Einsichten in die Bestimmung d. M[enschen] zusammen in dem Wort: So gehe hin u. iß ... (Pred 9,7–10) Darum erkannte J. selbst die Verhältnisse des G[ottes-]R[eiches] in den einfachen Vorgängen des platten alltägl. Lebens u. sprach sie aus in Gleichnissen. Dieser göttl. Sinn bleibt den natürl. Gem[ein-schafts]verhältnissen auch dann, wenn sie durch menschl. Thorheit o. Bosheit der Zerrüttung u. Verwirrung anheimgefallen sind. Es braucht nur Augen, die diesen Sinn trotzdem sehen: Der Herr lobte den ungerechten Haushalter ... [Lk. 16,8], er lobte auch den Hauptmann von Kap[ernaum,] der die in der militär. Ordnung verborgene Analogie des G.R. richtig erkannte u. so einen Gl[auben] bekundete, wie J. ihn in Israel nicht gefunden [Mt. 8,10 par.]. Wir haben also allen Anlass, uns positiv u. sachlich zu diesen nat[ürlichen] Gem.verhältnissen zu stellen, unsern Platz in ihnen mit allem sittl. Ernst auszufüllen. Ein M[ensch,] der auf irgend einem Platz s. Sache sachlich u. recht macht, steht als solcher dem G.R. näher als ein Dilettant, Journalist od. Globetrotter, der Alles nur streift. Was in sich selber ruht u. vollendet u. gesund ist, u. wenn es eine gesunde Bosheit wäre, ein gutgehendes Geschäft, eine wohlüberlegte wissenschaftl. Leistung, ein reines Kunstwerk, eine bismarckische Staatsaktion, das solide

Produkt eines Handwerks, das hat eine Verheißung, das trägt in sich eine Analogie, ein Gleichnis d. G.R.'s. Wir werden wohl daran tun, zu dieser Analogie zunächst einmal Ja zu sagen. Gebt dem Kaiser ... [Mt. 22,21] Das ist keine Weltweisheit. Das ist Wahrheit in X [Christus]. Das ist die grundlegende Lebenserkenntnis des A[lten] u. N[euen] T[estaments].

Aber eben: Lebenserkenntnis, keine tote Abstraktion, mit der wir davonlaufen könnten: nun weiß ich[,] was ich zu tun habe. Also nun nur ja nicht fortgelaufen zu jener Weltverherrlichung u. Weltfreudigkeit, wie sie etwa Fr. Naumann[5] gepredigt hat oder wie sie bei uns von K.v. Greyerz[6] als das Neueste vom Neuen vertreten wird. Wer nur

[5] Zur «Weltfreudigkeit» Fr. Naumanns vgl. oben S. 70f. und unten S. 533–536.

[6] Karl von Greyerz (1870–1949), ein religiös-sozialer Pfarrer aus Bern, bekannte, dass er «sein Meistes und Bestes dem früheren Evangelisten Friedrich Naumann zu verdanken» habe und «ihm lebenslang dafür dankbar» bleibe (K.v. Greyerz, *Kirche und öffentliches Leben*, Bern 1919, S. 28). Barths Bemerkungen über von Greyerz mag eine Passage aus dessen Predigt *Lasset uns wachsen*, Bern 1916, S. 8f., erklären: «Daß wir zu dieser geheiligten Natürlichkeit [Jesu] hinanwachsen, das ist gerade für uns Pfarrer, für uns Seelsorger wichtig. Denn dann werden wir von der so vielen Theologen angeborenen und auf Gymnasium und Hochschule anerzogenen Geringschätzung und Unkenntnis der natürlichen, materiellen Grundlagen alles geistigen Lebens, aller Kultur und aller Religion genesen. Wir werden die Wirklichkeit um uns her schärfer beobachten und freudiger bejahen lernen. Wir werden neben der Bibelexegese auch Natur- und Volksexegese treiben, neben den Schriften der akademischen Theologie, auch die Zeugnisse der Nichttheologen, eines Hilty und Bachofner, eines Dr. Sonderegger und Dr. Haffter, eines Rud. Derrer und einer Adele Kamm, ja auch eines Uli, einer Käthi und eines Annebäbi zu Rate und zu Ehren ziehen, neben dem mosaisch-jüdischen auch das eidgenössisch-kantonale Recht, neben den Zuständen der Christengemeinde zu Korinth auch die Zustände unserer eigenen Gemeinden gründlich kennen wollen. Dieser Wirklichkeitssinn wird unserer Theologie, unserer Predigt, unserm Unterricht, unserer Seelsorge zu Gute kommen. Sie werden gründlicher, sachlicher, anschaulicher, volkstümlicher werden. Wir werden dann z.B. die sog. Laienfrömmigkeit anders einschätzen lernen als wir sie vom Katheder herab einschätzen hörten, werden die sog. Bauernfrömmigkeit auf und unter der Kanzel verständiger behandeln, und begreifen lernen, daß die Beziehungen zwischen

einfach Hymnen auf deutsche Tüchtigkeit od. bernische Urchigkeit[7] anstimmt, der macht aus der bibl. Weisheit eine Plattheit. Sie ist aber eben darin Weisheit, daß sie nicht tot u. platt ist, sondern bewegt u. mehrdimensional. Sie hält[?] uns wendig[?]. Wenn wir ihr folgen, so sehen wir alsbald[,] wie neben die Schöpfungsordnung die *gegenwärtige Übergangszeit* mit ihrem Kampf um Licht u. Schatten tritt, neben das Reich der Natur das Reich der Gnade, wie das Angesicht des Schöpfers, der ansah Alles[,] was er ... [Gen. 1,31][,] sich wandelt in das Angesicht des Vaters, «welcher uns errettet hat von d. Obrigk[eit] d. Finsternis u. hat uns versetzt in d. Reich s. lieben Sohnes» Col 1,13[.] Nun offenbart sich uns in demselben Licht, in welchem sich uns der ursprüngl. schlichte Sinn der Weltverhältnisse gezeigt hat, ihre tiefe Problematik. Nun werden sie uns zum Spiegel unsrer Not u. unsrer Hoffnung. Warum muß Kierkegaard[8] die Ehe u. Familie ansehen als den Tod alles Idealismus? Warum muß Tolstoj[9] den Staat verdammen als d. Inkarnation der Gewalt, die vom Bösen ist? Warum dieser Zerstörungswille des Sozialismus gegenüber dem Resultat der an sich

einer Bauernseele und ihrem Herrgott sich ganz naturgemäß auch um den Kabis- und Bohnenplätz, um den Kuh- und Schweinestall, um's Wetter und um's Futter drehen muß, sintemal es mit diesen Dingen nicht so fix bestellt ist wie mit Pfarrerbesoldungen und Professorengehältern.»

[7] = Urwüchsigkeit.

[8] Vgl. S. Kierkegaard, *Das Buch über Adler,* in: ders., *Der Begriff des Auserwählten.* Übersetzung und Nachwort von Th. Haecker, Hellerau 1917, S. 264–266 (in Barths Exemplar durchgehende Anstreichung am Rand) (Pap. VII 2 B 235, S. 222–225); ders., *Der Augenblick,* übersetzt von Chr. Schrempf (KGW 12), Jena 1909, S. 68 und S. 103f. (in Barths Exemplar an beiden Stellen Anstreichungen und Unterstreichungen) (SKS 13, S. 243 und S. 296).

[9] Vgl. z.B. L. Tolstoj, *Mein Glaube,* in: ders., *Sämtliche Werke,* hrsg. von R. Löwenfeld, I. Serie: *Sozialethische Schriften,* Bd. 2, Jena 1902, S. 351f. Dort führt Tolstoj aus, dass der Staat eine durch Betrug verbundene und zusammenhängende Masse von Menschen sei. Der Betrug bestehe in der Pflicht aller Bürger, an der Gewaltausübung innerhalb der Staatsordnung (durch Eidesleistung, Beteiligung am Gericht und am Kriegsdienst) teilnehmen zu müssen; diese Pflicht werde von den Regierungen als Lebenspflicht aller Menschen dargestellt. Die durch Betrug zusammenhängende Masse, d.h. also der Staat, sei «das Böse der Welt». Die ganze vernünftige Tätigkeit des Menschen und alle Revolutionen seien auf die Zerstörung dieses Zusammenhanges des Betruges gerichtet. Vgl. auch Tolstojs Schrift *Patriotismus und Regierung,* in: ders., *Sämtliche Werke,* I. Serie, Bd. 12, Jena 1911, (separat paginiert) S. 3–51.

so glänzenden wirtschaftl. Entwicklung des letzten Jahrh[un]d[e]rts? Warum ist so vielen ehrlichen arbeitswilligen M[enschen] ihr eigener Beruf so zweifelhaft geworden? Warum können wir Alle uns nicht mehr mit gutem Gewissen freuen an dem an sich so inhaltschweren Worte Vaterland? Warum können nur die Philister zufrieden sein mit den Verhältnissen[,] wie sie jetzt sind? Warum wird es uns Allen so schwer, fast unmöglich, jenen ursprüngl. göttl. Sinn in ihnen wiederzuerkennen u. zu bejahen? Liegt es an unsern Augen oder liegt es in den Dingen? Warum ist uns Gott so verborgen? Warum fühlen wir uns gefangen wie von einem ungeheuren Druck bei der an sich so schlichten Aufforderung, ihm jetzt in diesem Leben, in diesen Verhältnissen völlig zu trauen? Warum müssen wir uns als Sklaven d. Sünde erkennen kraft der Verhältnisse[,] u. wenn wir die ausgezeichnetsten Christen wären? Warum wende[t] sich unser Blick, wenn wir an Gott denken[,] fast unwillkürlich u. ausschließlich der Zukunft zu, den kommenden Dingen: morgen, morgen soll es hoffentlich besser werden? Und die Bergpredigt mit ihrem Mark u. Bein durchdringenden Gegensatz zwischen dem[,] was zu den Alten gesagt ist[,] u. dem[,] was ich euch sage [Mt. 5,21–48], mit ihrer Moral, die so weit geht, daß sie Alles[,] was wir Moral nennen, tatsächlich aufhebt, mit ihren Seligpreisungen [Mt. 5,3–11], die[,] ernst genommen, auf Alles was jetzt steht, wie Dynamit wirken müssen. Wie kommt es nur, daß wir zu diesem ganzen großen Protest gegen die bestehenden Verhältnisse auch Ja sagen müssen[,] wenn wir ehrlich sind, daß er auch in uns ist? Wie kommt es, daß wir erkennen müssen[:] Hier ist mehr denn Salomo [Mt. 12,42], obwohl doch die Weisheit Salomos in der Wahrheit Xi [Christi] inbegriffen ist? Es ist offenbar ein großes Vorwärts in dieser Wahrheit Xi. Die Gleichnisse besagen ja Alle, daß es damit nicht getan ist, daß Alles Vergängliche ein Gleichnis ist.[10] Es ist *nur* ein Gleichnis. Es drängt aber zum Unvergänglichen, wie ein Kind im Mutterleibe zur Geburt. Es geht ein Seufzen durch die Kreatur. Sie wartet auf die Offenbarung der Söhne Gottes [vgl. Röm. 8,19–22]. Das R.G. will aus dem Abbild, aus der Analogie Wirklichkeit werden. Das begeisterte

---

[10] J.W. von Goethe, *Faust II*, V. 12104f. (5. Akt, Bergschluchten):
Alles Vergängliche
Ist nur ein Gleichnis [...].

Davonlaufen im Blick auf die Analogien ist Götzendienst. Weltverherrlichung u. Weltfreudigkeit ist Gottlosigkeit, ist Abfall. So ists nicht
gemeint, weder im Salomo noch im X. Um dieses Drängens u. Sehnens
nach Unvergänglichkeit willen muß Gericht sein u. Gnade, Not u.
Hoffnung. Wir müssen offenbar hinein in dieses große Vorwärts der
Wahrheit Xi. Hinein in die doppelte Erschütterung, in der jetzt alle
Verhältnisse sich befinden durch die Kraft des Abfalls u. durch die
Gott Lob u. Dank noch größere Kraft der Erlösung. Wer da nicht mit
will hinein in diese Erschütterung, wer da als frommer od. witziger
Zuschauer daneben stehen will, wer da begehrt, s. sichern Weg zu
gehen, wer nicht mittragen will an der Not u. Hoffnung[,] von der
jetzt, in X, die Weltverhältnisse bewegt sind, der hat Gott nicht verstanden. Als Akademikern geziemt es uns, auch der Dialektik der
Ideen, die sich da eröffnet, nicht auszuweichen. Die Kirche der Gegenwart, die Alles tut, um den M. das innere Gleichgewicht zu erhalten, das sie in diesem Äon aber einmal verlieren sollten, trägt eine
schwere Verantwortung. Aber was geht uns die Kirche an? Nichtwahr, wir müssen ja hinein in diese Erschütterung, wir stehen schon
mitten darin, wir leiden mit u. hoffen mit. Wir haben Gott verstanden,
den G.[,] zu dem hin wir geschaffen sind [vgl. Kol. 1,16] u. in dem
allein wir zur Ruhe kommen können.[11] Auch wenn wir noch keine
Stürmer des H[immel-]R[eiches] sind, denn sonst hätten wir das H.R.
längst an uns gerissen [vgl. Mt. 11,12]. Es könnte aber geschehen, daß
wir solche Stürmer werden.

Aber auch die Notwendigkeit dieser Erschütterung ist nicht das letzte
Wort der bibl. Lebenserkenntnis. Auch der Kampf von Licht u. Finsternis[,] in dem wir jetzt stehen u. stehen müssen[,] darf keine tote
Abstraktion werden. Wir dürfen, auch wenn wir G. insofern verstanden
haben, nicht davonlaufen, als wüßten wir nun, was wir zu tun haben:
protestieren, kritisieren, reformieren, sozialisieren[,] revolutionieren.
Wer auch nur ein wenig in jener Erschütterung drinsteht, der weiß,
daß das Andre[,] das wir in den jetz[igen] Verhältnissen vermissen u.

[11] Vgl. A. Augustinus, *Confessiones* I,1, CSEL 33,1,8f.: «fecisti nos ad te, et
inquietum est cor nostrum, donec requiescat in te.»

nach dem wir suchen, nicht nur etwas Andres[,] sondern *das ganz Andre*[12] ist. Das Reich Gottes ist d. R. *Gottes*. Wir können uns den Übergang von den Analogien des Göttlichen zu der göttl. Wirklichkeit nicht radikal genug denken. Das Schema der Entwicklung versagt, muß versagen, wenn wir das Ende der Wege Gottes, das Ziel der Erlösung ins Auge fassen wollen. «Hoffen wir nur in diesem Leben ... [1. Kor. 15,18]. Denn Fleisch und Blut können ... auch wird d. Verwesliche nicht erben ...» [1. Kor. 15,50] I Cor 15,51–55[:] Das ist die absol[ute] Erlösung, der Alles entgegendrängt[.] Grünewalds Darstellung der Auferstehung.[13] Das ists. Die Auferstehung Jesu ist darum die weltbewegende Kraft, von der wir getragen sind, weil sie die erste Erscheinung einer neuen totaliter aliter[14] – mehr können wir nicht sagen – geordneten Leiblichkeit u. Welt ist. Der hl. Geist d. Pfingsten ist darum der *heil*. Geist, weil er nicht menschl. Geist ist, auch nicht im besten reinsten Sinn, sondern mit Brausen vom Himmel kam [vgl. Act. 2,2]. Wir warten nicht nur bessrer, reformierter, revolutionierter Verhältnisse, sondern eines n[euen] H[immels] u. einer n[euen] Erde [2. Petr. 3,13]. Das neue Jerus[alem] hat nicht das Geringste zu tun mit der neuen Schweiz[15] und mit d. internat[ionalen] Zukunftsstaat[16][,] sondern es kommt, von Gott zuvor bereitet[,] auf die Erde [vgl. Apk. 21,2], wenn s. Stunde da ist. Die Schöpfungsordnung[,] die X wiederbringt, wird zugleich völlig umgeordnet.[*] Es stehen der Vervoll-

[*] [Bleistifteinfügung zwischen den Zeilen:] Weder finden [?] Offenb. 21,21f.[17]

---

[12] Vgl. oben S. 242, Anm. 26.
[13] Auf dem Isenheimer Altar in Colmar; vgl. unten S. 595f.
[14] Nach der Legende, in der ein verstorbener Mönch seinem Mitbruder erscheint und auf dessen Frage nach dem «qualiter» des ewigen Lebens – so, wie wir es uns vorgestellt haben? anders?: «taliter?», «aliter?» – antwortet: «totaliter aliter». Vgl. z.B. P. Jaeger, *Innseits. Zur Verständigung über die Jenseitsfrage,* Tübingen 1917, S. 111, Anm.1.
[15] Anspielung auf Leonhard Ragaz' Schrift *Die neue Schweiz. Ein Programm für Schweizer und solche, die es werden wollen,* Olten 1917.
[16] Anspielung auf die Bemühungen um die Gründung des Völkerbundes; vgl. Mattmüller II, S. 535–549.
[17] Die beiden nicht sicher zu entziffernden Worte könnte Barth sich als Stichworte für das notiert haben, was er im Blick auf Apk. 21,21–27 in Erinnerung rufen wollte: Weder finden sich im neuen Jerusalem natürliche Lichter wie Sonne und Mond noch ein Tempel.

kommnung der jetz[igen] Verhältnisse Schranken entgegen, die nur Gott selbst brechen kann. Gott aber wird sie brechen. Der Tod wird nicht mehr sein [Apk. 21,4]. Die Sexualität auch nicht. Der Kampf ums Dasein auch nicht. Gott wird Alles in Allen sein [1. Kor. 15,28], wie er es innerhalb der Entwicklung[,] in der wir jetzt stehen, nicht sein kann. Das ist der Fortgang der Wahrheit in X. Unterdessen tun wir in der Übergangszeit[,] in der wir stehen, unser Bestes, wie es sich geziemt. Gerade darum, weil wir wissen, daß sie Üb[ergangs-]Zeit ist. Sie ist Kampfplatz u. Übungsfeld. Wir brauchen nicht zu befürchten, daß der Blick auf diese völlig neue Wendung in der Gesch[ichte] d. Taten G's uns den Mut u. die Kraft nehme für das Heutige u. Diesseitige. Die Kraft des Jenseits ist die Kraft des Diesseits.[18] Die spes futurae vitae war der heimliche Hebel aller wirklichen Fortschritte u. Revolutionen. Viell[eicht] dient es zur Beruhigung od. Beunruhigung[,] wenn ich sage, daß ich mich im Blick gerade auf diese letzten Erwägungen erst recht freue, Soz[ial]dem[okrat] zu sein. Aber über allen Möglichkeiten der Übergangszeit muß als Parole stehen: Ein jeder s. Gesichte ...[19]

––––––––––

Ich bin am Ende u. erwarte die unvermeidliche Frage: Was sollen wir denn nun tun? Ich möchte darauf die Generalantwort geben, daß sehr wenig darauf ankommt, ob wir nun dies oder das tun. Wir müssen aber lebendige bewegliche M. sein – bewegt von der Wahrheit Xi in ihrem ganzen mannigfaltigen Reichtum. Reine Weltbürger haben wir

[18] Vgl. E. Troeltsch, *Die Soziallehren der christlichen Kirchen und Gruppen*, Gesammelte Schriften, 1. Bd., Tübingen 1912, S. 979: «Das Jenseits ist die Kraft des Diesseits.»
[19] Aus G. Tersteegens Choral «Kommt Kinder, laßt uns gehen» (GERS [1891] 327; EG 393), Strophe 2:
    Es soll uns nicht gereuen
    Der schmale Pilgerpfad;
    Wir kennen ja den Treuen,
    Der uns gerufen hat.
    Kommt, folgt und trauet dem!
    Ein jeder sein Gesichte
    Mit steter Wendung richte
    Hin nach Jerusalem.

genug, begeisterte Kämpfer haben wir auch genug, Sehnsüchtige nach der Heimat[,] die droben ist im Licht[20][,] haben wir auch genug. Es haben alle auf ihre Weise recht. Wir haben aber zu wenig M., die es einsehen[,] daß das R.G. Alles zugleich ist u. eins im Andern: regnum naturae, regnum gratiae u. regnum gloriae.[21] Wären wir solche M., stünden wir in dieser Centralerkenntnis der Wege Gottes[,] die die rechte Lebenserkenntnis ist, wären wir Zeugen d. Auferstehung Jesu[,] so brauchten wir keine christl. Ethik. Wer Ohren hat zu hören, der höre [Mt. 11,15].

[20] Vgl. das Lied «Wo findet die Seele die Heimat, die Ruh'?» von Fr. L. Jörgens: *Lieder zur Ehre des Erretters! Vereinslieder des Blauen Kreuzes* (Schweizerausgabe), Bern 1911[10], Nr. 80 (S. 89–91); vgl. *Reichs-Lieder. Deutsches Gemeinschafts-Liederbuch,* 2679.–2681. Tausend Neumünster i. Holst. 1999, Nr. 587 (S. 238f.), 1. Strophe:
> Wo findet die Seele die Heimat, die Ruh?
> Wer deckt sie mit schützenden Fittigen zu?
> Ach bietet die Welt keine Freistatt uns an,
> Wo Sünde nicht herrschen, nicht anfechten kann?
> Nein, nein, nein, nein, hier ist sie nicht,
> Die Heimat der Seele ist droben im Licht.

[21] Siehe unten S. 578, Anm. 86.

[Auf der Rückseite des letzten Manuskriptblattes sind von Barth mit Bleistift folgende Stichworte notiert. Wahrscheinlich handelt es sich um Notizen, die sich Barth bei der Diskussion über den Vortrag gemacht hat.]

Erlebnis gleichgiltig: nun eben nicht Kriterium
Nicht die Bewegung schafft d. neue Reich: Übung bei Anlaß u. Aufbau
Pflicht z. Kulturarbeit od. Bekämpfung
X Haupt der M'heit, aber verborgen

Jede Partei! Gewalt –
Erleben: Geist *Innseits*[22] Gefahr
Für u. Wider

Hilft uns das? Nicht letztes Ziel, sondern *Antrieb*
Kraft d. christl. Lebens

Das Ganze

Es ist bedenklich. Bewußt nicht tun. Warten
Dürfen wir uns verpflichten? Nicht Alles bekämpfen?

Nicht schmutzige Handschuhe?
Doch: Krieg, Kaufmann [?]
Staat, Arzt
Wilson

Gericht da, Mitarbeit *und* Vergebung nötig. X als der Erlöser
Persönl. Weg?
Verwirrung [?] in X?

---

[22] Vgl. P. Jaeger, *Innseits. Zur Verständigung über die Jenseitsfrage*, Tübingen 1917. Barth nahm das Stichwort im Tambacher Vortrag auf; siehe unten S. 594.

EIN WORT AN DAS AARGAUISCHE BÜRGERTUM!
1919

In der aargauischen Regierungsratswahl (Ersatzwahl eines kantona-
len Regierungsmitglieds) vom 6. Juli 1919 – neu zu besetzen war das
Erziehungsdepartement – standen sich der Sozialdemokrat Karl Killer
und der bürgerliche Kandidat Albert Studler gegenüber.[1] Gewählt
wurde Studler mit 24 738 zu 19 458 Stimmen.[2] Barths Artikel, in dem
er zu dieser Wahl Stellung nimmt, erschien im «Neuen Freien Aar-
gauer» am 10. Juli auf der ersten Seite, gezeichnet mit: Safenwil. Karl
Barth, *Pfarrer.[3] Am 8. Juli schrieb Barth darüber an seine Mutter: «Ich*
habe mirs geleistet, gestern ins untere Stockwerk zu steigen und einen
Artikel in den Freien Aargauer zu schreiben über die Regierungsrats-
wahl. Nelly hat auch mitgewirkt, bis wir Beide in jedem Wort einig
waren. Titel: ‹Ein Wort an das aargauische Bürgertum›. O Mama, was
mußt du mit deinen Kindern noch Alles erleben.»[4]

Ob sie sich ihres Sieges vom vergangenen Sonntag freuen, diejenigen,
die für die Kandidatur des Herrn Studler zum Regierungsrat verantwortlich sind? Wir reden nicht zu ihnen. Die Kreise, in denen diese
Parole ausgegeben wurde, sind vielleicht zunächst unbelehrbar. Es

---

[1] Der Sozialdemokrat Karl Killer (1878–1948), Lehrer in Baden und seit
1912 Präsident des aargauischen Lehrervereins, war seit 1913 Mitglied des
aargauischen Großen Rates. 1919 wurde er in den Nationalrat, 1943 in den
Ständerat gewählt; er gehörte dem eidgenössischen Parlament bis zu seinem
Tode an. Von 1927 an amtete er auch als Stadtammann von Baden. Der in der
Öffentlichkeit kaum bekannte Albert Studler (1882–1975) war Mitglied des
Aargauischen Bauernbundes (ab 1920: Aargauische Bauern- und Bürgerpar-
tei), Landwirtschaftslehrer in Brugg und Gutsbesitzer in Wettingen. Er wurde
auch von einer rechtsfreisinnigen Mehrheit und, obwohl selbst konfessionslos,
von der katholisch-konservativen Partei unterstützt. Regierungsrat von 1919
bis 1949.

[2] N. Halder/H. Staehelin/W. Gautschi, *Die Geschichte des Kantons Aargau*
1803–1953, Bd. III: W. Gautschi, *Die Geschichte des Kantons Aargau 1885–*
1953, Baden 1978, S. 227.

[3] Neuer Freier Aargauer, Jg. 14, Nr. 157 vom 10.7.1919, S. [1].

[4] KBA 9219.13. Vgl. auch Barths Aussagen über den Artikel in einem Brief
an Thurneysen (Bw.Th.I., S. 337) und dessen Reaktion darauf (S. 339).

werden heute viele Mühe haben, noch an ihren guten Willen zu glauben. Sie werden vielleicht erst dann Verstand annehmen, wenn sie keine Parolen mehr auszugeben haben, weil die Folgen ihrer Politik eingetreten sind. Es gibt aber neben ihnen eine breite Masse von Bürgern und Bauern, die für Studler gestimmt haben im guten Glauben, damit dem Vaterland und dem gemeinen Wohl einen Dienst zu tun. Wir glauben, dass unter ihnen solche sind, die nicht mit ungemischter Freude an ihren Sieg denken. Wir glauben, dass sie auch heute noch imstande sind, sich etwas sagen zu lassen. Wir geben sie nicht auf. Wir müssen fortfahren, miteinander zu reden. Aber es ist nötig, dass sie hören, was im jetzigen Augenblick zu hören ist.

Die Regierungsratswahl war für das aargauische Bürgertum eine einzigartige Gelegenheit, der Arbeiterschaft das Entgegenkommen, den Willen zum Zusammenarbeiten, den sachlichen politischen Ernst zu beweisen, von denen seit dem Generalstreik[5] so viel Gutes gesagt worden ist. So einfach lagen die Dinge noch ganz selten. So leicht wird es dem Bürgertum nicht bald wieder gemacht werden. Diejenigen, die sich sonst im Gegensatz zu der vermeintlichen Parteibüffelei der Sozialdemokraten viel zu Gute tun auf den Grundsatz, es komme ihnen auf den Mann an und nicht auf die Partei, brauchten diesmal nur die Augen aufzutun und ihren Grundsatz anzuwenden: es ist ohne weiteres klar gewesen, dass der Jugenderzieher von Baden vor dem Viehzuchtverständigen von Brugg den Vorzug verdiente. Diejenigen, die sonst gegenüber dem vermeintlichen einseitigen Klassenstandpunkt der Sozialdemokratie gerne auf die notwendige Interessengemeinschaft von Bürger, Arbeiter und Bauer hinweisen, brauchten diesmal nur zu tun nach ihren Worten: dass bei solcher Interessengemeinschaft der Arbeiterschaft endlich ein Vertreter in unserem fünfköpfigen Regierungskollegium gehörte, konnte sich jedes Kind an den Fingern abzählen. Diejenigen, die im Gegensatz zu der vermeintlichen russischen Orientierung der Sozialdemokratie unser Land mit allen Mitteln vor dem Unglück des Bolschewismus behüten möchten, hatten diesmal das wundervollste Mittel in der Hand, der in der Tat in unserer Partei vorhandenen «russischen» Gruppe durch einen aufrichtigen Akt des Verständnisses und der Versöhnung den Wind aus

[5] Siehe oben S. 444–463.

den Segeln zu nehmen. Es war all denen im Bürgertum, die so viel gegen die Sozialdemokratie auf dem Herzen haben, diesmal leicht gemacht, ihr nun trotzdem diejenige Gerechtigkeit widerfahren zu lassen, die sich als Grundlage unserer demokratischen Verfassung von selbst versteht. Wenn je eine sozialistische Kandidatur keine proletarische Kampfkandidatur war, so war es die von Großrat Killer. Es hat niemand etwas anderes von ihm gewusst, als dass er bis jetzt ein sehr gemäßigter Sozialist gewesen ist. Der *Lehrer* Killer ist zum Leidwesen der einen, zur Beruhigung der anderen viel deutlicher hervorgetreten als der *Sozialdemokrat* Killer. In der Propaganda, die gerade von Seite der Lehrerschaft für ihn gemacht wurde, ist seine Unparteilichkeit in einer Weise herausgestrichen worden, die vielleicht mehr als einem Sozialdemokraten die Freude an ihm heimlich ein wenig getrübt hat. Die sozialdemokratische Großratsfraktion, der er angehört und an deren Tätigkeit sein künftiger Charakter als Regierungsrat ungefähr zu messen war, hat bisher das gefürchtete rote Tuch ziemlich behutsam geschwenkt. Die Tatsache, dass gerade dieser Mann der Vertrauensmann der aargauischen Arbeiterpartei war, ist ein Zeugnis für ihre eigene bisherige Haltung und Richtung. Diese Partei ist mit Ausnahme weniger Entschlossener keine von den gefährlichen Ecken der roten Internationale. Im «Freien Aargauer» ist z.B. unseres Wissens nie die scharfe, die unversöhnliche Richtung maßgebend gewesen. Wer endlich die aargauische Arbeiterschaft selbst, wie sie heute hinter unserer Partei steht, ein wenig kennt, der weiß, dass sie im Ganzen geradezu erstaunlich langmütig und geduldig ist. Wer es anders sagt, der zeigt damit nur, dass er keine Ahnung hat, wie eine wirklich *scharfe* Arbeiterbewegung aussehen würde. Wo ist denn bei den Massen unserer größeren und kleineren Industrieorte (mit Ausnahme weniger!) der grundsätzliche proletarische Offensivgeist, der die vaterländische Parole: Hütet euch am Morgarten![6], die auf den Sonntag

---

[6] Das Bündnis zwischen Schwyz, Uri und Unterwalden hatte sich in einem Thronstreit zwischen Bayern und Österreich auf die bayerische Seite gestellt. Dies löste einen österreichischen Angriff aus, bei dem die Schwyzer durch Pfeile darüber informiert worden sein sollen, wo sie den Angriff zu erwarten hatten. An den Pfeilen war eine Botschaft befestigt: «Hütet euch am Morgarten.» Auf diese Weise gelang es den verbündeten Stätten, die Österreicher am 15. November 1315 am Morgarten zu schlagen. Vgl. J. Wiget, Art. «Morgar-

gegen diese Massen ausgegeben worden ist, rechtfertigte? Die am letzten Sonntag ihren wahrlich nicht verfrühten und nicht unbescheidenen Anspruch niedergetrampelt haben unter Berufung auf die Gefährlichkeit der sozialistischen Tendenzen, sie wissen nicht, was sie sagen noch was sie tun.[7] Noch einmal: es wäre beides diesmal leicht gewesen, eine, auch vom bürgerlichen Standpunkt aus geredet, weise und taktisch kluge Politik der Verständigung zu treiben.

Das ist nun auch diesmal *nicht* geschehen. Die Gründe, die man hatte, es nicht geschehen zu lassen, sind bekannt. Diejenigen, die dafür verantwortlich sind, haben es mit sich selbst und vielleicht eines Tages mit ihrer jetzigen Gefolgschaft auszumachen, ob es ernste sachliche Gründe gewesen sind. Genug: eine schöne Gelegenheit ist verpasst worden. Wir möchten heute nur auf die Folgen hinweisen. Wir tun es darum, weil es sich mitten in einer entscheidenden Zeit um ein Musterbeispiel handelt, wie sie nicht oft vorkommen. Die Folge dieses Ereignisses und das System, zu dem es gehört, wird, kurz gesagt, die sein, dass das aargauische Bürger- und Bauerntum von der Seite der Arbeiter gerade das wird erleben müssen, was es jetzt mit Recht als eine Gefahr und ein Unglück befürchtet. Man wird sie, wenn man so fortfährt, als das haben müssen, als was man sie jetzt hinstellt, man macht sie dazu. Ihre vermeintliche Parteibüffelei, ihr vermeintlich einseitiger Klassenkampfstandpunkt, ihre vermeintlich russische Orientierung, sie werden in rascher Entwicklung zur Wirklichkeit werden. Der Generalstreik, der selber wesentlich eine Folge ähnlicher verblendeter Taten der Gegenseite war, zeigt, dass dieser Zug nach links vorhanden ist. Er ist am Sonntag auf alle Fälle verstärkt worden. Die linksstehenden Elemente unserer Partei werden heute sagen:

tenkrieg», in: *Historisches Lexikon der Schweiz*, Bd. 8, Basel 2009, S. 725–727, bes. S. 726. Es ist nicht klar, ob die Parole wirklich von Gegnern Killers gebraucht worden ist oder ob Barth deren Rhetorik in diesem Ausdruck zusammenfasst.

[7] W. Gautschi schildert in *Die Geschichte des Kantons Aargau 1885–1953*, a.a.O. (s. oben Anm. 2), S. 224–227, die näheren Umstände der Regierungsratswahl. Die Wahl stand demnach unter besonderen politisch-ideologischen Vorzeichen. Die Wahlpropaganda auf bürgerlicher Seite artete zur Demagogie aus. Im Affront gegen die Arbeiterbewegung wurde der gemäßigte Sozialdemokrat Killer vom Bürger- und Bauerntum persönlich verunglimpft und als Bolschewist und Anarcho-Sozialist gebrandmarkt.

Ganz recht so! Nur zugefahren! Die Diktatur, die gestern wieder einmal geübt worden ist, ist eben ein zweischneidiges Schwert. Der Bolschewismus von rechts ruft dem Bolschewismus von links. Der aargauische Bürger bekreuzigt sich vor einem Grimm[8], vor einem Schneider[9], vor einem Platten[10].[11] Er übt aber gleichzeitig eine Politik, wie sie in Basel, in Bern, in Zürich so lange geübt worden ist, bis das Aufkommen dieser Richtung möglich und notwendig wurde.[12]

[8] Vgl. oben S. 363, Anm. 47.

[9] Vgl. oben S. 374, Anm. 105.

[10] Vgl. oben S. 376, Anm. 111.

[11] Das bürgerliche Aargauer Tagblatt, Jg. 73, Nr. 154 vom 5.7.1919, S. 2, hatte unter der Überschrift «Zur Regierungsratswahl. An unsere Parteifreunde!» geschrieben: «Wer da glaubt, daß die Wahl des Herrn Killer versöhnend und ausgleichend wirken würde, der ist ein unverbesserlicher Optimist. Er schaue nach Bern, wie Grimm in hoher administrativer Leitung ‹wirkt› oder nach Zürich und Basel. So lange unsere Sozialisten nicht den Mut haben, sich von einem Platten zu trennen, solange sie seinen Theorien sogar noch zustimmen, solange sie selber nicht von den Theorien und der Praxis des Umsturzes und der Revolution sich unzweideutig lossagen, so lange können die Bürgerlichen nicht zugeben, daß ein Sozialdemokrat in den Regierungsrat einzieht.»

[12] Zürich, Basel und auch Bern sind die industriellen Hochburgen der deutschsprachigen Schweiz. Die gesellschaftspolitische Entwicklung in diesen Städten in den Jahrzehnten vor 1919 ist (zusammen mit der in Genf) maßgeblich für die Geschichte der innenpolitischen Entwicklung der gesamten Schweiz in dieser Zeit. Mit der Einführung des Fabrikgesetzes 1878 setzte sich die Schweiz an die Spitze der internationalen Arbeiterschutzgesetzgebung. Bis 1905 verbesserten sich die Lebensbedingungen der Arbeiter langsam, aber stetig weiter: die Arbeitszeit sank und die Reallöhne stiegen. Ab 1905 trat dann eine Stagnation ein, und in der Folge gewannen klassenkämpferische SPS-Leute (Schneider in Basel und Platten in Zürich) deutlich an Einfluss. Eine radikale Verschlechterung trat dann 1914–1918 in der wirtschaftlichen Lage ein. Die SPS hatte eine verbesserte wirtschaftliche Versorgung zur Bedingung ihrer Burgfriedenspolitik gemacht. Das Gegenteil geschah: Das Fabrikgesetz wurde aufgehoben, es gab einen Reallohnverlust von 30% und mehr für die Arbeiter, Arbeitslosigkeit machte sich breit. In dieser Situation verließ der Berner SP-Führer Grimm die Linie der Burgfriedenspolitik und versuchte in den Zimmerwalder Konferenzen eine Sammlung der oppositionellen Sozialisten Europas, um die Interessen der Arbeiterschaft weiterhin vertreten zu können. Die gesellschaftlich-revolutionären Kräfte gewannen innerhalb der SPS die Oberhand. Der von den Sozialisten jetzt wiederholt geforderten Diktatur von links setzten die Kantonsregierungen eine Diktatur von rechts entgegen: Einsatz des Militärs zur Aufrechterhaltung der innenpolitischen Ruhe. Den

Möchte er sich doch nicht täuschen über die Konsequenzen seiner Haltung. Wer heute einen Killer nicht will, verdient und bekommt morgen einen Platten. Muss es denn auch bei uns absolut gehen wie in Russland und Deutschland, dass man die sozialistische Bewegung so lange nicht ernst nimmt, bis man sie dazu gebracht hat, ihren eigenen Ursprung zu verleugnen und zum verheerenden Feuerbrand zu werden? Es kommt alles, wie es muss. Das «muss» aber liegt nicht nur bei den Sozialisten, sondern ebenso sehr bei dem Verständnis oder Unverständnis, das die Sozialisten bei den Bürgerlichen finden. Diese sollen sich dereinst nicht wundern und beklagen, wenn es nicht gut kommt. Es sind jetzt doch viele in der Sozialdemokratie, die die drohende Entwicklung nach links vermeiden möchten. Man darf aber nicht von ihnen erwarten, dass sie allein sie aufhalten können. Die starken Gründe, die jetzt noch in der großen Masse der Arbeiterschaft gegen den Bolschewismus vorhanden sind, werden schließlich durch das Verhalten der bürgerlichen Mehrheit derart entkräftet, dass sie ihn tatsächlich nicht mehr werden aufhalten können. Diese bürgerliche Mehrheit wird es noch erreichen, dass dem Bösen das Böse gegenübertritt, dass die Sozialdemokratie das wird, als was sie voreilig jetzt bekämpft wird. Sicher nicht zum Heil, sondern zum Unheil des Ganzen wird sie das werden, aber nicht unbegreiflicher-, sondern verdienterweise. Es wird, geschehe dann, was da wolle, ein *Gericht* sein, das man sich selber zugezogen hat. Man hätte es anders haben können.

Es ist jetzt noch nicht zu spät. Aber es könnte einmal zu spät sein. Wir sagen das nicht als Drohung, aber zur Feststellung der tatsächlichen Lage. Offenbar wird sie auch von Wohlgesinnten auf der bürgerlichen Seite nicht durchschaut, und das tut uns um des Ganzen willen leid. Herr Studler mag nun seinen Regierungsratssessel bestei-

Höhepunkt erreichten die Auseinandersetzungen in den Jahren 1918 und 1919, als Grimm Parteiführer wurde und die Sozialisten umfassende gesellschaftspolitische Forderungen stellten. Nach der Spaltung von Sozialisten und Kommunisten 1919 und der Einführung des Achtstundentages und des neuen Fabrikgesetzes 1920 ließen die Spannungen langsam nach; in den dreißiger Jahren lösten sie sich schließlich auf, als die Sozialisten sich zur evolutionären Gesellschaftsveränderung bekannten und Gewerkschaften und Arbeitgeber das historische Friedensabkommen schlossen (1937). – Vgl. U. Im Hof u.a., *Geschichte der Schweiz und der Schweizer,* hrsg. von B. Mesmer, Basel 2006⁴, bes. S. 685–692.731–734.741–749.762–770.

gen mit dem guten Gewissen eines Mannes, der von einem andern genommen, was ihm von rechtswegen gehörte. Er mag sein Amt antreten mit dem Mut eines Volksbeauftragten, der das Vertrauen eines sehr großen Volksteiles nicht hat und nie haben wird. Herr Studler interessiert uns hier nicht, wohl aber interessieren uns[a] viele von denen, die ihm gestimmt[13] haben und die bei künftigen ähnlichen Fällen, aber unter schwierigeren, weniger unzweideutigen Verhältnissen das Zünglein an der Waage bilden werden bei der Entscheidung der Frage, ob wir aus einer gründlich unerfreulichen Lage einmal hervor oder erst recht in hoffnungslose Zustände hinein sollen. Werden sie morgen einsehen, was sie gestern nicht eingesehen haben?

[a] Im Druck irrtümlich: «interessiert das»; Korrektur von Barth in seinem Exemplar der Zeitung.

[13] = für ihn gestimmt.

DAS, WAS NICHT GESCHEHEN SOLL
1919

Nach der Gründung der 3. (Kommunistischen) Internationale am 5. März 1919 in Moskau stand die SPS vor der Frage, wie sie sich dazu verhalten sollte. Im Juli 1919 hatte der Parteivorstand sich für einen Beitritt zur 3. Internationale ausgesprochen. Der entscheidende Parteitag war für den 16./17. August 1919 in die Basler Burgvogtei einberufen worden. Der folgende Artikel von Barth erschien am Tag vor diesem Parteitag im «Neuen Freien Aargauer».[1] Der Parteitag beschloss nach heftigen Diskussionen deutlich mit 318 zu 147 Stimmen den Beitritt zur Moskauer Internationale. «Es gelang nur noch, die Angelegenheit vor eine Urabstimmung des ganzen Parteivolks zu ziehen».[2] Nach Abschluss der Urnenabstimmungen in den Sektionen am 14. September 1919 ergab sich, dass das Parteivolk den Beitritt ebenso deutlich mit 14 612 gegen 8 722 Stimmen verworfen hatte.[3]

Nicht unerheblich für das Verständnis des Artikels ist auch die persönliche Situation Barths zu der Zeit: Im Sommer 1919 verstärkten sich in Safenwil die Angriffe auf Barth wegen seiner sozialdemokratischen Parteinahme. Auf einer Kirchgemeindeversammlung am 10. August 1919 wurde gegen eine Erhöhung des Pfarrlohnes opponiert – er war der zweitniedrigste im Kanton –, um Barth einen Denkzettel zu verpassen. Bei dieser Gelegenheit bekannte Barth öffentlich, «daß er Sozialdemokrat sei».[4] «Daß er den Bolschewismus und Spartakismus

---

[1] Neuer Freier Aargauer, Jg. 14, Nr. 188 von Freitag, dem 15.8.1919, S. [1f.].

[2] Mattmüller II, S. 514.

[3] A.a.O., S. 522.

[4] Der «Neue Freie Aargauer» berichtete im gleichen Blatt, in dem Barths Artikel auf der Titelseite erschien (Jg. 14, Nr. 188 vom 15.8.1919), auf S. [2] über die Gemeindeversammlung in Safenwil am Sonntag, 10.8.1919: «Mit trefflichen Worten begründet der Präsident die Besoldungserhöhung des Pfarrers. [...] Nun entlud sich das Gewitter, das sich seit zirka zwei Jahren auf freisinniger Seite angesammelt hatte, grün und gelb wetterleuchtete es von dort her. [...] Herr Pfarrer Barth [...] fordert alle seine Gegner auf, jetzt doch einmal seine Missetaten vor der Gemeinde bekannt zu geben, doch niemand meldet sich zum Wort (– traurige Zeugen –). Er gibt der Versammlung bekannt, daß er Sozialdemokrat sei und sich freue, das sein zu dürfen, das gebiete ihm sein Charakter und seine Christenpflicht. Starker Beifall belohnt seine Worte. Es wird sodann in geheimer Abstimmung mit großem Mehr das Budget

verherrliche sei eine Lüge; gerade das Gegenteil habe er getan, er habe
die Arbeiterschaft hievor gewarnt». [5]

Das, was nicht geschehen soll

Es sollte nicht geschehen, dass am bevorstehenden schweizerischen
Parteitag in Basel ein Schritt getan würde, der vom Gefühl, von der
Stimmung, von den Geistern, die augenblicklich in der Luft herrschen
[vgl. Eph. 2,2], diktiert wäre. Ein solcher Schritt war schon die ebenso
großzügige wie bedeutungslose[a] Ablehnung der Landesverteidigung
am Berner Parteitag von 1917.[6] Ein solcher Schritt wäre heute der
Eintritt in die dritte Internationale. Alle solchen Schritte haben es an
sich, dass sie teils in der Begeisterung, teils in der Wut getan werden
und dass sie von Natur ergebnislos, gefährlich und verwirrend sind.
Wir sollten uns nicht immer wieder diesen Luxus, dieses Spiel erlauben. Denn es ist ein Luxus, ein Spiel, was man da treibt. Wir Sozialdemokraten haben eine bewährte Methode, die heißt: Warten, Wachen
und Wachsen. Unsere Ernte reift dabei ganz von selbst, heute mehr als
je. Das Bürgertum weiß es. Es ist auf der ganzen Linie auf dem Rück-
zuge. Seine Ideale verblassen. Es ist geistig mehr und mehr auf die
Anleihe aus unsern Schätzen angewiesen. Sein ganzes Programm besteht im Grunde darin, dass es etwas langsamer vorwärts möchte als
wir. Auch die Anstrengungen, die man noch gegen uns macht, sind
verdeckte Rückzugsmanöver. Die Einsicht, dass der Sozialismus
kommt und kommen muss, ist auf der andern Seite verbreiteter, als die
meisten von uns denken. Wir sollten nur nicht immer wie gebannt auf
die paar Obersten, Redaktoren, Agrarierführer und andern Magnaten
sehen, die mit uns verkehren, als ob sie uns fressen wollten. Wir dür-

---

[a] Im Druck irrtümlich: «bedeutungsvolle»; Korrektur von Barth in seinem
Exemplar der Zeitung.

---

angenommen. Die Besoldung des Pfarrers ist somit von Fr. 3,600 auf Fr. 4,500
festgelegt.» Vgl. Gautschi, a.a.O. (s. oben S. 509, Anm. 2), S. 228.
   [5] Aus dem Protokollbuch der Kirchenpflege Safenwil, 10.8.1919, zit. nach
Busch, S. 119.
   [6] Vgl. oben S. 372–381.

fen uns nicht von diesen Herren nervös oder gar hysterisch machen lassen. Wir müssen ihnen mit frohem Lachen antworten, nicht mit krampfhaft geballten Fäusten und steilen Sprüchen. Wir müssen unsern Dampf nicht verpuffen, sondern als stille Triebkraft nahe beieinander behalten. Die Schwäche des Bürgertums beruht ja darin, dass seine Haltung auf dumpfen Instinkten beruht. Mit seiner Einsicht ist es längst nicht mehr dort, wo es äußerlich noch steht. Wir dürfen nun aber nicht unserseits in dieses instinktive Wesen hineingeraten, wo man blindlings etwas will, ohne zu wissen, warum man es will, sonst werden und sind auch *wir* schwach. Wir dürfen gerade im jetzigen Moment nicht darauf verzichten, aus Einsicht zu handeln, sonst haben wir alles, was auch auf der Gegenseite von wirklicher Einsicht vorhanden ist, gegen uns. Wir müssen mit den Vernünftigen vernünftig sein, nicht mit den Narren närrisch, sonst verstärken wir drüben allerlei Widerstände und Hemmungen, die eigentlich im Schwinden sind. Denn die Zeit arbeitet für uns, nicht für die Gegenseite. Das ist das Grundsätzliche, das ich unsern nach Basel reisenden Delegierten noch einmal zu erwägen geben möchte.

Das was nicht geschehen sollte, ist das allzu Naheliegende! Das Bekenntnis zum Bolschewismus ist uns Sozialdemokraten heute durch allerlei, was in der Luft liegt, sehr nahe gelegt. Wer klug ist, wird gerade darum besonders aufpassen, ob es sich nicht um einen glänzenden Betrug handelt, bei dem unter Umständen alles schon Gewonnene wieder verloren gehen könnte. Das Naheliegendste ist fast nie auch das Richtigste.

Die russische Lehre leuchtet ein, weil sie radikal ist. Sie verkündigt das Wunder, das Unerhörte, das Unmögliche, das Ganze. Das gibt ihr einen Geruch von Wahrheit. Die größten Erinnerungen werden wach, wenn man die Kundgebungen von Lenin und seinen Freunden liest. «Die Vögte sind verjagt, die Burgen sind erobert!»[7] «Das Alte ist vergangen, siehe, es ist alles neu geworden!» [2. Kor. 5,17] – so, oder fast so, tönt es aus dem Osten herüber. Ein Philister, wer nicht aufhorchen würde bei dieser Botschaft! Der Sozialismus geht doch auf das Ganze, er ist radikal, oder er *ist* nicht Sozialismus. Wir danken für

---

[7] Vgl. Fr. Schiller, *Wilhelm Tell*, 5. Aufzug, 1. Szene, V. 2842: «Die Feinde sind verjagt.» – «Die Burgen sind erobert.»

den verwässerten, flügellahmen Grütlianer[8]-Sozialismus, der über dem Nächsten das Fernste nicht mehr sieht. Denn wir sehen, welche Früchte diese Art in Deutschland bringt. Sollte nicht doch der Bolschewismus der echte Sozialismus sein, weil er so radikal ist? Das ist so ein Gefühl, dem man sich jetzt hingeben kann. Aber vergessen wir darüber das eine nicht, dass wirklicher Radikalismus ein Radikalismus der Kräfte sein muss, nicht ein Radikalismus der Worte, Programme und Unternehmungen. Um Kräfte zu haben und in Kraft radikal zu sein, muss man aber warten, arbeiten und erkennen. Ist das etwa in den Massen der russischen Sovietrepublik geschehen, und sind das, was wir jetzt spielen sehen[b], etwa Kräfte? Was uns von dort zu Ohren kommt, sind doch wahrhaft bloße kühne große Worte und Verheißungen und daneben sehr kleinbürgerliche Taten. Es ist keine Kraft da zum Gebären [vgl. Jes. 37,3]. Wäre sie etwa bei uns da? Wer glaubt daran? Die Art, das Wunder, die neue Welt bloß mit Fanatismus zu verkündigen, ohne sie zu zeigen und zu schaffen, erinnert uns *zu sehr* an die matte Art der heutigen christlichen Kirche. Wir berufen uns nicht auf die Zeugnisse unverständiger Feinde des Bolschewismus, wir fragen seine Freunde, ob sie das Neue, das ganz Andere, dessen Gegenwart er verheißt, schon gesehen haben und zeigen können. Sie sollen den Beweis des Geistes und der Kraft [vgl. 1. Kor. 2,4] führen. Wenn nicht, dann sollen sie uns verschonen mit der Einladung, in eine neue – Kirche einzutreten.

Bewundernswert am Bolschewismus scheint nun freilich gerade sein Eifer, jenen Beweis durch unmittelbare praktische revolutionäre Taten zu leisten. Der kluge Dimitry Gawronsky, der das Beste gegen die Bolschewisten geschrieben hat, was ich kenne, hat dieses Drängen zur Tat bloß aus der Erschlaffung, Selbstsucht und Genusssucht der unreifen Masse ableiten wollen.[9] Er mag wohl recht haben und doch auch wieder nicht. Es muss doch etwas Tieferes dahinter stecken. Die Parole: Der Worte sind genug gewechselt, lasst uns nun endlich Taten

---

[b] Im Druck irrtümlich: «was wir jetzt bei vielen sehen»; Korrektur von Barth in seinem Exemplar der Zeitung.

[8] S. oben S. 9.
[9] Vgl. D. Gawronsky, *Die Bilanz des russischen Bolschewismus auf Grund authentischer Quellen dargestellt,* Berlin 1919, S. 36.72f.

sehn![10] ist gerade heute uns allen zu sehr aus dem Herzen gesprochen. Wenn es damit ernst gelten soll, so grüßen wir die Bolschewisten, grüßen unsern linken Flügel, vor allem unsere radikale sozialistische Jugendbewegung. Auf diesem Boden müssen wir uns verstehen. Wir wissen auch, dass das Gebot der Stunde einmal – und warum nicht heute? – lauten kann, aus der stillen Wachsamkeit hervorzubrechen ins Handeln. Ein Wissen, das nicht zum Tun werden will, ist kein Wissen. Aber auch das ist sicher, dass nur *das* Tun ein *wirkliches* Tun ist, das aus dem Wissen, aus der Erkenntnis stammt. Die revolutionäre Tat ist ein Unternehmen, das aus *großer* Erkenntnis hervorgehen muss. Denn Revolution heißt Umkehrung. Die Revolution, die der Sozialismus meint, ist nicht mehr und nicht weniger als eine Umkehrung der Welt, eine Umkehrung des Menschen. Weniger ist nichts. Es gibt revolutionäre Taten, in Russland und bei uns, die wohl einiges, aber durchaus nicht das Ganze umkehren. Resolutionen und Beschlüsse fassen, «auf die Straße steigen», aber auch ein Personenwechsel in den Behörden, einige oder viele Expropriierungen und Sozialisierungen sind z.B. an sich noch keine revolutionären Taten, sondern bestenfalls Vorbereitungen zu solchen, unter Umständen aber auch gerade das Gegenteil. Es gibt revolutionäre Tatmenschen, denen jenes Ganze, das sich umkehren müßte, jenes Ganze von Gesinnung und Organisation, Geist und Form, Seele und Leib überhaupt noch gar nicht zu Gesicht gekommen ist, die keine Ahnung haben, um was es eigentlich geht. Ihnen wird es sicher nicht gelingen. Sie werden bei viel Geschrei alles beim Alten lassen. Der ewige Ruf nach Taten könnte auch ein Symptom sein dafür, dass man die entscheidende revolutionäre Tat noch gar nicht kennt, sonst würde man nicht so laut rufen. Das Beste, was wir jetzt «tun» können, besteht darin, noch ganz anders wach zu werden, damit die wirkliche revolutionäre Tat einmal geschehen kann. Wir haben noch unzählige Schläfer in unseren Reihen. Wer bürgt uns dafür, dass wir nicht mit unserem Eintritt in die dritte Internationale in eine «Neuauflage der zweiten Internationale» hineingeraten – «mit röterer Flagge und schärferen Devisen, aber im

---

[10] J.W. von Goethe, *Faust I,* V. 214f. (Vorspiel auf dem Theater):
      Der Worte sind genug gewechselt,
      Laßt mich auch endlich Taten sehn!

Grunde genau so aktionsunfähig wie die letztere», in eine «neue Internationale der Deklamationen und Sympathiekundgebungen, ohne Kraft und Leben» (Berner Tagwacht)[11]? Wer bürgt uns dafür, dass wir nicht im Bund mit den Bolschewisten erst recht – schläfrig werden?

Das dritte am Bolschewismus, was man heute bejahen möchte, ist das an ihm, was ihn zu einer Posaune des Weltgerichts macht. Nicht umsonst die aufgeregten Verwahrungen und Beschwerden der ganzen bürgerlichen, christlichen und feingeistigen Welt gegen ihn. Sie ahnt den Vergelter, den Rächer ihrer Vergehungen, den Störefried ihres faulen Friedens, die Auflösung ihrer Schein-Kultur, den Sturz ihrer Götter, das Ende aller Dinge. Sie hört ein großes umfassendes: Nein! Sie fühlt sich auf den Anfang zurückgeworfen. Sie weiß vor Verlegenheit nicht aus noch ein. Die Versuchung für uns ist groß, diese Verlegenheit noch größer zu machen und in dieses bolschewistische Nein! kräftig einzustimmen. Es reizt uns jetzt vieles dazu, gerade auch uns im Lande Aargau. Ich darf vielleicht davon reden als einer, der die eigentümliche Lust, die Gerichtstrompete blasen zu helfen, auch kennt und der ihr auch nicht immer widerstanden hat. Wir *müssen* aber dieser Lust widerstehen lernen. Gerade diese Gerichtsluft, die durch den Bolschewismus geht, spricht auch gegen ihn selbst. Er muss[c] seine Rolle nun spielen, und es ist sicher gut, dass er sie spielt, aber man kann unmöglich mit klarem Bewusstsein Ja dazu sagen. Es ist das Böse, das das Böse rächen muss. Gut, aber das geht uns nichts an. Er gehört jedenfalls seinerseits gerade damit zum alten und nicht zum neuen Wesen, nach dem die Menschheit sich sehnt. Wer das Neue, das kommen muss, in seinem Wesen verstanden hat, kann bei

[c] Im Druck folgt auf «muß» noch das Wort «auch». Streichung von Barth in seinem Exemplar der Zeitung.

[11] Die «Berner Tagwacht. Offizielles Publikationsorgan der sozialdemokratischen Partei der Schweiz» berichtete in einem dreiteiligen Artikel vom 17. bis 19.7.1919 (Nr. 160 [versehentlich als Nr. 161 nummeriert], Nr. 161, Nr. 162 des Jg. 27 [1919], jeweils S. [1]) über *Die dritte Internationale*. Barth zitiert eine Passage aus dem Schluss von Teil II vom 18. Juli: «Das Ganze aber wäre dann nur wieder eine Neuauflage der zweiten Internationale, mit röteren Flaggen und schärferen Devisen, aber im Grunde genau so aktionsunfähig wie letztere. Es wäre nur wieder eine Internationale der Deklamationen und Sympathiebezeugungen, ohne Kraft und Leben.»

den Bolschewisten nicht mitmachen, und wenn der Gegner es zehnmal verdient hätte. Wir haben uns *nicht* nach der Methode des Gegners zu richten; das ist der gefährlichste Irrtum, der heute in unseren Reihen umgeht. Was geht uns der Gegner an? Wir haben unsern eigenen Weg. Der Sozialismus darf nicht einfach das Gegenstück werden zum Kapitalismus, das Proletariat nicht die ähnliche Nachfolgerin der Bourgeoisie, der Klassenkampf nicht nur der Streit einer Bestie mit der andern. Wenn die Sozialdemokratie gleich um gleich mit dem Gegner umgehen will, dann wird sie mit ihm eines Wesens. Sie mag dann an der Seite des Bolschewismus Gerichtstrompete und Henkerschwert werden, aber sie *verrät* damit den Geist, von dem sie lebt, und sie verkauft ihr Erstgeburtsrecht. Und wenn uns noch so gerechter Weise der Zorn, der Ingrimm, der Verleider[12] dem Bisherigen gegenüber dahin treiben möchte, wo man, dem rasenden Roland[13] gleich, alles Bisherige kurzerhand in Trümmer schlägt, – was hilft es uns, wenn wir darüber aufhören, zu wachsen in dem, was bestimmt ist, das Bisherige, wenn es zerschlagen ist, zu ersetzen? Der Tod ist stark genug, sein notwendiges Amt zu versehen. Wir aber sollen nicht dem Tode dienen, sondern dem Leben. Der Bolschewismus hat keine Zukunft. In der Erkenntnis dessen, was eine Zukunft *hat,* können wir nicht Bolschewisten werden.

Das ist's, was wir dem Basler Parteitag wünschen: es möchte dort geredet und gehandelt werden nicht im Rausch des Augenblicks, sondern in der echt politischen Weisheit, die stark und radikal genug ist, über das allzu Naheliegende *hinaus*zusehen.

---

[12] = Überdruss.
[13] Titelfigur in Lodovico Ariostos Epos *Orlando furioso* (1516).

VERGANGENHEIT UND ZUKUNFT
1919

Die unter dem sogleich Anknüpfung und Widerspruch – in Barths Worten «Kälte» und «Wärme» – anzeigenden Gesamttitel «Vergangenheit und Zukunft» am 3. und 4. September 1919 in dem Sozialdemokratischen Tagblatt «Neuer Freier Aargauer» veröffentlichten Nachrufe auf Friedrich Naumann (gestorben am 24. August 1919) und Christoph Blumhardt (gestorben am 2. August 1919) hat Barth offensichtlich unter dem Eindruck der Nachricht von Naumanns Tod verfasst. Blumhardt und Naumann hatten ihn ja in den zurückliegenden Jahren intensiv beschäftigt.[1] Nachdem er in seiner Predigt vom 10. August 1919 ein Portrait Blumhardts gezeichnet hatte[2], lockte es ihn nun wohl, dem Bild beider Persönlichkeiten und Entwürfe durch die Gegenüberstellung klare Konturen zu geben.

Das Echo der Freunde auf die Artikel war besonders im Blick auf die Naumann-Würdigung zurückhaltend. Karl Barths Vetter Albert Barth, in dem Karl Barths «Radikalismus [...] stets verwandte Saiten [...] klingen» ließ, hatte die «scharfen Antithesen» «sofort mit Interesse gelesen», musste jedoch bekennen: «ich bin eben einfach mehr Diesseitsmensch & kann das nicht verleugnen».[3] Kritisch merkte auch Barths alter Freund Otto Lauterburg an: «Deine Würdigung Blumhardts hat mich ergriffen; die Ausführungen über Naumann lassen mich unbefriedigt. Ich zähle mich auch zu den Halben, die sich leider nicht auf allen Lebensgebieten ganz zu Gott bekehrt haben. Und nun hilft mir gerade auch Naumann mit seinen Andachten dazu, in vielem nach u. nach ein treuerer Nachfolger Jesu zu werden.»[4] Doch sandte Otto Herpel, der Schriftleiter des «Christlichen Demokraten», die Nachricht, dass er in der «Tambacher Begrüßungsnummer»[5] den Naumann-Artikel abdrucken wolle: «Ich stimme Ihnen ganz zu.»[6] Und

---

[1] Siehe oben S. 48–79 und 275–302.

[2] K. Barth, *Predigten 1919*, hrsg. von H. Schmidt (Gesamtausgabe, Abt. I), Zürich 2003, S. 290–295.

[3] Postkarte vom 6.9.1919 (KBA 9319.156).

[4] Ansichtskarte vom 19.9.1919 (KBA 9319.175).

[5] Zur Tambacher Konferenz vgl. unten S. 546–555.

[6] Postkarte vom 16.9.1919 (KBA 9319.172).

später konnte Barths Tante Amélie Sartorius-Staehelin aus Bad Boll berichten: «Deinen Blumh. u. Naum. haben mehrere hier mit gr. Interesse gelesen. Es kamen überhaupt die meisten Nekrol. Bl.'s aus der Schweiz.»[7] An Martin Rade hatte Barth die beiden Artikel mit einem nicht erhaltenen Begleitbrief geschickt, in dem er Naumanns Freund um Verständnis für seine Sicht des Verstorbenen gebeten hatte. Rade antwortete: «der Entschuldigung bedarf nicht, was so aus der Wahrhaftigkeit und Nötigung heraus kommt – aber entschuldigen hast Du ja auch nichts wollen, nur befürchtet, Du möchtest uns wehtun. Das ist ganz Nebensache: Du siehst den Mann so, wie Dein geistiges Auge eingestellt ist, und wenn Du ihm nicht gerecht worden bist, so hoffentlich Blumhardt umso gerechter. Sollte der ‹lebendige Gott› nicht an Beiden seine Freude gehabt haben?»[8] Barths Brief an Rade kam dann später auch Naumanns Tochter Liese zu Gesicht, die mit Barths Freund Wilhelm Loew verheiratet war. Sie und ihre Familie hatten Barths Nekrolog im Abdruck des «Christlichen Demokraten» gelesen, «und gerade weil wir Sie schätzen, tat uns dieser Artikel doppelt weh. Nicht aus sachlichen Gründen – darüber kann man sich streiten, ohne persönlich getroffen zu sein – sondern, weil wir in dem Stil, der Art der Formulierung eine solche Geringschätzung des Wesens meines Vaters herausfühlten, die uns mehr als ungerechtfertigt erschien.» Nun aber habe ihr Barths Brief an Rade gezeigt, «daß Sie ein Verständnis hatten für die innere Lage, in der wir alle standen und stehen. Ich war sehr dankbar für die Zeilen, obwohl sie nicht an uns gerichtet waren».[9]

Die Edition folgt der Erstveröffentlichung im «Neuen Freien Aargauer» (A). In «Der Christliche Demokrat» wurde zunächst in Nr. 25 nur der Naumann-Teil abgedruckt – ohne den der Würdigung Naumanns vorangestellten einleitenden Teil und ohne Hinweis auf die Quelle; der Blumhardt-Teil folgte erst in Nr. 28. Diese Wiederabdrucke (B) sind z.T. fehlerhaft. Es sind jedoch zwei störende Fehler der Erstveröffentlichung wohl nach Barths Anweisung verbessert. Diese Verbesserungen sind in den Text übernommen.

---

[7] Ansichtskarte vom 21.10.1919 (KBA 9319.200).
[8] Bw. R., S. 147.
[9] Brief von Liese Loew vom 9.3.1920 (KBA 9320.75).

Vergangenheit und Zukunft

Es soll kein Urteil über Menschen und Menschliches ausgesprochen sein, wenn ich diese Bezeichnungen: «Vergangenheit und Zukunft» anwende auf zwei jüngst verstorbene Männer, von denen jeder im Leben der letzten Jahrzehnte eine Stellung von entscheidender wegweisender Bedeutung eingenommen hat: *Friedrich Naumann* und *Christoph Blumhardt.* Ihre Wege begegneten sich, liefen eine Weile parallel und gingen dann weit auseinander. Beiden ist die große Frage unserer Zeit, der Sozialismus, zur Verheißung und zum Verhängnis (wie man es nehmen will) geworden. Beide haben in ihrer Lebensauffassung überhaupt Stellungen bezogen – Stellungen, zwischen denen man wählen muss. Es wird auch heute nicht an geistreichen Leuten fehlen, die es fertig bringen, Naumann *und* Blumhardt in gleicher Weise «gerecht» zu werden. Wir würden diese Unparteilichkeit als die schlimmste Form von Geringschätzung *beiden* gegenüber betrachten. Unparteiisch ist der unbeteiligte Zuschauer, der niemand und nichts ernst nimmt. Einen Menschen ernst nehmen heißt ihn verstehen im Zusammenhang dessen, was ihn bewegt hat. Und das bedeutet den bewussten Verzicht auf Unparteilichkeit. Ich möchte den *beiden* Verstorbenen damit Ehre erweisen, dass ich sie ernst nehme durch Beteiligung an dem, was sie bewegt hat, und darum damit, dass ich zum einen *Nein,* zum andern *Ja* sage – wohl verstanden nicht als Richter, sondern als Parteigänger. Es handelt sich nicht um das Persönliche, sondern um die Wege, um die Stellungen, um das Ganze der Richtung und des Lebenswerkes. Das Persönliche steht in einem andern Buch und geht uns hier nichts an. Es handelt sich nicht um Ruhm oder Tadel, sondern um die Erkenntnis der Sache und ihrer Bewegung. Die Geschichte rühmt nicht und tadelt nicht, wohl aber vollzieht sie durch ihre Entscheidungen fortwährend eine Erwählung und eine Verwerfung. Ohne Erwählung und Verwerfung, ohne Parteinahme ist ein fruchtbares Verhältnis zu bedeutenden Menschen und Ereignissen unmöglich. «Weil du lau bist», heißt es in der Bibel, «und weder kalt noch warm, werde ich dich ausspeien aus meinem Munde.» [Apk. 3,16]. Ich bekenne also sofort mit der Überschrift meine Kälte hier und meine Wärme dort und meine damit *beiden* Verstorbenen, von denen ich reden möchte, gerechter zu werden als die Allzugerechten.

Friedrich Naumann

Die Heimat des am 24. August verstorbenen deutschen Reichstags-
abgeordneten, demokratischen (linksfreisinnigen) Parteiführers und
Schriftstellers Friedrich Naumann war die Kirche. Die orthodoxe,
lutherische Kirche Sachsens, aber das ist zufällig, es hätte auch die
katholische oder die mohammedanische sein können – jedenfalls *die*
Kirche, der das Verhältnis der Welt zum Göttlichen eine zum[a] vor-
nehrein feststehende, geordnete und sich selbst gleich bleibende Beziehung ist, die bloß der religiösen Erklärung und Verklärung bedarf.
Gott ist, wie er ist, und die Welt ist, wie sie ist, und dem Menschen
bleibt neben seinen nächsten Pflichten und Sorgen nichts übrig, als –
«Religion» zu haben, d.h. das Unerforschliche ruhig zu verehren[10]
und sich mit den Verhältnissen in diesem dunklen Erdental durch
Ergebung und Moral möglichst optimistisch abzufinden. Naumann
hat in seinen religiösen Anschauungen große Wandlungen durchge-
macht: vom positiven Christentum zur modernen Theologie und von
da weiter bis zum Darwinismus.[11] Aber in dieser Grundvorausset-
zung von der unerbittlichen Beharrlichkeit des Verhältnisses zwischen Gott und Welt ist er immer der typische – Pfarrer geblieben.
Leicht ist es ihm nicht geworden. Es ist ein unheimlicher Augenblick,
wenn ein aufrichtiger Mensch anfängt, mit offenen Augen zugleich
über die Religion und über das Leben nachzudenken. Religion? Ja,
was soll und was hilft denn Religion, was ist die *Wahrheit* der Religion,
wenn das Leben mit seinen Ordnungen und Verhältnissen, der ganze
rasende Lauf der Welt, wie er ist, so offenkundig an der Liebe und
Gerechtigkeit «Gottes», von der die Religion redet, vorübergeht?
Sollte die Religion in dem Kunststück bestehen, das Schicksal «Gott»
zu nennen? Und das Leben? *Muss* eigentlich alles so sein, wie es ist, all
das Leid und Unrecht, all die Unvernunft und Unordnung des Welt-

---

[a] B: «von».

[10] Anspielung auf J.W. von Goethe, *Maximen und Reflexionen*, Nr. 1207
(Hecker): «Das schönste Glück des denkenden Menschen ist, das Erforschli-
che erforscht zu haben und das Unerforschliche ruhig zu verehren.»

[11] Vgl. Th. Heuss, *Friedrich Naumann. Der Mann, das Werk, die Zeit* (Sie-
benbenstern-Taschenbuch 121/123), München und Hamburg 1968³, S. 158–173.

laufs? Gibt es nichts *Neues* unter der Sonne? [Pred. 1,9]. Sollten nicht *die* Recht haben, die sich gegen *dieses* Leben auflehnen, die *dieses* Leben *umkehren* möchten? Sollte am Ende das Göttliche dort anfangen, wo die Religion aufhört? In diesen gefährlichen Engpass kam auch der junge Naumann. Als Helfer am «Rauhen Haus» (einer bekannten caritativen Organisation) in Hamburg, als Pfarrer einer sächsischen Industriegemeinde, dann als Vereinsgeistlicher in Frankfurt a. M.[12] lernte er die Lage der modernen Arbeiterschaft, aber auch die Bestrebungen der Sozialdemokratie kennen, und gleichzeitig begann er, das Neue Testament mit neuen Augen zu lesen. Er erkannte darin eine Botschaft so radikal, so revolutionär, so deutlich gerade auf eine *Weltveränderung* hinzielend, dass ihm darüber das schöne kirchliche Gleichgewicht zwischen Gott und Welt aus den Fugen zu gehen drohte. Er war damals dem heiligen Feuer sehr nahe, sehr nahe daran, Gott, den die Kirche nicht versteht, zu verstehen. Ihm ahnte etwas von der Vorläufigkeit der jetzigen Welt und davon, dass hinter allen ihren Erscheinungen eine neue Welt zur Geburt drängt. Ihm ahnte, dass zwischen Jesus und dem heutigen Christentum etwas nicht in Ordnung sein könnte, dass Jesus vielleicht nicht *der* sein könnte, als den ihn die nach ihm genannte Kirche feiert und verehrt: der milde, alles Bestehende[b] im Namen Gottes segnende und verklärende Heiland, dass «Gott» eigentlich Hilfe, Erlösung, Veränderung nicht nur bedeuten, sondern im Leben *sein* könnte. Sollten die gottlosen Sozialdemokraten (sie bekämpften ja die Kirche!) Gott besser verstanden haben als die Kirche? Sollte die Kirche eine Bekehrung nötig haben zum Gott der Gottlosen? Es war eine schöne, hoffnungsvolle Frühlingszeit für viele ernsthafte Christen weit über Deutschlands Grenzen hinaus, als Naumann damals – es war anfangs bis Mitte der Neunziger Jahre – anfing, mit seinen Freunden und in Verbindung mit dem ähnlich erweckten Hofprediger Stöcker, diese Fragen zu bewegen.[13] Ich erinnere mich noch des Untertitels, den seine Zeitschrift «Die Hilfe» damals trug (ich sah sie als Schüler jeweilen auf dem Schreib-

---

[b] B: «verstehende».

[12] Vgl. Heuss, a.a.O., S. 54–65.70–80.89–91.109f.
[13] Vgl. Heuss, a.a.O., S. 65–70.

tisch meines Vaters): «Gotteshilfe, Bruderhilfe, Staatshilfe, Selbsthilfe»[14], und des Eindrucks, den diese starken Worte auf mich machten, obwohl ich sie kaum verstand. Man spürte weithin: da ist etwas
ganz Starkes, Großes, Neues im Kommen. *Aber es kam nicht.* Es kam
zwar ein evangelisch-sozialer Kongress, an dem über das Verhältnis
des Christentums zur sozialen Frage Jahr für Jahr von vielen gelehrten
und frommen Männern wundervolle Vorträge gehalten wurden, es
kamen «evangelische Arbeitervereine» und «christliche Gewerkschaften», es kam ein «christlichsoziales Programm», in dem man dem
gottlosen den wahren, mit der Kirche verbündeten Sozialismus ge-
genüberstellen wollte[15], wie es der Katholizismus heute noch versucht. Aber merkwürdig: Gleichzeitig mit der völligen Kraft- und
Erfolglosigkeit dieser Art Bemühungen zeigte sich bei denen, die sie
unternahmen, und vor allem bei Naumann selbst ein offenkundiger
Stillstand jener grundlegenden Erkenntnis, die ihm einst so nahe gewesen. Wohl fuhr er fort in seinen später unter dem Namen «Gotteshilfe»[16] gesammelten Andachten (in denen seither mancher träge Pfarrer für seine Predigten Beutezüge gemacht hat!), den «sozialen Jesus»,
den Jesus der Armen und Unterdrückten, gezeichnet nach dem Bilde
des heiligen Franz von Assisi, in glühenden Farben zu schildern.[17] Es
war doch eine nachdenkliche Tatsache, wie Naumann von diesem
Thema immer mehr zu religiöser Verherrlichung der Natur und der

---

[14] «Die Hilfe» führte diesen Untertitel von 1895 bis 1901.

[15] Vgl. Fr. Naumann, *Werke*, Bd. 1: *Religiöse Schriften*, hrsg. von W. Uhsadel, Köln und Opladen 1964, S. XXII–XXV und bes. S. 322–370.389–401.
424–454; Heuss, a.a.O. (s. oben S. 531, Anm. 11), S. 92–105.

[16] Fr. Naumann, *Gotteshilfe. Gesamtausgabe der Andachten aus den Jahren
1895–1902 sachlich geordnet*, Göttingen 1911⁴.

[17] Vgl. z.B. a.a.O., S. 210f.250f.412f.472f.478f.490f. Prägnant zusammengefasst finden sich die entsprechenden Gedanken in Fr. Naumann, *Jesus als
Volksmann* (1894), in: ders., *Werke*, Bd. 1, a.a.O., S. 371–388; vgl. ders., *De-
batterede: Wie lassen sich die sittlichen Ideale des Evangeliums in das gegenwärtige Leben überführen?* (1911), a.a.O., S. 825–831, dort S. 827: «Das Christentum der absoluten Evangelischkeit, der imitatio Christi, der Nachfolge
jenes Armen, der damals mit zwölf anderen nur mit einem Kleide und ohne
eine Heimat durch Palästina gegangen ist, diese Nachfolge Christi im Sinne des
heiligen Franz v. Assisi schwebte uns als ein unerreichbares, aber ersehnens-
wertes christliches Ideal damals vor, als das Wort ‹evangelisch-sozial› geprägt
wurde.»

modernen Kultur überging. Am Meer, in den Bergen und in der Wüste (er wurde ein großer Reisender!)[18], im Sausen der Maschinen und im Getriebe der Großstadt, in den Eisenkonstruktionen des Pariser Eiffelturms[19] und des Frankfurter Bahnhofs[20] suchte und fand er nun allerlei Gottesoffenbarungen. *Warum nicht?* Gott redet überall. Aber unvermerkt geschah es, dass sich ihm das Bestehende überhaupt: der Staat und die Hohenzollern und das preußische Militär, der deutsche Bürger mit seiner unvergleichlichen «Tüchtigkeit», der Großkapitalismus, der Handel und das Unternehmertum, kurz das wilhelminische Deutschland, das sich um die Jahrhundertwende dem Zenith seines Glanzes näherte, mit einem seltsamen religiösen Heiligenschein zu umgeben begann. Es verwandelte sich das *«christlich*-soziale» Fähnlein über Nacht in ein *national*-soziales[21], um dann 1903 definitiv im Museum des *Freisinns* zu verschwinden[22]. Es kam Naumanns Palästinareise, auf der er die Entdeckung machte, Jesus könne unmöglich der praktische Sozialreformer gewesen sein, den wir nötig haben, sonst müssten die – Straßen und Wege dortigen Landes in besserer Verfassung sein.[23] Es kam die Erleuchtung, der einst viel gepriesene

---

[18] Vgl. Fr. Naumann, *Sonnenfahrten*, Berlin-Schöneberg 1909; ders., *Werke*, Bd. 6: *Ästhetische Schriften*, hrsg. von H. Ladendorf, Köln und Opladen 1969, S. 612f. und die Auswahl der Reiseberichte Naumanns S. 452–542.

[19] Vgl. Fr. Naumann, *Pariser Briefe* (1900), *Werke*, Bd. 6, a.a.O., S. 352–411, dort S. 372f.400–405.

[20] Vgl. Fr. Naumann, *Die Kunst im Zeitalter der Maschine* (1904), a.a.O., S. 186–201, dort bes. S. 195, wo Naumann vom Frankfurter Bahnhof als «diesem wunderbar aus Morgenfrühe des Eisenbaues heraus entstandenen besten Werke unserer Tage» schreibt, und S. 201, wo er zum «Verhältnis von Industrie und Religion» die Andeutung macht, «daß es teilweise wortlos gewordener Pietismus ist, den wir in unseren Künsten finden».

[21] Zur Gründung des «Nationalsozialen Vereins» als gemeinsamer Organisation der «nichtkonservativen Christlich-Sozialen» 1896 vgl. Heuss, a.a.O. (s. oben 531, Anm. 11), S. 129–131.

[22] Zur Entscheidung Naumanns und der Mehrheit des «Nationalsozialen Vereins» 1903, sich der «Freisinnigen Vereinigung» («Wahlverein der Liberalen») anzuschließen, vgl. Heuss, a.a.O., S. 191–196.

[23] Vgl. Fr. Naumann, *«Asia». Athen, Konstantinopel, Baalbek, Damaskus, Nazaret, Jerusalem, Kairo, Neapel*, Berlin-Schöneberg 1899, S. 114f., Abdruck des vorletzten Teils in: ders., *Werke*, Bd. 1, a.a.O. (s. oben Anm. 15), S. 535–553, dort S. 546–548.

Armenfreund Franz von Assisi möchte ein guter edler Narr gewesen sein, der uns im Zeitalter der Telegraphen und Schnellzüge wirklich nichts zu lehren hat.[24] Es kam schließlich zur Aufrichtung jener neuen Dreieinigkeit: Demokratie, Industrie, Weltmacht (Stimmzettel, Eisenbeton, Panzerschiffe)[25], deren Verkündigung der nun ganz zur Politik übergegangene Naumann[26] fortan sein Leben widmete. Wie war das nur gekommen? Eine wahrhaft tragische *zweite* Bekehrung (wenn je eine erste erfolgt war) war eingetreten: Im Suchen nach einem neuen Verständnis Gottes und der Welt war er bis auf den Punkt vorgestoßen, wo ihm unerbittlich klar wurde: *Entweder* das ist Gott, was das Neue Testament so nennt. Dann bedeutet aber «Gott» die Umkehrung nicht nur einiger, sondern aller Dinge, die Erneuerung der ganzen Welt, eine Veränderung des Lebens, bei der kein Stein auf dem andern bleiben kann. Dann bedeutet Glauben das Einstehen für diese Umkehrung, die Vorbereitung darauf, das Rechnen damit als mit der sichersten Tatsache. Dann haben aber die Sozialdemokraten recht und nicht die Sozialreformer, ja dann sind die radikalsten Sozialdemokraten noch nicht radikal genug, dann ist das Bekenntnis zur Sozialdemokratie nur eine kleine, selbstverständliche, sehr ungenügende, ärmliche und vorläufige *Abschlagszahlung* auf das, was ein «Christ» heute seinem Glauben schuldig ist. *Oder,* musste sich Naumann sagen: das ist «Gott», was den Menschen mit Notwendigkeit an seine Natur und an die allgemeinen Naturgesetze bindet, was ihn in den Kampf ums Dasein wirft, was ihm, nicht ohne religiöse und moralische Beigaben allerdings, den Selbsterhaltungstrieb und den Rasseninstinkt einflößt und ihn sie gebrauchen lehrt. Der Mensch kann – o

[24] Vgl. Fr. Naumann, «*Asia*», a.a.O., S. 7f.: Der heilige Franz – ein «Bettelmann und ein Narr» – «ist nur deshalb auf das Schiff gekommen, um sein Sprüchlein zu sagen: arm diene den Armen! Ich fange an, ihm zu antworten, daß er selbst zur Beseitigung der Armut nichts gethan hat, daß er mitschuldig ist an Italiens frommer Bettelwirtschaft, daß er von Arbeit, Volkswirtschaft und Fortschritt nichts versteht, daß seine Methode nichts ist, als die Verklärung des Elends, das von ihm gar nicht beseitigt werden soll, – da war er weg, denn für Logik ist nun einmal der heilige Franz nicht sehr zu haben.» Vgl. auch ders., *Seelenfragen und Kapitalismus* (1906) und *Beim heiligen Franziskus* (1906), in: *Werke*, Bd. 1, a.a.O., S. 689–694.695–704.
[25] Vgl. oben S. 77.
[26] Vgl. Heuss, a.a.O. (s. oben S. 531, Anm. 11), S. 271–273.

tiefsinnige Erkenntnis! – nicht aus seiner Haut heraus. Dann heißt Glauben das mutige Aufnehmen des Daseinskampfes unter den gegebenen Bedingungen *und*[c] nebenbei der betrübte Versuch, den so entstehenden Unsinn des Lebens sinnvoll zu finden. Die Kirche mit ihrer Lehre vom Gleichgewicht hat also doch recht. Es gibt nichts Neues unter der Sonne [vgl. Pred. 1,9]. Der Sozialismus, je radikaler er ist, beruht auf einer fatalen Verkennung der «Wirklichkeit». Sozialreform unter sorgfältiger Schonung des Kapitalismus, Demokratisierung unter tiefem Respekt vor Kaisertum und Militär, Entfaltung der Persönlichkeit, aber beileibe nur im Reich der «deutschen Innerlichkeit»[27], ist das Höchste und Letzte, was zu erwarten, zu fordern und zu erreichen ist. Naumann hat sich für das *Oder* entschieden. Vor die Wahl gestellt zwischen dem Sichtbaren und Unsichtbaren, zwischen dem Möglichen und Unmöglichen hat er schweren Herzens, aber schließlich wohlüberlegt und entschlossen nach dem Sichtbaren und Möglichen gegriffen. Der stürmische Konflikt zwischen Religion und Leben, Gott und Welt, löste sich auf in ein verständiges Schiedlich-Friedlich, Sowohl-Als auch, das beiden Seiten ihr Recht gab. Naumann war wieder dort, von wo er ausgegangen war: bei dem unerforschlich waltenden «Gott» und bei der Religion der Seele, die wohl Trost und Kraft in der Welt, aber nicht den Sieg *über* die Welt [vgl. 1.Joh. 5,4] sucht. Als ich ihm vor einigen Jahren persönlich begegnete[28], hatte ich, im Gegensatz zu seinen unentwegt sicher geschriebenen Büchern und Aufsätzen, den Eindruck eines Mannes, der seiner Sache nicht so ganz sicher ist, weil er heimlich noch etwas Besseres weiß als das, was er sagt. Diese Unsicherheit war jedenfalls das Beste,

[c] B: «und».

[27] Max Scheler hat die «deutsche Innerlichkeit» als eine «deutsche Krankheit» dargestellt und ihre Wurzeln analysiert: M. Scheler, *Von zwei deutschen Krankheiten* (1919), in: ders., *Schriften zur Soziologie und Weltanschauungslehre*, Gesammelte Werke, Bd. 6, Bern und München 1963², S. 204–219, bes. S. 207–219; vgl. die Schilderung des «deutschen Überreichtums» an «metaphysischer Innerlichkeit» und der «Metaphysik der Innerlichkeit» bei E. Troeltsch, *Das Wesen des Deutschen. Rede, gehalten am 6. Dezember 1914 in der vaterländischen Versammlung in der Karlsruher Stadthalle*, Heidelberg 1915, S. 26f.
[28] Vgl. oben S. 142f..

das Lebendige, das Ewige in ihm. Er hat aber das Bessere, das er wusste, nicht mehr gesagt. Das neudeutsche Ideal hat in seinem *Lebenswerk* über die Erkenntnisse seiner Anfangszeit gesiegt. «Alle Religion ist uns jetzt recht», sagte er uns damals wörtlich, «heiße sie Heilsarmee oder Islam, wenn sie nur dazu taugt, uns den Krieg durchhalten zu helfen». Naumann ist auf dem Boden, den er sich gewählt, ein ausgezeichneter, verdienstvoller Mensch gewesen. Er ist, nachdem sich das Neue Testament endgültig vor ihm verschlossen hatte, einer der Einflussreichsten des neuen Deutschland (nach einigen der bedeutendste politische Kopf nach Bismarck!) geworden, ein berühmter und allzeit bereiter Parlaments- und Volksredner, das geistige Haupt des deutschen Linksliberalismus. Sein Name wurde letzten Herbst genannt, als es sich um die Besetzung des Reichspräsidentenstuhles handelte.[29] «Das alles will ich dir geben, so du niederfällst und mich anbetest.» [Mt. 4,9]. Was die Sozialdemokratie betrifft, so hat er der Gewerkschafts- und Genossenschaftsbewegung immer das wärmste Interesse entgegengebracht, den Kern, den Geist des Sozialismus hat er nicht mehr verstanden, nicht mehr verstehen *wollen.* Er hat den Sozialdemokraten unermüdlich Vernunft, Mäßigung und Opportunismus gepredigt, und der 4. August 1914, der dunkle Tag, an dem die deutsche Sozialdemokratie den Sozialismus verraten hat[30], war das verhängnisvolle Symbol für den Charakter seines eigenen Lebenswerkes. Das Treiben der Kirchenleute hat er mit einer gewissen milden Überlegenheit von weitem verfolgt als einer, der hinter die Kulissen gesehen und sich nichts mehr vormachen läßt. Auf seinen eigenen Weg sah er zurück mit jenem wehmütigen Lächeln, mit dem man der Ideale und Irrtümer seiner Jugend gedenkt. Was er von der Zukunft erwartete, hat er zuletzt in dem vielgenannten Buche «Mitteleuropa»[31] geschildert, ein um Österreich-Ungarn, Holland, die Schweiz und andere Kleinigkeiten verstärktes Industrie-Deutschland als die vorläufige Zitadelle germanischer Weltbeherrschung. Diese Zukunft war Vergangenheit, bevor sie Gegenwart wurde. Die rauhe Wirklichkeit hat seltsamerweise gerade ihn, der sich so völlig und

---

[29] Vgl. Heuss, a.a.O. (s. oben S. 531, Anm. 11), S. 487, vgl. auch S. 531.
[30] Vgl oben S. 77.
[31] Fr. Naumann, *Mitteleuropa,* Berlin 1915.

gläubig zur «Wirklichkeit» bekehrt hatte, aufs Schnödeste im Stich gelassen. Wenn etwas durch die heutige Weltkatastrophe Lügen gestraft, abgetan und erledigt ist, so ist es die religiöse und politische Gedankenwelt Friedrich Naumanns. Man geht nicht ungestraft so nahe an der Wahrheit – vorbei. Seine Gestalt ist die Verkörperung der tragischen Größe, Schuld und Beschämung nicht nur seines Volkes, sondern unserer ganzen Zeit.

Christoph Blumhardt

Auch der am 2. August verstorbene Blumhardt hat als Pfarrer begonnen. Aber sein Weg hatte mit dem der Kirche nichts Gemeinsames, obwohl seine Wirksamkeit – im Gegensatz zu der reich bewegten Laufbahn Naumanns – äußerlich immer ungefähr die eines Pfarrers gewesen ist. Sein Lebenswerk bestand, überraschend bescheiden und unscheinbar, in der Leitung des von seinem Vater übernommenen Bades *Boll* bei Göppingen in Württemberg und in der Seelsorge an den Gästen, die sich aus der Nähe und aus der Ferne seinetwegen dort einfanden. Auch als die Kirchenleitung später das fremde neue Element in ihm erkannte und ihn ersuchte, auf den Pfarrertitel zu verzichten[32], änderte das am Charakter seiner Tätigkeit nicht das Geringste. Es war nur die Bestätigung dafür, dass Blumhardt etwas anderes meinte als die Kirche, wenn *er* von «Gott» redete. Seine innere Stellung war so frei und so radikal, dass sie es ihm erlaubte, ja geradezu von ihm verlangte, «Pfarrer» zu sein mit oder ohne Titel.

Man kann von Blumhardt nicht reden, ohne schon seines *Vaters* zu gedenken, des Pfarrers Johann Christoph Blumhardt (1805–1880), eines der merkwürdigsten Männer des 19. Jahrhunderts, der sich in schweren Erfahrungen in seiner Gemeinde Möttlingen bei Calw zu einer ganz neuen oder vielmehr der ältesten Erkenntnis des Christen-

---

[32] Nach dem Aufsehen und der Kritik, die Blumhardts Eintreten für die Sozialdemokratie und sein Eintritt in die sozialdemokratische Partei 1899 erregt hatten, forderte das württembergische Konsistorium Blumhardt zum Verzicht auf den Pfarrertitel auf. Blumhardt entsprach dieser Aufforderung. Vgl. die Darstellung der Vorgänge bei Kl.-J. Meier, *Christoph Blumhardt. Christ – Sozialist – Theologe* (Basler und Berner Studien zur historischen und systematischen Theologie, Bd. 40), Bern / Frankfurt am Main / Las Vegas 1979, S. 59–76, bes. S. 71–73.

tums hindurch gefunden hatte. Die erste Strophe eines in jenen Kämpfen von ihm gedichteten Liedes ist in Möttlingen und später in Boll für den Inhalt dieser neuen Erkenntnis symbolisch geworden; die Ungeschicklichkeit der Form steht in einem eigentümlichen Verhältnis zu der Wucht und Ernsthaftigkeit des Sinnes:

> Jesus ist der *Siegesheld,*
> Der all seine Feind besieget.
> Jesus ist's, dem alle Welt
> Bald zu seinen Füßen lieget.
> Jesus ist's, der kommt mit Pracht
> Und zum Licht führt aus der Nacht.[33]

Das war die Atmosphäre, in der Blumhardt der Jüngere (geb. 1842) aufwuchs. Das unglückliche Wort «Religion», in dem zugleich jene Unbeweglichkeit und Unerforschlichkeit Gottes und jene Unabänderlichkeit der «wirklichen» Welt enthalten ist, dieses Wort, mit dem sich der Mensch, des Lebens müde, dem fernen Unbekannten zuwendet, kam in Möttlingen und Boll nicht mehr vor. «Gott», nach dem diese Menschen fragten und von dem sie zeugten, war der *lebendige* Gott. In dem doppelten Sinn: dass sie ihn wieder wie die Bibel verstehen wollten als den, der *lebt,* von dem neue Taten, Kräfte und Erweisungen zu erwarten sind, und dass sie sein Reich nicht nur in den Seelen der einzelnen Menschen oder im fernen Himmel, sondern vor allem und zuerst im *Leben,* gerade im «wirklichen» Leben der Menschen auf der Erde suchen und erwarten wollten. Ihnen erschien das Verhältnis Gottes zur Welt wieder als ein mächtiger geschichtlicher Vorgang, eine Bewegung, ein siegreicher Kampf, der mit der Erneuerung aller Dinge endigen muss. Die wohlfeile, den Tatsachen so offen widersprechende Behauptung aller Kirchen von der Allmacht und Weltregierung Gottes *ist* nicht wahr, sondern sie *wird* wahr dadurch, dass Jesus siegt auch auf Erden. (Darum eben: «Jesus ist der *Siegesheld!*» – nicht bloß der Seelenfreund[34] oder Moralprediger, sondern der Verkündiger und Träger der göttlichen *Macht* auf der Erde.) Im Zusammenhang dieses Kampfes und im Lichte dieses kommenden

---

[33] RG [1998] 856; EKG (Württemberg) 429.
[34] Vgl. den Choral «Jesu, Seelenfreund der Deinen» von (J.) M. Hahn (GERS [1891] 181; EG 560).

Sieges wollten die beiden Blumhardt die Lage der Welt verstehen. Die kirchliche Auffassung, dass die Welt im Großen und Ganzen im Argen liege [vgl. 1.Joh. 5,19] und liegen bleibe, während allerdings im einzelnen durch die Religion manches gemildert, erleichtert und verbessert werden könne, kehrten sie gerade um: Es gibt im einzelnen auch ohne Religion viel Gutes und Hoffnungsvolles, viele Gleichnisse des Göttlichen in der Welt, sie bedarf und harrt aber im Ganzen einer durchgreifenden Erlösung und Neuordnung, nicht durch Religion, sondern durch die realen Kräfte Gottes. Man kann das Neue und Neutestamentliche, das in Boll wieder aufging, zusammenfassen in das eine Wort: *Hoffnung:* Hoffnung auf eine sichtbare und greifbare *Erscheinung* der Herrschaft Gottes über die Welt (im Gegensatz zu dem bloßen, oft so gotteslästerlichen Reden von der Allmacht Gottes), Hoffnung auf eine radikale *Hilfe* und Errettung aus dem gestrigen Weltzustand (im Gegensatz zu jenem Vertrösten und Beschwichtigen, das allenthalben vor den unabänderlichen «Verhältnissen» Halt machen muss), Hoffnung für alle, für die *Menschheit* (im Gegensatz zu der selbstsüchtigen Sorge um das eigene Seelenheil und zu all den Versuchen, religiöse Übermenschen und Aristokraten zu züchten), Hoffnung für die *leibliche Seite* des Lebens, so gut wie für die geistige, in dem Sinn, dass nicht nur Sünde und Traurigkeit, sondern auch Armut, Krankheit und Tod einmal aufgehoben werden sollen (im Gegensatz zu dem rein geistigen Ideal des sogenannten «religiös-sittlichen» Lebens). An «Gott» glauben, das hieß für beide Blumhardt: diese umfassende Hoffnung *ernst* nehmen, ernster als *alle* andern Erwägungen; alle Dinge von dieser Hoffnung aus betrachten und behandeln, sich und sein Leben bis ins einzelne in das große Licht dieser Hoffnung stellen. Es ist diese neue Erkenntnis auf der ganzen Linie und in allen Stücken bis auf den heutigen Tag der volle Gegensatz zu der allgemeinen Kirchen- und Pfarrer-Religion aller Konfessionen. Das Originelle des *jüngern* Blumhardt liegt darin, dass er gerade *nicht* originell sein wollte und musste, wie es sonst die Art der Söhne gegenüber den Vätern zu sein pflegt. Er ist nur treu umgegangen mit der Gottes- und Welterkenntnis seines Vaters, welche die der Bibel war. Er hat sie vertreten und verkündigt in *seiner* Zeit, d.h. aber in *unserer* Zeit, der Zeit des ausgehenden 19. und beginnenden 20. Jahrhunderts. Dabei ist ihm ganz selbstverständlich mit der Zeit manches unwichtiger geworden, auf das sein Vater noch große Erwartungen setzte: z.B. die äußere Kirche mit ihren Formen, Versuchen und Erfolgen, die Theologie mit ihren Glaubenssätzen und ihrer historischen Gelehrsamkeit, die Heidenmission und die christliche Vereinstätigkeit mit ihrer etwas zweifelhaften Sicherheit und Vielgeschäftigkeit. Noch deutlicher als bei seinem Vater wurde das Fragezeichen, das von der neuen Erkenntnis aus[d] hinter das ganze gestrige Christentum zu setzen ist. Noch deutlicher aber auch das Licht der Verheißung und des Glaubens, in das *alle* Menschen, *alle* Verhältnisse und Bewegungen gerade des «weltlichen» Lebens durch das Evangelium gerückt werden, und damit traten umgekehrt allerlei Kreise und Lebensgebiete in den Bereich seiner Betrachtung, für die dem Vater die Augen noch nicht ganz aufgegangen waren. Eines schälte sich immer deutlicher heraus: dass in der neuen Erkenntnis gerade wegen der vergebenden erlösenden *Liebe,* mit der hier alles Menschliche umspannt wurde, ein umfassender *Angriff* auf die Grundlagen der heutigen Gesellschaft, Kultur und – Kirche enthalten war. Blumhardt hatte ein feines durchdringendes Gehör für das Seufzen nach Erlösung, das durch die ganze Kreatur und Menschheit geht. Und darum konnte er sich mit dem, was jetzt ist und besteht und gilt, an keinem Punkte abfinden. Es war die Last seines Lebens und auch seine Freude, dass er immer und überall an das Neue glauben musste und konnte, das aus dem Alten geboren werden will. So ist in Boll wie sonst vielleicht gar nirgends *die* Geduld gepredigt worden, die aus der stärksten Opposition stammt, und *die* Opposition, die gleichsam eingebettet ist in die größte Geduld. Aber über allem stand immer das große göttliche «Vorwärts!» Weil Gott lebt, darum muss bei den Menschen nicht nur einiges, sondern alles anders werden. Zu viel Unsinn, Unrecht und Unglück haben sie trotz aller Religion geduldet, mitgemacht und ertragen, nicht nur sich selber zum Schaden und zur Schande, sondern vor allem dem Namen Gottes zur Unehre, der Liebe Christi zu Leid. Weil Gott lebt, darum *muss* der Mensch aufwachen aus dem Schlaf, aus dem Schlaf auch der Ehrbarkeit und Frömmigkeit, um dem Ganzen seines Lebens, nicht nur einzelnen mehr oberflächlichen Beziehungen, den Sinn wiederzugeben, den es heute verloren hat. Blumhardt hat sich so

[d] A: «Erkenntnis, das».

wenig wie Naumann getäuscht über die «Wirklichkeit», über die Natur des Menschen. Er erwartete nicht, sie durch Predigen, Agitieren und Belehren anders zu machen, er verzichtete aber auch nicht darauf, mit der nötigen Umkehrung des Menschen zu rechnen. Er vertraute auf die *wirkliche* Wirklichkeit, auf die *natürliche* Natur des Menschen, auf das Offenbarwerden dessen, was jetzt im Menschen noch *verborgen* ist, auf eine neue Ausgießung des *heiligen Geistes*. Weil er an Gott glaubte, glaubte er auch an den Menschen, und weil er an den Menschen glaubte, glaubte er auch an die Erneuerung der Welt. Wenn die Gabe «von oben» [vgl. Jak. 1,17] wieder verstanden wird und einen bereiteten Boden findet, dann werden alle Dinge möglich. Unterdessen bejahte er aber freudig und hoffnungsvoll alles, was ihm auf die sich vorbereitende Erneuerung der Welt hinzuweisen schien als Anzeichen und Vorboten des kommenden Sieges Jesu Christi. Auch er war wie Naumann ein großer Freund der *Natur* und der Naturwissenschaft. Der Entwicklungsgedanke hat ihn nicht weniger beschäftigt als jenen. Aber das, was er sich von der Natur sagen ließ, war nicht die öde vernichtende Lehre, dass wir alle nach ewigen ehernen großen Gesetzen unseres Daseins Kreise vollenden müssen[35], sondern die freudige Botschaft von der Unerschöpflichkeit der Lebensmöglichkeiten, die ihm wie einst dem Paulus (1.Kor. 15) zum Gleichnis der Auferstehung wurde. Auch er hatte wie Naumann ein offenes Auge für die Wunder der modernen *Technik,* für die Fortschritte des Menschengeistes im Wissen und Können. Aber er verlor sich nicht in der Bewunderung des Menschen und seiner Werke, verlor die Hauptsache nicht aus den Augen, die Frage nach der eigentlichen Befreiung und Belebung des Menschendaseins, für die auch die höchsten kulturellen Errungenschaften bestenfalls Gleichnis und Vorbereitung sein können. Wie Naumann hatte auch Blumhardt eine Vorliebe für *Reisen* in ferne Länder. Aber was er heimbrachte, war nicht die Kenntnis von allerlei seltsamen Tatsachen und daneben der niederdrückenden Wahrheit, dass der Mensch überall der Mensch ist, sondern immer neue Anregungen und Möglichkeiten, an die Menschen aller Länder und Völker zu glauben und für sie zu hoffen. Alles Vergängliche ist ja nur ein Gleichnis, aber eben doch ein Gleichnis für das *Unvergäng-*

---

[35] Vgl. J.W. von Goethe, «Das Göttliche», 6. Strophe.

liche.[36] Auch sein Weg kreuzte sich endlich wie der Naumanns mit dem der *Sozialdemokratie.* Er erlag aber der Versuchung nicht, die an jeden bürgerlich empfindenden Menschen, der sich mit dieser Erscheinung beschäftigt, zunächst herantritt, die[e] Versuchung nämlich, das Praktische, Liberale, Erreichbare am Sozialismus, also die Gewerkschafts- und Genossenschaftsbewegung zu bejahen und über den unbegreiflichen Utopismus des sozialistischen Endziels mitleidig die Achseln zu zucken. So allerdings Naumann – entsprechend seiner Stellung zum neuen Testament. Blumhardt aber erkannte freien Blickes gerade im Radikalismus, im Endzielgedanken der Sozialisten das Gleichnis des Gottesreiches für unsere Zeit. Das bewahrte ihn vor der weiteren Versuchung, der Naumann und Stöcker erlegen sind: vor dem zum Tod verurteilten Unternehmen, der Sozialdemokratie einen «christlichen» Sozialismus an die Seite setzen zu wollen. Haben die Gottlosen Gott besser verstanden als die Christen, dann kann es nicht deren Sache sein, jene durch eine «christliche» Nachahmung überbieten zu wollen; dann heißt es, Gott die Ehre, und in diesem Fall den Gottlosen Recht geben. Das hat denn auch Blumhardt getan – indem er sich nun nicht etwa damit begnügte, das ungezählte Heer der «Sozialgesinnten» im bürgerlichen Lager zu vermehren, sondern zum Befremden und Entsetzen fast aller seiner Freunde offen der sozialdemokratischen Partei Württembergs beitrat und sich sogar für eine Reihe von Jahren in den dortigen Landtag wählen ließ.[37] Dieser Schritt war ein ganz unpolitisches, schlichtes unscheinbares Bekenntnis zu dem Zukunftsglauben Gott und den Menschen gegenüber, der in ihm lebte. Gerade als das war er aber der Beweis der Tat dafür, dass es ihm mit diesem Glauben Ernst war. Er hat Blumhardt den Pfarrertitel, die größere Zahl seiner bisherigen Anhänger und den Rest von Vertrauen, das die «christlichen» Kreise noch zu ihm hatten, gekostet. Das tiefe Befremden, dass es mit der Hoffnung auf das Reich Gottes *so* gemeint sein könnte, spiegelt sich heute in den gewundenen Erklärungen, mit

[e] B: «der».

[36] Vgl. J.W. von Goethe, *Faust II,* V. 12104f. (5. Akt, Bergschluchten).
[37] Zum Beitritt Blumhardts zur Sozialdemokratischen Partei 1899 und zu seiner Tätigkeit als Landtagsabgeordneter von 1900 bis 1906 vgl. Meier, a.a.O. (s. oben S. 538, Anm. 32), S. 60–64 und S. 83–91.110–112.

denen sogar seine nächsten Freunde diesen Schritt zu deuten und in seiner grundsätzlichen Wichtigkeit womöglich wegzudenken versuchen.[38] Blumhardt ist sonst von seiner Umgebung reichlich nachgeahmt worden, obwohl er aufs Nachdrücklichste verlangte, dass jeder in Freiheit *seinen* Weg gehen müsse. Von der Freiheit, *nicht* Sozialdemokraten[f] zu werden, haben seine Freunde auffallenderweise den *stärksten* Gebrauch gemacht! Das nebenbei! Blumhardts Geheimnis war seine immerwährende Bewegung zwischen Eilen und Warten [vgl. 2.Petr. 3,12], zwischen dem frischen Zugreifen mitten hinein in die Fülle dessen, was *ist,* und dem staunenden innerlichen Lauschen auf das, was *werden* will durch die Kraft aus der Höhe [vgl. Luk. 24,49]. Er hatte, in Gott gegründet, ein höchst lebendiges Verhältnis zu seiner Zeit. Ihn konnte kein Weltkrieg und keine Revolution Lügen strafen. Naumann und Blumhardt haben sich einst gekannt. Ich war

[f] B: «Sozialdemokrat».

[38] Vermutlich ist vor allem an den mit S. P.-S. (Samuel Preiswerk-Sarasin?) gezeichneten Artikel *In memoriam Christoph Blumhardt 1842–1919,* in den BN, Jg. 75, Nr. 345 vom 13.8.1919 (2. Blatt), S. [1f.], gedacht. Dort heißt es zu Blumhardts Kritik an der Haltung, die die «erlebte Wohltat» nicht als «Antrieb der Vollendung nachzujagen, sondern nur als Mehrung des eigenen Wohlseins» begreift: «Freilich stand Blumhardt mit solchen Gedanken sehr allein. Hier handelt es sich auch nicht darum, ihre Richtigkeit zu behaupten oder zu bestreiten.» Und weiter: «Daß er im einzelnen Falle einen Gedanken zunächst zu hoch gewertet habe, zu laut betont oder zu kühn, vielleicht auch nur zu früh ausgesprochen, das mag ja sein.» Zum Eintritt in die SPD im besonderen wird bemerkt: «Ihm den Schritt nachzutun, davor hat er seine Freunde mit dem größten Ernst gewarnt. Er selber hat ihn getan in einer Weise, die einem Zweiten schwerlich möglich gewesen wäre.» Es sei Blumhardt nicht gelungen, «die Partei zur Höhe seiner Anschauungen und Ziele zu erheben». «So wie sie heute vielfach sich darstellt, würde er sie ohne Frage weit von sich weisen.» Ähnlich wird Barth Eberhard Vischers Ausführungen zum Schritt Blumhardts zur Sozialdemokratie empfunden haben: Während «jüngere schweizerische Freunde, die ihm auch auf diese Bahn gefolgt waren, seither eifrige sozialdemokratische Parteigänger geblieben sind, zog sich Blumhardt selber in nicht allzulanger Zeit wieder von dem politischen Leben zurück. Die Politik, vor allem die damals von der deutschen Sozialdemokratie befolgte rein negative […], entsprach seiner positiven, optimistischen, großzügigen Art nicht» (E. Vischer, †*Christoph Blumhardt,* in: KBRS, Jg. 34, Nr. 34 vom 23.8.1919, S. 133–135, dort S. 135).

später einmal in der seltsamen Lage, Blumhardt einen Gruß von Naumann ausrichten zu dürfen, den letzten wahrscheinlich.[39] Im Eilen und Zugreifen hat der letztere den ersteren verstanden, im Warten und Lauschen weniger. Umgekehrt fehlt es nicht an Freunden Blumhardts, die sich trefflich darauf verstehen, zu warten, *ohne* zu eilen, die großen Gedanken des Gottesreiches immer wieder zu bewegen und sich daran zu freuen und unterdessen den Lauf der Welt mit einem gewissen Lächeln mitzumachen. Im einen wie im andern Falle wird aus[g] der neuen Erkenntnis wieder das, was die Kirche immer gesagt hat. Das Einzigartige, wir sagen mit vollem Bedacht: das Prophetische in Blumhardts Botschaft und Sendung lag darin, wie sich das Eilen und Warten, das Weltliche und das Göttliche, das Gegenwärtige und das Kommende in seinem Reden und Tun begegnete, vereinigte, ergänzte, immer wieder suchte und fand. Kein Wunder, dass dieser Mann auf viele einen seltsamen, abstoßenden, irrlichtartigen Eindruck gemacht hat. Er musste ja ein Fremdling sein unter allen, die sich in der heutigen Gesellschaft, Kirche und Welt heimisch fühlen können und wollen. Kein Wunder auch, dass viele andere, die in allerlei persönlichen eigenen Schwierigkeiten und Leiden Trost und Rat suchten, in Boll die Antwort fanden, die niemand sonst geben konnte – ohne dass sie sich darum einließen auf das, was eigentlich *sein* Anliegen den Menschen gegenüber, *seine* große Sache war. Einige andere wurden weder seine Feinde noch seine Freunde, sie hörten aber die Botschaft, wurden angesteckt von der Unruhe, bewegt von der Erschütterung, ergriffen von dem Glauben, die in diesem Manne waren. Seine unverständigen Gegner und seine dankbaren Verehrer werden mit der Zeit still werden; er selbst wird lebendig bleiben unter allen, die es fassen können, um was es in diesem Leben gegangen ist: um den Sieg der Zukunft über die Vergangenheit.

[g] A: «von».

[39] Vgl. oben S. 142f..

DER CHRIST IN DER GESELLSCHAFT
1919

Die Veranlassung zu Barths Tambacher Vortrag ging von einem Kreis um Pfarrer Lic. Otto Herpel aus. Herpel war im Krieg als Garnisons-pfarrer zum Kritiker der «organisierten Ungerechtigkeit des Kriegs» und zum entschlossenen Kämpfer «gegen den Machtstaat und Kapi-talismus für Gemeinschaftsstaat und Sozialismus» geworden.[1] Nach dem Krieg, inzwischen Pfarrer in Lißberg in Oberhessen, fand er in Georg Flemming, dem Schulrektor in Schlüchtern, einen Gesinnungs-genossen. Mit ihm gründete er eine Wochenzeitung, die zuerst einmal die Christen – auf der Linie der Deutschen Demokratischen Partei – für die gerade in kirchlichen Kreisen nicht selbstverständlich akzep-tierte Demokratie gewinnen und «innerhalb der deutschen Demo-kratie sammeln wollte»[2]: «Der Christliche Demokrat. Wochenblatt für das evangelische Haus» erschien erstmals am 6. April 1919. Zu seiner Unterstützung hatte sich vorher am 29. März 1919 eine «Vereinigung der Freunde des Christlichen Demokraten» zusammengefunden.[3] Das Blatt hielt sich zwar «in politischer Beziehung bei den Linksparteien»[4], war aber zunächst nicht in sozialistischer Richtung festgelegt. Herpel und andere Mitarbeiter versuchten jedoch, die Leserschaft auf den religiösen Sozialismus hin zu orientieren, wie er in der Schweiz durch Hermann Kutter und Leonhard Ragaz geprägt worden war. In diesen Zusammenhang gehört ein Ende Mai 1919 veröffentlichter Aufruf von Herpels Studienfreund Pfarrer Heinrich Schultheis, Gelnhaar in Oberhessen, zu «engerer gegenseitiger Fühlungnahme» an «alle die-jenigen Männer und Frauen, die von der Notwendigkeit Religiös-sozialer Gesinnung und Betätigung im Sinne der Schweizer Religiös-Sozialen überzeugt sind»[5]. Daraufhin bildete sich eine «Deutsche

---

[1] Vgl. Fr.-W. Marquardt, *Der Christ in der Gesellschaft 1919–1979. Ge-schichte, Analyse und aktuelle Bedeutung von Karl Barths Vortrag* (TEH NF 206), München 1980, S. 7f.

[2] Brief von O. Herpel an K. Barth vom 30.6.1919 (KBA 9319.96).

[3] Marquardt, a.a.O., S. 9.

[4] Brief Herpels an Barth vom 30.6.1919.

[5] Marquardt, a.a.O., S. 10; vgl. die Anzeige in ChW, Jg. 33 (1919), Nr. 22 vom 29.5.1919, Sp. 359.

religiös-soziale Vereinigung». Auf dieser Linie liegt auch die Umbe-
nennung des Blattes, das vom 1. Oktober 1919 an unter dem Titel
«Das neue Werk. Der Christ im Volksstaat» erschien. Eberhard Arnold,
bald Mitherausgeber, wurde einer der führenden Köpfe der Neuwerk-
bewegung, die sich in eigener Richtung weiterentwickelte.[6] *Sie führte*
das Blatt als Zeitschrift unter dem Titel «Neuwerk. Ein Dienst am
Werdenden» fort.

Im Auftrag der «Deutschen religiös-sozialen Vereinigung», deren
«Schaffung» eben «dieser Tage» «in Angriff» genommen worden sei,
wandte sich Otto Herpel mit einem Brief vom 22. Juni 1919, der of-
fensichtlich in Durchschlägen mit der Anrede «Sehr geehrter Herr
Amtsbruder» an verschiedene Adressaten ging, auch an Karl Barth
und bat um Unterstützung, ja um «barmherzige Hilfe» bei der «Or-
ganisation» von für den Winter geplanten «Vortrags- bzw. Predigt-
reisen religiös-sozialer Männer & Frauen», zunächst aber bei der für
den Herbst vorgesehenen «ersten religiös-sozialen Tagung in Deutsch-
land», die «nur etwas Halbes und Torsohaftes wäre, wenn diese nicht
gewissermaßen durch die Schweizer Väter des Religiös-Sozialismus
aus der Taufe gehoben würde»[7]*.*

Barth antwortete am 22. Juni 1919:

Ihre Anfrage ist mir eine große Freude. [...] Ich fasse Ihren Brief als
eine Einladung zur Mitarbeit auf, nicht zur Hilfe. Ihre Not ist wahrlich auch unsre Not, und unsre Hoffnung ist keine andre als die Ihrige.
Wir werden diese gemeinsame Sache nun nicht genug auch gemeinsam bewegen können. Ich fühle mich gegenwärtig nach Deutschland
hingezogen wie nirgendwo anders hin, weil ich zur Stunde nirgends
als dort diese Gemeinschaft in der Erkenntnis der *wirklichen* Not u.
der *wirklichen* Hoffnung erwarte.

Er fügt aber doch drei «Bemerkungen» an, «die meine Teilnahme
an der von Ihnen geplanten Veranstaltung betreffen»:

---

[6] Vgl. G. Späth, Art. «Neuwerk», RGG² V, Sp. 523; ders., Art. «Arnold,
Eberhard», RGG² I, Sp. 562; H. Zumpe, Art. «Arnold, Eberhard», RGG³ I,
Sp. 633; U. Schwab, Art. «Neuwerk», RGG⁴ 6, Sp. 253f.; D. Dunkel, Art.
«Arnold, Eberhard», RGG⁴ 1, Sp. 791.
[7] Brief von O. Herpel an K. Barth vom 22.6.1919 (KBA 9319.95).

1. Zu den «Vätern» des «rel. Sozialismus» dürfen Sie mich auf keinen Fall rechnen, vielleicht nicht einmal zu den Kindern, wenn Sie nämlich unter «rel. soz.» die Voraussetzungen u. Methoden des Kreises um Ragaz verstehen. Ich bin Ragaz für viele Anregungen dankbar, aber der Schwerpunkt der Sache liegt für mich nicht mehr in der Beziehung der fertigen Größen «Religion» u. «Sozialismus» aufeinander, sondern im Aufwerfen der sokratischen Frage, der Gottesfrage selber.

Nach dem Hinweis auf die «mit meinem Freund Eduard Thurneysen herausgegebene Schrift ‹Suchet Gott, so werdet ihr leben!›» und den «Römerbrief» spricht Barth zum zweiten «den Rat oder den Wunsch» aus,
Sie möchten mit Ihren Bestrebungen nicht zu rasch in die *große* Öffentlichkeit gehen, sondern zunächst den Prämissen dessen, ‹was wir wollen›, im Kreis derer, die schon zum Wollen erwacht sind, alle Aufmerksamkeit widmen.

Drittens regt Barth an, ihn mit Eduard Thurneysen «gemeinsam zu Worte kommen zu lassen», mit dem er «seit Jahren in engster Arbeits- u. Gedankengemeinschaft» stehe.[8]

Am gleichen Tag sandte Barth Herpels Brief und seine Antwort an Thurneysen, der seinerseits am 28. Juni 1919 enthusiastisch antwortete: «O Karl, Was ist das für ein hoffnungsreicher Brief aus Deutschland».[9] Herpels Antwort vom 30. Juni 1919[10] machte Barth freilich «etwas bänglich» wegen der «religiös-sozialen Hurrastimmung, in der das ‹Mit Gott für Kaiser und Vaterland!› doch immer noch etwas nachklingt».[11] Trotz der kritischen Stellungnahme nicht nur Thurneysens[12], sondern gewiss auch Barths sandte Herpel ein Exemplar der auf «Ende Juli» datierten Einladung zu der Tagung an Barth, für die an erster Stelle die sich nun «Religiös-Soziale Vereinigung in Deutschland» nennende Gruppe verantwortlich zeichnet. Zu der Zusammenkunft im Hause Tannenberg zu Tambach in Thüringen will man – «entspre-

---

[8] Brief von K. Barth an O. Herpel vom 26.6.1919 (nach dem Konzept des Briefes KBA 9219.11).

[9] Bw. Th. I, S. 335.

[10] KBA 9319.96

[11] Bw. Th. I, S. 336f.

[12] Vgl. Bw. Th. I, S. 339.

chend dem vielfach aus der Schweiz geäußerten Wunsche» – *«nur eine namentlich begrenzte Zahl von Männern und Frauen durch persönliches Schreiben zur Teilnahme auffordern». Ebenfalls «gemäß einem aus der Schweiz gekommenen Vorschlage» sollen zu den Themen «Der Christ in der Kirche, im Staat und in der Gesellschaft» Hauptreferate von einem der «Schweizer Herren» gehalten werden. «Ein deutsches Correferat» soll sich jeweils anschließen. Dafür werden bereits die Namen von Pfarrer Lic. Dr. Hans Hartmann, Solingen, Kaufmann Kurt Woermann, Hamburg, und Verlagsleiter Dr. Eberhard Arnold, Berlin, genannt. Herpel bittet die angeschriebenen Schweizer Amtsbrüder, «eines der den Schweizern zugedachten Referate zu übernehmen». Wenn feststeht, wer «wirklich kommen und ein Referat übernehmen» kann, «werde ich Ihnen die Namen nennen und erbitte dann baldigst Nachricht darüber, wie Sie sich über die Themen geeinigt haben».*[13]

Barth und Thurneysen sagten jedoch im August ab – wie Barth am 8. August 1919 an Pfarrer Hans Bader, Zürich, schreibt, um «Ihnen und Ragaz den Vortritt zu lassen. Sie werden den Deutschen wohl bessere Dienste tun, denn die Fragen, die sich in den Themen-Stellungen kund geben, passen besser zu Ihren Aufgaben als zu denen, die wir jetzt gerade beraten.»[14] *Herpel antwortet Barth am 21. August:*

Es tut uns *allen* sehr leid, daß Sie uns abgesagt haben, da wir gerade aus Ihren Briefen so vieles gelesen hatten von dem, was wir in Tambach von den Schweizern hören wollten. Warum denn?

Herpel bittet ihn, «wenigstens zur Aussprache» zu kommen und vielleicht «eine unserer Aussprachen zu eröffnen».[15] *An Stelle Karl Barths ist inzwischen dessen Bruder Peter als Referent vorgesehen, der ebenfalls am 21. August 1919 nach Safenwil schreibt:*

Nun soll ich also nach Tambach gehen mit Ragaz und Rudi Liechtenhan, um über den ‹Christen im Smoking› Bericht zu erstatten.[16]

Karl Barth äußerte sich am nächsten Tag in einem Brief an seinen deutschen Studienfreund Wilhelm Loew sehr kritisch über das Tambacher Unternehmen und über die Beteiligung seines Bruders: «Ich verspreche mir nicht viel von der Geschichte». Herpel mache ihm

[13] Brief von O. Herpel an K. Barth von Ende Juli 1919 (KBA 9319.116).
[14] Mattmüller II, S. 254.
[15] Brief von O. Herpel an K. Barth vom 21.8.1919 (KBA 9319.134).
[16] Postkarte von P. Barth an K. Barth vom 21.8.1919 (KBA 9319.135).

einen reichlich diffusen Eindruck. Die ganze Situation ist seltsam: als ob wir euch etwas zu sagen hätten, was ihr nicht ebenso gut selbst wissen könntet. Ragaz wird die Szene beherrschen, und wenn es ihm gelingt, zu imponieren, so werden die guten deutschen Religiös-Sozialen binnen kurzem in derselben Klemme sitzen, in die sich die gleiche Bewegung bei uns unter s. Führung hineingewirtschaftet hat.[17]

Im gleichen Sinne schrieb er offenbar auch an seinen Bruder Peter, der ihm am 25. August 1919 antwortete: «Ich danke dir herzlich für deinen Brief. Er unterstreicht alle Bedenken, die ich auch von mir aus gegen Tambach habe.» Zumal ihm wegen einer anderen Verpflichtung «zu wenig Zeit zur Verfügung» stehe, gebe er die Sache gern weiter. «Bader oder ein anderer von den Zürchern wird ja gewiß besser zu den beiden andern Sendlingen passen.»[18] Bader war aber bereits an die Stelle von Ragaz *getreten, der sich durch den politischen Kampf um die in einer Urabstimmung zu entscheidende Frage, ob die schweizerische Sozialdemokratie der 3. Internationale beitreten solle, zu sehr beansprucht sah und sich zudem nicht ganz gesund fühlte und deshalb abgesagt hatte.[19] Der daraufhin an zweiter Stelle gebetene Gottlob Wieser sagte jedoch ab, und so eröffnete sich, wie Barth am 2. September 1919 an Thurneysen schrieb, «die höchst seltsame Wendung, daß trotzdem und trotzdem ich* nach Tambach gehe und über den ‹Christen in der Gesellschaft› reden soll*».[20]*

Barth nennt mehrere Gründe für seine Sinnesänderung, unter denen die weggefallene «Belastung durch die Gegenwart von Ragaz»[21] für ihn gewiss am schwersten wog. Entscheidend für seinen Entschluss war wohl, dass er unter diesen Umständen die Chance sah, auf der Grundlage seines Aarburger Vortrages vom 9.6.1919 über «Christliches Leben»[22] und seiner Predigtreihe über die großen Synthesen des Epheserbriefes[23] in Deutschland einen Entwurf vorlegen zu können,

---

[17] Brief von K. Barth an W. Loew vom 22.8.1919 (KBA 9219.18).
[18] Brief von P. Barth an K.Barth vom 25.8.1919 (KBA 9319.140).
[19] Mattmüller II, S. 253f.
[20] Bw. Th. I, S. 342f.
[21] A.a.O., S. 343.
[22] S. oben S. 503–513.
[23] K. Barth, *Predigten 1919*, hrsg. von H. Schmidt (Gesamtausgabe, Abt. I), Zürich 2003, S. 173–334. Barth spricht im Anschluss an Kol. 1,16 und Kol. 1,27

der die Aporien der religiös-sozialen Stellung vor allem bei Ragaz zu überwinden im Stande wäre. Sein Vortrag «Christliches Leben» für die Versammlung der Christlichen Studentenvereinigung in Aarburg hatte «die ganze Problematik unseres praktischen Verhaltens» unter «die drei großen Gesichtspunkte» der drei Reiche: regnum naturae, gratiae, gloriae gestellt[24], die schließlich auch der Tambacher Rede den Grundriss gaben. Ein deutscher Pfarrer hatte zu Barth in Aarburg gesagt, «das sei das Wort, das durchaus auch die Lage in Deutschland umfasse»[25]. Nun ergab sich die Gelegenheit, es in Deutschland selbst – und zwar mit der anti-ragazischen Spitze[26] – vorzutragen. Barth ergriff sie. Am 8.9. entschied er sich «im letzten Augenblick», nicht an der Schweizerischen reformierten Prediger-Versammlung vom 8. bis 10.9. in Basel teilzunehmen: «ich fuhr dann nur nach Aarau, um den Pass zu bestellen [...], kaufte ein Päckli Havanna-Stumpen und setzte mich ans Werk.»[27] Am 11.9. sendet er Thurneysen, was er «in ununterbrochener Tag- und Nachtschicht (vorläufig) für Tambach verfaßt» hatte[28]:

Wie du siehst, ist es eine nicht ganz einfache Maschine geworden, vorwärts- und rückwärtslaufend, nach allen Seiten schießend, an offenen und heimlichen Scharnieren kein Mangel.

Der Aarauer Vortrag seines Bruders Heinrich habe «mit Wind und Gegenwind mächtig auf meine Fahrt eingewirkt».[29] Am 18.9. dankt Barth Thurneysen für dessen Bemerkungen zu seinem Vortragsmanuskript:

Die Arbeit an diesem Vortrag beschäftigt mich jetzt vollauf; es liegt noch viel vor mir, und alles wird noch ein wenig anders als das erste Mal.[30]

(s. unten S. 558 und S. 576) von den «großen Synthesen des Kolosserbriefes», die sich parallel im Epheserbrief finden, wie seine Auslegung zeigt.

[24] Bw. Th. I, S. 345; vgl. oben S. 512 und unten S. 578, Anm. 86.

[25] A.a.O., S. 333.

[26] Vgl. ebd.

[27] A.a.O., S. 344.

[28] A.a.O., S. 343.

[29] A.a.O., S. 344. Vgl. H. Barth, Gotteserkenntnis, in: Vorträge an der Aarauer Studentenkonferenz 1919, Basel 1919, S. 35–79, wieder abgedruckt in: Anfänge der dialektischen Theologie, hrsg. von J. Moltmann, Teil I (ThB 17/I), Gütersloh 1995⁶, S. 221–255.

[30] Bw. Th. I, S. 346.

Am Sonntag, dem 21.9., reiste Barth – «welche Erleichterung, so einmal dem Bettag zu entrinnen!!»[31] – mit Bader und Liechtenhan[32] nach Frankfurt am Main und von da aus am 22.9. weiter nach Tambach, wo die Konferenz mit einem «Begrüßungsabend» begann. Am 23.9. schlossen sich die Vorträge von R. Liechtenhan und H. Hartmann über «Der Christ in der Kirche» an, am 24.9. die Referate von H. Bader und K. Woermann über «Der Christ im Staate». Am 25.9. hielt Barth seinen Vortrag «Der Christ in der Gesellschaft», dazu war ein Korreferat von E. Arnold vorgesehen, das jedoch, wie es scheint, nicht vorgetragen wurde.

Ein unmittelbares Echo bieten die «Berichte und Urteile über die Tambacher Konferenz vom 22.–25. September 1919» in den «Vertraulichen Mitteilungen für die Freunde des ‹Neuen Werks›», 3. Folge vom Oktober 1919, mit längeren Ausführungen von Herpel und Streiflichtern u.a. von Hans Ehrenberg.[33] Günther Dehn hat in seinen Erinnerungen aus eigener Beteiligung eine anschauliche Schilderung dieser Tage von Tambach gegeben[34], auf Grund von Berichten hat auch Georg Merz das Ereignis und seine Wirkungen dargestellt[35]. Dehn nennt die etwa 100 Teilnehmer «so etwas wie eine kirchenrevolutionäre Schar». In Tambach

trafen sich Menschen, die durch die Umwälzungen der letzten Jahre zu innerst bewegt waren und im kirchlichen Leben Ausschau hielten. Hauptthema war die Stellung des Christen und damit natürlich auch der Kirche zum Sozialismus und zur Arbeiterschaft.[36]

---

[31] A.a.O., S. 344.
[32] Thurneysen konnte erst am Sonntag abend nachreisen. Dass auch er dann in Tambach besondere Autorität genoss, zeigt die respektvolle Erwähnung seines «mißbilligend[en]» Urteils «am Schluß des ersten Tages»: «Ihr habe die Sache noch nicht. Ihr bleibt noch im Äußersten stecken» in den «Eindrücken aus Tambach», S. 2 (s. unten Anm. 43).
[33] Ausführlich zitiert von Marquardt, a.a.O., S. 25–29.
[34] G. Dehn, Die alte Zeit, die vorigen Jahre. Lebenserinnerungen, München 1962, S. 217–222.
[35] G. Merz, Die Begegnung Karl Barths mit der deutschen Theologie, in: Kerygma und Dogma, Jg. 2 (1956), S. 157–175, dort S. 157–159; ders., Wege und Wandlungen. Erinnerungen aus der Zeit von 1892–1922. Nach seinem Tode bearbeitet von J. Merz, München 1961, S. 238–243.
[36] Dehn, a.a.O., S. 217.

Von Hans Hartmann, den Brüdern Albrecht Erich und Gerhard Günther, Eberhard Arnold, Carl Mennicke, Hans Ehrenberg, Friedrich Gogarten und Wilhelm Scheffen, die Dehn knapp charakterisiert[37], wie von den übrigen Teilnehmern gilt das natürlich in sehr verschiedener Weise: «Wenn sie an einem Punkte einig waren, dann darin, dass sie ‹etwas anderes› wollten.»[38] Was man über das Thema «Der Christ in der Gesellschaft» zu hören erwartete, war klar.

Man hoffte, eine scharfe Absage an die immer noch herrschende kapitalistische Wirtschafts- und Gesellschaftsordnung zu hören und eine dringende Aufforderung, an der kommenden sozialistischen Neuordnung tatkräftig mitzuarbeiten.[39]

Barth aber machte «in kühnem, absichtlichem Mißverstehen» «aus dem Christen des Themas Christus den Herrn, den er der Gesellschaft, mochte diese gestaltet sein wie auch immer, gegenüberstellte».[40] Der Vortrag, «der die Zuhörer in mächtigen Kaskaden überflutete»[41], machte auf viele «starken Eindruck».[42] In den «Eindrücken aus Tambach» eines unbekannten Verfassers[43] heißt es:

Der Eindruck war auf alle – auch auf die anders denkenden – so stark, dass man beschloss, keine Aussprache davon anzuschliessen, weil jeder fühlte, dass man wohl eine andere Einstellung zu den Dingen haben könne, dass aber jetzt nur eines not tue: in sich zu gehen und das Gehörte zu verarbeiten.

Nahmen also etliche auch «Anstoß»[44], so trifft darum doch das Resümee von Merz nicht weniger zu: Gegenüber Barths Vortrag «verblaßte alles, was sonst gesagt und diskutiert wurde».[45] Insofern gelten die markanten Sätze, mit denen Merz seinen Aufsatz «Die Begegnung Karl Barths mit der deutschen Theologie» einleitet:

[37] A.a.O., S. 217f.
[38] Merz, Begegnung, S. 157.
[39] Dehn, a.a.O., S. 219.
[40] Dehn, a.a.O., S. 220.
[41] Ebd.
[42] Dehn, a.a.O., S. 222.
[43] 4 Seiten Typoskript KBA 9319.227.
[44] Dehn, a.a.O., S. 222. Mennicke, den Dehn nennt, reiste freilich schon vor Barths Vortrag ab.
[45] Merz, Wege, S. 240.

Karl Barth war der Öffentlichkeit der deutschen Kirche und Theologie bis zum Herbst 1919 ein Unbekannter. Durch die Konferenz von Tambach wurde er für sie eine bewegende Macht.[46]

Zur Erläuterung kann man zum einen darauf verweisen, dass Barths Vortrag eine lebhafte Auseinandersetzung unter denen auslöste, die sich um die Fragen von Christentum, Kirche und Sozialismus bemühten: Zuerst natürlich im Kreis um Herpel und «Das neue Werk». Dann in Berlin im später so genannten Kairos-Kreis um Carl Mennicke, Paul Tillich, Eduard Heimann, Alexander Rüstow, Arnold Wolfers und Adolf Löwe. Von Ostern 1920 an gab Mennicke als Organ dieses Kreises die «Blätter für Religiösen Sozialismus» heraus, in denen er die Auseinandersetzung mit Barth führte. Gleich zu Anfang spielte dabei Paul Tillich eine wesentliche Rolle.[47]

Zum zweiten ist der Patmos-Kreis zu nennen, aus dem Barths Gedanken großes Interesse entgegengebracht wurde. Hier ist vor allem an Hans Ehrenberg zu denken, der 1919 mit seinem Bruder Rudolf Ehrenberg und Werner Picht, Eugen Rosenstock und Leo Weismantel den Patmos-Verlag gründete, in dem 1920 als «Der Bücher vom Kreuzweg 1. Folge» Barths Tambacher Rede herauskam. Daß Barths Vortrag hier eingereiht wurde, stellte sich freilich als ein – fruchtbares – Mißverständnis heraus, und so wurde das Büchlein bald vom Chr. Kaiser-Verlag übernommen.

Am wichtigsten war aber zweifellos (drittens), daß durch Tambach Barths «Römerbrief» in den Blick der deutschen Theologenschaft kam. In der schon erwähnten Tambach-Nummer der «Vertraulichen Mitteilungen für die Freunde des ‹Neuen Werks›» vom Oktober 1919 erklärte Herpel kategorisch: «Der Römerbrief von Karl Barth ist einfach die notwendige Lektüre jetzt für uns, die wir in Tambach waren.»[48] Da «der Stand der Valuta das Buch für Deutschland sehr teuer» machte, hatte sich Barth, der schon mit einer Liste von Interessenten aus Tambach zurückgekehrt war, bereit erklärt, «für diejenigen unserer Freunde, die das Buch wirklich lesen wollen, einen geringeren Preis auszuwirken».[49] Herpel gab öffentlich von der in Angriff genom-

---

[46] Merz, Begegnung, S. 157.

[47] Vgl. Marquardt, a.a.O., S. 30–37.

[48] *Mitteilungen*, in: Vertrauliche Mitteilungen für die Freunde des «Neuen Werks», 3. Folge, Oktober 1919, S. 8.

[49] Ebd.

menen *Lektüre Nachricht*[50], *und Mennicke erklärte sich Pfingsten 1920 durch die inzwischen beendete Lektüre des Vortrags, den er in Tambach nicht mehr gehört hatte, und des «in letzter Zeit viel besprochenen Römerbriefkommentars» Barths veranlasst, «die Auseinandersetzung mit den Schweizern» aufzunehmen.*[51]

Entscheidend für den Durchbruch des «Römerbriefes», durch den Barth dann eigentlich zu jener «bewegenden Macht» für die deutsche Kirche und Theologie wurde, war jedoch ein anderer Leser: Der Jurist Dr. Alexander (genannt Alo) Münch, ein mit Herpel seit langem bekannter Katholik in München, hatte an der Tambacher Tagung zwar nicht teilgenommen, war aber vermutlich durch Herpel auf den «Römerbrief» aufmerksam geworden und hatte im «Neuen Werk», eine von Ergriffenheit und Dankbarkeit zeugende Besprechung veröffentlicht[52]. *Vor allem aber hatte bei ihm sein Freund Georg Merz, damals Pfarrer in München, das Buch in die Hand bekommen, der im Rückblick von der Entdeckung sagte: «Vermutlich gab es damals kaum einen Leser, der über das Buch mit solcher Leidenschaft herfiel, wie es Alo und ich getan hatten.»*[53] *Merz war der theologische Ratgeber Albert Lempps in dessen Chr. Kaiser-Verlag und bestimmte Lempp, den «Römerbrief» für den Vertrieb in Deutschland von G. A. Bäschlin in Bern zu übernehmen*[54], *in dessen Verlag der Verkauf des Buches an die Schweizer Leserschaft nach etwa 300 Exemplaren stockte*[55]. *Barth kam nun zunehmend in den Blickpunkt der theologisch interessierten Öffentlichkeit in Deutschland, und so nahm die Verantwortung der neuen theologischen Einsichten «vor einer größeren Öffentlichkeit» ihren Fortgang, die, wie Barth 1927 in der Rückschau schrieb, tatsächlich mit der Tambacher Tagung begonnen hatte.*[56]

[50] Ebd.; dazu Barth: Bw. Th. I, S. 349.
[51] C. Mennicke, *Auseinandersetzung mit Karl Barth*, in: Blätter für Religiösen Sozialismus, Jg. 1 (1920), Nr. 2, S. 5–8, dort S. 5.
[52] Das neue Werk, Jg. 1, Nr. 30 vom 26.10.1919, Sp. 487f.
[53] Merz, Wege, S. 211.
[54] Ebd.
[55] Vgl. K. Barth, *Vorwort zum Nachdruck dieses Buches,* in: ders., *Der Römerbrief. Unveränderter Nachdruck der ersten Auflage von 1919,* Zürich 1963, [S. VI*]; wieder abgedruckt in: Römerbrief 1, S. 5–9, dort S. 6.
[56] K. Barth, *Autobiographische Skizze aus dem Fakultätsalbum der Ev.-Theol. Fakultät in Münster* (1927), in: K. Barth – R. Bultmann, *Briefwechsel*

*Die Edition gibt den Text nach dem dem Erstdruck entsprechenden
Abdruck in «Das Wort Gottes und die Theologie» wieder.*

Der Christ in der Gesellschaft

I.

Hoffnungsvoll und zugleich seltsam nachdenklich sieht uns die Frage
an: Der Christ in der Gesellschaft.

Der Christ in der Gesellschaft! So ist also die Gesellschaft nicht
ganz sich selbst überlassen. Nicht ganz problemlos, nicht ganz unge-
hemmt, nicht nur nach den Gesetzen seiner eigenen Logik und Mechanik geht das Leben in Ehe und Familie, Wirtschaft und Kultur,
Kunst und Wissenschaft, Staat, Partei und Völkerverkehr seinen bekannten Weg, sondern mindestens mitbestimmt durch einen anderen
Faktor voll *Verheißung.* Dass jener bekannte Weg ein Irrweg ist, das
steht uns heute deutlicher vor Augen als früher. Die Katastrophe, von
der wir herkommen und in der wir noch stehen, hat darüber nicht
allen, aber vielen erschütternde Klarheit gebracht. Möchten wir uns
nicht am liebsten in tiefer Skepsis und Entmutigung vom Leben, von
der Gesellschaft abwenden? Aber wohin? Vom Leben, von der Gesellschaft kann man sich nicht abwenden. Das Leben umgibt uns von
allen Seiten [vgl. Ps. 139,5]; es gibt uns Fragen auf; es stellt uns vor
Entscheidungen. Wir müssen standhalten. Heute sehnen wir uns nach
Verheißung, gerade weil uns die Augen weit aufgegangen sind für die
Problematik des Lebens. Wir möchten *heraus* aus dieser Gesellschaft;
wir möchten eine *andere* Gesellschaft. Aber noch *möchten* wir bloß;
noch spüren wir schmerzlich, dass trotz aller Veränderungen und
Umwälzungen alles im Alten ist. Und nun fragen wir: Hüter, ist die
Nacht bald hin? [Jes. 21,11f.]. Da wird der Gedanke: «*der Christ* in der
Gesellschaft» zur Verheißung. Also ein neues Element mitten unter all
dem Alten, also eine Wahrheit im Irrtum und in der Lüge, also eine
Gerechtigkeit in dem Meer von Ungerechtigkeit, also Geist in all den
groben materiellen Tendenzen, also gestaltende Lebenskraft in all den

1911–1966, hrsg. von B. Jaspert (Gesamtausgabe, Abt. V), Zürich 1994², S. 290–
300, dort S. 297.

schwachen flackernden Geistesbewegungen, also Einheit in der ganzen Zerfahrenheit der Gesellschaft auch unserer |34| Zeit. *Der Christ* – wir sind wohl einig darin, dass damit *nicht die Christen* gemeint sein können: weder die Masse der Getauften, noch etwa das erwählte Häuflein der Religiös-Sozialen, noch auch die feinste Auslese der edelsten frömmsten Christen, an die wir sonst denken mögen. Der Christ ist *der Christus*. Der Christ ist das in uns, was nicht wir sind, sondern Christus in uns. Dieses «Christus in uns» [Röm. 8,10; 2.Kor. 13,5; Kol. 1,27] in seiner ganzen paulinischen Tiefe verstanden: es bedeutet keine psychische Gegebenheit, kein Ergriffensein, Überwältigtsein oder dergleichen, sondern eine Voraussetzung. «Über uns», «hinter uns», «jenseits uns» ist gemeint mit dem «in uns». Und in seiner ganzen paulinischen Weite: wir werden wohl daran tun, den Zaun [vgl. Eph. 2,14], der Juden und Heiden, sogenannte Christen und sogenannte Nicht-Christen, Ergriffene und Nicht-Ergriffene trennte, nicht wieder aufzurichten. Die Gemeinde Christi ist ein Haus, das nach allen Seiten offen ist; denn Christus ist immer auch für die andern, für die, die draußen sind, gestorben [vgl. Hebr. 13,12f.]. Es ist in uns, über uns, hinter uns, jenseits uns eine Besinnung auf den Sinn des Lebens, eine Erinnerung an den Ursprung des Menschen, eine Umkehr zum Herrn der Welt, ein kritisches Nein und ein schöpferisches Ja gegenüber allen Inhalten unseres Bewusstseins, eine Wendung vom alten zum neuen Äon. Ihr Zeichen und ihre Erfüllung das Kreuz!

Das ist Christus in uns. Aber *ist* Christus in uns? Ist Christus auch in der heutigen Gesellschaft? Wir zögern, nicht wahr, und wir wissen, warum wir zögern? Aber woher nähmen wir das Recht, zu verneinen? Christ der Retter ist *da*[57] – sonst wäre die Frage nicht da, die der heimliche Sinn all der Bewegungen unserer Zeit ist und die uns in diesen Tagen als die Unbekannten und doch bekannt [vgl. 2.Kor. 6,9] hier zusammengeführt hat. Es gibt Fragen, die wir gar nicht aufwerfen könnten, wenn nicht schon eine Antwort da wäre, Fragen, an die wir nicht einmal herantreten könnten ohne den Mut jenes augustinischen Wortes: Du würdest mich nicht suchen, wenn du mich nicht schon

---

[57] Schlusszeile der 2. Strophe des Weihnachtsliedes «Stille Nacht, heilige Nacht» von Joseph Franz Mohr (RG [1998] 412, EG 46).

gefunden hättest![58] Wir müssen uns zu diesem Mut, den wir *haben, bekennen.* Indem wir es tun, bekennen wir uns zu Christus, zu seiner Gegenwart und zu seiner Zukunft. Ist Christus aber in uns, dann ist die Gesellschaft trotz ihres Irrweges jedenfalls nicht gottverlassen. Das «Ebenbild des unsichtbaren Gottes», der «Erstgeborene aller Kreatur» in uns (Kol. 1,15), er bedeutet Ziel und Zukunft. Wir denken an den Sauerteig, den ein Weib nahm und verbarg ihn unter drei Scheffel Mehls, bis dass es |35| gar durchsäuert war [Mt. 13,33 par.]. «Hoffnung der Herrlichkeit» hat Paulus dieses «Geheimnis unter den Heiden» genannt (Kol. 1,27). Also: Wir heißen euch hoffen.[59]

———————

Aber unser Thema hat noch einen andern, schmerzlich merkwürdigen Sinn, und an ihn ist wohl bei seiner Aufstellung vornehmlich gedacht worden. Der Christ – in der Gesellschaft! Wie fallen diese beiden Größen auseinander, wie abstrakt stehen sie sich gegenüber! Wie fremdartig, fast phantastisch berühren uns heute die großen Synthesen des Kolosserbriefes! Warum doch nur?

Was bedeutet für uns *«der Christ»?* Was *muss* das für uns bedeuten? Doch wohl ein abgesondertes heiliges Gebiet für sich, gleichviel, ob wir uns diese Absonderung mehr metaphysisch oder mehr psychologisch erklären. Als besondere Leute neben andern Leuten erscheinen uns die Christen, als eine besondere Sache neben andern Sachen das Christentum, als eine besondere Erscheinung neben andern Erscheinungen Christus. Die Beschwerden der Philosophie über die Anmaßung der Religion, die sich in dieser Absonderung äußere, sind nicht neu und das Treiben der Theologen, das solchen Verdacht nähren musste, gleichfalls nicht. Heute erkennen viele, durch die Erfahrungen der Zeit belehrt, in dem, was vielleicht tatsächlich eine theo-

---

[58] Vgl. B. Pascal, *Pensées* (1670), Fragment 751 (Ph. Sellier) (919 [L. Lafuma], 553 [L. Brunschvicg]), in: *Pensées, opuscules et lettres,* hrsg. von Ph. Sellier (Bibliothèque du XVIIe siècle 2), Paris 2010, S. 604: «Console-toi, tu ne me chercherais pas si tu ne m'avais trouvé.» Vgl. Bernhard von Clairvaux, *De diligendo Deo*, VII, PL 182, 987C: «nemo te quaerere valet, nisi qui prius invenerit». Zum Hintergrund des Gedankens bei Augustinus vgl. Confessiones X, 20,29.
[59] Schlusszeile von J.W. von Goethes Gedicht «Symbolum».

logische Anmaßung war, eine Notlage. Aber die Notlage scheint fast unvermeidlich, und auch die Philosophie hat das Wort zu ihrer Überwindung noch nicht gesprochen. Ja, wir ahnen wieder, dass der Sinn der sogenannten Religion in ihrer Beziehung auf das tatsächliche Leben, auf das Leben der Gesellschaft besteht und nicht in ihrer Absonderung. Ein abgesondertes Heiligtum ist kein Heiligtum. Sehnsüchtig blicken wir aus dem sichern Port unseres einst so viel und laut gepriesenen spezifisch religiösen Gebietes hinaus auf die Welt, denn wir ahnen, auch viele Theologen beginnen es wieder zu ahnen, dass es kein Drinnen geben kann, solange es ein Draußen gibt.[60] Aber noch ist's mehr ein Hinaus- und Hinüberblicken. Denn jene Absonderung des religiösen Gebietes hat einen Grund, der damit nicht aufgehoben ist, dass uns ein Licht darüber aufgeht, dass sie eigentlich nicht sein sollte. Wahrlich, es handelt sich zwischen dem «Christus in uns» und der Welt nicht nur darum, die Schleusen zu öffnen und bereitstehende Wasser dem dürstenden Lande zuströmen zu lassen. Schnell zur Hand sind alle jene Kombinationen, wie «christlich-sozial», |36| «evangelisch-sozial», «religiös-sozial», aber höchst erwägenswert ist die Frage, ob die Bindestriche, die wir da mit rationaler Kühnheit ziehen, nicht gefährliche Kurzschlüsse sind. Sehr geistreich ist das Paradoxon, dass Gottesdienst Menschendienst[61] sein oder werden müsse, aber ob unsere eilfertigen Menschendienste, und wenn sie im Namen der reinsten Liebe geschähen, durch solche Erleuchtung Gottesdienste werden, das steht in einem andern Buch[62]. Sehr wahr ist die evangelische Erinnerung, dass der Same das Wort [Lk. 8,11] und der Acker die Welt [Mt. 13,38] ist, aber was ist denn das Wort und wer von uns hat es, und sollten wir nicht vor allem einmal *erschrecken* vor der Aufgabe, Säemann des Wortes für die Welt zu werden, vor der Aufgabe, vor der ein Mose [vgl. Ex. 3,11.13], ein Jesaja [vgl. Jes. 6,5], ein Jeremia [vgl. Jer. 1,6] so erschrocken sind? Ist die anfängliche Weigerung dieser Män-

---

[60] Vgl. die Zeilen 3 und 4 in J.W. von Goethes Gedicht «Epirrhema»:
Nichts ist drinnen, nichts ist draußen:
Denn was innen, das ist außen.
[61] Vgl. L. Ragaz, *Das Evangelium und der soziale Kampf der Gegenwart*, Basel 1907², S. 27: «Gottesdienst ist Menschendienst. Wir dürfen von Gott nichts bekommen, ohne daß wir den Bruder daran teilnehmen lassen.»
[62] Vgl. J.W. von Goethe, *Faust I*, V. 2349 (Hexenküche).

ner, das Göttliche auf das Leben der Menschen zu beziehen, etwa unsachlicher als unsere rasche Bereitschaft dazu? Ist die Flucht des Jona vor dem Herrn [vgl. Jona 1,3] etwa nur aus der Anmaßung der Religion zu erklären? Mit ein bisschen Erlebnis, Einsicht und gutem Willen ist es hier offenbar nicht getan. Das Göttliche ist etwas Ganzes, in sich Geschlossenes, etwas der Art nach Neues, Verschiedenes gegenüber der Welt. Es lässt sich nicht auftragen, aufkleben und anpassen. Es lässt sich nicht teilen und austeilen, gerade weil es mehr als Religion ist. Es lässt sich nicht anwenden, es will stürzen und aufrichten. Es ist ganz oder es ist gar nicht. Wo hat denn die Gotteswelt offene Fenster gegen unser Gesellschaftsleben hin? Wie kommen wir dazu, zu tun, als ob sie es hätte? Ja, Christus zum soundsovielten Male zu *säkularisieren,* heute z.B. der Sozialdemokratie, dem Pazifismus, dem Wandervogel zu Liebe, wie ehemals den Vaterländern, dem Schweizertum und Deutschtum, dem Liberalismus der Gebildeten zu Liebe, *das* möchte uns allenfalls gelingen. Aber nicht wahr, da graut uns doch davor, wir möchten doch eben Christus nicht ein neues Mal verraten. Aber andererseits: in welches Gedränge geraten wir bei dem Versuch, jenes, wozu die Einsicht und der gute Wille uns treibt, zu tun – und dieses, das, was nicht geschehen sollte, zu lassen! Wie schwer ist es, reinen Herzens und in Ehrfurcht vor dem Heiligen auch nur den kleinsten Schritt zu tun mit Christus in der Gesellschaft! Wie spröde verhält sich das Göttliche, wenn es das Göttliche ist, dem Menschlichen gegenüber, dem wir es heute so gerne amalgamieren möchten! Wie gefährlich ist es, sich mitten in den Fragen, Sorgen und Erregungen der Gesellschaft auf Gott einzulassen! Wohin werden wir geführt, wenn |37| wir die Absonderung des religiösen Gebietes aufgeben und uns *im Ernst* auf Gott einlassen, und wohin, wenn wir uns *nicht im Ernst* auf ihn einlassen? Wahrlich, Gott ist heute weniger als je wohlfeil zu haben, und wir werden gut tun, das Bedenken, das sich gerade von dieser Seite her gegen unsere neue Parole erhebt, sehr ernst zu nehmen. «Wer ist unter euch, der einen Turm bauen will und sitzt nicht zuvor und überschlägt die Kosten, ob er's habe hinauszuführen?» (Lk. 14,28). Das ist die eine Seite.

Und wir sehen auf der andern Seite die *Gesellschaft,* ebenfalls ein wenn auch innerlich brüchiges, so doch nach außen in sich geschlossenes Ganzes für sich – ohne Fenster gegen das Himmelreich. Wo ist der Sinn in all dem Unsinn, der Ursprung in der Entartung, der Weizen unter all dem Unkraut? [vgl. Mt. 13,24–30.36–43]. Wo ist Gott in all dem Menschlichen, allzu Menschlichen[63]? Du bist Erde und sollst wieder zu Erde werden! [Gen. 3,19]. Ist das nicht das Urteil über die Menschheit und ihr eigenes Glaubensbekenntnis!? Wir leiden heute auch unter *dieser* Abgeschlossenheit, weil wir ihrer bitteren Folgen gewahr geworden sind. Es sträubt sich alles in uns, die vor dem Krieg bis zum Überdruss wiederholten Sätze von der Eigengesetzlichkeit der Kultur, des Staates, des Wirtschaftslebens fernerhin zu hören und nachzusagen. So gerne, ach so gerne würden wir heute die Gesellschaft in Christus begreifen, in Christus erneuern, «die Gesinnungsprinzipien Jesu als Maximen einer jeden öffentlichen, völkischen, staatlichen, weltlichen Gesellschaftsgestaltung anwenden»[64], wie Sie in Ihrem Programmsatz sagen. Hätten wir doch zu solcher Anwendung den verklärenden Optimismus eines Richard Rothe[65]! Dahin führt nun für uns kein Weg mehr zurück. Aber wird uns der Weg vorwärts nicht zu Friedrich Naumann führen, der ja auch einmal von da ausgegangen ist?[66] An einer ernsthaften «Anwendung» hindert uns doch wohl zunächst die brutale Tatsache, dass jene nun einmal gewonnene und vorhandene und auch im Revolutionszeitalter unerbittlich fortwirkende Eigengesetzlichkeit des gesellschaftlichen Lebens jedenfalls nicht *damit* beseitigt ist, dass wir ihrer gründlich müde geworden sind. Wir haben es gewollt, dass hart im Raume sich die Sachen stoßen[67], und nun müssen wir es zunächst so haben. Mögen wir

[63] Vgl. Fr. Nietzsche, *Menschliches, Allzumenschliches. Ein Buch für freie Geister*, Chemnitz 1878.

[64] Vgl. Der Christliche Demokrat (Das Neue Werk), Jg. 1 (1919/20), Sp. 191.208.240.

[65] Gedacht ist an die Zielvorstellung Rothes: «eine einheitliche Organisation der sittlichen Vernunft und Kultur in einem Staatenorganismus; die Religion bildet darin die selbstverständliche, keiner besonderen Pflegeanstalt bedürfende Seele» (H. Stephan, Art. «Rothe, Richard», in RGG[1] V, Sp. 41–44, dort Sp. 43).

[66] Wie die Bezugnahmen im folgenden deutlich machen, denkt Barth vor allem an die programmatischen Ausführungen Friedrich Naumanns in seinen «Briefen über Religion» (1903) (*Werke*, Bd. 1: *Religiöse Schriften*, hrsg. von W. Uhsadel, Köln und Opladen 1964, S. 566–632); vgl. oben S. 51–60.

[67] Vgl. Fr. Schiller, *Wallensteins Tod*, 2. Aufzug, 2. Auftritt, V. 789.

diese harte^a Sachen des religiösen Glanzes wieder entkleiden, mit dem sie um die Jahrhundertwende von Naumann und den Seinen mit dem Mute der Verzweiflung oder zum ästhetischen Überfluss umgeben worden sind – wir sind *damit* die einmal gerufenen Geister noch nicht |38| wieder los.[68] Behauptet das Heilige heute, und heute erst recht, zu unserm Leidwesen sein Eigenrecht gegenüber dem Profanen, so behauptet das Profane nun ebenso das seinige gegenüber dem Heiligen. Die Gesellschaft *ist* nun beherrscht von ihrem eigenen Logos oder vielmehr von einer ganzen Reihe von gottähnlichen Hypostasen und Potenzen. Wir mögen uns heute den Frömmsten und Besten des hellenistischen oder auch des vorreformatorischen Zeitalters vergleichen: Dass die Götzen Nichtse sind [vgl. 1.Kor. 8,4], das beginnen wir zu ahnen, aber ihre dämonische Macht über unser Leben ist *damit* noch nicht gebrochen. Denn ein anderes ist der kritische Zweifel dem Gott dieser Welt gegenüber, ein anderes die Erkenntnis der δύναμις, der Bedeutung und Kraft des lebendigen Gottes, der eine neue Welt schafft. Ohne diese Erkenntnis ist doch wohl «Christlich-sozial» auch heute noch Unsinn.[69] Es gibt allerdings auch hier die Möglichkeit, das alte Kleid mit losgerissenen Lappen vom neuen Kleid zu flicken [vgl. Mt. 9,16 par.], ich meine den Versuch, der weltlichen Gesellschaft einen kirchlichen Überbau oder Anbau anzugliedern und so nach dem alten Missverständnis des Wortes Jesu dem Kaiser zu geben, was des Kaisers, und Gott, was Gottes ist [Mt. 22,21 par.]. Der Versuch des christlichen Mittelalters, die Gesellschaft zu *klerikalisieren,* wird vielleicht noch einmal unternommen und noch einmal von dem Erfolg gekrönt sein, der ihm seiner Natur nach beschieden sein kann. Bereits zeigen sich die Ansätze dazu auch auf protestantischem Gebiet: Lasst uns eine neue Kirche errichten mit demokratischen Allüren und sozialistischem Einschlag! Lasst uns Gemeindehäuser bauen, Jugendpflege treiben, Diskussionsabende und musikalische Andachten veranstalten! Lasst uns heruntersteigen vom hohen Kothurn der Theologen und dafür die Laien hinauf auf die Kanzel! Lasst uns mit

---

^a 1. Abdruck (1920): «harten».

[68] Vgl. die vorletzte Strophe von J.W. Goethes Gedicht «Der Zauberlehrling».

[69] Vgl. oben S. 406, Anm. 26.

562

neuer Begeisterung den alten Weg gehen, der mit dem Liebespietismus der inneren Mission beginnt und mit tödlicher Sicherheit mit dem Liberalismus Naumanns endigen wird. Vielleicht, dass wir über all den neuen oder wenigstens *uns* jetzt neuen Lappen vergessen können, dass das alte Kleid noch immer das *alte* Kleid ist. Gewiss werden wir gerade diesen Versuch ablehnen als den gefährlichsten Verrat an der Gesellschaft. Denn die Gesellschaft wird um die Hilfe Gottes, die wir doch eigentlich meinen, betrogen, wenn wir es nun nicht ganz neu lernen wollen, auf Gott zu warten, sondern uns statt dessen aufs neue eifrig an den Bau unserer Kirchen und Kirchlein machen. Aber ebenso gewiss stehen wir gerade dann, wenn wir uns von den modern-kirchlichen |39| Sirenentönen nicht einlullen lassen, mit unserm Programm des omnia instaurare in Christo[70] gegenüber dem natürlich Gewordenen und unentwegt Bestehenden in der Gesellschaft da als solche, die auf Granit beißen wollen. Widerstehen wir tapfer der neuen kirchlichen Versuchung! Aber je tapferer wir ihr widerstehen, um so gewaltiger stehen da draußen die Giganten vor uns, zu deren Bezwingung wir uns doch aufgemacht haben. Wir werden also nach altbekannter Mahnung nicht nüchtern genug mit der «Wirklichkeit» rechnen können, wenn wir an die Ausführung unseres Programmes herantreten. Es hat seinen guten Grund, wenn es rebus sic stantibus unmögliche Ideale und unerreichbare Ziele gibt. Das ist die andere Seite.

Also das ist's, was ich in unserm Thema finde: zunächst eine große Verheißung, ein Licht von oben, das auf unsere Lage fällt; dann aber auch eine böse Abstraktion, ein erschreckendes Gegeneinander zweier artfremder Größen. Wir müssen beides offen ins Auge fassen. Das ist unsere Hoffnung und Not in Christus und in der Gesellschaft. Erwarten Sie in keinem Sinn, dass ich eine Lösung bringe. Niemand von uns darf sich hier einer Lösung rühmen. Es gibt nur *eine* Lösung, und die ist in Gott selbst. Unsere Sache kann nur das aufrichtige, nach

---

[70] Vgl. Eph. 1,10 Vulgata. Wahlspruch Pius X., wie er in seiner ersten Enzyklika vom 4.10.1903 verkündete (vgl. auch dessen Motu proprio vom 19.3.1904).

allen Seiten eindringende, ich möchte den Ausdruck wagen: das priesterliche *Bewegen* dieser Hoffnung und Not sein, durch das der Lösung, die in Gott ist, der Weg zu uns freier gemacht wird. Und es ist selbstverständlich, dass das, was ich Ihnen heute bieten kann, nur die Aufstellung der *Gesichtspunkte* ist, unter denen dieses Bewegen stattfinden muss, das heute das Eine Notwendige [vgl. Lk. 10,42] ist. Man wird von diesen Gesichtspunkten immer auch noch anders reden können; aber darin bin ich allerdings meiner Sache sicher, dass die Gesichtspunkte, von denen ich reden möchte, die notwendigen sind und dass es neben ihnen keine andern gibt.

II.

Lassen Sie uns zunächst ohne Rücksicht auf das Hoffnungsvolle und Notvolle der Lage, das durch unser Thema bezeichnet ist, den *Standort* feststellen, den wir dieser Lage gegenüber tatsächlich einnehmen. Ich sage «tatsächlich»; denn es handelt sich nicht |40| darum, ihn erst einzunehmen, sondern wir haben ihn schon eingenommen, indem uns diese Lage zum Problem geworden ist.

«Standort» ist schon nicht das richtige Wort. Denn unsere Stellung zur Lage ist tatsächlich ein Moment einer *Bewegung,* dem Augenblicksbild eines Vogels im Fluge[71] vergleichbar, außer dem Zusammenhang der Bewegung ganz und gar sinnlos, unverständlich und unmöglich. Damit meine ich nun freilich weder die sozialistische, noch die religiös-soziale Bewegung, noch die allgemeine, etwas fragwürdige Bewegung des sogenannten Christentums, sondern *die* Bewegung, die sozusagen senkrecht von oben her[72] durch alle diese Bewegungen hindurchgeht, als ihr verborgener transzendenter Sinn und Motor, *die* Bewegung, die nicht im Raum, in der Zeit, in der Kontingenz der Dinge ihren Ursprung und ihr Ziel hat und die nicht eine Bewegung neben andern ist: ich meine die Bewegung der Gottesgeschichte oder anders ausgedrückt: die Bewegung der Gotteserkenntnis, die Bewegung, deren Kraft und Bedeutung enthüllt ist in der Auferstehung Jesu Christi von den Toten. Darum handelt es sich, wenn uns die Lage des Christen in der Gesellschaft hoffnungsvoll oder notvoll oder beides zugleich zum Problem geworden ist.

[71] Vgl. zu diesem Bild Römerbrief 1, S. 384.
[72] Vgl. unten S. 596, Anm. 106.

Machen Sie sich gefasst darauf, gerade an dieser wichtigsten Stelle den schwächsten Teil meiner Ausführungen zu hören. Methodologische Erörterungen haben immer etwas Missliches, Unmögliches und Gefährliches. Fast unvermeidlich verfallen sie in das Lächerliche des Versuchs, den Vogel im Fluge *doch* zeichnen zu wollen. Fast unvermeidlich verfallen sie dem Fluch des Ergebnisses, dass die Bewegung *an sich,* losgelöst vom Bewegtsein, zu einem Thema, zu einer Sache wird. Nicht umsonst hat sich Kant so ängstlich dagegen verwahrt, seine Vernunftkritik möchte statt als Prolegomenon als neue Metaphysik aufgefasst werden.[73] Und die Art, wie seine Warnung leichthin überhört worden ist, kann uns zeigen, wie groß die Gefahr ist, um die es sich hier handelt. Vernunftkritik muss sich vollziehen in kritischer Wissenschaft, Gottesgeschichte muss geschehen in Taten und Erweisungen, Gotteserkenntnis muss gegeben werden in zwingender, eröffnender, sich unmittelbar bewährender Einsicht und Rede, Leben muss gelebt werden in einem lebendigem Leben – was sollen sonst alle Worte über das Wort? Dieses Missliche erlebt der Philosoph, wenn er den Ursprung verkündigt, in welchem Erkennen und Handeln, Sollen und Sein eins ist.[74] Dieses Missliche erleben wir, wenn wir von der |41| Wirklichkeit des lebendigen Gottes zeugen. Stellt uns in die Kraft des Ursprungs! Stellt uns in die Wirklichkeit Gottes! Das ist's, was der Hörer verlangen dürfte – wenn er dürfte! Und da stehen wir vor unserer großen Armut, gerade in der Voraussetzung. Das, wovon jetzt die Rede sein soll, müsste, indem es ausgesprochen wird, da sein, vermittelt werden, wirksam werden, sonst *ist* es gar nicht das, wovon

---

[73] Vgl. die Vorrede zur zweiten Auflage der *Kritik der reinen Vernunft,* B XXII: Die «Kritik der reinen spekulativen Vernunft» ist «ein Traktat von der Methode, nicht ein System der Wissenschaft selbst». Oder in der Vorrede zu den dem entsprechend betitelten *Prolegomena zu einer jeden künftigen Metaphysik, die als Wissenschaft wird auftreten können,* A 3: «Diese Prolegomena [...] sollen [...] nicht etwa dienen, um den Vortrag einer schon vorhandnen Wissenschaft anzuordnen, sondern um diese Wissenschaft selbst allererst zu erfinden.»

[74] Karl Barth hat hier vor allem seinen Bruder Heinrich Barth im Blick. Vgl. dessen Vortrag bei der Aarauer Studentenkonferenz 1919: *Gotteserkenntnis,* a.a.O. (s. oben S. 551, Anm. 29), bes. S. 57–60 bzw. S. 238–240.; vgl. weiter H. Barth, *Das Problem des Ursprungs in der platonischen Philosophie,* München 1921.

die Rede ist. «Das Wort Gottes ist lebendig und kräftig und schärfer denn kein zweischneidig Schwert und dringet durch» (Hebr. 4,12). Es steht nicht in meiner Macht, Ihnen dieses lebendige, kräftige, scharfe, durchdringende Wort Gottes zu sagen, wenn ich es nicht sagen *kann,* so wenig es in Ihrer Macht steht, es zu hören, wenn sie es nicht hören *können.* Wir hätten nun freilich durchaus das Recht und die Möglichkeit, wenigstens unsere Sehnsucht danach mit demjenigen religiösen Pathos zu beteuern, das dieser Sehnsucht wahrhaftig angemessen ist. Wir wollen uns aber auch das im Interesse der Sache verbieten; denn es ist besser, wenn wir uns gerade in der *Voraussetzung* unserer Armut bewusst werden und uns keiner religiösen Stimmung hingeben, die möglicherweise bei aller Wahrhaftigkeit diesen Tatbestand wieder verschleiern könnte. Also: Geben, was ich Ihnen hier geben müsste, *kann* ich nicht, es müsste denn ein Wunder geschehen. Beteuernd bezeugen, dass es sich um etwas sehr Großes handelt, *mag* ich nicht. So bleibt mir doch nichts übrig, als in dürren Worten zu umschreiben, um was es geht. Denken Sie aber bei dem, was ich zu sagen versuche, daran, dass der wirkliche, der fliegende Vogel gemeint ist und nicht das gezeichnete Rätselbild, das ich Ihnen vorlegen kann. Kommen Sie mit, wie ich auch versuche mitzukommen, so gut es uns allen gegeben ist.

Um *Gott* handelt es sich, um die Bewegung *von Gott her,* um unser Bewegtsein durch *ihn,* nicht um Religion. *Dein* Name werde geheiligt! *Dein* Reich komme! *Dein* Wille geschehe! [Mt. 6,9f. par.]. Das sogenannte «religiöse Erlebnis» ist eine durchaus abgeleitete, sekundäre, gebrochene Form des Göttlichen. Es ist auch in den höchsten und reinsten Fällen Form, nicht Inhalt. Allzulange hat unsere ganze Theologie die Bibel und die Kirchengeschichte unter diesem formalen Gesichtspunkt gelesen. Allzulange hat die Kirche ihre ganze Tätigkeit auf die Pflege von allerlei Frömmigkeit gerichtet. Wir wollen heute von dieser Form ganz absehen. Das Unmittelbare, der Ursprung wird als solcher nie erlebt. Nur *Hinweis* auf den Ursprung, auf Gott ist alles «Erleben». Und die in |42| Jesus enthüllte Lebensbewegung ist keine neue Frömmigkeit. Darum nehmen Paulus und Johannes kein Interesse am persönlichen Leben des sogenannten historischen Jesus, sondern allein an seiner Auferstehung. Darum sind auch die synoptischen Mitteilungen über Jesus schlechtweg unverständlich ohne die Bengelsche Einsicht in ihre Absicht: spirant resurrectionem.[75] Das katholische Mittelalter und die Reformation haben das noch einigermaßen verstanden. Dem Pietismus, Schleiermacher und dem neuzeitlichen Christentum blieb es vorbehalten, das neutestamentliche Kerygma mit Bewusstsein rückwärts zu lesen. Wir müssen die große Sachlichkeit wiedergewinnen, in der sich Paulus mit den Propheten, mit Plato begegnet. Christus ist das unbedingt *Neue* von *oben* [vgl. Joh. 3,31; 8,23], der Weg, die Wahrheit und das Leben [Joh. 14,6] *Gottes* unter den Menschen, der Menschensohn, in welchem sich die Menschheit ihrer *Unmittelbarkeit* zu Gott bewusst wird. Aber Distanz wahren! Keine noch so feine psychische Dinglichkeit der *Form* dieses Bewusstwerdens darf die wahre Transzendenz dieses *Inhalts* ersetzen oder verschleiern. Allzu klein ist der Schritt vom Jahwe-*Erlebnis* zum *Baal*-Erlebnis. Allzu verwandt sind die religiösen mit den sexuellen Vorgängen. Es geht um die *Reinheit* und *Überlegenheit* der Lebensbewegung, in der wir stehen, es geht um das tiefste Verständnis unser selbst, wenn ich betone: nicht unser allfälliges Erfahren und Erleben Gottes, nicht unsere allfällige Frömmigkeit ist diese Lebensbewegung, nicht ein Erlebnis neben andern Erlebnissen, sondern – ich rede nun absichtlich so abstrakt und theoretisch als möglich, damit alle emotionalen Missverständnisse heute einmal ausgeschaltet seien – die senkrechte Linie, die durch alle unsere Frömmigkeiten und Erlebnisse hindurch- und großenteils auch daran vorbeigeht, der Durchbruch und die Erscheinung der Gotteswelt, heraus aus dem verschlossenen Heiligtum hinein in das profane Leben: die

---

[75] Dieses besonders von Barth selbst öfter zitierte und stets ohne Fundortangabe Johann Albrecht Bengel zugeschriebene Wort geht wahrscheinlich auf Fr. Chr. Oetinger zurück, wie R. Breymayer dargelegt hat: *Friedrich Christoph Steinhofer. Ein pietistischer Theologe zwischen Oetinger, Zinzendorf und Goethe. Mit der Lösung eines quellenkritischen Problems bei Karl Barth*, Dußlingen 2012, S. 59–66. Breymayer verweist auf Oetingers *Theologia ex idea vitae deducta*, Ulm 1765, S. 410; kritische Edition, hrsg. von K. Ohly, Teil 1 (Texte zur Geschichte des Pietismus, Abt. 7, Bd. 2, Teil 1), Berlin/New York 1979, S. 212: «Omnia Apostolorum verba spirant sensum resurrectionis.» Barth kannte das dictum wahrscheinlich aus C.A. Auberlen, *Die Theosophie Friedrich Christoph Oetinger's nach ihren Grundzügen. Ein Beitrag zur Dogmengeschichte und zur Geschichte der Philosophie*, Basel 1859², S. 629, Anm. * (Unterstreichung in Barths Exemplar); vgl. S. 623f.

leibliche Auferstehung Christi von den Toten [vgl. Mt. 27,51–53]. Dass wir an ihrer Bedeutung und Kraft Anteil haben [vgl. Phil. 3,10f.], *das* ist unser Bewegtsein.

Wir müssen zurückkommen auf jene Sprödigkeit, in der das Göttliche dem Menschlichen gegenübersteht, von der wir bereits redeten. Wir hatten wohl schon dort den Eindruck, dass es bei dieser Absonderung des Heiligen vom Profanen nicht sein Bewenden haben könne. Gott wäre nicht Gott, wenn es dabei sein Bewenden hätte. Es *muss* ja *dennoch* einen Weg geben von dort nach hier. Mit diesem «Muss» und mit diesem «Dennoch» bekennen wir uns |43| zu dem Wunder der *Offenbarung* Gottes. Mag uns das Heilige, das Göttliche noch so sehr zurückschrecken durch seine unerreichbare Höhe, wir können nicht mehr lassen von dem Wagnis, es unmittelbar auf unser Leben in seiner ganzen Ausdehnung zu beziehen. Wir wollen achtgeben auf die Stimme, die uns sagt: Tritt nicht herzu, zieh deine Schuhe aus von deinen Füßen, denn der Ort, darauf du stehest, ist ein heilig Land! [Ex. 3,5]. Wir wollen uns mit Mose fürchten, Gott anzuschauen [vgl. Ex. 3,6]. Aber nun hören wir derselben Stimme weitere Botschaft: «Ich habe gesehen das Elend meines Volkes in Ägypten und habe ihr Geschrei gehört und bin herniedergefahren, dass ich sie errette von der Ägypter Hand!» [Ex. 3,7f.] und erkennen, dass jenes Verbot nur um der Fülle und Klarheit dieser Botschaft willen sein muss. Auch Jesaja [vgl. Jes. 6,8–13], auch Jona [vgl. Jona 3] haben schließlich dem Heiligen damit Ehre erweisen müssen, dass sie sich unterwanden, das Heilige direkt auf das profane Leben der Menschen zu beziehen. Die Zeit des mysterium tremendum[76], das nichts ist als das, läuft einmal ab und mit ihr die Zeit *der* Scheu vor dem Göttlichen, die Scheu ist und bleibt. Der Kern durchbricht die harte Schale. Das Hören der Botschaft, der Mut, es mit Gott zu wagen, die Aufmerksamkeit auf das, was sein «Herniederfahren» für uns bedeutet, gewinnt es bei aller Scheu über die *bloße Scheu.* Das ist kein Tun des Menschen, sondern das Tun Gottes im Menschen. Eben darum ist Gottes*erkenntnis* wesentlich Gottes*geschichte*, kein bloßer Bewusstseinsvorgang. Es geschieht etwas von Gott her, ein Wunder vor unsern Augen [Ps. 118,23]. Eine der Art nach *neue* Möglichkeit und Wirklichkeit tut sich

---

[76] Vgl. Otto, a.a.O. (s. oben S. 242, Anm. 26), S. 14–22.

dem Menschen auf. Wir halten es, nachdem wir einmal des Lebens im Leben bewusst geworden sind, nicht mehr aus im Lande des Todes, in einem Leben, dessen Ausgestaltungen uns gerade den Sinn des Lebens, die Beziehung auf den schöpferischen Ursprung aufs Schmerzlichste vermissen lassen. Ja, wir erkennen das ganz Andere[77], die Ewigkeit im Leben der Gottheit, aber darum kommen wir doch nicht mehr darüber hinweg, dass auch für uns nur das *ewige* Leben «Leben» heißen und sein kann. Gerade das ganz Andere an Gott, das sich gegen alle Säkularisierungen, gegen alle bloßen Anwendungen und Bindestriche sträubt, treibt uns mit zwingender Kraft, unsererseits auszuschauen nach einem wurzelhaften, prinzipiellen, ursprünglichen Zusammenhang unseres Lebens mit jenem ganz andern Leben. Wir wollen leben und nicht sterben [vgl. Ps. 118,17]. Der lebendige *Gott* ist es, der uns, indem er uns begegnet, nötigt, auch an *unser* Leben |44| zu glauben. Mag denn diese Belebung unseres Lebens, an die wir, durch Gott selbst genötigt, glauben müssen, letzten Endes schlechthin jenseitig in der Aufhebung der Kreatürlichkeit bestehen, in der wir uns jetzt und hier dem Leben Gottes gegenüber befinden. Gerade das meinen wir ja auch im tiefsten Grund. «Wir warten auf unseres Leibes Erlösung» (Röm. 8,23). Es muss sich ja doch auch diese Aufhebung auf unser ganzes diesseitiges Leben beziehen, und das Licht, das durch die wachsende Erkenntnis Gottes in unsere Seele kommt, wird es je länger desto weniger zugeben, dass wir uns auch nur an einem Punkt mit dem endgültigen Todescharakter unseres diesseitigen Daseins abfinden können.

Mit der Einsicht in diesen Durchbruch des Göttlichen ins Menschliche hinein wird es aber bereits klar, dass es auch bei der Isolierung des Menschlichen dem Göttlichen gegenüber nicht sein Bewenden haben kann. Die Unruhe, die uns Gott bereitet, muss uns zum «Leben» in kritischen Gegensatz bringen, kritisch im tiefsten Sinn zu verstehen, den dieses Wort in der Geistesgeschichte gewonnen hat. Es entspricht dem Wunder der Offenbarung das Wunder des *Glaubens*. Gottes*geschichte* ist auch diese Seite der Gottes*erkenntnis*, und wiederum kein bloßer Bewusstseinsvorgang, sondern ein neues Müssen von oben her. Mag es uns noch so einleuchten, dass der Staat und die

---

[77] Vgl. a.a.O., S. 28–37.

Wirtschaft, die Kunst und die Wissenschaft, aber noch viel primitiver: schon die banalen Notwendigkeiten des Essens, Trinkens, Schlafens, Älterwerdens, diese brutalsten Voraussetzungen der Gesellschaft, ihre eigenen Bewegungs- und Trägheitsgesetze haben, mögen wir noch so ernst damit rechnen, die Gültigkeit dieser Gesetze immer und immer wieder erfahren zu müssen, mag uns die absolute Torheit des auf Granit Beißens noch so klar sein – eins ist doch noch klarer, nämlich, dass wir uns in eine *letzte* selbständige Gültigkeit dieser Gesetze nicht mehr finden können. *Nicht nur darum,* weil wir ganz äußerlich in den Erfahrungen unseres Zeitalters durch Schaden klug geworden sind, *nicht nur darum,* weil wir auch geistig des Pantheons selbständiger Gottheiten müde, bis zum Überdruss müde geworden sind, *nicht nur darum,* weil nach dem Rausch Skepsis und Aufklärung über uns gekommen ist gegenüber den κοσμοκράτορες τοῦ σκότους τούτου Eph. 6,12 – das alles wäre allerdings noch nicht die Bedeutung und Kraft der Auferstehung, sondern *darum,* weil unsere Seele erwacht ist zum Bewusstsein ihrer Unmittelbarkeit zu Gott, d.h. aber einer verloren gegangenen |45| und wieder zu gewinnenden Unmittelbarkeit aller Dinge, Verhältnisse, Ordnungen und Gestaltungen zu Gott. Denn indem sich die *Seele* ihres Ursprungs in Gott wieder erinnert, setzt sie eben dahin auch den Ursprung der *Gesellschaft.* Indem sie zur Besinnung kommt, findet sie den Sinn des *Lebens* in seiner ganzen Breite. Und das mit dem Bewusstsein ihrer eigensten größten Beteiligung, Schuld und Verantwortlichkeit. Sie stellt sich unter das Gericht, in dem die Welt ist, und sie nimmt die Welt als Last auf sich. Es gibt kein Erwachen der Seele, das etwas anderes sein könnte als ein «mitleidend Tragen der Beschwerden der ganzen Zeitgenossenschaft»[78]. Dieses Erwachen der Seele ist die Bewegung, in der wir stehen, die Bewegung der Gottesgeschichte oder der Gotteserkenntnis, die Bewegung im Leben aufs Leben hin[b]. Wir können es, indem

[b] 1. Druck (1920): «die Bewegung aufs Leben im Leben hin».

[78] Aus der 5. Strophe des Liedes «Zerstreut und mannigfach geschieden» von S. Preiswerk (*Evangelischer Liederkranz aus älterer und neuerer Zeit,* Basel 1844, Nr. 124 [S. 155f.]):
Laß uns ein Salz der Erde werden
Und als der Menschheit erste Kraft
Mitleidend tragen die Beschwerden
Der ganzen Zeitgenossenschaft.

wir in diesem Erwachen begriffen sind, nicht mehr unterlassen, alle Gültigkeiten des Lebens zunächst einer prinzipiellen Verneinung zu unterwerfen, sie zu prüfen auf ihren Zusammenhang mit dem, was allein gültig sein kann. Alles Leben muss es sich gefallen lassen, sich am Leben selbst messen zu lassen. Ein selbständiges Leben *neben* dem Leben ist nicht Leben, sondern Tod. Tot sind alle Dinge, die mehr als Stoffe sein, die eine eigene grobklotzige Dinglichkeit für sich in Anspruch nehmen wollen. Tot ist unser persönliches Leben und wenn es das edelste, feinste und frömmste wäre, wenn es nicht seinen Anfang hat in der Furcht Gottes [vgl. Ps. 111,10; Spr. 1,7; 9,10; Sir. 1,16]. Tot ist alles Nebeneinander von Teilen, mögen wir sie noch so begeistert in der Hand halten, fehlt leider nur das geistige Band[79], so fehlt ihnen alles. Tot ist ein Innerliches für sich, ebenso wie ein Äußerliches für sich. Tot sind alle «Dinge an sich», alles hier und dort, einst und jetzt, dies und das, das nicht zugleich Eines ist. Tot sind alle bloßen Gegebenheiten. Tot ist alle Metaphysik. Tot wäre Gott selbst, wenn er nur von außen stieße[80], wenn er ein «Ding an sich» wäre und nicht das Eine in Allem, der Schöpfer aller Dinge, der sichtbaren und der unsichtbaren[81], der Anfang und das Ende [Apk. 1,8; 21,6; 22,13]. Es ist die Revolution des Lebens gegen die es umklammernden Mächte des Todes, in der wir begriffen sind. Wir können uns durch die Ideologien, mit denen sich diese Todesmächte zu umgeben gewusst haben, und durch alles, was sich relativ für ihre Gültigkeiten sagen lässt, nicht mehr *ganz* täuschen lassen über ihren wahren Charakter. Es ist etwas in uns, was sie grundsätzlich in Abrede stellt. Und das ist nun der Sinn unserer Lage, der sich in der *heutigen Situation,* wenn auch durchaus nicht |46| in neuer, so doch jedenfalls in ungewohnt deutlicher und bedeutsamer Weise abzeichnet. Das Leben hat sich gegen den Tod im Leben aufgemacht. Es handelt sich nicht darum, irgendetwas in die seltsam verworrenen und zweideutigen Bewegungen unserer Zeit hineinzulesen, wohl aber darum, sie in ihrem tiefsten Sinn mitleidend und mithoffend zu begreifen. Wir täuschen uns nicht über die Tatsache, dass die Erschütterung so vieler «Dinge an sich», die wir heute

---

[79] Vgl. J.W. von Goethe, *Faust I,* V. 1938f. (Studierzimmer).
[80] Vgl. J.W. von Goethes Gedicht «Was wär' ein Gott, der nur von außen stieße».
[81] Vgl. den ersten Artikel des Nicaenums (BSLK 26).

miterleben, *hier* stecken zu bleiben im Banne der alten, *dort* auszu-
laufen droht in die Entstehung neuer Dinglichkeiten und Gottlosig-
keiten an Stelle der alten. Wir werden es uns darum doch nicht nehmen lassen, im Auge zu behalten, um was es eigentlich geht: Die
tödliche Isolierung des Menschlichen gegenüber dem Göttlichen ist's,
die heute an mehr als einem Punkte sehr ernstlich in Frage gestellt ist.
Mögen wir mit allem Recht den Kopf schütteln über den phantasti-
schen Freiheitsdrang der heutigen Jugend, das Befremden und der
Widerstand dagegen darf jedenfalls nicht der letzte Sinn unserer Haltung ihr gegenüber sein; es ist die *Autorität an sich,* gegen die sich die
moderne Jugendbewegung aller Schattierungen richtet, und wer heute
Erzieher sein will, der muss in diesem Kampf trotz Foerster[82] grundsätzlich auf ihrer Seite stehen. Mag das Heiligste in Gefahr sein bei der
Auflösung der Familie, die wir heute in vollem Gang sehen, wir dürfen bei allem Entsetzen und Widerstand, mit dem wir diesen Vorgang
begleiten, nicht verkennen, dass es sich letztlich um den Angriff auf
die *Familie an sich* handelt, die wahrlich kein Heiligtum, sondern der
gefräßige Götze des bisherigen Bürgertums gewesen ist. Mögen wir
den Produkten der modernen expressionistischen Kunst mit tiefster
Abneigung gegenüberstehen; es ist doch gerade hier besonders deutlich, dass es diesen Menschen um das Etwas, um den Inhalt, um die
Beziehung des Schönen auf das Eine im Leben zu tun ist im Gegensatz
zu einer *Kunst an sich,* die sich wahrlich weder auf Raffael noch auf
Dürer mit allzu großer Sicherheit berufen dürfte. Und für diese Tendenz müssten wir wiederum mehr als ein Kopfschütteln übrig haben.
Und wenn wir heute mit allem Ernst, denn es geht um die Existenz-
frage, einstimmen in den Ruf: Arbeit, Arbeit ist es, was Europa jetzt
nötig hat!, so wollen wir uns wenigstens nicht bis auf den Grund
unserer Seele verwundern und entrüsten, wenn uns die Spartakisten
gerade in diesem vitalsten Punkt antworten, dass sie lieber zugrunde
gehen und alles zugrunde richten wollen, als wieder unter das |47|
Joch der *Arbeit an sich* zurückzukehren. Mit ganzer Teilnahme werden wir endlich mit unserm Begreifen da dabei sein, wo in der Be-

---

[82] Fr. W. Foerster (1869–1966) kam u.a. in *Autorität und Freiheit. Betrachtungen zum Kulturproblem der Kirche,* Kempten/München 1910, zu einer
starken Betonung des Wertes der Autorität und der Gefahren des Individualismus.

wegung unserer Zeit die Kirche in Frage gestellt wird. War es nicht auch Ihnen etwas vom Überraschendsten an der deutschen Revolution und eigentlich das, was am meisten geeignet war, allzu große Hoffnungen für die nächste Zeit zu dämpfen, wie die neuen Gewalten so rasch Halt machten gerade vor den Pforten der *Religion an sich,* wie leicht gerade dieses Abstraktum, diese Todesmacht in ihrer katholischen und protestantischen Form sich in ihrer Geltung behaupten konnte, ohne sich mit einem nennenswerten grundsätzlichen Protest gegen ihr Dasein irgendwie auseinandersetzen zu müssen? Wenn irgendwo, so werden wir gerade hier die ersten sein müssen, diesen Protest zu begreifen, wenn er kommt, ja ihn selbst zu erheben, wenn er sonst nicht kommt, die ersten zu begreifen, was die heutigen dürftigen Kirchengegner offenbar selbst noch nicht begreifen, dass das Göttliche am allerwenigsten als ein Ding an sich betrieben und gepflegt werden kann.

Begreifen[83] – lassen Sie mich den Sinn dieser einheitlichen Bewegung des Lebens in den Tod hinein und aus dem Tode heraus ins Leben, in der wir stehen, einmal zusammenfassen in dieses eine Wort: Begreifen. Begreifen wollen wir die große Beunruhigung des Menschen durch Gott und darum die große Erschütterung der Grundlagen der Welt. Begreifen all das Bewegende und Bewegte auch in seinem gottlosen Rohzustand. Begreifen unsere Zeitgenossen, von Naumann bis zu Blumhardt, von Wilson bis zu Lenin in all den verschiedenen Stadien der gleichen Bewegung, in denen wir sie sehen. Begreifen unsere Zeit und ihre Zeichen, begreifen auch uns selbst in unserer seltsamen Beunruhigung und Bewegtheit. Begreifen heißt: von Gott aus einsehen, dass das nun alles gerade so und nicht anders sein muss. Begreifen heißt: in der Furcht Gottes die ganze Lage auf sich nehmen und in der Furcht Gottes in die Bewegung der Zeit hineintreten. Begreifen heißt: Vergebung empfangen, um selber zu vergeben. Das ist's, wozu wir getrieben sind, weil es uns not tut. Denn täuschen wir uns darin nicht: es ist in dieser Beunruhigung durch Gott, die uns in kritischen Gegensatz zum Leben bringt, enthalten die denkbar positivste und fruchtbarste Leistung. Das Gericht Gottes über die Welt ist die Aufrichtung seiner eigenen Gerechtigkeit. Sich

[83] Vgl. Römerbrief 1, S. 538.

auf den Anfang zurückwerfen lassen ist keine öde Verneinung, wenn wir |48| wirklich auf den Anfang, auf Gott geworfen werden; denn nur mit Gott können wir positiv sein. Positiv ist die *Negation,* die von Gott ausgeht und Gott meint, während alle *Positionen,* die nicht auf Gott gebaut sind, negativ sind. Den Sinn unserer Zeit in Gott *begreifen,* also hineintreten in die Beunruhigung durch Gott und in den kritischen Gegensatz zum Leben, heißt zugleich unserer Zeit ihren Sinn in Gott *geben.* Denn die Vergebung ist im Gegensatz zu allen Ideologien, die eine Dinglichkeit beschönigen und verklären wollen, die Macht Gottes auf der Erde, die ein Neues schafft. Gerade indem wir durch alle Furcht, Verdrossenheit, Skepsis und polemische Aufklärung den Dingen gegenüber zurückgehen auf ihren Ursprung in Gott, gehen wir dem Punkt entgegen, wo sich das lebendige Wort und die schöpferische Tat wieder einstellen müssen. Möchten wir uns doch durch alle bloß negativen zersetzungsmäßigen Erscheinungen, die wir bei diesem Rückgang auf Gott an uns selbst und mit der Welt erleben, nicht irre machen lassen in der Richtung der Bewegung selbst. Die Grabeswächter, die, da die Auferstehung geschieht, nach Grünewalds und Rembrandts kühner Intuition[84] nach allen Seiten von ihrem Sitz auf der verschlossenen Gruft herunterkollern, sie bieten freilich einen bloß negativen, einen «unerfreulichen und wenig lehrreichen Anblick»[85] – aber handelt es sich denn *darum?* Dass *das* nicht die Auferstehung ist, wissen wir auch. Aber wer nötigt uns denn, den Blick auf diese Nebenszene zu richten? Wer hindert uns, die Auferstehung selbst zu sehen, Gotteserkenntnis zu gewinnen, Gottesgeschichte zu erleben? Und wer könnte die Auferstehung sehen, ohne selber an ihr *teilzunehmen,* selber ein *Lebendiger* zu werden und in den *Sieg* des Lebens einzutreten?

Was haben wir damit gewonnen, dass wir so unsere Lage, den Moment der Bewegung, in der wir stehen, beschrieben haben? Haben wir nur eine neue Überschrift gesetzt über den alten, den heillosen Konflikt? Vielleicht ja. Wir haben es versucht, uns zu *erinnern* an das, was

[84] Vgl. z.B. die Auferstehungstafel des Isenheimer Altars und Rembrandts Gemälde zu Mt. 28,3 von 1639 (München, Alte Pinakothek).
[85] J.W. von Goethe, *Italienische Reise,* 6. März 1787, über «das Innere des Schlundes» des Vesuv: «Der Anblick war weder unterrichtend noch erfreulich».

wir vergessen haben und immer wieder vergessen, an Gottes Offenbarung und an unsern eigenen Glauben; vielleicht haben wir uns aber dessen nicht erinnert. Wir haben es versucht, unsern Blick auf das in Christus den Tod überwindende *Leben* zu richten; vielleicht haben wir aber nur eine tote Sache neben andern gesehen. Wir haben es versucht, den *archimedischen Punkt* zu bezeichnen, von dem aus die |49| Seele und mit der Seele die Gesellschaft bewegt ist; vielleicht haben wir aber aufs neue von einer metaphysischen Dinglichkeit, von einer falschen Transzendenz geredet und gehört. In dieser bösen Möglichkeit liegt die Schwäche und die Gefahr des eben Gesagten. Aber ist es nicht eigentlich gottlos, diese böse Möglichkeit als Möglichkeit allzu ernst zu nehmen? In Gott ist sie offenbar gerade die Unmöglichkeit, und in Gott leben, weben und sind wir [Act. 17,28]. Wie könnten wir appellieren an diese letzte Instanz, an diese Voraussetzung alles Betrachtens und alles Betrachteten, ohne uns allen möglichen Missverständnissen zum Trotz letztlich zu verstehen, zu verstehen, dass wir von der Kraft der Auferstehung *leben,* trotz aller Armut unserer Erkenntnis und Bewegtheit, zu verstehen, dass die Auferstehung Christi von den Toten keine Frage ist, sondern die Antwort, die uns gegeben ist und die wir alle schon irgendwie gegeben haben? ὃ καὶ παρελάβετε, ἐν ᾧ καὶ ἑστήκατε, δι' οὗ καὶ σῴζεσθε 1.Kor. 15,1–2! Wir *kommen* tatsächlich mit, wir *werden* mitgenommen, mit oder ohne religiöse Stimmung. Gottlos wäre es, bei aller Wahrhaftigkeit uns selbst gegenüber, unser Mitkommen und Mitgenommenwerden ganz in Abrede zu stellen. Es ist mindestens etwas in uns, was hier mitgeht. Wenn aber auch nur etwas in uns mitgeht, dann ist allerdings unsere Beschreibung unserer Lage mehr als Beschreibung. Wir sind keine unbeteiligten Zuschauer. Wir *sind* von Gott bewegt. Wir erkennen Gott. Gottesgeschichte geschieht in uns und an uns. Und so ist es das Licht des Sieges, in das unsere Hoffnung und unsere Not getreten ist. Die Hoffnung ist gegenüber der Not das entscheidende, das überlegene Moment. Kein Gleichgewicht mehr von göttlichen und weltlichen Interessen, Tendenzen und Kräften. Gott setzt den Hebel an, um die Welt zu heben. Und die Welt ist gehoben von dem Hebel, den Gott angesetzt hat. Gottesgeschichte ist a priori Siegesgeschichte. Das ist das Zeichen, in dem wir stehen. Das ist die Voraussetzung, von der wir herkommen. Damit soll der ganze Ernst der Lage nicht verwischt, der tragische Zwiespalt, in dem wir uns befinden, nicht überstrichen sein. Wohl aber ist damit festgestellt, dass das letzte Wort zur Sache schon gesprochen ist. Das letzte Wort heißt *Reich Gottes,* Schöpfung, Erlösung, Vollendung der Welt durch Gott und in Gott. Nicht das: Tritt nicht herzu! [Ex. 3,5] ist das letzte Wort über Gott, sondern: Also hat Gott die Welt geliebet, dass er seinen eingeborenen Sohn gab! [Joh. 3,16]. Nicht: Du bist Erde und sollst wieder zu Erde werden! [Gen. 3,19] ist das letzte Wort über |50| die Welt des Menschen, sondern: Ich lebe und ihr sollt auch leben! [Joh. 14,19]. Mit diesem *letzten* Wort in *offenen* Ohren wollen wir unsere Hoffnung und unsere Not in uns bewegen. Die vordringende Herrschaft Gottes ist unser vorher Gegebenes. Die unselige Statik eines konstanten Verhältnisses zwischen Gott und Mensch ist überwunden. Unser Leben gewinnt Tiefe und Perspektive. Wir stehen mitten in einer tragischen, aber auch zielgewissen Reihe göttlicher Taten und Erweisungen. Wir stehen in der Wende der Zeiten, in der Umkehrung von der Ungerechtigkeit der Menschen zur Gerechtigkeit Gottes, vom Tode zum Leben, von der alten zur neuen Kreatur. Wir stehen in der Gesellschaft als die Begreifenden, also als die Eingreifenden, also als die Angreifenden, gehemmt durch das Heilige, aber nicht ganz gehemmt, zurückgestoßen durch das Profane, aber nicht ganz zurückgestoßen. Die großen Synthesen des Kolosserbriefes, sie *können* uns nicht *ganz* fremd sein. Sie sind uns offenbar. Wir glauben sie. Sie sind vollzogen. Wir selbst vollziehen sie. *Jesus lebt.* «In ihm ist alles geschaffen, das im Himmel und auf Erden ist, das Sichtbare und das Unsichtbare, es seien Throne oder Fürstentümer oder Obrigkeiten; es ist alles durch ihn und zu ihm geschaffen» (Kol. 1,16 [vgl. Eph. 1,10]).

III.

«Durch ihn und zu ihm *geschaffen.*» Die nächste Aussicht, die sich gerade von da aus eröffnet, ist überraschend genug; wir dürfen uns aber nicht vor ihr verschließen, auch wenn sie vielleicht nicht ganz zu unsern augenblicklichen Stimmungen passen sollte. Die Lage zwischen Gott und Welt ist durch die Auferstehung in so grundsätzlicher umfassender Weise bewegt, und die Stellung, die wir in Christus dem Leben gegenüber einnehmen, ist so radikal überlegen, dass wir uns, wenn wir nun der Bedeutung und Kraft des Reiches Gottes im einzelnen nachgehen wollen, nicht etwa verleiten lassen dürfen, unsern Blick auf diejenigen Vorgänge und Erscheinungen zu beschränken, die wir im engeren und einzelnen Sinn als gesellschaftskritische, revolutionäre zu bezeichnen gewohnt sind. Der Protest gegen das jeweilig Seiende und Bestehende ist freilich ein integrierendes Moment im Reiche Gottes, und es waren dunkle, dumpfe, gottlose Zeiten, wo dieses Moment des Protestes unterdrückt und verhüllt werden konnte. Aber es ist auch dumpf und gottlos, Christus immer nur als den aus einer |51| unbegreiflichen Versenkung auftauchenden Erlöser oder vielmehr Richter der gegenwärtigen, im Argen liegenden Welt [vgl. 1.Joh. 5,19] zu denken. Das Reich Gottes fängt nicht erst mit unsern Protestbewegungen an. Es ist eine Revolution, die *vor* allen Revolutionen ist, wie sie *vor* allem Bestehenden ist. Die große Negation geht den kleinen voran, wie sie auch den kleinen Positionen vorangeht. Das Ursprüngliche ist die Synthesis, aus ihr erst entspringt die Antithesis, vor allem aber offenbar auch die Thesis selbst. Die Einsicht in die echte Transzendenz des göttlichen Ursprungs aller Dinge erlaubt, ja gebietet uns, immer auch das jeweilige Seiende und Bestehende *als solches* in Gott, in seinem Zusammenhang mit Gott zu begreifen. Der direkte, der schlichte, der methodische Weg führt uns notwendig zunächst nicht zu einer Verneinung, sondern zu einer *Bejahung* der Welt, wie sie ist. Denn indem wir uns in Gott finden, finden wir uns auch in die Aufgabe, ihn in der Welt, wie sie ist, und nicht in einer falsch transzendenten Traumwelt zu bejahen. Nur aus dieser Bejahung kann sich dann die echte, die radikale Verneinung ergeben, die bei unsern Protestbewegungen offenbar gemeint ist. Nur aus der Thesis kann die echte Antithesis entspringen, die echte, d.h. die ursprünglich der Synthesis entspringende Antithesis. Die Welt, wie sie ist, wie sie uns gegeben ist, und nicht, wie wir sie uns träumen, werden wir also zunächst ganz naiv hinzunehmen und auf ihre Beziehung zu Gott zu befragen haben. Gott könnte die Welt nicht erlösen, wenn er nicht ihr Schöpfer wäre. Nur weil sie sein Eigentum *ist,* kann sie sein Eigentum *werden.* Echte Eschatologie leuchtet auch nach rückwärts, nicht nur nach vorwärts. Jesus Christus *gestern,* nicht erst heute [vgl. Hebr. 13,8]. Gott will als Schöpfer erkannt und verehrt sein auch in dem, was schlechthin ist und geschieht, «schlechthin» diesmal nicht nur als *schlicht*hin, sondern wirklich auch als *schlecht*hin zu verstehen: in aller Schlechtigkeit, Entartung und Verwirrung, die diesem Seienden und Geschehenden augenblicklich anhaftet. Reich Gottes ist auch das regnum naturae[86] mit dem ganzen Schleier, der über *dieser* Herrlichkeit Gottes jetzt liegt – dem Schleier zum Trotz werden wir freilich sofort hinzufügen. In diesem Sinn kommen wir um den bekannten und oft verurteilten Hegelschen Satz von der Vernünftigkeit alles Seienden[87] nicht herum. Es ist in allen gesellschaftlichen Verhältnissen, in denen wir uns vorfinden mögen auch in ihrem schlechthinigen Sosein und Gewordensein, ein Letztes, das wir erkennen, eine ursprüngliche Gnade, die wir als |52| solche bejahen, eine Schöpfungsordnung, in die wir uns finden müssen, so gut wie wir uns in die Schöpfungsordnungen der uns umgebenden Natur zu finden haben. Nicht in das Tödliche und Gottlose des Weltlaufs schicken wir uns damit, sondern in das Lebendige und Göttliche, das im Weltlauf immer noch mitläuft, und gerade dieses *uns Schicken* in *Gott* in der Welt ist zugleich unsere Kraft, uns in die Welt *ohne Gott nicht* zu schicken [vgl. Röm. 12,11]. «*Durch ihn* und *zu ihm* geschaffen.» [Kol. 1,16]. In diesem «Durch ihn» und «Zu ihm»: durch Christus und zu Christus hin, liegt die Überwindung der falschen *Weltverneinung*, aber auch die unbedingte Sicherung gegen alle *falsche* Weltbejahung.

In diesem Sinn verstehen wir die nur scheinbar epikureische Lebensweisheit des *Predigers Salomo*: «So gehe hin und iss dein Brot mit Freuden, trink deinen Wein mit gutem Mut; denn dein Werk gefällt Gott. Lass deine Kleider immer weiß sein, und lass deinem Haupte Salbe nicht mangeln. Brauche des Lebens mit deinem Weibe, das du lieb hast, solange du das eitle Leben hast, das dir Gott unter der Sonne gegeben hat, solange dein eitel Leben währt; denn das ist dein Teil im

---

[86] Seit Johann Gerhard unterschied die altprotestantische Orthodoxie innerhalb des officium regium Christi das regnum naturae, das regnum gratiae und das regnum gloriae (vgl. SchmP 240–243).

[87] G.W.Fr. Hegel, *Grundlinien der Philosophie des Rechts*, Vorrede, Gesammelte Werke, Bd. 14, 1, hrsg. von Kl. Grotsch und E. Weisser-Lohmann, Hamburg 2009, S. 14: «*Was vernünftig ist, das ist wirklich; und was wirklich ist, das ist vernünftig.*» Vgl. zu diesen «einfachen Sätze[n]», die «Manchen auffallend geschienen und Anfeindung erfahren» haben, ders., *Enzyklopädie der philosophischen Wissenschaften*, § 6, Gesammelte Werke, Bd. 19, hrsg. von W. Bonsiepen und H.-Chr. Lucas, Hamburg 1989, S. 32.

Leben und in deiner Arbeit, die du tust unter der Sonne. Alles, was dir vor Handen kommt zu tun, das tue frisch; denn in der Hölle, da du hinfährest, ist weder Werk, Kunst, Vernunft noch Weisheit» (Pred. 9,7–10). Wer Ohren hat zu hören, der höre! [Mt. 11,15 par.]. Ich unterlasse also alle Erklärungen. Man kennt jedenfalls Jesus schlecht, wenn man meint, er könnte das nicht auch gesagt haben. Es liegt durchaus auf seiner Linie. Wer durch die enge Pforte [vgl. Mt. 7,13 par.] der kritischen Negation hindurchgegangen ist – es ist alles ganz eitel, sprach der Prediger, es ist alles ganz eitel [Pred. 1,2; 12,8 u.ö.] –, der darf und muss dann wieder so reden. In der Erkenntnis der *absoluten Eitelkeit* des Lebens unter der Sonne im Lichte des überhimmlischen Lebens Gottes liegt eben auch die Erkenntnis der *relativen* und nicht ganz unwichtigen und glanzlosen *Möglichkeit* und *Berechtigung* dieses eitlen Lebens.

In diesem Sinn verstehen wir die seltsame Tatsache, dass *Sokrates* sein Wissen um die Idee nicht ersinnt in weltabgeschiedener Klause, um es dann als ein Fremdes an die unwissenden Menschen heranzubringen. Nein, das Neue von oben ist ja zugleich das vergessene und verschüttete Urälteste. Erfinden heißt finden, und so *findet* Sokrates auf den Straßen und Plätzen des Athens |53| der peloponnesischen Kriege, welches keine civitas Dei war, findet im Wissen des Arztes, des Baumeisters und Steuermanns um den Sinn und Zweck ihres Berufshandelns eine – trotz aller Isolierung und Splitterhaftigkeit dieses Sinn- und Zweckwissens – vorhandene Beziehung auf ein allgemeines ursprüngliches Wissen um den Sinn und Zweck des Lebens. Staunend wird diese Beziehung aufgedeckt und festgestellt. Das ist echte Verehrung Gottes des Schöpfers.

In diesem Sinn dürfte wohl auch der uns so schmerzliche Übergang *Naumanns* von seinem früheren christlich-sozialen Wollen zur schlechthinigen National- und Wirtschaftspolitik zu verstehen oder denn also misszuverstehen sein. Naumanns «ästhetische» Bewunderung und Bejahung der Natur schlechthin, der Technik schlechthin, des Menschen schlechthin, warum sollte sie im Kern etwas anderes gewesen sein als das Staunen vor dem Ursprung, in dessen Lichte wir das Licht sehen [vgl. Ps. 36,10] auch in der Finsternis. Und wenn wir heute wieder dort einsetzen möchten, wo Naumann stehen geblieben ist, so soll uns doch auch sein Stehenbleiben den Blick erweitert haben auf das aller Finsternis zum Trotz auch im Finstern leuchtende Licht [vgl. Joh. 1,5]. Wie groß die Gefahr ist, dass aus solchem weltbejahenden Hindurchschauen auf den Schöpfer doch wieder ein bloßes Schauen der Geschöpfe wird, das werden wir uns freilich gerade durch die Erinnerung an Naumann sagen lassen. Auch Alkibiades, nicht nur Plato, ist bekanntlich an Sokrates' Seite über den Markt von Athen gegangen. Aber die Tatsache allein, dass es möglich war, das Tun des Sokrates auch platonisch zu deuten, soll uns genügen zur Warnung, bei der Askese und bei dem Protest gegenüber den Ordnungen auch dieses Äons nicht stehen zu bleiben. Wir dürfen über der Oppositionsstellung zum Leben, die wir in Christus einnehmen müssen, gerade den Sinn Christi nicht verlieren für die Bedeutung dessen, was im Alltag um uns her geschieht, geschehen muss und in seiner Weise vollkommen und recht geschieht. Sondern gerade bei unserer Oppositionsstellung können und müssen wir das viel missbrauchte: Verdirb es nicht, es liegt ein Segen drin! [Jes. 65,8], die dankbare, lächelnde, verstehende Geduld gegenüber der Welt, den Menschen und uns selbst durchaus mitnehmen, besser sogar als die andern, die von dieser Oppositionsstellung nichts wissen. Wir können es uns leisten, romantischer zu sein als die Romantiker und humanistischer als die Humanisten.

Doch das muss näher präzisiert sein. Denken wir an die Lebensanschauung, die sich in den *Gleichnissen* der synoptischen |54| Evangelien ausspricht. Was ist denn das eine merkwürdige Charakteristikum aller dieser Stücke, durch das sie sich von Äsops und Gellerts Fabeln, von Grimms und Andersens Märchen, von Christoph Schmids Erzählungen[88] und vom indischen religiösen Mythus mit aller Bestimmtheit abheben? Doch wohl die schlichte Art, mit der hier das Himmelreich der Welt gleichgestellt wird. ὁμοία ἐστὶν ἡ βασιλεία τῶν οὐρανῶν [Mt. 13,31 u.ö.] heißt es – und dann kommt regelmäßig ein Bild aus dem Leben der Gesellschaft, das an sich gar nichts Himmlisches hat. Nicht die moralische, nicht die christliche, nicht irgendeine gedachte und postulierte Welt wird beschrieben, sondern höchst naiv die Welt schlechthin, wie sie's treibt und wie sie läuft, unbekümmert um den teilweise sehr massiven Erdrest, der den geschilderten Vor-

---

[88] Siehe oben S. 329, Anm. 12.

gängen und Verhältnissen anhaftet. Ein rechter Lump, der von seinem Vater, weil er eben doch der Vater ist, mit einer für jeden Fernstehenden höchst unbegreiflichen Güte wieder aufgenommen wird [vgl. Lk. 15,11–32]. Ein keifendes Weib, das einem Richter, der sonst weder Gott noch die Menschen fürchtet, den Meister zeigt [vgl. Lk.18,2–8]. Ein König, der in einen unvorsichtigen Krieg zieht und dann im rechten Augenblick noch zum Rückzug blasen lässt [vgl. Lk. 14,31f.]. Ein Spekulant, der sein ganzes Vermögen einsetzt, um eine kostbare Perle zu gewinnen [vgl. Mt. 13,45f.]. Ein Schlaumeier, ein rechter Kriegsgewinnler, der sich höchst umsichtig in den Besitz eines zufällig entdeckten Schatzes zu setzen weiß [vgl. Mt. 13,44]. Ein Spitzbube, der mit dem ungerechten Mammon umgeht, als ob es kein Mein und Dein gäbe [vgl. Lk. 16,1–9]. Eine Gruppe Kinder auf der Straße in vollem Händel [vgl. Mt. 11,16–19]. Der Bauer, der höchst behaglich schläft und wieder aufsteht, indes sein Land von selbst für ihn arbeitet [vgl. Mk. 4,26–29]. Ein Mensch, der, wie es so gehen kann, unter die Räder und unter die Räuber kommt im Leben und der, obwohl die Welt voll frommer Leute ist, lange warten muss, bis er eine mitleidige Samariterseele findet [vgl. Lk. 10,30–37]. Ein launiger Gastgeber, der unter allen Umständen sein Haus voll sehen will [vgl. Lk. 14,16–24]. Eine alleinstehende Frauensperson, die, da sie einen Groschen verloren hat, tut, als wäre alles verloren [vgl. Lk. 15,8f.]. Der Gerechte und der Ungerechte nebeneinander in der Kirche, beide durchaus sich selber treu [vgl. Lk. 18,10–14]. Das ist alles so banal, so illusionslos, so ganz ohne eschatologische Spitze hingestellt, wie eben das Menschenleben tatsächlich ist, und gerade darum von Eschatologie voll bis zum Rand. Denn es ist doch wohl nicht Erzählungstechnik, nicht literarische Form, sondern wie alle innerlich notwendige Form bereits selbst bedeutungsvoller Inhalt, Lebensanschauung, wenn da die Erscheinungen des Tages so ungebrochen |55| in ihrer in sich selbst beruhenden Notwendigkeit, Berechtigung und Vollkommenheit begriffen werden. Es ist dasselbe freie Überblicken und Verstehen und Darstellen des tatsächlichen Lebens der Gesellschaft, das z.B. die Romane Dostojewskis von der Art unterscheidet, mit der wir uns in den meisten Erzählungen Tolstojs sofort angepredigt fühlen. Nur aus der radikalsten Erkenntnis der Erlösung heraus kann man das Leben, wie es ist, so hinstellen, wie Jesus es getan hat. Nur vom Standpunkt der

Antithesis, die in der Synthesis wurzelt, kann man die Thesis so ruhig gelten lassen. So kann nur einer reden, der dem Leben *absolut* kritisch gegenübersteht und der darum, anders als Tolstoj, mit der *relativen* Kritik immer auch zurückhalten, der aus einer letzten Ruhe heraus ebensogut im *Weltlichen* die *Analogie* des *Göttlichen* anerkennen und sich ihrer freuen kann. Denn auch hier handelt es sich selbstverständlich nicht um ein sich an seinen Gegenstand verlierendes Anschauen, sondern um ein Hindurchschauen in die ursprüngliche Schöpfung, in das Himmelreich, dessen Gesetze sich in den Vorgängen und Verhältnissen des gegenwärtigen Äons abschatten. «Wird doch Gottes unsichtbares Wesen: seine ewige Kraft und Gottheit von der Erschaffung der Welt her durch die Vernunft in seinen Werken erschaut» (Röm. 1,20). Noch deutlicher als bei Sokrates ist bei Jesus jene weitblickende lächelnde Geduld, mit der alles Vergängliche auch in seinen abnormen Gestalten ins Licht des Unvergänglichen gerückt wird. Denn der Herr lobte nicht nur den trefflichen Arzt, den geschickten Steuermann, sondern auch den ungerechten Haushalter [vgl. Lk. 16,8]. Noch deutlicher aber auch: Alles Vergängliche ist *nur* ein Gleichnis.[89] Denn gerade die große Gelassenheit dem Gegenstand gegenüber macht es hier ganz klar, dass das Ursprüngliche, das Schöpfungsmäßige im schlechthin Seienden und Geschehenden, in keinem Sinn im Gegenstand selbst, sondern in seiner Idee, in seinem himmlischen Analogon zu suchen ist. Noch deutlicher endlich das keineswegs Rationale, Selbstverständliche, auf der Hand Liegende, sondern Wunderbare und Offenbarungsmäßige des Erschauens des unsichtbaren Wesens Gottes durch die Vernunft in seinen Werken, wie auch Paulus betont hat: «Der Gottesgedanke ist ihnen bekannt. *Gott* hat ihn ihnen bekannt gemacht» (Röm. 1,19). Denn einigen ist es gegeben, die Geheimnisse des Himmelreichs zu wissen [vgl. Mt. 13,11 par.], das Unvergängliche im Gleichnis des Vergänglichen zu schauen, andern aber ist es nicht gegeben. Ihnen muss es vielmehr gerade durch das Gleichnis |56| verhüllt werden, damit das Göttliche nicht etwa gottlos begriffen werde. Ohne Augen *darf* es kein Sehen geben, ohne den vergebenden Gott keine Vergebung. Sondern wer da *hat, dem* wird gegeben werden und er wird die Fülle haben [vgl. Mt. 13,12; 25,29].

---

[89] J.W. von Goethe, *Faust II*, V. 12104f. (5. Akt, Bergschluchten).

Die so oft bedauerte und belächelte sogenannte Markus-Theorie[90] über den Sinn der Gleichnisse (Mk. 4,10–12; Mt. 13,10–17) ist also durchaus gerade ihre kongenialste und zweifellos von Jesus selbst herrührende Deutung. Bilder aus dem Leben, wie es *ist,* sind die Gleichnisse, Bilder, die etwas bedeuten. Denn das Leben, wie es *ist,* bedeutet etwas. Und wer das Leben, wie es *ist,* nicht versteht, kann auch seine Bedeutung nicht verstehen. Der so kühn und frei Welt und Himmelreich, Gegenwärtiges und Ursprünglich-Zukünftiges zusammen schaute, der hatte offenbar einen starken Sinn für *Sachlichkeit.* Eines kommt in den Gleichnissen nicht vor, nämlich Dilettantismus, Pfuscherei und Halbheit. Sogar der unnütze Knecht, der sein Pfund vergräbt [vgl. Mt. 25,14–30 par.], ist in seinem Tun und Reden in seiner Weise ein ganzer Mann. Die Kinder dieser Welt sind klug, sie machen ihre Sache auf ihrem Boden recht, besser als die Kinder des Lichts auf ihrem Boden, und der Herr lobt sie dafür [vgl. Lk. 16,8]. Sie sind hoffnungsvolle Erscheinungen. Wo man seine Sache recht macht, da ist offenbar – nicht das Himmelreich selbst, aber eine große Möglichkeit, dass das Himmelreich seinen weltlichen Vordergrund gleichsam durchschlägt und ins Bewusstsein, in die Erscheinung tritt. Soweit wir wissen, hat Jesus seine Jünger bei der Arbeit und nicht beim Müßiggang getroffen, als er sie in *seinen* Dienst rief: aus den *Fischern* konnten Menschenfischer werden [vgl. Mt. 4,19 par.], und aus der schlichten Pflicht, dem Kaiser zu geben, was des *Kaisers* ist, die Erkenntnis, dass noch viel mehr und noch ganz anderes Gott zu geben ist, was *Gottes* ist [vgl. Mt. 22,21 par.]. Das klassische Beispiel für diesen bildlichen Charakter der bestehenden Verhältnisse und für das Durchschlagen des himmlischen Urbilds ist der Hauptmann von Kapernaum [vgl. Mt. 8,5–13 par.], der sich, ob es uns freut oder nicht, in seinem Tun als Militär selber zum Gleichnis wird für die Ordnungen des Messiasreichs und dessen schlichte Einsicht dann von Jesus als Glaube gerühmt wird, wie er ihn in dem allzu geistlichen, ewig im Protest gegen die bestehende Welt begriffenen Israel nicht gefunden.

---

[90] Vgl. z.B. J. Weiß, *Die drei älteren Evangelien,* in: *Die Schriften des Neuen Testamentes, neu übersetzt und für die Gegenwart erklärt,* hrsg. von J. Weiß, 1. Bd., Göttingen 1907², S. 31–525, dort S. 110 zu Mk. 4,10–12: Die Worte müssen «schon deshalb als eine Theorie des Markus betrachtet werden, weil sie einen Begriff von Parabel enthalten, der Jesus fern liegt».

Was folgt aus dem allem? Offenbar der Hinweis darauf, dass schlichte *Sachlichkeit* unseres Denkens, Redens und Tuns auch innerhalb der jeweiligen bestehenden Verhältnisse und im Bewusst-|57|sein der Gefangenschaft, in der wir uns hier befinden, eine *Verheißung* hat – nicht mehr, aber auch nicht weniger folgt daraus. Wir haben uns in keiner Weise als Zuschauer *neben* den Lauf der Welt, sondern an unserm bestimmten Platz in diesen Lauf hineinzustellen. Das Bewusstsein der solidarischen Verantwortlichkeit, die auf unsere Seele gelegt ist der entarteten Welt gegenüber oder anders ausgedrückt: der Gedanke an den Schöpfer, der auch der gefallenen Welt Schöpfer ist und bleibt, zwingt uns zu dieser Haltung. Mag denn alles, was wir im Rahmen des jeweilig schlechthin Seienden und Geschehenden tun können, nur *Spiel* sein im Verhältnis zu dem, was eigentlich getan werden sollte, so ist es doch ein *sinnreiches* Spiel, wenn es recht gespielt wird. Aus schlechten Spielern werden sicher keine guten Arbeiter, aus Bummlern, Journalisten und Neugierigen auf dem Kampfplatz des Alltags keine Stürmer des Himmelreichs [vgl. Mt. 11,12]. Das tiefste Befremden über die Problematik alles rein gegenständlichen Denkens und Schaffens muss zur Bereitschaft werden zum tiefsten Respekt vor jeder ehrlichen Leistung: es könnte ja die Reinheit des Ursprungs sein, die uns darin entgegentritt, und gewiss tritt sie uns darin entgegen, wenn wir die Augen haben, zu sehen. Die tiefste Unsicherheit in Bezug auf den Wert unserer eigenen Arbeit muss den tiefsten Willen in uns erzeugen, rechte, gesunde, vollendete Arbeit zu tun; es könnte ja, wenn der Funke von oben dazu kommt, das Unvergängliche im Vergänglichen zur Erscheinung kommen. Die göttlichen *Gebote:* Erfüllet die Erde und machet sie euch untertan! [Gen. 1,28] Wer nicht arbeitet, der soll auch nicht essen! [2.Thess. 3,10] Der im Anfang den Menschen schuf, der schuf sie einen Mann und ein Weib! [Mt. 19,4 par.] Ehre Vater und Mutter, auf dass es dir wohl gehe! [Ex. 20,12; Dtn. 5,16], sie stehen in voller Kraft. Die köstliche göttliche *Weisheit* des von Oetinger[91] so dringend empfohlenen sensus

---

[91] Vgl. Fr. Chr. Oetinger, *Inquisitio in sensum communem et rationem,* Tübingen 1753; ders., *Die Wahrheit des Sensus communis, in den nach dem Grund-Text erklärten Sprüchen und Prediger Salomo,* Stuttgart 1754. Vgl. dazu Oetingers Referate in *Friedrich Christoph Oetingers Leben und Briefe, als urkundlicher Commentar zu dessen Schriften,* hrsg. von K. Chr. E. Ehmann, Stuttgart 1859, S. 198–211.

communis der Sprüche und des Predigers Salomo werden wir doch nicht umsonst ihre Stimme auf den Gassen hören lassen [vgl. Spr. 1,20], mögen diese Schriften so spätjüdisch sein, als sie immer wollen. Und den göttlichen *Segen* zu erfahren, den Isaak und Hiob, nachdem sie durch die enge Pforte hindurchgegangen, schon auf dieser Erde empfingen, werden wir doch nicht zu großzügig sein wollen. Eine demütige, aber zielklare und auch wohl freudige Freiheit, uns auch auf dem Boden dieses Äons zu bewegen, wird uns nie ganz verboten und unmöglich sein: die Freiheit, im Lande der Philister zu wohnen, die Freiheit, im Haus der Zöllner und Sünder mit ruhiger Überlegenheit |58| ein- und auszugehen, so auch im Hause des ungerechten Mammon, so auch im Hause des Staates, welcher ist das Tier aus dem Abgrund [vgl. Apk. 13,1–7], heiße er, wie er wolle, so auch im Hause der gottlosen Sozialdemokratie, so auch im Hause der falsch berühmten Wissenschaft und der losen Künste, so auch endlich und zuletzt sogar im Kirchenhaus. Warum denn nicht? Warum nicht just eben? Introite nam et hic dii sunt![92] In der Furcht Gottes werden wir ein- und ausgehen, ohne darum zu Götzendienern zu werden, ein- und ausgehen, als täten wir es nicht. Die Furcht Gottes ist unsere Freiheit in der Freiheit. «Ist's nun nicht besser dem Menschen, dass er esse und trinke und seine Seele guter Dinge sei in seiner Arbeit? Aber solches sah ich auch, dass es von Gottes Hand kommt. Denn wer kann fröhlich essen und sich ergötzen ohne ihn?» (Pred. 2,24–25). Den Hinweis der Romantik, dass das Reich Gottes nicht erst heute anfange, den Hinweis des Humanismus, dass auch der gefallene Mensch der Träger des göttlichen Lichtfunkens ist, wir bejahen ihn. Wir bejahen das Leben. Auch das regnum naturae, die große Vorläufigkeit, in deren Rahmen sich alles Denken, Reden und Handeln jetzt abspielt, kann ja immer regnum Dei sein oder werden, wenn nur *wir* im Reiche Gottes sind und Gottes Reich in uns [vgl. Lk. 17,21]. Das ist nicht Weltweisheit. Das ist Wahrheit in Christus [vgl. Röm. 9,1; 1.Tim. 2,7]. Das ist gründliche und grundlegende biblische Lebenserkenntnis.

[92] Zu dem von Aristoteles, *De partibus animalium* I, 5, 645 a 17, überlieferten Ausspruch Heraklits s. auch Büchmann, S. 499f.

IV.

Aber von dieser Seite der Lebenserkenntnis werden wir lieber mit der Bibel leise als mit dem klassischen Altertum und dem deutschen Idealismus laut oder gar überlaut reden. Wir werden uns also zwar davor hüten, uns die *Lebensverneinung* mit gewissen Gestalten der russischen und überhaupt der östlichen Literatur zu einem eigenen Thema werden zu lassen. Denn der Untergang von Sodom und Gomorrha ist nichts zum Betrachten; über diesem Betrachten wird man zur Salzsäule [vgl. Gen. 19,24–26]. Aber auch die *Lebensbejahung* allein kann nicht wieder Thema werden. Hinter die grundsätzliche Gebrochenheit der Lebenserkenntnis Dostojewskis wollen wir nicht wieder zurück, weder zu den Griechen noch zu Goethe. Und nicht einmal einem harmonischen Gleichgewicht beider Momente möchten wir das Wort reden. Das Verhältnis zwischen der Tragik, die doch auch hinter dem griechischen Kulturbewusstsein steht, und dem Glanz der Humanität, mit |59| dem es sich dann trotzdem zu umgeben wusste, ist eine feine und ernste Frage, die jedenfalls nicht abstrakt und rational, sondern nur im Zusammenhang der Gottesgeschichte gelöst werden darf. Dann sind aber offenbar beide Momente nicht gleich starke, gleichsam symmetrische Momente der Wahrheit. Mögen es Goethe auf seinem weimarischen Jupiterthron und Dionysos-Nietzsche darin gehalten haben, wie sie wollten und durften, und mag es nach Kutters Mitteilungen[93] dem göttlichen Humor zukommen, sich unter Tränen lächelnd in den Rätseln des Weltlaufs zu offenbaren – wir dürfen es uns jedenfalls nicht leisten, die Bewegung und Spannung zwischen diesen beiden Momenten irgendwie auszugleichen und zur Ruhe zu bringen, auch nicht um der uns wohl bewussten Vollständigkeit des philosophischen Begriffs des Menschen willen. Architektonische Gründe dürfen uns nicht übersehen lassen, dass die Antithesis mehr ist als bloße Reaktion auf die Thesis. In eigener ursprünglicher Kraft entspringt auch sie der Synthesis, die Thesis in sich begreifend und aufhebend und also in jedem denkbaren Moment sie an Würde und Bedeutung überragend. Ruhe ist in Gott allein.[94] Wir müssen uns,

[93] Vgl. H. Kutter, *Reden an die deutsche Nation,* Jena 1916, S. 98.113.225.
[94] In den Lebenserinnerungen von W. Jörn, *Ährenlese vom Acker meines Lebens,* Stuttgart 1962, S. 144, findet sich der «Spruch» unbekannter Herkunft:

auch wenn wir unsere Lage von Gott aus zu begreifen suchen, ehrlicherweise immer eingestehen, dass uns die Tragik unserer Lage stärker bewusst ist als die Souveränität, mit der wir uns allenfalls mit dieser Lage abzufinden wissen. Die Tränen sind *uns* näher als das Lächeln. *Wir* stehen tiefer im Nein als im Ja, tiefer in der Kritik und im Protest als in der Naivität, tiefer in der Sehnsucht nach dem Zukünftigen als in der Beteiligung an der Gegenwart. *Wir* können den *Schöpfer* der ursprünglichen Welt nicht anders ehren, als indem wir schreien nach dem *Erlöser* der jetzigen Welt. Unser Ja gegenüber dem Leben trug ja von vornherein das göttliche Nein in sich, nun bricht es hervor in der Antithesis, gegenüber der vorläufigen Thesis hinweisend auf die ursprünglich-endliche Synthesis, selber noch nicht das Letzte und Höchste, aber der Ruf aus der Heimat, der auf unsere Frage nach Gott in der Welt antwortet. Das alte Lied von der Arbeit und Tüchtigkeit, von der Kultur und von der evangelischen Freiheit werden wir also auch im höheren Chor [vgl. Ps. 120,1 u.ö.] nur unter stärkster Dämpfung wieder aufnehmen. Unsere Beunruhigung durch Gott, seine Gnade und sein Gericht hat sich nun einmal der Entfaltung des Lebens verheißend, aber auch warnend in den Weg gestellt, und wir können keinen Augenblick mehr *nicht* an dieses Ereignis denken. *Zu* sehr bedrängt uns bei aller |60| erlaubten und nötigen Lebensbejahung die Tatsache, dass unser Handeln in diesem Äon wohl in Analogie, aber nicht in Kontinuität mit dem göttlichen Handeln steht. *Zu* wirksam ist gerade die Voraussetzung unserer Lebensbejahung, die darin besteht, dass alles eitel, alles ganz eitel [vgl. Pred. 1,2; 12,8 u.ö.]. *Zu* belastet ist unsere Gegenwart durch die Einsicht, dass noch nicht erschienen ist, was wir sein werden [vgl. 1.Joh. 3,2]. Zu olympischen Anwandlungen ist in diesem Äon kein Raum. Die Souveränität, die Alkibiades im «Gastmahl» an Sokrates bewundert[95], entspringt doch gerade der Gebrochenheit der sokratischen Lebenserkenntnis, dem kritischen Wissen um die Idee, und nicht anders steht es offenbar bei einem Michelangelo, einem Bach, einem Schiller. Das sah jener athe-

> Das ist der Anfang aller Ruhe,
> das ist das Ende aller Pein,
> daß man den Willen Gottes tue,
> denn Ruhe ist in Gott allein!

[95] Vgl. Platon, *Symposium*, 220 d 3 – 221 d 6.

niensische Vollblutmensch nicht. Wir aber sollen es sehen und das Gleichnis nicht mit der Sache verwechseln. Wirkliche Lebenserkenntnis ist allen Abstraktionen feind. Sie kann Ja sagen, aber nur um aus dem Ja heraus noch lauter und dringender Nein zu sagen. Denn sie richtet sich nicht nach der systematischen Vollständigkeit, sondern nach dem Stand ihrer eigenen Geschichte, nach dem Gebot der Stunde. Sie hat ihren eigenen Gang. Sie ist bewegt und mehrdimensional.

Und so führt uns denn gerade der freie Blick auf die Schöpfungsordnung sofort weiter auf das Gebiet, wo Licht und Finsternis in siegreichem, aber schwerem *Kampf* stehen, vom regnum naturae hinüber ins regnum gratiae, wo in Christus das ganze Leben problematisch, bedenklich und verheißungsvoll wird. Es ist derselbe Gott, der «ansah alles, was er gemacht hatte, und siehe, es war sehr gut» (Gen. 1,31) – «welcher uns errettet hat aus der Obrigkeit der Finsternis und hat uns versetzt in das Reich seines lieben Sohnes» (Kol. 1,13). Eben dasselbe Bewegende, das uns die Harmlosigkeit gegenüber dem Leben gibt, nimmt sie uns auch wieder. Die richtig vernommene Antwort wird zur neuen Frage, das Ja zum Nein, und mit der gleichen ganzen Notwendigkeit, mit der wir in Gott den ewigen Anfang und das ewige Ende erkennen, müssen wir uns nun auch finden in dem Übergangscharakter der Mitte, der Gegenwart, in der wir stehen. Gerade indem uns die Gesellschaft zum Spiegel ursprünglicher Gottesgedanken wird, wird sie uns zum Spiegel unserer Not und unserer Hoffnung.

So wendet sich das Reich Gottes zum *Angriff* auf die Gesellschaft. Warum ist uns Gott so verborgen? Warum wird es uns so schwer, fast unmöglich, mit Sokrates und den synoptischen Gleichnissen jenen ursprünglichen Sinn wiederzuerkennen in dem, was |61| wir schlechterdings tun und andere schlechterdings tun sehen? Liegt es an unsern Augen, oder liegt es an den Dingen? Wie kommt es, dass es einigen nicht gegeben ist, zu sehen, andern aber gegeben [vgl. Mt. 13,11 par.], aber auch diesen so selten, so spärlich? Warum sind wir so gefangen und gehindert, wie von einem ungeheuren Druck, bei der an sich so schlichten Aufforderung, hier und jetzt den Willen Gottes zu tun? Warum lässt auch das Verhalten des ausgezeichnetsten Christen in der Gesellschaft einen Zweifel in uns übrig, ob das nun das Tun des Wil-

lens Gottes *sei*, von dem in der Bibel mit solchem Gewicht die Rede
ist? Warum wendet sich unser Blick, wenn wir dieser schlichten Aufforderung gedenken, fast ausschließlich und als ob es so sein müsste,
der Zukunft zu: quod vixi tege, quod vivam rege![96] Morgen, morgen
soll es besser werden? Warum stehen wir immer nur in den Vorbereitungen zu einem Leben, das nie anfangen will? Warum können wir
nicht triumphierend, im Sonnenschein des Humanismus, auf zwei
Füßen, mit zwei Händen und zwei Augen [vgl. Mt. 5,29f.; 18,8f.; Mk.
9,47] ins Reich Gottes eingehen, sondern bestenfalls als Lahme, Krüppel und Einäugige, als die Erniedrigten, Gedemütigten und Zer-
knirschten? Warum können tatsächlich nur die Philister zufrieden
und selbstzufrieden sein? Warum können wir uns, und wenn wir noch
so viele *vorletzte* Einwände hätten, gerade im *letzten* Grunde *nicht*
verschließen gegenüber dem Protest, den *Kierkegaard* gegen Ehe und
Familie, den *Tolstoj* gegen Staat, Bildung und Kunst, den *Ibsen* gegen
die bewährte bürgerliche Moral, den *Kutter* gegen die Kirche, den
Nietzsche gegen das Christentum als solches, den der *Sozialismus* mit
zusammenfassender Wucht gegen den ganzen geistigen und materiellen Bestand der Gesellschaft richtet? Warum bringen wir kein Pathos auf, um uns gegen das Unerhörte zu verwahren, dass *Dostojewski*
den Christus als Idioten durch die Gesellschaft gehen und das echte
Christusverständnis beim Mörder und bei der Dirne seinen Anfang
nehmen lässt?[97] Warum bejaht etwas in uns den radikalen Protest, den
die *Mystik* des Mittelalters, die ursprüngliche *Reformation* und das
Täufertum gegen *die* Religion richtet, die innerhalb der Gesellschaft
die allein vorstellbare und mögliche ist? Warum beugen wir uns mit
einem sacrificium, bei dem wahrhaftig noch ein wenig mehr auf dem
Spiel steht als unser bisschen Intellekt, vor der Botschaft der *Bergpredigt*, in der Menschen selig gepriesen werden [Mt. 5,3–11], die es
gar nicht gibt, in der dem, was zu den Alten gesagt ist und was |62| wir
beständig zueinander sagen müssen, ein «Ich aber sage euch!» gegen-
übergestellt wird [vgl. Mt. 5,21–48], für das wir weder in der heutigen

[96] Die Herkunft des öfter Augustinus zugeschriebenen Gebets, das Barth
wiederholt zitiert (KD II/1, S. 708; III/2, S. 653.665.667; IV/1, S. 668), ist un-
bekannt.
[97] Anspielung auf die Romane «Prestuplenie i nakazanie» (Schuld und
Sühne) und «Idiot» (Der Idiot).

noch in irgendeiner denkbaren Gesellschaft Verwendung haben, die eine Moral verkündigt, deren Voraussetzung darin besteht, dass es keine Moral mehr geben darf? Warum sind wir so verlegen und antwortlos gegenüber der Anklage, die der *alttestamentliche Gesellschaftsphilosoph* gegen das Leben – nicht nur gegen die und jene heutigen Zustände, sondern gegen das Leben selbst erhebt: «Ich wandte mich und sah an alles Unrecht, das geschah unter der Sonne; und siehe, da waren Tränen derer, die Unrecht litten und hatten *keinen* Tröster; und die ihnen Unrecht taten, waren zu mächtig, dass sie keinen Tröster haben *konnten*. Da lobte ich die *Toten*, die schon gestorben waren, mehr denn die Lebendigen, die noch das Leben hatten; und besser denn alle beide ist, der *noch nicht ist* und des Bösen nicht inne wird, das unter der Sonne geschieht.» (Pred. 4, 1–3). Wie kommt es, dass wir das alles verstehen, ohne es zu verstehen, bejahen, ohne es zu bejahen, dass wir bei dem ganzen Angriff, der sich da aus einer letzten Tiefe gegen die Grundlagen der Gesellschaft richtet, mitgehen müssen, ohne es zu wollen?

Es ist doch wohl klar, wir sind gegenüber diesem Angreifer in derselben Zwangslage, in der wir uns gegenüber dem Verteidiger befanden, und der Verteidiger und der Angreifer müssen einer und derselbe sein, und der Angriff ist der Fortschritt über die Verteidigung hinaus. Und auch das ist klar: Diese Zwangslage kommt nicht von außen an uns heran; es geschieht das alles in unserer eigensten Freiheit. Denn Gott der Schöpfer, auf den wir aufmerksam geworden sind, ist auch Gott der Erlöser, dessen Spuren wir von uns aus folgen müssen, und im Fortgang der Gottesgeschichte, in die wir eingetreten sind, liegt es eben, dass wir von uns aus von der Verteidigung zum Angriff, vom Ja zum Nein, von der Naivität zur Kritik der Gesellschaft gegenüber fortschreiten müssen. So wenig wir uns jenem ursprünglichen Ja verweigern können, so wenig, nein, rebus sic stantibus noch weniger diesem ursprünglichen Nein; denn beide sind eins und eins folgt aus dem andern. Es ist in der Wahrheit Christi [vgl. 2.Kor. 11,10], die uns eben noch zur Mahnung zur schlichtesten Sachlichkeit wurde, zugleich ein stürmisches Vorwärts, das uns und unser gesellschaftliches Leben auf eine noch ganz andere Sachlichkeit hinweist. Wir *können* ja nicht dabei stehen bleiben, in allem Vergänglichen *nur* das Gleichnis zu sehen. Es |63| ist etwas in der Analogie, das zur Kontinuität hindrängt wie beim Hauptmann von Kapernaum [vgl. Mt. 8,5–13 par.]. Das Gleichnis ist Verheißung, und Verheißung will Erfüllung. Das Kind möchte, nachdem es empfangen ist, geboren werden. Es ist ein Harren in der Kreatur auf die Offenbarung der Söhne Gottes und ihr ὠδίνωειν und στενάζειν, ihre Geburtswehen und ihre Seufzer sind doch keine andern als unsere eigenen (Röm. 8,19–23). Das, was in all unserm Denken, Reden und Tun immer nur *gemeint* ist, gerade das drängt zur Erscheinung; wir *können* uns ja an den Bildern und Gleichnissen nicht genügen lassen. Nicht umsonst hat uns das Vergängliche das Gleichnis des Unvergänglichen geboten, nun können wir das Unvergängliche nimmer vergessen, nun kann keine Ruhe mehr sein fern vom Reiche Gottes. Nun kann kein Verweis auf ein Jenseits mehr Ruhe schaffen; denn eben das Jenseits ist es ja, das durch seine Abwesenheit im Diesseits und durch sein Anklopfen an die verschlossenen Türen des Diesseits zur Ursache unserer Unruhe wird. Und so hilft dieser Unruhe gegenüber auch keine pessimistische Diskreditierung des Diesseits; denn eben in unserer Diesseitigkeit wird uns unser Abfall bewusst und erscheint uns im Gleichnis unsere Verheißung, τὸ φθαρτὸν τοῦτο, *dieses* Verwesliche muss anziehen die Unverweslichkeit, und τὸ θνητὸν τοῦτο, *dieses* Sterbliche muss anziehen die Unsterblichkeit (1.Kor. 15,53). Wir müssen *ganz hinein* in die Erschütterung und Umkehrung, in das Gericht und in die Gnade, die die Gegenwart Gottes für die jetzige und jede uns vorstellbare Welt bedeutet, wenn anders wir nicht zurückbleibend *heraus* wollen aus der Wahrheit Christi [vgl. 2.Kor. 11,10], aus der Kraft seiner Auferstehung [vgl. Phil. 3,10]. Diese Erschütterung und Umkehrung *können* wir nicht *betrachten* als fromme oder witzige Zuschauer, noch sie *umgehen* mit dem Begehren, breite, lichte, volle Straßen zu wandern[98] mit den Romantikern und Humanisten; es wäre denn, wir stellten uns bewusst zu denen, von denen es heißt: ἀγνωσίαν θεοῦ τινες ἔχουσιν (1.Kor. 15,34). Wir *müssen* Gott gegenüber in unserer sichern Kreatürlichkeit einmal aus dem Gleichgewicht kommen, wir *dürfen* uns nicht länger auf die «Wirklichkeit» berufen, wo es sich eben darum handelt, dass die *Wirklichkeit* aus der «Wirklichkeit» hervorbrechen

---

[98] Vgl. die Schlusszeile der 2. Strophe des Chorals «Wenn ich ihn nur habe» von Fr. von Hardenberg (Novalis) (GERS [1891] 250).

will. Wir *müssen* uns des Ernstes der Lage, der Wucht des gegen uns und doch von uns selbst geführten Angriffs einmal bewusst werden. Wie furchtbar, wenn gerade die *Kirche* tatsächlich von dem allen nichts merken, sondern ihren ganzen Eifer daran |64| setzen sollte, dem Menschen das Gleichgewicht, das er endlich *verlieren* sollte, zu *erhalten!* Doch was geht uns die Kirche an? Die Frage, ob wir es denn schon gemerkt haben, um was es geht, ist für uns alle so anhaltend ernst, dass wir uns aller Blicke nach links und rechts enthalten können. Ja, *haben* wir den Ruf gehört, den wir gehört haben? *Haben* wir verstanden, was wir verstanden haben? Dass eine Neuorientierung an Gott dem *Ganzen* unseres Lebens gegenüber, nicht nur ein in die Opposition Treten in einigen oder vielen Einzelheiten heute die Forderung des Tages ist? Dass wir diese Wendung im ganzen dann aber auch erwahren und bewähren müssen in einer großen kritischen Offenheit im einzelnen, in mutigen Entschlüssen und Schritten, in rücksichtslosen Kampfansagen und geduldiger Reformarbeit, heute wohl ganz besonders in einer weitherzigen, umsichtigen und charaktervollen Haltung gegenüber, nein, nicht als unverantwortliche Zuschauer und Kritiker *gegenüber,* sondern als mithoffende und mitschuldige Genossen *innerhalb* der *Sozialdemokratie,* in der *unserer* Zeit nun einmal das Problem der Opposition gegen das Bestehende gestellt, das Gleichnis des Gottesreiches gegeben ist und an der es sich erweisen muss, ob *wir* dieses Problem in seiner absoluten und relativen Bedeutung verstanden haben. Wer von uns dürfte sich rühmen, tief genug in dieser gebrochenen Lebenserkenntnis zu stehen? Domine ad te nos creasti – das ist ihr Ja. Et cor nostrum inquietum est donec requiescat in te[99] – das ist ihr überragendes, brennendes Nein. Wir stehen wohl alle erst im Anfang.

Aber wie dem auch sei – ein *neuer* Tag ist angebrochen. Jesus Christus *heute* – heute *derselbe!* [vgl. Hebr. 13,8]. «Heute, heute, so ihr seine Stimme höret, so verstocket eure Herzen nicht!» [Ps. 95,7f.]. «Seit den Tagen Johannes des Täufers und bis heute stürmt das Himmelreich herein (βιάζεται) und die Stürmer (die βιασταί) reißen es an sich» (Mt. 11,12). Und: «Ich bin gekommen, dass ich ein Feuer an-

---

[99] Vgl. Augustinus, *Confessiones* I, 1,1, CSEL 33,1,1.8f.: «Magnus es, domine, [...] fecisti nos ad te et inquietum est cor nostrum, donec requiescat in te.»

zünde auf Erden; was wolltc ich lieber, denn es brennete schon» (Lk. 12,49). Das ist das regnum gratiae. «Das Reich Gottes ist *nahe herbei*gekommen.» [Mt. 4,17 par.].

V.

Aber nun müssen wir ein letztes Mal innehalten, um uns über das eben Gesehene zu verständigen. Neben die schlichte sachliche Mitarbeit im Rahmen der bestehenden Gesellschaft ist die radikale |65| Opposition gegen ihre Grundlagen getreten. Aber wie wir uns dort verwahren mussten gegen das Missverständnis, als könnten durch solche Sachlichkeit die gestürzten Götzen wieder aufgerichtet werden, so müssen wir uns jetzt sichern gegen den Irrtum, als wollten wir durch Kritisieren, Protestieren, Reformieren, Organisieren, Demokratisieren, Sozialisieren und Revolutionieren, *und wenn dabei das gründlichste und umfassendste gemeint wäre,* etwa dem Sinn des Gottesreiches Genüge leisten. Darum kann es sich wirklich nicht handeln. Keine ungehemmte Naivität in diesem Äon, aber auch keine ungehemmte Kritik. Die Problematik, in die wir durch Gott geworfen sind, darf so wenig wie die Schöpfungsordnung, auf deren Boden wir durch ihn gestellt sind, zur Abstraktion werden. Sondern eins muss durch das andere und beides muss aus Gott verstanden werden. Wenn wir es anders halten, geraten wir aus einer Weltweisheit in die andere. Unser Ja wie unser Nein trägt seine Begrenzung in sich selber. Indem Gott es ist, der uns jene Ruhe und diese größere Unruhe bereitet, wird es klar, dass weder unsere Ruhe noch unsere Unruhe in der Welt, so notwendig beide sind, letzte Gesichtspunkte sein können.

Das *andere,* das wir mit unserm Denken, Reden und Tun in Gleichnissen meinen, das *andere,* nach dessen Erscheinung wir uns, der Gleichnisse müde, sehnen, es ist nicht nur *etwas* anderes, sondern es ist das *ganz* andere des Reiches, das das Reich *Gottes* ist. Die Kraft der Thesis und die Kraft der Antithesis wurzeln in der ursprünglichen, absolut erzeugenden Kraft der Synthesis. Das Verwesliche ist nicht etwa die Vorstufe zum Unverweslichen, sondern wenn es heißt, dass dies Verwesliche anziehen soll die Unverweslichkeit [vgl. 1.Kor. 15,53], so gilt es zu bedenken, dass diese Bekleidung, nach der uns verlangt, ein Bau ist, von Gott erbaut, ein Haus, das nicht mit Händen gemacht ist, das ewig ist, im Himmel (2.Kor. 5,1). Wir meinen zu verstehen, was der deutsche Theologe wollte, der während des Krieges die Entdeckung gemacht hat, dass man statt *Jen*seits hinfort besser *Inn*seits sagen sollte[100]; wir hoffen aber lebhaft, dass dieses mehr schlangenkluge als taubeneinfältige [vgl. Mt. 10,16] Wortspiel keine Schule mache. Nein nein, antworten wir, *geht* uns, ihr Psychiker, mit eurem *Inn*seits! Apage Satanas! [Mt. 4,10; 16,23; Mk. 8,33]. Jenseits, trans, *darum* gerade handelt es sich, davon leben wir. Wir leben von dem, was *jen*seits des Reichs der Analogien ist, zu denen auch unser bisschen *Inn*seits gehört. Von |66| den Analogien führt keine Kontinuität hinüber in die göttliche Wirklichkeit. Kein gegenständlicher Zusammenhang zwischen dem, was *gemeint* ist, und dem, was *ist,* darum auch kein gegenständlicher, etwa entwicklungsmäßig vorzustellender Übergang von hier nach dort. Das Himmelreich ist eine Sache für sich, seine Verheißung sowohl wie seine Offenbarung, wie die Fülle seiner Gegenwart, so gewiss es nicht für sich bleibt und bleiben kann. So ist das Ziel der Geschichte, das τέλος, von dem Paulus 1.Kor. 15,23–28 geredet, kein geschichtliches Ereignis neben andern, sondern die Summe der Geschichte *Gottes* in der Geschichte, in ihrer uns verhüllten, ihm aber und den von ihm erleuchteten Augen offenbaren Herrlichkeit. τέλος heißt ja weniger Ende als Zweck. Das Reich der Zwecke ist aber bekanntlich eine höhere Ordnung der Dinge, die im Schema der Zeit und der Kontingenz nicht zu erfassen ist.[101] Nur in *Gott* ist die Synthesis, nur in Gott ist sie für uns zu finden. Finden wir sie in Gott nicht, so finden wir sie gar nicht. «Hoffen wir nun[102] in *diesem* Leben auf Christus, so sind wir die unglück-

[100] P. Jaeger, *Innseits. Zur Verständigung über die Jenseitsfrage,* Tübingen 1917. Vgl. K. Barth, *Antwort an Paul Jaeger* (1924), wieder abgedruckt in: V. u. kl. A. 1922–1925, S. 381–390.
[101] Vgl. I. Kant, *Grundlegung zur Metaphysik der Sitten,* BA 80, Anm. *: «Die Teleologie erwägt die Natur als ein Reich der Zwecke, die Moral ein mögliches Reich der Zwecke als ein Reich der Natur. Dort ist das Reich der Zwecke eine theoretische Idee zur Erklärung dessen, was da ist. Hier ist es eine praktische Idee, um das, was nicht da ist, aber durch unser Tun und Lassen wirklich werden kann, und zwar eben dieser Idee gemäß, zu Stande zu bringen.»
[102] Versehentlich statt: «nur».

lichsten aller Menschen» (1.Kor. 15,19). Denn die Schöpfung und die Erlösung haben ihre Wahrheit darin, dass Gott *Gott* ist, dass *seine*[c] Immanenz zugleich seine *Transzendenz* bedeutet. «Fleisch und Blut kann das Reich Gottes nicht ererben» (1.Kor. 15,50). Die Kreatürlichkeit und die Offenbarung der Söhne Gottes [vgl. Röm. 8,19] schließen sich gegenseitig aus. Noch einmal: nur in *Gott* ist die Synthesis zu finden, – aber in Gott *ist* sie zu finden, die Synthesis, die in der Thesis *gemeint* und in der Antithesis *gesucht* ist. «Die Kraft des Jenseits ist die Kraft des Diesseits» hat Troeltsch in seinen «Soziallehren»[103] merkwürdig treffend gesagt, und wir fügen hinzu: sie ist die Kraft der Bejahung und die größere Kraft der Verneinung. Die Naivität und die Kritik, mit denen wir in Christus der niederen Ordnung der Dinge gegenüberstehen, sie entströmen gleicherweise der höheren Ordnung der Dinge, die in Gott, aber nur in Gott mit jener eins ist. In der Kraft der Auferstehung haben Naivität und Kritik ihre Möglichkeit, ihre Berechtigung und ihre Notwendigkeit.

Die *Auferstehung* Jesu Christi von den Toten ist *darum* die weltbewegende Kraft, die auch uns bewegt, weil sie die Erscheinung einer totaliter aliter[104] – mehr können wir nicht sagen – geordneten Leiblichkeit in unserer Leiblichkeit ist. Denken Sie noch einmal an die Darstellung des Isenheimer Altars und denken Sie meinetwegen an die kopfschüttelnden Glossen, mit denen die |67| Kunsthistoriker sich um diese Darstellung herumzudrücken pflegen.[105] *Das* gerade ist's!

---

[c] 1. Abdruck (1920): «seine».

[103] E. Troeltsch, *Die Soziallehren der christlichen Kirchen und Gruppen*, Gesammelte Schriften, 1. Bd., Tübingen 1912, S. 979: «Das Jenseits ist die Kraft des Diesseits.»

[104] S. oben S. 510, Anm. 14.

[105] Barth denkt wohl zuerst an den Begleittext zu *Grünewalds Isenheimer Altar*, hrsg. von M. J. Friedländer, München 1908. Barth besaß die Mappe mit den 1919 revidierten Reproduktionen. S. 3: «Mit jener Mischung von Rationalismus und Einbildungskraft, die Grünewalds Schaffen eigentümlich ist, wird die Unkörperlichkeit der aufschwebenden Gottheit interpretiert und geschaut. Das rote Gewand Christi und die bläulich geschatteten Linnen versinnlichen wehend und flatternd, ein quirlender Strudel, den reißenden Aufflug. Die Wächter, deren Rüstungen von blitzenden Lichtern getroffen werden, liegen unten verworren, wie durcheinander gepurzelt, in Dumpfheit,

Und der *heilige Geist* der Pfingsten war *darum* der Heilige Geist, weil er nicht menschlicher Geist war, auch nicht im besten reinsten Sinn, sondern horribile dictu unter *Brausen* vom Himmel [vgl. Act. 2,2f.] und Bewegen der Stätte, da sie versammelt waren [vgl. Act. 4,31], in feurigen Zungen auf sie kam, «senkrecht vom Himmel», wie Zündel[106] die Stelle treffend kommentiert hat. Wir glauben also *darum* an einen Sinn, der den einmal gewordenen Verhältnissen innewohnt, aber auch an Evolution und Revolution, an Reform und Erneuerung der Verhältnisse, an die Möglichkeit von Genossenschaft und Bruderschaft auf der Erde und unter dem Himmel, weil wir noch ganz anderer Dinge warten, nämlich eines neuen Himmels und einer neuen Erde [vgl. 2.Petr. 3,13]. Wir setzen *darum* unsere Kraft ein zur Erledigung nächstliegendster banalster Geschäfte und Aufgaben, aber auch für eine neue Schweiz und ein neues Deutschland, weil wir des neuen Jerusalem, das von Gott aus dem Himmel herabfährt [vgl. Apk. 21,2], gewärtig sind. Wir haben *darum* den Mut, in diesem Äon Schranken, Fesseln und Unvollkommenheiten zu ertragen, aber auch nicht zu ertragen, sondern zu zerbrechen, weil wir ertragend oder nicht ertragend den neuen Äon meinen, in welchem der letzte Feind, der Tod, das Beschränkende schlechthin, aufgehoben wird [vgl. 1.Kor. 15,26]. Wir haben *darum* die Freiheit, mit Gott naiv oder mit Gott kritisch zu sein, weil uns so oder so der Ausblick offen ist auf den Tag Jesu Christi [vgl. 1.Kor. 1,8; 5,5; 2.Kor. 1,14; Phil. 1,6.10; 2,16; 2.Thess. 2,2], da Gott alles in allem sein wird [vgl. 1.Kor. 15,28]. Immer von oben nach unten, nur nie umgekehrt, wenn wir uns selber recht verstehen wollen. Denn immer ist ja das letzte, das ἔσχατον, die Synthesis, *nicht* die Fortsetzung, die Folge, die Konsequenz, die nächste Stufe des Vorletzten etwa, *sondern* im Gegenteil der radikale Abbruch von allem Vorletzten, aber eben darum auch seine ursprüngliche Bedeutung, seine bewegende Kraft.

mit verschnürten Leibern – in Kontrast gegen den oben weit ausgebreiteten ätherischen Leib des Triumphierenden.» Vgl. R. Marquard, *Karl Barth und der Isenheimer Altar* (Arbeiten zur Theologie, Bd. 80), Stuttgart 1995.

[106] Fr. Zündel, *Aus der Apostelzeit*, Zürich 1886, S. 26: «Es war aber gewiß ein Gewaltiges, als die Erschütterung des senkrecht vom Himmel hernieder fahrenden Sturmes den Aposteln kund gab, daß ein unerhört Neues geworden sei».

Pessimistische Diskreditierung des Diesseits und unserer Tätigkeit im Diesseits haben wir gerade *dann nicht* zu befürchten, wenn wir die Stellung des Christen in der Gesellschaft letztlich mit Calvin unter den Gesichtspunkt der spes futurae vitae stellen[107]. Von da die Kraft des Prädestinationsbewusstseins! Von da die Kraft der Lebensbestimmung zur Ehre Gottes! Ja, gehemmt werden wir durch diesen Gesichtspunkt sowohl in unserer Naivität als in unserer Kritik der Gesellschaft gegenüber. Aber Hemmung bedeutet bekanntlich nicht Kraft*verlust*, sondern Kraft*ansammlung*, heilsame Stauung der lebendigen Wasser zur |68| Verhinderung törichter Vergeudungen und gefährlicher Überschwemmungen. Und gerade hier ist es ganz klar, dass und warum dem so ist. Der Blick von der Schöpfung und Erlösung hinüber auf die Vollendung, der Blick auf das «ganz andere» des regnum gloriae bedeutet offenbar praktisch, dass unsere naive wie unsere kritische Stellung zur Gesellschaft, unser Ja wie unser Nein *in Gott ins rechte Verhältnis gesetzt wird,* dass das eine wie das andere befreit wird von der Gefahr der Abstraktionen, in welchen der Tod lauert, dass eines zum andern in ein nicht systematisches, aber geschichtliches, gottesgeschichtlich und lebensnotwendig geordnetes Verhältnis tritt. Und das ist's offenbar, was wir brauchen und was in unserm Thema das Gesuchte ist. Die Bewegung durch Gott wird uns, je mehr es uns wirklich um Gott und um Gott allein zu tun ist, desto weniger stecken lassen, weder zur Rechten noch zur Linken. Wir werden uns dann weder mit Naumann ins Ja verrennen und verbohren, bis es zum Unsinn geworden ist, noch mit Tolstoj ins Nein, bis es ebenfalls ad absurdum geführt ist. Wir lassen uns dann vom Prediger Salomo sagen: «Sei nicht allzu gerecht und nicht allzu weise, dass du dich nicht verderbest! Sei nicht allzu gottlos und narre nicht, dass du nicht sterbest zur Unzeit! Es ist gut, dass du dieses fassest und jenes auch nicht aus deiner Hand lässest; denn wer Gott fürchtet, der entgehet dem allem» (Pred. 7,16–18). Aus *größter* Distanz und eben darum aus *größter* Einsicht in die Dinge werden wir im Blick auf das regnum gloriae unsere Entschlüsse fassen und der Kurzschlüsse zur Rechten und zur Linken werden dabei allmählich weniger werden. Wir wer-

---

[107] Vgl. Römerbrief 1, S. 151; J. Calvin, *Commentarius in Epistolam Pauli ad Romanos*, CR 77 (= Calvini Opera, Vol. 49), Braunschweig 1892. Sp. 89.

den dann, ohne uns um den bösen Schein zu kümmern, die Freiheit haben, jetzt Ja und jetzt Nein zu sagen und beides nicht nach äußerem Zufall und innerer Willkür, sondern nach dem wohlgeprüften Willen Gottes jeweilen «das Gute, das Wohlgefällige, das Vollkommene» (Röm. 12,2). Denn «ein jegliches hat seine Zeit, und alles Vornehmen unter dem Himmel hat seine Stunde: geboren werden und sterben, pflanzen und ausrotten das Gepflanzte, würgen und heilen, brechen und bauen, Steine zerstreuen und Steine sammeln, behalten und wegwerfen, zerreißen und zunähen, schweigen und reden, lieben und hassen, Streit und Friede haben ihre Zeit.» Und wie es dann weiter heißt in des trefflichen *Oetingers* Lieblingsstelle[108], wenn die Septuaginta den Urtext richtig wiedergeben: «Gott tut alles fein zu seiner Zeit und hat dem Menschen *die Ewigkeit ins* |69| *Herz gegeben*, ohne welche er das, was Gott tut vom Anfang bis zum Ende – nicht finden könnte» (Pred. 3,1–11). Dass er's, die Ewigkeit im Herzen, finden *kann*, das ist die Synthesis. Jesus Christus gestern und heute derselbe – und in Ewigkeit. [Hebr. 13,8].

––––––––––

Unser Thema hat es an sich, dass jetzt wohl uns allen heimlich die Frage auf den Lippen liegt: Was sollen wir denn nun tun? [vgl. Act. 2,37]. Es ist wahr, viele brennende große und kleine Fragen, die in dieser Zentralfrage enthalten sind und auf die wir dringend der Antwort bedürfen, scheinen durch die biblische Zentralantwort, die wir gehört haben, *nicht* beantwortet. Und *scheinen* doch nur nicht beantwortet. Denn wo und wann sollten wir sub specie aeternitatis[109] nicht wissen können, was zu tun ist? Und wie sollte uns die Ewigkeit nicht ins Herz gegeben sein, wenn wir in Gott gegründet werden? Und wie sollten wir nicht in Gott gegründet werden, da wir von der Wahrheit Christi bewegt sind? Wir können ja doch nur eines tun, nicht vieles. Und das eine tun gerade[d] nicht *wir*. Denn was kann der Christ in der Gesellschaft anderes tun, als dem Tun *Gottes* aufmerksam zu folgen?

[d] 1. Abdruck (1920): «tun dann gerade».

[108] Vgl. Ehmann, a.a.O. (s. oben S. 584, Anm. 91), S. 201.
[109] Die Formel «sub specie aeterni» oder «aeternitatis», die auf Spinoza (Ethica 2,44, Cor. 2; 5,22,29) zurückgeht, findet sich öfter in Barths Frühwerk; vgl. Römerbrief 2, S. 416, Anm. 62.

VOM RECHTHABEN UND UNRECHTHABEN
1919

*Die Novemberfeiern der Grütlivereine sollten als «Gedächtnistag der
Stiftung des Schweizerbundes im Grütli und als Namensfeiern des
Vereins»*[1] *die Ziele der Arbeiterbewegung in Erinnerung rufen. Die
Einladung an Karl Barth, 1913 bei einer solchen Feier in Ober-Entfelden zu sprechen, verdeutlicht die Intention gut: «Es soll die Novemberfeier dazu dienen, die Ziele u. Bestrebungen nach Vorwärts u. Aufwärts dem werktätigen Volke zu erläutern und im besondern unsere
heutigen wirtschaftlichen u. politischen Zustände im Klassenstaate zu
streifen.»*[2]

*Am 29. November 1919 hielt Barth die Rede zur Novemberfeier in
Suhr, einem 10 km nordöstlich von Safenwil in der Umgebung von
Aarau gelegenen Ort mit 1919 ca. 2'300 Einwohnern. Der örtliche
Grütliverein, der sich 1916 in eine Sektion der sozialdemokratischen
Partei umgewandelt hatte, zählte 1916 30 Mitglieder*[3]. *Barths Rede
von 1919 fiel deutlich anders aus und bereitete Barth anscheinend
auch mehr Kopfzerbrechen als die Festrede von 1913. Am 11. Novem-
ber 1919 schreibt er an Thurneysen:*

Ich habe noch eine weitere Verlegenheit auf dem Buckel. Die Sozialdemokraten von Suhr haben ihren Häuptling zu mir gesandt, ich
solle ihnen am 29. November eine Volksrede halten. Ich seufzte, bat,
mahnte, wies darauf hin, daß es eine Predigt geben könnte, und
konnte schließlich doch nicht ausweichen, weil der Mann dabei blieb,
sie wollten gerade von mir hören, was gerade ich sagen könne und
wolle. Nun muß ich gehen, im Kleinen wie du nach St. Gallen, und
weiß doch wirklich nicht, was ich da sagen soll. Nach meiner Rede
führen sie ein Stück auf, [die Turner] vielleicht auch noch Pyrami-
den!⁴

---

[1] Vortr. u. kl. A. 1909–1914, S. 684, Anm. 2.
[2] A.a.O., S. 683.
[3] *Jahrbuch der Sozialdemokratischen Partei der Schweiz, pro 1916* (s. oben
S. 115, Anm. 34), S. 70. Für die späteren Jahre liegen keine Zahlen für die lokalen Sektionen vor.
[4] Bw.Th.I, S. 351.

Und am 25. November klagt er dem Freund, er habe «z.Z. sehr zu schaffen», u.a.

am Samstag die Volksrede in Suhr, vor der mir eigentlich graut und vor deren Besuch ich dich nur warnen kann. Es wird ein kurzes Gestammel werden, wobei der Wagen nach der einen oder nach der andern Seite sicher umleert. [...] Ich werde den Kragen nachher nicht ausziehen[5], aber noch ganz anders der Getüpfte[6] sein![7]

Thurneysen beruhigte ihn am 1. Dezember mit einer längeren Überlegung zum Sinn und zur Bedeutung des «Herstellen[s] einer Beziehung, an die niemand denkt und glaubt». Er schreibt u.a.:

Deine Suhrerrede war nichts weniger als ein Durchfall. Für mich hatte sie etwas durchaus Überzeugendes und Befreiendes. Es muß bei solchen Gelegenheiten irgendwie doch beim Gleichnis bleiben, wie es bei dir geschehen ist. Du hast uns den Sozialismus ausgelegt und zum Schluß auch noch die letzte Beziehung aufgedeckt, von der her alles Vorhergehende geredet war – für die, welche Ohren hatten zu hören. Das ist vorläufig sicher genug. Wer mehr sagen will, sagt weniger.[8]

Barths Rede über die Sozialisten, die unrecht haben, zu der wohl auch die Erwägungen über das Verhältnis von Rechthabern und Unrechthabern in der Predigt vom 25. Mai 1919 über Eph. 2,11–22[9] ein Motiv gewesen sind, fand nach dem Echo in der Presse zu urteilen auch sonst viel Zustimmung. Der Neue Freie Aargauer[10] vermittelte ein vollständiges Bild von allen Facetten des Abends:

Suhr. (Korr.) Bei vollbesetztem Saale hielt die sozialdemokratische Partei am letzten Samstag im Gasthof zum Bären ihre Novemberfeier ab. Der Andrang war fast zu groß, um alle Besucher aufzunehmen. Alles wickelte sich prompt ab. Dem Arbeiter-Männerchor von Gränichen, der mit etwa 35 Mann aufrückte und das Programm mit dem Schmiedelied eröffnete, das brausend und doch so harmonisch durch den Saal klang, sei hier nochmals der beste Dank ausgespro-

---

[5] Wie er es in Tambach getan hatte.

[6] = Blamierte.

[7] Bw.Th.I, S. 354.

[8] K. Barth, *Predigten 1919*, hrsg. von H. Schmidt (Gesamtausgabe, Abt. I), Zürich 2003, S. 198–205. Vgl. auch oben S. 151.

[9] Bw.Th.I, S. 355.

[10] Jg. 14 (1919), Nr. 283 vom 4.12.1919, S. [2].

chen. Der Referent, Genosse Pfarrer Barth von Safenwil, hat sich selbst übertroffen und mancher mag eine Nase voll genommen haben, der bisher verächtlich auf uns «Sozi» herabsah. Auch ihm sei hier der herzlichste Dank ausgesprochen. Die Rollen des Theaterstückes «Proletarierlos» waren ausnahmslos in guten Händen, wobei die Hauptrollen, Anneli und Moritz speziell erwähnt werden dürfen. Der Gabentempel war reich bedeckt, daher der reißende Absatz der Lose. Daß der zweite Teil den Humor auf die richtige Höhe brachte, haben wir nebst den Liedern des Arbeiter-Männerchors von Gränichen auch den beiden Lustspielen zu verdanken. Auch das Tanzbein kam zu seinem Rechte, und die flotte Musik von Gränichen hatte nicht allzuviel Ruhe. Das vorzügliche Essen und der gute Wein mögen viel dazu beigetragen haben.

Als Barth überlegt, ob er das «Suhrer Redlein» dem «Neuen Werk» zur Veröffentlichung überlassen solle[11]*, drängt ihn Thurneysen:*

Hast du deine Suhrer Rede schon abgesendet? Tu's doch. Mir ist sie hilfreich gewesen: das Nein der Sozialdemokraten zu allen Geistigkeiten, Kulturerhebungen, Verklärungen und steilen Ikarusflügen, das Verharrenwollen in der Unsicherheit, das darin Kindlichsein: das ist die Wahrheit und muß jetzt gesagt werden, so fraglich alle «Stellungen» dadurch werden.[12]

Als die Rede dann tatsächlich unter dem Titel «Vom Rechthaben und Unrechthaben» im «Neuen Werk»[13] *erschien, widerfuhr ihr ein geteiltes Echo. Rudolf Pestalozzi ließ Barth Anfang Februar wissen: Die Suhrerrede «zirculiert lebhaft in bürgerlichen u. halbbürgerlichen Kreisen u. verfehlt ihren Eindruck nicht. Gerty [Pestalozzi] ist entzückt davon, sie ist aber auch wirklich fein.»*[14] *Positiv hatte sie auch der als Sozialist und Schriftsteller bekannte Pfarrer Lic. Hans*

---

[11] Brief vom 3.12.1919, Bw.Th.I., S. 357. Otto Herpel hatte ihn am 3.11.1919 zur Mitarbeit an der Zeitschrift aufgefordert (KBA 9319.222).

[12] Brief vom 12.12.1919, Bw.Th.I., S. 359.

[13] Das neue Werk. Der Christ im Volksstaat, Jg. 1 (1919/20), Nr. 40 vom 4.1.1920, Sp. 635–641. – Herpel hatte für die Zusendung des Manuskripts am 8. (18.?) 12.1919 gedankt (KBA 9319.269): «Das wird so abgedruckt, wie es da steht mit herzlicher Freude des Herausgebers am Stein des Anstoßes.»

[14] KBA 9320.44.

Hartmann in Solingen aufgenommen. Schon am 5.1.1920 schreibt er an Barth[15]:

Ich habe soeben im Neuen Werk Nr. 40 Ihren Aufsatz gelesen und möchte nur sagen, wie sehr ich die unendlich tiefe Verwandtschaft empfinde. Ich will mich nicht rühmen, aber ich las hierin ein Spiegelbild meiner Seele, wie es auch eines der Ihrigen ist. Wäre nur die Verbindung zwischen uns auch äußerlich lebhafter!

Freilich empfand er «zwei Dinge» in Barths «Betrachtung noch als ‹Probleme›»:

1. Sie verlangen *Treue* zum Sozialismus von den Arbeitern. Machen Sie sie nicht manchmal *allzu* unsicher in bezug auf die Bedeutung ihrer praktischen Ziele, so daß sie diese Treue nicht mehr mit innerer Freudigkeit halten können? 2. Ist diese *voll*ständige Bewußtheit des *Narr- und Träumer-Seins* nicht ein Herabgleiten vom Gipfel? Ist da der eigentliche Sinn unseres Seins nicht in *Gefahr* wenigstens verloren zu gehen.

Ganz ablehnend war die Reaktion Paul Wernles. Am 29. Februar 1920 schreibt er über die ihm zugesendeten Vorträge von Tambach und Suhr an Barth[16]:

Seit mehreren Wochen liegen Ihre beiden letzten Zusendungen auf meinem Schreibtisch & ich habe Ihnen noch nicht einmal den Empfang angezeigt. Für die Freundlichkeit, die in dieser Zusendung liegt, danke ich Ihnen gern, für den Inhalt kann ich nicht recht danken, weil Sprache & Gedanken mir weder in Kopf noch Herz eingehen wollen & ich mich ernsthaft frage, ob denn die Zuhörer im Aargau oder die in Tambach es besser verstehen konnten als ich. Ihre Schreibart hat so gar nichts von der Einfalt der biblischen Autoren, es steckt so viel Geistreiches, gemacht Paradoxes, darin, so viel Durcheinander von Ja & Nein, Position & Negation, Hyperorthodoxie & Hypermodernem, dass ein Mensch wie ich einfach nichts damit anfangen kann. Vielleicht ist Ihnen das eine Empfehlung, indem Sie sich im Stillen sagen: wenn ich etwas damit anfangen könnte, so wäre es schon lätz[17] damit bestellt.

---

[15] KBA 9320.6.
[16] KBA 9320.62.
[17] = unrichtig, ungut.

Eine Anfrage, die nach Barths Empfinden aus gemeinsamem Ver-
stehen kam, äußerte Pfarrer Otto Reinhold in Kruspis in Hessen im
Rahmen eines Flugblattes «Vom Kämpfen», das er im März 1920 Barth
zuschickte[18]*. Reinhold schreibt:*

Wir dürfen nicht dort anfangen, wo die Schweizer angefangen haben und auch nicht dort, wo sie heute stehen; es ist auch nicht nötig,
daß wir, wie einer der Schweizer in Tambach meinte, erst praktisch
durch den Sozialismus hindurchgehen müßten. [...] Wir müssen ihn
erkennen und anerkennen als das Gleichnis des Reiches Gottes, das er
war in einer Zeit, wo die Kirche ihn als die gottlose Bewegung befeh-
dete oder doch abseits stehen ließ. Wir dürfen aber nicht mehr mit
unserer Kraft jetzt in den sozialistischen Kampf eintreten, so wenig
die Heiden zu Paulus' Zeiten erst Juden werden mußten; denn der
Sozialismus ist heute das «Gleichnis des Reiches Gottes» in der Welt
nicht mehr, jedenfalls bei uns Deutschen nicht mehr, nachdem er bei
uns zum Siege gekommen ist. Das Reich Gottes siegt nur durch Niederlagen, und der Sozialismus ist nur solange im Recht gewesen, solange er vor der Welt im Unrecht war. Das fühlt K. Barth sehr deutlich. Er wird sich aber, fürchte ich, vergeblich bemühen, den
Sozialisten das Bewußtsein als derer, die «Unrecht haben»[,] zu erhalten.

Barth antwortet auf die Zusendung am 30. März 1920[19]*:*

Sehr gut! Eben gerade *das* ists! Ich kann Ihnen gar nicht sagen, wie
sehr ich mich freue endlich aus Deutschland eine Stimme zu hören, die
unzweideutig aus der *gleichen* Not u. Hoffnung heraus kommt[,] in
der ich auch stecke. [...] Sie *habens* verstanden, ich weiss nicht ob mit
uns, oder ohne uns, oder gegen uns, es ist auch ganz gleichgiltig, Sie
habens verstanden, Sie *stehen* vor dem letzten toten und lebendigen
Punkt[,] vor dem wir auch stehen.

Wie weit die Zustimmung ging, wird deutlich an der Liste von
«Bekannten u. Korrespondenten, die Ihr Flugblatt unbedingt lesen
müssen, z.T. zur Seligkeit, z.T. zum Ärgernis u. zur Thorheit», die
Barth mit der Bitte anfügt, «es ihnen sofort» auf seine Kosten «zuzu-
stellen». In einem Postscriptum fügt Barth noch an:

---

[18] KBA 9320.95; dort S. 4. Mit einigen Streichungen erschien der Text später
in: Das neue Werk. Der Christ im Volksstaat, Jg. 2 (1920/21), S. 106–113.

[19] KBA 9220.16.

Die Stellung zum Sozialismus trennt uns nicht. Das vom Unrecht-haben ist das Letzte u. Äußerste, was ich positiv dazu zu sagen habe u. was mich in der Partei festhält. Den Moment, wo die Soz.dem. recht haben wird (bei uns ist er noch nicht da!) sehe ich mit Schmerzen kommen. Dann ists in der Tat auch mit diesem Gleichnis vorbei. Ists bei Ihnen schon so weit?

Diese besondere Haltung zur Sozialdemokratie hatte Barth zwei Tage zuvor schon in einem andern Brief nach Deutschland erläutert. An Richard Siebeck schreibt er am 28. März 1920[20], er glaube sich nicht zu täuschen in dem Eindruck, daß wir einig sind. – Auch in Bezug auf den Sozialismus. Ich könnte unter andern Umständen, z.B. wenn ich jetzt in Deutschland lebte, auch die «Schmach» des Bürger-tums der «Gerechtigkeit» der Sozialdemokraten vorziehen. Hier muß ich auf diesem Bein stehen, wie Sie es ja auch empfinden.

Die Edition folgt dem Abdruck in «Das neue Werk». Der textkri-tische Apparat dokumentiert die Abweichungen des Manuskripts, das die Überschrift trägt: «Novemberfeier in Suhr, 29. November 1919».

Vom Rechthaben und Unrechthaben

Rede, gehalten zu einer sozialdemokratischen Volksversammlung

Liebe Genossen und Freunde!

Warum[a] sind wir Sozialisten? Sicher [b]nicht darum, weil wir mei-nen[b], die Besseren und Gescheiteren zu sein vor anderen Leuten. [c]Die Bürgerlichen, die etwa hier sind, brauchen keine Angst zu ha-ben[c], heute wieder einmal, und jetzt [d]gar noch[d] von einem Pfarrer,

---

[a] Mskr.: «1. Warum».

[b-b] Mskr.: «nicht darum, weil wir meinen».

[c-c] Mskr.: «Ich sage das auch zu den anwesenden Bürgerlichen. Sie brauchen keine Angst zu haben».

[d-d] Mskr.: «noch gar».

[20] KBA 9220.14. Siebeck hatte am 13. März 1920 an Barth geschrieben (KBA 9230.78): «Nun noch etwas vom Sozialismus. Ich verstehe es jetzt auch besser, wie Sie's meinen, u. doch stehe ich anders.»

ᵉhören zu müssenᵉ, dass wir allein recht haben. Nicht wahr, Genossen, wir *wollen* ja gar nicht recht haben! Behüt uns Gott davor, dass wir je recht haben! ᶠGerade darum sind wir ja Sozialisten, weil wir unrecht haben. Das große Unrecht der Welt, der Gesellschaft, der Menschen, wir haben es in uns. Esᶠ hat eines Tages in uns zu brennen begonnen wie ein Feuer. ᵍEs ist in uns hineingefahren und hat von uns Besitz genommen. Es wurde unsere Frage, unsere Sorge, unser Rätsel, unsere Unruhe.ᵍ

ʰWisst ihr noch, wie ihr dazu gekommen seidʰ, in die Gewerkschaft, in den Arbeiterverein einzutreten?ⁱ ʲSicher die Wenigsten aus großer Wissenschaft, wie sie in den Büchern und Zeitungen steht. Sicher die Wenigsten in der Meinung, eine besonders gute Tat zu tun. Nein, da ist nichts zu rühmen. Bei den allermeisten ging es wohl so zu, dass es ihnen bei irgend einer Erfahrung in der Fabrik oder in der Gemeinde blitzklar wurde: Also so steht's in der Welt, so darf es stehen! So geht Macht vor Recht![21] So regiert das Geld die Welt![22]

ᵉ⁻ᵉ Mskr.: «zu hören».

ᶠ⁻ᶠ Mskr.: «Man könnte viel eher sagen, dass wir Sozialisten sind, weil wir Unrecht haben. Ja, wir Soz[ialisten] haben das Unrecht in uns, das grosse Unrecht der Welt, der Gesellschaft, der Menschen. Dieses große Unrecht».

ᵍ⁻ᵍ Mskr.: «Es wurde unsre Sorge, unsre Frage, unser Rätsel, dass es so ist in der Welt: Macht geht vor Recht! Dieses ganze Unrecht ist in uns hineingefahren und hat von uns Besitz genommen.»

ʰ⁻ʰ Mskr.: «Erinnert euch, wie ihr dazu gekommen seid».

ⁱ Mskr.: «einzutreten.».

ʲ⁻ʲ Mskr.: «Sicher die Wenigsten darum[,] weil sie Bücher u. Zeitungen gelesen hatten, sicher die Wenigsten in der Meinung, damit etwas bes. Gutes zu tun. Wohl aber die Allermeisten darum, weil es ihnen bei irgend einer Erfahrung in der Fabrik oder in der Gemeinde auf einmal blitzklar wurde: Also so gehts zu in der Welt, so darf es zugehen! Da ist das grosse Unrecht der Welt in euch hineingefahren, seitdem könnt ihr nicht mehr ruhig zusehen, seitdem seid ihr unruhige unbefriedigte Menschen geworden, Menschen die immer fragen u. suchen müssen nach etwas, was es in der Welt offenbar nicht giebt, Menschen, die murren u. schreien müssen gegen das was jetzt in der Welt ist.»

[21] «Macht geht vor Recht»: ein von Maximilian Graf von Schwerin in der Sitzung des preußischen Abgeordnetenhauses vom 27.1.1863 dem Ministerpräsidenten Otto von Bismarck unterstellter Ausspruch; vgl. Büchmann, S. 453f.

[22] Zum Hintergrund des Sprichworts «Geld regiert die Welt» vgl. Büchmann, S. 335.

Solch ein Lügner ist der Mensch! Seitdem könnt ihr nicht mehr zusehen. Seitdem seid ihr beteiligt am großen Unrecht. Unruhige, unbefriedigte Menschen seid ihr geworden; Menschen, die immer nach etwas fragen und suchen müssen, was es in der Welt offenbar gar nicht gibt; Menschen, die immer murren und klagen müssen gegen das, was jetzt ist.[j] O, es geht nicht eben schön und ideal zu, wenn einer Sozialist wird. [k]Murren und Klagen ist nun einmal nichts Schönes.[k] Ihr wisst ja, was die anderen von uns sagen: Wir seien so gar nicht fein, so grob, so trotzig, so aufbegehrerisch, wir hätten so viel Nein in uns. [l]Ach ja, nicht wahr, wir[l] wissen es ja selbst, wir wären auch gern feiner, wir geben uns sogar alle Mühe, fein zu sein; [m]aber es will fast nicht gelingen, es bleibt immer noch etwas übrig, das den anderen zu ihren Klagen Anlass gibt[m]. Es gibt wirklich Leute, die feiner, ruhiger, verständiger sind als wir. Und das Schlimmste ist, dass wir das nicht einmal ändern können. [n]Wer das Unrecht in sich hat, kann nicht recht haben, und wenn er noch so gern wollte. Ein Sozialist wird in den Augen aller vernünftigen Leute immer etwas Gefährliches und Unerfreuliches sein. Wir müssen es uns gefallen lassen.[n] Wenn wir in ihrer Haut stecken würden, wir würden es [o]auch so[o] ansehen; aber wir stecken nun einmal, ich hätte fast gesagt unglücklicherweise, in unserer Haut und müssen sein, was wir sind: Nicht die guten, sondern die *bösen* Sozialisten.

So[p] ist ja der Sozialismus [q]auch im großen und ganzen immer dagestanden[q]. Immer, wenn die Leute recht hatten und sich darüber freuen wollten, standen die Sozialisten daneben und hatten das große Unrecht in sich, und schon ihr Dasein war ein bitterer Tropfen in die Freude. Ich will nur ein paar Beispiele nennen. – Wie war's denn vor dem Krieg, als noch jedermann an das Märlein glaubte, dass die so-

k-k Mskr.: «Murren und Schreien ist nun einmal nichts Schönes, das wissen wir selbst am Besten.»

l-l Mskr.: «Sie haben gar nicht so Unrecht. Wir».

m-m Mskr.: «aber das wissen wir[,] es bleibt immer noch etwas übrig, das den Klagen der Andern Recht giebt».

n-n Mskr.: «Das[,] was da in uns brennt, hindert uns daran, und wir müssen es uns gefallen lassen, dass ein Sozialist von allen vernünftigen Leuten als etwas Verdächtiges, Gefährliches u. Unerfreuliches angesehen wird.»

o-o Mskr.: «gleich».

p Mskr.: «Und so».

q-q Mskr.: «auch im Grossen Ganzen immer dagestanden vor der Welt».

genannte moderne ʳKultur ein wirklicher Fortschritt seiʳ, als sie in Bern drobenˢ ihre Landesausstellung abhielten[23] und sich nicht genug tun konnten im Jubel, wie herrlich weit man es doch gebracht[24]? ᵗGrollend abseits standen wir Sozialistenᵗ, und was in uns grollte, war das große Unrecht, ᵘund mit spitzem Finger zeigten wir ungläubig aufᵘ die ganze Herrlichkeit: Das ist Kapitalismus, ᵛdas ist Ausbeutung der Schwachen durch die Starken, da ist Gesundheit geopfert und Tränen und Blut, das ist «Menschenopfer unerhört»[25]! Freue sich, wer da will, über das, was ihr da herstellt und ausstellt, wir freuen uns nicht mit!ᵛ Keine schöne Stellung, die wir da ʷeinnahmen, aber *konnten* wir denn anders? – Wie war es, als der Krieg kam, als der ehrwürdige Gedanke des Vaterlandes noch einmal lebendig wurde in allen Völkern Europas wie noch nie, als die große Welle von Begeisterung, Opfersinn und Heldenmut, von Idealismus, wie sie es nannten, durchʷ die Millionen ging, bei uns und noch ganz anders draußen in Deutschland, in Frankreich? Wer stand da wieder abseits und ließ sich *nicht* begeistern, sang *nicht* mit: Rufst du mein Vaterland![26], beteiligte

---

ʳ⁻ʳ Mskr.: «Kultur mit ihren Errungenschaften ein wirklicher Fortschritt gegen früher sei».
ˢ Mskr.: «droben in Bern».
ᵗ⁻ᵗ Mskr.: «Da mussten wir Soz. grollend abseits stehen».
ᵘ⁻ᵘ Mskr.: «und mussten mit spitzen Fingern zeigen auf».
ᵛ⁻ᵛ Mskr.: «das beruht auf der Ausbeutung der Schwachen durch die Starken, da ist Blut geopfert u. Thränen u. Gesundheit! das kommt nur den Allerwenigsten wirklich zu gut was ihr da geschaffen habt.»
ʷ⁻ʷ Mskr.: «eingenommen haben, aber wir konnten nicht anders, wir mussten. Wie war es während des Krieges, als der Gedanke des Vaterlandes in allen Völkern Europas noch einmal lebendig wurde wie noch nie, als es wie eine Welle von Begeisterung, Opfersinn u. Heldenmut durch».

[23] 1914 fand in Bern von Mai bis Oktober die dritte schweizerische Landesausstellung statt. Die Landesausstellungen entwickelten sich im 19. Jahrhundert aus einer Leistungsschau von Schweizer Unternehmen zur Inszenierung der nationalen Leistungsfähigkeit. Vgl. K. Barth, *Landesausstellung. Predigt, gehalten in Safenwil am 7. Juni 1914*, in: Predigten 1914, S. 301–314.
[24] Vgl. J.W. von Goethe, *Faust I*, V. 573 (Nacht).
[25] Aus der 9. Strophe von J.W. von Goethes Gedicht «Die Braut von Korinth»:

Opfer fallen hier,
Weder Lamm noch Stier,
Aber Menschenopfer unerhört.

[26] Anfang der damaligen schweizerischen Nationalhyme, deren Text von

sich *nicht* an der Nationalspende[27], [x]ging *nicht* nach Aarau, als sie dort
zum Schluss sich selber ein Denkmal errichteten[28]?[x] Wer hat auch da
wieder mit spitzem, bösem Finger gezeigt, diesmal auf den so allgemein selbstverständlichen und einleuchtenden Vaterlandsgedanken:
Nationalismus, Militarismus, Tollwut ist das, was ihr da so empor-
hebt! Wir Sozialisten sind es gewesen, wir mit[y] dem großen Unrecht
im Leibe. Auch diesmal keine schöne Stellung, wahrhaftig nicht, sondern eine trotzige, widerspruchsvolle, böse Stellung; [z]aber konnten
wir denn anders, *mussten* wir nicht?[z] – Und nun ist der Krieg vorbei,
und wieder [aa]kommen sie und haben so unsäglich recht und gründen[aa]
ihren Völkerbund für Freiheit, Gerechtigkeit, Demokratie und [ab]wie
das alles heißt.[29] Endlich der langersehnte Friede, der Friede für im-

---

[x-x] Mskr.: «suchte aller Vernunft zuwider den Feind nicht jenseits, sondern
diesseits der Grenze?»

[y] Mskr.: «wir bösen Sozialisten mit».

[z-z] Mskr.: «aber wir konnten nicht anders, wir mussten.»

[aa-aa] Mskr.: «kommt die Welt u. hat Recht u. gründet».

Johann Rudolf Wyss (1782–1830) stammt; z.B. in *Liederbuch für die schweizerische Studenten-Verbindung Zofingia*, Zürich 1891[4], Teil I, S. 3f.

[27] Auf Initiative des Generalstabschefs Oberst Theophil Sprecher von
Bernegg wurde am 30.1.1919 eine «Schweizerische Nationalspende für unsere
Soldaten und ihre Familien» begründet, die unter der Aufsicht des Bundesrates
stand (vgl. B. Hartmann, *Oberstkorpskommandant Theophil Sprecher v.
Bernegg, Generalstabschef der schweiz. Armee 1914–1919. Versuch einer Bio-
graphie*, Chur 1930, S. 117).

[28] Aargauer Soldatendenkmal, das im Herbst 1919 zur Erinnerung an die
während der Grenzbesetzung 1914–1918 verstorbenen Wehrmänner auf dem
Aarauer Holzmarkt errichtet wurde. Die Sozialdemokratie distanzierte sich
von diesem Denkmal und empfahl der Arbeiterschaft, der Einweihung fern-
zubleiben. Die sozialdemokratische Zeitung «Neuer Freier Aargauer» schrieb
am 2.10.1919, man empfinde sehr die Not der vom Krieg getroffenen Familien;
ihnen sei aber nicht geholfen «mit vaterländischem Klimbim und einem wert-
losen Stein». Im Hinblick auf den im Krieg zutagegetretenen Nationalismus
und Militarismus sei es besser, «wenn man das Vergangene mit einem großen
Stein zudeckt» (W. Gautschi, *Die Geschichte des Kantons Aargau 1885–1953*,
a.a.O. [s. oben S. 514, Anm. 2], S. 230).

[29] Die Satzung des Völkerbundes vom 28.4.1919 wurde auf der Pariser Friedenskonferenz ausgearbeitet und in die Versailler Friedensverträge von
1919/20 aufgenommen. Der Völkerbund nahm seine Tätigkeit am 16.1.1920 in
seinem Sekretariat in Genf auf. Hauptanliegen des Völkerbundes war die Er-

mer hoffentlich, oder wenigstens ein entscheidender Schritt vorwärts, diesem Ziel entgegen.[ab] Und wieder sind wir die Ungläubigen und stehen abseits, und wieder zeigt unser Finger: Es ist ja nicht wahr, ihr lügt ja, das ist ja Imperialismus, nicht Friede.[30] Ihr habt ja die Völker gar nicht gefragt, ob sie nicht [ac]ganz andere Schritte tun möchten[ac], ihr redet ja nur so schön, um im Dunkeln weiterzumunkeln zu [ad]können, dass Macht vor Recht gehe, wie vorher! Auch da wieder: Keine schöne Stellung, wenn man nichts glauben will, nicht glauben an den guten Willen der Regierungen, nicht glauben an den «Fortschritt», nicht glauben an den Präsidenten Wilson[31]. Aber *können* wir anders? Kön-

[ab-ab] Mskr.: «Frieden. Ja endlich der langersehnte ewige Friede, endlich ein entscheidender Fortschritt wenigstens diesem Ziel entgegen.»
[ac-ac] Mskr.: «einen ganz anderen Fortschritt wollen».

haltung des Friedens und des Gebietsstandes der Mitglieder. Diese waren verpflichtet, ihre Streitigkeiten friedlich zu lösen und bei Nichteinigung den Völkerbundsrat (vier bis sechs ständige, bis zu neun nichtständige Mitglieder) anzurufen, der eine Lösung vorschlagen konnte, die bei Einstimmigkeit für beide Parteien verpflichtend war.
[30] Vgl. das Urteil des «Basler Vorwärts», der am 19.4.1919 (Jg. 22, Nr. 92, S. 1) unter der Überschrift «Um den Völkerbund» schrieb: «Der Wilsonsche Völkerbund ist nichts anderes als eine Versicherungsgesellschaft auf Gegenseitigkeit mit dem Zweck, die kapitalistische Herrschaft zu konservieren. [...] Hier geht es den kapitalistischen Staaten genau so wie in einer früheren Entwicklungsperiode den einzelnen Unternehmern. Man hat sich gegenseitig konkurrenziert bis zum Ruin. [...] Plötzlich wurde man gewahr, daß die gemeinsame Ausbeutung des Proletariats viel rentabler sei. Es kamen die Unternehmerorganisationen, die Syndikate und Trusts. [...] Das gleiche Spiel wiederholt sich in viel gewaltigerem Umfange. Zu was sich denn gegenseitig bekämpfen, beuten wir das Proletariat der Welt gemeinsam aus. [...] Wie die Syndikate widerspenstige Kapitalisten [...] zur Raison bringen, so soll der Völkerbund die Interessen aller Räuber wahren, sobald der eine oder andere der Bundesgenossen aus der Reihe tanzen will.»
[31] Das 14 Punkte umfassende Friedensprogramm des amerikanischen Präsidenten Th. W. Wilson vom 8.1.1918, das später von Einfluss auf die Pariser Friedensverhandlungen und die Satzung des Völkerbundes war, sah u.a. vor: öffentliche Friedensverträge und Abschaffung der Geheimdiplomatie; Freiheit der Schiffahrt auf den Meeren außerhalb der territorialen Gewässer in Friedens- und Kriegszeiten; Abbau wirtschaftlicher Schranken des Welthandels; Beschränkung der nationalen Rüstungen; Verständigung über alle kolonialen Forderungen (wobei die Bevölkerungsinteressen der Kolonien gleichwertig

nen wir etwa glauben?[ad] Das große Unrecht sitzt in uns und gibt uns scharfe, misstrauische Augen. [ae]Ob schön oder nicht schön, wir sagen Nein zu dem, was sie da in Paris gekocht und in Bern geduldig verschluckt haben.[32] Aber dass wir dabei die sind, die unrecht haben, das müssen wir uns gefallen lassen.[ae]

[af]Und wie ist's weiter, wenn sie nun kommen und uns fragen: Ja, was wollt ihr denn eigentlich[af], ihr Sozialisten, die ihr immer Nein sagt, wo alle vernünftigen Leute Ja sagen? Den Achtstundentag? [ag]Den habt ihr ja jetzt.[33] Was geschieht nun in der freien Zeit, die gewonnen ist? Darf man eure Frauen fragen darüber? Lohnerhöhungen? Die kommen ja und sind schon da.[34] Was tut ihr nun mit dem

[ad-ad] Mskr.: «können: Macht geht vor Recht! nach außen u. nach innen, wie ihr es vor dem Kriege getan habt. Noch einmal sage ich: keine schöne Stellung, wenn man an den guten Willen derer, die die Welt regieren, nicht glauben kann, wenn man misstrauisch sein muss.»

[ae-ae] Mskr.: «Obs schön oder nicht schön sei, wir sagen Nein zu dem, was da in Paris gebraut und in Bern so geduldig verschluckt worden ist. Aber dabei müssen wir es uns gefallen lassen, immer die zu sein, die Unrecht haben in der Welt.»

[af-af] Mskr.: «Und wie ists denn weiter, wenn man uns nun fragt: ja [was] wollt ihr denn eigentlich».

neben den Besitztiteln der kolonialstaatlichen Regierungen stehen sollten); allgemeine Vereinigung der Völker (vgl. z.B. J. Ruchti u.a., *Geschichte der Schweiz 1914–1919*, Bd. I, Bern 1928, S. 356f.).

[32] In der deutschsprachigen Schweiz stand man den Beschlüssen der Pariser Friedenskonferenz (15.2.–28.6.1919) distanziert gegenüber, weil sie eine Weltordnung schufen, die aus Siegern und Besiegten bestand. Die Landesregierung in Bern begrüßte indessen (zusammen mit dem französischsprachigen Landesteil) die Gründung des Völkerbundes und suchte in der Bevölkerung eine Mehrheit für einen Beitritt der Schweiz herbeizuführen. Im Januar 1920 weilten Schweizer Regierungsvertreter in Paris und später beim Völkerbundsrat in London, um die Bedingungen des Beitritts auszuhandeln (vgl. E. Gagliardi, *Geschichte der Schweiz von den Anfängen bis zur Gegenwart*, Bd. III, Zürich 1937, S. 1688ff.).

[33] Ein Gesetz, das für die schweizerischen Fabrikarbeiter die 48stündige Normalarbeitswoche vorschrieb und das dann am 1.1.1920 in Kraft trat, war am 27.6.1919 beschlossen worden. Barth bezieht sich hier und im folgenden auf Forderungen, die von den Sozialisten während des von ihnen initiierten Landesstreiks (11.–14.11.1918) erhoben worden waren (vgl. Gautschi, S. 374). Der achtstündige Arbeitstag in den Fabriken war eine der Hauptforderungen gewesen.

[34] Die Erhöhung der 1914 mit Kriegsbeginn um ein Drittel und mehr ge-

größeren Zahltag? Billigere Preise?[ag] Sozialisierung der Produktion und Konsumtion? Ja, aber wer von euch hat denn eine klare und mögliche Vorstellung davon, wie das alles gemacht werden soll? Nicht wahr, wenn wir da Auskunft geben sollen[ah], dann merken wir erst recht, was für Leute wir eigentlich sind, wir Sozialisten, [ai]merken, was für eine harte, rätselhafte Sache es ist um das große Unrecht, das da in uns sitzt[ai], und dass es wirklich auch immer unser eigenes Unrecht ist. [aj]Wir können ja auf alles doch[aj] nur eines antworten: Ach was, geht uns doch mit eurem Achtstundentag, mit euren Lohnerhöhungen[ak] und, wenn ihr wollt, mit dem ganzen Zukunftsstaat! Es handelt sich nicht um das. Wir[al] wissen wohl, dass über das alles noch sehr viel und z.t. auch gegen uns selbst zu sagen ist. Wir wissen, dass es mit dem allem nicht getan ist. [am]Das Treiben und Jagen in den Fabriken, das seit dem

[ag-ag] Mskr.: «Nun, den habt ihr ja jetzt, was macht ihr nun mit der vielen freien Zeit, die ihr bekommen habt, merken eure Frauen auch etwas davon? Bessere Löhne? Ja die müssen kommen u. sind z.t. schon da, aber seid ihr so ganz sicher, dass ihr mit den grösseren Zahltagen auch vernünftig umgehen werdet? Billigere Lebensmittel? Ja, aber seht ihr nicht, wie da eure Interessen mit denen eines andern Volksteils, der auch von früh bis spät hart arbeiten muss, hart zusammenstossen?»

[ah] Mskr.: «sollten».

[ai-ai] Mskr.: «dann merken wirs, wie tief das grosse Unrecht in uns sitzt».

[aj-aj] Mskr.: «Auf das Alles können wir ja doch».

[ak] Mskr.: «Lohnerhöhungen, mit euren Lebensmitteln».

[al] Mskr.: «Wir wissen wohl, dass es mit dem Allem an sich nicht getan ist. Wir».

[am-am] Mskr.: «Der 8 Std.Tag kann uns ja wieder verdorben werden, wenn wir nun in 8 Std. ebensoviel oder noch mehr Kraft hergeben sollten als vorher in 10 oder 11. Die Freude an den bessern Löhnen kann uns verdorben werden durch die Akkorddrückerei, der wir nun erst recht ausgesetzt sind. Alles was wir von unsern Forderungen erreicht haben wird uns wieder verdorben durch den schlechten Willen, den man uns von oben entgegensetzt, durch die Schraube ohne Ende, der wir ausgeliefert sind. Vielleicht sind auch wir selbst es, die uns manchen gemachten Fortschritt wieder verderben, weil wir nicht damit umzugehen wissen. Und so könnte am Ende auch der ganze Zukunftsstaat, von dem unsre Führer reden, eine verdorbene Sache sein, ehe er».

sunkenen Löhne war 1918 eine weitere Forderung gewesen. Nach dem Ende des Landesstreiks wurde eine «Anhebung der Reallöhne ungefähr auf den Stand von 1914» erreicht (*Schweizerische Arbeiterbewegung*, hrsg. von der Arbeitsgruppe für Geschichte der Arbeiterbewegung Zürich, Zürich 1975, S. 194).

Achtstundentag eingesetzt hat, die Akkorddrückerei, der schlechte Wille der Besitzenden kann alle gemachten Fortschritte verderben und tut es schon. Und wir selbst verderben sie uns, indem wir nicht recht damit umzugehen wissen. Die Fortschritte könnten eine Schraube ohne Ende sein. Der ganze Zukunftsstaat könnte eine tote, unnütze Sache sein, bevor er[am] da ist, ein Ding, das uns *nicht* bringt, was wir *eigentlich* meinen. Denn wir *meinen* ja eigentlich gar nicht das, [an]was in den Forderungen unseres Programmes steht[an], wir meinen viel mehr als das. Unsere[ao] sozialististischen Forderungen, über die ihr mit uns streitet und wir mit euch, sind ja nur die paar ersten Worte[ap] einer fremden Sprache, die wir unablässig wiederholen müssen, weil wir die übrigen noch nicht wissen. Kein Wunder, dass sie dann oft nicht passen! Man versteht uns aber falsch, wenn man nicht merkt, dass wir viel *mehr* meinen, [aq]als unsere Forderungen sagen können. Leben möchten wir, freie Menschen werden, hindurchbrechen durch die große Lüge, dass das Geld das Maß aller Dinge ist, hinein in die Wahrheit, dass der Mensch selbst das Erste und Wichtigste in der Welt ist. «Heilig ist das Eigentum, heilig ist die Macht!» verkündigen der heutige Staat, die heutige Kirche, die heutige Schule, die heutige Moral. Auch in uns ist immer noch dieser falsche Glaube. Aber wir glauben nicht mehr an diesen Glauben. Wir glauben nicht mehr an den heutigen Menschen. Wir glauben auch an uns selbst nicht mehr. Wir werden überhaupt an nichts mehr glauben, bis wir wieder an die Wahrheit glauben können, an die Wahrheit, dass das Leben selbst heilig ist. Wir glauben an einen neuen Menschen, der noch nicht

[an-an] Mskr.: «was da in den paar Forderungen unsres Programmes ausgesprochen ist».

[ao] Mskr.: «Diese unsre».

[ap] Mskr.: «Wörter».

[aq-aq] Mskr.: «als wir sagen u. fordern können. Leben möchten wir, frei werden von der Gefangenschaft[,] in der der Mensch jetzt sitzt, freie Menschen werden, durch die grosse Lüge, dass das Geld wichtiger sei als der Mensch[,] möchten wir hindurchbrechen zu der Wahrheit, dass der Mensch selber das Erste u. Wichtigste in der Welt ist. Hindurchbrechen durch die namenlose Selbstsucht des heutigen Menschen, der nur an sein Eigentum denkt, zu einer Ordnung wo jeder Mensch nur noch ein Eigentum kennt, das ihm zu hüten anvertraut ist, seine Mitmenschen, seine Brüder. Hindurchbrechen durch den falschen Schein[,] mit dem der heutige Staat, die heutige Kirche, die heutige Schule den Menschen umgiebt, zu einer echten Ordnung, zu einem echten Glauben, zu einer echten Erziehung. Einen neuen Menschen wollen wir u. erwarten wir, das».

da ist und doch schon da, aber verborgen, verschüttet, gefangen in uns allen, den Sozialisten und Nicht-Sozialisten. Das[aq] ist der Sinn des Sozialismus. – Aber, liebe Genossen, wie stehen wir damit da vor allen vernünftigen Menschen in der Welt! Was sollen wir ihnen antworten, wenn sie uns sagen, dann sei ja das Ziel unserer Politik [ar]überhaupt kein politisches Ziel?[ar] Solche neue, befreite, wahrhafte Menschen habe es noch nie gegeben, seit die Welt steht, und werde es bis zum Ende der Tage nie [as]geben? Ob[as] wir selbst denn etwa, wir Sozialisten, solche neue Menschen seien? Ich wollte den von uns sehen, der da im Ernst [at]als Rechthaber dastehen wollte! Nein, auch[at] da müssen wir eben einfach die sein, die Unrecht haben, die jedes Kind widerlegen kann mit ihren Hoffnungen. [au]Es ist einfach wahr: Unsere politische Überzeugung ist im letzten Grund an keiner anderen zu messen[au]; sie ist etwas ganz für sich; sie ist ein Glaube, und mit diesem Glauben an einen neuen Menschen[av] müssen wir als die Narren dastehen vor [aw]allen Rechthabern[aw]. Nennt uns nur Narren, Schwärmer und Träumer, ihr anderen, dann versteht ihr uns recht! Gerade das meinen wir, was ihr Narrheit nennt. Wir Sozialisten sind die, die unrecht haben, und wir wollen gar nichts anderes sein.

[ax]Wir *können* eben nichts anderes sein[ax]. Wir können uns mit unserem Sozialismus nicht herausstreichen[ay] gegen andere, die nicht Sozialisten sind. Wir möchten sie oft viel eher beneiden um ihre ruhige, sichere, immer gerechte Stellung. Wir möchten ihnen sagen, sie sollen froh sein, wenn sie von der Unruhe, von dem Protest, von der unmöglichen Hoffnung, die in uns sind, nichts wissen. Wir möchten sie warnen davor, es könnte einmal auch über sie kommen. Unterdessen können wir von *uns* nichts anderes sagen, als dass wir nicht anders *können*. Das große Unrecht steckt in uns und macht uns zu Sozialisten. Wir *müssen* sein, was wir sind.

[ar-ar] Mskr.: «gar nicht etwas politisch Erreichbares?»
[as-as] Mskr.: «geben? wenn sie uns fragen: ob».
[at-at] Mskr.: «widersprechen könnte. Auch».
[au-au] Mskr.: «Es ist einfach wahr, unser politisches Ziel ist im letzten Grund kein politisches Ziel und unsre politische Überzeugung ist im letzten Grund mit keinen andern politischen Überzeugungen zu vergleichen».
[av] Mskr.: «eine neue Menschheit».
[aw-aw] Mskr.: «jedermann».
[ax] Mskr.: «Wir können eben nicht Anderes sein».
[ay] Mskr.: «rühmen».

Lasst[az] mich von diesem *Müssen*[35] noch etwas sagen. Ich habe vor zwei Monaten eine Reise nach Deutschland gemacht zu einer Konferenz von Sozialisten[ba] und solchen, die es werden wollen.[36] Ich hatte dort[bb] und unterwegs auf langen[bc] Eisenbahnfahrten Gelegenheit, mit vielen, sehr verschiedenartigen Menschen zu reden. Ich war mit einfachen Arbeitern zusammen, mit Herren[bd] aus dem Bürgerstand, mit Kriegsgefangenen, die eben aus England in ihre Heimat zurückkehrten. Ich hatte ein langes Gespräch mit einem konservativen Gutsbesitzer. Ich habe natürlich vor allem viele[be] meiner Kollegen dort draußen kennen gelernt. [bf]Wenn ich es kurz zusammenfassen sollte, was ich aus Deutschland heimgebracht habe, so würde ich sagen: einen starken und hoffnungsvollen Eindruck von der Bewegung, von der Unsicherheit, von der Erschütterung, in der sich der heutige Mensch befindet. Wir in unserem Schweizerwinkel sind in Gefahr, das zu übersehen. Wir haben vielleicht das Gewitter im Steinhaus verschlafen, wie mir seither ein deutscher Freund[37] etwas spöttisch schrieb, und sind gar nicht gewahr geworden, wie ernst die Lage der Menschen unterdessen geworden ist. Es war mir, als ich in die Schweiz zurückkam, selber zu Mute wie einem[bf], der mit seinem kleinen Schiff vom hohen bewegten Meer plötzlich in ein stilles Sümpflein geraten wäre. Draußen, in dem von allen nur möglichen Nöten und Bewegungen

---

[az] Mskr.: «2. Lasst».

[ba] Mskr.: «sozialistischen Pfarrern».

[bb] Mskr.: «an dieser Konferenz».

[bc] Mskr.: «den langen».

[bd] Mskr.: «‹besseren› Herren».

[be] Mskr.: «eine ganze Anzahl».

[bf-bf] Mskr.: «Wenn ich in einem Wort zusammenfassen soll, was ich in Deutschland gelernt habe, so sage ich: ich habe gelernt, mich selbst u. die heutige Zeit u. den heutigen Menschen wieder viel besser u. gründlicher zu verstehen. Wir in unsrem verhältnismässig so ruhigen Schweizerwinkel sind in Gefahr, die heutige Zeit nicht zu verstehen. Die ganze heutige Lage des Menschen ist viel ernster, als wir es uns gewöhnlich vorstellen. Als ich zurückkam, war es mir wie Einem».

[35] Vgl. H. Kutter, *Sie müssen! Ein offenes Wort an die christliche Gesellschaft*, 9. Tsd. Jena 1910.

[36] Die Religiös-Soziale Konferenz in Tambach (22.–25.9.1919), auf der Barth seinen Vortrag «Der Christ in der Gesellschaft» (s. oben S. 546–598) hielt.

[37] Eugen Rosenstock-Huessy (Brief vom 18.11.1919 [KBA 9319.244]).

heimgesuchten^bg Kriegsland, sieht man ^bhjetzt dem Leben viel deutlicher auf den Grund.^bh Der heutige Mensch ^biist unsicher geworden. Ihr^bi wisst ja, wie die Deutschen bis jetzt ^bjwaren: Alles wussten sie, alles konnten sie, über alles redeten sie^bj. Alles machten sie und sie allein recht! Sie^bk waren die sichersten Leute in der Welt. ^blEs mag auch jetzt noch viele Deutsche von dieser Art geben, aber^bl das kann ich sagen: Fast alle, die ich kennen lernte, machten mir den Eindruck: Gottlob, endlich ^bmeinmal *unsicher* gewordene Leute! Gerade weil ich das in Deutschland gesehen habe, wo ich es zuletzt erwartet hätte, glaube ich, dass der Vorgang ein allgemeiner ist. Der heutige Mensch in allen Ländern, Völkern und Klassen spürt^bm, dass der Boden unter ihm unterhöhlt und brüchig ist. ^bnEr hat mehr Fragen im Herzen als Antworten im Kopf. Er gibt zu erkennen, dass er etwas sehr Wichtiges nicht weiß. Er nimmt nicht mehr ohne weiteres Achtungstellung an vor den Worten Staat, Kirche, Schule, Wirtschaft, Wissenschaft, Partei, Standpunkt, Idee. Er hört bei dem allen nur mit halbem Ohr zu, er hört immer noch ein wenig darüber hinweg, ob eigentlich nicht *mehr* zu sagen sei als das. Er hat immer den Nebengedanken, es könne jedenfalls nicht so weiter gehen wie bisher, es müsse *anders* werden.^bn Er ist ein Suchender, ein Zweifler, ein Ungläubiger geworden.

^bg Mskr.: «aufgewühlten».
^bh-bh Mskr.: «jetzt viel viel deutlicher auf den Grund. Und was sieht man da?»
^bi-bi Mskr.: «ist im Grund seiner Seele unsicher geworden. Es mag euch verwundern, dass ich das gerade in Deutschland so klar gesehen habe. Ihr».
^bj-bj Mskr.: «waren: immer sicher, Alles wussten sie, Alles konnten sie, über Alles konnten sie reden».
^bk Mskr.: «Die Deutschen».
^bl-bl Mskr.: «Ich will nicht sagen, dass das nun bei allen Deutschen auf einen Schlag u. ganz u. gar anders geworden sei. Aber».
^bm-bm Mskr.: «einmal Leute, die im Grund unsicher sind. Und gerade weil ich das bei den Deutschen gesehen habe, wo man das nie erwartet hätte, glaube ich dass es etwas Allgemeines ist, das für alle Völker u. Länder gilt. Der heutige Mensch ist unsicher geworden. Er spürt».
^bn-bn Mskr.: «Er hat Fragen auf dem Herzen, lauter Fragen, seltsame thörichte Fragen vielleicht, aber lauter Fragen, die anzeigen, dass er im Grunde etwas sehr Wichtiges nicht weiss. Er nimmt nicht mehr sofort Achtungstellung an, wenn man ihm sagt: Staat, Kirche, Schule, Wirtschaftsleben, Wissenschaft – nicht einmal, wenn man ihm sagt: Partei, Standpunkt, Idee – er hört bei dem Allem nur mit halbem Ohr zu, er hört immer noch ein wenig darüber hinweg, er lässt sich nicht so schnell beruhigen; er möchte noch mehr hören. Er hat immer noch den Nebengedanken: ja, aber bei dem Allem kann es sicher nicht so weitergehen wie bisher. Es muss anders werden.»

^{bo}Er steht vor einer hohen, unübersteigbaren Mauer und kann sich doch nicht damit abfinden, muss immer denken an das, was *jenseits* der Mauer sein könnte. Dieser Zustand ist nicht erst durch Krieg und Revolution geschaffen; sie haben ihn nur aufgedeckt. Eben darum ist es auch unser Zustand, selbst wenn wir wirklich im Steinhaus geschlafen hätten. Auch wir sind, ob wir's wissen oder nicht, solche heutige Menschen voll Unsicherheit. Die Verlegenheit, die heute durch die Völker geht, ist auch unsere Verlegenheit. Keine Neutralität kann uns vor ihr schützen. Sie ist die Notwendigkeit der geschichtlichen Stunde, in der die Menschheit heute steht. Der Mensch ist im Begriff zu merken, dass er unrecht hat.^{bo}

Warum sage ich euch das alles? Ich denke, ihr versteht mich. ^{bp}Nicht Laune, nicht Zufall ist's, dass wir Sozialisten sein müssen. Nicht irgend ein guter oder böser Geist ist die Unruhe, der Protest, die unmögliche Hoffnung, die in uns sind, sondern die Notwendigkeit der Stunde, die Gehorsam von uns verlangt.^{bp} Was heute im Ganzen der Menschheit steckt als dumpfe Frage und Sorge, wir müssen es zum Ausdruck bringen; man könnte auch sagen: Bei uns kommt es

---

^{bo-bo} Mskr.: «Er hat das Gefühl vor einer hohen unübersteigbaren Mauer zu stehen. Ists nicht so? Ist diese Unsicherheit[,] die für das heutige deutsche Volk so bezeichnend ist, nicht auch unsre eigene Unsicherheit? Sind nicht auch wir Alle solche heutige Menschen, wer wir auch sein mögen? Ist etwas von dieser Verlegenheit, von diesen Fragen u. Zweifeln, nicht in allen Völkern, auch in unserm Volk? Sind nicht auch unsre sog. polit. Gegner im Grunde unsichere Menschen? Woher denn diese merkwürdige Nervosität u. Aufregung, mit der wir seit einem Jahr bekämpft werden? Woher anders als weil auch unsre sog. Gegner im Grunde sehr genau wissen, was die Stunde geschlagen hat. Sie sind auch Menschen der heutigen Zeit, sie gehören viel näher zu uns als sie selbst denken. Wir können sie ganz ruhig sich aufregen u. uns bekämpfen lassen, die Zeit des Rechthabens ist heute für Alle u. so auch für sie vorbei. Der heutige Mensch weiss im Grunde, dass er Unrecht hat.»

^{bp-bp} Mskr.: «Warum sind wir Sozialisten, die das grosse Unrecht in sich haben, die bösen Sozialisten, die immer wieder ihre Unruhe, ihren Protest, ihre unmögliche Hoffnung kundgeben? Nicht aus Laune, nicht aus Zufall, sondern heute mehr als je weil wir müssen. Es ist nicht irgend ein böser oder guter Geist, der über uns gekommen ist, sondern eine allgemeine Notwendigkeit, der wir gehorchen müssen.»

zum Ausbruch wie eine Krankheit! [bq]Mögen uns die anderen jetzt anstarren und kritisieren und bekämpfen als die bösen Sozialisten, sie wissen doch im Grunde genau so gut wie wir, was die Stunde geschlagen hat. Sie sind auch Menschen der heutigen Zeit, sie gehören viel näher zu uns, als sie denken und zugeben. Was in uns steckt, steckt auch in ihnen. Auch sie haben eben unrecht, aber sie möchten um jeden Preis immer noch recht haben. Das scheidet sie von uns. Darum müssen sie sich die Ohren verstopfen gegen uns. Und je mehr sie recht haben wollen, desto mehr wächst das Unrecht, desto mehr erschreckt und ängstigt es sie, desto mehr müssen sie ihre Furcht und ihren Groll auf – uns abladen, als ob wir es wären, «die Israel verwirren», wie schon in alter Zeit ein König zu einem solchen unbequemen Menschen gesagt hat [vgl. 1.Kön. 18,17]. Wie war es denn mit dem Gespenst des Bolschewismus, das sie uns nun seit Jahr und Tag an die Wand und im Aargau sogar an die Plakatwände gemalt haben, fürchterlich, in Apachengestalt, den Revolver in der Hand[38]? War's etwas anderes als der ungeheure eigene Schatten derer, die immer recht

[bq-bq] Mskr.: «Ja, die Andern starren uns jetzt an und kritisieren uns und widersetzen sich uns und wissen gar nicht, dass sie gegen sich selbst streiten, wenn sie gegen uns streiten. Alles was in uns ist und uns zu denen macht, die immer Unrecht haben, es steckt im Grunde auch in ihnen, nur dass sie es nicht offen zugeben, weil sie immer noch Recht haben wollen. Je mehr sie Recht haben wollen, umso stärker müssen sie sich die Ohren verstopfen gegen uns, um nicht hören zu müssen, dass auch sie Unrecht haben. Und je weniger sie hören wollen, umso mehr wächst das grosse Unrecht, denn es kann dadurch nicht kleiner werden, dass man nicht Unrecht haben will. Und je mehr das Unrecht wächst, umso mehr müssen sie uns hassen u. fürchten. Wie wars denn mit dem Gespenst des Bolschewismus, das sie jetzt seit 1 Jahr an alle Wände u. im Aargau sogar an die Plakatwände gemalt haben, fürchterlich, abscheulich, mit dem Revolver in der Hand? War es etwas Anderes[,] dieses Gespenst[,] als der ungeheure Schatten der Angst derer die immer Recht haben wollen und gerade damit das Unrecht gross u. grösser machen? Es muss ja so sein, nicht wir paar Sozialisten sind dieser gefürchtete u. gehasste Feind, wir können ganz ruhig sein, sondern das was in ihnen selbst, in den Andern rumort und sie bedroht[,] solange sie nicht mit uns Unrecht haben wollen. Wir wollen sie verstehen. Es ist nicht so böse gemeint, wie es herauskommt, auch im Aargau nicht. Es geht auch hier nach dem Sprichwort: Den Sack schlägt man und den Esel meint man! Wir wollen uns schlagen lassen. Wir sind nur der Sack. Sie kämpfen gegen ihre eigene Verlegenheit, wenn sie gegen uns kämpfen.»

[38] Die rechtsbürgerliche Schweizerische Vaterländische Vereinigung lancierte zu den Nationalratswahlen vom 26. Oktober 1919, den ersten Wahlen unter dem Proporzgesetz, ein Plakat mit dem Text «Jeder Schweizerbürger an

haben und gerade damit das Unrecht groß und größer machen? Nicht wir paar Sozialisten sind der gefürchtete und gehasste Feind, sondern das, was in ihnen selbst rumort und sie bedroht, solange es keine Luft bekommt, solange sie nicht *mit* uns unrecht haben wollen. Glaubt nur, es ist nicht so schlimm gemeint, wie es herauskommt, auch bei uns im Aargau nicht! Den Sack schlägt man, und den Esel meint man.[39] Wir wollen uns schlagen *lassen,* dieweil wir nur der Sack sind. Sie kämpfen gegen sich selbst, indem sie gegen uns kämpfen.[bq] Sie haben uns im Grunde nötig. [br]Wenn *wir* nicht die bösen Sozialisten wären, so müssten es *andere* sein, vielleicht gerade die, die jetzt am eifrigsten und ängstlichsten gegen uns sind. Irgendwo und irgendwie muss es ja zum Ausdruck und zum Ausbruch kommen. Irgendwo *muss* es sich ja zeigen, dass der Mensch im Unrecht ist. Wenn das ein Ruhm ist, so haben wir Sozialisten den Ruhm[br], der Ort zu sein, wo es zum Ausbruch kommt. Einen anderen Ruhm nehmen wir jedenfalls nicht in Anspruch.

Und[bs] nun brauche ich nur noch weniges hinzuzufügen. Wir müssen uns selbst treu bleiben. Wir dürfen nicht aufhören, die zu sein, die immer unrecht haben. [bt]Wir müssen Sozialisten bleiben. Wir dürfen nicht bürgerlich werden.[bt] Ich sage das ohne allen Hass gegen das Bürgertum. Ich komme auch[bu] aus dem Bürgertum. Und ich weiß vor

[br-br] Mskr.: «Wenn heute nicht *wir* die Sozialisten wären, so wären es *Andre,* vielleicht gerade von denen, die gegen uns sind. Denn irgendwo u. irgendwie muss die Unsicherheit des heutigen Menschen zum Ausdruck u. Ausbruch kommen. Irgendwo muss es sich ja zeigen, dass der Mensch im Unrecht ist. Wenn das eine Ehre ist, so haben wir Sozialisten die Ehre».

[bs] Mskr.: «3. Und».

[bt-bt] Mskr.: «Wir dürfen nicht bürgerlich werden. Wir müssen Sozialisten sein u. bleiben.»

[bu] Mskr.: «selbst».

die Urne! Es geht um alles! Fort mit russischen Umsturzgelüsten! Stimmt bürgerlich!» Der Entwurf mit dem Titel «Der Bolschewist» stammte von Otto Ernst (1884–1967), den Druck besorgte A. Trüb & Co. in Aarau. Vgl. A. Thürer, *Der Schweizerische Vaterländische Verband 1919–1930/31,* Diss. phil.-hist. Basel 2010, Bd. 1, S. 398–400; E. Lüthy, *Das künstlerische politische Plakat in der Schweiz,* Basel 1920, Tafel VIII. «Apache» wurde als Ausdruck für «Verbrecher», «Zuhälter» benutzt.

[39] Zur Geschichte dieser Wendung vgl. Büchmann, S. 357.

allem, dass es im Bürgertum viel edle, feine und ernste Menschen gibt, bessere als wir alle. Aber ich weiß auch, was das Bürgertum in seinem Wesen ist. [bv]Bürgertum ist Schweigen um des Friedens willen. Bürgertum ist Gleichgewicht um jeden Preis. Bürgertum ist: Nicht verantwortlich sein wollen, sich nicht stören lassen, nicht fragen, nicht zweifeln, nicht «grübeln», nicht anklagen. Ruhe ist die erste Bürgerpflicht.[40] Bürgertum ist auch eine Art Glaube: der Glaube an den Menschen, wie er ist, der Glaube an einen Fortschritt, der von selbst kommt, vor allem der Glaube an alles, was dazu dienen kann, das große Unrecht zu verdecken, als nicht so schlimm hinzustellen. Bürgertum heißt recht haben wollen. Und darum dürfen wir nicht bürgerlich werden. Dürfen weder den Weg der deutschen Mehrheitssozialdemokratie gehen noch den Weg des russischen Sowjet-Sozialismus. Beider Wege sind bürgerliche Wege: Faule Friedensschlüsse, allzu nahe liegende praktische Mittel, allzu schnelles am Ziel sein wollen, recht haben wollen – hier wie dort. Die Gefahr, dass wir auf die eine oder andre, auf die deutsche oder auf die russische Art vergessen, was wir eigentlich meinen, ist riesengroß. Der Weg, der mitten hindurchführt zwischen den Profit-Sozialisten und den Krach-Sozialisten, ist heute unerhört schmal. Aber in dem Moment, wo wir *das ganz andre* vergessen, das wir eigentlich meinen, ist unser Sozialismus tot. Wir *müssen* den schmalen Weg immer wieder suchen und gehen. Nicht nur um unser selbst willen, sondern um des Ganzen willen, um des heutigen Menschen willen, dessen tiefster Not und Hoffnung wir Ausdruck geben müssen, weil denn niemand sonst es tun will. Um der Bürgerlichen selbst willen dürfen wir nicht bürgerlich werden, weder nach rechts noch nach links. Wir sind verantwortlich. Wir stehen auf einem Wächterposten. Wir sind die Unruhe in der Uhr. Wir dürfen nicht stillstehen. Die Welt hat es bitter nötig, dass ihr das immer wieder gesagt wird, was wir ihr zu sagen versuchen mit der ganzen Unrast, mit dem ganzen unerbittlichen Protest, mit dem ganzen Glauben an das Unmögliche, der in uns steckt und der das Wesen des Sozialismus ist. Die Welt verlangt es geradezu von uns, dass wir bei unserem bösen, trotzigen Nein bleiben, denn sie ahnt, dass hinter unserm Nein das größte umfassendste, lebendigste Ja steht. Es müssen sich aber

[40] Vgl. zu dieser Wendung Büchmann, S. 437.

viele, viele durchringen dazu, Nein zu sagen, Nein zu sich selbst, Nein zu den Göttern, die wir bis jetzt angebetet haben, Nein zu der Welt, wie sie jetzt ist und von sich aus immer wieder sein möchte. Wir Sozialisten aber müssen den Posten halten, wo jetzt Nein gesagt wird, und wenn er oft uns selbst wie ein verlorener Posten erscheinen würde. Wir müssen das Opfer bringen, die zu sein, die immer unrecht haben. Denn erst wenn der Mensch weiß, dass er im Unrecht ist, kann der Tag des Rechtes anbrechen auf der Erde, der Tag des Advents, der Zukunft des neuen Menschen, des Menschensohnes [vgl. Lk. 17,22], der das Unmögliche möglich macht – der Tag, dessen wir warten.[bv]

[bv-bv] Mskr.: «Bürgertum ist Friede mit der Welt wie sie ist. Bürgertum ist Gleichgewicht um jeden Preis. Bürgertum ist auch eine Art Glaube: der Glaube an einen Fortschritt, der von selbst kommt. Bürgertum heisst: nicht Fragen, nicht Zweifeln, nicht Suchen. Ruhe ist die erste Bürgerpflicht! Bürgertum heisst Recht haben wollen dem ganzen Unrecht der Welt zum Trotz. Und das meine ich, wenn ich sage: wir dürfen nicht bürgerlich werden. Es ist nötig, dass das heute unter uns Sozialisten laut gesagt wird. Von zwei Seiten droht uns heute die Gefahr, dass unser Salz dumm wird [vgl. Mt. 5,13]. Die eine Gefahr sehe ich verkörpert in der gegenwärtig in Deutschland regierenden Mehrheitssozialdemokratie, die andere im russischen Sowjet-Sozialismus. Beide sind sich darin gleich, dass da die Sozialisten mit der Welt Frieden geschlossen haben, wenn auch in sehr verschiedener Weise. Darin gleich, dass sie über den erreichbaren Forderungen unsres Programms das Unerreichbare, das ganz Andere vergessen haben, das mit den sozialist. Forderungen eigentlich gemeint ist. Darin gleich[,] dass sie[,] um die Erfüllung dieser Forderungen zu erreichen, zu Mitteln greifen mussten, die dem[,] was wir Soz. meinen, direkt ins Gesicht schlagen, die Deutschen zuerst zur Unterstützung des Kaisertums und dann zur Zusammenarbeit mit den reaktionären bürgerl. Parteien, die Russen zur Aufrichtung einer gewaltsamen Diktatur der Minderheit. Darin gleich, dass sie gerade die besten Köpfe u. Herzen, in denen der radikale revolutionäre Geist des Sozialismus lebte, von sich abstiessen. Darin gleich, dass sie, koste es was es wolle[,] Recht haben wollten wie die Bürgerlichen u. nach der Manier der Bürgerlichen. Die Gefahr, dass auch wir auf die eine oder andre, auf die deutsche oder auf die russische Art vergessen, was wir eigentlich meinen, ist riesengross. Wir dürfen es aber nicht vergessen. In dem Moment, wo

wir das ganz Andre vergessen, das wir eigentlich meinen, ist unser Sozialismus tot. Der Weg, der mitten zwischen den beiden Gefahren hindurchführt, mitten hindurch zwischen den Profit-Sozialisten und den Krach-Sozialisten, ist heute unerhört schmal. Wir müssen ihn aber immer wieder suchen und gehen. Nicht nur um unsrer selbst willen, sondern um des Ganzen willen, um des heutigen Menschen willen, dessen tiefster Not u. Hoffnung wir Ausdruck geben müssen, weil denn niemand sonst es tun will. Wir sind verantwortlich. Wir stehen auf einem Wächterposten. Wir dürfen ihn nicht verlassen, wir dürfen nicht einschlafen. Um der Bürgerlichen selbst willen dürfen wir nicht bürgerlich werden, weder nach rechts noch nach links. Die Welt hat es bitter nötig, dass ihr das immer wieder gesagt wird, was wir ihr zu sagen versuchen, gesagt wird mit der ganzen Unruhe, mit dem ganzen unerbittlichen Protest, mit dem ganzen Glauben an das Unmögliche, der in uns steckt u. der das Wesen des Sozialismus ist. Die Welt hungert u. dürstet danach, dass es gesagt wird und dass es gerade so gesagt wird. Die Welt verlangt es geradezu von uns, dass wir bei unserm bösen trotzigen Nein [bleiben,] denn sie ahnt[,] dass wir nicht das Nein meinen, sondern das grösste umfassendste lebendigste Ja. Dieses Ja kann aber erst dann ausgesprochen werden, wenn Viele sich dazu durchgerungen haben[,] Nein zu sagen, Nein zu sich selbst, Nein zu den Göttern, die wir bis jetzt angebetet haben, Nein zu der Welt wie sie ist u. immer wieder sein möchte. Wir müssen das Opfer bringen, wir Sozialisten, die zu sein u. zu bleiben, die immer Unrecht haben. Denn erst wenn der Mensch im Unrecht ist, kann der Tag des Rechtes anbrechen auf der Erde, der Tag des Advents, der Zukunft des Menschensohnes, der das Unmögliche möglich macht, der Tag[,] dessen wir warten.»

UNERLEDIGTE ANFRAGEN AN DIE HEUTIGE THEOLOGIE
1920

Zu Weihnachten 1919 bekam Karl Barth als Geschenk seines Bruders Heinrich die «Gedanken und Anmerkungen zur modernen Theologie», die C.A. Bernoulli unter dem Titel «Christentum und Kultur» aus dem Nachlass Franz Overbecks herausgegeben hatte[1]. Die anscheinend gleich begonnene Lektüre veranlasst Barth schon am 5. Januar 1920 zu der Meldung an Thurneysen: «Unser Melchisedek ist wahrscheinlich – Overbeck. Vielleicht verfasse ich etwas über ihn ins ‹Neue Werk›.»[2] Offensichtlich kündigte er auch O. Herpel, dem Herausgeber der genannten Zeitschrift, einen Beitrag an, der ihm am 11. Januar antwortete: «Die in Aussicht gestellte ausführliche Besprechung über Overbeck ist sehr erwünscht.»[3] Am 16. Januar fasst Barth seinen Lektüre-Eindruck in einem Brief an seine Mutter knapp zusammen:

Das Gute u. das Böse an den Amsler, Pfister[4] etc. interessiert mich gleich wenig; nur werde ich mir selbst immer problematischer in einer Kirche, in der *diese* Lichter leuchten. Da lobe ich mir Overbeck, dessen Buch ich eben mit Gewinn zu Ende gelesen. Der hat mit seinem «Atheismus» das Christentum 10mal besser verstanden, als unsre pausbackigen Mode-Theologen. Ich hoffe dazu zu kommen, eine schöne Rezension über das Buch zu schreiben.[5]

Ausführlicher nimmt Barth am 27. Januar wieder gegenüber seiner Mutter Stellung, indem er Stichworte und Namen aus deren Schreiben vom 21. Januar[6] aufgreift:

Mit Overbeck ist die Sache durch die moralische Anklage auf «Unwahrhaftigkeit» wirklich auch nicht getan. Er hat eben den Dingen auf den Boden gesehen. Wenn er nicht lauter davon geredet hat, so mag

---

[1] Fr. Overbeck: *Christentum und Kultur. Gedanken und Anmerkungen zur modernen Theologie,* aus dem Nachlass hrsg. von C.A. Bernoulli, Basel 1919.

[2] Bw.Th. I, S. 364.

[3] KBA 9320.11.

[4] H. Fr. Amsler und B. Pfister waren Pfarrer in Bern.

[5] KBA 9220.4.

[6] KBA 9320.22.

das seine persönliche Schuld und die seiner Zeit gewesen sein, das geht mich nichts an; jedenfalls hat es mit der «Steinwüste», die er hinter der Theologie erblickt hat, seine Richtigkeit. Johannes der Täufer sagte seine Sache auch in der Steinwüste. Und wenn Carl Albrecht [Bernoulli] infolgedessen Literat und Albert Barth Schulmeister geworden ist, so sehe ich meinesteils nicht ein, warum man nicht noch besser und gerade infolgedessen z'Trotz[7] Pfarrer sein sollte, aber das will nur sagen, dass ich ein wenig mehr *wage* als diese Kinder der 90er Jahre. Dass von Overbeck ein wenig Furcht u. Zittern ausging, ein wenig Unterhöhlung der modernen Pfarrerherrlichkeit, das war nur normal. Wäre die Theologie beizeiten durch den Nullpunkt hindurchgegangen, auf den sie O[verbeck] hinwies, wir müssten heute nicht diese Geburtswehen erleiden.[8]

Am 2. Februar bestätigt Bernoulli, mit dem Thurneysen inzwischen Kontakt aufgenommen hatte[9], in einem Brief an Barth: «Overbeck ist in der Tat dazu angetan die Augen zu öffnen, wenn modern-blinde Theologen sehend zu werden wünschen.»[10] Anfang März liegt Barths Overbeck-Besprechung in einer ersten Fassung vor.[11] Nun entsteht der Plan einer gemeinsamen Publikation mit Thurneysen: «Das Neueste ist», so Karl Barth am 5. März 1920 an seinen Bruder Peter, «dass Th[urneysen] und ich Overbeck auf den Schild erheben, als den Mann, der in der Wüste der 90er Jahre neben Blumhardt das wahre Israel war. Eine Publikation über diesen Fund steht in Aussicht u. auch mit C.A. Bernoulli habe wir beide schon Fühlung.»[12] Thurneysen bearbeitet seine Predigt über Lk. 15,3–7 für den zweiten Teil der geplanten Broschüre, die nun nach Thurneysens Vorschlag – statt des zunächst vorgesehenen sensationelleren Titels «Finis christianismi»[13] – den Titel «Zur innern Lage des Christentums» bekommen soll.[14] Von Bernoulli informiert, erteilt Ida Overbeck am 23. April die Erlaubnis, «dass Sie

---

[7] = aus Trotz, erst recht.
[8] KBA 9220.5.
[9] Vgl. Bw. Th. I, S. 365.
[10] KBA 9320.33.
[11] Bw.Th. I, S. 371f.
[12] KBA 9220.10
[13] Bw.Th. I, S. 373.
[14] Bw.Th. I, S. 374.

meinen Mann häufig in Ihrer Besprechung citiren».[15] *Einer der Theologen, die sehend zu werden wünschten, Pfarrer Arthur Jäggli in Beinwil im Aargau, formuliert in einem Brief an Barth am 10. Mai sehr genau das entscheidende Problem im Verständnis Overbecks:*

Und nun Overbeck. Thurneysen will mir Euer Votum zuschicken. Er hat mich seinerzeit ermuntert, über das Buch in die «Neuen Wege» zu schreiben, ich hoffe, es noch ausführen zu können.[16] Nur ist mir Overbeck selbst noch ein Problem. Ich habe zwar das Buch gelesen mit einer Spannung, wie ich selten noch ein wissenschaftliches Buch verarbeitet. [...] Overbeck muß ein sonderbar feiner Mensch gewesen sein; ich würde fast sagen, er passte nicht in die Welt hinein, wenn ich nicht eben damit an das tiefste Problem berührte, das er selbst in s. Buche erörtert. Die Welt u. das Evangelium haben nie in der Art zusammengepasst, wie es die Theologen aller Zeiten darstellten. Kann man überhaupt von einer christlichen Kultur reden, wie es die Kirche d. Papstes tut? Nach Overbeck nicht, wenigstens jetzt noch nicht. Oder nicht mehr u. überhaupt nie? Ist das Großartige an Overbeck vielleicht dies, daß er das ganz andere des Evangeliums dartut gegenüber allem, was in der Welt groß ist u. gilt u. uns gegenüber jeder Position das Endgültige u. Jenseitige des Evangeliums vor die Augen rückt? Aber eben darin bin ich mir noch nicht eins; glaubt Overbeck überhaupt an dieses kommende Endgültige oder ist ihm diese Unerklärlichkeit des Evangeliums nicht eine Schrulle, mit der wir einstweilen nicht fertig werden u. weil wir nicht fertig werden, sie besser auf sich beruhen lassen. Es gibt freilich auch Stellen in dem Buch, die ihn als einen unter diesen Fragen schwer leidenden Menschen erkennen lassen. Wie tiefe Erkenntnisse sind denen gegeben, die abseits vom kirchlichen Treiben von jeher gestanden sind, allen jenen mühsam um die Wahrheit Ringenden.[17]

Mitte Juni erschien endlich das Heft. Barth kommentiert im Brief an Thurneysen vom 16. Juni: «Was wird diese Rakete für einen Lauf nehmen? Viele Freunde oder Doktorhüte wird sie uns jedenfalls nicht eintragen. Ich weiß gar nicht mehr genau, was eigentlich drinsteht und

[15] KBA 9320.124.

[16] In den «Neuen Wegen» erschien zu Overbeck kein Artikel von A. Jäggli, wohl aber eine mit H.B. (Hans Bader?) gezeichnete Rezension (Jg. 14 [1920], S. 369–372).

[17] KBA 9320.147.

bin so gespannt wie nur irgend einer aus dem Volk.»[18] *Thurneysen
hatte die Bedeutung der Schrift und der «Todesweisheit», des «Jenseits
der Kluft» und des «Hinter der engen Pforte» in der Geschichte ihrer
theologischen Arbeit schon am 5. Mai prägnant herausgestellt:*

Ich sehe immer klarer, daß wir erst mit der Einsicht in Overbecks
Halt! und Nein! eine erste wichtige Stufe erreicht haben, die über das
Religiössoziale und wohl auch über Kutter hinaus weiterführt, und
auf der auch deine im Römerbrief erarbeitete und vertretene Erkenntnis erst ganz wahr wird und mit Nachdruck verteidigt werden kann.[19]

*Unter dem Datum des 27. Juni 1920 erreichten Barth zwei bedeut-
same Reaktionen: ein Brief seiner Mutter Anna Barth und ein Brief
der Witwe Overbecks.*

*Ida Overbeck, die die Schrift am 25. Juni erhalten hatte, schreibt in
ihrer durch die Lektüre ausgelösten Bewegung und Erschütterung, die
sich bis in die Syntax auswirkt:*

Sehr geehrter Herr Pfarrer,

Ich sage Ihnen u. Ihrem Geistesgenossen den herzlichsten Dank für
die Übersendung Ihres Büchelchens, das ich am Vorabend der 15.
Wiederkehr des Todestages meines lieben Mannes empfing, ein mir
unendlich schönes Zusammentreffen[,] das mir Wunsch, Worte meines lieben Mannes aus seiner letzten Zeit nahe brachte, die Erfüllung
gefunden, freilich auch den eignen[,] irgend wie zu ihm eilen zu können, um ihm frohe Botschaft zu bringen. Er war bei schon sehr ge-
schwächtem Körper stark genug gewesen[,] darauf zu hoffen[,] dass er
doch einmal später gehört u. verstanden werde; erschütternd war es[,]
wie dieser Hoffnung sich doch ein Zweifel beimischen musste, ein
Schicksal im deutlichen Bewusstsein des Todes.

Ich hatte, nachdem ich Sie bei mir gesehen, öfter daran gedacht,
dass nun vielleicht Ihre Schrift ausgegangen sei. Dass ich nicht bälder
von der Thatsache hörte[,] beunruhigte mich nicht, auch nicht die
Besorgnis[,] es könne aus meines Mannes Worten eine mir ganz
fremde Gestalt entgegentreten, die seinem umfassenden Ernst, der
Tiefe seiner Betrachtungsweise in's Gesicht schlüge, nur gerade dadurch, dass sie eine Art Gewand meines Mannes trüge, noch beson-

---

[18] Bw.Th. I, S. 399.
[19] Bw.Th. I, S. 388.

ders widerwärtig sein könne. Wie sehr, sehr Recht hatten Sie[,] ihn selbst sprechen zu lassen. Gewiss ist nie ein Buch tiefsinniger gelesen worden[,] u. das bedeutet verdoppelten Werth. Ich werde öfter wiederlesen. Worin sollte ich Sie desavouiren wollen oder können? Sie selbst haben allem Rechnung getragen, nichts überhört oder geringer geschätzt. Der allein, der das kann, steht diesem Buche aufrecht gegenüber, ist es werth[,] an diesem Buche zu wachsen, bekundet die ächte Freiheit, der der Mensch oder Christenmensch nicht entrathen sollte u. mit der die Redebegabten Seelen aufrichten u. wohl thun können.

Meine besten Wünsche, sehr geehrter Herr Pfarrer, begleiten Sie u. Ihren Freund, Herrn Pfarrer Eduard Thurneysen[,] auf Ihrem weiteren Wege. Ein leichter Weg wäre kaum werth[,] gelebt zu werden, wenn es auch sicherlich Menschen gibt, die einen Weg leicht und mit Anmuth wandeln. Jedem das Seine.

Mit hochachtungsvollen Grüssen
bin ich Ihre ergebene
I. Overbeck[20]

Anna Barth dankt für die Zusendung und bittet um Verständnis, wenn ich heute nicht eingehend darüber schreibe, obwohl ich deine Kritik schon zweimal gelesen u. mich heute beinahe den ganzen Tag mit Overbeck beschäftigt habe. Jedenfalls ist es gut daß die Predigt von Thurneysen dabei ist, denn sie ergänzt u. erklärt am besten was du sagen willst. Weil ich vor 30 Jahren jung war u. an den damaligen Problemen auch teil genommen, so geben mir deine Anklagen schon zu denken. Ich glaube zwar daß der Weltkrieg samt dem heutigen Zusammenbruch hauptsächlich Viele «an die Luft» gesetzt hat. Ob du vor 30 Jahren «no[21] Boll» gegangen wärest u. den grämlichen Overbeck verstanden hättest?[22]

Der Bitte, ihr zu schreiben, «wenn Frau Prof. Overbeck sich äußert», entsprechend, schreibt Barth am 30. Juni an seine Mutter:

Aus den etwas dunkeln u. überschwänglichen Worten von Frau Professor Overbeck geht mindestens soviel hervor, dass sie immer

[20] KBA 9320.183. Vgl. V. u. kl. A. 1922–1925, S. 58–64, bes. S. 61f.
[21] = nach.
[22] KBA 9320.184.

noch ein *gewisses* Misstrauen hatte, dass sie nun aber zufrieden u. einverstanden ist. Carl Albrecht hat sich noch nicht geäussert, auch sonst bin ich noch ohne Kunde über den Erfolg u. Misserfolg unsres Signals.[23]

Am 8. Juli dankt Barth seinem Kollegen Gottfried Ludwig in Diessbach, der das «Büchlein» «mit viel Freude u. allseitiger Zustimmung gelesen» hatte[24]:

Ich bin sehr froh über Alles, was du sagst, denn das anfängliche Entsetzen Aller beim Lautwerden unsrer Absicht hat uns natürlich auch zu denken gegeben. Die Aufdeckung der Beziehung Blumhardt – Overbeck ist ja auf alle Fälle ein Wagnis – und wehe, wenns nur ein geistreicher Einfall wäre.[25]

Auf ein nochmaliges Echo Ludwigs, der inzwischen auch das Overbecksche Buch gelesen hatte[26], *reagierte Barth mit einer ausführlichen Erwägung der mit der Rezeption Overbecks erreichten Wegmarke:*

Herzlichen Dank für deinen Brief. Ich bin froh, dass du vor Overbeck auch nicht zurückweichst, sondern in Furcht u. Zittern verharrst. Zurückweichen tun jetzt nämlich manche, die das Messer am Halse spüren, z.B. Emil Brunner, der verlegen erklärt, das S. 35 in Th's Predigt[27] Gesperrte doch «nicht mitmachen» (sic! *mit – machen!*) zu können.

Ich bin Overbeck unendlich dankbar dafür, dass er mir das was wir in den letzten Jahren so kühnlich als «Gott» verkündigten (du erin-

---

[23] KBA 9220.33.

[24] Brief vom 4.7.1920 (KBA 9320.195).

[25] KBA 9220.34.

[26] Brief vom 21.7.1920 (KBA 9320.213).

[27] E. Thurneysen, *Die enge Pforte*, in: K. Barth/E. Thurneysen, *Zur inneren Lage des Christentums. Eine Buchanzeige und eine Predigt*, München 1920, S. 25–36, dort S. 35: «*Es braucht gerade das, was wir heute so tief beklagen möchten: den Bankerott der Kirche, das an die Wandgepreßtsein des ‹Christentums›, den Stillstand unserer Missions-, unserer Vereins- und Liebeswerke, den Zusammenbruch unsrer Lebensreformen, das Misslingen unsrer Weltallianzen, damit endlich wir selber stillestehen vor Gott, damit es endlich in unsre Ohren kommen kann, was er geredet hat: ‹Ich bins, der Gerechtigkeit lehrt und ein Meister ist, zu helfen. [Jes. 63,1] Ich trete die Kelter allein und ist niemand unter den Völkern mit mir.› [Jes. 63,3]*» Dieses Zitat spielt auch sonst in der Kritik der Broschüre eine prominente Rolle.

nerst dich wohl, dass mein Drucker einmal nicht mehr genug G im Setzkasten hatte – ein warnendes Symptom!) in einer in gewissem Sinn endgiltigen Weise entleert und mich auf seine wirkliche Füllung hingewiesen hat. Wir ahnten ja wohl Alle etwas Derartiges hinter Blumhardts u. Kutters Reden. Nur blieb da noch immer, ohne dass das jedenfalls Blumhardt belasten würde, ein gewisser romantischer, naturalistischer, «einfacher» Sinn übrig. Wir glaubten an etwas Kindleinhaftes in Raum u. Zeit, in welchem «Gott» dann doch wieder «gegeben» sein könnte. Der Aarauervortrag von Heiner[28] hat dagegen schon gute Warnung erhoben (lies ihn noch einmal im Blick auf Overbeck). Nun ist der letzte Schleier zerrissen. Wir wissen nun soviel, dass wir *nicht* wissen, was wir sagen, wenn wir «Gott» sagen. Wir wissen um was es sich handelt bei dem *Ja* das das Nein unter dem wir stehen, tatsächlich überwindet. Wir wissen nun, dass wir nicht mehr blöterlen[29] dürfen, wenn wir die Worte Tod u. Auferstehung in den Mund nehmen. Mehr wissen wir freilich nicht. Wir sehen dort wo wir auf Jesus zu verweisen pflegen, ein enormes Loch, das Alles in Frage stellt, wo man alle Augenblicke auf die Finger bekommt (Zitterrochen!) wenn man unbesonnen zugreifen und die Sache vermantschen will. Es wird sich zunächst nur darum handeln, ob wir es in dieser Situation aushalten. Die Glaubensfrage wird noch ganz anders akut als vorher. «Feldflüchtige werden erwürgt»[30] wie Luther glatt gesagt hat. Von dem Ja, dessen Kehrseite uns jetzt erschreckt, sehe ich vorderhand nur soviel, dass mir das NT immer einleuchtender u. verständlicher wird und dass ich jeden Sonntag etwas Wichtiges u. Richtiges zu sagen hätte, wenn ich es sagen könnte, und dass wenigstens einige m. Zuhörer (und *viele* gerade durch ihr Nichtverstehen) wenigstens eine Ahnung zu bekommen scheinen von dem Mysterium, dem «Ausserhalb», das die kirchliche Gemeinschaft – innerhalb des Lebens eigentlich zu vertreten hätte. Was wollen wir «praktisch» Anderes als staunen und das Staunen der Andern wecken u. pflegen? Was können wir Anderes? Was für Perspektiven, wenn es auch nur einigermassen gelänge, das Bewusstsein dieses totaliter aliter in die Kir-

---

[28] Siehe H. Barth, *Gotteserkenntnis*, a.a.O. (s. oben S. 551, Anm. 29).
[29] = ziellos, umständlich, wichtigtuerisch reden.
[30] WA 45,396,1f.; vgl. Römerbrief 2, S. 213, Anm. 17.

che, in die Theologie hineinzuwerfen? Eine Anzahl wenigstens all der munter klappernden Mühlen stillzustellen. Aber «wem wird der Arm des Herrn offenbart»? [Jes. 53,1; Joh. 12,38]. Das Gros unsrer deutschen Freunde ist bereits vorläufig abgeschwenkt und das Thema der – ohne uns abzuhaltenden Konferenz in Marburg[31] wird nicht der Colosserbrief, sondern das tiefsinnige Problem: «Sollen wir Politik treiben?» bilden. Sie stehen ungefähr dort wo Ragaz 1908 war und wir müssen sie vorderhand in Freundschaft frei geben und uns auch da mit Einzelnen begnügen.[32]

In Briefen an seine Mutter setzt Barth diese Rechenschaft über seinen Weg und dessen Konsequenzen fort. Am 8. September:

Für uns kommt wohl eine Zeit von viel Streitigkeit oder auch – Einsamkeit, oder beides. […] Im Protestantenblatt drückt Hans Baur dem Eberhard Vischer (!) dankbar die Hand für seinen mutigen Angriff auf mich (im Kirchenblatt) und zweifelt an unsrer geistigen Gesundheit. Brunner will sich in Zürich habilitieren mit einer Dissertation, in der er die Möglichkeit der Offenbarung endgiltig wissenschaftlich beweisen will, macht aber vor Overbeck u. meinem Aarauervortrag[33] drei Kreuze. Seltsame Zeichen wohin man blickt.[34]

Wie Barth hier andeutet, war das publizistische Echo auf die Veröffentlichung sonderbar-zwiespältig. Den Anfang machte der Kirchengeschichtler der Basler Fakultät Eberhard Vischer, den Barth durch die Bemerkung über die «vermeintlichen Overbeckkenner in Basel»[35] herausgefordert hatte und der sich auch durch die vorbehaltlos zustimmende Besprechung von «Christentum und Kultur» im «Kirchenblatt für die reformierte Schweiz» durch Paul Walser[36] zu einer Entgegnung veranlasst sah. Sie erschien im «Kirchenblatt» am 29. Juli und am 5. August unter dem Titel «Overbeck und die Theologen»[37], der bereits anzeigt, dass Vischer sich «weniger wegen der von

---

[31] Vgl. Bw. Th. I, S. 400–402.413f.

[32] Brief von K. Barth an G. Ludwig vom 23.7.1920 (KBA 9220.39).

[33] Siehe unten S. 662–701

[34] KBA 9220.45.

[35] Siehe unten S. 653.

[36] P. Walser, *Franz Overbeck: Christentum und Kultur*, in: KBRS, Jg. 35 (1920), S. 71f.75f.

[37] E. Vischer, *Overbeck und die Theologen*, in: KBRS, Jg. 35 (1920), S. 122–124.125–127.

Overbeck zur Theologie und den Theologen eingenommenen Stellung als um der Haltung der Theologen zu ihm und den in dem Buche vorgetragenen Gedanken willen»[38] zu Worte meldet. Der Vorwurf, den Vischer erhebt, lässt sich in seiner rhetorischen Frage zusammenfassen: «Ja läßt sich, um mit Overbeck zu reden, etwas Dümmlings- und Parasitenhafteres denken, als nun nach alter Theologenweise schließlich auch den Mann, der aller Theologie den Krieg aufs Messer angesagt hat, für die eigene Theologie in Anspruch zu nehmen und gegen die Theologie der Andern auszuspielen?»[39] Sich Barth zuwendend fügt Vischer an: «Noch viel besser als Walser, ja geradezu meisterhaft versteht jedoch Karl Barth diese wundervolle Theologenkunst und ist deshalb mit Recht der Mann des Tages.»[40] Doch «angesichts der Bewunderer Overbecks unter den Theologen» müssten einem «die Augen aufgehen» für das Recht der Kritik Overbecks am Christentum und seinen Theologen, «denn eine glänzendere Rechtfertigung auch des Giftigsten, was er über die Theologen gesagt hat, konnte er sich nicht wünschen».[41]

Ende August 1920 griff, wie Barth erwähnt, Hans Baur, Pfarrer an St. Leonhard in Basel, diese Polemik auf und dankte in einem «Selbstkritik oder Selbstzerfleischung?» überschriebenen Artikel E. Vischer «für sein mannhaftes Wort, das ihm erneut die Sympathien vieler junger Schwärmer entziehen wird [...], das aber wie ein reinigendes Gewitter zu wirken berufen ist».[42] Denn «die ganze Erscheinung» gehöre «in das Kapitel der allgemeinen Psychose, an der unsere Zeit krankt». Es handle sich um eine «krankhafte Selbstzerfleischung, die wie jede Raserei die besten Kräfte aufzehrt, das beste Wollen im Keim erstickt, endlosen unfruchtbaren Zank heraufbeschwört, immer neuen Hunger nach neuen Seltsamkeiten, Verstiegenheiten, Rücksichtslosigkeiten weckt, sie muß als Seuche erkannt und wie jede andere bekämpft, lokalisiert und ausgerottet werden. Es ist der theologische Golem, den

[38] A.a.O., S. 122.
[39] A.a.O., S. 126.
[40] Ebd.
[41] A.a.O., S. 127.
[42] H. Baur, *Selbstkritik oder Selbstzerfleischung?*, in: Schweizerisches Protestantenblatt, Jg. 43 (1920), Nr. 35 vom 28.8.1920, S. 275–277, dort S. 277.

wir befehden.»[43] *Der Artikel schließt mit der Anmerkung: «Damit seien die uns zugestellten Broschüren des Münchner Verlags Kaiser angezeigt und besprochen: K.* Barth *und Ed.* Thurneysen, Zur inneren Lage des Christentums, *und K.* Barth, Biblische Fragen, Einsichten und Ausblicke».[44]

Wohlwollender und verständnisvoller besprach der Genfer Neute-stamentler Jules Breitenstein in der Genfer «Semaine religieuse» vom 20.11.1920 die Overbeck-Broschüre. Zum Schluss zieht er aber doch etwas distanziert die Summe: «On a peut-être surfait l'importance de l'histoire et de la psychologie. MM. Barth et Thurneysen me semblent tomber dans l'exagération inverse. Quoi qu'il soit, ils donnent à ré-fléchir.»[45]

Am 7. Dezember brachten die «Münchner Neuesten Nachrichten» eine Rezension von «Christentum und Kultur» im Rahmen eines Hin-weises auf Barths «höchst anziehende Besprechung» in der Overbeck-Broschüre und auf den Aarauer Vortrag, der «eine eigenartig starke Religiosität» atme, wie denn Barth übrigens auch als «der eigenartige Führer einer neureligiösen Bewegung» bezeichnet wird.[46]

Am 28. Dezember folgte in den «Basler Nachrichten» eine Bespre-chung der Broschüre durch «unsern Spezialfreund»[47] *Walther Köhler. Für ihn ist es «ein gründliches Mißverständnis, ja, ein böser Fehlgriff», «wenn nun hier Overbeck selbst geradezu wie ein Religiös-Sozialer erscheint, wie ein ‹kritischer Blumhardt›». «Nimmermehr hätte Over-beck einen Bund mit den Religiös-Sozialen geschlossen! Diese selbst aber sollten sich fragen, warum sie denn den letzten, von K. Barth am Schluß angedeuteten Schritt, ganz Eschatologie und damit ‹ein neues Christentum› zu werden, nicht tun? Das wäre doch Konsequenz! Aber vermutlich würden sie dann sehen, daß dann die Eschatologie sie äfft, weil wir nun einmal in der Zeit leben; vermutlich würden sie dann*

---

[43] A.a.O., S. 276f.

[44] A.a.O., S. 277.

[45] Dr. M-l (d.i. Lic. Dr. Franz Merkel, Halle), *Religiöse Fragen der Gegen-wart*, in: Münchner Neueste Nachrichten vom 7.12.1920.

[46] J. Breitenstein, Rezension von K. Barth/E. Thurneysen: Zur inneren Lage des Christentums, in: La Semaine religieuse de Genève. Journal évangélique protestant, Jg. 68, Nr. 47 vom 20.11.1920, S. 194.

[47] So Barth in seiner ersten Reaktion auf die Rezension: Bw.Th. I, S. 455f.

erkennen, daß man auch die schönste Vergangenheit nicht repristinieren kann, und diese Erkenntnis würde sie dann Overbeck viel näher bringen, als sie ihm jetzt nahe zu sein glauben.»[48]

Im Januar 1921 erschien eine Besprechung der «begeisterten Empfehlung» von Overbecks Christentum und Kultur durch Barth, zu der der Verfasser anmerkt: «Gewiß ist radikale Kritik zur Selbstprüfung sehr notwendig. Ob aber aus den einseitigen und darum schiefen Behauptungen Overbecks [...] irgendein Fortschritt für die weitere Arbeit erwachsen kann? Es ist auch eigenartig, daß die Religiös-Sozialen einen Rationalisten alten Schlags auf den Schild erheben.»[49]

Unter der Überschrift «Allerlei» behandelte Paul Wurster im Juni-Heft der Monatsschrift für Pastoraltheologie neben einer «Kritik des modernen Ehe-Ideals», einer Herder-Auslese und einer Neuauflage des «bekannte[n] Kompendium[s] der Religionsgeschichte von Tiele» Barths Overbeck-Aufsatz, in dem «der bekannte schweizerische Religiössoziale» die Forderung aufstelle, «daß man durch die enge Pforte» der «radikalen Kritik» Overbecks «zu einem eschatologisch-positiven Christentum in der Art Chr. Blumhardts kommen müsse».[50]

Bemerkenswerter ist jedoch eine Anfang Juli 1921 erschienene Rezension von Joseph Engert, Professor für Philosophie und Pädagogik an der (katholischen philosophisch-theologischen) Hochschule in Dillingen an der Donau, der sich später auch als einer der ersten katholischen Theologen zur zweiten Fassung der Römerbriefauslegung zu Worte gemeldet hat[51]. In der Overbeck-Anzeige Barths sieht Engert den «Führer der Schweizer Religiös-Sozialen» «mit der Schärfe und Begeisterung des Entdeckers von Neuland» fordern, dass «eine Theologie im echten Sinne des Christentums» «an den Anfang ihrer Untersuchungen das Unerforschliche, das absolut Transzendente» stellen müsse. «So poniert Barth mit unerhörter Schärfe dieses als Grund-

---

[48] W. Köhler, Rezension von K. Barth/E. Thurneysen: Zur inneren Lage des Christentums, in: BN, Jg. 76, Nr. 555 vom 28.12.1920, S. [4].

[49] Als Quelle ist auf dem Zeitungs- oder Zeitschriftenausschnitt in Barths Sammlung von Rezensionen (KBA 1780) «Prot. Bücherschau, Januar 1921» angegeben. Aus welcher Publikation er stammt, ist nicht geklärt.

[50] Monatsschrift für Pastoraltheologie, Jg. 17 (1920/21), 9. Heft, Juni 1921, S. 236.

[51] Vgl. Römerbrief 2, S. 33.

problem des Christentums, Ausgangspunkt der Theologie.» Engert
*bemerkt dazu: «Ein Anfang; denn wie nun dieses Problem selber ‹rea-
lisiert› werden soll im Sinne der realistischen Philosophie (z.B.
Külpes), darüber sagt uns Barth nichts. Aber genug: Er stellt das absolut Transzendente an den Anfang aller christlichen Theologie, und das ist ein
Gewinn. Ich stehe nicht an, in diesem Betracht das Buch für eine der
bedeutsamsten Wendungen in der Methodologie der protest. Theologie
zu erklären.»*[52]

*Barth wird sich durch die Erinnerung an diese Stimmen – die ver-
ständnisvollen wie die verständnislosen – in dem Entschluss zur Neu-
bearbeitung des Römerbriefs, die wesentlich im Zeichen Overbecks
stehen sollte, bestärkt gesehen haben. Am 14. November 1920 schreibt
er über die Notwendigkeit dieser Neufassung an seine Mutter:*

Was ich dir über den Römerbrief schrieb, war so gemeint: ich
möchte ihn durchgängig in Einklang setzen mit dem, was ich in den 2
letzten Jahren hinzugelernt habe. […] Gerade *weil* ich mich verantwortlich fühle für das, was mein Buch anrichtet, muss ich die Einsicht
von Paulus die es eröffnen will, auf einen zugespitzteren Ausdruck
bringen. Ich weiss weit u. breit keinen Fall, dass Einer schon durch das
in der 1ten Auflage enthaltene «Nein» irregeführt worden wäre, wohl
aber hat das allzu harmlos aufgefasste Ja in Deutschland u. der
Schweiz sehr seltsame Blüten gezeitigt, denen ich nun wehren muss,
indem ich tiefer u. gründlicher schneide. Zweifellos habe ich dafür
von Overbeck gelernt. Warum nicht. Im Römerbrief (des Paulus!)
stehts ja wortwörtlich immer wieder (lies z.B. das 2te Kapitel) dass die
Heiden den Juden plötzlich voran sein könnten vor *Gott* nämlich der
das Verborgene der Menschen richtet. In diesem Lichte sehe ich Overbeck gegenüber den Vielen, die meinetwegen frömmer waren als er.
Ich könnte aber das Gleiche, worum es sich handelt auch mit den
Namen Jeremia, Hiob, Luther, Kierkegaard bezeichnen. Ich las vor 8
Tagen Luthers Schrift über den unfreien Willen und war erstaunt zu
sehen, wie da (und *auch da* mit einem geradezu fürchterlichen Nein u.
nochmals Nein!) die gleichen Grenzpfähle eingerammt werden, deren
Notwendigkeit uns jetzt auch wieder aufzugehen beginnt. Lass mich

---

[52] Deutsche Katholikenzeitung. Organ für Religion und Kirchenpolitik,
Jg. 5 (1921), Nr. 27 vom 2.7.1921, S. [7f.].

nur machen u. glaub mir, dass ich in *bester* Gesellschaft bin. Das Festwerden des Herzens, das du mir wünschest, geschieht bekanntlich aus Gnade [vgl. Hebr. 13,9], Gnade ist aber auf alle Fälle nur da, wo Distanz u. Respekt ist. Eben daran arbeite ich, *das* deutlicher, unüberhörbarer herauszubringen. Von einem Wechsel der Ansichten aber ist keine Rede, obwohl fast kein Wort gleich bleibt wie im alten Buch. Ich hebe sie gänzlich auf u. begründe sie gänzlich neu, soweit man da von «gänzlich» reden kann.[53]

Die Edition folgt dem Abdruck in K. Barth, Die Theologie und die Kirche, Gesammelte Vorträge, 2. Bd., München 1928. Der erste Apparat teilt die Varianten des ersten Drucks in K. Barth/E. Thurneysen, Zur inneren Lage des Christentums. Eine Buchanzeige und eine Predigt, München 1920, S. 3–24, mit.

Unerledigte Anfragen an die heutige Theologie[*]

Wie war es nur möglich, dass die heute am Ruder befindliche Theologie in ihrer Jugendzeit an einem Fachgenossen wie *Overbeck* und an den von ihm an sie gerichteten Fragen so gleichmütig und unangefochten vorbeikam? Wie war es nur möglich, dass man sich damit begnügen konnte, seine historische Gelehrsamkeit zu bewundern, über die Wirkungslosigkeit seiner «rein negativen Art» sich selbstzufrieden zu freuen und über die Tatsache, dass er, sich selbst und der Welt zum Trotz, Theologieprofessor war und blieb, immer wieder staunend und missbilligend den Kopf zu schütteln? – Einige von uns haben sich längst darüber gewundert, wie man es damals, vor rund 30 Jahren meine ich, in der Theologie fertig brachte, der Gedankenwelt des älteren und jüngeren *Blumhardt* und ihrer Freunde so gar keine

[*] *Christentum und Kultur.* Gedanken und Anmerkungen zur modernen Theologie von *Franz Overbeck,* weiland Doktor der Theologie und Professor der Kirchengeschichte an der Universität Basel. Aus dem Nachlaß herausgegeben von *Carl Albrecht Bernoulli.* Basel, Benno Schwabe & Co., Verlag 1919. XXXVI und 300 S. 16 Fr.

[53] KBA 9220.58.

Aufmerksamkeit zu schenken. Aus den Büchern *Friedrich Zündels* z.b. wäre doch, wie die seitherige Entwicklung der Dinge beweist, einiges Entscheidende zu lernen gewesen, was uns allen allerlei Umwege und Irrwege erspart hätte, wenn man es sich damals hätte sagen lassen. Blumhardt und Zündel waren euch zu massiv, zu pietistisch, zu wenig wissenschaftlich und schulgerecht? Sei's einmal zugegeben, so schwer es uns fällt, uns in das akademische Hochgefühl zurückzuversetzen, das für jene Zeit so bezeichnend war und das damals offenbar viele im übrigen|2|sehr aufmerksame Ohren nach *dieser* Seite verschlossen hat. Aber – möchten wir heute fragen – warum hörte man dann nicht auf *Overbeck?* Wollte man den allzu dunkeln Vorgängen von Möttlingen[54] kein weiteres Nachdenken widmen, weil das Skandalon für das damalige Zeitbewusstsein allzu groß war, warum wendete man nicht um so größere Sorgfalt auf die Betrachtung des ebenso verheißungsvollen und näherliegenden Skandalons, das durch die «Christlichkeit der heutigen Theologie»[55] geboten war? Unmittelbar nebeneinander standen sie doch, Blumhardt und Overbeck, Rücken an Rücken, wenn man so will, sehr verschieden im Habitus, in der Terminologie, in der Vorstellungswelt, im Erlebnis, aber zusammengehörig in der *Sache,* Blumhardt als der vorwärtsschauende hoffende Overbeck, Overbeck als der rückwärtsschauende kritische Blumhardt, Einer zum Zeugnis für die Sendung des Andern. Warum hörte man nicht auf Overbeck? Dieser war doch wohl kein Pietist, kein Mirakelgläubiger, kein Dunkelmann, sondern so fein, so vornehm, so voraussetzungslos, als man nur wünschen konnte! Oder wollte man *überhaupt* kein Skandalon, dass man sich auch durch den kritischen Blumhardt, den Senior der Basler Fakultät, so gar nicht zur Sache rufen ließ? Darf man, wenn man sich nur diesen einen Fall vor Augen hält, immer wieder den lieben Gott dafür verantwortlich machen, dass die Dinge in der christlichen Erkenntnis so langsam, so mäanderförmig vorwärtsgehen? Darf man sich, wenn man die damals verpassten Gelegenheiten überdenkt, verwundern darüber, dass die Zeichen der Zeit in Theologie und Kirche heute so stark auf Deroute

[54] Vgl. K. Barth, *Die protestantische Theologie im 19. Jahrhundert. Ihre Vorgeschichte und ihre Geschichte,* Zürich 1994[6], S. 589f.
[55] Fr. Overbeck, *Über die Christlichkeit unserer heutigen Theologie. Streit- und Friedensschrift,* Leipzig 1873; Leipzig 1903[2]; OWN 1, S. 155–318.

und Zersetzung deuten? Hätten nicht auch die, die heute immer noch auf den völlig überlebten Kampf gegen Orthodoxie u. dgl. eingestellt sind, Anlass, mit allem Ernst dort wieder einzusetzen, wo damals die fruchtbaren Möglichkeiten übergangen worden sind? Das waren die Fragen, die mich während der Lektüre des von C.A. Bernoulli herausgegebenen Overbeckschen Nachlassbandes unausgesetzt beschäftigt haben.

Das Buch ist eine vom Herausgeber betitelte und gegliederte |3| Sammlung von Fragmenten, «teils Material, teils Plan, halb Steinbruch, halb Fundament», wie es im Vorwort heißt (S. XXXVI[56]). Für das, was Overbeck zu sagen hatte, ist diese Form gerade die rechte. Die Sache war zu groß und die Lage zu verwickelt, als dass er mehr tun konnte als *zum Schlage weit ausholen.* Der Schlag wird einmal geführt werden, wer weiß wann? und von wem? Overbeck holte nur aus. In diesem fruchtbaren und den Sinn unseres hellenistischen oder vorreformatorischen Zeitalters durchaus erschöpfenden Augenblick muss er belauscht werden, um uns zu belehren, wenn wir Ohren und endlich einmal Zeit haben, zu hören. Ich bemerke noch, dass die Entstehung und Art des Buches es notwendig machen, es nicht nur kursorisch, sondern in verschiedenen Richtungen diametral zu lesen, wenn es seine Wirkung ausüben soll.

«Christentum und Kultur» betitelt Bernoulli. Er hätte ebenso gut «Einführung in das Studium der Theologie» schreiben können; denn darum handelt es sich im Grunde, wobei allerdings zu bemerken ist, dass diese Einführung sich unter Umständen alsbald zu einer energischen *Aus*führung Unberufener gestalten könnte. Ich möchte unsern Studenten dringend wünschen, sie möchten in diesem Buch Vorschau halten über das, worauf sie sich einzulassen oder auch hereinzufallen im Begriffe stehen. Wir Pfarrer aber sollten uns die Gelegenheit zu einer gründlichen Nachschau über das, was wir erworben haben, um es zu besitzen, noch weniger entgehen lassen. Immerhin sei gewarnt: Das Buch ist eine unerhört eindringliche Einschärfung des Gebots: Du sollst den Namen des Herrn, deines Gottes, nicht unnütz führen! [Ex. 20,7; Dtn. 5,11]. Wenn es gelesen und verstanden wird, so müsste normalerweise die Wirkung die sein, dass etwa 99 Prozent von uns

---

[56] OWN 6/1, S. 31.

allen in seinen Netzen hängen bleiben und die Entdeckung machen, dass man eigentlich so etwas wie Theologe gar nicht sein kann. Und die wenigen Entronnenen werden soviel trauten Kitsch, soviel liebe Illusionen und praktische, allzu praktische Naivitäten dahinten lassen müssen, dass sie nachher zunächst frierend nicht mehr aus noch ein wissen werden. Alle *irgendwie* Berufszufriedenen |4| unter uns werden das Buch mit demselben Missvergnügen gedruckt und gelesen sehen wie etwa ein normaler Mediziner Weressajews «Bekenntnisse eines Arztes»[57]. Denn es ist ein gefährliches Buch, ein Buch voll apokalyptischer Gerichtsluft, ein Bilanzbuch, ein Buch, das den verständigen Leser von allen Fleischtöpfen Ägyptens hinweg in die Wüste ruft, an einen Ort ihn hindrängt, wo er weder liegen noch sitzen, noch stehen, sondern unbedingt nur noch sich bewegen, wo er weder erwerben noch besitzen, noch schmausen, noch austeilen, sondern nur noch hungern und dürsten [vgl. Mt. 5,6], suchen, bitten und anklopfen [vgl. Mt. 7,7f. par.] kann, darin den beunruhigenden Sprüchen des «Cherubinischen Wandersmanns» nicht wenig vergleichbar. «Die Füchse haben Gruben und die Vögel des Himmels ihre Nester, aber des Menschen Sohn hat nicht, da er sein Haupt hinlege.» [Mt. 8,20 par.]. Wer diesen Ort zu vermeiden wünscht, lasse das Buch ungelesen. Aber vielleicht haben uns die Eindrücke und Erfahrungen der letzten Jahre darüber aufgeklärt, dass wir bis jetzt in einem Hause wohnten, das auf den Sand gebaut war [vgl. Mt. 7,26f.], und dass die Theologie, wenn es überhaupt fernerhin dieses Wagnis «Theologie» geben soll, zunächst besser täte, mit zusammengebissenen Zähnen den Weg in die *Wüste* anzutreten. Es würde sich das angesichts der allgemeinen Lage gerade für uns wahrlich besser schicken als die unverfrorene Zuversichtlichkeit, mit der man mancherorts immer noch Theologe sein zu können meint, als ob das nichts Besonderes wäre. Einige von uns sind durch die Overbeckschen Enthüllungen nicht eben überrascht. Wir freuen uns über dieses Buch. Wir begrüßen es in der Hoffnung, dass es uns Genossen unsrer Einsamkeit erwecken werde, weil es einigen Auf-

---

[57] W. Weressajew, *Bekenntnisse eines Arztes*, übers. von H. Johannson, Stuttgart 1902. Der russische Arzt Wikenti W. Smidowitsch veröffentlichte unter dem Namen «W. Weressajew» seine autobiographischen «Bekenntnisse eines Arztes». Die «Offenheit, alles zu verraten, was der Arzt durchlebe», riefen einen «Sturm der Entrüstung» hervor (a.a.O., S. 13).

richtigen nicht ganz leicht werden wird, wider diesen Stachel zu lökken [vgl. Act. 9,5; 26,14]. Ein ernstes Wort hat es ausnahmslos uns *allen* zu sagen.

I.

Der Herausgeber überlässt es dem Leser, ob er Overbeck nach dem vorliegenden Material vorwiegend als Skeptiker oder als Enthusiasten auffassen will. Er steht in der Tat hart auf der |5| Grenze zwischen beiden, und die eine Seite seines Wesens, wenn man da überhaupt von zwei Seiten reden mag, wird immer nur durch die andre verständlich sein. Versteht man ihn, wie seine Zeitgenossen es getan haben und wozu auch Bernoulli mehr Neigung zeigt, vorwiegend als Zweifler, so wird man ihn mindestens mit dem letztern einen «frohen liebenden Zweifler» (S. XIX[58]) nennen müssen. Versteht man ihn, wovon wir unsrerseits mehr Belehrung erwarten, vorwiegend als Wächter «an der Schwelle metaphysischer Möglichkeiten» (S. XXXVI[59]), so wird man seinen Standpunkt als den eines kritischen Enthusiasten bezeichnen müssen. Man muss auf alle Fälle das Unvereinbare, den Tod und das Leben, die Welt und das Himmelreich scharf zu unterscheiden und dann auch wieder zusammen zu schauen im Stande sein, um die verhaltene Kraft dieses seltenen Geistes würdigen zu können. Denn «dieser ist ein Mensch gewesen und ein Mensch heißt Kämpfer sein»[60].

Entscheidend für die Einsicht in die grundsätzliche Stellung Overbecks sind die Abschnitte S. 20–28[61] («Über die Erforschung von Urgeschichte») und S. 287–300[62] («Von mir selbst und vom Tode»). Von da aus ist dann vor allem das S. 1–77[63] über Bibel und Urchristentum Gesagte zu erwägen. Alles übrige sind Anwendungen und Illustrationen. Zwei Punkte, die beide zugleich Ausgangs- und Endpunkte sind, bestimmen und charakterisieren nach Overbeck das Dasein des Menschen und der Menschheit. Mit dem Begriff der *«Urgeschichte»* oder

---

[58] OWN 6/1, S. 15.

[59] OWN 6/1, S. 31.

[60] Vgl. J.W. von Goethe, *West-östlicher Divan,* «Einlass»: «Denn ich bin ein Mensch gewesen, / Und das heißt ein Kämpfer sein».

[61] OWN 6/1, S. 52–60.

[62] OWN 6/1, S. 327–339.

[63] OWN 6/1, S. 33–110.

Entstehungsgeschichte bezeichnet er den einen, mit dem Begriff des *Todes* den andern. Von der überzeitlichen, unerforschlichen, unvergleichlichen Urgeschichte, die sich aus lauter Anfängen zusammensetzt, in der die Grenzen, die das Einzelne vom Ganzen abschließen, noch fließende sind, kommen wir her. Dem einzigen unausdenkbar bedeutenden Moment des Todes, in dem unser Leben in dieselbe Sphäre des Unbekannten tritt, in welcher für uns schon bei unsern Lebzeiten alles sich befindet, was jenseits der uns bekannten Welt liegt, gehen wir entgegen (S. 20–21[64] und 297[65]). Wir haben vielleicht zu tief in den Grund der Dinge |6| geblickt, *wir wissen zu viel* von allen Dingen, auch von den verborgensten und unzugänglichsten, von den Dingen, von denen wir eigentlich nichts wissen können, *von den letzten Dingen. «Von diesem Wissen ist uns nicht zu helfen und wir haben damit zu leben»* (S. 293[66] und 300[67]). Was *zwischen* diesen «letzten Dingen» liegt, das ist die *Welt,* unsre Welt, die uns gegebene, verständliche Welt. Was «historisch» ist oder werden kann, das ist eo ipso auch *von dieser Welt.* Denn «historisch» heißt «der Zeit unterworfen» (S. 242[68]). Was aber der Zeit unterworfen ist, das ist begrenzt, relativiert, als «Welt» erklärt durch die «letzten Dinge», von denen wir nun einmal wissen, ob wir wollen oder nicht. «Den Pharisäern kann auf keinen Fall das Zugeständnis eines schon unter ihnen erschienenen und rein diesseitigen Reiches Gottes gemacht werden» (zu Lk. 17,20–21 S. 47[69]). Freilich: Um diese *Welt* zu begreifen, solange und soweit es sich *darum* handeln soll, stellen wir uns besser nicht aus ihr heraus, vermeiden auch «den leisesten Duft von Theologie» (S. 5[70]), sondern bleiben als Nachkommen der Aufklärer mit der «entschlossenen Besonnenheit des wahren Realisten» (S. XXVIII[71]) innerhalb ihrer Grenzen, der Grenzen der Menschheit (S. 241[72]). Können wir die

[64] OWN 6/1, S. 52–54.
[65] OWN 6/1, S. 336.
[66] OWN 6/1, S. 332.
[67] OWN 6/1, S. 339.
[68] OWN 6/1, S. 282.
[69] OWN 6/1, S. 80.
[70] OWN 6/1, S. 38.
[71] OWN 6/1, S. 24.
[72] OWN 6/1, S. 281.

Dinge dieser Welt nicht verteidigen, kann keine der Beziehungen, in die wir zur Welt treten, der relativierenden Kritik standhalten, so können wir sie doch lieben, können auch unsre Kritik nicht ernster nehmen, als sie es verdient (S. 29[73] und 248[74]). Aber diese (gebrochen!) Liebe zu den Dingen dieser Welt stammt nicht aus der Religion, beruht überhaupt zum allergeringsten Teil auf unserm Zutun. Ihre «natürliche Grundlage mag jemand, der darüber zu reden weiß, unter dem Namen *Gott* begreifen» (S. 249[75]). Denn der Rationalismus, mit dem sich Overbeck «als anonymer Glücksspinsel» neben Kant, Goethe und Lichtenberg stellen möchte (S. 136[76]), wird «der Fähigkeit zur Ekstase als der eigentlichen Kraftquelle der Kultur» (S. XXVIII[77]) keineswegs uneingedenk. Bezeichnet der Begriff des Todes die Grenze der menschlichen Erkenntnis, so muss er auch ihren transzenden-|7|talen Ursprung bezeichnen. Kann er uns «als eiserner Besen dienlich sein, um allen Lug und Trug auszutilgen, der unser irdisches Leben belastet», kommt das recht verstandene memento mori unserm Leben *zu Gute* (S. 297[78]), so muss ihm zugleich eine positive, schöpferische, fruchtbare Bedeutung sondergleichen zugeschrieben werden. «Der Tod erzeugt ebenso gut, wie er vernichtet» (S. 247[79]). Ohne «ein Tröpfchen Schwärmerei» (S. 182[80]) wäre also der Rationalismus gar nicht das lebendige umfassende Prinzip, das Overbeck darunter versteht. Denn zufällig ist dieses «Tröpfchen» gerade die *Quelle* des Stroms, sind die beiden grossen Unbekannten: Urgeschichte und Tod, gerade die *Angeln,* in denen die «skeptische» Weltanschauung hängt! «*Wir Menschen kommen überhaupt nur vorwärts, indem wir uns von Zeit zu Zeit in die Luft stellen,* und unser Leben verläuft unter Bedingungen, die uns nicht gestatten, uns dieses Experiment zu ersparen» (S. 77[81]). «Wer sich in der Welt wirklich und

[73] OWN 6/1, S. 62.
[74] OWN 6/1, S. 288.
[75] OWN 6/1, S. 289.
[76] OWN 6/1, S. 171.
[77] OWN 6/1, S. 24.
[78] OWN 6/1, S. 336.
[79] OWN 6/1, S. 287.
[80] OWN 6/1, S. 218.
[81] OWN 6/1, S. 110.

streng auf sich selbst stellt, muß auch den Mut haben, sich auf nichts zu stellen» (S. 286[82]). Aber es muss *ernst* gelten mit diesem «nichts», und das Tröpfchen Schwärmerei muss *echt* sein, mit Mystik, Romantik und Pietismus nicht zu verwechseln (obwohl «Pietismus für mich die einzige Form des Christentums, unter welcher mir ein persönliches Verhältnis zum Christentum noch möglich wäre!» S. 179[83]). Denn «das menschliche Individuum kann nicht daran denken, einen Ersatz für Gott jemals an sich selber vorzufinden. ... Sich selbst preisgeben ist kein sicherer Weg zu Gott, aber der (mystisch-romantisch-pietistische!) Gedanke, Gott in sich selbst wiederzufinden, ist noch hoffnungsloser» (S. 286[84]). «Das Wesentliche an Overbeck war nicht von intellektueller, sondern von elementarer Art. Wenn er in sich einen Übergang darstellt, so war er es nicht als Grenzlinie, nicht als Schnittfläche, er war es in aufprägender Weise – als Vorstoß, als *Durchbruch*. In seiner Kritik lassen die gezackten Eisränder des kahlen Denkens den Tiefblick frei in die darunter verborgenen Strecken aufgrünenden Frühjahrs», sagt Bernoulli sehr schön (S. XIX[85]). Schade nur, dass er |8| diese wichtige Einsicht durch die psychologistische Aufmachung, in der er sie vorträgt («ideologische Gegendosis»[86]), einigermaßen verdunkelt. Wir unsrerseits möchten Overbecks grundlegende kritische Lehre von Urgeschichte und Tod mit der tiefen Erkenntnis der Dialektik von Schöpfung und Erlösung, die darin ausgesprochen ist (vgl. z.B. S. 29–31[87] und 248–249[88]), als eine Überwindung aller «Ideologie» auffassen und den Verfasser neben dem Sokrates des Phädon[89] zu denjenigen «heidnischen Verkündigern der

---

[82] OWN 6/1, S. 325.
[83] OWN 6/1, S. 215.
[84] OWN 6/1, S. 325.
[85] OWN 6/1, S. 15.
[86] S. XVIIf.; OWN 6/1, S. 15.
[87] OWN 6/1, S. 62–64.
[88] OWN 6/1, S. 288f.
[89] Vgl. die Darlegungen des Sokrates in Platons Phaedon (64a–68b) über das Verhältnis des Philosophen zum Tod und dazu die Ausführungen von Heinrich Barth, *Die Seele in der Philosophie Platons*, Tübingen 1921, S. 154–159, bes. S. 157, wo H. Barth 1. Kor. 15,36 («Was du säest, wird nicht lebendig, wenn es nicht stirbt») zitiert und dann fortfährt: «Diese Erkenntnis von dem ‹Stirb und Werde!› steht uns in enger Beziehung zur Unsterblichkeitslehre des

Auferstehung» rechnen, von denen es heißt: «Solchen Glauben habe ich in Israel nicht gefunden» [Mt. 8,10 par.].

Von der unerhört schmalen und – soliden Basis dieser kritischen Grundstellung aus sind nun die drei polemischen Auseinandersetzungen zu begreifen, die in mannigfacher Verschlingung den eigentlichen Inhalt des Buches bilden. Es betrifft die erste das Dasein des Christentums in der Geschichte, die zweite das Wesen des modernen Christentums, die dritte die Christlichkeit aller und speziell der heutigen Theologie. Die unerledigte Frage Overbecks entfaltet sich so zu einer Mehrzahl.

II.

Über die Stellung und Aussichten des Christentums in der Geschichte ist in den letzten Jahrzehnten viel geredet worden. Wenn ich nicht irre, waren die Aufstellungen *Troeltschs* über die vorläufige soziologische Bedeutung der Kirche und sein düsterer Ausblick auf kommende Eiszeiten, in denen es dann auch damit vorüber sein könnte, das letzte bemerkenswerte Stadium, das diese Verhandlungen vor dem Kriege erreichten. Wir hörten ihm damals (in Aarau 1910[90]) zu mit dem dunkeln Gefühl, dass es nun auch in der Sackgasse, in der wir verhältnismäßig getrost wandelten, nicht mehr weiter gehe. Eine ganz andre Frage, als die, die zuletzt derartige Antworten provozieren musste, ist die Frage, ob von einer Stellung und von Aussichten des Christentums in der Geschichte überhaupt die Rede sein kann.

Ist das Christentum einer Verwirklichung in der Geschichte, d.h. in der durch Dauer, Werden und Vergehen, Jugend und |9| Alter, Degeneration und Fortschritt charakterisierten Zeit fähig? Bekundet es selber den Willen, eine geschichtliche Größe zu werden? Ist es mög-

---

Phaedo. Denn das Denken der Idee wird als ein Sterben erkannt, während die höchste Idee gleichzeitig die Idee des Lebens ist.»

[90] Troeltsch hielt 1911 bei der Christlichen Studentenkonferenz in Aarau den Vortrag *Die Bedeutung der Geschichtlichkeit Jesu für den Glauben*, abgedruckt in: *Die XV. Christliche Studenten-Konferenz. Aarau 1911. Den 13. bis 15. März*, Bern 1911, S. 85–112; separat Tübingen 1911; wieder abgedruckt in: E. Troeltsch, *Die Absolutheit des Christentums und zwei Schriften zur Theologie* (Gütersloher Taschenbücher Siebenstern 138), Gütersloh 1985², S. 132–162; vgl. bes. S. 88.93 (S. 6f.15f. bzw. S. 135f.141).

lich, als Historiker dem Christentum gerecht zu werden? Oder vom Standpunkt der Welt aus gefragt: Kann das Christentum als geschichtliche Größe Anspruch auf ernsthafte Bedeutung erheben? Kann man als Historiker das Christentum gegenüber der Kultur vertreten? Overbeck stellt das alles in Abrede. Unerbittlich stellt er uns vor das Dilemma: Wenn Christentum, dann nicht Geschichte; wenn Geschichte, dann nicht Christentum! «Historisches, d.h. der Zeit unterworfenes Christentum ist etwas Absurdes» (S. 242[91]). Gerade historisch lässt sich das Christentum nicht begründen; denn «weder Christus selbst noch der Glaube, den er gefunden hat, haben wenigstens unter dem Namen Christentum historisches Dasein gehabt» (S. 9–10[92]). «Die ersten Christen sind gar kein menschlicher Geschichtschreibung würdiges Objekt» (S. XXI[93]). «Die Geschichte ist ein Schlund, in den sich das Christentum nur ganz wider Willen gestürzt hat» (S. 7[94]). «An der Apriorität unsres Zeitbegriffes hängt, daß das Christentum als Erscheinung der Geschichte unvertretbar geworden ist» (S. 244[95]). «Die beste Schule, um an dem Dasein eines Gottes als Weltlenkers zu zweifeln, ist die Kirchengeschichte, vorausgesetzt, diese sei die Geschichte der von Gott in die Welt gesetzten Religion des Christentums, und es werde demnach angenommen, er habe ihre Geschichte gelenkt. Augenscheinlich hat er dies nicht getan, in der Kirchengeschichte ist nichts wunderbar, in ihr erscheint das Christentum der Welt so unbedingt preisgegeben, wie nur irgend ein anderes Ding, das in ihr lebt» (S. 265–266[96]). «Die Kirchengeschichte lehrt, daß das Christentum, wie es auch mit der vermeintlichen Lenkung seiner Fata stehe, unfähig gewesen ist, sich der Folge auch nur einer einzigen Schwäche der menschlichen Dinge zu entziehen. Nicht *ein* Greuel der Geschichte, d.h. unter den Erfahrungen der Dinge, die in der Geschichte gelebt haben, fehlt in den Erfahrungen der Kirchengeschichte» (S. 19[97]). «Sofern dem Christentum auf dem Gebiet

[91] OWN 6/1, S. 282.
[92] OWN 6/1, S. 42.
[93] OWN 6/1, S. 17; dort «Geschichtsschreibung» (wie im Erstdruck von *Christentum und Kultur*).
[94] OWN 6/1, S. 39.
[95] OWN 6/1, S. 284.
[96] OWN 6/1, S. 305.
[97] OWN 6/1, S. 51.

des geschichtlichen Lebens auch nicht eine |10| der Korruptionen und Verirrungen erspart geblieben ist, denen die Dinge unterworfen sind, hält die Kirchengeschichte keine Vorstellung ferner als die eines besonderen, über der Kirche waltenden Schutzes. Gegen die Kirchengeschichte ist also das Dasein Gottes nur zu behaupten bei der Annahme, Gott habe seine Hand vom Christentum in seinem geschichtlichen Dasein abgezogen. Eine Annahme, die noch nichts die Gott oder dem, was wir Menschen so nennen, schuldige Ehrfurcht Verletzendes zu haben brauchte» (S. 266[98]). «Das Christentum unter den Begriff des Historischen zu stellen, heißt zugeben, daß es *von dieser Welt* ist und in ihr, wie alles Leben, nur gelebt hat, um sich auszuleben» (S. 7[99]). «Rein historisch ist nichts möglich als der Nachweis, daß das Christentum abgebraucht sei und zu alt werde» (S. 71[100]). «Der Gedanke, das Christentum rein auf Historie zu stellen, kündigt nur den Anbruch des Zeitalters an, wo das Christentum zu seinem Ende kommt und davon Abschied zu nehmen ist» (S. 9[101]).

Der mögliche Ort des Christentums liegt eben, was die Vergangenheit betrifft, nicht in der Geschichte, sondern in der Geschichte *vor* der Geschichte, in der *Urgeschichte*. Und nur unhistorische Begriffe, Maßstäbe und Beobachtungsmöglichkeiten könnten uns in den Stand setzen, dieses Christentum, das noch gar nicht Christentum in irgend einem historischen Sinn ist, zu verstehen, davon zu reden, und gar, es zu vertreten. «Christentum heißt nichts Anderes als Christus und der Glaube seiner Anhänger an ihn; es ist etwas Überzeitliches, zu Lebzeiten Jesu war es noch gar nicht da» (S. 28[102]). «Urgeschichtliche Probleme zu betreiben ist nur Forschern erlaubt, die in diesem Licht zu sehen vermögen – also Forschern mit Katzenaugen, die im Dunkeln sich zurechtfinden» (S. 20[103]). – Unmöglich ist da das beliebte historische Abstrahieren zwischen den Dingen und dem, was sie ins Dasein gerufen. Ein Beispiel: Eine *neutestamentliche Schrift* ernst nehmen heißt neben ihr von ihrem Verfasser nichts weiter (nichts «Zeitge-

[98] OWN 6/1, S. 305f.
[99] OWN 6/1, S. 40.
[100] OWN 6/1, S. 104.
[101] OWN 6/1, S. 41.
[102] OWN 6/1, S. 61.
[103] OWN 6/1, S. 53.

schichtliches!») wissen. Und unmittelbare Unterhaltung mit dem Verfasser macht das Buch als sol-|11|ches überflüssig, streicht es aus seinem historischen Dasein. Verfasser und Buch fallen in eins zusammen (S. 21–23[104]). Ein anderes Beispiel: Das Urchristentum hatte mit der Welt überhaupt den *Sozialismus* in sich, während unsre heutigen nachträglichen oder voraus genommenen Kombinationen von Christentum und Sozialismus nur verraten, dass uns die umfassenden zwingenden Möglichkeiten der Urgeschichte fehlen (S. 26–28[105]). – Unmöglich werden da die kurzschlüssigen historischen Erwägungen über das Verhältnis der Anfänge zu den Fortsetzungen. «Kann *eine so passive Menschengestalt wie Jesus* als Stifter von irgend etwas in der Welt (in der Geschichte) betrachtet werden? Ist nicht das Christentum ein historisches Gebilde, zu dessen Dimensionen die Gestalt Jesu gar kein Verhältnis mehr hat?» (S. 39[106]). «Der nach dem Tode Jesu auflebende Glaube des Paulus ist kein geringeres Wunder als der Glaube Jesu an sich selbst» (S. 62[107]). – Unmöglich werden da die üblichen historisch-psychologischen Werturteile. Sind doch z.B. die *Ungleichartigkeiten zwischen Jesus und Franz von Assisi* viel bemerkenswerter als die berühmten conformitates[108]: Einerseits «stellt Franz den Frieden, den das Christentum verkündigt, noch vollkommener in sich dar, als Jesus selber. Dieser verlangt Glauben an sich – eine schon an sich alle Friedfertigkeit ausschließende Forderung, die Besitz und Gebrauch von Gewalt zur Voraussetzung hat. Franz bringt Glauben nur dar und zeigt einen Zug von Liebenswürdigkeit, der Christus gar sehr fehlt». Andrerseits hieß «Christus nachfolgen, wie es der hl. Franz verstand, ihm gerade in dem nachfolgen, was das Christentum auf das Höchste erhebt und preist, und ihm nicht darin nachfolgen, womit Christus selbst außerhalb der Ideale des Christentums steht» (S. 39[109]). Worüber unsre neufranziskanischen Freunde[110] einmal nachdenken

[104] OWN 6/1, S. 54f.
[105] OWN 6/1, S. 58–60.
[106] OWN 6/1, S. 71.
[107] OWN 6/1, S. 95.
[108] Vgl. Bartholomaeus de Pisa, *De conformitate vitae B. Francisci ad vitam Domini Iesu* (Analecta Franciscana 4 und 5), Quaracchi 1906 und 1912.
[109] OWN 6/1, S. 72.
[110] Barth denkt außer an die Leser von P. Sabatier (s. oben S. 127, Anm. 1) wohl vor allem an Eberhard Vischers Einführung zu *Das Leben des heiligen*

sollten! – Unmöglich wird da vor allem ein den vermeintlichen historischen Begriffen meist folgendes allzu schnellbereites Nachempfinden- und Anwendenwollen gegenüber den urgeschichtlichen Erscheinungen. Wer darf z.B. behaupten, Jesus zu begreifen, der nicht |12| den Punkt in sich findet, wo er *sich mit Gott schlechthin eins fühlt?* Und wer darf es wagen, *das* von sich zu behaupten? Wer sieht nicht, dass Jesus von der Annahme beherrscht war, *in einer andern Welt* könnte Grundvoraussetzung sein, was in der wirklichen Welt unmöglich ist, und dass Jesus gerade in den Forderungen, die sich auf diese Annahme aufbauen, am allerwenigsten als ein unklarer welterfahrener Phantast erscheint? Aber wer wagt es, ihm in dieser Annahme, die allein ihn begreiflich machen würde, im Ernst und mit ganzer Konsequenz zu folgen? (S. 47–49[111]). «Der Widerspruch der altchristlichen Eschatologie und der Zukunftsstimmung der Gegenwart ist ein fundamentaler» (S. 66[112]). «Es hilft nichts, sich zum Christentum zu bekennen und selber gerade entgegengesetzte Wege zu gehen» (S. 67[113]). «Die Forderung Mt. 18,3 allein hebt entweder die Weltmöglichkeit des Christentums auf oder dann die Kirche in der Welt aus den Angeln» (S. 64[114]). Wer alle diese üblichen Unmöglichkeiten als solche erkennt und dennoch einen Weg zur Urgeschichte, zu Jesus findet, nun, der möge ihn gehen – aber nicht zu rasch und nicht zu sicher!

Mit dem Moment, wo die Dinge aus ihrer unmittelbaren Beziehung auf die *letzten* Dinge hervortreten, wo die schlichte Verbindung von Jenseits und Diesseits aufhört, wo für uns eine andere als die *absolut* kritische Betrachtung der Dinge möglich wird, mit diesem dem Tode nur zu ähnlichen Moment beginnt die *Verfallsgeschichte*, die *Kirchengeschichte*. Overbeck trifft mit *Zündel* auch in *dem* Urteil merkwürdig überein, dass *Paulus* bereits wesentlich in dieser zweiten Epoche stehe.[115] Immerhin gelte auch von Paulus, dass niemand ihn wirklich

---

Franziskus von Assisi beschrieben durch den Bruder Thomas von Celano, übersetzt von Ph. Schmidt, Basel 1919, S. V–XV.
[111] OWN 6/1, S. 80–82.
[112] OWN 6/1, S. 99.
[113] OWN 6/1, S. 100.
[114] OWN 6/1, S. 97.
[115] Vgl. Fr. Zündel, *Aus der Apostelzeit*, Zürich 1886, bes. S. 214: «hier beginnt im speziellen *unsere* Geschichte».

verstanden habe, der heute noch seiner Ansicht sein zu können meint (S. 54[116]), und dass wichtige Merkmale des Urgeschichtlichen auch ihm nicht ganz fehlen (S. 55–63[117]). Die Kirchengeschichte aber «steht tatsächlich zwischen Leben und Tod und sie überwiegend im Lichte des einen oder andern zu betrachten, hängt lediglich an der Anlage und Willkür des betrachtenden Subjekts. Die Geschichte setzt ebenso sehr das Leben fort als sie den Tod |13| vorbereitet» (S. 21[118]). Jedenfalls hat das Christentum, nachdem die Parusieerwartung ihre Aktualität verloren hat, mit seiner Jugend sich selbst verloren; es ist etwas ganz anderes, es ist zu einer Religion, zu einer «ideologischen Gegendosis», müssten wir jetzt mit Bernoulli sagen, geworden. Und «die Religion teilt ihre Herkunft aus der Menschenwelt mit der Welt überhaupt» (S. 74[119]). Das Christentum aber will nicht Religion, nicht «Gegendosis» in irgend einem Sinn sein, ganz abgesehen davon, dass der Mensch einer solchen «Gegendosis» keineswegs bedürftig ist, wohl aber lebt und leben muss von seinem Wissen von den «letzten Dingen». Und das ist zweierlei.

Die Parallele zwischen der Overbeckschen und der Blumhardtschen Anschauungsweise ist zu deutlich für alle, die sehen können, als dass ein Nachweis oder eine Abgrenzung nötig wäre. Möchte die von diesen Anfragen von links und rechts in die Mitte genommene Theologie («Gott in der Geschichte»[120]) sich endlich entschließen, Antwort zu geben.

III.

Nicht wie Kierkegaard als Vertreter eines wahren Christentums im Gegensatz zu einem falschen erhebt Overbeck seine Anklage gegen das moderne Christentum (S. 279[121]). Er kann nicht genug versichern, dass er zu *allem* Christentum *ohne* Verhältnis sei. Er beansprucht für sich keinerlei religiöse Sendung. Er hält vom Glauben so wenig, dass

[116] OWN 6/1, S. 87.
[117] OWN 6/1, S. 87–96.
[118] OWN 6/1, S. 54.
[119] OWN 6/1, S. 107.
[120] Vgl. S. 18; OWN 6/1, S. 50.
[121] OWN 6/1, S. 318.

er nicht einmal sich selbst unter seinen Gläubigen findet! (S. 255[122]). Er will nur von dem reden, was er weiß. Er erwartet aber auch abgesehen von sich selbst keine Reformation, sondern «ein sanftes Verlöschen» des Christentums (S. 68[123]). Auf die pathologische Betrachtung aller, auch der reformatorischen religiösen Bestrebungen ist er zum vornherein eingestellt, aber auch das «ohne den Stachel eines ernsten Christen- und Religionshasses» (S. 289[124]). Aber wir unsrerseits wissen es aus seinen eigenen Worten, was es zu bedeuten hat, wenn er sich in dieser Weise «in die Luft» stellt. Eine positivere Position als den Felsenpfad zwischen den beiden Ab-|14|gründen, den er geht, kann es ja gar nicht geben. Das verhaltene, das unterdrückte Pathos, mit dem er, aus letzter Sachkenntnis heraus, warnend zwischen den Scheinbund von Christentum und moderner Welt hineintritt, die so ganz und gar nicht «skeptische» Einsicht und Ehrfurcht und Eindringlichkeit, mit der er von *den* Dingen redet, die das *verdienen,* der aussichtslose und vor lauter Respekt vor der Sache gar nicht recht zum Ausbruch gekommene Kampf seines ganzen Lebens *können* im letzten Grunde gar nicht anders als eben als – «christlich», als ein Stück «Urgeschichte» aufgefasst werden. Es ist über diesem durch und durch kritischen Buch etwas von dem Frieden Gottes, der höher ist als alle Vernunft [vgl. Phil. 4,7], gerade darum wohl, weil sein Verfasser es so gar nicht beabsichtigte.

Man wird auch darüber streiten können, ob Overbeck mehr daran gelegen war, das Christentum gegen die moderne Welt oder die Welt gegen das moderne Christentum zu schützen. Bernoulli scheint das letztere unterstreichen zu wollen. Overbeck tut Beides. Aber gerade wenn die Schilderung der Orientierung Overbecks am Schluss des Vorworts zutrifft, in der Bernoulli ihn «an der Schwelle metaphysischer Möglichkeiten» Wache halten lässt (S. XXXVI[125]), *vor sich* die humanitäre Kultur, *hinter sich* das «in der Geschichte Alles in Frage stellende Problem von fundamental rätselhafter Natur»: das Christentum (S. 7[126]) – eine Schilderung, bei der man an das faustische: «So

---

[122] OWN 6/1, S. 295.
[123] OWN 6/1, S. 101.
[124] OWN 6/1, S. 328.
[125] OWN 6/1, S. 31.
[126] OWN 6/1, S. 39.

bleibe denn die *Sonne* mir im *Rücken!*»[127] denken muss – gerade dann möchte man versucht sein, anders zu betonen als Bernoulli. Es ist – nicht das Christentum, aber das Elementare, Primäre, Transzendentale, Unmittelbar-Weltliche, die Parusieerwartung, die hinter dem Christentum steht, und nicht die humanitäre Kultur, von der dieser Theologe, der keiner sein wollte (S. 291[128]), *herkommt.* Wir hören aus seinem Reden heraus einen jeremianischen Zwang [vgl. Jer. 20,9], eine in ihrer fast völligen Dämpfung nur um so ergreifendere Bewegtheit und Teilnahme, die *nicht von dieser Welt* [vgl. Joh. 18,36] ist. Es genügt uns aber auch die trockenere Feststellung, dass er die Grenze zwischen hüben und |15| drüben *(den Ursprung!)* jedenfalls nicht als Zuschauer gehütet hat.

Das Wesen des «modernen» Christentums (es wollte von jeher «modern» sein!) ist darum ein Unwesen, weil in ihm die Spannung der Gegensätze in ein Gewohnheitsverhältnis verwandelt ist, das beiden Teilen, der Menschheit und dem Christentum, zum Verderben werden muss (S. 68[129]). Das Christentum ist darum eine so problematische Größe geworden, weil mit der «Kraft seines Offensivstoßes», den es einst gegen die Welt führte, auch sein Sieg über die Welt verloren ging (S. 65–66[130]), nicht aber sein unmöglicher Anspruch, den Menschen über sich selbst hinaus zu verweisen, der, seitdem er aus seiner urgeschichtlichen Epoche mit ihren besonderen Möglichkeiten herausgetreten ist, nur noch als «Todesweisheit» wirken kann (S. 69[131] und 279[132]). Christentum und Welt haben sich seit der Auflösung ihrer unmittelbaren Einheit, die in der Parusieerwartung gegeben war, nie mehr verstehen können und werden sich nie mehr verstehen können. Nichts will das Christentum weniger als eine Geschichte in der Welt haben. «Wirkungen Jesu in der Geschichte» nahm das Christentum eben nicht in Aussicht. Ihm war «Geist» etwas sehr Anderes! (S. 68[133]).

---

[127] J.W. von Goethe, *Faust II*, V. 4715 (1. Akt, Anmutige Gegend).
[128] OWN 6/1, S. 330.
[129] OWN 6/1, S. 101.
[130] OWN 6/1, S. 98.
[131] Wahrscheinlich wollte Barth nicht auf S. 69, sondern auf S. 66 (OWN 6/1, S. 99) verweisen, wie ein Vermerk in seinem Exemplar auf S. 279 zeigt.
[132] OWN 6/1, S. 318.
[133] OWN 6/1, S. 101.

Und nichts liegt der Gegenwart ferner als der Glaube an ein nahes Weltende. Das Christentum der Gegenwart «hat für die ganze Vorstellung der Wiederkehr Christi so wenig Raum mehr, daß es sie nicht einmal historisch als Eigentum des Urchristentums konzipieren kann oder sie wenigstens als quantité négligeable betrachten zu können meint» (S. 68[134]). «Ein moderner Hut! à la bonne heure, das mag ein der Mode unterworfener sein, aber modernes Christentum, damit muss es doch anders stehen? ... Wir mit unserm Urteil sind bei Troste, aber die moderne (uns umgebende) Welt ist es wohl nicht, die von modernem und historischem Christentum als ernst zu nehmenden Dingen redet» (S. 245[135]). Historisches Christentum («die religiöse Gemeinschaft, welche sich aus dem Evangelium als ihrem prähistorischen Embryo zur christlichen Kirche auswächst» S. 63[136]) ist eben ein Widerspruch in sich selber. «Hat das |16| Christentum eine neue Zeit herbeigeführt und ist in dieser Tatsache die christliche Zeitrechnung realiter begründet? Nein, denn es hat von einer neuen Zeit selbst ursprünglich nur unter einer Voraussetzung geredet, die nicht eingetroffen ist, der, daß die bestehende Welt untergehen und einer neuen Platz machen sollte. Dies ist einen Moment lang eine ernste Erwartung gewesen und ist als solche Erwartung auch immer wieder, aber nur flüchtig, aufgetaucht, nie aber eine Tatsache von historischer Permanenz geworden, welche allein die reale Grundlage zu einer durchschlagenden und den Tatsachen der Wirklichkeit entsprechenden Zeitrechnung hätte abgeben können. Die Welt ist es, die sich behauptet hat, nicht die christliche Erwartung von ihr, und so ist die vermeintliche christliche Epoche in ihr stets nur ein Gedankending geblieben» (S. 72[137]). «Das Christentum aller Zeitalter hat sich gleich unfähig erwiesen, einer universellen Botschaft an die Menschenwelt genug zu tun. Nur einzelnen hilft es und hat anders noch nie geholfen; in der Gemeinschaft herrschte zu allen Zeiten Durchschnittschristentum» (S. 268[138]). «Ein Außen kann ein Innen entbehren, ... dagegen unerträglich ist es, daß ein Innen ein falsches Außen habe, und das ist

[134] OWN 6/1, S. 100.
[135] OWN 6/1, S. 285.
[136] OWN 6/1, S. 96.
[137] OWN 6/1, S. 105.
[138] OWN 6/1, S. 307.

der Fall des heutigen Christentums. Man darf sich nicht *gegen* sein Außen auf sein Innen berufen, wenn man es auch ohne jenes könnte. Jedenfalls aber braucht niemand darauf zu hören. ... Die modernen Innerlichen unter den Vertretern des Christentums sind seine besten Verräter» (S. 71[139]). Denn «die innerste und reale Not des Christentums in der Gegenwart sitzt in der *Praxis:* was das Christentum vor allem bedarf, um sich in der Welt noch zu behaupten, ist der Erweis seiner praktischen Durchführbarkeit im Leben» (S. 274[140]). «Unser Leben aber wird vom Christentum augenscheinlich nicht beherrscht. Daneben hat es wenig Interesse, zu erkunden, wie weit es etwa noch unsre zu Papier gebrachten Gedanken beherrschen mag. Das moderne Christentum selbst verrichtet nur Totengräberarbeit, indem es im Schweiße seines Angesichts die Kluft, die hier zwischen Theorie und Praxis besteht, erweitert. Es glättet nach Kräften an der christlichen Dog-|17|matik, indem es sie dem modernen Denken konformiert. Damit tilgt es aber nur die letzten Spuren, die das Christentum noch im Leben hat. Was es erreicht, läuft lediglich ad majorem gloriam moderni heraus, aber ad detrimentum Christianismi» (S. 67[141]). «Es ist kein Wunder, daß die moderne Welt so sehr nach Orthodoxie lechzt und sich so wenig aus dem Pietismus macht, daß eine Dogmatik wie die Ritschls solchen Erfolg hatte, während die Rothesche so kläglich Schiffbruch litt. .... Der Modernität ist es vor allem darum zu tun, sich möglichst in der *Illusion* des Christentums zu erhalten; dazu ist aber, wie leicht zu begreifen, die Orthodoxie viel brauchbarer als der Pietismus» (S. 274[142]). «Im modernen Leben dürstet das Christentum nach dem Leben und insofern nach Pietismus, im modernen Christentum die Modernität nach Orthodoxie, denn mit dem Leben hat sie sich schon voll getrunken. Und so erhält im modernen Christentum das Christentum nichts zu trinken. Denn der Sitz seines Durstes ist ein ganz anderer als bei der Modernität. .... Sollte diese Tragikomödie wirklich Aussicht haben, noch lange sich vor der Welt abzuspielen?» (S. 275[143]). Und so ist «am Christentum das Interessanteste seine Ohn-

[139] OWN 6/1, S. 104.
[140] OWN 6/1, S. 314.
[141] OWN 6/1, S. 100.
[142] OWN 6/1, S. 313f.
[143] OWN 6/1, S. 314.

macht, die Tatsache, daß es die Welt nicht beherrschen kann»
(S. 279[144]). Man denke an sein Verhältnis zum Sozialismus (S. 26–28[145]).
Man denke daran, als ein wie elender Schutzwall es sich gegen die
Gefahr des Nationalismus erwiesen hat (S. 257[146]). Man denke an die
festliche Miene, welche die Ritschlsche Theologie höchst unbesehe-
nerweise bei der Behandlung des Berufsbegriffs aufzusetzen pflegt
(S. 278[147] und 288[148]). Man denke (und bei diesem Nachweis geht
Overbeck nun seinerseits mit einer gewissen «festlichen» Aufmerksamkeit ans Werk!) an die *Religion Bismarcks* (S. 148–159[149]), der das
großartigste Beispiel ist dafür, wie die Welt sich unter dem lauten
Beifall der Vertreter der Religion mit ihr – [a]abfindet. Eben darum ist
Bismarck der[a] berufenste Verkünder ihrer Entbehrlichkeit für alle ir-
dische Wirksamkeit. Er hatte Religion lediglich, um sich die Hände
frei zu machen für seine weltliche Aufgabe. Für das Rätsel, das sie
lösen will, hatte er keine |18| Zeit. Was ihn beruhigte, war alles, was er
verlangte. Seine Religion saß im Boden seines Selbstgefühls, im übrigen ein Ding, das er auf die Dimensionen eines Privatspielzeugs
reduziert hatte und jederzeit beiseite legen konnte. Aber dass er damit
noch spielen konnte und gelegentlich einen christlichen Einfall hatte,
genügte, um ihn bei den modernen Advokaten des Christentums zum
Christen, ja zum Musterchristen zu machen (ihn neben Jesus, Franziskus und Luther in die Galerie der «Klassiker unsrer Religion» zu
hängen, könnten wir nach seitherigen Erfahrungen noch ergänzen![150]). So ist das Christentum heute jedem Machthaber preisgege-

[a-a] 1. Abdruck (1920): «abfindet, eben darum der».

[144] OWN 6/1, S. 318.
[145] OWN 6/1, S. 58–60.
[146] OWN 6/1, S. 297.
[147] OWN 6/1, S. 317.
[148] OWN 6/1, S. 327f.
[149] OWN 6/1, S. 183–194.
[150] In der Reihe «Klassiker der Religion» erschien 1922 als Band 16 O. Baumgarten, *Bismarcks Religion*. Vermutlich wusste Barth aus einer Anzeige des
Verlages Vandenhoeck & Ruprecht, Göttingen, in den die «Klassiker» 1919 mit
Band 14/15 übergegangen waren, dass dieser Band für die Fortsetzung der
Reihe geplant war, in der zuvor 1912 als Band 1 «Jesus» und 1917 als Band
10/11 «Luther» – jedoch kein «Franziskus» – erschienen war.

ben, selber zur Machtanbetung geworden! So billig ist heute die Kanonisierung im christlichen Himmel! Aber für die historische Existenz der modernen Theologie hat gerade dieser Mann mehr getan als Ritschl und Harnack! Und diesem Christentum sollte etwas anderes bevorstehen als ein «sanftes Verlöschen»?

Wieder erinnern wir uns des Angriffs auf die Christenheit, den einst die Männer von Möttlingen und Bad Boll[151] unter den gleichen zentralen Gesichtspunkten (Wiederkunftserwartung, Frage nach den realen Kräften des Reiches Gottes, Überwindung des religiösen Subjektivismus) geführt haben. Wir übersehen die Differenzen nicht. Die historisch-psychologischen Wirklichkeitsfreunde und vermeintlichen Overbeckkenner[152] in Basel mögen sich beruhigen. Der größern Schärfe der Beobachtung und des Gedankens auf Seiten Overbecks entspricht die größere Liebe, Begeisterung und Zeugnisfreudigkeit auf Seiten Blumhardts. Aber Overbeck war auch nicht ohne das heilige Feuer und Blumhardt war auch nicht ohne Erkenntnis. In der *Sache,* und das allein ist wichtig, ist der geführte Angriff derselbe hier und dort. Eben sachlich aber hat sich die Theologie mit diesem doppelten Angriff auf ihren Gegenstand noch nicht auseinandergesetzt.

IV.

Der dritte Protest Overbecks richtet sich direkt gegen sie selbst, gegen die heute noch in Deutschland und der Schweiz (und wo |19| nicht?) Kanzel und Katheder tatsächlich beherrschende Theologie positiver oder liberaler Färbung. Denn «modern» sind sie ja alle. Ich gestehe, dass ich nicht ganz mit mir einig bin über das, was ich stärker empfinde: das Gefühl schwer zu unterdrückenden Beifalls angesichts der kräftigen polemischen Speise, die da geboten[b] wird – oder das andere Gefühl, es wäre um der Sache willen nützlicher gewesen, eine Anzahl von diesen köstlichen Sprüchen über Menschen und Zustände *nicht*

---

[b] 1. Abdruck (1920): «da dem Volk in der Einöde (Ps. 74,14) geboten».

[151] Scil. Johann Christoph und Christoph Blumhardt.
[152] Eberhard Vischer und Ernst Staehelin, vgl. Römerbrief 2, S. 7. Zu Vischers kritischer Beschäftigung mit Overbeck vgl. E. Vischer, *Overbeck und die Theologen,* in: KBRS, Jg. 35 (1920), S. 122–124.125–127, dort S. 127.

zu veröffentlichen. Der «mit alphabetischen Zeddeln prall gefüllte Trog»[153] des Overbeckschen Nachlasses, von dem das Vorwort S. XX[154] berichtet, soll ja nach zuverlässigen Nachrichten *noch ganz andre Dinge* in dieser Hinsicht enthalten. Bernoulli wird also zu seiner Rechtfertigung sagen können, dass er sich bereits in weitgehendem Maße Askese auferlegt habe. Ich denke aber an das, was Overbeck selbst (S. 3f.[155]) über die Misslichkeit, ja Unmöglichkeit aller Gegenwartsgeschichtsschreibung sagt. Ich denke an das vortreffliche Wort: «Zu jüngsten Richtern sind Menschen untereinander nicht berufen» (S. 250[156]). Nun, wenn z.B. das, was S. 159–180[157] unter dem Titel «Albrecht Ritschl als theologisches Schulhaupt» oder S. 198–241[158] unter dem Titel «Adolf Harnack. Ein Lexikon» zu lesen ist, keine jüngsten Gerichte sind, dann weiß ich nicht mehr, was noch so zu heißen verdient. Die Diana von Ephesus [vgl. Act. 19,24–40] wird ja doch nur durch Unterhöhlung von innen und von unten zu Fall gebracht werden, während solche Argumentationen ad hominem, in denen uns die Andern ja doch über sind, unserem psychologistischen Zeitalter allzu breite Angriffsflächen bieten, als dass die Belehrung, die man dabei beabsichtigt, durchdränge. Nach Erhebung dieses taktischen Bedenkens wenden wir uns noch einmal zur Sache.

Was heißt Theologie? «Der Satan der Religion» (S. 13[159]), «weltklug gewordenes Christentum» (S. 124[160]) antwortet Overbeck, «der Versuch, der Welt das Christentum unter der ausdrücklich heilig gesprochenen Hülle der modernen Kultur aufzudrängen unter Unsichtbarmachung, ja Verleugnung seines aske-|20|tischen Grundcharakters» (S. 125[161]), «der zu Gunsten der Religion geführte aussichtslose

---

[153] Bernoulli schreibt «Zetteln». Barth setzt dafür die von ihm auch sonst gern gebrauchte mundartliche Form «Zeddeln».

[154] OWN 6/1, S. 16.

[155] OWN 6/1, S. 35–42.

[156] OWN 6/1, S. 290.

[157] OWN 6/1, S. 194–215.

[158] OWN 6/1, S. 234–280.

[159] OWN 6/1, S. 46.

[160] OWN 6/1, S. 159.

[161] S. 125; OWN 6/1, S. 160: «In ihr [scil. der modernen Theologie des Protestantismus] wird der absurde Gedanke verfolgt, das Christentum unter der ausdrücklich heilig gesprochenen Hülle der modernen Kultur der Welt aufzu-

Ringkampf mit gewissen Urwahrheiten, welche die letzten Probleme unsres Daseins, die Schwierigkeiten der Bedingungen, unter denen die Menschen leben, uns gar zu rücksichtslos aufdecken» (S. 13[162]). Ihr Typus: der Abbé im französischen Salon des 18. Jahrhunderts (S. 125[163] und 198[164]). Ihr schärfster Gegensatz: Blaise Pascal, der die Karikatur nicht scheuende, das Unmögliche unternehmende «Ritter der Wahrhaftigkeit» (S. 126–134[165]). Also ihr Wesen: *Jesuitismus,* das klassische Erzeugnis der Notlage der Kirche (S. 122[166]). Nicht das ist das schlimmste Vergehen der Jesuiten, dass sie die Moral, dieses fragwürdigste aller unter Menschen bestehenden Gebilde, in Frage stellen, sondern die von ihnen unternommene Sublimierung und Raffinierung und Akkommodierung des Christentums, in der der katholische vom protestantischen Jesuitismus, insbesondere in Form der modernen Theologie, weit übertroffen worden ist (S. 123–125[167]). Durch dieses Tun sind die Theologen «die ausgezeichneten Verräter ihrer Sache» geworden (S. 236[168]). «Meinen die modernen Theologen wirklich, uns mit ihrem absurden Wahn, das Christentum habe an seiner grenzenlosen Wandelbarkeit die beste Gewähr seines Fortbestandes, noch länger hinhalten zu können?» (S. 138[169]). «Moses, Christus, Paulus und Luther bleiben auch bei diesen modernen Theologen und in ihrer Auffassung der Weltgeschichte die Dekorationsstücke, die bei öffentlichen Produktionen herauszustecken sich empfiehlt. Darin sind auch die modernen Theologen altgläubig geblieben. Aber im Grund ihres Herzens sind sie die besten Neugläubigen und ihr Meister ist Bismarck geworden» (S. 155[170]). «Man hat im Grunde mit dem Christentum wenig zu tun, aber eben darum doch einen beson-

---

drängen. Die moderne Welt soll den asketischen Grundcharakter des Christentums unsichtbar machen und zu diesem Zweck wird derselbe geradezu verleugnet.»

[162] OWN 6/1, S. 45.
[163] OWN 6/1, S. 159.
[164] OWN 6/1, S. 235.
[165] OWN 6/1, S. 161–169.
[166] OWN 6/1, S. 157.
[167] OWN 6/1, S. 157–160.
[168] OWN 6/1, S. 275.
[169] OWN 6/1, S. 172.
[170] OWN 6/1, S. 190.

deren Stachel dazu, etwas damit anzufangen» (S. 278[171]). «Der Zeus am Götterhimmel dieser Priestergesellschaft heißt die Gegenwart. Der moderne Mensch ist das Wesen, auf das die Blicke unverwandt gerichtet sind» (S. 218[172]). «Auf keinen Fall sind Theologen etwa einfache Christen, Menschen, deren Verhältnis zum Christentum ein einfaches, un-|21|zweideutiges ist» (S. 273[173]). Zwar, sie meinen «Gott täglich im Sack zu haben» (S. 268[174]), sie erlauben sich, mit Gott und der Seele zu «spielen wie Kinder mit ihren Puppen, mit derselben Sicherheit über ihr Eigentums- und Verfügungsrecht darüber», sie leben der naiven Zuversicht, «es lasse sich für Menschen mit Gott und in seinem Namen Alles machen, mit ihm finde man sich vollkommen in der Welt zurecht, man fahre mit ihm am Besten» (S. 267[175]). Aber die bloße Existenz dieser Diener des Christentums hat ja die Existenz einer Welt neben und außer dem Christentum zur Voraussetzung. «Sie sind im günstigsten Fall *Unterhändler* des Christentums mit dieser Welt und eben darum traut ihnen auch niemand recht über den Weg... Immer bleibt es dabei, daß sie Unterhändler sind – eine Menschensorte, die ein begründetes Vorurteil gegen sich hat – dann aber auch dabei, daß das Christentum selbst Unterhändler verschmäht, und, da es in seinen Ansprüchen absolut ist, keine Welt neben sich anerkennt.» Und so müssen denn die Theologen die schmerzliche Erfahrung machen, dass man die Dienste, die sie anbieten zu können meinen, mit verbindlichstem Danke annimmt, «ohne darum den Grundschaden dieser Dienste zu übersehen, daß sie nämlich aus derselben Ecke einer nur *relativen* Schätzung des Christentums kommen, in der man gemeinhin selbst steht und aus der man sich heraushelfen lassen möchte. Daß uns aber diesen Dienst ein Anderer leistet, der in der allgemeinen Not nur unsres Gleichen ist, zieht begreiflicher Weise eine sehr gebrechliche Erkenntlichkeit nach sich. ... Man kann die Theologen die *Figaros* des Christentums nennen. Auf jeden Fall sind die modernen die höchst anstelligen und brauchbaren, aber auch höchst unzuverlässigen Faktoten desselben. Das ist's, was im Grunde ihres Herzens

---

[171] S. 278; OWN 6/1, S. 317: «dazu, ‹etwas damit anzufangen›.»
[172] OWN 6/1, S. 255.
[173] OWN 6/1, S. 312.
[174] OWN 6/1, S. 307.
[175] OWN 6/1, S. 306f.

alle ehrlichen Pietisten von ihnen denken» (S. 273–274[176]). Und ebenso bedenklich ist ihre Stellung vom Standpunkt der Kultur aus betrachtet; denn «Bildungsphilister sind Menschen, die für Bildung wohl passioniert sind, aber keinen Beruf dazu haben, wohl gebildet sein möchten, der Bildung indessen nur mit halbem Herzen und gewissermaßen nur an-|22|standshalber anhängen. Und eben darum sind Theologen die geborenen Bildungsphilister aller Zeiten, nicht nur des heutigen Tages. Am Christentum, mit dem sie geboren sind, oder das ihnen anerzogen ist, schleppen sie beständig den Dämpfer mit sich, der sich auf alle ihre Bildungsaspirationen legt. Ihre Bildung ist dabei die Bildung mit schlechtem Gewissen» (S. 270–271[177]). Offener könnten wohl unsre fatalsten Berufsgeheimnisse nicht ausgesprochen werden. Man braucht nur in *Zündels* Jesusbuch die Schilderungen der Pharisäer und Schriftgelehrten nachzulesen[178], um der Parallele auch hier gewahr zu werden. Wie wuchtig Overbeck die Möglichkeit der heute dominierenden Theologie (und das heißt für ihn ihre *Christlichkeit*) in *Frage* stellt und mit welchem Ernst er sie, sich selbst fortwährend einbeziehend, *verneint*, wird aus den bisherigen Anführungen deutlich geworden sein. Ich habe mir dabei meinerseits Askese auferlegt. Die Theologie ist die Antwort auch auf diese Anfrage, die schon 1873[179] an sie gestellt war, bis jetzt schuldig geblieben.

Man fragt sich natürlich zum Schluss, ob Overbeck allenfalls eine andere, *bessere* Theologie für möglich gehalten hat. Sein Herausgeber wird diese Frage rundweg verneinen und kann sich darauf berufen, dass Overbeck selbst jedenfalls für seine Person diese Möglichkeit auf das Resoluteste in Abrede gestellt hat: «Ich denke nicht daran, die Theologie zu reformieren. Ich bekenne ihre *Nichtigkeit* schon an und für sich und bestreite nicht nur ihre zeitweilige komplette Baufälligkeit und ihre Fundamente» (S. 291[180]). Finis christianismi! lautet ja die prophetische Drohung, um wie viel mehr finis theologiae! Aber der Mann, der vom Tode so tiefsinnig redete, muss auch mit diesem finis

[176] OWN 6/1, S. 312f.
[177] OWN 6/1, S. 310.
[178] Fr. Zündel, *Jesus in Bildern aus seinem Leben*, Zürich 1885², bes. S. 159–177.
[179] Siehe oben S. 635, Anm. 55.
[180] OWN 6/1, S. 330.

irgendwie einen fruchtbaren, lebendigen, ursprünglichen Begriff verbunden haben. Jenseits der schlechthinigen Frage muss eine Antwort,
jenseits der Nichtigkeit ein neuer Anfang, jenseits der Wüste, in die
wir gewiesen werden, ein gelobtes Land sein. Schon die Tatsache, die
den zuschauenden Zeitgenossen so viel zu reden gegeben hat und die
in der Tat, wenigstens in |23| diesem Buch, weder Overbeck noch sein
Herausgeber glaubwürdig zu deuten weiß, die banale Tatsache, dass
Overbeck selbst nie etwas anderes gewesen ist als eben – Theologe,
kann für die Deutung jener resoluten Abrede nicht ohne Bedeutung
sein. Overbeck ihm selbst zum Trotz einen «Theologos zum Himmelreich und zur Welt gelehrt»[181] zu nennen, wie das an seinem Grabe
von einem weltlichen Kollegen geschehen ist, dürfte allerdings, historisch-psychologisch betrachtet, eine Prolepse sein, sachlich betrachtet, eine vielleicht nicht so üble Weissagung. Die Letzten könnten noch einmal die Ersten sein [vgl. Mt. 19,30; 20,16 par.]. Ein
Theologe, der gerade *nicht* Theologe sein will, könnte möglicherweise, wenn das Unmögliche möglich werden sollte, ein sehr guter
Theologe sein. Overbeck selbst schreibt einige Zeilen nach jener Abrede: «Theologie wird so gut wie sonst etwas, das besteht, zu etwas gut
sein oder gewesen sein. Warum nicht z.B. zur Sicherstellung der Grenzen der Humanität, zu unsrer endgültigen und radikalen Befreiung
von aller Deisidämonie, von aller transzendenten Überweltlichkeit»
(S. 292[182]). Nun das sind, Wort für Wort gewichtig genommen, sehr
zentrale und noch nicht ganz erledigte Dinge, angesichts derer man
über das «gut *gewesen* sein» vielleicht hinweglesen darf. Einige weitere, dem Verfasser fast unwillkürlich entschlüpfende Äußerungen
über eine allenfalls mögliche einsichtigere und umsichtigere Theologie sollen darum in diesem Zusammenhang nicht unerwähnt bleiben.
«Die religiösen Probleme sind (gegenüber dem Antagonismus von

---

[181] *Zur Erinnerung an Herrn Professor Dr. Franz Overbeck, geboren den 16.
November 1837, gestorben den 26. Juni 1905*, Privatdruck Basel 1905. In den
«Worten am Sarge, gesprochen von Herrn Professor Dr. Mez» (S. 5–7, dort
S. 7), heißt es: «Mir jedenfalls wird dieser Theologos, zum Himmelreich und
zur Welt gelehrt, der am Schluß wie ein unnützer Knecht zusammenpackt,
mein ganzes Leben lang zum Segen sein.» Adam Mez (1869–1917) gilt als
Begründer der Islamwissenschaft in Basel.
[182] OWN 6/1, S. 331.

Katholizismus und Protestantismus) auf *ganz neue Grundlagen* zu stellen, eventuell *auf Kosten dessen, was bisher Religion* geheißen hat» (S. 270[183]). «Anders als *mit Verwegenheit* ist Theologie nicht wieder zu gründen» (S. 16[184]). «Das junge Christentum ist das der Erfahrung seines Alters noch entbehrende Christentum und eben darum auch durch keine Theologie mehr zu retten, die sich nicht entweder aller historischen, wissenschaftlichen oder aller theologischen Ansprüche begibt» (S. 8[185]). «*Nur ein heroisches, jeder Zeit gegenüber sich auf sich selbst stellendes Christentum* |24| kann dem Schicksal der Jesuitierung entgehen» (S. 126[186]). «Wer das Christentum zu vertreten hat, hat eben darum nicht ‹die Wahrheit› zu vertreten, er sei denn unerschütterlich überzeugt und zeige sich auch so, daß beides identisch» (S. 268[187]). Die bei der historischen Begründung des Christentums «beabsichtigte Darstellung wird sich nie anders als *aus dem Herzen der Sache selbst,* dem unhistorischen Christentum abfassen lassen» (S. 9–10[188]). Sollte es nicht der Mühe wert sein, der böswilligen Behauptung, die Theologen seien «die Dümmlinge der menschlichen Gesellschaft», ernstlicher als Ritschl es getan, nachzudenken, vielleicht mit dem Ergebnis, dass «*die behauptete Dummheit gar kein so unbedingtes Unglück* und die Theologen mit ihr ein notwendiger und als notwendig geschätzter Ballast in der menschlichen Gesellschaft seien»? (S. 173[f.][189]). «*Der ewige Bestand des Christentums läßt sich auch nur sub specie aeterni vertreten,* d.h. von einem Standpunkt aus, der von Zeit und dem unter sie fallenden Gegensatz von Jugend und Alter nichts weiß» (S. 70[190]). ⌈«Die Religion bringt uns weniger Kunde von Gott (wo haben wir die?) als daß sie uns dessen vergewissern will, Gott kenne *uns.* Auch könnte uns das Kennen Gottes unsrerseits an sich nichts helfen, soweit wir uns hilfsbedürftig fühlen; auf sein Bekanntsein mit uns käme dabei doch Alles an» (S. 266[191]).⌉ᶜ

ᶜ Zusatz des 2. Abdrucks (1928).

[183] OWN 6/1, S. 310.
[184] OWN 6/1, S. 48.
[185] OWN 6/1, S. 40.
[186] OWN 6/1, S. 160.
[187] OWN 6/1, S. 308.
[188] OWN 6/1, S. 42.
[189] OWN 6/1, S. 209.
[190] OWN 6/1, S. 103.
[191] OWN 6/1, S. 306.

Wer solche Gesichtspunkte aufstellen kann, hat jedenfalls, auch wenn er selber sie nicht weiter verfolgte, als Theologe noch etwas Anderes gewollt, als «der Kultur über die Theologie Bescheid sagen», wie der Herausgeber sich S. X[192] ausdrückt.

Aber wir möchten alle nach positiven Ergebnissen und Anweisungen Lüsternen eindringlich warnen, sie möchten in der Richtung der von Overbeck selbst aufgestellten, aber nicht benützten Gesichtspunkte nicht allzu eilfertig vorgehen, geschweige denn meinen, das gelobte Land werde morgen oder gar heute schon erreicht sein. Zunächst gilt es nun einmal die Wüstenwanderung wirklich anzutreten. Es könnte sonst neues Unheil und neue Enttäuschung entstehen. Denn um zu große Dinge |25| handelt es sich bei dem verwegenen Unternehmen, als Theologe durch die enge Pforte [vgl. Mt. 7,13 par.] der Overbeckschen Negation *hindurch* zu gehen, auch dann, wenn wir von dem Blumhardtschen Ja, das die andre Seite des Overbeckschen Nein ist, Einiges zu wissen meinen. Es hatte seine guten Gründe und wir sind Overbeck direkt dankbar dafür, dass er selbst auf den Versuch, *hindurch* zu gehen, verzichtet hat. Eine Theologie, die es wagen wollte – Eschatologie zu werden, wäre nicht nur eine neue Theologie, sondern zugleich ein neues Christentum, ja ein neues Wesen, selber schon ein Stück von den «letzten Dingen», turmhoch über der Reformation und allen «religiösen» Bewegungen. Wer es wagen wollte, an diesem Turm zu bauen, würde wohl daran tun, zuvor zu sitzen und die Kosten zu überschlagen [vgl. Lk. 14,28]. Zunächst wird es für uns alle, und je mehr wir uns unter dem Eindruck der Zeitereignisse zu Entscheidungen und Durchbrüchen gedrängt fühlen um so mehr, das Beste sein, vor jener engen Pforte einmal erschrocken und ehrfürchtig und ohne Geschrei nach positiven Vorschlägen stehen zu bleiben, zu begreifen, um was es sich handelt, einzusehen, dass uns aus dem Unmöglichen nur das Unmögliche retten kann. Die Frage nach der praktischen Bedeutung der «letzten Dinge», die Frage nach den Einsichten und Möglichkeiten, die niemand sich nehmen kann, sie werden ihm denn gegeben von oben [vgl. Joh. 3,27], die Frage nach den *Voraussetzungen* aufgeworfen und – wie es sich jetzt geziemt – nur leise beantwortet zu haben, ist das Verdienst Overbecks, für das wahrscheinlich im Himmel großes Verständnis vorhanden ist.

[192] OWN 6/1, S. 7f.

Wir aber lassen uns das gewaltige Halt!, das uns dieser Tote gebietet, gefallen und lassen es uns doch nicht nehmen, an das Unmögliche zu glauben, ohne zu schauen [vgl. 2.Kor. 5,7]: dass dieses Halt! das letzte Wort «an der Schwelle metaphysischer Möglichkeiten» *nicht* sein wird.

Σπείρεται ἐν φθορᾷ, ἐγείρεται ἐν ἀφθαρσίᾳ· σπείρεται ἐν ἀτιμίᾳ, ἐγείρεται ἐν δόξῃ· σπείρεται ἐν ἀσθενείᾳ, ἐγείρεται ἐν δυνάμει·

1.Kor. 15,42–43

BIBLISCHE FRAGEN, EINSICHTEN UND AUSBLICKE
1920

Die christlichen Studentenkonferenzen in Aarau, bei deren Zusam-
menkunft Karl Barth am 17. April 1920 seine «Biblischen Fragen, Ein-
sichten und Ausblicke» vortrug, entstanden aus Anregungen aus der
internationalen Studentenmissionsbewegung, insbesondere der ersten
Studentenkonferenz der französischen Schweiz in Sainte-Croix 1895
und der ersten internationalen Studenten-Missions-Konferenz in Li-
verpool 1896. Ein Initiativkomitee lud auf den 23. und 24. März 1897
in einem an alle Studenten der deutschschweizerischen Universitäten
gesandten Zirkular zu einer ersten Konferenz nach Aarau ein, die
«eine Gelegenheit» sein sollte,
da sich alle Studenten, denen die Sache des Reiches Gottes am Herzen
liegt, kennen lernen und mit ihren Lehrern, die gleichen Sinnes sind, in
Berührung treten können. Wir wollen in ernster, nüchterner Weise
Fragen behandeln, welche die Köpfe und Gemüter vorab der studierenden Jugend beschäftigen.[1]

Bei dieser ersten Tagung hielt Karl Barths Vater Prof. Fritz Barth
einen Vortrag zum Thema «Hindernisse des Glaubens». Fritz Barth
blieb auch fortan den Christlichen Studenten-Konferenzen Aarau
verbunden: als Mitglied des Komitees älterer Herren und durch Re-
ferate in den Jahren 1898, 1900, 1902 und 1910.[2] Karl Barth nahm als
Student, als Genfer Vikar und als Safenwiler Pfarrer häufig an diesen
Konferenzen teil. 1906 hatte er für das «Berner Tagblatt» Berichte
über die X. Christliche Studentenkonferenz in Aarau geschrieben: die
ersten gedruckten Texte Karl Barths.[3] Später trug er mehrfach selber
zur Konferenz bei: 1916 durch eine Predigt über Gen. 15,6 («Das Eine

---

[1] Vgl. P. Gruner, *Menschenwege und Gotteswege im Studentenleben. Per-*
sönliche Erinnerungen aus der christlichen Studentenbewegung, Bern 1942,
bes. S. 154–193.431f., Zitat S. 156; weitere Literaturhinweise a.a.O., S. 453–456.

[2] A.a.O., S. 157f.431f.

[3] V. u. kl. A. 1905–1909, S. 120–125.

Notwendige»)[4] *und nach 1920 noch einmal 1927 durch ein großes Referat über «Das Halten der Gebote»[5].*

Nachdem Karl Barth Einladungen für ein Referat an den Konferenzen von 1917[6] und von 1918[7] abgelehnt und nachdem sein Bruder Heinrich Barth eines der Hauptreferate der Konferenz von 1919 gehalten hatte[8], erging am 15. September 1919 erneut eine Einladung an Karl Barth. Der Centralpräsident der Konferenz für 1919/1920, cand. med. Mattheus Vischer, nannte die Fragen, die auf der Zusammenkunft im Frühjahr 1920 erörtert werden sollten: «Was bietet die Naturwissenschaft an sicherer Erkenntnis zur Deutung des Weltgeschehens, was die Historie, was die Bibel?»[9], und bat Barth, «den dritten Vormittagsvortrag [zu] übernehmen».[10]

Barth sagte «ohne Enthusiasmus und ohne Illusion zu».[11] Am 30. Januar 1920 teilte Vischer die Namen der beiden anderen Vormittags-Redner der Konferenz mit: «I Prof. Baltzer in Freiburg i.Br. (ein Schweizer) II Harnack in Berlin».[12] Barth kommentierte die «Bombennachricht» von Harnack als zweitem Referenten:

Eheu me miserum! Ich also als dritter! Im April zwischen dem 15. und 20. Das werden Großkampftage, wie soll ich mich nur darauf rüsten?[13]

---

[4] K. Barth, *Predigten 1916,* hrsg. von H. Schmidt (Gesamtausgabe, Abt. I), Zürich 1998, S. 109–124.

[5] K. Barth, *Vorträge und kleinere Arbeiten 1925–1930,* hrsg. von H. Schmidt (Gesamtausgabe, Abt. III), Zürich 1994, S. 99–139.

[6] Brief von K. Barth an E. Thurneysen vom 19.7.1916 (Bw. Th. I, S. 146).

[7] Brief von K. Barth an E. Thurneysen vom 17.12.1917 (Bw. Th. I, S. 252f.).

[8] H. Barth, *Gotteserkenntnis,* in: *Vorträge an der Aarauer Studentenkonferenz 1919,* Basel 1919, S. 35–79, wieder abgedruckt in: *Anfänge der dialektischen Theologie,* hrsg. von J. Moltmann, Teil I (ThB 17/I), Gütersloh 1995[6], S. 221–255.

[9] Vgl. unten Anm. 23.

[10] KBA 9319.171.

[11] Brief an E. Thurneysen vom 18.9.1919 (Bw. Th. I, S. 347; zu der wechselnden, oft jedoch skeptischen Einschätzung der Möglichkeiten der Konferenz in dieser Zeit vgl. noch a.a.O., S. 268.284–286.323.325.376).

[12] KBA 9320.30.

[13] Brief an E. Thurneysen vom 31.1.1920 (Bw. Th. I, S. 366).

Am 1. Februar bat stud. iur. Ruth Speiser im Namen des Central-comites Barth um die definitive Formulierung seines Themas.[14] Barth notierte sich auf der Anfrage mehrere Möglichkeiten: «Die Botschaft der Bibel in der Gegenwart? Die Frage der Bibel an den Menschen der Gegenwart? Biblische Einsichten und Aussichten?» und wählte dann: «Biblische Fragen, Einsichten und Ausblicke». Bei dieser Themenfor-mulierung blieb es dann auch, obwohl die Studenten sie «zu kraftlos» fanden und um «eine prägnantere, positiver klingende Fassung des Themas» (etwa «Bibel und Gegenwart») baten.[15]

Auf Barths Bitte an die beiden anderen Redner, etwas über die Richtung ihrer Ausführungen zu erfahren, antwortete Adolf von Har-nack am 8. Februar 1920 auf einer Postkarte, er könne seine Behand-lung des Themas allenfalls «2–3 Wochen vor dem Vortrag feststellen». Man werde sich aber «nicht ins Gehege kommen, da ich mich streng ans Thema halten werde».[16] Fritz Baltzer antwortete am 20. Februar 1920[17] mit einer Übersicht über das Material, das er bieten wolle, und mit der Äußerung seines Interesses an einer «Skizze» von Barths Vor-trag, den Barth freilich erst Mitte März in Angriff nehmen konnte.[18] Immerhin konnte er am 17. März 1920 an Thurneysen melden: «Die Bohrmaschine für den Vortrag ist in gewaltiger Tätigkeit, und eine ununterbrochene Rauchsäule steigt aus der Pfeife nach der Decke wie in den besten Zeiten meines Lebens.»[19] Der sich hier schon abzeich-nende Gedankengang: Prädestination – Sprache der Bibel – Christus – Schöpfung – Erlösung bekam offenbar noch besonders durch die Ar-beit an der Osterpredigt, die Barth am 4. April in seiner Gemeinde über 1. Kor. 15, 50–58 hielt[20], prägnante Richtung und inhaltliche Zu-spitzung.[21] Sie vor allem scheint die sorgenvolle Frage Barths beant-wortet zu haben: «Woher? und wohin? soll ich eigentlich reden?»[22]

---

[14] KBA 9320.32.

[15] Brief von M. Vischer an K. Barth vom 9.2.1920 (KBA 9320.45).

[16] KBA 9320.43.

[17] KBA 9320.51.

[18] Brief von K. Barth an E. Thurneysen vom 15.3.1920 (Bw. Th. I, S. 373).

[19] Bw. Th. I, S. 374.

[20] K. Barth, *Predigten 1920*, hrsg. von H. Schmidt (Gesamtausgabe, Abt. I), Zürich 2005, S. 126–134.

[21] Vgl. den Brief von E. Thurneysen an K. Barth vom 20.4.1920 (Bw. Th. I., S. 382).

[22] Brief an E. Thurneysen vom 22.3.1920 (Bw. Th. I, S. 376).

Zum Rhythmus der Darlegungen trug im übrigen der Isenheimer Altar von Matthias Grünewald wichtiges bei, von dessen Kreuzigungstafel seit 1919 eine Reproduktion in Barths Studierzimmer hing. Die dreimalige Erinnerung an das einzigartige Bildwerk gliedert und prägt den ganzen Vortrag.

Von der offenbar recht uneindeutigen Aufnahme des Vortrags «an der von zirka 140 Studierenden und zahlreichen Gästen besuchten XXIV. Aarauer Studentenkonferenz (Christliche Studentenkonferenz der deutschen Schweiz)»[23] gibt Thurneysens Rückblick im Brief an Barth vom 20. April 1920 einen Eindruck.[24] Barth erinnerte sich später lebhaft «des Entsetzens», mit dem sich Adolf von Harnack in der Diskussion nach meinem Vortrag äußerte: seit Kierkegaard (ich höre noch den baltischen Klang des Namens in seinem Munde) sei die Sache nicht mehr *so* schlimm gemacht worden, wie jetzt eben! – aber auch der großen Vornehmheit, in der er dem so viel Jüngern und unbekannten Landpfarrer gegenüber Stellung nahm.[25]

Barths Vortrag kam im Juli 1920 im Chr. Kaiser Verlag in München heraus, der ja zuvor schon den «Römerbrief» übernommen und die Broschüre «Zur inneren Lage des Christentums» von K. Barth und E. Thurneysen publiziert hatte. Der Gedanke, auf dem Umschlag das

[23] So die Angabe im Vorwort zu der Publikation der übrigen Referate: *Aarauer Studentenkonferenz 1920. Referate von Prof. Baltzer, Freiburg, Prof. Ad. von Harnack, Berlin, Prof. G. Hotz, Basel. XXIV. Christl. Studentenkonferenz in Aarau 15.–17. April 1920*, Basel 1920, S. 3. Der Nachmittags-Vortrag vom 16.4. «Die Persönlichkeit in ärztlicher Auffassung» von G. Hotz (S. 73–94) war nicht so eng mit dem Gesamtthema der Konferenz verknüpft, das in den Vormittags-Vorträgen zur Sprache kam: Baltzer behandelte am 15.4. die Frage: «Was haben die biologischen Naturwissenschaften an fester Erkenntnis für die Bildung einer Weltanschauung zu bieten?» (S. 5–46), von Harnack am 16.4. die Frage: «Was hat die Historie an fester Erkenntnis zur Deutung des Weltgeschehens zu bieten?» (S. 47–72; wieder abgedruckt in *Erforschtes und Erlebtes*, s. unten S. 687, Anm. 54), Barth sprach am 17.4. Zu den Themenformulierungen s. auch oben S. 663.

[24] Bw. Th. I, S. 381–383.

[25] Brief von K. Barth an A. von Zahn-Harnack vom 23.10.1935 (KBA 9235.392; vgl. A. von Zahn-Harnack, *Adolf von Harnack*, Berlin 1951², S. 415). Barths Bericht über eine zweite Begegnung mit von Harnack am 18.4.1920 im Brief an E. Thurneysen vom 20.4.1920 schildert die Distanz von seiner Seite (Bw. Th. I, S. 378–380).

Kreuzigungsbild aus dem Isenheimer Altar wiederzugeben, musste fallengelassen werden.[26] *Dass Barths Vortrag nicht zusammen mit den anderen Referaten in der Tagungsdokumentation*[27] *erschien, wollte Walther Köhler als Zeichen einer Abkehr der Konferenz von der einseitigen Orientierung an der «religiös-sozialen Richtung» verstehen, als deren Exponent Barth gesprochen habe.*[28] *In seiner Rezension der «Biblischen Fragen, Einsichten und Ausblicke» rügt Köhler eine «Zerfahrenheit», die dem «unbestimmten Titel» entspreche. Trotzdem sei es «schade», «daß manche feine Bemerkung, die auch dieser Vortrag enthält, unter dem Wuste von Paradoxien um ihren Wert kommt.»*[29] *Unter den verhältnismäßig zahlreichen Besprechungen, die dem Aarauer Vortrag schon im Jahr 1920 gewidmet wurden, finden sich aber auch solche, die seine grundlegende Bedeutung für eine neue biblische Hermeneutik erkannten.*[30]

Die Edition gibt den Text des Abdrucks in «Das Wort Gottes und die Theologie» wieder und notiert die Abweichungen des Erstdrucks.

Biblische Fragen, Einsichten und Ausblicke[a]

Was uns die Bibel an Erkenntnis zur Deutung des Weltgeschehens zu bieten hat, fragen wir.[31] Diese Frage kehrt sich aber sofort um, richtet sich an uns selbst und lautet dann, ob und inwiefern wir denn in der

---

[a] Im 1. Abdruck (1920) ist dem Text als Motto vorangestellt: «Unde discimus Deum in sua inscrutabili altitudine non esse investigandum sed cognoscendum. *Calvin.*» [CR 78 = Calvini opera 50, Sp. 53, Auslegung von 2. Kor. 4,6].

[26] Vgl. den Brief des Verlegers A. Lempp an K. Barth vom 26.5.1920 (KBA 9320.158).

[27] Vgl. oben Anm. 23.

[28] W. Köhler, *Von der Aarauer Konferenz 1920,* in: BN, Jg. 76, Nr. 429 vom 7.10.1920 (Mittagsausgabe), S. [1].

[29] BN, Jg. 76, Nr. 555 vom 28.12.1920 (Mittagsausgabe), S. [4].

[30] So O. Herpel in der Darmstädter Zeitung, Beilage zu Nr. 288 vom 8.12.1920: Barth dehne hier «die Stellung, die er zu Paulus einnimmt, auf die ganze Bibel aus».

[31] So die Themenvorgabe für Barths Referat, s. oben S. 663.

Lage sind, uns die in der Bibel gebotene Erkenntnis zu eigen zu machen.

Auf unsere Frage muss ja ohne Besinnen die Antwort gegeben werden: Erkenntnis Gottes bietet uns die Bibel, also keine besondere, nicht diese oder jene Erkenntnis, sondern den Anfang und das Ende, den Ursprung und die Grenze, die schöpferische Einheit und die letzte Problematik aller Erkenntnis. Was fragen wir lange? «Im Anfang schuf Gott Himmel und Erde» [Gen. 1,1] und «Amen, ja komm Herr Jesu!» [Apk. 22,20]. Das ist die Deutung des Weltgeschehens, die sich aus der in der Bibel gebotenen Erkenntnis ergibt. Uns selbst und unser Tagewerk und unsere geschichtliche Stunde in Gott dem Schöpfer und Erlöser zu begreifen, das ist die Aufgabe, an deren Bearbeitung sich diese Deutung bewähren muss. Sie hat neben einer andern Deutung keinen Platz und eine andre Deutung keinen Platz neben ihr. Denn in *dieser* Deutung sind *alle* Deutungen, die naturwissenschaftliche, die historische, die ästhetische und die religiöse zugleich inbegriffen und aufgehoben – und mit der philosophischen Deutung wird sie, sofern es sich um eine Philosophie handelt, die sich selbst versteht, letzten Grundes identisch sein. Sie ist die außer Konkurrenz und außer Diskussion stehende Deutung schlechthin, die Deutung sub specie aeterni.[32] Was wollen wir mehr?

Das können wir uns sagen; aber sind wir auch in der Lage, das zu hören, «etwas damit anzufangen», wie eine beliebte Redensart das ausdrückt? Sind wir dieser Antwort gewachsen? Gerade ihre Einfalt und Universalität ist es, die uns offenbar in Verlegenheit setzt. Hätte sie ohne weiteres Raum in uns, wir würden auf die Frage: Was bietet uns die Bibel? gar nicht kommen. Es kann sich ja eigentlich gar nicht fragen: Was bietet die Bibel? Sie *hat* schon |71| geboten, unsre ganze Erkenntnis *lebt* von Erkenntnis Gottes. Wir sind nicht draußen, sondern drinnen. Erkenntnis Gottes ist nicht eine Möglichkeit, mit der wir es zur Deutung des Weltgeschehens versuchen oder allenfalls auch *nicht* versuchen können, sondern die Voraussetzung, von der wir belehrt oder halbbelehrt oder unbelehrt immer schon herkommen bei all unsern Deutungsversuchen. Ist uns aber die Bibel aus der Urkunde des Selbstverständlichen zu einer Urkunde historischer, gegenständ-

---

[32] S. oben S. 598, Anm. 109.

licher Neuigkeit geworden, stehen wir ihr überhaupt fragend gegenüber, als ob sie uns etwas sagen könnte, was wir nicht im tiefsten Sinne
schon wissen, ist uns Erkenntnis Gottes statt der Voraussetzung, mit
der wir angefangen haben, ein Philosophem oder Mythologumen, mit
dem man erst etwas anzufangen suchen muss – dann bekunden wir
eben damit, dass in uns jedenfalls teilweise die Einfalt und Universalität *nicht* ist, die uns in den Stand setzt, die Bibel so zu verstehen, wie
sie sich selbst versteht und wie sie allein verstanden werden kann. Wir
bekunden damit, dass wir wenigstens teilweise der Erkenntnis Gottes
nicht fähig und gewachsen sind. Wir bekunden mit unserer Frage an
die Bibel, dass uns ihre uns nur zu wohl bewusste Antwort in Verlegenheit setzt. In Verlegenheit setzt, sage ich, nicht mehr und nicht
weniger. Unsre Frage an sie wird[b] zur Frage an uns. Und dieser an uns
gerichteten Frage gegenüber kommen wir zwischen Ja und Nein,
Nein und Ja, seltsam ins Gedränge. Dass das so ist, das müssen wir uns
vor allem offen eingestehen.

Wir sind drinnen und nicht draußen, sagten wir, drinnen in der
Erkenntnis Gottes, drinnen in der Erkenntnis der letzten Dinge, von
denen die Bibel redet. Dem Einfältigen und Universalen, das uns die
Bibel bietet, kommt ein ebenso Einfältiges und Universales in uns
selbst freudig entgegen. «Der Geist bezeugt, dass der Geist Wahrheit
ist.» [1.Joh. 5,6]. Ein rätselhaft-unerklärliches finsteres Draußensein
widerspricht dem offenbar. Als ferne, fremde, problematische Größen treten uns die letzten Dinge gegenüber. Gegen die Einfalt der
Gotteserkenntnis sträubt sich unsere Kompliziertheit, unsere Dies-
und Das-Kultur, gegen ihre Universalität unser Individualismus. Der
vom Schöpfergeist abgesplitterte unerlöste Menschengeist wird zum
Leugner seines Ursprungs, zum Leugner seiner selbst. Das ist wahr.
Aber wie kommt es nur, dass es keine Beruhigung gibt bei diesem
Widerspruch, dass das Nein das Ja nicht verschlingen kann ein für
allemal, obwohl doch das Nein seit den |72| ältesten Tagen soviel mehr
Beweiskraft für sich hatte als das Ja? Wie kommt es nur, dass kein
Durchbruch sich ereignen will zu der endgültigen Klärung und Ent-
scheidung, dass es nichts sei mit unserm Drinnensein? Liegt nicht
schon in der Tatsache, dass wir nach Erkenntnis Gottes immer wieder

[b] 1. Abdruck (1920): «Unsere Frage wird».

fragen müssen, ein Hinweis darauf, dass wir vom Ja und nicht vom Nein herkommen? Das Dasein von *Theologie* und *Kirche* erklärt ja diese Tatsache wirklich nicht; denn Theologie und Kirche haben seit Anbeginn der Welt mehr für das Einschlafen als für das Wachwerden der Gottesfrage getan. Das Dasein der *Einfältigen* (im vulgären Sinne dieses Wortes) erklärt diese Tatsache auch nicht. Es braucht ja wirklich mehr Geist dazu, in Einfalt an Gott zu glauben gegen die ganze erdrückende Beweiskraft des Nein, das in uns allen ist, als dazu, die Gottesfrage für erledigt zu erklären. War es in der Tat letztlich der Glaube der Einfältigen, der die Gottesfrage immer wieder aufgerollt hat, so spricht das sehr für den Geist in den Einfältigen, aber nicht gegen das irgendwie vorhandene, gegebene Eigengewicht dieser Frage. Die natürliche Stärke des sogenannten *religiösen Gefühls* erklärt die Tatsache, dass nach Gott immer wieder gefragt wird, auch nicht; denn das religiöse Gefühl kann den Menschen ebensowohl von der Gottesfrage ablenken als zu ihr hinführen. Religion und Sinn für Gott sind noch nie gleichbedeutend gewesen. Es ist offenbar, dass die Frage nach Gott *eine letzte Unvermeidlichkeit* ist, dass schon unser Fragen voller Antwort ist, dass wir bedrängt und gefangen genommen sind von einem vorausgesetzten anfänglichen Ja. Wir würden nicht verneinen, wenn uns nicht die Realität des Ja so stark beunruhigte. Wir können die ursprüngliche Einheit und Gründung der Seele in Gott nicht ganz vergessen. Wir könnten nicht Grenzen der Humanität aufrichten und bewachen[33], wenn wir uns nicht gleichzeitig des Begrenzenden erinnern würden. Wir würden nicht suchen, wenn wir nicht schon gefunden hätten.[34] Wie sollte also Erkenntnis Gottes nicht Raum haben in uns?

Aber indem wir das sagen, sprechen wir auch unsere Verlegenheit aus. Also hat doch noch anderes in uns Raum neben Erkenntnis Gottes? Also konstatieren wir selbst, indem wir an unserem teilweisen Drinnensein festhalten, gleichzeitig unser teilweises Draußensein?

---

[33] Nach P. Natorp, *Religion innerhalb der Grenzen der Humanität. Ein Kapitel zur Grundlegung der Sozialpädagogik,* Tübingen 1908², ist es die Aufgabe der Philosophie, indem sie die Grenzen der Humanität bewacht, die Religion von ihrem Transzendenzbezug zu lösen und sie so in die Arbeit der innerweltlichen sittlichen Menschengemeinschaft zu führen.

[34] Siehe oben S. 558, Anm. 58.

Also richten wir selber ein Zweierlei, einen Dualismus auf? Also hat auch Erkenntnis Gottes nicht anders Raum in uns denn als Gegensatz zu anderen Erkenntnissen? Erkenntnis |73| Gottes im Gegensatz zu anderen Erkenntnissen! Wie kommt es nur, dass wir es ehrlicherweise nicht weiter zu bringen scheinen als zu diesem absurden Selbstwiderspruch? Wie kommt es nur, dass auch unser Ja nicht zur Beruhigung, zur Fülle, zur Bewährung vorzudringen vermag? Warum auch hier kein Durchbruch zur Klärung, zur Entscheidung, dass es mit allem Draußensein, mit allem Naturalismus, Historismus und Ästhetizismus nichts ist? Woher die entgegengesetzte Tatsache, dass wir es fertigbringen, immer teilweise auch nicht nach Gott zu fragen? *Die Überwindung des dogmatischen Denkens* durch die antike und moderne philosophische Aufklärung begründet diese Tatsache nicht; denn wenn des Menschen Seele sich tatsächlich ihrer Autonomie, ihrer Freiheit bewusst wird, so bedeutet das nicht eine Abschwächung, sondern eine Verstärkung des Gewichts der Frage nach der Einheit, der Gottesfrage. *Die Fortschritte der theoretischen und praktischen Naturbeherrschung* erklären unseren stumpfen Protest auch nicht; denn er ist 5 oder 10 Jahrtausende älter als die moderne Wissenschaft und Technik, und die ausgesprochene Diesseitigkeit des modernen Bewusstseins ist eine Bejahung, nicht eine Verneinung der Wahrheit, dass unser Dasein in den Angeln von Anfang und Ende hängt. Keine Erklärung ist auch der Hinweis auf die natürliche *Schwäche des religiösen Gefühls* der meisten Menschen. Denn wenn die Stärke dieses Gefühls den Sinn für Gott nicht zu begründen vermag, so kann ihn seine Schwäche auch nicht verunmöglichen. Es sind schon oft gerade ausgesprochen unreligiöse Menschen gewesen, die den ganzen Ernst und das ganze Gewicht der Gottesfrage viel stärker empfunden, viel schärfer zum Ausdruck gebracht haben als die innigsten und eifrigsten Frommen. Ich denke an das merkwürdig ausgetrocknete Gemüt Immanuel Kants. Ich denke an das ausgesprochene und scheinbar unvermeidliche religiöse Philistertum fast aller Begründer und Führer des Sozialismus. Ich denke an den Theologen, der keiner sein wollte, den Skeptiker Franz Overbeck. Sie haben mit oder ohne Gefühl tatsächlich in der Gottesfrage gelebt. Wie kommt es denn, dass wir mit oder ohne Gefühl tatsächlich teilweise auch *nicht* in der Gottesfrage leben können? Es ist offenbar, dass auch unser stumpfer Protest kein historisch-psychologisch erklärlicher Zufall, sondern *eine letzte Unvermeidlichkeit* ist. Unser Fragen nach Gott kann auch ein Ausdruck davon sein, dass es uns gar nicht ernst ist mit unserm |74| Fragen, dass wir der gegebenen und uns wohl bewussten Antwort ausweichen, weil wir sie nicht hören können oder nicht hören wollen, was wohl eins und dasselbe ist. Wir bringen es eben fertig, nicht an das zu denken, was wir doch wissen, die ursprüngliche Einheit der Seele teilweise zu vergessen. Wir sind imstande, uns ein Stück weit zu beruhigen bei einem in die verschiedensten Gebiete, Richtungen und Problemkreise gespaltenen Erkennen, mit eifersüchtiger Begeisterung die Teile in der Hand zu halten, ein jeder den seinen – hie Biologie! hie Geschichte! hie Religion![35] du in deiner Ecke, ich in meiner hier[36] – und auf das geistige Band[37] Verzicht zu leisten. Es ist ebenso unerklärliche wie unleugbare Tatsache, dass es auch ein vorausgesetztes anfängliches Nein gibt, das uns gefangen hält, dass wir fähig sind, bald im vermeintlichen Interesse der bedrohten Religion, bald umgekehrt im vermeintlichen Interesse der bedrohten Kultur einer besonderen Weltwahrheit eine besondere Gotteswahrheit metaphysisch gegenüberzustellen, eine doppelte Buchführung einzurichten und so die in der Bibel gebotene Erkenntnis Gottes in ihr Gegenteil zu verwandeln. Denn nicht nur Raum haben neben anderen, sondern der Weisheit Anfang sein will die Furcht des Herrn [vgl. Ps. 111,10; Spr. 1,7; 9,10; Sir. 1,16], die uns in der Bibel geboten ist.

So kommen wir angesichts des Ja und Nein, Nein und Ja, in dem wir uns befinden, in Verlegenheit, in die Krisis des Wortes: Wer *Ohren* hat, zu hören, *der* höre! [Mt. 11,15 u.ö.]. Alle *vor*letzten Begründungen und Erklärungen dieser Verlegenheit versagen. Es ist die Frage der *Erwählung,* mit der die Bibel antwortet auf unsere Frage, was sie uns zu bieten habe. Was man Religion und Kultur nennt, das mögen ir-

---

[35] Vgl. oben S. 665, Anm. 23.
[36] Anfang des Liedes von G. Frei (Deutsches Kindergesangbuch, hrsg. von J. Zauleck, Gütersloh o.J. 26. Aufl., Nr. 227):
     In der Welt ists dunkel;
     leuchten müssen wir,
     du in deiner Ecke,
     ich in meiner hier [...].
[37] Vgl. J.W. von Goethe, *Faust I,* V. 1938f. (Studierzimmer).

gendwie jedermanns Dinge sein, das Einfältige und Universale aber, der Glaube, der in der Bibel geboten ist, ist nicht jedermanns Ding [vgl. 2.Thess. 3,2]: er liegt nicht zu jeder Zeit und in jeder Hinsicht in jedermanns Möglichkeit. Einfalt ist eben nichts so Einfaches. Universalität, Allheit ist nicht Allgemeinheit. Das erste Gegebene ist nie eine Gegebenheit. Die letzte Voraussetzung ist nie ein gesetztes Ding unter Dingen. Das Selbstverständliche ist nie selbstverständlich. Wir werden durch die Erkenntnis, die die Bibel uns bietet und gebietet, auf eine schmale Felsenkante hinausgedrängt, in eine Schwebelage hart zwischen Ja und Nein, zwischen Leben und Tod, zwischen Himmel und Erde. «Schaffet, dass ihr selig werdet, mit Furcht und Zittern. Denn Gott ist's, der in euch wirket, das^c Wollen und das Vollbringen, nach seinem Wohlge-|75|fallen.» [Phil. 2,12f.]. Die Entscheidungen in dieser Frage der Erwählung sind das eigentliche Lebendige, das Geheimnis der Geschichte und unseres Daseins. Augustin und die Reformatoren haben sie drastisch, aber allzu kurzschlüssig auf die *psychologische* Einheit des Individuums bezogen und so zu einmal für allemal aufgestellten Naturgesetzen über dessen Seligkeit oder Verdammnis gestempelt.[38] In Wirklichkeit beziehen sie sich gerade auf die *Freiheit* des Individuums und fallen darum nicht ein für allemal, sondern immer wieder. Ja *neben*einander stehen die entgegengesetzten Entscheidungen gleichzeitig im gleichen Individuum. Kein noch so entschiedenes Ja, das nicht die Möglichkeit des Nein in sich trüge, kein noch so entschiedenes Nein ohne die Möglichkeit, ins Ja umzuschlagen. Kein Erwähltsein, aus dem nicht Verworfensein, kein Verworfensein, aus dem nicht Erwähltsein werden könnte. Ewig ist allein Gottes Erwählen, zeitlich alle psychischen und geschichtlichen Bestimmungen, die sich daraus ergeben. Das ist's, was uns die Bibel vor allem zu bieten hat: die Einsicht, dass Erkenntnis Gottes das ewige Problem unsres persönlichsten Daseins ist, der Ursprung, von dem wir leben und doch nicht leben, von dem wir getrennt sind und doch

---

^{c} 1. Abdruck (1920) (gemäß Berichtigungsliste): «wirket das».

[38] Vgl. die Ausführung dieser Kritik in K. Barth, «*Unterricht in der christlichen Religion*», Zweiter Band: *Die Lehre von Gott / Die Lehre vom Menschen*. 1924/1925, hrsg. von H. Stoevesandt (Gesamtausgabe, Abt. II), Zürich 1990, S. 183–186.

nicht getrennt. Das ist's, was in der Bibel vor^d allem zu lernen ist:
Höchste Dämpfung in den Beteuerungen unseres Glaubens oder Un-
glaubens, Silentium vielleicht, bis wir gemerkt, um was es sich da
eigentlich handelt:

> Wer darf ihn nennen?
> Und wer bekennen:
> Ich glaub ihn!
> Und wer empfinden
> Und sich unterwinden
> Zu sagen: Ich glaub ihn nicht![39]

Wir sind Staub und Asche [vgl. Gen. 18,27; Hiob 30,19; 42,6; St. zu
Est. 3,2] mit unserm Ja und Nein, *das* ist wahr. Wer heißt uns, statt
ruhig unsern sogenannten religiösen oder sogenannten kulturellen
Bedürfnissen nachzugehen, uns gerade mit der Bibel einzulassen?
Haben wir es aber einmal getan, so kann es zunächst nichts anderes
gelten, als endlich einmal verlegen zu werden, endlich einmal in
Furcht und Zittern Respekt zu bekommen vor^e den letzten Notwendigkeiten, unter denen wir stehen, *bevor* wir unsere Frage ausgesprochen und die Antwort gehört haben. Auf das Unternehmen
christlicher Theologie haben wir uns heute mit der Frage nach dem,
was die Bibel zu bieten hat, eingelassen. Wir wollen uns bewusst sein,
dass es kein gefährlicheres, zweideutigeres |76| Unternehmen gibt,
kein Unternehmen, das dem Unternehmer so zum Gericht wird wie
dieses. Anders als aus der Bedrängnis des Erwählungsgedankens heraus lässt sich kein Wort reden und kein Wort hören von dem, was die
Bibel uns zu sagen hat von der Herrlichkeit Gottes im Angesichte Jesu
Christi [vgl. 2.Kor. 4,6].

---

^d 1. Abdruck (1920) und 2. Abdruck (1924): «von». Korrektur nach der
Verbesserung in Barths Handexemplar des 1. Abdrucks.

^e 2. Abdruck (1924): «von». Korrektur nach der Berichtigungsliste im
1. Abdruck (1920).

[39] J.W. von Goethe, *Faust I*, V. 3432–3437 (Marthens Garten).

Die literarischen Denkmäler einer vorderasiatischen Stammesreligion des Altertums und die einer Kultreligion der hellenistischen Epoche, das ist die Bibel. Also ein menschliches Dokument wie ein anderes, das auf eine besondere Beachtung und Betrachtung einen apriorischen dogmatischen Anspruch nicht machen kann. Aber das ist eine Einsicht, die heute als verkündigt in allen Zungen und geglaubt in allen Zonen vorausgesetzt werden darf. Wir brauchen diese offene Türe nun nicht immer wieder einzurennen. Dem sachlichen Inhalt dieser Einsicht bringen wir unsre ernste, wenn auch etwas kühle Aufmerksamkeit entgegen, die religiöse Begeisterung aber und das wissenschaftliche Pathos zum Kampf gegen «starre Orthodoxie» und «toten Buchstabenglauben» bringen wir nicht mehr auf. Es ist denn doch zu offenkundig, dass das vernünftige und fruchtbare Gespräch über die Bibel *jenseits* der Einsicht in ihren menschlichen, historisch-psychologischen Charakter anfängt. Möchte sich doch der Lehrkörper unsrer hohen und niedern Schulen und mit ihm der ohnehin fortschrittliche Teil der Geistlichkeit unsrer Landeskirchen recht bald entschließen, ein Gefecht abzubrechen, das seine Zeit gehabt, aber nun auch wirklich *gehabt* hat. Der sonderbare *Inhalt* dieser menschlichen Dokumente, die merkwürdige *Sache,* um die es den Schreibern dieser Quellen und denen, die hinter den Schreibern standen, gegangen ist, das biblische *Objekt,* das ist die Frage, die uns heute bedrückt und beschäftigt.

Wir stoßen in der Bibel mit den Historikern und Psychologen zunächst auf die Tatsache, dass es offenbar einmal Menschen mit einer ganz außerordentlichen geistigen Haltung und Blickrichtung gegeben hat. Es gibt zweifellos ein Mehr und Weniger dieser Absonderlichkeit innerhalb der Bibel. Die biblischen Dokumente haben Ränder, und an diesen Rändern kommen die Unterschiede gegenüber der Haltung anderer Menschen ins Fließen. Eine gewisse Einheit auffallender Orientierung gerade *dieser* Menschen ist darum |77| doch nicht zu verkennen. Auch das ist sofort zu sagen, dass uns die Tatsache gerade solcher Orientierung nicht nur aus der biblischen Welt dokumentiert ist. Aber die Häufung, die Intensität, die einheitliche Mannigfaltigkeit und mannigfaltige Einheit, in der sie gerade auf dieser nach rückwärts im Dunkel des antiken Morgenlandes, nach vorwärts im Düster des modernen Abendlandes sich verlierenden geschichtlichen Linie auftritt, mit ihrem höchst rätselhaften Mittelpunkt an der Wende unsrer Zeitrechnung – das ist darum nicht weniger bemerkenswert, weil die Spuren gleicher Haltung und Blickrichtung auch in Griechenland, im Wunderlande Indien und im deutschen Mittelalter nachweisbar sind. Ich greife wahllos nach einigen Beispielen: Was war das für eine Geistesverfassung, in der ein Buch von so «gebändigtem Enthusiasmus»[40] wie der Prediger Salomo geschrieben werden konnte? Was war das für ein Mensch – und wenn es auch nur einer von den berüchtigten Abschreibern gewesen ist! –, der einen historischen Schnitzer von der Genialität begehen konnte, wie sie in der Verbindung der beiden Hauptteile des Jesajabuches zu *einer* Schrift liegt? Wie konnte jemand in die Lage kommen, so etwas wie 1. Kor. 15 zu denken und zu Papier zu bringen? Was war das für ein Publikum, dem eine Erbauungslektüre vom Kaliber des Römer- oder Hebräerbriefes offenbar einmal zugemutet worden ist? Was für eine Konzeption von Gott und Welt, die es Menschen möglich machte, altes und neues Testament nicht nur nebeneinander zu ertragen, sondern eins im Lichte des andern zu verstehen? Wir kennen wohl alle die Beunruhigung, die über uns kommt, wenn wir vom Fenster aus die Menschen plötzlich Halt machen, die Köpfe zurückwerfen und, die Hände an die Augen gelegt, steil gen Himmel blicken sehen nach einem Etwas, das uns durch das leidige Dach über uns verborgen ist. Die Beunruhigung ist überflüssig: es wird wahrscheinlich ein Flieger sein. Gegenüber dem plötzlichen Stillgestelltsein und steilen Aufwärtsblicken und angespannten Lauschen, das für die biblischen Menschen so bezeichnend ist, wird uns die Beruhigung nicht so leicht fallen. Mir persönlich ist es zuerst an Paulus aufgegangen: dieser Mensch sieht und hört ja offenbar etwas, was aus allen Vergleichen herausfällt, was sich meinen Beobachtungsmöglichkeiten und Denkmaßstäben zunächst ganz und gar entzieht. Mag ich mich zu dem Kommenden, nein Gegenwärtigen, nein doch erst Kommenden, das er da in rätselhaften Worten zu sehen und zu hören behauptet, stellen wie ich will, darum komme |78| ich nicht herum, dass jedenfalls er, Paulus, oder wer es immer sein mag, der z.B. den Epheserbrief geschrieben hat, Auge und Ohr ist in einer Weise, zu

---

[40] Der Ausdruck ist von P. Wernle, *Einführung in das theologische Studium*, Tübingen 1911², S. 225, im Blick auf Calvin geprägt worden.

deren Beschreibung Ausdrücke wie Begeisterung, Entsetzen, Ergriffenheit, Überwältigung einfach nicht genügen. Es erscheint mir da hinter dem Transparent eines solchen Dokuments eine Persönlichkeit, die vom Sehen und Hören dessen, was ich meinetwegen nicht sehe und höre, tatsächlich aus allen üblichen Bahnen und vor allem aus ihrer eigenen Bahn geschleudert, gerade als Persönlichkeit sozusagen aufgehoben ist, um nun als Gefangener von Land zu Land geschleppt zu werden zu seltsamem, hastigem, unberechenbarem und doch geheimnisvoll planmäßigem Tun. Und wenn ich allenfalls zweifle, ob ich nicht selbst halluziniere, so sagt mir ein Blick auf die gleichzeitige Profangeschichte, auf die im Kreis sich ausbreitenden Wellen des historischen Teiches, dass da in der Tat irgendwo ein Stein von ungewöhnlichem Gewicht in die Tiefe gegangen sein muss, dass unter all den hunderten von vorderasiatischen Wanderpredigern und Wundermännern, die damals durch dieselbe appische Straße ins kaiserliche Rom eingezogen sein mögen, gerade dieser eine Paulus mit seinem Sehen und Hören wenn nicht alle, so doch die beträchtlichsten Dinge daselbst ins Rollen gebracht haben muss. Und das ist ja nur der eine Einschlag, «Paulus» mit Namen. Daneben der wahre Wirbel von ganz eigenartigem und doch mit jenem auch wieder gleichartigem Sehen und Hören, dem «Johannes» den Namen gegeben hat. Daneben ein so originales, Altes und Neues kühn kombinierendes Auge wie das des Verfassers des ersten Evangeliums. Daneben des Paulus Freund und Schüler, der *mehr* als «religiös-soziale» Mediziner Lukas. Daneben ein gerade in seiner moralischen Nüchternheit um so beunruhigenderer Seher und Hörer wie Jakobus. Dahinter namenlose und geschichtslose Gestalten in Jerusalem und weiter zurück an den Ufern des galiläischen Meeres. Aber immer dasselbe Sehen des[f] Unsichtbaren, dasselbe Hören des Unerhörten, dasselbe ebenso unbegreifliche wie unleugbare epidemische Stillgestelltsein und Umgekehrtwerden der Menschen. «Diese 12 sandte Jesus aus» [Mt. 10,5 par.]. Oder waren es 70 [vgl. Lk. 10,1.17], oder 500 [vgl. 1.Kor. 15,6]? Wer gehörte dazu? Wer gehörte nicht dazu? Genug, mögen sie alle für uns in fremden Zungen reden, wir können nicht *nicht* sehen, dass da sehr seltsam geöffnete Augen, sehr merkwürdig lauschende Ohren sind. Und nun

[f] 1. Abdruck (1920): «der».

dieselben Augen und Ohren, aller historischen Kausalität spottend, schon vorher, schon in der Zeit *vor* der Zeit. Ein Volk wie andere, gewiss,|79|das Volk Israel-Juda, aber ein Volk, in dem immer wieder in dieser Weise gesehen und gehört wurde, ein Volk, in dem jene steile Aufmerksamkeit auf ein ganz Anderes nie ganz auslöschen wollte. Oder erliegen wir wieder einer historischen Halluzination, wenn wir das sagen? Der Blick auf das *unheimlich* bewegte und bewegliche Volk der Juden und Judenchristen, wie es noch heute in unserer Mitte lebt, mag uns darüber belehren, dass da einst auf alle Fälle neue befremdliche Dinge im Werk gewesen sein müssen. Mögen sie Propheten sein, in der fruchtbaren Mitte der biblischen Linie, oder Priester, mehr an den Rändern, dort, wo die Bibel aufhört, Bibel zu sein, mögen sie es in Psalmen oder Sprüchen sagen oder im behaglichen Strom historischer Erzählung, das Thema ist in allen Variationen gleich erstaunlich. Was kommt darauf an, ob Gestalten wie Abraham und Mose Gebilde späterer Mythendichtung sind – das glaube, wer's glauben mag! –, es waren einmal, ein paar Jahrhunderte früher oder später, Menschen, die glaubten wie Abraham [vgl. Gen. 15,6], die waren Fremdlinge im verheißenen Land wie Isaak und Jakob [vgl. Gen. 26,3; 36,7] und gaben zu verstehen, dass sie ihr Vaterland suchten, die hielten sich wie Mose an den, den sie nicht sahen, als sähen sie ihn. Es waren einmal Menschen, die wagten es. Mögen wir von dem Etwas, mit dem sie es wagten, um das diese Seher und Hörer sich bewegten, halten, was wir wollen und können, die Bewegung selbst, in der sie alle, die Benannten, die Namenlosen und die Pseudonymen, sich befanden, können wir ebensowenig in Abrede stellen, wie die Rotation des Fixsternhimmels um eine unbekannte Zentralsonne. Die Tatsache dieser Bewegung tritt uns in der Bibel in unentrinnbarer Weise entgegen. Wir denken an Johannes den Täufer auf Grünewalds Kreuzigungsbild[41] mit seiner in fast unmöglicher Weise zeigenden Hand. Diese Hand ist's, die in der Bibel dokumentiert ist.

Doch dieses Phänomen bedarf der Deutung. Indem wir die zeigende Hand bezeichnen und beschreiben als Religion, Frömmigkeit, Erlebnis u. dgl., und wenn es mit noch so viel Sachkunde und Liebe geschähe, ist für ihre Deutung noch nichts geleistet. Diese wird viel-

[41] Die Kreuzigungstafel des Isenheimer Altars. Vgl. oben S. 595, Anm. 105.

mehr gerade davon auszugehen haben, dass der ganze Vorgang mit den Kategorien der Religionskunde nicht einmal erschöpfend bezeichnet und beschrieben ist, geschweige denn, dass damit etwas gewonnen wäre für das Verständnis der Sache. Es steckt im biblischen Erlebnis ein entscheidendes Element, das lässt sich mit keinen Mitteln psychologischer Einfühlung und Nachkonstruk-|80|tion als Erlebnis anschaulich machen. Die biblische Frömmigkeit ist nicht eigentlich fromm; viel eher müsste man sie als eine wohl überlegte, qualifizierte Weltlichkeit bezeichnen. Die biblische Religionsgeschichte hat die Eigentümlichkeit, dass sie in ihrem Kern, in ihrer tiefsten Tendenz weder Religion noch Geschichte sein will, – nicht Religion, sondern Wirklichkeit, nicht Geschichte, sondern Wahrheit, könnte man vielleicht sagen. Doch wir wollen nicht vorgreifen.

Wir stehen hier vor dem unterscheidenden Merkmal der biblischen Linie gegenüber all dem, was wir sonst Religionsgeschichte nennen. Eine tiefste Tendenz der Jenseitigkeit, der weltlichen Sachlichkeit, der Ungeschichtlichkeit wohnt freilich letztlich allem inne, was wir als «Religion» zu bezeichnen pflegen. Den Inhalt und nicht nur eine Form, die Bewegung und nicht nur die Funktion des Bewegtseins, das Göttliche und nicht nur ein Menschliches, das Leben und nicht ein Heiligtum neben dem Leben meinten und meinen sie zu allen Zeiten an allen Orten. Nur dass auch immer und überall die Untreue gegenüber dieser tiefsten Tendenz unverkennbar ist: Die Religion vergisst, dass sie nur dann Daseinsberechtigung hat, wenn sie sich selbst fortwährend aufhebt. Sie freut sich statt dessen ihres Daseins und hält sich selbst für unentbehrlich. Sie täuscht sich und die Welt über ihren wahren Charakter; sie *kann* es vermöge ihres Reichtums an sentimentalem und symbolischem Gehalt, an interessanten Seelenzuständen, an Dogma, Kult und Moral, an kirchlicher Dinglichkeit. Sie erträgt ihre eigene Relativität nicht. Sie hält das Warten, die Pilgrimschaft, das Fremdlingsein, das allein ihr Auftreten in der Welt rechtfertigt, nicht aus. Sie begnügt sich nicht damit, hinzuweisen auf das X, das über Welt *und* Kirche steht. Sie tut, als ob sie im Besitz überweltlicher und überkirchlicher Goldbarren wäre, und sie fängt in der Tat an, klingende Münzen, sogenannte «religiöse Werte» auszugeben. Sie tritt als konkurrenzfähige Macht *neben* die andern Mächte des Lebens, als vermeintliche Überwelt *neben* die Welt. Sie treibt Mission, als ob sie eine Sendung hätte. Jene höchst außerordentliche Blickrichtung wird eine mögliche, anerkannte, nicht unpraktische und darum auch nicht unseltene[42] Haltung neben andern. Gottvertrauen wird der erstaunten Welt als ein durchaus erreichbares und ganz nützliches Requisit fürs Leben empfohlen und für die erste beste Gründung unbedenklich in Anspruch genommen. Die zeigende Hand Johannes des Täufers wird eine nicht ungewohnte |81| Erscheinung – auf Kanzeln. Das Erlebnis des Paulus wird da und dort von ernsten jungen Leuten *auch* gemacht. Das Gebet, diese letzte Möglichkeit, nach der jene von Gott gefangenen Geister in höchster Not oder Freude griffen, wird ein mehr oder weniger anerkannter Bestandteil bürgerlicher Haus- und Kirchenordnung. Ohne zu erröten, redet man von «christlichen» Sitten, Familien, Vereinen und Anstalten. «Gott in uns» [vgl. 1. Joh. 4,12–15][43] – ich in dir, du in mir[44] – warum nicht auch das? Der religiöse Übermut erlaubt sich einfach alles. Als ob es so sein müsste, reiht sich an die Physik eine Metaphysik. Die Form traut es sich eben zu, für den Inhalt einzustehen. Das Erlebnis wird zum Selbstgenuss, zum Selbstgenügen, zum Selbstzweck. Das Bewegtsein will selbst Bewegung sein. Der Mensch hat das Göttliche in Besitz genommen, in Betrieb gesetzt. Niemand merkt es, niemand will es merken, dass alles auf Supposition beruht, auf einem enormen «Als ob»[45] und Quidproquo. Wie kam es nur? Wer ist verantwortlich? Das Volk, das in den Ruf nach Göttern ausbricht, weil es sich in der Wüste gar so verlassen fühlt, oder Moses unvermeidlicher priesterlicher Bruder Aaron, der dem Volke nur allzu gut zu sagen weiß, wie man zu solchen Göttern kommt? Genug, die Religionsgeschichte, d. h. aber die Geschichte der Untreue der Religion gegen das, was sie eigentlich meint, beginnt. Denn *mit dem Moment, wo Religion bewusst Religion, wo sie eine psychologisch-historisch fassbare Größe in der Welt wird, ist sie von ihrer tiefsten Tendenz, von ihrer Wahrheit abgefallen zu den Götzen. Ihre Wahrheit ist ihre Jenseitigkeit, ihre Weltlichkeit, ihre Nicht-Geschichtlichkeit.* Ich sehe hierin das entscheidende Merkmal der Bi-

[42] Versehentlich statt: «seltene»?

[43] Vgl. auch P. Ovidius Naso, *Fasti*, VI, 5: «Est Deus in nobis [...]».

[44] Aus der 5. Strophe des Chorals «Gott ist gegenwärtig» von G. Tersteegen (GERS [1891] 174; EG 165; RG [1998] 162, Strophe 4).

[45] Siehe oben S. 233, Anm. 23.

bel gegenüber der Religionsgeschichte – zu der selbstverständlich vor allem auch die christliche Kirchengeschichte gehört –, dass in der Bibel eine ganz auffallende Linie von Treue, von Beharrlichkeit, von Geduld, von Warten, von Sachlichkeit der unfassbaren, unpsychologischen, unhistorischen Wahrheit Gottes gegenüber sichtbar wird. Das Geheimnis, auf das der Blick aller Religion gerichtet ist, leistet in der Bibel den menschlichen Versuchen, es zu verraten und zu kompromittieren, erfolgreichsten Widerstand.

Die biblische *Frömmigkeit* ist sich ihrer eigenen Schranken, ihrer Relativität bewusst. Sie ist in ihrem Wesen Demut, Furcht des Herrn. Sie weist, indem sie über die Welt hinaus weist, zu-|82|gleich und vor allem über sich selbst hinaus. Sie lebt ganz und gar von ihrem Gegenstand und für ihren Gegenstand. Am biblischen *Erlebnis* ist nichts unwichtiger als das Erleben als solches. Es ist Amt und Auftrag, nicht Ziel und Erfüllung, und darum elementares, seiner selbst kaum bewusstes Ereignis, das immer nur ein Minimum an Reflexion und Konfession nötig macht. Die Propheten und Apostel *wollen* nicht sein, was sie heißen, sie *müssen* es sein. Eben darum *sind* sie es. Gerade im Zentralpunkt des typisch religiösen Interesses: in den Äußerungen über das *persönliche Verhältnis des Menschen zu Gott* ist die Bibel merkwürdig zurückhaltend, nüchtern, farblos, verglichen mit dem in allen Regenbogenfarben verdrängter Sexualität schillernden Reichtum, mit dem der Mythus und die Mystik diesen Gegenstand behandeln. Es ist offenbar, dass *das* Verhältnis zu Gott, auf das die biblischen Äußerungen hinzielen, nicht in den purpurnen Tiefen des Unbewussten stattfindet, nicht etwa identisch sein will mit dem, was die seelische Tiefseeforschung unsrer Tage als Libidoerfüllung im engern oder weitern Sinn bezeichnet. Man beachte gerade in diesem Zusammenhang die höchst umsichtige und distante Behandlung des der ganzen Religionsgeschichte so wichtigen *Opferbegriffs*. Schon im alten Testament ein beständiges Hinausweisen über das Opfer auf sein[g] Letztes, Eigentliches, das mit dem größten und reinsten Opfer nicht erledigt ist und das letztlich alle Opfer überflüssig macht. Nicht Opfer will Gott, sondern – ja was denn? mochten die Religiösen schon damals fragen! Gehorsam [vgl. 1.Sam. 15,22], Gerechtigkeit

[g] 1. Abdruck (1920): «ein».

[vgl. Ps. 51,21; Spr. 21,3], Liebe [vgl. Hos. 6,6], offene Ohren [vgl. Ps. 40,7], Dank [vgl. Ps. 50,14.32 u.ö.], ein geängsteter Geist, ein zerschlagenes Herz [vgl. Ps. 51,19]! lauten die rätselhaft negativen Antworten, bis es im neuen Testament zum Durchbruch kommt, dass durch *ein* Opfer alle Opfer erledigt sind: «Wo Vergebung ist, da ist nicht mehr Opfer für die Sünde.» [Hebr. 10,18]. In bemerkenswerter Einsamkeit steht die Stephanuserzählung [vgl. Act. 7] der ganzen Flut christlicher Märtyrergeschichten gegenüber. Von der Erlösung durch Opfer, die *wir* zu bringen haben, kommt fortan in der Bibel nichts mehr vor. Und so richtet sich die *Polemik* der Bibel nicht wie die der Religionen bis auf diesen Tag gegen die gottlose Welt, sondern gerade gegen die *religiöse* Welt, ob sie nun unter dem Vorzeichen Baal oder Jahwe stehe, gegen die Heiden nur, insofern ihre Götter eben jene ins Metaphysische erhobenen Relativitäten, Mächte und Gewalten darstellen, die als solche dem Herrn ein Greuel [vgl. Dtn. 7,25; 12,31 u.ö.] und in Christus abgetan sind. Im übrigen muss |83| im alten und neuen Testament gerade eine ganze Reihe von *Heiden* einen Glauben bekunden, wie er in Israel nicht gefunden wird [vgl. Mt. 8,10 par.], und so ad oculos demonstrieren, wie sehr der biblische Mensch vaterlos, mutterlos, ohne Geschlecht dasteht [vgl. Hebr. 7,3], immer wieder ein Neuling, ein Erstling, aller Geschichte gegenüber nur auf sich selbst, auf Gott gestellt, Melchisedek, der König von Salem [vgl. Gen. 14,18–20], sein klassisches Paradigma. Auf der gleichen Linie liegt das auffallend geringe Interesse der Bibel am *Biographischen,* am Werden ihrer Helden. Keine ergreifende Jugend- und Bekehrungsgeschichte des Jeremia, kein Bericht vom erbaulichen Sterben des Paulus. Zum Leidwesen unserer theologischen Zeitgenossen vor allem *kein* «Leben Jesu»[46]. Was wir von diesen Menschen hören, ist nie von ihnen aus erzählt, nie als ihre «Leben, Taten und Meinungen»[47]. Der biblische Mensch steht und fällt mit seiner Aufgabe, seinem Werk. Darum entfaltet sich auch der biblische *Schöpfungsgedanke* nirgends zur Kos-

---

[46] Vgl. A. Schweitzer, *Geschichte der Leben-Jesu-Forschung,* Tübingen 1913[2].

[47] Die Formel begegnet z.B. bei M. Rade, *Doktor Martin Luthers Leben, Thaten und Meinungen, auf Grund reichlicher Mitteilungen aus seinen Briefen und Schriften dem Volke erzählt,* Bd. 1–3, Neusalza i.S. 1890–1891; neue Titelauflage Tübingen/Leipzig 1901.

mogonie. Auf ein solennes Distanzschaffen zwischen dem Kosmos und dem Schöpfer, gerade nicht auf metaphysische Welterklärung ist es abgesehen. Gott sprach: Es werde! [Gen. 1,3.6], das ist alles. Alles Sein hat ein Wort Gottes, alles Vergängliche ein Unvergängliches, alle Zeit Ewigkeit zur Voraussetzung. Aber kein An sich ist das Wort Gottes, das Unvergängliche, die Ewigkeit, kein Etwas neben anderem. «Wo will man die Weisheit finden und wo ist die Stätte des Verstandes? Niemand weiß, wo sie liegt, und sie wird nicht gefunden im Lande der Lebendigen. Die Tiefe spricht: sie ist in mir nicht! und das Meer spricht: sie ist nicht bei mir!» [Hiob 28,12–14]. Die Grenze, der Ursprung und das Problem der Welt, «der König aller Könige und Herr aller Herren, der allein Unsterblichkeit hat, der da wohnet in einem Lichte, da niemand zu kann» [1.Tim. 6,15f.] – das ist «Gott» in der Bibel. Und gerade darum und von daher: Alles was Odem hat, lobe den Herrn! [Ps. 150,6]. Und so ist die biblische *Geschichte* eigentlich im alten und neuen Testament gerade *keine* Geschichte, sondern von oben gesehen eine Reihe von freien göttlichen Handlungen, von unten gesehen eine Reihe von ergebnislosen Versuchen eines an sich unmöglichen Unternehmens, unter den Gesichtspunkten von Entwicklung und Pragmatik im Einzelnen und im Ganzen schlechthin unverständlich, wie jeder Religionslehrer, der nicht faule Künste treibt, nur zu gut weiß. So ist die biblische *Kirche* bezeichnenderweise die Stiftshütte, das Wanderzelt; von dem Moment an, wo sie zum Tempel wird, existiert sie wesentlich nur noch als Angriffsobjekt. Man lese einmal nach, wie |84| in der Stephanusrede der Apostelgeschichte die Summe des alten Testaments gezogen wird [Act. 7,1–53, bes. V. 44f.47–50]. Das zentrale Interesse der beiden Testamente ist unleugbar nicht dem Aufbau, sondern dem notwendig drohenden und eintretenden Abbruch der Kirche zugewendet. Im himmlischen Jerusalem der Offenbarung endlich ist nichts bezeichnender als ihr gänzliches Fehlen: «Und ich sah keinen Tempel darinnen.» [Apk. 21,22]. So ist es die Eigenart biblischen *Denkens und Redens,* dass es aus einer Quelle fließt, die über den religiösen Begriffsgegensätzen z.B. von Schöpfung und Erlösung, Gnade und Gericht, Natur und Geist, Erde und Himmel, Verheißung und Erfüllung liegt. Wohl setzt es ein, jetzt auf dieser, jetzt auf jener Seite der Gegensätze, aber es führt sie nie pedantisch zu Ende, es beharrt nie bei den Konsequenzen, es verhärtet sich weder in der Thesis noch in der Antithesis, es versteift sich nirgends zu endgültigen Positionen oder Negationen. Es hat kein Verständnis für das, was unser schwerfälliges Zeitalter «ein ehrliches Entweder-Oder» heißt. Es liegt ihm am Ja immer so viel und so wenig als am Nein; denn die Wahrheit liegt nicht im Ja und nicht im Nein, sondern in der Erkenntnis des Anfangs, aus dem Ja und Nein hervorgehen. Es ist ein ursprüngliches Denken und Reden, ein Denken und Reden vom Ganzen her und aufs Ganze hin. Es wird sich mit jeder ihres Namens werten Philosophie ausgezeichnet zu verständigen vermögen, mit sämtlichen Psychologismen von der gröbern und von der feinern Sorte niemals. Denn es will immer völlig ernst, aber nie beim Wort genommen sein. Es will nicht akzeptiert, sondern verstanden werden: πνευματικοῖς πνευματικά, Geist durch Geist [1.Kor. 2,13]. Es ist durch und durch dialektisch. Caveant professores![48] Die biblische Dogmatik ist die grundsätzliche Aufhebung aller Dogmatik. Die Bibel hat eben nur *ein* theologisches Interesse und das ist rein sachlich: das Interesse an Gott selbst.

Das ist's, was ich die Jenseitigkeit, die Ungeschichtlichkeit, die Weltlichkeit der biblischen Linie nennen möchte. Ein Neues, Unvergleichliches, Unerreichbares, ein nicht nur Himmlisches, sondern Überhimmlisches: *Gott* hat die Aufmerksamkeit dieser Menschen auf sich gezogen. Gott verlangt ihr *volles* Gehör, ihren *ganzen* Gehorsam. Denn er will sich selbst treu sein; er will heilig sein und bleiben. Er will nicht an sich gerissen, in Betrieb und Gebrauch gesetzt sein, er will nicht dienen. Er will herrschen. Er will selbst an sich reißen, beschlagnahmen, betreiben, gebrauchen. Er will |85| keine anderen Bedürfnisse befriedigen als seine eigenen. Er will nicht Jenseits sein neben einem Diesseits, er will alles Diesseits verschlingen ins Jenseits. Er will nicht *Etwas* sein neben Anderen, sondern das *ganz* Andere[49], der Inbegriff aller bloß relativen Anderheit. Er will nicht Religionsgeschichte begründen, sondern der Herr unsres Lebens, der ewige Herr der Welt sein. *Darum* handelt es sich in der Bibel. Auch anderswo? Gewiß, auch anderswo. Nur dass das, was anderswo das Letzte, ein

---

[48] Anspielung auf die Formel der Weisung des römischen Senats an die Consuln: «Caveant Consules ne quid res publica detrimenti capiat.»

[49] Vgl. Otto, *Das Heilige*, a.a.O. (s. oben S. 242, Anm. 26), S. 28–37.

erhabener Hintergrund, ein esoterisches Geheimnis und darum doch nur eine Möglichkeit ist, in der Bibel das Erste ist, der Vordergrund, die Offenbarung, das eine, alles beherrschende Thema. Wohl lassen sich für alle genannten Merkmale der biblischen Linie auch biblische Gegenbeispiele anführen. Die biblische Linie ist ja nicht identisch mit dem Bibelbuch. Sie liegt in der Bibel selbst ungeschützt mitten in der allgemeinen Religionsgeschichte, und kaum ein Punkt, wo sie nicht von andern, fremdartigen Linien geschnitten würde. Jene Ränder in der Bibel, wo die biblischen Menschen nicht nur *andern* Menschen, sondern *religiösen* Menschen sehr ähnlich sehen, sind besonders im alten Testament oft verwirrend breit und fehlen auch im neuen Testament durchaus nicht. Die Fülle der Variationen lässt streckenweise das Thema fast vergessen. Die Meinung, es sei auch die Bibel nur ein Teil des allgemeinen religiösen Chaos, ist also begreiflich. Aber nicht unvermeidlich! Nicht unvermeidlich wenigstens in einer Zeit, der die Relativität des Christentums, sofern es Erlebnis, Metaphysik und Geschichte ist, so handgreiflich, so unverkennbar vor Augen gestellt, der die Frage nach einem *Neuen,* nach dem *ganz* Andern, nach der Realität *Gottes* so auf der Zunge liegt wie unsrer Zeit. Wir *könnten* in der Lage sein, den Charakter und die Richtung der biblischen Linie nicht unvermeidlich misszuverstehen, nicht unvermeidlich unsre Velleitäten[h] in sie hineinzulesen. Eine auch sonst sehr lichtvolle Kirchenordnung aus der Reformationszeit, der Berner Synodus von 1532[50] trägt als Motto das sehr unkirchliche paulinische Wort: «Ob wir auch Christum nach dem Fleisch gekannt haben, so kennen wir ihn doch jetzt nicht mehr.» [2.Kor. 5,16]. Biblische Einsicht ist also trotz ihrer Verdunkelung durch die christliche Kirchengeschichte auch späteren Jahrhunderten nicht unzugänglich gewesen.

[h] 1. Abdruck (1920): «unsre religiösen Velleitäten».

[50] *Berner Synodus. Ordnung, wie sich die Pfarrer und Prediger zu Statt und Land Bern in Lehre und Leben halten sollen, mit weiterem Bericht von Christo und den Sacramenten, beschlossen im Synodo, daselbst versammelt am 9 Tag Januarii. Anno M.D.XXXII.* Vgl. *Der Berner Synodus von 1532. Edition und Abhandlungen zum Jubiläumsjahr 1982,* hrsg. von G.W. Locher, Bd. 1, Neukirchen-Vluyn 1984.

Wir lassen wieder Grünewald reden. Neben der gewaltig zeigenden Gestalt seines Johannes stehen die Worte: Illum oportet crescere, me autem minui. [Joh. 3,30]. Das ist des Propheten, des Gottesmannes, des Sehers und Hörers Einstellung gegenüber dem, dem sein |86| mächtiges Zeigen gilt. Der Gegenstand, die Sache, das Göttliche selbst und als solches in wachsender, die Funktion, die Frömmigkeit, die Kirche als solche in abnehmender Bedeutung! Das ist's, was man biblische Linie, biblische Einsicht nennen kann.

Er muss wachsen! [Joh. 3,30]. Aber wer vermöchte ohne tiefstes Erschrecken zu reden und zu hören von[i] dem, der da gesehen von den[j] biblischen Menschen, vielleicht von Weitem auch von uns gesehen, wachsen will? Es umgibt uns, nachdem wir dem bunten Jahrmarkt der Religionsgeschichte den Rücken gekehrt haben, etwas von der erdrückenden, nur Ehrfurcht und nichts weiter einflößenden Stille und Einsamkeit der Wüste, die in der Bibel nicht umsonst eine so wichtige Stätte ist. In der Tat ein mysterium tremendum[51] muss es sein, das die biblischen Menschen vor unsern Augen hinaus[-] und immer weiter hinausdrängt[k], an den Rand des Erlebbaren, Denkbaren und Tunlichen, an den Rand der Zeit und der Geschichte, sie treibt, sich in die Luft zu stellen, wo man scheinbar nur noch fallen kann. Würden wir nicht um unsrer Ruhe willen besser tun, hier umzukehren? Werden wir es wagen, der zeigenden Hand des Grünewaldschen Täufers mit unserm Blick zu folgen? Wir wissen, wohin sie zeigt. Sie zeigt auf Christus. Aber auf Christus den Gekreuzigten, müssen wir sofort hinzufügen. Das ist's! sagt die Hand. «Er schoss vor uns auf wie ein Reis und wie eine Wurzel aus dürrem Erdreich. Er hatte keine Gestalt noch Schöne; wir sahen ihn, aber da war keine Gestalt, die uns gefallen hätte. Er war der Allerverachtetste und Unwertste, voller Schmerzen und Krankheit. Er war so verachtet, dass man das Angesicht vor ihm

---

[i] 2. Abdruck (1924): «vor». Korrektur nach der Berichtigungsliste im 1. Abdruck.

[j] 2. Abdruck (1924): «gesehen den». Korrektur nach der Berichtigungsliste im 1. Abdruck.

[k] 1. Abdruck (1920): «hinaus drängt».

[51] Vgl. Otto, *Das Heilige,* a.a.O. (s. oben S. 242, Anm. 26), S. 13–22.

verbarg; darum haben wir ihn nichts geachtet.» [Jes. 53,2f.]. Die eine
einzige Quelle unmittelbarer realer Offenbarung Gottes liegt im
Tode. Christus hat sie erschlossen. Er hat aus dem *Tode* das *Leben* ans
Licht gebracht [vgl. 2.Tim. 1,10].

Aus dem *Tode!* Wir können uns das nicht ruhig und eindringlich
genug sagen. Die Bedeutung, die Kraft Gottes leuchtet den biblischen
Menschen auf an den Grenzen der Humanität, dort «wo Sinnen und
Gedanken mir ausgehn wie ein Licht, das hin und her muss wanken,
weil ihm die Flamm gebricht»[52]. Das menschliche Korrelat zu der
göttlichen Lebendigkeit heißt weder Tugend, noch Begeisterung,
noch Liebe, sondern *Furcht* des Herrn, und zwar |87| Todesfurcht,
letzte, absolute, schlechthinige Furcht. Ich meine[1] das, was in Mi-
chelangelos Prophetengestalten ausgesprochen ist.[53] «Unser Gott ist
ein verzehrendes Feuer.» [Hebr. 12,29]. «Was ist alles Fleisch, dass es
hören möge die Stimme des lebendigen Gottes und lebendig bliebe?»
[Dtn. 5,26]. Menschen können den Leib töten, er aber kann Leib und
Seele verderben in die Hölle [vgl. Mt. 10,28; Lk. 12,5]. Er überfällt den
Jakob wie ein gewappneter Feind [vgl. Gen. 32,25]. Vor ihm verhüllt
man sein Angesicht, und noch der Abglanz seines Lichtes auf dem
Angesicht des Mose wirkt unerträglich [vgl. Ex. 34,33.35; 2.Kor. 3,13].
Ihm zu dienen weigern sich Mose [vgl. Ex. 3,11.13; 4,1.10.13], Jesaja
[vgl. Jes. 6,5], Jeremia [vgl. Jer. 1,6], Jona [vgl. Jona 1,3], wahrhaftig
nicht aus minderwertigen moralisch-psychologischen Gründen, sondern aus einer letzten Gehemmtheit dem gegenüber, in dessen Hände
zu fallen *schrecklich* ist [vgl. Hebr. 10,31]. «Der Löwe brüllt; wer
sollte sich nicht fürchten? Der Herr Jahwe redet; wer sollte nicht
weissagen?» [Am. 3,8]. «Herr, du hast mich überredet, und ich habe
mich überreden lassen; du bist mir zu stark gewesen und hast gewonnen! ... Ich dachte: Wohlan ich will seiner nicht mehr gedenken und

---

[1] 2. Abdruck (1924): «*meine*».

[52] Aus der 5. Strophe des Liedes «Christus, der ist mein Leben» (Text und
Melodie: Jena 1609, erstmals abgedruckt von M. Vulpius) (GERS [1891] 320;
mit leicht verändertem Text [«Wenn mein Herz und Gedanken»]: EG 516; RG
[1998] 774).
[53] In den Deckenfresken der Sixtinischen Kapelle (Dreieckfelder des ge-
wölbten Randes der Decke).

nicht mehr in seinem Namen predigen. Aber es ward in meinem Herzen wie ein brennend Feuer, in meinen Gebeinen verschlossen, dass ich's nicht leiden konnte, und wäre schier vergangen.» [Jer. 20,7.9]. *So geht's zu zwischen Gott und den Seinigen!* Darum sind sie alle so gebrochene, menschlich so unbefriedigende Gestalten, das gerade Gegenteil von Heroen, unabgeschlossen ihre Lebensgeschichte, unabgerundet ihr Lebenswerk, mehr als problematisch ihr Seelenzustand und ihr praktischer Erfolg, von errichteten oder auch nur angestrebten *Institutionen*[54], dem Kriterium *historischer* Wertung der Dinge, keine Rede! Ob wir an Jakob oder David oder Jeremia denken, oder an Petrus und Paulus, da ist keine Gestalt noch Schöne [vgl. Jes. 53,2], in keiner Beziehung, da ist das lebendigste Zeugnis nicht von Humanität, sondern von den *Grenzen* der Humanität. Bei mehr als Einem von diesen Gottesmännern hat man, wenn man es aufrichtig sagen will, den Eindruck, dass er persönlich ein ganz unerträglicher Kauz gewesen sein muss. Darum sind auch die Epochen der Geschichte Israels eine so unklassisch wie die andere, verschiedene Stufen nur des menschlichen Ungenügens oder des Krankseins Israels an Jahwe, seinem Gott, wie Hosea das genannt hat [Hos. 5,13][55]. Zwischen die Verheißung: Ich will euer Gott sein, so sollt ihr mein Volk sein! [Lev. 26,12; 2.Kor. 6,16] und ihre Erfüllung schiebt sich als handgreiflichste Wirklichkeit hinein der Untergang dieses Volkes. Über der Eingangspforte zur salomonischen Lebensweisheit hängt drohend die Tafel: Es ist Alles eitel, es ist Alles ganz eitel! [Pred. 1,2; 12,8

---

[54] Anspielung auf den Aarauer Vortrag A. von Harnacks *Was hat die Historie an fester Erkenntnis zur Deutung des Weltgeschehens zu bieten?*, a.a.O. (s. oben S. 665, Anm. 23; wieder abgedruckt in: ders., *Erforschtes und Erlebtes*, Reden und Aufsätze. Neue Folge, 4. Bd., Gießen 1923, S. 171–195), dort S. 51 bzw. S. 175: Harnack sieht in den Institutionen «die eigentlichen Früchte der geschichtlichen Entwicklung, *auf die sich daher das Studium der Geschichte in erster Linie, ja nahezu ausschließlich zu richten hat*». Vgl. S. 63 bzw. S. 186: «alle Geschichte» ist «Institutionen-Geschichte»; «alles, was bloße Ideologie ist und es noch nicht zu Institutionen gebracht hat», ist «noch nicht Geschichte».
[55] Vgl. den Kolumnentitel zur Auslegung von Hos. 5, 12–14 «Jahwe ist Israels Krankheit» in B. Duhm, *Israels Propheten*, Tübingen 1916, S. 124; von Barth zitiert in der Auslegung des Römerbriefes von 1919 (Römerbrief 1, S. 366.427); vgl. auch Römerbrief 2, S. 149.483.517.

u.ö.]. Der unverkennbare |88| Unterton der so viel bewunderten und vermeintlich nacherlebten Frömmigkeit der Psalmen heißt: «Herr, lehre mich doch, dass es ein Ende mit mir haben muss und dass mein Leben ein Ziel hat und dass ich davon muss. Siehe, meine Tage sind eine Handbreit bei dir und mein Leben ist wie nichts vor dir. Wie gar nichts sind alle Menschen, die doch so sicher leben.» [Ps. 39,5f.]. Und die göttliche Antwort auf Hiobs Frage nach der Theodizee, nach Gottes Gerechtigkeit im Weltlauf und auf seiner Freunde apologetische Seelsorge, die Antwort «aus dem Wetter» [Hiob 38,1], die ihm Erkenntnis bringt, indem sie ihn gleichzeitig zur Buße in Staub und Asche [vgl. Hiob 42,6] und die Freunde gottlob zum Schweigen veranlasst, sie besteht im Hinweis auf die letzte absolute Rätselhaftigkeit, Unbegreiflichkeit und Finsternis alles natürlichen Daseins, als deren abschließende schauerliche Kronzeugen das Nilpferd [vgl. Hiob 40,15–24] und das Krokodil [vgl. Hiob 40,25–32], Behemoth und Leviathan gewaltig aufmarschieren. «Ich hatte von dir mit den Ohren gehört», antwortet Hiob, «aber nun hat mein Auge dich gesehen.» [Hiob 42,5]. Er *weiß* nun Gottes Gerechtigkeit!

Nach dem allem kann der Friedefürst [vgl. Jes. 9,5] der letzten Zeit, der Knecht Gottes [vgl. Jes. 53,11] unter den Völkern, der vom Himmel kommende Menschensohn [vgl. Dan. 7] des alten Testamentes gar kein anderer sein als eben der *Gekreuzigte,* der im Mittelpunkt des neuen Testamentes steht. Das neue Testament erweist sich, wenn man gerade diesen Zusammenhang beachtet, wirklich einfach als die Quintessenz des alten. «Es ist die Axt den Bäumen an die Wurzel gelegt» [Mt. 3,20 par.], consummatio mundi[56], die Aufhebung alles Gegebenen, der Abbruch von allem Werden, das Vergehen dieser Weltzeit, das ist die Bedeutung des «Reiches Gottes», wie es sowohl vom Täufer als von «Jesus von Nazareth» als von Paulus als von der Apokalypse verkündigt wird. Das Werk des Christus ist nach dem übereinstimmenden synoptischen, paulinischen und johanneischen Zeugnis der Gehorsam gegen den Willen des Vaters, der ihn auf gerader Linie in den Tod führt. Das Reich Gottes stürmt herein, um nach kurzem Ansetzen und Ausholen durchzustoßen zu den letzten Fra-

---

[56] In der altprotestantischen Orthodoxie (vgl. SchmP 407) das vierte der fünf novissima (vgl. Mt. 13,39f.; 2. Petr. 3,12).

gen, zu den letzten Zweifeln, in die letzte Unsicherheit hinein, an die letzte Grenze hinaus, dorthin, wo Alles aufhört, dorthin, wo von der Zukunft des Menschensohnes nur[m] noch Eines zu sagen ist, nämlich: Himmel und Erde werden vergehen! [Mt. 24,35 par.]. Dorthin, wo auch die Frage: Mein Gott, mein Gott, warum hast du mich verlassen? [Ps. 22,2; Mt. 27,46 par.] möglich und notwendig wird, wo nichts mehr zu wissen, nichts mehr zu glauben, nichts mehr zu tun ist, wo die Sünde der Welt nur noch *getra-*|89|*gen* wird, wo nur noch *eine* Möglichkeit bleibt, aber die liegt *jenseits* alles Denkens und aller Dinge, die Möglichkeit: *Siehe, ich mache alles neu!* [Apk. 21,5]. *Alles Bejahende, was das neue Testament über Gott, Mensch und Welt zu sagen hat, bezieht sich ohne Ausnahme auf diese im strengsten Sinn außer Betracht fallende Möglichkeit und darum immer zugleich auf die große kritische Verneinung, die dieser einer neuen Ordnung angehörenden Möglichkeit unerbittlich vorausgeht.* Wer das neutestamentliche Ja nicht als das Ja im *Nein* versteht, versteht es gar nicht. Aus dem *Tode* das Leben! *Von daher* Erkenntnis Gottes als des Vaters, des Ursprungs, der Himmel und Erde geschaffen [vgl. Gen. 1,1]. *Von daher* Gnade als das erste und letzte, das durchgreifende, das entscheidende, das unaussprechliche Wort für das überlegene königliche Verhältnis Gottes zu der entfremdeten Menschheit. *Von daher* der ebenso umsichtige wie grundstürzende Angriff auf das Gesetz, auf die religiös-sittliche Menschengerechtigkeit des Judentums, durch den die Universalität der Gnade sichergestellt wird. *Von daher* die mehr als intuitive Klarheit: «Ich sah den Satan vom Himmel fallen wie einen Blitz.» [Lk. 10,18]. *Von daher* die unerhörte Prolepse: «Ihr *waret* tot durch Übertretungen und Sünden; in welchen ihr *weiland* gewandelt habt nach dem Lauf dieser Welt.» [Eph. 2,1f.]. *Von daher* der Anspruch und das Unternehmen, die durch den Tod begrenzte Weltwirklichkeit nicht durch Mirakel zu durchbrechen, wohl aber als Ganzes aufzuheben, aufzurollen, in seiner Begrenztheit schauzutragen öffentlich [vgl. Kol. 2,15], «den Armen frohe Botschaft zu verkündigen, zu heilen die zerstoßenen Herzen, zu predigen den Gefangenen, dass sie los sein sollen, und den Blinden das Gesicht, und den Zerschlagenen, dass sie frei und ledig sein sollen, und zu verkündigen das angenehme Jahr des

---

[m] «nur» ergänzt nach der Berichtigungsliste im 1. Abdruck.

Herrn.» [Lk. 4,18f.; vgl. Jes. 61,1f.]. *Von daher* der neue, der unmögliche Gesichtspunkt und Maßstab für die Unterscheidung von gut und böse, glücklich und unglücklich, schön und hässlich: Was hoch ist unter den Menschen, das ist ein Greuel vor Gott [Lk. 16,15], aber selig sind die Armen, die Gelassenen, die Leidtragenden, die nach Gerechtigkeit Hungernden und Dürstenden! [vgl. Mt. 5,3–6]. *Von daher* die wahrhaftig nicht sozialethisch gemeinte Warnung vor Mammon, dem Gott neben Gott, der als vorletzte, dem Tode täuschend ähnliche Dinglichkeit die Realität des Lebens uns ver-|90|hüllen will. «Du Narr, diese Nacht wird man deine Seele von dir fordern und wes wird dann sein, das du bereitet hast?» [Lk. 12,20]. *Von daher* der Heilandsruf an die Mühseligen und Beladenen, ihr kleines Joch mit dem großen Joch der Gelassenheit, der Herzensniedrigkeit zu vertauschen und die Erquickung, die Ruhe zu finden [vgl. Mt. 11,28–30], die den Weisen und Klugen verborgen, den Unmündigen aber offenbar ist [vgl. Mt. 11,25]. *Von daher* der Ruf zu *der* Buße, die mit Zerknirschung, Askese und Opferkünsten gleich wenig zu tun hat, sondern in einem radikalen Umdenken besteht, in einer Umwertung aller praktischen Werte, in einem Werden wie die Kinder [vgl. Mt. 18,3], in einem Anfangen mit dem Anfang: mit der Einsicht, dass es kein Gutes gibt, das wir tun könnten, dass ein Kamel nicht durch ein Nadelöhr geht [vgl. Mt. 19,24 par.], dass Gott allein der Gute ist [vgl. Mt. 19,17 par.]. *Von daher* der durch eindringliche Warnungen vor allzu raschem Beifall gedämpfte Ruf des Meisters an die Jünger: Folget mir nach! [vgl. Mt. 4,19 par. u.ö.], ihr, denen es gegeben ist, das Geheimnis des Himmelreichs zu wissen [vgl. Mt. 13,17 par.], Alles zu verlassen [vgl. Mt. 19,27 par.], euch selbst zu verleugnen [vgl. Mt. 16,24 par.], eure Seele zu verlieren um meinetwillen [vgl. Mt. 10,39 par. u.ö.]. *Von daher*, vom Letzten, nein von der Aufhebung auch des Letzten her Alles! Darum muss die Messianität Jesu ein Geheimnis sein.[57] Besser seine Sendung wird niemandem bewusst, als dass sie *ohne* das große kritische «Von daher» als eine Möglichkeit *alter* Ordnung, als eine *religiöse* Möglichkeit aufgefasst wird. Jesus will ganz verstanden sein oder gar nicht.

---

[57] Vgl. W. Wrede, *Das Messiasgeheimnis in den Evangelien. Zugleich ein Beitrag zum Verständnis des Markusevangeliums,* Göttingen 1901 (1969⁴).

Erst in dem Augenblick, wo die Gefahr der Religionsstiftung endgültig vorbei ist, wo das Bekenntnis seiner Messianität zugleich sein
eigenes Todesurteil wird, im Verhör vor Kaiphas, wird dieses Bekenntnis von ihm ausgesprochen, denn nun erst hat das Wort seinen
Inhalt: nur als der in den Tod Gegebene will Jesus der Messias sein.
«*Von nun an* wird's geschehen, dass ihr sehen werdet des Menschen
Sohn sitzen zur Rechten der Kraft und kommen in den Wolken des
Himmels.» [Mt. 26,64]. Fleisch und Blut können das Reich Gottes
nicht ererben [vgl. 1.Kor. 15,50]; sie sollen es auch gar nicht; denen
draußen widerfährt es alles durch Gleichnisse [vgl. Mk. 4,11 par.].
Fleisch und Blut haben es auch dem Simon Petrus nicht offenbart,
dass Jesus der Messias ist, des lebendigen Gottes Sohn, sondern Jesu
Vater im Himmel, und auf den Felsen dieser *von daher* stammenden,
aus der freien Luft gegriffenen Erkenntnis wird die Gemeinde gebaut,
die die Pforten der Hölle nicht überwältigen sollen [vgl. Mt. 16,16–
18]. Aber indem derselbe Petrus den Todesweg des Christus in Frage
stellt, redet er nicht mehr *von daher*, [n]nicht mehr, was göttlich[n], son-
|91|dern in der Rolle Satans, was menschlich ist. Eine durchgreifende
Relativierung aller vorletzten Gedanken und Dinge, eine Bereitschaft
für *letzte* Fragen und Antworten, ein Warten und Eilen [vgl. 2.Petr.
3,12] *letzten* Entscheidungen entgegen, ein Lauschen auf den Ton der
letzten Posaune [vgl. 1.Kor. 15,52] – die von *der* Wahrheit Kunde gibt,
die jenseits der Gräber ist, das ist die Gotteserkenntnis, die als Abschluss und Inbegriff des alten Testamentes im neuen Licht tritt.
«Todesweisheit» hat Overbeck das genannt.[58] Sei's denn. Die Todesweisheit, die in der Erkenntnis besteht, dass im Opfer des Christus das
von uns geforderte Opfer ein für allemal *gesetzt* ist und dass wir selbst
mit Christus geopfert *sind* [vgl. Phil. 2,17; 2.Tim. 4,6] und dass wir
darum keine Opfer mehr zu *bringen* haben, sie ist eben als Todesweisheit zugleich umfassendste Lebensweisheit. Ich zitiere Kierkegaard: «Der Vogel auf dem Zweige, die Lilie auf der Wiese, der Hirsch
im Walde, der Fisch im Meere, zahllose frohe Menschen jubeln: Gott
ist die Liebe! Aber, gleichsam *tragend*, wie die Basspartie, klingt unter

---

[n-n] 2. Abdruck (1924): «nicht mehr als göttlich».

[58] Siehe oben S. 649.

allen diesen Sopranen das de profundis von den Geopferten her: Gott ist die Liebe!»[59]

Wirklich die *Liebe?* Sind die Geopferten wirklich die Tragenden? Ist von den Grenzen der Humanität her etwas Anderes als Zweifel und Auflösung zu erwarten? Kann die absolute Furcht fruchtbar, zeugend, schöpferisch sein? Ist es *Erkenntnis,* Erkenntnis Gottes, die in der großen Negation, die uns eben entgegengetreten ist, verborgen ist, siegreich aus ihr hervorgeht? Ist es wahr: Aus dem Tode das *Leben?* Wir denken daran, dass wir an dem Punkt stehen, wo mit dem Buddhismus soviel tiefstes Nachdenken, soviel höchstes Streben in bewusster Resignation und Skepsis sein letztes Wort findet. Die Mater dolorosa, die Maria Magdalena und der Jünger Johannes, die auf Grünewalds Altarbild das Gegenstück bilden zu dem zeigenden Täufer, sie scheinen anzudeuten, dass es möglich ist, vor dem Geheimnis des Kreuzes in Ratlosigkeit, Entsetzen und Verzweiflung stehen zu bleiben. Woher nimmt der Künstler die Vollmacht, diese Möglichkeit auszusprechen und gleichzeitig aufzuheben, zwischen den° Wissenden und die Unwissenden das für Viele sein Blut vergießende Lamm Gottes als Deutung hineinzustellen, endlich sein Kreuzigungsbild buchstäblich als Türe zu öffnen und uns auf seinen Rückseiten hier die gnadenvolle Verkündigung an Maria, dort die Auferstehung Christi am dritten Tage, in der Mitte aber als das Neue, das hinter der schauerlichen Todeswand nur wartete, die Anbetung des neu-|92|gebornen Kindleins durch die vom Jubel der Engel umgebene Gemeinde mit dem Ausblick auf die in unendlicher Höhe thronende Glorie Gottes des Vaters zu zeigen? Der eigentümliche Rhythmus des Fortschritts: aus dem Leben in den Tod – aus dem Tode in das Leben!, der uns im Mittelpunkt der Bibel entgegentritt: da wo das Neue Testament in Erfüllung des Alten von den Leiden und der Herrlichkeit des Messias redet – ist er sinnvoll, wahr, glaubwürdig? Seien wir nicht zu rasch in der positiven Beantwortung dieser Frage; unsrer Positivität könnte sonst das nötige spezifische Gewicht abgehen! Stellen wir uns nicht zu

° 2. Abdruck (1924): «die».

[59] S. Kierkegaard, *Buch des Richters. Seine Tagebücher 1833–1855,* im Auszug aus dem Dänischen von H. Gottsched, Jena/Leipzig 1905, S. 100 (SKS 25, S. 52).

rasch in Kontrast zu denen, denen das Kreuz ein Ärgernis und eine Torheit ist [vgl. 1.Kor. 1,23]; wir gehören alle wesentlich auch zu ihnen. Täuschen wir uns nicht darüber, dass unsre ganze Zeitgenossenschaft in Angst und Not *vor* der verschlossenen Todeswand steht, des Neuen, das dahinter warten mag, kaum erst bewusst, und dass wir jedenfalls nicht gut tun, ihr mit spekulativen Konstruktionen, in evangelistischer oder sozialer Geschäftigkeit, in vermeintlicher Erlebnisunmittelbarkeit vorauszueilen. Um des Leidens der Millionen willen, um des vielen vergossenen Blutes willen, das gegen uns alle schreit, um der Furcht des Herrn willen – nur *das* nicht! Wenn irgendein Wort der Begründung, der Beglaubigung, der Bewährung[p] durch die entsprechende sittliche, soziale, politische Tat bedarf, so ist es das biblische Wort vom Tode, der verschlungen ist in den Sieg [vgl. 1.Kor. 15,55]. Wissen wir auch nur ein wenig, *wie* problematisch seine Begründung, Beglaubigung und Erwahrung[q] durch *unsre* Taten ist, dann müssen wir uns doch klar sein darüber, dass *wir* dieses Wort nur in höchster Beschämung, Verwirrung und Zurückhaltung auf die Lippen nehmen können. Denn als Tat zählt in diesem Fall nur das, was auf Grund jener außer Betracht fallenden Möglichkeit: Siehe, ich mache alles neu! [Apk. 21,5] getan wird. Den Gegenstand der Bibel, die Osterbotschaft, wirklich *nennen* würde heißen ihn geben, ihn haben, ihn zeigen. Die Osterbotschaft wird Wahrheit, ist Bewegung und Wesen, indem sie ausgesprochen wird, oder es ist eben *nicht* die Osterbotschaft, die da ausgesprochen wird. Begnügen wir uns also damit, gemeinsam festzustellen, dass alle biblischen Fragen, Einsichten und Ausblicke von allen Seiten eben auf diesen Gegenstand hinzielen. Verhehlen wir uns aber keinen Augenblick, dass der Gehorsam diesem Hinweis gegenüber, das tatsächliche Eintreten auf das Thema der Bibel ein Sprung in einen Abgrund, ein Wagnis von unerhörten Konsequenzen, ein ewiges Unternehmen ist. |93| Besser, wir stehen zunächst davor still und überschlagen die Kosten [vgl. Lk. 14,28], als dass wir zu kurz springen. Besser, wir hören von allem nur das Nein, als dass wir ein unechtes, unbewährtes, bloß religiöses Ja hören. Bes-

---

[p] 1. Abdruck (1920) und 2. Abdruck (1924): «Erfahrung». Korrektur nach der Verbesserung in Barths Handexemplar des 1. Abdrucks.
[q] 1. Abdruck (1920) und 2. Abdruck (1924): «Erfahrung». Korrektur nach dem Fragment des Druckmanuskripts. «Erwahrung» lautete das Wort wohl auch im vorangehenden Satz.

ser, wir gehen traurig, aber rechtzeitig davon, weil wir allzu viele Güter haben [vgl. Mt. 19,22 par.], als dass wir mit unzähligen Großen und Größten der Religions- und Kirchengeschichte mitgehen, um tatsächlich doch nicht mitzugehen. Das ewige vermeintliche Besitzen, Schmausen und Austeilen, diese verblendete Unart der Religion, muss einmal aufhören, um einem ehrlichen grimmigen Suchen, Bitten und Anklopfen [vgl. Mt. 7,7f. par.] Platz zu machen.

Unter diesem Vorbehalt, im Bewusstsein, dass wir etwas sagen, das wir nicht wissen, das nur wahr *ist,* indem es wahr *wird,* sei das Blatt jetzt auch noch gewendet, sei auch der letzte Hinweis der Bibel (als Hinweis!) ausgesprochen und aufgenommen. Ja, der Gott Moses und Hiobs, der furchtbare Gott von Gethsemane und Golgatha, ist die Liebe [vgl. 1.Joh. 4,8.16]. Wind und Erdbeben und Feuer gehen vor dem Herrn her, aber der Herr ist nicht im Winde, nicht im Erdbeben, nicht im Feuer [vgl. 1.Kön. 19,11f.]. «Nach dem Feuer kam ein still-sanftes Sausen.» [1.Kön. 19,12]. *Nach* dem Feuer? Ja, dem Elia, dem Menschen kommt *nachher* zum Bewusstsein, was in Gott vorher ist. *Hinter dem menschlich Letzten steht das göttlich Erste.* Wie die Ähre aufschießt aus dem in der Erde sterbenden Weizenkorn [vgl. Joh. 12,24], wie das Kind hervorgeht aus dem leidenden Mutterleib [vgl. Joh. 16,21], wie der Begriff, das Gesetz, aufspringt aus dem Chaos der Anschauung, der Erfahrung, ihr Ergebnis scheinbar, in Wahrheit etwas ganz Neues, das alle Erfahrung erst möglich macht und kon-stituiert[r], so steht das göttliche Erste da jenseits des menschlich Letzten, seine Erfüllung, seine Bejahung und zugleich seine Umkeh-rung, seine Aufhebung. Die Furcht des Herrn ist der Weisheit Anfang [Ps. 111,10; Spr. 1,7; 9,10; Sir. 1,16]. Der die Patriarchen, ohne ihnen Ruhe zu gönnen, zu Pilgern und Fremdlingen macht, ist auch ihr Schild und ihr sehr großer Lohn [vgl. Gen. 15,1]. Die sich hergeben, Propheten des Gerichts und des Unheils zu sein, werden eben da-durch legitimiert und ausgerüstet als Boten der Gnade und des Heils [vgl. Jes. 52,7; Röm. 10,15]. Der aus der Tiefe zum Herrn ruft [vgl. Ps. 130,1], findet den Mut zum: «Dennoch bleibe ich stets bei dir!» [Ps. 73,23]. Da Hiob dem Behemoth und Leviathan ins Gesicht gesehen, wird sein Gefängnis gewendet [vgl. Hiob 42,10]. In einer letzten

---

[r] 2. Abdruck (1924): «konstruiert».

schwersten Beunruhigung liegt die erste tatsächliche Ruhe. Die letzte, radikalste Frage ruft der ersten wirklichen Antwort. Aus einem letzten tödlichen Erschrecken hervor kann es zum erstenmal im Ernst heißen: Friede sei mit euch! [Lk. 24,36; Joh. 20,19.21.26]. Der letzte Tag des Men-|94|schen wird zum ersten Gottestage. *Beim Schall der letzten Posaune*, sagt Paulus, wird es geschehen, dass die Toten auferstehen unverweslich, und wir[s] werden verwandelt werden [vgl. 1.Kor. 15,52].

Auferstehung ist *Gottesherrschaft.* Auferstehung, Gottesherrschaft ist der Sinn des Lebens Jesu vom ersten Tag seines Auftretens an. «Jesus ist der Siegesheld!»[60] hat der alte Blumhardt gesungen, und das ist's. Er ist der Herold des göttlichen Willens, der Kämpfer für die göttliche Ehre, der bevollmächtigte Träger göttlicher Gewalt. Jesus hat mit Religion einfach nichts zu tun. Der Sinn seines Lebens ist die Aktualität dessen, was in keiner Religion aktuell ist, die Aktualität des Unnahbaren, Unfassbaren, Unbegreiflichen, die Realisierung *der* Möglichkeit, die nicht in Betracht kommt: «Siehe, *ich* mache alles neu!» [Apk. 21,5]. Es gibt kaum ein Wort Jesu, das nicht Zeugnis ablegte von dem Ungestüm dieser Tendenz. Jesu Tod offenbart ihren grundsätzlichen Radikalismus. «Er muss herrschen, bis dass er alle seine Feinde unter seine Füße lege. Der letzte Feind, der aufgehoben wird, ist der Tod.» [1.Kor. 15,25f.]. Die Grenze unsres Daseins ist erreicht; begrenzt in Gott, ist es begriffen, bestimmt, beherrscht von Gott. Nicht ignoriert, nicht beseitigt, nicht ausgetilgt, nicht disqualifiziert wird die Wirklichkeit, sondern qualifiziert, erkannt in ihrem Sinn, zurückgegeben ihrer Bestimmung, indem sie von der Wahrheit angegriffen und aufgerollt wird. Die Wahrheit gibt ihre fremde, spröde, transzendente Stellung gegenüber der Wirklichkeit auf. Sie «spielt» wieder auf dem Erdboden, wie es Sprüche 8[,31] heißt, als die lebendige Dialektik aller Weltwirklichkeit, indem sie ihre vermeintlichen Antworten in Frage stellt und ihre tatsächlichen Fragen beantwortet. Der Geist in allem Geistigen, das Humane in der Humanität, die Schöpfung im Kosmos, die Überlegenheit Gottes – das alles als

---

[s] 2. Abdruck (1924): «sie». Korrektur nach der Berichtigungsliste im 1. Abdruck.

[60] RG (1998) 856, EKG (Württemberg) 429.

kritische Potenz, als erlösende Bewegung, als klar werdender Sinn, als vorwärtsdrängende, Bedeutung gewinnende Erkenntnis verstanden – das ist Ostern.

Auferstehung ist *Ewigkeit*. Ist die Herrschaft Gottes der Sinn der Zeit, so ist sie eben darum nicht in der Zeit, kein zeitliches Ding neben andern. Was in der Zeit ist, das hat die Grenze des Todes noch nicht erreicht, das ist auch noch nicht von Gott begriffen und beherrscht. Es muss noch sterben, um zum Leben einzugehen. Der Augenblick, da die letzte Posaune geblasen wird [vgl. 1.Kor. 15,52], da die Toten auferstehen und die Lebenden verwandelt werden, ᵗdieser Augenblick ist kein Augenblick der Zeitᵗ, auch nicht ihr letzter Augenblick, sondern ihr τέλος, ihr |95| unzeitliches Ziel und Ende. Es kommt ἐν ἀτόμῳ, sagt Paulus, in einem unteilbaren, unzeitlichen, ewigen Nu und Jetzt[61]. Ist's Gestern, Morgen, Heute? Ist's Immer? Ist's Nimmer? Wir können auf das alles mit Ja und Nein antworten. Denn unsere Zeit ist in Gottes Händen [vgl. Ps. 31,16], aber Gottes Zeit ist nicht in unsern Händen. Alles Ding hat seine Zeit[62], aber alles Ding will auch seine Ewigkeit haben. Den Tag aller Tage, den Tag Jesu Christi [vgl. Phil. 2,16; 2.Thess. 2,2], sah schon Abraham [vgl. Joh. 8,56]. Mag es sich mit dem historischen Jesus verhalten, wie es will, Jesus der Christus, des lebendigen Gottes Sohn [vgl. Mt. 16,16], gehört weder der Historie noch der Psychologie an; denn was historisch und psychisch ist, das ist eben als solches auch verweslich. Die Auferstehung Christi oder, was dasselbe sagt: seine Wiederkunft, sie ist kein geschichtliches Ereignis; die Historiker mögen sich beruhigen, wenn sie es nicht vorziehen, sich höchlichstᵘ dadurch beunruhigen zu lassen, dass es sich gerade *hier* um *das* Ereignis handelt, das allein uns veranlassen kann,

---

ᵗ⁻ᵗ 2. Abdruck (1924): «dieser Augenblick der Zeit».
ᵘ 2. Abdruck (1924): «höchstlich».

[61] Ein Ausdruck Meister Eckharts für die Ewigkeit Gottes (in Aufnahme des scholastischen «nunc stans», vgl. z.B. Thomas von Aquino, *Summa theologiae*, I, q. 10, a. 2, obi. 1): *Predigt 2*, in: Meister Eckhart, *Werke I*, Texte und Übersetzungen von J. Quint, hrsg. von N. Largier (Bibliothek des Mittelalters, Bd. 20), Frankfurt am Main 1993, S. 24–37, dort S. 30, Z. 13–17.
[62] Kehrvers in den Strophen 1–10 des Chorals «Sollt ich meinem Gott nicht singen?» von P. Gerhardt (GERS [1891] 3; EG 325 [Strophen 1–9]; RG [1998] 724 [Strophen 1–9]).

von einem wirklichen *Geschehen* in der Geschichte zu reden. Der unverstandene Logos kann es ertragen, unterdessen im Schandenwinkel des Mythos zu stehen. Besser das, als dass er durch ihre historisierende Verständigkeit seines Ewigkeitscharakters entkleidet wird. Anbruch der neuen Weltzeit, Herrschaft dessen, der da war und ist und kommt [vgl. Apk. 1,8] – das ist Ostern.

Auferstehung ist *die neue Welt,* die neu bestimmte und geartete Welt. Die Aufdeckung des Sinns der Welt, ihr aus dem Tode hervorgehendes Leben, die Erkenntnis *ihres* Ursprungs in Gott kraft unsres *eigenen* – das ist ein prinzipiell revolutionärer Vorgang, das ist nicht Fortsetzung eines Gegebenen, Gewordenen, Bestehenden geistiger oder natürlicher Art, sondern neue Schöpfung [vgl. 2.Kor. 5,17]. Die Wirklichkeit, auch die entwicklungsmäßig, reformfreudig, optimistisch verstandene Wirklichkeit, sie wird durch die Wahrheit nicht bestätigt noch verklärt, sie wird im Lichte der Wahrheit eine neue Wirklichkeit. Qualiter? totaliter aliter![63] «Was vom Fleisch geboren wird, das ist Fleisch. Was vom Geist geboren wird, das ist Geist.» [Joh. 3,6]. Da sind keine Übergänge, Vermischungen, Zwischenstufen. Da ist lauter Wendung, Entscheidung, neue Einsicht. Es darf also nicht verschwiegen werden, dass das, was uns die Bibel jenseits der Gräber zu zeigen hat, in der Tat das schlechthinige, das absolute Wunder ist. *Die* Wunder der Bibel sind nur Illustrationen *des* Wunders, um so sprechender, je mehr wir uns der Tragweite der Möglichkeit neuer Ordnung, von der sie sprechen, bewusst werden. Im übrigen gilt von ihnen was von der Aufer-|96|stehung überhaupt gilt: dass es keinen Sinn hat, über ihre Geschichtlichkeit und Möglichkeit auch nur zu reden. Sie erheben auf beides keinen Anspruch. Sie signalisieren das Ungeschichtliche, das Unmögliche, die kommende neue Weltzeit. Mirakel, relative Wunder, Ausnahmen oder seltene Spezialfälle innerhalb der Welt, die wir kennen, sollen sie am allerwenigsten sein. Die Bibel ohne das *absolute* Wunder aber ist eben *nicht* die Bibel. Über die in dieser Beziehung gereinigten, dem Kulturmenschen annehmbar gemachten Jesusbilder wird noch einmal ganz anders gelächelt werden, als das 18. und 19. Jahrhundert über die Wundergeschichten gelächelt haben. Der höchste Ausdruck des totaliter aliter, das sich in der

---

[63] Siehe oben S. 510, Anm. 14.

Bibel zu Worte meldet, ist die Predigt von der Vergebung der Sünden. Mir ist, wenn wir bei der Sache sind, müssten wir über dieses Wort «Vergebung» noch mehr staunen als über die Auferweckung des Lazarus [vgl. Joh. 11,1–45]. Dieses Wort ist ein unerhört neuer Faktor in der praktischen Lebensrechnung. Mitten im Feld der sittlich-politischen Wirklichkeit die Neukonstituierung des sittlichen Subjekts durch seine Einbeziehung in die Ordnung des Himmelreichs, durch sein Zu-Gott-gerechnet-Werden, die Erkenntnis des Anfangs des Guten mitten im Bösen, die Begründung einer königlichen Freiheit des Menschen durch die königliche Freiheit Gottes, die Möglichkeit, das Nächste und das Fernste von Gott aus zu begreifen, das Größte und das Kleinste zu Gottes Ehre zu tun, die Guten nicht allzu sehr [zu]ᵛ preisen und die Bösen nicht allzu sehr [zu]ʷ verdammen, sondern Beide als Brüder vereinigt im versöhnenden Lichte Gottes zu sehen, der Mensch in seiner ganzen Gebundenheit, Beschränktheit und Vorläufigkeit gleichzeitig «in der allerexklusivsten Weise»⁶⁴ auf Gott gestellt, durch Gott beunruhigt und von Gott getragen, die Einfalt und Universalität der Gnade – wer kommt denn etwa *da* mit? Ist denn etwa *das* psychologisch abzuleiten, nachzuweisen und anschaulich zu machen? Steht nicht auch das außerhalb aller Geschichte, ein schlechthiniges Novum und Urdatum, wo immer seine Spuren erkennbar sind? Gerade *das* ist's, das unbegründbare und unerreichbare Novum als Eingang, προσαγωγή [vgl. Röm. 5,2; Eph. 2,18; 3,12], als Verheißung, als aufs vollkommen Andre gerichtete Bewegung unsres Daseins verstanden – das ist Ostern.

Auferstehung ist eine *neue Leiblichkeit*. Wir müssen auch diese ungewohnte, aber unentbehrliche Linie wenigstens andeuten. *Ein* Schöpfer aller Dinge, der sichtbaren und der unsichtbaren⁶⁵, darum auch eine *Erlösung*, Erlösung auch unsres Leibes. Das |97| Seufzen der Kreatur kann ihm nicht verborgen bleiben [vgl. Röm. 8,22]. Wie sie teilnimmt an der Unbegreiflichkeit, der Sinnwidrigkeit, der Finsternis

---

ᵛ Ergänzung nach dem Fragment des Druckmanuskripts.
ʷ Ergänzung nach dem Fragment des Druckmanuskripts.

⁶⁴ Nicht nachgewiesen. Möglicherweise – wie das Folgende – Aufnahme eines kritischen Votums aus der Diskussion nach dem Vortrag.
⁶⁵ Vgl. den Anfang des Nicaenums (BSLK 26).

unsres Daseins, so auch an der neuen Möglichkeit jenseits der Grenzen unsres Daseins. Die Einheit des Schöpfers und des Erlösers ist der Geist [vgl. Eph. 4,3]. In der Kraft des Geistes ist Christus auferstanden von den Toten [vgl. Röm. 8,11; vgl. auch 1,4]. Um des Geistes, um der Einheit Gottes willen betont die Bibel die Leiblichkeit der Auferstehung, der neuen Welt. Ein Wechsel der Prädikate vollzieht sich zwischen dem Gesätwerden in Verweslichkeit und dem Auferstehen in Unverweslichkeit [vgl. 1.Kor. 15,42] (oder anders ausgedrückt: in[x] der Erkenntnis Gottes). Das Subjekt beharrt. Ist aber das Subjekt von Neuem, d.h. aber «von oben», ἄνωθεν, geboren [vgl. Joh. 3,3.7], erkennt es sich selbst in Gott, so kann *letztlich* kein «von unten» an ihm übrig bleiben [vgl. Joh. 8,23]. Alles Ding wartet auch seiner Ewigkeit. Es kann das Verwesliche nicht ererben die Unverweslichkeit [vgl. 1.Kor. 15,50]; es ist aber alles Verwesliche in einer Strömung der Unverweslichkeit entgegen und kein Härlein auf unserm Haupte [vgl. Mt. 10,30 par.], das da nicht mit möchte. Es *muss* anziehen, *dieses* Verwesliche *muss* anziehen die Unverweslichkeit [vgl. 1.Kor. 15,53], so gewiss es verweslich ist, so gewiss es sterben *muss*. Die Beziehung unsres *ganzen* Daseins auf Gott, das Begreifen der Länge und der Breite, der Tiefe und der Höhe [vgl. Eph. 3,18], die Bedeutung aller Erscheinungen, nicht als *bloße* Erscheinungen, sondern als Erscheinungen der Idee, als Werke des Schöpfers, der, was er erschaffen hat, auch erhalten will[66] – das alles wiederum als vernünftiger Akt, als handelndes Bewusstsein, als Glaube und Tat – das ist Ostern.

Noch ein Letztes bleibt zu sagen: Auferstehung ist *das eine Erlebnis des Menschen.* Ich darf hoffen, vor Missdeutungen geschützt zu sein. Das wirkliche Erlebnis fängt dort an, wo unsere vermeintlichen Erlebnisse aufhören, in der Krisis unserer Erlebnisse, in der Furcht Gottes. In Gott aber kommt das Individuum mit seinem höchst persönlichen Leben wie zu seiner Pflicht, so zu seinem Recht. «Wer seine Seele verliert um meinetwillen, der wird sie gewinnen.» [Mt. 10,39; 16,25 par.; vgl. Joh. 12,25]. Die biblische Geschichte ist nur insofern

---

[x] 2. Abdruck (1924): «ausgedrückt in».

[66] Anspielung auf den Anfang der 3. Strophe des Chorals «Sei Lob und Ehr' dem höchsten Gut» von J.J. Schütz (GERS [1891] 9; EG 326; RG [1998] 240).

auch Naturgeschichte, Geistesgeschichte, Weltgeschichte, als sie zuerst und vor allem *Menschen*geschichte ist. Gott ist das Subjekt dieser Geschichte, er allein, aber Gott hinter, über dem *Menschen* als das Element, in dem der *Mensch* ursprünglich lebt, webt und ist [vgl. Act. 17,28] und der vom *Menschen* soll gesucht und gefunden werden, der dem *Menschen* des Geistes Erstlinge [vgl. Röm. 8,23] verleihen will. In Christus |98| als dem *Menschen*sohn sind alle Dinge, die himmlischen und die irdischen zusammengefasst [vgl. Eph. 1,10]. Dem *Menschen* ist die Ewigkeit ins Herz gegeben[67], und der neue *Mensch* ist's, der angezogen werden soll, der nach Gott geschaffene [vgl. Eph. 4,24; Kol. 3,10]. Nicht der Kosmos, nicht die Geschichte im allgemeinen, auch nicht die sogenannte Menschheit als Haufe oder Gebäude, als Strom oder Bewegung, auch nicht die organisierten oder unorganisierten Massen der Völker, Klassen und Parteien, sondern durchaus *der einzelne Mensch,* der an der Natur und in der Geschichte, als leidendes, handelndes und erkennendes Subjekt der Gesellschaft, tragend ihre Not und sich freuend ihrer Hoffnung sich selbst in Gott erkennt, *das Gott fürchtende Individuum* ist das erste Bewegte[68]. *Du* bist der Mann [2.Sam. 12,7], *du* bist gemeint, *dich* geht's an, *dir* ist's verheißen und an *dir* soll es sich erfüllen, *du* musst glauben, *du* musst wagen[69], von *dir* ist ὑπομονή [vgl. 1.Tim. 6,11; Hebr. 10,36; 12,1], Beharrlichkeit gefordert, *du* bist der Schauplatz, wo es sich entscheidet, wenn von der Auferstehung, wenn von Gott die Rede ist. Zuschauer Gottes gibt es nicht, so sicher es keine zudringlichen Mitarbeiter Gottes gibt. Es könnte aber Kinder Gottes geben, die aus seiner Gnade sind, was sie sind [vgl. 1.Kor. 15,10]. Dieses unser Sein aus Gott, das immer *noch nicht* erschienen ist [vgl. 1.Joh. 3,2], dieses unser, mein und dein, Erlebnis, das zum Erlebnis *Gottes* immer nur *werden* möchte – das ist Ostern.

Haben wir schon zu viel gesagt? Wir wissen, dass jedes Wort, das wir in dieser Richtung sagen, zu viel gesagt sein kann. Es könnten aber auch die radikalsten, umfassendsten Worte in dieser Richtung zu we-

[67] Vgl. Pred. 3,11 LXX, vgl. oben S. 598.
[68] Anspielung auf das «primum motum» im «Gottesbeweis» aus der «Bewegung» (dem ersten der fünf «Wege» bei Thomas von Aquino, *Summa theologiae*, I, q. 2, a. 3, c.).
[69] Vgl. die letzte Strophe von Fr. Schiller, «Sehnsucht».

nig gesagt haben. Die Bibel sagt uns bald mehr, bald weniger je nach dem Vielen oder Wenigen, das wir zu hören, in Tat und Wahrheit umzusetzen vermögen. Mit der Frage der Erwählung haben wir begonnen. Es scheint, dass wir mit ihr auch schließen müssen. Der *vor*letzte biblische Ausblick wendet sich jedenfalls notwendig zum erneuten Einblick in die Problematik unseres eigensten Daseins. Aber die Wurzel auch dieser, gerade dieser Beunruhigung ist in Gott. Von ihm umschlossen und getragen ist unser Suchen wie unser Irren, unser Stehen wie unser Fallen [vgl. Röm. 14,4], unser Erinnern wie unser Vergessen, unser Ja wie unser Nein. Er weiß, was für ein Gemächte wir sind, er gedenket daran, dass wir Staub sind [Ps. 103,14]. Wir *sind* erkannt, ehe wir erkannt *haben* [vgl. 1.Kor. 8,6; 13,12; Gal. 4,9]. Das ist weder zu viel noch zu wenig gesagt. Und das ist auf alle Fälle der *letzte* biblische Ausblick.

Der Generalbericht bezieht sich auf die «Kirchen-Ordnung» von
1896[1], die in § 54 eine solche «schriftliche Berichterstattung» vorsah,
die dem Kirchenrat «das Material zu liefern» hatte «zu Abfassung
seines Generalberichts an die Synode über die Verhältnisse und Zu-
stände der Landeskirche». Für diese Generalberichte, die in Barths
Safenwiler Zeit über zwei Amtsperioden der Synode, d.h. für acht
Jahre zu erstatten waren, wurden die Kirchenpflegen (Kirchenvor-
stände) und die Pfarrer gesondert vom Kirchenrat befragt.[2]

Die Fragen zu dem Generalbericht, den Barth 1921 dem Kirchenrat
zu erstatten hatte, sind bedauerlicherweise weder im Karl Barth-
Archiv noch im Archiv der aargauischen reformierten Landeskirche
erhalten. So muss offen bleiben, worauf sich die Fragen bezogen, die
Barth nicht beantwortete. Jedenfalls weckten die Fragen bei ihm Un-
mut. Das zeigen seine Antworten, das bringen seine Schlussbemerkun-
gen deutlich zum Ausdruck, das zeigt aber auch ein Schreiben von
Pfarrer Traugott Haller in Kölliken, den Barth offenbar für diese Fra-
gen als Mitglied des Kirchenrates verantwortlich gemacht hatte:

Lieber Nachbar!

Damit Du nicht etwa beunruhigt bist, will ich Dir gern mitteilen,
daß ich an der Fragestellung der Berichtsformulare durchaus nicht
persönlich beteiligt bin. Diese Fragebogen sind durchaus nicht «mein
Werk», es sind vielmehr andere Mitglieder des KR. mehr beteiligt als
ich.[3]

In eigener Weise zeigte sich Barths Freund Pfarrer Gottlob Wieser
in Wattwil (Kanton St. Gallen) für den Fragebogen dankbar:

Durch Thurneysen habe ich deinen Bericht an den aargauischen
Kirchenrat zu lesen bekommen. Vieles darin war mir sehr erleuchtend
u. belehrend, sodaß ich dem Kirchenrat für seine dummen Fragen
dankbar sein muß. Vor allem hat mir diese Unterscheidung zwischen

---

[1] *Kirchenordnung für die evang.-reformierte Landeskirche des Kantons*
Aargau. Von der Synode beschlossen am 20. Februar 1896, Seengen 1896.

[2] Zum Generalbericht 1905–1913 vgl. V. u. kl. A. 1909–1914, S. 718,
Anm. 3.

[3] Brief ohne Datum (KBA 9321.142).

den *wie?* u. den *was?* Fragen Klarheit gegeben über unsern Gegensatz zur kirchlichen Frömmigkeit. Dort wird immer *wie?* gefragt, von den Kirchgängern an, die eine *schöne* Predigt hören wollen, bis zum Kirchenrat, der fragt, wie man der Kirche auf die Beine helfen könnte. Das *was?* das die Hauptsache wäre, das wird vorausgesetzt u. damit bei Seite geschoben. Ich kann da persönlich nur dankbar sein, daß mich das *was?* immer mehr beunruhigt, und bin dir in diesem Stück für viel Förderung dankbar. – Auch was du über die Stellung zur Arbeiterbewegung sagst, habe ich bisher nicht so klar als den Übergang von *Fragen* zu *Antworten* erkannt, wenn ich schon unklar spürte, daß etwas anders geworden sei u. auch von uns eine andere Haltung verlange.[4]

Auch Pfarrer Robert Epprecht in St. Gallen hatte den Bericht «mit grosser Zustimmung» gelesen:

Du kannst das, was ich auch gern sagen möchte u. natürl. auch sagen sollte, immer so ausdrücken, dass es einem vorkommt, wie das Ei des Columbus. Was sagen wohl Eure Kirchenräte dazu? «O herjä, aber jetzt simmer jo dänn dä Ma los!»[5][6]

Durch Wieser hatte auch Barths Freund Lukas Christ in Pratteln von Barths Generalbericht gehört. Am 18. Juni 1921 schreibt er an Barth:

Lieber Freund,

du hast mich nach dem Preise der Ötingerbände gefragt. Ich habe sie dir eigentlich schenken wollen, hätte nun aber doch gern etwas dafür. Wieser hat mir kürzlich ein paar Stellen aus deinem Bericht an den Kirchenrat vorgelesen. Diesen Bericht hätt ich gern. Würdest du ihn mir zur Abschrift überlassen?

Ich hoffe, du findest diese Rechnung nicht zu unverschämt. Ich weiss ja nicht, ob dir der alte Ötinger so viel wert ist, dass du ein eigenes Werk dafür geben magst.[7]

Anscheinend war der Generalbericht in Barths Freundeskreis besonders geschätzt. Das zeigen nicht nur die Schreibmaschinenabschriften, von denen eine, die dem vorliegenden Abdruck zugrunde

---

[4] Brief vom 31.5.1921 (KBA 9321.129).
[5] = O herrje, aber jetzt sind wir ja dann diesen Mann los!
[6] Postkarte vom 10.6.1921 (KBA 9321.136).
[7] Brief vom 18.6.1921 (KBA 9321.144).

liegt, aus dem Besitz Eduard Thurneysens an das Archiv gekommen ist.[8] Das zeigen auch die Stenogramm-Abschrift, die sich Gottlob Wieser angefertigt hat[9], und die Abschrift, die Line Merz in eine Art Poesie-Album zusammen mit einer Predigt Barths eingetragen und Charlotte von Kirschbaum «mit sehr herzlichen Wünschen zum Geburtstag» 1925 geschenkt hat[10]. Bemerkenswert ist aber auch, dass der Verfasser des Generalberichts des Kirchenrats Pfarrer Max Dietschi Barths Stellungnahmen so wichtig fand, dass er daraus in seinem Bericht an nicht weniger als 14 Stellen ohne Nennung des Namens – meistens mehrere Sätze – zitiert.[11]

Generalbericht
über zwei Amtsperioden der Synode,
erstattet von Pfr. Karl Barth,
Safenwil, Mai 1921.

I. Pfarrer und Gemeinde.

1. *Haben Sie über Textwahl, Vorbereitung, Vortrag, Art und Wirkung der Predigt etwas zu bemerken?*

Ich habe dazu folgendes zu bemerken: Wenn (worüber aber bereits *kein* Einverständnis herrscht) das Ziel der Arbeit der reform. Kirche darin besteht, dem *Göttlichen* im Menschen und nicht etwa dem Menschlichen (dem Persönlichen, Sentimentalen, Moralischen, Ästhetischen, «Religiösen») im Menschen zu dienen, so ist die Predigt, sofern sie sich unzweideutig dieses Ziel setzt, *die* Aufgabe, die dem Pfarramt Sinn und Wichtigkeit gibt. Ich sehe darum in der Vorbereitung der Predigt, die mit meiner eigenen Weiterbildung im Verständnis jenes Ziels praktisch zusammenfällt, *die* Arbeit, die zu tun ich als Pfarrer schuldig bin. Das Predigen selbst wird mir von Jahr zu Jahr

---

[8] KBA 12269.
[9] KBA 12275.
[10] KBA 12272.
[11] *Generalbericht über die Verhältnisse und Zustände der evangelisch-reformierten Kirche des Kantons Aargau in den Jahren 1913 bis 1921. Erstattet vom Kirchenrat an die reformierte Synode,* Ober-Entfelden 1921, S. 8f.12.14.21. 26.28f.31.33.36f.44.58.

schwerer, je deutlicher ich zu sehen meine, um was es geht. Was weiss ich von der Wirkung meiner Predigten? Ich sehe einige aufmerksame, vermute viele befremdete und weiss noch mehr – abwesende Zuhörer, ohne mich darüber zu verwundern. Pfarrer und Gemeinde kranken m.E. an den Folgen einer bis auf die Anfänge der Kirche zurückgehenden verfehlten Entwicklung, letztlich aber daran, dass der Mensch gerade dann, wenn er Gott dienen will, an Gott zu Schanden werden muss. Das darf aber kein Hindernis sein, die Aufgabe – ohne nach der «Wirkung» zu fragen, wenigstens so auffassen und anfassen zu *wollen*, wie es durch das Vorbild der Propheten, Apostel und Reformatoren geboten ist und wie es ihrem Gegenstande: Jesus Christus entspricht.

6. *Welchen Charakter hat die Konfirmationsfeier? Konfirmieren Sie mit oder ohne «Bekenntnis und Gelübde»? Kommen Ungetaufte in den Konfirmandenunterricht und wie handeln Sie mit solchen?*

Ich halte die übliche «Konfirmation» für ein *ungutes* Erbe des Pietismus. Die Bestätigung des Taufbundes liegt weder in 16jähriger Kinder noch in irgend jemandes Willen und Macht und der gewohnte Verlauf dieser Feier ist ein jedes wirklichen Ernstes spottendes Schaustück. Ich kann sie nur als Abschluss der Unterweisung gelten lassen, nehme darum weder Bekenntnis noch Gelübde ab und frage auch nicht nach dem getauft sein. Gerade *weil* die Taufe die Bezeichnung der *göttlichen* Möglichkeit der Menschen ist, darf sie *weder* durch jenes «bestätigende» Bekenntnis auf das Niveau eines seelischen Erlebnisses *noch* durch diese Nachfrage auf das Niveau eines kirchenrechtlichen Requisits heruntergedrückt werden.

7. *Besteht noch die Unsitte gemeinsamen Wirtshausbesuches der neukonfirmierten Knaben und Mädchen? Was geschieht dagegen?*

Ist mir ein einziges Mal von einem Teil meiner Konfirmanden bekannt geworden. Sollte der Ertrag der Unterweisung u.a. der sein, dass die Kinder nach der Konfirmation das Bedürfnis haben, gemeinsam das Wirtshaus zu besuchen, so würde ich das als ein gewisses Gericht über meinen Unterricht betrachten (der in andern wichtigen Beziehungen ohnehin gerichtet ist) würde es aber als ganz verspätet und unnütz ansehen, etwas Besonderes dagegen geschehen zu lassen.

8. *Können Sie etwas tun für die Neukonfirmierten, oder haben Sie in der Sache einen Vorschlag zu machen?*

Ich kann als Pfarrer für die aus meinem Unterricht Entlassenen grundsätzlich nur *das* «tun», was ich für die ganze Gemeinde zu «tun» habe: auf meinem Posten sein als derjenige, der über die verschiedenen menschlichen (weltlichen *und* christlichen) Möglichkeiten hinweg der *göttlichen* Möglichkeit (Gemeinschaft der Heiligen, Vergebung, Auferstehung, ewiges Leben[12]) gedenkt und darum statt auf eine (ohnehin illusorische!) Obsorge für die jungen Leute auf die Öffnung und Offenhaltung *dieser* Türen bedacht ist. Ich halte dafür, es sei ein persönliches Verhältnis zu den ehemaligen Schülern oder gar eine besondere Gruppenbildung unter ihnen jedenfalls *nicht* zu *suchen,* weil die Gefahr des Missverständnisses solcher Menschlichkeiten bei den Beteiligten und vor Allem bei den Nicht-Beteiligten (gerade wenn der Versuch gelingt!) grösser ist als der Gewinn[,] der für die Beteiligten allenfalls zu erwarten ist.

9. *Wie ist der Besuch des hl. Abendmahls? Wird Haus- und Krankenkommunion verlangt?*

Der Besuch des Abendmahls ist mässig, eher im Ab- als Zunehmen, mir ein nachdenkliches Zeichen dafür, dass das Erbe katholischer Sakramentsfrömmigkeit, von dem wir bis jetzt noch zehrten, seinem Ende entgegengeht, ohne dass ein ebenbürtiger Ersatz dafür, wie er nach reformatorischer Intention in der Verkündigung des reinen Wortes hätte liegen müssen, vorhanden ist. Wie kann eine Kirche, in der das reine Wort eine so problematische Grösse ist wie bei uns, Verständnis für das Wort *im Zeichen* erwarten? – Krankenkommunionen wurden in der Berichtsperiode nur 3 mal verlangt.

11. *Halten Sie Gottesdienste im Freien, Gottesdienste und Abendmahlsfeiern am Abend, Bibel- und Missionsstunden, Vorträge, oder lassen Sie solche halten und von wem? Wie denken Sie über solche Veranstaltungen?*

Ich erwartete als Anfänger viel von diesen Verbreiterungs-Versuchen und habe mit Erfolg und Misserfolg allerlei derartiges versucht, bin aber *ganz* davon abgekommen, weil ich den modern-kirchlichen Eifer um das *Wie? Wo?* und *Wieviel* und die entsprechende Gleichgültigkeit gegenüber dem *Was?* für grundsätzlich verkehrt halte. Ich bezweifle nicht, dass solche Veranstaltungen an sich sehr freundlich

---

[12] Vgl. den dritten Artikel des Apostolikums (BSLK 21).

sind und allerlei «Bedürfnissen» (welchen?!) entsprechen, ich bezweifle aber, ob damit tatsächlich etwas erreicht wird als eine enorme Selbsttäuschung von Pfarrer und Gemeinde über den Umstand, dass bei dem Allem die Mühle leer läuft resp. dass damit den Menschen mehr als Gott gedient ist. Für die betr. «Bedürfnisse» ist durch das Vorhandensein der Gemeinschaften ausgiebig gesorgt. Reisepredigern wie Vetter[13] und Oberst Fermaud[14] wurde auf mein Zuraten immer bereitwilligst auch die Kirche freigegeben. Ich selbst gedenke auf diesem Felde nicht mehr zu konkurrieren.

13. *Wird die Sonntagsruhe beeinträchtigt und wie?*

Nicht mehr und nicht anders als landesüblich.

14. *Wie lange und in wöchentlich wieviel Stunden unterrichten Sie Präparanden und Konfirmanden? Haben Sie ein besonderes Lokal? Welche Lehrmittel benützen und was behandeln Sie? Wie urteilen Sie über Memorieren von Liedern und Sprüchen? Haben Sie Schwierigkeit betr. regelmässigem Besuch und Disziplin? Werden Kinder dem kirchlichen Unterricht entzogen und von wem? Haben Sie Schwierigkeiten mit welschen Konfirmanden? Halten Sie darauf, dass kein Kind ohne richtigen Ausweis Ihren Unterricht verlässt oder in denselben eintritt?*

Ich gebe wöchentlich 1 Stunde Präparanden- und 2 (im Winter 3) Stunden Konfirmandenunterricht[15] in einem dem Pfarrhaus angebauten Unterweisungslokal. Ich betrachte den Konfirmandenunterricht als einen Spezialfall der Predigtaufgabe und verweise auf das in I 1 Gesagte. Darum wende ich ihm meine volle Aufmerksamkeit zu, be-

---

[13] Jakob Vetter (1872–1918) war nach seinem Studium auf St. Chrischona bei Basel in der Evangelisation tätig und gründete 1902 die Deutsche Zeltmission; vgl. W. Putschky, *Seine Gnade reicht aus. Aus dem Leben Jakob Vetters* (Telos-Bücher 7849), Lahr 2002. Über die Evangelisation Vetters in Safenwil vom 13. bis zum 19. November 1916 vgl. Barths Berichte an Thurneysen, Bw.Th.I, S. 161f.163–165.

[14] Charles Fermaud (1855–1937), Artillerie-Oberstleutnant, von 1879 bis 1912 erster Generalsekretär des Weltbundes des CVJM, Mitarbeit im Blauen Kreuz. Mit Vetter befreundet (Putschky, a.a.O., S. 169). Laut einem Eintrag Barths in seinem Taschenkalender sprach Fermaud am Himmelfahrtstag, 13. Mai 1920, in Safenwil.

[15] Vgl. K. Barth, *Konfirmandenunterricht 1909–1921* (Gesamtausgabe, Abt. I), hrsg. v. J. Fangmeier, Zürich 1987.

reite jede Stunde schriftlich vor und gebe den Kindern ein Diktat, das an die Stelle eines Lehrmittels tritt. Das Ziel, das ich mir dabei stecke, besteht darin, den Kindern eine Anschauung von dem Inhalt der biblischen Botschaft in ihrem vollen Eigen-Sinn zu geben, so gut ich selbst ihn zu verstehen meine. Der Gesichtspunkt der Erziehung hat dabei jedenfalls zurückzutreten hinter dem der *Belehrung*. Dass die Kinder, indem sie vielleicht lernen, selbst in der Bibel zu lesen, zu einer gewissen Einsicht einer ihnen und uns zunächst (und immer wieder!) *fremden* neuen Möglichkeit geführt werden, scheint mir der Aufgabe der Kirche entsprechender[,] als wenn sie vielleicht innerhalb ihrer eigenen *bekannten* Möglichkeiten (z.B. moralisch) einige Schritte weitergeführt werden. Ich fürchte darum das die Hauptsache wenigstens nicht verunmöglichende Dogmatisieren der alten Schule weniger als das gottvergessene Psychologisieren der neuen. Vom Memorieren halte ich wenig; ich habe auch das manches Jahr versucht, aber wenig oder keinen wirklichen Wert in dieser Übung finden können; ich beschränke es jetzt auf das Nötigste und auf den Präparandenunterricht. Schwierigkeiten betr. regelmässigen Besuch und Disziplin habe ich nicht – wenn ich die Kinder einmal habe. Da ich aber darauf halte, weder am Abend nach Fabrikschluss noch am freien Samstagnachmittag Unterricht zu erteilen, entzieht mir *a)* die zunehmende Bequemlichkeit der Eltern und Kinder, *b)* die Chikane mit der mich ein hiesiger Fabrikant (vgl. II 12) aus politischen Gründen in diesem Punkte alljährlich verfolgt[16], *c)* der Umstand dass in umliegenden Gemeinden und bei den Methodisten dem § 75 des Fabrikgesetzes[17] *nicht* nachgelebt wird, *d)* die Tatsache, dass der h. Kirchenrat sich

---

[16] Siehe unten S. 713f.
[17] Der Art. 75 des «Bundesgesetzes betreffend die Arbeit in den Fabriken (Vom 18. Juni 1914.)» lautet: «Für Personen unter sechzehn Jahren, die nicht Lehrlinge sind, sollen der Schul- und Religionsunterricht und die Arbeit in der Fabrik zusammen die Dauer der normalen Tagesarbeit nicht übersteigen. Dieser Unterricht darf durch die Fabrikarbeit nicht beeinträchtigt werden.» Das Fabrikgesetz konnte «während der Kriegszeit» «wegen ihrer wirtschaftlichen Auswirkungen auf unser Land» nicht in Kraft treten. Es wurde vom Bundesrat «auf den 1. Januar 1920 in Kraft erklärt» (Schweizerisches Bundesblatt, Jg. 71 [1919], Bd. 5, S. 261).

trotz meiner Reklamation nicht entschliessen konnte, ein einheitliches Vorgehen aller Pfarrer in dieser Sache herbeizuführen[18] – in den letzten Jahren zahlreiche Kinder. Diese wandern meistens der Kapelle zu[19], der sie im übrigen vorher und nachher wenig nachfragen. Dies Jahr ist die Herde übrigens (dank der Arbeitslosigkeit!!) vollzählig. – Für die Ausweisformalität[20] vermag ich kein Interesse aufzubringen.

16. *Machen Sie Haus-, Kranken-, Spital- und Gefängnis-Besuche und wie sind Ihre Erfahrungen?*

[18] Diese «Reklamation» Barths erfolgte in einem Brief, den er am 6. März 1920 an den Sekretär des Kirchenrats, Pfarrer Tr. Haller, richtete: «§ 75 des neuen, in Kraft getretenen Fabrikgesetzes bestimmt in unzweideutiger Weise, dass der kirchliche Unterricht den Normalarbeitstag nicht verlängern darf d.h. dass er *nicht neben,* sondern in die Fabrikzeit *hinein* anzusetzen ist. Das wäre das Ende der ewigen Scherereien mit den Fabrikanten u. Eltern, die durchaus nicht einsehen wollen, dass der Konfirmandenunterricht eine anständige Zeit beansprucht so gut wie die Arbeit. Ich wehre mich seit Jahren in dieser Sache, habe aber unter der ‹illoyalen Konkurrenz› – ich kann es nicht anders nennen – der andern Pfarrer noch beständig zu leiden. Da wird des Abends, am freien Samstag Nachmittag u. ich weiss nicht zu welchen Unzeiten unterrichtet und die Folge ist, dass ich alle Jahre einen ungebührlichen Prozentsatz von nach Zofingen u. Schönenwerd Abwandernden habe und mich wegen der Hartköpfigkeit, mit der ich auf der Sache bestehe, bei den übrigen unbeliebt mache. Wäre es nun nicht möglich, dass der Kirchenrat auf Grund der neuen Ordnung eine allgemeine Weisung erliesse, des Inhalts, der 8 Stundentag resp. die 48 Std Woche sei auch von den Pfarrern zu respektieren?» Der Kirchenrat antwortete am 26. März 1920 u.a. mit dem Hinweis, dass in manchen Gemeinden bei der Ansetzung der Unterweisung «auf die Bezirksschule & ihre Unterrichtszeit Rücksicht genommen werden» müsse. Barth dankte Haller am 27. März 1920: «Der Kirchenrat kann mir nicht helfen und ich werde den kleinen Kampf auf dem Boden der *Gemeinde* weiterführen müssen.» (Archiv der Reformierten Kirche des Kantons Aargau, Kirchenrat 1919/1920, Nr. 206 und Nr. 228 [KBA 9320.90]).

[19] D.h. zu freikirchlichen Gemeinschaften.

[20] Der Generalbericht des Kirchenrats an die Synode (s. oben S. 704, Anm. 11), S. 23, klagt: «Während viele Pfarrer Ausweise abgeben und kein Kind aufnehmen, das einen Ausweis nicht beibringt, verlangen andere das gar nicht.» Die Ausweise sollten u.a. dafür sorgen, «daß in einer anderen Gemeinde wohnende Kinder nicht ohne Erlaubnis der Kirchenpflege des Unterrichtsortes aufgenommen werden».

Ja, ich mache solche Besuche, aber weniger als die neuere Pastoraltheologie vorschreibt, regelmässig nur bei Kranken und bei den Eltern der Konfirmanden. Ich werde fast überall freundlich aufgenommen, wie ich überhaupt mit der grossen Mehrzahl meiner Gemeindegenossen persönlich auf bestem Fuss stehe und für viel Liebe zu danken habe. Ich verlasse aber die Häuser fast immer mit dem Haupteindruck, dass sich zwischen Pfarrer und Gemeindegenossen etwas Anderes ereignen müsste, als ein menschlich freundliches sich Begegnen, dass aber die Voraussetzung für dieses *andere* Ereignis fast immer fehlt und jedenfalls nicht durch vermehrte Häufigkeit dieser Begegnungen zu schaffen ist.

17. *Welche Stellungen haben Sie in Kirchen-, Schul- und Armenpflege[21]?*

Ich bin Mitglied (nicht Aktuar[22]) der Kirchenpflege und Präsident der Schulpflege. Eine bes. Armenpflege neben dem Gemeinderat haben wir nicht.

18. *Wird Ihre Arbeit durch die Kirchenpflege gewürdigt und gefördert? Wie ist die Kirchenpflege zusammengesetzt, und wie ist Ihre Stellung zu derselben?*

Nachdem ich gewisse modern-kirchliche Anschauungen vom Wesen und Erwartungen von der Tätigkeit einer Kirchenpflege endgültig begraben habe, erlebe ich auf diesem Gebiet keine Enttäuschungen mehr. Mit den jetzigen Kirchenpflegern verbindet mich ein ruhiges Vertrauens- und Freiheitsverhältnis und ich habe den Eindruck von ihnen, dass sie die Bedrängnis der Lage eines reformierten Pfarrers wenigstens einigermassen begreifen. Mehr als das zu verlangen scheint mir nicht möglich und nicht einmal wünschenswert. Die Sorge um meine eigentliche Arbeit kann und soll mir niemand abnehmen oder auch nur erleichtern.

19. *Inwiefern sind Sie nebenamtlich tätig in Diaspora, Schule, relig. und andern Vereinen, Anstalten und Behörden?*

---

[21] Die örtlichen gewählten Gremien zur Pflege des Kirchen-, Schul- und Armenfürsorgewesens.
[22] = Schriftführer.

Ich versehe das Pfarramt in der benachbarten, offiziell zu der K[irch-]G[emeinde] Olten gehörigen, etwa 120 Personen umfassenden Diaspora-Gebiet[23] Rothacker – Walterswil.

Ich habe manches Jahr die Versammlungen des Blaukreuzvereins und die Diskussionsabende des sozialdemokrat[ischen] Arbeitervereins geleitet.

Zu meiner «nebenamtlichen» Tätigkeit muss ich wohl auch meine theologische Schriftstellerei rechnen, von der sogar zu sagen wäre, dass sie mich zeitlich mehr in Anspruch nimmt als meine «amtliche» Tätigkeit, wenn nicht Beides für mich eine solche Einheit wäre, dass ich kaum sagen könnte, wo die Arbeit für die Gemeinde aufhört und die für meine Bücher anfängt.

21. *Erhalten Sie eine genügende Besoldung von der Gemeinde?*

Ich bin zufrieden, könnte aber allein von der Besoldung nicht leben.[24]

II. Religiöses und sittliches Leben.

1. *Ist nach Ihrem Empfinden das religiöse und sittliche Leben in Ihrer Gemeinde im Zunehmen oder nicht?*

Ich kann diese Frage nur bedauern. Sofern es sich bei den ganz fragwürdigen Begriffen «Religion» und «Sittlichkeit» um *Gottes-[,]* nicht um *Menschen*werk handelt (worüber ich aber mit dem Fragesteller nicht einig bin) kann doch nicht nach einem zu- oder abnehmenden Quantum gefragt werden, als ob das Göttliche in einer Gemeinde ein Heustock wäre!

2. *Wie steht es bezüglich sexuelle Moral, Ehe, Familienleben, Kindererziehung, Arbeit und Vergnügungen?*

Die Fabrik macht sich in allen diesen Dingen als auflösender Faktor immer mehr geltend. Gegenüber der Zersetzung, in der der alte Bau der Gesellschaft heute begriffen ist, ist die jetzige Kirche so machtlos

---

[23] Versehentlich statt: «Diaspora-Gemeinde».

[24] Barth erfuhr Unterstützung besonders von Ruedi Pestalozzi, der Barth z.B. am 3. Februar 1919 eine «einmalige Extra-Zulage» aus dem im Blick auf «die Verhältnisse im Kanton Aargau» angelegten «Bolschewiki-Pfarrer-Fonds» schickte (KBA 9319.30).

wie die jetzige Schule. Wenn wir Gott nicht erkennen, werden wir noch ganz andere Dinge erleben.

3. *Wird die Bibel gelesen?*

Ich kenne Einige, welche die Bibel lesen[,] und Viele, die sie wahrscheinlich nicht lesen.

5. *Was geschieht gegen den Alkoholismus? Spüren Sie Besserung in der Gemeinde? Bestehen Abstinenzvereine, von wem geleitet? Wie urteilen Sie über ihre Wirksamkeit?*

Es geschah und geschieht die mehr oder weniger lebhafte Propaganda des Blauen Kreuzes und der Guttempler, beide seit dem Kriege an Mitgliederzahl und Bedeutung stark zurückgegangen. Sie haben als sichern Erfolg aufzuweisen, dass eine Anzahl Trinker nicht mehr trinken. Der Alkoholismus als solcher ist nach wie vor ungebrochen. Ich bin auch hier von früher grossen Hoffnungen und von meiner aktiven Mitarbeit abgekommen, seit ich in der moralischen Höhe auf der sich die Abstinenten ausnahmslos zu bewegen pflegen, das grössere Hindernis für das Werk Gottes sehe als in der moralischen Tiefe, in der sich die Alkoholiker aufhalten[,] und seit ich deutlicher sehe, dass gerade zur Überwindung der *grossen* Sünden der Menschen Gesetzgebung, gutes Beispiel und «Rettung» Einzelner ganz unzureichende Übel[25] sind. Das darf natürlich nicht hindern, die relative Notwendigkeit und Nützlichkeit der Abstinenzbewegung dankbar zu anerkennen, wohl aber hindert es mich, die Parole, die ich als Pfarrer auszugeben habe, fernerhin mit der Abstinenzparole auch nur von ferne zusammenzuspannen.

8. *Wie macht sich die heutige Arbeiterbewegung geltend, und wie urteilen Sie über die Aufgaben der Kirche gegenüber den sozialen Fragen der Zeit?*

Die Zahl der sozialdemokratischen Stimmen hat sich in der Berichtsperiode nahezu verdreifacht. Daneben hat die Gewerkschaftsbewegung eingesetzt, marschiert aber bes. da, wo es am Nötigsten wäre, unter den Frauen und Mädchen, noch auf sehr unsichern Füssen. Die Frage nach der Aufgabe der Kirche in dieser Sache kommt *zu spät.* Damals als die soziale Frage noch eine *Frage* war, als die soziale

---

[25] Versehentlich statt: «Mittel»? Doch heißt es auch in der Abschrift von L. Merz (s. oben S. 704) «Übel».

Not und die sozialistische Hoffnung *brannten,* damals als eine einzigartige Gelegenheit für die Kirche war, den göttlichen Sinn dieser Frage, dieser Not, dieser Hoffnung zu erkennen und zu verkündigen, damals schwieg die Kirche oder wenn sie redete, so redete sie von Zufriedenheit, Sparsamkeit, Einigkeit und Gottvertrauen und sass zu Gericht über die Gottlosigkeit der Sozialdemokraten. Damals wurde die Kirche das, was sie heute in den Augen jedes aufrechten Sozialisten ist – ohne dass die paar sozialdemokratischen Pfarrer es verhindern können – eine der stärksten Stützen des Bürgertumes, des «Vaterlandes», des Kapitalismus und Militarismus. Heute ist *diese* Gelegenheit, dem Göttlichen im Menschen zu dienen, versäumt und vorbei. Denn heute ist m.E. der lebendige resp. tote Punkt in der Arbeiter*bewegung* bereits überschritten. Not und Hoffnung *brennen* jedenfalls nicht mehr und die soziale Frage ist *keine Frage* mehr, sondern hat sich in eine Reihe von Antworten, von mehr oder weniger fertigen geschichtlichen Erscheinungen, von der vorsichtigen bürgerlichen Sozialreform bis zum enthusiastischen Kommunismus aufgelöst. Was will die Kirche diesen Antworten gegenüber? Die Stellungen sind im Guten wie im Bösen überall bezogen *ohne uns* und wir können nichts mehr dazu sagen, das nicht Andere *besser* sagen können als wir Pfarrer. Sollte heute in der Kirche eine verspätete Ära sozialen Dilettantismus anbrechen, so wäre das nur ein neues Zeichen dafür, wie wenig die Kirche weiss[,] was sie will, wie wenig sie an der Ewigkeit, wie sehr sie an der Zeit orientiert ist. Einsehen sollte heute die Kirche, dass sie gegenüber dem Sozialismus *versagt* hat, um sich dann auf sich selbst und ihre Aufgabe zu besinnen, um dann vielleicht einer *neu* auftretenden Frage (möglicherweise im Gegensatz zu der heutigen sozialistischen Zeitströmung!!) anders, offener, für Gott bereiter entgegenzutreten.

9. Bestehen relig. Vereine, Konfirmanden-, Jünglings-, Missionsvereine u. dergl.? Wieviel Mitglieder und von wem geleitet?

Nein.

10. Sind Einrichtungen für Armen- und Krankenpflege und -Obsorge vorhanden? Ist Wohltätigkeitssinn in der Gemeinde?

Ja.

12. Sind Austritte aus der Landeskirche vorgekommen und aus welchen Gründen?

Gewiss! Ein Fabrikant mit Gattin, Sohn und grossem Steuerkapital «wegen der unerfreulichen Verhältnisse in der hiesigen Seelsorge»[26], lies: weil der Pfarrer Sozialdemokrat ist.[27]

14. *Wie ist das Verhältnis zu den kath. Mitchristen?*

Das Verhältnis ist, soweit ich sehe, das einer stillen duldsamen ein bischen gleichgiltigen gegenseitigen Bemitleidung, wobei man sich jedenfalls auf unsrer Seite erheblich darüber täuscht, wie sehr uns der Gegner in jeder Beziehung (bis und mit der *vorletzten*!) überlegen ist. Vgl. I.9.[28]

Zu Reformationsfeiern haben wir keinen (keinen!) Anlass und es wäre dringend zu wünschen, dass damit nun Schluss gemacht wird. Mag vor 400 Jahren geschehen sein, was da will – *wir* stehen durchaus *nicht* «auf dem Boden der Reformatoren». Die Fragen, die der Kirchenrat an die Pfarrer und Kirchenpfleger zu richten hat, würden sonst – nach *diesen* 8 Jahren – anders lauten!

15. *Wie ist der Religionsunterricht in der Schule und die Stellung der Lehrer zu Kirche und Pfarrer? Wie urteilen Sie über den sogen. konfessionslosen Religionsunterricht?*

Der Religionsunterricht in der Schule ist nicht viel besser und nicht viel schlechter als der meinige. Mit den Lehrern stehe ich ausgezeichnet und sie kommen sogar in die Kirche. Den Konfessionslosen[29] halte ich für selbstverständlich, solange ja auch die sogen. reformierte Kirche *keine* Konfession, *keine* wirklich höhern Anliegen, *keine* gemeinsame Sache hat. Ist die Kirche nicht christlich (wofür mir u.a. dieser Fragebogen ein Beweis ist) wie soll es dann unser

---

[26] Fr. Hochuli teilte am 16. April 1919 der Kirchenpflege Safenwil mit: «Die bedauerlichen Zustände in der hiesigen Seelsorge veranlassen mich hiermit in meinem Namen und in dem meiner näheren Familie den Austritt aus der reformierten Landeskirche zu erklären.»

[27] Auseinandersetzungen über die Teilnahme am Konfirmandenunterricht, die u.a. Beschäftigten der Firma Hochuli erschwert oder verunmöglicht wurde, führten zu langwierigen Streitigkeiten mit Barth, die schließlich zu dem Austritt der Familie Hochuli aus der Reformierten Landeskirche führten (vgl. Busch, S. 77.81.101.116.119; Marquardt, *Der Aktuar*, a.a.O. [s. oben S. 446, Anm. 8], bes. S. 136f.).

[28] Vgl. oben S. 706.

[29] Zum «von den Konfessionen unabhängigen» Religionsunterricht an den Schulen im Aargau vgl. Vortr. u. kl. A. 1909–1914, S. 719, Anm. 8.

Volk sein? Ist es das Volk nicht, wie soll es dann die Volksschule sein? *Wessen* Konfirmanden waren denn die Lehrer, über deren «schlechten» Religionsunterricht man sich so entsetzt? Das Schlimmste in dieser Sache sind jedenfalls die Versuche, den Lehrern, wie zu Aarau und Lenzburg geschehen, durch Einweihung in die Geheimnisse der modernen Theologie diesen Unterricht «lieb» zu machen. Er *soll* – ihnen *und* uns! – bei der jetzigen Lage gar nicht «lieb» sein und in ihrer weitverbreiteten Abneigung dagegen ist mehr wirkliche Gottesfurcht als in der unerhörten Sicherheit, mit der die Pfarrer die Lehrer in dieser – wahrhaftig mindestens *gemeinsamen* – Verlegenheit meinen belehren zu können und («Wie urteilen Sie ...?») be- und verurteilen zu dürfen.

Schluss.

1. Meine Antworten sind wesentlich *negativ,* weil sie wesentlich ein *Protest* gegen die Fragen selbst sein wollen, in deren Auswahl und Formulierung ich ein neues bedenkliches Zeichen dafür finde, dass wir uns auf keinem guten Wege befinden.

2. Was in meinen Antworten als *Angriff* auf Andere empfunden werden muss, ist einerseits immer auch Angriff auf meine *eigene* Vergangenheit, Gegenwart und Zukunft, andrerseits notgedrungene *Verteidigung* gegen den Angriff auf das Christentum, als den ich diese Fragen und das, was dahinter steht, empfinde.

3. Der grundsätzliche und unversöhnliche Gegensatz zwischen dem Fragesteller und mir besteht darin, dass er und mit ihm die Kirche, in deren Namen er fragt, mit lauter *Wie? Wo? Wieviel?-Fragen* beschäftigt scheint und nicht das leiseste Interesse für eine allfällige *Was?-Frage* verrät; während m.E. eine reform. Kirche, die wäre, was ihr Name sagt, mit der Was-Frage anfangen müsste und am Besten gar nicht darüber hinauskommen dürfte.

4. Man sage nicht, dass die *Hauptfrage* (nach dem Inhalt der kirchlichen Arbeit) hier, wo es sich um das Äussere handle, stillschweigend vorausgesetzt sei. Eben gegen dieses stillschweigende Voraussetzen der Hauptfrage, als ob die Antwort darauf etwa gegeben sei, richtet sich mein Widerspruch. Wer diese Hauptfrage kennt, der kann Tag

und Nächte *nimmer* davon schweigen[30]. Er ist *nicht* imstande, Inhalt und Äusseres so gemächlich von einander zu kennen[31].

5. Ich habe dem «Negativen»[,] das damit gesagt ist, *nichts* im Sinne des Fragestellers *«Positives»* gegenüberzustellen. Er versteht mich dann richtig, wenn er mich *nicht* versteht. Das «Positive», das ich meine, bestünde in dem Suchen, Bitten und Anklopfen [vgl. Mt. 7,7f. par.], das *jenseits* dieser Fragen anfangen, aber wirklich anfangen würde, so anfangen, dass diese Fragen einmal für 10–50 Jahre in der Kirche verstummen müssten. Solange sie sich so hartnäckig breit machen dürfen, hat es noch nicht angefangen. Ich bemerke zur Vorsicht, dass ich mit diesem Positiven nicht etwa das meine, was *ich* tue[,] und *nichts,* was Gegenstand eines Antrags oder einer neuen Unternehmung werden könnte.

6. Jeremia 4,3.

[30] Vgl. den Anfang des Chorals «Wach auf, du Geist der ersten Zeugen, / der Wächter, die auf Zions Mauern stehn, / die Tag und Nächte nimmer schweigen …» von Karl Heinrich von Bogatzky (GERS [1891] 162; RG [1998] 797; vgl. EG 241).

[31] Versehentlich statt: «trennen»? Doch heißt es auch in der Abschrift von L. Merz (s. oben S. 704) «kennen».

NACHWEIS FRÜHERER VERÖFFENTLICHUNGEN
DES INHALTS DIESES BANDES

Für Übersetzungen einzelner Texte dieses Bandes in andere Sprachen
vgl. *Bibliographie Karl Barth,* erarbeitet von H. M. Wildi, Bd.1: *Ver-
öffentlichungen von Karl Barth,* hrsg. von H.-A. Drewes, Zürich
1984. Seither ist die neue englische Übersetzung von *Das Wort Gottes
und die Theologie,* Gesammelte Vorträge [I], München 1924, hinzu-
gekommen: K. Barth, *The word of God and theology,* transl. by Amy
Marga, London [u. a.] 2011, mit den Vorträgen «Die Gerechtigkeit
Gottes» (S. 1–13), «Die neue Welt in der Bibel» (S. 15–29), «Der
Christ in der Gesellschaft» (S. 31–69) und «Biblische Fragen, Einsichten und Ausblicke» (S. 71–100) in englischer Übersetzung.

1914

Aargauische reformierte Kirchensynode [III], in: Basler Nachrichten,
Jg. 70, Nr. 179 vom 19.4.1914, 3. Beilage, S. [1].

Nochmals die letzte Sitzung der aargauischen reformierten Synode, in:
Basler Nachrichten, Jg. 70, Nr. 193 vom 28.4.1914, 2. Beilage, S. [3].

Spielbankinitiative, in: Aargauer Tagblatt, Jg. 68, Nr. 157 vom
13.6.1914, S. 1f.

Die Gewinnchancen beim Rösslispiel, in: Aargauer Tagblatt, Jg. 68,
Nr. 170 vom 26.6.1914, S. 1f.

«Die Hilfe» 1913, in: Die Christliche Welt, Jg. 28, Nr. 33 vom
15.8.1914, Sp. 774–778.

1915

Friede, in: Die Glocke. Monatliches Organ des Christl. Vereins junger
Männer Zürich I […], Jg. 23, Nr. 9 vom Juni 1915, S. 55f.

Die Gerechtigkeit Gottes, in: Neue Wege, Jg. 10 (1916), Nr. 4, S. 143–154.
Wiederabdruck in: K. Barth, *Das Wort Gottes und die Theologie*, Gesammelte Vorträge [I], München 1924, S. 5–17.
Wiederabdruck in: K. Barth, *Gottes Freiheit für den Menschen. Eine Auswahl der Vorträge, Vorreden und kleinen Schriften*, Berlin (DDR) 1970, S. 19–29.

Der schweizerische Bundesrat und die Glücksspielunternehmer, in: Der freie Schweizer Arbeiter, Jg. 9, Nr. 47 vom 1.9.1916, S. [1–2].

Auf das Reich Gottes warten, in: Der freie Schweizer Arbeiter, Jg. 9, Nr. 49 vom 15.9.1916, S. [1–3], Nr. 50 vom 22.9.1916, S. [2f.].
Wiederabdruck in: K. Barth/E. Thurneysen, *Suchet Gott, so werdet ihr leben!*, München 1928², S. 175–191.

Die neue Welt in der Bibel, in: K. Barth/E. Thurneysen: *Suchet Gott, so werdet ihr leben!*, Bern 1917, S. 154–174.
Wiederabdruck in: K. Barth, *Das Wort Gottes und die Theologie*, Gesammelte Vorträge [I], München 1924, S. 18–23.
Teilabdruck in: Christliches Volk. Halbmonatsblatt des Badischen Volkskirchenbundes, Jg. 1, Nr. 13 von Ende Januar 1920, S. 2–4.

Religion und Leben, in: Evangelische Theologie, Jg. 11 (1951/52), Heft 10/11, S. 437–451.

Ein Wort an das aargauische Bürgertum!, in: Neuer Freier Aargauer, Jg. 14, Nr. 157 vom 10.7.1919, S. [1].

Das, was nicht geschehen soll, in: Neuer Freier Aargauer, Jg. 14, Nr. 188 vom 15.8.1919, S. [1f.].

Vergangenheit und Zukunft, in: Neuer Freier Aargauer, Jg. 14, Nr. 204 vom 3.9.1919, S. [1f.]; Nr. 205 vom 4.9.1919, S. [1f.].
Wiederabdruck in: *Anfänge der dialektischen Theologie*, hrsg. von J. Moltmann, Teil I (Theologische Bücherei, 17/I), München 1962 (Gütersloh 1995⁶), S. 37–49.
Wiederabdruck in: K. Barth, *Klärung und Wirkung. Zur Vorgeschichte der «Kirchlichen Dogmatik» und zum Kirchenkampf*, hrsg. von W. Feurich, Berlin (DDR) 1966, S. 247–290.
Teilabdruck: *Friedrich Naumann*, in: *Das neue Werk. Der Christ im Volksstaat. Eine Wochenschrift*, Jg. 1, Nr. 25 vom 21.9.1919, Sp. 399–403.
Teilabdruck: *Christoph Blumhardt (der Jüngere)*, in: *Das neue Werk. Der Christ im Volksstaat. Eine Wochenschrift*, Jg. 1, Nr. 28 vom 12.10.1919, Sp. 444–448.

1920

Vom Rechthaben und Unrechthaben, in: *Das neue Werk. Der Christ im Volksstaat. Eine Wochenschrift.*, Jg. 1, Nr. 40 vom 4.1.1920, Sp. 635–641.

Der Christ in der Gesellschaft. Eine Tambacher Rede. Mit einem Geleitwort von Hans Ehrenberg (Der Bücher vom Kreuzweg 1. Folge), Würzburg 1920.
Wiederabdruck in: K. Barth, *Das Wort Gottes und die Theologie*, Gesammelte Vorträge [I], München 1924, S. 33–69.
Wiederabdruck in: *Anfänge der dialektischen Theologie*, hrsg. von J. Moltmann, Teil I (Theologische Bücherei, 17/I), München 1962 (Gütersloh 1995⁶), S. 3–37.
Wiederabdruck in: K. Barth, *Klärung und Wirkung. Zur Vorgeschichte der «Kirchlichen Dogmatik» und zum Kirchenkampf*, hrsg. von W. Feurich, Berlin (DDR) 1966, S. 291–338.
Wiederabdruck in: H.-W. Krumwiede, *Evangelische Kirche und Theologie in der Weimarer Republik* (Grundtexte zur Kirchen- und Theologiegeschichte, Bd. 2), Neukirchen-Vluyn 1990, S. 33–60.
Wiederabdruck in: K. Barth, *Schriften I: Dialektische Theologie*, hrsg. von D. Korsch, Frankfurt am Main und Leipzig 2009, S. 187–229.

Teilabdruck in: *Zeugnis und Zeichen. Reden, Briefe, Dokumente*, hrsg. von Fr. W. Kantzenbach, München 1964, S. 149–160.

Unerledigte Anfragen an die heutige Theologie, in: K. Barth/E. Thurneysen, *Zur inneren Lage des Christentums. Eine Buchanzeige und eine Predigt.*, München 1920, S. 3–24.
Wiederabdruck: K. Barth, *Die Theologie und die Kirche*, Gesammelte Vorträge II, München 1928, S. 1–25.
Wiederabdruck: K. Barth, *Gottes Freiheit für den Menschen. Eine Auswahl der Vorträge, Vorreden und kleinen Schriften*, Berlin (DDR) 1970, S. 43–60.

Biblische Fragen, Einsichten und Ausblicke, München 1920.
Wiederabdruck in: K. Barth, *Das Wort Gottes und die Theologie*, Gesammelte Vorträge [I], München 1924, S. 70–98.
Wiederabdruck in: *Anfänge der dialektischen Theologie*, hrsg. von J. Moltmann, Teil I (Theologische Bücherei, 17/I), München 1962 (Gütersloh 1995[6]), S. 49–76.
Teilabdruck unter dem Titel *Das Besondere der Bibel* in: Grüne Blätter. Eine Vierteljahrsschrift für Lebensfragen, Jg. 22 (1920), S. 147–160.

REGISTER

I. BIBELSTELLEN

II. NAMEN

III. BEGRIFFE

Nicht immer findet sich ein Registerstichwort auf den angegebenen Seiten wörtlich, da synonyme oder verwandte Termini gelegentlich für das Register unter einem gemeinsamen Schlagwort zusammengefasst sind.

heilig
- und profan 562, 567f., 576
Heiliger Geist 41, 338, 342, 396, 596
Heiligung 399
Heilsarmee 143, 192, 248, 334, 537
Heimat 219, 232, 587
Held 321, 329, 331, 337, 681
Hellenismus 562, 674
Hermeneutik 666
Himmel 256, 338f.
- und Erde 340, 689
- Krieg im H. 296
- mitten auf der Erde 436
- neuer H. und neue E. 114, 207,
  218, 294, 342, 386, 404, 510, 596
Himmelreich 332, 560, 580, 582f.,
  594, 698
- Stürmer des H. 584, 592
Hinweis 669, 688, 693f.
Historie 663, 665
- Historiker 201, 326f., 643, 674,
  696
- historisch 323, 687, 696
- historisch-psychologisch 671,
  674, 679
Hochmut 234f., 253, 404
- und Verzagtheit 236, 239f.
Hölle 231, 295, 297
- Gewalt 295
Hoffnung 93, 115, 120, 134–136,
  172, 193, 197, 201, 207, 222, 245,
  292, 294, 302, 317, 403, 558, 603
- auf das Reich Gottes 543
- und Not 563f., 575f., 588, 700
- unmögliche 613, 616
- unsere 290
Humanismus 580, 585, 589, 591
Humanität 586, 695
- Grenzen der H. 669, 686f., 692
Hunger 91
hypermodern 602
Hyperorthodoxie 602

Ideal 50, 52, 56, 60, 82, 101, 104, 153,
  159, 167, 195, 235
- falsches 163
- formales 103
- der Gerechtigkeit 115, 235

- höheres 84
- Kaufmannsideal 103
- reines 89, 93
- unmögliches 563
- wirklichkeitsfremdes 74
Idealismus 48–50, 53, 56, 66, 71–73,
  78, 93, 186, 243, 248, 346, 423–
  425, 607
- deutscher 586
- falscher 153, 155
- Religion 423
Idee 49, 54, 70, 155, 206, 326, 395f.,
  423, 579, 582, 587, 615, 699
- große 384
- sozialistische 107
Ideologie 77, 574, 687
- «ideologische Gegendosis» 641,
  647
Ikarusflüge 601
Illusion 238
Immobilienspekulation 238
Imperialismus 147, 360, 363f., 427,
  429, 478, 609
«in die Luft stellen» 640, 648, 685
Indien 241, 580, 675
Individualismus 494, 668
Individuum 672, 699
- Furcht Gottes 700
Industrialismus 159
Industrie 49f., 66, 273, 535
Inkonsequenz 92, 116, 160, 255
Innerlichkeit(en) 423, 494
- bloße 425
Innseits 513, 594
Instinkt 87, 106, 216
- niederer 91, 116
Institution 687
Internationale 356, 364, 366, 375,
  466, 480
- Dritte 521f., 525, 550
- neue 463
- Zweite 90, 107, 155, 357, 373,
  464, 481, 525
- - Internationales Sozialistisches
    Büro 356, 372–374
Internationaler Sozialistenkongress
  (Bern 1919) 464, 482
Irdisches
- unvollkommen 417

759